U0895864

广东统计年鉴

GUANGDONG STATISTICAL YEARBOOK

2008

（总第24期 No.24）

广东省统计局
国家统计局广东调查总队

Compiled by
Guangdong Provincial Bureau of Statistics
Guangdong Survey Office of National Bureau of Statistics

（京）新登字 041 号

图书在版编目（CIP）数据
广东统计年鉴. 2008：中英文对照/ 广东省统计局 国家统计局广东调查总队编
—北京：中国统计出版社，2008. 8
ISBN 978—7—5037—5396—1

Ⅰ. 广…
Ⅱ. 广…
Ⅲ. 统计资料 - 广东省 - 2008 - 年鉴 - 汉、英
Ⅳ. C832. 65-54

中国版本图书馆 CIP 数据核字（2008）第 054638 号

广东统计年鉴 - 2008

作　　者/广东省统计局　国家统计局广东调查总队
责任编辑/郑淼淼　王立群
E-mail/yearbook@ stats. gov. cn
责任校对/马建强
出版发行/中国统计出版社
通信地址/北京市西城区三里河月坛南街 75 号　中国统计出版社
邮　　编/100826
电　　话/（010）63376907
印　　刷/精一印刷深圳有限公司
经　　销/新华书店
开　　本/890 × 1240 毫米　　1/16
字　　数/150 万字
印　　张/44. 5 印张
印　　数/1- 3500
版　　别/2008 年 8 月第 1 版
版　　次/2008 年 8 月第 1 次印刷
书　　号/ISBN 978—7—5037— 5396—1/F · 2637
定　　价/350. 00 元

2008

编者说明

《广东统计年鉴－2008》(下简称《年鉴》)系统收录了全省及各市、县（区）2007年统计数据以及1978年以来各个主要时期全省的一些主要统计数据，是一部全面反映广东国民经济和社会发展情况的资料性年刊。

本《年鉴》正文内容分为22个篇章，即：1.行政区划和自然资源；2.综合；3.国民经济核算；4.人口；5.从业人员和职工工资；6.固定资产投资；7.能源；8.财政、银行和保险；9.价格指数；10.人民生活；11.农业；12.工业；13.建筑业；14.运输和邮电；15.国内贸易；16.对外经济；17.旅游；18.教育、科技和文化；19.体育、卫生、社会福利、环保和其他；20.区域经济主要指标；21.城市主要经济指标；22.县（市）区主要经济指标。同时，附录有4个篇章：1.部分省(市)主要统计指标；2.中国香港特别行政区和中国澳门特别行政区主要统计资料；3.中国台湾省主要统计指标；4.部分国际和地区主要统计资料。

本《年鉴》资料主要来自政府各级统计局、国家统计局调查总队的各种定期统计报表和抽样调查资料；部分资料来自中央部属单位和省属各主管部门。附录资料是根据国家统计局和有关方面的资料整理的。

资料中所使用的度量衡单位，除耕地、播种面积照顾我国使用习惯继续用“亩”为单位外，其余均采用国际统一标准计量单位。

本《年鉴》中计算的平均每年增长速度，均用“水平法”。

本《年鉴》统计表中的符号使用说明：

“…”表示数据不足本表最小单位数；

“#”表示其中主要项；

“空格”表示该项统计指标数据不详或无该项数据；

“①”表示本表下有注解。

本《年鉴》在整理编辑过程中，得到省直有关部门和单位的大力支持，在此表示感谢!

Preface

Guangdong Statistical Yearbook 2008 (abbreviation as the Yearbook below) covers very comprehensive data in 2007 and some selected major data series in historically important years since 1978 at provincial level and local levels of city, county and district. It is an annual statistics publication, which reflects various aspects of Guangdong's social and economic development.

The Yearbook contains the following twenty-two chapters: 1. Administrative Division and Natural Resources; 2. General Survey; 3. National Economic Accounts; 4. Population; 5. Employment and Wages; 6. Investment in Fixed Assets; 7. Energy; 8. Government Finance, Banking and Insurance; 9. Price Indices; 10. People's Livelihood; 11. Agriculture; 12. Industry; 13. Construction; 14. Transport, Postal and Telecommunication Services; 15. Domestic Trade; 16. Foreign Trade; 17. Tourism; 18. Education, Science, Technology and Culture; 19. Sports, Public Health, Social Welfare, Environmental Protection and Others; 20. Special Economic Regions; 21. Cities; 22. Counties (County-level Cities) and Districts. Meanwhile, the appendix of the Yearbook includes five chapters: 1. Main Statistical Indicators of Some Provinces and Municipalties; 2. Main Statistical Indicators of Nine Provinces and Autonomous Regions in the Pan Pearl River Delta; 3. Main Statistics of Hong Kong and Macao Special Administrative Regions; 4. Main Statistical Indicators of Taiwan Province; 5. Main Statistics of Some Countries and Territories.

The data in the Yearbook are mainly obtained from regular statistical reports and sample surveys conducted by the statistical bureaus of all levels of government and the Survey Office of the National Bureau of Statistics in Guangdong. Some data are collected from the departments of the central government and the provincial government. Data in the appendix are compiled from statistical publications published by the National Bureau of Statistics and other sources.

The units of measurement used in the Yearbook are internationally standard measurement units, except those on cultivated land and sown areas which are used in "mu" in order to give consideration to the habit of using these data in China.

Horizontal approach is used to calculate the average annual growth rates in the Yearbook.

Notations used in the Yearbook:

" … " indicates that the figure is not large enough to be measured with the smallest unit in the table;

" # " indicates a major breakdown of the total;

" blank space " indicates that the data are unknown or are not available;

" ① " indicates footnotes at the end of the table.

During the compilation of the Yearbook, we have received great support from related departments and units of the province. Here we express our thanks to all of them.

《广东统计年鉴—2008》编委会和编辑出版人员

Guangdong Statistical Yearbook – 2008

EDITORIAL BOARD AND STAFF

目　　录
Contents

一、行政区划和自然资源
Administrative Divisions and Natural Resources

二、综　合
General Survey

三、国民经济核算
National Economic Accounts

四、人　口
Population

五、从业人员和职工工资
Employment and Wages

六、固定资产投资
Investment in Fixed Assets

七、能 源
Energy

十、人民生活
People's Livelihood

十一、农 业
Agriculture

十二、工 业
Industry

十三、建筑业
Construction

十四、运输和邮电
Transport, Postal and Telecommunication Services

十五、国内贸易
Domestic Trade

十六、对外经济
Foreign Economy

十七、旅　游
Tourism

十八、教育、科技和文化
Education, Science & Technology and Culture

十九、体育、卫生、社会福利、环保和其他
Sports, Public Health, Social Welfare, Environmental Protection and Others

二十、区域经济主要指标
Special Economic Regions

二十一、城市主要经济指标
Cities

二十二、县（市）区主要经济指标
Counties (County-level Cities) and Districts

附　录
Appendix

一、行政区划和自然资源

ADMINISTRATIVE DIVISIONS AND NATURAL RESOURCES

一　行政区划和自然资源

简要说明

一、本篇资料反映广东省行政区划、自然资源的开发和利用等情况。自然资源包括土地 、气候、森林、水利、矿产资源情况。

二、本篇资料由广东省统计局综合处负责整理、编辑。

三、资料来源：

行政区划资料由省民政厅提供；

矿产、土地资源资料由省国土资源厅提供；

海洋资料由省海洋与渔业局提供；

气象资料由省气象局提供；

森林资源资料由省林业局提供；

水利资料由省水利厅提供。

1　Administrative Divisions and Natural Resources

Brief Introduction

Ⅰ.This chapter covers the data on divisions of administrative areas, land area, natural conditions and the exploitation and utilization of the natural resources of Guangdong Province. Natural resources cover land, climate, forest, water conservancy and mineral resources.

Ⅱ.The data in this chapter are prepared and compiled by the Division of Comprehensive Statistics of Guangdong Provincial Bureau of Statistics.

Ⅲ.The data resources come as follows:

The data on divisions of administrative areas are provided by the Civil Affairs Department of Guangdong Province.

The data on mineral and land resources are provided by the Land and Resources Department of Guangdong Province.

The data on ocean are provided by the Oceanic and Fishery Administration of Guangdong Province.

The data on meteorological phenomena are provided by the Meteorological Bureau of Guangdong Province.

The data on forest are provided by the Forestry Administration of Guangdong Province.

The data on water conservancy are provided by the Water Resources Department of Guangdong Province.

1-1 行 政 区 划 (2007年)

Divisions of Administrative Areas (2007)

单位：个 (unit)

市 别	City	地级市 Number of Cities at Prefectural Level	县级市 Number of Cities at County Level	县 Number of Counties	自治县 Number of Autonomous Counties	市辖区 Number of Districts under the Jurisdiction of Cities	市辖镇 Number of Towns under the Jurisdiction of Cities	乡 Number of Townships	#民族乡 Ethnic Townships	街道 Number of Neighbor-hoods
全省合计	**Provincial Total**	**21**	**23**	**41**	**3**	**54**	**1137**	**11**	**7**	**432**
广 州	Guangzhou	1	2			10	34			130
深 圳	Shenzhen	1				6				55
珠 海	Zhuhai	1				3	15			8
汕 头	Shantou	1		1		6	32			37
佛 山	Foshan	1				5	20			11
韶 关	Shaoguan	1	2	4	1	3	93	1	1	11
河 源	Heyuan	1		5		1	97	1	1	4
梅 州	Meizhou	1	1	6		1	104			6
惠 州	Huizhou	1		3		2	50	1	1	16
汕 尾	Shanwei	1	1	2		1	42			10
东 莞	Dongguan	1					28			4
中 山	Zhongshan	1					18			6
江 门	Jiangmen	1	4			3	62			18
阳 江	Yangjiang	1	1	2		1	39			9
湛 江	Zhanjiang	1	3	2		4	85	2		32
茂 名	Maoming	1	3	1		2	87			21
肇 庆	Zhaoqing	1	2	4		2	95	1	1	12
清 远	Qingyuan	1	2	3	2	1	77	3	3	5
潮 州	Chaozhou	1		2		1	41			9
揭 阳	Jieyang	1	1	3		1	63	2		18
云 浮	Yunfu	1	1	3		1	55			10

注：本行政区划截止2007年底。
Note: The divisions of administrative areas reflect the status at the end of 2007.

1-2 自然资源（2007年）

Natural Resources (2007)

项 目		Item		2007
一、土地资源和海洋		**Land Resources and Sea**		
土地面积	（平方公里）	Total Land Area	(sq.km)	179756.5
耕 地	（万公顷）	Cultivated Land	(10000 hectares)	284.8
林 地	（万公顷）	Afforested Land	(10000 hectares)	1013.1
园 地	（万公顷）	Plantation	(10000 hectares)	99.7
牧草地	（万公顷）	Grass Land	(10000 hectares)	2.7
海域总面积	（万平方公里）	Total Area of Sea	(10000 sq.km)	41.9
海洋滩涂面积	（万公顷）	Sea Beach Area	(10000 hectares)	20.4
海岛面积	（平方公里）	Area of Islands	(sq.km)	1592.7
大陆海岸线长度	（公里）	Length of Continental Coastline	(km)	3368.1
岛屿岸线长度	（公里）	Length of Island Coastline	(km)	2428.7
岛屿个数	（个）	Number of Islands	(unit)	1431
二、气候		**Climate**		
年平均降雨量	（毫米）	Annual Average Precipitation	(mm)	1547.9
年平均气温	（摄氏度）	Annual Average Temperature	(℃)	22.4
年日照时数	（小时）	Annual Sunshine Hours	(hour)	1825.8
三、森林		**Forest**		
活立木蓄积量	（亿立方米）	Total Standing Stock Volume	(100 million cu.m)	4.03
森林覆盖率	（%）	Forest Coverage Rate	(%)	56.3
四、水力水产		**Hydropower and Aquatic Products**		
水力资源理论蕴藏量	（万千瓦）	Theoretical Hydropower Resources	(10000 kw)	1124.2
#可开发装机容量		Developable Resources		824.5
海水养殖可养面积	（万公顷）	Cultivatable Area in Marine Areas	(10000 hectares)	
淡水可养面积	（万公顷）	Cultivatable Area in Freshwater Areas	(10000 hectares)	
五、矿产		**Mineral Resources**		
煤保有资源储量	（万吨）	Ensured Reserve of Coal	(10000 tons)	63026.85
铁矿石保有资源储量	（万吨）	Ensured Reserve of Iron Ore	(10000 tons)	73666
硫铁矿保有资源储量	（万吨）	Ensured Reserve of Pyrite Ore	(10000 tons)	48472.69

注：1. 海岛面积、岛岸线长度、岛屿个数是1994年调查数据，大陆海岸线为1987年调查数据。

2. 海域总面积包括200海里专属经济区面积。

Notes: a) Data of the area of islands，length of island coastline and number of islands were obtained from surveys in 1994, while the length of continental coastline was obtained from surveys in 1987.

b) Total area of sea includes 200 sea miles of exclusive economic zone.

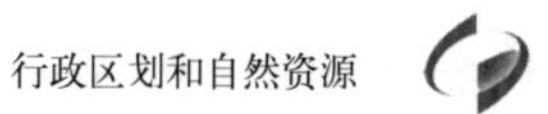

1-3 各地区年平均气温

Average Temperature of Various Regions

单位:摄氏度 (℃)

年份 Year	粤北 Northern Regions	粤东北 North Eastern Regions	粤西北 North Western Regions	粤东 Eastern Regions	粤中 Central Regions	粤西 Western Regions
1980	20.7	21.5	22.5	21.2	22.2	23.4
1985	20.2	20.9	22.0	21.1	21.6	22.6
1990	21.1	21.5	22.8	21.8	22.6	23.4
1995	20.0	20.0	22.2	21.6	22.3	23.0
1996	19.9	21.4	22.4	21.9	21.6	23.3
1997	20.4	21.3	22.7	22.1	22.0	23.7
1998	21.2	22.5	23.3	23.0	22.8	24.5
1999	20.8	21.9	22.7	22.6	22.5	24.0
2000	20.4	21.9	22.6	22.5	22.5	23.8
2001	20.5	22.0	22.5	22.7	22.6	23.8
2002	21.0	22.3	22.8	23.0	23.0	24.1
2003	20.9	21.9	22.9	22.6	23.0	24.4
2004	20.8	21.6	22.6	22.6	22.8	23.2
2005	20.5	21.6	22.5	22.3	22.8	23.0
2006	20.8	22.1	23.1	22.8	23.2	23.4
2007	21.2	22.0	23.0	22.9	23.2	23.2

1-4 各地区年降雨量

Annual Precipitation of Various Regions

单位：毫米 (mm)

年份 Year	粤北 Northern Regions	粤东北 North Eastern Regions	粤西北 North Western Regions	粤东 Eastern Regions	粤中 Central Regions	粤西 Western Regions
1980	1459.4	1461.7	1586.1	1369.1	1492.2	2274.0
1985	1360.2	1607.8	1726.9	1481.3	1706.0	2411.3
1990	1436.6	1709.0	1284.8	2236.9	1239.5	1510.2
1995	1506.9	1171.0	1766.4	1512.2	1752.4	2082.9
1996	1633.1	1361.5	1693.1	1409.0	1683.4	1222.6
1997	2045.3	1847.5	1815.3	2040.9	1997.3	2344.3
1998	1862.3	1458.2	1737.5	1593.6	1736.1	1266.4
1999	1314.3	1033.8	1318.7	1517.4	1620.4	1392.6
2000	1565.8	1850.9	1318.2	1486.7	1798.9	1762.7
2001	1689.8	1560.3	1889.2	1947.9	2678.9	2314.5
2002	1814.9	1110.3	1480.9	1409.7	1866.7	2263.3
2003	1388.2	1415.2	1251.8	1406.6	1338.7	1372.4
2004	1156.3	1251.8	1034.7	1379.7	1636.5	1068.5
2005	1772.2	1647.3	1905.2	1631.3	1986.2	1387.3
2006	1782.8	2040.2	1727.0	2507.7	2175.7	1149.8
2007	1502.3	1399.2	1252.4	1482.2	1370.3	1620.8

1-5 各地区年日照时数

Annual Sunshine Hours of Various Regions

单位：小时 (hour)

年份 Year	粤北 Northern Regions	粤东北 North Eastern Regions	粤西北 North Western Regions	粤东 Eastern Regions	粤中 Central Regions	粤西 Western Regions
1980	1754.1	1811.1	1945.8	1989.2	1921.8	2036.5
1985	1701.6	1926.7	1613.3	1900.6	1406.0	1868.4
1990	1613.9	1893.1	1542.8	1921.3	1648.7	1877.4
1995	1420.6	1868.7	1704.6	2038.3	1559.6	1828.3
1996	1626.5	1965.7	1796.9	2094.8	1564.7	2042.3
1997	1349.1	1490.2	1454.9	1985.8	1209.8	1895.1
1998	1578.3	1689.6	1546.1	1917.5	1469.4	1994.0
1999	1564.0	1819.7	1699.0	2237.0	1599.5	2050.7
2000	1497.2	1672.6	1714.1	2126.3	1609.2	1855.3
2001	1613.0	1884.0	1559.2	2199.8	1651.0	1794.6
2002	1506.4	1813.2	1521.7	2266.6	1566.5	1783.8
2003	1821.1	2030.1	1762.6	2341.5	1741.6	2144.5
2004	1818.5	2117.1	1640.2	2433.5	1767.4	2024.7
2005	1491.2	1736.4	1345.6	1849.5	1288.5	1784.4
2006	1487.7	1779.4	1454.8	1843.5	1328.7	1664.3
2007	1736.3	1750.6	1722.4	1961.2	1616.0	1778.7

1-6 各市土地面积和人口密度（2000-2007年）

Land Area and Population Density by City (2000-2007)

市别	City	土地面积（平方公里）Land Area (sq.km)	人口密度（人/平方公里）Population Density (persons/sq.km)							
			2000	2001	2002	2003	2004	2005	2006	2007
全省合计	**Provincial Total**	**179757**	**486**	**486**	**492**	**499**	**507**	**511**	**518**	**526**
广州	Guangzhou	7434	1337	1341	1325	1309	1299	1277	1312	1351
深圳	Shenzhen	1953	3596	3710	3823	3985	4101	4239	4334	4412
珠海	Zhuhai	1688	758	761	780	799	823	839	859	862
汕头	Shantou	2064	2263	2315	2335	2355	2387	2395	2408	2423
佛山	Foshan	3848	1400	1427	1446	1466	1494	1507	1522	1539
韶关	Shaoguan	18385	149	153	154	156	158	159	159	160
河源	Heyuan	15826	143	151	157	163	170	176	176	178
梅州	Meizhou	15908	240	246	249	252	257	259	259	258
惠州	Huizhou	11158	288	300	308	316	325	332	337	347
汕尾	Shanwei	5271	465	483	495	507	521	531	533	545
东莞	Dongguan	2465	2615	2655	2657	2658	2660	2662	2738	2818
中山	Zhongshan	1800	1313	1324	1334	1344	1348	1352	1385	1394
江门	Jiangmen	9541	414	422	424	426	430	430	431	432
阳江	Yangjiang	7813	278	285	288	291	295	297	299	302
湛江	Zhanjiang	12471	487	499	508	517	530	536	537	546
茂名	Maoming	11458	457	473	482	491	503	510	517	528
肇庆	Zhaoqing	14856	227	234	237	240	245	247	249	253
清远	Qingyuan	19153	164	171	175	179	184	188	189	191
潮州	Chaozhou	3100	780	789	794	800	809	810	815	822
揭阳	Jieyang	5240	999	1025	1035	1046	1062	1068	1075	1088
云浮	Yunfu	7779	277	285	289	293	298	301	301	305

注：2000、2005年数据来源于2000年广东省第五次全国人口普查公报和广东省2005年全国1%人口抽样调查公报。其余年份的数据均为测算评估数。

Note:Data of 2000 and 2005 are data of Guangdong from the Communiqué on Major Figures of the Fifth National Population Census in 2000 and the Communiqué on Major Data of 1% National Population Sample Survey in 2005. Data of other years are all evaluation estimates.

主要统计指标解释

行政区划　指国家对行政区域的划分。根据宪法规定，我国的行政区域划分如下: (1)全国分为省、自治区、直辖市;(2)省、自治区分为自治州、县、自治县、市; (3)自治州分为县、自治县、市; (4)县、自治县分为乡、民族乡、镇; (5)直辖市和较大的市分为区、县; (6)国家在必要时设立的特别行政区。

土地资源　土地指陆地的表层部分，它主要由岩石、岩石的风化物和土壤构成。土地资源按利用类型可以分为农用地、建筑用地和未利用地。农用地包括耕地、园地、林地、牧草地和水面。建筑用地包括居民点及工矿用地、交通用地和水利设施用地。未利用地指农用地和建筑用地以外的土地，包括滩涂、荒漠、戈壁、冰川和石山等。

耕地面积　指经过开垦用以种植农作物并经常进行耕耘的土地面积。包括种有作物的土地面积、休闲地、新开荒地和抛荒未满三年的土地面积。

林业用地面积　指生长乔木、竹类、灌木、沿海红树林等林木的土地面积，包括有林地、灌木林、疏林地、未成林造林地、迹地、苗圃等。

草地面积　指牧区和农区用于放牧牲畜或割草，植被盖度在 5% 以上的草原、草坡、草山等面积。包括天然的和人工种植或改良的草地面积。

森林资源　指森林、林木、林地以及依托森林、林木、林地生存的野生动物、植物和微生物。林木指树木和竹子。森林指以乔木为主体的植物群落，是集生的乔木及与共同作用的植物、动物、微生物和土壤、气候等的总体。

活立木总蓄积量　指一定范围内土地上全部树木蓄积的总量，包括森林蓄积、疏林蓄积、散生木蓄积和四旁树蓄积。

森林覆盖率　指一个国家或地区森林面积占土地总面积的百分比。森林覆盖率是反映森林资源的丰富程度和生态平衡状况的重要指标。在计算森林覆盖率时，森林面积包括郁闭度 0.2 以上的乔木林地面积和竹林地面积，国家特别规定的灌木林地面积、农田林网以及四旁(村旁、路旁、水旁、宅旁)林木的覆盖面积。计算公式为:

$$\text{森林覆盖率}(\%)=\frac{\text{森林面积}}{\text{土地总面积}}\times 100\%$$

森林面积　指由乔木树种构成，郁闭度 0.2 以上(含 0.2)的林地或冠幅宽度 10 米以上的林带的面积，即有林地面积。森林面积包括天然起源和人工起源的针叶林面积、阔叶林面积、针阔混交林面积和竹林面积，不包括灌木林地面积和疏林地面积。

森林蓄积量　指一定森林面积上存在着的林木树干部分的总材积。它是反映一个国家或地区森林资源总规模和水平的基本指标之一，也是反映森林资源的丰富程度、衡量森林生态环境优劣的重要依据。

水资源　水在自然界中以固体、液体和气态三种聚集状态存在，分布于海洋、陆地(包括土壤)以及大气之中，通过水循环形成水资源。水资源包括经人类控制并直接可供灌溉、发电、给水、航运、养殖等用途的地表水和地下水，以及江河、湖泊、井、泉、潮汐、港湾和养殖水域等。水资源是发展国民经济不可缺少的重要自然资源。

矿产资源　矿产指由地质作用形成，富集于地壳中或出露于地表达到工农业利用要求的有用矿物。矿产是一种重要的自然资源，是社会发展的重要物质基础。

矿产基础储量　基础储量是查明矿产资源的一部分。它能满足现行采矿和生产所需的指标要求，是控制的、探明的并通过可行性或预可行性研究认为属于经济的、边界经济的部分，用未扣除设计、采矿损失的数量表表示。

矿产保有资源储量　指查明的矿产资源储量（资源储量=基础储量+资源量）扣除已开采部分损失量和加减应勘查，重算或其它原因增减量而得出的年底实有资源储量。

Explanatory Notes on Main Statistical Indicators

Divisions of Administrative Areas refer to the divisions of administrative areas by the state. The Constitution of the People' s Republic of China stipulates the following principles for the divisions of administrative areas: 1)The whole country is divided into provinces, autonomous regions and municipalities directly under the central government; 2) Provinces and autonomous regions are divided into autonomous prefectures, counties, autonomous counties and cities; 3) Autonomous prefectures are divided into counties, autonomous counties and cities; 4) Counties and autonomous counties are divided into townships, ethnic townships and towns, 5) Municipalities under the central government and large cities are divided into districts and counties; 6) The state will, when necessary, establish special administrative regions.

Land Resource Land refers to the surface of the earth, consisting of mainly rocks and its weathering and earth. Land resource can be classified, by its utilization, as land for agriculture, land for construction and unused land. Land for agriculture includes cultivated land, plantation, forestland, grassland and waters. Land for construction includes land for residential purpose, for manufacturing and mining, for transportation and for water conservancy projects. Unused land refers to land other than land for agriculture and construction, including beaches, deserts, Gobi, glaciers and rock mountains.

Area of Cultivated Land refers to area of land reclaimed for the regular cultivation of various farm crops, including crop-cover land, fallow, newly reclaimed land and land laid idle for less than 3 years.

Area of Afforested Land refers to land for trees, bamboos, bushes and mangrove including forest-cover land, bush-covered land, sparse forest land, land planned for forestation, slash and nurseries of young trees.

Area of Grassland refers to areas of grassland, grass-slopes and grass-covered hills with a vegetation-covering rate of over 5% that are used for animal husbandry or harvesting of grass. It includes natural, cultivated and improved grassland areas.

Forest Resource refers to forests, trees, forestland and wild animals, plants and microorganism that live on forests and trees. Trees include trees and bamboos. Forest refers to the population of clusters of trees and other plants, animals and microorganism as well as the earth and climate that have interactions with the trees.

Total Standing Stock Volume refers to the total stock volume of trees growing in land, including trees in forests, tress in sparse forests, scattered trees and trees planted by the side of villages, farm houses and along roads and rivers.

Forest Coverage Rate refers to the ratio of area of afforested land to total land area. It is a very important indicator that reflects the status of abundance of forest resource and ecosystem balance. Forest area includes the area of trees and bamboo growing with a canopy density above 0.2, the area of shrubby trees according to regulations of the government, the area of forest land inside farm land and the area of trees planted by the side of villages, farm houses and along roads and rivers. The formula for calculating forest coverage rate is as follows:

$$\text{Forest Coverage Rate (\%)} = (\text{Area of Afforested Land/Area of Total Land}) \times 100\%$$

Forest Area refers to wooded area, i.e. the area of forest where trees and bamboo grow with a canopy density above 0.2 (inclusive) or a crown width above 10 meters, including natural and planted coniferous forest, broad-leaved forest, mixed forest, and bamboo groves, but excluding shrubbery and open forest.

Stock Volume of Forest refers to total stock volume of wood growing in forest area, which shows the total size and level of forest resources of a country or a region. It is also an important indicator of the richness of forest resource and the status of forest ecological environment.

Water Resource Water exists in the nature in solid, liquid and gaseous states, is distributed in the ocean, land (including earth) and air, and constitutes water resource through circulation. Water resource includes surface water and underground water that is controlled by human beings for irrigation, power-generation, water supply, navigation and cultivation. It also includes rivers, lakes, wells, springs, tides, gulfs and water area for cultivation. Water resource as an indispensable natural resource for the development of national economy.

Mineral Resources refer to useful minerals that can be used for industrial or agricultural purposes enriched in lithosphere or on earth surface due to geological processes. Minerals are important natural resources and important material basis for social development.

Basic Reserves of Mineral Resources Basic reserves are part of total identified mineral resources that meet present mining and production standards, which is the part of reserve controlled, proven, and found to be of economic or marginal value through feasibility assessment or pre-feasibility study. Basic reserves are indicated as a figure including designing and mining loss.

Ensured Reserves of Mineral Resources refer to the actual reserves of mineral resources at the year-end, calculated as the proven reserves of mineral resources (Reserves of Mineral Resources = Basic Reserves + Resource) minus losses in previous extraction processes, plus or minus increases or losses due to exploration, recalculation or other reasons.

二、综合

GENERAL SURVEY

二　综合

简要说明

一、本篇资料反映广东经济、科技、社会等方面的规模、水平、速度、结构、比例、效益情况，并收录了基本单位统计及重点企业集团、企业宏观经济景气相关指标。

二、本篇资料分别由广东省统计局综合处、法规处、普查中心和国家统计局广东调查总队整理提供。

三、综合统计资料是根据广东省统计局各专业统计年报资料以及国家统计局、广东省有关部门提供的统计资料加工整理而成。

四、基本单位资料是根据2007年基本单位统计年报和省市有关部门提供的基本单位新增和变更资料整理而成。

五、重点企业（集团）资料主要是根据国家统计局企业调查报表制度经各市企业调查队和有关市统计局调查、收集、汇总整理的。

六、企业景气调查资料主要是根据国家统计局企业调查报表制度，通过对全省3000家涉及不同行业、不同规模的样本企业调查结果进行汇总整理而成。

2 General Survey

Brief Introduction

Ⅰ.The summary data in this chapter reflect the scale, level, speed, structure, proportion and efficiency of the national economy, science and technology and the social development of Guangdong Province, also covering statistics of basic units and related indicators on key enterprise groups and the macroeconomic climate of enterprises.

Ⅱ.The data are prepared and provided by the Division of Comprehensive Statistics , the Census Center of Guangdong Provincial Bureau of Statistics and the Survey Office in Guangdong of National Bureau of Statistics respectively.

Ⅲ.The summary data are processed and prepared on the basis of the annual reports of various specialized fields provided by Guangdong Provincial Bureau of Statistics and the statistics provided by the National Bureau of Statistics and some related departments of Guangdong Province.

Ⅳ.The data on basic units are prepared in accordance with the 2007 annual report on basic units and newly-increased figures and changes on basic units which are provided by related departments of provincial and city governments.

V. The data of key provincial enterprise groups are collected, tabulated and prepared by the enterprise survey offices and the statistical bureaus of related cities mainly in accordance with the industrial statistical reporting scheme stipulated by the National Bureau of Statistics.

VI. The data on business climate are calculated on the basis of survey results of 3,000 sample enterprises of various sizes in various sectors across the province mainly in accordance with the industrial statistical reporting scheme stipulated by the National Bureau of Statistics.

2-1 各部门机构数

Grassroots Units in Various Sectors

部 门		Sector		2000	2005	2006	2007
农村基层组织	**(个)**	**Rural Grassroots Units**	**(unit)**				
镇政府		Town Governments		1556	1145	1137	1137
乡政府		Township Governments		33	11	11	11
村民委员会		Villagers' Committees		22962	21825		22080
乡镇企业	(万个)	Township Enterprises	(10000 units)	76.66	121.29	30.07	38.11
工业企业	**(个)**	**Industrial Enterprises**	**(unit)**	**380231**	**445657**	**440769**	**473324**
规模以上工业		Industrial Enterprises above Designated Size		19695	35157	37523	42289
#国有工业		State-owned		2383	1033	910	636
集体工业		Collective-owned		4158	1272	1175	961
建筑业企业	**(个)**	**Construction Enterprises**	**(unit)**	**4593**	**4182**	**4172**	**4326**
#国有企业		State-owned			704	609	624
批发零售和住宿餐饮企业法人单位数	(万个)	Number of Corporate Units in Wholesale and Retail Trades, Accommodations and Catering Services	(10000 units)		11.38	12.75	15.27
卫生事业	**(个)**	**Health Care**	**(unit)**		**16318**	**16953**	**16490**
#医院及卫生院		Hospitals and Health Centers			2428	2433	2435
社会福利事业单位数		Social Welfare Institutions			2070	2023	2290
教育事业		**Education**					
普通高等学校	(所)	Regular Institutions of Higher Education	(unit)	52	102	105	109
中等学校	(所)	Secondary Schools	(unit)	4808	5114	5146	5128
#普通中学		Regular Secondary Schools		3964	4282	4332	4316
小学	(万所)	Primary Schools	(10000 units)	2.42	2.12	2.05	1.99
幼儿园	(所)	Kindergartens	(unit)	12027	10359	10622	10594
艺术表演团体	(个)	Art Performance Troupes	(unit)	138	139	138	128
文化事业	(个)	Cultural Institutions	(unit)	2492	2132	2143	2121
文物事业	(个)	Cultural Relic Establishments	(unit)	133	209	203	209
广播电视	**(座)**	**Radio and Television**	**(unit)**				
广播电台		Radio Stations		106	22	22	22
电视台		Television Stations		67	24	24	24
县、市广播电视台		Radio and Television Stations in Counties and County-level Cities		83	78	76	79
科技活动机构数	**(个)**	**Number of Scientific and Technological Research Institutions**	**(unit)**	**2566**	**3181**	**3414**	**3678**
科学研究与技术开发机构		Scientific Research and Technological Development Institutions		445	197	186	185
全日制普通高等学校		Full-time Regular Institutions of Higher Education		343	220	232	246
大中型工业企业		Large and Medium-sized Industrial Enterprises		529	976	1279	1540
其他		Others		1249	1788	1717	1707

注：“乡镇企业”2007年起按新口径统计，2006年数据也做了相应的调整。

Note: Since 2007, data of township enterprises are calculated according to new statistical coverage. Data of 2006 are adjusted accordingly.

2-2 国民经济和社会发展总量与速度指标

指　　标	Item	1978	1990
人口与就业	**Population and Employment**		
人口　　（万人）	**Population　　(10000 persons)**		
年末常住人口	Permanent Population at the Year-end	5064.15	6347.19
年末户籍总人口	Population with Residence Registration at the Year-end	5064.15	6246.32
农业人口	Agricultural Population	4240.92	4769.01
非农业人口	Non-agricultural Population	823.23	1477.31
男性人口	Male	2586.68	3213.20
女性人口	Female	2477.47	3033.12
就业　　（万人）	**Employment　　(10000 persons)**		
年末从业人员人数	Employed Persons at the Year-end	2275.95	3118.10
#城镇从业人员	Employed Persons in Urban Areas	515.85	785.49
城镇登记失业人数	Number of Registered Unemployed Persons in Urban Areas		
宏观经济	**Macro Economy**		
国民经济核算　　（亿元）	**National Accounts　　(100 million yuan)**		
地区生产总值	Gross Domestic Product	185.85	1559.03
第一产业	Primary Industry	55.31	384.59
第二产业	Secondary Industry	86.62	615.86
第三产业	Tertiary Industry	43.92	558.58
人均地区生产总值　　（元）	Per Capita Gross Domestic Product　　(yuan)	370	2484
支出法地区生产总值(亿元)	Gross Domestic Product by Expenditure Approach(100 million yuan)	194.14	1541.99
#最终消费	Final Consumption	130.02	938.48
居民消费	Household Consumption	111.46	807.84
政府消费	Government Consumption	18.56	130.64
资本形成总额	Gross Capital Formation	54.79	502.90
固定资本形成总额	Gross Fixed Capital Formation	37.93	336.61
存货增加	Changes in Inventories	16.86	166.29
固定资产投资　　（亿元）	**Investment in Fixed Assets　　(100 million yuan)**		
全社会固定资产投资	Total Investment in Fixed Assets	27.23	381.47
#国有单位	State-owned Units	20.04	272.18
集体单位	Collective-owned Units	0.84	53.81
个体经济	Individual Economy	6.35	55.48
财政　　（亿元）	**Government Finance　　(100 million yuan)**		
地方财政一般预算收入	Local Government Budgetary Revenue	41.82	131.02
地方财政一般预算支出	Local Government Budgetary Expenditure	28.70	150.69
物价总指数　　（上年=100）	**Price Indices　　(preceding year=100)**		
商品零售价格指数	Gueneral Retail Price Index	100.4	95.6
居民消费价格指数	General Consumer Price Index	100.3	97.5
利用外资　　（亿美元）	**Foreign Capital Utilized　　(USD 100 million)**		
协议外商直接投资	Contracted Foreign Direct Investment		26.89
实际利用外商直接投资	Foreign Direct Investment Actually Utilized		14.60
能源生产与消费（万吨标准煤）	**Production and Consumption of Energy　　(10000 tons of SCE)**		
能源生产总量	Total Energy Production		1006.24
能源消费总量	Total Energy Consumption		4063.51

Principal Aggregate Indicators of National Economic and Social Development and Their Related Indices and Growth Rates

1995	2000	2005	2006	2007	速度指标(%) Indices and Growth Rates (%)								
					指数(2007为以下各年) Index (2007 as percentage of the following years)					平均增长速度 Average Annual Growth Rate			
					1978	1990	1995	2000	2006	1979–2007	1991–2007	1996–2007	2001–2007
7387.49	8650.03	9194.00	9304.00	9449.00	186.6	148.9	127.9	109.2	101.6	2.2	2.4	2.1	1.3
6788.74	7498.54	7899.64	8048.71	8156.05	161.1	130.6	120.1	108.8	101.3	1.7	1.6	1.5	1.2
4753.37	5160.26	3792.32	3880.37	3894.02					100.4				
2035.37	2338.29	4082.06	4149.42	4242.85					102.3				
3501.19	3871.13	4080.74	4154.03	4204.47	162.5	130.8	120.1	108.6	101.2	1.7	1.6	1.5	1.2
3287.55	3627.41	3818.90	3894.68	3951.58	159.5	130.3	120.2	108.9	101.5	1.6	1.6	1.5	1.2
3551.20	3989.32	5022.97	5250.09	5402.65	237.4	173.3	152.1	135.4	102.9	3.0	3.3	3.6	4.4
911.90	759.21	904.27	954.44	1001.46				131.9	104.9				4.0
		34.49	36.25	36.22					99.9				
5933.05	10741.25	22366.54	26159.52	31084.40	4244.6	1006.8	411.9	244.7	114.7	13.8	14.6	12.5	13.6
864.49	986.32	1428.27	1532.17	1695.57	475.9	192.4	155.1	128.0	103.2	5.5	3.9	3.7	3.6
2900.22	4999.51	11339.93	13431.82	15939.10	8552.5	1679.3	500.4	282.7	117.0	16.6	18.0	14.4	16.0
2168.34	4755.42	9598.34	11195.53	13449.73	5238.1	887.7	394.0	229.8	113.4	14.6	13.7	12.1	12.6
8129	12736	24438	28284	33151	2275.6	673.9	320.6	220.1	113.1	11.4	11.9	10.2	11.9
5933.05	10741.25	22366.54	26159.52	31084.40									
3363.38	5714.46	11533.44	12892.81	15166.71									
2912.58	4474.11	8989.70	10015.29	11873.01									
450.80	1240.35	2543.74	2877.52	3293.70									
2394.79	3850.81	8383.17	9621.48	11148.88									
1819.17	3093.82	7407.54	8465.26	9920.99									
575.62	756.99	975.63	1156.22	1227.89									
2327.22	3233.70	7164.11	8132.37	9596.95	35244.0	2515.8	412.4	296.8	118.0	22.4	20.9	12.5	16.8
1122.84	1286.91	2062.31	2129.71	2357.30	11763.0	866.1	209.9	183.2	110.7	17.9	13.5	6.4	9.0
363.67	448.71	396.64	443.34	519.37	61829.8	965.2	142.8	115.7	117.1	24.8	14.3	3.0	2.1
249.78	424.35	1403.46	1703.66	2134.49	33614.0	3847.3	854.5	503.0	125.3	22.2	23.9	19.6	26.0
382.34	910.56	1807.20	2179.46	2785.80					127.8				
525.63	1069.86	2289.07	2553.34	3159.57	11009.0	2096.7	601.1	295.3	123.7	17.6	19.6	16.1	16.7
111.6	99.9	101.8	101.5	103.4	445.4	174.8	104.7	106.9	103.4	5.3	3.3	0.4	1.0
114.0	101.4	102.3	101.8	103.7					103.7				
248.32	86.84	237.44	245.68	339.38		1262.1	136.7	390.8	138.1		16.1	2.6	21.5
101.80	122.37	123.64	145.11	171.26					118.0				
2622.53	3711.69	4524.97	4160.37	3923.53		389.9	149.6	105.7	94.3		8.3	3.4	0.8
7345.30	9447.70	17769.37	19765.22	21912.11		539.2	298.3	231.9	110.9		10.4	9.5	12.8

2-2 续表 1

指　标	Item	1978	1990	1995
产业经济	**Industry Economy**			
农业	**Agriculture**			
常用耕地面积 (千公顷)	Area of Regularly Cultivated Land (1000 hectares)	2778.80	2528.83	2317.31
农林牧渔从业人员 (万人)	Number of Persons Engaged in Farming, Forestry, Animal Husbandry and Fishery (10000 persons)	1662.50	1600.85	1431.98
农林牧渔业总产值 (亿元)	Gross Output Value of Farming, Forestry, Animal Husbandry and Fishery (100 million yuan)	85.94	600.71	1445.48
主要农产品产量 (万吨)	Output of Major Farm Products (10000 tons)			
粮食	Grain	1509.51	1896.39	1803.33
油料	Oil-bearing Crops	36.04	58.93	71.02
糖蔗	Sugarcane	835.42	2093.46	1472.21
茶叶	Tea	0.90	2.59	3.96
水果	Fruits	29.40	328.58	414.51
肉类	Meat	48.45	202.45	305.06
水产品	Aquatic Products	65.50	207.66	354.34
工业	**Industry**			
全部工业总产值 (亿元)	Gross Industrial Output Value (100 million yuan)	206.56	1902.25	8849.90
主要工业产品产量	Output of Major Industrial Products			
布 (亿米)	Cloth (100 million m)	2.27	4.59	11.65
机制纸及纸板 (万吨)	Machine-made Paper and Paperboard (10000 tons)	27.47	104.13	288.10
成品糖 (万吨)	Sugar (10000 tons)	96.15	184.50	107.22
家用电冰箱 (万台)	Household Refrigerators (10000 sets)		105.75	213.23
家用洗衣机 (万台)	Household Washing Machines (10000 sets)		143.01	187.51
电视机 (万台)	Television Sets (10000 sets)	1.72	327.60	882.80
#彩色电视机	Color Television Sets		262.37	763.92
照相机 (万架)	Cameras (10000 sets)		99.30	3277.71
原煤 (万吨)	Coal (10000 tons)	1046.96	889.76	1069.38
原油 (万吨)	Crude Oil (10000 tons)	10.22	49.05	650.97
发电量 (亿千瓦时)	Electricity (100 million kwh)	92.32	343.98	821.06
粗钢 (万吨)	Raw Steel (10000 tons)	35.84	116.96	207.44
成品钢材 (万吨)	Steel Products (10000 tons)	43.67	133.74	247.26
水泥 (万吨)	Cement (10000 tons)	369.08	2070.91	5317.92
规模以上工业企业主要指标	Main Indicators of Industrial Enterprises above Designated Size			
工业总产值 (亿元)	Gross Industrial Output Value (100 million yuan)	180.73	1605.80	6502.97
工业增加值 (亿元)	Value-added of Industry (101 million yuan)			
固定资产原价 (亿元)	Original Value of Fixed Assets (100 million yuan)	111.42	843.88	4298.15
主营业务收入 (亿元)	Main Business Revenue (100 million yuan)		1287.91	6195.84
利润和税金总额 (亿元)	Pre-tax Profits (100 million yuan)	32.91	121.50	441.40
建筑业	**Construction**			
建筑业企业年末从业人员(万人)	Number of Employed Persons in Construction Enterprises at the Year-end (10000 persons)	14.78	67.22	135.56
建筑业总产值(当年价) (亿元)	Gross Output Value (at current prices) (100 million yuan)	5.47	113.40	635.83
施工房屋建筑面积 (万平方米)	Floor Space of Buildings under Construction (10000 sq.m)			
竣工房屋建筑面积 (万平方米)	Floor Space of Buildings Completed (10000 sq.m)			
交通运输	**Transportation**			
货运量 (万吨)	Freight Traffic (10000 tons)	15204	85809	111063
铁路	Railways	3206	4803	7634
公路	Highways	3967	63709	68884
水运	Waterways	7887	16198	32952
管道	Pipelines	143	1091	1572
空运	Civil Aviation	1	8	21
客运量 (万人)	Passenger Traffic (10000 persons)	15906	78046	130998
铁路	Railways	2410	4467	6283
公路	Highways	10897	70681	118406
水运	Waterways	2546	2428	5146
空运	Civil Aviation	53	470	1163
沿海主要港口货物吞吐量(万吨)	Volume of Freight Handled at Major Coastal Ports (10000 tons)	2786	6895	11904

2-2 1 continued

2000	2005	2006	2007	速度指标(%) Indices and Growth Rates (%)								
				指数(2007为以下各年) Index (2007 as percentage of the following years)					平均增长速度 Average Annual Growth Rate			
				1978	1990	1995	2000	2006	1979-2007	1991-2007	1996-2007	2001-2007
2252.62	2102.58											
1572.07	1533.48		1532.30	90.2	95.7	107.0	97.5		-0.3	-0.3	0.6	-0.4
1701.18	2447.57	2536.27	2821.24	515.5	225.2	170.3	132.4	103.3	5.8	4.9	4.5	4.1
1822.33	1394.97	1242.42	1284.70	85.1	67.7	71.2	70.5	103.4	-0.6	-2.3	-2.8	-4.9
78.78	77.01	77.57	77.72	215.6	131.9	109.4	98.7	100.2	2.7	1.6	0.8	-0.2
1137.59	946.02	1025.66	1096.87	131.3	52.4	74.5	96.4	106.9	0.9	-3.7	-2.4	-0.5
4.21	4.45	4.74	4.89	543.3	188.8	123.5	116.2	103.2	6.0	3.8	1.8	2.2
643.52	831.69	893.47	950.65	3233.5	289.3	229.3	147.7	106.4	12.7	6.4	7.2	5.7
324.48	384.31	382.08	385.68	796.0	190.5	126.4	118.9	100.9	7.4	3.9	2.0	2.5
593.19	695.23	658.84	664.34	1014.3	319.9	187.5	112.0	100.8	8.3	7.1	5.4	1.6
16904.47	41661.74	51131.94	62759.92	24399.0	3450.6	847.0	382.6	121.2	20.9	23.2	19.5	21.1
16.99	24.82	28.51	26.43					9.0				
260.30	690.61	969.37	980.00					16.3				
91.30	119.43	108.68	137.72					28.7				
320.70	601.51	650.47	807.84					24.9				
244.18	266.41	215.67	246.05					14.1				
1709.53	4626.54	4541.12	3802.39					-19.7				
1531.53	4089.62	4093.92	3622.25					-16.6				
3545.88	4726.47	4570.58	4079.40					-5.2				
161.71	234.84											
1393.17	1470.03	1337.78	1261.13					-6.5				
1292.69	2163.36	2358.35	2591.64					10.7				
286.99	757.07	902.65	1152.41					15.5				
406.28	1365.77	1786.60	2014.18					13.8				
5872.00	8031.74	8851.13	9775.63					14.0				
12480.93	35942.74	44674.75	55252.86	21931.9	3439.8	964.4	461.0	122.1	20.4	23.1	20.8	24.4
3422.60	9416.39	11780.89	14104.21				411.9	118.2				22.4
8005.77	14453.16	17824.33	19763.42					110.9				
12380.65	34781.58	43550.87	53927.94					123.8				
1042.77	2877.81	3907.10	5105.93					130.7				
141.45	166.78	169.33	179.13	1212.0	266.5	132.1	126.6	105.8	9.0	5.9	2.3	3.4
1011.47	2200.58	2594.04	3005.32	54941.9	2650.2	472.7	297.1	115.9	24.3	21.3	13.8	16.8
23520.91	38351.76	36956.44	42981.28				182.7	116.3				9.0
13492.94	17053.80	15126.21	17320.02				128.4	114.5				3.6
119216	133992	145911	165426					113.4				
15172	18647	16170	16480	514.0	343.1	215.9	108.6	101.9	5.8	7.5	6.6	1.2
75365	84861	97461	112611					115.5				
25696	26422	27503	30893					112.3				
2952	3989	4698	5355	3744.8	490.8	340.6	181.4	114.0	13.3	9.8	10.8	8.9
31	73	79	87	8700.0	1087.5	414.3	280.6	110.1	16.6	15.1	12.6	15.9
164791	161357	197314	211215					107.0				
12165	16106	15109	16762	695.5	375.2	266.8	137.8	110.9	6.9	8.1	8.5	4.7
148945	139158	175567	186835					106.4				
2363	2038	2073	2071					99.9				
1318	4055	4565	5548	10467.9	1180.4	477.0	420.9	121.5	17.4	15.6	13.9	22.8
18674	48743	58067	65785	2361.3	954.1	552.6	352.3	113.3	11.5	14.2	15.3	19.7

2-2 续表 2

指　　标	Item	1978	1990	1995
邮电通信业	**Postal and Telecommunication Services**			
邮电业务总量 (亿元)	Total Business Volume (100 million yuan)	1.59	26.30	204.93
函件 (亿件)	Number of Letters Delivered (100 million pieces)		4.72	9.85
报刊累计数 (亿份)	Accumulated Number of Newspapers and Magazines Distributed (100 million copies)		11.63	15.59
局用电话交换机容量 (万门)	Capacity of Local Office Telephone Exchanges (10000 gates)	21.10	180.70	1007.10
本地电话用户 (万户)	Number of Subscribers of Local Telephones (10000 subscribers)		113.00	591.00
#城市	Urban Areas		72.00	361.00
移动电话用户 (万户)	Number of Subscribers of Mobile Telephones(10000 subscribers)		1.11	98.78
国际互联网用户 (万户)	Number of Internet Subscribers (10000 subscribers)			
国内贸易	**Domestic Trade**			
社会消费品零售额 (亿元)	Total Retail Sales of Consumer Goods (100 million yuan)	79.86	667.36	2478.35
对外贸易	**Foreign Trade**			
海关进出口总额 (亿美元)	Total Exports and Imports (USD 100 million)		418.98	1039.72
进口额	Imports		196.77	473.80
出口额	Exports		222.21	565.92
国际旅游	**International Tourism**			
国际游客入境人数 (万人次)	Number of International Tourists Arrival to China (10000 person-times)	169.91	2527.54	3615.03
金融保险	**Banking and Insurance**			
中资金融机构人民币存款余额 (亿元)	Deposits in Renminbi in Domestic-funded Financial Institutions (100 million yuan)			7090.48
中资金融机构人民币贷款余额 (亿元)	Loans in Renminbi in Domestic-funded Financial Institutions (100 million yuan)			5495.69
保费收入 (亿元)	Premium Income (100 million yuan)		18.05	67.93
教育、科技、文化	**Education, Science and Technology and Culture**			
教育	**Education**			
专任教师数 (万人)	Full-time Teachers (10000 persons)			
普通高等学校	Institutions of Higher Education	0.90	1.57	1.66
中等学校	Secondary Schools	15.93	16.33	21.38
小学	Primary Schools	26.09	27.73	32.14
在校学生数 (万人)	Students Enrollment (10000 persons)			
普通高等学校	Institutions of Higher Education	3.07	9.59	15.18
中等学校	Secondary Schools	316.96	284.52	417.23
小学	Primary Schools	743.02	747.29	883.19
国家财政用于教育支出 (亿元)	Government Expenditures on Education (100 million yuan)		21.34	84.56
科技	**Science and Technology**			
从事科技活动人员 (人)	Number of Persons Engaged in Science and Technology (person)		84576	105469
科技活动经费使用总额 (万元)	Expenditures on Scientific and Technological Activities		128238	398192
技术合同金额 (万元)	Amount of Technological Contracts (10000 yuan)		20262	125972
文化	**Culture**			
出版数量	Number of Publications			
图书 (亿册)	Number of Books Published (100 million copies)	1.72	2.81	3.69
杂志 (万册)	Number of Magazines Issued (10000 copies)	1519	11325	22810
报纸 (亿份)	Number of Newspapers Issued (100 million copies)	3.19	13.81	22.64

2-2 2 continued

2000	2005	2006	2007	速度指标(%) Indices and Growth Rates (%)								
				指数(2007为以下各年) Index (2007 as percentage of the following years)					平均增长速度 Average Annual Growth Rate			
				1978	1990	1995	2000	2006	1979-2007	1991-2007	1996-2007	2001-2007
602.31	2121.94	2540.54	3070.55				509.8	120.9				26.2
10.66	9.13	8.09	8.14		172.5	82.6	76.4	100.6		3.3	-1.6	-3.8
10.78	11.30	10.47	10.51		90.4	67.4	97.5	100.4		-0.6	-3.2	-0.4
1939.50	4616.57	4798.45	5200.96	24649.1	2878.2	516.4	268.2	108.4	20.9	21.9	14.7	15.1
1414.94	3442.53	3633.46	3743.07		3312.5	633.3	264.5	103.0		22.9	16.6	14.9
916.03	2700.89	2838.59	2934.61		4075.8	812.9	320.4	103.4		24.4	19.1	18.1
1357.26	6406.61	7117.95	7482.06		674059.5	7574.5	551.3	105.1		68.0	43.4	27.6
216.41	1006.36	792.31	814.43				376.3	102.8				20.8
4379.81	7882.64	9118.08	10598.14	13270.9	1588.1	427.6	242.0	116.2	18.4	17.7	12.9	13.5
1701.06	4280.02	5272.07	6340.35		1513.3	609.8	372.7	120.3		17.3	16.3	20.7
781.87	1898.31	2252.59	2647.96		1345.7	558.9	338.7	117.6		16.5	15.4	19.0
919.19	2381.71	3019.48	3692.39		1661.7	652.5	401.7	122.3		18.0	16.9	22.0
6729.18	9579.12	10039.55	10318.86	6073.1	408.3	285.4	153.3	102.8	15.2	8.6	9.1	6.3
16908.26	35783.57	40902.74	46555.52			656.6	275.3	113.8			17.0	15.6
11716.93	20745.27	23182.16	26776.12			487.2	228.5	115.5			14.1	12.5
191.88	499.24	607.38	809.31		4483.7	1191.4	421.8	133.2		25.1	22.9	22.8
2.04	5.43	6.11	6.71	745.6	427.4	404.2	328.9	109.8	7.2	8.9	12.3	18.5
27.24	35.13	37.06	39.34	247.0	240.9	184.0	144.4	106.2	3.2	5.3	5.2	5.4
36.41	40.38	40.76	41.44	158.8	149.4	128.9	113.8	101.7	1.6	2.4	2.1	1.9
29.95	87.47	100.86	111.97	3647.2	1167.6	737.6	373.9	111.0	13.2	15.6	18.1	20.7
541.72	715.52	758.29	791.95	249.9	278.3	189.8	146.2	104.4	3.2	6.2	5.5	5.6
929.93	1067.03	1056.99	1017.62	137.0	136.2	115.2	109.4	96.3	1.1	1.8	1.2	1.3
144.39	329.21	392.62	575.90		2698.7	681.1	398.9	146.7		21.4	17.3	21.9
222073	354488	368780	451556		533.9	428.1	203.3	122.4		10.4	12.9	10.7
2146502	4563599	5419132	6868530		5356.1	1724.9	320.0	126.7		26.4	26.8	18.1
482104	1124740	1095802	1333162		6579.6	1058.3	276.5	121.7		27.9	21.7	15.6
2.70	2.26	2.70	2.32	134.9	82.6	62.9	85.9	85.9	1.0	-1.1	-3.8	-2.1
26299	20371	23220	25631	1687.4	226.3	112.4	97.5	110.4	10.2	4.9	1.0	-0.4
34.63	38.24	43.37	41.85	1311.9	303.0	184.8	120.8	96.5	9.3	6.7	5.3	2.7

2-2 续表 3

指标	Item	1978	1990	1995
家庭、生活、环境	**Family, People's Livelihood and Environment**			
家庭	**Family**			
城镇居民平均每户家庭人口 (人)	Average Household Size in Urban Areas (person)	4.84	3.85	3.58
农村居民平均每户家庭人口 (人)	Average Household Size in Rural Areas (person)	5.99	5.65	5.36
婚姻	**Marriages and Divorces**			
结婚数 (万对)	Number of Marriages (10000 couples)		50.66	59.67
离婚数 (万对)	Number of Divorces (10000 couples)		2.58	3.42
居住	**Residence**			
城镇居民人均住房使用面积(平方米)	Per Capita Floor Space of Urban Residents (sq.m)	5.47	15.77	21.03
农村居民人均居住面积 (平方米)	Per Capita Floor Space of Rural Residents (sq.m)	8.73	17.39	20.83
生活	**People's Livelihood**			
城镇居民人均可支配收入 (元)	Per Capita Disposable Income of Urban Residents (yuan)	412.13	2303.15	7438.68
农村居民人均纯收入 (元)	Per Capita Net Income of Rural Residents (yuan)	193.25	1043.03	2699.24
城乡居民储蓄存款余额 (亿元)	Savings Deposits by Urban and Rural Residents (100 million yuan)	17.56	752.16	3884.66
工资	**Wages**			
单位从业人员劳动报酬 (亿元)	Earnings of Employed Persons in Urban Areas (100 million yuan)	30.59	223.29	734.14
单位从业人员平均劳动报酬 (元)	Average Earnings of Employed Persons in Urban Areas (yuan)	615	2929	8250
卫生	**Health Care**			
医院、卫生院 (个)	Number of Hospitals (unit)	1968	1885	2267
医生 (万人)	Number of Doctors (10000 persons)	4.79	8.11	9.89
医院、卫生院床位数 (万张)	Number of Hospital Beds (10000 units)	8.41	11.41	13.78
市政建设	**Municipal Construction**			
全年供水量 (亿吨)	Volume of Water Supply (100 million tons)		20.55	34.36
液化石油气供气总量 (万吨)	Total Supply of Liquefied Petroleum Gas (10000 tons)			
年末实有公共汽(电)车营运车辆(辆)	Number of Public Vehicles (Buses and Trolley-buses) at the Year-end (unit)		3199	5860
年末实有出租汽车数 (辆)	Number of Taxis at the Year-end (unit)			
年末实有铺装道路面积 (万平方米)	Area of Paved Roads at the Year-end (10000sq.m)			8577
绿地面积 (公顷)	Area of Greens and Garden Areas (hectare)		12892	46375
环境、灾害	**Environment and Disaster**			
企事业单位污染治理资金 (万元)	Funds Used for Pollution Treatment by Enterprises and Institutions (10000 yuan)		18331	30007
环保投资占GDP比重 (%)	Percentage of Expenditure on Environmental Protection in GDP (%)		0.37	0.64
火灾发生数 (起)	Number of Fire Disasters (time)		1725	1254
火灾损失 (万元)	Fire Loss (10000 yuan)		9102	17419
交通事故发生数 (起)	Number of Traffic Accidents (time)		25909	42115
交通事故损失 (万元)	Loss of Traffic Accidents (10000 yuan)		5044	28700

注：1. 2003年起职工改为单位从业人员，2000年数据作了相应调整。
2. 农业、工业总产值绝对数按当年价格计算，增长速度按可比价计算。
3. 工业指标(全部工业总产值除外)统计范围为规模以上工业企业(即年主营业务收入500万元以上的法人工业企业，2000-2006年为全部国有工业企业及年主营业务收入500万元以上的非国有工业企业)。规模以上工业总产值1995年及以前为乡及乡以上工业。
4. 2000年起粮食产量为抽样调查数据。
5. 1994年起财政收入按税改新口经统计(即不含中央返还部分)。
6. 邮电业务总量2000年起按2000年不变价计算,1995年以前按1990年不变价计算。
7. 1986年以前中等学校不含成人中专数据。
8. 城乡居民储蓄存款余额为中资金融机构人民币储蓄存款。
9. 2005年起,客运量和货运量中的公路和水路运输开始使用广东省交通厅提供数据。

2-2 3 continued

2000	2005	2006	2007	速度指标(%) Indices and Growth Rates (%)								
				指数(2007为以下各年) Index(2007 as percentage of the following years)					平均增长速度 Average Annual Growth Rate			
				1978	1990	1995	2000	2006	1979-2007	1991-2007	1996-2007	2001-2007
3.57	3.27	3.29	3.27	67.6	84.9	91.3	91.6	99.4	-1.3	-1.0	-0.8	-1.2
5.15	5.00	4.98	5.00	83.5	88.5	93.3	97.1	100.4	-0.6	-0.7	-0.6	-0.4
56.21	58.94	75.30	74.95		147.9	125.6	133.3	99.5		2.3	1.9	4.2
4.75	8.09	8.94	7.07		274.0	206.7	148.8	79.1		6.1	6.2	5.8
24.60	25.71	26.59	33.81	618.1	214.4	160.8	137.4	127.2	6.5	4.6	4.0	4.6
22.42	25.71	26.60	27.24	312.0	156.6	130.8	121.5	102.4	4.0	2.7	2.3	2.8
9761.57	14769.94	16015.58	17699.30	4294.6	768.5	237.9	181.3	110.5	13.8	12.7	7.5	8.9
3654.48	4690.49	5079.78	5624.00	2910.2	539.2	208.4	153.9	110.7	12.3	10.4	6.3	6.4
8667.29	19051.35	21583.33	22214.49	126506.2	2953.4	571.9	256.3	102.9	27.9	22.0	15.6	14.4
1057.57	2143.29	2482.84	2934.97				277.5	118.2				15.7
13859	24122	26400	29658				214.0	112.3				11.5
2426	2428	2433	2435	123.7	129.2	107.4	100.4	100.1	0.7	1.5	0.6	0.1
11.12	11.80	13.06	13.83	288.7	170.5	139.8	124.4	105.9	3.7	3.2	2.8	3.2
15.72	19.26	20.41	21.71	258.1	190.3	157.5	138.1	106.4	3.3	3.9	3.9	4.7
36.89	67.96	74.76	76.48		372.2	222.6	207.3	102.3		8.0	6.9	11.0
	323.59	374.36	367.05					98.0				
22255	34263	36805	40904		1278.6	698.0	183.8	111.1		16.2	17.6	9.1
	46121	46416	50250					108.3				
24981	38297	44355	41662			485.7	166.8	93.9			14.1	7.6
132666	317045	259591	287308		2228.6	619.5	216.6	110.7		20.0	16.4	11.7
167707	370384	313708	433128		2362.8	1443.4	258.3	138.1		20.4	24.9	14.5
1.96	2.50	2.50	2.70									
8622	3176	8866	6168		357.6	491.9	71.5	69.6		7.8	14.2	-4.7
10065	7629	5725	9027		99.2	51.8	89.7	139.8		0.0	-5.3	-1.5
66072	67756	56171	46558		179.7	110.5	70.5	82.9		3.5	0.8	-4.9
27526	20883	13298	12075		239.4	42.1	43.9	90.8		5.3	-7.0	-11.1

Notes: a) The number of staff and workers has been recoded as employed persons in units since 2003.The data of 2000 have been adjusted accordingly

b) Figures in value terms on gross output value of agriculture and industry are calculated at current prices, whereas their growth rates are calculated at comparable prices.

c) The statistical coverage of the industrial indicators (excluding the gross output value of industry) refers to the industrial enterprises above designated size, i.e. legal person industrial enterprises with annual main business revenue over 5 million yuan. The industrial indicators from 2000 to 2006 covered all state-owned industrial enterprises and non-state-owned industrial enterprises with annual main business revenue over 5 million yuan. Prior to 1995 (inclusive), the gross output value of industry above designated size covered industrial enterprisesat or above township level.

d) Figures of output of grain have been obtained from sample surveys since 2000.

e) Figures of government revenues since 1994 are calculated according to new standards stipulated in the tax reform (excluding revenues refunded by the central government).

f) Since 2000, the total business volumes of postal and telecommunication services have been calculated at 2000 constant prices, whereas the figures before 1995 were calculated at 1990 constant prices.

g) Before 1986, the figures of secondary schools excluded those of specialized secondary schools for adults.

h) Savings deposits by urban and rural residents are savings deposits in Renminbi in domestic-funded financial institutions.

i) Figures of passenger and freight traffic through highways and waterways since 2005 are provided by Guangdong Provincial Department of Communications.

2-3 国民经济和社会发展结构指标

Structural Indicators of National Economic and Social Development

单位：% (%)

指 标	Item	2000	2005	2006	2007
人口与就业	**Population and Employment**				
人口	**Population**				
城乡结构	Urban and Rural Structure				
非农业	Non-agriculture	31.2	51.7	51.6	52.0
农业	Agriculture	68.8	48.0	48.2	47.7
性别结构	Sexual Structure				
男	Male	51.6	51.7	51.6	51.6
女	Female	48.4	48.3	48.4	48.4
就业	**Employment**				
产业结构	Industrial Structure				
第一产业	Primary Industry	40.0	32.1	30.4	29.4
第二产业	Secondary Industry	27.9	38.1	38.8	39.0
第三产业	Tertiary Industry	32.1	29.8	30.8	31.6
按登记注册类型分组	Grouped by Status of Registration				
国有单位	State-owned Units	11.8	7.6	7.3	7.0
集体单位	Collective-owned Units	59.4	40.6	38.7	37.0
股份合作单位	Share-holding Cooperative Units	0.3	0.4	0.4	0.4
联营单位	Joint-operation Units	0.2	0.3	0.4	0.4
有限责任公司	Limited Liability Corporations	1.0	4.1	4.2	4.5
股份有限公司	Share-holding Corporations Ltd.	0.7	1.0	1.2	1.2
外商投资单位	Units with Foreign Investment	1.1	4.3	4.8	4.8
港澳台投资单位	Units with Investment from Hong Kong，Macao and Taiwan	2.6	12.0	12.0	12.5
私营企业	Private Enterprises	5.5	13.3	14.7	15.3
个体经济	Individual Economy	7.7	14.6	14.8	15.4
宏观经济	**Macro Economy**				
国民经济核算	**National Accounts**				
地区生产总值产业结构	Industrial Structure of Gross Domestic Product				
第一产业	Primary Industry	9.2	6.4	5.9	5.4
第二产业	Secondary Industry	46.5	50.7	51.3	51.3
第三产业	Tertiary Industry	44.3	42.9	42.8	43.3
国内支出结构	Domestic Expenditure Structure				
最终消费	Final Consumption	53.2	51.6	49.3	48.8
居民消费	Household Consumption	41.7	40.2	38.3	38.2
农村	Rural Households	14.6	6.3	5.7	5.0
城镇	Urban Households	27.0	33.8	32.6	33.2
政府消费	Government Consumption	11.5	11.4	11.0	10.6
资本形成总额	Gross Capital Formation	35.9	37.5	36.8	35.9
固定资本形成总额	Gross Fixed Capital Formation	28.8	33.1	32.4	31.9
存货增加	Changes in Inventories	7.1	4.3	4.4	4.0
净出口	Net Exports	10.9	11.0	13.9	15.3
投资	**Investment**				
经济类型结构	Structure by Ownership				
国有单位	State-owned Units	39.8	28.8	26.2	24.6
集体单位	Collective-owned Units	13.9	5.5	5.5	5.4
个体	Individuals	13.0	19.6	20.9	22.2
联营经济单位	Joint-operation Units	0.3	0.3	0.4	0.2
股份制经济单位	Share-holding Units	15.0	19.9	22.2	22.7
外商投资经济单位	Units with Foreign Investment	4.4	10.0	8.9	8.7
港澳台商投资经济单位	Units with Investment from Hong Kong，Macao and Taiwan	12.9	15.1	14.7	14.8
其他经济单位	Other Economic Units	0.7	0.8	1.2	1.3

2-3 续表 1 continued

单位：% (%)

指 标	Item	2000	2005	2006	2007
资金来源结构	Structure of Sources of Funds				
国家预算内资金	State Budgetary Appropriation	1.7	0.9	1.1	1.6
国内贷款	Domestic Loans	17.2	17.2	17.9	15.4
利用外资	Foreign Investment	10.5	9.9	9.3	8.6
自筹投资	Fundraising	42.9	54.1	49.0	50.3
其他投资	Others	27.7	17.9	22.6	24.1
利用外资	**Utilization of Foreign Capital**				
实际利用外资结构	Structure of Foreign Capital Actually Utilized				
对外借款	Loans from Abroad	4.8			
外商直接投资	Foreign Direct Investment	84.0	81.5	81.5	87.3
外商其他投资	Other Foreign Investment	11.2	18.5	18.5	12.7
能源生产与消费	**Production and Consumption of Energy**				
能源生产总量结构	Structure of Total Energy Production				
原煤	Coal	8.0	7.5		
原油	Crude Oil	53.6	46.4	45.9	45.9
电力	Electricity	27.1	32.9	38.4	36.3
天然气	Natural Gas	11.3	13.2	15.7	17.0
一次能源消费总量结构	Structure of Total Primary Energy Consumption				
原煤	Coal	52.2	52.8	50.4	52.0
原油	Crude Oil	35.0	26.1	26.2	24.2
电力	Electricity	12.6	20.8	22.1	20.3
天然气	Natural Gas	0.2	0.3	1.3	3.5
产业经济	**Industry Economy**				
农业	**Agriculture**				
农林牧渔业产值结构	Structure of Gross Output Value of Farming, Forestry, Animal Husbandry and Fishery				
农业	Farming	47.5	45.3	48.7	47.1
林业	Forestry	3.5	2.7	2.7	2.6
牧业	Animal Husbandry	26.5	26.1	24.6	27.5
渔业	Fishery	22.5	21.4	20.4	19.2
农林牧渔服务业	Services for Farming, Forestry, Animal Husbandry and Fishery		4.5	3.6	3.6
工业	**Industry**				
国有及年主营业务收入500万元以上非国有工业产值结构	Structure of Gross Industrial Output Value of State-owned Enterprises and Non-state-owned Enterprises with Main Business Revenue over 5 Million Yuan				
按轻重工业分	Grouped by Light and Heavy Industry				
轻工业	Light Industry	52.9	40.4	38.4	38.4
重工业	Heavy Industry	47.1	59.6	61.6	61.6
按经济类型分	Grouped by Ownership				
国有工业	State-owned Industry	11.6	5.8	6.5	5.1
集体工业	Collective-owned Industry	9.6	1.3	1.2	0.9
股份合作工业	Share-holding Cooperative Industry	0.9	0.3	0.2	0.3
股份制工业	Share-holding Industry	14.3	25.8	29.0	29.3
外商投资工业	Industry with Foreign Investment	20.2	31.1	29.9	30.5
港澳台商投资工业	Industry with Investment from Hong Kong, Macao and Taiwan	38.0	32.6	29.6	30.2
按企业规模分	Grouped by Size of Enterprise				
大型企业	Large	36.2	34.9	33.6	33.4
中型企业	Medium-sized	11.4	33.0	35.4	34.8
小型企业	Small	52.3	32.1	31.0	31.7
建筑业	**Construction**				
建筑业产值结构	Structure of Gross Output Value of Construction Enterprises				
国有经济	State-owned Enterprises	38.8	25.4	25.9	26.3
集体经济	Urban Collective-owned Enterprises	33.3	10.5	9.7	8.7
股份合作	Share-holding Cooperative Enterprises	0.8	0.5	0.5	0.5
联营经济	Joint-operation Enterprises	1.2	1.1	0.9	0.9

2-3 续表 2 continued

单位：% (%)

指　　标	Item	2000	2005	2006	2007
其他有限责任公司	Limited Liability Corporations	13.9	37.8	34.9	35.3
股份有限公司	Share-holding Limited Companies	5.2	5.4	6.2	6.4
私营个体经济	Private Enterprises	4.4	17.5	18.2	18.6
其他	Others	...	0.1	0.1	0.1
港澳台商投资	Enterprises with Investment from Hong Kong, Macao and Taiwan	1.6	1.2	2.5	1.8
外商投资	Enterprises with Foreign Investment	0.8	0.5	1.1	1.4
运输业	**Transportation**				
货运量结构	Structure of Freight Traffic				
铁路	Railways	12.7	13.9	11.1	10.1
公路	Highways	63.2	63.3	66.8	68.1
水运	Waterways	21.6	19.7	18.8	18.7
民用航空	Civil Aviation	...	0.1	0.1	0.1
管道输油(气)	Pipelines	2.5	3.0	3.2	3.2
客运量结构	Structure of Passenger Traffic				
铁路	Railways	7.4	10.0	7.7	7.9
公路	Highways	90.4	86.2	89.0	88.5
水运	Waterways	1.4	1.3	1.0	1.0
民用航空	Civil Aviation	0.8	2.5	2.3	2.6
国内贸易	**Domestic Trade**				
社会消费品零售总额结构	Structure of Total Retail Sales of Consumer Goods				
城镇	Urban Areas	75.1	75.4	75.2	75.1
乡村	Rural Areas	24.9	24.6	24.8	24.9
对外贸易和国际旅游	**Foreign Trade and International Tourism**				
出口商品结构	Structure of Exports				
初级产品	Primary Goods	3.7	2.1	1.9	1.8
工业制成品	Manufactured Goods	96.3	97.9	98.1	98.2
进口商品结构	Structure of Imports				
初级产品	Primary Goods	12.0	10.7	10.7	11.3
工业制成品	Manufactured Goods	88.0	89.3	89.3	88.7
国际游客出入境人数结构	Structure of International Tourists Arrival to China				
外国人	Foreigners	4.2	5.6	5.9	6.5
港澳同胞	Compatriots from Hong Kong and Macao	92.9	92.1	91.8	91.2
台湾同胞	Compatriots from Taiwan	2.8	2.3	2.2	2.2
教育、文化	**Education and Culture**				
教育	**Education**				
在校学生结构	Structure of Enrolled Students				
大学生	Colleges and Universities	2.1	5.0	5.6	6.3
中学生	Secondary Schools	32.4	34.6	35.6	36.7
小学生	Primary Schools	65.5	60.4	58.8	57.0

2-3 续表 3 continued

单位：% (%)

指 标	Item	2000	2005	2006	2007
专任教师结构	Structure of Full-time Teachers				
大学	Colleges and Universities	3.3	7.1	7.7	8.2
中学	Secondary Schools	37.3	40.1	40.9	41.5
小学	Primary Schools	59.4	52.8	51.4	50.3
文化	**Culture**				
文化事业机构人员结构	Structure of Persons Engaged in Cultural Activities				
艺术事业	Arts	24.3	33.5	32.5	31.3
图书馆事业	Library	7.0	13.6	14.3	13.3
群众文化事业	Mass Culture	24.5	36.9	39.1	34.8
教育事业	Education	2.2	3.8	3.1	3.1
其他文化事业	Other Cultural Activities	41.1	12.2	11.0	17.6
生活、卫生、环境	**People's Livelihood，Health Care and Environment**				
生活	**People's Livelihood**				
城镇居民消费结构	Consumption Structure of Urban Households				
食品类	Food	38.6	36.1	36.2	35.3
衣着类	Clothing	4.6	5.7	5.8	5.7
用品及其他	Articles for Daily Use and Others	43.0	48.2	47.9	48.9
居住	Residence	13.8	10.0	10.1	10.1
农村居民消费结构	Consumption Structure of Rural Households				
食品类	Food	49.8	48.3	48.6	49.7
衣着类	Clothing	3.9	3.9	3.9	3.9
用品及其他	Articles for Daily Use and Others	32.0	33.6	31.2	28.2
居住	Residence	14.3	14.3	16.3	18.2
卫生	**Health Care**				
卫生技术人员结构	Structure of Medical Technical Personnel				
#医生	Doctors	42.0	39.7	39.2	38.3
护师、护士	Nurses	31.4	33.2	34.4	35.5
医院床位结构	Structure of Hospital Beds				
县及以上医院	Hospitals at and above County Level	71.4	79.7		
环境、灾害	**Environment and Disaster**				
工业污染源治理投资结构(%)	Investment Structure of Treatment of Industrial Pollution Sources(%)				
治理废水	Treatment of Waste Water		29.0	23.0	13.9
治理废气	Treatment of Waste Gas		47.4	56.5	42.9
治理固体废物	Treatment of Waste Solid Wastes		3.4	2.8	2.9
治理噪声	Treatment of Noise		0.6	0.7	0.4
治理其它	Treatment of Others		19.6	17.0	40.2
火灾事故损失额结构	Structure of Fire Losses Converted into Cash				
特大	Extraordinarily Serious Fires	6.7	15.1	7.5	6.9
重大	Serious Fires	30.4	14.6	14.2	1.6
一般	Ordinary Fires	62.9	70.3	78.4	91.5
交通事故损失额结构	Structure of Losses from Traffic Accidents Converted into Cash				
机动车道	Roads for Motored Vehicles				84.4
非机动车道	Roads for Nonmotored Vehicles				1.5
混合道	Mixed Roads				10.5
其他道	Others				3.6

注：由于数据计算进位的原因，部分结构总和不等于100。
Note: Owing to the rounding-off of figures, some totals in this table are not equal to 100.

2-4 国民经济和社会发展主要指标占全国比重
Percentage of Main Indicators of National Economic and Social Development of Guangdong in the Whole Nation

指标	Item	2006 广东 Guang-dong	2006 全国 National Total	2006 广东占全国(%) As Perce-ntage of National Total	2007 广东 Guang-dong	2007 全国 National Total	2007 广东占全国(%) As Perce-ntage of National Total
人口	**Population**						
年末常住人口数 (万人)	Permanent Population at the Year-end (10000 persons)	9304.00	131448.00	7.1	9449.00	132129	7.2
土地面积 (万平方公里)	**Land Area (10000 sp.km)**	**17.98**	**960.00**	**1.9**	**17.98**	**960.00**	**1.9**
国内(地区)生产总值(亿元)	**Gross Domestic Product (100 million yuan)**	**26159.52**	**211923.5**	**12.3**	**31084.40**	**249529.9**	**12.5**
第一产业	Primary Industry	1532.17	24040.0	6.4	1695.57	28095.0	6.0
第二产业	Secondary Industry	13431.82	103162.0	13.0	15939.10	121381.3	13.1
#工业	Industry	12500.22	90351.5	13.8	14910.03	107367.20	13.9
第三产业	Tertiary Industry	11195.53	84721.4	13.2	13449.73	100053.5	13.4
人均国内(地区)生产总值 (元)	**Per Capita Gross Domestic Product (yuan)**	**28284**	**16165**		**33151**	**18934**	
主要工农业产品产量	**Output of Major Farm Products and Industrial Products**						
粮食 (万吨)	Grain (10000 tons)	1242.42	49804.2	2.5	1284.70	50148.3	2.6
油料 (万吨)	Oil-bearing Crops (10000 tons)	77.57	2640.3	2.9	77.72	2548.9	3.0
肉类 (万吨)	Meat (10000 tons)	382.08	7089.0	5.3	385.68	6865.7	5.6
水产品 (万吨)	Aquatic Products (10000 tons)	658.84	4583.60	14.4	664.34	4747.5	14.0
水果 (万吨)	Fruits (10000 tons)	893.47	17261.20	5.2	950.65	18136.3	5.2
茶叶 (万吨)	Tea (10000 tons)	4.74	102.80	4.6	4.89	116.6	4.2
农用化肥 (万吨)	Chemical Fertilizer (10000 tons)	29.44	5345.10	0.6	29.41	5786.9	0.5
发电量 (亿千瓦时)	Electricity (100 million kwh)	2358.35	28657	8.2	2591.64	32777	7.9
水泥 (万吨)	Cement (10000 tons)	8851.13	123676	7.2	9775.63	136000	7.2
布 (亿米)	Cloth (100 million m)	28.51	598.6	4.8	26.43	660.0	4.0
机制纸及纸板 (万吨)	Machine-made Paper and Paperboard (10000 tons)	969.37			980.00		
成品钢材 (万吨)	Steel (10000 tons)	1786.60	46893	3.8	2014.18	56894	3.5
成品糖 (万吨)	Sugar (10000 tons)	108.68	949	11.5	137.72	1271	10.8
平板玻璃 (万重量箱)	Flat Glass (10000 wt.cases)	3147.48	46575	6.8	6076.51	49748	12.2
家用电冰箱 (万台)	Household Refrigerators(10000 units)	650.47	3530.9	18.4	807.84	4397.1	18.4
家用洗衣机 (万台)	Household Washing Machines (10000 units)	215.67			246.05		
彩电电视机 (万台)	Color Television Sets (10000 sets)	4093.92	8375.40	48.9	3622.25	8433.0	43.0
房间空调器 (万台)	Room Air Conditioners (10000 sets)	3722.55	6849.40	54.3	4601.94	8014.3	57.4
汽车 (万辆)	Bicycles (10000 units)	55.54	727.9	7.6	78.90	888.7	8.9
微型电子计算机 (万台)	Microcomputers (10000 units)	1783.59	9336.40	19.1	2253.44	12073.4	18.7
固定资产投资	**Investment in Fixed Assets**						
全社会固定资产投资额 (亿元)	Total Amount of Investment in Fixed Assets (100 million yuan)	8132.37	109998.2	7.4	9596.95	137239.0	7.0
#内资	Domestic Investment	6208.30	99139.9	6.3	7336.74	123872.2	5.9
港澳台商投资	Investment from Hong Kong, Macao and Taiwan	726.25	4745.1	15.3	838.66	5961.0	14.1
外商投资	Foreign Investment	1197.77	6113.2	19.6	1421.55	7405.8	19.2

2-4 续表 continued

指 标	Item	2006 广东 Guang-dong	2006 全国 National Total	2006 广东占全国(%) As Percentage of National Total	2007 广东 Guang-dong	2007 全国 National Total	2007 广东占全国(%) As Percentage of National Total
运输、邮电	**Transport, Postal and Telecommunication Services**						
货物周转量 (亿吨公里)	Freight Traffic (100 million ton-kilometers)	4162.77	88952	4.7	4430.93	101387	4.4
旅客周转量 (亿人公里)	Passenger Traffic(100 million person-kilometers)	2245.37	19197	11.7	2626.71	21593	12.2
沿海主要港口货物吞吐量 (万吨)	Volume of Freight Handled at Major Coastal Ports (10000 tons)	58067	342191	17.0	65785	388200	16.9
邮电业务总量 (亿元)	Total Business Volume of Postal and Telecommunication Services (100 million yuan)	2540.54	15325.9	16.6	3070.55	19758.7	15.5
财政金融入	**Government Finance and Banking**						
地方财政一般预算收入 (亿元)	Local Government Budgetary Revenue (100 million yuan)	2179.46	18303.6	11.9	2785.80	23565.0	11.8
地方财政一般预算支出 (亿元)	Local Government Budgetary Expenditure (100 million yuan)	2553.34	30431.3	8.4	3159.57	38970.9	8.1
城乡居民储蓄存款余额 (亿元)	Savings Deposits by Urban and Rural Residents (100 million yuan)	21583.33	166617.0	13.0	22214.49	176213.0	12.6
外贸外经旅游	**Foreign Trade and International Tourism**						
进口总额 (亿美元)	Total Imports (USD 100 million)	2252.59	7914.6	28.5	2647.96	9558.2	27.7
出口总额 (亿美元)	Total Exports (USD 100 million)	3019.48	9689.4	31.2	3692.39	12180.1	30.3
实际外商直接投资 (亿美元)	Foreign Direct Investment(USD 100 million)	145.11	694.7	20.9	171.26	835.2	20.5
国际旅游外汇收入(亿美元)	Total Foreign Exchange Earnings from International Tourism (USD 100 million)	75.33	339.5	22.2	87.04	419.2	20.8
商业与物价	**Domestic Trade and Prices**						
社会消费品零售总额 (亿元)	Total Amount of Retail Sales of Consumer Goods (100 million yuan)	9118.08	76410	11.9	10598.14	89210	11.9
商品零售价格指数 (%)	General Retail Price Index (%)	101.5	101.0		103.4	103.8	
居民消费价格指数 (%)	General Consumer Price Index (%)	101.8	101.5		103.7	104.8	
人民生活	**People's Livelihood**						
在岗职工工资总额 (亿元)	Total Wages of Staff and Workers (100 million yuan)	2413.6	23265.9	10.4	2855.0	28244.0	10.1
城镇居民人均可支配收入 (元)	Per Capita Disposable Income of Urban Households (yuan)	16016	11759		17699	13786	
农村居民人均纯收入 (元)	Per Capita Net Income of Rural Households (yuan)	5080	3587		5624	4140	
教育、科技、卫生	**Education, Science and Technology and Health Care**						
高等学校在校学生数 (万人)	Students Enrolled in Colleges and Universities (10000 persons)	100.86	1738.8	5.8	111.97	1884.9	5.9
国有企事业单位专业技术人员 (万人)	Number of Scientific and Technological Personnel in State-owned Enterprises and Institutions (10000 persons)	137.54	2757	5.0	139.19	2774	5.0
医院、卫生院床位数 (万张)	Number of Hospital Beds (10000 units)	20.41	327.1	6.2	21.71	343.8	6.3
专业卫生技术人员 (万人)	Number of Medical Technical Personnel (10000 persons)	33.28	462.4	7.2	36.07	478.6	7.5

注：全国2007年数为快报数。
Note: The 2007 data of the whole nation are based on flash reports.

2-5 法人和产业活动单位数（2006-2007年）

Number of Corporate Units and Industrial Establishments (2006-2007)

单位: 个 (unit)

项　目	Item	2006		2007	
		法人单位数 Corporate Units	产业单位数 Industrial Establishments	法人单位数 Corporate Units	产业单位数 Industrial Establishments
总　计	**Total**	**529196**	**660312**	**587090**	**723912**
按行业分	By Sector				
第一产业	Primary Industry	3939	5121	4476	5671
第二产业	Secondary Industry	187864	198870	209426	221088
采矿业	Mining	2339	2438	2602	2708
制造业	Manufacture	167180	173883	186361	193391
电力、燃气及水的生产和供应业	Production and Supply of Electric Power, Gas and Water	6261	8395	6574	8711
建筑业	Construction	12084	14154	13889	16278
第三产业	Tertiary Industry	337393	456321	373188	497153
交通运输、仓储和邮政业	Transport, Storage and Postal Services	10685	17675	12579	19869
信息传输、计算机服务和软件业	Information Transmission, Computer Services and Software	9952	13872	12187	16403
批发和零售业	Wholesale and Retail Trades	123703	158081	140715	177229
住宿和餐饮业	Hotels and Catering Services	10148	13091	11013	14184
金融业	Finance	1698	17951	1976	18238
房地产业	Real Estate	24790	30252	28701	35334
租赁和商务服务业	Leasing and Business Services	39354	49895	43759	54801
科学研究、技术服务和地质勘查业	Scientific Research, Technical Services and Geological Prospecting	13664	15856	15526	17864
水利、环境和公共设施管理业	Management of Water Conservancy, Environment and Public Facilities	3758	4658	4054	4970
居民服务和其他服务业	Services to Households and Other Services	10214	12400	11192	13533
教育	Education	28586	38790	29272	39520
卫生、社会保障和社会福利业	Health Care, Social Security and Social Welfare	6972	13380	7310	13746
文化、体育和娱乐业	Culture, Sports and Recreation	5142	6985	5515	7361
公共管理和社会组织	Public Administration and Social Organizations	48727	63435	49389	64101
按注册类型分	By Status of Registration				
内资企业	Domestic-funded Enterprises	479379	600613	529959	655614
国有企业	State-owned Enterprises	63677	115069	64349	115788
集体企业	Collective-owned Enterprises	42642	62612	42590	62444
股份合作企业	Share-holding Cooperative Enterprises	9463	11151	9497	11556
联营企业	Joint-operation Enterprises	2846	4489	2891	4546
有限责任公司	Limited Liability Corporations	51535	63558	60847	74289
股份有限公司	Share-holding Corporations Ltd.	4901	13294	5624	14289
私营企业	Private Enterprises	264064	283870	303909	326032
其他企业	Other Enterprises	40251	46570	40252	46670
港、澳、台商投资企业	Enterprises with Investment from Hong Kong, Macao and Taiwan	35763	40510	40817	46269
合资经营企业(港或澳、台资)	Joint Ventures	5279	6234	5817	6827
合作经营企业(港或澳、台资)	Cooperative Enterprises	3428	3811	3696	4112
港、澳、台商独资经营企业	Sole Investment Enterprises	26717	29683	30885	34430
港、澳、台商投资股份有限公司	Share-holding Corporations Ltd.	339	782	419	900
外商投资企业	Enterprises with Foreign Investment	14054	19189	16314	22029
中外合资经营企业	Sino-foreign Joint Ventures	3896	5086	4251	5558
中外合作经营企业	Sino-foreign Cooperative Enterprises	1608	2258	1609	2259
外资企业	Foreign-funded Enterprises	8298	11397	10128	13644
外商投资股份有限公司	Share-holding Corporations Ltd.	252	448	326	568

2-6 各市法人和产业活动单位数（2006-2007年）

Number of Corporate Units and Industrial Establishments by City (2006-2007)

单位：个 (unit)

市 别	City	2006		2007	
		法人单位数 Corporate Units	产业单位数 Industrial Establishments	法人单位数 Corporate Units	产业单位数 Industrial Establishments
总 计	**Total**	**529196**	**660312**	**587090**	**723912**
广 州	Guangzhou	106879	128385	109954	130708
深 圳	Shenzhen	96287	121248	120269	148956
珠 海	Zhuhai	22043	25416	24149	27795
汕 头	Shantou	20864	23795	21837	24771
佛 山	Foshan	57143	64841	63249	71578
韶 关	Shaoguan	10480	15332	11141	15992
河 源	Heyuan	7261	11574	7536	11901
梅 州	Meizhou	12248	20223	13212	21295
惠 州	Huizhou	22410	28543	25364	32007
汕 尾	Shanwei	5095	7377	5233	7516
东 莞	Dongguan	45851	50171	55121	60339
中 山	Zhongshan	21663	26321	23878	28827
江 门	Jiangmen	18891	22809	19779	23597
阳 江	Yangjiang	8183	10649	8505	10897
湛 江	Zhanjiang	13311	20071	13893	20740
茂 名	Maoming	11263	16225	11694	16644
肇 庆	Zhaoqing	10992	16018	11756	16765
清 远	Qingyuan	9347	14648	10177	15423
潮 州	Chaozhou	11321	13329	11669	13664
揭 阳	Jieyang	12938	15472	13663	16341
云 浮	Yunfu	4726	7865	5011	8156

2-7 按行业和登记注册类型分组的法人单位数（2007年）
Number of Corporate Units by Sector and by Status of Registration (2007)

单位：个 (unit)

项目	Item	总计 Total	内资企业 Domestic-funded Enterprises	国有企业 State-owned Enterprises	集体企业 Collective-owned Enterprises	股份合作企业 Share-holding Cooperative Enterprises
总计	**Total**	**587090**	**529959**	**64349**	**42590**	**9497**
第一产业	Primary Industry	4476	4164	797	1800	47
第二产业	Secondary Industry	209426	165071	2381	11845	2930
采矿业	Mining	2602	2523	41	311	16
制造业	Manufacture	186361	142562	1244	8304	2602
电力、燃气及水的生产和供应业	Production and Supply of Electric Power, Gas and Water	6574	6338	390	2013	174
建筑业	Construction	13889	13648	706	1217	138
第三产业	Tertiary Industry	373188	360724	61171	28945	6520
交通运输、仓储和邮政业	Transport, Storage and Postal Services	12579	11387	1025	763	194
信息传输、计算机服务和软件业	Information Transmission, Computer Services and Software	12187	11158	330	112	71
批发和零售业	Wholesale and Retail Trades	140715	137481	5265	7688	3148
住宿和餐饮业	Hotels and Catering Services	11013	10135	799	1045	411
金融业	Finance	1976	1880	285	357	72
房地产业	Real Estate	28701	26483	1320	4752	1038
租赁和商务服务业	Leasing and Business Services	43759	41758	3290	6913	726
科学研究、技术服务和地质勘查业	Scientific Research, Technical Services and Geological Prospecting	15526	14463	3108	602	128
水利、环境和公共设施管理业	Management of Water Conservancy, Environment and Public Facilities	4054	3959	1990	489	18
居民服务和其他服务业	Services to Households and Other Services	11192	10928	636	919	444
教育	Education	29272	29169	18697	2473	126
卫生、社会保障和社会福利业	Health Care, Social Security and Social Welfare	7310	7286	3721	1661	37
文化、体育和娱乐业	Culture, Sports and Recreation	5515	5258	2115	474	90
公共管理和社会组织	Public Administration and Social Organizations	49389	49379	18590	697	17

2-7 续表 1 continued

单位：个 (unit)

项目	Item	联营企业 Joint-operation Enterprises	有限责任公司 Limited Liability Corporations	股份有限公司 Share-holding Corporations Ltd.	私营企业 Private Enterprises	其他企业 Other Enterprises
总计	**Total**	**2891**	**60847**	**5624**	**303909**	**40252**
第一产业	Primary Industry	41	310	42	1110	17
第二产业	Secondary Industry	787	22573	1638	121075	1842
采矿业	Mining	21	187	22	1896	29
制造业	Manufacture	560	18791	1261	108049	1751
电力、燃气及水的生产和供应业	Production and Supply of Electric Power, Gas and Water	131	436	106	3057	31
建筑业	Construction	75	3159	249	8073	31
第三产业	Tertiary Industry	2063	37964	3944	181724	38393
交通运输、仓储和邮政业	Transport, Storage and Postal Services	126	1874	202	7168	35
信息传输、计算机服务和软件业	Information Transmission, Computer Services and Software	39	1330	161	9069	46
批发和零售业	Wholesale and Retail Trades	888	18605	1600	99894	393
住宿和餐饮业	Hotels and Catering Services	93	1051	117	6518	101
金融业	Finance	13	284	380	487	2
房地产业	Real Estate	226	5691	591	12372	493
租赁和商务服务业	Leasing and Business Services	262	5460	466	22741	1900
科学研究、技术服务和地质勘查业	Scientific Research, Technical Services and Geological Prospecting	86	1660	187	8527	165
水利、环境和公共设施管理业	Management of Water Conservancy, Environment and Public Facilities	16	355	33	937	121
居民服务和其他服务业	Services to Households and Other Services	84	1040	119	6795	891
教育	Education	109	193	40	4486	3045
卫生、社会保障和社会福利业	Health Care, Social Security and Social Welfare	53	56	6	871	881
文化、体育和娱乐业	Culture, Sports and Recreation	27	350	41	1817	344
公共管理和社会组织	Public Administration and Social Organizations	41	15	1	42	29976

2-7 续表 2 continued

单位：个 (unit)

项 目	Item	港、澳、台商投资企业 Enterprises with Investment from Hong Kong, Macao and Taiwan	合资经营企业(港或澳、台资) Joint Ventures	合作经营企业(港或澳、台资) Cooperative Enterprises	港、澳、台商独资经营企业 Sole Investment Enterprises	港、澳、台商投资股份有限公司 Shareholding Corporations Ltd.
总 计	**Total**	**40817**	**5817**	**3696**	**30885**	**419**
第一产业	Primary Industry	254	26	17	203	8
第二产业	Secondary Industry	33128	4461	2492	25884	291
采矿业	Mining	62	18	13	31	
制造业	Manufacture	32756	4308	2415	25748	285
电力、燃气及水的生产和供应业	Production and Supply of Electric Power, Gas and Water	153	70	34	44	5
建筑业	Construction	157	65	30	61	1
第三产业	Tertiary Industry	7435	1330	1187	4798	120
交通运输、仓储和邮政业	Transport, Storage and Postal Services	779	197	290	288	4
信息传输、计算机服务和软件业	Information Transmission, Computer Services and Software	549	60	9	456	24
批发和零售业	Wholesale and Retail Trades	1807	256	59	1461	31
住宿和餐饮业	Hotels and Catering Services	523	139	112	266	6
金融业	Finance	33	12		19	2
房地产业	Real Estate	1611	364	532	697	18
租赁和商务服务业	Leasing and Business Services	1063	122	54	860	27
科学研究、技术服务和地质勘查业	Scientific Research, Technical Services and Geological Prospecting	631	77	17	536	1
水利、环境和公共设施管理业	Management of Water Conservancy, Environment and Public Facilities	54	15	9	30	
居民服务和其他服务业	Services to Households and Other Services	145	23	25	93	4
教育	Education	66	16	19	30	1
卫生、社会保障和社会福利业	Health Care, Social Security and Social Welfare	12	5	3	4	
文化、体育和娱乐业	Culture, Sports and Recreation	158	44	58	54	2
公共管理和社会组织	Public Administration and Social Organizations	4			4	

2-7 续表 3 continued

单位：个 (unit)

项 目	Item	外商投资企业 Enterprises with Foreign Investment	中外合资经营企业 Sino-foreign Joint Ventures	中外合作经营企业 Sino-foreign Cooperative Enterprises	外资企业 Foreign-funded Enterprises	外商投资股份有限公司 Shareholding Corporations Ltd.
总 计	**Total**	**16314**	**4251**	**1609**	**10128**	**326**
第一产业	Primary Industry	58	14	10	30	4
第二产业	Secondary Industry	11227	2769	969	7297	192
采矿业	Mining	17	5	4	7	1
制造业	Manufacture	11043	2681	926	7248	188
电力、燃气及水的生产和供应业	Production and Supply of Electric Power, Gas and Water	83	42	23	17	1
建筑业	Construction	84	41	16	25	2
第三产业	Tertiary Industry	5029	1468	630	2801	130
交通运输、仓储和邮政业	Transport, Storage and Postal Services	413	183	114	107	9
信息传输、计算机服务和软件业	Information Transmission, Computer Services and Software	480	117	6	348	9
批发和零售业	Wholesale and Retail Trades	1427	438	95	848	46
住宿和餐饮业	Hotels and Catering Services	355	109	94	148	4
金融业	Finance	63	25	1	33	4
房地产业	Real Estate	607	206	153	234	14
租赁和商务服务业	Leasing and Business Services	938	171	64	675	28
科学研究、技术服务和地质勘查业	Scientific Research, Technical Services and Geological Prospecting	432	111	16	298	7
水利、环境和公共设施管理业	Management of Water Conservancy, Environment and Public Facilities	41	11	14	14	2
居民服务和其他服务业	Services to Households and Other Services	119	48	18	52	1
教育	Education	37	9	13	14	1
卫生、社会保障和社会福利业	Health Care, Social Security and Social Welfare	12	6	5	1	
文化、体育和娱乐业	Culture, Sports and Recreation	99	31	37	26	5
公共管理和社会组织	Public Administration and Social Organizations	6	3		3	

2-8 各市按机构类型分法人单位数（2007年）

Number of Corporate Units by Type by City (2007)

单位：个 (unit)

市别	city	法人单位 Corporate Units	企业 Enterprises	事业单位 Institutions	机关 Government Agencies	社会团体 Social Organizations	民办非企业 Non-enterprise Units Run by Local People	其他组织机构 Other Organizations
总计	**Total**	**587090**	**483921**	**40812**	**11055**	**6700**	**8009**	**36593**
广州	Guangzhou	109954	94198	5482	1219	1177	1948	5930
深圳	Shenzhen	120269	114855	1676	588	640	917	1593
珠海	Zhuhai	24149	21780	768	307	260	426	608
汕头	Shantou	21837	17053	2022	485	445	545	1287
佛山	Foshan	63249	57083	2018	433	563	742	2410
韶关	Shaoguan	11141	6737	1629	701	267	120	1687
河源	Heyuan	7536	3869	1345	482	177	85	1578
梅州	Meizhou	13212	7066	2489	712	428	142	2375
惠州	Huizhou	25364	19961	2662	607	358	341	1435
汕尾	Shanwei	5233	2294	1200	409	206	199	925
东莞	Dongguan	55121	51068	1327	426	231	476	1593
中山	Zhongshan	23878	22191	762	135	190	189	411
江门	Jiangmen	19779	14781	2117	548	260	151	1922
阳江	Yangjiang	8505	5991	1069	369	84	117	875
湛江	Zhanjiang	13893	7643	3079	697	148	303	2023
茂名	Maoming	11694	6565	2269	494	205	182	1979
肇庆	Zhaoqing	11756	6849	2284	595	213	160	1655
清远	Qingyuan	10177	6132	1532	533	277	251	1452
潮州	Chaozhou	11669	8105	1807	311	209	134	1103
揭阳	Jieyang	13663	7125	2462	625	244	524	2683
云浮	Yunfu	5011	2575	813	379	118	57	1069

2-9 各市按行业分法人单位数（2007年）
Number of Corporate Units by Sector by City (2007)

单位：个 (unit)

市别	city	总计 Total	第一产业 Primary Industry	第二产业 Secondary Industry	采矿业 Mining	制造业 Manufacture	电力、燃气及水的生产和供应业 Production and Supply of Electric Power, Gas and Water
全省	**Provincial Total**	**587090**	**4476**	**209426**	**2602**	**186361**	**6574**
广州	Guangzhou	109954	1911	24287	57	21038	234
深圳	Shenzhen	120269	86	33316	21	31418	99
珠海	Zhuhai	24149	177	6396	28	5213	51
汕头	Shantou	21837	41	8852	40	8396	63
佛山	Foshan	63249	132	34307	63	32893	129
韶关	Shaoguan	11141	174	2922	221	1520	973
河源	Heyuan	7536	73	1909	213	1047	436
梅州	Meizhou	13212	289	4043	358	2382	1023
惠州	Huizhou	25364	442	9701	180	8055	341
汕尾	Shanwei	5233	62	1186	34	945	129
东莞	Dongguan	55121	31	30433	19	28441	123
中山	Zhongshan	23878	45	14095	10	13010	73
江门	Jiangmen	19779	46	8587	121	7835	147
阳江	Yangjiang	8505	32	3716	81	3106	394
湛江	Zhanjiang	13893	301	2953	170	2480	106
茂名	Maoming	11694	73	3636	309	2727	436
肇庆	Zhaoqing	11756	120	3800	168	3018	410
清远	Qingyuan	10177	172	3133	358	1784	791
潮州	Chaozhou	11669	147	6127	39	5767	172
揭阳	Jieyang	13663	88	4684	33	4310	217
云浮	Yunfu	5011	34	1343	79	976	227

2-9 续表 1 continued

单位：个 (unit)

市别	city	建筑业 Construction	第三产业 Tertiary Industry	交通运输、仓储和邮政业 Transport, Storage and Postal Services	信息传输、计算机服务和软件业 Information Transmission, Computer Services and Software	批发和零售业 Wholesale and Retail Trades	住宿和餐饮业 Hotels and Catering Services
全省	**Provincial Total**	**13889**	**373188**	**12579**	**12187**	**140715**	**11013**
广州	Guangzhou	2958	83756	3105	3751	33730	2962
深圳	Shenzhen	1778	86867	4025	3962	43320	2184
珠海	Zhuhai	1104	17576	585	746	7916	610
汕头	Shantou	353	12944	519	224	5498	432
佛山	Foshan	1222	28810	731	603	13241	1050
韶关	Shaoguan	208	8045	173	106	2168	222
河源	Heyuan	213	5554	97	50	833	224
梅州	Meizhou	280	8880	162	65	1726	167
惠州	Huizhou	1125	15221	420	589	4158	442
汕尾	Shanwei	78	3985	83	38	554	98
东莞	Dongguan	1850	24657	884	802	9345	839
中山	Zhongshan	1002	9738	339	307	3875	286
江门	Jiangmen	484	11146	248	159	3100	329
阳江	Yangjiang	135	4757	75	55	1394	137
湛江	Zhanjiang	197	10639	299	153	2676	229
茂名	Maoming	164	7985	110	86	1802	163
肇庆	Zhaoqing	204	7836	169	95	1261	192
清远	Qingyuan	200	6872	237	162	1016	139
潮州	Chaozhou	149	5395	147	105	1063	101
揭阳	Jieyang	124	8891	84	81	1392	133
云浮	Yunfu	61	3634	87	48	647	74

2-9 续表 2 continued

单位：个 (unit)

市 别	Item	金融业 Finance	房地产业 Real Estate	租赁和商务服务业 Leasing and Business Services	科学研究、服务和技术地质勘查业 Scientific Research, Technical Services and Geological Prospecting	水利、环境和公共设施管理业 Management of Water Conservancy, Environment and Public Facilities
全 省	**Provincial Total**	**1976**	**28701**	**43759**	**15526**	**4054**
广 州	Guangzhou	269	9064	10250	3988	782
深 圳	Shenzhen	442	6721	11786	5975	455
珠 海	Zhuhai	74	1686	2122	654	167
汕 头	Shantou	61	473	650	209	135
佛 山	Foshan	149	1804	4273	842	297
韶 关	Shaoguan	48	341	413	260	164
河 源	Heyuan	46	233	275	143	81
梅 州	Meizhou	66	231	461	261	184
惠 州	Huizhou	76	2127	1497	490	265
汕 尾	Shanwei	59	87	176	105	50
东 莞	Dongguan	171	1631	6062	483	263
中 山	Zhongshan	63	1311	1314	325	73
江 门	Jiangmen	78	717	1489	273	210
阳 江	Yangjiang	35	259	199	112	76
湛 江	Zhanjiang	50	429	516	302	154
茂 名	Maoming	52	287	267	189	120
肇 庆	Zhaoqing	63	401	553	319	158
清 远	Qingyuan	57	528	509	216	147
潮 州	Chaozhou	53	125	262	124	103
揭 阳	Jieyang	31	140	521	138	100
云 浮	Yunfu	33	106	164	118	70

2-9 续表 3 continued

单位：个 (unit)

市 别	Item	居民服务和其他服务业 Services to Households and Other Services	教育 Education	卫生、社会保障和社会福利业 Health Care, Social Security and Social Welfare	文化、体育和娱乐业 Culture, Sports and Recreation	公共管理和社会组织 Public Administration and Social Organizations
全 省	**Provincial Total**	**11192**	**29272**	**7310**	**5515**	**49389**
广 州	Guangzhou	3073	3999	1383	1430	5970
深 圳	Shenzhen	2648	1799	517	742	2291
珠 海	Zhuhai	690	695	269	307	1055
汕 头	Shantou	303	1703	225	195	2317
佛 山	Foshan	1074	1732	459	498	2057
韶 关	Shaoguan	161	684	520	136	2649
河 源	Heyuan	87	815	191	100	2379
梅 州	Meizhou	101	1155	379	193	3729
惠 州	Huizhou	296	1753	297	247	2564
汕 尾	Shanwei	33	941	126	68	1567
东 莞	Dongguan	841	1191	388	248	1509
中 山	Zhongshan	238	540	61	146	860
江 门	Jiangmen	292	1245	350	256	2400
阳 江	Yangjiang	65	699	163	91	1397
湛 江	Zhanjiang	138	2324	307	163	2899
茂 名	Maoming	77	1766	244	121	2701
肇 庆	Zhaoqing	101	1507	288	174	2555
清 远	Qingyuan	141	975	272	111	2362
潮 州	Chaozhou	140	1057	198	120	1797
揭 阳	Jieyang	629	2316	504	111	2711
云 浮	Yunfu	64	376	169	58	1620

2-10 各市按注册类型分法人单位数（2007年）

Number of Corporate Units by Status of Registration by City (2007)

单位：个 (unit)

市 别	city	总 计 Total	内资企业 Domestic-funded Enterprises	国有企业 State-owned Enterprises	集体企业 Collective-owned Enterprises	股份合作企业 Share-holding Cooperative Enterprises
全 省	**Provincial Total**	**587090**	**529959**	**64349**	**42590**	**9497**
广 州	Guangzhou	109954	102425	9391	9991	4348
深 圳	Shenzhen	120269	105409	3707	1142	1099
珠 海	Zhuhai	24149	21052	1650	1232	132
汕 头	Shantou	21837	20884	3656	3151	1311
佛 山	Foshan	63249	59621	2307	4567	1259
韶 关	Shaoguan	11141	10738	2753	908	98
河 源	Heyuan	7536	7202	2315	805	61
梅 州	Meizhou	13212	12822	3854	1236	80
惠 州	Huizhou	25364	21572	4161	1605	169
汕 尾	Shanwei	5233	5000	2009	423	25
东 莞	Dongguan	55121	41368	1217	5830	197
中 山	Zhongshan	23878	21195	964	1507	35
江 门	Jiangmen	19779	17611	2901	3089	80
阳 江	Yangjiang	8505	8292	1780	681	30
湛 江	Zhanjiang	13893	13630	4732	1185	111
茂 名	Maoming	11694	11340	3431	917	93
肇 庆	Zhaoqing	11756	11031	3347	956	37
清 远	Qingyuan	10177	9589	2528	812	100
潮 州	Chaozhou	11669	11154	2504	679	170
揭 阳	Jieyang	13663	13230	3654	1264	26
云 浮	Yunfu	5011	4794	1488	610	36

2-10 续表 1 continued

单位：个 (unit)

市 别	city	联营企业 Joint-operation Enterprises	有限责任公司 Limited Liability Corporations	股份有限公司 Share-holding Corporations Ltd.	私营企业 Private Enterprises	其他企业 Other Enterprises
全 省	**Provincial Total**	**2891**	**60847**	**5624**	**303909**	**40252**
广 州	Guangzhou	448	7396	548	66098	4205
深 圳	Shenzhen	1211	9559	1385	85449	1857
珠 海	Zhuhai	77	2917	193	14010	841
汕 头	Shantou	56	2615	356	7677	2062
佛 山	Foshan	231	14269	660	33617	2711
韶 关	Shaoguan	107	1439	206	3330	1897
河 源	Heyuan	30	458	97	1782	1654
梅 州	Meizhou	72	595	122	4187	2676
惠 州	Huizhou	117	2249	267	11023	1981
汕 尾	Shanwei	6	118	41	1326	1052
东 莞	Dongguan	121	8463	473	22022	3045
中 山	Zhongshan	20	1815	43	16381	430
江 门	Jiangmen	60	1724	190	7776	1791
阳 江	Yangjiang	22	521	94	4238	926
湛 江	Zhanjiang	61	1389	198	3797	2157
茂 名	Maoming	59	1056	228	3474	2082
肇 庆	Zhaoqing	38	630	120	4111	1792
清 远	Qingyuan	73	1151	166	3124	1635
潮 州	Chaozhou	22	1341	76	5052	1310
揭 阳	Jieyang	27	716	84	4425	3034
云 浮	Yunfu	33	426	77	1010	1114

2-10 续表 2 continued

单位：个 (unit)

市别	city	港、澳、台商投资企业 Enterprises with Investment from Hong Kong, Macao and Taiwan	合资经营企业（港或澳、台资） Joint Ventures	合作经营企业（港或澳、台资） Cooperative Enterprises	港、澳、台商独资经营企业 Sole Investment Enterprises	港、澳、台商投资股份有限公司 Share-holding Corporations Ltd.
全省	**Provincial Total**	**40817**	**5817**	**3696**	**30885**	**419**
广州	Guangzhou	4549	774	1041	2696	38
深圳	Shenzhen	10304	1660	302	8269	73
珠海	Zhuhai	2162	400	130	1619	13
汕头	Shantou	658	104	109	437	8
佛山	Foshan	2422	843	155	1387	37
韶关	Shaoguan	314	69	36	204	5
河源	Heyuan	265	26	26	206	7
梅州	Meizhou	279	34	79	161	5
惠州	Huizhou	3040	349	328	2345	18
汕尾	Shanwei	202	16	23	161	2
东莞	Dongguan	10862	589	821	9296	156
中山	Zhongshan	1984	306	59	1615	4
江门	Jiangmen	1497	247	151	1085	14
阳江	Yangjiang	158	40	54	62	2
湛江	Zhanjiang	161	77	18	60	6
茂名	Maoming	214	64	62	77	11
肇庆	Zhaoqing	476	55	37	382	2
清远	Qingyuan	460	64	46	342	8
潮州	Chaozhou	334	42	156	135	1
揭阳	Jieyang	312	45	50	214	3
云浮	Yunfu	164	13	13	132	6

2-10 续表 3 continued

单位：个 (unit)

市别	city	外商投资企业 Enterprises with Foreign Investment	中外合资经营企业 Sino-foreign Joint Ventures	中外合作经营企业 Sino-foreign Cooperative Enterprises	外资企业 Foreign-funded Enterprises	外商投资股份有限公司 Share-holding Corporations Ltd.
全省	**Provincial Total**	**16314**	**4251**	**1609**	**10128**	**326**
广州	Guangzhou	2980	716	404	1823	37
深圳	Shenzhen	4556	1262	173	3036	85
珠海	Zhuhai	935	270	75	571	19
汕头	Shantou	295	94	73	119	9
佛山	Foshan	1206	538	138	502	28
韶关	Shaoguan	89	20	22	40	7
河源	Heyuan	69	18	14	35	2
梅州	Meizhou	111	33	39	33	6
惠州	Huizhou	752	212	98	428	14
汕尾	Shanwei	31	13	5	11	2
东莞	Dongguan	2891	373	200	2233	85
中山	Zhongshan	699	132	17	549	1
江门	Jiangmen	671	214	83	367	7
阳江	Yangjiang	55	20	17	16	2
湛江	Zhanjiang	102	59	15	26	2
茂名	Maoming	140	84	25	27	4
肇庆	Zhaoqing	249	60	36	148	5
清远	Qingyuan	128	51	17	58	2
潮州	Chaozhou	181	35	98	45	3
揭阳	Jieyang	121	36	46	35	4
云浮	Yunfu	53	11	14	26	2

2-11 民营经济主要指标（2002-2007年）
Main Indicators on Private Economy (2002-2007)

指　　标	Indicator	2002	2004	2005	2006	2007	2007比2006增长(%) Growth Rate in 2007 over 2006 (%)
单位个数　（个）	**Number of Units (unit)**	**2103890**	**2420994**	**2782926**	**3057900**	**3474858**	**13.6**
#私营	Private	258620	389771	449194	551390	622655	12.9
个体	Individual	1753093	1960348	2274011	2458186	2807239	14.2
从业人数　（万人）	**Number of Employed Persons(10000 persons)**	**1002.45**	**1380.48**	**1503.11**	**1765.23**	**1964.71**	**8.2**
#私营	Private	422.35	605.02	629.85	743.10	829.20	8.4
个体	Individual	430.82	606.58	659.51	797.75	834.01	7.8
地区生产总值　（亿元）	**Gross Domestic Product (100 million yuan)**	**5265.20**	**7329.31**	**8826.99**	**11152.85**	**13124.05**	**14.3**
第一产业	Primary Industry	438.48	523.58	602.97	1465.20	1621.43	3.3
第二产业	Secondary Industry	2129.35	3080.75	3779.58	4477.67	5422.55	19.3
工业	Industry	1857.07	2665.75	3303.98	4089.70	4979.53	20.2
#规模以上	Above Designated Size	923.56	1414.42	1744.42			
建筑业	Construction	272.28	415.01	475.60	387.98	443.02	10.0
第三产业	Tertiary Industry	2697.36	3724.98	4444.44	5209.97	6080.08	12.9
交通运输仓储和邮政业	Transport, Storage and Postal Services	287.09	324.82	390.70	428.21	493.82	17.7
批发零售贸易业	Wholesale and Retail Trades	1054.80	1452.10	1650.06	1919.32	2103.83	5.0
住宿和餐饮业	Hotels and Catering Services	280.41	356.44	415.95	514.57	610.46	16.9
金融业	Finance	36.25	45.80	49.18	67.05	127.36	32.2
房地产业	Real Estate	552.50	808.82	1115.79	1369.39	1732.62	22.4
其他服务业	Other Services	486.30	736.99	822.76	911.44	1011.98	10.2
工业　（亿元）	**Industry (100 million Yuan)**						
工业总产值(当年价)	Gross Output Value of Industry (at Current Prices)	7442.40	11334.27	12939.08	16364.30	19385.75	24.7
产品销售收入	Sales Revenue of Products	7212.02	11008.88	12498.06	15141.98	18301.35	28.2
利润	Profits	309.80	511.57	779.66	1084.38	627.26	31.5
税金	Taxes	138.53	560.04	326.93	417.84	432.46	17.6
固定资产投资　（亿元）	**Investment in Fixed Assets (100 million Yuan)**	**1501.71**	**1965.43**	**2480.98**	**3048.73**	**3545.51**	**25.1**
进出口总额　（万美元）	**Total Value of Imports and Exports (USD 10000)**						
出口总额	Exports	414771	1877595	2994773	4901565	6671212	36.1
进口总额	Imports	441290	1706326	2093517	2588278	3248429	27.1
运输邮电业	**Transportation, Postal and Telecommunication Services**						
营业收入　（亿元）	Business Revenue (100 million Yuan)	122.10	142.47	177.38	191.43	226.62	18.6
批发零售贸易餐饮业　（亿元）	**Wholesale and Retail Trades and Catering Services (100 million Yuan)**						
批发贸易业销售额	Sales Value of Wholesale Trade	8821.17	11616.98	13520.35	14778.56	16933.81	16.2
批发贸易业零售额	Retail Sales of Wholesale Trade	3455.13	4540.81	5277.20	6089.39	7059.32	15.9
批发零售贸易税金	Taxes of Wholesale and Retail Trades	119.60	160.91	184.07	209.66	255.50	15.8
餐饮业零售额	Retail Sales of Catering Services	618.01	771.48	889.69	1055.39	1269.69	18.2
餐饮业税金	Taxes of Catering Services	16.42	19.41	23.50	24.72	29.78	13.0
税金　（亿元）	**Taxes (100 million Yuan)**	**535.71**	**918.17**	**1184.49**	**1414.31**	**1775.70**	**25.6**
#私营	Private	141.72	245.94	310.24	392.91	493.99	25.7
个体	Individual	139.46	182.15	210.70	249.59	300.62	20.5

注：1. 本表民营经济统计范围是指私营企业和个体经济，以及股份合作企业、其他联营企业、其他有限责任公司中的私人控股部分。
2. 2006、2007年农业、建筑业民营经济统计范围作了调整，数据与其他年份不可比，2007年增长速度为可比速度。

Note: a) The statistical coverage of private economy in this table refers to private enterprises, individual economy,and privately-controlled economy in share-holding cooperative enterprises, other joint-operation enterprises, and other limited liability corporations.

b) The statistical coverage of agricultural and construction private economy in 2006 and 2007 is adjusted,incomparable with those in other years The growth rate of 2007 is comparable.

2-12 重点企业集团主要经济指标（2007年）

单位：万元

项　　目	Item	单位数（个）Number of Enterprise Groups (unit)	年末资产合计 Total Assets at the Year-end	固定资产 Fixed Assets	累计折旧 Depreciation of Fixed Assets	本年折旧 Depreciation in Current Year
总　计	**Total**	**158**	**239719673**	**57865577**	**32299422**	**5524992**
按集团审批部门分	Grouped by Department of Examination and Approval					
国务院	The State Council	1	3366765	1018953	278965	86847
国务院主管部门	Competent Departments of the State Council	15	114243340	17921677	14126302	2640976
省级人民政府	Provincial People's Government	52	70498823	25533168	10752333	1679462
省级人民政府主管部门	Competent Departments of the Provincial People's Government	14	4290952	1846330	841304	132749
其他	Others	76	47319793	11545449	6300518	984958
按母公司控股情况分	Grouped by Shares Held by Parent Company					
国有控股	State-controlled	108	220018834	53135166	30029960	5165417
集体控股	Collective-controlled	15	5321575	1650049	648470	95725
私人控股	Private-controlled	32	13025353	2849106	1489278	239803
港澳台商控股	Controlled by Shareholders from Hong Kong, Macao and Taiwan	1	278462	59236	30926	7058
外商控股	Controlled by Foreign Shareholders	2	1075449	172020	100788	16989
按集团主营行业类别分	Grouped by Sector of Main Business					
第一产业	Primary Industry	3	1512909	670960	200082	30341
农、林、牧、渔业	Farming, Forestry, Animal Husbandry and Fishery	3	1512909	670960	200082	30341
第二产业	Secondary Industry	95	127983590	39583092	26965567	4406582
工业	Industry	86	124905075	39213304	26783244	4376100
采矿业	Mining	1	3483215	451178	307520	32836
制造业	Manufacture	72	60134990	13027053	7155909	1149959
电力、燃气及水的生产和供应业	Production and Supply of Electric Power, Gas and Water	13	61286870	25735073	19319815	3193305
建筑业	Construction	9	3078515	369788	182323	30482
第三产业	Tertiary Industry	60	110223174	17611525	5133773	1088069
交通运输、仓储和邮政业	Transport, Storage and Postal Services	11	22037241	13072794	3270343	796692
信息传输、计算机服务和软件业	Information Transmission, Computer Services and Software	1	244595	89909	22261	6754
批发和零售业	Wholesale and Retail Trades	17	6995801	1104897	441485	61991
住宿和餐饮业	Hotels and Catering Services	4	1010415	355475	376706	25667
金融业	Finance	2	65167261	801502	239604	48123
房地产业	Real Estate	16	8832411	642037	275313	42563
其他	Others	9	5935450	1544911	508061	106279
租赁和商务服务业	Leasing and Business Services	7	2246120	451983	184845	14746
文化、体育和娱乐业	Culture, Sports and Recreation	2	3689330	1092928	323216	91533
按登记注册类型分	Grouped by Status of Registration of Parent Company					
国有企业	State-owned Enterprises	21	10984585	3565536	1407833	235484
公司制企业	Incorporated Enterprises	133	224322512	53745969	30646687	5240608
国有独资公司	Companies Exclusively Funded by State	48	104001788	38880802	22103196	3908594
其他有限责任公司	Other Limited Liability Companies	36	22510191	6509275	4027897	553533
股份有限公司	Share-holding Companies	40	93295262	6979970	3417105	590161
中外合资企业	Sino-foreign Joint Ventures	5	2683005	1138514	909409	161864
港澳台合资企业	Joint Ventures with Investment from Hong Kong, Macao and Taiwan	2	434251	105452	45712	10383
港澳台商投资股份有限公司	Share-holding Companies with Investment from Hong Kong, Macao and Taiwan	2	1398015	131956	143368	16073
其他	Others	4	4412576	554072	244902	48900

Main Economic Indicators of Key Enterprise Groups (2007)

(10000 yuan)

累计对外投资 Cumulative Overseas Investment	本年对外投资 Overseas Investment in Current Year	存货 Inventory	流动资产年平均余额 Annual Average Balance of Circulating Funds	应收帐款 Debts Receivable	年末负债合计 Total Liabilities at the Year-end	流动负债 Liquid Liabilities	银行借款 Bank Loan	年末股东(所有者)权益总计 Total Shareholders' (Creditors') Equity at the Year-end	股本(实收资本) Stock Capital (Paid-up Capital)
48663278	**14167673**	**19898437**	**95731890**	**10079290**	**159145243**	**88537482**	**41900408**	**80574430**	**23748650**
71414	2382	1187316	1780961	123850	2070253	1835793	908850	1296512	200000
40829234	12621742	2016550	40549400	2141219	84051876	34223991	14688700	30191464	8127368
4443091	510246	6842539	29004657	4219167	45340582	30918014	17792405	25158241	8607263
108067	11373	396195	1600720	324385	2450524	1844884	1047922	1840428	1114142
3211472	1021930	9455837	22796152	3270669	25232008	19714800	7462531	22087785	5699877
47771620	13921503	15586323	83873211	7721244	146093864	78216430	37989506	73924970	21828284
273231	91381	937147	2767212	634287	3928767	2316435	1964801	1392808	570578
503252	128117	3197540	8208230	1534094	8393030	7292854	1928401	4632323	1200670
		30095	139151	21112	83342	65642	17700	195120	26750
115175	26672	147332	744086	168553	646240	646121		429209	122368
16470	16470	124821	602189	42158	945989	778497	243965	566920	298684
16470	16470	124821	602189	42158	945989	778497	243965	566920	298684
6555746	1396453	11160363	50569932	7816656	76565072	52000624	28011498	51418518	15969753
6461071	1392203	10586597	48336309	7435833	73880623	49661074	27550558	51024452	15699008
1166180	37123	407668	1447652	55514	1829260	1298903	1096021	1653955	100000
2487626	708288	8647620	34292653	6089216	38801303	32993677	9789078	21333687	5927258
2807265	646792	1531309	12596004	1291103	33250060	15368494	16665459	28036810	9671750
94675	4250	573766	2233623	380823	2684449	2339550	460940	394066	270745
42091062	12754750	8613253	44559769	2220476	81634182	35758361	13644945	28588992	7480213
1718882	94618	911998	4357919	528766	12099067	5125189	7799594	9938174	4185041
80694	80694	9299	63199	11268	373669	351945	275051	-129074	45000
273490	42746	1005875	4499140	778015	5152226	4764644	1534816	1843575	896847
22015	22015	95638	413168	29142	526776	471540	113630	483639	211413
39346952	12455200	5294	27697573	468080	54203814	18123737	678200	10963447	739818
298195	34729	4729167	4291953	136261	5471668	3856712	1834782	3360743	818025
350834	24748	1855982	3236817	268944	3806962	3064594	1408872	2128488	584069
275936	22366	562713	1238904	96904	1604954	1100941	495232	641166	378548
74898	2382	1293269	1997913	172040	2202008	1963653	913640	1487322	205521
583970	28404	1268760	4368953	457314	7229511	5804111	2723725	3755074	2006233
47934124	14108597	17358048	88216312	9326730	149110089	80157905	38891452	75212423	21533550
5883511	986795	6758925	32637389	3494147	60461798	37183220	27818961	43539990	15657684
1570552	286809	3213350	11223668	2107440	14690320	10406457	4076910	7819871	2042893
40337498	12806874	6939985	41808715	3473003	71478659	30432353	6569705	21816603	3301864
84363	7119	265349	1398240	156254	1307970	1063417	222016	1375035	454525
6028		52364	232605	32455	225154	207454	77782	209097	38395
52172	21000	128075	915695	63431	946188	865004	126078	451827	38189
145184	30672	1271629	3146625	295246	2805643	2575466	285231	1606933	208867

2-12 续表

单位：万元

项　目	Item	营业收入 Business Revenue	营业成本 Business Cost	营业税金及附加 Taxes and Extra Charges on Business	新产品销售收入 Sales Revenue of New Products	出口销售总额 Total Export Sales
总　计	**Total**	**142983352**	**123482325**	**2091229**	**17431779**	**20280681**
按集团审批部门分	Grouped by Department of Examination and Approval					
国务院	The State Council	1882868	1256945	87440	973526	200463
国务院主管部门	Competent Departments of the State Council	45766797	43255104	620222	658315	836331
省级人民政府	Provincial People's Government	53320936	46188280	332110	4256012	12399385
省级人民政府主管部门	Competent Departments of the Provincial People's Government	2832197	2194477	63109	253041	565677
其他	Others	39180554	30587519	988348	11290885	6278825
按母公司控股情况分	Grouped by Shares Held by Parent Company					
国有控股	State-controlled	119785850	103830257	1895301	14642092	13086618
集体控股	Collective-controlled	4909711	4327167	43370	581998	2484204
私人控股	Private-controlled	16338226	13761357	126334	1302480	4168419
港澳台商控股	Controlled by Shareholders from Hong Kong, Macao and Taiwan	145846	121944	101	7243	
外商控股	Controlled by Foreign Shareholders	1803719	1441600	26123	897966	541440
按集团主营行业类别分	Grouped by Sector of Main Business					
第一产业	Primary Industry	833255	719607	3327		259045
农、林、牧、渔业	Farming, Forestry, Animal Husbandry and Fishery	833255	719607	3327		259045
第二产业	Secondary Industry	103860201	87276955	1185968	16437272	15055042
工业	Industry	100237527	83912188	1101112	16437272	15023144
采矿业	Mining	1453137	1079871	20684		295264
制造业	Manufacture	63485846	52784056	805035	16437272	14321516
电力、燃气及水的生产和供应业	Production and Supply of Electric Power, Gas and Water	35298544	30048261	275393		406364
建筑业	Construction	3622674	3364767	84856		31898
第三产业	Tertiary Industry	38289896	35485763	901934	994507	4966594
交通运输、仓储和邮政业	Transport, Storage and Postal Services	4866394	3635847	137183	5589	32150
信息传输、计算机服务和软件业	Information Transmission, Computer Services and Software	36047	36038	363		11253
批发和零售业	Wholesale and Retail Trades	15433194	14502813	29888	15392	4640047
住宿和餐饮业	Hotels and Catering Services	731922	473881	14759		
金融业	Finance	10283713	11917553	365699		
房地产业	Real Estate	2936933	1816433	241406		62496
其他	Others	4001693	3103198	112636	973526	220648
租赁和商务服务业	Leasing and Business Services	1893751	1679056	24539		20185
文化、体育和娱乐业	Culture, Sports and Recreation	2107942	1424142	88097	973526	200463
按母公司登记注册类型分	Grouped by Status of Registration of Parent Company					
国有企业	State-owned Enterprises	7313150	6387052	101003	369991	707655
公司制企业	Incorporated Enterprises	130699108	113106417	1936886	15561788	19182053
国有独资公司	Companies Exclusively Funded by State	71896206	60888828	1135583	6989377	5175901
其他有限责任公司	Other Limited Liability Companies	23030474	20308942	101811	1767536	9210904
股份有限公司	Share-holding Companies	32160211	29081298	668576	5243654	4135737
中外合资企业	Sino-foreign Joint Ventures	2399968	1831232	27253	1032745	253235
港澳台合资企业	Joint Ventures with Investment from Hong Kong, Macao and Taiwan	442168	406983	1221	7243	53547
港澳台商投资股份有限公司	Share-holding Companies with Investment from Hong Kong, Macao and Taiwan	770081	589134	2442	521233	352729
其他	Others	4971094	3988856	53340	1500000	390973

2-12 continued

(10000 yuan)

销售费用 Sales Expenses	管理费用 Adminis-trative Expenses	#税金 Taxes	劳动、待业保险费 Expenses on Labor and Unempl-oyment Insurance	职工教育费 Expenses on Personnel Education	财务费用 Financial Expenses	#利息支出 Interest Expenses	投资收益 Investment Revenue	利润总额 Total Profits	应交所得税 Income Tax Payable	应交增值税 Value-added Tax Payable	固定资产投资完成额 Completed Investment in Fixed Assets	研究开发(R&D)费用 Expendi-ture on Research and Devel opment
5829136	**6880757**	**201463**	**432171**	**52680**	**2384391**	**2256723**	**8408141**	**11596926**	**1939282**	**3650352**	**12441583**	**1969352**
190035	142598	3108	3493	732	17456	10948	9447	191668	23136	-1927	262893	13769
1449080	2224075	17780	107897	9458	948656	866687	6617599	4340407	732419	1669592	6961217	425625
1878140	2265300	94403	154094	27537	983609	999147	789508	3046263	612185	964447	2954112	726259
210591	232774	14698	18782	2253	77199	74168	14185	77790	31804	70278	222827	29631
2101290	2016010	71474	147905	12700	357471	305773	977402	3940798	539738	947962	2040534	774068
4481894	6021059	169551	399345	48506	2072530	1979793	8027030	10233613	1716457	3284899	11896651	1582500
125381	203950	7485	9781	1321	89897	83325	115516	238456	39941	88530	220244	69005
1087041	583899	22852	17539	2263	212892	190739	237226	930660	159451	236107	304551	260535
4071	9524	128	583	49	2466	2466		24731	2512	8878	8009	3325
130749	62325	1447	4923	541	6606	400	28369	169466	20921	31938	12128	53987
22943	48737	2194	10108	429	18881	18388	912	26376	2878	9515	66288	566
22943	48737	2194	10108	429	18881	18388	912	26376	2878	9515	66288	566
3800153	3851177	116051	231956	33858	1627633	1479739	1628720	7743620	1384619	3503513	10106081	1945888
3790431	3733370	112860	217783	32899	1611920	1464882	1623695	7708065	1374861	3479156	9847814	1945203
39977	127140	3669	17819	1585	34206	31612	87186	215026	30624	78588	96023	2698
3576579	2816357	84024	147192	24854	621094	571116	1115682	3961387	491135	1268883	1346660	1781337
173875	789873	25167	52772	6460	956620	862154	420827	3531652	853102	2131685	8405131	161168
9722	117807	3191	14173	959	15713	14857	5025	35555	9758	24357	258267	685
2006040	2980843	83218	190107	18393	737877	758596	6778509	3826930	551785	137324	2269214	22898
63218	468154	33717	47034	4611	394398	428653	258375	978092	206946	23588	1154658	2986
2558	4206	9	360	2	6478	6478	546	-11831		327		
381232	262086	20089	26696	2646	63079	63653	55744	237334	48480	82730	80348	3167
106981	122047	5817	6521	953	8365	7486	3395	27350	12441	9893	13171	
1086842	1578300	6935	84900	6979	143582	143500	6241889	1753187	92940		450000	
102668	266003	9758	9831	1505	84112	77835	122086	557256	144791	2266	290969	1496
262541	280047	6893	14765	1697	37863	30991	96474	285542	46187	18520	280068	15249
57534	106302	3132	11272	965	20775	20411	85728	80851	22517	15610	17175	1480
205007	173745	3761	3493	732	17088	10580	10746	204691	23670	2910	262893	13769
273141	375009	24090	42714	3307	135309	132966	78381	114354	67056	131602	464473	28452
5043390	6300015	168688	376093	47653	2234315	2115941	7990196	10943247	1803404	3434198	11915994	1877380
1391425	2718477	101883	218055	19782	1277301	1347783	906022	5930641	1166190	2746357	8722900	571997
926848	752830	30227	29367	4635	461989	330942	381374	1082026	157925	325599	1396970	397778
2478971	2644061	30987	108591	21957	476601	421344	6612875	3527985	391597	244804	1609418	817489
207086	121728	3342	14408	1078	24983	14242	62100	180342	37232	83073	154185	61491
6659	12666	148	735	53	6767	5355	1065	25949	2738	12054	8009	3333
32401	50253	2101	4937	148	-13326	-3725	26760	196304	47722	22311	24512	25292
512605	205733	8685	13364	1720	14767	7816	339564	539325	68822	84552	61116	63520

2-13 重点企业集团财务指标

Financial Indicators of Key Enterprise Groups

单位：万元 (10000 yuan)

指标	Item	2000	2005	2006	2007
企业集团单位总数 (个)	Total Number of Enterprise Groups (unit)	145	167	162	158
年末资产总计	Total Assets at the Year-end	76227716	167649191	194713699	239719673
固定资产	Fixed Assets	29660211	82377571	90676671	57865577
累计折旧	Cumulative Depreciation	8608547	25111471	28986552	32299422
#本年折旧	Depreciation in Current Year	1373651	3976640	4428212	5524992
累计对外投资	Cumulative Overseas Investment	5323965	24700732	32248538	48663278
#本年对外投资	Overseas Investment in Current Year	383023	6923532	7157829	14167673
存货	Inventory	14653152	13338090	15976786	19898437
流动资产年平均余额	Annual Average Balance of Circulating Funds	33432647	64859654	72414098	95731890
应收帐款	Debts Receivable	6990564	8069543	8633681	10079290
年末负债合计	Total Liabilities at the Year-end	48494410	106319976	128487830	159145243
#流动负债	Liquid Liabilities	41830220	54432253	68204448	88537482
#银行借款	Bank Loan			35425494	41900408
年末股东(所有者)权益合计	Total Shareholders' (Creditors') Equity at the Year-end	23242139	49576338	53746304	80574430
#年末少数股东权益	Minority of Creditors' Equity at the Year-end	4491167	11752877	12479565	14092674
股本(实收资本)	Stock Capital (Paid-up Capital)	10334753	21385415	22630170	23748650
营业收入	Business Revenue	38934641	105353682	120265885	142983352
#营业成本	Business Costs	31381032	86558804	95829520	123482325
营业税金及附加	Taxes and Extra Charges on Business	493999	1097365	2112865	2091229
新产品销售收入	Sales Revenue of New Products	5380518	13862359	16996272	17431779
出口销售总额	Total Export Sales	6988137	16225203	19464766	20280681
销售费用	Sales Expenses			4793746	5829136
管理费用	Administrative Expenses			6306345	6880757
#税金	Taxes	158632	208766	158756	201463
劳动、待业保险费	Expenses on Labor and Unemployment Insurance	253616	463122	411473	432171
职工教育费	Expenses on Personnel Education			60857	52680
财务费用	Financial Expenses			1937386	2384391
#利息支出	Interest Expenses	1001967	1711572	1836262	2256723
投资收益	Investment Revenue	466775	1469958	2731551	8408141
利润总额	Total Profits	2100309	5153552	7390387	11596926
应交所得税	Income Tax Payable	335124	1180809	1729985	1939282
应缴增值税	Value-added Tax Payable	1135452	2689585	3355567	3650352
固定资产投资完成额	Completed Investment in Fixed Assets	3362357	10916082	10818911	12441583
研究开发(R&D)费用	Expenditure on Research and Development	706524	1004769	1400090	1969352

注：2000-2006年的固定资产为固定资产原价，2007年改为固定资产净值。2000-2006年的营业收入仅为当年的主营业务收入。

Note: The fixed assets from 2000 to 2006 referred to the original value of fixed assets, whereas the fixed assets of 2007 referred to the net value of fixed assets. The business revenue from 2000 to 2006 only covered the main business revenue in current years.

2-14 重点企业集团劳动工资

Wages and Salaries of Key Enterprise Groups

指　　标	Item	2000	2005	2006	2007
企业集团单位总数（个）	Total Number of Enterprise Groups (unit)	145	167	162	158
年末从业人员（人）	Number of Employed Persons at the Year-end (person)	1052922	1361095	1433845	1496861
#在岗职工	Fully Employed Staff and Workers	1011250	1289265	1362579	1408300
其他从业人员	Others	41672	71830	71266	88561
研究开发(R&D)人员（人）	Persons Engaged in Research and Development (person)		40418	48492	63317
从业人员劳动报酬(万元)	Wages and Salaries of Employed Persons (10000 yuan)	1961508	4412114	5077362	6455477
#在岗职工	Fully Employed Staff and Workers	1922487	4323095	4941947	6289767
其他从业人员	Others	39021	89019	135415	165710
研究开发人员(R&D)劳动报酬（万元）	Wages and Salaries of Persons Engaged in Research and Development (10000 yuan)		263616	282961	360584

2-15 企业生产经营主要微观经济指标景气指数情况（2007年）

Major Microeconomic Indicators and Climate Index on the Production and Management of Enterprises (2007)

项　目	Item	一季度 1st Quarter	二季度 2nd Quarter	三季度 3rd Quarter	四季度 4th Quarter
生产总量	Total Output	98.41	130.44	131.25	128.13
盈利(亏损)变化	Changes in Profits or Losses	109.04	124.46	125.72	121.28
流动资金	Circulating Funds	119.97	120.83	122.01	118.77
货款拖欠	Payment Delinquent	114.50	106.68	107.84	109.19
劳动力需求	Demand for Labor Force	115.76	121.80	124.60	118.32
固定资产投资	Investment in Fixed Assets	108.41	118.61	120.23	121.08
产品订货	Orders for Products	113.57	127.46	128.15	126.56
企业融资	Corporoate Financing	109.15	109.96	111.24	105.97

2-16 企业家信心指数（2007年）
Entrepreneur Confidence Index (2007)

项目	Item	一季度 1st Quarter	二季度 2nd Quarter	三季度 3rd Quarter	四季度 4th Quarter
总指数	**General Index**	**144.84**	**145.44**	**146.89**	**144.65**
按行业分	**Grouped by Sector**				
工业	Industry	144.54	145.23	146.46	145.34
#采掘业	Mining and Dressing	149.15	149.15	174.15	152.53
制造业	Manufacture	144.86	145.87	145.05	145.99
电力、燃气及水的生产与供应业	Production and Supply of Electric Power, Gas and Water	141.04	139.15	154.69	139.07
建筑业	Construction	133.35	137.32	133.18	134.28
交通运输、仓储及邮政业	Transport, Storage and Postal Services	143.45	142.40	145.61	142.09
批发和零售业	Wholesale and Retail Trades	141.31	139.14	141.09	141.65
房地产业	Real Estate	150.42	151.84	156.59	133.71
社会服务业	Social Services	148.01	151.54	151.62	151.53
信息传输、计算机服务和软件业	Data Transmission, Computer Services and Software	160.76	159.71	163.66	169.15
住宿和餐饮业	Hotels and Catering Services	143.49	144.83	145.26	147.75
按企业登记注册类型分	**Grouped by Status of Registration**				
国有企业	State-owned Enterprises	148.71	143.98	143.02	146.37
集体企业	Collective-owned Enterprises	117.60	121.83	120.74	118.72
股份合作企业	Cooperative Enterprises	136.93	120.45	124.28	129.61
联营企业	Joint Ownership Enterprises	108.33	145.45	154.55	154.55
有限责任公司	Limited Liability Companies	138.86	140.81	146.91	142.12
股份有限公司	Share-holding Companies	160.15	156.58	155.51	151.91
私营企业	Private Enterprises	147.55	157.10	154.78	154.25
外商及港、澳、台投资企业	Enterprises with Foreign Investment and Enterprises with Investment from Hong Kong, Macao and Taiwan	146.72	149.45	151.20	149.66
按企业规模分	**Grouped by Size of Enterprise**				
总大型	Total of Large Enterprises	162.94	163.03	165.78	164.41
#特大型	Extraordinary Large	164.48	166.22	164.22	167.39
大型	Large	162.65	162.43	166.07	163.85
中小型	Small and Medium	132.24	132.48	133.69	131.50
#中型	Medium	134.26	133.36	134.44	131.80
小型	Small	128.21	130.69	132.18	130.90
特殊分组	**Special Group**				
国家重点企业	Key State Enterprises	179.87	168.85	162.37	158.41
乡镇企业	Township Enterprises	134.73	136.40	141.79	138.48
上市企业	Listed Enterprises	169.48	171.33	164.34	171.30
国有控股企业	State-holding Enterprises	147.80	144.31	144.74	142.16

注:企业的景气指数是由国家统计局广东调查总队对全省2900家企业的企业家定期进行问卷调查得出的数(下同)。

Note: The business climate index is calculated on the basis of regular questionnaires answered by 2900 enterprises surveyed by survey office of the National Bureau of Statistics in Guangdong. The same applies to following tables.

2-17 企业景气指数（2007年）

Business Climate Index (2007)

项 目	Item	一季度 1st Quarter	二季度 2nd Quarter	三季度 3rd Quarter	四季度 4th Quarter
总指数	**General Index**	**143.19**	**146.49**	**149.87**	**146.98**
按行业分	**Grouped by Sector**				
工业	Industry	138.53	146.48	149.86	147.67
#采掘业	Mining and Dressing	139.02	139.87	148.20	173.20
制造业	Manufacture	138.96	146.59	148.49	148.35
电力、燃气及水的生产与供应业	Production and Supply of Electric Power, Gas and Water	133.33	146.73	160.46	138.61
建筑业	Construction	128.29	132.82	138.01	141.02
交通运输、仓储及邮政业	Transport, Storage and Postal Services	145.81	145.36	148.30	135.06
批发和零售业	Wholesale and Retail Trades	150.93	143.83	151.61	152.93
房地产业	Real Estate	152.22	154.20	144.85	137.15
社会服务业	Social Services	153.71	145.95	157.25	144.62
信息传输、计算机服务和软件业	Data Transmission, Computer Services and Software	166.39	165.29	167.79	168.07
住宿和餐饮业	Hotels and Catering Services	143.53	137.67	138.62	145.19
按企业登记注册类型分	**Grouped by Status of Registration**				
国有企业	State-owned Enterprises	148.35	148.25	148.80	148.31
集体企业	Collective-owned Enterprises	107.27	107.39	119.54	110.59
股份合作企业	Cooperative Enterprises	135.75	131.28	131.28	123.75
联营企业	Joint Ownership Enterprises	108.33	109.09	136.36	127.27
有限责任公司	Limited Liability Companies	134.92	142.60	145.97	145.98
股份有限公司	Share-holding Companies	160.04	158.05	163.07	152.23
私营企业	Private Enterprises	132.22	139.39	146.53	153.35
外商及港、澳、台投资企业	Enterprises with Foreign Investment and Enterprises with Investment from Hong Kong, Macao and Taiwan	145.94	151.80	153.64	151.26
按企业规模分	**Grouped by Size of Enterprise**				
总大型	Total of Large Enterprises	164.36	169.50	170.96	167.33
#特大型	Extraordinary Large	135.30	156.65	180.62	172.01
大型	Large	169.88	171.94	169.13	166.44
中小型	Small and Medium	126.82	129.90	134.24	132.10
#中型	Medium	129.25	131.22	135.52	133.79
小型	Small	121.96	127.26	131.64	128.70
特殊分组	**Special Group**				
国家重点企业	Key State Enterprises	170.60	172.70	174.25	151.12
乡镇企业	Township Enterprises	140.97	151.40	150.63	144.44
上市企业	Listed Enterprises	168.00	168.59	175.88	172.32
国有控股企业	State-controlled Enterprises	146.06	149.86	152.25	147.05

2-18 主要行业大类企业家信心指数（2007年）

Entrepreneur Confidence Index by Major Sector (2007)

项　　目	Item	一季度 1st Quarter	二季度 2nd Quarter	三季度 3rd Quarter	四季度 4th Quarter
工业	**Industry**				
农副食品加工业	Processing of Farm and Sideline Food	132.73	125.29	131.44	127.14
食品制造业	Manufacture of Food	151.83	151.42	149.36	147.17
饮料制造业	Manufacture of Beverage	145.04	156.48	161.24	141.66
纺织业	Textile Industry	112.95	114.42	111.59	110.25
纺织服装、鞋、帽制造业	Manufacture of Textile Garments, Footwear and Headgear	152.97	153.41	145.96	157.45
皮革、毛皮、羽绒及其制品业	Leather, Fur, Feather, Down and Related Products	129.54	136.10	131.67	113.94
造纸及纸制品业	Papermaking and Paper Products	150.26	163.97	166.33	158.68
印刷业、记录媒介的复制	Printing and Record Medium Reproduction	144.31	142.26	147.71	112.84
文教体育用品制造业	Cultural, Educational and Sports Articles	114.40	118.26	144.70	167.18
化学原料及化学制品制造业	Manufacture of Raw Chemical Materials and Chemical Products	156.83	155.86	157.25	151.17
医药制造业	Manufacture of Medicines	130.67	141.17	152.07	138.62
塑料制品业	Plastic Products	128.32	130.03	114.21	113.51
非金属矿物制品业	Nonmetal Mineral Products	128.57	120.93	133.15	151.73
金属制品业	Metal Products	161.58	144.97	157.02	143.40
通用设备制造业	Manufacture of General-purpose Machinery	124.36	138.38	152.20	150.23
专用设备制造业	Manufacture of Special-purpose Machinery	142.57	143.83	131.33	131.28
交通运输设备制造业	Manufacture of Transport Equipment	155.27	144.59	144.61	145.07
电气机械及器材制造业	Manufacture of Electrical Machinery and Equipment	136.39	151.27	153.45	152.84
通信设备、计算机及其它电子设备制造业	Manufacture of Communication Equipment, Computers and Other Electronic Equipment	156.72	158.22	156.84	161.48
仪器仪表及文化、办公用机械制造业	Manufacture of Instruments, Meters and Machinery for Cultural and Office Use	142.38	156.96	151.30	161.74
电力、热力的生产和供应业	Production and Supply of Electric Power and Heat Power	141.29	138.64	151.13	136.60
建筑业	**Construction**				
房屋和土木工程建筑业	Construction of Buildings and Civil Engineering	132.57	137.12	132.67	134.35
交通运输、仓储及邮政业	**Transport, Storage and Postal Services**				
道路运输业	Road Transport	131.09	123.72	116.73	108.37
城市公共交通业	Urban Public Transport	112.19	112.19	119.15	98.62
水上运输业	Waterway Transport	127.01	133.82	138.03	142.15
邮政业	Postal Services	180.64	170.60	171.55	175.14
批发和零售业	**Wholesale and Retail Trades**				
批发业	Wholesale	129.34	126.88	129.67	130.83
零售业	Retail Trade	167.54	168.76	167.04	167.54
房地产业	**Real Estate**	**150.42**	**151.84**	**156.59**	**133.71**
社会服务业	**Social Services**				
商务服务业	Business Services	146.39	147.10	151.27	150.33
信息传输和计算机服务及软件业	**Data Transmission, Computer Services and Software**				
信息传输业	Data Transmission	164.48	165.45	165.33	173.01
软件业	Software	147.26	152.94	157.58	172.73
住宿和餐饮业	**Hotels and Catering Services**				
住宿业	Hotels	133.76	134.75	136.59	143.81
餐饮业	Catering Services	157.52	159.38	156.92	152.69

2-19 主要行业大类企业景气指数（2007年）

Business Climate Index by Major Sector (2007)

项目	Item	一季度 1st Quarter	二季度 2nd Quarter	三季度 3rd Quarter	四季度 4th Quarter
工业	**Industry**				
农副食品加工业	Processing of Farm and Sideline Food	131.62	128.01	144.01	131.18
食品制造业	Manufacture of Food	142.34	145.76	151.16	146.90
饮料制造业	Manufacture of Beverage	145.32	147.31	173.51	143.45
纺织业	Textile Industry	113.45	122.47	114.79	121.48
纺织服装、鞋、帽制造业	Manufacture of Textile Garments, Footwear and Headgear	151.92	129.91	154.51	145.46
皮革、毛皮、羽绒及其制品业	Leather, Fur, Feather, Down and Related Products	117.18	117.18	132.71	131.94
造纸及纸制品业	Papermaking and Paper Products	132.87	132.87	163.15	155.24
印刷业、记录媒介的复制	Printing and Record Medium Reproduction	135.99	135.99	132.38	135.77
文教体育用品制造业	Cultural, Educational and Sports Articles	148.65	148.65	154.10	150.59
化学原料及化学制品制造业	Manufacture of Raw Chemical Materials and Chemical Products	155.99	155.99	159.38	150.62
医药制造业	Manufacture of Medicines	133.15	133.15	164.54	163.63
塑料制品业	Plastic Products	120.30	120.30	111.05	118.59
非金属矿物制品业	Nonmetal Mineral Products	106.04	106.04	134.44	150.25
金属制品业	Metal Products	146.30	146.30	148.87	152.26
通用设备制造业	Manufacture of General-purpose Machinery	137.24	137.24	148.05	138.99
专用设备制造业	Manufacture of Special-purpose Machinery	142.26	142.26	149.74	138.31
交通运输设备制造业	Manufacture of Transport Equipment	143.08	143.08	156.96	164.89
电气机械及器材制造业	Manufacture of Electrical Machinery and Equipment	143.17	143.17	159.70	153.78
通信设备、计算机及其它电子设备制造业	Manufacture of Communication Equipment, Computers and Other Electronic Equipment	140.81	140.81	158.86	161.08
仪器仪表及文化、办公制造业	Manufacture of Instruments, Meters and Machinery for Cultural and Office Use	143.49	143.49	162.36	148.78
电力、热力的生产和供应业	Production and Supply of Electric Power and Heat Power	131.92	131.92	157.11	133.28
建筑业	**Construction**				
房屋和土木工程建筑业	Construction of Buildings and Civil Engineering	126.02	126.02	137.58	139.71
交通运输、仓储及邮政业	**Transport, Storage and Postal Services**				
道路运输业	Road Transport	146.75	146.75	136.39	116.94
城市公共交通业	Urban Public Transport	130.70	130.70	123.30	119.55
水上运输业	Waterway Transport	115.25	115.25	135.41	145.83
邮政业	Postal Services	168.18	168.18	177.27	180.64
批发和零售业	**Wholesale and Retail Trades**				
批发业	Wholesale	142.82	142.82	146.49	147.62
零售业	Retail Trade	166.85	166.85	161.76	163.72
房地产业	**Real Estate**	**152.22**	**152.22**	**144.85**	**137.15**
社会服务业	**Social Services**				
商务服务业	Business Services	155.57	144.03	159.46	143.70
信息传输和计算机服务及软件业	**Data Transmission, Computer Services and Software**				
信息传输业	Data Transmission	176.41	177.32	176.33	172.27
软件业	Software	129.01	137.25	153.92	166.09
住宿和餐饮业	**Hotels and Catering Services**				
住宿业	Hotels	135.44	133.08	129.23	140.43
餐饮业	Catering Services	156.26	146.17	151.57	152.40

2-20 各行业企业景气指数（2007年）

Business Climate Index by Sector (2007)

指　　标	Item	一季度 1st Quarter	二季度 2nd Quarter	三季度 3rd Quarter	四季度 4th Quarter
总指数	**General Index**	**137.50**	**140.85**	**141.89**	**144.60**
工业	**Industry**				
企业综合生产经营	Comprehensive Production and Management	138.53	146.48	149.86	147.67
生产成本	Production Cost	84.87	64.14	62.31	57.95
生产总量	Total Output	85.39	138.56	132.81	133.63
产品订货	Orders of Products	116.83	137.43	133.45	138.24
#国外订货	Overseas Order	113.19	125.38	132.16	126.96
产品销售量	Product Sales	95.83	138.29	138.11	133.49
产品销售价格	Product Sales Price	94.94	98.96	107.66	111.02
产成品库存	Finished Product Inventories	131.49	135.55	137.99	135.16
税后利润	After-tax Profits	103.65	127.17	126.47	123.94
流动资金	Circulating Funds	126.21	128.95	127.11	126.34
企业融资	Corporate Financing	113.52	115.76	116.11	109.12
货款拖欠	Payment Delinquent	114.44	102.66	101.01	103.65
劳动力需求	Demand for Labor Force	114.38	126.72	124.71	118.56
固定资产投资	Investment in Fixed Assets	111.22	122.19	124.06	125.07
科技创新	Scientific and Technological Innovation	115.50	121.77	115.75	121.71
主要原材料及能源购进价格	Purchasing Price of Main Raw Materials and Energies	72.44	60.50	55.20	51.11
主要原材料及能源供应	Supply of Main Raw Materials and Energies	134.96	129.33	127.62	123.64
建筑业	**Construction**				
企业综合生产经营	Comprehensive Production and Management	128.29	132.82	138.01	141.02
工程合同	Number of Contracts Signed	77.68	125.19	123.68	121.05
#国(境)外合同	Overseas Contracts	96.15	92.97	103.64	102.56
建筑工程量	Volume of Construction Projects	80.12	128.11	136.69	147.47
新开工工程量	Volume of Newly Started Construction	86.45	116.96	128.60	123.74
技术设备能力	Technological and Facility Capabilities	144.09	153.58	150.63	153.29
工程进度	Project Progress	103.26	130.58	131.22	152.41
工程结算收入	Revenue of Project Settlement Accounts	83.37	110.59	119.50	139.43
建筑材料购进价格	Purchasing Price of Construction Materials	66.40	47.26	27.09	23.21
工程结算成本	Cost of Project Settlement Accounts	80.24	69.72	50.40	37.51
税后利润	After-tax Profits	107.78	114.36	116.62	123.65
流动资金	Circulating Funds	88.37	75.29	87.03	75.18
企业融资	Corporate Financing	83.93	84.66	88.91	87.66
工程款拖欠	Delinquent Payment of Construction Costs	119.35	93.67	97.13	94.82
劳动力需求	Demand for Labor Force	86.71	126.10	129.55	141.35
固定资产投资	Investment in Fixed Assets	89.95	111.39	111.68	113.51
交通运输、仓储及邮政业	**Transport, Storage and Postal Services**				
企业综合生产经营	Comprehensive Production and Management	145.81	145.36	148.30	135.06
业务预订	Reservation of Services	125.60	108.04	144.76	91.33
业务量	Business Volume	129.94	112.57	150.54	93.04
业务收费价格	Business Prices	115.01	97.71	112.63	93.02
营业成本	Business Costs	62.49	66.87	42.90	69.43
税后利润	After-tax Profits	130.82	95.34	133.56	82.58
流动资金	Circulating Funds	125.21	124.80	123.95	121.65
企业融资	Corporate Financing	112.38	111.68	111.54	111.72
货款拖欠	Payment Delinquent	105.15	104.24	114.48	114.75
劳动力需求	Demand for Labor Force	114.70	102.15	126.72	105.41
固定资产投资	Investment in Fixed Assets	112.17	116.75	131.50	137.19

2-20 续表 1 continued

指 标	Item	一季度 1st Quarter	二季度 2nd Quarter	三季度 3rd Quarter	四季度 4th Quarter
批发和零售贸易业	**Wholesale and Retail Trades**				
企业综合生产经营	Comprehensive Production and Management	150.93	143.83	151.61	152.93
商品购进	Purchase of Commodities	119.05	108.66	115.79	122.63
商品购进价格	Purchasing Price	87.40	68.86	66.40	61.37
商品销售	Sales of Commodities	114.83	118.90	125.69	121.66
#出口	Exports	90.34	106.12	98.31	100.06
商品销售价格	Selling Price	100.43	114.91	120.98	131.53
商品库存	Inventories	128.83	124.98	118.46	127.40
经营费用	Operating Expenses	78.44	82.80	74.43	64.99
竞争能力	Competitiveness	147.79	141.77	142.52	142.55
税后利润	After-tax Profits	121.25	132.62	129.77	130.62
流动资金	Circulating Funds	111.81	113.36	115.72	111.26
企业融资	Corporate Financing	109.06	104.45	111.59	106.01
货款拖欠	Payment Delinquent	116.35	112.67	117.26	116.15
劳动力需求	Demand for Labor Force	118.04	110.02	121.77	112.48
固定资产投资	Investment in Fixed Assets	100.46	110.74	107.22	111.20
房地产业	**Real Estate**				
企业综合生产经营	Comprehensive Production and Management	152.22	154.20	144.85	137.15
土地开发面积	Land Areas Developed	85.08	109.59	99.54	112.48
完成投资	Investment Completed	105.63	118.55	113.08	112.49
新开工面积	Area of Newly Started Projects	98.93	110.51	96.29	102.28
房屋竣工面积	Floor Space Completed	81.31	102.02	87.28	114.73
商品房预售面积	Floor Space of Commercial Houses Sold in Advance	80.12	109.99	98.78	89.03
商品房销售面积	Floor Space of Commercial Houses Sold	86.15	115.22	100.76	88.29
商品房销售价格	Selling Price of Commercial Houses	128.01	132.21	133.94	117.75
空置商品房面积	Floor Space of Vacant Commercial Houses	150.10	157.74	158.10	138.39
税后利润	After-tax Profits	103.47	138.80	115.10	128.35
流动资金	Circulating Funds	112.33	113.75	114.78	109.54
企业融资	Corporate Financing	97.92	97.63	103.29	95.75
货款拖欠	Payment Delinquent	130.43	133.66	133.29	130.05
劳动力需求	Demand for Labor Force	125.20	119.15	122.02	115.70
固定资产投资	Investment in Fixed Assets	95.31	112.92	107.24	102.87
社会服务业	**Social Services**				
企业综合生产经营	Comprehensive Production and Management	153.71	145.95	157.25	144.62
服务预订	Reservation of Services	129.87	126.36	135.22	108.82
竞争能力	Competitiveness	152.69	153.71	159.72	157.60
旅游客源	Tourist Source	154.17	131.39	163.34	120.54
收费服务价格	Service Price	109.72	92.17	117.48	95.85
业务量	Business Volume	138.63	122.01	136.81	118.74
营业成本	Business Costs	63.10	73.31	60.10	77.52
税后利润	After-tax Profits	119.10	105.40	125.74	106.36
流动资金	Circulating Funds	105.45	104.77	116.36	103.12
企业融资	Corporate Financing	98.55	95.59	92.12	90.96
货款拖欠	Payment Delinquent	104.77	108.52	113.27	119.57
劳动力需求	Demand for Labor Force	123.52	112.78	124.67	112.14
固定资产投资	Investment in Fixed Assets	116.32	111.82	118.41	115.72

2-20 续表 2 continued

指 标	Item	一季度 1st Quarter	二季度 2nd Quarter	三季度 3rd Quarter	四季度 4th Quarter
信息传输、计算机服务和软件业	**Data Transmission, Computer Services and Software**				
企业综合生产经营	Comprehensive Production and Management	166.39	165.29	167.79	168.07
产品销售	Product Sales	118.93	134.30	145.62	146.66
产品订货	Product Order	112.97	127.72	134.69	132.48
竞争能力	Competitiveness	168.15	165.60	165.61	162.62
销售价格	Selling Price	73.12	78.27	75.39	75.30
营业收入	Business Revenue	111.12	127.31	140.92	134.65
营业成本	Business Costs	93.90	80.09	69.48	61.00
税后利润	After-tax Profits	110.64	124.75	138.74	122.38
流动资金	Circulating Funds	128.07	124.33	137.11	135.19
企业融资	Corporate Financing	120.20	120.44	120.44	123.35
货款拖欠	Payment Delinquent	111.03	108.19	120.98	122.78
劳动力需求	Demand for Labor Force	121.81	127.77	126.92	135.71
固定资产投资	Investment in Fixed Assets	118.04	125.97	129.92	129.95
住宿和餐饮业	**Hotels and Catering Services**				
企业综合生产经营	Comprehensive Production and Management	143.53	137.67	138.62	145.19
业务预订	Business Reservation	117.33	98.63	107.29	122.27
业务量	Business Volume	120.40	101.71	97.01	121.08
竞争能力	Competitiveness	143.06	139.19	140.08	140.38
客房出租	Guest Rooms for Rent	87.41	89.72	92.17	90.34
收费服务价格	Service Price	104.19	108.51	104.79	109.58
营业收入	Business Revenue	120.08	103.47	116.49	116.44
营业成本	Business Costs	85.08	65.87	57.43	51.84
税后利润	After-tax Profits	116.39	110.82	105.89	110.77
流动资金	Circulating Funds	115.68	109.10	113.65	105.17
企业融资	Corporate Financing	98.27	108.99	102.34	101.85
货款拖欠	Payment Delinquent	100.17	106.47	109.03	103.94
劳动力需求	Demand for Labor Force	131.47	123.57	126.27	123.79
固定资产投资	Investment in Fixed Assets	114.82	117.42	119.02	116.20

2-21 企业宏观经济景气状况（2000-2007年）

Macro Economic Climate Situations of Enterprises (2000 – 2007)

指 标	Item	2000	2001	2002	2003	2004	2005	2006	2007
一季度	**1st Quarter**								
乐观	Optimistic	40.81	40.27	39.73	40.18	45.98	45.82	44.86	50.46
一般	Neither Optimistic Nor Pessimistic	47.87	46.85	47.24	50.00	46.42	46.79	47.58	43.93
不乐观	Pessimistic	11.32	12.88	13.03	9.82	7.60	7.39	7.56	5.61
企业家信心指数	Entrepreneur Confidence Index	129.49	127.39	126.70	130.35	138.38	138.43	137.29	144.84
二季度	**2nd Quarter**								
乐观	Optimistic	41.58	39.33	36.24	32.21	43.02	43.36	45.72	51.24
一般	Neither Optimistic Nor Pessimistic	45.96	46.24	52.15	51.23	48.97	47.05	46.71	42.95
不乐观	Pessimistic	12.46	14.43	11.61	16.56	8.00	9.58	7.57	5.81
企业家信心指数	Entrepreneur Confidence Index	129.12	124.91	124.63	115.66	135.03	133.79	138.15	145.44
三季度	**3rd Quarter**								
乐观	Optimistic	40.41	32.48	33.20	39.99	45.78	40.81	45.04	52.79
一般	Neither Optimistic Nor Pessimistic	46.64	54.86	54.21	51.97	46.55	49.97	47.51	41.32
不乐观	Pessimistic	12.95	12.66	12.59	8.04	7.67	9.21	7.45	5.89
企业家信心指数	Entrepreneur Confidence Index	127.45	119.82	120.61	131.95	138.12	131.6	137.59	146.89
四季度	**4th Quarter**								
乐观	Optimistic	40.96	37.77	35.81	43.46	44.54	40.61	47.64	51.4
一般	Neither Optimistic Nor Pessimistic	45.05	47.11	53.95	48.82	47.55	49.65	46.13	41.85
不乐观	Pessimistic	13.99	15.12	10.24	7.72	7.92	9.74	6.23	6.75
企业家信心指数	Entrepreneur Confidence Index	126.97	122.65	125.57	135.74	136.61	130.88	141.42	144.65

2-22 企业综合生产经营状况（2000 - 2007年）

Comprehensive Production and Management Situations of Enterprises (2000 – 2007)

指 标	Item	2000	2001	2002	2003	2004	2005	2006	2007
一季度	**1st Quarter**								
良好	improving	45.01	40.77	38.39	42.88	43.40	48.22	46.4	50.34
一般	Retaining the Same level	37.43	41.77	48.99	45.70	47.62	42.02	44.71	42.52
不佳	Worse	17.56	17.46	12.62	11.42	8.98	9.76	8.89	7.14
企业景气指数	Business Climate Index	127.44	123.30	125.77	131.46	134.42	138.46	137.5	143.19
二季度	**2nd Quarter**								
良好	improving	40.84	42.58	40.44	38.54	48.12	43.47	48.39	52.58
一般	Retaining the Same level	44.84	42.12	48.54	43.42	43.15	47.61	44.07	41.34
不佳	Worse	14.32	15.30	11.02	18.04	8.73	8.92	7.54	6.08
企业景气指数	Business Climate Index	126.52	127.27	129.42	120.50	139.40	134.55	140.85	146.49
三季度	**3rd Quarter**								
良好	improving	45.43	40.87	40.50	44.28	47.97	44.15	48.69	54.46
一般	Retaining the Same level	40.38	47.72	48.80	46.87	42.99	47.38	44.5	40.65
不佳	Worse	14.19	11.41	10.70	8.85	9.03	8.48	6.81	4.74
企业景气指数	Business Climate Index	131.25	129.46	129.80	135.42	138.94	135.66	141.89	149.87
四季度	**4th Quarter**								
良好	improving	46.51	41.00	41.00	47.62	48.82	47.81	50.58	53.67
一般	Retaining the Same level	40.66	41.77	48.52	44.01	42.11	42.74	43.45	39.62
不佳	Worse	12.83	17.23	10.48	8.37	9.07	9.45	5.97	6.7
企业景气指数	Business Climate Index	133.68	123.78	130.51	139.25	139.75	138.36	144.6	146.98

主要统计指标解释

发展速度　用以反映社会经济发展程度的相对指标，根据两个不同时期发展水平的对比而得。由于比较的标准时期不同，发展速度可分为定期发展速度和环比发展速度两种。

增长速度　发展速度－1（或100%）就是增长速度。即增长速度＝发展速度－1（或100%）。

平均每年增长速度　我国计算平均增长速度有两种方法，一种是习惯上经常使用的“水平法”，又称几何平均法，是以间隔最后一年的水平同基期水平对比来计算平均每年增长（或下降）的速度；另一种是“累计法”又称代数平均法或方程法，是以间隔年内各年水平的总和同基期水平对比来计算平均每年增长（或下降）的速度。具体计算方法，可参照中国财经出版社出版的《平均增长速度查对表》。

在一般正常情况下，两种方法计算的平均每年增长速度比较接近，但在经济发展不平衡出现大起大落时，两种方法计算的结果差别较大。

本《年鉴》内所列的平均每年增长速度都是用水平法计算的。从某年到某年平均增长速度的年份，均不包基期年在内。如1981－2007年平均每年增长速度，是以1980年为基期，2007年为报告期，年份从1981年算起，共27年。

当年价格　是报告期的实际价格，如工厂的出厂价格，农产品的收购价格，商品的零售价格等。按当年价格计算，是指一些以货币表现的物量指标，如工业总产值、国内生产总值等，按照当年的实际价格来计算总量。按当年价格计算的价值指标，在不同年份之间进行对比时，因为包含有各年间价格变动的因素，不能确切地反映实物量的增减变动。因此，在计算增长速度时都使用按可比价格计算的数字。

企业集团　指以母公司为主体，通过投资及生产经营协作等多种方式，与众多的企事业单位共同组成的经济联合体。企业集团不具有企业法人资格。统计范围：1、省人民政府批准成立的企业集团；2、年营业收入(主营业务收入与其他业务收入合计数)和资产总计均在5亿元以上的企业集团；3、国务院确定的建立现代企业制度原百户试点企业；4、国家重点企业，包括：国务院批准的国家试点企业集团，520户国家重点企业，重组为集团公司的原512户国家重点企业；5、国务院主管部门批准成立的企业集团；6、中央企工委管理的企业集团；7、广东省属资产经营公司、省政府授权经营企业集团公司、省政府持股企业。共有158家企业上报2007年企业集团年报。

Explanatory Notes on Main Statistical Indicators

Development Rate is a relative indicator of the degree of social and economic development calculated through the comparison of two different periods in the degree of development. Development rate can take the form of either fixed-base development rate or chain base development rate.

Growth Rate is equal to development rate minus one (or 100%), i.e. growth rate = development rate −1 (or 100%)

Average Annual Growth Rate Two methods for calculating average annual growth rate are applied in China, one is the more commonly-used "level approach" or the method of calculating geometric average, which is derived by comparing the level of the last year of the interval to that of the base year; the other is called "accumulative approach" or algebraic average or equation method, which is derived by comparing the summation of the actual figure of each year in the interval to the figure in the base year. The detailed calculating methods can be found by reference to the Check Table of Average Growth Rate published by China Financial Publishing House.

Under normal conditions the results calculated by the two methods are fairly close, but they differed sharply when uneven economic development occurred with striking fluctuations in growth.

The average annual growth rates listed in this statistical yearbook are calculated by level approach. The base years are not included when the years are listed for average annual growth rates. For instance, the average annual growth rate of 27 years since 1981 is listed as average annual growth rate of 1981-2007, among which 1980 is the base year and 2007 is the reference year.

Current Price refers to the actual price in the reference period, such as ex-factory price, purchasing price of agricultural products, retail price of commodities, etc. Total values of some quantum indicators in value terms at current prices, such as gross industrial output value and gross domestic product, are calculated in accordance with actual prices of the current year. When comparing indicators of value over time at current prices, they cannot accurately reflect the changes in real term due to price fluctuations of each year. That is why growth rates are calculated at comparable prices.

Enterprise Group refers to an economic union, with the parent company as mainstay, made up of many enterprises and institutions by means of various forms such as investment and production cooperation, etc. It is not qualified as a legal person. The statistical coverage includes: 1. enterprise groups approved by Guangdong Provincial People's Government; 2. enterprises groups with both annual business revenue (sum of main business revenue and other business revenues) and assets over 500 million yuan; 3. the 100 enterprises designated by the State Council to experiment on establishing the modern enterprise system; 4. key state enterprises, including pilot state enterprise groups approved by the State Council, 520 key state enterprises and groups restructured from 512 original key state enterprises; 5. enterprise groups approved by the competent departments of the State Council; 6. enterprise groups under the administration of the Central Enterprise Working Committee; and 7. assets operation companies under Guangdong Province, enterprise groups authorized by the provincial government and enterprises with shares held by the provincial government. A total of 158 enterprises submitted their annual group statistics of 2007.

三、国民经济核算

NATIONAL ECONOMIC ACCOUNTS

三　国民经济核算

简要说明

一、本篇资料反映广东国民经济核算情况。

二、国民经济核算资料主要包括生产总值及其有关资料。生产总值是根据不同产业部门、不同支出构成的特点和资料来源情况而分别采用不同方法计算的。

按支出法计算的生产总值等于最终消费、资本形成总额、货物和服务净出口之和。它与按上述方法计算的生产总值不一定相等，两者之间存在统计误差。

分市的国民经济核算数据由各市统计局提供，由于采取分级核算，各市数据相加不等于全省总计。

本统计年鉴公布的国民经济核算资料，最后一年数据不是最终数，还会发生变动；如果遇到普查年，在能够获得更为详细的基础资料情况下，生产总值的历史数据也会发生变动。1996 年，根据第一次第三产业普查结果，对 1992 年以前全省生产总值的历史数据做了调整；2005 年根据全国第一次经济普查结果，对 1993-2004 年的全省生产总值历史数据做了调整；根据全国第二次农业普查结果，对 2006-2007 年地区生产总值进行调整；本年鉴的数据是调整后的数据。

三、本篇资料由广东省统计局核算处整理提供。

3 National Economic Accounts

Brief Introduction

Ⅰ.The data in this chapter reflect the national accounts of Guangdong Province.

Ⅱ. The data on national accounts mainly include gross domestic product (GDP) and related data. Data on GDP are calculated with various approaches in accordance with the features of various sectors, various expenditure structures and the data resources.

The GDP figure calculated with the expenditure approach equals the sum of final consumption, total capital formation and net exports of goods and services. The data on GDP with this approach may be unequal to the data on GDP calculated with the approaches mentioned above. There is a statistical discrepancy between the two figures.

The data on national accounts by city are provided by the statistical bureaus of various cities. The sum of the city data is not equal to the provincial total due to the decentralized accounting approach.

Data on the national accounts of the latest year published in the yearbook are not final and are subject to changes. The GDP data of past years may also be revised on the basis of more detailed basic data obtained during a census year. In 1996, the GDP figures of years prior to 1992 were adjusted in accordance with the result of the first tertiary industry census. In 2005, the GDP figures from 1993 to 2004 were adjusted in accordance with the result of the first national economic census. GDP data of 2006 and 2007 were adjusted in accordance with the result of the second national agricultural census. Data published in this yearbook are adjusted data.

Ⅲ. The data in this chapter are prepared and provided by the Division of National Accounts of Guangdong Provincial Bureau of Statistics.

3-1 地区生产总值（1978-2007年）

Gross Domestic Product (1978-2007)

单位：亿元 (100 million yuan)

年份 Year	地区生产总值 Gross Domestic Product	第一产业 Primary Industry	第二产业 Secondary Industry	工业 Industry	建筑业 Construction	第三产业 Tertiary Industry	交通运输、仓储和邮政业 Transport, Storage, and Postal Services	批发和零售业 Wholesale and Retail Trades	金融业 Finance	房地产业 Real Estate
1978	185.85	55.31	86.62	76.12	10.49	43.92	10.05	19.39	4.53	1.42
1979	209.34	66.62	91.65	82.36	9.29	51.06	11.26	23.52	4.74	1.62
1980	249.65	82.97	102.53	89.87	12.66	64.14	13.72	29.53	6.10	2.13
1981	290.36	94.30	120.34	103.60	16.74	75.71	16.71	33.57	6.76	2.79
1982	339.92	118.17	135.37	113.13	22.24	86.39	18.34	38.07	7.98	3.39
1983	368.75	121.24	152.27	125.82	26.45	95.24	19.47	41.42	8.94	4.09
1984	458.74	145.25	187.55	154.33	33.22	125.93	25.68	54.41	11.76	5.09
1985	577.38	171.87	229.82	185.81	44.01	175.69	35.91	79.86	12.74	6.16
1986	667.53	188.37	255.88	208.46	47.42	223.28	40.18	89.78	20.84	11.69
1987	846.69	232.14	330.35	273.77	56.58	284.20	53.20	104.17	34.25	16.44
1988	1155.37	306.50	460.17	386.35	73.82	388.70	65.22	145.89	46.80	22.84
1989	1381.39	351.73	554.13	464.06	90.07	475.53	79.02	136.65	72.70	41.36
1990	1559.03	384.59	615.86	523.42	92.45	558.58	101.61	152.90	82.46	42.87
1991	1893.30	416.00	782.67	675.55	107.12	694.63	138.54	185.77	94.83	54.09
1992	2447.54	465.83	1100.32	899.28	201.04	881.39	174.28	236.59	122.79	81.74
1993	3469.28	558.70	1704.88	1386.83	318.05	1205.70	233.15	340.49	149.29	126.25
1994	4619.02	692.25	2253.25	1865.44	387.80	1673.52	336.95	486.46	199.84	171.11
1995	5933.05	864.49	2900.22	2448.82	451.40	2168.34	433.10	647.77	229.27	230.75
1996	6834.97	935.24	3307.51	2842.85	464.66	2592.22	505.91	798.55	264.86	283.92
1997	7774.53	978.32	3704.39	3235.42	468.97	3091.81	642.37	944.61	302.87	342.54
1998	8530.88	994.55	4067.12	3564.25	502.87	3469.21	705.98	1073.36	306.39	419.76
1999	9250.68	1009.01	4359.00	3832.44	526.56	3882.66	766.84	1174.76	331.10	505.74
2000	10741.25	986.32	4999.51	4463.06	536.45	4755.42	938.74	1371.49	443.69	626.10
2001	12039.25	988.84	5506.06	4941.20	564.86	5544.35	1114.18	1543.83	450.81	696.41
2002	13502.42	1015.08	6143.40	5548.41	594.99	6343.94	1206.20	1761.27	454.65	808.16
2003	15844.64	1072.91	7592.78	6886.97	705.81	7178.94	1263.39	2009.33	534.28	955.66
2004	18864.62	1219.84	9280.73	8485.85	794.88	8364.05	1419.78	2321.59	602.68	1103.75
2005	22366.54	1428.27	11339.93	10482.03	857.90	9598.34	990.53	2222.72	673.65	1456.14
2006	26159.52	1532.17	13431.82	12500.22	931.60	11195.53	1113.77	2542.45	932.39	1784.68
2007	31084.40	1695.57	15939.10	14910.03	1029.07	13449.73	1254.58	2805.16	1798.22	2141.47

注：1. 本表按当年价格计算。

2. 2004年及以前年份第一产业不包括农林牧渔服务业，交通运输仓储和邮政业包括电信业，但不包括城市公共交通业，批发与零售业包括餐饮业（下表同）。

Notes: a) The data in this table are calculated at current prices.

b) In 2004 and prior to it, the primary industry did not include service activities for farming, forestry, animal husbandry and fishery;transport, storage,and postal services included telecommunication services,but excluded urban public transport;and wholesale and retail trades included catering services. The same applies to the following tables.

3-2 地区生产总值指数（1978-2007年）

Indices of Gross Domestic Product (1978-2007)

上年=100 (preceding year=100)

年份 Year	地区生产总值 Gross Domestic Product	第一产业 Primary Industry	第二产业 Secondary Industry	工业 Industry	建筑业 Construction	第三产业 Tertiary Industry	交通运输、仓储和邮政业 Transport, Storage, and Postal Services	批发和零售业 Wholesale and Retail Trades	金融业 Finance	房地产业 Real Estate
1978	101.0	104.3	97.1			101.2				
1979	108.5	106.1	104.3	107.6	89.5	117.6	112.7	123.1	103.1	115.2
1980	116.6	112.7	116.9	113.2	136.6	122.1	119.5	119.6	126.4	136.0
1981	109.0	105.1	112.9	110.8	122.0	110.0	107.5	106.8	106.4	129.5
1982	112.0	111.9	111.5	108.1	124.9	112.5	117.4	108.0	110.0	121.0
1983	107.3	103.6	110.1	109.6	111.6	108.9	105.0	106.9	110.0	117.9
1984	115.6	112.5	118.8	120.5	113.0	115.7	105.7	116.6	116.8	109.3
1985	118.0	106.2	120.7	120.9	120.1	128.7	123.1	127.6	130.0	148.3
1986	112.7	105.6	108.1	108.8	105.4	124.7	120.9	117.9	130.2	161.1
1987	119.6	109.6	127.5	131.6	112.1	120.6	122.2	116.5	140.3	132.2
1988	115.8	106.6	124.9	128.0	111.4	113.7	121.8	108.3	115.0	127.6
1989	107.2	107.2	108.6	110.8	97.1	105.7	118.2	80.1	133.0	141.4
1990	111.6	107.3	112.7	114.4	102.7	113.4	106.8	112.2	117.3	97.6
1991	117.7	105.4	123.6	123.0	127.5	119.4	128.3	119.6	107.2	114.3
1992	122.1	105.6	133.4	130.8	149.8	119.0	120.9	119.4	121.2	146.2
1993	123.0	102.5	136.3	139.8	117.0	116.7	124.9	122.0	102.5	129.0
1994	119.7	103.1	125.7	127.2	116.2	118.4	127.6	119.4	107.4	127.4
1995	115.6	105.4	118.7	119.6	112.8	114.6	117.3	115.9	101.8	122.2
1996	111.3	104.9	112.6	113.9	102.6	111.5	109.4	114.2	107.5	115.8
1997	111.2	104.7	112.9	114.4	100.0	110.7	109.1	113.6	109.6	111.6
1998	110.8	103.8	112.4	112.9	107.6	110.4	106.7	115.0	103.1	110.6
1999	110.1	103.9	110.6	110.9	107.5	111.2	105.7	110.4	110.8	119.3
2000	111.5	102.3	112.0	113.3	99.1	113.2	117.3	109.4	122.7	115.4
2001	110.5	102.2	110.7	111.2	106.1	112.0	114.0	111.6	101.7	108.7
2002	112.4	104.3	113.7	114.9	103.5	112.5	106.3	113.3	100.6	111.9
2003	114.8	102.2	120.3	121.0	113.1	111.3	106.1	111.6	110.6	115.3
2004	114.8	104.1	118.8	120.3	102.9	112.0	112.1	109.8	106.9	108.2
2005	113.8	104.9	115.0	115.8	105.5	113.7	116.9	109.7	109.6	123.4
2006	114.6	104.2	116.9	117.6	107.8	113.4	114.5	111.6	127.0	114.8
2007	114.7	103.2	117.0	117.7	106.4	113.4	109.6	106.7	144.4	115.1

注：本表按可比价格计算。

Note: The data in this table are calculated at comparable prices.

3-3 地区生产总值指数（1978-2007年）

Indices of Gross Domestic Product (1978-2007)

1978年=100 (year of 1978=100)

年份 Year	地区生产总值 Gross Domestic Product	第一产业 Primary Industry	第二产业 Secondary Industry	工业 Industry	建筑业 Construction	第三产业 Tertiary Industry	交通运输、仓储和邮政业 Transport, Storage, and Postal Services	批发和零售业 Wholesale and Retail Trades	金融业 Finance	房地产业 Real Estate
1978	100.0	100.0	100.0	100.0	100.0	100.0	100.0	100.0	100.0	100.0
1979	108.5	106.1	104.3	107.6	89.5	117.6	112.7	123.1	103.1	115.2
1980	126.5	119.6	121.9	121.8	122.2	143.5	134.6	147.3	130.4	156.6
1981	137.9	125.8	137.6	135.0	149.1	157.8	144.8	157.2	138.6	202.8
1982	154.4	140.8	153.4	145.9	186.4	177.5	170.0	169.7	152.6	245.3
1983	165.6	145.9	168.8	159.9	208.0	193.3	178.6	181.5	167.8	289.1
1984	191.4	164.1	200.6	192.7	235.1	223.7	188.8	211.7	196.0	316.0
1985	225.7	174.2	242.1	233.0	282.4	287.9	232.5	270.1	254.7	468.8
1986	254.5	184.0	261.6	253.4	297.5	359.0	281.0	318.5	331.7	755.1
1987	304.5	201.7	333.4	333.4	333.5	433.0	343.4	370.9	465.3	998.5
1988	352.6	215.0	416.5	426.7	371.4	492.6	418.2	401.6	535.1	1273.9
1989	377.9	230.6	452.1	472.8	360.6	520.5	494.3	321.8	711.7	1801.5
1990	421.6	247.4	509.3	540.9	370.4	590.1	527.8	361.1	834.5	1758.4
1991	496.1	260.9	629.7	665.4	472.2	704.6	677.2	431.9	894.5	2009.4
1992	605.8	275.4	840.2	870.4	707.4	838.6	818.6	515.7	1084.5	2938.0
1993	745.1	282.4	1145.2	1217.2	827.9	979.1	1022.1	629.1	1111.4	3788.9
1994	891.9	291.2	1439.6	1547.9	962.4	1159.6	1304.3	751.2	1193.3	4828.9
1995	1030.6	306.9	1709.0	1850.6	1085.2	1329.3	1529.5	870.7	1214.2	5898.5
1996	1146.8	321.9	1924.2	2108.2	1113.5	1482.0	1673.6	994.7	1305.1	6832.5
1997	1275.1	336.9	2172.0	2412.2	1113.7	1640.1	1826.4	1129.7	1429.9	7621.7
1998	1412.9	349.6	2441.7	2723.9	1198.7	1810.5	1948.7	1299.0	1474.6	8430.9
1999	1555.9	363.3	2700.6	3021.1	1288.3	2013.9	2060.5	1434.6	1634.4	10060.7
2000	1734.3	371.7	3024.8	3421.5	1276.9	2279.9	2416.0	1570.1	2004.6	11611.0
2001	1916.2	379.9	3347.4	3805.4	1354.2	2554.0	2753.1	1751.8	2039.4	12625.5
2002	2153.3	396.3	3806.6	4372.0	1401.6	2873.3	2926.6	1984.9	2052.4	14124.3
2003	2473.0	405.1	4579.4	5292.0	1585.6	3198.8	3105.3	2215.4	2269.9	16289.3
2004	2838.7	421.8	5438.5	6365.6	1631.6	3582.9	3480.8	2433.5	2427.3	17629.0
2005	3230.5	442.5	6256.0	7372.6	1721.4	4072.9	4069.3	2670.6	2660.9	21756.6
2006	3701.9	461.1	7312.6	8672.5	1856.3	4619.8	4658.0	2980.3	3378.6	24973.0
2007	4244.6	475.9	8552.5	10211.5	1975.4	5238.1	5106.3	3180.1	4878.0	28755.2

注：本表按可比价格计算。

Note: The data in this table are calculated at comparable prices.

3-4 地区生产总值产业构成（1978-2007年）

Composition of Gross Domestic Product by Industry (1978-2007)

单位：% (%)

年份 Year	地区生产总值 Gross Domestic Product	第一产业 Primary Industry	第二产业 Secondary Industry	#工业 Industry	第三产业 Tertiary Industry
1978	100.0	29.8	46.6	41.0	23.6
1979	100.0	31.8	43.8	39.3	24.4
1980	100.0	33.2	41.1	36.0	25.7
1981	100.0	32.5	41.4	35.7	26.1
1982	100.0	34.8	39.8	33.3	25.4
1983	100.0	32.9	41.3	34.1	25.8
1984	100.0	31.7	40.9	33.6	27.4
1985	100.0	29.8	39.8	32.2	30.4
1986	100.0	28.2	38.3	31.2	33.5
1987	100.0	27.4	39.0	32.3	33.6
1988	100.0	26.5	39.8	33.4	33.7
1989	100.0	25.5	40.1	33.6	34.4
1990	100.0	24.7	39.5	33.6	35.8
1991	100.0	22.0	41.3	35.7	36.7
1992	100.0	19.0	45.0	36.7	36.0
1993	100.0	16.1	49.1	40.0	34.8
1994	100.0	15.0	48.8	40.4	36.2
1995	100.0	14.6	48.9	41.3	36.5
1996	100.0	13.7	48.4	41.6	37.9
1997	100.0	12.6	47.6	41.6	39.8
1998	100.0	11.7	47.7	41.8	40.6
1999	100.0	10.9	47.1	41.4	42.0
2000	100.0	9.2	46.5	41.6	44.3
2001	100.0	8.2	45.7	41.0	46.1
2002	100.0	7.5	45.5	41.1	47.0
2003	100.0	6.8	47.9	43.5	45.3
2004	100.0	6.5	49.2	45.0	44.3
2005	100.0	6.4	50.7	46.9	42.9
2006	100.0	5.9	51.3	47.8	42.8
2007	100.0	5.4	51.3	48.0	43.3

注：本表按当年价格计算。
Note: The data in this table are calculated at current prices.

 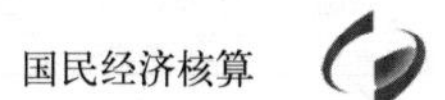

3-5 三次产业贡献率（1979-2007年）

Contribution Rates of the Three Industries (1979-2007)

单位：% (%)

年份 Year	地区生产总值 Gross Domestic Product	第一产业 Primary Industry	第二产业 Secondary Industry	#工业 Industry	第三产业 Tertiary Industry
1979	100.0	30.0	16.6	24.2	53.4
1980	100.0	31.0	32.1	21.0	36.9
1981	100.0	22.4	45.4	31.0	32.2
1982	100.0	37.8	31.5	17.8	30.7
1983	100.0	18.7	45.1	33.4	36.2
1984	100.0	29.2	40.5	34.1	30.3
1985	100.0	12.2	39.8	31.4	48.0
1986	100.0	14.1	22.3	19.1	63.6
1987	100.0	14.7	47.3	42.9	38.0
1988	100.0	11.4	56.8	52.0	31.8
1989	100.0	25.5	46.2	48.8	28.3
1990	100.0	16.0	43.1	41.7	40.9
1991	100.0	7.5	53.1	44.8	39.4
1992	100.0	5.5	63.1	50.1	31.4
1993	100.0	2.1	72.0	66.8	25.9
1994	100.0	2.5	65.9	60.4	31.6
1995	100.0	4.7	63.9	58.5	31.4
1996	100.0	5.3	60.9	59.4	33.8
1997	100.0	4.9	63.5	63.5	31.6
1998	100.0	3.8	64.4	60.6	31.8
1999	100.0	4.0	59.5	55.7	36.5
2000	100.0	2.0	59.7	60.1	38.3
2001	100.0	2.0	47.3	44.4	50.7
2002	100.0	3.0	51.7	50.3	45.3
2003	100.0	1.2	64.5	60.6	34.3
2004	100.0	1.9	62.7	61.8	35.4
2005	100.0	2.3	55.7	54.1	42.0
2006	100.0	1.8	58.7	56.6	39.5
2007	100.0	1.2	59.9	58.3	38.9

注：1. 本表按可比价格计算。
2. 产业贡献率指各产业增加值增量与GDP增量之比。

Notes: a) The data in this table are calculated at comparable prices.
b) Industrial contribution rate refers to the proportion of the increment of every industrial value added to the increment of GDP.

3-6 三次产业对地区生产总值增长的拉动 （1979-2007年）

Pulling Rates of the Three Industries to GDP Growth (1979-2007)

单位：百分点 (percentage points)

年份 Year	地区生产总值 Gross Domestic Product	第一产业 Primary Industry	第二产业 Secondary Industry	#工业 Industry	第三产业 Tertiary Industry
1979	8.5	2.5	1.4	2.0	4.5
1980	16.6	5.2	5.3	3.5	6.1
1981	9.0	2.0	4.1	2.8	2.9
1982	12.0	4.5	3.8	2.1	3.7
1983	7.3	1.4	3.3	2.4	2.6
1984	15.6	4.5	6.3	5.3	4.7
1985	18.0	2.2	7.1	5.6	8.6
1986	12.7	1.8	2.8	2.4	8.1
1987	19.6	2.9	9.3	8.4	7.5
1988	15.8	1.8	9.0	8.2	5.0
1989	7.2	1.8	3.3	3.5	2.0
1990	11.6	1.8	5.0	4.8	4.7
1991	17.7	1.3	9.4	7.9	7.0
1992	22.1	1.2	14.0	11.1	6.9
1993	23.0	0.5	16.6	15.3	6.0
1994	19.7	0.5	13.0	11.9	6.2
1995	15.6	0.7	9.9	9.1	4.9
1996	11.3	0.6	6.9	6.7	3.8
1997	11.2	0.5	7.1	7.1	3.5
1998	10.8	0.4	7.0	6.5	3.4
1999	10.1	0.4	6.0	5.6	3.7
2000	11.5	0.2	6.9	6.9	4.4
2001	10.5	0.2	5.0	4.7	5.3
2002	12.4	0.4	6.4	6.2	5.6
2003	14.8	0.2	9.6	9.0	5.1
2004	14.8	0.3	9.3	9.1	5.2
2005	13.8	0.3	7.7	7.5	5.8
2006	14.6	0.3	8.5	8.3	5.8
2007	14.7	0.2	8.8	8.6	5.7

注：1. 本表按可比价格计算。
2. 产业拉动指GDP增长速度与各产业贡献率之乘积。

Notes: a) The data in this table are calculated at comparable prices.
b) Industrial pulling rate is the growth rate of GDP multiplying industrial contribution rate.

3-7 地区生产总值项目结构（1978-2007年）

Components of Gross Domestic Product (1978-2007)

单位：亿元 (100 million yuan)

年份 Year	地区生产总值 Gross Domestic Product	劳动者报酬 Laborers' Remuneration	生产税净额 Net Taxes on Production	固定资产折旧 Depreciation of Fixed Assets	营业盈余 Operating Surplus
1978	185.85	112.58	25.13	21.07	27.07
1979	209.34	126.64	28.07	23.67	30.96
1980	249.65	151.09	32.62	28.25	37.69
1981	290.36	175.16	38.66	33.28	43.26
1982	339.92	207.09	43.58	38.11	51.14
1983	368.75	222.02	48.33	41.82	56.58
1984	458.74	274.33	59.74	52.06	72.61
1985	577.38	343.38	74.24	65.66	94.10
1986	667.53	393.11	84.86	77.99	111.57
1987	846.69	486.39	108.63	99.73	151.94
1988	1155.37	662.14	149.93	135.89	207.41
1989	1381.39	769.17	176.84	169.99	265.39
1990	1559.03	864.69	197.92	192.05	304.37
1991	1893.30	1031.46	248.47	240.20	373.17
1992	2447.54	1287.81	352.00	328.48	479.25
1993	3469.28	1792.93	478.22	450.06	748.08
1994	4619.02	2359.00	630.43	635.37	994.21
1995	5933.05	2928.62	827.17	904.23	1273.03
1996	6834.97	3346.26	985.78	1076.00	1426.92
1997	7774.53	3706.48	1111.15	1209.40	1747.51
1998	8530.88	4360.50	1268.93	1369.14	1532.31
1999	9250.68	4529.46	1375.14	1592.07	1754.01
2000	10741.25	4882.06	1759.12	1853.60	2246.48
2001	12039.25	5258.38	1939.52	1988.27	2853.08
2002	13502.42	6001.77	1988.13	2162.42	3350.11
2003	15844.64	6629.48	2303.35	2471.85	4439.96
2004	18864.62	7457.50	2659.30	2843.99	5903.83
2005	22366.54	8832.24	3040.37	3585.20	6908.74
2006	26159.52	10094.08	3715.41	4146.68	8203.34
2007	31084.40	12053.44	4399.45	4558.87	10072.64

注：本表按当年价格计算。

Note: The data in this table are calculated at current prices.

3-8 各行业增加值构成项目（2007年）

Components of Value-added by Sector (2007)

单位：亿元 (100 million yuan)

行业	Sector	地区生产总值 Gross Domestic Product	劳动者报酬 Laborers' Remuneration	生产税净额 Net Taxes on Production	固定资产折旧 Depreciation of Fixed Assets	营业盈余 Operating Surplus
地区生产总值	**Gross Domestic Product**	**31084.40**	**12053.44**	**4399.45**	**4558.87**	**10072.64**
第一产业	Primary Industry	1695.57	1684.24		11.33	
第二产业	Secondary Industry	15939.10	6165.35	2631.76	2146.97	4995.02
工业	Industry	14910.03	5611.73	2460.92	2080.38	4757.00
建筑业	Construction	1029.07	553.62	170.84	66.59	238.02
第三产业	Tertiary Industry	13449.73	4203.85	1767.69	2400.57	5077.62
交通运输、仓储和邮政业	Transport, Storage and Postal Services	1254.58	333.76	88.90	345.62	486.30
信息传输、计算机服务和软件业	Information Transmission, Computer Services and Software	926.52	115.17	55.04	282.82	473.50
批发和零售业	Wholesale and Retail Trades	2805.16	554.15	805.92	149.05	1296.05
住宿和餐饮业	Hotels and Catering Services	716.18	251.78	83.91	77.95	302.53
金融业	Finance	1798.22	513.28	300.05	32.35	952.54
房地产业	Real Estate	2141.47	286.89	298.06	934.28	622.24
租赁和商务服务业	Leasing and Business Services	954.87	208.81	53.75	208.25	484.06
科学研究、技术服务和地质勘查业	Scientific Research, Technical Services and Geological Prospecting	256.95	150.93	21.06	19.04	65.92
水利、环境和公共设施管理业	Management of Water Conservancy, Environment and Public Facilities	174.42	59.74	5.85	72.24	36.59
居民服务和其他服务业	Services to Households and Other Services	459.71	190.09	21.50	17.43	230.69
教育	Education	672.67	539.15	3.79	86.01	43.73
卫生、社会保障和社会福利业	Health Care, Social Security and Social Welfare	335.32	264.24	2.47	33.46	35.15
文化、体育和娱乐业	Culture, Sports and Recreation	197.02	81.30	23.74	43.66	48.31
公共管理和社会组织	Public Administration and Social Organizations	756.63	654.55	3.67	98.41	

注：本表按当年价格计算。

Note: The data in this table are calculated at current prices.

3-9 支出法地区生产总值（1978-2007年）

Gross Domestic Product by Expenditure Approach (1978-2007)

年份 Year	支出法地区生产总值（亿元） Gross Domestic Product by Expenditure Approach (100 million yuan)	最终消费 Final Consumption Expenditure	资本形成总额 Gross Capital Formation	货物和服务净出口 Net Exports of Goods and Services	最终消费率（消费率）(%) Final Consumption Rate (%)	资本形成率（投资率）(%) Capital Formation Rate (%)
1978	194.14	130.02	54.79	9.33	67.0	28.2
1979	215.43	147.11	55.86	12.46	68.3	25.9
1980	259.32	180.93	71.37	7.02	69.8	27.5
1981	305.22	201.43	96.74	7.05	66.0	31.7
1982	349.13	233.21	112.35	3.57	66.8	32.2
1983	367.36	252.07	113.49	1.80	68.6	30.9
1984	446.06	288.26	150.07	7.72	64.6	33.6
1985	568.98	347.18	238.58	-16.78	61.0	41.9
1986	650.99	415.91	256.75	-21.67	63.9	39.4
1987	815.05	516.02	312.33	-13.29	63.3	38.3
1988	1129.64	667.03	462.07	0.54	59.0	40.9
1989	1348.54	857.33	472.75	18.46	63.6	35.1
1990	1541.99	938.48	502.90	100.61	60.9	32.6
1991	1847.99	1081.39	610.18	156.42	58.5	33.0
1992	2440.58	1359.08	987.96	93.54	55.7	40.5
1993	3465.31	1852.06	1554.46	58.79	53.4	44.9
1994	4618.25	2598.57	1930.86	88.82	56.3	41.8
1995	5933.05	3363.38	2394.79	174.89	56.7	40.4
1996	6834.97	3859.32	2782.89	192.75	56.5	40.7
1997	7774.53	4245.18	2974.45	554.90	54.6	38.3
1998	8530.88	4582.16	3331.11	617.60	53.7	39.0
1999	9250.68	5083.60	3511.30	655.78	55.0	38.0
2000	10741.25	5714.46	3850.81	1175.99	53.2	35.9
2001	12039.25	6255.92	4392.51	1390.82	52.0	36.5
2002	13502.42	7286.63	4762.90	1452.89	54.0	35.3
2003	15844.64	8643.44	5911.97	1289.23	54.6	37.3
2004	18864.62	10162.04	7214.70	1487.89	53.9	38.2
2005	22366.54	11533.44	8383.17	2449.93	51.6	37.5
2006	26159.52	12892.81	9621.48	3645.23	49.3	36.8
2007	31084.40	15166.71	11148.88	4768.81	48.8	35.9

注：本表按当年价格计算。
Note: The data in this table are calculated at current prices。

3-10 资本形成总额及构成（1978-2007年）

Gross Capital Formation and Its Composition (1978-2007)

年份 Year	资本形成总额（亿元）Gross Capital Formation (100 million yuan)	固定资本形成总额 Gross Fixed Capital Formation	存货增加 Changes in Inventories	比重(资本形成总额=100) Proportion (gross capital formation=100) 固定资本形成总额 Gross Fixed Capital Formation	存货增加 Changes in Inventories
1978	54.79	37.93	16.86	69.2	30.8
1979	55.86	41.81	14.05	74.8	25.2
1980	71.37	57.15	14.23	80.1	19.9
1981	96.74	73.39	23.34	75.9	24.1
1982	112.35	94.64	17.71	84.2	15.8
1983	113.49	96.80	16.69	85.3	14.7
1984	150.07	133.04	17.03	88.7	11.3
1985	238.58	163.84	74.74	68.7	31.3
1986	256.75	182.15	74.59	70.9	29.1
1987	312.33	197.01	115.32	63.1	36.9
1988	462.07	286.00	176.07	61.9	38.1
1989	472.75	266.68	206.07	56.4	43.6
1990	502.90	336.61	166.29	66.9	33.1
1991	610.18	396.49	213.70	65.0	35.0
1992	987.96	683.66	304.30	69.2	30.8
1993	1554.46	1110.69	443.77	71.5	28.5
1994	1930.86	1375.09	555.76	71.2	28.8
1995	2394.79	1819.17	575.62	76.0	24.0
1996	2782.89	1919.41	863.48	69.0	31.0
1997	2974.45	2079.15	895.30	69.9	30.1
1998	3331.11	2473.82	857.30	74.3	25.7
1999	3511.30	2870.40	640.89	81.7	18.3
2000	3850.81	3093.82	756.99	80.3	19.7
2001	4392.51	3447.52	944.99	78.5	21.5
2002	4762.90	4023.73	739.17	84.5	15.5
2003	5911.97	4986.53	925.44	84.3	15.7
2004	7214.70	5957.86	1256.83	82.6	17.4
2005	8383.17	7407.54	975.63	88.4	11.6
2006	9621.48	8465.26	1156.22	88.0	12.0
2007	11148.88	9920.99	1227.89	89.0	11.0

注：本表按当年价格计算。

Note: The data in this table are calculated at current prices.

3-11 最终消费及构成（1978-2007年）

Final Consumption Expenditure and Its Composition (1978-2007)

年份 Year	最终消费（亿元） Final Consumption Expenditure (100 million yuan)	居民消费 Household Consumption	农业居民 Rural Households	非农业居民 Non-rural Households	政府消费 Government Consumption	比重 Proportion 最终消费=100 Final Consumption Expenditure=100 居民消费 Household Consumption	政府消费 Government Consumption	居民消费=100 Household Consumption=100 农业居民 Rural Households	非农业居民 Non-rural Households
1978	130.02	111.46	71.34	40.12	18.56	85.7	14.3	64.0	36.0
1979	147.11	128.48	81.91	46.57	18.63	87.3	12.7	63.8	36.2
1980	180.93	156.51	95.95	60.55	24.42	86.5	13.5	61.3	38.7
1981	201.43	175.12	110.62	64.50	26.31	86.9	13.1	63.2	36.8
1982	233.21	202.70	127.93	74.76	30.51	86.9	13.1	63.1	36.9
1983	252.07	220.14	134.45	85.69	31.93	87.3	12.7	61.1	38.9
1984	288.26	250.92	145.05	105.87	37.34	87.0	13.0	57.8	42.2
1985	347.18	298.00	160.16	137.84	49.17	85.8	14.2	53.7	46.3
1986	415.91	349.52	185.03	164.49	66.39	84.0	16.0	52.9	47.1
1987	516.02	442.20	218.69	223.51	73.82	85.7	14.3	49.5	50.5
1988	667.03	566.25	282.86	283.39	100.77	84.9	15.1	50.0	50.0
1989	857.33	743.90	366.82	377.08	113.42	86.8	13.2	49.3	50.7
1990	938.48	807.84	401.62	406.22	130.64	86.1	13.9	49.7	50.3
1991	1081.39	923.37	412.36	511.00	158.02	85.4	14.6	44.7	55.3
1992	1359.08	1118.52	470.01	648.51	240.55	82.3	17.7	42.0	58.0
1993	1852.06	1574.61	617.45	957.16	277.45	85.0	15.0	39.2	60.8
1994	2598.57	2287.69	845.03	1442.66	310.88	88.0	12.0	36.9	63.1
1995	3363.38	2912.58	1021.83	1890.75	450.80	86.6	13.4	35.1	64.9
1996	3859.32	3343.01	1188.44	2154.56	516.32	86.6	13.4	35.6	64.4
1997	4245.18	3539.62	1222.48	2317.15	705.56	83.4	16.6	34.5	65.5
1998	4582.16	3781.21	1281.92	2499.29	800.95	82.5	17.5	33.9	66.1
1999	5083.60	4072.05	1297.91	2774.14	1011.55	80.1	19.9	31.9	68.1
2000	5714.46	4474.11	1348.67	3125.44	1240.35	78.3	21.7	30.1	69.9
2001	6255.92	4733.53	1415.25	3318.28	1522.40	75.7	24.3	29.9	70.1
2002	7286.63	5449.58	1424.04	4025.54	1837.05	74.8	25.2	26.1	73.9
2003	8643.44	6537.53	1263.84	5273.69	2105.91	75.6	24.4	19.3	80.7
2004	10162.04	7953.60	1224.22	6729.38	2208.44	78.3	21.7	15.4	84.6
2005	11533.44	8989.70	1419.88	7569.82	2543.74	77.9	22.1	15.8	84.2
2006	12892.81	10015.29	1483.48	8531.81	2877.52	77.7	22.3	14.8	85.2
2007	15166.71	11873.01	1554.61	10318.40	3293.70	78.3	21.7	13.1	86.9

注：本表按当年价格计算。

Note: The data in this table are calculated at current prices.

3-12 三大需求对地区生产总值增长的贡献率和拉动

Contribution and Pulling Rates of Three Major Demands to GDP Growth

年份 Year	最终消费支出 Final Consumption Expenditure		资本形成总额 Gross Capital Formation		货物和服务净出口 Net Exports of Goods and Services	
	贡献率(%) Contribution Rate (%)	拉动(百分点) Contribution (percentage points)	贡献率(%) Contribution Rate (%)	拉动(百分点) Contribution (percentage points)	贡献率(%) Contribution Rate (%)	拉动(百分点) Contribution (percentage points)
1979	95.7	5.3	-13.8	-0.8	18.2	1.0
1980	71.3	13.0	33.5	6.1	-4.8	-0.9
1981	50.5	6.3	56.4	7.1	-6.9	-0.9
1982	72.7	8.3	40.6	4.6	-13.2	-1.5
1983	124.4	5.6	-12.9	-0.6	-11.5	-0.5
1984	56.5	8.5	42.2	6.3	1.3	0.2
1985	32.0	6.9	80.6	17.4	-12.6	-2.7
1986	83.6	8.8	15.5	1.6	0.8	0.1
1987	38.6	4.9	34.9	4.4	26.4	3.3
1988	-2.8	-0.3	60.1	7.4	42.8	5.2
1989	110.8	9.4	-35.6	-3.0	24.8	2.1
1990	60.9	7.2	9.5	1.1	29.6	3.5
1991	39.9	7.1	35.1	6.3	25.0	4.5
1992	56.0	12.4	65.2	14.5	-21.1	-4.7
1993	50.2	11.6	60.1	13.9	-10.3	-2.4
1994	53.8	10.4	36.1	7.0	10.1	1.9
1995	50.2	8.0	40.2	6.4	9.6	1.5
1996	45.3	5.1	52.0	5.9	2.7	0.3
1997	21.8	2.4	6.9	0.8	71.3	8.0
1998	39.8	4.3	43.7	4.7	16.5	1.8
1999	55.5	5.6	21.2	2.2	23.2	2.3
2000	33.8	3.9	25.5	2.9	40.7	4.7
2001	46.2	4.8	48.5	5.1	5.3	0.6
2002	68.5	8.5	22.8	2.8	8.8	1.1
2003	63.6	9.4	50.2	7.5	-13.8	-2.0
2004	50.5	7.5	37.2	5.5	12.3	1.8
2005	47.3	6.5	37.2	5.1	15.5	2.1
2006	37.0	5.4	34.7	5.1	28.3	4.1
2007	48.1	7.1	32.3	4.7	19.6	2.9

注：1. 本表按可比价格计算。
2. 三大需求指支出法地区生产总值的三大构成项目，即最终消费支出、资本形成总额、货物和服务净出口；
3. 贡献率指三大需求增量与地区支出法生产总值增量之比。
4. 拉动指地区生产总值增长速度与三大需求贡献率的乘积。

Notes: a) The data in this table are calculated at comparable prices.
b) Three major demands refer to three major components of gross domestic product by expenditure approach,i.e.final consumption expenditure, gross capital formation, and net exports of goods and services.
c) Contribution rate refers to the proportion of the increment of three major demands to the increment of gross domestic product by expenditure approach.
d) Pulling rate is the growth rate of gross regional product multiplying the contribution rates of three major demands.

3-13 人均地区生产总值及人均消费水平（1978-2007年）

Per Capita Gross Domestic Product and Consumption Level (1978-2007)

年份 Year	人均地区生产总值 Per Capita Gross Domestic Product		人均消费水平 Per Capita Consumption Level					
			居民 Households		农业居民 Rural Households		非农业居民 Non-rural Households	
	绝对数（元） Absolute Figure (yuan)	增长速度（%） Growth Rate (%)	绝对数（元） Absolute Figure (yuan)	增长速度（%） Growth Rate (%)	绝对数（元） Absolute Figure (yuan)	增长速度（%） Growth Rate (%)	绝对数（元） Absolute Figure (yuan)	增长速度（%） Growth Rate (%)
1978	370		222		171		466	
1979	410	6.9	252	8.3	196	9.8	507	2.6
1980	481	14.8	302	14.9	228	14.1	620	12.7
1981	550	7.1	332	7.9	260	13.3	627	-1.9
1982	633	10.0	377	10.3	298	10.4	696	8.3
1983	675	5.6	403	7.2	310	5.1	764	8.5
1984	827	13.8	453	10.3	334	7.8	878	9.7
1985	1026	16.2	529	5.7	372	-2.6	1038	10.2
1986	1164	10.6	609	9.5	430	6.3	1146	8.4
1987	1443	17.0	754	6.4	515	4.9	1382	1.1
1988	1926	13.2	944	-3.5	651	0.5	1716	-6.8
1989	2251	4.8	1212	19.7	831	23.1	2188	15.0
1990	2484	9.1	1287	9.3	896	12.9	2263	4.7
1991	2941	14.7	1434	8.3	906	0.2	2712	14.8
1992	3699	18.8	1690	14.7	1023	9.7	3210	15.7
1993	5085	19.3	2308	20.5	1347	17.6	4280	17.0
1994	6530	15.5	3234	17.8	1831	14.3	5870	15.7
1995	8129	12.0	3991	10.1	2206	8.4	7091	7.6
1996	9139	8.6	4470	6.9	2547	11.6	7660	2.3
1997	10130	8.4	4612	-2.1	2597	-0.4	7807	-4.8
1998	10819	7.9	4796	4.2	2681	5.8	8054	2.2
1999	11415	7.1	5025	4.5	2661	0.8	8598	5.9
2000	12736	7.1	5305	0.2	2680	-1.3	9189	0.2
2001	13852	7.2	5445	1.9	2759	3.0	9312	0.3
2002	15365	11.1	6199	13.2	2904	5.7	10358	10.2
2003	17798	13.4	7342	17.0	3032	3.4	11136	6.4
2004	20876	13.1	8800	15.9	3386	8.2	12409	7.9
2005	24438	12.4	9821	10.3	3947	14.1	13624	8.7
2006	28284	13.4	10829	9.1	4205	5.1	14913	8.4
2007	33151	13.1	12663	13.7	4490	2.1	17448	14.0

注：本表绝对数按当年价格计算，增长速度按可比价格计算。

Note: The absolute figures in this table are calculated at current prices, whereas the growth rates are calculated at comparable prices.

3-14 人均地区生产总值及人均消费水平指数（1978-2007年）

Indices of Per Capita Gross Domestic Product and Consumption Level (1978-2007)

年份 Year	人均地区生产总值 Per Capita Gross Domestic Product		人均消费水平 Per Capita Consumption Level					
			居民 Households		农业居民 Rural Households		非农业居民 Non-rural Households	
	绝对数（元） Absolute Figure (yuan)	1978年为100 (%)Year of 1978=100 (%)	绝对数（元） Absolute Figure (yuan)	1978年为100 (%)Year of 1978=100 (%)	绝对数（元） Absolute Figure (yuan)	1978年为100 (%)Year of 1978=100 (%)	绝对数（元） Absolute Figure (yuan)	1978年为100 (%)Year of 1978=100 (%)
1978	370	100.0	222	100.0	171	100.0	466	100.0
1979	410	106.9	252	108.3	196	109.8	507	102.6
1980	481	122.6	302	124.4	228	125.2	620	115.6
1981	550	131.3	332	134.2	260	141.9	627	113.4
1982	633	144.4	377	148.1	298	156.7	696	122.8
1983	675	152.5	403	158.7	310	164.8	764	133.3
1984	827	173.5	453	175.0	334	177.6	878	146.3
1985	1026	201.6	529	184.9	372	172.9	1038	161.2
1986	1164	223.1	609	202.5	430	183.7	1146	174.7
1987	1443	260.9	754	215.6	515	192.6	1382	176.6
1988	1926	295.4	944	208.1	651	193.6	1716	164.6
1989	2251	309.6	1212	249.0	831	238.2	2188	189.3
1990	2484	337.7	1287	272.1	896	269.0	2263	198.2
1991	2941	387.5	1434	294.7	906	269.5	2712	227.5
1992	3699	460.3	1690	338.1	1023	295.7	3210	263.2
1993	5085	549.0	2308	407.5	1347	347.8	4280	308.1
1994	6530	633.9	3234	480.2	1831	397.6	5870	356.5
1995	8129	709.8	3991	528.9	2206	430.8	7091	383.5
1996	9139	770.8	4470	565.4	2547	480.6	7660	392.3
1997	10130	835.2	4612	553.4	2597	478.6	7807	373.5
1998	10819	900.8	4796	576.9	2681	506.5	8054	381.6
1999	11415	965.1	5025	602.6	2661	510.6	8598	404.2
2000	12736	1033.7	5305	603.5	2680	503.8	9189	405.0
2001	13852	1108.3	5445	615.2	2759	519.0	9312	406.3
2002	15365	1231.8	6199	696.1	2904	548.8	10358	447.6
2003	17798	1396.4	7342	814.5	3032	567.2	11136	476.2
2004	20876	1579.1	8800	944.4	3386	613.6	12409	513.8
2005	24438	1774.4	9821	1041.6	3947	700.1	13624	558.4
2006	28284	2012.0	10829	1136.6	4205	735.9	14913	605.3
2007	33151	2275.6	12663	1292.3	4490	751.3	17448	690.0

注：本表绝对数按当年价格计算，增长速度按可比价格计算。

Note: The absolute figures in this table are calculated at current prices, whereas the growth rates are calculated at comparable prices.

3-15 各市地区生产总值（2000-2007年）
Gross Domestic Product by City (2000-2007)

单位:万元 (10000 yuan)

市 别	City	2000	2001	2002	2003	2004	2005	2006	2007
广 州	Guangzhou	24927434	28416511	32039616	37586166	44505503	51542283	60738277	71091814
深 圳	Shenzhen	21874515	24824874	29695184	35857235	42821428	49509078	58135624	68015706
珠 海	Zhuhai	3314258	3683377	4090357	4767113	5516768	6349521	7518871	8959010
汕 头	Shantou	4501598	4433662	4593894	4984253	5713070	6513573	7360989	8501019
佛 山	Foshan	10503780	11891904	13285468	15784876	19180422	23831836	29335336	36051142
韶 关	Shaoguan	1927224	2120002	2310213	2642288	3051035	3399334	3954127	4716931
河 源	Heyuan	872194	972821	1096324	1280242	1603001	2049360	2581622	3280853
梅 州	Meizhou	1805048	1957524	2122138	2383818	2855812	3144589	3493122	4106236
惠 州	Huizhou	4391944	4789523	5265704	5864620	6864489	8034283	9256779	11049758
汕 尾	Shanwei	1284943	1398570	1508941	1647400	1901613	2109840	2411114	2912525
东 莞	Dongguan	8202530	9918905	11869374	14525186	18060258	21816245	26271464	31519126
中 山	Zhongshan	3454361	4043817	4697341	5720541	7042951	8802018	10391159	12380456
江 门	Jiangmen	5046565	5345988	5659912	6178068	6956419	8053736	9508479	11070736
阳 江	Yangjiang	1601958	1743278	1915271	2151434	2511504	2953441	3481573	4078569
湛 江	Zhanjiang	3738104	4006426	4256642	4839463	5517005	6580938	7885495	8925611
茂 名	Maoming	4173624	4853418	5377244	6107798	6851631	8082259	8915489	10246000
肇 庆	Zhaoqing	2497779	2679633	2936618	3283014	3905615	4505704	4930276	5930975
清 远	Qingyuan	1579175	1677135	1802005	2059870	2554054	3229561	4263340	5939484
潮 州	Chaozhou	1778725	1888950	2005123	2213636	2520067	2876046	3240771	3802248
揭 阳	Jieyang	3110869	3198350	3346088	3590698	3857800	4204984	4799518	5858984
云 浮	Yunfu	1377000	1425408	1477720	1600892	1856148	2137294	2280005	2710105

注：本表按当年价格计算。

Note: The data in this table are calculated at current prices.

3-16 各市地区生产总值指数（2000-2007年）

Indices of Gross Domestic Product by City (2000-2007)

上年=100　　(preceding year=100)

市别	City	2000	2001	2002	2003	2004	2005	2006	2007
广州	Guangzhou	113.3	112.7	113.2	115.2	115.0	112.9	114.8	114.9
深圳	Shenzhen	115.7	114.3	115.8	119.2	117.3	115.1	116.6	114.8
珠海	Zhuhai	112.0	112.1	112.4	117.5	114.2	113.4	116.4	116.7
汕头	Shantou	107.0	98.1	105.7	108.8	111.1	111.3	111.6	113.0
佛山	Foshan	112.5	113.2	113.4	117.4	118.3	119.4	119.3	119.2
韶关	Shaoguan	111.3	110.2	110.4	112.9	109.1	109.9	114.7	114.9
河源	Heyuan	110.7	111.7	114.6	116.5	117.5	122.8	127.9	122.6
梅州	Meizhou	108.2	108.6	108.7	111.5	112.0	107.8	109.8	112.5
惠州	Huizhou	111.3	109.5	110.7	112.2	115.1	115.8	116.6	117.4
汕尾	Shanwei	111.5	108.9	109.3	112.9	115.2	116.2	115.7	118.5
东莞	Dongguan	119.7	119.9	120.5	120.5	121.0	119.4	119.2	118.2
中山	Zhongshan	112.4	117.0	117.8	119.7	121.5	123.2	116.8	115.7
江门	Jiangmen	110.2	105.3	108.5	111.0	112.2	112.8	115.6	115.1
阳江	Yangjiang	109.6	109.7	110.8	111.8	112.6	114.3	113.8	114.0
湛江	Zhanjiang	107.1	108.3	108.7	110.1	111.0	112.2	112.9	113.0
茂名	Maoming	111.2	110.3	110.2	111.3	114.2	114.5	113.9	113.1
肇庆	Zhaoqing	110.6	108.2	110.3	111.4	113.2	114.4	114.5	115.3
清远	Qingyuan	108.3	106.5	109.7	114.1	120.0	127.8	129.9	132.9
潮州	Chaozhou	105.6	106.9	108.8	110.7	111.4	112.2	113.0	114.2
揭阳	Jieyang	105.4	103.5	105.3	107.3	104.0	111.3	114.9	118.1
云浮	Yunfu	105.3	104.6	105.9	109.8	109.8	113.3	113.8	114.8

注：本表按可比价格计算。

Note: The data in this table are calculated at comparable prices.

3-17 各市第三产业增加值（2000-2007年）

Value-added of the Tertiary Industry by City (2000-2007)

单位:万元 (10000 yuan)

市 别	City	2000	2001	2002	2003	2004	2005	2006	2007
广 州	Guangzhou	13767475	16320762	18895479	21627825	25453413	29787941	35153068	41525449
深 圳	Shenzhen	10858007	12366796	14881426	17540952	20588466	23077266	27570630	33898686
珠 海	Zhuhai	1447512	1634835	1851233	2144999	2493726	2764382	3130882	3752736
汕 头	Shantou	1933906	1965166	2017557	2142387	2438845	2744954	3050710	3530787
佛 山	Foshan	4350292	4989400	5618884	6427708	7473063	8680162	10101517	11952190
韶 关	Shaoguan	729982	826352	924281	1018592	1199056	1359320	1519583	1761156
河 源	Heyuan	358682	403976	482132	567695	671018	818589	944452	1088852
梅 州	Meizhou	613048	701196	783485	868913	997956	1113670	1182987	1447292
惠 州	Huizhou	1217014	1367754	1526045	1744905	2172273	2698703	3113819	3754356
汕 尾	Shanwei	444755	480228	524816	591738	653308	765574	863233	1020223
东 莞	Dongguan	3436372	4252845	5132474	6315068	7676169	9257593	10874737	13490386
中 山	Zhongshan	1410899	1591874	1794679	2033614	2415971	3100058	3661700	4466527
江 门	Jiangmen	2007262	2182364	2298582	2576196	2865556	3075179	3505849	3986535
阳 江	Yangjiang	502130	578447	649822	736261	857648	1051575	1220032	1457826
湛 江	Zhanjiang	1332357	1461594	1588490	1730118	1958588	2162861	2433631	2777729
茂 名	Maoming	1437315	1567241	1774352	2018857	2461468	3047669	3510108	4038759
肇 庆	Zhaoqing	1049307	1134455	1256446	1427786	1666459	1954176	2188390	2519800
清 远	Qingyuan	557674	654250	747842	875721	1051062	1246328	1477218	1872001
潮 州	Chaozhou	625932	682285	722663	806101	902059	1025437	1131733	1334735
揭 阳	Jieyang	981106	1031604	1096516	1191155	1297573	1458567	1629038	1886656
云 浮	Yunfu	429046	455315	475747	511194	585099	635839	686128	756398

注：本表按当年价格计算。

Note: The data in this table are calculated at current prices.

3-18 各市第三产业增加值指数（2000-2007年）

Indices of Value-added of the Tertiary Industry by City (2000-2007)

上年=100 (preceding year=100)

市 别	City	2000	2001	2002	2003	2004	2005	2006	2007
广 州	Guangzhou	116.3	114.8	114.0	111.6	113.9	113.3	114.9	116.3
深 圳	Shenzhen	113.3	114.6	114.1	113.5	113.6	112.2	117.0	115.6
珠 海	Zhuhai	108.9	111.5	113.9	115.5	113.3	110.0	111.8	115.5
汕 头	Shantou	106.9	101.2	105.0	106.5	111.2	110.2	110.6	113.2
佛 山	Foshan	113.6	113.6	114.5	113.4	114.6	114.2	114.4	114.3
韶 关	Shaoguan	110.9	111.2	112.3	109.2	114.5	113.5	111.7	116.6
河 源	Heyuan	112.4	110.8	119.4	117.1	115.3	116.7	116.1	113.3
梅 州	Meizhou	112.6	112.7	112.2	111.3	110.7	109.6	107.4	119.3
惠 州	Huizhou	108.6	111.4	110.8	113.2	121.2	116.7	113.9	117.5
汕 尾	Shanwei	112.0	107.2	110.1	114.3	112.3	117.2	111.9	115.7
东 莞	Dongguan	120.0	118.9	119.1	119.7	115.8	118.1	115.8	122.3
中 山	Zhongshan	110.0	111.3	112.9	112.9	118.2	126.5	117.2	119.2
江 门	Jiangmen	110.2	105.7	108.8	112.1	111.5	104.5	112.7	112.9
阳 江	Yangjiang	111.1	114.1	113.4	112.8	112.7	122.8	117.5	118.9
湛 江	Zhanjiang	110.4	109.5	109.3	109.3	111.0	110.8	113.0	118.4
茂 名	Maoming	114.4	111.9	112.6	114.4	120.2	120.4	117.4	118.3
肇 庆	Zhaoqing	112.2	112.2	111.5	113.3	116.3	117.5	111.7	114.0
清 远	Qingyuan	120.0	115.1	114.9	117.7	120.1	118.4	116.7	123.6
潮 州	Chaozhou	107.8	108.4	108.9	112.2	109.6	111.1	110.1	113.8
揭 阳	Jieyang	107.2	105.3	106.7	108.2	106.9	110.8	112.2	112.6
云 浮	Yunfu	104.7	106.4	103.7	110.1	110.9	107.5	108.2	111.6

注：本表按可比价格计算。

Note: The data in this table are calculated at comparable prices.

3-19 各市地区生产总值（2007年）
Gross Domestic Product by City (2007)

单位：万元 (10000 yuan)

市别	City	地区生产总值 Gross Domestic Product	第一产业 Primary Industry	第二产业 Secondary Industry	工业 Industry	建筑业 Construction
广州	Guangzhou	71091814	1498737	28067628	25924764	2142864
深圳	Shenzhen	68015706	69412	34047608	32300702	1746906
珠海	Zhuhai	8959010	259684	4946589	4651947	294642
汕头	Shantou	8501019	471371	4498861	4150503	348358
佛山	Foshan	36051142	821750	23277202	22400845	876357
韶关	Shaoguan	4716931	669400	2286375	2061066	225309
河源	Heyuan	3280853	439770	1752231	1571097	181134
梅州	Meizhou	4106236	877582	1781362	1464920	316442
惠州	Huizhou	11049758	782407	6512994	6115200	397794
汕尾	Shanwei	2912525	537748	1354553	1182925	171628
东莞	Dongguan	31519126	118991	17909748	17181468	728280
中山	Zhongshan	12380456	380193	7533736	7182451	351285
江门	Jiangmen	11070736	927631	6156570	5884800	271770
阳江	Yangjiang	4078569	1024290	1596452	1410557	185895
湛江	Zhanjiang	8925611	2007142	4140740	3802476	338264
茂名	Maoming	10246000	1983449	4223792	3762900	460892
肇庆	Zhaoqing	5930975	1395225	2015950	1769932	246018
清远	Qingyuan	5939484	840032	3227451	2960763	266688
潮州	Chaozhou	3802248	285946	2181567	2071024	110543
揭阳	Jieyang	5858984	770733	3201595	2971831	229764
云浮	Yunfu	2710105	745422	1208285	1089852	118433

3-19 续表 1 continued

单位：万元 (10000 yuan)

市别	City	第三产业 Tertiary Industry	交通运输、仓储和邮政业 Transport, Storage and Postal Services	信息传输、计算机服务和软件业 Information Transmission,Computer Services and Software	批发和零售业 Wholesale and Retail Trades	住宿和餐饮业 Accommodations and Catering Services
广州	Guangzhou	41525449	7323351	3024293	6875421	1859479
深圳	Shenzhen	33898686	2957902	2153591	6531220	1225709
珠海	Zhuhai	3752736	344209	330547	945946	221411
汕头	Shantou	3530787	322350	468780	1075789	249858
佛山	Foshan	11952190	1825100	580569	2669848	884631
韶关	Shaoguan	1761156	237093	94338	416221	89310
河源	Heyuan	1088852	101202	78965	156701	74498
梅州	Meizhou	1447292	133891	67602	271159	96575
惠州	Huizhou	3754356	415083	202592	911678	268961
汕尾	Shanwei	1020223	43004	60732	409655	72705
东莞	Dongguan	13490386	365068	1006184	2353483	638639
中山	Zhongshan	4466527	262608	394386	1023251	342497
江门	Jiangmen	3986535	588494	292627	856282	208471
阳江	Yangjiang	1457826	129934	71312	568934	125323
湛江	Zhanjiang	2777729	347985	154437	741084	238568
茂名	Maoming	4038759	534150	139208	1431492	390555
肇庆	Zhaoqing	2519800	197907	222243	707925	249727
清远	Qingyuan	1872001	125495	100771	428407	189376
潮州	Chaozhou	1334735	138793	82898	455376	48217
揭阳	Jieyang	1886656	124100	138398	867457	100930
云浮	Yunfu	756398	76422	30309	169133	51388

3-19 续表 2 continued

单位：万元 (10000 yuan)

市 别	City	金融业 Finance	房地产业 Real Estate	租赁和商务服务业 Leasing and Business Services	科学研究、技术服务和地质勘查业 Scientific Research, Technical Services and Geological Prospecting	水利、环境和公共设施管理业 Management of Water Conservancy, Environment and Public Facilities
广 州	Guangzhou	3417517	4980463	4629047	1170207	491103
深 圳	Shenzhen	7786591	6592366	1811931	557146	279888
珠 海	Zhuhai	277453	614733	208537	51076	43082
汕 头	Shantou	103119	314403	33034	48197	34191
佛 山	Foshan	957855	1899004	1118021	34737	188611
韶 关	Shaoguan	79164	141650	43516	28591	22492
河 源	Heyuan	65284	151943	17001	16253	26211
梅 州	Meizhou	109928	202766	18464	10253	20898
惠 州	Huizhou	225158	610689	116818	165728	35412
汕 尾	Shanwei	22860	123686	10301	5014	11156
东 莞	Dongguan	963564	2646765	3044047	183899	76005
中 山	Zhongshan	329762	550313	298113	83246	38320
江 门	Jiangmen	334128	309671	141245	37930	23395
阳 江	Yangjiang	31615	191954	14964	5301	7131
湛 江	Zhanjiang	121035	287502	81546	34322	18773
茂 名	Maoming	141462	394277	41610	18011	26399
肇 庆	Zhaoqing	106446	240371	49580	39108	27697
清 远	Qingyuan	69257	232044	32153	21004	62624
潮 州	Chaozhou	66638	142021	21073	15392	15979
揭 阳	Jieyang	39478	219963	16938	3807	11362
云 浮	Yunfu	21462	112211	18667	5779	6767

3-19 续表 3 continued

单位：万元 (10000 yuan)

市 别	City	居民服务和其他服务业 Services to Households and Other Services	教育 Education	卫生、社会保障和社会福利业 Health Care, Social Security and Social Welfare	文化、体育和娱乐业 Culture, Sports and Recreation	公共管理和社会组织 Public Administration and Social Organizations
广 州	Guangzhou	1186593	2203619	1178853	934267	2251236
深 圳	Shenzhen	682520	767054	641262	576810	1334696
珠 海	Zhuhai	112770	154065	86014	51514	311380
汕 头	Shantou	67408	218385	230860	26679	337734
佛 山	Foshan	395296	459752	245555	160211	533000
韶 关	Shaoguan	81377	161195	120003	23466	222740
河 源	Heyuan	60486	115110	49426	14080	161692
梅 州	Meizhou	46391	180479	74054	16965	197867
惠 州	Huizhou	153080	222102	91697	72985	262373
汕 尾	Shanwei	31974	75932	38488	8653	106064
东 莞	Dongguan	589141	458137	312194	123996	729264
中 山	Zhongshan	251663	188137	233173	113169	357890
江 门	Jiangmen	331685	331445	154635	42008	334520
阳 江	Yangjiang	39347	78260	38089	32209	123453
湛 江	Zhanjiang	79475	291302	109070	34405	238225
茂 名	Maoming	159316	332460	124726	46150	258944
肇 庆	Zhaoqing	77692	204583	101464	30528	264529
清 远	Qingyuan	68618	135423	108888	43633	254308
潮 州	Chaozhou	54688	108811	60990	12506	111352
揭 阳	Jieyang	46186	114436	56994	11786	134821
云 浮	Yunfu	27059	86790	45014	14560	90838

注：本表按当年价格计算。

Note: The data in this table are calculated at current prices.

3-20 各市地区生产总值增长速度（2007年）

Growth Rates of Gross Domestic Product by City (2007)

单位：% (%)

市别	City	地区生产总值 Gross Domestic Product	第一产业 Primary Industry	第二产业 Secondary Industry	工业 Industry	建筑业 Construction
广州	Guangzhou	14.9	2.8	13.6	15.0	-0.8
深圳	Shenzhen	14.8	-7.7	14.2	14.8	2.9
珠海	Zhuhai	16.7	-0.9	18.6	19.1	10.7
汕头	Shantou	13.0	4.4	13.8	16.0	-7.7
佛山	Foshan	19.2	-6.9	23.1	23.4	15.0
韶关	Shaoguan	14.9	4.9	16.5	16.6	16.0
河源	Heyuan	22.6	5.4	34.9	38.0	12.9
梅州	Meizhou	12.5	1.8	12.4	15.0	2.2
惠州	Huizhou	17.4	4.5	19.0	19.8	7.1
汕尾	Shanwei	18.5	1.8	28.3	30.2	15.5
东莞	Dongguan	18.2	-10.2	15.6	15.9	8.7
中山	Zhongshan	15.7	5.3	14.2	14.7	4.7
江门	Jiangmen	15.1	0.4	19.0	19.9	2.6
阳江	Yangjiang	14.0	0.6	19.3	22.0	2.2
湛江	Zhanjiang	13.0	2.3	15.1	15.5	11.4
茂名	Maoming	13.1	4.5	12.1	13.6	1.4
肇庆	Zhaoqing	15.3	1.1	29.7	32.0	15.5
清远	Qingyuan	32.9	6.0	49.2	53.2	16.9
潮州	Chaozhou	14.2	5.3	15.7	17.3	-7.8
揭阳	Jieyang	18.1	4.7	25.3	26.4	12.5
云浮	Yunfu	14.8	5.1	23.9	26.8	2.3

3-20 续表 1 continued

单位：% (%)

市别	City	第三产业 Tertiary Industry	交通运输、仓储和邮政业 Transport, Storage and Postal Services	信息传输、计算机服务和软件业 Information Transmission, Computer Services and Software	批发和零售业 Wholesale and Retail Trades	住宿和餐饮业 Hotels and Catering Services
广州	Guangzhou	16.3	13.0	17.0	13.0	12.1
深圳	Shenzhen	15.6	11.4	19.5	10.6	4.6
珠海	Zhuhai	15.5	1.6	28.2	11.4	15.2
汕头	Shantou	13.2	9.2	13.0	11.1	8.3
佛山	Foshan	14.3	12.6	12.1	6.7	17.9
韶关	Shaoguan	16.6	11.4	39.2	11.9	20.5
河源	Heyuan	13.3	11.9	17.7	12.3	9.8
梅州	Meizhou	19.3	6.6	16.6	21.4	27.7
惠州	Huizhou	17.5	12.0	11.0	10.0	18.7
汕尾	Shanwei	15.7	-5.1	16.2	13.8	18.9
东莞	Dongguan	22.3	4.6	9.4	10.3	21.7
中山	Zhongshan	19.2	7.1	15.3	18.4	9.9
江门	Jiangmen	12.9	3.2	36.4	11.7	18.7
阳江	Yangjiang	18.9	16.8	29.1	20.8	18.2
湛江	Zhanjiang	18.4	19.8	80.4	7.1	19.2
茂名	Maoming	18.3	14.4	67.8	12.1	21.4
肇庆	Zhaoqing	14.0	20.6	9.4	12.1	28.0
清远	Qingyuan	23.6	12.2	17.5	27.2	16.9
潮州	Chaozhou	13.8	11.6	21.5	4.9	22.5
揭阳	Jieyang	12.6	4.1	2.1	19.2	16.4
云浮	Yunfu	11.6	13.0	18.0	16.1	18.1

3-20 续表 2 continued

单位：%　　(%)

市 别	City	金融业 Finance	房地产业 Real Estate	租赁和商务服务业 Leasing and Business Services	科学研究、技术服务和地质勘查业 Scientific Research, Technical Services and Geological Prospecting	水利、环境和公共设施管理业 Management of Water Conservancy, Environment and Public Facilities
广 州	Guangzhou	40.3	16.1	17.7	21.4	18.4
深 圳	Shenzhen	50.2	6.4	5.9	-9.6	5.2
珠 海	Zhuhai	41.5	38.6	-2.8	1.5	9.5
汕 头	Shantou	320.0	10.7	6.7	0.0	0.0
佛 山	Foshan	43.5	43.4	8.7	-21.3	-24.4
韶 关	Shaoguan	82.7	18.8	18.5	19.9	20.5
河 源	Heyuan	30.5	17.0	7.6	37.5	16.9
梅 州	Meizhou	178.0	0.1	32.5	-26.9	0.6
惠 州	Huizhou	67.5	41.1	36.9	27.3	-31.0
汕 尾	Shanwei	96.3	31.0	9.5	28.2	40.6
东 莞	Dongguan	49.9	29.1	29.4	16.0	10.0
中 山	Zhongshan	111.4	11.0	17.0	8.2	16.0
江 门	Jiangmen	40.9	18.9	8.2	-10.2	-31.0
阳 江	Yangjiang	105.7	21.6	14.4	-7.0	-59.4
湛 江	Zhanjiang	44.7	19.8	20.0	-29.9	-27.7
茂 名	Maoming	168.0	17.9	8.0	37.0	8.6
肇 庆	Zhaoqing	102.4	9.7	14.6	6.2	1.9
清 远	Qingyuan	32.0	42.9	40.8	-6.9	32.6
潮 州	Chaozhou	48.7	8.8	13.3	44.2	16.8
揭 阳	Jieyang	60.0	11.2	2.6	5.0	1.1
云 浮	Yunfu	21.7	7.9	-0.9	3.9	0.4

3-20 续表 3 continued

单位：%　　(%)

市 别	City	居民服务和其他服务业 Services to Households and Other Services	教育 Education	卫生、社会保障和社会福利业 Health Care, Social Security and Social Welfare	文化、体育和娱乐业 Culture, Sports and Recreation	公共管理和社会组织 Public Administration and Social Organizations
广 州	Guangzhou	11.2	21.3	12.8	17.6	5.5
深 圳	Shenzhen	-2.9	5.8	2.8	7.8	13.6
珠 海	Zhuhai	-4.0	20.8	3.7	15.7	6.6
汕 头	Shantou	-7.1	10.8	26.3	20.6	8.0
佛 山	Foshan	5.3	8.8	-3.1	26.3	-4.6
韶 关	Shaoguan	17.2	8.3	12.1	16.4	9.8
河 源	Heyuan	3.2	12.6	6.8	21.8	9.1
梅 州	Meizhou	35.8	14.8	16.5	21.7	17.2
惠 州	Huizhou	2.2	3.8	-7.3	40.0	9.7
汕 尾	Shanwei	2.5	15.9	8.2	23.9	12.0
东 莞	Dongguan	32.0	20.5	10.2	28.0	16.4
中 山	Zhongshan	16.8	28.3	20.7	21.6	12.6
江 门	Jiangmen	11.5	0.9	11.9	15.2	3.3
阳 江	Yangjiang	13.5	11.3	19.3	26.2	8.8
湛 江	Zhanjiang	4.8	17.2	10.4	26.9	14.2
茂 名	Maoming	17.5	8.8	4.4	13.1	6.5
肇 庆	Zhaoqing	15.9	4.6	1.5	18.2	5.0
清 远	Qingyuan	42.3	27.4	0.9	37.8	17.8
潮 州	Chaozhou	2.4	32.3	45.1	35.0	10.4
揭 阳	Jieyang	3.8	2.5	2.7	11.9	3.5
云 浮	Yunfu	9.8	11.6	11.0	13.0	2.6

注：本表按可比价格计算。
Note: The data in this table are calculated at comparable prices.

3-21 各市地区生产总值构成项目（2007年）

Components of Gross Domestic Product by City (2007)

单位：万元 (10000 yuan)

市 别	City	地区生产总值 Gross Domestic Product	劳动者报酬 Laborers' Remuneration	生产税净额 Net Taxes on Production	固定资产折旧 Depreciation of Fixed Assets	营业盈余 Operating Surplus
广 州	Guangzhou	71091814	24431320	10625823	9926014	26108657
深 圳	Shenzhen	68015706	26543089	10849743	7747965	22874909
珠 海	Zhuhai	8959010	3500277	1316339	1391902	2750492
汕 头	Shantou	8501019	3032708	1077084	1658253	2732974
佛 山	Foshan	36051142	11257792	6212722	6613680	11966948
韶 关	Shaoguan	4716931	2114425	717190	659782	1225534
河 源	Heyuan	3280853	1358587	362850	393981	1165435
梅 州	Meizhou	4106236	1948618	624651	520013	1012953
惠 州	Huizhou	11049758	4553590	1573939	1656373	3265856
汕 尾	Shanwei	2912525	1498940	203542	315843	894199
东 莞	Dongguan	31519126	11229688	4836497	6830925	8622016
中 山	Zhongshan	12380456	5180255	1869314	1629592	3701295
江 门	Jiangmen	11070736	4397198	1660451	2013796	2999291
阳 江	Yangjiang	4078569	1955341	376825	417606	1328797
湛 江	Zhanjiang	8925611	4014892	914102	993760	3002857
茂 名	Maoming	10246000	3670557	1269403	1287681	4018359
肇 庆	Zhaoqing	5930975	3023308	616387	806402	1484879
清 远	Qingyuan	5939484	2437818	620606	848612	2032447
潮 州	Chaozhou	3802248	1421200	454241	479712	1447096
揭 阳	Jieyang	5858984	2268532	322968	694576	2572909
云 浮	Yunfu	2710105	1408197	233538	384083	684288

注：本表按当年价格计算。

Note: The data in this table are calculated at current prices.

3-22 各市地区生产总值产业构成（2007年）

Composition of Gross Domestic Product by Industry by City (2007)

单位：%　　(%)

市别	City	地区生产总值 Gross Domestic Product	第一产业 Primary Industry	第二产业 Secondary Industry	#工业 Industry	第三产业 Tertiary Industry
广州	Guangzhou	100.0	2.1	39.5	36.5	58.4
深圳	Shenzhen	100.0	0.1	50.1	47.5	49.8
珠海	Zhuhai	100.0	2.9	55.2	51.9	41.9
汕头	Shantou	100.0	5.6	52.9	48.8	41.5
佛山	Foshan	100.0	2.3	64.6	62.1	33.1
韶关	Shaoguan	100.0	14.2	48.5	43.7	37.3
河源	Heyuan	100.0	13.4	53.4	47.9	33.2
梅州	Meizhou	100.0	21.4	43.4	35.7	35.2
惠州	Huizhou	100.0	7.1	58.9	55.3	34.0
汕尾	Shanwei	100.0	18.5	46.5	40.6	35.0
东莞	Dongguan	100.0	0.4	56.8	54.5	42.8
中山	Zhongshan	100.0	3.1	60.8	58.0	36.1
江门	Jiangmen	100.0	8.4	55.6	53.2	36.0
阳江	Yangjiang	100.0	25.1	39.1	34.6	35.8
湛江	Zhanjiang	100.0	22.5	46.4	42.6	31.1
茂名	Maoming	100.0	19.4	41.2	36.7	39.4
肇庆	Zhaoqing	100.0	23.5	34.0	29.8	42.5
清远	Qingyuan	100.0	14.2	54.3	49.8	31.5
潮州	Chaozhou	100.0	7.5	57.4	54.5	35.1
揭阳	Jieyang	100.0	13.2	54.6	50.7	32.2
云浮	Yunfu	100.0	27.5	44.6	40.2	27.9

注：本表按当年价格计算。
Note: The data in this table are calculated at current prices.

3-23 各市支出法地区生产总值（2007年）

Gross Domestic Product by Expenditure Approach by City (2007)

市别	City	支出法地区生产总值（万元）Gross Domestic Product by Expenditure Approach (10000 yuan)	最终消费 Final Consumption	资本形成总额 Gross Capital Formation	货物和服务净流出 Net Export of Goods and Services	最终消费率（消费率）(%) Final Consumption Rate (%)	资本形成率（投资率）(%) Capital Formation Rate (%)
广州	Guangzhou	71091814	30245458	23243413	17602943	42.5	32.7
深圳	Shenzhen	68015706	26258569	19312916	22444221	38.6	28.4
珠海	Zhuhai	8959010	3670813	4770943	517254	41.0	53.3
汕头	Shantou	8501019	5218652	2289766	992601	61.4	26.9
佛山	Foshan	36051142	13492669	14013586	8544887	37.4	38.9
韶关	Shaoguan	4716931	2670510	1710350	336071	56.6	36.3
河源	Heyuan	3280853	2206831	2443325	-1369303	67.3	74.5
梅州	Meizhou	4106236	3528088	1677516	-1099368	85.9	40.9
惠州	Huizhou	11049758	5447377	5509664	92717	49.3	49.9
汕尾	Shanwei	2912525	2086687	1796001	-970163	71.6	61.7
东莞	Dongguan	31519126	16228905	9918064	5372157	51.5	31.5
中山	Zhongshan	12380456	5493845	4420666	2465945	44.4	35.7
江门	Jiangmen	11070736	5458778	3844289	1767669	49.3	34.7
阳江	Yangjiang	4078569	1992134	2060494	25941	48.8	50.5
湛江	Zhanjiang	8925611	5048306	2627118	1250187	56.6	29.4
茂名	Maoming	10246000	4576726	2733432	2935842	44.7	26.7
肇庆	Zhaoqing	5930975	2624643	3239921	66411	44.3	54.6
清远	Qingyuan	5939484	2987449	4719653	-1767618	50.3	79.5
潮州	Chaozhou	3802248	2550036	990770	261442	67.1	26.1
揭阳	Jieyang	5858984	3592247	1832273	434464	61.3	31.3
云浮	Yunfu	2710105	1647626	1287046	-224567	60.8	47.5

注：本表按当年价格计算。

Note: The data in this table are calculated at current prices.

3-24 各市资本形成总额及构成（2007年）

Gross Capital Formation and Its Composition by City (2007)

市别	City	资本形成总额（万元）Gross Capital Formation (10000 yuan)			比重(资本形成总额=100) Proportion (gross capital formation=100)	
			固定资本形成总额 Gross Fixed Capital Formation	存货增加 Changes in Inventories	固定资本形成总额 Gross Fixed Capital Formation	存货增加 Changes in Inventories
广州	Guangzhou	23243413	21612959	1630454	93.0	7.0
深圳	Shenzhen	19312916	16046459	3266457	83.1	16.9
珠海	Zhuhai	4770943	4056167	714776	85.0	15.0
汕头	Shantou	2289766	2167087	122679	94.6	5.4
佛山	Foshan	14013586	12491203	1522383	89.1	10.9
韶关	Shaoguan	1710350	1626390	83960	95.1	4.9
河源	Heyuan	2443325	2272598	170727	93.0	7.0
梅州	Meizhou	1677516	1410838	266678	84.1	15.9
惠州	Huizhou	5509664	4612379	897285	83.7	16.3
汕尾	Shanwei	1796001	1769758	26243	98.5	1.5
东莞	Dongguan	9918064	8198592	1719472	82.7	17.3
中山	Zhongshan	4420666	3885296	535370	87.9	12.1
江门	Jiangmen	3844289	3124955	719334	81.3	18.7
阳江	Yangjiang	2060494	1196697	863797	58.1	41.9
湛江	Zhanjiang	2627118	2425831	201287	92.3	7.7
茂名	Maoming	2733432	1434526	1298906	52.5	47.5
肇庆	Zhaoqing	3239921	2920331	319590	90.1	9.9
清远	Qingyuan	4719653	4672014	47639	99.0	1.0
潮州	Chaozhou	990770	930886	59884	94.0	6.0
揭阳	Jieyang	1832273	1734521	97752	94.7	5.3
云浮	Yunfu	1287046	1284921	2125	99.8	0.2

注：本表按当年价格计算。

Note: The data in this table are calculated at current prices.

3-25 各市最终消费及构成（2007年）

Final Consumption Expenditure and Its Composition by City (2007)

市 别	City	最终消费（万元）Final Consumption Expenditure (10000 yuan)	居民消费 Household Consumption	农村居民 Rural Households	城镇居民 Non-rural Households	政府消费 Government Consumption	比重 Proportion 最终消费=100 Final Consumption Expenditure=100 居民消费 Household Consumption	政府消费 Government Consumption	居民消费=100 Household Consumption=100 农村居民 Rural Households	城镇居民 Non-rural Households
广 州	Guangzhou	30245458	19857637	1190827	18666810	10387821	65.7	34.3	6.0	94.0
深 圳	Shenzhen	26258569	21370014		21370014	4888555	81.4	18.6		100.0
珠 海	Zhuhai	3670813	2754642	98055	2656587	916171	75.0	25.0	3.6	96.4
汕 头	Shantou	5218652	4401293	502214	3899079	817359	84.3	15.7	11.4	88.6
佛 山	Foshan	13492669	11580818	285379	11295439	1911851	85.8	14.2	2.5	97.5
韶 关	Shaoguan	2670510	2015500	735780	1279720	655010	75.5	24.5	36.5	63.5
河 源	Heyuan	2206831	1633355	677107	956248	573476	74.0	26.0	41.5	58.5
梅 州	Meizhou	3528088	2672130	875453	1796677	855958	75.7	24.3	32.8	67.2
惠 州	Huizhou	5447377	4204414	665802	3538612	1242963	77.2	22.8	15.8	84.2
汕 尾	Shanwei	2086687	1693479	503731	1189748	393208	81.2	18.8	29.7	70.3
东 莞	Dongguan	16228905	14290283	1846624	12443659	1938622	88.1	11.9	12.9	87.1
中 山	Zhongshan	5493845	4182460	350418	3832042	1311385	76.1	23.9	8.4	91.6
江 门	Jiangmen	5458778	4503686	1122179	3381507	955092	82.5	17.5	24.9	75.1
阳 江	Yangjiang	1992134	1567632	551403	1016229	424502	78.7	21.3	35.2	64.8
湛 江	Zhanjiang	5048306	3987116	1315594	2671522	1061190	79.0	21.0	33.0	67.0
茂 名	Maoming	4576726	3649881	1489527	2160354	926845	79.7	20.3	40.8	59.2
肇 庆	Zhaoqing	2624643	2002206	1140302	861904	622437	76.3	23.7	57.0	43.0
清 远	Qingyuan	2987449	2231622	904017	1327605	755827	74.7	25.3	40.5	59.5
潮 州	Chaozhou	2550036	2117826	455884	1661942	432210	83.1	16.9	21.5	78.5
揭 阳	Jieyang	3592247	3077596	1239452	1838144	514651	85.7	14.3	40.3	59.7
云 浮	Yunfu	1647626	1298481	617249	681232	349145	78.8	21.2	47.5	52.5

注：本表按当年价格计算。

Note: The data in this table are calculated at current prices.

3-26 各市人均地区生产总值（2000-2007年）

Per Capita Gross Domestic Product by City (2000-2007)

单位:元 (yuan)

市别	City	2000	2001	2002	2003	2004	2005	2006	2007
广州	Guangzhou	25626	28537	32339	38398	45906	53809	63100	71808
深圳	Shenzhen	32800	34822	40369	47029	54236	60801	69450	79645
珠海	Zhuhai	27693	29222	31457	35781	40311	45284	52477	61693
汕头	Shantou	9741	9376	9570	10296	11673	13196	14846	17048
佛山	Foshan	20231	21958	24030	28162	33669	41266	50324	61199
韶关	Shaoguan	7028	7696	8277	9343	10648	11708	13514	16049
河源	Heyuan	3826	4179	4503	5062	6084	7488	9274	11710
梅州	Meizhou	4728	5075	5394	5980	7054	7666	8479	9976
惠州	Huizhou	13877	14590	15529	16860	19189	21896	24795	28945
汕尾	Shanwei	5262	5588	5852	6241	7019	7608	8602	10256
东莞	Dongguan	13679	15268	18131	22174	27554	33263	39478	46027
中山	Zhongshan	15077	17035	19636	23731	29060	36207	42172	49488
江门	Jiangmen	12851	13399	14022	15235	17039	19636	23155	26882
阳江	Yangjiang	7377	7928	8560	9515	10963	12758	14961	17392
湛江	Zhanjiang	6231	6537	6779	7569	8450	9899	11780	13217
茂名	Maoming	7981	9101	9833	10961	12036	13934	15152	17113
肇庆	Zhaoqing	7422	7827	8401	9258	10829	12315	13366	15915
清远	Qingyuan	5003	5225	5446	6080	7344	9070	11827	16330
潮州	Chaozhou	7444	7776	8144	8932	10075	11422	12825	14967
揭阳	Jieyang	6001	6026	6199	6584	6983	7533	8547	10339
云浮	Yunfu	6399	6524	6627	7081	8077	9174	9739	11498

注：本表按当年价格计算。
Note: The data in this table are calculated at current prices.

3-27 各市人均生产总值指数（2000-2007年）

Indices of Per Capita Gross Domestic Product by City (2000-2007)

上年=100 (preceding year=100)

市 别	City	2000	2001	2002	2003	2004	2005	2006	2007
广 州	Guangzhou	108.3	110.1	113.8	116.6	116.2	114.3	114.3	111.7
深 圳	Shenzhen	105.2	107.0	112.3	115.0	113.3	111.6	113.4	112.6
珠 海	Zhuhai	104.9	106.4	108.9	114.7	111.1	110.7	113.9	115.1
汕 头	Shantou	104.5	95.8	104.1	107.9	109.9	110.4	111.1	112.3
佛 山	Foshan	106.3	108.6	111.1	115.8	116.4	117.8	118.2	118.0
韶 关	Shaoguan	111.8	109.7	109.0	111.4	107.7	108.5	113.8	114.3
河 源	Heyuan	111.9	109.3	109.6	112.1	112.8	118.2	125.7	121.8
梅 州	Meizhou	108.9	107.5	106.6	110.1	110.3	106.4	109.3	112.6
惠 州	Huizhou	107.7	105.6	107.2	109.4	112.0	112.9	114.6	114.9
汕 尾	Shanwei	110.2	106.2	106.1	110.3	112.3	113.5	114.4	116.9
东 莞	Dongguan	106.6	110.7	119.6	120.4	120.9	119.4	117.5	114.9
中 山	Zhongshan	105.4	112.9	116.9	118.8	120.9	122.8	115.2	113.9
江 门	Jiangmen	108.8	103.6	107.2	110.5	111.5	112.3	115.4	114.7
阳 江	Yangjiang	109.6	108.4	108.9	110.6	111.2	113.1	113.2	113.1
湛 江	Zhanjiang	106.0	106.0	106.0	108.1	108.7	110.2	112.2	112.0
茂 名	Maoming	110.5	108.2	107.5	109.2	111.8	112.3	112.3	111.2
肇 庆	Zhaoqing	109.9	106.4	108.0	109.8	111.3	112.7	113.5	114.2
清 远	Qingyuan	108.8	104.7	106.4	111.5	116.9	124.9	128.3	131.7
潮 州	Chaozhou	104.3	105.2	107.3	110.0	110.4	111.5	112.6	113.6
揭 阳	Jieyang	103.0	101.1	103.6	106.2	102.6	110.1	114.2	117.0
云 浮	Yunfu	105.1	103.0	103.7	108.3	108.0	111.8	113.3	114.0

注：本表按可比价格计算。
Note: The data in this table are calculated at comparable prices.

3-28 各市人均生产总值指数（2000-2007年）

Indices of Per Capita Gross Domestic Product by City (2000-2007)

2000年=100 (year of 2000 = 100)

市 别	City	2000	2001	2002	2003	2004	2005	2006	2007
广 州	Guangzhou	100.0	110.1	125.3	146.2	169.8	194.0	221.7	247.7
深 圳	Shenzhen	100.0	107.0	120.1	138.1	156.4	174.5	197.8	222.7
珠 海	Zhuhai	100.0	106.4	115.9	132.9	147.7	163.6	186.3	214.5
汕 头	Shantou	100.0	95.8	99.8	107.6	118.3	130.6	145.1	163.0
佛 山	Foshan	100.0	108.6	120.6	139.7	162.6	191.5	226.5	267.1
韶 关	Shaoguan	100.0	109.7	119.5	133.2	143.4	155.6	177.0	202.4
河 源	Heyuan	100.0	109.3	119.9	134.4	151.6	179.3	225.4	274.6
梅 州	Meizhou	100.0	107.5	114.5	126.1	139.0	147.9	161.6	181.9
惠 州	Huizhou	100.0	105.6	113.2	123.8	138.6	156.5	179.4	206.1
汕 尾	Shanwei	100.0	106.2	112.7	124.3	139.6	158.5	181.3	212.0
东 莞	Dongguan	100.0	110.7	132.3	159.4	192.7	230.1	270.3	310.6
中 山	Zhongshan	100.0	112.9	132.0	156.9	189.6	232.9	268.3	305.6
江 门	Jiangmen	100.0	103.6	111.2	122.8	136.9	153.6	177.4	203.5
阳 江	Yangjiang	100.0	108.4	118.0	130.6	145.1	164.1	185.8	210.2
湛 江	Zhanjiang	100.0	106.0	112.4	121.4	132.0	145.4	163.1	182.7
茂 名	Maoming	100.0	108.2	116.2	127.0	141.9	159.4	179.0	199.0
肇 庆	Zhaoqing	100.0	106.4	114.9	126.2	140.5	158.4	179.9	205.3
清 远	Qingyuan	100.0	104.7	111.5	124.2	145.2	181.3	232.7	306.5
潮 州	Chaozhou	100.0	105.2	112.9	124.1	137.0	152.7	172.0	195.3
揭 阳	Jieyang	100.0	101.1	104.7	111.3	114.2	125.8	143.6	168.0
云 浮	Yunfu	100.0	103.0	106.9	115.8	125.0	139.7	158.3	180.5

注：本表按可比价格计算。

Note: The data in this table are calculated at comparable prices.

主要统计指标解释

国内（地区）生产总值 指按市场价格计算的一个国家（或地区）所有常住单位在一定时期内生产活动的最终成果。国内（地区）生产总值有三种计算方法，即生产法、收入法和支出法。三种方法分别从不同的方面反映国内生产总值及其构成。

增加值 指常住单位生产过程创造的新增价值和固定资产的转移价值。它可以按生产法计算，也可以按收入法计算，按生产法计算，它等于总产出减去中间投入；按收入法计算，它等于劳动者报酬、生产税净额、固定资产折旧和营业盈余之和。

劳动者报酬 指劳动者因从事生产活动所获得的全部报酬。包括劳动者获得的各种形式的工资、奖金和津贴，既有货币形式的，也有实物形式的，还包括劳动者所享受的公费医疗和医药卫生费、上下班交通补贴、单位支付的社会保险费、住房公积金等。对于个体经济来说，其所有者所获得的劳动报酬和经营利润不易区分，这两部分统一作为劳动者报酬处理。

生产税净额 指生产税减生产补贴后的差额。生产税指政府对生产单位从事生产、销售和经营活动以及因从事生产活动使用某些生产要素（如固定资产、土地、劳动力）所征收的各种税、附加费和规费。生产补贴与生产税相反，指政府对生产单位的单方面转移支付，因此视为负生产税，包括政策性亏损补贴、价格补贴等。

固定资产折旧 指一定时期内为弥补固定资产损耗按照规定的固定资产折旧率提取的固定资产折旧，或按国民经济核算统一规定的折旧率虚拟计算的固定资产折旧。它反映了固定资产在当期生产中的转移价值。各类企业和企业化管理的事业单位的固定资产折旧是指实际计提的折旧费；不计提折旧的政府机关、非企业化管理的事业单位和居民住房的固定资产折旧是按照统一规定的折旧率和固定资产原值计算的虚拟折旧。原则上，固定资产折旧应按固定资产的重置价值计算，但是目前我国尚不具备对全社会固定资产进行重估价的基础，所以暂时还不能采用这种办法。

营业盈余 指常住单位创造的增加值扣除劳动者报酬、生产税净额和固定资产折旧后的余额。它相当于企业的营业利润加上生产税补贴，但要扣除从利润中开支的工资和福利等。

支出法国内（地区）生产总值 指一个国家（或地区）所有常住单位在一定时期内用于最终消费、资本形成总额，以及货物和服务净出口的总额，它反映本期生产的国内生产总值的使用情况。

最终消费 指常住单位在一定时期内对于货物和服务的全部最终消费支出，也就是常住单位为满足物质、文化和精神生活的需要，从本国经济领土和国外购买的货物和服务的支出，不包括非常住单位在本国经济领土内的消费支出。最终消费分为居民消费和政府消费。

居民消费 指常住住户对货物和服务的全部最终消费支出。它除了常住住户直接以货币形式购买货物和服务的消费之外，还包括以其他方式获得的货物和服务的消费，即单位以实物报酬及实物转移的形式提供给劳动者的货物和服务；住户生产并由住户自己消费的货物和服务，其中的服务仅指住户的自有住房服务和付酬的家庭服务；金融机构提供的金融媒介服务；保险公司提供的保险服务。

政府消费 指政府部门为全社会提供公共服务的消费支出和免费或以较低价格向住户提供的消费货物和服务净支出。前者等于政府服务的产出价值减去政府单位所获得的经营收入后的价值，政府服务的产出价值等于它的经常性业务支出加上固定资产折旧；后者等于政府部门免费或以较低价格向住户提供的货物和服务的市场价值减去向住户收取的价值。

资本形成总额 指常住单位在一定时期内获得的减去处置的固定资产加存货的净变动额，包括固定资本形成总额和存货增加。

固定资本形成总额 指生产者在一定时期内获得的固定资产减处置的固定资产的价值总额。固定资产是通过生产活动生产出来的，其使用年限在一年以上，单位价值在规定标准以上的资产，不包括自然资产。固定资本形成总额分有形固定资本形成总额和无形固定资本形成总额。有形固定资本形成总额包括一定时期内完成的建筑工程、安装工程、设备工器具购置（减处置）价值以及土地改良、新增役、种、奶、毛、娱乐用牲畜和新增经济林木价值。无形固定资本形成总额包括矿藏的勘探、计算机软件等获得减处置。

存货增加 指常住单位存货实物量变动的市场价值，即期末价值减期初价值的差额，再扣除当期由于价格变动而产生的持有收益。存货增加可以是正值，也可以是负值；正值表示存货增加，负值表示存货减少。它包括生产单位购进的原材料、燃料和储备物资等存货，以及生产单位生产的产成品、在制品存货等。

货物和服务净流出 指货物和服务流出减货物和服务流入的差额。流出包括常住单位向非常住单位出售或无偿转让的各种货物和服务的价值；流入包括常住单位从非常住单位购买或无偿得到的各种货物和服务价值。由于服务活动的提供与使用同时发生，因此服务的流入流出业务并不发生出入境现象，一般把常住单位从非常住单位得到的服务作为流入，常住单位向非常住单位提供的服务作为流出。

三次产业 根据社会生产活动历史发展的顺序对产业结构的划分，产品直接取自自然界的部门称为第一产业，初级产品进行再加工的部门称为第二产业，为生产和消费提供各种服务的部门称为第三产业。它是世界上通用的产业结构分类，但各国的划分不尽一致。我国的三次产业划分是：

第一产业是指农、林、牧、渔业。

第二产业是指采矿业，制造业，电力、燃气及水的生产和供应业，建筑业。

第三产业是指除第一、二产业以外的其他行业。第三产业包括：交通运输、仓储和邮政业，信息传输、计算机服务和软件业，批发和零售业，住宿和餐饮业，金融业，房地产业，租赁和商务服务业，科学研究、技术服务和地质勘查业，水利、环境和公共设施管理业，居民服务和其他服务业，教育，卫生、社会保障和社会福利业，文化、体育和娱乐业，公共管理和社会组织，国际组织。

Explanatory Notes on Main Statistical Indicators

Gross Domestic (Regional) Product refers to the final products at market prices produced by all resident units in a country (or a region) during a certain period of time. It is calculated with three approaches, i.e. production approach, income approach and expenditure approach, which reflect gross domestic product and its composition from different aspects.

Value-added refers to value newly created in the process of production by resident units and the transfer value of fixed assets. It can be calculated by both production approach and income approach. In terms of production approach, it is the total output minus intermediate input. In terms of income approach, it is the summation of laborers' remuneration, net taxes on production, depreciation of fixed assets and operating surplus.

Laborers' Remuneration refers to the whole payment of various forms earned by laborers from productive activities they are engaged in, including wages, bonuses and allowances earned in monetary form and in kind, as well as free medical services provided to the laborers and the medicine expenses, traffic subsidies, and social insurance fee and housing fund paid by the laborers' working units for them. In terms of individual economy, since laborers' remuneration is not easily distinguished from the operating profit, both are treated as laborers' remuneration.

Net Taxes on Production refers to the residual of the taxes on production minus the subsidies on production. The taxes on production refers to the various taxes, extra charges and fees levied on the production units on their production, sale and business activities as well as on some factors of production, such as fixed assets, land and labor force, used in the production activities they are engaged in. In contrast to the taxes on production, the subsidies on production refer to the unilateral transfer of part of the 〖BF〗government' s〖BFQ〗 revenue to the production units and are therefore regarded as negative taxes on production. They include subsidies on the loss due to implementation of government policies and price subsidies, etc.

Depreciation of Fixed Assets refers to the depreciation of fixed assets of a given period, drawn in accordance with the stipulated depreciation rate for the purpose of compensating the wear loss of the fixed assets or the depreciation of fixed assets calculated in a fictitious way in accordance with the stipulated unified depreciation rate in the national economic accounting system. It reflects the value of transfer of the fixed assets in the production of the current period. The depreciation of fixed assets in various enterprises and institutions managed as enterprises refers to the depreciation expenses actually drawn and calculated as part of the cost. In government agencies and institutions not managed as enterprises which do not draw the depreciation expenses, as well as for the houses of residents, the depreciation of fixed assets is the imputed depreciation, which is calculated in accordance with the stipulated unified depreciation rate and the original value of the fixed assets. In principle, the depreciation of fixed assets should be calculated on the basis of the repurchase value of the fixed assets. However, there is no actual condition to reevaluate all the fixed assets in China. Therefore, the above-mentioned methods are temporarily adopted at present.

Operating Surplus refers to the balance of the value-added created by the resident units deducting the laborers' remuneration, net taxes on production and the depreciation of fixed assets. It is equivalent to the business profit of the enterprises plus subsidies on production, but the wages and welfare expenses paid from the profits should be deducted.

Gross Domestic (Regional) Product Calculated by Expenditure Approach refers to total expenditure on final consumption, total capital formation and net exports of goods and services by resident units of a country in a certain period of time. It reflects the use of gross domestic product produced in the current period.

Final Consumption refers to the total expenditure of resident units on final consumption of goods and services in a certain period, namely the expenditure of the resident units for purchases of goods and services from domestic economic territory and abroad to meet the requirements of material, cultural and spiritual life. It excludes the expenditure of nonresident units on consumption in the economic territory of the country. The final consumption is classified into household consumption and government consumption.

Household Consumption refers to the total expenditure of resident households on the final consumption of goods and services. In addition to the consumption of goods and services paid for in monetary form by the resident households , the expenditure on goods and services obtained by the resident households in other ways is also included in the household consumption, which includes: (a) goods and services provided to the households by the units in the form of payment in kind and transfer in kind; (b) goods and services produced and consumed by the households themselves, where services refer only to services related to residential buildings owned by the households and paid services for the households; (c) services of financial intermediary provided by financial institutions; and (d) insurance services provided by insurance companies.

Government Consumption refers to the expenditure on the consumption of public services provided by the government to the whole society and the net expenditure on goods and services provided by the government for households free of charge or at low prices. The former equals the output value of the government services minus the value of operating income obtained by the government departments. The latter equals the market value of goods and services provided by the government free of charge or at low prices for households minus the value charged by the government on households.

Total Capital Formation refers to the net value of change within a certain period calculated as fixed assets acquired minus those disposed plus inventory, which includes total fixed assets formation and increase in inventory.

Total Fixed Capital Formation refers to the value of fixed assets acquired minus the value of fixed assets disposed within a certain period, where fixed assets refer to assets produced through productive activities with a term of use of over one year and a unit price above designated standards, excluding natural assets. Total fixed capital formation can be classified into total tangible assets formation and total intangible assets formation. Total tangible assets formation includes the value of the construction projects, installation projects completed and the equipment, apparatus and instruments purchased as well as the value of land improved, the value of draught animals, breeding stock, milk, wool and recreational animals and newly-increased economic forest in a certain period. Total intangible assets formation includes value acquired through the prospecting of minerals, computer software, and other operations minus the disposal of them.

Increase in Inventory refers to the market value of the change in inventory in resident units, i.e. the difference in value between the beginning and the end of the period minus benefits aquired through the posession of inventory that have appreciated during the period. The increase in inventory can be positive or negative. A positive value indicates the increase in stock while a negative value indicates the decrease in stock. The inventory includes the raw materials, fuels and reserve materials purchased by the production units as well as the inventory of finished products, semi-finished products and work in progress, etc.

Net Outflow of Goods and Services refers to the difference between the outflow of goods and services andthe inflow of goods and services. The outflow includes the value of various goods and services sold or gratuitously transferred by resident units to nonresident units. The inflow includes the value of various goods and services purchased or gratuitously acquired by resident units from non-resident units. As the provision of services and the use of them happen simultaneously, the inflow and outflow of services do not involve border crossing. The acquisition of services by the resident units from nonresident units is usually treated as inflow while the provision of services by the resident units for nonresident units is usually treated as outflow.

Three Industries are the classification of industrial structure according to the historical sequence of development of social production. Primary industry refers to direct extraction of natural resources; secondary

industry involves processing of primary products; and tertiary industry provides services of various kinds for production and consumption. Such classification is a common practice in the world, though grouping varies to some extent from country to country. In China the three industries are defined as follows:

Primary industry refers to farming, forestry, animal husbandry and fishery.

Secondary industry refers to mining, manufacturing, production and supply of electric power, water and gas, and construction.

Tertiary industry: refers to all other industries not included in primary or secondary industry, including transport, storage and postal services, information transmission, computer services and software, wholesale and retail trades, hotels and catering services, finance, real estate, leasing and business services, scientific research, technical services, and geological prospecting, management of water conservancy, environment and public facilities, services to households and other services, education, health care, social security and social welfare, culture, sports and recreation, public administration and social organizations, and international organizations. ns, and international organizations.

四、人口

POPULATION

四 人口

简要说明

一、本篇资料反映广东人口发展变化基本情况，主要内容包括：

1. 年末常住人口、性别比例、年龄比例、城镇人口比例以及人口出生率、人口死亡率和人口自然增长率。数据由广东省统计局根据人口普查、1%人口抽样调查或年度人口变动情况抽样调查推算所得。

2. 1990-2004 年年末常住人口数、出生率、死亡率以及自然增长率，除 1990 和 2000 年为根据人口普查结果直接推算外，其余年份均按 2005 年全国 1%人口抽样调查结果进行平滑调整，故上述年份的数据与以往相应年份发表的数据有所差异。

3. 户籍总人口、按性别分和按农业、非农业分的人口以及迁移人口等，数据来源于广东省公安厅人口统计年报。

二、本资料由广东省统计局人口和就业统计处整理提供。

4 Population

Brief Introduction

Ⅰ. The data in this chapter show the basic conditions of development and changes of population in Guangdong, mainly including:

1. Permanent population at the year-end, proportion of population by sex, proportion of population by age, proportion of urban population, birth rate, death rate and natural growth rate of population. The data are estimated by Guangdong Provincial Bureau of Statistics on the basis of population censuses, the one percent sample survey on population，or annual sample surveys on population changes.

2. Permanent population at the year-end, birth rate, death rate and natural growth rate of population from 1990 to 2004 result from smooth adjustment on the 2005 national one-percent sample survey on population with the exceptions of 1990 and 2000 data, which are direct estimates from the result of population censuses. Consequently, data of these years are different from those issued in the corresponding years.

3. The total population with residence registration, population by sex, by agricultural and non-agricultural population, and migrant population are obtained from the annual reports of population of Guangdong Provincial Department of Public Security.

Ⅱ. The date in this chapter are prepared and provided by the Division of Population and Employment Statistics of Guangdong Provincial Bureau of Statistics.

4-1 人 口 主 要 指 标
Main Population Figures

项 目	Item	1990	1995	2000	2005	2006	2007
年末常住人口 (万人)	**Permanent Population at the Year-end (10000 persons)**	**6347.19**	**7387.49**	**8650.03**	**9194.00**	**9304.00**	**9449.00**
男性比例 (%)	Proportion of Male Population (%)	51.2	50.7	50.9	50.6	50.7	51.0
女性比例 (%)	Proportion of Female Population (%)	48.8	49.3	49.1	49.4	49.3	49.0
0-14岁人口比例 (%)	Proportion of Population Aged 0-14 (%)	29.9		24.2	21.3	20.5	20.1
15-64岁人口比例 (%)	Proportion of Population Aged 15-64 (%)	64.2		69.8	71.3	72.1	72.3
65岁及以上人口比例(%)	Proportion of Population Aged 65 And Over (%)	5.9		6.0	7.4	7.4	7.6
城镇人口比例 (%)	Proportion of Urban Population (%)	36.8	39.3	55.0	60.7	63.0	63.1
人口密度 (人/平方公里)	Population Density (person/sq.km.)	353	411	481	511	518	526
户籍人口	**Population with Residence Registration**						
年末总户数 (万户)	Total Households at the Year-end (10000 households)	1411.08	1631.03	1901.91	2096.29	2139.89	2178.85
年末总人口 (万人)	Total Population at the Year-end (10000 persons)	6246.32	6788.74	7498.54	7899.64	8048.71	8156.05
#农业人口	Agricultural Population	4769.01	4753.37	5160.26	3792.32	3880.37	3894.02
非农业人口比例 (%)	Proportion of Non-agricultural Population (%)	23.65	29.98	31.18	51.67	51.55	52.02
性别比 (女=100)	Sex Ratio (female=100)	105.9	106.5	106.7	106.9	106.7	106.4
人口变动情况 (‰)	**Status of Population Changes (‰)**						
出生率	Birth Rate	22.26	16.93	12.91	11.70	11.78	11.96
死亡率	Death Rate	5.76	5.33	4.77	4.68	4.49	4.66
自然增长率	Natural Growth Rate	16.50	11.60	8.14	7.02	7.29	7.30
迁入率	Immigration Rate	15.38	16.04	16.59	13.65	18.25	14.80
迁出率	Emigration Rate	12.56	13.31	12.94	8.97	10.10	8.85
总迁移率	Total Migration Rate	27.94	29.35	29.53	22.62	28.35	23.65
净迁移率	Net Migration Rate	2.82	2.73	3.65	4.68	8.14	5.96
跨省净迁移率	Net Migration Rate between Provinces	0.35	1.09	1.01	2.55	3.32	3.50

4-2 年 末 户 籍 总 人 口 (1978-2007年)
Total Population with Residence Registration at the Year-end (1978-2007)

单位：万人 (10000 persons)

年份 Year	总人口 Total Population	按性别分 By Sex		按农业、非农业分By Agricultural & Non-agricultural Population		人口密度 (人/平方公里) Population Density (person/sq.km.)
		男 Male	女 Female	非农业人口 Non-agricultural Population	农业人口 Agricultural Population	
1978	5064.15	2586.68	2477.47	823.23	4240.92	285
1980	5227.67	2671.28	2556.39	909.71	4317.96	294
1982	5415.35	2771.86	2643.49	971.46	4443.89	304
1983	5494.12	2818.92	2675.20	1001.05	4493.07	309
1984	5576.62	2865.90	2710.72	1097.36	4479.26	313
1985	5655.60	2909.52	2746.08	1197.92	4457.68	318
1986	5740.70	2955.68	2785.02	1254.60	4486.10	323
1987	5832.15	3003.09	2829.06	1309.91	4522.24	328
1988	5928.31	3053.50	2874.81	1366.54	4561.77	333
1989	6024.98	3106.37	2918.61	1422.75	4602.23	338
1990	6246.32	3213.20	3033.12	1477.31	4769.01	353
1991	6348.95	3266.26	3082.69	1540.92	4808.03	363
1992	6463.17	3327.67	3135.50	1640.80	4822.37	373
1993	6581.60	3390.37	3191.23	1808.09	4773.51	386
1994	6691.46	3450.68	3240.78	1964.72	4726.74	401
1995	6788.74	3501.19	3287.55	2035.37	4753.37	411
1996	6896.77	3559.54	3337.23	2107.80	4788.97	421
1997	7013.73	3620.32	3393.41	2173.50	4840.23	433
1998	7115.65	3676.95	3438.70	2219.07	4896.58	444
1999	7298.88	3769.70	3529.18	2276.42	5022.46	457
2000	7498.54	3871.13	3627.41	2338.29	5160.25	481
2001	7565.33	3905.28	3660.05	2391.31	5174.02	486
2002	7649.29	3948.25	3701.04	2767.31	4881.98	492
2003	7723.42	3989.24	3734.18	3681.93	4003.07	499
2004	7804.75	4025.87	3778.88	3797.92	3973.52	507
2005	7899.64	4080.74	3818.90	4082.06	3792.32	511
2006	8048.71	4154.03	3894.68	4149.42	3880.37	518
2007	8156.05	4204.47	3951.58	4242.85	3894.02	526

注：2003年起“按农业、非农业分”的人口，不包括未落常住户口的人数，4-7表同。

Note: Population grouped by agricultural and non-agricultural population since 2003 does notinclude the number who doesnot register as permanent population. The same applies to Table 4-7.

4-3 人口自然变动情况(1978-2007年)
Status of Natural Population Changes (1978-2007)

单位：万人、‰ (10000 persons, ‰)

年份 Year	出生 Birth		死亡 Death		自然增长 Natural Growth of Population	
	出生人数 Number of Birth	出生率 Birth Rate	死亡人数 Number of Death	死亡率 Death Rate	自然增长人数 Number of Natural Growth	自然增长率 Natural Growth Rate
1978	111.23	22.14	27.35	5.44	83.88	16.70
1980	118.31	22.82	28.40	5.48	89.91	17.34
1982	123.98	23.09	31.79	5.92	92.19	17.17
1983	114.55	21.00	34.47	6.32	80.08	14.68
1984	114.86	20.75	34.37	6.21	80.49	14.54
1985	115.70	20.60	35.53	6.33	80.17	14.27
1986	126.23	22.15	32.48	5.70	93.75	16.45
1987	128.00	22.12	32.98	5.70	95.02	16.42
1988	122.90	20.90	29.81	5.07	93.09	15.83
1989	121.15	20.27	34.25	5.73	86.90	14.54
1990	140.11	22.26	36.25	5.76	103.86	16.50
1991	131.31	20.40	38.04	5.91	93.27	14.49
1992	125.17	18.92	40.00	6.05	85.17	12.87
1993	120.00	17.59	38.00	5.57	82.00	12.02
1994	121.00	17.11	38.00	5.37	83.00	11.74
1995	123.54	16.93	38.91	5.33	84.63	11.60
1997	118.40	15.43	37.83	4.93	80.57	10.50
1998	117.00	14.84	40.00	5.07	77.00	9.77
1999	110.00	13.57	39.00	4.81	71.00	8.76
2000	108.85	12.91	40.21	4.77	68.64	8.14
2001	107.99	12.42	39.63	4.56	68.36	7.86
2002	103.94	11.82	39.73	4.52	64.21	7.30
2003	108.00	12.13	41.98	4.71	66.02	7.42
2004	106.73	11.81	41.62	4.60	65.11	7.21
2005	107.11	11.70	42.24	4.68	64.87	7.02
2006	108.96	11.78	41.53	4.49	67.43	7.29
2007	112.00	11.96	43.00	4.66	68.00	7.30

4-4 户籍人口迁移变动情况（1978-2007年）

Status of Migrant Changes (1978-2007)

单位：万人、‰ (10000 persons, ‰)

年份 Year	迁入 Immigration		迁出 Emigration		总迁移 Total Migration		净迁移 Net Migration	
	迁入人数 Number of Immigration	迁入率 Immigration Rate	迁出人数 Number of Emigration	迁出率 Emigration Rate	总迁人数 Total Number of Migration	总迁移率 Total Migration Rate	净迁移人数 Net Number of Migration	净迁移率 Net Migration Rate
1978	81.83	16.29	75.58	15.04	157.41	31.33	6.25	1.25
1980	91.45	17.64	82.09	15.83	173.54	33.47	9.36	1.81
1982	71.63	13.34	65.06	12.11	136.69	25.45	6.57	1.23
1983	66.26	12.14	59.35	10.88	125.61	23.02	6.91	1.26
1984	92.30	16.67	83.31	15.05	175.61	31.72	8.99	1.62
1985	100.10	17.82	84.90	15.12	185.00	32.94	15.20	2.70
1986	85.61	15.02	70.83	12.43	156.44	27.45	14.78	2.59
1987	92.89	16.05	73.26	12.66	166.15	28.71	19.63	3.39
1988	93.82	15.96	73.46	12.49	167.28	28.45	20.36	3.47
1989	95.26	15.94	73.87	12.36	169.13	28.30	21.39	3.58
1990	94.39	15.38	77.07	12.56	171.46	27.94	17.32	2.82
1991	97.23	15.44	83.74	13.30	180.97	28.74	13.49	2.14
1992	135.89	21.21	108.39	16.92	244.28	38.13	27.50	4.29
1993	158.20	24.25	128.06	19.63	286.26	43.88	30.14	4.62
1994	140.93	21.24	115.72	17.44	256.65	38.68	25.21	3.80
1995	108.09	16.04	89.74	13.31	197.83	29.35	18.35	2.73
1997	130.94	18.83	98.90	14.22	229.84	33.05	32.04	4.61
1998	117.93	16.69	94.18	13.33	212.11	30.02	23.75	3.36
1999	107.68	14.94	89.13	12.37	196.81	27.31	18.55	2.57
2000	122.72	16.59	95.76	12.94	218.48	29.53	26.96	3.65
2001	109.88	14.59	92.34	12.26	202.22	26.85	17.54	2.33
2002	102.26	13.44	81.95	10.77	184.21	24.21	20.31	2.67
2003	105.27	13.70	83.22	10.83	188.49	24.53	22.05	2.87
2004	133.91	17.25	104.26	13.43	238.17	30.68	29.65	3.82
2005	107.21	13.65	70.45	8.97	177.66	22.62	36.76	4.68
2006	145.49	18.25	80.56	10.10	226.05	28.35	64.93	8.14
2007	119.95	14.80	71.67	8.85	191.62	23.65	48.28	5.96

4-5 各市年末常住人口数(2000-2007年)

Permanent Population at the Year-end by City (2000-2007)

单位：万人 (10000 persons)

市 别	City	2000	2001	2002	2003	2004	2005	2006	2007
广 州	Guangzhou	994.80	996.75	984.76	972.93	966.06	949.68	975.46	1004.58
深 圳	Shenzhen	701.24	724.57	746.62	778.27	800.80	827.75	846.43	861.55
珠 海	Zhuhai	123.65	128.45	131.61	134.85	138.86	141.57	144.99	145.44
汕 头	Shantou	467.78	477.98	482.05	486.15	492.74	494.45	497.19	500.13
佛 山	Foshan	534.05	549.09	556.66	564.35	575.01	580.03	585.83	592.33
韶 关	Shaoguan	273.65	277.27	280.94	284.65	288.41	292.26	292.94	294.88
河 源	Heyuan	226.78	238.80	248.10	257.77	269.16	278.24	278.52	281.82
梅 州	Meizhou	380.52	390.85	395.99	401.21	408.53	411.84	412.09	411.10
惠 州	Huizhou	321.80	334.77	343.41	352.27	363.18	370.69	375.99	387.50
汕 尾	Shanwei	245.71	254.81	260.86	267.05	274.76	279.87	280.74	287.22
东 莞	Dongguan	644.84	654.43	654.84	655.25	655.66	656.07	674.88	694.72
中 山	Zhongshan	236.47	238.30	240.13	241.98	242.73	243.46	249.34	251.00
江 门	Jiangmen	395.24	402.70	404.58	406.48	410.03	410.29	411.01	412.64
阳 江	Yangjiang	217.20	222.56	224.91	227.30	230.86	232.14	233.29	235.73
湛 江	Zhanjiang	603.43	622.27	633.62	645.19	660.66	668.95	669.85	680.79
茂 名	Maoming	524.82	541.74	552.02	562.49	576.05	584.04	592.76	604.68
肇 庆	Zhaoqing	337.69	347.04	352.07	357.17	364.17	367.60	370.14	375.20
清 远	Qingyuan	314.98	327.01	334.81	342.81	352.75	359.37	361.55	365.87
潮 州	Chaozhou	240.44	245.37	247.02	248.67	251.59	252.01	253.37	254.70
揭 阳	Jieyang	524.61	536.95	542.55	548.21	556.70	559.69	563.42	569.91
云 浮	Yunfu	215.49	221.47	224.53	227.64	231.95	233.99	234.21	237.21

4-6 各市城镇人口占常住人口的比例

Proportion of Urban Population in Permanent Population by City

单位：% (%)

市 别	City	2000	2005	2006	2007	市 别	City	2000	2005	2006	2007
全 省	**Provincial Total**	**55.00**	**60.68**	**63.00**	**63.14**	东 莞	Dongguan	60.04	73.02	85.09	85.20
广 州	Guangzhou	83.79	91.51	82.04	82.17	中 山	Zhongshan	60.67	74.29	84.24	84.96
深 圳	Shenzhen	92.46	100.00	100.00	100.00	江 门	Jiangmen	47.08	56.78	48.68	48.70
珠 海	Zhuhai	85.48	87.90	85.06	85.10	阳 江	Yangjiang	41.92	44.09	44.46	45.91
汕 头	Shantou	67.00	72.34	70.05	70.05	湛 江	Zhanjiang	38.47	39.71	39.26	39.26
佛 山	Foshan	75.06	78.39	90.92	90.98	茂 名	Maoming	37.45	39.30	36.98	39.30
韶 关	Shaoguan	51.13	49.76	46.25	46.26	肇 庆	Zhaoqing	32.52	38.99	44.85	44.86
河 源	Heyuan	26.53	32.47	40.12	40.12	清 远	Qingyuan	32.60	38.46	34.35	34.40
梅 州	Meizhou	37.21	41.63	46.51	46.51	潮 州	Chaozhou	43.41	53.62	62.90	62.90
惠 州	Huizhou	51.66	55.01	61.21	61.98	揭 阳	Jieyang	37.91	41.15	45.02	45.02
汕 尾	Shanwei	52.58	51.88	52.39	52.39	云 浮	Yunfu	35.86	37.26	49.80	49.83

注：本表2000、2005年数据按国家统计局1999年发布的《关于统计上划分城乡的规定(试行)》计算；2006年起数据按国家统计局2006年颁布的《关于统计上划分城乡的暂行规定》计算。

Note: The 2000 and 2005 data in this table are calculated according to Interim Regulations on Statistical Classification of Urban and Rural Populationissued by National Bureau of Statistics in 1999. The 2006 data are calculated according to Provisional Regulations on Statistical Classification of Urban and Rural Population issued by National Bureau of Statistics in 2006.

4-7 各市年末户籍人口数（2007年）

Total Population with Residence Registration at the Year-end by City (2007)

单位：万人 (10000 persons)

市 别	City	总人口 Total Population	按性别分 By Sex		按农业、非农业分 By Agricultural & Non-agricultural Population	
			男 Male	女 Female	非农业人口 Non-agricultural Population	农业人口 Agricultural Population
广 州	Guangzhou	773.48	394.27	379.21	693.55	78.76
深 圳	Shenzhen	216.84	115.35	101.49	216.84	
珠 海	Zhuhai	95.69	48.78	46.91	95.69	
汕 头	Shantou	500.82	251.50	249.32	496.30	4.52
佛 山	Foshan	361.08	180.48	180.60	361.08	
韶 关	Shaoguan	321.19	166.70	154.49	164.75	156.41
河 源	Heyuan	335.42	171.57	163.85	81.07	254.36
梅 州	Meizhou	503.36	258.89	244.47	131.06	372.08
惠 州	Huizhou	312.89	159.58	153.31	183.35	129.44
汕 尾	Shanwei	329.86	171.61	158.25	166.02	162.75
东 莞	Dongguan	171.26	87.00	84.26	74.02	96.81
中 山	Zhongshan	145.14	72.51	72.63	76.30	68.32
江 门	Jiangmen	388.38	196.53	191.85	219.46	168.82
阳 江	Yangjiang	271.03	144.09	126.94	113.08	156.95
湛 江	Zhanjiang	744.99	394.08	350.91	275.93	469.06
茂 名	Maoming	716.44	379.24	337.20	269.54	444.28
肇 庆	Zhaoqing	407.71	210.36	197.35	117.47	289.34
清 远	Qingyuan	403.01	208.41	194.60	116.26	285.92
潮 州	Chaozhou	254.08	129.33	124.75	73.95	180.07
揭 阳	Jieyang	634.78	324.25	310.53	217.55	408.85
云 浮	Yunfu	268.62	139.94	128.68	99.57	167.26

4-8 各市年末户籍迁移人口数(2007年)

Number of Migrant Population at the Year-end by City (2007)

单位：人 (person)

市别	City	迁入 Immigration		迁出 Emigration		净迁移 Net Migration	
		省内迁入 Within Guangdong	省外迁入 Outside Guangdong	迁往省内 Within Guangdong	迁往省外 Outside Guangdong	省内 Within Guangdong	省外 Outside Guangdong
广州	Guangzhou	90518	69178	38846	16571	51672	52607
深圳	Shenzhen	43429	91715	1104	4868	42325	86847
珠海	Zhuhai	10283	20484	2229	3121	8054	17363
汕头	Shantou	12188	7901	14513	3210	-2325	4691
佛山	Foshan	15512	16448	6558	9983	8954	6465
韶关	Shaoguan	31246	11642	31116	11491	130	151
河源	Heyuan	28718	11775	54481	3537	-25763	8238
梅州	Meizhou	43965	10484	49404	5595	-5439	4889
惠州	Huizhou	66017	25332	38078	7495	27939	17837
汕尾	Shanwei	29589	4727	16851	3050	12738	1677
东莞	Dongguan	11522	15418	1365	3482	10157	11936
中山	Zhongshan	18616	14947	7543	2346	11073	12601
江门	Jiangmen	36245	12622	35089	8952	1156	3670
阳江	Yangjiang	16976	3290	16655	1441	321	1849
湛江	Zhanjiang	95984	17310	73887	14008	22097	3302
茂名	Maoming	55715	19192	30406	6974	25309	12218
肇庆	Zhaoqing	49416	8361	49460	3707	-44	4654
清远	Qingyuan	45342	10236	34839	5419	10503	4817
潮州	Chaozhou	16145	3688	19692	1215	-3547	2473
揭阳	Jieyang	64266	26864	55509	4264	8757	22600
云浮	Yunfu	10838	5404	15438	2917	-4600	2487

主要统计指标解释

总人口 指一定时点、一定地区范围内有生命的个人的总和。按不同的统计范围可分为常住人口和户籍人口；统计时点通常为每年12月31日24时。

0-14岁人口比例 （少年儿童人口系数或少年儿童人口比例） 指0-14岁的少年儿童人口与同期总人口之比，反映人口的年龄结构特征。通常以百分比表示。

15-64岁人口比例 （成年人口系数或成年人口比例） 指15-64岁的成年人口与同期总人口之比，反映人口的年龄结构特征。通常以百分比表示。

65岁及以上人口比例 （老年人口系数或老年人口比例） 指65岁及以上的老年人口与同期总人口之比，反映人口的老龄化程度。通常以百分比表示。

城镇人口比例 指城镇人口与同期总人口之比，反映该区域人口的城镇化水平。通常以百分比表示。

人口密度 指某一时点单位土地面积上居住的人口数。通常以每平方公里常住的人口数表示。

非农业人口 指按常住户口性质划分的人口。具体为：（1）设区市的市区和不设区市的市区所辖街道办事处区域内的常住人口；（2）市辖镇、县辖镇所辖居民委员会或镇政府驻地村民委员会区域内的常住人口。按非农业、农业分的人口中，不包括未落常住户口的人数。

性别比 总人口（或分年龄人口）中男性人数与女性人数之比。通常以每100个女性人口相应有多少男性人口表示。

出生率 也称粗出生率。指某一人口在一定时期（通常为一年）内活产婴儿数与同期总人口的生存人口数（或同期平均总人口、年中人口数）之比。通常以千分比表示。

死亡率 也称粗死亡率。指一定时期（通常为一年）内全部死亡人数与同期平均总人口之比，反映该时期人口的死亡强度。通常以千分比表示。

自然增长率 指一定时期（通常为一年）内人口自然增加数（出生人口减死亡人口）与同期平均总人口之比。通常以千分比表示。

迁入率（迁出率） 指一定时期（通常为一年）内迁入（迁出）人数与同期平均总人口之比。通常以千分比表示。

总迁移率 指一定时期（通常为一年）内人口迁移总量（迁入人口加迁出人口）与同期平均总人口之比。通常以千分比表示。

净迁移率 指一定时期（通常为一年）内人口迁入迁出相抵后（迁入人口减迁出人口）与同期平均总人口之比。通常以千分比表示。

跨省净迁移率 指一定时期（通常为一年）内省外迁入人口和迁往省外（含出国）人口之差与同期平均总人口之比。通常以千分比表示。

Explanatory Notes on Main Statistical Indicators

Total Population refers to the total number of people alive within a given area at a certain point of time. It can be divided into the permanent population and the population with residence registration according to different statistical coverage. The reference time of the statistics on total population is usually taken at midnight of December 31.

Proportion of Population Aged 0-14 (coefficient of child population or proportion of child population) refers to the proportion of population aged 0-14 in the total population during the same period of time. It is an indicator of age structure, usually expressed in percentage.

Proportion of Population Aged 15-64 (coefficient of adult population or proportion of adult population) refers to the proportion of population aged 15-64 in the total population during the same period of time. It is an indicator of age structure, usually expressed in percentage.

Proportion of Population Aged 65 and Over (coefficient of aged population or proportion of aged population) refers to the proportion of population aged 65 and over in the total population during the same period of time. It is an indicator of population ageing, usually expressed in percentage.

Proportion of Urban Population refers to the proportion of urban population in the total population during the same period of time. It is an indicator of population urbanization in a certain region, usually expressed in percentage.

Population Density refers to the number of people located in a given land area at a certain point of time, usually expressed in the number of permanent population per square kilometer.

Non-agricultural Population refers to a population classified by the status of permanent population, including (1) the permanent population under the jurisdiction of urban districts or sub-district offices in cities without urban districts; and (2) the permanent population under the jurisdiction of neighborhood committees of townships in cities and counties or villagers' committees where the township governments are located.

Sex Ratio refers to the ratio of the male population to the female population among the total population (or population grouped by age), usually expressed in the number of males per 100 females.

Birth Rate (or Crude Birth Rate) refers to the ratio of live births to the total number of population alive (or average population, mid-year population) during a certain period of time (usually one year), expressed in ‰.

Death Rate (or Crude Death Rate) refers to the ratio of deaths to the average population during a certain period of time (usually one year), expressed in ‰. Death rate reflects the death intensity of the population during the same period of time.

Natural Growth Rate refers to the ratio of natural increase in population (number of births minus number of deaths) during a certain period of time (usually one year) to the average population of the same period, expressed in ‰.

Immigration Rate (Emigration Rate) refers to the ratio of the number of immigration (emigration) to the average population during a certain period of time (usually one year), expressed in ‰.

Total Migration Rate refers to the ratio of the total number of migration (number of immigration plus number of emigration) to the average population during a certain period of time (usually one year),expressed in ‰.

Net Migration Rate refers to the ratio of the net number of migration (number of immigration minus number of emigration) to the average population during a certain period of time (usually one year), expressed in ‰

Net Migration Rate across Province refers to the ratio of the number of immigration from outside the province minus the number of emigration to outside the province (including those going abroad) to the average population during a certain period of time (usually one year), expressed in ‰.

五、从业人员和职工工资

EMPLOYMENT AND WAGES

五　从业人员和职工工资

简要说明

一、本篇资料反映广东劳动就业与工资的基本情况。主要内容包括全社会从业人员数、城镇以上单位在岗职工人数、城镇私营企业和个体工商业从业人数、在岗职工工资总额、平均工资和城镇登记失业率等。

二、本篇资料由广东省统计局人口和就业处整理提供。

三、本篇资料主要根据国家统计调查制度搜集汇总，部分由省劳动和社会保障厅、省工商行政管理局等部门提供并加工整理。

四、本篇资料中的城镇从业人员、在岗职工及其工资统计范围只包括城镇以上国有、集体及其他经济类型单位，不包括私营企业和个体劳动者。

五、1998 年，劳动统计年报中对全部调查单位改按企业登记注册类型分组。即国有单位中不再包括国有联营和有限责任公司中的国有独资公司；城镇集体单位中不再包括集体联营和股份合作企业；其他单位则包括国有联营和有限责任公司中的国有独资公司，集体联营和股份合作企业。

5 Employment and Wages

Brief Introduction

Ⅰ. The data in this chapter show the basic conditions of labor employment and wages of Guangdong Province, mainly including the number of all employed persons, number of fully employed staff and workers in units in urban areas, number of the persons employed in urban private enterprises and self-employed persons in industry and commerce, total wages and average wage of fully employed staff and workers and registered urban unemployment rate, etc.

Ⅱ. The data in this chapter are prepared and provided by the Division of Population and Employment Statistics of Guangdong Provincial Bureau of Statistics.

Ⅲ. The data in this chapter are collected and tabulated mainly in accordance with the statistical survey scheme of the National Bureau of Statistics, part of which are processed and prepared from figures provided by Guangdong Provincial Department of Labor and Social Security, Guangdong Provincial Administration for Industry and Commerce and some other related organs.

Ⅳ. The statistical coverage of urban employed persons, fully employed staff and workers, staff and workers and wages in this chapter only includes state-owned units, collective-owned units and other types of ownership in urban areas, but excludes private enterprises and self-employed individuals.

Ⅴ. In annual labor reports since 1998, survey units are categorized by registration status, such that exclusively state-invested companies in state-owned joint ownership units and limited liability companies are no longer entered as state-owned units, and that collective-owned joint ownership units and cooperative units are no longer entered as urban collective-owned units. These units excluded from the categories of state-owned joint ownership units and urban collective-owned units are now categorized as units of other types of ownership.

5-1 从业人员主要指标

Main Indicators of Employed Persons

指　　标	Item	1990	1995	2000	2005	2006	2007
从业人员人数　（万人）	**Number of Employed Persons (10000 persons)**	**3118.10**	**3551.20**	**3989.32**	**5022.97**	**5250.09**	**5402.65**
#城镇从业人员	Urban Employed Persons	785.49	911.90	759.21	904.27	954.44	1001.46
国有单位	State-owned Units	528.13	548.98	425.52	380.19	384.78	381.00
#企业	Enterprises	368.65	354.46	203.71	134.97	131.73	119.70
事业和机关	Institutions and Agencies	159.48	194.52	221.81	245.22	253.05	261.30
城镇集体单位	Urban Collective-owned Units	207.62	202.36	105.97	68.70	67.25	65.49
其他各种单位	Units of Other Types of Ownership	49.74	160.56	227.73	455.38	502.41	554.97
#农村乡(镇)劳动者	Rural Employed Persons	2264.67	2394.40	2789.98	3089.48	3231.56	3235.37
#城镇私营企业从业人员	Employed Persons in Urban Private Enterprises		76.00	151.73	402.05	533.04	574.14
#城镇个体劳动者	Self-employed Individuals in Urban Areas	67.94	129.90	164.94	306.30	362.34	387.98
第一产业劳动者	Employed Persons in Primary Industry	1651.71	1473.60	1593.68	1609.89	1594.22	1588.21
第二产业劳动者	Employed Persons in Secondary Industry	848.37	1199.00	1114.86	1916.16	2037.60	2106.46
第三产业劳动者	Employed Persons in Tertiary Industry	618.02	878.60	1280.78	1496.92	1618.27	1707.98
城镇失业人员就业数	Employees from Urban Unemployed Persons	42.84	43.67	52.65	59.48	56.84	55.25
城镇从业人员劳动报酬（亿元）	**Earnings of Urban Employed Persons (100 million yuan)**	**223.29**	**734.14**	**1057.57**	**2143.29**	**2482.84**	**2934.97**
国有单位	State-owned Units	154.96	458.86	612.17	1078.00	1186.27	1365.97
城镇集体单位	Urban Collective-owned Units	50.06	124.32	93.04	90.36	96.29	106.00
其他各种单位	Units of Other Types of Ownership	18.27	150.96	352.37	974.93	1200.28	1463.00
城镇从业人员平均劳动报酬　（元）	**Average Labor Remuneration to Urban Employed Persons (yuan)**	**2929**	**8250**	**13859**	**24122**	**26400**	**29658**
国有单位	State-owned Units	3000	8540	14296	28553	31057	36053
城镇集体单位	Urban Collective-owned Units	2508	6395	8605	13249	14545	16347
其他各种单位	Units of Other Types of Ownership	3972	9546	15538	22018	24380	26801

注：2003年起城镇职工改为城镇从业人员，2000年的数据作了相应调整。

Note: Since 2003, the urban staff and workers have been referred to the urban employed persons. The figures in 2000 are adjusted correspondingly.

5-2 从业人员年末人数（1978-2007年）

Number of Employed Persons at the Year-end (1978-2007)

单位：万人 (10000 persons)

年份 Year	从业人员年末人数 Number of Employed Persons at the Year-end	#城镇国有、集体、其他单位从业人员 Employed Persons in Urban State-owned, Collective-owned and Other Types of Ownership	#城镇私营企业从业人员年末人数 Employed Persons in Urban Private Enterprises	#城镇个体劳动者人数 Self-employed Individuals in Urban Areas	#农村社会劳动者人数 Rural Employed Persons
1978	2275.95	515.85		2.60	1757.50
1979	2304.95	535.37		2.58	1767.00
1980	2367.78	563.62		10.96	1793.20
1981	2423.79	587.34		10.75	1825.70
1982	2521.38	608.12		11.96	1901.30
1983	2569.70	612.65		18.55	1938.50
1984	2637.49	631.77		24.92	1980.80
1985	2731.11	660.82		31.69	2038.60
1986	2811.92	686.20		33.72	2092.00
1987	2910.99	720.34		42.54	2148.62
1988	2994.72	747.67		59.43	2178.62
1989	3041.27	762.61		58.11	2220.55
1990	3118.10	785.49		67.94	2264.67
1991	3259.20	827.58	19.58	68.23	2290.41
1992	3367.21	858.12	26.21	76.37	2336.13
1993	3433.91	877.16	39.51	103.72	2325.94
1994	3493.15	879.84	58.22	117.01	2345.19
1995	3551.20	911.90	76.00	129.90	2394.40
1996	3641.30	904.07	89.40	132.00	2406.07
1997	3701.90	897.32	105.80	138.00	2448.07
1998	3783.87	884.80	126.42	154.94	2507.57
1999	3796.32	857.07	132.95	169.34	2538.30
2000	3989.32	759.21	151.73	164.94	2789.98
2001	4058.63	737.12	182.09	184.94	2858.71
2002	4134.37	751.23	221.09	214.10	2784.39
2003	4395.93	781.14	276.70	236.97	2824.53
2004	4681.89	830.72	311.21	229.44	2944.58
2005	5022.97	904.27	402.05	306.30	3089.48
2006	5250.09	954.44	533.04	362.34	3231.56
2007	5402.65	1001.46	574.14	387.98	3235.37

5-3 按各种分组的从业人员年末人数

Number of Employed Persons at the Year-end by Various Characteristics

单位：万人 (10000 persons)

项 目	Item	2000	2005	2006	2007
从业人员总数	**Total Number of Employed Persons**	**3989.32**	**5022.97**	**5250.09**	**5402.65**
按登记注册类型分组	Grouped by Status of Registration				
国有单位	State-owned Units	471.03	380.19	384.78	380.06
集体单位	Collective-owned Units	2368.89	2037.35	2029.38	1999.34
股份合作单位	Cooperative Units	11.07	20.19	19.96	21.60
联营单位	Joint Ownership	7.28	16.53	18.48	19.90
有限责任公司	Limited Liability Corporations	38.29	205.69	219.89	241.43
股份有限公司	Share-holding Corporations Ltd.	29.79	52.33	60.51	63.77
外商投资单位	Foreign Funded Units	43.47	216.68	252.41	261.32
港澳台投资单位	Units Funded by Entrepreneurs from Hong Kong, Macao and Taiwan	103.74	602.72	630.84	675.53
私营企业	Private Enterprises	217.54	666.20	769.88	829.20
个体经济	Individuals	308.88	732.92	778.93	834.01
按国民经济行业分组	Grouped by Economic Sector				
农、林、牧、渔业	Farming, Forestry, Animal Husbandry and Fishery		1609.89	1594.22	1588.21
采掘业	Mining and Quarrying		15.92	15.40	17.17
制造业	Manufacture		1666.23	1780.00	1840.67
电力、燃气及水的生产和供应业	Production and Supply of Electric Power, Gas and Water		24.27	25.84	27.28
建筑业	Construction		209.74	216.36	221.34
交通运输、仓储和邮政业	Transport, Storage and Postal Services		117.65	122.59	123.94
信息传输、计算机服务和软件业	Information Transmission, Computer Services and Software		36.72	42.73	46.97
批发和零售业	Wholesale and Retail Trade		562.18	604.59	626.93
住宿和餐馆业	Hotels and Catering Services		166.67	179.10	188.17
金融业	Finance		29.83	30.50	33.47
房地产业	Real Estate		44.31	50.08	64.16
租赁和商务服务业	Leasing and Business Services		61.11	72.22	79.27
科学研究技术服务和地质勘查业	Scientific Research, Technical Services and Geological Prospecting		16.35	17.66	24.93
水利、环境和公共设施管理业	Water Conservancy, Environment and Public Facilities Management		15.42	15.98	18.49
居民服务和其他服务业	Resident Services and Other Services		179.84	204.94	213.75
教育	Education		113.18	115.19	118.42
卫生、社会保障和社会福利业	Health Care, Social Security and Social Welfare		44.01	46.32	47.88
文化、体育和娱乐业	Culture, Sports and Recreation		17.03	19.41	21.36
公共管理和社会组织	Public Administration and Social Organizations		92.61	96.97	100.25

注：2000年没有按新的行业分组进行整理，2003年起年末从业人员采用新的报表制度和行业分组进行统计。

Note: The figures of 2000 are not adjusted according to the new sector grouping. Since 2003,the number of employed persons at the yearend is calculated according to the new reporting system and sector grouping.

5-4 各市从业人员年末人数（2000-2007年）

Number of Employed Persons at the Year-end by City (2000-2007)

单位：万人 (10000 persons)

市别	City	2000	2001	2002	2003	2004	2005	2006	2007
广州	Guangzhou	503.69	510.07	514.08	521.07	540.71	574.46	609.04	664.09
深圳	Shenzhen	308.50	332.80	359.30	422.29	456.08	576.26	647.52	655.58
珠海	Zhuhai	78.90	81.80	88.30	88.79	91.40	94.01	98.43	99.47
汕头	Shantou	207.13	207.52	206.58	163.49	174.49	179.81	182.11	186.87
佛山	Foshan	193.50	190.44	205.74	286.39	293.51	348.69	350.77	358.88
韶关	Shaoguan	142.20	142.62	143.40	144.60	152.91	138.44	138.78	139.95
河源	Heyuan	151.05	146.58	152.68	120.48	125.34	118.20	122.03	126.53
梅州	Meizhou	207.23	208.39	209.06	209.43	209.79	211.98	212.85	214.79
惠州	Huizhou	186.70	196.84	216.55	206.67	212.92	222.62	227.01	234.76
汕尾	Shanwei	136.01	139.99	141.30	111.83	116.35	117.78	126.33	131.45
东莞	Dongguan	97.88	100.13	104.10	183.97	303.78	388.13	427.25	433.29
中山	Zhongshan	122.45	124.28	131.64	144.72	182.98	188.85	193.47	202.55
江门	Jiangmen	208.68	206.80	209.99	202.67	209.55	214.53	221.94	233.25
阳江	Yangjiang	129.57	139.79	147.61	142.29	146.52	146.63	148.11	151.40
湛江	Zhanjiang	314.87	309.64	315.70	295.41	299.85	305.00	312.26	312.49
茂名	Maoming	279.31	282.19	288.03	280.42	283.91	287.36	303.34	314.92
肇庆	Zhaoqing	202.63	203.94	204.39	193.86	201.34	215.05	216.91	220.40
清远	Qingyuan	178.76	185.11	186.24	183.34	185.97	195.95	208.98	215.15
潮州	Chaozhou	121.00	122.00	122.90	124.71	127.59	129.18	131.57	133.27
揭阳	Jieyang	253.79	266.18	269.32	262.66	253.97	253.70	254.30	255.23
云浮	Yunfu	131.20	129.70	130.60	106.85	110.58	114.30	115.06	116.46

注：2003年起从业人员数采用新的报表制度进行统计，部分市的数据有较大的波动。

Note: Since 2003, the number of employed persons is calculated according to the new reporting system, which leads to thegreat changes on the figures of some cities.

5-5 各市按三次产业分从业人员年末人数（2006-2007年）

Number of Employed Persons at the Year-end by Three Industries by City (2006-2007)

单位：万人 (10000 persons)

市别	City	2006				2007			
		合计 Total	第一产业 Primary Industry	第二产业 Secondary Industry	第三产业 Tertiary Industry	合计 Total	第一产业 Primary Industry	第二产业 Secondary Industry	第三产业 Tertiary Industry
全省	**Provincial Total**	**5250.09**	**1594.22**	**2037.60**	**1618.27**	**5402.65**	**1588.21**	**2106.46**	**1707.98**
广州	Guangzhou	609.04	84.45	237.25	287.34	664.09	82.48	263.79	317.81
深圳	Shenzhen	647.52	1.72	371.87	273.93	655.58	0.70	354.67	300.22
珠海	Zhuhai	98.43	9.79	42.00	46.64	99.47	7.23	42.94	49.29
汕头	Shantou	182.11	71.35	67.75	43.01	186.87	71.17	70.69	45.01
佛山	Foshan	350.77	29.43	196.71	124.62	358.88	27.81	202.98	128.09
韶关	Shaoguan	138.78	71.83	25.20	41.75	139.95	70.86	25.94	43.15
河源	Heyuan	122.03	73.27	22.30	26.46	126.53	74.88	23.95	27.69
梅州	Meizhou	212.85	105.68	42.93	64.24	214.79	105.46	44.97	64.36
惠州	Huizhou	227.01	69.12	101.15	56.74	234.76	67.89	106.07	60.79
汕尾	Shanwei	126.33	62.82	40.77	22.75	131.45	63.83	40.74	26.88
东莞	Dongguan	427.25	9.59	275.26	142.40	433.29	9.13	283.19	140.97
中山	Zhongshan	193.47	17.11	131.37	45.00	202.55	17.14	138.13	47.28
江门	Jiangmen	221.94	85.13	81.38	55.43	233.25	85.72	89.14	58.38
阳江	Yangjiang	148.11	77.16	39.79	31.17	151.40	78.22	40.69	32.49
湛江	Zhanjiang	312.26	209.31	37.15	65.80	312.49	210.86	35.40	66.22
茂名	Maoming	303.34	171.23	67.65	64.46	314.92	171.19	81.28	62.45
肇庆	Zhaoqing	216.91	106.99	54.65	55.27	220.40	107.95	55.57	56.87
清远	Qingyuan	208.98	105.44	47.13	56.41	215.15	104.62	51.02	59.52
潮州	Chaozhou	131.57	48.65	55.39	27.53	133.27	48.66	56.75	27.87
揭阳	Jieyang	254.30	114.89	77.65	61.76	255.23	112.36	75.65	67.23
云浮	Yunfu	115.06	69.27	22.27	23.53	116.46	70.03	22.90	23.54

5-6 城镇单位从业人员年末人数（2007年）

Number of Employed Persons in Urban Units at the Year-end (2007)

单位：万人 (10000 persons)

项 目	Item	从业人员 Employed Persons	国有单位 State-owned Units	城镇集体单位 Urban Colle-ctive-owned Units	其他单位 Other Types of Owner-ship	在岗职工 Fully Employed Staff and Workers	国有单位 State-owned Units	城镇集体单位 Urban Colle-ctive-owned Units	其他单位 Other Types of Owner-ship
合 计	**Total**	**1001.46**	**381.00**	**65.49**	**554.97**	**980.93**	**371.09**	**64.38**	**545.46**
按企业、事业和机关分	Grouped by Enterprises, Institutions and Agencies								
企业	Enterprises	734.02	119.70	61.21	553.11	718.41	114.48	60.25	543.68
#地方	Under Jurisdiction of Local Governments	703.76	89.45	61.21	553.11	690.54	86.61	60.25	543.68
事业	Institutions	184.56	178.45	4.25	1.86	180.37	174.50	4.10	1.77
#地方	Under Jurisdiction of Local Governments	177.09	170.98	4.25	1.86	173.02	167.15	4.10	1.77
机关	Agencies	82.89	82.85	0.04		82.15	82.11	0.04	
#地方	Under Jurisdiction of Local Governments	77.28	77.25	0.04		76.55	76.51	0.04	
按国民经济行业分	Grouped by Economic Sector								
农、林、牧、渔业	Farming, Forestry, Animal Husbandry and Fishery	9.89	8.99	0.18	0.72	9.55	8.66	0.18	0.72
采矿业	Mining and Quarrying	3.40	1.79	0.04	1.57	3.38	1.78	0.04	1.56
制造业	Manufacture	422.98	12.85	20.70	389.44	419.14	12.54	20.36	386.24
电力、燃气及水的生产和供应业	Production and Supply of Electric Power, Gas and Water	19.41	12.00	1.66	5.76	19.35	11.98	1.64	5.73
建筑业	Construction	60.13	14.45	19.10	26.58	58.32	13.52	18.87	25.94
交通运输、仓储和邮政业	Transport, Storage and Postal Services	48.77	23.94	1.90	22.93	47.06	22.66	1.88	22.53
信息传输、计算机服务和软件业	Information Transmission, Computer Services and Software	15.82	6.03	0.05	9.74	15.24	5.91	0.05	9.29
批发和零售业	Wholesale and Retail Trade	40.46	10.07	4.19	26.20	39.40	9.79	4.13	25.48
住宿和餐饮业	Hotels and Catering Services	23.91	4.38	1.39	18.14	23.22	4.31	1.38	17.54
金融业	Finance	32.35	14.36	5.75	12.25	28.81	12.93	5.71	10.18
房地产业	Real Estate	23.86	3.81	1.99	18.06	23.05	3.74	1.93	17.37
租赁和商务服务业	Leasing and Business Services	26.37	13.87	3.49	9.00	25.84	13.68	3.36	8.80
科学研究、技术服务和地质勘查业	Scientific Research, Technical Services and Geological Prospecting	14.23	9.00	0.40	4.83	13.69	8.69	0.39	4.61
水利、环境和公共设施管理业	Water Conservancy, Environment and Public Facilities Management	12.93	9.74	1.35	1.84	12.73	9.57	1.34	1.82
居民服务和其他服务业	Resident Services and Other Services	5.13	1.36	0.65	3.11	5.03	1.35	0.62	3.06
教育	Education	103.17	100.44	0.81	1.92	100.56	98.05	0.74	1.77
卫生、社会保障和社会福利业	Health Care, Social Security and Social Welfare	41.82	39.27	1.58	0.97	41.01	38.54	1.53	0.94
文化、体育和娱乐业	Culture, Sports and Recreation	8.76	6.74	0.15	1.87	8.45	6.46	0.14	1.85
公共管理和社会组织	Public Administration and Social Organizations	88.06	87.91	0.11	0.03	87.10	86.97	0.10	0.03
按产业分	Grouped by Industry								
第一产业	Primary Industry	9.89	8.99	0.18	0.72	9.56	8.66	0.18	0.72
第二产业	Secondary Industry	505.93	41.09	41.50	423.34	500.18	39.81	40.91	419.46
第三产业	Tertiary Industry	485.64	330.93	23.81	130.90	471.19	322.62	23.29	125.28

5-7 各市城镇单位从业人员和在岗职工（2007年）

Number of Employed Persons and Fully Employed Staff and Workers in Urban Units by City (2007)

单位：万人 (10000 persons)

市别	City	从业人员 Employed Persons 合计 Total	国有单位 State-owned Units	城镇集体单位 Urban Collective-owned Units	其他单位 Other Types of Ownership	在岗职工 Fully Employed Staff and Workers 合计 Total	国有单位 State-owned Units	城镇集体单位 Urban Collective-owned Units	其他单位 Other Types of Ownership
年末人数	**Year-end Number**								
广州	Guangzhou	223.69	81.59	12.35	129.75	215.18	77.65	11.95	125.57
深圳	Shenzhen	195.08	40.42	1.51	153.15	193.04	40.03	1.50	151.51
珠海	Zhuhai	53.52	8.91	3.75	40.87	52.76	8.70	3.70	40.36
汕头	Shantou	30.53	16.99	6.02	7.52	29.61	16.35	5.98	7.27
佛山	Foshan	54.65	19.29	4.07	31.29	53.58	18.70	4.04	30.84
韶关	Shaoguan	28.70	14.60	2.02	12.08	28.32	14.46	2.01	11.85
河源	Heyuan	22.32	10.21	1.88	10.23	22.11	10.09	1.86	10.15
梅州	Meizhou	23.17	16.04	2.28	4.85	22.91	15.93	2.24	4.73
惠州	Huizhou	76.18	15.93	3.02	57.23	75.70	15.89	3.01	56.80
汕尾	Shanwei	13.85	9.09	1.61	3.14	13.18	8.70	1.40	3.08
东莞	Dongguan	21.46	11.65	4.02	5.79	20.56	10.87	3.99	5.70
中山	Zhongshan	26.12	7.40	1.46	17.26	25.65	7.21	1.45	16.98
江门	Jiangmen	41.76	14.30	3.31	24.15	41.15	14.06	3.27	23.82
阳江	Yangjiang	17.09	10.06	3.83	3.20	16.92	9.91	3.82	3.19
湛江	Zhanjiang	38.78	26.70	3.20	8.88	37.97	26.23	3.18	8.56
茂名	Maoming	30.31	20.31	4.05	5.95	29.35	19.61	3.97	5.76
肇庆	Zhaoqing	26.41	13.79	1.47	11.15	25.90	13.47	1.43	11.01
清远	Qingyuan	26.68	11.97	1.07	13.64	26.46	11.82	1.05	13.59
潮州	Chaozhou	12.36	7.38	1.52	3.47	11.98	7.14	1.49	3.34
揭阳	Jieyang	20.46	14.37	2.54	3.55	20.39	14.32	2.53	3.54
云浮	Yunfu	16.46	8.15	0.49	7.82	16.34	8.06	0.49	7.80
年平均人数	**Annual Average Number**								
广州	Guangzhou	222.47	81.60	12.30	128.57	214.08	77.78	11.89	124.41
深圳	Shenzhen	190.87	39.69	1.51	149.67	189.08	39.31	1.50	148.27
珠海	Zhuhai	52.43	8.70	3.75	39.98	51.64	8.49	3.71	39.44
汕头	Shantou	30.38	16.99	5.93	7.46	29.53	16.39	5.89	7.24
佛山	Foshan	53.77	19.21	4.06	30.51	52.71	18.63	4.03	30.06
韶关	Shaoguan	28.55	14.38	2.02	12.15	28.19	14.24	2.01	11.94
河源	Heyuan	22.05	10.13	1.86	10.07	21.86	10.02	1.84	10.00
梅州	Meizhou	23.28	16.05	2.29	4.95	23.03	15.95	2.25	4.84
惠州	Huizhou	74.70	15.84	2.94	55.91	74.26	15.81	2.93	55.52
汕尾	Shanwei	13.58	9.05	1.65	2.88	12.86	8.66	1.39	2.82
东莞	Dongguan	20.83	11.23	3.99	5.62	20.04	10.56	3.96	5.52
中山	Zhongshan	25.71	7.29	1.45	16.98	25.30	7.13	1.44	16.74
江门	Jiangmen	41.34	14.20	3.23	23.90	40.74	13.96	3.19	23.59
阳江	Yangjiang	16.86	10.04	3.66	3.17	16.69	9.89	3.65	3.15
湛江	Zhanjiang	38.08	26.42	3.04	8.61	37.30	25.98	3.02	8.29
茂名	Maoming	30.15	20.12	4.08	5.94	29.17	19.43	4.00	5.71
肇庆	Zhaoqing	26.34	13.74	1.43	11.16	25.75	13.35	1.39	11.02
清远	Qingyuan	25.81	11.84	1.04	12.93	25.60	11.69	1.02	12.89
潮州	Chaozhou	13.20	8.22	1.61	3.37	12.82	7.98	1.59	3.25
揭阳	Jieyang	20.33	14.31	2.52	3.50	20.26	14.26	2.51	3.50
云浮	Yunfu	17.19	8.14	0.50	8.55	17.08	8.05	0.50	8.53

5-8 各市城镇单位各行业在岗职工年末人数（2007年）
Number of Fully Employed Staff and Workers in Urban Units at the Year-end by Sector by City (2007)

单位：万人 (10000 persons)

市别	City	合计 Total	农、林、牧、渔业 Farming, Forestry, Animal Husbandry and Fishery	采矿业 Mining and Quarrying	制造业 Manufacture	电力、燃气及水的生产和供应业 Production and Supply of Electric Power, Gas and Water	建筑业 Construction	交通运输、仓储和邮政业 Transport, Storage and Postal Services	信息传输、计算机服务和软件业 Information Transmission, Computer Services and Software	批发和零售业 Wholesale and Retail Trade	住宿和餐饮业 Hotels and Catering Services
广州	Guangzhou	215.18	0.78	0.10	84.11	2.75	11.82	18.45	4.43	10.88	9.12
深圳	Shenzhen	193.04	0.43	0.13	89.34	1.76	12.46	11.31	3.73	12.03	6.11
珠海	Zhuhai	52.76	0.88	0.04	35.26	0.38	1.60	1.39	0.71	1.54	1.14
汕头	Shantou	29.61	0.03	0.03	8.45	0.99	2.24	1.16	0.49	2.27	0.53
佛山	Foshan	53.58	0.06	0.01	25.35	1.00	2.74	1.48	1.42	1.22	0.91
韶关	Shaoguan	28.32	0.44	0.92	9.38	1.54	2.47	1.27	0.25	0.59	0.36
河源	Heyuan	22.11	0.20	0.28	9.03	0.67	1.31	0.54	0.20	0.61	0.42
梅州	Meizhou	22.91	0.20	0.06	4.48	1.18	1.40	0.74	0.35	0.63	0.14
惠州	Huizhou	75.70	0.10	0.06	54.90	0.73	3.08	0.97	0.37	0.90	0.56
汕尾	Shanwei	13.18	0.72	0.03	3.56	0.47	0.60	0.33	0.22	0.51	0.15
东莞	Dongguan	20.56	0.05	0.01	7.25	0.74	0.15	0.77	0.25	0.53	0.09
中山	Zhongshan	25.65	…	…	15.63	0.40	0.62	0.77	0.23	0.47	0.48
江门	Jiangmen	41.15	0.16	…	21.28	0.94	2.96	1.09	0.31	0.79	0.84
阳江	Yangjiang	16.92	0.57	0.06	3.03	0.48	2.84	0.61	0.21	1.01	0.28
湛江	Zhanjiang	37.97	2.41	0.81	8.00	0.88	2.89	2.58	0.38	1.41	0.44
茂名	Maoming	29.35	1.29	0.24	3.98	0.83	4.44	0.92	0.26	0.87	0.32
肇庆	Zhaoqing	25.90	0.18	0.13	10.02	0.61	1.11	0.82	0.30	0.75	0.51
清远	Qingyuan	26.46	0.32	0.07	12.58	0.89	0.58	0.71	0.31	0.41	0.45
潮州	Chaozhou	11.98	0.02	…	3.61	0.68	0.77	0.39	0.27	0.30	0.11
揭阳	Jieyang	20.39	0.62	…	3.31	0.99	1.63	0.49	0.36	0.93	0.14
云浮	Yunfu	16.34	0.09	0.40	6.58	0.46	0.62	0.29	0.18	0.72	0.10

5-8 续表 continued

单位：万人 (10000 persons)

市别	City	金融业 Finance	房地产业 Real Estate	租赁和商务服务业 Leasing and Business Services	科学研究、技术服务和地质勘查业 Scientific Research, Technical Services and Geological Prospecting	水利、环境和公共设施管理业 Water Conservancy, Environment and Public Facilities Management	居民服务和其他服务业 Resident Services and Other Services	教育 Education	卫生、社会保障和社会福利业 Health Care, Social Security and Social Welfare	文化、体育和娱乐业 Culture, Sports and Recreation	公共管理和社会组织 Public Administration and Social Organizations
广州	Guangzhou	5.86	5.98	8.24	5.54	2.88	2.47	15.97	8.99	3.22	13.58
深圳	Shenzhen	6.29	11.12	10.06	3.66	1.85	1.51	5.87	4.03	1.56	9.77
珠海	Zhuhai	1.17	1.04	0.72	0.27	0.68	0.15	1.79	0.91	0.41	2.68
汕头	Shantou	0.98	0.33	0.40	0.29	0.61	0.06	5.18	1.75	0.25	3.57
佛山	Foshan	2.50	0.60	0.73	0.48	0.59	0.09	6.05	2.81	0.30	5.24
韶关	Shaoguan	0.58	0.15	0.48	0.33	0.46	0.04	3.70	1.61	0.13	3.64
河源	Heyuan	0.40	0.23	0.29	0.19	0.22	0.02	3.53	0.99	0.10	2.88
梅州	Meizhou	0.80	0.29	0.35	0.26	0.50	0.03	5.73	1.67	0.18	3.93
惠州	Huizhou	0.97	0.70	0.74	0.41	0.65	0.05	4.00	1.61	0.35	4.55
汕尾	Shanwei	0.28	0.05	0.16	0.06	0.18	0.02	2.84	0.69	0.06	2.28
东莞	Dongguan	1.78	0.03	0.19	0.19	0.07	0.01	2.48	2.32	0.14	3.54
中山	Zhongshan	1.02	0.21	0.32	0.29	0.17	0.04	2.05	1.13	0.26	1.54
江门	Jiangmen	1.24	0.22	0.41	0.27	0.59	0.08	4.24	2.09	0.16	3.49
阳江	Yangjiang	0.43	0.55	0.21	0.10	0.30	0.03	2.71	0.87	0.07	2.54
湛江	Zhanjiang	0.96	0.32	0.86	0.40	0.83	0.04	7.91	2.17	0.36	4.31
茂名	Maoming	0.87	0.58	0.61	0.18	0.60	0.21	7.27	1.69	0.17	4.01
肇庆	Zhaoqing	0.69	0.19	0.33	0.22	0.45	0.03	4.22	1.72	0.23	3.39
清远	Qingyuan	0.62	0.09	0.14	0.16	0.40	0.05	4.07	1.18	0.13	3.31
潮州	Chaozhou	0.38	0.10	0.15	0.14	0.26	0.03	2.50	0.72	0.08	1.45
揭阳	Jieyang	0.64	0.18	0.32	0.14	0.27	0.04	5.73	1.29	0.21	3.07
云浮	Yunfu	0.34	0.09	0.12	0.09	0.18	0.04	2.73	0.76	0.06	2.47

5-9 城镇单位女性从业人员年末人数（2007年）

Number of Female Employed in Urban Units at the Year-end (2007)

单位：万人 (10000 persons)

行　业	Sector	合计 Total	国有单位 State-owned Units	城镇集体单位 Urban Collective-owned Units	其他单位 Other Types of Ownership
合　计	**Total**	**431.73**	**150.94**	**22.70**	**258.09**
农、林、牧、渔业	Farming, Forestry, Animal Husbandry and Fishery	3.57	3.29	0.03	0.24
采矿业	Mining and Quarrying	0.82	0.51	…	0.30
制造业	Manufacture	215.11	4.75	11.08	199.27
电力、燃气及水的生产和供应业	Production and Supply of Electric Power, Gas and Water	5.62	3.55	0.45	1.61
建筑业	Construction	7.16	1.88	2.07	3.22
交通运输、仓储和邮政业	Transport, Storage and Postal Services	13.26	7.07	0.53	5.66
信息传输、计算机服务和软件业	Information Transmission, Computer Services and Software	5.93	1.81	0.02	4.10
批发和零售业	Wholesale and Retail Trade	17.18	3.57	1.60	12.00
住宿和餐饮业	Hotels and Catering Services	12.93	2.40	0.79	9.74
金融业	Finance	15.56	7.15	2.28	6.13
房地产业	Real Estate	6.92	1.23	0.60	5.09
租赁和商务服务业	Leasing and Business Services	7.38	2.85	0.51	4.02
科学研究、技术服务和地质勘查业	Scientific Research, Technical Services and Geological Prospecting	4.29	2.65	0.12	1.51
水利、环境和公共设施管理业	Water Conservancy, Environment and Public Facilities Management	5.47	4.06	0.63	0.77
居民服务和其他服务业	Resident Services and Other Services	2.39	0.54	0.27	1.57
教育	Education	54.85	53.08	0.60	1.17
卫生、社会保障和社会福利业	Health Care, Social Security and Social Welfare	25.95	24.29	0.98	0.68
文化、体育和娱乐业	Culture, Sports and Recreation	3.74	2.70	0.05	0.99
公共管理和社会组织	Public Administration and Social Organizations	23.61	23.53	0.06	0.01

5-10 城镇单位职工工资总额与平均工资（1978-2007年）

Total Wages and Average Wage of Staff and Workers in Urban Units (1978-2007)

年份 Year	工资总额(亿元) Total Wages (100 million yuan)				平均工资(元) Average Wage (yuan)			
	合计 Total	国有单位 State-owned Units	城镇集体单位 Urban Collective-owned Units	其他单位 Other Types of Ownership	合计 Total	国有单位 State-owned Units	城镇集体单位 Urban Collective-owned Units	其他单位 Other Types of Ownership
1978	30.59	22.67	7.92		615	638	558	
1979	35.56	26.37	9.19		685	718	605	
1980	42.83	32.00	10.83		789	828	691	
1981	49.40	37.01	12.39		873	912	774	
1982	56.69	43.03	13.66		961	1000	856	
1983	60.85	46.25	14.60		1021	1061	907	
1984	72.82	52.66	19.59	0.57	1187	1261	1017	1697
1985	88.91	63.42	23.85	1.64	1393	1458	1216	2209
1986	102.13	73.10	26.69	2.34	1541	1619	1330	2198
1987	121.10	84.99	31.99	4.12	1743	1805	1544	2469
1988	162.76	113.60	41.23	7.93	2250	2320	1979	3134
1989	200.39	139.38	47.74	13.27	2678	2763	2302	3641
1990	223.29	154.96	50.06	18.27	2929	3000	2508	3972
1991	268.19	179.81	60.15	28.23	3358	3383	2931	4558
1992	334.61	222.27	72.06	40.28	4027	4059	3510	5157
1993	455.33	300.91	83.79	70.63	5327	5431	4388	6435
1994	612.73	401.80	107.03	103.90	7117	7410	5565	8216
1995	734.14	458.86	124.32	150.96	8250	8540	6395	9546
1996	803.50	512.22	124.35	166.93	9127	9494	6799	10569
1997	858.35	539.95	120.36	198.04	9698	10032	6814	11635
1998	899.68	530.11	105.59	263.98	10233	10432	6671	12410
1999	970.70	567.54	101.72	301.44	11309	11579	7025	13492
2000	1038.38	604.59	91.81	341.98	13823	14387	8615	15240
2001	1146.11	663.85	82.67	399.59	15682	16779	9040	16392
2002	1306.32	737.63	80.26	488.43	17814	19696	9881	17597
2003	1515.58	841.02	83.52	591.05	19986	22944	10836	18782
2004	1771.05	942.39	84.73	743.94	22116	25979	11937	20267
2005	2085.64	1058.97	88.63	938.04	23959	28835	13240	21500
2006	2413.63	1165.88	94.91	1152.84	26186	31352	14520	23794
2007	2854.99	1343.92	104.01	1407.06	29443	36396	16328	26215

注：从2000年起统计口径为在岗职工。

Note: Since 2000, statistical coverage refers to the fully employed staff and workers.

5-11 各市城镇单位从业人员劳动报酬和在岗职工工资（2007年）

Labor Remuneration to Employed Persons and Wages of Fully Employed Staff and Workers in Urban Units by City (2007)

市别	City	从业人员劳动报酬 Labor Remuneration to Employed Persons				在岗职工工资 Wages of Fully Employed Staff and Workers			
		合计 Total	国有单位 State-owned Units	城镇集体单位 Urban Collective-owned Units	其他单位 Other Types of Ownership	合计 Total	国有单位 State-owned Units	城镇集体单位 Urban Collective-owned Units	其他单位 Other Types of Ownership
总额(亿元)	Total (100 mi-llion yuan)								
广州	Guangzhou	896.10	448.91	25.84	421.35	868.33	438.77	25.26	404.31
深圳	Shenzhen	756.80	231.85	3.31	521.64	733.58	229.37	3.26	500.95
珠海	Zhuhai	142.96	42.39	7.87	92.69	137.42	41.55	7.78	88.10
汕头	Shantou	65.18	44.09	6.07	15.01	63.67	43.20	6.03	14.44
佛山	Foshan	152.50	74.84	9.72	67.94	149.33	73.16	9.67	66.50
韶关	Shaoguan	65.79	37.71	2.79	25.29	64.97	37.39	2.78	24.79
河源	Heyuan	44.54	24.75	2.89	16.91	43.95	24.59	2.87	16.49
梅州	Meizhou	43.66	32.69	2.75	8.22	43.34	32.53	2.73	8.09
惠州	Huizhou	151.06	44.56	4.33	102.16	145.88	44.46	4.27	97.15
汕尾	Shanwei	24.18	15.98	2.69	5.51	23.00	15.59	2.00	5.41
东莞	Dongguan	73.14	50.22	7.56	15.36	70.70	48.78	7.44	14.48
中山	Zhongshan	72.53	32.48	4.03	36.02	70.54	32.07	3.99	34.48
江门	Jiangmen	80.43	35.71	4.34	40.37	78.94	35.29	4.27	39.38
阳江	Yangjiang	29.81	21.30	4.28	4.22	29.62	21.14	4.28	4.20
湛江	Zhanjiang	75.38	55.09	3.69	16.60	74.17	54.58	3.68	15.91
茂名	Maoming	58.89	40.94	4.91	13.03	58.01	40.38	4.87	12.76
肇庆	Zhaoqing	54.69	35.43	2.19	17.08	53.65	34.89	2.16	16.60
清远	Qingyuan	60.89	35.72	1.93	23.24	60.29	35.39	1.89	23.01
潮州	Chaozhou	22.95	16.24	1.52	5.19	22.29	15.91	1.49	4.89
揭阳	Jieyang	30.56	23.29	2.53	4.74	30.47	23.21	2.52	4.73
云浮	Yunfu	29.06	17.88	0.75	10.43	28.91	17.79	0.74	10.38
平均工资(元)	Average Wage (yuan)								
广州	Guangzhou	40280	55012	21010	32773	40562	56414	21238	32499
深圳	Shenzhen	39651	58419	21971	34853	38798	58347	21793	33787
珠海	Zhuhai	27269	48735	20993	23187	26613	48954	20971	22337
汕头	Shantou	21450	25948	10233	20128	21564	26352	10238	19942
佛山	Foshan	28361	38962	23962	22271	28330	39268	24023	22126
韶关	Shaoguan	23042	26223	13831	20806	23047	26256	13836	20771
河源	Heyuan	20196	24432	15559	16790	20105	24533	15601	16496
梅州	Meizhou	18752	20372	12034	16606	18821	20401	12121	16726
惠州	Huizhou	20223	28126	14727	18272	19644	28124	14582	17497
汕尾	Shanwei	17805	17665	16303	19102	17887	17999	14465	19225
东莞	Dongguan	35110	44739	18963	27328	35284	46197	18807	26218
中山	Zhongshan	28207	44583	27770	21216	27879	44992	27767	20600
江门	Jiangmen	19456	25140	13437	16891	19376	25279	13377	16694
阳江	Yangjiang	17676	21225	11706	13327	17748	21376	11717	13343
湛江	Zhanjiang	19798	20847	12154	19279	19887	21006	12172	19190
茂名	Maoming	19535	20347	12042	21928	19886	20782	12174	22232
肇庆	Zhaoqing	20768	25780	15304	15296	20831	26145	15509	15066
清远	Qingyuan	23595	30178	18585	17972	23553	30259	18611	17858
潮州	Chaozhou	17389	19772	9414	15393	17388	19928	9399	15046
揭阳	Jieyang	15030	16273	10050	13533	15039	16284	10065	13534
云浮	Yunfu	16904	21968	14852	12203	16932	22089	14941	12177

5-12 城镇单位从业人员劳动报酬（2007年）

Labor Remuneration to Employed Persons in Urban Units (2007)

单位：亿元 (100 million yuan)

项 目	Item	合计 Total	国有单位 State-owned Units	城镇集体单位 Urban Collective-owned Units	其他单位 Other Types of Ownership
合计	**Total**	**2934.97**	**1365.97**	**106.00**	**1463.00**
按企业、事业和机关分	Grouped by Enterprises, Institutions and Agencies				
企业	Enterprises	2003.22	448.83	97.11	1457.28
#地方	Under Jurisdiction of Local Governments	1826.59	272.19	97.11	1457.28
事业	Institutions	603.50	589.00	8.79	5.71
#地方	Under Jurisdiction of Local Governments	560.64	546.14	8.79	5.71
机关	Agencies	328.25	328.15	0.10	
#地方	Under Jurisdiction of Local Governments	295.92	295.81	0.10	
按国民经济行业分	Grouped by Economic Sector				
农、林、牧、渔业	Farming, Forestry, Animal Husbandry and Fishery	11.73	9.81	0.24	1.67
采矿业	Mining and Quarrying	10.68	5.63	0.09	4.96
制造业	Manufacture	943.49	37.20	29.04	877.24
电力、燃气及水的生产和供应业	Production and Supply of Electric Power, Gas and Water	88.33	54.60	5.69	28.05
建筑业	Construction	122.70	36.40	23.23	63.07
交通运输、仓储和邮政业	Transport, Storage and Postal Services	184.01	89.04	3.16	91.82
信息传输、计算机服务和软件业	Information Transmission, Computer Services and Software	88.88	35.49	0.13	53.26
批发和零售业	Wholesale and Retail Trade	111.90	30.69	5.38	75.83
住宿和餐饮业	Hotels and Catering Services	45.65	9.43	1.92	34.31
金融业	Finance	210.02	101.77	17.21	91.04
房地产业	Real Estate	68.00	11.50	3.41	53.09
租赁和商务服务业	Leasing and Business Services	78.89	35.27	5.84	37.78
科学研究、技术服务和地质勘查业	Scientific Research, Technical Services and Geological Prospecting	72.71	45.57	1.21	25.92
水利、环境和公共设施管理业	Water Conservancy, Environment and Public Facilities Management	29.43	22.32	2.09	5.02
居民服务和其他服务业	Resident Services and Other Services	12.08	4.43	1.12	6.54
教育	Education	320.64	313.27	1.57	5.80
卫生、社会保障和社会福利业	Health Care, Social Security and Social Welfare	155.29	148.25	4.02	3.03
文化、体育和娱乐业	Culture, Sports and Recreation	33.03	28.17	0.40	4.46
公共管理和社会组织	Public Administration and Social Organizations	347.51	347.12	0.28	0.11
按产业分	Grouped by Industry				
第一产业	Primary Industry	11.72	9.81	0.24	1.67
第二产业	Secondary Industry	1165.20	133.83	58.05	973.32
第三产业	Tertiary Industry	1758.05	1222.33	47.72	488.00

5-13 城镇单位在岗职工工资总额（2007年）

Total Wages of Fully Employed Staff and Workers in Urban Units (2007)

单位：亿元 (100 million yuan)

项　目	Item	合计 Total	国有单位 State-owned Units	城镇集体单位 Urban Collective-owned Units	其他单位 Other Types of Ownership
合　计	**Total**	**2854.99**	**1343.92**	**104.01**	**1407.06**
按企业、事业和机关分	Grouped by Enterprises, Institutions and Agencies				
企业	Enterprises	1932.72	435.87	95.33	1401.52
#地方	Under Jurisdiction of Local Governments	1762.33	265.48	95.33	1401.52
事业	Institutions	595.42	581.31	8.58	5.54
#地方	Under Jurisdiction of Local Governments	552.93	538.82	8.58	5.54
机关	Agencies	326.85	326.74	0.10	
#地方	Under Jurisdiction of Local Governments	294.54	294.44	0.10	
按国民经济行业分	Grouped by Economic Sector				
农、林、牧、渔业	Farming, Forestry, Animal Husbandry and Fishery	11.37	9.47	0.24	1.66
采矿业	Mining and Quarrying	10.59	5.61	0.08	4.90
制造业	Manufacture	912.19	36.61	28.09	847.49
电力、燃气及水的生产和供应业	Production and Supply of Electric Power, Gas and Water	88.01	54.54	5.65	27.83
建筑业	Construction	118.88	34.52	23.01	61.35
交通运输、仓储和邮政业	Transport, Storage and Postal Services	179.35	86.55	3.14	89.67
信息传输、计算机服务和软件业	Information Transmission, Computer Services and Software	86.54	35.18	0.12	51.24
批发和零售业	Wholesale and Retail Trade	107.75	30.15	5.29	72.31
住宿和餐饮业	Hotels and Catering Services	43.94	9.18	1.89	32.87
金融业	Finance	198.52	96.89	17.12	84.51
房地产业	Real Estate	65.50	11.36	3.30	50.85
租赁和商务服务业	Leasing and Business Services	74.99	34.89	5.72	34.38
科学研究、技术服务和地质勘查业	Scientific Research, Technical Services and Geological Prospecting	70.06	44.38	1.20	24.47
水利、环境和公共设施管理业	Water Conservancy, Environment and Public Facilities Management	29.02	22.09	2.03	4.89
居民服务和其他服务业	Resident Services and Other Services	11.75	4.39	1.08	6.27
教育	Education	315.86	309.42	1.47	4.97
卫生、社会保障和社会福利业	Health Care, Social Security and Social Welfare	152.79	145.97	3.91	2.91
文化、体育和娱乐业	Culture, Sports and Recreation	32.10	27.35	0.39	4.36
公共管理和社会组织	Public Administration and Social Organizations	345.76	345.39	0.26	0.11
按产业分	Grouped by Industry				
第一产业	Primary Industry	11.37	9.47	0.24	1.66
第二产业	Secondary Industry	1129.68	131.28	56.83	941.57
第三产业	Tertiary Industry	1713.94	1203.17	46.94	463.83

5-14 城镇单位从业人员年平均劳动报酬（2007年）

Average Labor Remuneration to Employed Persons in Urban Units (2007)

单位：元 (yuan)

项目	Item	合计 Total	国有单位 State-owned Units	城镇集体单位 Urban Collective-owned Units	其他单位 Other Types of Ownership
合计	**Total**	**29658**	**36053**	**16347**	**26801**
按企业、事业和机关分	Grouped by Enterprises, Institutions and Agencies				
企业	Enterprises	27643	37401	16016	26786
#地方	Under Jurisdiction of Local Governments	26305	30343	16016	26786
事业	Institutions	33030	33333	21043	31146
#地方	Under Jurisdiction of Local Governments	32006	32286	21043	31146
机关	Agencies	39931	39936	27900	
#地方	Under Jurisdiction of Local Governments	38611	38616	27900	
按国民经济行业分	Grouped by Economic Sector				
农、林、牧、渔业	Farming, Forestry, Animal Husbandry and Fishery	11857	10926	13332	22994
采矿业	Mining and Quarrying	31631	31360	24689	32106
制造业	Manufacture	22547	28777	13807	22815
电力、燃气及水的生产和供应业	Production and Supply of Electric Power, Gas and Water	44382	43862	33698	48630
建筑业	Construction	20867	25544	12548	24220
交通运输、仓储和邮政业	Transport, Storage and Postal Services	37774	36547	17131	40792
信息传输、计算机服务和软件业	Information Transmission, Computer Services and Software	57805	57380	24514	58282
批发和零售业	Wholesale and Retail Trade	28013	29958	12862	29714
住宿和餐饮业	Hotels and Catering Services	19369	21573	14702	19170
金融业	Finance	66906	71904	30020	79134
房地产业	Real Estate	28959	30409	18083	29804
租赁和商务服务业	Leasing and Business Services	30373	25664	16914	43033
科学研究、技术服务和地质勘查业	Scientific Research, Technical Services and Geological Prospecting	52330	51474	31957	55612
水利、环境和公共设施管理业	Water Conservancy, Environment and Public Facilities Management	23316	23409	15744	28529
居民服务和其他服务业	Resident Services and Other Services	24172	32844	17627	21670
教育	Education	31396	31503	19775	30638
卫生、社会保障和社会福利业	Health Care, Social Security and Social Welfare	37788	38398	25813	32516
文化、体育和娱乐业	Culture, Sports and Recreation	38155	42297	26894	24130
公共管理和社会组织	Public Administration and Social Organizations	39796	39816	25552	34734
按产业分	Grouped by Industry				
第一产业	Primary Industry	11857	10926	13332	22994
第二产业	Secondary Industry	23279	32310	14065	23294
第三产业	Tertiary Industry	36689	37213	20395	38334

5-15 城镇单位在岗职工年平均工资（2007年）

Annual Average Wage of Fully Employed Staff and Workers in Urban Units (2007)

单位：元 (yuan)

项　　目	Item	合计 Total	国有单位 State-owned Units	城镇集体单位 Urban Collective-owned Units	其他单位 Other Types of Ownership
合　计	**Total**	**29443**	**36396**	**16328**	**26215**
按企业、事业和机关分	Grouped by Enterprises, Institutions and Agencies				
企业	Enterprises	27236	37894	15989	26198
#地方	Under Jurisdiction of Local Governments	25858	30534	15989	26198
事业	Institutions	33345	33645	21218	31687
#地方	Under Jurisdiction of Local Governments	32313	32590	21218	31687
机关	Agencies	40109	40115	27900	
#地方	Under Jurisdiction of Local Governments	38789	38794	27900	
按国民经济行业分	Grouped by Economic Sector				
农、林、牧、渔业	Farming, Forestry, Animal Husbandry and Fishery	11897	10942	13562	22942
采矿业	Mining and Quarrying	31599	31467	23920	31927
制造业	Manufacture	22003	29009	13610	22225
电力、燃气及水的生产和供应业	Production and Supply of Electric Power, Gas and Water	44353	43881	33780	48452
建筑业	Construction	20906	25942	12579	24282
交通运输、仓储和邮政业	Transport, Storage and Postal Services	38030	37224	17220	40595
信息传输、计算机服务和软件业	Information Transmission, Computer Services and Software	58666	58028	24972	59307
批发和零售业	Wholesale and Retail Trade	27653	30247	12844	29066
住宿和餐饮业	Hotels and Catering Services	19199	21334	14676	19005
金融业	Finance	70228	75798	30068	86305
房地产业	Real Estate	28805	30564	18054	29567
租赁和商务服务业	Leasing and Business Services	29467	25738	17232	40097
科学研究、技术服务和地质勘查业	Scientific Research, Technical Services and Geological Prospecting	52446	52079	32175	54840
水利、环境和公共设施管理业	Water Conservancy, Environment and Public Facilities Management	23466	23680	15628	28197
居民服务和其他服务业	Resident Services and Other Services	23957	32942	17852	21171
教育	Education	31708	31852	20308	28388
卫生、社会保障和社会福利业	Health Care, Social Security and Social Welfare	37914	38527	25902	32266
文化、体育和娱乐业	Culture, Sports and Recreation	38446	42909	27135	23799
公共管理和社会组织	Public Administration and Social Organizations	40031	40052	26150	35902
按产业分	Grouped by Industry				
第一产业	Primary Industry	11897	10942	13562	22942
第二产业	Secondary Industry	22838	32706	13984	22751
第三产业	Tertiary Industry	36820	37545	20513	37973

5-16 各市年末城镇登记失业人数和失业率（2004-2007年）

Number of Registered Urban Unemployed Persons and Unemployment Rate at the Year-end by City (2004-2007)

市 别 City	2004		2005		2006		2007	
	失业人员（人）Unemployed Persons (person)	失业率（%）Unemployment Rate (%)	失业人员（人）Unemployed Persons (person)	失业率（%）Unemployment Rate (%)	失业人员（人）Unemployed Persons (person)	失业率（%）Unemployment Rate (%)	失业人员（人）Unemployed Persons (person)	失业率（%）Unemployment Rate (%)
合 计 Total	**359366**	**2.7**	**344904**	**2.6**	**362498**	**2.6**	**362227**	**2.5**
广 州 Guangzhou	67749	2.4	54162	2.1	58487	2.1	67539	2.2
深 圳 Shenzhen	26093	2.5	26746	2.4	28259	2.3	25959	2.3
珠 海 Zhuhai	11129	2.8	11453	2.8	11435	2.8	12323	2.8
汕 头 Shantou	17429	3.0	17731	3.1	17771	3.1	17821	3.1
佛 山 Foshan	28492	2.3	26062	2.0	24706	1.9	22673	1.8
韶 关 Shaoguan	18070	3.3	18831	3.3	19066	3.4	18109	3.2
河 源 Heyuan	14225	3.0	14096	3.1	14196	3.0	14683	3.0
梅 州 Meizhou	14627	2.9	14510	2.7	15896	2.8	14315	2.5
惠 州 Huizhou	12870	2.5	14001	2.6	14835	2.6	14140	2.3
汕 尾 Shanwei	9196	3.4	9436	3.3	9963	3.1	10304	3.0
东 莞 Dongguan	5527	1.6	4437	1.3	8088	2.0	7999	1.8
中 山 Zhongshan	7470	2.3	6593	2.1	7274	2.1	6998	2.0
江 门 Jiangmen	20764	2.9	19639	2.7	19760	2.6	19686	2.5
阳 江 Yangjiang	15096	3.1	14608	3.1	15638	3.2	14666	3.0
湛 江 Zhanjiang	23760	3.2	22835	3.0	26158	3.2	23628	3.1
茂 名 Maoming	19810	3.3	22203	3.4	23714	3.4	24283	3.3
肇 庆 Zhaoqing	11376	2.8	10668	2.7	10641	2.6	10240	2.5
清 远 Qingyuan	10126	3.1	9796	3.1	9664	2.7	10128	2.6
潮 州 Chaozhou	7991	2.6	8142	2.7	7723	2.5	8153	2.4
揭 阳 Jieyang	8874	2.7	10350	2.8	10971	3.0	11017	3.0
云 浮 Yunfu	8692	3.0	8605	3.0	8253	2.6	7563	2.4

主要统计指标解释

劳动力资源总数 指在劳动年龄内，具有劳动能力，在正常情况下，可能或实际参加社会劳动的人口数。劳动力资源的范围为：劳动年龄内(16 周岁以上)，有劳动能力，实际参加社会劳动和未参加社会劳动的人员。劳动力资源也可划分为：经济活动人口和非经济活动人口。劳动力资源不包括下列人员：

(1)在押犯人；

(2)劳动年龄内丧失劳动能力的人员；

(3)16 岁以下实际参加社会劳动的人员。

从业人员 指从事一定社会劳动并取得劳动报酬或经营收入的人员。包括：

(1)在岗职工；

(2)私营业主；

(3)个体户主；

(4)私营和个体从业人员；

(5)乡镇企业从业人员；

(6)农村从业人员；

(7)其他从业人员（包括再就业的离退休人员、民办教师、在各单位中工作的外方人员和港、澳、台方人员和宗教职业者等)。

这一指标反映了一定时期内全部劳动力资源的实际利用情况，是研究我国基本国情国力的重要指标。

经济活动人口 指在 16 岁以上，有劳动能力，参加或要求参加社会经济活动的人口。包括：从业人员和失业人员。

单位从业人员 指在各级国家机关、政党机关、社会团体及企业、事业单位中工作，并取得劳动报酬的全部人员。包括在岗职工和其他从业人员。各单位的从业人员反映了各单位实际参加生产或工作的全部劳动力。

其他从业人员 指各级国家机关、政党机关、社会团体及企业、事业单位中再就业的离退休人员、民办教师以及在各单位中工作的外方人员和港、澳、台方人员。

在岗职工 指在调查时期(点)在国有经济、城镇集体经济、联营经济、股份制经济、外商和港、澳、台投资经济、其他经济单位及其附属机构中有工作岗位，并参加实际工作和在本单位领取工资的各类人员。

不在岗职工(离岗职工) 是指在调查时期(点)在国有经济、城镇集体经济、联营经济、股份制经济、外商和港、澳、台投资经济、其他经济单位及其附属机构中没有工作岗位、没有参加工作，但仍与单位保留劳动关系的人员。包括长期(6 个月以上)病休假人员、下岗职工等。单位对这部分人员只发放生活费，而不发放工资。

城镇私营和个体从业人员 城镇私营从业人员 指在工商管理部门注册登记，其经营地址设在县城关镇（含城关镇）以上的私营企业从业人员。包括：私营企业投资者和雇工。城镇个体从业人员指在工商管理部门注册登记，并持有城镇户口或在城镇长期居住，经批准从事个体工商经营的从业人员。包括：个体经营者和在个体工商户劳动的家庭帮工和雇工。

城镇登记失业人员及失业率 指有非农业户口，在一定的劳动年龄内，有劳动能力，无业而要求就业，并在当地就业服务机构进行求职登记的人员。城镇登记失业率指城镇登记失业人数同城镇从业人数与城镇登记失业人数之和的比。计算公式为：

$$城镇登记失业率=\frac{城镇登记失业人数}{城镇从业人数+城镇登记失业人数}\times 100\%$$

单位从业人员劳动报酬 指各单位在一定时期内直接支付给本单位在岗职工的工资总额和其他从业人员的劳动报酬。

在岗职工工资总额　指各单位在一定时期内直接支付给本单位在岗职工的劳动报酬总额。

不在岗职工(离岗职工)生活费　指各单位在一定时期内按政策直接支付给本单位中离开本单位仍保留劳动关系的这部分不在岗职工的最低生活保障费。

Explanatory Notes on Main Statistical Indicators

Labor Resources refer to the population within the working age who are capable of work and who may participate in or are actually participating in social labor under normal conditions. The coverage of labor resources includes persons within the working ages (16 and over) who are capable of work, either actually engaged in or not engaged in social labor. Labor resources can also be divided into economically active population and non-economically active population.

The following persons are not included in the labor resources:

1. Prisoners in custody;
2. Persons within the working age but disabled;
3. Persons actually engaged in social labor but under the age of 16.

Employed Persons refer to persons who are engaged in social labor and receive remuneration payment or earn business income, including:

1. fully employed staff and workers,
2. employers of private enterprises,
3. self-employed workers,
4. employed persons in private enterprises and individual economy,
5. employed persons in township enterprises,
6. employed persons in rural areas,
7. other employed persons (including re-employed retirees, teachers in schools run by the local people, foreigners and Chinese compatriots from Hong Kong, Macao and Taiwan working in various units, and people engaged in religious profession, etc).

This indicator reflects the actual utilization of total labor force during a certain period of time and is often used for the research on China's economic situation and national strength.

Economically Active Population refers to the population aged 16 and over who are capable of work and are participating in or willing to participate in social economic activities, including employed persons and unemployed persons.

Persons Employed in Various Units refer to all persons working with payment in government agencies of various levels, political and party organizations, social organizations, enterprises and institutions, including fully employed staff and workers and other employed persons. This indicator reflects the total number of laborers actually engaged in production or other operations in various units.

Other Employed Persons refer to re-employed retirees working in government agencies of various levels, political and party organizations, enterprises and institutions, and teachers working in schools run by the local people, as well as foreigners and Chinese compatriots from Hong Kong, Macao and Taiwan working in various units.

Fully Employed Staff and Workers refer to persons who have work posts, work in and receive payment from units of state ownership, collective ownership, joint ownership, share holding ownership, foreign ownership, and ownership by entrepreneurs from Hong Kong, Macao and Taiwan, and other types of ownership and their affiliated units at the reference period (point).

Not Fully-employed Staff and Workers (Staff and Workers Absent from Work) refer to persons who do not have work posts, do not work in, but still keep their labor contract (employment relation) unchanged with the working units of state ownership, collective ownership, joint ownership, share holding ownership, foreign ownership, and ownership by entrepreneurs from Hong Kong, Macao and Taiwan, and other types of ownership and their affiliated units at the reference period (point). They include persons absent from work on sick leave for a long time (more than six months) and laid-off workers, who only receive living expenses but no wages from their working units.

Persons Employed in Private Enterprises and Self-employed Individuals in Urban Areas Persons employed in private enterprises refer to persons employed in private enterprises which are registered at the department of industrial and commercial administration and are situated at a county town (i.e. a town where the county government is located) for business operation or at urban areas with the level higher than a county town, including investors and employees of private enterprises. Self-employed individuals in urban areas refer to persons who hold the certificates of residence in urban areas or have resided in the urban areas for a long time and have been registered at the department of industrial and commercial administration and approved to be engaged in individual industrial or commercial business, including self-employed persons as well as helpers and hired laborers who work in the individual households engaged in industrial or commercial business.

Registered Unemployed Persons and Registered Unemployment Rate in Urban Areas Registered unemployed persons in urban areas refer to persons with non-agricultural registration at certain working ages, who are capable of work, unemployed and willing to work, and have been registered at the local employment service agencies to apply for a job. Registered unemployment rate in urban areas refers to the ratio of the number of registered urban unemployed persons to the sum of the number of urban employed persons and registered urban unemployed persons. The formula is as follows:

$$\text{Registered Urban Unemployment Rate} = \frac{\text{Number of Registered Urban Unemployed Persons}}{\text{Number of Urban Employed Persons} + \text{Number of Registered Urban Unemployed Persons}} \times 100\%$$

Earnings of Persons Employed in Units refer to the total wages directly paid to fully employed persons in working units and remuneration payment to other employed persons during a certain period of time.

Total Wages refer to total remuneration payment directly paid to fully employed persons in working units during a certain period of time.

Living Expenses of Not Fully-employed Staff and Workers (Staff and Workers Absent from Work) refer to the minimum living allowances directly distributed to not fully-employed staff and workers who have left their working units while keeping their labor contract (employment relation) unchanged according to related policies during a certain period of time.

六、固定资产投资

INVESTMENT IN FIXED ASSETS

六 固定资产投资

简要说明

一、本篇资料反映广东省固定资产投资的基本情况，主要包括：全社会固定资产投资， 国有单位固定资产投资，基本建设、更新改造、其他投资、房地产开发投资情况以及各市固定资产投资的主要指标数据。

二、本篇资料由广东省统计局固定资产投资统计处整理提供。

三、固定资产投资统计的资料来源主要为全面统计报表。按照现行的固定资产投资统计报表制度，全社会固定资产投资按经济类型可分为：国有经济、集体经济、联营经济、股份制经济、港澳台投资经济、外商投资经济、个人投资及其它经济投资。

四、2004 年房地产开发为年快报数。

6 Investment in Fixed Assets

Brief Introduction

Ⅰ.The data in this chapter reflect the basic conditions of investment in fixed assets of Guangdong Province, mainly including total investment in fixed assets, investment in fixed assets by state-owned units, investment in capital construction, investment in renovation, other investment, investment in real estate development and main indicators on investment in fixed assets by city.

Ⅱ.The data in this chapter are prepared and provided by the Division of Investment and Construction Statistics of Guangdong Provincial Bureau of Statistics.

Ⅲ.The data sources for the statistics of investment in fixed assets mainly come from complete statistical report forms. According to the present regulations on the statistics of investment in fixed assets, the investment in fixed assets for the whole society is classified by the following types of ownership: state-owned economy, collective-owned economy, joint ownership economy, share-holding economy, economy with investment from Hong Kong, Macao and Taiwan, economy with foreign investment, individual investment and investment of other types of ownership.

Ⅳ.The data of investment in real estate development in 2004 come from annual flash reports.

6-1 全社会固定资产投资主要指标

Main Indicators of Total Investment in Fixed Assets

项　目	Item	1995	2000	2005	2006	2007
投资完成额　（亿元）	**Investment　(100 million yuan)**	**2327.22**	**3233.70**	**7164.11**	**8132.37**	**9596.95**
按城乡分	Grouped by Urban or Rural Area					
城镇	Urban Area	1935.97	2710.57	6038.77	6618.77	7525.46
农村	Rural Area	391.25	523.13	1125.34	1513.60	2071.49
按报表种类分	Grouped by Type of Reporting Form					
基本建设	Capital Construction	905.97	1163.63	3660.98	4045.97	4461.29
更新改造	Renovation	255.61	435.44	966.79	1126.76	1197.45
房地产开发	Real Estate Development	563.89	858.61	1591.90	1843.51	2519.13
其他投资	Others	601.75	776.02	944.44	1116.12	1419.08
按经济类型分	Grouped by Type of Ownership					
国有经济	State-owned Economy	1122.84	1286.91	2062.31	2129.71	2357.30
集体经济	Collective-owned Economy	363.67	448.71	396.64	443.34	519.37
个体经济	Individuals Economy	249.78	424.35	1403.46	1703.66	2134.49
联营经济	Joint Ownership Economy	17.22	10.30	23.99	24.96	19.63
股份制经济	Share-holding Economy	108.85	484.00	1426.13	1807.24	2180.35
外商投资经济	Economy with Foreign Investment	254.88	140.71	714.39	726.25	838.66
港澳台投资经济	Economy with Investment from Hong Kong, Macao and Taiwan	197.93	416.34	1081.10	1197.77	1421.55
其他经济	Others	12.05	22.39	56.09	99.44	125.59
按构成分	Grouped by Use of Funds					
建筑安装工程	Construction and Installation	1507.92	2103.78	4520.62	5221.87	6088.11
设备工具器具购置	Purchase of Equipments and Instruments	464.75	597.29	1593.83	1796.20	1979.44
其他费用	Others	354.55	532.63	1049.67	1114.29	1529.39
按资金来源分	Grouped by Source of Funds					
国家预算内资金	State Budgetary Appropriations	25.02	54.00	62.33	92.71	150.86
国内贷款	Domestic Loans	348.81	556.52	1231.51	1452.44	1476.41
利用外资	Foreign Investment	431.37	339.86	708.53	757.12	827.41
自筹资金	Fundraising	873.35	1386.29	3876.50	3988.11	4827.35
其他资金	Others	648.67	897.03	1285.24	1841.98	2314.92
房屋建筑面积（万平方米）	**Floor Space of Buildings　(10000 sq.m)**					
施工面积	Floor Space under Construction	21364.88	23520.91	38351.76	36956.44	42981.28
竣工面积	Floor Space Completed	10689.48	13492.94	17053.80	15126.21	17320.02
#住宅	Residential Buildings	7308.18	8888.66	9633.54	8757.91	9995.98
实际销售商品房屋面积（万平方米）	**Floor Space of Commercial Buildings Actually Sold　(10000 sq.m)**	**1000.41**	**2259.95**	**5038.91**	**5178.56**	**6174.96**
#住宅	Residential Buildings	850.44	2009.34	4546.32	4693.39	5606.37

6-2 全社会固定资产投资总额（1978-2007年）
Total Investment in Fixed Assets (1978-2007)

单位：亿元 (100 million yuan)

年份 Year	全社会投资总额 Total Investment	按报表种类分 by Type of Reporting Form: 基本建设 Capital Construction	更新改造 Renovation	房地产开发 Real Estate Development	其他投资 Others	按城乡分 by Urban or Rural Area: 城镇 Urban Area	#城镇和工矿区私人 Individuals in Urban Areas and in Industrial and Mining Areas	农村 Rural Area	#农村农户 Rural Households in Rural Areas
1978	27.23	17.85	2.19		7.19	20.51		6.72	6.35
1979	28.29	17.63	2.43		8.23	20.65		7.64	7.28
1980	38.29	22.05	3.67		12.57	26.81		11.48	10.89
"六五"时期 Sixth Five-Year Plan Period	548.80	246.86	98.26		203.68	398.17	14.40	150.63	108.14
1981	60.40	28.37	6.24		25.79	39.15	2.19	21.25	17.19
1982	84.73	33.86	17.91		32.96	57.34	1.93	27.39	19.53
1983	88.71	35.23	19.91		33.57	62.11	2.14	26.60	18.74
1984	130.37	55.33	21.89		53.15	89.86	3.03	40.51	28.49
1985	184.59	94.07	32.31		58.21	149.71	5.11	34.88	24.19
"七五"时期 Seventh Five-Year Plan Period	1549.91	680.30	282.17	129.10	458.34	1308.23	57.48	241.68	160.42
1986	216.50	103.48	42.78	10.00	60.24	179.49	5.82	37.01	26.24
1987	251.01	107.27	51.36	16.29	76.09	208.87	8.00	42.14	30.08
1988	353.59	146.68	79.22	21.96	105.73	315.06	19.93	38.53	27.51
1989	347.34	147.44	49.71	48.15	102.04	294.95	14.21	52.39	30.63
1990	381.47	175.43	59.10	32.70	114.24	309.86	9.52	71.61	45.96
"八五"时期 Eighth Five-Year Plan Period	7498.19	2857.35	874.80	1459.87	2306.17	6072.55	172.60	1425.64	637.08
1991	478.20	214.76	74.87	49.75	138.82	391.75	15.39	86.45	48.59
1992	921.75	338.69	128.57	125.57	328.92	702.59	21.60	219.16	87.54
1993	1629.87	546.63	183.87	316.53	582.84	1307.33	40.33	322.54	127.48
1994	2141.15	851.30	231.88	404.13	653.84	1734.91	42.87	406.24	177.97
1995	2327.22	905.97	255.61	563.89	601.75	1935.97	52.41	391.25	195.50
"九五"时期 Ninth Five-Year Plan Period	13555.17	5291.39	1682.32	3228.69	3352.77	11333.16	254.29	2222.01	1061.69
1996	2327.64	909.73	277.00	528.85	612.06	1945.72	44.19	381.92	189.93
1997	2298.14	903.26	273.90	528.31	592.67	1899.22	39.77	398.92	202.31
1998	2668.13	1072.30	327.38	602.72	665.73	2224.24	48.13	443.89	223.05
1999	3027.56	1242.47	368.60	710.20	706.29	2553.41	56.76	474.15	229.71
2000	3233.70	1163.63	435.44	858.61	776.02	2710.57	65.44	523.13	216.69
"十五"时期 Tenth Five-Year Plan Period	25727.31	10651.23	3373.95	6268.85	5433.28	21742.54	423.91	3984.77	1173.23
2001	3536.41	1243.72	485.01	972.34	835.34	3003.72	69.54	532.69	220.21
2002	3970.69	1367.23	515.07	1115.25	973.14	3343.46	75.29	627.23	216.16
2003	5030.57	1893.58	658.94	1233.52	1244.53	4235.14	83.48	795.43	239.68
2004	6025.53	2485.72	748.14	1355.84	1435.83	5121.45	105.64	904.08	228.26
2005	7164.11	3660.98	966.79	1591.90	944.44	6038.77	89.96	1125.34	268.92
"十一五"时期 Eleventh Five-Year Plan Period									
2006	8132.37	4045.97	1126.76	1843.51	1116.12	6618.77	112.80	1513.60	319.36
2007	9596.95	4461.29	1197.45	2519.13	1419.08	7525.46	117.34	2071.49	404.85

注：1. 1993年以前房地产开发投资主要是商品房建设投资。
2. 从2005年起农村私人改为农村农户。
3. 2005年起基本建设、更新改造、其他投资与往年不可比。

Notes: a) Prior to 1993, investment in real estate development focused mainly on the construction of commercial buildings.
b) Individuals in rural areas were recoded as rural households in rural areas starting from 2005.
c) Total investment in fixed assets since 2005 includes investment in capital construction, renovation, real estate development and others, of which investment in capital construction, renovation and others is incomparable with data of preceding years.

6-3 按资金来源和构成分全社会固定资产投资（1985-2007年）

Total Investment in Fixed Assets by Source of Funds and Use of Funds (1985-2007)

年 份 Year	按资金来源分 By Source of Funds				按构成分 By Use of Funds		
	国家预算内资金 State Budgetary Appropriations	国内贷款 Domestic Loans	利用外资 Foreign Investment	自筹和其他资金 Fundraising and Others	建筑安装工程 Construction and Installation	设备工具器具购置 Purchase of Equipments and Instruments	其他费用 Purchases of Equipment and Instruments
投资额(亿元) Investment (100 million yuan)							
1985	15.02	45.70	19.00	104.87	138.31	32.71	13.57
1986	17.97	47.13	27.47	113.93	140.21	48.48	27.81
1987	15.70	54.07	29.35	139.98	181.79	52.88	16.34
1988	16.57	88.89	44.44	195.55	224.73	58.94	69.92
1989	13.82	55.79	52.86	182.15	174.33	95.09	77.92
1990	12.92	73.92	61.07	261.60	246.56	103.97	30.94
1991	12.82	108.50	66.69	326.45	331.23	105.47	41.50
1992	12.98	205.51	120.17	667.06	651.18	185.72	84.85
1993	21.09	342.60	285.28	1085.64	1019.74	381.90	228.25
1994	20.70	335.57	479.52	1379.58	1357.19	499.26	284.70
1995	26.98	376.11	465.13	1641.16	1507.92	464.75	354.55
1996	22.52	347.75	494.70	1573.54	1507.04	498.79	321.81
1997	21.75	296.54	477.70	1605.60	1511.58	464.55	322.01
1998	46.53	414.58	394.44	1971.60	1688.14	546.06	433.93
1999	60.95	549.97	323.63	2167.05	1960.22	588.35	478.99
2000	56.80	584.34	357.06	2398.59	2103.78	597.29	532.63
2001	58.10	592.65	361.09	2680.24	2293.93	698.49	543.99
2002	73.58	749.21	439.31	3040.07	2548.91	783.70	638.08
2003	90.23	950.98	568.95	3996.32	3201.16	977.70	851.71
2004	72.39	1132.08	655.75	4864.42	3784.12	1247.82	993.59
2005	69.13	1366.09	786.05	5726.75	4520.62	1593.83	1049.67
2006	105.55	1659.26	865.58	6662.41	5221.87	1796.20	1114.29
2007	179.42	1755.86	984.01	8494.11	6088.11	1979.44	1529.39
构成(%) Percentage (%)							
1985	8.1	24.8	10.3	56.8	74.9	17.7	7.4
1986	8.7	22.8	13.3	55.2	64.8	22.4	12.8
1987	6.6	22.6	12.3	58.5	72.4	21.1	6.5
1988	4.8	25.7	12.9	56.6	63.6	16.7	19.8
1989	4.5	18.3	17.4	59.8	50.2	27.4	22.4
1990	3.2	18.1	14.9	63.9	64.6	27.3	8.1
1991	2.5	21.1	13.0	63.5	69.3	22.1	8.7
1992	1.3	20.4	11.9	66.3	70.6	20.1	9.2
1993	1.2	19.8	16.4	62.6	62.6	23.4	14.0
1994	0.9	15.1	21.6	62.3	63.4	23.3	13.3
1995	1.1	15.0	18.5	65.4	64.8	20.0	15.2
1996	0.9	14.3	20.3	64.5	64.7	21.4	13.8
1997	0.9	12.3	19.9	66.9	65.8	20.2	14.0
1998	1.6	14.7	14.0	69.7	63.3	20.5	16.3
1999	2.0	17.7	10.4	69.9	64.7	19.4	15.8
2000	1.7	17.2	10.5	70.6	65.1	18.5	16.5
2001	1.6	16.1	9.8	72.6	64.9	19.8	15.4
2002	1.7	17.4	10.2	70.7	64.2	19.7	16.1
2003	1.6	17.0	10.1	71.3	63.6	19.4	16.9
2004	1.1	16.8	9.8	72.3	62.8	20.7	16.5
2005	0.9	17.2	9.9	72.1	63.1	22.2	14.7
2006	1.1	17.9	9.3	71.7	64.2	22.1	13.7
2007	1.6	15.4	8.6	74.4	63.4	20.6	15.9

注：1986年及以后的资金来源为财务拨款数，各项相加不等于投资总额。

Note: The source of funds since 1986 refers to financial appropriations, which do not add up to total investment.

6-4 全社会固定资产投资（2007年）
Total Investment in Fixed Assets (2007)

项目	Item	全省合计 Provincial Total	基本建设 Capital Construction	更新改造 Renovation	房地产开发 Real Estate Development	其他投资 Others	#城镇和工矿区私人 Individuals in Urban Areas and in Industrial and Mining Areas	#农村农户 Rural Households in Rural Areas
投资总额（亿元）	**Total Investment (100 million yuan)**	**9596.95**	**4461.29**	**1197.45**	**2519.13**	**1419.08**	**117.34**	**404.85**
按隶属关系分	Grouped by Administrative Relationship							
中央项目	Central Government Projects	651.96	437.87	133.40	79.99	0.69		
地方项目	Local Projects	8945.00	4023.42	1064.05	2439.14	1418.39	117.34	404.85
按构成分	Grouped by Use of Funds							
建筑安装工程	Construction and Installation	6088.11	2871.48	469.56	1801.08	946.00	109.27	362.29
设备工具器具购置	Purchase of Equipments and Instruments	1979.44	922.26	654.90	49.42	352.86	3.58	30.78
其他费用	Others	1529.39	667.55	72.99	668.63	120.23	4.49	11.78
财务拨贷款合计（亿元）	**Total Financial Appropriations (100 million yuan)**	**11413.40**	**4683.89**	**1286.56**	**3988.61**	**1454.34**	**119.18**	**405.90**
国家预算内资金	State Budgetary Appropriations	179.42	131.45	32.03		15.94	0.04	0.28
国内贷款	Domestic Loans	1755.86	868.60	84.26	781.13	21.87	0.41	0.76
利用外资	Foreign Investment	984.01	512.61	177.62	88.23	205.56	0.13	0.38
自筹资金	Fundraising	5741.04	2872.14	933.36	1062.10	873.44	72.14	222.32
其他资金	Others	2753.07	299.10	59.29	2057.15	337.53	46.45	182.17
新增固定资产（亿元）	**Newly Increased Fixed Assets (100 million yuan)**	**5690.77**	**2496.02**	**898.81**	**1289.89**	**1006.05**	**106.52**	**371.43**
房屋建筑面积（万平方米）	**Floor Space of Buildings (10000 sq.m)**							
施工面积	Floor Space under Construction	42981.28	12384.25	1015.32	20369.75	9211.97	1437.27	5512.12
竣工面积	Floor Space Completed	17320.02	5281.86	557.04	4270.52	7210.60	1193.31	4942.13
#住宅	Residential Buildings	9995.98	484.54	33.76	3509.54	5968.14	1129.12	4688.13

 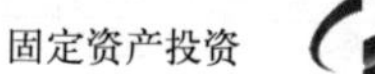

6-5 各市全社会固定资产投资额（2000-2007年）

Total Investment in Fixed Assets by City (2000-2007)

单位：亿元 (100 million yuan)

市　别	City	2000	2001	2002	2003	2004	2005	2006	2007
全省总计	**Provincial Total**	**3233.70**	**3536.41**	**3970.69**	**5030.57**	**6025.53**	**7164.11**	**8132.37**	**9596.95**
广　州	Guangzhou	923.67	972.5	999.33	1160.26	1312.71	1514.01	1687.11	1858.64
深　圳	Shenzhen	677.12	716.67	799.84	949.10	1090.12	1182.32	1287.43	1345.00
珠　海	Zhuhai	95.08	104.87	120.53	141.05	179.85	218.23	256.28	339.32
汕　头	Shantou	112.48	102.97	108.12	119.24	131.94	154.14	175.18	206.69
佛　山	Foshan	198.96	238.2	290.43	423.69	568.56	741.43	895.25	1052.23
韶　关	Shaoguan	56.82	68.2	72.33	103.31	129.22	139.75	169.16	217.59
河　源	Heyuan	26.54	33.8	41.42	56.29	78.38	111.10	175.18	232.09
梅　州	Meizhou	44.45	52.66	63.11	78.79	93.06	97.66	108.43	125.00
惠　州	Huizhou	77.41	84.43	104.73	228.47	297.62	352.37	308.78	486.91
汕　尾	Shanwei	36.21	38.48	45.96	56.95	73.44	101.86	133.48	175.08
东　莞	Dongguan	102.89	125.49	191.57	319.39	433.90	592.20	698.67	841.21
中　山	Zhongshan	109.95	177.99	219.00	262.05	291.58	320.92	346.49	399.22
江　门	Jiangmen	104.34	108.84	126.15	150.84	195.69	228.87	267.65	316.64
阳　江	Yangjiang	33.23	39.61	42.63	49.86	56.68	82.25	102.46	135.16
湛　江	Zhanjiang	68.94	81.05	93.27	113.52	142.09	168.00	205.25	242.83
茂　名	Maoming	73.57	86	89.98	93.37	109.41	147.72	169.85	130.71
肇　庆	Zhaoqing	75.29	83.89	94.16	114.66	145.24	178.01	216.94	270.57
清　远	Qingyuan	48.37	46.54	57.26	101.55	156.80	222.42	301.00	483.40
潮　州	Chaozhou	30.70	34.41	39.41	46.56	75.48	97.59	108.00	120.83
揭　阳	Jieyang	68.43	71	78.66	85.52	87.81	115.16	151.57	203.19
云　浮	Yunfu	32.98	37.19	41.64	53.01	76.13	103.44	110.29	129.19

注：全省总计中含不分区部分。

Note: Provincial total includes investment unclassified by region.

6-6 各市全社会固定资产投资额（2007年）

Total Investment in Fixed Assets by City (2007)

单位：亿元 (100 million yuan)

市别	City	合计 Total	基本建设 Capital Construction	更新改造 Renovation	房地产开发 Real Estate Development	其他投资 Others	#城镇和工矿区私人 Individuals in Urban Areas and in Industrial and Mining Areas	#农村农户 Rural Households in Rural Areas
全省总计	**Provincial Total**	**9596.95**	**4461.29**	**1197.45**	**2519.13**	**1419.08**	**117.34**	**404.85**
广州	Guangzhou	1858.64	795.29	347.79	703.80	11.76	0.66	11.10
深圳	Shenzhen	1345.00	685.69	141.55	461.04	56.72		
珠海	Zhuhai	339.32	178.33	24.75	132.66	3.59	1.87	1.71
汕头	Shantou	206.69	71.79	22.43	34.76	77.71	3.88	20.20
佛山	Foshan	1052.23	549.66	155.58	314.63	32.35	5.03	27.00
韶关	Shaoguan	217.59	105.18	34.59	39.57	38.24	0.97	12.24
河源	Heyuan	232.09	111.51	19.52	19.58	81.48	3.94	38.97
梅州	Meizhou	125.00	47.41	8.15	12.86	56.58	6.85	8.15
惠州	Huizhou	486.91	306.13	14.85	137.76	28.18	3.82	21.34
汕尾	Shanwei	175.08	66.23	26.98	7.75	74.12	10.85	22.44
东莞	Dongguan	841.21	344.29	67.56	209.42	219.94	6.20	27.12
中山	Zhongshan	399.22	157.23	31.68	176.46	33.85	1.43	17.44
江门	Jiangmen	316.64	140.63	59.50	54.54	61.96	0.50	15.69
阳江	Yangjiang	135.16	62.70	10.06	17.59	44.82	13.55	14.02
湛江	Zhanjiang	242.83	118.72	40.70	34.00	49.41	14.56	34.11
茂名	Maoming	130.71	29.84	20.94	13.87	66.05	13.21	43.33
肇庆	Zhaoqing	270.57	103.75	22.26	47.21	97.34	5.16	15.61
清远	Qingyuan	483.40	115.27	55.16	64.95	248.02	6.01	30.68
潮州	Chaozhou	120.83	59.70	36.34	11.96	12.82	0.89	6.66
揭阳	Jieyang	203.19	87.45	9.37	16.36	90.01	13.65	24.50
云浮	Yunfu	129.19	75.65	11.08	8.34	34.12	4.30	12.52

注：全省总计中含不分区部分。

Note: Provincial total includes investment unclassified by region.

 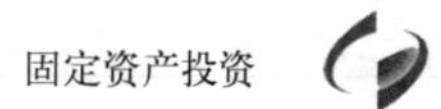

6-7 国有经济固定资产投资主要指标

Main Indicators of Investment in Fixed Assets of State-owned Economy

项　目	Item	1995	2000	2005	2006	2007
建设项目个数　（个）	**Number of Projects　(unit)**					
施工项目	Projects under Construction	6748	8934	7095	6187	6536
全部建成投产项目	Projects Completed and Put into Use	3217	4070	3062	2707	3227
投资总额　（亿元）	**Total Investment　(100 million yuan)**	**1122.84**	**1286.91**	**2062.31**	**2129.71**	**2357.30**
#住宅	Residential Buildings	193.93	185.38	54.08	55.99	86.68
按构成分	Grouped by Use of Funds					
建筑安装工程	Construction and Installation	680.01	835.63	1365.02	1437.13	1543.59
设备工具器具购置	Purchase of Equipments and Instruments	254.30	222.31	345.90	353.50	398.15
其他费用	Others	188.53	228.97	351.41	339.08	415.56
按建设性质分	Grouped by Type of Construction					
#新建	New Construction	685.99	635.88	1220.11	1344.73	1526.23
扩建	Expansion	258.41	280.76	478.22	351.69	394.91
改建	Reconstruction	101.85	128.62	262.00	324.37	299.82
按资金来源分	Grouped by Source of Funds					
国家预算内资金	State Budgetary Appropriations	19.31	48.77	58.78	95.20	167.50
国内贷款	Domestic Loans	186.84	275.53	558.68	572.04	466.50
利用外资	Foreign Investment	142.71	55.08	9.28	12.35	17.64
自筹资金	Fundraising	550.53	743.32	1282.55	1284.43	1476.17
其他资金	Others	223.45	164.21	153.02	165.69	229.49
新增固定资产　（亿元）	**Newly Increased Fixed Assets(100 million yuan)**	**634.07**	**1022.34**	**1195.42**	**1167.2**	**1263.57**
房屋建筑面积(万平方米)	**Floor Space of Buildings　(10000 sq.m)**					
施工面积	Floor Space under Construction	7425.60	5010.21	3878.94	3243.48	3986.67
竣工面积	Floor Space Completed	2486.51	2062.14	1592.14	1150.08	1455.12
#住宅	Residential Buildings	1385.38	1024.44	343.53	292.15	365.62

注：建设项目个数、投资总额按建设性质分不含房地产开发部分。
Note: Number of projects and total investment by type of construction exclude real estate development.

6-8 基础产业和基础设施完成投资额

Completed Investment in Basic Industries and Infrastructure

单位：亿元　　(100 million yuan)

年份 Year	基础产业 Basic Industries	基础设施 Infrastructure	电力、燃气及水的生产和供应业 Production and Supply of Electric Power, Gas and Water	交通运输、仓储和邮政业 Transport, Storage and Postal Services	信息传输、计算机服务和软件业 Information Transmission, Computer Services and Software	水利、环境和公共设施管理业 Management of Water Conservancy, Environment and Public Facilities
1990	139.95	132.62	24.73	46.77	28.75	32.37
1995	779.53	738.70	137.77	260.49	160.13	180.31
2000	1159.40	1098.68	204.91	387.43	238.16	268.18
2001	1187.24	1049.32	225.93	340.61	247.38	235.40
2002	1237.56	1127.94	300.13	348.87	242.34	236.60
2003	1655.29	1426.24	338.85	473.57	264.35	349.47
2004	2221.66	1858.46	548.32	627.93	267.91	414.30
2005	2612.47	2154.45	691.16	675.40	241.07	546.82
2006	2800.36	2392.07	714.76	820.80	218.37	638.45
2007	2989.95	2462.09	636.07	941.28	214.35	720.11

注：本表范围包括基本建设、更新改造、其他投资。
Notes: Data in this table include investment in capital construction, renovation and other investment.

6-9 农业、能源、原材料、运输邮电业基本建设投资和比重（1985-2007年）

Volume and Proportion of Investment in Capital Construction of Agriculture,Energy, Raw Materials, Transport, Post and Telecommunications (1985-2007)

年份 Year	投资额(亿元) Volume of Investment (100 million yuan)				比重(以投资总额为100) Proportion (total investment=100)			
	农业 Agriculture	能源 Energy	原材料 Raw Materials	运输邮电 Transport, Post and Telecommunications	农业 Agriculture	能源 Energy	原材料 Raw Materials	运输邮电 Transport, Post and Telecommunications
1985	3.63	6.89	4.68	14.55	3.9	7.3	5.0	15.5
1986	3.51	23.10	6.35	16.07	3.4	22.3	6.1	15.5
1987	3.02	28.18	8.02	15.28	2.8	26.3	7.5	14.2
1988	3.67	26.57	16.36	23.04	2.5	18.1	11.2	15.7
1989	3.05	31.31	8.96	25.42	2.1	21.2	6.1	17.2
1990	4.68	58.80	7.06	32.97	2.7	33.5	4.0	18.8
1991	8.17	60.42	8.47	46.87	3.8	28.1	3.9	21.8
1992	6.65	74.95	16.84	105.85	2.0	22.1	5.0	31.3
1993	6.10	112.65	23.54	132.88	1.1	20.6	4.3	24.3
1994	8.44	249.02	62.39	227.49	1.0	29.3	7.3	26.7
1995	12.49	140.82	132.84	228.74	1.4	15.5	14.7	25.2
1996	25.37	134.32	102.16	253.52	2.8	14.8	11.2	27.9
1997	34.39	161.51	29.71	210.44	3.8	17.9	3.3	23.3
1998	49.12	200.13	36.45	240.43	4.6	18.7	3.4	22.4
1999	42.50	192.07	31.49	266.78	3.4	15.5	2.5	21.5
2000	43.21	148.88	22.24	286.68	3.7	12.8	1.9	24.6
2001	40.52	169.67	33.00	285.20	3.3	13.6	2.7	22.9
2002	31.19	232.96	50.12	280.55	2.3	17.0	3.7	20.5
2003	40.88	248.55	147.59	420.16	2.2	13.1	7.8	22.2
2004	44.05	343.64	223.87	510.96	1.8	13.8	9.0	20.6
2005	5.28	518.81	337.88	537.21	0.1	14.2	9.2	14.7
2006	16.33	568.91	279.05	622.66	0.4	14.1	6.9	15.4
2007	24.44	596.48	307.63	690.81	0.5	13.4	6.9	15.5

注：从2005年起农业不含水利管理业。

Note: Agriculture since 2005 does not include management of water conservancy.

6-10 农业、能源、原材料、运输邮电业更新改造投资和比重（1985-2007年）

Volume and Proportion of Investment in Renovation of Agriculture, Energy, Raw Materials, Transport, Post and Telecommunications (1985-2007)

年份 Year	投资额(亿元) Volume of Investment (100 million yuan)				比重(以投资总额为100) Proportion (total investment=100)			
	农 业 Agriculture	能 源 Energy	原材料 Raw Materials	运输邮电 Transport, Post and Telecommunications	农 业 Agriculture	能 源 Energy	原材料 Raw Materials	运输邮电 Transport, Post and Telecommunications
1985	1.27	3.34	4.26	2.43	3.9	10.3	13.2	7.5
1986	0.98	3.72	6.53	3.83	2.3	8.7	15.3	9.0
1987	1.17	3.20	8.03	5.48	2.3	6.2	15.6	10.7
1988	1.05	4.58	12.99	9.90	1.3	5.8	16.4	12.5
1989	0.73	5.14	7.62	8.20	1.5	10.3	15.3	16.5
1990	1.02	7.42	8.62	10.04	1.7	12.6	14.6	17.0
1991	0.99	6.60	8.29	16.09	1.3	8.8	11.1	21.5
1992	1.50	8.62	18.82	34.05	1.2	6.7	14.6	26.5
1993	1.18	11.62	25.70	57.49	0.6	6.3	14.0	31.3
1994	1.54	14.29	30.85	86.80	0.7	6.2	13.3	37.4
1995	2.63	19.80	23.00	101.72	1.0	7.7	9.0	39.8
1996	4.78	9.88	30.28	122.65	1.7	3.6	10.9	44.3
1997	4.93	25.53	18.74	108.91	1.8	9.3	6.8	39.8
1998	6.20	19.09	22.33	165.43	1.9	5.8	6.8	50.5
1999	7.59	31.30	14.44	183.83	2.1	8.5	3.9	49.9
2000	8.73	33.21	20.43	224.72	2.0	7.6	4.7	51.6
2001	9.35	54.96	17.75	251.66	1.9	11.3	3.7	51.9
2002	10.56	56.72	19.39	226.11	2.1	11.0	3.8	43.9
2003	9.00	70.53	35.97	252.70	1.4	10.7	5.5	38.3
2004	7.41	126.61	41.76	287.77	1.0	16.9	5.6	38.5
2005	0.10	171.19	99.47	104.00	…	17.7	10.3	10.8
2006	5.23	164.60	83.37	124.65	0.5	14.6	7.4	11.1
2007	6.37	79.50	112.01	166.69	0.5	6.6	9.4	13.9

注：从2005年起农业不含水利管理业。

Note: Agriculture since 2005 does not include management of water conservancy.

6-11 基本建设投资主要指标
Main Indicators of Capital Construction

项　　目	Item	1995	2000	2005	2006	2007
建设项目个数　（个）	**Number of Projects　(unit)**					
施工项目	Projects under Construction	4445	4853	13816	14837	16463
全部建成投产项目	Projects Completed and Put into Use	1819	2508	5702	6307	7337
计划总投资　（亿元）	**Total Planned Investment　(100 million yuan)**	**3176.89**	**5689.62**	**14674.33**	**16564.98**	**17307.20**
自开始建设累计完成投资	Investment Completed Since the Beginning of Construction	1926.63	3409.02	7409.60	8625.85	9924.22
投资总额　（亿元）	**Total Investment　(100 million yuan)**	**905.97**	**1163.63**	**3660.98**	**4045.97**	**4461.29**
#住宅	Residential Buildings	77.62	81.24	61.40	55.13	79.12
按构成分	Grouped by Use of Funds					
建筑安装工程	Construction and Installation	531.49	770.64	2374.71	2664.33	2871.48
设备工具器具购置	Purchase of Equipments and Instruments	231.25	203.08	730.38	824.06	922.26
其他费用	Others	143.23	189.92	555.89	557.58	667.55
按建设性质分	Grouped by Type of Construction					
#新建	New Construction	624.73	852.39	2835.32	3266.43	3598.87
扩建	Expansion	184.73	217.83	645.28	583.13	674.57
改建	Reconstruction	43.05	60.48	132.44	137.84	121.84
按资金来源分	Grouped by Source of Funds					
国家预算内资金	State Budgetary Appropriations	19.79	38.87	50.15	80.51	125.20
国内贷款	Domestic Loans	127.41	271.36	843.49	905.08	827.32
利用外资	Foreign Investment	217.37	165.58	481.78	468.12	488.24
自筹资金	Fundraising	449.61	613.35	2073.58	2357.99	2735.64
其他资金	Others	91.79	74.47	211.97	234.26	284.89
新增固定资产　（亿元）	**Newly Increased Fixed Assets　(100 million yuan)**	**509.60**	**906.01**	**2055.43**	**2624.63**	**2496.02**
房屋建筑面积　（万平方米）	**Floor Space of Buildings　(10000 sq.m)**					
施工面积	Floor Space under Construction	3822.75	3817.38	11038.32	11001.38	12384.25
竣工面积	Floor Space Completed	1528.53	1756.12	4860.71	4410.86	5281.86
#住宅	Residential Buildings	608.25	550.30	433.09	410.11	484.54

6-12 国民经济各行业基本建设主要指标（2007年）

Main Indicators of Capital Construction by Sector (2007)

行业	Sector	投资额（亿元）Investment (100 million yuan)	施工项目个数（个）Number of Projects under Construction (unit)	全部建成投产项目个数（个）Number of Projects Completed and Put into Use (unit)	新增固定资产（亿元）Newly Increased Fixed Assets (100 million yuan)
全省总计	**Provincial Total**	**4461.29**	**16463**	**7337**	**2496.02**
农、林、牧、渔业	**Farming, Forestry, Animal Husbandry and Fishery**	**24.44**	**281**	**196**	**17.99**
农业	Farming	6.63	54	33	4.63
林业	Forestry	3.68	28	21	3.23
畜牧业	Animal Husbandry	6.18	59	33	3.62
渔业	Fishery	4.33	81	69	3.98
农、林、牧、渔服务业	Service Activities for Farming, Forestry, Animal Husbandry and Fishery	3.62	59	40	2.53
采矿业	**Mining**	**52.96**	**158**	**106**	**49.07**
煤炭开采和洗选业	Mining and Washing of Coal				
石油和天然气开采业	Extraction of Petroleum and Natural Gas	38.78	1		38.78
黑色金属矿采选业	Mining and Dressing of Ferrous Metal Ores	2.66	17	11	1.65
有色金属矿采选业	Mining and Dressing of Non-Ferrous Metal Ores	3.37	23	17	2.94
非金属矿采选业	Mining and Dressing of Nonmetal Ores	8.08	115	77	5.65
其他采矿业	Mining of Other Ores	0.07	2	1	0.04
制造业	**Manufacture**	**1647.81**	**7469**	**3256**	**982.57**
农副食品加工业	Processing of Farm and Sideline Food	18.00	140	78	11.68
食品制造业	Manufacture of Food	15.28	97	44	8.31
饮料制造业	Manufacture of Beverage	15.76	48	29	10.61
烟草制品业	Tobacco Products	0.95	2		
纺织业	Textile Industry	61.90	308	118	40.90
纺织服装、鞋、帽制造业	Manufacture of Textile Garments, Footwear and Headgear	52.57	471	275	41.70
皮革、毛皮、羽毛(绒)及其制品业	Leather, Fur, Feather, Down and Related Products	35.21	246	133	20.68
木材加工及木、竹、藤、棕、草制品业	Timber Processing, Bamboo, Cane, Palm Fiber & Straw Products	18.40	209	161	9.91
家具制造业	Manufacture of Furniture	37.73	307	163	25.08
造纸及纸制品业	Papermaking and Paper Products	45.77	142	57	14.57
印刷业和记录媒介的复制	Printing and Record Medium Reproduction	9.74	90	50	9.26
文教体育用品制造业	Manufacture of Cultural, Educational and Sports Articles	18.62	107	40	10.46
石油加工、炼焦及核燃料加工业	Petroleum Refining, Coking and Nuclear Fuel Processing	93.06	22	10	2.85
化学原料及化学制品制造业	Manufacture of Raw Chemical Materials and Chemical Products	88.01	320	122	41.74
医药制造业	Manufacture of Medicines	26.70	98	38	18.05
化学纤维制造业	Manufacture of Chemical Fibers	3.59	15	5	0.65
橡胶制品业	Rubber Products	11.54	56	23	5.05
塑料制品业	Plastic Products	67.35	476	220	44.47
非金属矿物制品业	Nonmetal Mineral Products	130.22	617	374	86.90
黑色金属冶炼及压延加工业	Smelting and Pressing of Ferrous Metals	27.26	69	24	27.09
有色金属冶炼及压延加工业	Smelting and Pressing of Nonferrous Metals	46.68	91	35	18.66
金属制品业	Metal Products	117.78	781	311	87.73
通用设备制造业	Manufacture of General-purpose Machinery	36.29	186	82	25.17
专用设备制造业	Manufacture of Special-purpose Machinery	48.54	239	97	28.81

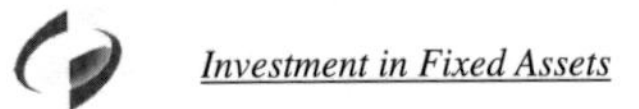

6-12 续表 1 continued

行 业	Sector	投资额 (亿元) Investment (100 million yuan)	施工项目个数 (个) Number of Projects under Construction (unit)	全部建成投产项目个数 (个) Number of Projects Completed and Put into Use (unit)	新增固定资产 (亿元) Newly Increased Fixed Assets (100 million yuan)
交通运输设备制造业	Manufacture of Transport Equipment	121.22	218	97	56.60
电气机械及器材制造业	Manufacture of Electrical Machinery and Equipment	123.01	596	331	88.74
通信设备、计算机及其他电子设备制造业	Manufacture of Communication Equipment, Computers and Other Electronic Equipment	266.96	469	152	180.50
仪器仪表及文化、办公用机械制造业	Manufacture of Instruments, Meters and Machinery for Cultural and Office Use	14.63	62	21	9.54
工艺品及其他制造业	Handicraft and Other Manufactures	93.82	966	153	55.59
废弃资源和废旧材料回收加工业	Recycling and Disposal of Waste	1.22	21	13	1.27
电力、燃气及水的生产和供应业	**Production and Supply of Electric Power, Gas and Water**	**531.11**	**789**	**305**	**363.78**
电力、热力的生产和供应业	Production and Supply of Electric Power and Heat Power	444.29	510	218	334.68
燃气生产和供应业	Production and Supply of Gas	20.35	39	12	8.65
水的生产和供应业	Production and Supply of Water	66.47	240	75	20.45
建筑业	**Construction**	**9.41**	**78**	**30**	**7.47**
房屋和土木工程建筑业	Construction of Buildings and Civil Engineering	7.68	61	21	4.12
建筑安装业	Building Installation	0.22	7	5	1.75
建筑装饰业	Building Decoration	0.34	5	3	0.44
其他建筑业	Other Construction	1.17	5	1	1.16
交通运输、仓储和邮政业	**Transport, Storage and Postal Services**	**720.94**	**988**	**488**	**234.08**
铁路运输业	Railway Transport	111.32	15	2	1.84
道路运输业	Road Transport	277.45	710	407	154.81
城市公共交通业	Urban Public Transport	160.04	37	5	1.80
水上运输业	Waterway Transport	88.53	78	16	54.14
航空运输业	Air Transport	49.36	12	3	3.34
管道运输业	Pipeline Transport	0.30	1		0.30
装卸搬运及其他运输服务业	Loading, Unloading and Other Transport Services	3.61	14	5	1.91
仓储业	Storage	30.13	118	47	15.01
邮政业	Postal Services	0.20	3	3	0.95
信息传输、计算机服务和软件业	**Information Transmission, Computer Services and Software**	**125.89**	**262**	**197**	**11.47**
电信和其他信息传输服务业	Telecommunications and Other Information Transmission Services	121.72	244	190	10.27
计算机服务业	Computer Services	0.36	7	2	0.15
软件业	Software	3.81	11	5	1.05
批发和零售业	**Wholesale and Retail Trades**	**99.15**	**465**	**199**	**77.05**
批发业	Wholesale	37.36	156	67	31.00
零售业	Retail Trade	61.79	309	132	46.05
住宿和餐饮业	**Hotels and Catering Services**	**86.69**	**296**	**148**	**60.73**
住宿业	Hotels	65.26	179	76	45.47
餐饮业	Catering Services	21.43	117	72	15.26
金融业	**Finance**	**3.16**	**13**	**6**	**1.21**
银行业	Banking	2.47	9	3	0.57

6-12 续表 2 continued

行 业	Sector	投资额（亿元）Investment (100 million yuan)	施工项目个数（个）Number of Projects under Construction	全部建成投产项目个数（个）Number of Projects Completed and Put into Use	新增固定资产（亿元）Newly Increased Fixed Assets (100 million yuan)
证券业	Securities	0.50	1	1	0.50
保险业	Insurance				
其他金融活动	Other Financial Activities	0.19	3	2	0.14
房地产业	**Real Estate**	**178.30**	**791**	**356**	**93.36**
房地产业	Real Estate	178.30	791	356	93.36
租赁和商务服务业	**Leasing and Business Services**	**66.50**	**125**	**46**	**24.60**
租赁业	Leasing	0.57	6	5	0.57
商务服务业	Business Services	65.93	119	41	24.03
科学研究、技术服务和地质勘查业	**Scientific Research, Technical Services and Geological Prospecting**	**21.73**	**95**	**38**	**13.41**
研究与试验发展	Research and Experimental Development	6.32	38	15	3.36
专业技术服务业	Professional Technical Services	5.33	36	14	2.61
科技交流和推广服务业	Services of Science and Technology Exchanges and Promotion	9.81	18	7	7.23
地质勘查	Geological Prospecting	0.27	3	2	0.21
水利、环境和公共设施管理业	**Management of Water Conservancy, Environment and Public Facilities**	**520.34**	**2171**	**807**	**272.66**
水利管理业	Management of Water Conservancy	63.75	456	183	33.65
环境管理业	Management of Environment	25.02	143	54	17.02
公共设施管理业	Management of Public Facilities	431.56	1572	570	222.00
居民服务和其他服务业	**Services to Households and Other Services**	**9.80**	**64**	**26**	**6.20**
居民服务业	Services to Households	5.92	34	10	2.78
其他服务业	Other Services	3.88	30	16	3.42
教育	**Education**	**142.30**	**999**	**580**	**135.99**
教育	Education	142.30	999	580	135.99
卫生、社会保障和社会福利业	**Health, Social Security and Social Welfare**	**42.97**	**266**	**103**	**36.57**
卫生	Health	39.68	208	70	33.86
社会保障业	Social Security	0.26	8	2	0.18
社会福利业	Social Welfare	3.03	50	31	2.53
文化、体育和娱乐业	**Culture, Sports and Recreation**	**84.11**	**293**	**113**	**44.44**
新闻出版业	Publication	3.31	7	3	2.59
广播、电视、电影和音像业	Radio, Television, Film and Video	7.30	28	6	8.69
文化艺术业	Culture and Arts	34.57	136	54	24.15
体育	Sports	13.35	65	19	2.28
娱乐业	Recreation	25.57	57	31	6.73
公共管理与社会组织	**Public Administration and Social Organizations**	**93.68**	**860**	**337**	**63.37**
中国共产党机关	Organs of Communist Party of China	0.12	4	1	0.01
国家机构	Government Agencies	78.64	574	256	55.74
人民政协和民主党派	Chinese Peoples Political Consultative Conference and Democratic Parties	…	1		
群众社团、社会团体和宗教组织	Mass Organizations, Social Organizations and Religious Organizations	0.23	7	4	0.10
基层群众自治组织	Self-governing Mass Organizations at the Grass-roots Level	14.69	274	76	7.53
国际组织	**International Organizations**				

6-13 基本建设新增主要生产能力或效益

Newly Increased Production Capacity or Efficiency through Capital Construction

指标		Item		1995	2000	2005	2006	2007
发电机组装机容量	(万千瓦)	Capacity of Generating Sets	(10000 kw)	178.62	182.72	184.74	347.79	755.31
#水力发电	(万千瓦)	Hydropower	(10000 kw)	12.57	48.86	19.20	10.79	12.81
火力发电	(万千瓦)	Thermal Power	(10000 kw)	165.45	132.50	163.50	259.00	656.50
输电线路(11万伏及以上)	(公里)	Transmission Lines(≥110000kv)	(km)	1046.43	2145.84	2740.83	4190.15	2092.31
水泥	(万吨/年)	Cement	(10000 tons/year)	89.60		609	1085	1844.20
塑料树脂及共聚物	(吨/年)	Plastic Resin and Copolymer	(ton/year)		3200	16701	166628	504366
新建公路	(公里)	Newly Constructed Highways	(km)	866.77	1120.09	1588.14	848.00	1418.00
#高速公路	(公里)	Express Highways	(km)	190.50	174.01	187.86	47.00	283.00
改建公路	(公里)	Reconstructed Highways	(km)	947.21	1186.38	2301.67	2192.00	1740.00
#一级公路	(公里)	First Class Highways	(km)	221.84	113.04	15.50	75.00	88.00
新建独立公路桥梁	(延长米)	Length of Newly Constructed Highway Bridges	(m)	11381	7077	9659	6056	7471
	(座)	Number of Newly Constructed Highway Bridges	(unit)	49	18	104	19	30
新(扩)建港口码头(年吞吐量:	万吨)	Annual Handling Capacity of Newly Constructed or Expanded Ports	(10000 tons)	1171.00	81.00	3060.00	1429.00	192.50
	(泊位: 个)	Number of Berths in Newly Constructed or Expanded Ports		15	8	12	16	9
新(扩)建客、货运站	(个)	Number of Newly Constructed or Expanded Passenger and Freight Stations	(unit)	2	4	6	3	7
	(平方米)	Area of Newly Constructed or Expanded Passenger and Freight Stations	(sq.m)	15608	9230	42716	16800	107417
市内电话自动交换机	(门)	Number of Local Telephone Exchanges	(gate)	687440	611600		120000	
造林面积	(万亩)	Afforested Area	(10000 mu)	1.50	17.15	1.59	4.10	
水库容量(总库容)	(亿立方米)	Reservoir Capacity	(100 million cu.m)	0.57	3.32	2.16	0.24	
有效灌溉面积	(万亩)	Effectively Irrigated Area	(10000 mu)	2.17	75.23	27.40	1.90	13.91
除涝面积	(万亩)	Flooded or Waterlogged Areas under Control	(10000 mu)	8.66	78.39	34.24	12.50	5.00
学生席位	(个)	Number of Student Seats in Educational Institutions		4536	21762	146394	324506	527557
	(平方米)	Area of Educational Institutions	(sq.m)	40499	171239	3081442	3400787	4950220
医院病床	(张)	Number of Hospital Beds	(unit)	2481	3946	5094	7478	4085
城市自来水供水能力	(万吨/日)	Capacity of City Tap Water Supply	(10000 tons/day)	160.00	86.50	266.82	262.40	109.26
城市道路扩建长度	(公里)	Length of City Road Extended	(km)	89.08	187.47	178.33	310.67	247.00
城市道路扩建面积	(万平方米)	Area of City Road Extended	(10000 sq.m)	169.68	603.55	355.19	821.31	444.75
城市排水管道铺设长度	(公里)	Length of City Sewage Pipelines	(km)	70.12	64.37	309.06	273.45	363.81
城市污水处理能力	(万吨/日)	Disposal Capacity of City Sewage	(10000 tons/day)	7.40	25.00	96.95	87.43	74.28
城市防洪堤长度	(公里)	Length of City Embankment	(km)	18.44	129.09	120.02	87.36	90.74

6-14 基本建设投资效益指标

Efficiency Indicators of Investment in Capital Construction

项目	Item	1995	2000	2005	2006	2007
固定资产交付使用率	**Rate of Fixed Assets Put into Use**					
本年完成投资 (亿元)	Investment Completed in Current Year (100 million yuan)	905.97	1163.63	3660.98	4045.97	4461.29
本年新增固定资产 (亿元)	Newly Increased Fixed Assets in Current Year (100 million yuan)	509.60	906.01	2055.43	2624.63	2496.02
固定资产交付使用率 (%)	Rate of Fixed Assets Put into Use (%)	56.2	77.9	56.1	64.9	55.9
建成项目投产率	**Rate of Projects Completed and Put into Use**					
本年施工项目 (个)	Number of Projects under Construction (unit)	4445	4853	13816	14837	16463
本年建成投产项目 (个)	Projects Completed and Put into Use (unit)	1819	2508	5702	6307	7337
建成项目投产率 (%)	Rate of Projects Completed and Put into Use (%)	40.9	51.7	41.3	42.5	44.6
房屋建筑面积	**Floor Space of Buildings Completed**					
本年房屋施工面积(万平方米)	Floor Space of Buildings under Construction (10000 sq.m)	3822.75	3817.38	11038.32	11001.38	12384.25
本年房屋竣工面积(万平方米)	Floor Space of Buildings Completed(10000 sq.m)	1528.53	1756.12	4860.71	4410.86	5281.86
房屋面积竣工率 (%)	Rate of Floor Space of Buildings Completed (%)	40.0	46.0	44.0	40.1	42.6
建设周期	**Period to Complete Total Planned Investment**					
计划总投资 (亿元)	Total Planned Investment (100 million yuan)	3176.89	5689.62	14674.33	16564.98	17307.20
本年完成投资 (亿元)	Investment Completed in Current Year (100 million yuan)	905.97	1163.63	3660.98	4045.97	4461.29
建设周期 (年/月)	Period to Complete Total Planned Investment (year/month)	3/6	4/11	4/7	4/1	3/11

6-15 更新改造投资效益指标

Efficiency Indicators of Investment in Renovation

项目	Item	1995	2000	2005	2006	2007
固定资产交付使用率	**Rate of Fixed Assets Put into Use**					
本年完成投资 (亿元)	Investment Completed in Current Year (100 million yuan)	255.61	435.44	966.79	1126.76	1197.45
本年新增固定资产 (亿元)	Newly Increased Fixed Assets in Current Year (100 million yuan)	188.76	423.41	669.31	741.91	898.81
固定资产交付使用率 (%)	Rate of Fixed Assets Put into Use (%)	73.8	97.2	69.2	65.8	75.1
建成项目投产率	**Rate of Projects Completed and Put into Use**					
本年施工项目 (个)	Number of Projects under Construction (unit)	2937	5303	4381	3372	4527
本年建成投产项目 (个)	Projects Completed and Put into Use (unit)	1568	2192	2230	1831	2705
建成项目投产率 (%)	Rate of Projects Completed and Put into Use (%)	53.4	41.3	50.9	54.3	59.8
房屋建筑面积	**Floor Space of Buildings Completed**					
本年房屋施工面积(万平方米)	Floor Space of Buildings under Construction (10000 sq.m)	852.09	353.88	841.71	881.33	1015.32
本年房屋竣工面积(万平方米)	Floor Space of Buildings Completed(10000 sq.m)	378.64	189.78	433.89	408.24	557.04
房屋面积竣工率 (%)	Rate of Floor Space of Buildings Completed (%)	44.4	53.6	51.5	46.3	54.9
建设周期	**Period to Complete Total Planned Investment**					
计划总投资 (亿元)	Total Planned Investment (100 million yuan)	713.13	1120.89	2109.27	2325.92	2828.27
本年完成投资 (亿元)	Investment Completed in Current Year (100 million yuan)	255.61	435.44	966.79	1126.76	1197.45
建设周期 (年/月)	Period to Complete Total Planned Investment (year/month)	2/9	2/7	2/1	2/1	2/4

6-16 更新改造主要指标
Main Indicators of Renovation Projects

项　　目	Item	1995	2000	2005	2006	2007
建设项目个数　（个）	**Number of Projects (unit)**					
施工项目	Projects under Construction	2937	5303	4381	3372	4527
全部建成投产项目	Projects Completed and Put into Use	1568	2192	2230	1831	2705
计划总投资　（亿元）	**Total Planned Investment (100 million yuan)**	**713.13**	**1120.89**	**2109.27**	**2325.92**	**2828.27**
自开始建设累计完成投资	Investment Completed Since the Beginning of Construction	514.69	749.93	1551.21	1785.91	2029.53
投资总额　（亿元）	**Total Investment (100 million yuan)**	**255.61**	**435.44**	**966.79**	**1126.76**	**1197.45**
#住宅	Residential Buildings	12.44	5.20	2.27	3.37	5.34
按构成分	Grouped by Use of Funds					
建筑安装工程	Construction and Installation	127.68	164.50	362.03	451.07	469.56
设备工具器具购置	Purchase of Equipments and Instruments	105.16	219.29	549.81	615.60	654.90
其他费用	Others	22.77	51.65	54.94	60.09	72.99
按建设性质分	Grouped by Type of Construction					
#新建	New Construction	27.96	36.47	107.19	156.90	128.81
扩建	Expansion	149.36	239.94	385.55	306.06	289.52
改建	Reconstruction	50.21	84.32	345.20	436.06	507.12
按资金来源分	Grouped by Source of Funds					
国家预算内资金	State Budgetary Appropriations	3.63	5.62	12.96	19.15	29.81
国内贷款	Domestic Loans	47.08	48.81	94.29	94.31	78.43
利用外资	Foreign Investment	40.97	46.77	117.16	156.84	165.31
自筹资金	Fundraising	138.50	311.73	703.15	811.72	868.71
其他资金	Others	25.43	22.51	39.24	44.73	55.19
新增固定资产　（亿元）	**Newly Increased Fixed Assets (100 million yuan)**	**188.76**	**423.41**	**669.31**	**741.91**	**898.81**
房屋建筑面积　（万平方米）	**Floor Space of Buildings (10000 sq.m)**					
施工面积	Floor Space under Construction	852.09	353.88	841.71	881.33	1015.32
竣工面积	Floor Space Completed	378.64	189.78	433.89	408.24	557.04
#住宅	Residential Buildings	125.74	62.00	24.43	30.11	33.76

6-17 国民经济各行业更新改造主要指标（2007年）

Main Indicators of Renovation by Sector (2007)

行　　业	Sector	投资额（亿元）Total Investment (100 million yuan)	施工项目个数（个）Number of Projects under Construction (unit)	全部建成投产项目个数（个）Number of Projects Completed and Put into Use (unit)	新增固定资产（亿元）Newly Increased Fixed Assets (100 million yuan)
全省总计	**Provincial Total**	**1197.45**	**4527**	**2705**	**898.81**
农、林、牧、渔业	**Farming, Forestry, Animal Husbandry and Fishery**	**6.37**	**68**	**56**	**5.39**
农业	Farming	0.86	15	12	0.78
林业	Forestry	1.11	13	10	0.98
畜牧业	Animal Husbandry	0.34	3	2	0.04
渔业	Fishery	3.27	23	19	2.80
农、林、牧、渔服务业	Service Activities for Farming, Forestry, Animal Husbandry and Fishery	0.78	14	13	0.78
采矿业	**Mining**	**3.57**	**46**	**29**	**2.17**
煤炭开采和洗选业	Mining and Washing of Coal				
石油和天然气开采业	Extraction of Petroleum and Natural Gas	0.60	12	2	0.35
黑色金属矿采选业	Mining and Dressing of Ferrous Metal Ores	0.68	5	1	0.19
有色金属矿采选业	Mining and Dressing of Nonferrous Metal Ores	1.02	9	7	0.50
非金属矿采选业	Mining and Dressing of Nonmetal Ores	1.25	19	18	1.12
其他采矿业	Mining and Dressing of Other Ores	0.02	1	1	0.02
制造业	**Manufacture**	**578.19**	**1941**	**1262**	**451.49**
农副食品加工业	Processing of Farm and Sideline Food	9.53	70	54	10.04
食品制造业	Manufacture of Food	13.42	44	27	9.66
饮料制造业	Manufacture of Beverage	9.42	27	18	9.72
烟草制品业	Tobacco Products	2.31	22	3	0.81
纺织业	Textile Industry	27.32	82	64	25.45
纺织服装、鞋、帽制造业	Manufacture of Textile Garments, Footwear and Headgear	19.58	63	49	15.98
皮革、毛皮、羽毛(绒)及其制品业	Leather, Fur, Feather, Down and Related Products	4.13	26	18	3.50
木材加工及木、竹、藤、棕、草制品业	Timber Processing, Bamboo, Cane, Palm Fiber & Straw Products	5.38	41	35	5.52
家具制造业	Manufacture of Furniture	6.04	39	30	5.69
造纸及纸制品业	Papermaking and Paper Products	31.65	46	27	7.06
印刷业和记录媒介的复制	Printing and Record Medium Reproduction	10.86	46	32	7.91
文教体育用品制造业	Manufacture of Cultural, Educational and Sports Articles	4.45	17	13	4.07
石油加工、炼焦及核燃料加工业	Petroleum Refining, Coking and Nuclear Fuel Processing	23.33	190	125	17.66
化学原料及化学制品制造业	Manufacture of Raw Chemical Materials and Chemical Products	24.21	110	72	19.72
医药制造业	Manufacture of Medicines	6.88	50	32	7.70
化学纤维制造业	Manufacture of Chemical Fibers	1.00	3	3	1.05
橡胶制品业	Rubber Products	3.63	14	8	2.97
塑料制品业	Plastic Products	15.62	85	61	13.61
非金属矿物制品业	Nonmetal Mineral Products	58.82	195	146	42.39
黑色金属冶炼及压延加工业	Smelting and Pressing of Ferrous Metals	15.42	29	16	6.85
有色金属冶炼及压延加工业	Smelting and Pressing of Nonferrous Metals	17.73	30	21	12.94

6-17 续表 1 continued

行 业	Sector	投资额（亿元）Total Investment (100 million yuan)	施工项目个数（个）Number of Projects under Construction (unit)	全部建成投产项目个数（个）Number of Projects Completed and Put into Use (unit)	新增固定资产（亿元）Newly Increased Fixed Assets (100 million yuan)
金属制品业	Metal Products	29.72	141	92	29.26
通用设备制造业	Manufacture of General-purpose Machinery	19.89	88	45	15.60
专用设备制造业	Manufacture of Special-purpose Machinery	10.36	46	28	9.69
交通运输设备制造业	Manufacture of Transport Equipment	46.67	63	34	27.06
电气机械及器材制造业	Manufacture of Electrical Machinery and Equipment	43.22	147	87	36.89
通信设备、计算机及其他电子设备制造业	Manufacture of Communication Equipment, Computers and Other Electronic Equipment	101.33	152	88	89.40
仪器仪表及文化、办公用机械制造业	Manufacture of Instruments, Meters and Machinery for Cultural and Office Use	8.30	19	9	5.70
工艺品及其他制造业	Handicraft and Other Manufactures	7.55	48	19	6.08
废弃资源和废旧材料回收加工业	Recycling and Disposal of Waste	0.35	8	6	1.48
电力、燃气及水的生产和供应业	**Production and Supply of Electric Power, Gas and Water**	**76.11**	**352**	**163**	**48.62**
电力、热力的生产和供应业	Production and Supply of Electric Power and Heating Power	49.82	261	121	32.99
燃气生产和供应业	Production and Supply of Gas	5.76	8	4	5.77
水的生产和供应业	Production and Supply of Tap Water	20.53	83	38	9.87
建筑业	**Construction**	**6.72**	**5**	**3**	**6.58**
房屋和土木工程建筑业	Construction of Buildings and Civil Engineering	4.73	3	2	4.59
建筑安装业	Building Installation	1.73			1.73
建筑装饰业	Building Decoration	0.10	1		0.10
其他建筑业	Other Construction	0.16	1	1	0.16
交通运输、仓储和邮政业	**Transport, Storage and Postal Services**	**170.23**	**461**	**277**	**136.48**
铁路运输业	Railway Transport	0.03	1	1	0.03
道路运输业	Road Transport	70.50	386	232	41.33
城市公共交通业	Urban Public Traffic	11.36	13	10	11.55
水上运输业	Waterway Transport	32.91	33	16	29.65
航空运输业	Air Transport	43.79	2	1	43.79
管道运输业	Pipeline Transport	5.40	1	1	5.40
装卸搬运及其他运输服务业	Loading, Unloading and Other Transport Services	2.36	3		1.74
仓储业	Storage	3.54	16	10	2.43
邮政业	Postal Services	0.33	6	6	0.55
信息传输、计算机服务和软件业	**Information Transmission, Computer Services and Software**	**86.80**	**209**	**117**	**44.48**
电信和其他信息传输服务业	Telecommunications and Other Information Transmission Services	82.72	198	112	38.97
计算机服务业	Computer Services	1.83	6	2	3.29
软件业	Software	2.25	5	3	2.22
批发和零售业	**Wholesale and Retail Trades**	**17.23**	**106**	**56**	**15.78**
批发业	Wholesale	10.74	43	21	10.52
零售业	Retail Trade	6.48	63	35	5.27

6-17 续表 2 continued

行　　业	Sector	投资额(亿元) Total Investment (100 million yuan)	施工项目个数(个) Number of Projects under Construction (unit)	全部建成投产项目个数(个) Number of Projects Completed and Put into Use (unit)	新增固定资产(亿元) Newly Increased Fixed Assets (100 million yuan)
住宿和餐饮业	**Hotels and Catering Services**	**12.59**	**77**	**36**	**9.59**
住宿业	Hotels	9.55	56	24	8.23
餐饮业	Catering Services	3.04	21	12	1.36
金融业	**Finance**	**8.18**	**6**	**1**	**7.88**
银行业	Banking	5.63	5	1	5.33
证券业	Securities	0.73			0.73
保险业	Insurance	1.82	1		1.82
其他金融活动	Other Financial Activities				
房地产业	**Real Estate**	**14.06**	**57**	**22**	**10.59**
房地产业	Real Estate				
租赁和商务服务业	**Leasing and Business Services**	**8.99**	**27**	**18**	**8.44**
租赁业	Leasing Services	0.12			0.12
商务服务业	Business Services	8.87	27	18	8.32
科学研究、技术服务和地质勘查业	**Scientific Research, Technical Services and Geological Prospecting**	**4.62**	**13**	**6**	**2.30**
研究与试验发展	Research and Experimental Development	0.78	6	3	0.83
专业技术服务业	Special Technical Services	3.78	7	3	1.41
科技交流和推广服务业	Scientific & Technological Exchange and Promotion Services	0.02			0.02
地质勘查	Geological Prospecting	0.04			0.04
水利、环境和公共设施管理业	**Management of Water Conservancy, Environment and Public Facilities**	**111.45**	**686**	**351**	**59.00**
水利管理业	Management of Water Conservancy	21.92	254	142	15.22
环境管理业	Management of Environment	6.24	28	14	4.89
公共设施管理业	Management of Public Facilities	83.29	404	195	38.89
居民服务和其他服务业	**Services to Households and Other Services**	**1.54**	**8**	**6**	**1.34**
居民服务业	Services to Households	0.38	4	2	0.18
其他服务业	Other Services	1.16	4	4	1.16
教育	**Education**	**29.63**	**236**	**158**	**27.52**
教育	Education				
卫生、社会保障和社会福利业	**Health Care, Social Security and Social Welfare**	**12.78**	**69**	**44**	**12.72**
卫生	Health Care	12.41	63	39	12.46
社会保障业	Social Security				
社会福利业	Social Welfare	0.37	6	5	0.26
文化、体育和娱乐业	**Culture, Sports and Recreation**	**7.54**	**49**	**31**	**7.69**
新闻出版业	Publication	1.87	2	2	1.86
广播、电视、电影和音像业	Radio, Television, Film and Video	0.88	7	6	1.50
文化艺术业	Culture and Arts	2.03	21	12	1.70
体育	Sports	0.65	11	6	0.33
娱乐业	Recreation	2.11	8	5	2.29
公共管理与社会组织	**Public Administration and Social Organizations**	**40.84**	**111**	**69**	**40.73**
中国共产党机关	Organs of Communist Party of China	0.01	1	1	0.01
国家机构	Government Agencies	37.39	79	50	37.65
人民政协和民主党派	Chinese People's Political Consultative Conference and Democratic Parties	0.63			0.63
群众社团、社会团体和宗教组织	Mass Organizations, Social Organizations and Religious Organizations	1.92	10	5	1.59
基层群众自治组织	Self-governing Mass Organizations at the Grass-roots Level	0.90	21	13	0.86
国际组织	**International Organizations**				

6-18 更新改造新增主要生产能力或效益

Newly Increased Production Capacity or Efficiency through Renovation

指　　标	Item	1995	2000	2005	2006	2007
发电机组装机容量 (万千瓦)	Capacity of Generating Sets (10000 kw)	13.77	37.26	298.89	188.98	46.45
水力发电 (万千瓦)	Hydropower (10000 kw)	0.31	2.23	4.82	5.78	18.45
火力发电 (万千瓦)	Thermal Power (10000 kw)	13.06	35.00	260.07	183.20	27.00
其他发电 (万千瓦)	Others (10000 kw)	0.40	0.03	32.00		
输电线路(11万伏及以上)(公里)	Transmission Lines(≥110000kv) (km)	130.70	533.37	1325.22	518.82	549.96
水泥 (万吨/年)	Cement (10000 tons/year)	329.40	11.00	866.15	494.20	330.00
塑料树脂及共聚物 (吨/年)	Plastic Resin and Copolymer (ton/year)	46580	35916	7748	40000	6310
机制纸及纸板 (万吨/年)	Machine-made Paper and Paperboard (10000 tons/year)	4.02	1.30	39.01	3.09	8.00
新建公路 (公里)	Newly Constructed Highways (km)	7.57	131.80	90.29	23.00	63.00
#高速公路 (公里)	Express Highways (km)					
改建公路 (公里)	Reconstructed Highways (km)	320.39	559.22	2116.45	1094.00	2607.00
#一级公路 (公里)	First Class Highways (km)	88.89	96.24	241.20	92.00	28.00
新建独立公路桥梁 (延长米)	Length of Newly Constructed Highway Bridges (m)	1187	600	2669	1300	
(座)	Number of Newly Constructed Highway Bridges	7	3	10	3	
新(扩)建港口码头 (年吞吐量：万吨)	Annual Handling Capacity of Newly Constructed or Expanded Ports (10000 tons)	183.50	80.00		200.00	85.00
(泊位：个)	Number of Berths in Newly Constructed or Expanded Ports	6	2		4	3
市内电话自动交换机 (门)	Number of Local Telephone Exchanges (gate)	1266705	1312300		630000	
造林面积 (万亩)	Afforested Area (10000 mu)	2.69	11.00	6.00	8.00	7.66
有效灌溉面积 (万亩)	Effectively Irrigated Area (10000 mu)	6.40	0.66	7.80	3.80	7.64
除涝面积 (万亩)	Flooded or Waterlogged Area under Control (10000 mu)		3.00		6.00	4.85
学生席位 (个)	Number of Student Seats in Educational Institutions	46797	1722	11843	25521	104419
(平方米)	Area of Educational Institutions (sq.m)	104704	9956	210911	316882	608367
医院病床 (张)	Number of Hospital Beds	902	840	808	610	2040
城市自来水供水能力(万吨/日)	City Tap Water Supply Capacity (10000 tons/day)	58.56	16.00	81.00	17.30	13.50
城市道路扩建长度 (公里)	Length of City Road Extended (km)	25.74	29.98	23.70	26.97	71.59
城市道路扩建面积 (万平方米)	Area of City Road Extended (10000 sq.m)	36.01	37.43	140.72	48.63	94.62
城市排水管道铺设长度 (公里)	Length of City Sewage Pipelines (km)	29.87	29.56	42.70	15.96	38.07
城市污水处理能力 (万吨/日)	Disposal Capacity of City Sewage (10000 tons/day)	1.00		5.00		10.00
城市防洪堤长度 (公里)	Length of City Embankment (km)	12.30	42.69	18.72	17.22	22.50

 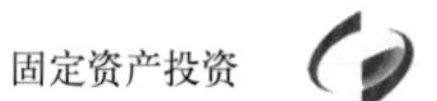

6-19 各市房屋建筑面积（2007年）

Floor Space of Buildings by City (2007)

市 别	City	施工建筑面积（万平方米）Floor Space under Construction (10000 sq.m)	#住宅 Residential Buildings	竣工建筑面积（万平方米）Floor Space Completed (10000 sq.m)	#住宅 Residential Buildings	竣工价值（亿元）Value Completed (100 million yuan)	#住宅 Residential Buildings
基本建设总计	**Total Capital Construction**	**12384.25**	**1016.78**	**5281.86**	**484.54**	**537.06**	**54.91**
广 州	Guangzhou	2540.92	291.88	1128.71	146.99	146.31	19.73
深 圳	Shenzhen	1088.88	206.16	334.79	108.26	46.19	13.96
珠 海	Zhuhai	498.43	21.18	145.08	9.80	18.72	1.04
汕 头	Shantou	266.81	4.23	157.49	2.22	13.92	0.17
佛 山	Foshan	1341.44	85.14	776.54	23.71	71.68	2.91
韶 关	Shaoguan	218.37	32.93	76.55	13.84	7.19	0.91
河 源	Heyuan	433.72	40.02	139.66	19.68	11.89	1.31
梅 州	Meizhou	112.67	16.31	49.49	9.51	5.51	0.84
惠 州	Huizhou	1312.25	47.83	467.48	26.00	39.63	2.31
汕 尾	Shanwei	254.69	15.79	142.24	12.41	14.79	1.13
东 莞	Dongguan	1148.46	94.89	422.61	25.31	35.27	2.84
中 山	Zhongshan	1102.63	26.75	530.84	21.32	44.80	1.68
江 门	Jiangmen	701.90	2.97	200.06	2.55	19.57	0.24
阳 江	Yangjiang	36.18	8.80	6.79	1.74	0.60	0.12
湛 江	Zhanjiang	228.30	16.55	137.37	13.40	10.79	1.12
茂 名	Maoming	144.75	12.84	58.65	5.58	6.12	0.52
肇 庆	Zhaoqing	259.74	24.34	194.67	23.62	16.31	2.14
清 远	Qingyuan	161.66	14.72	40.54	1.60	3.65	0.09
潮 州	Chaozhou	121.27	8.67	76.84	1.11	6.42	0.14
揭 阳	Jieyang	214.80	8.73	111.84	8.06	8.90	0.85
云 浮	Yunfu	196.37	36.06	83.61	7.81	8.80	0.84
更新改造总计	**Total Renovation**	**1015.32**	**90.92**	**557.04**	**33.76**	**52.12**	**3.19**
广 州	Guangzhou	205.97	13.26	81.99	7.98	11.18	1.33
深 圳	Shenzhen	39.15	0.41	13.04	0.04	1.01	0.01
珠 海	Zhuhai	22.74	12.82	2.00	0.33	0.20	0.03
汕 头	Shantou	13.32		5.92		0.50	
佛 山	Foshan	119.44	3.82	85.51	3.77	8.92	0.27
韶 关	Shaoguan	17.30	1.22	14.01	1.20	0.89	0.08
河 源	Heyuan	55.89	9.87	25.13	3.10	2.37	0.18
梅 州	Meizhou	16.14	1.57	9.67	0.30	0.74	0.02
惠 州	Huizhou	41.63	10.01	30.11	3.12	1.97	0.19
汕 尾	Shanwei	23.44	1.81	18.54	1.81	1.58	0.18
东 莞	Dongguan	51.10	17.12	16.83	1.64	1.19	0.07
中 山	Zhongshan	43.90	1.39	30.78	1.39	2.39	0.10
江 门	Jiangmen	147.06	6.56	74.56		5.80	
阳 江	Yangjiang	1.32		0.16		0.02	
湛 江	Zhanjiang	56.70	1.61	32.84	1.60	2.91	0.09
茂 名	Maoming	41.43	2.80	26.35	1.29	2.14	0.09
肇 庆	Zhaoqing	38.62	1.17	31.23	1.07	2.95	0.07
清 远	Qingyuan	18.85	3.14	13.56	2.80	1.12	0.22
潮 州	Chaozhou	24.19	1.20	18.07	1.20	2.00	0.07
揭 阳	Jieyang	20.51	0.30	13.96	0.30	1.17	0.02
云 浮	Yunfu	16.62	0.86	12.79	0.85	1.09	0.18

注：基本建设、更新改造总计中含不分区部分。

Note: Total capital construction and total renovation include investment unclassified by region.

6-20 房地产开发主要指标
Main Indicators on Real Estate Development

项　　目	Item	2000	2004	2005	2006	2007
土地开发及购置（万平方米）	**Land Development and Purchases(10000 sq.m)**					
本年土地开发面积	Land Space Developed in Current Year	1754.51	2227.19	2085.66	2501.79	2488.40
本年土地购置面积	Land Space Purchased in Current Year	1942.30	2956.22	2894.12	2493.28	3139.02
本年完成投资额　（亿元）	**Investment Completed in Current Year (100 million yuan)**	**858.61**	**1355.84**	**1591.90**	**1843.51**	**2519.13**
#住宅	Residential Buildings	593.74	889.42	1065.74	1302.73	1804.45
#经济适用房屋	Economically Affordable Housing	19.52	8.95	2.86	3.30	8.07
资金来源小计　（亿元）	**Source of Funds (100 million yuan)**	**1064.51**	**1863.89**	**2233.60**	**2890.66**	**3988.61**
#国内贷款	Domestic Loans	228.53	334.08	385.75	620.51	781.13
利用外资	Foreign Investment	39.16	38.26	37.16	59.84	88.23
自筹资金	Fundraising	287.71	506.19	702.33	704.93	1062.10
房屋建筑面积　（万平方米）	**Floor Space of Buildings (10000 sq.m)**					
施工面积	Floor Space under Construction	9922.12	13911.55	15110.04	16973.83	20369.75
#住宅	Residential Buildings	7400.38	10518.80	11399.99	13052.91	15972.31
#经济适用房屋	Economically Affordable Housing	301.75	151.49	70.80	59.09	69.44
竣工面积	Floor Space Completed	3161.39	3407.83	4385.16	4314.10	4270.52
#住宅	Residential Buildings	2598.52	2776.29	3476.73	3417.12	3509.54
#经济适用房屋	Economically Affordable Housing	180.42	49.94	33.86	19.29	20.25
商品房屋销售额　（亿元）	**Sales Value of Buildings (100 million yuan)**	**729.50**	**1058.97**	**2238.66**	**2513.02**	**3650.54**
#住宅	Residential Buildings	597.36	903.26	1886.39	2153.62	3182..82
#经济适用房屋	Economically Affordable Housing	14.83	8.67	4.70	3.64	3.41
商品房屋销售面积（万平方米）	**Floor Space of Buildings Sold (10000 sq.m)**	**2259.95**	**3046.91**	**5038.91**	**5178.56**	**6174.96**
#住宅	Residential Buildings	2009.34	2741.62	4546.32	4693.39	5606.37
#经济适用房屋	Economically Affordable Housing	106.74	68.51	33.96	19.03	22.32

注：本表2004年为统计快报数据。

Note: Data of 2004 in this table come from flash reports.

6-21 房地产开发投资情况（2007年）

Investment in Real Estate Development (2007)

单位：亿元 (100 million yuan)

按登记注册类型分组	By Registration Status	完成投资额 Investment Completed	#商品房建设 Commercial Buildings	#土地开发 Land Development	#住宅 Residential Buildings
全省总计	**Provincial Total**	**2519.13**		**180.07**	**1804.45**
内资	Domestic-funded Economy	1890.27		136.64	1360.16
国有经济	State-owned Economy	65.14		4.17	44.59
集体经济	Collective-owned Economy	102.37		4.29	82.85
联营经济	Joint Ownership Economy	6.37		0.09	4.50
有限责任公司	Limited Liability Corporations	721.54		69.32	522.69
股份有限公司	Share-holding Corporations Ltd.	206.61		11.87	141.07
私营个体	Private and Individual Economy	782.19		43.77	561.23
其他经济	Others	6.05		3.14	3.23
港、澳、台商投资经济	Economy with Investment from Hong Kong, Macao and Taiwan	417.30		35.54	289.68
外商投资经济	Economy with Foreign Investment	211.56		7.89	154.61

6-22 房地产开发房屋建筑面积及价值（2007年）

Floor Space and Value of Buildings in Real Estate Development (2007)

按登记注册类型分组	By Registration Status	房屋建筑面积(万平方米) Floor Space of Buildings(10000 sq.m)			竣工房屋价值(万元) Value of Buildings Completed (10000yuan)	
		施工面积 Floor Space of Buildings under Construction	竣工面积 Floor Space of Buildings Completed	#住宅 Residential Buildings		#住宅 Residential Buildings
全省总计	**Provincial Total**	**20369.75**	**4270.52**	**3509.54**	**9287334**	**7180029**
内资	Domestic-funded Economy	16186.76	3476.52	2873.32	7020607	5473976
国有经济	State-owned Economy	734.13	108.58	96.59	163978	144467
集体经济	Collective-owned Economy	1110.12	280.93	244.08	447063	373159
联营经济	Joint Ownership Economy	106.64	12.77	9.55	18764	12690
有限责任公司	Limited Liability Corporations	5836.13	1265.48	1060.06	2738875	2290062
股份有限公司	Share-holding Corporations Ltd.	1179.79	248.81	200.69	574316	444702
私营个体	Private and Individual Economy	7163.94	1551.38	1254.72	3064471	2199049
其他经济	Others	56.01	8.57	7.63	13140	9847
港、澳、台商投资经济	Economy with Investment from Hong Kong, Macao and Taiwan	2895.27	559.08	433.14	1646116	1175634
外商投资经济	Economy with Foreign Investment	1287.72	234.93	203.08	620611	530419

6-23 各市房地产开发投资情况（2007年）

Investment in Real Estate Development by City (2007)

单位：亿元 (100 million yuan)

市别	City	完成投资额 Investment Completed	#商品房建设 Commercial Buildings	#土地开发 Land Development	#住宅 Residential Buildings
广州	Guangzhou	703.80		23.05	473.38
深圳	Shenzhen	461.04		10.23	331.76
珠海	Zhuhai	132.66		6.65	92.58
汕头	Shantou	34.76		0.48	26.21
佛山	Foshan	314.63		62.07	215.54
韶关	Shaoguan	39.57		4.32	26.38
河源	Heyuan	19.58		3.33	15.09
梅州	Meizhou	12.86		2.17	9.51
惠州	Huizhou	137.76		21.08	94.29
汕尾	Shanwei	7.75		0.06	6.63
东莞	Dongguan	209.42		3.20	186.06
中山	Zhongshan	176.46		12.07	125.30
江门	Jiangmen	54.54		5.83	42.09
阳江	Yangjiang	17.59		3.32	10.78
湛江	Zhanjiang	34.00		2.36	23.70
茂名	Maoming	13.87		1.06	10.46
肇庆	Zhaoqing	47.21		1.74	37.59
清远	Qingyuan	64.95		9.41	48.15
潮州	Chaozhou	11.96		2.44	10.04
揭阳	Jieyang	16.36		3.49	12.81
云浮	Yunfu	8.34		1.71	6.11

6-24 各市房地产开发房屋建筑面积及价值（2007年）

Floor Space and Value of Buildings in Real Estate Development by City (2007)

市别	City	房屋建筑面积(万平方米) Floor Spaceof Buildings(10000 sq.m)			竣工房屋价值(万元) Value of Buildings Completed (10000 yuan)	
		施工面积F loor Space of Buildings under Construction	竣工面积 Floor Space of Buildings Completed	#住宅 Residential Buildings		#住宅 Residential Buildings
广州	Guangzhou	5184.85	881.68	701.45	2148133	1628478
深圳	Shenzhen	3149.56	636.02	437.14	2327760	1461781
珠海	Zhuhai	888.76	287.85	239.00	456438	379268
汕头	Shantou	576.76	160.04	126.78	147524	117009
佛山	Foshan	1976.07	462.81	403.74	1299091	1143246
韶关	Shaoguan	471.48	103.19	88.45	106312	85285
河源	Heyuan	222.86	104.07	94.25	154686	138705
梅州	Meizhou	196.37	63.97	57.42	77956	67831
惠州	Huizhou	1347.77	213.11	179.40	412282	340410
汕尾	Shanwei	48.35	47.00	46.76	47798	47473
东莞	Dongguan	1521.61	137.31	111.86	432227	323218
中山	Zhongshan	1568.81	336.33	272.29	517206	427458
江门	Jiangmen	733.53	202.91	177.31	279760	239162
阳江	Yangjiang	237.67	55.88	48.31	80963	66961
湛江	Zhanjiang	333.89	69.93	58.53	107046	89853
茂名	Maoming	264.68	90.30	86.02	87033	83241
肇庆	Zhaoqing	488.02	120.69	110.89	165725	152695
清远	Qingyuan	760.77	163.53	143.23	262131	224365
潮州	Chaozhou	143.98	45.89	43.66	51774	47017
揭阳	Jieyang	151.43	55.86	54.51	83719	80115
云浮	Yunfu	102.52	32.15	28.55	41770	36458

 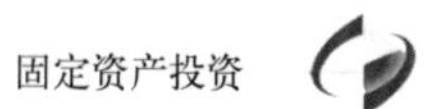

6-25 商品房屋销售情况（2007年）

Sales of Commercial Buildings (2007)

按登记注册类型分组	By Registration Status	实际销售面积（万平方米）Floor Space of Buildings Actually Sold (10000 sq.m)	#住宅 Residential Buildings	实际销售额（万元）Sales Value of Buildings Actually Sold (10000 yuan)	#住宅 Residential Buildings
全省总计	**Provincial Total**	**6174.96**	**5606.37**	**36505369**	**31828209**
内资	Domestic-funded Economy	5098.32	4635.53	27376906	23820102
国有经济	State-owned Economy	198.56	174.73	1032213	805803
集体经济	Collective-owned Economy	469.00	432.95	1789521	1567391
联营经济	Joint Ownership Economy	16.91	14.88	171557	146658
有限责任公司	Limited Liability Corporations	1803.94	1640.07	10440024	9309580
股份有限公司	Share-holding Corporations Ltd.	307.40	278.04	2723578	2380652
私营个体	Private and Individual Economy	2283.76	2076.13	11105524	9495577
其他经济	Others	18.76	18.72	114489	114441
港、澳、台商投资经济	Economy with Investment from Hong Kong, Macao and Taiwan	707.17	617.83	6243911	5261840
外商投资经济	Economy with Foreign Investment	369.47	353.01	2884552	2746267

6-26 各市商品房屋销售情况（2007年）

Sales of Commercial Buildings by City (2007)

市别	City	实际销售面积（万平方米）Floor Space of Buildings Actually Sold (10000 sq.m)	#住宅 Residential Buildings	实际销售额（万元）Sales Value of Buildings Actually Sold (10000 yuan)	#住宅 Residential Buildings
广州	Guangzhou	1351.33	1158.63	11720196	9777743
深圳	Shenzhen	555.11	500.35	7799127	6689474
珠海	Zhuhai	335.04	316.33	2160161	2041495
汕头	Shantou	182.86	150.82	594296	461662
佛山	Foshan	766.16	689.44	4045094	3636638
韶关	Shaoguan	162.72	148.22	330433	280829
河源	Heyuan	106.61	100.22	235374	213950
梅州	Meizhou	71.38	65.24	105642	89065
惠州	Huizhou	390.61	363.47	1561828	1370669
汕尾	Shanwei	45.69	45.55	66910	66759
东莞	Dongguan	573.00	541.07	2949939	2736729
中山	Zhongshan	514.03	465.37	2056463	1833485
江门	Jiangmen	265.18	243.64	798585	725126
阳江	Yangjiang	86.10	82.94	198190	169562
湛江	Zhanjiang	99.01	92.82	253987	220946
茂名	Maoming	113.89	112.78	221404	219182
肇庆	Zhaoqing	157.51	151.34	462995	431346
清远	Qingyuan	239.68	230.21	659703	612229
潮州	Chaozhou	46.85	44.95	84454	77814
揭阳	Jieyang	73.14	66.31	129635	112008
云浮	Yunfu	39.06	36.66	70953	61498

主要统计指标解释

固定资产投资额 是以货币形式表现的在一定时期内建造和购置固定资产的工作量以及与此有关的费用的总称。它是反映固定资产投资规模、结构和发展速度的综合性指标，又是观察工程进度和考核投资效果的重要依据。全社会固定资产投资包括国有经济单位投资、城乡集体及其他各种登记注册类型的单位投资和城乡居民个人投资。按照国家统计制度规定，固定资产投资统计范围包括：基本建设投资、更新改造投资、房地产开发投资和其他固定资产投资四个部分。城乡集体经济单位投资包括城镇集体所有制单位投资和农村集体所有制单位投资；其它各种经济类型单位投资包括联营经济、股份制经济、中外合资经济、中外合作经济、外资、与大陆合资经营、与大陆合作经营、港澳台独资及其它经济的单位投资；城乡居民个人投资包括城市、县城、镇、工矿区所辖范围内的个人建房和农村个人建房及购买生产性固定资产的投资。

基本建设投资 是指企业、事业、行政单位以扩大生产能力或工程效益为主要目的的新建、扩建工程及有关工作的投资。

更新改造投资 是指企业、事业单位对原有设施进行固定资产更新和技术改造，以及相应配套的工程和有关工作（不包括大修理和维护工程）的投资。

房地产开发投资 各种登记注册类型的房地产开发公司 、商品房建设公司及其他房地产开发单位统一开发的包括统代建、拆迁还建的住宅、厂房、仓库、饭店、宾馆、度假村、写字楼、办公楼等房屋建筑物和配套的服务设施、土地开发工程，如道路、给水、排水、供电 、供热、通讯、平整场地等基础设施工程的投资。包括实际从事房地产开发或经营活动的附营房地产开发单位。不包括单纯的土地交易活动。

其它固定资产投资 全社会固定资产投资中未列入基本建设、更新改造和房地产开发投资的建造和购置固定资产的活动。包括：

(1)国有单位未纳入基本建设计划和更新改造计划管理，计划总投资（或实际需要总投资）在50万元以上的项目和工程投资，包括用油田维护费和石油开发基金进行的油田维护和开发工程完成的投资；煤炭、铁矿、森工等采掘采伐部门用维简费进行的开拓延伸工程完成的投资；交通部门用公路养路费对原有公路、桥梁进行改建的工程完成的投资；商业部门用简易建筑费建造的仓库工程完成的投资。

(2)城镇集体经济单位固定资产投资：指所有隶属省辖市、县级市和县城（乡镇企业局管理的除外）建造和购置固定资产计划总投资（或实际需要总投资）在50万元以上未列入基本建设计划和更新改造计划的单位（项目）的投资。

(3)除国有、城镇集体以外的其他各种登记注册类型的企业、事业单位（包括城镇私营企、事业单位和个体经营户）建造和购置固定资产计划总投资（或实际需要总投资）在50万元以上的、未列入基本建设计划和更新改造计划的单位（项目）。

(4)城镇和工矿区私人建房投资包括市、县城、镇、工矿区所辖范围内的全部私人建房，不论其房主是否系本地的常住户口均应包括。

(5)农村固定资产投资包括农村区域范围内进行固定资产投资活动的企事业和行政单位及农村个人。

固定资产投资的资金来源 根据固定资产投资的资金来源不同，分为国家预算内资金、国内贷款、债券、利用外资、自筹资金和其他资金来源。

(1)国家预算内资金 分为财政拨款和财政安排贷款两部分。包括中央财政的基本建设基金、专项支出、收回再贷、贴息资金、财政安排的挖潜改造和新产品试制支出、城建支出、商业部门简易建筑支出、不发达地区发展基金等资金中用于固定资产投资的资金；地方财政中由国家统筹安排的固定资产投资资金等。

(2)国内贷款 指报告期固定资产投资单位向银行及非银行金融机构借入的用于固定资产投资的各种国内借款，包括银行利用自有资金及吸收存款发放的贷款、上级主管部门拨入的国内贷款、国家专项贷款（包括煤代油贷款、劳改煤矿专项贷款等），地方财政专项资金安排的贷款、国内储备贷款、周转贷款等。

(3)债券 是企业（公司）或金融机构通过发行各种债券筹集到的用于固定资产投资的资金，包括由银行代理发行的重点企业债券和重点建设债券。

(4)利用外资　指报告期内收到的用于固定资产建造和购置的国外资金（包括设备、材料、技术）。包括对外借款、外商直接投资、外商其他投资。不包括我国自有外汇资金。

(5)自筹资金　指固定资产投资单位报告期内收到的，由各地区、各部门及企事业单位筹集用于固定资产投资的预算外资金，包括中央各部门、各级地方和企事业单位的自筹资金。

(6)其他资金来源　指报告期收到的除以上各种资金之外其他用于固定资产投资的资金。包括集资、个人资金、无偿捐赠的资金及其他单位拨入的资金。

新增生产能力（或工程效益）　指通过固定资产投资活动而增加的设计能力（或工程效益），是以实物形态表示的固定资产投资成果的指标，也是考核投资经济效果的重要依据之一。

房屋建筑面积　是房屋建筑物勒脚以上外墙外围的水平截面面积，包括房屋建筑物的有效面积和结构面积。房屋建筑面积统计指标是建设规模和建设成果的重要指标之一，也是检查工程形象进度、计算工程造价、分析投资效果、研究施工任务和建筑材料之间平衡情况的重要依据。

住宅　指供人们居住的房屋，包括职工家属宿舍、集体宿舍（包括职工单身宿舍和学生宿舍）及供居住的各种公寓等。住宅建筑面积中不包括作为人防用、不住人的地下室面积和供办公用的公寓。

房屋施工面积　指在报告期内施工的全部房屋建筑面积。包括本期新开工的面积和上期开工跨入本期继续施工的面积，以及上期已停建在本期恢复施工的房屋面积。本期竣工和本期施工后又停缓建的房屋，其建筑面积仍计入本期房屋施工面积中。

房屋竣工面积　指在报告期内房屋建筑按照设计要求已经全部完工，达到住人和使用条件，经验收鉴定合格（或达到竣工验收标准），正式移交使用的各栋房屋建筑面积的总和。

房屋建筑面积竣工率　是指一定时期内房屋竣工面积与施工面积的比率。它是从房屋建筑施工速度的角度反映投资效果的指标。

新增固定资产　指已经完成建造和购置过程，并已交付生产或使用单位的固定资产的价值。它是表示固定资产投资成果的价值指标，也是反映建设进度，计算固定资产投资效果的重要依据。

固定资产交付使用率　指一定时期新增固定资产与同期完成投资额的比率。它是反映各个时期固定资产动用速度，衡量建设过程中投资效果的一个综合性指标。

建设项目投产率　是建设周期的逆指标，是指一定时期内全部建成投产项目个数与同期施工项目个数的比率。它是从建设速度的角度反映投资效果的指标。

Explanatory Notes on Main Statistical Indicators

Amount of Investment in Fixed Assets refers to the sum in monetary terms of the volume of activities in the construction and purchase of fixed assets as well as related expenses. It is not only a comprehensive indicator of the size, proportional relations and developmental pace of investment in fixed assets, but also an important basis to follow the progress of projects and check the result of investment on. Total investment in fixed assets includes investment by state-owned units, urban and rural collective units, units of other types of ownership and individuals in urban and rural areas. According to China's current statistics system, investment in fixed assets is classified into the following four parts: investment in capital construction, investment in renovation, investment in real estate development and other investment in fixed assets. Investment by urban and rural collective units includes investment by urban collective units and investment by rural collective units. Investment by units of other types of ownership includes investment by units of joint ownership economy, shareholding economy, Sino-foreign joint economy, Sino-foreign cooperative economy, economy exclusively funded by foreign investors, joint economy with the mainland, cooperative economy with the mainland, economy exclusively funded by compatriots from Hong Kong, Macao and Taiwan and units of other types of ownership. Investment by individuals in urban and rural areas includes investment in personal housing in areas under the jurisdiction of the city, county, town and special industrial and mining areas as well as investment in personal housing and purchase of productive fixed assets in rural areas.

Investment in Capital Construction refers to investment in new construction projects or extension projects and related operations of enterprises, institutions or administrative units mainly for the purpose of expanding production capacity or improving project efficiency.

Investment in Renovation refers to investment in the renewal of fixed assets and technological innovation of original facilities by enterprises and institutions as well as corresponding supplementary projects and related operations (excluding overhaul and major maintenance projects).

Investment in Real Estate Development includes investment by real estate developers, commercial builders and other units of real estate development of various statuses of registration in the construction of house buildings, such as residential buildings, factory buildings, warehouses, restaurants, hotels, holiday resorts, office buildings, and complementary service facilities and land development projects, such as roads, water supply, water drainage, power supply, heating, telecommunications, land leveling and other projects of infrastructure. This indicator covers the activities of non-real estate companies engaged in real estate development or management, but excludes simple land transactions.

Other Investment in Fixed Assets refers to investment in the construction and purchase of fixed assets other than investment in capital construction, renovation and real estate development. This includes:

(1) The following projects of state-owned units with a planned total investment (or actually needed investment) of 500,000 yuan and over, which are not included in the plan of capital construction or renovation: (a) projects of oil field maintenance and exploitation with oil field maintenance funds and petroleum development funds; (b) opening and extending projects with maintenance funds in coal, ore and other mining enterprises and logging enterprises; (c) reconstruction projects of existing highways and bridges with highway maintenance funds by departments of communication; (d) warehouse construction projects with simple construction funds by departments of commerce.

(2) Investment in fixed assets by urban collective units, which refers to projects of construction and purchase of fixed assets with a planned total investment (or actually needed investment) of 500,000 yuan and over by all collective units under the leadership of cities under the direct jurisdiction of provincial governments, county-level

cities, and county towns (exclusive of county towns under the jurisdiction of township enterprise authorities), which are not included in the plan of capital construction or renovation.

(3) Projects of construction and purchase of fixed assets by enterprises, institutions or individuals other than those mentioned above with a planned total investment (or actually needed investment) of 500,000 yuan and over, which are not included in the plan of capital construction or renovation.

(4) Private house construction in urban areas and industrial and mining areas, including all private house construction under the jurisdiction of cities, county towns, towns and industrial and mining areas, whether or not the owners of the houses are registered as permanent residents in the locality.

(5) Investment in fixed assets in the rural areas, including investment in fixed assets by enterprises, institutions, administrative units and rural individuals in rural areas.

Sources of Funds for Investment in Fixed Assets are classified into state budgetary appropriations, domestic loans, bonds, foreign investment, fundraising and others.

(1) State budgetary appropriations refer to financial appropriations and loans under financial arrangement, including appropriations in the budget of the central government earmarked for capital construction, special appropriations, reloans, discount interest funds, appropriations for innovation and trial manufacturing of new products, appropriations for city construction, appropriations for simple construction by departments of commerce and funds for investment in fixed assets from the development funds for underdeveloped areas, as well as appropriations in the budget of local governments earmarked for investment in fixed assets.

(2) Domestic loans refer to various funds borrowed by enterprises and institutions from banks and non-bank financial institutions during the reference period for the purpose of investment in fixed assets, including loans issued by banks from their own funds and deposit, loans appropriated by higher responsible authorities, special loans by government (including loan for replacing petroleum with coal, special loan for reform-through-labor coal mines), loans arranged by local governments from special funds, domestic reserve loan, and working loan, etc.

(3) Bonds refer to funds raised by enterprises (companies) and financial institutions through issuing various bonds for the purpose of investment in fixed assets, including key enterprise bonds and key construction bonds issued through the agency of banks.

(4) Foreign investment refers to foreign funds received during the reference period for the purpose of construction and purchase of fixed assets (including equipment, materials and technologies). It includes foreign loans, foreign direct investment and other foreign investment, but excludes self-owned foreign exchanges of China.

(5) Fundraising refers to extra-budgetary funds received and raised by enterprises and institutions at all levels during the reference period for the purpose of investment in fixed assets, including funds raised by various departments under the central government, government departments of various levels, enterprises and institutions.

(6) Other funds refer to funds received during the reference period for the purpose of investment in fixed assets which are not included in the above-mentioned sources, including mass financing, individual funds, donations and funds from other units.

Newly Increased Production Capacity (or Project Efficiency) refers to the increase of designed capacity or project efficiency through investment in fixed assets, which is not only an indicator of the accomplishment in kind of investment in fixed assets but also an important basis to check the economic result of investment on..

Floor Space of Buildings refers to level cross-section floor space in each story of buildings calculated from the outside line of building walls above the plinth, including the effective space and structural space occupied by constructions. It is one of the important indicators of construction size and results, as well as an important foundation for checking the progress of projects, calculating the value of project, analyzing the investment result and studying the balance between building materials.

Residential Buildings refer to buildings used as residence by people, including dormitories for families of staff and workers, mass dormitories like those for single workers and students, and various apartments. The floor space of residential buildings excludes the floor space of basement used for air-raid shelters and other purposes than residence and apartments used as offices.

Floor Space under Construction refers to total floor space of all buildings under construction during the reference period, including floor space of newly started buildings during the reference period, floor space of construction extended from the previous period to the current period, and floor space of construction suspended during the previous period but resumed in the current period. Floor space of construction completed in the current period and floor space of construction started and then suspended in the current period are also included in floor space under construction.

Floor Space of Buildings Completed refers to total floor space of all buildings completed in the reference period, which have come up to the designed standards with proper conditions of residence and use, and have been examined and accepted (or met the standards for completion), and put into use.

Completion Rate of Floor Space of Buildings refers to the ratio of the floor space of buildings completed in a certain period of time to the floor space of buildings under construction in the same period, which reflects the investment result of the construction industry from the perspective of the speed of project construction.

Newly Increased Fixed Assets refer to the value of fixed assets which have been completed and transfered to production units or users. It is a value indicator of the achievements of investment in fixed assets as well as an important basis to evaluate the result of investment in fixed assets on.

Rate of Projects of Fixed Assets Completed and Put into Use refers to the ratio of newly increased fixed assets to total investment made in the same period. It is a comprehensive indicator of the speed of the deployment of fixed assets and investment efficiency.

Rate of Construction Projects Completed and Put into Use is the inverse indicator of construction period, referring to the ratio of the number of construction projects completed and put into use in certain period of time to the number of projects under construction in the same period. This reflects the investment efficiency from the perspective of the speed of project construction.

七、能源

ENERGY

七 能源

简要说明

一、本篇资料反映广东能源生产、消费和能耗水平等情况。内容主要包括：能源生产、消费及品种构成，分行业能源消费总量，综合能源平衡，各市能源单耗，能源生产和消费弹性系数，能源加工转换效率，生活用能源消费等资料。

二、本篇资料由广东省统计局工业交通处根据有关资料和调查结果整理提供。

三、能源资料取自全省《地区能源平衡表》和《工业企业能源购进、消费及库存表》等。地区能源平衡表编制范围为辖区内生产和消费能源的单位，其中规模以上工业企业的能源消费根据国家统计局制发的报表制度由统计系统搜集资料逐级汇总上报；加工转换消费来源于《工业企业能源购进、消费及库存附表》；其他数据来源于有关厅（局)、公司或企业。

四、关于数据口径与计算的说明：

1. 能源生产与消费弹性系数分别以能源生产、消费增长速度与地区生产总值增长速度相比求得。

2. 能源平衡表中，进口量和出口量采用海关统计数据，电力折算标准煤系数按平均发电煤耗计算。

3. 能源加工转换效率表中的电力折算标准煤系数采用当量值计算，每千瓦小时折 0.1229 千克标准煤。

7 Energy

Brief Introduction

Ⅰ. The data in this chapter reflect the energy production, consumption, and efficiency of Guangdong Province, mainly including the energy production and consumption and their composition, the energy consumption by sector, the overall balance of energy, energy consumption per unit by city, the elasticity coefficients of energy production and consumption, the efficiency of energy conversion and the consumption of energy for non-production use, etc.

Ⅱ. The data in this chapter are prepared and provided by the Division of Industrial and Transport Statistics of Guangdong Provincial Bureau of Statistics.

Ⅲ. The data in this chapter come from the Energy Balance Sheet of the whole province and the Sheets of Energy Purchase, Consumption and Storage of Key Energy Consumption Industrial Enterprises. The coverage of the regional energy balance includes the units that produce and consume energy. Among them, the data on the energy consumption of all the state-owned industrial enterprises and the enterprises with yearly sales revenue over 5 million yuan are collected by the statistical agencies in accordance with the statistical reporting scheme stipulated by the National Bureau of Statistics and tabulated and reported to the higher authorities level by level; the data on the energy processing, transformation and consumption are derived from the Sheets of Energy Purchase, Consumption and Storage of Key Energy Consumption Industrial Enterprises; other data are provided by related government departments, companies and enterprises.

Ⅳ. Data coverage and calculation:

(1) The elasticity coefficient of energy production is calculated as the quotient of the growth rate of energy production divided by the growth rate of GDP; and the elasticity coefficient of energy consumption is calculated as the quotient of the growth rate of energy consumption divided by the growth rate of GDP.

(2) In the energy balance sheet, the data on the imports and exports are data from the customs statistics.The coefficient for converting electric power into the standard coal equivalent is calculated according to the average consumption of coal for generating electricity.

(3) In the table on the efficiency of energy conversion, the coefficient for converting electric power into the standard coal equivalent is calculated on the basis of heat value equivalent.One kilowatt is equal to 0.1229 kg SCE.

7-1 能源生产总量及构成

Total Production of Energy and its Composition

项　　目	Item	1990	1995	2000	2005	2006	2007
能源生产总量	**Total Energy Production**	**1006.24**	**2622.53**	**3711.69**	**4524.97**	**4160.37**	**3923.53**
（万吨标准煤）	**(10000 tons of SCE)**						
构　成　(%)	Composition (%)	100.0	100.0	100.0	100.0	100.0	100.0
原　煤	Coal	63.1	29.1	8.0	7.5		
原　油	Crude Oil	7.0	35.5	53.6	46.4	45.9	45.9
电　力	Electricity	29.9	34.9	27.1	32.9	38.4	36.3
天然气	Natural Gas		0.5	11.3	13.2	15.7	17.8

7-2 能源消费总量及构成

Total Consumption of Energy and Its Composition

年份 Year	一次能源消费量(万吨标准煤) Primary Energy Consumption (10000 tons of SCE)	构成(%) Composition(%)					终端能源消费量(万吨标准煤) Final Energy Consumption (10000 tons of SCE)	构成(%) Composition(%)				
		合计 Total	原煤 Coal	原油 Crude Oil	电力 Electricity	天然气 Natural Gas		合计 Total	原煤 Coal	油品 Oil Products	电力 Electricity	其他 Others
1990	3690.25	100.0	56.5	35.3	8.2		3936.44	100.0	33.6	22.4	33.0	11.0
1995	6147.61	100.0	56.4	28.5	14.9	0.2	7062.28	100.0	27.0	20.9	39.7	12.4
2000	7983.46	100.0	52.2	35.0	12.6	0.2	9080.20	100.0	17.1	22.6	45.4	14.9
2001	8169.60	100.0	52.5	34.0	13.5		9775.15	100.0	15.9	22.6	46.1	15.4
2002	9036.40	100.0	51.9	31	17.1		10861.68	100.0	14.5	21.6	49.2	14.7
2003	10462.09	100.0	53.5	28.6	17.7	0.2	12414.48	100.0	17.8	22.6	44.5	15.1
2004	12013.14	100.0	51.4	28.4	20.0	0.2	14487.74	100.0	11.7	20.7	52.6	15.0
2005	13086.58	100.0	52.8	26.1	20.8	0.3	17271.50	100.0	11.5	23.6	50.0	14.9
2006	15281.00	100.0	50.4	26.2	22.1	1.3	19058.60	100.0	12.3	23.9	48.5	15.2
2007	17344.10	100.0	52.0	24.2	20.3	3.5	21143.09	100.0	12.2	22.5	48.6	16.7

7-3 综合能源平衡表
Overall Energy Balance Sheet

单位：万吨标准煤 (10000 tons of SCE)

项　目	Item	1990	1995	2000	2005	2006	2007
可供本地区消费的能源量	**Total Energy Available for Consumption by Locality**	**4044.28**	**7344.82**	**9447.70**	**17769.37**	**19765.22**	**21912.11**
年初库存量	Stock at the Year-beginning	583.00	614.43	675.20	800.55	1013.78	1030.18
一次能源生产量	Primary Energy Output	1006.24	2622.53	3711.69	4524.97	4160.37	3923.54
回收能	Recovery of Energy		19.07	96.59	307.64	165.56	270.26
外省调入量	Allocation from Other Provinces	2955.36	4293.08	5628.27	10140.51	12904.80	16675.78
进口量	Imports	473.83	1575.45	2757.39	4587.62	5038.17	5292.14
我国轮、机在外国加油量	Petroleum Consumed by Chinese Airplanes and Ships Abroad	12.28			42.07	7.13	7.13
本省调出量(-)	Allocation over Other Provinces(-)	-113.82	-609.34	-1599.39	-1066.72	-1433.58	-3396.23
出口量(-)	Exports(-)	-153.11	-509.37	-980.31	-548.29	-1021.85	-833.26
外国轮、机在我国加油量(-)	Petroleum Consumed by Foreign Airplanes and Ships in China(-)	-70.30	-50.82	-62.51	-5.21	-38.97	-13.67
年末库存量(-)	Stock at the Year-end(-)	-649.20	-610.24	-779.26	-1013.78	-1030.18	-1043.76
加工转换投入(-)产出(+)量	**Input Output in Processing and Transformation**	**-13.74**	**-11.86**	**-35.74**	**-36.04**	**-21.05**	**-19.17**
火力发电	Thermal Power						
供热	Heating						
洗选煤	Coal Washing				-6.10		
炼焦	Coking	-4.21	-6.95	-3.85	-5.19	-4.73	-1.16
炼油	Petroleum Refining	-6.90	-1.86	-26.89	-16.03	-7.90	-8.59
制气	Gas Production		-3.05	-5.00	-6.96	105.45	15.85
损失量	**Losses**	**113.33**	**271.16**	**331.76**	**461.83**	**685.57**	**749.88**
#运输和输配损失	Losses in Transmission	104.17	266.75	318.75	452.36	685.32	749.88
终端消费量	**End-use**	**3936.44**	**7062.28**	**9080.20**	**17271.50**	**19058.60**	**21143.07**
第一产业	Primary Industry	193.15	349.96	353.56	461.06	436.03	424.10
农、林、牧、渔业	Farming, Forestry, Animal Husbandry and Fishery	193.15	349.96	353.56	461.06	436.03	424.10
第二产业	Secondary Industry	2775.58	4626.99	5790.91	11225.51	12698.08	14140.77
工业	Industry	2728.01	4521.20	5693.02	11038.78	12500.55	13919.08
#用作原材料、燃料	As Raw Materials and Fuel	335.68	99.90	86.44	408.03	819.60	1228.81
建筑业	Construction	47.57	105.76	97.90	186.73	197.53	221.68
第三产业	Tertiary Industry	515.11	1093.40	1648.93	3484.54	3697.18	4077.55
交通运输仓储及邮电通信业	Transport, Storage, Postal and Telecommunication Services	339.43	577.29	957.92	1918.81	1974.96	2179.88
批发和零售贸易业、餐饮业	Wholesale and Retail Trade and Catering	92.16	283.01	403.21	758.40	848.59	925.85
其他	ServicesOthers	83.52	233.10	287.81	807.32	873.63	971.83
生活消费	Residential Consumption	452.60	991.92	1286.80	2100.39	2227.31	2500.65
城镇	Urban Areas	296.73	659.27	818.33	1419.60	1494.86	1694.23
乡村	Rural Areas	155.87	332.61	468.45	680.80	732.44	806.42
平衡差额	**Balance**	**-19.23**	**-0.48**				
消费量合计	**Total Energy Consumption**	**4063.51**	**7345.30**	**9447.70**	**17769.37**	**19765.22**	**21912.11**

7-4 分行业能源消费总量和原煤、电力消费量（2007年）
Consumption of Total Energy, Coal and Electricity by Sector (2007)

行 业	Sector	能源消费总量(万吨标准煤) Total Energy Consumption (10000 tons of SCE)	原煤消费量(万吨) Coal Consumption (10000 tons)	电力消费量(亿千瓦小时) Electricity Consumption (100 million kwh)
消费总量	**Total**	**21912.11**	**12064.96**	**3394.05**
农、林、牧、渔业	**Farming,Forestry,Animal Husbandry and Fishery**	**424.10**	**55.37**	**73.91**
工业合计	**Industry**	**14676.99**	**11930.14**	**2364.73**
采矿业	**Mining and Quarrying**	**126.57**	**12.14**	**12.26**
煤炭开采和洗选业	Mining and Washing of Coal	2.14	2.93	
石油和天然气开采业	Extraction of Petroleum and Natural Gas	66.84		0.45
黑色金属矿采选业	Mining and Dressing of Ferrous Metal Ores	16.13	1.80	3.38
有色金属矿采选业	Mining and Dressing of Nonferrous Metal Ores	13.51	1.85	3.30
非金属矿采选业	Mining and Dressing of Nonmetal Ores	27.83	5.55	5.13
其他采矿业	Mining and Dressing of Other Ores	0.11		
制造业	**Manufacture**	**12682.20**	**4136.35**	**1848.18**
农副食品加工业	Processing of Farm and Sideline Food	190.28	126.83	27.83
食品制造业	Manufacture of Food	123.35	70.58	17.58
饮料制造业	Manufacture of Beverage	106.64	44.03	11.31
烟草制品业	Tobacco Products	7.99	1.32	1.75
纺织业	Textile Industry	725.24	503.18	101.22
纺织服装、鞋、帽制造业	Manufacture of Textile Garments, Footwear and Headgear	265.56	84.06	50.17
皮革、毛皮、羽毛(绒)及其制品业	Leather, Fur, Feather, Down and Related Products	173.63	10.59	40.70
木材加工及木、竹、藤、棕、草制品业	Timber Processing, Bamboo, Cane, Palm Fiber & Straw Products	86.70	15.38	18.32
家具制造业	Manufacture of Furniture	106.85	2.36	25.86
造纸及纸制品业	Papermaking and Paper Products	521.17	644.93	92.16
印刷业和记录媒介的复制	Printing and Record Medium Reproduction	101.62	3.37	22.91
文教体育用品制造业	Manufacture of Cultural,Educational and Sports Articles	167.23	3.45	41.71
石油加工、炼焦及核燃料加工业	Petroleum Refining, Coking, and Nuclear Fuel Processing	1076.35	100.02	35.56
化学原料及化学制品制造业	Manufacture of Raw Chemical Materials and Chemical Products	908.87	156.40	81.08
医药制造业	Manufacture of Medicines	93.87	49.23	12.84
化学纤维制造业	Manufacture of Chemical Fibers	66.05	7.14	13.15
橡胶制品业	Rubber Products	102.21	23.80	19.49
塑料制品业	Plastic Products	594.67	61.82	142.68
非金属矿物制品业	Nonmetal Mineral Products	2641.73	1763.48	226.52
黑色金属冶炼及压延加工业	Smelting and Pressing of Ferrous Metals	1230.67	277.70	102.52
有色金属冶炼及压延加工业	Smelting and Pressing of Nonferrous Metals	319.80	63.23	53.48
金属制品业	Metal Products	517.79	47.34	108.96
通用设备制造业	Manufacture of General-purpose Machinery	168.80	12.25	36.12
专用设备制造业	Manufacture of Special-purpose Machinery	150.94	4.73	34.62
交通运输设备制造业	Manufacture of Transport Equipment	190.03	1.50	41.74
电气机械及器材制造业	Manufacture of Electrical Machinery and Equipment	627.93	9.84	142.43
通信设备、计算机及其他电子设备制造业	Manufacture of Communication Equipment, Computers and Other Electronic Equipment	1140.24	5.94	289.25
仪器仪表及文化、办公用机械制造业	Manufacture of Instruments, Meters, and Machinery for Cultural and Office Use	117.34	0.31	27.54
工艺品及其他制造业	Handicraft and Other Manufactures	149.01	39.06	26.82
废弃资源和废旧材料回收加工业	Recycling and Disposal of Waste	9.63	2.48	1.84
电力、燃气及水的生产和供应业	**Production and Supply of Electric Power, Gas and Water**	**1868.21**	**7781.65**	**504.29**
电力、热力的生产和供应业	Production and Supply of Electric Power and Heat Power	1746.44	7774.83	466.53
燃气生产和供应业	Production and Supply of Gas	1.39	6.48	2.14
水的生产和供应业	Production and Supply of Water	120.38	0.34	35.62
建筑业	**Construction**	**221.68**	**2.41**	**43.16**
交通运输、仓储及邮政业	**Transport, Storage,Postal and Telecommunication Services**	**2191.04**	**1.67**	**37.24**
批发和零售贸易餐饮业	**Wholesale and Retail Trade and Catering Services**	**925.85**	**27.92**	**187.98**
其他行业	**Others**	**971.83**		**274.43**
生活消费	**Non-production Consumption**	**2500.65**	**47.45**	**412.60**

7-5 各市电力消费量（2000-2007年）

Electricity Consumption by City (2000-2007)

单位：万千瓦小时 (10000 kwh)

市　别	City	2000	2001	2002	2003	2004	2005	2006	2007
全省总计	**Provincial Total**	**13345809**	**14584244**	**16878253**	**20312922**	**23871351**	**26735565**	**30040334**	**33940489**
广　州	Guangzhou	2387780	2556452	2849015	3349711	3846374	4256676	4694234	5271257
深　圳	Shenzhen	1903488	2122806	2599207	3234507	3903059	4402089	4872038	5625193
珠　海	Zhuhai	308222	331500	381788	454651	522292	615812	721434	838874
汕　头	Shantou	439064	469428	543399	676846	783312	875959	965146	1068976
佛　山	Foshan	1688410	1898146	2155540	2558540	2919996	3162913	3552110	3982846
韶　关	Shaoguan	358147	405874	432202	508840	554225	587195	607921	682774
河　源	Heyuan	92712	99431	128789	193951	227720	239029	301076	374635
梅　州	Meizhou	226963	228827	256055	312887	375102	403996	423499	493640
惠　州	Huizhou	435285	495551	608110	746729	895747	1052227	1231685	1455940
汕　尾	Shanwei	93501	106274	115825	132056	143076	168722	192909	219762
东　莞	Dongguan	1797782	2094159	2600124	3235343	3758498	4198289	4720112	5154025
中　山	Zhongshan	545426	608500	724675	926725	1110520	1236288	1373795	1538810
江　门	Jiangmen	646460	677711	774166	895522	1037271	1136262	1249663	1406034
阳　江	Yangjiang	120876	133583	150202	175254	202296	224597	252257	289074
湛　江	Zhanjiang	241546	262619	295017	342538	411125	490913	549358	624556
茂　名	Maoming	299778	304324	304304	341300	375164	401079	470564	544727
肇　庆	Zhaoqing	240012	265760	296603	350588	408136	485822	560631	683004
清　远	Qingyuan	225951	235140	253784	319475	429370	594692	801442	977308
潮　州	Chaozhou	139519	160058	190207	238633	287938	331724	390067	440270
揭　阳	Jieyang	225112	248853	281280	359237	442689	511288	602678	692968
云　浮	Yunfu	121382	128158	144785	172354	203100	215491	226289	277461

7-6 各市能源单耗（2007年）
Energy Consumption per Unit by City (2007)

市别	City	单位GDP能耗 Energy Consumption per Unit of GDP 指标值(吨标准煤/万元) Equivalent Value (tons of SCE/10000 yuan)	单位GDP能耗 上升或下降(±%) Changes (±%)	单位GDP电耗 Electricity Consumption per Unit of GDP 指标值(千瓦时/万元) Equivalent Value(kwh/10000 yuan)	单位GDP电耗 上升或下降(±%) Changes (±%)	单位工业增加值能耗 Energy Consumption per Value-added of Industry 指标值(吨标准煤/万元) Equivalent Value(tons of SCE/10000 yuan)	单位工业增加值能耗 上升或下降(±%) Changes (±%)
全省总计	**Provincial Total**	**0.747**	**-3.15**	**1156.9**	**-1.3**	**0.98**	**-5.28**
广州	Guangzhou	0.713	-4.44	775	-2.29	1.12	-8.33
深圳	Shenzhen	0.56	-2.76	848.8	0.54	0.55	-3.76
珠海	Zhuhai	0.623	-2.6	968.3	-0.35	1.01	18.53
汕头	Shantou	0.648	-2.12	1302.5	-1.97	0.98	-12.94
佛山	Foshan	0.871	-4.38	1173.7	-5.93	0.73	-12.02
韶关	Shaoguan	1.913	-6.12	1547.1	-2.22	4.37	-13.19
河源	Heyuan	0.884	-1.46	1193.3	1.5	0.79	-1.07
梅州	Meizhou	1.333	-4.64	1271.1	3.64	3.66	-8.03
惠州	Huizhou	1.016	4.13	1336.5	0.65	1.36	13.03
汕尾	Shanwei	0.558	-2.13	774.9	-3.83	0.48	-2.12
东莞	Dongguan	0.778	-5.36	1675.7	-7.64	0.92	-10.07
中山	Zhongshan	0.701	-5.11	1290.9	-3.16	0.42	-6.34
江门	Jiangmen	0.833	-3.78	1300.8	-2.22	1.43	-0.79
阳江	Yangjiang	0.763	-4.02	735.2	0.51	0.89	-7.09
湛江	Zhanjiang	0.682	-3.96	710.8	0.58	1.18	-8.47
茂名	Maoming	1.256	-1.98	562.1	2.35	3.92	-2.36
肇庆	Zhaoqing	0.919	-4.04	1199.9	5.62	1.35	-11.37
清远	Qingyuan	1.633	-3.64	1777.7	-8.24	2.27	-24.69
潮州	Chaozhou	1.357	-3.47	1207.9	-1.17	2.19	31.02
揭阳	Jieyang	0.939	-3.44	1230.4	-2.61	1.2	36.8
云浮	Yunfu	1.389	-3.22	1063.9	6.81	4.57	-14.97

注：1. 降低率按指数计算。
2. 能源单耗指标中的GDP和工业增加值按2005年可比价计算。

Notes: a) Reduction rates are calculated at indices.
b) GDP and value-added of industry are calculated at comparable prices of 2005.

7-7 平均每天各种能源消费量
Average Daily Energy Consumption by Variety

能源品种	Item	1990	1995	2000	2005	2006	2007
合　计(吨标准煤)	**Total (ton of SCE)**	**112476**	**201241**	**248773**	**473192**	**522153**	**579263**
煤　炭　(吨)	Coal (Ton)	50828	72961	59590	78227	92474	103154
焦　炭　(吨)	Coke (Ton)	2871	3613	3973	8058	8085	12147
原　油　(吨)	Crude Oil (Ton)	754	143	250	178	2685	576
燃料油　(吨)	Fuel Oil (Ton)	4874	7195	9248	18288	23944	23029
汽　油　(吨)	Gasoline (Ton)	3878	7700	8226	19330	21134	22952
煤　油　(吨)	Kerosene (Ton)	866	1535	2444	4212	4312	4689
柴　油　(吨)	Diesel Oil (Ton)	7025	11334	18726	34920	36646	38818
液化石油气　(吨)	Liquefied Petroleum Gas(Ton)	549	5110	8720	16676	14755	16595
电　力(万千瓦时)	Electricity (10000 kwh)	9836	19698	33978	69671	76749	86790

7-8 平均每人年生活用能源
Per Capita Annual Average Residential Energy Consumption

能源品种	Item	1990	1995	2000	2005	2006	2007
合　计(千克标准煤)	**Total (kg of SCE)**	**72.04**	**146.11**	**148.90**	**265.88**	**239.39**	**266.69**
煤　炭　(千克)	Coal (kg)	56.77	40.07	9.63	12.21	8.42	8.03
汽　油　(千克)	Gasoline (kg)	1.65	4.50	4.42	16.88	18.82	19.75
煤　油　(千克)	Kerosene (kg)	1.95	1.18	0.24	0.38	0.32	0.37
柴　油　(千克)	Diesel Oil (kg)		0.37	0.57	1.13	1.09	1.15
液化石油气　(千克)	Liquefied Petroleum Gas(kg)	1.76	24.51	31.47	50.58	40.13	43.45
电　力　(千瓦时)	Electricity (kwh)	63.90	165.24	239.09	415.99	393.39	440.04

7-9 分品种生活能源年消费总量
Total Annual Residential Energy Consumption by Variety

能源品种	Item	1990	1995	2000	2005	2006	2007
合　计(万吨标准煤)	**Total (10000 tons of SCE)**	**454.71**	**991.92**	**1286.80**	**2100.39**	**2227.31**	**2500.65**
煤　炭　(万吨)	Coal (10000 tons)	348.03	272.01	83.22	96.46	78.33	75.32
汽　油　(万吨)	Gasoline (10000 tons)	10.44	30.54	38.20	133.36	175.12	185.14
煤　油　(万吨)	Kerosene (10000 tons)	11.98	8.00	2.10	2.98	2.98	3.47
柴　油　(万吨)	Diesel Oil (10000 tons)		2.54	4.90	8.93	10.17	10.77
液化石油气　(万吨)	Liquefied Petroleum Gas(10000 tons)	10.78	166.41	271.96	399.55	373.40	407.38
电　力(亿千瓦小时)	Electricity (100 million kwh)	39.17	112.18	206.62	328.62	366.01	412.60

7-10 能源加工转换效率

Efficiency of Energy Conversion

单位：% (%)

年份 Year	火力发电 Thermal Power Generation	供　热 Heating	炼　焦 Coking	炼　油 Petroleum Refining	制　气 Gas Production
1990	31.13	79.21	93.48	99.44	
1995	31.85	80.07	90.93	99.89	86.17
2000	37.20	87.19	94.35	99.02	79.18
2001	37.21	85.09	95.23	99.12	77.90
2002	36.36	76.40	94.27	98.40	80.08
2003	40.69	71.43	82.36	98.57	78.67
2004	35.53	86.10	91.53	99.29	79.70
2005	36.22	95.99	96.66	99.53	79.18
2006	37.74	88.49	96.95	99.80	95.40
2007	38.80	70.66	99.02	99.79	97.22

7-11 能源生产弹性系数

Elasticity Coefficient of Energy Production

年份 Year	能源生产比上年增长% Growth Rate of Energy Production over Preceding Year(%)	电力生产比上年增长% Growth Rate of Electricity Production over Preceding Year(%)	本省生产总值比上年增长% Growth Rate of Gross Domestic Product(GDP) over Preceding Year(%)	能源生产弹性系数 Elasticity Coefficient of Energy Production	电力生产弹性系数 Elasticity Coefficient of Electricity Production
1986	1.0	8.0	12.7	0.08	0.63
1990	0.3	15.3	11.6	0.02	1.32
1995	14.7	6.6	15.6	0.94	0.42
1996	43.3	10.7	11.3	3.83	0.95
1997	8.5	8.0	11.2	0.76	0.71
1998	-4.1	5.6	10.8		0.52
1999	-10.3	9.8	10.1		0.97
2000	5.8	18.7	11.5	0.50	1.63
2001	-8.2	5.9	10.5		0.56
2002	6.5	12.4	12.4	0.52	1.00
2003	12.7	17.7	14.8	0.86	1.20
2004	18.6	11.9	14.8	1.26	0.80
2005	-6.7	7.4	13.8		0.54
2006	-8.1	8.5	14.6		0.58
2007	-5.7	8.9	14.7		0.61

7-12 能源消费弹性系数

Elasticity Coefficient of Energy Consumption

年份 Year	能源消费比上年增长(%) Growth Rate of Energy Consumption over Preceding Year(%)	电力消费比上年增长% Growth Rate of Electricity Consumption over Preceding Year(%)	本省生产总值比上年增长% Growth Rate of Gross Domestic Product(GDP) over Preceding Year(%)	能源消费弹性系数 Elasticity Coefficient of Energy Consumption	电力消费弹性系数 Elasticity Coefficient of Electricity Consumption
1986	8.4	4.7	12.7	0.66	0.37
1990	4.1	14.3	11.6	0.35	1.24
1995	9.2	7.6	15.6	0.59	0.49
1996	5.5	8.9	11.3	0.48	0.79
1997	2.7	7.1	11.2	0.24	0.64
1998	5.3	7.5	10.8	0.49	0.70
1999	4.3	10.0	10.1	0.42	0.99
2000	8.2	22.9	11.5	0.71	1.99
2001	7.7	9.3	10.5	0.74	0.88
2002	11.6	15.7	12.4	0.93	1.27
2003	15.4	20.3	14.8	1.04	1.37
2004	16.1	17.5	14.8	1.09	1.18
2005	16.8	12.0	13.8	1.22	0.87
2006	11.2	12.4	14.6	0.77	0.85
2007	10.9	13.0	14.7	0.74	0.88

主要统计指标解释

能源生产总量 指一定时期内全国（地区）一次能源生产量的总和，是观察全国（地区）能源生产水平、规模、构成和发展速度的总量指标。一次能源生产量包括原煤、原油、天然气、水电、核能及其他动力能（如风能、地热能等）发电量。不包括低热值燃料生产量、生物质能、太阳能等的利用和由一次能源加工转换而成的二次能源产量。

能源消费总量 指一定时期内全国（地区）生产和生活消 费的各种能源的总和，是观察能源消费水平、构成和增长速度的总量指标，能源消费总量包括原煤和原油及其制品、天然气、电力。不包括低热值燃料、生物质能和太阳能等的利用 。能源消费总量分为三部分，即终端能源消费量、能源加工转换损失量和损失量。

(1)终端能源消费量 指一定时期内全国（地区）生产和生活消费的各种能源在扣除了用于加工转换二次能源消费量和损失量以后的数量。

(2)能源加工转换损失量 指一定时期内全国（地区）投入加工转换的各种能源数量之和与产出各种能源产品之和的差额。它是观察能源在加工转换过程中损失量变化的指标。(3)能源损失量 指一定时期内能源在输送、分配、储存过程中发生的损失和由客观原因造成的各种损失量。不包括各种气体能源放空、放散量。

能源生产弹性系数 是研究能源生产增长速度与国民经济增长速度之间关系的指标。计算公式：

$$\text{能源生产弹性系数}=\frac{\text{能源生产总量增长速度}}{\text{国民经济增长速度}}$$

国民经济增长速度，可根据不同的目的或需要，用国民生产总值，国内生产总值等指标来计算，本资料是采用国内生产总值指标计算的。

电力生产弹性系数 是研究电力生产增长速度与国民经济增长速度之间关系的指标。一般来说，电力的发展应当快于国民经济的发展，也就是说电力应超前发展。计算公式：

$$\text{电力生产弹性系数}=\frac{\text{电力生产量增长速度}}{\text{国民经济增长速度}}$$

能源消费弹性系数 是反映能源消费增长速度与国民经济增长速度之间比例关系的指标。计算公式：

$$\text{能源消费弹性系数}=\frac{\text{能源消费量增长速度}}{\text{国民经济增长速度}}$$

电力消费弹性系数 是反映电力消费增长速度与国民经济增长速度之间比例关系的指标。计算公式：

$$\text{电力消费弹性系数}=\frac{\text{电力消费量增长速度}}{\text{国民经济增长速度}}$$

能源加工转换效率 指一定时期内能源经过加工、转换后，产出的各种能源产品的数量与同期内投入加工转换的各种能源数量的比率。它是观察能源加工转换装置和生产工艺先进与落后、管理水平高低等的重要指标。计算公式：

$$\text{能源加工转换效率}=\frac{\text{能源加工、转换产出量}}{\text{能源加工、转换投入量}}\times 100\%$$

Explanatory Notes on Main Statistical Indicators

Total Energy Production refers to the total production of primary energy by all energy producing enterprises in the country (region) in a given period of time. It is a comprehensive indicator of the capacity, scale, composition and development speed of energy production of the country (region). The production of primary energy includes that of coal, crude oil, natural gas, hydropower and electricity generated by nuclear energy and other means such as wind power and geothermal power. However, it excludes the production of fuel of low calorific value, bioenergy, solar energy and secondary energy converted from primary energy.

Total Domestic Energy Consumption refers to the total consumption of energy of various kinds by production sectors and households in the country (region) in a given period of time. It is a comprehensive indicator of the scale, composition and development speed of energy consumption. The total energy consumption includes that of coal, crude oil and their products, natural gas and electricity, but excludes the consumption of fuel of low calorific value, bioenergy and solar energy. Total domestic energy consumption can be divided into three parts:

(1) Final Energy Consumption: This refers to the total energy consumption by production sectors and households in the country (region) in a given period of time, excluding primary energy consumption and loss in the process of conversion into secondary energy.

(2)Loss During the Process of Energy Conversion: This refers to the total input of various kinds of energy for conversion minus the total output of various kinds of energy in the country (region) in a given period of time. It is an indicator of the loss that occurs during the process of energy conversion.

(3)Loss: This refers to the total loss of energy during the course of energy transmission, distribution and storage and the loss caused by any objective reason in a given period of time, excluding the loss of various kinds of gas due to gas discharges and stocktaking.

Elasticity Coefficient of Energy Production is an indicator of the relationship between the growth rate of energy production and the growth rate of the national economy. The formula is:

$$\text{Elasticity Coefficient of Energy Production} = \frac{\text{Growth Rate of Energy Production}}{\text{Growth Rate of National Economy}}$$

The average annual growth rate of the national economy can be shown by the gross national product, gross domestic product and other indicators, depending on the purposes or needs. The gross domestic product is used in the calculation of the ratio in this chapter.

Elasticity Coefficient of Electricity Production is an indicator of the relationship between the growth rate of electricity production and the growth rate of the national economy. Generally speaking, the growth rate of electricity production should be higher than that of the national economy; in other words, electricity production should develop in advance of the national economy. Its formula is:

$$\text{Elasticity Coefficient of Electricity Production} = \frac{\text{Growth Rate of Electricity Production}}{\text{Growth Rate of National Economy}}$$

Elasticity Coefficient of Energy Consumption is an indicator of the relationship between the growth rate of energy consumption and the growth rate of the national economy. The formula is:

$$\text{Elasticity Coefficient of Energy Consumption} = \frac{\text{Growth Rate of Energy Consumption}}{\text{Growth Rate of National Economy}}$$

Elasticity Coefficient of Electricity Consumption is an indicator of the relationship between the growth rate of electricity consumption and the growth rate of the national economy. The formula is:

$$\text{Elasticity Coefficient of Electricity Consumption} = \frac{\text{Growth Rate of Electricity Consumption}}{\text{Growth Rate of National Economy}}$$

Efficiency of Energy Processing and Conversion refers to the ratio of the total output of energy products of various kinds after processing and conversion to the total input of energy of various kinds for processing and conversion in the same reference period. It is an important indicator of the current conditions of energy processing and conversion equipment, production technique and management. The formula is:

$$\text{Efficiency of Energy Processing \& Conversion} = \frac{\text{Output of Energy after Processing \& Conversion}}{\text{Input of Energy for Processing \& Conversion}} \times 100\%$$

八、财政、银行和保险

GOVERNMENT FINANCE,BANKING AND INSURANCE

八 财政、银行和保险

简要说明

一、本篇资料反映广东地方财政一般预算收支、银行、保险等方面的基本情况。

二、本篇资料由广东省统计局综合处负责整理、编辑。

三、资料来源：

财政资料根据广东省财政厅提供的历年《广东省财政总决算报表》的有关项目加工整理。

银行资料由中国人民银行广州分行提供。

保险业务资料由中国保险监督管理委员会广东监管局提供。

8 Government Finance,Banking and Insurance

Brief Introduction

Ⅰ. The data in this chapter show the basic conditions of local government budgetary finance, banking and insurance of Guangdong Province.

Ⅱ. The data in this chapter are prepared by the Division of Comprehensive Statistics of Guangdong Provincial Bureau of Statistics.

Ⅲ. Data sources:

The data on local government finance are prepared in accordance with the related tables of the Total Final Accounts of Government Finance of Guangdong provided by Guangdong Provincial Department of Finance.

The data on banking are provided by Guangzhou Branch of the People's Bank of China.

The data on insurance are provided by Guangdong Bureau of China Insurance Regulatory Commission.

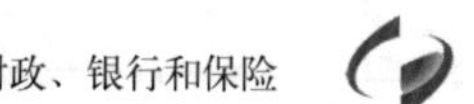

8-1 地方财政一般预算收支和增长速度（1978-2007年）

Local Government Budgetary Revenue and Expenditure and Their Growth Rates (1978-2007)

单位：亿元 (100 million yuan)

年份 Year	地方财政一般预算收入 Local Government Budgetary Revenue	地方财政一般预算支出 Local Government Budgetary Expenditure	收支差额 Balance	增长速度（%） Growth Rate (%)		财政收入占地区生产总值的比重(%) Percentage of Budgetary Revenue to GDP (%)
				地方财政一般预算收入 Local Government Budgetary Revenue	地方财政一般预算支出 Local Government Budgetary Expenditure	
1978	41.82	28.70	13.12	17.9	42.6	22.5
1979	36.25	29.88	6.37	-13.3	4.1	17.3
1980	37.79	27.04	10.75	4.2	-9.5	15.1
1981	41.01	29.60	11.41	8.5	9.5	14.1
1982	42.23	33.34	8.89	3.0	12.6	12.4
1983	44.29	37.45	6.84	4.9	12.3	12.0
1984	49.28	47.18	2.10	11.3	26.0	10.7
1985	69.27	66.74	2.53	40.6	41.5	12.0
1986	82.41	89.55	-7.14	19.0	34.2	12.3
1987	95.88	96.59	-0.71	16.3	7.9	11.3
1988	107.57	115.20	-7.63	12.2	19.3	9.3
1989	136.87	141.16	-4.29	27.2	22.5	9.9
1990	131.02	150.69	-19.67	-4.3	6.8	8.4
1991	177.35	182.48	-5.13	35.4	21.1	9.4
1992	222.64	219.61	3.03	25.5	20.3	9.1
1993	346.56	331.27	15.29	55.7	50.8	10.0
1994	298.70	416.83	-118.13	-13.8	25.8	6.5
1995	382.34	525.63	-143.29	28.0	26.1	6.4
1996	479.45	601.23	-121.78	25.4	14.4	7.0
1997	543.95	682.66	-138.71	13.5	13.5	7.0
1998	640.75	825.61	-184.86	17.8	20.9	7.5
1999	766.19	1034.44	-268.25	19.6	25.3	8.3
2000	910.56	1069.86	-159.30	18.8	3.4	8.5
2001	1160.51	1321.33	-160.82	27.5	23.5	9.6
2002	1201.61	1521.08	-319.47	3.5	15.1	8.9
2003	1315.52	1695.63	-380.11	9.5	11.5	8.3
2004	1418.51	1852.95	-434.44	7.8	9.3	7.5
2005	1807.20	2289.07	-481.87	27.4	23.5	8.1
2006	2179.46	2553.34	-373.88	20.6	11.5	8.3
2007	2785.80	3159.57	-373.77	27.8	23.7	9.0

8-2 地方财政一般预算收支基本情况（2000-2007年）

Basic Conditions of Local Government Budgetary Revenue and Expenditure (2000-2007)

单位：亿元 (100 million yuan)

指标	Item	2000	2002	2003	2004	2005	2006	2007
一、财政收入	**Local Government Budgetary Revenue**	**910.56**	**1201.61**	**1315.52**	**1418.51**	**1807.20**	**2179.46**	**2785.80**
各项税收	Taxes	798.61	1032.33	1109.50	1191.55	1526.97	1850.44	2415.47
#增值税	Value-added Tax	132.13	205.79	233.68	168.88	323.59	397.98	479.51
营业税	Business Tax	272.42	374.88	415.81	484.78	555.77	661.70	832.32
企业所得税	Enterprise Income Tax	167.42	182.07	170.02	194.43	236.45	297.46	428.69
个人所得税	Personal Income Tax	84.80	100.43	94.77	111.57	132.43	156.92	200.08
城市维护建设税	Tax on City Maintenance and Construction	30.00	42.16	47.75	55.24	64.34	77.59	94.23
印花税	Stamp Tax	32.94	10.97	14.13	19.86	20.57	25.17	51.97
国有资产经营收益	Operating Income from State-owned Assets	7.65	11.93	20.78	18.76	31.07	35.90	36.89
国有企业计划亏损补贴	Planned Subsidies for the Loss of State-owned Enterprises	-5.97	-5.62	-2.86	-2.26	-1.77	-0.90	
罚没收入	Forfeit	40.71	48.99	44.83	49.77	60.33	66.25	74.73
行政性收费收入	Administrative Collect Fees	41.05	65.39	87.66	94.95	103.41	125.90	136.51
专项收入	Special Revenue	21.01	29.73	33.51	44.08	52.42	62.93	73.88
其他收入	Others	7.49	18.87	22.10	21.67	34.77	38.94	19.59
二、财政支出	**Local Government Budgetary Expenditure**	**1069.86**	**1521.08**	**1695.63**	**1852.95**	**2289.07**	**2553.34**	**3159.57**
基本建设支出	Expenditure for Capital Construction	153.35	211.53	240.87	254.13	264.43	272.69	
企业挖潜改造资金	Innovation Funds of the Enterprises	29.25	24.24	22.04	22.70	26.60	27.97	
科技三项费用	Expenditure for Science and Technology Promotion	21.47	37.69	36.44	40.65	52.69	62.50	
农业支出	Expenditure for Agriculture		32.91	41.63	41.60	45.14	51.96	
水利和气象支出	Expenditure for Water Conservancy and Meteorology		42.88	42.88	39.59	52.32	47.61	
文体广播事业费	Expenditure for Culture, Sports and Broadcasting	26.33	34.90	38.11	44.30	50.84	59.22	53.03
教育支出	Expenditure for Education	144.75	233.12	265.25	287.95	329.21	392.62	575.90
科学支出	Expenditure for Science	10.96	14.06	15.26	15.77	16.01	17.17	
医疗卫生支出	Expenditure for Public Health	47.73	64.42	73.54	72.91	82.36	103.56	140.77
抚恤和社会福利救济	Pension and Relief Funds for Social Welfare	14.30	25.21	30.45	33.68	41.74	52.44	
行政管理费	Expenditure for Government Administration	100.95	149.38	175.47	193.10	222.57	256.33	
城市维护费	Expenditure for City Maintenance	53.48	68.33	63.50	86.11	106.20	120.79	
政策性补贴支出	Expenditure for Policy Subsidies	18.11	12.43	12.48	12.83	13.80	23.85	
其他支出	Others	459.64	569.98	637.71	707.63	985.16	1064.63	

8-3 各市人均地方财政一般预算收入（2000-2007年）

Per Capita Local Government Budgetary Revenue by City(2000-2007)

单位：元 (yuan)

市 别	City	2000	2001	2002	2003	2004	2005	2006	2007
全 省	**Provincial Total**	**1052.67**	**1328.85**	**1358.97**	**1467.77**	**1556.98**	**1965.63**	**2342.50**	**2800.08**
广 州	Guangzhou	2015.98	2469.93	2496.75	2824.16	3135.11	3909.35	4378.27	5214.02
深 圳	Shenzhen	3164.68	3622.70	3561.79	3736.97	4014.36	4981.92	5917.59	7638.09
珠 海	Zhuhai	1959.56	2456.99	2372.92	2582.24	2481.64	3459.11	4156.59	5213.15
汕 头	Shantou	404.89	430.14	416.35	427.41	434.31	595.48	702.46	849.58
佛 山	Foshan	1114.69	1517.24	1526.96	1691.08	1657.19	2255.88	2681.02	3284.87
韶 关	Shaoguan	315.37	400.33	454.90	501.93	568.98	682.04	778.15	1018.72
河 源	Heyuan	112.44	131.49	139.86	168.93	217.71	306.13	450.12	537.93
梅 州	Meizhou	188.69	211.85	216.42	235.86	305.73	368.52	442.91	558.74
惠 州	Huizhou	402.11	546.05	574.24	684.81	699.93	936.68	1182.14	1601.55
汕 尾	Shanwei	169.31	176.21	172.89	189.22	195.44	253.50	330.22	423.37
东 莞	Dongguan	468.64	687.93	844.33	1029.32	1101.18	1584.71	1910.63	2683.82
中 山	Zhongshan	738.36	1072.18	1299.71	1513.87	1422.98	2228.64	2664.94	3431.08
江 门	Jiangmen	537.40	619.82	636.22	722.66	705.80	1014.65	1232.46	1512.94
阳 江	Yangjiang	179.10	214.32	238.76	289.83	259.46	374.58	446.00	550.21
湛 江	Zhanjiang	206.15	223.05	244.31	260.74	277.60	358.94	453.65	561.70
茂 名	Maoming	173.01	195.48	221.01	253.42	308.31	363.97	433.97	523.58
肇 庆	Zhaoqing	324.85	354.14	368.68	404.36	433.86	556.07	674.93	872.60
清 远	Qingyuan	143.82	177.36	197.13	232.34	263.36	368.81	542.28	762.29
潮 州	Chaozhou	191.32	207.03	211.72	237.10	208.67	343.01	420.24	530.04
揭 阳	Jieyang	176.13	183.07	182.66	193.03	145.86	199.98	244.21	303.91
云 浮	Yunfu	169.38	181.06	206.65	260.19	309.98	398.78	486.32	588.93

注：本表按年末常住人口数计算。

Note: The data in this table are calculated by year-end permanent population.

8-4 各市地方财政一般预算收支（2000-2007年）

Local Government Budgetary Revenue and Expenditure by City(2000-2007)

单位: 亿元 (100 million yuan)

市 别	City	地方财政一般预算收入 Local Government Budgetary Revenue							
		2000	2001	2002	2003	2004	2005	2006	2007
全省合计	**Provincial Total**	**910.56**	**1160.51**	**1201.61**	**1315.52**	**1418.51**	**1807.20**	**2179.46**	**2785.80**
广 州	Guangzhou	200.55	246.19	245.87	274.77	302.87	371.26	427.08	523.79
深 圳	Shenzhen	221.92	262.49	265.93	290.84	321.47	412.38	500.88	658.06
珠 海	Zhuhai	24.23	31.56	31.23	34.82	34.46	48.97	60.27	75.82
汕 头	Shantou	18.94	20.56	20.07	20.78	21.40	29.44	34.93	42.49
佛 山	Foshan	59.53	83.31	85.00	95.44	95.29	130.85	157.06	194.54
韶 关	Shaoguan	8.63	11.10	12.78	14.29	16.41	19.93	22.80	30.04
河 源	Heyuan	2.55	3.14	3.47	4.35	5.86	8.52	12.54	15.16
梅 州	Meizhou	7.18	8.28	8.57	9.46	12.49	15.18	18.25	22.97
惠 州	Huizhou	12.94	18.28	19.72	24.12	25.42	34.72	44.45	62.06
汕 尾	Shanwei	4.16	4.49	4.51	5.05	5.37	7.09	9.27	12.16
东 莞	Dongguan	30.22	45.02	55.29	67.45	72.20	103.97	128.94	186.45
中 山	Zhongshan	17.46	25.55	31.21	36.63	34.54	54.26	66.45	86.12
江 门	Jiangmen	21.24	24.96	25.74	29.37	28.94	41.63	50.66	62.43
阳 江	Yangjiang	3.89	4.77	5.37	6.59	5.99	8.70	10.40	12.97
湛 江	Zhanjiang	12.44	13.88	15.48	16.82	18.34	24.01	30.39	38.24
茂 名	Maoming	9.08	10.59	12.20	14.25	17.76	21.26	25.72	31.66
肇 庆	Zhaoqing	10.97	12.29	12.98	14.44	15.80	20.44	24.98	32.74
清 远	Qingyuan	4.53	5.80	6.60	7.97	9.29	13.25	19.61	27.89
潮 州	Chaozhou	4.60	5.08	5.23	5.90	5.25	8.64	10.65	13.50
揭 阳	Jieyang	9.24	9.83	9.91	10.58	8.12	11.19	13.76	17.32
云 浮	Yunfu	3.65	4.01	4.64	5.92	7.19	9.33	11.39	13.97

8-4 续表 continued

单位: 亿元 (100 million yuan)

市 别	City	地方财政一般预算支出 Local Government Budgetary Expenditure							
		2000	2001	2002	2003	2004	2005	2006	2007
全省合计	**Provincial Total**	**1069.86**	**1321.33**	**1521.08**	**1695.63**	**1852.95**	**2289.07**	**2553.34**	**3159.57**
广 州	Guangzhou	240.72	292.63	326.67	370.09	408.34	438.41	506.79	623.69
深 圳	Shenzhen	225.04	253.70	307.78	348.95	377.57	599.16	571.42	727.97
珠 海	Zhuhai	31.14	37.35	41.80	45.35	50.89	57.77	70.49	82.82
汕 头	Shantou	27.90	30.15	38.28	44.75	44.54	50.14	59.93	72.89
佛 山	Foshan	72.48	94.67	104.19	120.45	130.93	150.85	175.40	206.67
韶 关	Shaoguan	19.94	24.49	30.45	33.57	42.77	44.55	48.22	58.61
河 源	Heyuan	16.78	17.02	21.98	25.56	29.99	37.00	45.85	55.85
梅 州	Meizhou	23.84	27.02	34.17	38.54	42.04	46.25	59.20	72.09
惠 州	Huizhou	20.14	25.89	33.01	38.78	45.95	52.41	66.03	86.06
汕 尾	Shanwei	9.99	10.95	13.79	15.95	16.62	20.05	24.44	31.11
东 莞	Dongguan	33.61	47.86	64.96	76.52	94.16	117.04	147.90	193.10
中 山	Zhongshan	19.24	26.78	34.97	39.87	43.18	56.71	64.36	87.76
江 门	Jiangmen	28.18	31.42	36.44	41.28	47.58	54.24	63.40	76.40
阳 江	Yangjiang	11.00	11.99	15.26	17.93	20.50	23.17	28.29	35.68
湛 江	Zhanjiang	27.82	31.16	38.58	44.11	48.46	57.95	69.88	94.21
茂 名	Maoming	20.67	23.94	29.52	34.56	41.95	45.28	56.59	69.97
肇 庆	Zhaoqing	20.09	22.64	26.96	31.90	35.53	40.64	48.94	61.35
清 远	Qingyuan	16.35	18.21	23.56	28.22	31.44	38.15	49.55	61.95
潮 州	Chaozhou	11.31	12.56	15.12	17.32	18.88	21.36	27.14	33.54
揭 阳	Jieyang	19.50	20.85	25.61	30.95	29.27	30.99	40.35	51.48
云 浮	Yunfu	11.18	11.42	14.29	17.27	19.99	23.87	29.27	36.10

8-5 中外资金融机构本外币存贷款余额（2004-2007年）

Deposits and Loans in Renminbi and Foreign Currencies in All Financial Institutions (2004-2007)

单位：亿元 (100 million yuan)

指　标	Item	2004	2005	2006	2007
各项存款余额	**Deposits in Various Forms**	**33252.01**	**38119.91**	**43262.20**	**48955.00**
企事业单位存款	Deposits of Enterprises and Institutions	10710.92	12042.66	13598.39	16672.23
储蓄存款	Savings Deposits	17631.07	20267.76	22677.19	23013.34
活期存款	Current Deposits	7974.72	9161.67	10777.33	11871.68
定期存款	Time Deposits	9656.35	11106.09	11899.86	11141.66
信托存款	Trust Deposits	26.36	23.60	0.04	0.05
委托存款	Consignment Deposits	35.28	123.03	101.48	116.08
其他存款	Other Deposits	4809.86	5662.86	6885.10	9153.30
各项贷款余额	**Loans in Various Forms**	**21955.28**	**23261.21**	**25935.19**	**30617.29**
短期贷款	Short-term Loans	9777.16	8883.41	9048.93	10807.49
中长期贷款	Medium-term and Long-term Loans	9873.90	11436.23	14047.54	17623.12
信托存款	Trust Loans	29.29	25.49	0.01	0.00
委托贷款	Consignment Loans	76.40	106.19	63.28	48.23
其他贷款	Other Loans	571.62	547.49	554.49	811.54
票据融资	Bill Financing	1493.83	2174.90	2145.47	1265.65
各项垫款	All Advances	94.56	87.50	75.47	61.26

8-6 中资金融机构人民币存贷款余额（2004-2007年）

Deposits and Loans in Renminbi in Domestic-funded Financial Institutions (2004-2007)

单位：亿元 (100 million yuan)

指　标	Item	2004	2005	2006	2007
各项存款余额	**Deposits in Various Forms**	**30762.07**	**35783.57**	**40902.74**	**46555.52**
企业存款	Deposits of Enterprises	9941.73	11257.50	12731.59	15545.91
活期存款	Current Deposits	6619.10	7106.79	8280.76	9613.20
定期存款	Time Deposits	3322.63	4150.71	4450.83	5932.71
财政存款	Treasury Deposits	1012.96	1107.74	1186.11	1513.49
机关团体存款	Deposits of Government Agencies and Organizations	1053.22	1426.19	1862.26	2204.74
储蓄存款	Savings Deposits	16193.36	19051.35	21583.33	22214.49
农业存款	Agricultural Deposits	790.55	928.46	1112.69	1376.41
其他	Others	1770.25	2012.33	2426.76	3700.48
各项贷款余额	**Loans in Various Forms**	**19530.29**	**20745.27**	**23182.16**	**26776.12**
短期贷款	Short-term Loans	8832.42	7974.64	8135.16	9400.38
工业贷款	Industrial Loans	2161.90	1863.25	2080.16	2398.97
商业贷款	Commercial Loans	1588.26	1331.93	1167.90	1266.74
建筑业贷款	Construction Loans	365.69	297.81	334.52	300.70
农业贷款	Agricultural Loans	459.01	436.08	402.67	431.89
中长期贷款	Medium-term and Long-term Loans	8308.59	10403.35	12790.40	16058.67
其他	Others	2389.28	2367.28	2256.60	1317.09

8-7 各市中资金融机构基本情况
Basic Conditions of Domestic-funded Financial Institutions by City

市别	City	2000				2005			
		机构数(个) Number of Financial Institutions	年末从业人员(人) Number of Employed Persons at the Year-end	各项存款(亿元) Deposits in Various Forms (100 million yuan)	各项贷款(亿元) Loans in Various Forms (100 million yuan)	机构数(个) Number of Financial Institutions	年末从业人员(人) Number of Employed Persons at the Year-end	各项存款(亿元) Deposits in Various Forms(100 million yuan)	各项贷款(亿元) Loans in Various Forms(100 million yuan)
全省合计	**Provincial Total**			**16908.21**	**11203.80**	**15433**	**222738**	**35783.57**	**20745.27**
广州	Guangzhou			5512.23	3783.01	2053	45800	11065.22	6873.34
深圳	Shenzhen			3161.89	2166.32	1119	28354	8478.18	6168.03
珠海	Zhuhai			445.46	272.79	417	6798	925.47	424.33
汕头	Shantou			540.19	342.83	655	9196	955.34	391.08
佛山	Foshan			1952.99	1406.75	1913	21732	3770.74	2056.29
韶关	Shaoguan			258.84	137.19	406	5153	461.78	166.55
河源	Heyuan			90.35	59.19	349	3759	204.20	107.99
梅州	Meizhou			210.73	142.23	635	7373	429.79	206.37
惠州	Huizhou			359.24	207.24	664	8012	781.79	367.23
汕尾	Shanwei			73.71	57.60	246	2937	140.77	57.21
东莞	Dongguan			1228.49	612.25	1262	14985	2933.40	1500.52
中山	Zhongshan			553.90	329.45	586	7837	1131.19	479.02
江门	Jiangmen			670.66	501.08	906	11627	1163.76	534.17
阳江	Yangjiang			140.29	80.18	289	3986	245.37	99.66
湛江	Zhanjiang			400.83	251.03	931	10663	705.32	285.97
茂名	Maoming			328.70	207.50	717	7915	521.02	225.46
肇庆	Zhaoqing			268.96	198.80	551	7120	478.15	229.43
清远	Qingyuan			210.65	139.56	471	5510	386.23	175.08
潮州	Chaozhou			155.12	101.06	304	4087	324.04	132.34
揭阳	Jieyang			230.12	125.42	613	6120	468.15	169.19
云浮	Yunfu			114.86	82.32	346	3774	213.66	96.02

8-7 续表 continued

市别	City	2006				2007			
		机构数(个) Number of Financial Institutions	年末从业人员(人) Number of Employed Persons at the Year-end	各项存款(亿元) Deposits in Various Forms (100 million yuan)	各项贷款(亿元) Loans in Various Forms (100 million yuan)	机构数(个) Number of Financial Institutions	年末从业人员(人) Number of Employed Persons at the Year-end	各项存款(亿元) Deposits in Various Forms(100 million yuan)	各项贷款(亿元) Loans in Various Forms(100 million yuan)
全省合计	**Provincial Total**	**15406**	**230919**	**40902.74**	**23182.16**	**15223**	**242350**	**46555.51**	**26776.14**
广州	Guangzhou	2361	48152	12688.81	7854.22	2359	51317	14177.46	8570.78
深圳	Shenzhen	1144	30505	9540.42	6755.31	1183	34518	11591.74	8075.18
珠海	Zhuhai	416	6934	1063.78	456.71	400	7177	1290.08	562.37
汕头	Shantou	642	9115	1073.44	393.16	638	9296	1135.83	411.30
佛山	Foshan	1863	23682	4335.09	2361.59	1830	24692	4780.63	2706.14
韶关	Shaoguan	437	5527	532.58	179.63	424	5497	577.72	195.21
河源	Heyuan	342	3783	235.17	130.65	343	3845	284.57	172.52
梅州	Meizhou	600	7312	471.73	204.74	574	7196	483.29	215.57
惠州	Huizhou	646	8242	946.71	440.76	647	8361	1133.82	563.25
汕尾	Shanwei	233	3047	164.35	65.20	227	3020	190.29	70.66
东莞	Dongguan	1241	15986	3365.65	1730.56	1228	17401	3745.01	2150.82
中山	Zhongshan	557	8023	1327.66	571.51	561	8306	1510.66	717.09
江门	Jiangmen	876	11250	1286.42	518.51	842	11310	1386.20	584.25
阳江	Yangjiang	273	3946	281.27	106.74	273	3988	315.55	135.56
湛江	Zhanjiang	864	10698	832.92	319.13	844	10862	918.23	385.55
茂名	Maoming	709	8213	578.75	217.97	674	8458	621.81	232.39
肇庆	Zhaoqing	538	7043	549.14	250.55	526	7114	613.74	303.33
清远	Qingyuan	451	5332	470.84	190.05	450	5488	559.87	235.54
潮州	Chaozhou	289	4197	369.74	134.89	286	4188	390.46	157.45
揭阳	Jieyang	598	6095	539.89	195.26	602	6314	569.32	216.01
云浮	Yunfu	326	3837	248.40	105.03	312	4002	279.23	115.15

注：1. 本表存贷款统计口径为中资金融机构人民币存贷款。
2. 机构数和年末从业人员统计范围为银行业及相关金融机构(不含人民银行、外资银行及资产管理公司)。

Notes: a) Deposits and loans in this table refer to the deposits and loans in Renminbi in domestic-funded financial institutions.
b) The number of financial institutions and the number of employed persons at the year-end refer to those in banking and related financial institutions (excluding the People's Bank of China, foreign-funded banks and assets management companies).

8-8 各市中外资金融机构本外币存贷款（2000-2007年）

Deposits and Loans in Renminbi and Foreign Currencies in All Financial Institutions by City (2000-2007)

单位：亿元 (100 million yuan)

市别	City	各项存款 Deposits in Various Forms							
		2000	2001	2002	2003	2004	2005	2006	2007
全省合计	**Provincial Total**	**18975.25**	**21711.62**	**25392.89**	**29640.83**	**33252.01**	**38119.91**	**43262.20**	**48955.02**
广　州	Guangzhou	6161.70	6887.60	8212.77	9379.61	10360.97	11734.10	13350.97	14783.45
深　圳	Shenzhen	3918.58	4954.76	5917.92	7073.86	8144.03	9486.76	10616.01	12829.73
珠　海	Zhuhai	519.03	572.78	652.88	747.76	846.77	1014.08	1148.71	1388.07
汕　头	Shantou	597.13	649.86	698.90	802.43	887.54	995.64	1109.45	1161.64
佛　山	Foshan	2107.92	2320.53	2610.33	3151.91	3445.59	3906.93	4463.81	4885.43
韶　关	Shaoguan	262.37	284.05	320.74	364.40	404.36	468.35	539.76	585.22
河　源	Heyuan	90.66	104.77	129.48	155.54	178.00	205.94	237.52	286.55
梅　州	Meizhou	218.35	257.32	290.25	360.07	399.41	438.71	480.01	489.95
惠　州	Huizhou	392.42	442.54	524.45	615.61	710.72	823.96	986.41	1169.47
汕　尾	Shanwei	77.79	87.73	98.96	117.24	129.45	144.45	167.98	192.72
东　莞	Dongguan	1320.97	1565.73	1902.41	2237.76	2576.94	3036.77	3464.36	3843.38
中　山	Zhongshan	616.26	663.91	783.18	915.57	1025.37	1186.76	1383.25	1560.23
江　门	Jiangmen	801.04	853.84	939.43	1059.25	1165.12	1279.67	1391.08	1466.13
阳　江	Yangjiang	142.00	154.09	171.37	195.83	221.52	248.75	284.13	318.32
湛　江	Zhanjiang	406.80	448.42	484.08	555.18	618.69	716.97	843.55	926.90
茂　名	Maoming	330.84	351.80	397.03	451.04	484.96	524.90	582.45	624.36
肇　庆	Zhaoqing	280.18	300.41	338.13	392.66	428.72	493.23	563.07	629.42
清　远	Qingyuan	212.76	233.48	264.11	301.74	337.45	393.96	478.73	565.68
潮　州	Chaozhou	161.87	173.02	202.61	239.32	281.83	328.97	374.32	393.74
揭　阳	Jieyang	238.84	274.70	304.38	352.64	415.08	473.60	544.72	572.67
云　浮	Yunfu	117.76	130.27	149.49	171.40	189.46	217.40	251.88	281.97

8-8 续表 continued

单位：亿元 (100 million yuan)

市别	City	各项贷款 Loans in Various Forms							
		2000	2001	2002	2003	2004	2005	2006	2007
全省合计	**Provincial Total**	**12954.62**	**14459.08**	**16823.64**	**20126.24**	**21955.28**	**23261.21**	**25935.19**	**30617.27**
广　州	Guangzhou	4265.18	4680.83	5732.96	6742.81	7242.22	7622.20	8668.58	9661.38
深　圳	Shenzhen	2906.82	3539.25	4306.46	5419.22	6602.37	7596.72	8353.84	10239.44
珠　海	Zhuhai	318.86	353.30	384.32	460.33	468.89	486.72	527.42	683.23
汕　头	Shantou	387.59	465.31	461.73	507.08	451.16	421.36	423.24	448.83
佛　山	Foshan	1550.91	1649.62	1692.97	2085.47	2131.63	2122.74	2419.82	2820.80
韶　关	Shaoguan	147.67	155.78	166.67	180.27	176.17	169.68	180.37	197.76
河　源	Heyuan	63.05	64.07	70.14	79.30	93.20	108.13	130.89	174.02
梅　州	Meizhou	150.54	169.21	191.75	215.62	223.81	206.44	204.78	215.62
惠　州	Huizhou	224.31	234.18	275.68	347.05	378.23	409.44	481.85	679.74
汕　尾	Shanwei	64.01	71.27	70.70	71.39	59.11	57.21	65.78	71.26
东　莞	Dongguan	647.10	764.75	951.18	1247.24	1450.22	1540.48	1775.21	2217.93
中　山	Zhongshan	356.58	400.01	466.78	520.53	495.97	498.05	588.38	747.31
江　门	Jiangmen	571.00	591.87	628.90	684.21	612.66	565.45	545.71	624.97
阳　江	Yangjiang	88.46	93.58	101.20	110.06	107.65	100.66	107.27	136.68
湛　江	Zhanjiang	289.74	290.70	306.57	329.58	322.83	310.03	356.12	421.46
茂　名	Maoming	220.45	216.81	228.80	260.41	272.87	230.93	221.08	234.30
肇　庆	Zhaoqing	220.51	233.84	250.05	265.89	260.40	232.13	252.51	308.07
清　远	Qingyuan	151.26	148.93	169.00	188.50	195.07	179.13	193.17	240.02
潮　州	Chaozhou	110.33	111.08	119.50	128.98	132.68	137.20	137.54	160.12
揭　阳	Jieyang	132.30	140.25	156.46	175.55	171.71	169.40	195.73	217.60
云　浮	Yunfu	87.97	84.45	91.81	106.77	106.41	97.10	105.90	116.72

8-9 各市金融机构储蓄存款（2000-2007年）

Savings Deposits in Financial Institutions by City (2000-2007)

单位：亿元 (100 million yuan)

市 别	City	中资金融机构人民币储蓄存款 Savings Deposits in Renminbi in Domestic-funded Financial Institutions							
		2000	2001	2002	2003	2004	2005	2006	2007
全省合计	**Provincial Total**	**8667.26**	**9930.12**	**11819.09**	**14061.77**	**16193.36**	**19051.35**	**21583.33**	**22214.49**
广 州	Guangzhou	2239.64	2600.43	3132.80	3727.33	4256.82	5024.69	5561.48	5576.24
深 圳	Shenzhen	1082.43	1373.39	1756.49	2199.45	2625.38	3229.38	3744.70	3795.29
珠 海	Zhuhai	216.08	248.91	297.24	357.39	408.57	480.87	539.74	570.05
汕 头	Shantou	351.40	408.60	470.51	561.27	641.49	733.50	822.00	824.94
佛 山	Foshan	1216.98	1330.83	1535.93	1783.99	2028.81	2358.78	2667.06	2768.81
韶 关	Shaoguan	165.47	183.25	211.83	240.08	272.58	313.97	352.50	359.35
河 源	Heyuan	69.96	79.41	92.43	107.01	125.74	145.12	170.02	186.79
梅 州	Meizhou	155.14	173.35	200.55	239.60	280.64	318.77	345.36	347.31
惠 州	Huizhou	249.31	274.08	319.11	379.55	447.28	522.21	607.23	647.61
汕 尾	Shanwei	54.18	61.22	70.55	81.49	95.16	108.39	127.28	137.91
东 莞	Dongguan	672.07	799.18	1001.69	1231.06	1431.68	1728.28	2013.40	2120.49
中 山	Zhongshan	354.65	393.80	462.89	543.70	614.92	725.06	832.77	875.54
江 门	Jiangmen	483.75	513.44	578.35	667.17	753.92	851.93	941.03	972.97
阳 江	Yangjiang	104.99	115.46	128.56	149.28	171.19	189.91	214.39	229.45
湛 江	Zhanjiang	298.14	322.00	360.34	405.62	450.75	505.70	569.32	596.87
茂 名	Maoming	247.45	267.80	300.70	341.50	372.58	410.02	458.41	481.36
肇 庆	Zhaoqing	184.21	199.27	224.95	256.72	293.06	335.91	380.50	411.02
清 远	Qingyuan	146.27	159.80	179.38	206.73	235.29	273.86	327.25	367.79
潮 州	Chaozhou	104.19	118.37	141.77	173.61	207.38	242.65	278.89	287.89
揭 阳	Jieyang	180.82	208.84	241.25	282.33	337.18	387.29	439.28	447.18
云 浮	Yunfu	90.13	98.69	111.78	126.89	142.93	165.09	190.73	209.64

8-9 续表 continued

单位：亿元 (100 million yuan)

市 别	City	中外资金融机构本外币储蓄存款 Savings Deposits in Renminbi and Foreign Currencies in All Financial Institutions							
		2000	2001	2002	2003	2004	2005	2006	2007
全省合计	**Provincial Total**	**10028.65**	**11386.03**	**13372.85**	**15590.68**	**17631.07**	**20267.76**	**22677.19**	**23013.34**
广 州	Guangzhou	2677.84	3075.88	3646.93	4242.60	4755.29	5475.77	5956.52	5855.79
深 圳	Shenzhen	1391.53	1713.69	2128.80	2572.76	2984.38	3525.70	4024.49	4009.06
珠 海	Zhuhai	262.40	295.61	346.35	403.97	450.23	513.72	569.41	591.87
汕 头	Shantou	399.25	459.41	521.92	609.27	681.66	765.26	850.42	843.59
佛 山	Foshan	1364.95	1480.28	1690.03	1933.47	2159.61	2465.51	2762.50	2836.67
韶 关	Shaoguan	172.46	190.48	219.52	247.69	279.59	320.00	358.10	363.22
河 源	Heyuan	71.32	80.98	94.11	108.55	127.23	146.36	171.24	187.66
梅 州	Meizhou	166.95	185.50	213.39	252.13	291.27	326.86	352.78	352.67
惠 州	Huizhou	276.61	302.73	349.60	410.40	477.59	548.27	629.71	663.89
汕 尾	Shanwei	58.88	66.16	75.74	86.41	99.51	111.83	130.25	139.92
东 莞	Dongguan	753.77	886.83	1093.03	1317.36	1514.28	1796.69	2073.99	2164.06
中 山	Zhongshan	409.23	452.95	523.95	601.40	665.91	764.69	868.62	901.04
江 门	Jiangmen	607.53	643.42	716.34	799.83	879.30	951.96	1029.95	1043.74
阳 江	Yangjiang	107.92	118.66	131.84	152.49	174.31	192.35	216.55	230.89
湛 江	Zhanjiang	310.22	334.58	373.45	418.15	461.71	514.85	577.70	602.99
茂 名	Maoming	251.70	272.58	305.80	346.63	377.23	413.71	461.77	483.64
肇 庆	Zhaoqing	197.68	212.92	239.61	271.41	306.44	347.39	390.95	418.97
清 远	Qingyuan	152.70	166.57	186.58	213.92	242.03	279.69	332.48	371.58
潮 州	Chaozhou	111.07	125.61	149.07	180.23	212.49	246.32	282.31	290.22
揭 阳	Jieyang	190.83	218.66	250.89	290.87	344.10	392.24	443.63	449.98
云 浮	Yunfu	93.82	102.55	115.90	131.14	146.90	168.58	193.81	211.85

8-10 中资金融机构现金投放回笼差额（2001-2007年）

Cash Statistics of Domestic-funded Financial Institutions (2001-2007)

单位：亿元 (100 million yuan)

指标	Item	2001	2002	2003	2004	2005	2006	2007
现金收入	**Cash Income**	**40566.83**	**41747.44**	**50438.71**	**60742.40**	**62272.96**	**67295.74**	**74771.13**
商品销售收入	Income from Commodity Sales	3502.15	3726.83	4351.20	4751.33	4510.51	4583.19	4659.46
服务性收入	Income from Service Trade	1982.26	2171.48	2376.20	2690.30	2653.63	2727.23	2828.41
税款收入	Income from Taxes	243.19	260.21	306.02	328.26	306.80	301.00	341.15
城乡个体经营收入	Income from Urban and Rural Individual Business	1578.07	1725.27	1959.80	2283.55	2322.58	2390.81	2380.75
储蓄存款收入	Income from Savings Deposits	30576.48	31195.70	38252.50	47108.05	49082.60	54138.67	60880.32
其他金融机构收入	Income from Other Financial Institutions	154.39	118.41	148.17	155.72	180.21	136.92	97.32
居民归还贷款收入	Income from Repayment of Loans by Residents	117.86	128.24	152.21	158.86	185.35	205.67	254.04
汇兑收入	Income from Remittances	834.06	801.71	926.63	1027.25	880.21	579.25	442.23
有价证券收入	Income from Securities	75.30	38.07	53.45	55.18	35.95	26.8	42.33
其他	Other Income	1503.08	1581.51	1912.51	2183.90	2115.12	2206.2	2845.12
现金支出	**Cash Expenditures**	**41409.82**	**42659.44**	**51458.94**	**61778.50**	**63344.73**	**68656.73**	**76472.45**
工资支出	Wages	2951.60	3249.06	3810.31	4233.96	3908.16	3939.45	3925.34
农副产品采购支出	Purchases of Agricultural and Sideline Products	651.87	737.03	962.99	1007.89	931.80	906.50	885.72
工矿及其他产品采购支出	Expenditure for Purchases of Industrial and Mineral Products	453.44	467.08	567.80	615.15	532.80	455.71	529.85
行政企事业管理费支出	Government and Enterprise Overhead	2093.62	2255.79	2601.50	2871.57	2920.85	3101.86	3422.21
城乡个体经营支出	Expenditure for Individual Business	2067.72	2227.29	2582.33	2961.93	2991.51	3252.19	3423.04
储蓄存款支出	Expenditure for Savings Deposits	31229.20	31684.60	38390.42	47298.92	49385.52	54372.02	61205.80
其他金融机构支出	Expenditure for Other Financial Institutions	105.89	86.67	93.39	156.10	132.33	130.37	63.93
居民提取贷款支出	Expenditure for Loans from Residents	97.47	100.10	116.08	109.12	120.22	115.97	142.08
汇兑支出	Expenditure for Remittances	208.71	222.55	284.13	322.85	300.75	234.37	210.14
有价证券支出	Expenditure for Securities	66.33	37.92	38.29	37.92	19.94	11.92	34.83
其他	Other Expenditure	1483.97	1591.35	2011.70	2163.09	2100.85	2136.37	2629.51
投放	**Currency Issuance**	**842.99**	**912.00**	**1020.24**	**1036.11**	**1071.77**	**1360.99**	**1701.32**

注：投放栏中的负数表示现金回笼。

Note: The negative amount in currency issuance indicates the amount of cash withdrawn.

8-11 财产保险公司主要指标（2005-2007年）

Main Indicators of Property Insurance Companies (2005-2007)

单位:万元 (10000 yuan)

项　目	Item	2005		2006		2007	
		保费收入 Premium Income	赔款支出 Indemnity Expenditure	保费收入 Premium Income	赔款支出 Indemnity Expenditure	保费收入 Premium Income	赔款支出 Indemnity Expenditure
合　计	**Total**	**1685170.6**	**845800.87**	**2065217.5**	**1055409.78**	**2737451.4**	**1348076.24**
企业财产保险	Enterprise Property Insurance	222004.35	173826.76	242811.23	209623.78	282097.9	148408.53
家庭财产保险	Household Property Insurance	12407.59	1170.37	12803.9	1502.89	13656.55	1897.49
#投资型家财险	Of Which: Investment Link Household Property Insurance	446.66	164.19	627.79	156.05		
机动车辆及第三者责任	Motor Vehicle and Third Party Liability	1063848.6	529693.38	1371141.3	672270.43	1919432.5	945799.23
#法定三责险	Of Which: Compulsory Third Party Liability Insurance	3611.49	1061.77				
工程保险	Project Insurance	42979.14	12776.23	35244.23	22061.12	49777.61	14696.39
责任保险	Liability Insurance	58002.34	19459.36	82385.88	22111.12	94909.05	28722.24
信用保险	Credit Insurance	23565.76	10567.38	28072.86	3970.32	48489.37	23643.09
保证保险	Guarantee Insurance	16905.26	24343.42	7732.21	16733.84	3564.62	10798.95
#机动车辆消费贷款保证保险	Of Which: Motor Vehicle Consumption Loan Guarantee Insurance	250.61	22936.13	701.44	15642.45		
个人贷款抵押房屋保证保险	Personal Loan Home Mortgage Guarantee Insurance	14236.25	292.6	4694.05	360.49		
船舶保险	Ship Insurance	44728.47	17886.27	47323.99	20139.21	49620.84	23014.09
货物运输保险	Freight Transport Insurance	54008.64	22312.82	61430.42	28209.18	65827.71	29513.41
特殊风险保险	Peculiar Risk Insurance	68514.78	3559.03	65953.52	8428.78	74355.41	55145.45
农业保险	Agriculture Insurance	1402.67	1115.53	1347.17	1230.99	5463.78	1653.42
健康险	Health Insurance	9787.22	4084.66	23123.69	13247.46	29163.55	20644.61
意外伤害保险	Accident Injury Insurance	66225.36	23567.92	84514.78	34359.22	100760.59	43596.75
其他险	Other Property Insurance	790.47	1437.75	1332.33	1521.44	331.95	542.59

注：本表数据包括深圳，来源于中国保险监督管理委员会广东监管局。

Note: The data in the table include those of Shenzhen and are obtained from Guangdong Bureau of China Insurance Regulatory Commission.

8-12 人身保险公司主要指标（2005-2007年）
Main Indicators of Life Insurance Companies (2005-2007)

单位：万元 (10000 yuan)

项　　目	Item	2005	2006	2007
保费收入	**Premium Income**	**3307205.74**	**4008562.75**	**5355626.70**
按险种分	Premium by Line of Business:	3307205.74	4008562.75	5355626.70
寿险	Life Insurance	2837669.22	3469281.02	4771727.91
个人业务	Personal Business	2427456.23	3076665.52	
新单保费	New Business Premium	1227106.35	1607456.22	
续期保费	Renewal Premium	1200349.88	1469209.30	
团体业务	Group Business	410212.98	392615.51	
新单保费	New Business Premium	389858.99	382758.43	
续期保费	Renewal Premium	20353.99	9857.08	
意外伤害险	Accident Injury Insurance	131390.01	141685.08	161656.59
一年期以内业务	Within One-year Period Business	8147.73	7629.90	
一年期业务	One-year Period Business	123242.28	134055.18	
健康险	Health Insurance	338146.51	397596.65	422242.21
一年期以内及一年期业务	Within One Year and One-year Period Business	130682.83	150857.31	
个人业务	Personal Business	82071.48	89471.45	
团体业务	Group Business	48611.35	61385.86	
一年期以上业务	Over One-year Period Business	207463.68	246739.33	
个人业务	Personal Business	167348.38	212675.71	
团体业务	Group Business	40115.30	34063.62	
按新型产品分:	Premium by New Product:			4771727.91
寿险保费收入合计	Total Life Insurance Premium Income	2837669.22	3469281.02	
普通寿险	Ordinary Insurance	862526.86	869200.70	
新单保费	New Business Premium	151240.09	120088.76	
续期保费	Renewal Premium	711286.77	749111.94	
分红寿险	Dividend Insurance	1614346.95	1942591.75	
新单保费	New Business Premium	1168395.02	1316916.93	
续期保费	Renewal Premium	445951.93	625674.82	
投资连结保险	Investment Link Insurance	73169.15	140543.56	983206.69
万能寿险	Universal Life Insurance	287626.26	516945.01	747754.90
赔款支出	**Total Indemnity Expenditure**	**128042.30**	**121718.32**	**116420.12**
意外伤害险	Accident Injury Insurance	39643.16	35445.93	38861.96
一年期以内业务	Within One-year Period Business	919.53	701.16	
一年期业务	One-year Period Business	38723.63	34744.76	
一年期以内及一年期健康险	Within One Year and One-year Period Health Insurance Business	88399.14	86272.39	
个人业务	Personal Business	44839.50	41500.57	
团体业务	Group Business	43559.64	44771.82	
死伤医疗给付合计	**Total Payment for Death, Injury and Medical Treatment**	**57171.97**	**72737.43**	**64250.65**
寿险	Life Insurance	39115.95	42649.42	49245.73
个人业务	Personal Business	37282.60	41208.69	
团体业务	Group Business	1833.35	1440.72	
一年期以上健康险	Over One-year Period Health Insurance	18056.03	30088.01	
个人业务	Personal Business	9895.53	9084.13	
团体业务	Group Business	8160.50	21003.88	
满期给付合计	**Total Mature Payment**	**95542.20**	**133698.49**	**575840.21**
寿险	Life Insurance	95521.46	133689.38	575809.06
个人业务	Personal Business	82530.84	92556.65	
团体业务	Group Business	12990.62	41132.72	
一年期以上健康险	Over One-year Period Health Insurance	20.74	9.11	
个人业务	Personal Business	20.74	9.11	
团体业务	Group Business			
年金给付合计	**Total Annuity Payment**	**108490.79**	**205887.13**	**107103.48**
个人业务	Personal Business	72191.07	154223.04	
团体业务	Group Business	36299.72	51664.09	
退保金	**Withdrawal Amount Insured**	**425101.06**	**501284.44**	**940266.16**
寿险	Life Insurance	419380.51	489972.87	931784.09
个人业务	Personal Business	220501.97	301892.57	
团体业务	Group Business	198878.54	188080.30	
一年期以上健康险	Over One-year Period Health Insurance	5720.55	11311.56	

注：本表数据包括深圳，来源于中国保险监督管理委员会广东监管局。

Note: The data in the table include those of Shenzhen and are obtained from Guangdong Bureau of China Insurance Regulatory Commission.

主要统计指标解释

财政收入 是国家财政参与社会产品分配所取得的收入，是实现国家职能的财力保证。财政收入所包括的内容几经变化，目前主要包括：

（1）各项税收：包括增值税、营业税、消费税、土地增值税、城市维护建设税、资源税、城市土地使用税、印花税、个人所得税、企业所得税、关税、农牧业税和耕地占用税等。

（2）专项收入：包括征收排污费收入、征收城市水资源费收入、教育费附加收入等。

（3）其他收入：包括基本建设贷款归还收入、基本建设收入、捐赠收入等。

（4）国有企业亏损补贴：这项为负收入，冲减财政收入。

财政支出 国家财政将筹集起来的资金进行分配使用，以满足经济建设和各项事业的需要，主要包括基本建设支出、企业挖潜改造资金、地质勘探费用、科技三项费用、支援农村生产支出、农林水利气象等部门的事业费用、工业交通商业等部门的事业费、文教科学卫生事业费、抚恤和社会福利救济费、国防支出、行政管理费、价格补贴支出等科目。

信贷资金 指金融机构以信用方式积聚和分配的货币资金。金融机构信贷资金的来源有各项存款、对国际金融机构负债、流通中货币、银行自有资金及当年结益等；信贷资金的运用有各项贷款、黄金占款、外汇占款、财政借款及在国际金融机构中的资产等。

存款 指企业、机关、团体或居民根据必须收回的原则，把货币资金存入银行或其他信用机构保管并取得一定利息的一种信用活动形式。根据存款对象的不同可划分为企业存款、财政存款、机关团体存款、基本建设存款、城镇居民储蓄、农村存款等科目。它是银行信贷资金的主要来源。

贷款 指银行或其他信用机构根据资金必须归还的原则，按一定利率，为企业、个人等提供资金的一种信用活动形式。我国银行贷款分流动资金贷款、固定资产贷款、城乡个体工商户贷款以及农业贷款等科目。

城乡居民储蓄存款余额 指某一时点城乡居民存入银行及农村信用社的储蓄金额，包括城镇居民储蓄存款和农民个人储蓄存款，不包括居民的手存现金和工矿企业、部队、机关、团体等单位存款。

保险金额指保险人承担赔偿或者给付保险金责任的最高限额。

保费 指投保人为取得保险人在约定范围内所承担赔偿责任而支付给保险人的费用。

赔款 指保险人根据保险合同的规定，向被保险人支付的赔偿保险责任损失的金额。

给付 包括死伤医疗给付和满期给付。死伤医疗给付是指保险人根据人寿保险及长期健康保险合同的规定，因被保险人在保险期内发生保险责任范围内的保险事故支付给被保险人（或受益人）的金额。满期给付是指被保险人生存期满，保险人按人寿保险合同规定支付给被保险人的满期保险金额。

Explanatory Notes on Main Statistical Indicators

Government Revenue refers to the revenue of the government finance by means of participating in the distribution of social products; it is the financial resources for ensuring government functioning. The contents of government revenue have undergone constant changes. Currently they mainly include the following:

(1) Various tax revenues, including value added tax, business tax, consumption tax, land value added tax, tax on city maintenance and construction, resources tax, tax on use of urban land, stamp tax, personal income tax, enterprise income tax, tariff, tax on agriculture and animal husbandry and tax on occupancy of cultivated land, etc.

(2) Special revenues, including revenue collected from imposing fee on sewage treatment, revenue collected from imposing fee on urban water resources, and extra charges for education, etc.

(3) Other revenues, including revenue from the repayment of capital construction loan, revenue from capital construction projects, and donations and grants.

(4) Planned subsidies for the losses of the state owned enterprises. This is an item of negative revenue, used to eat up part of the government revenue.

Government Expenditure refers to the distribution and use of the funds the government finance has raised, so as to meet the needs of economic construction and various causes. It mainly includes expenditure for capital construction, innovation funds of the enterprises, geological prospecting expenses, expenditures for science and technology promotion, expenditure for supporting rural production, operating expenses of the authorities of farming, forestry, water conservancy and meteorology and others, operating expenses of the authorities of industry, transport and commerce, operating expenses of the authorities of culture, education, science and public health, pension for the disabled or for the families of the bereaved and relief funds for social welfare, expenditures for national defense, administrative expenses and expenditure for price subsidies, etc.

Credit Funds refer to the funds issued as loans by banking institutions. The sources of credit funds of the banking institutions include deposits, liabilities to international financial institutions, currency in circulation, self owned funds and current retained profits, etc. The credit funds can be used in forms of loans, gold, foreign exchange, government debt and assets in the international financial institutions.

Deposit is a form of credit by which enterprises, institutions, organizations or residents can put money into banks and other credit institutions for safekeeping and interest earning under the principle of free withdrawal. According to the different depositors, deposits are divided into enterprise deposits, treasury deposits, deposits of government agencies and organizations, capital construction deposits, urban savings deposits, rural deposits and other deposits. Deposits are major sources of the credit funds of banks.

Loan is a form of credit by which banks and other credit institutions provide funds at certain interest rates to enterprises and individuals in the light of the principle of unconditional repayment. Loans from Chinese banks include circulating capital loans, fixed assets loans, loans to urban and rural individuals engaged in industrial and commercial business and agricultural loans.

Savings Deposits by Urban and Rural Residents refer to the total value of savings deposits of urban and rural households in banks and rural credit cooperatives at a given point of time, including the savings deposit of urban residents and the savings deposit of rural residents. The cash in hand by residents and the deposits of organizations such as enterprises, military units, government agencies, institutions and others are not included.

Amount Insured refers to the amount of maximum that the insurant will get for the claim of the case insured.

Premium is the fee paid by the insurant to the insurer to obtain the obligation of compensation from the insurance within the agreed terms.

Settled Claim is the compensation paid by the insurer to the insurant in accordance with the insurance contract.

Payment includes payment for death, injury or medical treatment and mature payment. Payment for death, injury or medical treatment refers to the money paid to the insurant (or the beneficiary) in accordance with the life or health insurance contract when the insurant encounters accidents within the insured period covered in the contract. Mature payment refers to the mature payment to the insurant in accordance with the life insurance contract at the end of the insured period.

九、价格指数

PRICE INDICES

九　价格指数

简要说明

一、本篇资料反映生产、流通、消费与投资等环节的价格变动情况。主要包括居民消费价格指数、商品零售价格指数、农业生产资料价格指数、工业品出厂价格指数、原材料、燃料和动力购进价格指数、农产品生产价格指数和固定资产投资价格指数。

二、本篇资料由国家统计局广东调查总队消费价格调查处和生产投资价格调查处整理提供。

三、居民消费价格指数、商品零售价格指数采用分层抽样调查方法编制，即在全省选择不同经济区域的市、县以及有代表性的商品和服务项目作为样本，对市场价格进行经常性调查，以样本推断总体。

四、工业品出厂价格指数和原材料、燃料、动力购进价格指数均采用重点调查与典型调查相结合的方法统计。

五、固定资产投资价格指数采用重点调查与典型调查相结合的方法统计。

六、农产品生产价格指数采用抽样调查和重点调查相结合的调查方法进行统计。

9 Price Indices

Brief Introduction

Ⅰ. The data in this chapter reflect price changes in production, circulation，consumption and investment, mainly including consumer price indices, retail price indices, price indices of means of agricultural production, ex-factory price indices of industrial products, purchasing price indices of raw materials, fuels and power, producers' price indices of farm products and price indices of investment in fixed assets.

Ⅱ. The data are prepared and provided by the Division of Consumers Price Survey and the Division of Production Price Survey under Guangdong Survey Office of the National Bureau of Statistics.

Ⅲ. The data for the calculation of consumer price indices and retail price indices in the province are collected through stratified sampling. Cities and counties distributed in different economic regions of the province are selected as sample areas, and representative commodities and services are selected as sample commodities and services. Regular surveys are conducted to collect data on market prices. The data on the population are estimated on the basis of the sample.

Ⅳ. The data for the calculation of ex-factory price indices of industrial products and purchasing price indices of raw materials, fuels and power are all collected through key-point survey combined with typical survey.

Ⅴ. The data for the calculation of price indices of investment in fixed assets are collected through key-point survey combined with typical survey.

Ⅵ. The data for the calculation of producers' price indices of farm products are collected through sampling survey combined with key-point survey.

9-1 各种价格指数（1978-2007年）

Price Indices (1978-2007)

上年=100 (preceding year=100)

年份 Year	商品零售价格指数 Retail Price Index	居民消费价格指数 Consumer Price Index			农村工业品零售价格指数 Retail Price Indices of Industrial Products in Rural Areas	工业品出厂价格指数 Ex-factory Price Indices of Industrial Products	原材料、燃料、动力购进价格指数 Purchasing Price Indices of Raw Materials, Fuels and Power	固定资产投资价格指数 Investment in Fixed Assets Price Index
			城市居民消费价格指数 Urban Areas	农村居民消费价格指数 Rural Areas				
1978	100.4		100.3		100.1			
1979	103.0		104.6		100.3			
1980	108.5		109.5		101.4			
1981	109.3		106.3		101.9			
1982	102.3		102.6		102.1			
1983	100.7		102.8		100.5			
1984	101.2	101.3	101.9	100.4	101.9			
1985	113.6	114.8	117.1	111.2	104.5			
1986	104.8	104.9	104.7	105.3	104.4			
1987	111.7	111.2	112.8	109.7	109.4			
1988	130.2	129.4	129.5	129.3	125.9			
1989	121.0	122.1	121.9	122.4	119.5			
1990	95.6	97.5	97.4	97.6	97.2			
1991	100.6	101.2	102.3	99.9	100.8			
1992	105.8	107.3	108.4	105.9	102.3			
1993	118.2	121.6	122.0	120.6	115.5			
1994	118.9	121.7	121.0	122.5	113.7			
1995	111.6	114.0	113.1	115.3	107.1			
1996	104.4	107.0	107.2	106.5	104.5			
1997	100.1	101.9	102.1	101.5	101.0	100.1	97.3	
1998	97.0	98.2	98.3	98.1	97.7	94.8	91.4	
1999	96.7	98.2	98.4	97.7	97.3	97.7	97.8	
2000	99.9	101.4	102.2	100.0	100.2	103.4	110.9	
2001	98.7	99.3	99.2	99.6	98.4	98.5	99.1	100.2
2002	98.5	98.6	98.6	98.6	98.4	96.5	96.3	99.7
2003	100.0	100.6	100.7	100.4	100.1	99.3	104.1	102.2
2004	102.9	103.0	102.6	103.7	101.0	101.7	110.6	106.4
2005	101.8	102.3	102.0	102.7	100.6	101.5	105.0	101.6
2006	101.5	101.8	101.8	101.6	100.6	101.4	103.6	100.7
2007	103.4	103.7	103.7	103.5	100.5	101.3	103.3	102.4

9-2 各种价格定基指数（1978-2007年）

Fixed-base Price Indices (1978-2007)

1978年=100 (1978=100)

年份 Year	商品零售价格指数 Retail Price Index	城市居民消费价格指数 Consumer Price Index in Urban Areas	农村工业品零售价格指数 Retail Price Index of Industrial Products in Rural Areas	工业品出厂价格指数 Ex-factory Price Indices of Industrial Products	原材料、燃料、动力购进价格指数 Purchasing Price Indices of Raw Materials, Fuels and Power	固定资产投资价格指数 Investment in Fixed Assets Price Index
1978	100.0	100.0	100.0			
1979	103.0	104.6	100.3			
1980	111.8	114.5	101.7			
1981	122.0	121.7	103.7			
1982	124.9	124.9	105.8			
1983	125.7	128.3	106.3			
1984	127.2	130.8	108.4			
1985	144.5	153.1	113.3			
1986	151.5	160.3	118.3			
1987	169.2	180.9	129.4			
1988	220.3	234.3	163.0			
1989	266.6	285.6	194.8			
1990	254.8	278.2	189.4			
1991	256.4	284.6	190.9			
1992	271.3	308.5	195.3			
1993	320.6	376.4	225.6			
1994	381.3	455.5	256.4			
1995	425.6	515.1	274.6			
1996	444.3	552.2	287.0	100.0	100.0	
1997	444.7	563.7	289.9	100.1	97.3	
1998	431.4	554.2	283.2	94.9	88.9	
1999	417.1	545.3	275.6	92.7	86.9	
2000	416.7	553.0	276.1	95.9	96.4	100.0
2001	411.3	548.5	271.7	94.5	95.5	100.2
2002	405.1	540.9	267.3	91.2	92.0	99.9
2003	405.1	544.7	267.6	90.6	95.8	102.1
2004	416.9	558.9	270.2	92.1	106.0	108.6
2005	424.4	570.1	271.9	93.5	111.3	110.3
2006	430.8	580.4	273.5	94.8	115.3	111.1
2007	445.4	601.9	274.9	96.0	119.1	113.8

注：工业品出厂价格指数，原材料、燃料、动力购进价格指数以1996年为100。固定资产投资价格指数以2000年为100。

Note: The year of 1996 is taken as 100 in the calculation of ex-factory price indices of industrial products and purchasing price indices of raw materials, fuels and power. The year of 2000 is taken as 100 in the calculation of investment in fixed assets price index.

9-3 居民消费价格分类指数（2007年）

Consumer Price Indices by Category (2007)

上年=100 (preceding year=100)

项 目	Item	全 省 Provincial Indices	城 市 Urban Indices	农 村 Rural Indices
居民消费价格指数	**Consumer Price Index**	**103.7**	**103.7**	**103.5**
非食品价格指数	**Non-food Price Index**	**100.8**	**101.1**	**100.1**
服务项目价格指数	**Service Price Index**	**101.0**	**101.8**	**97.7**
工业品价格指数	**Industrial Products Price Index**	**100.7**	**100.5**	**101.4**
扣除食品和能源价格指数	**Price Index Deducting Food and Energy Sources**	**100.6**	**100.8**	**99.8**
扣除鲜菜鲜果价格指数	**Price Index Deducting Fresh Vegetables and Fruits**	**103.8**	**103.9**	**103.6**
消费品价格指数	**Consumer Goods Price Index**	**104.6**	**104.5**	**105.1**
食品	**Food**	**109.1**	**108.8**	**109.9**
粮食	Grain	104.4	103.6	106.4
#大米	Rice	105.4	104.1	108.6
粮食制品	Grain Products	103.4	103.2	104.2
淀粉	Starches	103.9	104.2	103.2
干豆类及豆制品	Beans and Bean Products	103.5	102.9	105.1
油脂	Oil or Fat	119.7	117.0	126.1
#食用植物油	Edible Vegetable Oils	121.4	117.6	129.6
肉禽及其制品	Meat, Poultry and Their Products	122.4	122.4	122.2
蛋	Eggs	116.6	116.6	116.7
水产品	Aquatic Products	104.1	103.7	105.2
菜	Vegetables	103.5	102.5	106.7
#鲜菜	Fresh Vegetables	103.1	101.8	107.5
干菜及菜制品	Dried Vegetables and Vegetable Products	106.8	107.3	105.1
调味品	Flavoring	104.4	104.7	103.7
糖	Carbohydrate	101.1	101.2	100.9
#食糖	Sugar	97.8	99.2	94.3
糖果	Candy	102.2	101.5	104.0
茶及饮料	Tea and Beverages	103.5	104.5	100.6
茶叶	Tea	107.3	109.3	100.7
饮料	Beverages	101.0	101.2	100.6
干鲜瓜果	Dried and Fresh Melons and Fruits	100.7	101.5	97.5
#鲜瓜果	Fresh Melons and Fruits	99.9	101.1	95.2
糕点饼干	Cake, Biscuit and Bread	102.3	102.4	101.7
液体乳及乳制品	Milk and Its Products	102.4	102.8	100.2
在外用膳食品	Outward Dinner Food	105.8	106.2	103.6
其它食品	Other Foods	103.9	104.2	103.1
烟酒及用品	**Tobacco, Liquor and Articles**	**100.7**	**100.6**	**100.8**
烟草	Tobacco	100.1	100.1	99.9
酒	Liquor	102.3	102.2	102.4
衣着	**Clothing**	**98.6**	**97.8**	**101.2**
服装	Garments	98.5	97.6	101.4
衣着材料	Clothing Material	101.8	102.0	101.7
鞋袜帽	Footwear and Hats	98.5	97.8	100.8

9－3 续表 continued

上年=100 (preceding year=100)

项 目	Item	全省 Provincial Indices	城市 Urban Indices	农村 Rural Indices
衣着加工服务	Clothing Manufacturing Services	100.1	100.1	100.2
家庭设备用品及维修服务	**Household Facilities, Articles and Services**	**102.0**	**102.0**	**102.0**
耐用消费品	Durable Consumer Goods	100.8	100.4	102.8
家具	Furniture	101.8	100.6	105.6
家庭设备	Household Facilities	100.2	100.2	100.5
室内装饰品	Interior Decorations	100.3	100.4	100.0
床上用品	Bed Articles	99.8	99.4	101.2
家庭日用杂品	Daily-use Household Articles	101.5	101.7	100.6
家庭服务及加工维修服务	Household Services and Manufacturing Upkeep	108.1	109.2	103.6
医疗保健和个人用品	**Health Care & Personal Articles**	**104.0**	**104.0**	**104.0**
医疗保健	Health Care	105.1	105.3	104.6
#中药材及中成药	Traditional Chinese Medicines	117.6	117.9	116.8
西药	Western Medicines	98.7	98.3	100.0
医疗保健服务	Health Care Services	103.6	104.6	100.5
个人用品及服务	Personal Articles and Services	101.5	101.2	102.7
化妆美容用品	Cosmetics	100.5	100.5	100.8
清洁化妆用品	Sanitary Articles	100.5	100.5	100.4
个人饰品	Personal Decorations	103.7	103.8	103.6
个人服务	Personal Services	101.9	100.4	105.9
交通和通信	**Transportation and Telecommunication**	**100.0**	**99.9**	**100.6**
交通	Transportation	100.7	100.7	100.6
交通工具	Transportation Facilities	97.7	97.8	97.5
车用燃料及零配件	Fuels and Parts	104.1	104.5	102.9
车辆使用及维修	Using and Upkeep	102.9	103.4	101.4
市区公共交通费	Incity Traffic	100.3	99.9	102.0
城市间交通费	Intercity Traffic	103.6	103.9	102.6
通信	Telecommunication	99.1	98.7	100.6
通信工具	Telecommunication Facilities	86.6	84.9	90.4
通信服务	Telecommunication Services	101.3	100.8	103.4
娱乐教育文化用品及服务	**Recreational, Educational, Cultural Articles and Services**	**96.9**	**98.4**	**91.9**
文娱用耐用消费品及服务	Durable Consumer Goods for Cultural and Recreational Use and Services	94.3	93.5	96.6
教育	Education	95.3	98.6	85.2
教材及参考书	Teaching Materials and Reference Books	97.7	98.6	96.4
学杂托幼费	Tuition and Child Care	95.0	98.6	82.2
文化娱乐类	Culture and Recreation	99.8	100.0	99.2
文化娱乐用品	Cultural and Recreational Articles	99.5	99.2	100.4
书报杂志	Newspapers and Magazines	101.3	101.5	100.5
文娱费	Expenditure of Culture and Recreation	99.2	99.7	97.3
旅游	Touring	101.1	100.6	103.9
居住	**Residence**	**103.3**	**103.5**	**102.9**
建房及装修材料	Building and Building Decoration Materials	103.9	103.9	103.9
租房	Rent	102.8	103.0	100.6
自有住房	Private Housing	106.5	106.5	106.2
水、电、燃料	Water, Electricity and Fuels	101.8	102.0	101.4

9-4 商品零售价格分类指数（2007年）

Retail Price Indices by Category of Commodities (2007)

上年=100　　　　(preceding year=100)

项　目	Item	全 省 Provincial Indices	城 市 Urban Indices	农 村 Rural Indices
商品零售价格指数	**Retail Price Index**	**103.4**	**103.2**	**103.8**
食品	**Food**	**109.1**	**108.8**	**109.7**
粮食	Grain	104.7	103.5	106.8
#大米	Rice	105.7	103.8	109.2
粮食制品	Grain Products	103.6	103.5	104.1
淀粉	Starches	104.1	103.4	105.3
干豆类及豆制品	Beans and Bean Products	103.2	102.6	104.4
油脂	Oil or Fat	120.2	118.7	123.6
肉禽及其制品	Meat, Poultry and Their Products	121.8	122.3	121.0
食用畜肉及副产品	Edible Meat and By-products	127.0	128.8	123.7
禽	Poultry	116.0	115.4	117.4
肉禽加工制品	Processed Products	113.6	112.7	116.1
蛋	Eggs	118.0	118.4	117.1
水产品	Aquatic Products	104.6	104.1	106.0
鱼	Fish	105.1	104.4	106.3
其它水产品	Other Aquatic Products	104.0	103.8	105.1
菜	Vegetables	104.4	103.3	107.0
#鲜菜	Fresh Vegetables	103.8	102.5	107.2
干菜及菜制品	Dried Vegetables and Vegetable Products	108.0	108.7	106.7
调味品	Flavoring	104.8	104.7	105.0
糖	Carbohydrate	100.9	100.7	101.2
#食糖	Sugar	97.2	98.3	94.8
糖果	Candy	102.1	100.8	104.6
干鲜瓜果	Dried and Fresh， Melons and Fruits	100.9	102.1	98.2
#鲜瓜果	Fresh Melons and Fruits	100.1	101.7	96.1
糕点饼干面包	Cake, Biscuit and Bread	102.2	102.3	101.8
液体乳及乳制品	Milk and Its Products	102.4	103.0	100.0
在外用膳食品	Outward Dinner Food	105.2	105.6	103.8
其它食品	Other Foods	104.5	105.1	103.2
饮料、烟酒	**Beverages, Tobacco and Liquor**	**102.4**	**102.7**	**102.0**
茶及饮料	Tea and Beverages	103.6	104.5	101.7
茶叶	Tea	107.5	109.5	103.0
饮料	Beverages	101.1	101.1	100.9
烟草	Tobacco	101.1	101.3	100.7
酒	Liquor	103.1	102.7	103.7
服装、鞋帽	**Garments, Shoes and Hats**	**99.7**	**99.0**	**101.2**
服装	Garments	99.9	99.1	101.8
男式服装	Men's Garments	101.3	101.4	101.2
女式服装	Women's Garments	99.0	98.2	101.0
儿童服装	Children's Garments	99.0	95.7	104.8
鞋袜帽	Footwear and Hats	99.0	98.4	100.5
其它	Others	100.0	103.0	98.5
纺织品	**Textiles**	**100.6**	**100.3**	**101.0**
衣着材料	Clothing Materials	104.0	105.7	101.5
床上用品	Bed Articles	99.3	98.5	100.8
家用电器及音像器材	**Household Appliances, Audio and Video Equipment**	**98.2**	**98.3**	**98.0**
家庭设备	Household Facilities	100.7	100.8	100.4

9-4 续表 continued

上年=100 (preceding year=100)

项　目	Item	全省 Provincial Indices	城市 Urban Indices	农村 Rural Indices
文娱用耐用消费品	Durable Consumer Goods for Cultural and Recreational Use	95.4	95.2	95.7
音像器材	Audio and Video Equipment	96.6	96.3	97.9
文化办公用品	**Cultural and Office Articles**	**95.9**	**95.1**	**98.3**
日用品	**Articles for Daily Use**	**100.7**	**100.8**	**100.5**
日用百货	General Merchandise for Daily Use	101.0	101.6	99.7
日用杂品	Sundries for Daily Use	101.0	101.4	100.1
洗涤用品	Detergents	101.6	101.4	102.1
其它日用品	Other Articles for Daily Use	99.3	99.0	100.2
体育娱乐用品	**Sports and Recreational Articles**	**99.4**	**99.2**	**99.8**
体育用品	Sports Articles	101.0	101.3	100.3
娱乐用品	Recreational Articles	97.6	97.0	99.2
交通、通信用品	**Transportation and Telecommunication Facilities**	**93.9**	**93.6**	**94.9**
交通运输机械	Transportation Machinery	97.5	97.8	96.4
通信器材	Telecommunication Equipment	89.8	88.5	93.3
家具	**Furniture**	**101.6**	**100.6**	**104.1**
化妆品	**Cosmetics**	**100.6**	**100.6**	**100.6**
金银珠宝	**Gold, Silver and Jewelry**	**107.8**	**108.0**	**107.0**
中西药品及医疗保健用品	**Traditional Chinese & Western Medicines and Health Care Articles**	**105.5**	**105.6**	**105.3**
医疗器具及用品	Medical Apparatus and Articles	100.5	100.9	99.7
中药材及中成药	Traditional Chinese Medicines	116.6	117.1	115.5
西药	Western Medicines	98.6	98.2	99.5
保健器具及用品	Health Care Appliances and Articles	103.2	104.3	100.7
书报杂志及电子出版物	**Books, Newspapers, Magazines and Electronic Publications**	**99.1**	**99.4**	**98.4**
教材及参考书	Teaching Materials and Reference Books	97.7	98.4	95.8
书报杂志	Newspapers and Magazines	101.2	101.5	100.6
电子音像制品	Electronic Audio-video Products	98.3	97.8	99.4
燃料	**Fuels**	**104.2**	**104.6**	**103.3**
煤炭及制品	Coal and Its Products	101.9	103.7	100.8
石油及制品	Petroleum and Its Products	104.4	104.6	103.8
建筑材料及五金电料	**Building Materials and Hardware**	**103.5**	**103.6**	**103.2**
建筑装璜材料	Building Decoration Materials	103.9	104.1	103.6
五金电料	Hardware	102.1	102.4	101.0

9-5 居民消费价格分类指数（2003-2007年）

Consumer Price Indices by Category (2003-2007)

上年=100 (preceding year=100)

项　目	Item	2003	2004	2005	2006	2007
居民消费价格指数	**Consumer Price Index**	**100.6**	**103.0**	**102.3**	**101.8**	**103.7**
非食品价格指数	**Non-food Price Index**	**99.7**	**100.5**	**100.9**	**101.5**	**100.8**
服务项目价格指数	**Service Price Index**	**100.1**	**100.3**	**101.7**	**101.8**	**101.0**
扣除鲜菜鲜果价格指数	**Price Index Deducting Fresh Vegetables and Fruits**	**100.1**	**103.1**	**102.0**	**101.3**	**103.8**
消费品价格指数	**Consumer Goods Price Index**	**100.8**	**103.9**	**102.4**	**101.8**	**104.6**
食品	**Food**	**102.3**	**107.5**	**104.7**	**102.4**	**109.1**
粮食	Grain	101.9	116.8	101.8	101.8	104.4
#大米	Rice	101.8	122.0	101.5	101.4	105.4
粮食制品	Grain Products	99.0	107.8	103.2	101.4	103.4
干豆类及豆制品	Beans and Bean Products	101.3	110.6	105.1	102.2	103.5
油脂	Oil or Fat	108.6	113.2	99.9	100.1	119.7
#食用植物油	Edible Vegetable Oils	110.4	114.1	100.2	100.6	121.4
肉禽及其制品	Meat, Poultry and Their Products	100.6	112.8	105.8	97.8	122.4
蛋	Eggs	99.8	117.3	104.6	97.9	116.6
水产品	Aquatic Products	101.3	108.6	109.3	101.9	104.1
菜	Vegetables	109.7	102.8	110.2	106.0	103.5
#鲜菜	Fresh Vegetables	111.7	102.8	111.4	105.5	103.1
干菜及菜制品	Dried Vegetables and Vegetable Products	97.5	102.9	100.7	108.7	106.8
调味品	Flavoring	101.3	100.3	100.6	100.9	104.4
糖	Carbohydrate	98.4	102.0	104.2	112.3	101.1
#食糖	Sugar	91.3	106.2	111.4	132.4	97.8
糖果	Candy	102.3	100.2	100.3	103.1	102.2
茶及饮料	Tea and Beverages	98.7	101.2	101.0	102.0	103.5
茶叶	Tea	98.6	102.8	102.8	104.3	107.3
饮料	Beverages	98.7	100.0	99.6	100.4	101.0
干鲜瓜果	Dried and Fresh Melons and Fruits	106.9	102.1	99.8	114.9	100.7
#鲜瓜果	Fresh Melons and Fruits	107.8	100.0	99.1	117.4	99.9
糕点饼干	Cake, Biscuit and Bread	100.4	101.8	101.8	101.3	102.3
液体乳及乳制品	Milk and Its Products	99.8	100.5	99.0	100.5	102.4
在外用膳食品	Outward Dinner Food	99.9	103.0	102.8	102.7	105.8
其它食品	Other Foods	99.6	101.1	102.5	101.8	103.9
烟酒及用品	**Tobacco, Liquor and Articles**	**101.4**	**101.6**	**101.3**	**101.1**	**100.7**
烟草	Tobacco	101.7	101.6	101.7	101.6	100.1
酒	Liquor	100.9	102.3	101.6	100.7	102.3
吸烟饮酒用品	Smoking and Drinking Articles	101.1	98.5	97.8	98.8	99.5
衣着	**Clothing**	**97.7**	**99.1**	**98.3**	**99.3**	**98.6**
服装	Garments	97.6	98.9	98.0	99.1	98.5
男式服装	Men's Garments	96.3	97.5	96.9	98.9	99.5
女式服装	Women's Garments	98.2	99.7	98.7	99.2	97.8
儿童服装	Children's Garments	99.1	99.6	98.6	99.5	98.2
衣着材料	Clothing Material	100.6	102.8	100.7	100.9	101.8
鞋袜帽	Footwear and Hats	97.1	98.7	98.7	99.5	98.5

9－5 续表 continued

上年=100 (preceding year=100)

项目	Item	2003	2004	2005	2006	2007
衣着加工服务	Clothing Manufacturing Services	99.9	100.6	100.4	100.3	100.1
家庭设备用品及维修服务	**Household Facilities, Articles and Services**	**98.0**	**98.6**	**100.6**	**101.7**	**102.0**
耐用消费品	Durable Consumer Goods	96.2	97.6	99.3	100.9	100.8
家具	Furniture	98.5	98.0	98.9	101.2	101.8
家庭设备	Household Facilities	94.8	97.3	99.5	100.7	100.2
室内装饰品	Interior Decorations	99.8	98.7	100.5	101.4	100.3
床上用品	Bed Articles	98.7	97.9	99.3	101.1	99.8
家庭日用杂品	Daily-use Household Articles	98.1	99.3	101.3	100.8	101.5
家庭服务及加工维修服务	Household Services and Manufacturing Upkeep	102.6	101.0	104.4	105.6	108.1
医疗保健和个人用品	**Health Care & Personal Articles**	**100.4**	**99.9**	**99.2**	**100.4**	**104.0**
医疗保健	Health Care	100.6	99.6	99.1	99.5	105.1
#中药材及中成药	Traditional Chinese Medicines	104.1	101.3	97.7	100.4	117.6
西药	Western Medicines	97.5	97.4	98.9	98.0	98.7
医疗保健服务	Health Care Services	102.0	100.2	100.4	100.1	103.6
个人用品及服务	Personal Articles and Services	100.1	100.6	99.5	102.4	101.5
化妆美容用品	Cosmetics	99.7	98.4	97.5	99.6	100.5
清洁化妆用品	Sanitary Articles	98.0	99.5	99.5	99.8	100.5
个人饰品	Personal Decorations	102.8	105.6	101.5	110.5	103.7
个人服务	Personal Services	100.5	99.8	99.9	101.5	101.9
交通和通信	**Transportation and Telecommunication**	**97.9**	**98.8**	**99.1**	**100.5**	**100.0**
交通	Transportation	99.0	100.0	100.7	102.4	100.7
交通工具	Transportation Facilities	96.1	95.9	95.0	96.5	97.7
车用燃料及零配件	Fuels and Parts	108.4	107.7	110.7	112.7	104.1
车辆使用及维修	Using and Upkeep	98.2	100.9	100.4	105.6	102.9
市区公共交通费	Intra-city Traffic	98.9	100.1	101.2	105.0	100.3
城市间交通费	Intercity Traffic	98.3	100.0	101.7	103.3	103.6
通信	Telecommunication	96.7	97.8	97.5	97.9	99.1
通信工具	Telecommunication Facilities	84.1	88.0	87.5	84.9	86.6
通信服务	Telecommunication Services	99.7	100.1	100.0	100.4	101.3
娱乐教育文化用品及服务	**Recreational, Educational, Cultural Articles and Services**	**98.0**	**99.4**	**100.3**	**100.0**	**96.9**
文娱用耐用消费品及服务	Durable Consumer Goods for Cultural and Recreational Use and Services	92.1	93.8	93.6	95.0	94.3
教育	Education	100.2	101.0	102.5	99.8	95.3
教材及参考书	Teaching Materials and Reference Books	101.4	103.5	102.4	100.0	97.7
学杂托幼费	Tuition and Child Care	100.0	100.6	102.5	99.8	95.0
文化娱乐类	Culture and Recreation	100.8	100.2	100.7	99.6	99.8
文化娱乐用品	Cultural and Recreational Articles	99.5	99.4	99.0	100.0	99.5
书报杂志	Newspapers and Magazines	101.5	100.6	101.8	100.8	101.3
文娱费	Expenditure of Culture and Recreation	101.5	100.6	101.4	98.4	99.2
旅游	Touring	94.7	99.3	100.3	104.8	101.1
居住	**Residence**	**103.1**	**103.8**	**104.4**	**104.6**	**103.3**
建房及装修材料	Building and Building Decoration Materials	101.4	106.0	101.3	101.9	103.9
租房	Rent	105.3	100.0	99.9	101.1	102.8
自有住房	Private Housing	100.0	100.3	105.7	103.7	106.5
水、电、燃料	Water, Electricity and Fuels	104.7	105.4	106.9	107.6	101.8

9-6 商品零售价格分类指数（2003-2007年）

Retail Price Indices by Category of Commodities (2003-2007)

上年=100　　(preceding year=100)

项　目	Item	2003	2004	2005	2006	2007
商品零售价格指数	**Retail Price Index**	**100.0**	**102.9**	**101.8**	**101.5**	**103.4**
食品	**Food**	**102.0**	**107.7**	**104.6**	**102.6**	**109.1**
粮食	Grain	101.1	117.2	102.0	101.9	104.7
#大米	Rice	101.3	122.2	101.6	101.4	105.7
粮食制品	Grain Products	98.8	107.4	103.5	101.7	103.6
干豆类及豆制品	Beans and Bean Products	101.4	109.0	104.8	102.5	103.2
油脂	Oil or Fat	108.9	113.0	100.1	100.3	120.2
#食用植物油	Edible Vegetable Oils				101.1	120.7
肉禽及其制品	Meat, Poultry and Their Products	100.6	112.5	105.6	98.2	121.8
食用畜肉及副产品	Edible Meat and By-products	101.0	117.2	104.2	97.5	127.0
禽	Poultry	100.2	106.5	109.8	97.1	116.0
肉禽加工制品	Processed Products	99.9	104.7	104.3	101.9	113.6
蛋	Eggs	99.4	117.0	105.1	97.9	118.0
水产品	Aquatic Products	100.8	108.7	108.9	102.9	104.6
鱼	Fish	100.5	110.9	111.7	99.1	105.1
其它水产品	Other Aquatic Products	101.4	105.1	104.6	108.6	104.0
菜	Vegetables	108.2	103.8	109.5	105.7	104.4
#鲜菜	Fresh Vegetables	109.9	104.0	110.6	105.0	103.8
干菜及菜制品	Dried Vegetables and Vegetable Products	97.8	102.1	100.2	109.0	108.0
调味品	Flavoring	101.2	100.6	100.7	100.7	104.8
糖	Carbohydrate	99.1	101.9	103.9	112.0	100.9
#食糖	Sugar	92.4	105.0	109.9	132.1	97.2
糖果	Candy	103.7	100.4	100.4	102.9	102.1
干鲜瓜果	Dried and Fresh， Melons and Fruits	105.9	103.1	99.6	113.7	100.9
#鲜瓜果	Fresh Melons and Fruits	106.4	101.7	99.1	116.5	100.1
糕点饼干面包	Cake, Biscuit and Bread	100.6	101.9	101.8	101.0	102.2
液体乳及乳制品	Milk and Its Products	100.0	100.7	99.1	100.6	102.4
在外用膳食品	Outward Dinner Food	99.9	102.3	102.7	103.0	105.2
其它食品	Other Foods	100.7	101.3	102.6	102.2	104.5
饮料、烟酒	**Beverages, Tobacco and Liquor**	**100.6**	**101.6**	**101.3**	**101.6**	**102.4**
茶及饮料	Tea and Beverages	99.6	100.9	100.8	101.6	103.6
茶叶	Tea	100.6	101.6	102.0	104.1	107.5
饮料	Beverages	98.9	100.3	100.0	100.1	101.1
烟草	Tobacco	101.4	101.7	101.5	102.0	101.1
酒	Liquor	100.8	102.2	101.8	100.7	103.1
服装、鞋帽	**Garments, Shoes and Hats**	**97.1**	**99.0**	**97.8**	**99.6**	**99.7**
服装	Garments	97.6	99.4	97.5	99.6	99.9
男式服装	Men's Garments	96.3	98.0	96.6	99.8	101.3
女式服装	Women's Garments	98.5	100.2	98.1	99.1	99.0
儿童服装	Children's Garments	97.5	100.3	98.2	100.4	99.0
鞋袜帽	Footwear and Hats	96.3	98.1	98.6	100.5	99.0
其它	Others	95.2	97.6	97.9	96.0	100.9
纺织品	**Textiles**	**99.0**	**99.5**	**99.1**	**101.0**	**100.6**
衣着材料	Clothing Materials	100.0	101.0	100.4	102.9	104.0
床上用品	Bed Articles	98.6	98.8	98.5	100.3	99.3
家用电器及音像器材	**Household Appliances, Audio and Video Equipment**	**94.0**	**95.7**	**96.6**	**98.0**	**98.2**
家庭设备	Household Facilities	95.2	97.3	99.4	99.9	100.7

9-6 续表 continued

上年＝100 (preceding year＝100)

项　目	Item	2003	2004	2005	2006	2007
文娱用耐用消费品	Durable Consumer Goods for Cultural and Recreational Use	92.6	93.5	93.3	95.8	95.4
音像器材	Audio and Video Equipment	95.2	96.9	96.5	96.9	96.6
文化办公用品	**Cultural and Office Articles**	**94.8**	**95.6**	**94.8**	**96.3**	**95.9**
日用品	**Articles for Daily Use**	**99.1**	**100.3**	**101.0**	**100.8**	**100.7**
日用百货	General Merchandise for Daily Use	99.2	99.3	100.4	99.9	101.0
日用杂品	Sundries for Daily Use	98.7	99.8	101.8	101.3	101.0
洗涤用品	Detergents	99.5	101.2	100.4	101.2	101.6
其它日用品	Other Articles for Daily Use	99.2	101.3	101.5	100.9	99.3
体育娱乐用品	**Sports and Recreational Articles**	**98.3**	**99.6**	**99.9**	**99.3**	**99.4**
体育用品	Sports Articles	100.4	100.3	100.8	100.1	101.0
娱乐用品	Recreational Articles	96.3	99.0	99.0	98.4	97.6
交通、通信用品	**Transportation and Telecommunication Facilities**	**90.2**	**92.3**	**91.6**	**93.0**	**93.9**
交通运输机械	Transportation Machinery	96.5	95.3	94.9	97.4	97.5
通讯器材	Telecommunication Equipment	83.9	89.1	88.2	88.1	89.8
家具	**Furniture**	**98.7**	**98.7**	**99.2**	**101.3**	**101.6**
化妆品	**Cosmetics**	**99.6**	**98.5**	**98.8**	**100.1**	**100.6**
金银珠宝	**Gold, Silver and Jewelry**	**108.9**	**113.2**	**105.3**	**118.1**	**107.8**
中西药品及医疗保健用品	**Traditional Chinese & Western Medicines and Health Care Articles**	**100.4**	**99.7**	**98.9**	**99.8**	**105.5**
医疗器具及用品	Medical Apparatus and Articles	101.4	101.8	101.0	100.3	100.5
中药材及中成药	Traditional Chinese Medicines	103.5	102.5	98.1	100.8	116.6
西药	Western Medicines	98.4	97.5	99.1	98.7	98.6
保健器具及用品	Health Care Appliances and Articles	98.8	99.3	99.5	100.9	103.2
书报杂志及电子出版物	**Books, Newspapers, Magazines and Electronic Publications**	**100.4**	**101.5**	**100.8**	**100.1**	**99.1**
教材及参考书	Teaching Materials and Reference Books	100.9	104.0	101.6	99.8	97.7
书报杂志	Newspapers and Magazines	100.7	100.5	101.8	100.4	101.2
电子音像制品	Electronic Audio-video Products	98.3	98.0	97.7	100.4	98.3
燃料	**Fuels**	**113.1**	**112.9**	**115.6**	**113.9**	**104.2**
煤炭及制品	Coal and Its Products	93.7	108.8	120.9	106.0	101.9
石油及制品	Petroleum and Its Products	113.1	112.9	115.2	114.5	104.4
建筑材料及五金电料	**Building Materials and Hardware**	**101.3**	**104.4**	**100.8**	**100.5**	**103.5**
建筑装璜材料	Building Decoration Materials	101.7	105.5	100.9	100.4	103.9
五金电料	Hardware	99.8	100.7	100.3	100.6	102.1

9-7 各市居民消费价格分类指数（2007年）

Consumer Price Indices by Category and by City (2007)

上年=100 (preceding year=100)

市别	City	总指数 General Index	服务项目 Services	食品 Food	#粮食 Grain	#油脂 Oil or Fat	#肉禽及其制品 Meat and Poultry	#蛋 Eggs	#水产品 Aquatic Products	#菜 Vegetables	#干鲜瓜果 Dried and Fresh Melons and Fruits
广州	Guangzhou	103.4	101.1	108.9	101.3	112.1	119.4	119.3	103.0	103.6	103.0
深圳	Shenzhen	104.1	103.4	108.6	106.8	128.4	125.4	118.9	105.4	103.3	101.1
珠海	Zhuhai	104.0	102.0	110.3	102.7	118.8	130.5	109.4	104.3	111.8	116.6
汕头	Shantou	103.8	101.8	107.6	105.6	120.5	119.6	112.9	100.3	94.9	96.6
佛山	Foshan	103.7	102.4	109.0	102.4	112.0	123.6	116.3	107.6	105.0	99.6
韶关	Shaoguan	102.3	101.6	106.5	106.3	119.4	121.1	123.5	104.3	88.4	90.5
河源	Heyuan	104.8	102.8	110.7	104.7	126.3	124.5	120.2	98.6	112.5	103.2
梅州	Meizhou	104.8	100.9	111.0	108.4	123.1	123.2	116.7	106.6	101.8	89.8
惠州	Huizhou	103.9	100.1	110.6	101.4	113.1	125.8	117.5	101.4	112.2	109.0
汕尾	Shanwei	103.8	102.3	107.8	103.7	111.5	120.8	110.2	101.7	105.9	101.4
东莞	Dongguan	103.1	100.2	108.0	103.2	136.3	119.8	120.0	106.7	105.5	104.4
中山	Zhongshan	104.4	99.4	111.1	109.4	115.6	119.4	126.2	101.6	112.6	105.3
江门	Jiangmen	103.6	101.3	107.6	107.1	114.3	113.4	115.5	103.9	108.6	106.0
阳江	Yangjiang	102.9	102.7	106.1	102.9	102.1	117.5	108.4	93.4	109.4	99.8
湛江	Zhanjiang	103.2	101.8	108.8	105.9	114.9	125.4	110.6	101.9	97.5	98.0
茂名	Maoming	103.5	101.7	108.2	104.5	113.3	124.4	122.0	103.1	98.7	100.6
肇庆	Zhaoqing	102.7	101.5	105.8	103.7	112.4	117.6	118.2	104.0	100.3	104.6
清远	Qingyuan	103.6	102.0	108.0	104.2	118.0	118.3	111.4	105.0	101.9	102.7
潮州	Chaozhou	103.6	102.7	106.8	109.7	114.7	121.2	115.5	109.2	100.8	95.8
揭阳	Jieyang	103.0	101.8	107.8	103.5	111.7	119.5	113.5	105.3	98.6	96.9
云浮	Yunfu	103.6	102.1	107.2	105.1	126.6	122.9	115.6	108.8	99.4	96.2

9-7 续表 continued

上年＝100 (preceding year＝100)

市别	City	#在外用膳食品 Outward Dinner Food	烟酒及用品 Tobacco, Liquor and Articles	衣着 Clothing	家用设备用品及维修服务 Household Facilities, Articles and Services	医疗保健和个人用品 Health Care and Personal Articles	交通和通信 Transportation and Telecommunication	娱乐教育文化用品及服务 Recreational, Educational and Cultural Articles and Services	居住 Residence
广州	Guangzhou	109.3	101.2	95.8	102.1	104.6	99.2	98.3	103.1
深圳	Shenzhen	103.0	103.0	102.6	102.4	103.7	101.8	101.3	102.3
珠海	Zhuhai	100.5	101.3	100.6	101.2	105.2	97.7	98.9	104.7
汕头	Shantou	111.2	99.5	100.1	102.4	107.8	99.6	98.1	103.8
佛山	Foshan	106.9	99.8	94.2	103.4	104.5	101.1	97.8	104.9
韶关	Shaoguan	101.0	98.2	98.0	99.5	99.6	98.8	98.2	104.1
河源	Heyuan	105.4	100.7	106.1	102.5	105.4	99.9	99.3	101.7
梅州	Meizhou	102.9	101.5	99.2	101.6	104.0	99.7	98.2	102.9
惠州	Huizhou	102.3	100.0	98.7	100.7	103.4	100.3	98.4	102.8
汕尾	Shanwei	105.3	100.8	99.7	100.6	101.5	100.5	100.0	104.4
东莞	Dongguan	100.4	99.6	100.2	103.8	106.0	99.5	98.2	103.0
中山	Zhongshan	111.1	102.9	101.1	101.5	104.1	100.3	92.2	106.3
江门	Jiangmen	104.8	103.9	99.6	101.8	101.9	100.7	99.0	103.5
阳江	Yangjiang	104.2	100.9	98.0	100.3	99.6	100.8	99.7	105.5
湛江	Zhanjiang	102.9	100.5	95.2	97.9	101.4	98.0	100.3	102.0
茂名	Maoming	99.4	100.0	98.9	100.1	102.8	100.0	99.1	103.4
肇庆	Zhaoqing	95.7	101.1	97.3	99.2	101.9	97.9	100.0	104.1
清远	Qingyuan	108.5	102.7	98.6	103.1	101.2	99.3	99.2	104.1
潮州	Chaozhou	100.5	100.8	98.7	103.1	112.3	95.4	98.6	104.3
揭阳	Jieyang	110.0	100.0	98.9	99.8	98.1	99.0	98.7	103.9
云浮	Yunfu	97.7	99.3	95.1	100.9	110.7	101.6	99.3	101.5

9-8 各市服务项目价格分类指数（2007年）

Service Price Indices by Category and by City (2007)

上年=100 (preceding year=100)

市别	City	总指数 General Index	通信服务 Telecommunication Services	市区公共交通 Intra-city Traffic	城市间交通 Intercity Traffic	个人服务 Individual Services	文娱费 Expenditure of Culture and Recreation	学杂托幼费 Tuition and Child Care	旅游 Touring and Outgoing	医疗保健服务费 Health Care Services
广 州	Guangzhou	101.1	100.5	98.1	97.6	99.7	99.6	100.3	100.5	107.4
深 圳	Shenzhen	103.4	100.3	100.0	114.1	101.1	101.1	102.3	104.3	104.3
珠 海	Zhuhai	102.0	100.3	101.2	96.2	101.8	103.4	100.0	97.9	100.1
汕 头	Shantou	101.8	100.3	100.0	102.4	100.0	102.5	100.2	96.3	102.4
佛 山	Foshan	102.4	100.5	100.0	106.3	100.2	100.4	93.9	102.0	104.0
韶 关	Shaoguan	101.6	100.7	99.6	99.5	99.7	98.8	100.0	99.8	105.2
河 源	Heyuan	102.8	101.3	97.4	110.2	101.5	100.0	100.0	104.4	106.3
梅 州	Meizhou	100.9	102.2	99.1	97.8	99.0	100.0	99.3	98.7	102.1
惠 州	Huizhou	100.1	100.2	103.8	98.0	104.6	100.0	100.6	93.2	101.1
汕 尾	Shanwei	102.3	100.7	100.7	105.7	100.6	101.0	100.2	104.6	102.0
东 莞	Dongguan	100.2	100.1	98.2	100.6	100.2	91.2	92.6	106.8	100.0
中 山	Zhongshan	99.4	99.2	104.5	102.9	106.8	104.8	85.3	93.8	109.4
江 门	Jiangmen	101.3	100.9	106.7	97.7	101.7	99.6	99.7	96.6	100.3
阳 江	Yangjiang	102.7	100.4	104.1	87.2	102.8	99.1	100.1	104.8	100.0
湛 江	Zhanjiang	101.8	100.2	100.1	101.0	105.1	101.9	102.0	95.3	106.0
茂 名	Maoming	101.7	102.8	96.5	101.5	98.2	100.0	98.9	99.6	114.4
肇 庆	Zhaoqing	101.5	99.5	114.1	100.9	93.0	104.0	107.5	93.9	103.5
清 远	Qingyuan	102.0	101.5	109.9	101.7	97.7	100.3	100.0	100.9	101.0
潮 州	Chaozhou	102.7	103.0	102.1	102.0	99.1	100.2	100.0	100.1	100.0
揭 阳	Jieyang	101.8	100.3	102.5	102.2	99.6	99.0	100.0	98.9	97.5
云 浮	Yunfu	102.1	101.1	123.5	113.4	101.3	99.3	100.0	98.3	103.0

9-9 各市居民消费定基价格分类指数（2007年）

Fixed-base Consumer Price Indices by Category and by City (2007)

2005年=100 (2005=100)

市 别	City	总指数 General Index	服务项目 Services	食品 Food	烟酒及用品 Tobacco, Liquor and Articles	衣着 Clothing	家用设备用品及维修服务 Household Facilities, Articles and Services	医疗保健和个人用品 Health Care and Personal Articles	交通和通信 Transportation and Telecommunication	娱乐教育文化用品及服务 Recreational, Educational and Cultural Articles and Services	居住 Residence
广 州	Guangzhou	105.8	104.2	110.8	102.5	95.8	105.2	106.6	100.4	99.6	108.9
深 圳	Shenzhen	106.3	104.9	113.2	104.7	103.6	104.0	104.7	101.8	101.0	106.7
珠 海	Zhuhai	105.6	107.1	112.3	101.8	94.3	102.7	104.4	96.3	101.9	111.5
汕 头	Shantou	105.8	103.9	110.6	99.7	96.9	104.2	108.9	100.3	98.7	108.6
佛 山	Foshan	105.5	103.9	113.5	99.3	92.1	103.6	102.3	101.2	97.2	110.5
韶 关	Shaoguan	103.8	103.7	108.7	98.0	96.7	101.0	98.5	99.3	98.9	108.8
河 源	Heyuan	105.7	104.1	113.1	100.4	104.4	105.8	106.7	95.7	99.0	104.0
梅 州	Meizhou	105.0	102.6	109.8	106.9	97.7	102.7	102.8	99.7	98.7	107.1
惠 州	Huizhou	105.7	102.0	112.5	100.2	96.5	100.0	103.3	104.2	98.9	107.3
汕 尾	Shanwei	105.6	103.1	111.6	100.3	99.7	100.8	102.1	101.0	99.5	106.8
东 莞	Dongguan	102.1	101.8	108.0	103.1	100.4	106.5	107.1	94.0	99.5	100.6
中 山	Zhongshan	105.7	99.8	112.6	103.0	100.0	103.8	104.3	100.7	91.9	110.6
江 门	Jiangmen	105.1	103.3	108.4	105.1	97.2	103.4	102.7	100.9	101.3	108.2
阳 江	Yangjiang	105.1	106.8	109.3	101.9	93.5	99.9	99.1	105.6	100.3	110.0
湛 江	Zhanjiang	105.0	104.3	111.3	101.1	94.4	97.9	100.2	97.7	102.7	107.3
茂 名	Maoming	105.2	103.4	109.0	100.2	98.2	101.3	103.3	101.3	100.4	109.9
肇 庆	Zhaoqing	104.3	106.0	108.9	103.5	89.1	100.3	101.6	94.0	104.5	107.9
清 远	Qingyuan	105.1	104.2	110.2	104.2	98.6	103.4	100.0	98.0	100.5	108.3
潮 州	Chaozhou	105.0	104.6	110.3	101.5	95.9	104.5	114.7	89.6	99.1	108.8
揭 阳	Jieyang	104.7	104.9	111.1	96.2	97.1	99.4	98.0	99.9	98.3	108.3
云 浮	Yunfu	104.9	105.8	109.7	96.1	93.9	100.8	112.6	100.0	102.2	102.8

9-10 居民消费定基价格分类指数（2007年）

Fixed-base Consumer Price Indices by Category (2007)

2005年=100 (2005=100)

项　目	Item	全 省 Provincial Indices	城 市 Urban Indices	农 村 Rural Indices
居民消费价格指数	**Consumer Price Index**	**105.5**	**105.6**	**105.2**
非食品价格指数	**Non-food Price Index**	**102.4**	**102.7**	**101.3**
服务项目价格指数	**Service Price Index**	**102.9**	**104.1**	**97.8**
扣除鲜菜鲜果价格指数	**Price Index Deducting Fresh Vegetables and Fruits**	**105.2**	**105.3**	**104.7**
消费品价格指数	**Consumer Goods Price Index**	**106.5**	**106.2**	**107.3**
食品	**Food**	**111.6**	**111.4**	**112.5**
粮食	Grain	106.3	104.9	109.7
#大米	Rice	106.9	105.5	110.4
粮食制品	Grain Products	104.9	103.8	108.3
淀粉	Starches	105.2	103.7	108.9
干豆类及豆制品	Beans and Bean Products	105.8	105.1	107.4
油脂	Oil or Fat	119.8	116.1	128.4
#食用植物油	Edible Vegetable Oils	122.1	117.1	133.0
肉禽及其制品	Meat, Poultry and Their Products	119.7	119.9	119.2
蛋	Eggs	114.1	115.1	111.6
水产品	Aquatic Products	106.1	106.1	106.2
菜	Vegetables	109.8	108.4	114.0
#鲜菜	Fresh Vegetables	108.8	107.2	113.7
干菜及菜制品	Dried Vegetables and Vegetable Products	116.0	116.9	113.4
调味品	Flavoring	105.4	105.7	104.6
糖	Carbohydrate	113.6	113.0	115.3
#食糖	Sugar	129.5	132.2	122.8
糖果	Candy	105.3	103.5	110.1
茶及饮料	Tea and Beverages	105.5	106.9	101.4
茶叶	Tea	111.9	115.3	101.3
饮料	Beverages	101.4	101.4	101.4
干鲜瓜果	Dried and Fresh Melons and Fruits	115.6	116.3	112.9
#鲜瓜果	Fresh Melons and Fruits	117.3	118.1	113.6
糕点饼干	Cake, Biscuit and Bread	103.6	104.0	102.5
液体乳及乳制品	Milk and Its Products	103.0	103.3	100.9
在外用膳食品	Outward Dinner Food	108.7	109.2	106.2
其它食品	Other Foods	105.7	105.7	105.8
烟酒及用品	**Tobacco, Liquor and Articles**	**101.8**	**101.5**	**102.4**
烟草	Tobacco	101.7	101.3	102.4
酒	Liquor	103.0	103.3	102.6
吸烟、饮酒用品	Smoking and Drinking Articles	98.3	97.8	100.3
衣着	**Clothing**	**97.9**	**96.5**	**102.5**
服装	Garments	97.6	96.1	102.8
男式服装	Men's Garments	98.4	97.4	101.8
女式服装	Women's Garments	97.0	95.5	102.6
儿童服装	Children's Garments	97.7	94.6	105.9
衣着材料	Clothing Material	102.8	102.7	102.8
鞋袜帽	Footwear and Hats	98.0	96.8	101.9
衣着加工服务	Clothing Manufacturing Services	100.5	100.3	100.7

9-10 续表 continued

2005年=100 (2005=100)

项目	Item	全省 Provincial Indices	城市 Urban Indices	农村 Rural Indices
家庭设备用品及维修服务	**Household Facilities, Articles and Services**	**103.7**	**103.8**	**103.3**
耐用消费品	Durable Consumer Goods	101.7	101.1	104.1
家具	Furniture	103.0	101.4	108.5
家庭设备	Household Facilities	100.9	101.0	100.6
室内装饰品	Interior Decorations	101.7	102.1	100.5
床上用品	Bed Articles	100.9	100.6	101.6
家庭日用杂品	Daily-use Household Articles	102.3	102.8	100.6
家庭服务及加工维修服务	Household Services and Manufacturing Upkeep	114.1	115.6	108.4
医疗保健和个人用品	**Health Care & Personal Articles**	**104.4**	**104.2**	**105.1**
医疗保健	Health Care	104.6	104.5	104.9
# 中药材及中成药	Traditional Chinese Medicines	118.0	118.2	117.5
西药	Western Medicines	96.7	95.7	100.2
医疗保健服务	Health Care Services	103.7	104.7	100.6
个人用品及服务	Personal Articles and Services	104.0	103.5	105.4
化妆美容用品	Cosmetics	100.1	99.9	100.8
清洁化妆用品	Sanitary Articles	100.2	100.4	99.8
个人饰品	Personal Decorations	114.6	115.3	112.4
个人服务	Personal Services	103.4	101.1	109.7
交通和通信	**Transportation and Telecommunication**	**100.6**	**100.3**	**101.5**
交通	Transportation	103.1	102.8	104.2
交通工具	Transportation Facilities	94.3	94.2	95.1
车用燃料及零配件	Fuels and Parts	117.4	118.1	114.5
车辆使用及维修	Using and Upkeep	108.6	110.3	104.5
市区公共交通费	Intra-city Traffic	105.3	103.7	114.3
城市间交通费	Intercity Traffic	107.0	107.2	106.3
通信	Telecommunication	97.0	96.7	98.2
通信工具	Telecommunication Facilities	73.5	70.9	79.6
通信服务	Telecommunication Services	101.6	101.1	104.0
娱乐教育文化用品及服务	**Recreational, Educational, Cultural Articles and Services**	**97.0**	**99.3**	**89.2**
文娱用耐用消费品及服务	Durable Consumer Goods for Cultural and Recreational Use and Services	89.6	88.2	93.8
教育	Education	95.1	100.0	81.2
教材及参考书	Teaching Materials and Reference Books	97.7	99.9	94.8
学杂托幼费	Tuition and Child Care	94.8	100.1	77.6
文化娱乐类	Culture and Recreation	99.4	99.6	98.4
文化娱乐用品	Cultural and Recreational Articles	99.5	99.2	100.6
书报杂志	Newspapers and Magazines	102.1	102.4	100.9
文娱费	Expenditure of Culture and Recreation	97.6	98.2	95.0
旅游	Touring and Outgoing	106.0	106.2	105.4
居住	**Residence**	**108.1**	**108.1**	**108.0**
建房及装修材料	Building and Building Decoration Materials	105.9	105.8	106.0
租房	Rent	103.9	104.1	101.2
自有住房	Private Housing	110.4	110.2	111.5
水、电、燃料	Water, Electricity and Fuels	109.5	109.6	109.4

9-11 工业品出厂价格指数（2003-2007年）

Ex-factory Price Indices of Industrial Products (2003-2007)

上年=100 (preceding year=100)

项目	Item	2003	2004	2005	2006	2007
工业品出厂价格分类指数	**Ex-factory Price Indices of Industrial Products**	**99.3**	**101.7**	**101.5**	**101.4**	**101.3**
按轻重工业分	**Grouped by Light and Heavy Industries**					
轻工业	Light Industry	98.2	100.2	99.8	99.8	100.6
以农产品为原料	Using Farm Products as Raw Materials	100.7	103.0	101.3	101.6	102.6
以非农产品为原料	Using Nonfarm Products as Raw Materials	97.4	99.5	99.4	99.2	100.0
重工业	Heavy Industry	101.7	105.4	105.1	104.9	102.8
采掘	Mining and Quarrying	111.9	121.3	128.6	125.5	104.8
原料	Raw Materials	102.8	106.8	107.4	106.3	104.0
加工	Manufacturing	99.5	102.7	101.2	102.6	101.8
按生产生活资料分	**Grouped by Light and Heavy Industries**					
生产资料	Means of Production	100.0	103.1	102.5	102.5	101.6
采掘	Mining and Quarrying	111.9	121.3	128.6	125.5	104.8
原料	Raw Materials	102.8	106.5	107.2	106.2	103.9
加工	Manufacturing	98.4	101.3	100.3	101.0	100.8
生活资料	Consumer Goods	98.4	99.9	99.7	99.4	100.8
食品	Food	100.6	103.8	101.9	101.9	103.5
衣着	Clothing	100.6	102.1	100.5	101.1	102.6
一般日用品	Articles for Daily Use	99.5	100.5	101.6	101.5	101.5
耐用消费品	Durable Consumer Goods	95.7	97.4	97.5	96.5	98.8
按工业部门分	**Grouped by Industrial Sectors**					
冶金工业	Metallurgical Industry	102.4	111.9	104.9	107.8	107.9
电力工业	Power Industry	97.6	100.5	102.4	101.7	101.1
煤炭及炼焦工业	Coal and Coking Industry	103.7	106.3	111.6	101.8	103.4
石油工业	Petroleum Industry	116.8	114.9	124.9	120.1	104.3
化学工业	Chemical Industry	100.4	105.5	103.6	101.2	102.3
机械工业	Machine Industry	96.7	98.4	98.8	98.7	99.0
建筑材料工业	Building Materials Industry	98.1	105.2	96.2	99.9	102.0
森林工业	Timber Industry	99.0	100.0	100.4	103.0	101.5
食品工业	Food Industry	100.7	105.4	101.7	101.7	103.8
纺织工业	Textile Industry	100.5	103.5	101.5	101.9	101.7
缝纫工业	Tailoring Industry	99.6	102.6	100.4	101.0	101.3
皮革工业	Leather Industry	103.6	101.3	101.2	100.9	105.4
造纸工业	Paper-making Industry	97.6	98.9	101.0	101.5	101.3
文教艺术用品工业	Industry for Cultural, Educational & Art Articles	98.1	99.0	100.6	101.6	100.8
其它工业	Others	101.4	101.2	101.1	104.4	102.5

9-12 各市工业品出厂价格指数（2004-2007年）

Ex-factory Price Indices of Industrial Products by City (2004-2007)

上年=100 (preceding year=100)

市别	City	2004	2005	2006	2007
全省	**Provincial Total**	**101.7**	**101.5**	**101.4**	**101.3**
广州	Guangzhou	102.1	101.7	101.2	101.4
深圳	Shenzhen	99.5	98.7	98.2	98.4
珠海	Zhuhai	100.1	100.8	100.7	100.8
汕头	Shantou	103.1	102.4	102.1	101.2
佛山	Foshan	102.2	101.8	103.8	102.6
韶关	Shaoguan	111.7	103.2	105.9	107.0
河源	Heyuan	111.5	103.9	101.8	103.1
梅州	Meizhou	107.6	101.9	103.1	102.9
惠州	Huizhou	99.5	97.5	97.5	100.9
汕尾	Shanwei	101.1	99.7	99.6	99.8
东莞	Dongguan	101.4	100.4	100.7	101.4
中山	Zhongshan	101.6	101.4	101.5	101.9
江门	Jiangmen	103.3	102.1	101.1	102.7
阳江	Yangjiang	104.4	103.0	102.2	103.3
湛江	Zhanjiang	109.0	111.8	109.9	103.7
茂名	Maoming	109.2	112.1	109.0	104.5
肇庆	Zhaoqing	102.2	100.6	101.4	102.6
清远	Qingyuan	104.8	103.5	104.2	103.9
潮州	Chaozhou	101.1	102.5	102.4	102.1
揭阳	Jieyang	102.3	101.6	101.1	102.6
云浮	Yunfu	105.0	101.6	100.9	103.3

9-13 分行业工业品出厂价格指数（2005-2007年）

Ex-factory Price Indices of Industrial Products by Sector (2005-2007)

上年=100 (preceding year=100)

项　目	Item	2005	2006	2007
工业品出厂价格分类指数	**Ex-factory Price Indices of Industrial Products**	**101.5**	**101.4**	**101.3**
按工业行业分	**Grouped by Industrial Sector**			
#煤炭开采和洗选业	Coal Mining and Dressing	152.5		
石油和天然气开采业	Extraction of Petroleum and Natural Gas	134.3	131.5	103.4
黑色金属矿采选业	Mining and Dressing of Ferrous Metal Ores	128.2	101.1	103.9
有色金属矿采选业	Mining and Dressing of Non-ferrous Metal Ores	122.3	126.0	118.8
非金属矿采选业	Mining and Dressing of Nonmetal Ores	102.3	98.2	103.3
农副食品加工业	Processing of Farm and Sideline Food	103.1	103.0	107.7
食品制造业	Manufacture of Food	101.2	101.1	101.8
饮料制造业	Manufacture of Beverages	99.4	100.2	100.1
烟草制品业	Tobacco Products	100.7	100.0	100.2
纺织业	Textile Industry	101.6	102.1	101.4
纺织服装、鞋、帽制造业	Manufacture of Textile Garments, Footwear and Headgear	99.9	100.4	101.4
皮革、毛皮、羽毛(绒)及其制品业	Leather, Fur, Feather, Down and Related Products	101.1	101.0	105.4
木材加工及木、竹、藤、棕、草制品业	Timber Processing, Bamboo, Cane, Palm Fiber & Straw Products	100.9	102.5	101.5
家具制造业	Manufacture of Furniture	100.7	102.2	101.8
造纸及纸制品业	Papermaking and Paper Products	101.0	101.5	101.3
印刷业和记录媒介的复制	Printing and Record Medium Reproduction	99.5	98.2	100.3
文教体育用品制造业	Manufacture of Cultural, Educational and Sports Articles	101.5	103.9	103.1
石油加工、炼焦及核燃料加工业	Petroleum Refining, Coking and Nuclear Fuel Processing	122.7	116.8	104.7
化学原料及化学制品制造业	Manufacture of Raw Chemical Materials and Chemical Products	102.3	100.9	105.0
医药制造业	Manufacture of Medicines	101.5	100.4	102.9
化学纤维制造业	Manufacture of Chemical Fibers	104.5	101.3	101.6
橡胶制品业	Rubber Products	102.8	104.6	100.7
塑料制品业	Plastic Products	106.3	101.4	101.5
非金属矿物制品业	Nonmetal Mineral Products	97.3	100.2	102.2
黑色金属冶炼及压延加工业	Smelting and Pressing of Ferrous Metals	103.3	94.3	113.8
有色金属冶炼及压延加工业	Smelting and Pressing of Nonferrous Metals	108.5	134.3	108.8
金属制品业	Metal Products	103.6	101.8	104.7
通用设备制造业	Manufacture of General-purpose Machinery	102.2	103.4	100.0
专用设备制造业	Manufacture of Special-purpose Machinery	100.6	100.3	99.3
交通运输设备制造业	Manufacture of Transport Equipment	99.1	96.1	97.3
电气机械及器材制造业	Manufacture of Electrical Machinery and Equipment	102.5	105.2	103.7
通信设备、计算机及其他电子设备制造业	Manufacture of Communication Equipment, Computers and Other Electronic Equipment	97.1	96.1	97.4
仪器仪表及文化、办公用机械制造业	Manufacture of Instruments, Meters and Machinery for Cultural and Office Use	100.1	102.1	100.1
工艺品及其他制造业	Handicraft and Other Manufactures	100.5	106.2	102.3
废弃资源和废旧材料回收加工业	Recycling and Disposal of Waste			103.2
电力、热力的生产和供应业	Production and Supply of Electric Power and Heat Power	102.4	101.8	101.2
燃气生产和供应业	Production and Supply of Gas	115.9	112.1	102.2
水的生产和供应业	Production and Supply of Water	100.8	103.4	104.1

9-14 原材料、燃料、动力购进价格指数（2005-2007年）
Purchasing Price Indices of Raw Materials, Fuels and Power (2005-2007)

上年=100 (preceding year=100)

项 目	Item	2005	2006	2007
原材料、燃料、动力购进价格指数	**Purchasing Price Indices of Raw Materials, Fuels and Power**	**105.0**	**103.6**	**103.3**
按材料类别分	**Grouped by Type of Material**			
燃料、动力类	Fuels and Power	112.2	107.5	102.8
黑色金属材料类	Ferrous Materials	110.5	97.1	107.0
#钢材	Steel	108.5	96.9	106.1
其它	Others	114.2	97.6	108.7
有色金属材料和电线类	Nonferrous Materials and Wires	111.4	129.6	110.8
化工原料类	Chemical Materials	107.2	102.9	103.4
木材及纸浆类	Timber and Pulp	102.3	102.2	103.4
建筑材料及非金属矿类	Building Materials and Nonmetal Minerals	100.6	96.2	103.9
其它工业原材料及半成品类	Other Raw Materials and Semi-finished Products	99.1	100.4	102.6
农副产品类	Farm and Sideline Products	104.8	108.0	103.2
纺织原料类	Textile Raw Materials	99.1	100.7	101.6
按行业分	**Grouped by Sector**			
#煤炭开采和洗选业	Coal Mining and Washing	114.4		
石油和天然气开采业	Extraction of Petroleum and Natural Gas	108.7	109.1	106.2
黑色金属矿采选业	Mining and Dressing of Ferrous Metal Ores	113.5	107.4	103.6
有色金属矿采选业	Mining and Dressing of Nonferrous Metal Ores	107.0	112.0	104.2
非金属矿采选业	Mining and Dressing of Nonmetal Ores	109.7	106.3	102.1
其他矿采选业	Mining and Dressing of Other Ores	104.2	108.4	102.6
农副食品加工业	Processing of Farm and Sideline Food	106.0	103.0	108.8
食品制造业	Manufacture of Food	104.7	103.6	106.8
饮料制造业	Manufacture of Beverage	104.9	103.9	102.0
烟草制品业	Tobacco Products	107.9	104.1	104.3
纺织业	Textile Industry	104.8	102.1	100.9
纺织服装、鞋、帽制造业	Manufacture of Textile Garments, Footwear and Headgear	102.9	107.3	102.0
皮革、毛皮、羽毛(绒)及其制品业	Leather, Fur, Feather, Down and Related Products	103.5	101.6	101.7
木材加工及木、竹、藤、棕、草制品业	Timber Processing, Bamboo, Cane, Palm Fiber & Straw Products	108.3	104.1	103.9
家具制造业	Manufacture of Furniture	104.9	103.1	104.2
造纸及纸制品业	Papermaking and Paper Products	107.1	100.8	104.4
印刷业和记录媒介的复制	Printing and Record Medium Reproduction	108.4	103.4	101.1
文教体育用品制造业	Manufacture of Cultural, Educational and Sports Articles	105.3	103.1	101.6
石油加工、炼焦及核燃料加工业	Petroleum Refining, Coking and Nuclear Fuel Processing	108.5	105.4	102.9
化学原料及化学制品制造业	Manufacture of Raw Chemical Materials and Chemical Products	107.2	103.3	104.1
医药制造业	Manufacture of Medicines	104.1	104.6	104.2
化学纤维制造业	Manufacture of Chemical Fibers	106.9	105.7	104.3
橡胶制品业	Rubber Products	111.4	105.7	102.4
塑料制品业	Plastic Products	107.0	104.2	104.0
非金属矿物制品业	Nonmetal Mineral Products	105.5	102.7	103.9
黑色金属冶炼及压延加工业	Smelting and Pressing of Ferrous Metals	108.6	103.4	107.0
有色金属冶炼及压延加工业	Smelting and Pressing of Nonferrous Metals	105.1	106.8	104.1
金属制品业	Metal Products	106.1	107.6	105.3
通用设备制造业	Manufacture of General-purpose Machinery	104.6	101.9	104.8
专用设备制造业	Manufacture of Special-purpose Machinery	106.1	103.6	103.9
交通运输设备制造业	Manufacture of Transport Equipment	103.9	102.1	103.3
电气机械及器材制造业	Manufacture of Electrical Machinery and Equipment	107.2	106.7	105.0
通信设备、计算机及其他电子设备制造业	Manufacture of Communication Equipment, Computers and Other Electronic Equipment	105.3	103.2	102.2
仪器仪表及文化、办公用机械制造业	Manufacture of Instruments, Meters and Machinery for Cultural and Office Use	103.1	103.0	100.8
工艺品及其他制造业	Handicraft and Other Manufactures	105.2	102.9	102.6
废弃资源和废旧材料回收加工业	Recycling and Disposal of Waste			113.5
电力、热力的生产和供应业	Production and Supply of Electric Power and Heat Power	111.4	105.4	104.3
燃气生产和供应业	Production and Supply of Gas	116.5	116.5	104.0
水的生产和供应业	Production and Supply of Water	104.9	102.6	103.3

9-15 固定资产投资价格指数（2002-2007年）

Price Indices of Investment in Fixed Assets (2002-2007)

上年=100 (preceding year=100)

项目	Item	2002	2003	2004	2005	2006	2007
固定资产投资价格指数	**Price Indices of Investment in Fixed Assets**	**99.7**	**102.2**	**106.4**	**101.6**	**100.7**	**102.4**
建筑安装、装饰工程	Construction, Installation and Decoration	101.2	104.3	109.9	102.3	100.7	103.8
人工费	Manpower	102.4	102.9	103.5	104.5	105.1	107.4
材料费	Materials	101.2	105.4	113.8	101.7	99.4	102.9
钢材	Steel	102.3	111.2	122.2	100.2	95.7	104.2
木材	Timber	101.4	99.4	103.8	101.3	101.1	102.3
水泥	Cement	98.6	102.3	110.3	100.0	98.3	103.0
地方建筑材料	Local Building Materials	98.6	99.3	105.4	103.3	101.5	101.9
化工材料	Chemical Materials	100.8	110.0	110.3	106.7	108.6	102.0
电料	Electrical Materials and Appliances	100.4	102.3	106.5	105.0	115.3	102.3
其他材料	Other Materials	99.8	97.7	102.6	101.7	102.1	100.6
机械费	Machinery	101.4	100.9	101.3	101.8	102.4	103.5
设备、工器具购置	Purchase of Equipment, Tools and Instruments	94.6	96.8	98.4	98.7	100.3	99.5
其他费用	Others	100.7	100.5	102.0	102.2	101.7	100.5

9-16 农业生产资料价格分类指数（2006-2007年）

Price Indices of Means of Agricultural Production by Category (2006-2007)

上年=100 (preceding year=100)

项目	Item	2006	2007
农业生产资料价格指数	**Price Indices of Means of Agricultural Production**	**102.6**	**105.8**
农用手工工具	Farm Tools	104.1	104.4
饲料	Forage	100.4	104.3
混合饲料	Mixed Forage	101.6	104.1
其他	Others	98.2	104.8
产品畜	Product Livestock	101.9	132.8
半机械化农具	Semi-mechanized Farm Tools	102.7	104.2
机械化农具	Mechanized Farm Machinery	100.2	102.0
化学肥料	Chemical Fertilizer	101.5	104.5
氮肥	Nitrogenous Fertilizer	101.1	102.9
磷肥	Phosphate Fertilizer	103.6	112.4
钾肥	Potash Fertilizer	104.5	106.5
复合肥料	Compound Fertilizer	100.5	103.1
农药及农药械	Pesticide and Its Appliances	103.2	101.2
化学农药	Chemical Pesticide	103.3	101.1
杀虫剂	Insecticide	106.0	101.6
杀菌剂	Bactericide	100.4	102.4
除草剂	Herbicide	99.0	98.8
农药器械	Appliances for Pesticide	102.9	102.2
农用机油	Oil for Farm Machinery	113.5	105.7
其他农业生产资料	Other Means of Agricultural Production	104.7	102.9
农用种子	Seeds for Farming	104.3	102.8
其他	Others	105.3	102.9
农用薄膜	Pellicle for Farming	106.0	102.5
其他	Others	103.7	103.9
农业生产服务	Services for Agricultural Production	104.5	107.1
排灌费	Expenditure of Irrigation and Drainage	99.8	100.3
机械作业费	Expenditure of Mechanical Operations	101.0	102.5
其他	Others	106.2	109.4

9-17 农产品生产价格指数（2003-2007年）

Indices of Producers' Prices for Farm Products (2003-2007)

上年=100 (preceding year=100)

项　目	Item	2003	2004	2005	2006	2007
农产品生产价格指数	**Producers' Prices for Farm Products**	**101.3**	**110.7**	**103.5**	**102.6**	**109.7**
农业产品	**Farm Products**	**103.2**	**108.9**	**104.5**	**106.1**	**104.7**
谷物及其他作物	Cereal and Other Crops	98.7	123.7	100.9	109.4	105.1
谷物(原粮)	Cereal	104.1	134.6	99.7	102.9	106.4
#稻谷	Rice	104.5	135.2	99.8	103.7	106.5
玉米	Corn	91.0	115.9	94.6	111.5	104.9
薯类	Potato	94.4	114.0	103.2	97.9	103.5
油料	Oil-bearing Crops	104.1	113.6	102.9	106.9	116.2
豆类	Beans	101.2	106.4	107.1	101.7	111.2
糖料	Sugar Crops	82.5	95.7	107.3	129.9	96.7
烟草	Tobacco	86.0	120.9	86.7	107.6	103.3
其他农作物	Other Farm Products	100.9	109.3	105.3	105.6	102.6
蔬菜、园艺作物	Vegetables and Garden Crops	103.7	105.6	108.0	103.5	105.3
蔬菜	Vegetables	106.0	105.5	108.0	103.6	105.3
叶菜类	Leaf Vegetables	110.7	99.3	108.0	104.9	107.1
瓜菜类	Pepo Fruit Vegetables	99.2	112.2	109.4	102.9	106.8
块根、块茎菜类	Root and Stem Vegetables	104.4	116.5	109.3	99.8	100.9
茄果菜类	Solanaceous Vegetables	111.5	99.0	105.5	102.8	102.6
其他蔬菜	Other Vegetables	94.9	110.0	104.4	100.7	107.9
花卉	Flowers	102.5	119.3	96.0	92.4	105.3
水果、坚果、饮料和香料	Fruit, Nuts, Beverage and Spice	113.1	85.1	103.3	105.4	102.2
水果、坚果	Fruit and Nuts	114.0	83.2	103.1	105.9	101.7
茶及其他饮料(干品)	Tea and Other Drinks (Dry Products)	90.4	105.0	104.7	97.4	107.4
中药材	Medicinal Herbs	110.8	96.8	102.9	108.2	104.1
林业产品	**Forestry Products**	**100.7**	**108.3**	**103.9**	**109.9**	**109.0**
木材采运	Logging and Transportation of Timber	99.2	105.8	104.2	112.3	113.3
竹材采运	Logging and Transportation of Bamboo	101.1	110.9	101.2	103.1	102.6
林产品采集	Gathering of Forest Products	101.8	111.2	105.5	108.1	103.9
牧业产品	**Animal Husbandry Products**	**101.0**	**118.1**	**100.8**	**99.2**	**123.5**
牲畜的饲养	Livestock	102.1	99.4	100.5	101.2	106.0
#活牛(毛重)	Cattle and Buffalo (gross weight)	105.3	102.7	101.0	100.9	107.4
猪的饲养	Hogs	103.2	124.9	98.1	98.1	131.5
#活猪(毛重)	Pig (gross weight)	102.9	124.0	97.1	98.8	131.4
家禽	Poultry	96.2	106.7	105.8	99.7	113.2
肉禽(毛重)	Meat Poultty (gross weight)	96.2	106.2	105.3	99.3	113.4
#鸡	Chicken	94.9	105.0	105.2	96.7	112.5
鸭	Duck	96.6	106.6	104.7	100.4	114.2
禽蛋	Eggs	103.0	114.8	115.2	103.9	110.1
#鸡蛋	Chicken Eggs	99.9	106.8	103.3	103.0	109.3
鸭蛋	Duck Eggs	103.0	118.1	119.9	107.3	110.5
其他畜牧业	Other Animal Husbandry Products	106.1	115.1	104.4	116.3	88.4
渔业产品	**Fishing Products**	**98.2**	**106.1**	**104.6**	**98.7**	**104.2**
海水水产品	Seawater Products	99.9	108.7	103.4	104.1	100.4
鱼类	Fish	94.7	97.7	99.7	103.6	101.1
海水虾蟹类	Prawn and Crab	95.1	114.7	105.8	106.1	95.3
海水贝类	Shellfish	123.9	113.9	104.8	100.2	101.5
其他海水产品	Other Seawater Products	102.4	116.8	105.9	109.3	104.8
淡水水产品	Freshwater Products	97.9	105.7	104.8	97.1	104.8
淡水鱼类	Fish	100.3	106.8	104.3	96.6	105.3
淡水虾蟹类	Prawn and Crab	96.9	90.4	111.4	103.1	97.9
其他淡水产品	Other Freshwater Products	86.5	105.2	100.7	97.8	110.2

主要统计指标解释

居民消费价格指数 是度量消费商品及服务项目价格水平随着时间而变动的相对数，反映居民家庭购买的消费品及服务价格水平的变动情况。它是宏观经济分析、决策、调控和价格总水平监测以及国民经济核算的重要指标。其按年度计算的变动率通常被用来作为反映通货膨胀(或紧缩)程度的指标。

城市居民消费价格指数 是反映城市居民家庭所购买的生活消费品和服务项目价格变动趋势及其程度的相对数。编制城市居民消费价格指数，可以观察和分析消费品的零售价格和服务项目价格变动对职工货币工资的影响，作为研究职工生活和确定工资政策的依据。

农村居民消费价格指数 是反映农村居民家庭所购买的生活消费品价格和服务项目价格变动趋势和程度的相对数。用它可以观察农村消费品的零售价格和服务项目价格变动对农村居民生活消费支出的影响，直接反映农民生活水平的实际变化情况，为分析和研究农村居民生活问题提供依据。

商品零售价格指数 是度量市场商品零售价格水平变动趋势和变动程度的相对数，反映商品在流通过程中最后一个环节的价格即工业、商业、餐饮业和其他零售企业向城乡居民、机关团体出售生活消费品和办公用品价格水平的变动趋势。它可以为国家宏观调控和国民经济核算提供参考依据，并在此基础上派生其他价格指数。

农村工业品零售价格指数 是反映农村市场工业品零售价格水平变动趋势和程度的相对数。通过农村工业品零售价格指数，可以观察工业品零售价格变动对农民货币支出的影响。

工业品出厂价格指数 是反映各工业部门主要工业产品出厂价格变动趋势和程度的相对数。编制该价格指数，用以观察和分析在生产环节中工业品价格变动对企业经济效益及宏观经济运行的影响，并为工业增长速度的科学计算提供重要的依据。

原材料、燃料和动力购进价格指数 是反映工业企业购进原材料、燃料、动力价格的变动趋势和程度的相对数。编制该价格指数，是从投入的角度，观察和分析物料投入价格水平变动对工业产出的影响。

固定资产投资价格指数 是反映全社会及各类工程固定资产投资价格变动幅度和变动趋势的相对数。编制该价格指数，用以消除按现价计算的固定资产指标中的价格变动因素，真实地反映全社会及各类工程固定资产投资的规模、速度、结构和效益，为国家及各部门科学地制定、检查固定资产投资计划和进行国民经济核算提供科学的、可靠的依据。

农产品生产价格指数 是反映农产品生产者第一手(直接)出售其农产品时实际获得的单位产品价格变动的相对数。农产品生产价格指数客观反映了农产品生产价格水平和结构变动情况，满足农业与国民经济核算需要，为各级政府制定农业保护和农产品流通政策提供决策依据。

Explanatory Notes on Main Statistical Indicators

Consumer Price Indices measure the relative change with time in prices of consumer goods and services, reflecting the rates of change in consumer goods and services purchased by households. It is an important indicator for macroeconomic analysis, decision-making, regularization and control, supervision of general price level and national economic accounting. The annualized rates of change are generally considered as an indicator of inflation or deflation.

Urban Consumer Price Indices reflect the trend and degree of changes in prices of consumer goods and services purchased by urban households and can be used to observe and analyze the impact of price changes in consumer goods and services on money wages of staff and workers, thus providing the basis for policy making concerning the living cost and the wages of staff and workers.

Rural Consumer Price Indices reflect the trend and degree of changes in prices of consumer goods and services purchased by rural households and can be used to observe and analyze the impact of change in prices of consumer goods and services on living expenditure and actual changes in the living standards of rural residents, thus providing the basis for analysis and research on the conditions of life in rural areas.

Retail Price Indices measure the relative trend and degree of changes in retail prices of commodities, reflecting the trend of changes in prices in the last link of circulation, i.e. prices of consumer goods and office appliances sold to households or organizations by enterprises of industry, commerce, catering services and other retail trades. It provides a reference for macroeconomic adjustment and control as well as national economic accounting, and a basis to derive other price indices on.

Retail Price Indices of Industrial Products in Rural Areas reflect the trend and degree of changes in prices of industrial products in the rural market and can be used to observe the impact of price changes on farmers' money expenditure.

Ex-factory Price Indices of Industrial Products reflect the trend and degree of changes in ex-factory prices of main industrial products of all sectors of industry. It can be used to observe and analyze the impact of ex-factory price changes on enterprise efficiency in the course of production and macro-economy, and provides important data for scientific calculation of the growth rate of industry.

Purchasing Price Indices of Raw Materials, Fuels and Power reflect the trend and degree of changes in prices of raw materials, fuels and power purchased by industrial enterprises. It can be used to observe and analyze, from the perspective of input, the impact of price changes in raw materials, fuels and power on industrial output.

Price Indices of Investment in Fixed Assets reflect the trend and degree of changes in prices of investment in fixed assets in various projects and in the whole country. It can be used to remove the factor of price changes in the data of investment in fixed assets calculated at current prices, to truly reflect the scale, growth rate, structure, proportion and efficiency of investment in fixed assets in various projects and in the whole country, and to provide a scientific and reliable basis for formulating the plan for investment in fixed assets and examining its fulfillment as well as for conducting national economic accounting.

Producers' Price Indices of Farm Products reflect the trend and degree of changes in unit prices received by producers of farm products when they sell farm products at first hand (directly). These indices objectively reflect changes in the level and structure of producers' prices of farm products, meeting the needs of agricultural and national account statistics and providing governments of various levels with a basis for policy making concerning the protection of agriculture and the circulation of farm products.

十、人民生活

PEOPLE' S LIVELIHOOD

十 人民生活

简要说明

一、本篇资料反映广东城乡居民生活状况，包括就业、居民收支、消费水平、住房及主要消费品消费量和拥有量等基本情况。

二、本篇资料由国家统计局广东调查总队城镇住户调查处和农村住户调查处整理提供。

三、本篇中有关城镇居民生活状况的数据来源于国家统计局广东调查总队城镇住户抽样调查资料。主要内容包括家庭人口及其构成、家庭现金收支、主要商品购买数量及支出金额、劳动就业状况、居住状况和耐用消费品拥有量等。

四、有关农村居民生活的统计资料主要来源于国家统计局广东调查总队农村住户抽样调查资料。主要内容包括农村居民家庭基本情况、农产品生产情况、家庭总收支和现金收支、出售产品和购买农业生产资料、主要消费品消费量、耐用消费品拥有量等。

五、城镇住户调查资料采用二相抽样和多阶段抽样相结合的调查方法统计。农村住户调查采用分层两阶段抽样方法抽取样本户进行调查取得资料。

10 People's Livelihood

Brief Introduction

Ⅰ. The data in this chapter show the basic conditions of the people's livelihood in the urban and rural areas of Guangdong Province, including employment, income and expenditure of households, level of consumption, housing conditions, consumption and possession of the major consumer goods, etc.

Ⅱ. The data in this chapter are prepared and provided by the Division of Urban Household Survey and the Division of Rural Household Survey under Guangdong Survey Office of the National Bureau of Statistics.

Ⅲ. The data on the livelihood of urban residents come from sample surveys on urban households conducted by the Division of Urban Household Survey under Guangdong Survey Office of the National Bureau of Statistics. The main content of the surveys includes household population and its composition, cash income and expenditure of households, purchases of and expenditures on major commodities, employment of household members, housing conditions and ownership of durable consumer goods.

Ⅳ. The data on the livelihood of the rural residents mainly come from sample surveys on rural households conducted by the Division of Rural Household Survey under Guangdong Survey Office of the National Bureau of Statistics. The main content of the surveys includes basic conditions of rural households, production of agricultural products, total income and expenditure of households, cash income and expenditure of households, products sold and means of agricultural production purchased, consumption of major consumer goods and possession of durable consumer goods, etc.

Ⅴ. The survey data of urban households are collected through two-phase sampling scheme combined with multi-stage sampling scheme; whereas survey data of rural households are collected through stratified two-stage sampling.

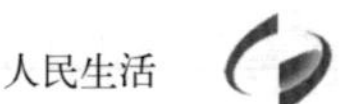

10-1 人民生活主要指标
Main Indicators of People's Livelihood

指 标	Item	1995	2000	2005	2006	2007
居民人均消费水平 （元）	**Per Capita Annual Consumption (yuan)**	**3991**	**5305**	**9821**	**10829**	**12663**
城镇居民	Urban Households	7091	9189	13624	14913	17448
农村居民	Rural Households	2206	2680	3947	4205	4490
城镇居民	**Urban Households**					
城镇居民家庭每一就业者负担人口 （人）	Number of Dependents per Urban Employee (person)	1.73	1.81	1.90	1.89	1.89
城镇居民家庭人均可支配收入 （元）	Per Capita Annual Disposable Income of Urban Households (yuan)	7438.68	9761.57	14769.94	16015.58	17699.30
城镇居民最高收入户与最低收入户人均可支配收入之比（以最低收入户为1）	Ratio of Per Capita Disposable Income of Highest Income Households to That of Lowest Income Households in Urban Areas (lowest income households = 1)	5.7	8.0	9.6	9.6	9.4
农村居民高收入户与低收入户人均纯收入之比 （以低收入户为1）	Ratio of Per Capita Disposable Income of Highest Income Households to That of Lowest Income Households in Rural Areas (lowest income households = 1)	4.7	4.2	5.4	5.6	5.6
城镇居民家庭人均消费性支出 （元）	Per Capita Annual Consumption Expenditure of Urban Households (yuan)	6253.68	8016.91	11809.87	12432.22	14336.87
食品 （元）	Food (yuan)	3003.05	3096.33	4265.19	4503.86	5056.68
衣着 （元）	Clothing (yuan)	421.73	369.99	673.90	719.26	814.57
居住 （元）	Residence (yuan)	660.75	1099.99	1181.42	1254.69	1444.91
城镇居民人均使用面积 （平方米）	Per Capita Living Floor Space of Urban Households (sq.m)	21.03	24.60	25.71	26.59	33.81
家庭设备用品及服务（元）	Household Facilities, Articles and Services(yuan)	546.53	603.19	605.12	633.03	853.18
医疗保健 （元）	Health Care and Medical Services (yuan)	205.39	346.56	704.90	707.86	752.52
交通和通信 （元）	Transport and Telecommunication (yuan)	395.52	1076.80	2333.05	2394.66	2966.08
教育文化娱乐服务 （元）	Educational, Cultural and Recreational Services (yuan)	684.10	921.44	1669.09	1813.86	1994.86
杂项商品和服务 （元）	Miscellaneous Goods and Services (yuan)	336.62	502.61	377.20	405.00	454.09
每百户城镇居民家庭耐用消费品拥有量	Number of Major Durable Consumer Goods Owned per 100 Urban Households					
彩色电视机 （台）	Color TV Set	104.97	135.58	155.26	160.07	154.20
电冰箱 （台）	Refrigerator	74.00	81.87	93.90	94.09	94.33
洗衣机 （台）	Washing Machine	94.01	97.50	97.23	97.76	98.88
摩托车 （辆）	Motorcycle	22.59	58.84	72.83	72.24	62.46
农村居民家庭每个劳动力负担人口 （人）	Number of Dependents per Rural Laborer (person)	**1.72**	**1.65**	**1.55**	**1.53**	**1.51**
农村居民人均纯收入 （元）	Annual Per Capita Net Income of Rural Households (yuan)	2699.24	3654.48	4690.49	5079.78	5624.04
农村居民人均生活费支出 （元）	Annual Per Capita Expenditure for Living Cost of Rural Households (yuan)	2255.01	2646.02	3707.73	3885.97	4202.32
#食品	Food	1228.00	1317.48	1789.42	1887.17	2087.58
衣着	Clothing	91.31	104.21	143.50	151.15	162.33
居住	Residence	345.65	378.86	530.30	633.99	763.01
家庭设备、用品及服务	Household Facilities, Articles and Services	140.45	125.65	152.12	148.60	163.85
文化教育娱乐用品及服务	Recreational, Educational and Cultural Articles and Services	245.16	313.46	360.73	303.37	254.94
农村居民人均生活用房面积 （平方米）	Per Capita Living Floor Space of Rural Households (sq.m)	20.83	22.42	25.71	26.60	27.24
农村每百户耐用品拥有量	Number of Major Durable Goods Owned per 100 Rural Households					
电视机 （台）	Television Set (yuan)	86.20	102.42	112.19	114.14	115.74
电冰箱 （台）	Refrigerator (yuan)	7.90	15.12	24.73	27.54	31.68
摩托车 （辆）	Motorcycle (yuan)	15.73	54.18	86.88	89.73	94.34
电话机 （部）	Telephone Set (yuan)	9.40	40.82	82.38	85.78	83.67

注：1. 城镇居民最高收入户与最低收入户人均可支配收入之比是按九等分组计算。
2. 农村居民高收入户与低收入户人均纯收入之比是按五等分组计算。

Note: a) The ratio of per capita disposable income of highest income households to that of lowest income households in urban areas is calculated on the basis of nine groups.

b) The ratio of per capita net income of highest income households to that of lowest income households in rural areas is calculated on the basis of five groups.

10-2 城镇居民家庭基本情况

Basic Conditions of Urban Households

项　目	Item	1995	2000	2005	2006	2007
调查户数　(户)	**Number of Households Surveyed**	**1550**	**1600**	**1600**	**1600**	**1600**
平均每户家庭人口(人)	**Average Household Size (person)**	**3.58**	**3.57**	**3.27**	**3.29**	**3.27**
平均每户就业人口(人)	**Average Number of Employed Persons per Household (person)**	**2.07**	**1.97**	**1.72**	**1.74**	**1.73**
平均每户就业率　(%)	**Percentage of Employment per Household (%)**	**57.8**	**55.2**	**52.6**	**52.9**	**52.9**
人均家庭总收入　(元)	**Per Capita Total Income of Households (yuan)**	**7445.10**	**9853.65**	**16249.89**	**17725.56**	**20354.19**
#人均可支配收入	Per Capita Disposable Income	7438.70	9761.57	14769.94	16015.58	17699.30
人均工薪收入	Per Capita Income of Wages and Salaries	5738.45	7418.31	12265.04	13031.33	14659.44
人均经营净收入	Per Capita Net Business Income	332.59	545.59	1043.51	1339.38	2395.52
人均财产性收入	Per Capita Income from Properties	297.38	429.94	417.25	565.47	320.75
人均转移性收入	Per Capita Income from Transfers	1076.68	1459.81	2524.09	2789.37	2978.48
人均消费性支出　(元)	**Per Capita Consumption Expenditure (yuan)**	**6253.68**	**8016.91**	**11809.87**	**12432.22**	**14336.87**
食品	Food	3003.05	3096.33	4265.19	4503.86	5056.68
衣着	Clothing	421.73	369.99	673.90	719.26	814.57
居住	Residence	660.75	1099.99	1181.42	1254.69	1444.91
家庭设备用品及服务	Household Facilities, Articles and Services	546.53	603.19	605.12	633.03	853.18
医疗保健	Health Care and Medical Services	205.39	346.56	704.90	707.86	752.52
交通和通讯	Transport and Telecommunication	395.52	1076.80	2333.05	2394.66	2966.08
教育文化娱乐服务	Educational, Cultural and Recreational Services	684.10	921.44	1669.09	1813.86	1994.86
杂项商品和服务	Miscellaneous Goods and Services	336.61	502.61	377.20	405.00	454.09
人均消费性支出构成　(%)	**Composition of Per Capita Consumption Expenditure (%)**	**100.0**	**100.0**	**100.0**	**100.0**	**100.0**
食品	Food	48.0	38.6	36.1	36.2	35.3
衣着	Clothing	6.7	4.6	5.7	5.8	5.7
居住	Residence	10.6	13.7	10.0	10.1	10.1
家庭设备用品及服务	Household Facilities, Articles and Services	8.7	7.5	5.1	5.1	5.9
医疗保健	Health Care and Medical Services	3.3	4.3	6.0	5.7	5.2
交通和通讯	Transport and Telecommunication	6.3	13.4	19.8	19.3	20.7
教育文化娱乐服务	Educational, Cultural and Recreational Services	10.9	11.5	14.1	14.6	13.9
杂项商品和服务	Miscellaneous Goods and Services	5.5	6.4	3.2	3.2	3.2
平均每百户主要消费品年末拥有量	**Number of Major Durable Consumer Goods Owned by per 100 Households at the Year-end**					
摩托车　(辆)	Motorcycle (set)	22.58	58.84	72.83	72.24	62.46
家用汽车　(辆)	Car (set)		1.70	9.69	12.90	17.60
洗衣机　(台)	Washing Machine (set)	94.01	97.50	97.23	97.76	98.88
电冰箱　(台)	Refrigerator (set)	74.00	81.87	93.90	94.09	94.33
彩色电视机　(台)	Color Television Set (set)	104.97	135.59	155.26	160.07	154.20
影碟机　(台)	Video Disc Player (set)		65.19	88.34	91.97	
家用电脑　(台)	Computer (set)		25.78	70.34	74.45	78.79
组合音响　(台)	Hi-fi Stereo Component System (set)	31.27	48.55	56.88	54.99	53.66
摄像机　(台)	Pickup Camera (set)		1.97	6.41	7.56	10.31
微波炉　(台)	Microwave Oven (set)		29.86	61.05	64.91	65.46
空调器　(台)	Air Conditioner (set)	41.20	98.04	168.66	174.79	184.00
移动电话　(台)	Mobile Telephone (set)		57.94	187.39	205.51	206.41
平均每人住房使用面积　(平方米)	**Per Capita Floor Space of Houses (sq.m)**	**21.03**	**24.60**	**25.71**	**26.59**	**33.81**

注：2002年开始居住面积改为使用面积，2007年开始使用面积改为建筑面积。
Note: Since 2002, floor space of houses refers to living floor space used. In 2007, it refers to floor space of construction.

10-3 城镇居民人均可支配收入及消费性支出（1978-2007年）

Per Capita Disposable Income and Consumption Expenditure of Urban Households (1978-2007)

年份 Year	人均可支配收入（元） Per Capita Disposable Income (yuan)	增长速度(%) Growth Rate (%) 名义增长（上年为100） Nominal Growth (preceding year=100)	实际增长（上年为100） Real Growth (preceding year=100)	实际增长（1978年为100） Real Growth (1978=100)	人均消费性支出（元） Per Capita Consumption Expenditure (yuan)	增长速度(%) Growth Rate (%) 名义增长（上年为100） Nominal Growth (preceding year=100)	实际增长（上年为100） Real Growth (preceding year=100)	恩格尔系数(%) Engle Coefficient (%)
1978	412.13				399.96			66.6
1979	416.33	1.0	-3.4	96.6	424.96	6.3	1.5	67.0
1980	472.57	13.5	3.7	100.1	485.76	14.3	4.5	65.5
1981	560.69	18.6	11.6	111.7	517.44	6.5	0.2	65.8
1982	631.45	12.6	9.8	122.7	592.08	14.4	11.5	64.2
1983	714.20	13.1	10.0	135.0	660.12	11.5	8.5	64.5
1984	818.37	14.6	12.4	151.8	744.36	12.8	10.7	63.6
1985	954.12	16.6	-0.4	151.1	889.56	19.5	2.1	58.3
1986	1102.09	15.5	10.3	166.7	998.88	12.3	7.2	58.6
1987	1320.89	19.9	6.3	177.1	1215.84	21.7	7.9	56.7
1988	1583.13	19.9	-7.4	163.9	1506.99	23.9	-4.3	56.7
1989	2086.21	31.8	8.1	177.2	1921.05	27.5	4.6	56.5
1990	2303.15	10.4	13.3	200.8	1983.86	3.3	6.0	57.2
1991	2752.18	19.5	16.8	234.6	2388.77	20.4	17.7	53.1
1992	3476.70	26.3	16.5	273.4	2830.62	18.5	10.4	51.5
1993	4632.38	33.2	9.2	298.6	3777.43	33.4	10.3	48.9
1994	6367.08	37.4	13.6	339.2	5181.30	37.2	13.4	46.4
1995	7438.68	16.8	3.3	350.4	6253.68	20.7	6.7	48.0
1996	8157.81	9.7	2.3	358.4	6736.09	7.7	0.5	47.3
1997	8561.71	5.0	2.8	368.4	6853.48	1.7	-0.3	46.0
1998	8839.68	3.2	5.0	387.0	7054.09	2.9	4.7	44.1
1999	9125.92	3.2	4.9	406.0	7517.81	6.6	8.3	40.6
2000	9761.57	7.0	4.7	424.9	8016.91	6.6	4.3	38.6
2001	10415.19	6.7	7.6	457.0	8099.63	1.0	1.8	38.1
2002	11137.20	9.1	10.6	495.7	8988.48	11.0	12.6	38.5
2003	12380.40	11.2	10.4	547.2	9636.24	7.2	6.5	37.2
2004	13627.65	10.1	7.3	587.0	10694.79	11.0	8.2	37.0
2005	14769.94	8.4	6.3	623.8	11809.87	10.4	8.2	36.1
2006	16015.58	8.4	6.5	664.3	12432.22	5.3	3.4	36.2
2007	17699.30	10.5	6.6	707.9	14336.87	15.3	11.2	35.3

注：1. 可支配收入=家庭总收入-交纳所得税-个人交纳的社会保障支出-记帐补贴

2. 消费性支出指用于日常生活的全部支出，包括食品、衣着、家庭设备用品及服务 、医疗保健、交通和通讯、娱乐教育文化服务、居住、杂项商品和服务等八大类支出。

3. 2002年人均可支配收入增幅按可比口径计算。

Notes: a) Disposable Income = Total Income of Households - Income Tax Payable - Personal Expenditure on Social Security - Sample Household Subsidy for Keeping Dairies .

b) Consumption expenditure refers to total expenditure of the sample households for consumption in daily life,including expenditure on eight categories: food, clothing, household facilities, articles and services, health care and medical services, transport and telecommunication, recreational, residence, miscellaneous goods and services.educational and cultural services.

c) The growth rates of per capita disposable income of 2002 were calculated at comparable prices.

10-4 各市城镇居民人均可支配收入和消费支出

Per Capita Disposable Income and Consumption Expenditure of Urban Households by City (County or District)

市别	City	可支配收入(元) Disposable Income (yuan)				消费支出(元) Consumption Expenditure (yuan)			
		2000	2005	2006	2007	2000	2005	2006	2007
广 州	Guangzhou	13621.83	18287.24	19850.66	22469.22	10988.99	14468.24	15444.93	18951.32
韶 关	Shaoguan	7208.56	10908.36	12302.90	14072.23	6159.81	8113.64	8509.51	9477.72
深 圳	Shenzhen	21577.24	28665.25	32009.43	33592.78	18200.67	21188.84	23986.61	24365.21
珠 海	Zhuhai	15375.90	18907.73	19339.48	20515.53	12616.21	14323.66	16237.97	18517.14
汕 头	Shantou	8966.64	12229.17	11964.03	12670.10	7663.77	9505.66	9749.87	10763.93
佛 山	Foshan	11976.98	17680.10	19315.44	21112.15	10662.58	14485.61	15660.27	17639.33
湛 江	Zhanjiang	7096.96	9867.36	10497.57	11296.03	6329.84	7669.84	8033.93	8709.97
肇 庆	Zhaoqing	7300.73	10097.20	11546.75	12277.96	6750.84	7476.65	7665.76	8638.56
惠 州	Huizhou	10327.78	15762.77	17267.30	18770.15	8945.02	12651.95	13785.13	14865.51
梅 州	Meizhou	7310.32	8842.84	9407.91	10646.60	6166.69	6757.02	7396.56	8969.77
东 莞	Dongguan	14226.05	22881.80	25320.15	28209.41	12603.21	21767.78	18995.39	24375.88
顺 德	Shunde	14393.82	21015.03	22394.23	25301.27	11529.99	18550.56	20143.47	21453.82
鹤 山	Heshan	10101.99	11944.08	12102.13	12748.37	7047.97	8296.43	7812.35	9528.5
廉 江	Lianjiang	5364.56	7021.94	7378.95	8044.45	3593.01	4632.69	4976.57	5529.51
电 白	Dianbai	6346.72	8241.21	8493.25	9482.01	5334.68	6350.38	6860.60	7388.71
兴 宁	Xingning	5909.60	7299.25	7583.52	8292.35	5193.92	6463.37	6468.53	7109.29
连 州	Lianzhou	7241.29	9214.60	9808.16	11312.88	5874.67	7294.93	7345.08	8810.66
普 宁	Puning	7112.83	7220.44	7599.49	8499.68	5866.62	6317.03	6924.52	7647.32

10-5 城镇居民家庭年末居住情况

Housing Conditions of Urban Households at the Year-end

项目	Item	1995	2000	2004	2005	2006	2007
调查户数 (户)	**Number of Households Surveyed**	**1550**	**1600**	**1600**	**1600**	**1600**	**1600**
现住房总建筑面积(平方米/人)	**Total Floor Space of Houses (sq.m/person)**			**32.50**	**33.18**	**34.11**	**33.81**
现住房屋总使用面积 (平方米/人)	**Total Floor Space of Houses in Use (sq.m/person)**			**25.12**	**25.71**	**26.59**	
房屋产权 (%)	**Property Rights of Houses (%)**	**100.00**	**100.00**	**100.00**	**100.00**	**100.00**	**100.00**
租赁公房	Public Apartments for Rent	38.00	16.50	8.34	6.76	6.76	5.17
租赁私房	Private Apartments for Rent	1.87	1.50	1.10	1.58	1.62	1.80
原有私房	Original Private Apartments	60.13	70.00	19.80	18.33	17.69	15.41
房改私房	Private Apartments Acquired through Housing Reform		12.00	49.73	44.77	40.74	38.33
商品房	Commercial Houses			18.42	26.01	30.19	37.44
其他	Others			2.61	2.54	2.99	1.85
住宅建筑式样 (%)	**Design of Residential Buildings (%)**			**100.00**	**100.00**	**100.00**	**100.00**
单栋住宅	Separate Residential Buildings			12.22	10.94	12.12	10.18
四居室	Four-bedroom Apartments			5.71	6.69	7.66	8.89
三居室	Three-bedroom Apartments			37.60	38.60	37.84	45.09
二居室	Two-bedroom Apartments			32.96	33.89	33.89	29.23
一居室	One-bedroom Apartment			4.86	4.45	4.16	3.12
普通楼房	Ordinary Multi-story Buildings			4.76	4.16	3.64	2.73
平房及其他	Bungalows and Others			1.89	1.28	0.68	0.76
用水情况 (%)	**Water Use (%)**			**100.00**	**100.00**	**100.00**	**100.00**
独用自来水	Tap Water for Private Use			98.18	98.97	99.99	100.00
公用自来水	Tap Water for Public Use			1.80	1.01	0.01	
井、河水	Well & River Water			0.02	0.02		
其他	Others						
卫生设备 (%)	**Sanitary Facilities (%)**	**100.00**	**100.00**	**100.00**	**100.00**	**100.00**	**100.00**
无卫生设备	Without Sanitary Facilities	6.84	2.56	1.26	0.70	0.69	0.13
有厕所浴室	With Washroom and Bathroom	78.32	81.50	92.32	95.16	96.00	98.73
有厕所无浴室	With Washroom but no Bathroom	10.26	13.69	4.53	2.70	2.51	0.62
公用	For Public Use	4.58	2.25	1.89	1.44	0.80	0.52
炊用燃料使用情况 (%)	**Fuel Use for Cooking (%)**	**100.00**	**100.00**	**100.00**	**100.00**	**100.00**	**100.00**
管道煤气	Pipeline Gas	7.23	10.00	19.23	21.27	22.04	24.88
液化石油气	Liquefied Petroleum Gas	83.42	86.87	79.49	77.34	76.79	74.22
煤	Coal	8.19	2.94	1.13	1.01	0.65	0.33
其他	Others	1.16	0.19	0.15	0.38	0.53	0.57
通信设备使用情况	**Use of Telecommunication Facilities**						
固定电话 (每百户)	Fixed Landline Telephones (per 100 households)			102.38	101.40	100.11	97.77
移动电话 (每百户)	Mobile Telephones (per 100 households)			170.86	187.39	205.51	206.41
使用互联网 (每百户)	Use of Internet (per 100 households)			31.00	43.15	47.85	14.37

10-6 按收入等级分的城镇居民家庭平均每人全年现金收入（2007年）

单位：元

项 目	Item	总平均 Average	最低收入户 Lowest Income Households	#困难户 Poor Households
家庭总收入	**Total Income of Households**	**20354.19**	**5706.85**	**4911.82**
#可支配收入	Of Which: Disposable Income	17699.30	5004.07	4270.35
工薪收入	Income from Wages and Salaries	14659.44	3077.18	2612.06
工资及补贴收入	Income from Wages and Subsidies	14387.92	2907.81	2388
其他劳动收入	Other Incomes	271.52	169.37	224.06
经营性收入	Net Business Income	2395.52	1321.79	1301.14
出租房屋收入	Lease Income	328.69	203.62	184.32
其它经营性收入	Other Net Business Income	2066.83	1118.18	1116.82
财产性收入	Income from Properties	320.75	8.4	0.39
利息收入	Interest Income	47.41	1.55	0.27
股息与红利收入	Dividend and Bonus Income	242.51	2.05	0.12
保险收益	Insurance Revenue	5.98	0.03	
其它投资收入	Other Investment Income	16.49		
知识产权收入	Intellectual Property Income	0.11	1.06	
其他财产性收入	Other Property Incomes	8.23	3.72	
转移性收入	Income from Transfers	2978.48	1299.48	998.22
养老金或离退休金	Pension or Retirement Annuities	1978.85	713.43	513.14
社会救济收入	Social Relief Income	10.66	23.19	35.53
辞退金	Dismissal Income	39.37		
赔偿收入	Compensation Income	5.05		
保险收入	Insurance Income	38.68	22.31	20.47
#失业保险金	Of which: Unemployment Insurance Benefits	22.57	22.3	20.47
赡养收入	Alimony Income	230.36	267.78	157.48
捐赠收入	Donated Income	415.52	195.96	195.94
提取住房公积金	Withdrawal of Public Reserve Funds for Housing	37.24		
记帐补贴	Sample Household Subsidy for Keeping Dairies	95.31	49.87	48.23
其他转移性收入	Other Transfer Incomes	127.44	26.96	27.44
出售财物收入	**Income from Selling Properties**	**219.43**	**3.29**	**5.5**
出售住房收入	Income from Selling Houses	177.54		
出售其他物品收入	Income from Selling Other Properties	41.89	3.29	5.5
借贷收入	**Loan Income**	**7390.19**	**1371.19**	**1860.03**
提取储蓄存款	Withdrawal of Savings Deposits	6479.51	1038.12	1358
借入款	Borrowed Money	176.36	284.33	411.26
收回借出款	Repayment of Loans Receivable	78.95	0.37	0.7
收回储蓄性保险本	Insured Savings Receivable	2.41		
兑售有价证券	Selling Portfolio	204.77	47.11	87.69
收回投资本金	Investment Capital Receivable	4.03		
住房贷款	Loans for Housing	339.09		
汽车贷款	Loans for Automobile	15.63		
教育贷款	Loans for Education			
其他贷款	Other Loans	37.66		
其他借贷收入	Other Loan Incomes	51.78	1.26	2.37

Per Capita Annual Cash Income of Urban Households by Level of Income (2007)

(yuan)

低收入户 Low Income Households	中等偏下户 Lower Middle Income Households	中等收入户 Middle Income Households	中等偏上户 Upper Middle Income Households	高收入户 High Income Households	最高收入户 Highest Income Households
8597.78	**11653.16**	**16622.52**	**24824.31**	**34861.55**	**53659.07**
7365.50	10021.03	14796.54	21553.71	29557.15	47123.90
5464.98	7656.63	12660.32	18307.24	26597.47	38397.24
5315.56	7530.65	12344.77	18174.39	26291.51	37389.45
149.41	125.98	315.55	132.85	305.96	1007.79
1442.66	1719.25	1226.17	2194.72	3818.80	7643.08
48.84	200.52	138.95	407.33	726.21	905.14
1393.82	1518.73	1087.22	1787.39	3092.59	6737.94
19.45	13.32	131.63	286.71	332.21	2175.95
14.17	3.16	50.23	45.46	124.36	154.36
4.35	6.58	73.14	221.54	169.24	1802.90
		6.33	9.73	13.27	17.03
	2.42	1.82	6.21	1.74	153.73
0.93	1.16	0.11	3.75	23.59	47.93
1670.70	2263.96	2604.40	4035.64	4113.06	5442.80
1094.10	1541.25	1802.09	2868.19	2653.60	3269.97
9.78	27.27	4.20			6.60
			64.66	277.11	
			6.24	37.27	2.41
22.69	44.61	15.58	33.45	9.45	153.00
22.54	43.33	14.95	29.58	1.74	
154.74	205.58	167.14	284.28	81.75	511.24
216.56	326.40	394.61	490.91	676.77	709.01
		1.23	67.03	144.77	109.15
60.01	72.36	96.74	115.23	127.83	161.15
112.83	46.49	122.81	105.65	104.51	520.28
6.38	**255.38**	**35.80**	**47.82**	**175.44**	**1416.21**
	247.77			171.67	1171.31
6.38	7.61	35.80	47.82	3.77	244.90
1387.70	**1884.31**	**3597.52**	**8232.72**	**14029.30**	**32914.80**
1363.14	1654.58	3306.45	8152.45	12320.67	26622.16
23.50	44.80	188.96	17.54	436.76	546.01
1.07	11.71	16.87	17.42	50.96	696.86
	0.77	9.92	1.48		
		56.21	2.36		2026.39
			21.26		
	0.26	11.96		993.46	2578.63
				159.73	
	170.71	0.57	1.57	14.71	
	1.48	6.58	18.64	53.02	444.75

10-7 按收入等级分的城镇居民家庭平均每人全年现金收入构成（2007年）

单位：%

项　　目	Item	总平均 Average	最低收入户 Lowest Income Households	#困难户 Poor Households
家庭总收入	**Total Income of Households**	**100.00**	**100.00**	**100.00**
#可支配收入	Of Which: Disposable Income	86.96	87.69	86.94
工薪收入	Income from Wages and Salaries	72.02	53.92	53.18
工资及补贴收入	Income from Wages and Subsidies	70.69	50.95	48.62
其他劳动收入	Other Incomes	1.33	2.97	4.56
经营净收入	Net Business Income	11.77	23.16	26.49
财产性收入	Income from Properties	1.58	0.15	0.01
利息收入	Interest Income	0.23	0.03	0.01
股息与红利收入	Dividend and Bonus Income	1.19	0.04	
保险收益	Insurance Revenue	0.03		
其它投资收入	Other Investment Income	0.08		
出租房屋收入	Lease Income	1.61	3.57	3.75
知识产权收入	Intellectual Property Income		0.02	
其他财产性收入	Other Property Incomes	0.04	0.07	
转移性收入	Income from Transfers	14.63	22.77	20.32
养老金或离退休金	Pension or Retirement Annuities	9.72	12.50	10.45
社会救济收入	Social Relief Income	0.05	0.41	0.72
辞退金	Dismissal Income	0.19		
赔偿收入	Compensation Income	0.02		
保险收入	Insurance Income	0.19	0.39	0.42
#失业保险金	Of which: Unemployment Insurance Benefits	0.11	0.39	0.42
赡养收入	Alimony Income	1.13	4.69	3.21
捐赠收入	Donated Income	2.04	3.43	3.99
提取住房公积金	Withdrawal of Public Reserve Funds for Housing	0.18		
记帐补贴	Sample Household Subsidy for Keeping Dairies	0.47	0.87	0.98
其他转移性收入	Other Transfer Incomes	0.63	0.47	0.56
出售财物收入	**Income from Selling Properties**	**100.00**	**100.00**	**100.00**
出售住房收入	Income from Selling Houses	80.91		
出售其他物品收入	Income from Selling Other Properties	19.09	100.00	100.00
借贷收入	**Loan Income**	**100.00**	**100.00**	**100.00**
提取储蓄存款	Withdrawal of Savings Deposits	87.68	75.71	73.01
借入款	Borrowed Money	2.39	20.74	22.11
收回借出款	Repayment of Loans Receivable	1.07	0.03	0.04
收回储蓄性保险本	Insured Savings Receivable	0.03		
兑售有价证券	Selling Portfolio	2.77	3.44	4.71
收回投资本金	Investment Capital Receivable	0.05		
住房贷款	Loans for Housing	4.59		
汽车贷款	Loans for Automobile	0.21		
教育贷款	Loans for Education			
其他贷款	Other Loans	0.51		
其他借贷收入	Other Loan Incomes	0.70	0.09	0.13

Composition of Per Capita Annual Cash Income of Urban Households by Level of Income (2007)

(%)

低收入户 Low Income Households	中等偏下户 Lower Middle Income Households	中等收入户 Middle Income Households	中等偏上户 Upper Middle Income Households	高收入户 High Income Households	最高收入户 Highest Income Households
100.00	**100.00**	**100.00**	**100.00**	**100.00**	**100.00**
85.67	85.99	89.02	86.83	84.78	87.82
63.56	65.70	76.16	73.75	76.29	71.56
61.82	64.62	74.27	73.21	75.42	69.68
1.74	1.08	1.90	0.54	0.88	1.88
16.78	14.75	7.38	8.84	10.95	14.24
0.23	0.11	0.79	1.15	0.95	4.06
0.16	0.03	0.30	0.18	0.36	0.29
0.05	0.06	0.44	0.89	0.49	3.36
		0.04	0.04	0.04	0.03
	0.02	0.01	0.03		0.29
0.57	1.72	0.84	1.64	2.08	1.69
0.01	0.01		0.02	0.07	0.09
19.43	19.43	15.67	16.26	11.80	10.14
12.73	13.23	10.84	11.55	7.61	6.09
0.11	0.23	0.03			0.01
			0.26	0.79	
			0.03	0.11	
0.26	0.38	0.09	0.13	0.03	0.29
0.26	0.37	0.09	0.12		
1.80	1.76	1.01	1.15	0.23	0.95
2.52	2.80	2.37	1.98	1.94	1.32
		0.01	0.27	0.42	0.20
0.70	0.62	0.58	0.46	0.37	0.30
1.31	0.40	0.74	0.43	0.30	0.97
100.00	**100.00**	**100.00**	**100.00**	**100.00**	**100.00**
	97.02			97.85	82.71
100.00	2.98	100.00	100.00	2.15	17.29
100.00	**100.00**	**100.00**	**100.00**	**100.00**	**100.00**
98.23	87.81	91.91	99.02	87.82	80.88
1.69	2.38	5.25	0.21	3.11	1.66
0.08	0.62	0.47	0.21	0.36	2.12
	0.04	0.28	0.02		
		1.56	0.03		6.16
			0.26		
	0.01	0.33		7.08	7.83
				1.14	
	9.06	0.02	0.02	0.10	
	0.08	0.18	0.23	0.38	1.35

10-8 城镇居民家庭平均每人全年消费性支出（2007年）

Per Capita Annual Consumption Expenditure of Urban Households (2007)

单位：元 (yuan)

项　　目	Item	总平均 Average	最低收入户 Lowest Income Households	#困难户 Poor Households	低收入户 Low Income Households
消费性支出	**Total Consumption Expenditure**	**14336.87**	**4917.38**	**4354.80**	**6700.93**
食品	Food	5056.68	2411.70	2175.10	3394.47
#粮食	Grain	326.41	221.56	203.99	283.92
肉禽蛋水产品类	Meat, Poultry, Eggs and Aquatic Products	1819.26	1238.84	1163.22	1612.85
肉类	Meat	830.77	559.25	505.57	755.55
禽类	Poultry	433.95	316.21	310.77	404.45
蛋类	Eggs	65.41	38.51	37.00	54.66
水产品类	Aquatic Products	489.13	324.87	309.88	398.19
奶及奶制品	Milk and Dairy Products	147.10	50.93	45.24	78.85
衣着	Clothing	814.57	182.27	147.21	320.82
#服装	Garments	605.01	133.21	103.72	239.15
居住	Residence	1444.91	734.12	659.55	794.85
#住房	Housing	360.82	81.05	86.03	66.43
家庭设备用品及服务	Household Facilities, Articles and Services	853.18	270.79	199.47	333.26
#耐用消费品	Durable Consumer Goods	355.14	114.79	63.23	114.02
医疗保健	Health Care and Medical Services	752.52	299.17	256.77	337.09
交通和通讯	Transport and Telecommunication	2966.08	419.53	338.24	680.11
教育文化娱乐服务	Education, Culture and Recreation Services	1994.86	489.26	482.29	676.66
#文化娱乐用品	Cultural and Recreational Products	468.75	58.89	48.16	113.49
其他商品和服务	Other Goods and Services	454.09	110.54	96.18	163.67

10-8 续表 continued

单位：元 (yuan)

项　　目	Item	中等偏下户 Lower Middle Income Households	中等收入户 Middle Income Households	中等偏上户 Upper Middle Income Households	高收入户 High Income Households	最高收入户 Highest Income Households
消费性支出	**Total Consumption Expenditure**	**8490.38**	**12345.54**	**17921.30**	**23749.34**	**33998.11**
食品	Food	3939.08	5028.78	6083.11	7032.22	8372.91
#粮食	Grain	313.87	341.26	354.79	351.66	406.47
肉禽蛋水产品类	Meat, Poultry, Eggs and Aquatic Products	1774.67	1994.06	1946.48	1888.96	2110.24
肉类	Meat	811.89	888.98	892.42	872.53	974.66
禽类	Poultry	420.63	479.09	460.36	436.44	478.97
蛋类	Eggs	61.67	72.13	71.26	72.47	83.05
水产品类	Aquatic Products	480.49	553.86	522.44	507.53	573.57
奶及奶制品	Milk and Dairy Products	98.10	140.54	196.88	208.95	292.35
衣着	Clothing	442.25	718.61	1069.95	1406.15	1999.10
#服装	Garments	330.38	533.47	789.92	1019.06	1519.02
居住	Residence	962.72	1213.74	1696.40	1928.38	3555.83
#住房	Housing	74.85	163.51	446.09	555.15	1703.97
家庭设备用品及服务	Household Facilities, Articles and Services	415.48	729.44	1017.16	1409.79	2440.77
#耐用消费品	Durable Consumer Goods	106.74	301.99	453.49	613.51	1105.20
医疗保健	Health Care and Medical Services	447.29	590.74	872.99	1477.71	1767.34
交通和通讯	Transport and Telecommunication	1023.49	2019.48	4266.77	6097.34	8929.53
教育文化娱乐服务	Education, Culture and Recreation Services	1006.68	1684.01	2383.08	3651.52	5569.91
#文化娱乐用品	Cultural and Recreational Products	209.38	407.82	624.97	835.67	1350.99
其他商品和服务	Other Goods and Services	253.40	360.73	531.83	746.24	1362.72

10-9 城镇居民家庭平均每人全年消费性支出构成（2007年）

Composition of Per Capita Annual Consumption Expenditure of Urban Households (2007)

单位：%　　　　(%)

项目	Item	总平均 Average	最低收入户 Lowest Income Households	#困难户 Poor Households	低收入户 Low Income Households
消费性支出	**Total Consumption Expenditure**	**100.00**	**100.00**	**100.00**	**100.00**
食品	Food	35.27	49.04	49.95	50.66
#粮食	Grain	2.28	4.51	4.68	4.24
肉禽蛋水产品类	Meat, Poultry, Eggs and Aquatic Products	12.69	25.19	26.71	24.07
肉类	Meat	5.79	11.37	11.61	11.28
禽类	Poultry	3.03	6.43	7.14	6.04
蛋类	Eggs	0.46	0.78	0.85	0.82
水产品类	Aquatic Products	3.41	6.61	7.12	5.94
奶及奶制品	Milk and Dairy Products	1.03	1.04	1.04	1.18
衣着	Clothing	5.68	3.71	3.38	4.79
#服装	Garments	4.22	2.71	2.38	3.57
居住	Residence	10.08	14.93	15.15	11.86
#住房	Housing	2.52	1.65	1.98	0.99
家庭设备用品及服务	Household Facilities, Articles and Services	5.95	5.51	4.58	4.97
#耐用消费品	Durable Consumer Goods	2.48	2.33	1.45	1.70
医疗保健	Health Care and Medical Services	5.25	6.08	5.90	5.03
交通和通讯	Transport and Telecommunication	20.69	8.53	7.77	10.15
教育文化娱乐服务	Education, Culture and Recreation Services	13.91	9.95	11.07	10.10
#文化娱乐用品	Cultural and Recreational Products	3.27	1.20	1.11	1.69
其他商品和服务	Other Goods and Services	3.17	2.25	2.21	2.44

10-9 续表 continued

单位：%　　　　(%)

项目	Item	中等偏下户 Lower Middle Income Households	中等收入户 Middle Income Households	中等偏上户 Upper Middle Income Households	高收入户 High Income Households	最高收入户 Highest Income Households
消费性支出	**Total Consumption Expenditure**	**100.00**	**100.00**	**100.00**	**100.00**	**100.00**
食品	Food	46.39	40.73	33.94	29.61	24.63
#粮食	Grain	3.70	2.76	1.98	1.48	1.20
肉禽蛋水产品类	Meat, Poultry, Eggs and Aquatic Products	20.90	16.15	10.86	7.95	6.21
肉类	Meat	9.56	7.20	4.98	3.67	2.87
禽类	Poultry	4.95	3.88	2.57	1.84	1.41
蛋类	Eggs	0.73	0.58	0.40	0.31	0.24
水产品类	Aquatic Products	5.66	4.49	2.92	2.14	1.69
奶及奶制品	Milk and Dairy Products	3.89	4.32	4.41	4.29	4.47
衣着	Clothing	12.05	16.36	23.81	25.67	26.26
#服装	Garments	11.86	13.64	13.30	15.38	16.38
居住	Residence	5.21	5.82	5.97	5.92	5.88
#住房	Housing	0.62	0.45	0.36	0.29	0.24
家庭设备用品及服务	Household Facilities, Articles and Services	11.34	9.83	9.47	8.12	10.46
#耐用消费品	Durable Consumer Goods	0.88	1.32	2.49	2.34	5.01
医疗保健	Health Care and Medical Services	4.89	3.91	5.68	5.94	7.18
交通和通讯	Transport and Telecommunication	1.26	2.45	2.53	2.58	3.25
教育文化娱乐服务	Education, Culture and Recreation Services	5.27	4.79	4.87	6.22	5.20
#文化娱乐用品	Cultural and Recreational Products	2.47	3.30	3.49	3.52	3.97
其他商品和服务	Other Goods and Services	2.98	2.92	2.97	3.14	4.01

10-10 按收入等级分的城镇居民家庭平均每人全年购买主要食品数量(2007年)

Per Capita Annual Purchase of Major Food Commodities of Urban Households by Level of Income (2007)

项目	Item	总平均 Average	最低收入户 Lowest Income Hous-eholds	#困难户 Poor Hous-eholds	低收入户 Low Income Hous-eholds	中等偏下户 Lower Middle Income Households	中等收入户 Middle Income House-holds	中等偏上户 Upper Middle Income Households	高收入户 High Income House-holds	最高收入户 Highest Income House-holds
粮食 (元)	Grain (yuan)	326.41	221.56	203.99	283.92	313.87	341.26	354.79	351.66	406.47
#面粉 (公斤)	Flour (kg)	0.69	0.28	0.26	0.36	0.73	0.64	0.83	0.58	1.35
大米 (公斤)	Rice (kg)	52.82	47.66	44.16	58.99	59.96	55.39	49.06	43.00	48.14
其它粮食及制品 (元)	Other Grain and Processed Products (yuan)	127.37	61.41	57.19	81.85	103.84	134.12	155.55	172.48	188.06
食用植物油(公斤)	Edible Vegetable Oil (kg)	9.34	7.04	6.55	8.96	10.41	9.64	9.39	8.70	9.89
食用动物油 (元)	Edible Animal Oil (yuan)	3.39	4.42	4.46	6.30	5.23	3.10	1.91	0.86	1.03
猪肉 (公斤)	Pork (kg)	27.34	19.40	17.71	25.56	26.70	28.94	29.00	28.47	31.88
牛肉 (公斤)	Beef (kg)	2.86	1.90	1.82	2.81	2.77	3.12	3.08	2.99	3.03
羊肉 (公斤)	Mutton (kg)	0.62	0.34	0.33	0.51	0.58	0.73	0.69	0.64	0.72
其它肉及制品(元)	Other Meat and Processed Products (yuan)	132.39	68.71	59.95	94.76	125.90	146.20	154.45	154.11	165.06
禽类 (元)	Poultry (yuan)	433.95	316.21	310.77	404.45	420.63	479.09	460.36	436.44	478.97
蛋类 (元)	Eggs (yuan)	65.41	38.51	37.00	54.66	61.67	72.13	71.26	72.47	83.05
鱼 (公斤)	Fish (kg)	20.02	14.18	13.62	17.15	19.99	22.71	21.26	20.27	21.48
虾 (公斤)	Prawns (kg)	1.79	1.56	1.71	1.69	1.89	1.90	1.75	1.59	2.00
其它水产品及制品 (元)	Other Aquatic Products and Processed Products(yuan)	121.75	70.45	62.97	87.40	113.29	137.85	135.24	139.07	158.15
鲜菜 (公斤)	Fresh Vegetables (kg)	105.36	73.35	70.40	94.67	100.67	116.34	111.91	112.23	120.56
干菜 (元)	Dried Vegetables (yuan)	34.62	17.33	14.00	26.43	33.86	37.90	38.25	40.69	44.59
白酒 (公斤)	Spirits (kg)	0.75	0.59	0.59	1.08	0.78	0.81	0.62	0.68	0.73
果酒 (公斤)	Fruit Wine (kg)	0.23	0.05	0.06	0.11	0.12	0.23	0.34	0.34	0.43
啤酒 (公斤)	Beer (kg)	1.36	0.40	0.45	1.24	1.19	1.39	1.83	1.49	1.82
其它酒 (元)	Other Liquors (yuan)	11.52	5.47	3.75	8.34	16.49	8.03	10.74	13.27	18.01
碳酸饮料 (公斤)	Carbonated Drinks (kg)	2.00	0.90	0.74	1.38	1.54	1.93	2.81	2.48	2.99
瓶装饮用水(公斤)	Bottled Drinking Water (kg)	22.03	9.58	7.60	13.05	14.74	25.26	25.73	40.22	29.32
茶叶 (公斤)	Tea (kg)	0.55	0.33	0.38	0.44	0.59	0.71	0.59	0.61	0.39
其它饮料 (元)	Other Soft Drinks (yuan)	32.76	9.02	7.60	16.13	19.34	32.86	40.24	55.83	69.32
鲜果 (公斤)	Fresh Fruits (kg)	36.92	17.63	16.01	26.97	31.96	41.02	42.20	47.99	50.26
鲜瓜 (公斤)	Fresh Melons (kg)	5.37	1.74	1.58	2.73	3.86	5.74	7.22	7.92	8.69
其它干鲜瓜果类及制品 (元)	Other Dried and Fresh Fruits and Processed Products (yuan)	56.07	23.25	20.46	35.23	41.89	59.89	64.13	76.17	103.51
糕点 (公斤)	Cake (kg)	4.15	2.08	1.84	2.79	3.54	4.65	5.06	5.09	5.53
鲜乳品 (公斤)	Fresh Milk (kg)	7.99	2.57	2.38	4.09	5.91	8.36	10.51	11.58	13.64
奶粉 (公斤)	Milk Powder (kg)	0.52	0.21	0.19	0.31	0.37	0.49	0.69	0.69	0.93

10-11 按收入等级分的城镇每百户居民家庭全年购买非食品数量（2007年）

Number of Annual Purchases of Non-food Commodities per 100 Urban Households by Level of Income (2007)

项目	Item	总平均 Average	最低收入户 Lowest Income Households	#困难户 Poor Households	低收入户 Low Income Households	中等偏下户 Lower Middle Income Households	中等收入户 Middle Income Households	中等偏上户 Upper Middle Income Households	高收入户 High Income Households	最高收入户 Highest Income Households
洗衣机（台）	Washing Machine (set)	2.85	0.95	1.18	0.24	1.04	3.37	4.17	5.44	4.13
电冰箱（台）	Refrigerator (set)	2.25	2.65	1.91	0.88	0.81	1.56	2.46	4.76	4.29
微波炉（台）	Microwave Oven (set)	1.34			0.03	1.23	0.10	0.93	3.18	5.19
空调器（台）	Air Conditioner (set)	7.99	1.25	1.37	4.74	2.98	9.78	9.62	16.70	11.05
淋浴热水器(台)	Shower Heater (set)	5.82	0.16	0.26	1.60	1.80	5.34	6.92	11.17	15.62
消毒碗柜（台）	Sterilizer Cupboard (set)	3.56	0.28	0.54	2.34	9.29	4.32	1.58	2.11	0.46
洗碗机（台）	Dishwasher (set)	0.07							0.70	
摩托车（辆）	Motorcycle (set)	0.97			1.63		1.77	0.32	3.21	0.55
助力车（辆）	Electric Bicycle (set)	0.85	0.45		0.95	0.45	0.89	0.56	1.62	1.60
家用汽车（辆）	Family Car (set)	1.44					0.24	2.58	4.30	4.02
电话机（部）	Telephone (set)	32.01	5.85	7.59	11.41	22.93	32.73	25.20	91.62	43.07
移动电话（部）	Mobile Telephone (set)	24.81	5.09	5.76	9.17	12.10	21.55	23.08	41.92	72.20
彩色电视机(台)	Color Television Set (set)	4.63			1.66	1.14	2.85	6.73	8.96	12.94
家用电脑（台）	Computer (set)	4.64	1.23		1.57	3.53	6.15	4.32	5.84	8.96
组合音响（台）	Hi-fi Stereo Component System (set)	4.15	1.70	1.30	0.51	0.59	3.63	6.51	7.80	9.19
摄像机（架）	Pickup Camera (set)	0.44					0.26	0.30	0.62	2.43
照相机（架）	Camera (set)	4.35			1.22	0.98	2.52	7.48	10.08	9.13
钢琴（架）	Piano (set)									
其它中高档乐器（件）	Other Medium and High Grade Musical Instruments (unit)	0.49				0.03	0.24	0.63	1.38	1.60
健身器材（件）	Body Building Equipment (unit)	0.13	0.01			0.06	0.24	0.37		
电子辞典（部）	Electronic Dictionary (unit)	2.74	0.15		1.74	0.65	4.73	3.05	4.23	3.94

10-12 按收入等级分城镇居民家庭平均每百户年底耐用消费品拥有量(2007年)

Number of Durable Consumer Goods Owned per 100 Urban Households at the Year-end by Level of Income (2007)

项目	Item	总平均 Average	最低收入户 Lowest Income Households	#困难户 Poor Households	低收入户 Low Income Households	中等偏下户 Lower Middle Income Households	中等收入户 Middle Income Households	中等偏上户 Upper Middle Income Households	高收入户 High Income Households	最高收入户 Highest Income Households
摩托车 (辆)	Motorcycle (unit)	62.46	51.51	44.42	66.86	78.77	69.26	54.67	65.71	36.79
助力车 (辆)	Electric Bicycle (unit)	8.21	11.36	11.93	8.49	12.81	8.55	7.01	2.49	4.02
家用汽车 (辆)	Family Car (unit)	17.60			4.62	2.40	10.36	22.94	36.32	57.05
洗衣机 (台)	Washing Machine (unit)	98.88	86.80	78.59	96.24	98.50	100.34	99.81	104.30	102.40
电冰箱 (台)	Refrigerator (unit)	94.33	68.31	64.56	78.70	91.61	97.14	102.12	105.18	104.69
彩色电视机 (台)	Color Television Set (unit)	154.20	123.74	120.37	136.58	146.06	153.67	161.68	176.30	175.96
家用电脑 (台)	Computer (unit)	78.79	29.61	28.32	40.73	67.37	81.25	97.60	104.82	109.74
组合音响 (台)	Hi-fi Stereo Component System (set)	53.66	25.23	14.96	37.53	44.08	53.72	67.65	65.67	71.51
摄像机 (架)	Pickup Camera (unit)	10.31			0.22	3.56	5.87	16.78	17.99	28.98
照相机 (架)	Camera (unit)	57.49	16.68	10.46	22.95	31.91	54.08	75.42	85.54	114.74
钢琴 (架)	Piano (unit)	4.17			0.56	1.83	4.24	5.06	4.90	12.59
其它中高档乐器(件)	Other Medium and High Grade Musical Instruments (unit)	8.34	3.50	2.72	0.21	4.31	5.93	6.70	18.28	24.84
微波炉 (台)	Microwave Oven (unit)	65.46	29.19	21.62	38.57	61.82	65.06	80.40	76.64	88.39
空调器 (台)	Air Conditioner (unit)	184.00	59.62	45.41	102.67	132.29	185.30	229.10	266.53	288.61
淋浴热水器 (台)	Shower Heater (unit)	110.63	96.39	89.51	107.43	108.81	108.46	112.68	117.90	121.94
消毒碗柜 (台)	Sterilizer Cupboard (unit)	84.05	59.01	53.30	77.23	82.58	89.27	86.09	93.59	91.02
洗碗机 (台)	Dishwasher (unit)	1.63			0.97	0.46	0.42	1.70	2.91	6.59
健身器材 (件)	Body Building Equipment (unit)	7.45	0.86	1.22	1.17	3.70	4.98	11.78	12.79	16.77
固定电话 (台)	Fixed-set Telephone (set)	97.77	92.21	92.30	95.84	95.14	95.73	99.57	103.14	104.22
移动电话 (部)	Mobile Telephone (set)	206.41	116.40	92.38	155.55	188.55	212.97	232.07	254.19	253.41

10-13 农村居民家庭基本情况

Basic Conditions of Rural Households

项　　目	Item	1995	2000	2005	2006	2007
调查户数　(户)	**Number of Households Surveyed**	**2480**	**2560**	**2560**	**2560**	**2560**
调查户人口、劳动力　(人)	**Number of Residents and Laborers Surveyed (person)**					
常住人口	Number of Permanent Residents in the Households Surveyed	13289	13190	12795	12744	12791
平均每户常住人口	Average Number of Permanent Residents per Household	5.36	5.15	5.00	4.98	5.00
平均每户整半劳动力	Average Number of Full/Semi Labor Force per Household	3.11	3.11	3.23	3.25	3.30
平均每个劳动力负担人口	Average Number of Dependents per Laborer	1.72	1.65	1.55	1.53	1.51
平均每百个劳动力的文化程度(%)	Average Education Level per 100 Laborers (%)					
文盲或半文盲	Illiterate and Semi-illiterate	7.4	4.3	3.8	3.7	3.8
小学程度	Primary Education	40.0	33.2	25.5	24.9	23.8
初中程度	Junior Secondary Education	40.7	48.9	53.9	53.7	53.7
高中程度	Senior Secondary Education	10.0	10.0	11.8	12.1	12.7
中专程度	Specialized Secondary Education	1.7	3.1	3.5	3.9	3.9
大专程度	Tertiary Education	0.3	0.6	1.5	1.7	2.1
平均每人经营耕地面积　(亩)	**Per Capita Area of Cultivated Land under Management (mu)**	**0.90**	**0.85**	**0.66**	**0.66**	**0.67**
平均每户年末生产性固定资产原值　(元)	**Original Value of Productive Fixed Assets Owned per Household at the Year-end (yuan)**	**2744.85**	**4504.29**	**3842.26**	**3958.21**	**4130.06**
农林牧渔业	Farming, Forestry, Animal Husbandry and Fishery		2172.85	2269.54	2253.57	2439.98
#房屋及建筑物	Of Which: Houses and Buildings	647.81	929.03	891.20	820.06	932.21
役畜、产品畜	Drought Animals and Commodity Animals	657.45	509.72	575.60	570.92	617.59
大中型铁木农具	Large and Medium Iron and Wood Farm Implements	175.41	260.04	287.72	274.16	269.81
农林牧渔机械	Farming, Forestry, Animal Husbandry and Fishery Machinery	261.16	416.98	440.43	504.68	572.56
采矿业	Mining			0.12	13.34	13.34
制造业	Manufacturing	64.17	434.11	196.04	230.21	187.99
#房屋及建筑物	Of Which: Houses and Buildings		126.76	55.31	49.45	45.63
生产设备	Equipment for Production		279.10	137.34	137.95	100.10
电力煤气与水的生产及供应	Production and Supply of Electric Power, Gas and Water			…	…	…
建筑业	Construction		51.69	50.31	59.79	60.55
交通运输业、仓储和邮政业	Transport, Storage and Postal Services	681.26	826.67	488.64	573.55	679.68
批发和零售贸易业	Wholesale and Retail Trades			287.66	568.63	570.25
住宿和餐饮业	Accommodations and Catering Services			382.42	43.32	39.77
居民服务与其他服务业	Services to Households and Other Services			96.88	153.91	81.20
教育	Education			3.32	17.36	19.53
卫生、社会保障和福利业	Health Care, Social Security and Social Welfare			43.16	23.28	20.31
文化、体育和娱乐业	Culture, Sports and Recreation			15.63	…	…
其他	Others			8.55	21.25	17.46
平均每百户年末拥有主要固定资产	**Number of Major Fixed Assets Owned per 100 Households at the Year-end**					
房屋及建筑物　(平方米)	Houses and Buildings (sq.m)		1561.48	1225.98	1299.41	1369.14
汽车　(辆)	Motor Vehicles (unit)	1.15	1.35	1.00	1.08	1.24
大中型拖拉机　(台)	Large and Medium Tractors (unit)	0.38	0.20	0.23	0.35	0.43
小型及手扶拖拉机　(台)	Small and Walking Tractors (unit)	7.19	9.06	6.11	5.87	6.15
机动脱粒机　(台)	Motorized Threshing Machines (unit)	7.38	12.41	13.95	16.67	19.31
胶轮大车　(辆)	Carts with Rubber Tires (unit)	1.94	5.86	4.59	3.61	3.73
役畜　(头)	Drought Animals (unit)	50.69	39.73	26.95	28.32	26.04
产品畜　(头)	Commodity Animals (unit)	32.70	27.93	18.01	13.87	16.84
收割机　(台)	Reaping Machines (unit)		0.47	0.65	0.39	1.02
水泵　(台)	Pumps (unit)	7.93	13.36	17.19	19.65	20.08
农用动力机械　(台)	Farm Power Machines (unit)		6.52	11.27	11.28	10.29

注:1995年农林牧渔业的房屋及建筑物包含工业用房屋及建筑物。1995年制造业不含房屋及建筑物。

Note: In 1995 , the houses and buildings of farming , forestry , animal husbandry and fishery included the houses and buildings for industrial use. The manufacturing of 1995 excluded the houses and buildings.

10-14 农村居民平均每人纯收入及生活消费支出(1978-2007年)

Per Capita Net Income and Consumption Expenditure of Rural Households(1978-2007)

年份 Year	人均纯收入(元) Per Capita Net Income (yuan)	增长速度(%) Growth Rate (%) 名义增长(上年为100) Nominal Growth (preceding year=100)	实际增长(上年为100) Real Growth (preceding year=100)	实际增长(1978年为100) Real Growth (1978=100)	人均生活消费支出(元) Per Capita Living Expenditure (yuan)	增长速度(%) Growth Rate (%) 名义增长(上年为100) Nominal Growth (preceding year=100)	实际增长(上年为100) Real Growth (preceding year=100)	实际增长(1978年为100) Real Growth (1978=100)	恩格尔系数(%) Engle Coefficient
1978	193.25	7.9		100.0	184.89	-2.6		100.0	61.7
1979	222.72	15.2	13.6	113.6	205.18	11.0	10.1	110.1	59.9
1980	274.37	23.2	19.4	135.6	222.22	8.3	3.9	114.4	60.4
1981	325.37	18.6	11.4	151.1	266.05	19.7	12.1	128.2	59.3
1982	381.79	17.3	12.7	170.3	312.44	17.4	16.2	149.0	58.4
1983	395.92	3.7	7.0	182.2	328.76	5.2	6.3	158.4	60.3
1984	425.34	7.4	7.2	195.3	346.19	5.3	5.0	166.3	59.3
1985	495.31	16.5	9.8	214.5	388.00	12.1	5.7	175.8	60.4
1986	546.43	10.3	7.6	230.8	454.06	17.0	11.1	195.3	58.8
1987	662.24	21.2	11.1	256.4	545.25	20.1	9.5	213.9	57.3
1988	808.70	22.1	2.7	263.3	684.67	25.6	3.2	220.7	55.2
1989	955.02	18.1	2.0	268.6	870.59	27.2	7.3	236.8	53.7
1990	1043.03	9.2	1.6	272.9	932.63	7.1	-0.3	236.1	57.7
1991	1143.06	9.6	9.4	298.5	942.40	1.1	1.2	238.9	57.4
1992	1307.65	14.4	10.4	329.6	1060.29	12.5	8.8	259.9	54.0
1993	1674.78	28.1	6.1	349.7	1391.01	31.2	6.8	277.6	52.8
1994	2181.52	30.3	3.8	363.0	1882.00	35.3	3.6	287.6	55.6
1995	2699.24	23.7	6.5	386.6	2255.01	19.8	5.3	302.9	54.5
1996	3183.46	17.9	7.6	415.9	2584.16	14.6	6.9	323.8	51.6
1997	3467.69	8.9	4.2	433.4	2617.65	1.3	0.3	324.7	52.3
1998	3527.14	1.7	3.4	448.2	2683.18	2.5	3.8	337.1	51.1
1999	3628.93	2.9	6.2	475.9	2645.94	-1.4	1.7	342.8	50.7
2000	3654.48	0.7	0.9	480.2	2646.02	…	…	342.9	49.8
2001	3769.79	3.2	3.5	497.0	2703.36	2.2	2.5	351.4	49.9
2002	3911.91	3.8	5.1	522.4	2825.01	4.5	6.0	372.5	47.6
2003	4054.58	3.6	3.4	540.1	2927.35	3.6	3.4	385.2	47.9
2004	4365.87	7.7	4.0	561.8	3240.78	10.7	6.7	411.0	48.8
2005	4690.49	7.4	4.5	587.0	3707.73	14.4	11.4	457.9	48.3
2006	5079.78	8.3	6.4	624.6	3885.97	4.8	3.2	472.6	48.6
2007	5624.04	10.7	6.5	665.5	4202.32	8.1	4.5	493.8	49.7

注：农村居民现金纯收入受农村生活消费品价格指数和农村服务项目价格指数以及农业生产资料价格指数的影响(购买生产性固定资产部分)；实物纯收入受自产自用产品价格指数影响。名义增长扣除物价因素影响后为实际增长。

Note: The figures of per capita net income in cash of rural households are affected by the rural consumer price indices,rural services price indices, and price indices of means of agricultural production (for the purchase of productive fixed assets); whereas the figures of real net income in kind are affected by the price indices of products for self-consumption. Real growth is nominal growth with price factors deducted.

10-15 农村居民家庭房屋情况

Housing Conditions of Rural Households

项目	Item	1995	2000	2005	2006	2007
平均每户年内新建(购)住房	**Houses Newly Built or Purchased per Household in Current Year**					
面积 (平方米)	Floor Space (sq.m)	5.11	6.34	2.85	4.15	3.66
按类型分 (平方米)	By Type of Building (sq.m)					
#楼房 (平方米)	Multi-story Buildings (sq.m)	0.75	5.60	2.67	3.61	3.43
砖瓦平房 (平方米)	Brick-and-tile Bungalows (sq.m)		0.43	0.15	0.34	0.19
按结构分 (平方米)	By Structure (sq.m)					
#钢筋混凝土结构(平方米)	Reinforced Concrete Structure (sq.m)	3.87	6.02	2.76	4.11	3.50
砖木结构 (平方米)	Brick and Wood Structure (sq.m)	0.64	0.29	0.09	0.03	0.14
每平方米价值 (元)	Value per Square Meter (yuan)	308.20	340.89	459.57	433.11	541.48
平均每人年末生活住房	**Per Capita Residential Buildings at the Year-end**					
面积 (平方米)	Floor Space (sq.m)	20.83	22.42	25.71	26.60	27.24
按类型分 (平方米)	By Type of Building (sq.m)					
#楼房 (平方米)	Multi-story Buildings (sq.m)		12.52	18.20	19.16	19.72
砖瓦平房 (平方米)	Brick-and-tile Bungalows (sq.m)		7.80	5.70	5.57	5.48
按结构分 (平方米)	By Structure (sq.m)					
#钢筋混凝土结构(平方米)	Reinforced Concrete Structure (sq.m)	8.57	13.03	19.06	19.94	20.67
砖木结构 (平方米)	Brick and Wood Structure (sq.m)	10.55	7.52	5.28	5.20	5.12
每平方米价值 (元)	Value per Square Meter at the Year-end (yuan)	181.41	288.25	376.90	379.21	394.74

10-16 农村居民家庭平均每户购买农业生产资料

Purchase of Means of Agricultural Production per Rural Household

单位：公斤 (kg)

项目	Item	1995	2000	2005	2006	2007
化肥	Chemical Fertilizer	487.58	553.22	503.24	475.22	444.80
饼肥	Cake Fertilizer	5.09	9.78	17.18	17.47	27.87
农用薄膜	Farming Plastic Pellicle	0.57	0.63	0.78	0.66	0.58
生产用种籽	Seeds for Production Use		9.85	6.74	7.41	4.84
生产用饲料	Forage for Production Use		721.69	1332.29	1311.31	1046.27

10-17 农村居民家庭平均每人总收入和纯收入及构成

Per Capita Total and Net Income and Their Composition of Rural Households

项目	Item	1995	2000	2005	2006	2007
总收入 （元）	**Total Income (yuan)**	**3567.43**	**4574.43**	**5957.83**	**6292.73**	**6876.94**
工资性收入	Income of Wages and Salaries	712.24	1362.16	2562.39	2906.15	3202.13
#在非企业组织中得到收入	From Non-enterprise Organizations	39.60	177.26	228.05	264.61	277.97
在本地企业中得到收入	From Local Enterprises		386.59	438.89	489.53	566.16
常住人口外出从业得到收入	From Outward Employment of Permanent Residents		728.74	1550.18	1689.20	1831.11
家庭经营收入	Income from Household Operations	2579.07	2869.35	2944.16	2847.35	3023.11
转移性收入	Income from Transfers	226.06	269.24	284.02	318.36	339.12
财产性收入	Income from Properties	50.06	73.68	167.25	220.87	312.59
总收入构成 （%）	Composition of Total Income (%)	100.0	100.0	100.0	100.0	100.0
工资性收入	Income of Wages and Salaries	20.0	29.8	43.0	46.2	46.6
家庭经营收入	Income from Household Operations	72.3	62.7	49.4	45.2	44.0
转移性收入	Income from Transfers	6.3	5.9	4.8	5.1	4.9
财产性收入	Income from Properties	1.4	1.6	2.8	3.5	4.5
纯收入 （元）	**Net Income (yuan)**	**2699.24**	**3654.48**	**4690.49**	**5079.78**	**5624.04**
按收入来源分	By Source of Income					
工资性收入	Income of Wages and Salaries	712.24	1362.16	2562.39	2906.15	3202.13
家庭经营纯收入	Income from Household Operations	1756.64	2002.93	1731.97	1693.64	1838.61
转移性收入	Income from Transfers	180.30	215.71	228.88	259.12	270.72
财产性收入	Income from Properties	50.06	73.68	167.25	220.87	312.59
按收入来源分构成 （%）	Composition by Source of Income (%)	100.0	100.0	100.0	100.0	100.0
工资性收入	Income of Wages and Salaries	26.4	37.3	54.6	57.2	56.9
家庭经营纯收入	Income from Household Operations	65.1	54.8	36.9	33.3	32.7
转移性收入	Income from Transfers	6.7	5.9	4.9	5.1	4.8
财产性收入	Income from Properties	1.8	2.0	3.6	4.3	5.6
按收入性质分 （元）	By Type of Income (yuan)					
生产性纯收入	Income from Production	2468.88	3365.09	4294.36	4599.79	5040.73
农业生产性收入	Income from Agricultural Production	1253.80	1384.25	1315.43	1282.29	1441.88
非农业生产性收入	Income from Non-agricultural Production	1215.08	1980.84	2978.93	3317.50	3598.85
非生产性纯收入	Income from Non-production Activities	230.36	289.39	396.13	479.99	583.31
按收入性质分构成 （%）	Composition by Type of Income (%)	100.0	100.0	100.0	100.0	100.0
生产性纯收入	Income from Production	91.5	92.1	91.6	90.6	89.6
农业生产性收入	Income from Agricultural Production	46.5	37.9	28.1	25.2	25.6
非农业生产性收入	Income from Non-agricultural Production	45.0	54.2	63.5	65.3	64.0
非生产性纯收入	Income from Non-production Activities	8.5	7.9	8.4	9.4	10.4

10-18 农村居民家庭平均每人家庭经营纯收入及构成
Per Capita Net Income from Household Operations and Its Composition of Rural Households

项　　目	Item	1995	2000	2005	2006	2007
家庭经营纯收入　（元）	**Net Income from Household Operations (yuan)**	**1756.64**	**2002.93**	**1731.97**	**1693.64**	**1838.61**
农业收入	Farming	885.89	944.73	871.88	877.06	978.92
林业收入	Forestry	19.36	16.00	25.30	24.78	28.23
牧业收入	Animal Husbandry	236.44	278.31	252.83	235.03	285.53
渔业收入	Fishery	112.11	145.21	165.42	145.42	149.20
工业收入	Industry	24.83	49.39	36.00	23.90	18.60
建筑业收入	Construction	140.01	137.32	32.27	32.33	40.66
交通、运输和邮电业收入	Transport, Postal and Telecommunication Services	76.97	119.60	80.80	76.79	84.76
批发和零售贸易、餐饮业收入	Wholesale and Retail Trades and Catering Services	120.41	156.28	190.53	191.30	189.17
社会服务业收入	Social Services	45.07	54.43	35.09	36.20	33.20
文教卫生业收入	Culture, Education and Health Care		15.89	8.18	10.25	10.06
其他家庭经营收入	Other Household Operations	95.55	85.77	33.68	40.58	20.28
家庭经营纯收入构成　（%）	**Composition of Net Income from Household Operations (%)**	**100.0**	**100.0**	**100.0**	**100.0**	**100.0**
农业收入	Farming	50.5	47.1	50.3	51.8	53.2
林业收入	Forestry	1.1	0.8	1.5	1.5	1.5
牧业收入	Animal Husbandry	13.5	13.9	14.6	13.9	15.5
渔业收入	Fishery	6.4	7.2	9.5	8.6	8.1
工业收入	Industry	1.4	2.5	2.1	1.4	1.0
建筑业收入	Construction	7.9	6.9	1.9	1.9	2.2
交通、运输和邮电业收入	Transport, Postal and Telecommunication Services	4.3	6.0	4.7	4.5	4.6
批发和零售贸易、餐饮业收入	Wholesale and Retail Trades and Catering Services	6.9	7.8	11.0	11.3	10.3
社会服务业收入	Social Services	2.6	2.7	2.0	2.1	1.8
文教卫生业收入	Culture, Education and Health Care		0.8	0.5	0.6	0.5
其他家庭经营收入	Other Household Operations	5.4	4.3	1.9	2.4	1.1

注：1995年的社会服务业收入含文教卫生业收入。
Note: Income from social services of 1995 included income from culture, education and health care.

10-19 农村居民家庭平均每人总支出及构成

Per Capita Total Expenditure and Its Composition of Rural Households

项　　目	Item	1995	2000	2005	2006	2007
总支出　　　　(元)	**Total Expenditure　　　　(yuan)**	**3151.31**	**3613.14**	**5081.02**	**5205.28**	**5585.39**
家庭经营费用支出	Expenditure on Household Operations	714.47	753.10	1154.16	1095.06	1123.33
农业生产支出	Farming	239.09	240.90	295.25	308.16	308.56
林业生产支出	Forestry	1.72	8.98	3.10	2.27	2.78
牧业生产支出	Animal Husbandry	354.90	262.66	613.10	529.73	533.14
渔业生产支出	Fishery	50.69	135.31	166.44	187.37	215.41
工业生产支出	Industry	3.88	17.31	8.79	8.12	11.29
建筑业支出	Construction	9.06	7.76	3.78	2.97	1.52
交通运输、邮电业支出	Transport, Postal and Telecommunication Services	24.74	34.56	23.75	25.46	26.21
批发和零售贸易、餐饮业支出	Wholesale and Retail Trades and Catering Services	15.89	23.86	21.36	15.99	11.24
社会服务业支出	Social Services	5.95	3.37	11.63	4.58	5.58
文教卫生业支出	Culture, Education and Health Care		2.56	0.61	0.31	0.33
其他家庭经营支出	Other Household Operations	8.55	15.83	6.35	10.10	7.27
购置生产性固定资产支出	Expenditure on Purchase of Productive Fixed Assets	25.40	30.57	31.28	24.62	41.78
#农林牧渔业机械	Farming, Forestry, Animal Husbandry and Fishery Machinery	2.93	5.78	13.96	9.28	10.35
运输机械	Transport Machinery	5.29	7.97	1.53	1.07	14.10
建造生产性固定资产雇工支出	Expenditure on Employees for Building Productive Fixed Assets			0.77	1.48	1.74
税费支出	Expenditure on Taxes and Fees	73.81	55.05	6.78	5.65	6.07
缴纳生产税	Production Taxes	39.62	30.50	2.67	2.2	1.84
"一事一议"筹资	Ad Hoc Fees			0.37	0.17	0.05
其他各项收费	Other Fees	34.19	24.55	3.74	3.27	4.18
生活消费支出	Expenditure on Household Consumption	2255.01	2646.02	3707.73	3885.97	4202.32
转移性支出	Transfer Expenditure	75.18	123.95	169.70	185.38	198.51
寄给和带给家庭非常住人口	Posted and Sent to Non-permanent Family Members	4.61	12.07	43.56	53.89	57.62
赠送农村以外亲友	Gifts to Non-rural Relatives	4.95	8.76	5.67	5.49	4.85
其他转移性支出	Other Transfer Expenditures	65.62	103.12	120.47	126.00	136.04
财产性支出	Property Expenditure	7.44	4.45	10.59	7.13	11.65
总支出构成　　　　(%)	**Composition of Total Expenditure　　　　(%)**	**100.0**	**100.0**	**100.0**	**100.0**	**100.0**
家庭经营费用支出	Expenditure on Household Operations	22.7	20.9	22.8	21.0	20.1
购置生产性固定资产支出	Expenditure on Purchase of Productive Fixed Assets	0.8	0.9	0.6	0.5	0.7
建造生产性固定资产雇工支出	Expenditure on Employees for Building Productive Fixed Assets			…	…	…
税费支出	Expenditure on Taxes and Fees	2.4	1.5	0.1	0.1	0.1
生活消费支出	Expenditure on Household Consumption	71.5	73.2	73.0	74.7	75.2
转移性支出	Transfer Expenditure	2.4	3.4	3.3	3.6	3.6
财产性支出	Property Expenditure	0.2	0.1	0.2	0.1	0.2

注：2000年以前其他各项收费含"一事一议"筹资。

Note: Others fees prior to 2000 included ad hoc fees.

10-20 农村居民家庭平均每人生活消费支出
Per Capita Consumption Expenditure of Rural Households

单位：元 (yuan)

项目	Item	1995	2000	2005	2006	2007
生活消费支出	**Consumption Expenditure**	**2255.01**	**2646.02**	**3707.73**	**3885.97**	**4202.32**
食品	**Food**	**1228.00**	**1317.48**	**1789.42**	**1887.17**	**2087.58**
主食	Staple Food	328.46	323.61	360.07	342.75	360.42
副食	Non-staple Food	684.88	706.71	962.38	1035.99	1169.74
其他食品	Other Food	144.48	214.57	326.41	339.51	361.46
在外饮食	Dining Out	59.47	65.89	133.27	162.20	188.10
其他	Others	10.71	6.70	7.29	6.72	7.85
衣着	**Clothing**	**91.31**	**104.21**	**143.50**	**151.15**	**162.33**
居住	**Residence**	**345.65**	**378.86**	**530.30**	**633.99**	**763.01**
住房	Housing	210.52	222.88	268.68	351.20	462.90
电费	Electric Expenses	40.19	54.46	83.50	94.67	105.68
水费	Water Expenses		6.21	12.76	14.33	16.11
燃料	Fuels	58.40	89.40	144.84	151.52	157.10
其他	Others	36.54	5.91	20.52	22.27	21.21
家庭设备、用品及服务	**Household Facilities, Articles and Services**	**140.54**	**125.65**	**152.12**	**148.60**	**163.85**
#耐用消费品	Durable Consumer Goods	42.53	37.35	49.76	48.23	56.73
家庭日用杂品	Household Articles for Daily use	83.94	75.02	84.30	88.45	93.10
医疗保健	**Health Care and Medical Services**	**67.51**	**100.31**	**203.85**	**197.00**	**199.31**
#医疗卫生保健用品	Facilities and Articles for Health Care and Medical Services	37.34	52.76	80.16	75.91	79.49
医疗保健服务费	Expenses of Health Care and Medical Services	28.62	39.75	123.69	121.10	119.82
交通和通讯	**Transport and Telecommunication**	**82.08**	**205.52**	**411.64**	**443.46**	**443.24**
#交通、通讯工具	Transport and Communication Tools	47.14	56.97	68.29	72.84	51.68
交通费	Transport Expenses	19.73	45.08	90.88	96.18	93.79
邮电费	Postal and Telecommunication Expenses	10.88	80.80	175.89	192.45	202.13
交通、通讯修理费	Maintenance Expenses of Transport and Telecommunication Tools	4.33	9.48	18.05	15.89	17.24
文化教育娱乐用品及服务	**Cultural, Educational and Recreational Articles and Services**	**245.16**	**313.46**	**360.73**	**303.37**	**254.94**
文化教育娱乐用品	Cultural, Educational and Recreational Articles	39.47	45.37	45.58	45.90	42.20
文化教育娱乐服务	Cultural, Educational and Recreational Services	205.68	268.09	315.15	257.47	212.75
#学杂费	Tuition and Miscellaneous Fees	107.33	247.71	294.83	178.92	124.93
技术培训费	Technical Training Fees	6.05	2.13	4.50	2.41	3.42
休闲娱乐费	Recreational Fees	6.63	12.90	9.12	8.96	8.90
其他商品和服务	**Other Commodities and Services**	**54.76**	**100.53**	**116.17**	**121.23**	**128.06**

10-21 农村居民家庭平均每人现金收入
Per Capita Cash Income of Rural Households

单位：元 (yuan)

项　　目	Item	1995	2000	2005	2006	2007
年内现金收入	**Cash Income within the Year**	**2849.86**	**3781.19**	**5381.66**	**5726.72**	**6255.71**
工资性收入	**Income of Wages and Salaries**	**708.89**	**1360.80**	**2562.34**	**2906.15**	**3202.11**
#在非企业组织中得到收入	From Non-enterprise Organizations		177.26	228.00	264.61	277.97
在本地企业中得到收入	From Local Enterprises		385.63	438.89	489.53	566.16
常住人口外出从业得到收入	From Outward Employment of Permanent Residents		728.38	1550.18	1689.20	1831.11
家庭经营现金收入	**Cash Income from Household Operations**	**1892.34**	**2051.18**	**2369.45**	**2284.12**	**2405.03**
农业现金收入	From Farming	1270.03	1300.46	1851.69	1778.18	1918.54
#出售产品的现金收入	By Selling Products	1270.03	1259.43	1821.94	1751.33	1875.93
出售农业产品	Farm Products	566.80	527.30	686.14	726.15	767.56
#出售粮食	Grain	112.11	118.23	153.55	162.79	164.91
出售林业产品	Forestry Products	16.76	35.36	24.19	26.12	30.50
出售牧业产品	Animal Husbandry Products	535.45	446.23	787.35	680.23	726.39
出售渔业产品	Fishery Products	151.02	250.54	324.26	318.83	351.48
工业的现金收入	From Industry	29.26	68.84	48.05	35.40	32.73
建筑业的现金收入	From Construction	152.90	149.75	36.68	36.11	42.99
运输业的现金收入	From Transport	110.33	160.17	111.24	110.49	120.41
批发和零售贸易、餐饮业现金收入	From Wholesale and Retail Trades and Catering Services	138.70	187.17	222.95	218.65	211.51
社会服务业现金收入	From Social Services	52.89	60.05	48.20	42.91	39.89
文教卫生业现金收入	From Culture, Education and Health Care		19.17	9.76	11.23	11.02
其他行业收入	From Others	138.23	105.57	40.88	51.15	27.94
转移性现金收入	**Cash Income from Transfers**	**209.70**	**259.54**	**283.30**	**315.68**	**377.49**
家庭非常住人口寄回或带回现金	Cash Posted or Sent Back by Non-permanent Family Members	77.88	109.46	116.77	123.08	118.12
亲友赠送的现金	Cash Presented by Relatives	65.58	76.62	81.31	89.07	98.03
#农村外部亲友赠送	From Non-rural Relatives	19.82	22.64	26.28	28.15	30.70
其他转移性现金收入	Other Cash Incomes from Transfers	66.24	73.46	85.22	103.53	121.34
财产性现金收入	**Cash Income from Properties**	**38.93**	**73.67**	**166.58**	**220.77**	**311.07**
租金收入	Rental Income	9.06	25.98	75.73	97.16	105.76
土地征用补偿收入	Compensation Income for Land Expropriation	10.07	10.65	7.10	13.26	63.39
其他财产性现金收入	Other Cash Incomes from Properties	19.80	37.04	83.75	110.35	141.92

10-22 农村居民家庭平均每人现金支出

Per Capita Cash Expenditure of Rural Households

单位：元 (yuan)

项目	Item	1995	2000	2005	2006	2007
年内现金支出	**Cash Expenditure within the Year**	**2609.02**	**3090.92**	**4542.99**	**4693.07**	**5059.39**
生产费用支出的现金	**Cash Expenditure on Production**	**655.61**	**740.71**	**1133.43**	**1074.69**	**1126.78**
家庭经营费用支出	Expenditure on Household Operations	630.21	710.14	1101.38	1048.60	1083.26
农业生产支出	Farming	220.12	231.14	286.63	298.85	300.61
林业生产支出	Forestry	1.57	8.69	2.91	2.19	2.72
牧业生产支出	Animal Husbandry	294.76	233.41	570.77	494.32	502.12
渔业生产支出	Fishery	46.61	133.33	165.50	186.31	214.69
工业生产支出	Industry	3.87	17.15	8.79	8.05	11.26
建筑业支出	Construction	8.68	7.50	3.71	2.91	1.48
交通运输、邮电业支出	Transport, Postal and Telecommunication Services	24.58	34.39	23.73	25.46	26.21
批发和零售贸易、餐饮业支出	Wholesale and Retail Trades and Catering Services	15.87	22.86	20.87	15.60	11.06
社会服务业支出	Social Services	5.95	3.29	11.57	4.54	5.56
文教卫生业支出	Culture, Education and Health Care		2.56	0.61	0.31	0.33
其他经营支出	Other Household Operations	8.20	15.82	6.28	10.05	7.23
购买生产性固定资产支出	Expenditure on Purchase of Productive Fixed Assets	25.40	30.57	31.28	24.62	41.78
建、造生产性固定资产雇工支出	Expenditure on Employees for Building Productive Fixed Assets			0.77	1.48	1.74
税费支出	**Expenditure for Taxes and Fees**	**38.04**	**29.45**	**6.78**	**5.65**	**6.07**
缴纳生产税	Production Taxes	16.02	15.15	2.67	2.20	1.84
“一事一议”筹资	Ad Hoc Fees			0.37	0.17	0.05
其他各项收费	Other Fees	22.02	14.30	3.74	3.27	4.18
生活消费支出的现金	**Cash Expenditure for Consumption**	**1790.33**	**2197.64**	**3224.28**	**3421.56**	**3718.19**
食品	Food	794.04	908.45	1369.96	1498.49	1676.01
#主食	Staple Food	73.19	81.61	152.50	156.84	163.54
副食	Non-staple Food	513.48	548.06	767.14	855.73	980.38
衣着	Clothing	89.73	101.76	143.49	151.11	162.32
居住	Residence	317.26	343.87	466.47	558.80	690.83
家庭设备、用品及服务	Household Facilities, Articles and Services	139.78	123.73	151.96	148.10	163.47
医疗保健	Health Care and Medical Services	67.51	100.31	203.85	197.00	199.31
交通和通讯	Transport and Telecommunication	82.08	205.52	411.64	443.46	443.24
文化教育娱乐用品及服务	Cultural, Educational and Recreational Articles and Services	245.16	313.46	360.73	303.37	254.94
其他商品和服务	Other Commodities and Services	54.77	100.54	116.17	121.23	128.06
财产性支出	**Property Expenditure**	**5.00**	**4.45**	**10.59**	**7.13**	**11.65**
转移性支出	**Transfer Expenditure**	**120.04**	**118.67**	**167.90**	**184.04**	**196.71**
寄给和带给在外人口的现金	Cash Posted and Sent to Outward Population	3.98	11.37	43.41	53.85	57.14
赠送亲友的现金	Cash to Relatives	64.12	72.82	80.20	80.22	87.33
其他转移性支出	Other Transfer Expenditures	51.94	34.48	44.29	49.97	52.24

注：2000年以前其他各项收费含“一事一议”筹资。
Note: Others fees prior to 2000 included ad hoc fees.

10-23 农村居民家庭平均每人主要食品消费量及衣着购买量

Per Capita Consumption of Major Food and Purchase of Clothing of Rural Households

项　目	Item	1995	2000	2005	2006	2007
粮食(原粮)(公斤)	Grain (Crude Grain) (kg)	252.19	252.79	229.54	215.18	203.66
#稻谷　(公斤)	Rice (kg)	223.43	216.99	220.20	207.20	196.78
蔬菜　(公斤)	Vegetable (kg)	112.36	116.39	122.02	115.72	110.42
食油　(公斤)	Edible Oil (kg)	7.17	5.93	6.40	5.52	5.70
肉类　(公斤)	Meat (kg)	17.63	23.88	28.28	28.44	25.73
家禽　(公斤)	Poultry (kg)	7.38	10.60	10.93	10.67	10.99
蛋类　(公斤)	Eggs (kg)	2.98	2.78	2.86	2.77	2.72
水产品　(公斤)	Aquatic Products (kg)	12.04	11.72	14.48	13.83	14.31
食糖　(公斤)	Sugar (kg)	2.87	1.34	1.89	1.50	1.49
卷烟　(盒)	Cigarette (pack)	21.84	25.42	24.87	23.10	22.51
酒类　(公斤)	Liquor (kg)	3.62	4.71	3.72	3.56	3.53
茶叶　(公斤)	Tea (kg)	0.55	0.41	0.50	0.51	0.50
水果　(公斤)	Fruits (kg)	12.81	19.12	13.63	12.95	13.60
购买服装　(件)	Purchase of Garments(piece)	0.95	2.14	2.11	2.09	2.00

10-24 农村居民家庭平均每百户主要耐用物品年末拥有量

Number of Durable Consumer Goods Owned per 100 Rural Households at the Year-end

项目	Item	1995	2000	2005	2006	2007
自行车　(辆)	Bicycle (unit)	216.85	162.46	109.65	111.60	105.74
摩托车　(辆)	Motorcycle (unit)	15.73	54.18	86.88	89.73	94.34
电风扇　(台)	Electric Fan (unit)	266.69	271.48	289.77	302.81	
洗衣机　(台)	Washing Machine (unit)	14.88	25.00	29.49	31.88	34.77
电冰箱　(台)	Refrigerator (unit)	7.90	15.12	24.73	27.54	31.68
黑白电视机　(台)	Black and White Television Set (unit)	51.85	29.22	8.28	5.70	4.02
彩色电视机　(台)	Color Television Set (unit)	34.35	73.20	103.91	108.44	111.72
收录机　(台)	Radio Cassette Player (unit)	49.44	27.19	9.77	6.99	
照相机　(架)	Camera (unit)	1.98	3.98	6.52	6.95	7.19
影碟机　(台)	Video Recorder (unit)		34.61	58.91	63.01	59.49
录像机　(台)	Video Disc Player (unit)	2.30	5.55	5.00	3.71	
组合音响　(台)	Hi-fi Stereo Component System (unit)		22.77	33.13	35.70	
空调机　(台)	Air Conditioner (unit)	0.65	3.05	18.13	20.27	24.49
家用计算机　(台)	Personal Computer (unit)		1.95	9.26	10.23	12.46
移动电话　(部)	Mobile Telephone (unit)		14.49	116.41	132.58	149.73
电话机　(台)	Telephone Set (unit)	9.40	40.82	82.38	85.78	83.67
热水器　(台)	Water Heater (unit)	5.56	20.94	38.67	42.07	45.70

 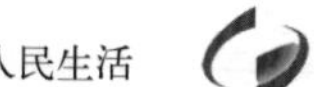

10-25 按人均纯收入等级分的农村居民家庭基本情况（2007年）

Basic Conditions of Rural Households Grouped by Per Capita Annual Net Income (2007)

项　　目	Item	低收入户 Low Income Households	#人均纯收入1500元以下户 Per Capita Income at 1500 yuan and below	中低收入户 Middle Low Income Households	中等收入户 Middle Income Households	中高收入户 Middle High Income Households	高收入户 High Income Households
调查户人口、劳动力　（人）	**Number of Residents and Laborers Surveyed (person)**						
平均每户常住人口	Average Number of Permanent Residents per Household	5.43	5.51	5.29	5.23	4.85	4.18
平均每户整半劳动力	Average Number of Full/Semi Labor Force per Household	2.92	2.91	3.20	3.64	3.62	3.11
平均每个劳动力负担人口	Average Number of Dependents per Laborer	1.86	1.89	1.65	1.44	1.34	1.34
平均每百个劳动力的文化程度	Average Education Level per 100 Laborers						
文盲或半文盲	Illiterate and Semi-illiterate	6.10	9.45	3.96	3.97	3.40	1.88
小学程度	Primary Education	31.21	37.31	24.02	24.34	21.25	18.88
初中程度	Junior Secondary Education	50.23	44.28	57.44	55.34	56.31	47.93
高中程度	Senior Secondary Education	10.25	8.46	11.59	11.96	12.08	17.88
中专程度	Specialized Secondary Education	0.87		2.44	3.27	4.58	7.97
大专程度	Tertiary Education	1.27	0.50	0.55	1.13	2.37	5.46
总收入　（元）	**Total Income (yuan)**	**3072.49**	**3493.99**	**4351.49**	**5556.12**	**7519.49**	**15915.05**
工资性收入	Income of Wages and Salaries	1159.60	501.44	2101.48	3069.19	4069.09	6406.23
#在非企业组织中得到收入	From Non-enterprise Organizations	54.56	22.45	72.45	155.18	226.50	1040.97
在本地企业中得到收入	From Local Enterprises	194.61	150.88	320.41	276.67	507.99	1788.57
常住人口外出从业得到收入	From Outward Employment of Permanent Residents	350.26	6.58	1251.64	2214.83	2854.95	2819.22
家庭经营收入	Income from Household Operations	1760.55	2824.56	1980.31	2127.14	2871.13	7277.00
转移性收入	Income from Transfers	121.69	70.49	209.64	271.82	356.80	848.67
财产性收入	Income from Properties	30.66	97.51	60.07	87.96	222.47	1383.15
总收入构成　（%）	Composition of Total Income (%)	100.0	100.0	100.0	100.0	100.0	100.0
工资性收入	Income of Wages and Salaries	37.7	14.4	48.3	55.2	54.1	40.3
家庭经营收入	Income from Household Operations	57.3	80.8	45.5	38.3	38.2	45.7
转移性收入	Income from Transfers	4.0	2.0	4.8	4.9	4.7	5.3
财产性收入	Income from Properties	1.0	2.8	1.4	1.6	3.0	8.7
纯收入　（元）	**Net Income (yuan)**	**2208.26**	**1056.24**	**3686.94**	**4922.35**	**6574.18**	**12282.93**
工资性收入	Income of Wages and Salaries	1159.60	501.44	2101.48	3069.19	4069.09	6406.23
家庭经营纯收入	Income from Household Operations	925.15	408.30	1372.13	1555.03	2019.92	3758.46
转移性收入	Income from Transfers	92.85	49.00	153.27	210.16	262.69	735.09
财产性收入	Income from Properties	30.66	97.51	60.07	87.96	222.47	1383.15
纯收入构成　（%）	Composition of Net Income (%)	100.0	100.0	100.0	100.0	100.0	100.0
工资性收入	Income of Wages and Salaries	52.5	47.5	57.0	62.4	61.9	52.2
家庭经营纯收入	Income from Household Operations	41.9	38.7	37.2	31.6	30.7	30.6
转移性收入	Income from Transfers	4.2	4.6	4.2	4.3	4.0	6.0
财产性收入	Income from Properties	1.4	9.2	1.6	1.8	3.4	11.3

10-26 按人均纯收入等级分的农村居民家庭平均每人生活消费支出（2007年）

Average Consumption Expenditure of Rural Households Grouped by Per Capita Annual Net Income (2007)

单位：元 (yuan)

项目	Item	低收入户 Low Income Households	#人均纯收入1500元以下户 Per Capita Income at 1500 yuan	中低收入户 Middle Low Income House-	中等收入户 Middle Income Households	中高收入户 Middle High Income House-	高收入户 High Income Households
生活消费支出	**Living Expenditure**	**2357.47**	**1923.54**	**3323.69**	**3802.91**	**4617.49**	**7725.84**
食品	**Food**	**1421.43**	**1140.61**	**1786.58**	**2024.45**	**2352.91**	**3104.14**
主食	Staple Food	306.13	305.75	353.52	377.52	396.15	376.81
副食	Non-staple Food	822.60	601.93	998.30	1154.09	1370.17	1624.40
其他食品	Other Food	219.17	156.48	307.62	352.67	418.86	558.65
在外饮食	Dining Out	68.04	71.64	119.10	130.52	159.92	535.83
其他	Others	5.49	4.82	8.04	9.67	7.81	8.45
衣着	**Clothing**	**75.52**	**45.03**	**131.22**	**165.15**	**196.05**	**271.69**
居住	**Residence**	**328.40**	**292.95**	**565.51**	**578.86**	**695.07**	**1885.75**
住房	Housing	97.84	107.40	306.77	323.86	391.83	1390.22
电费	Electric Expenses	72.09	50.33	80.75	78.00	105.05	216.17
水费	Water Expenses	7.81	3.59	9.32	7.60	12.71	50.08
燃料	Fuels	146.35	128.07	152.46	149.10	158.49	185.34
其他	Others	4.31	3.56	16.21	20.30	26.99	43.94
家庭设备、用品及服务	**Household Facilities, Articles and Services**	**82.88**	**47.25**	**120.02**	**145.74**	**188.46**	**318.47**
#耐用消费品	Durable Consumer Goods	21.49	9.66	28.53	38.47	65.27	151.10
家庭日用杂品	Household Articles for Daily use	56.18	34.57	80.72	95.62	108.31	135.86
医疗保健	**Health Care and Medical Services**	**93.49**	**130.72**	**132.56**	**181.06**	**234.40**	**403.23**
#医疗卫生保健用品	Facilities and Articles for Health Care and Medical Services	33.10	39.10	50.11	81.26	98.47	152.64
医疗保健服务费	Expenses of Health Care and Medical Services	60.40	91.62	82.45	99.79	135.93	250.60
交通和通讯	**Transport and Telecommunication**	**179.61**	**125.90**	**308.07**	**403.34**	**553.36**	**878.61**
#交通、通讯工具	Transport and Communication Tools	20.27	19.41	34.64	32.21	72.90	113.78
交通费	Transport Expenses	25.13	10.21	60.97	101.27	137.86	164.00
邮电费	Postal and Telecommunication Expenses	85.43	47.66	145.60	196.41	253.39	372.81
交通、通讯修理费	Maintenance Expenses of Transport and Telecommunication Tools	6.88	8.68	12.29	13.25	15.15	44.40
文化教育娱乐用品及服务	**Cultural, Educational and Recreational Articles and Services**	**114.90**	**87.28**	**182.73**	**185.90**	**236.69**	**635.50**
文化教育娱乐用品	Cultural, Educational and Recreational Articles	23.79	12.65	28.80	41.60	36.85	89.93
文化教育娱乐服务	Cultural, Educational and Recreational Services	91.11	74.62	153.92	144.30	199.83	545.56
#学杂费	Tuition and Miscellaneous Fees	69.23	60.43	106.67	81.38	116.26	284.81
技术培训费	Technical Training Fees	0.72	…	2.32	1.89	3.51	10.11
休闲娱乐费	Recreational Fees	1.27	0.53	4.11	6.65	10.11	26.30
其他商品和服务	**Other Commodities and Services**	**61.23**	**53.81**	**97.01**	**118.41**	**160.56**	**228.44**

10-27 广东农村全面小康监测情况

Monitoring Indices of Well-off Society in an All-round Way in Rural Areas of Guangdong

项 目	Item	权数 (%) Weight (%)	2000年实现程度 (%) Percentage of Realization in 2000 (%)	2005年实现程度 (%) Percentage of Realization in 2005 (%)	2006年实现程度 (%) Percentage of Realization in 2006 (%)	2007年实现程度 (%) Percentage of Realization in 2007 (%)
农村全面小康实现程度	**Percentage of Realization of Well-off Society in an All-round Way in Rural Areas**	**100**	**29.0**	**53.9**	**58.3**	**63.7**
经济发展	**Economic Development**	**29**	**43.4**	**64.6**	**70.5**	**78.3**
农村居民人均可支配收入	Per Capita Disposable Income of Rural Households	20	36.7	56.1	63.8	74.7
第一产业劳动力比重	Percentage of Laborers in Primary Industry	5	67.3	100.0	100.0	100.0
小城镇人口比重	Percentage of Population in Small Towns	4	47.4	63.2	67.4	68.9
社会发展	**Social Development**	**20**	**39.7**	**47.0**	**54.2**	**62.2**
农村合作医疗覆盖率	Coverage Rate of Cooperation Medical Services in Rural Areas	8	12.5	48.3	64.3	92.3
农村养老覆盖率	Coverage Rate of Old-age Pension in Rural Areas	4		5.9	14.3	18.9
万人农业科技人员数	Number of Scientific and Technological Personnel in Agriculture per 10000 Population	4	73.3	28.0	28.0	7.7
农村居民基尼系数	Gini Coefficient of Rural Households	4	100.0	100.0	100.0	100.0
人口素质	**Quality of Population**	**15**	**19.0**	**38.0**	**41.0**	**42.5**
平均受教育年限	Average Year of Education	12	6.9	30.6	34.4	36.3
平均预期寿命	Average Anticipated Life-span	3	67.3	67.3	67.3	67.3
生活质量	**Quality of Life**	**23**	**20.6**	**50.1**	**51.9**	**53.9**
恩格尔系数	Engle Coefficient	4	-8.9	7.8	4.4	0.0
居住质量指数	Quality Index of Residence	11	43.2	61.6	57.9	63.7
农民文化娱乐支出比重	Percentage of Cultural and Recreational Expenditure of Rural Households	3		20.0	15.6	13.3
农民信息化程度	Degree of Informatization of Rural Households	5	6.9	76.6	98.4	100.0
民主法制	**Democracy and Legal System**	**6**		**75.9**	**71.8**	**80.3**
农民对村政务公开的满意度	Rate of Satisfaction among Rural Households with Publicity of Village Affairs and Administrative Affairs	3		73.0	70.0	76.7
农民社会安全满意度	Rate of Satisfaction among Rural Households with Social Security	3		78.8	73.6	84.0
资源环境	**Resource Environment**	**7**	**14.3**	**56.7**	**66.1**	**71.4**
常用耕地面积变动幅度	Degree of Changes in Regularly Cultivated Land	3	-100.0	33.3	33.3	33.3
森林覆盖率	Forest Coverage Rate	2	100.0	100.0	100.0	100.0
万元农业GDP用水量	Consumption of Water per 10000 Yuan of GDP of Agriculture	2	100.0	48.5	81.4	100.0

注：2007年农村全面小康监测数据尚未经国家统计局最终核定。

Note: Data of 2007 in this table are not officially approved by the National Bureau of Statistics.

主要统计指标解释

居民消费水平 居民消费水平是指按人口平均计算的居民消费额。居民消费水平表明国家对人民的物质文化生活需要的满足程度，它是反映一个国家（或地区）的经济发展水平和人民物质文化生活水平的综合指标。 居民消费水平，可以按国民收入口径，即居民物质产品消费进行计算，也可以按国内生产总值口径，即包括劳务以内的总消费进行计算。根据计算居民消费的不同价格，可以计算出按当年价格计算的居民消费和按可比价格计算的居民消费水平，后者便于观察居民实际消费水平的增长变化。为了观察居民消费的实物构成，还可以进一步计算各种消费品的平均消费的数量和金额，以反映居民在取得基本生存资料的基础上逐步向需要享受资料和发展资料的方向发展的趋势。

城镇居民家庭可支配收入 是指居民家庭在支付个人所得税和交纳的社会保障支出之后，所余下的实际收入。即用实际收入减掉个人所得税减掉个人交纳的社会保障支出以及记帐补贴。

城镇居民家庭消费性支出 是指调查户用于日常生活的全部支出，包括食品、衣着、家庭设备用品及服务、医疗、保健、交通和通讯、娱乐教育文化服务、居住、杂项商品和服务八大类支出。

农村居民家庭总收入 是指调查期内农村住户和住户成员从各种来源渠道得到的收入总和。按收入的性质划分为工资性收入、家庭经营收入、财产性收入和转移性收入。

农村居民家庭纯收入 是指农村住户当年从各个来源得到的总收入相应地扣除所发生的费用后的收入总和。纯收入主要用于再生产投入和当年生活消费支出，也可用于储蓄和各种非义务性支出。“农民人均纯收入”按人口平均的纯收入水平，反映的是一个地区或一个农户农村居民的平均收入水平。计算方法：

纯收入＝总收入-家庭经营费用支出-税费支出-生产性固定资产折旧-农村亲友赠送收入。

农村全面小康监测 是指运用农村全面小康社会的指标体系、衡量标准，再选择科学评价模型对一个区域的农村全面小康社会实现程度和进程进行综合评价。农村全面小康监测其标准由2003年国家统计局与国务院政策研究室共同研究制定，涵盖了六个方面十八项指标。

全面小康社会是一个阶段性目标，这个目标界于总体小康与基本实现现代化两个目标之间。因此，全面小康社会的标准既要高于20世纪90年代初制定的总体小康标准，又要低于基本实现现代化的标准。

Explanatory Notes on Main Statistical Indicators

Consumption Level of Residents refers to per capita consumption of residents. Reflecting the degree of satisfaction by the nation of needs in people's material and cultural life, it is a comprehensive indicator of the economic development of a country (or region) and the standard of the material and cultural life of people.

Consumption level of residents can be calculated either in terms of national income (i.e. the material product consumption of residents) or in terms of gross domestic product (i.e. the total consumption including that of labor services). Through calculating different prices of consumption by residents, the consumption of residents at current prices and that at comparable prices are obtained respectively. The latter is used to reflect the growth of actual consumption of residents. In order to observe the composition of residential consumption in kind, the volume and value of average consumption of various consumer goods can be further calculated to reflect the growing needs of residents for means of pleasure and development upon satisfaction of the n eeds for means of existence.

Disposable Income of Urban Households refers to the actual income of households after paying personal income tax and expenditure on social security, i.e. total income of households minus personal income tax, expenditure on social security and sample household subsidy for keeping dairies.

Consumption Expenditure of Urban Households refers to total expenditure of the sample households for consumption in daily life, including expenditure on eight categories: food, clothing, household facilities, articles and services, health care and medical services, transport and telecommunication, recreational, educational and cultural services, residence, miscellaneous goods and services.

Total Income of Rural Households refers to the sum of income earned from various sources by the rural households and their members during the reference period, and is classified into income from wages and salaries, income from household operations, income from properties and income from transfers.

Net Income of Rural Households refers to the total income of rural households from all sources minus all corresponding expenses. The net income is mainly used as input for reproduction and as consumption expenditure of the current year, and also used for savings and non-compulsory expenses of various forms. "Per capita net income of farmers" is the level of net income averaged by population which reflects the average income level of rural households in a given area. The formula for calculation is as follows:

Net Income = Total Income - Household Operation Expenses - Taxes and Fees - Depreciation of Fixed Assets for Production - Gifts from Rural Relatives.

Monitoring of Well-off Society in an All-round Way in Rural Areas refers to comprehensive evaluation of the degree and process of realization of well-off society in an all-round way in rural areas of a region, conducted through a corresponding indicator system, standards of evaluation, and a scientific evaluation model. The Standards of a well-off society in an all-round way in rural areas were formulated by National Bureau of Statistics and Policy Research Office of the State Council, including eighteen indicators in six aspects.

A well-off society in an all-round way is a phased target, lying between an overall well-off society and basic realization of modernization. Therefore, the standards of a well-off society in an all-round way are higher than the standards of an overall well-off society formulated in the early 1990s, but lower than the standards of basic realization of modernization.

十一、农业

AGRICULTURE

十一、农业

简要说明

一、本篇资料反映广东省农业生产和农村经济的基本情况。内容主要包括农村劳动力、农业产值、主要产品产量、农业自然灾害和乡镇企业等方面的统计资料。

二、本篇资料主要由广东省统计局农村统计处整理提供。

三、本篇资料主要来源于《广东省农林牧渔业综合统计报表》。农林牧渔业综合统计报表制度的统计范围包括各市县区的各种经济类型的全部农林牧渔业以及各非农行业附属的农林牧渔业生产单位。

四、2006 年中国开展第二次全国农业普查，当年的农村劳动力、耕地等指标没有进行调查。

五、根据国务院第二次全国农业普查条例，本篇资料的 2006、2007 年部分数据以普查结果为基础做了调整。

11 Agriculture

Brief Introduction

Ⅰ.The data in this chapter show the basic conditions of agricultural production and rural economy in Guangdong, including mainly rural labor force, output value of agriculture, output of major products as well as statistics on natural disasters in agriculture and township enterprises.

Ⅱ.The data in this chapter are mainly prepared and provided by the Division of Rural Socio-economic Statistics of Guangdong Provincial Bureau of Statistics.

Ⅲ.The data in this chapter mainly come from the statistical reporting summary tables on farming, forestry, animal husbandry and fishery of Guangdong Province. The statistical coverage of the statistical reporting summary scheme includes all productive units of farming, forestry, animal husbandry and fishery and units engaged in farming, forestry, animal husbandry and fishery in non-agricultural sectors with various types of ownership in cities, counties and districts of Guangdong Province.

IV. The 2006 data of rural labor force and cultivated land are not surveyed in the second national agricultural census.

V. Some data of 2006 and 2007 in this chapter are adjusted in accordance with the regulations of the second national agricultural census.

11-1 农业主要指标

Main Indicators of Agriculture

指标	Item	2000	2005	2006	2007	2007比2006增长(%) Growth Rate in 2007 over 2006 (%)
乡镇户数 (万户)	Number of Rural Households (10000 households)	1419.91	1540.84		1574.38	
乡镇人口 (万人)	Rural Population (10000 persons)	6046.62	6451.55		6575.08	
乡镇从业人员 (万人)	Number of Rural Employed Persons (10000 persons)	2789.89	3089.48		3235.37	
第一产业	Primary Industry	1572.07	1533.48		1532.30	
第二产业	Secondary Industry	655.41	883.36		981.71	
第三产业	Tertiary Industry	562.41	672.64		721.36	
常用耕地面积 (万亩)	Regularly Cultivated Land (10000 mu)	3378.03	3153.87			
有效灌溉面积 (万亩)	Effectively Irrigated Area (10000 mu)	2217.77	1976.72			
农业机械总动力(亿瓦特)	Total Power of Agricultural Machinery(100 million W)	176.39	178.21		184.72	
化肥施用量(折纯) (万吨)	Consumption of Chemical Fertilizers (100 percent equivalent,10000 tons)	176.20	204.62		219.64	
农药施用量 (万吨)	Consumption of Pesticides (10000 tons)	8.47	8.70		9.92	
农村用电量 (万千瓦时)	Electricity Consumed in Rural Areas (10000 kwh)	4054461	7664302		9372512	
农业总产值 (亿元)	Gross Output Value of Agriculture (100 million yuan)	1701.18	2447.57	2536.27	2821.24	3.3
农业增加值 (亿元)	Value-added of Agriculture (100 million yuan)	1000.06	1442.80	1532.17	1695.57	3.2
主要产品产量 (万吨)	Output of Major Products (10000 tons)					
粮食	Grain	1822.33	1394.97	1242.42	1284.70	3.4
糖蔗	Sugarcane	1137.59	946.02	1025.66	1096.87	6.9
花生	Peanuts	77.68	75.86	76.54	76.66	0.2
烟叶	Tobacco	6.21	6.30	4.23	4.18	-1.2
蔬菜	Vegetables	2214.8	2596.02	2380.56	2351.48	-1.2
水果	Fruits	643.52	831.69	893.47	950.65	6.4
水产品	Aquatic Products	593.19	695.23	658.84	664.34	0.8
猪肉	Pork	206.85	256.28	251.46	235.37	-6.4
荒山造林面积 (万亩)	Afforested Area in Barren Mountains (10000 mu)	25.76	27.51	10.96	7.93	-27.6
乡镇企业单位数 (万个)	Number of Township Enterprises (10000 units)	76.66	121.29	30.07	38.11	26.7
乡镇企业人数 (万人)	Number of Employed Persons in Township Enterprises (10000 persons)	928.28	1207.90	901.93	972.00	7.8
乡镇企业总收入 (亿元)	Gross Income of Township Enterprises (100 million yuan)	8555.76	13993.09	13053.48	16288.15	24.8
乡镇企业实交国家税金 (亿元)	Taxes Actually Handed Over to the State by Township Enterprises (100 million yuan)	196.44	330.19	336.55	435.34	29.4
乡镇企业纯利润 (亿元)	Net Profits of Township Enterprises (100 million yuan)	427.77	552.00	389.51	775.69	99.1

注：1. 2006年部分指标因第二次全国农业普查没有进行调查。
2. 常用耕地面积2002年起按新口径统计。
3. 表中农业总产值、农业增加值按当年价格计算,增长速度按可比价格计算。
4. 2004年起粮食产量含大豆。
5. 表中2006、2007年的农业总产值、农业增加值、主要产品产量均为第二次全国农业普查后的调整数。
6. 乡镇企业相关指标2007年起按新口径统计，2006年数据也做了相应的调整。

Notes: a) Some data of 2006 are not surveyed due to the second national agricultural census.
b) Since 2002, the area of regularly cultivated land has been calculated in accordance with new stipulations.
c) Gross output value and value-added of agriculture in this table are calculated at current prices, whereas the growth rates are calculated at comparable prices.
d) Since 2004, the output of grain has included that of soybeans.
e) The data of gross output value, value-added of agriculture and output of main products of 2006 and 2007 are adjusted in accordance with the second national agricultural census.
f) Since 2007, data of township enterprises has been calculated in accordance with new stipulations. Data of 2006 are adjusted accordingly.

11-2 农村基层组织情况
Basic Conditions of Rural Grassroots Units

项　目	Item	1995	2000	2005	2006	2007
农村基层组织 (个)	**Rural Grassroots Units (unit)**					
镇政府	Number of Town Governments	1531	1556	1145		1137
乡政府	Number of Township Governments	61	33	11		11
村民委员会	Number of Villagers' Committees	22869	22962	21825		22080
乡镇户数 (万户)	**Number of Rural Households (10000 households)**	**1283.73**	**1419.91**	**1540.84**		**1574.38**
乡镇人口 (万人)	**Population in Rural Areas (10000 persons)**	**5622.31**	**6046.62**	**6451.55**		**6575.08**
乡镇从业人员 (万人)	**Number of Rural Employed Persons (10000 persons)**	**2519.21**	**2789.89**	**3089.48**		**3235.37**
按性别分	Grouped by Sex					
男	Male	1301.24	1450.37	1615.99		1694.42
女	Female	1217.97	1339.52	1473.49		1540.95
按部门分	Grouped by Sector					
#农、林、牧、渔业从业人员	Farming, Forestry, Animal Husbandry and Fishery	1431.98	1572.07	1533.48		1532.30
工业从业人员	Industry	352.37	420.11	632.09		758.03
建筑业从业人员	Construction	180.88	195.77	214.39		223.68
交通、仓储和邮电通讯业从业人员	Transport, Storage, Postal and Telecommunication Services	70.52	76.54	78.36		79.75
批发零售贸易业和餐饮业从业人员	Wholesale, Retail Trade and Catering Services	92.18	130.23	172.42		250.16

注：表中2006年数据因第二次全国农业普查没有进行调查。
Note: Data of 2006 in this table are not surveyed due to the second national agricultural census.

11-3 农业机耕、农田水利、化肥和农药施用量及农村用电量
Statistics on Tractor Ploughing, Water Conservancy, Consumption of Chemical Fertilizers and Pesticides and Electricity Consumption in Rural Areas

项　目	Item	1995	2000	2005	2006	2007
有效灌溉面积 (万亩)	Effective Irrigated Area (10000 mu)	2232.41	2217.77	1976.72		1968.05
占耕地面积 (%)	Percentage to Total Cultivated Land (%)	64.2	65.6	62.7		
旱涝保收面积 (万亩)	Dried and Flooded Area under Control and Ensuring Stable Yields (10000 mu)	1645.58	1626.68	1403.06		1391.25
占耕地面积 (%)	Percentage to Total Cultivated Land (%)	47.3	48.1	44.5		
化肥施用量 (万吨)	Consumption of Chemical Fertilizers (10000 tons)					
实物量	Gross Weight	601.09	611.12	661.55		700.23
#氮肥	Nitrogenous Fertilizer	271.75	248.15	246.05		247.09
磷肥	Phosphate Fertilizer	146.00	153.01	165.64		178.26
钾肥	Potash Fertilizer	78.69	79.35	93.77		98.92
折纯量	Effective Weight (100 percent equivalent)	195.71	176.20	204.62		219.64
#氮肥	Nitrogenous Fertilizer	99.49	95.89	93.78		94.52
磷肥	Phosphate Fertilizer	27.16	18.36	18.96		21.02
钾肥	Potash Fertilizer	34.14	35.84	41.54		43.10
农药施用量 (万吨)	Consumption of Pesticides (10000 tons)	8.04	8.47	8.70		9.92
农村小型水电站 (个)	Number of Small Hydropower Stations in Rural Areas(unit)	7988	5478	5121		5639
发电能力 (万千瓦)	Generating Capacity (10000 kw)	130.14	142.57	184.57		216.05
农村用电量 (万千瓦时)	Consumption of Electricity in Rural Areas (10000 kwh)	1862658	4054461	7664302		9372512
农业机械总动力(亿瓦特)	Total Power of Agricultural Machinery (100 million w)	166.96	176.39	178.21		184.72

注：表中2006年数据因第二次全国农业普查没有进行调查。
Note: Data of 2006 in this table are not surveyed due to the second national agricultural census.

11-4 各市农村基层组织情况（2007年）

Basic Conditions of Rural Grassroots Units by City (2007)

市 别	City	乡镇个数（个）Number of Townships (unit)	乡镇户数（万户）Number of Rural Households (10000 households)	乡镇人口（万人）Rural Population (10000 persons)	乡镇从业人员(万人) Rural Employed Persons (10000 persons)	按性别分 By Sex		按产业分 By Industry		
						男 Male	女 Female	第一产业 Primary Industry	第二产业 Secondary Industry	第三产业 Tertiary Industry
广 州	Guangzhou	34	112.09	416.99	257.74	128.57	129.17	73.51	130.75	53.48
深 圳	Shenzhen									
珠 海	Zhuhai	15	10.77	33.16	22.46	11.81	10.65	8.46	7.36	6.65
汕 头	Shantou	32	83.79	401.59	167.91	90.22	77.69	70.42	59.76	37.72
佛 山	Foshan	20	83.66	295.32	172.36	88.56	83.81	26.67	98.24	47.45
韶 关	Shaoguan	93	57.13	228.24	105.68	54.58	51.11	71.55	12.17	21.96
河 源	Heyuan	97	67.85	315.71	138.98	72.02	66.96	74.54	19.89	44.54
梅 州	Meizhou	104	116.77	467.07	190.84	97.04	93.80	104.92	34.23	51.69
惠 州	Huizhou	50	68.06	307.48	176.56	87.68	88.88	66.05	80.69	29.82
汕 尾	Shanwei	42	62.59	310.78	126.06	72.02	54.04	62.35	27.27	36.44
东 莞	Dongguan	28	45.31	153.98	83.73	44.68	39.05	8.52	44.15	31.05
中 山	Zhongshan	18	47.06	221.03	150.73	78.06	72.67	16.15	101.67	32.91
江 门	Jiangmen	62	81.24	282.16	159.41	81.57	77.84	83.13	39.09	37.19
阳 江	Yangjiang	39	61.88	239.17	120.32	65.03	55.30	75.86	24.71	19.75
湛 江	Zhanjiang	85	137.04	610.96	295.99	158.66	137.33	206.28	43.71	46.01
茂 名	Maoming	87	142.82	616.25	276.87	149.11	127.76	168.06	65.10	43.71
肇 庆	Zhaoqing	95	83.19	323.93	180.36	91.34	89.02	96.91	39.76	43.69
清 远	Qingyuan	77	80.48	346.37	163.72	85.91	77.81	99.73	23.62	40.37
潮 州	Chaozhou	41	53.15	221.71	98.54	51.08	47.46	43.25	35.05	20.24
揭 阳	Jieyang	63	115.36	543.90	227.56	123.25	104.31	111.37	61.90	54.29
云 浮	Yunfu	55	64.16	239.27	119.55	63.23	56.31	64.57	32.58	22.40

注：乡镇个数为广东省民政厅统计年报数。

Note: The number of townships comes from the annual reports of Guangdong Provincial Department of Civil Affairs.

11-5 农业自然灾害情况

Statistics on Agriculture Covered and Affected by Natural Disasters

项目	Item	2000	2005	2006	2007
农作物受灾面积 (万亩)	Area of Farm Crops Covered by Natural Disasters (10000 mu)	948.43	1088.03	1921.93	1047.66
#绝收面积	Area without Output	84.14	201.39	280.76	174.33
受灾人口 (万人)	Number of Persons Covered by Natural Disasters(10000 persons)	1801	1504	2656	1098
受困人口 (万人)	Number of Persons Trapped by Natural Disasters(10000 persons)	38.53	25.15	98.58	20.89
紧急转移安置人口(万人)	Number of Persons Receiving Emergency Transfer and Settlement (10000 persons)	27.73	59.66	196.80	41.15
饮水困难人口 (万人)	Number of Persons Lacking Access to Clean Drinking Water (10000 persons)	23.16	57.81	935.00	135.36
因灾死亡人口 (人)	Dead Toll in Natural Disasters (person)	102	113	226	49
因灾伤病人口 (人)	Number of Wounded Persons in Natural Disasters (person)	14454	4448	17891	1952
倒塌房屋 (间)	Number of Broken Buildings (room)	27743	96583	264760	105913
损坏房屋 (间)	Number of Damaged Buildings (room)	74052	285668	296074	106156
因灾死亡大牲畜(头、只)	Number of Large Livestock Killed in Natural Disasters (head)	62417	39562	247110	181062
直接经济损失 (亿元)	Volume of Direct Economic Loss (100 million yuan)	38.2	82.06	318.37	50.2

11-6 农村经济主要比例关系和效益指标

Main Proportions and Efficiency Indicators of Rural Economy

项目	Item	1995	2000	2005	2006	2007
投入产出率 (%)	**Input-output Ratio (%)**					
农业	Agriculture		41.2	41.1	39.6	39.9
种植业	Crop Production		31.6	30.1	30.4	30.1
林业	Forestry		24.7	25.8	25.6	25.6
牧业	Animal Husbandry		54.6	55.1	55.7	55.2
渔业	Fishery		41.4	43.0	40.5	40.5
农林牧渔服务业	Services for Farming, Forestry, Animal Husbandry and Fishery			69.9	58.8	58.7
产出率	**Output Ratio**					
园地 (元/亩)	Garden Plot (yuan/mu)		914	1258	1515	1648
淡水养殖水面(元/亩)	Freshwater Surface (yuan/mu)		3643	4965	5418	5711
生猪出栏率 (%)	Slaughtered Fattened Hog Rate (%)		146	162	159	160

注：1. 2000年起“产出率”中“园地”改由按年末实有面积计算。
2. 表中2006、2007年数据为第二次全国农业普查后调整数。

Note: a) Since 2000, the output ratio of garden plot has been calculated by the actual area at the year-end.
b) Data of 2006 and 2007 in this table are adjusted according to the second national agricultural census.

11-7 农副产品人均拥有量

Per Capita Possession of Farm and Sideline Products

单位：公斤/人 (kg/person)

年份 Year	粮食 Grain		稻谷 Rice		花生 Peanuts	
	按总人口 By Total Population	按农业人口 By Agricultural Population	按总人口 By Total Population	按农业人口 By Agricultural Population	按总人口 By Total Population	按农业人口 By Agricultural Population
1978	298.08	364.92	262.35	321.18	6.94	8.50
1980	321.73	398.79	291.51	361.33	9.56	11.86
1985	283.68	367.06	257.14	332.72	10.09	13.06
1990	303.60	403.42	270.09	358.90	9.28	12.33
1991	295.09	398.33	260.14	351.16	8.84	11.93
1992	280.11	380.12	247.91	336.42	9.33	12.66
1993	249.79	339.53	218.60	297.16	10.12	13.76
1994	250.53	350.02	216.08	301.89	9.60	13.41
1995	267.55	380.45	230.55	327.82	10.38	14.76
1996	276.57	396.43	237.84	340.82	10.68	15.31
1997	282.77	408.50	240.01	346.72	10.65	15.39
1998	266.70	387.01	239.01	346.83	9.82	14.25
1999	268.59	390.32	226.18	328.69	10.17	14.78
2000	246.30	357.93	206.59	300.22	10.50	15.26
2001	228.57	333.17	191.37	278.95	10.59	15.43
2002	195.10	295.18	163.46	247.31	9.88	14.95
2003	193.59	333.50	162.68	280.24	10.50	18.09
2004	179.03	348.52	144.66	281.61	9.85	19.17
2005	176.58	367.84	141.40	294.54	9.60	20.00
2006	154.36	320.18	126.22	261.80	9.51	19.73
2007	157.51	329.92	128.25	268.63	9.40	19.69

11-7 续表 continued

单位：公斤/人 (kg/person)

年份 Year	糖蔗 Sugarcane		水果 Fruits		水产品 Aquatic Products	
	按总人口 By Total Population	按农业人口 By Agricultural Population	按总人口 By Total Population	按农业人口 By Agricultural Population	按总人口 By Total Population	按农业人口 By Agricultural Population
1978	164.97	201.96	5.81	7.11	12.93	15.83
1980	159.68	197.92	5.57	6.90	12.12	15.02
1985	323.82	419.00	20.56	26.60	19.49	44.18
1990	335.17	445.37	52.60	69.90	33.25	44.18
1991	360.12	486.12	62.74	83.81	35.86	47.91
1992	351.38	476.84	70.19	95.24	38.84	52.71
1993	245.79	334.11	61.70	83.87	41.66	56.63
1994	210.53	294.14	60.51	84.53	47.33	66.12
1995	218.43	310.59	61.43	87.74	52.57	74.75
1996	203.58	291.75	55.74	79.89	57.74	82.81
1997	234.25	338.40	59.59	86.09	74.53	107.66
1998	228.88	332.13	64.14	93.07	78.46	113.85
1999	169.04	245.65	86.40	104.48	79.91	116.13
2000	153.76	223.44	86.98	126.39	80.17	116.51
2001	142.51	207.73	78.43	114.33	80.95	117.99
2002	149.39	226.02	91.87	139.00	82.56	124.91
2003	123.97	213.57	93.49	161.06	84.38	145.36
2004	121.17	235.88	101.47	197.54	86.47	168.34
2005	119.75	249.46	105.28	219.31	88.01	183.33
2006	127.43	264.32	111.01	230.25	81.86	169.79
2007	134.49	281.68	116.56	244.13	81.45	170.60

注：表中2006、2007年数据为第二次全国农业普查后的调整数。
Note: Data of 2006 and 2007 in this table are adjusted according to the second national agricultural census.

11-8 农村劳动力情况

Statistics on Rural Laborers

单位：% (%)

项　　目	Item	2000	2005	2006	2007
性别	**By Sex**	**100.0**	**100.0**	**100.0**	**100.0**
男劳动力	Male	51.6	52.6	52.4	52.3
女劳动力	Female	48.4	47.4	47.6	47.7
文化程度	**By Educational Level**	**100.0**	**100.0**	**100.0**	**100.0**
文盲与半文盲	Illiterate and Semi-illiterate	4.0	3.8	3.7	3.8
小学程度	Primary Education	33.5	25.5	24.9	23.8
初中程度	Junior Secondary Education	48.9	53.9	53.7	53.7
高中程度	Senior Secondary Education	9.9	11.8	12.2	12.7
中专程度	Specialized Secondary Education	3.1	3.5	3.8	3.9
大专及其以上程度	Education with Specialized Courses and Over	0.6	1.5	1.7	2.1
专业技术	**By Status of Technical Training**	**100.0**	**100**	**100.0**	**100.0**
受过专业培训	Various Technical Trainings Received	11.4	15.1	16.0	16.1
未受过专业培训	Various Technical Trainings Not Received	88.6	84.9	84.0	83.9
行业分布情况	**By Sector**		**100**	**100.0**	**100.0**
农业	Farming, Forestry, Animal Husbandry and Fishery		48.6	47.1	45.9
采矿业	Mining		0.1	0.1	0.1
制造业	Manufacture		17.7	18.9	19.8
电力、燃气及水的生产供应业	Production and Supply of Electric Power, Gas and Water		0.6	0.5	0.4
建筑业	Construction		2.9	3.0	3.1
交通运输仓储及邮电通讯业	Transport, Storage, Postal and Telecommunication Services		2.8	2.9	2.8
	Macro Economic Climate Situations of				
批发和零售贸易	Wholesale and Retail Trades		5.2	5.6	5.5
住宿和餐饮业	Hotels and Catering Services		2.7	2.9	3.0
居民服务和其他服务业	Services to Households and Other Services		6.3	5.9	5.9
教育	Education		0.8	1.0	1.0
卫生、社会保障和社会福利业	Health Care, Social Security and Social Welfare		0.5	0.6	0.5
文化、体育和娱乐业	Culture, Sports and Recreation		0.2	0.2	0.2
其它	Others		11.6	11.3	11.8

注：本表数据为抽样调查数。
Note: Data in this table are estimated from sample surveys.

11-9 农村三次产业劳动力素质结构

Structure of Educational Level of Rural Laborers by Three Industries

单位：% (%)

项目	Item	从事第一产业的劳动力 Laborers Engaged in Primary Industry				从事第二、三产业的劳动力 Laborers Engaged in Secondary and Tertiary Industries			
		2000	2005	2006	2007	2000	2005	2006	2007
性别	**Sex**	**100.0**	**100.0**	**100.0**	**100.0**	**100.0**	**100.0**	**100.0**	**100.0**
男劳动力	Male	45.9	46.6	45.6	45.6	60.1	59.0	59.2	58.5
女劳动力	Female	54.1	53.4	54.4	54.4	39.9	41.0	40.8	41.5
文化程度	**Educational Level**	**100.0**	**100.0**	**100.0**	**100.0**	**100.0**	**100.0**	**100.0**	**100.0**
文盲与半文盲	Illiterate and Semi-illiterate	6.2	6.6	7.0	7.2	0.6	1.1	0.7	0.9
小学程度	Primary Education	43.7	36.3	36.3	35.6	17.9	15.5	15.0	14.1
初中程度	Junior Secondary Education	40.2	46.2	45.9	46.3	62.1	61.3	61.0	60.3
高中程度	Senior Secondary Education	8.1	9.9	9.9	10.1	11.7	13.5	13.9	14.7
中专程度	Specialized Secondary Education	1.1	0.7	0.7	0.6	6.4	6.1	6.4	6.4
大专及其以上程度	Education with Specialized Courses and Over	0.1	0.3	0.2	0.2	1.3	2.5	3.0	3.5
专业技术情况	**Status of Technical Training**	**100.0**	**100.0**	**100.0**	**100.0**	**100.0**	**100.0**	**100.0**	**100.0**
受过各种专业培训的劳动力	Various Technical Trainings Received	2.8	4.1	4.5	5.0	24.6	25.8	26.4	25.7
没有受过专业培训的劳动力	Various Technical Trainings Not Received	97.2	95.9	95.5	95.0	75.4	74.2	73.6	74.3

注：本表数据为抽样调查数。
Note: Data in this table are estimated from sample surveys.

11-10 农村劳动力就业地点分布情况

Distribution of Employment Locations of Rural Laborers

单位：% (%)

项目	Item	2000	2005	2006	2007
总计	**Total**	**100.0**	**100.0**	**100.0**	**100.0**
乡内	Within Townships	74.8	73.7	73.6	73.3
县内乡外	Outside Townships but Within Counties	7.1	2.7	2.6	2.3
省内县外	Outside Counties but Within Province	17.7	23.0	23.3	23.7
省外	Outside Province	0.4	0.5	0.5	0.6
国外	Abroad		0.1		0.1

注:本表数据为抽样调查数。
Note: Data in this table are estimated from sample surveys.

11-11 农村转移劳动力情况

Transfer of Rural Laborers

单位：% (%)

项　　目	Item	2000	2005	2006	2007
转移劳动力占农村劳动力比重	**Percentage of Transferred Laborers in Rural Labor Force**	**37.8**	**47.1**	**47.9**	**48.4**
转移劳动力的性别和文化技术素质情况	**Percentage of Transferred Laborers by Sex and Educational Level**				
性别	By Sex	100.0	100.0	100.0	100.0
男劳动力	Male	60.3	59.3	59.5	59.4
女劳动力	Female	39.7	40.7	40.5	40.6
文化程度	By Educational Level	100.0	100.0	100.0	100.0
文盲与半文盲	Illiterate and Semi-illiterate	0.6	1.0	0.6	0.6
小学程度	Primary Education	17.9	15.3	14.7	13.5
初中程度	Junior Secondary Education	62.2	62.1	61.6	61.1
高中程度	Senior Secondary Education	11.7	13.5	13.8	14.7
中专程度	Specialized Secondary Education	6.3	5.6	6.2	6.5
大专及其以上程度	Education with Specialized Courses and Over	1.3	2.5	3.1	3.6
专业技术	By Status of Technical Training	100.0	100.0	100.0	100.0
受过专业培训	Various Technical Training Received	15.6	25.9	26.5	26.5
未受过专业培训	Various Technical Training Not Received	84.4	74.1	73.5	73.5
转移劳动力行业分布情况	**Distribution of Transferred Laborers by Sector**		**100.0**	**100.0**	**100.0**
农业	Farming, Forestry, Animal Husbandry and Fishery		0.2	0.3	0.3
采矿业	Mining		0.1	0.1	0.1
制造业	Manufacture		34.4	36.0	37.2
电力燃气及水的生产供应业	Production and Supply of Electric Power, Gas and Water		1.1	1.2	0.8
建筑业	Construction		5.6	5.5	5.6
交通运输仓储及邮电通讯业	Transport, Storage, Postal and Telecommunication Services		5.5	5.6	5.3
批发和零售贸易	Wholesale and Retail Trades		10.1	10.8	10.4
住宿和餐饮业	Hotels and Catering Services		5.4	5.4	5.6
居民服务和其他服务业	Services to Households and Other Services		12.7	11.8	11.5
教育	Education		1.7	1.9	2.0
卫生、社会保障和社会福利业	Health Care, Social Security and Social Welfare		1.0	1.0	1.0
文化、体育和娱乐业	Culture, Sports and Recreation		0.4	0.4	0.3
其它	Others		21.8	20.1	19.9

注：本表数据为抽样调查数。

Note: Data in this table are estimated from sample surveys.

11-12 农村劳动力外出务工情况（2004-2007年）

Statistics on Outgoing Rural Laborers (2004-2007)

单位：%　　(%)

项　目	Item	2004	2005	2006	2007
当年外出务工的劳动力占总劳动力比重	**Percentage of Outgoing Laborers in Total Labor Force in Current Year**	**25.3**	**26.8**	**26.9**	**26.9**
外出务工劳动力的性别、年龄和文化技术素质情况	**Percentage of Outgoing Laborers by Sex, Age, Educational Level and Technical Training**				
性别	By Sex	100.0	100.0	100.0	100.0
男劳动力	Male	55.1	59.0	58.6	58.4
女劳动力	Female	44.9	41.0	41.4	41.6
年龄	By Age	100.0	100.0	100.0	100.0
16-20岁	16-20	19.7	22.2	18.2	15.8
21-25岁	21-25	41.5	40.6	40.7	38.1
26-30岁	26-30	18.0	18.7	21.3	24.8
31-35岁	31-35	7.8	8.0	8.9	9.9
36-40岁	36-40	6.0	4.6	4.7	5.5
41-45岁	41-45	3.9	3.2	3.3	2.9
46-50岁	46-50	1.6	1.7	1.8	2.0
50岁以上	51 and over	1.4	1.0	1.1	1.1
文化程度	By Educational Level	100.0	100.0	100.0	100.0
文盲与半文盲	Illiterate and Semi-illiterate	0.6	0.2	0.1	0.1
小学程度	Primary Education	8.7	9.8	9.7	9.2
初中程度	Junior Secondary Education	72.9	70.5	70.2	70.1
高中程度	Senior Secondary Education	9.7	10.6	10.0	10.4
中专程度	Specialized Secondary Education	6.8	6.7	7.5	7.4
大专及其以上程度	Education with Specialized Courses and Over	1.4	2.2	2.5	2.8
专业技术	By Technical Training	100.0	100.0	100.0	100.0
受过各种专业培训的劳动力	Various Technical Trainings Received	26.8	31.1	31.8	30.7
没有受过专业培训的劳动力	Various Technical Trainings Not Received	73.2	68.9	68.2	69.3
外出从事的行业	**Outgoing Laborers by Sector**	**100.0**	**100.0**	**100.0**	**100.0**
农林牧渔业	Farming, Forestry, Animal Husbandry and Fishery	0.9	0.4	0.6	0.6
采矿业	Mining	0.3	0.1	0.1	0.1
制造业	Manufacture	44.0	48.3	49.9	50.8
电力煤气及水的生产供应业	Production and Supply of Electric Power, Gas and Water	0.6	0.6	0.8	0.4
建筑业	Construction	4.9	5.1	4.9	5.0
交通运输仓储及邮电通讯业	Transport, Storage, Postal and Telecommunication Services	4.3	5.0	5.5	4.8
批发和零售贸易	Wholesale and Retail Trades	7.9	7.7	8.4	8.3
住宿和餐饮业	Hotels and Catering Services	7.4	8.3	8.5	8.6
居民服务和其他服务业	Services to Households and Other Services	11.7	10.4	9.9	9.8
教育	Education	0.8	0.6	0.8	0.8
卫生.社会保障和社会福利业	Health Care, Social Security and Social Welfare	1.1	0.9	0.8	0.8
文化.体育和娱乐业	Culture, Sports and Recreation	0.3	0.4	0.4	0.4
其它	Others	15.8	12.2	9.4	9.5
外出劳动力从业时间情况	**Employment Period of Outgoing Laborers**	**100.0**	**100.0**	**100.0**	**100.0**
外出从业累计1个月以下人数占外出人数比重	Percentage of Outgoing Laborers Employed under 1 Month in Total Outgoing Laborers		0.1	0.1	…
外出从业累计1-3个月人数占外出人数比重	Percentage of Outgoing Laborers Employed from 1 Month to 3 Months in Total Outgoing Laborers	2.5	3.1	2.4	1.6
外出从业累计3-6个月人数占外出人数比重	Percentage of Outgoing Laborers Employed from 3 Months to 6 Months in Total Outgoing Laborers	6.5	6.8	5.9	4.7
外出从业累计6个月以上人数占外出人数比重	Percentage of Outgoing Laborers Employed over 6 Months in Total Outgoing Laborers	91.0	90.0	91.6	93.7

注：本表数据为抽样调查数。

Note: Data in this table are estimated from sample surveys.

11-13 农村居民家庭主要农产品生产情况

Production Conditions of Major Farm Products of Rural Households

项目		Item		1995	2000	2005	2006	2007
平均每户主要农作物播种面积（亩）		**Sown Area of Major Crops per Household(mu)**		**10.12**	**7.71**	**6.21**	**5.72**	**5.50**
粮食		Grain		6.48	5.47	4.13	3.67	3.62
#水稻		Rice		5.76	4.94	3.77	3.32	3.35
油料		Oil-bearing Crops		0.71	0.52	0.48	0.43	0.34
糖料		Sugar Crops		0.26	0.12	0.27	0.31	0.30
烟叶		Tobacco		0.04	0.09	0.06	0.06	0.07
蔬菜		Vegetables		2.59	1.41	1.25	1.25	1.16
果用瓜		Melons		0.04	0.10	0.02	0.02	0.02
平均每人主要农林产品产量（公斤）		**Per Capita Output of Major Farm and Forestry Products**	**(kg)**					
粮食		Grain		404.73	448.85	291.89	262.59	264.42
#稻谷		Rice		348.38	375.57	274.42	244.17	249.35
油料		Oil-bearing Crops		18.71	19.07	16.06	14.10	14.04
糖料		Sugar Crops		215.10	105.86	194.32	223.04	262.58
烟叶		Tobacco		1.00	2.16	1.70	1.54	2.16
蔬菜		Vegetables		330.99	387.36	352.00	330.58	310.80
果用瓜		Melons		7.96	29.03	5.48	4.54	5.04
水果		Fruits		59.82	31.78	50.39	50.78	54.39
茶叶		Tea		0.08	0.29	0.24	0.12	0.10
平均每户出售和自宰畜禽量及其他		**Sold and Slaughtered Livestock, Poultry and Other Animal Products per Household**						
出售和自宰肉猪头数	(头)	Sold and Slaughtered Fattened Hogs	(head)	2.03	2.12	1.89	1.94	1.38
猪肉产量	(公斤)	Pork	(kg)	178.31	183.08	141.48	139.13	92.59
出售和自宰家禽只数	(只)	Sold and Slaughtered Poultry	(head)	47.13	46.87	102.67	89.22	75.28
家禽产量	(公斤)	Poultry	(kg)	89.04	85.46	222.59	220.71	172.19
蛋类产量	(公斤)	Eggs	(kg)	6.92	7.35	3.95	4.18	4.29
蜂蜜产量	(公斤)	Honey	(kg)	0.05	1.04	0.12	0.13	0.13
蚕茧产量	(公斤)	Silkworm Cocoon	(kg)	5.94	3.95	4.27	3.45	4.78
牛、羊奶产量	(公斤)	Milk	(kg)	1.16	0.13	0.40	0.43	0.66
水产品产量	(公斤)	Aquatic Products	(kg)	119.92	200.16	159.47	178.74	172.52

11-14 农村居民家庭出售主要农产品数量

Amount of Major Farm Products Sold by Rural Households

项目		Item		1995	2000	2005	2006	2007
平均每人出售量		**Per Capita Amount Sold**						
粮食(原粮)	(公斤)	Grain (Raw)	(kg)	61.96	86.36	90.55	89.02	82.03
#稻谷	(公斤)	Rice	(kg)	50.89	75.34	79.72	76.02	72.49
油料	(公斤)	Oil-bearing Crops	(kg)	4.08	4.42	5.92	3.43	3.82
糖料	(公斤)	Sugar Crops	(kg)	164.65	96.35	194.27	222.83	261.26
烟叶	(公斤)	Tobacco	(kg)	0.82	2.03	1.62	1.51	2.13
蔬菜	(公斤)	Vegetables	(kg)	206.29	255.31	278.88	264.74	250.23
果用瓜	(公斤)	Melons	(kg)	5.69	25.11	5.36	4.41	4.92
水果	(公斤)	Fruits	(kg)	48.55	24.20	48.59	46.74	52.26
茶叶	(公斤)	Tea	(kg)	0.04	0.25	0.17	0.05	0.03
平均每户出售量		**Amount Sold per Household**						
生猪	(头)	Fattened Hogs	(head)	1.62	2.01	1.85	1.91	1.22
猪肉	(公斤)	Pork	(kg)	162.92	165.42	177.98	136.94	91.38
肉牛	(头)	Beef Cattle	(head)	0.01	0.02	0.01	0.01	0.02
兔	(只)	Rabbits	(head)	0.03	0.05	0.02	0.01	0.02
家禽	(只)	Poultry	(head)	34.29	30.34	89.74	75.20	62.88
蛋类	(公斤)	Eggs	(kg)	0.61	1.87	0.65	0.19	0.36
蜂蜜	(公斤)	Honey	(kg)	0.05	0.46	0.11	0.12	0.13
蚕茧	(公斤)	Silkworm Cocoon	(kg)	5.88	3.78	4.27	3.42	4.78
牛羊奶	(公斤)	Milk	(kg)	1.13	0.11	0.35	0.37	0.62
水产品	(公斤)	Aquatic Products	(kg)	102.40	175.92	155.56	166.69	163.78

11-15 农林牧渔业总产值和指数（1978-2007年）
Gross Output Value of Farming, Forestry, Animal Husbandry and Fishery and Their Indices (1978-2007)

年份 Year	农林牧渔业总产值 Gross Output Value of Farming, Forestry, Animal Husbandry and Fishery	农业产值 Farming	林业产值 Forestry	牧业产值 Animal Husbandry	渔业产值 Fishery	农林牧渔服务业产值 Services for Farming,Forestry, Animal Husbandry and Fishery
一、绝对值(亿元) Output Value (100 million yuan)						
1978	85.94	59.56	4.98	15.98	5.42	
1979	91.53	67.19	7.67	13.58	3.09	
1980	126.25	97.15	6.83	17.75	4.52	
1981	133.85	99.33	7.81	21.62	5.09	
1982	135.52	98.33	8.33	21.73	7.13	
1983	169.96	120.06	10.72	28.57	10.61	
1984	200.07	141.22	12.13	33.81	12.91	
1985	245.21	149.09	21.09	54.68	20.35	
1986	279.15	168.68	24.38	60.74	25.35	
1987	348.61	214.47	16.74	78.26	39.14	
1988	473.78	277.38	27.66	114.28	54.46	
1989	548.60	323.15	28.00	134.60	62.85	
1990	600.71	359.39	28.46	143.68	69.18	
1991	654.82	388.90	29.64	156.08	80.20	
1992	737.11	428.99	32.86	175.36	99.90	
1993	899.03	486.46	35.51	223.16	153.90	
1994	1151.38	628.17	41.07	279.98	202.16	
1995	1445.48	777.72	46.12	349.11	272.53	
1996	1577.89	825.60	49.64	398.12	304.53	
1997	1656.46	851.35	52.10	425.67	327.34	
1998	1705.44	861.97	54.65	441.61	347.21	
1999	1745.02	859.66	58.77	457.51	369.08	
2000	1701.18	807.94	59.64	450.18	383.42	
2001	1722.35	817.95	56.78	457.56	390.06	
2002	1781.06	841.77	57.09	465.91	416.29	
2003	1908.66	851.72	55.72	482.83	432.74	85.65
2004	2154.79	959.97	61.72	571.09	466.45	95.56
2005	2447.57	1109.18	66.25	638.61	523.79	109.74
2006	2536.27	1235.40	67.60	623.34	519.03	90.90
2007	2821.24	1328.70	73.45	775.62	541.87	101.60
二、指数(1978年＝100) Indices (1978=100)						
1978	100.0	100.0	100.0	100.0	100.0	
1979	99.2	99.4	85.1	104.6	93.7	
1980	110.2	111.8	108.3	104.4	102.8	
1981	112.8	110.3	119.6	122.9	111.9	
1982	131.2	127.4	133.4	148.6	135.0	
1983	134.6	127.2	140.4	159.8	164.3	
1984	147.1	138.9	147.6	175.5	185.5	
1985	157.8	145.5	154.8	202.2	216.2	
1986	167.5	151.0	173.4	219.6	257.0	
1987	183.6	165.8	166.9	237.7	313.2	
1988	197.7	173.4	223.2	259.2	350.3	
1989	213.2	186.9	232.3	279.4	389.9	
1990	228.9	201.5	215.7	306.2	429.3	
1991	243.0	211.9	213.8	332.6	470.1	
1992	257.7	220.3	218.9	357.8	536.5	
1993	267.6	213.7	222.6	398.9	644.5	
1994	279.5	219.5	227.5	415.1	716.3	
1995	302.7	237.1	239.6	443.5	800.1	
1996	320.9	245.0	246.5	485.9	882.9	
1997	342.7	263.7	249.2	509.5	953.5	
1998	359.3	272.7	258.1	535.8	1033.7	
1999	379.1	286.8	271.8	563.9	1101.9	
2000	389.3	288.6	281.3	579.6	1184.5	
2001	400.1	295.6	294.0	592.7	1230.1	
2002	426.1	323.4	285.8	601.4	1310.6	
2003	438.2	331.6	277.8	614.8	1367.5	100.0
2004	457.9	350.5	287.2	625.9	1433.1	107.8
2005	479.9	362.3	295.5	660.4	1514.2	120.5
2006	499.1	375.2	280.8	680.7	1605.1	132.3
2007	515.5	385.3	291.3	701.0	1670.8	143.1

注：1. 本表绝对数按当年价格计算，指数按可比价格计算。2. 表中2006、2007年绝对值为第二次全国农业普查后的调整数。3. 表中2007年指数为第二次全国农业普查后调整数。

Note: a)Data in value terms in this table are calculated at current prices,whereas the related indices are calculated at comparable prices. b)Data in value terms of 2006 and 2007 in this table are adjusted according to the second national agricultural census.c)Indices of 2007 in this table are adjusted according to the second national agricultural census.

11-16 农林牧渔业总产值指数（1979-2007年）
Indices of Gross Output Value of Farming, Forestry, Animal Husbandry and Fishery (1979-2007)

上年=100 (preceding year=100)

年份 Year	农林牧渔业总产值 Gross Output Value of Farming, Forestry, Animal Husbandry and Fishery	农业产值 Farming	林业产值 Forestry	牧业产值 Animal Husbandry	渔业产值 Fishery	农林牧渔服务业产值 Services for Farming, Forestry, Animal Husbandry and Fishery
1979	99.2	99.4	85.1	104.6	93.7	
1980	111.1	112.5	127.3	99.8	109.7	
1981	102.4	98.7	110.4	117.6	108.9	
1982	116.3	115.5	111.5	120.9	120.6	
1983	102.6	99.9	105.2	107.6	121.7	
1984	109.3	109.2	105.1	109.8	112.9	
1985	107.3	104.8	104.9	115.2	116.5	
1986	106.1	103.8	112.0	108.6	118.9	
1987	109.6	109.8	96.3	108.2	121.9	
1988	107.7	104.6	133.7	109.0	111.8	
1989	107.8	107.8	104.1	107.8	111.3	
1990	107.4	107.8	92.9	109.6	110.1	
1991	106.2	105.1	99.1	108.6	109.5	
1992	106.0	103.9	102.4	107.6	114.1	
1993	103.8	97.0	101.7	111.5	120.1	
1994	104.4	102.7	102.2	104.1	111.1	
1995	108.3	108.0	105.3	106.8	111.7	
1996	106.0	103.3	102.9	109.6	110.3	
1997	106.8	107.6	101.1	104.8	108.0	
1998	104.8	103.4	103.6	105.2	108.4	
1999	105.5	105.2	105.3	105.2	106.6	
2000	102.7	100.6	103.5	102.8	107.5	
2001	102.8	102.4	104.5	102.2	103.8	
2002	106.5	109.4	97.2	101.5	106.5	
2003	102.8	102.5	97.2	102.2	104.3	
2004	104.5	105.7	103.4	101.8	104.8	107.8
2005	104.8	103.4	102.9	105.5	105.7	111.8
2006	104.0	103.6	95.0	103.1	106.0	109.8
2007	103.3	102.7	103.7	103.0	104.1	108.2

注：1. 指数按可比价格计算。
2. 表中2007年数据为第二次全国农业普查后调整数。

Note: a) The indices are calculated at comparable prices.
b) Indices of 2007 in this table are adjusted according to the second national agricultural census.

11-17 各市农林牧渔业总产值（2007年）
Gross Output Value of Farming, Forestry, Animal Husbandry and Fishery by City (2007)

单位：亿元 (100 million yuan)

市 别	City	农林牧渔业总产值 Gross Output Value of Farming, Forestry, Animal Husbandry and Fishery	农业产值 Farming	林业产值 Forestry	牧业产值 Animal Husbandry	渔业产值 Fishery	农林牧渔服务业产值 Services for Farming, Forestry, Animal Husbandry and Fishery
广 州	Guangzhou	254.47	135.00	1.83	51.93	43.28	22.43
深 圳	Shenzhen	17.14	4.34	0.67	6.47	4.29	1.37
珠 海	Zhuhai	46.55	7.27	0.02	6.74	26.97	5.53
汕 头	Shantou	88.04	40.10	0.20	22.17	23.59	1.98
佛 山	Foshan	170.30	45.99	0.60	48.55	66.56	8.60
韶 关	Shaoguan	109.86	72.51	6.16	25.03	4.32	1.84
河 源	Heyuan	71.98	42.55	4.01	20.64	2.27	2.51
梅 州	Meizhou	145.22	82.52	4.32	49.91	5.36	3.11
惠 州	Huizhou	128.55	76.53	2.23	35.05	12.80	1.94
汕 尾	Shanwei	89.00	34.05	0.58	18.34	32.02	4.00
东 莞	Dongguan	19.98	11.44	0.32	3.84	3.36	1.02
中 山	Zhongshan	65.41	18.74	0.09	8.85	36.92	0.80
江 门	Jiangmen	170.29	52.21	3.41	47.25	63.99	3.43
阳 江	Yangjiang	168.09	59.24	2.47	32.77	62.23	11.38
湛 江	Zhanjiang	320.30	159.98	7.64	64.68	80.40	7.61
茂 名	Maoming	318.40	153.37	8.18	114.03	33.10	9.72
肇 庆	Zhaoqing	217.56	103.52	14.69	74.55	22.73	2.06
清 远	Qingyuan	130.38	75.68	7.52	38.20	5.68	3.30
潮 州	Chaozhou	50.40	18.99	0.87	13.27	14.40	2.87
揭 阳	Jieyang	120.17	72.85	2.05	31.46	10.33	3.48
云 浮	Yunfu	120.82	49.61	5.66	56.67	6.29	2.59

注：本表按当年价格计算。
Note: Data in this table are calculated at current prices.

11-18 各市农林牧渔业总产值指数（2007年）
Indices of Gross Output Value of Farming, Forestry, Animal Husbandry and Fishery by City (2007)

上年=100 (preceding year=100)

市 别	City	农林牧渔业总产值 Gross Output Value of Farming, Forestry, Animal Husbandry and Fishery	农业产值 Farming	林业产值 Forestry	牧业产值 Animal Husbandry	渔业产值 Fishery	农林牧渔服务业产值 Services for Farming, Forestry, Animal Husbandry and Fishery
广 州	Guangzhou	103.1	102.2	90.1	103.1	101.3	113.2
深 圳	Shenzhen	89.2	100.0	207.9	79.7	81.0	108.9
珠 海	Zhuhai	99.6	102.2	104.3	101.0	97.3	107.0
汕 头	Shantou	105.7	100.4	112.5	104.1	117.7	113.2
佛 山	Foshan	95.6	81.2	111.8	104.9	99.8	113.2
韶 关	Shaoguan	104.4	106.7	102.3	97.4	103.3	113.2
河 源	Heyuan	105.1	106.3	109.1	101.4	100.8	111.2
梅 州	Meizhou	102.2	102.1	110.1	101.3	98.7	113.2
惠 州	Huizhou	104.0	104.6	132.6	100.7	104.8	104.9
汕 尾	Shanwei	102.3	103.5	82.3	103.0	100.1	111.2
东 莞	Dongguan	87.2	94.8	106.1	60.3	99.0	92.0
中 山	Zhongshan	105.6	96.8	88.7	100.3	111.9	103.7
江 门	Jiangmen	100.0	96.2	100.7	101.1	102.4	106.1
阳 江	Yangjiang	100.3	105.4	99.9	101.2	94.0	109.4
湛 江	Zhanjiang	102.5	103.0	112.4	101.8	100.3	113.2
茂 名	Maoming	103.6	103.5	105.2	103.1	103.6	108.9
肇 庆	Zhaoqing	101.2	105.2	89.2	100.6	94.9	98.4
清 远	Qingyuan	107.1	104.9	154.2	103.3	113.6	106.2
潮 州	Chaozhou	104.9	103.6	137.4	104.9	114.1	74.8
揭 阳	Jieyang	104.8	104.5	140.2	101.4	109.5	108.4
云 浮	Yunfu	106.7	106.6	86.0	109.3	108.7	109.9

注：本表按缩减法计算。
Note: Data in this table are calculated by the GDP deflator method.

11-19 农作物播种面积（1978-2007年）
Total Sown Area 0f Farm Crops (1978-2007)

单位：万亩 (10000 mu)

年份 Year	农作物总播种面积 Total Sown Area	一、粮食作物 Grain Crops	#稻谷 Rice	#薯类 Tubers	二、大豆 Soybean	三、经济作物 Economic Crops
1978	9962.46	7603.47	5790.39	873.02	163.71	1277.28
1979	9492.62	7300.54	5691.88	845.65	185.91	1258.28
1980	8954.84	6908.02	5596.10	800.67	198.18	1213.98
1981	8567.83	6548.40	5450.29	767.07	199.33	1302.19
1982	8539.77	6475.65	5373.51	778.51	218.52	1327.84
1983	8364.03	6485.66	5406.97	780.98	197.43	1126.05
1984	8313.00	6269.47	5272.01	765.51	193.21	1213.32
1985	8036.82	5750.76	4815.81	730.83	175.22	1417.68
1986	8037.18	5731.76	4804.77	745.48	177.59	1334.07
1987	8064.78	5679.94	4750.06	743.22	174.25	1324.67
1988	8063.89	5598.29	4678.26	726.61	172.60	1318.08
1989	8322.71	5777.18	4768.32	743.93	173.64	1324.88
1990	8507.35	5822.06	4763.67	751.70	172.44	1338.43
1991	8489.09	5643.92	4596.92	746.74	163.30	1374.36
1992	8231.36	5303.82	4313.79	710.56	157.48	1393.07
1993	7718.41	4840.76	3944.83	681.66	160.54	1295.77
1994	7807.99	4959.10	4005.47	747.93	157.12	1224.21
1995	7957.19	5052.24	4052.13	775.96	155.84	1185.17
1996	8156.22	5120.09	4066.33	778.70	155.04	1202.15
1997	8267.25	5144.06	4055.92	772.52	149.14	1211.80
1998	8310.73	5147.65	4029.10	768.09	146.06	1185.21
1999	7894.24	4912.04	3836.30	697.22	144.52	1071.27
2000	7735.35	4649.83	3619.05	640.15	145.46	1093.04
2001	7868.21	4634.79	3638.28	661.15	132.19	1088.71
2002	7207.37	4021.44	3151.22	582.81	102.14	1068.46
2003	7294.58	4012.81	3144.56	578.14	114.54	1055.55
2004	7211.96	4184.55	3208.50	581.55	120.60	1008.72
2005	7223.06	4179.75	3206.40	579.75	125.70	1001.56
2006	6573.85	3700.00	2912.90	468.40	96.90	947.98
2007	6544.56	3719.30	2908.50	476.40	92.00	944.03

注：表中2006、2007年数据为第二次全国农业普查后调整数。
Note: Data of 2007 in this table are adjusted according to the second national agricultural census.

11-19 续表 continued

单位：万亩 (10000 mu)

年份 Year	#糖蔗 Sugarcane	#花生 Peanuts	#黄红麻 Jute and Ambary Hemp	#红(土)烟 Crude Tobacco	#黄(烤)烟 Flue-cured Tobacco	四、其他作物 Other Crops
1978	258.96	486.62	94.93	27.25	41.94	918.00
1979	227.15	519.73	58.62	25.65	33.79	747.89
1980	218.57	553.24	42.05	21.87	16.75	634.66
1981	272.52	591.41	46.56	24.58	20.48	517.91
1982	331.53	588.01	28.01	24.99	23.74	517.76
1983	312.86	489.74	18.68	21.66	21.59	554.89
1984	341.02	523.56	29.92	21.87	17.19	637.00
1985	442.83	545.78	58.31	28.69	26.56	693.16
1986	405.07	560.80	14.53	23.67	18.20	793.76
1987	344.72	533.13	10.00	19.65	21.77	885.92
1988	354.90	497.82	10.43	22.18	39.21	974.92
1989	338.02	486.05	8.22	47.31	24.94	1047.01
1990	419.73	485.96	7.26	21.89	46.66	1174.42
1991	453.90	472.15	8.12	22.63	59.30	1307.51
1992	461.14	471.88	9.52	22.07	57.01	1376.99
1993	353.65	499.78	7.31	15.58	58.34	1421.34
1994	325.62	505.35	4.45	11.45	41.70	1467.56
1995	320.18	499.60	4.05	8.43	35.90	1563.94
1996	329.28	497.42	3.82	8.22	36.88	1678.94
1997	334.02	499.70	5.88	12.09	43.36	1762.26
1998	325.59	510.83	2.51	11.02	39.28	1831.81
1999	261.47	468.50	1.90	8.68	34.04	1766.41
2000	239.60	496.61	1.55	7.98	38.66	1847.01
2001	215.25	511.57	1.41	8.53	44.95	2012.52
2002	222.66	472.49	1.21	7.32	38.95	2015.33
2003	198.29	488.66	1.14	7.39	37.47	2111.68
2004	193.45	462.20	0.96	7.38	40.04	2018.69
2005	188.08	464.11	0.80	7.66	39.81	2041.75
2006	195.13	462.28	0.80	2.44	27.79	1925.87
2007	206.46	453.71	0.72	2.36	27.03	1881.24

注：1. 2004年起粮食播种面积含大豆。
2. 表中2006、2007年数据为第二次全国农业普查后调整数。

Note: a) Since 2004, the sown area of grain has included that of soybeans.
b) Data of 2006 and 2007 in this table are adjusted according to the second national agricultural census.

11-20 农作物产量（1978-2007年）

Total Output of Farm Crops (1978-2007)

单位：万吨 (10000 tons)

年份 Year	粮食作物 Grain Crops	#稻谷 Rice	#薯类 Tubers	大豆 Soybean	主要经济作物 Major Economic Crops 糖蔗 Sugarcane	花生 Peanuts	黄红麻 Jute and Ambary Hemp	红(土)烟 Crude Tobacco	黄(烤)烟 Flue-cured Tobacco
1978	1509.51	1328.56	121.04	7.99	835.42	35.17	18.07	1.97	2.76
1979	1605.36	1435.22	125.15	9.56	742.90	40.70	13.25	1.86	2.14
1980	1681.91	1523.92	123.68	11.47	834.73	50.00	10.18	1.68	1.04
1981	1521.00	1372.22	122.53	12.01	1235.50	57.39	12.96	2.09	1.59
1982	1795.72	1627.37	138.98	14.44	1496.10	61.90	7.53	2.38	2.29
1983	1817.48	1673.12	138.98	10.80	1159.83	48.08	4.84	1.69	1.72
1984	1819.33	1666.08	130.21	11.90	1454.15	53.40	6.48	1.95	1.55
1985	1604.37	1454.29	131.88	11.32	1831.40	57.07	11.30	2.60	2.29
1986	1567.00	1421.55	128.01	12.27	1622.13	60.40	3.57	1.83	1.67
1987	1701.81	1536.46	146.48	12.43	1338.60	53.50	2.13	1.91	2.14
1988	1636.70	1472.95	143.42	12.32	1538.68	51.80	2.15	2.31	3.49
1989	1817.21	1630.29	153.47	13.25	1681.34	55.38	1.04	2.57	4.58
1990	1896.29	1687.00	167.05	13.87	2093.46	57.95	1.04	2.44	4.64
1991	1873.50	1651.65	176.59	12.60	2286.38	56.11	1.49	2.65	5.81
1992	1810.40	1602.27	170.28	13.94	2271.06	60.30	1.88	2.48	6.14
1993	1629.11	1425.81	169.20	15.28	1603.11	66.02	1.33	1.74	5.96
1994	1662.66	1434.04	194.68	15.44	1397.22	63.71	0.68	1.22	4.08
1995	1803.33	1553.90	209.40	16.50	1472.21	69.98	0.79	1.08	3.96
1996	1891.43	1626.29	210.28	17.32	1392.00	73.05	0.72	1.11	4.18
1997	1966.75	1669.33	228.35	17.61	1629.27	74.10	0.95	1.88	5.45
1998	1884.13	1688.53	238.28	17.32	1616.94	69.38	0.42	1.82	4.79
1999	1935.82	1630.13	214.38	17.91	1218.30	73.31	0.30	1.40	4.40
2000	1822.33	1528.53	199.05	18.73	1137.59	77.68	0.27	1.26	4.95
2001	1721.55	1441.35	198.15	17.36	1073.38	79.73	0.25	1.27	5.52
2002	1484.16	1243.46	171.02	12.67	1136.45	75.19	0.22	1.14	4.94
2003	1488.00	1250.38	166.77	14.92	952.87	80.73	0.20	1.21	4.79
2004	1390.00	1123.13	180.28	18.10	940.77	76.47	0.17	1.23	5.04
2005	1394.97	1116.99	185.48	18.87	946.02	75.86	0.14	1.24	5.06
2006	1242.42	1015.90	150.48	14.92	1025.66	76.54	0.12	0.43	3.80
2007	1284.70	1046.05	157.40	13.53	1096.87	76.66	0.10	0.42	3.76

注：1. 2004年起粮食产量含大豆。
2. 表中2006、2007年数据为第二次全国农业普查后调整数。

Note: a) Since 2004, the output of grain has included that of soybeans.
b) Data of 2006 and 2007 in this table are adjusted according to the second national agricultural census.

11-21 主要农作物播种面积、亩产及总产量

Sown Area, Yield and Total Output of Major Farm Crops

单位：万亩、公斤、万吨 (10000 mu, kg, 10000 tons)

作物名称	Farm Crop	2005			2006			2007		
		播种面积 Sown Area	亩产 Yield per Mu	总产量 Total Output	播种面积 Sown Area	亩产 Yield per Mu	总产量 Total Output	播种面积 Sown Area	亩产 Yield per Mu	总产量 Total Output
农作物播种面积	**Total**	**7223.06**			**6573.85**			**6544.56**		
粮食作物	**Grain Crops**	**4179.75**	**334**	**1394.97**	**3700.00**	**336**	**1242.42**	**3719.30**	**345**	**1284.70**
稻谷	Rice	3206.40	348	1116.99	2912.90	349	1015.90	2908.50	360	1046.05
早稻	Early Rice	1551.60	347	537.98	1410.30	336	473.96	1410.40	354	499.59
晚稻	Late Rice	1654.80	350	579.01	1502.60	361	541.94	1498.10	365	546.46
小麦	Wheat	9.75	190	1.85	1.80	167	0.30	1.50	200	0.30
旱粮	Upland Grain	258.15	278	71.78	220.00	276	60.82	240.90	280	67.42
薯类	Tubers	579.75	320	185.48	468.40	321	150.48	476.40	330	157.40
大豆	**Soybean**	**125.70**	**150**	**18.87**	**96.90**	**154**	**14.92**	**92.00**	**147**	**13.53**
经济作物	**Economic Crops**	**1001.56**			**947.98**			**944.03**		
甘蔗	Sugarcane and Fruit Cane	221.21	5037	1114.25	211.55	5270	1114.91	221.28	5336	1180.69
糖蔗	Sugarcane	188.09	5030	946.02	195.13	5256	1025.66	206.46	5313	1096.87
果蔗	Fruit Cane	33.12	5079	168.23	16.42	5436	89.25	14.82	5657	83.82
油料作物	Oil-bearing Crops	476.94	161	77.01	474.03	164	77.57	465.96	167	77.72
#花生	Peanuts	464.11	163	75.86	462.28	166	76.54	453.71	169	76.66
芝麻	Sesame	2.34	67	0.16	1.94	72	0.14	2.61	77	0.20
油菜籽	Rape Seeds	10.49	95	0.99	9.81	91	0.89	9.65	90	0.87
麻类	Fiber Crops	0.80	174	0.14	0.80	152	0.12	0.72	138	0.10
#黄红麻	Jute and Ambary Hemp	0.80	174	0.14	0.80	152	0.12	0.72	138	0.10
烟叶	Tobacco	47.47	133	6.30	30.23	140	4.23	29.39	142	4.18
黄(烤)烟	Flue-cured Tobacco	39.81	127	5.06	27.79	137	3.80	27.03	139	3.76
红(土)烟	Crude Tobacco	7.66	162	1.24	2.44	172	0.43	2.36	178	0.42
木薯	Cassava	154.92	1203	186.43	148.66	1198	178.07	143.34	1219	174.69
药材	Medicinal Plants	37.39			10.68			10.68		
其他经济作物	Other Economic Crops	62.83			72.04			72.66		
其他作物	**Other Crops**	**2041.75**			**1925.87**			**1881.24**		
#蔬菜	Vegetables	1744.08	1488	2596.02	1627.80	1462	2380.56	1597.50	1472	2351.48

注：1. 2004年起粮食产量含大豆。
2. 表中2006、2007年数据为第二次全国农业普查后调整数。

Note: a) Since 2004, the output of grain has included that of soybeans.
b) Data of 2006 and 2007 in this table are adjusted according to the second national agricultural census.

11-22 各市主要农作物播种面积、亩产及总产量（2007年）

Sown Area, Yield and Total Output of Major Farm Crops by City (2007)

单位：亩、公斤、吨　　(mu, kg, ton)

市别	City	粮食作物 Grain Crops 播种面积 Sown Area	粮食作物 Grain Crops 亩产 Yield per Mu	粮食作物 Grain Crops 总产量 Total Output	#稻谷 Rice 播种面积 Sown Area	#稻谷 Rice 亩产 Yield per Mu	#稻谷 Rice 总产量 Total Output
广　州	Guangzhou	1326661	319	423449	1089574	325	354373
深　圳	Shenzhen	290	298	87			
珠　海	Zhuhai	100022	338	33835	77330	342	26416
汕　头	Shantou	1054019	417	439503	772799	408	315492
佛　山	Foshan	301101	316	95276	252716	323	81630
韶　关	Shaoguan	2323449	361	838815	1849269	392	724351
河　源	Heyuan	2429788	355	861910	1999744	381	762410
梅　州	Meizhou	3191914	365	1165562	2644899	389	1029711
惠　州	Huizhou	1715732	321	551535	1260274	324	408120
汕　尾	Shanwei	1419313	306	433907	1064263	309	328814
东　莞	Dongguan	32314	305	9864	19534	331	6467
中　山	Zhongshan	210001	316	66324	139912	328	45918
江　门	Jiangmen	2825479	301	849895	2529644	307	775625
阳　江	Yangjiang	2169577	311	675209	1590679	332	528681
湛　江	Zhanjiang	4274354	325	1388662	3216941	337	1082578
茂　名	Maoming	3702510	380	1408731	3036062	399	1210294
肇　庆	Zhaoqing	3014090	364	1096041	2502647	384	962214
清　远	Qingyuan	2672794	290	776112	2026371	302	611559
潮　州	Chaozhou	649861	397	257815	487621	402	195997
揭　阳	Jieyang	2039331	404	822916	1170862	393	460657
云　浮	Yunfu	1740351	374	651553	1353857	406	549192

11-22 续表 1 continued

单位：亩、公斤、吨　　(mu, kg, ton)

市别	City	大豆 Soybean 播种面积 Sown Area	大豆 Soybean 亩产 Yield per Mu	大豆 Soybean 总产量 Total Output	经济作物 Economic Crops 播种面积 Sown Area	#糖蔗 Sugarcane 播种面积 Sown Area	#糖蔗 Sugarcane 亩产 Yield per Mu	#糖蔗 Sugarcane 总产量 Total Output
广　州	Guangzhou	12202	170	2080	473895	3091	6940	21450
深　圳	Shenzhen				236	6	3100	19
珠　海	Zhuhai	335	190	64	46351	37440	6551	245269
汕　头	Shantou	4237	141	599	27287			
佛　山	Foshan	514	175	90	191413	17	5342	89
韶　关	Shaoguan	145032	153	22142	897712	41001	5253	215378
河　源	Heyuan	143147	149	21385	424292	1607	3633	5839
梅　州	Meizhou	130243	135	17632	407695	58	3000	175
惠　州	Huizhou	37845	138	5223	342066	13666	5019	68592
汕　尾	Shanwei	26849	123	3304	196866	806	5000	4029
东　莞	Dongguan	253	189	48	30299	281	6950	1953
中　山	Zhongshan	3497	210	734	81334	13531	5830	78886
江　门	Jiangmen	34891	148	5165	360343	25121	5168	129827
阳　江	Yangjiang	112124	129	14470	413033	10316	4865	50186
湛　江	Zhanjiang	25962	143	3713	2735115	1843448	5310	9788710
茂　名	Maoming	20212	183	3706	787607	23829	4784	113986
肇　庆	Zhaoqing	31953	153	4885	726543	10800	5252	56717
清　远	Qingyuan	78671	139	10940	565254	35359	4730	167232
潮　州	Chaozhou	7170	141	1012	44601	2797	4270	11944
揭　阳	Jieyang	47355	152	7197	180435	1457	5751	8379
云　浮	Yunfu	57459	190	10911	495484	3	4075	12

11-22 续表 2 continued

单位：亩、公斤、吨 (mu, kg, ton)

市别	City	#花生 Peanuts 播种面积 Sown Area	亩产 Yield per Mu	总产量 Total Output	#烟叶 Tobacco 播种面积 Sown Area	亩产 Yield per Mu	总产量 Total Output
广州	Guangzhou	70595	179	12634	34	170	6
深圳	Shenzhen	220	191	42			
珠海	Zhuhai	2260	191	433			
汕头	Shantou	20967	165	3453			
佛山	Foshan	20118	180	3619	7	153	1
韶关	Shaoguan	487627	194	94535	195554	137	26791
河源	Heyuan	355109	165	58693			
梅州	Meizhou	198245	145	28655	61609	142	8749
惠州	Huizhou	295674	160	47376			
汕尾	Shanwei	153737	139	21429			
东莞	Dongguan	340	215	73			
中山	Zhongshan	1081	200	216			
江门	Jiangmen	170219	169	28850	55	157	9
阳江	Yangjiang	317044	137	43404	327	149	49
湛江	Zhanjiang	636131	175	111323	8403	184	1546
茂名	Maoming	597521	177	105761	10252	183	1876
肇庆	Zhaoqing	356458	182	64875	14417	157	2261
清远	Qingyuan	448459	163	73170	2939	145	427
潮州	Chaozhou	27357	151	4126			
揭阳	Jieyang	148495	163	24250	49	150	7
云浮	Yunfu	229393	173	39644	204	146	30

11-22 续表 3 continued

单位：亩、公斤、吨 (mu, kg, ton)

市别	City	#木薯 Cassava 播种面积 Sown Area	亩产 Yield per Mu	总产量 Total Output	其他作物 Other Crops 播种面积 Sown Area	#蔬菜 Vegetables 播种面积 Sown Area	亩产 Yield per Mu	总产量 Total Output
广州	Guangzhou	4742	1065	5051	2131770	2087099	1560	3255874
深圳	Shenzhen				206980	191156	1281	244837
珠海	Zhuhai	249	1141	284	130542	85036	1462	124321
汕头	Shantou	3050	2382	7265	636505	630188	2070	1304489
佛山	Foshan	1128	1348	1521	1047402	776555	1639	1272773
韶关	Shaoguan	34355	692	23781	1208289	952364	1336	1272372
河源	Heyuan	49788	860	42841	453073	378100	1147	433695
梅州	Meizhou	122161	849	103713	1211891	869743	1424	1238767
惠州	Huizhou	2766	1424	3938	1329957	1219625	1434	1748943
汕尾	Shanwei	21588	2393	51657	610688	519944	1297	674375
东莞	Dongguan				257887	236490	1449	342703
中山	Zhongshan	493	519	255	385257	346151	1348	466696
江门	Jiangmen	71091	1448	102923	839849	699527	1322	924966
阳江	Yangjiang	66181	950	62872	910120	841045	1020	857866
湛江	Zhanjiang	184030	1643	302387	1698811	1564819	1340	2096638
茂名	Maoming	104801	1087	113882	1355415	1271748	1507	1916864
肇庆	Zhaoqing	240924	1134	273247	1208073	971637	1728	1678989
清远	Qingyuan	39001	1033	40295	1711837	1256372	1312	1648412
潮州	Chaozhou	10017	1221	12231	244432	176525	1890	333705
揭阳	Jieyang	22976	1237	28421	851372	668121	2044	1365356
云浮	Yunfu	247617	1441	356790	394638	232754	1341	312129

11-23 造林面积及主要林产品产量

Afforested Area and Output of Major Forest Products

项　目	Item	1995	2000	2005	2006	2007
当年荒山造林面积(万亩)	Total Afforested Area in Barren Mountains in Current Year (10000 mu)	31.02	25.76	27.50	10.96	7.93
人工造林	Artificial Forestation	31.02	25.76	27.50	10.96	7.93
年末实有育苗面积(万亩)	Actual Area of Grown Seedlings at the Year-end (10000 mu)	3.51	3.12	2.95	3.07	2.84
当年幼林抚育实际面积	Area of Tending Young Forest in Current Year (10000 mu)	584.33	333.37	219.69	217.88	238.50
当年迹地更新面积(万亩)	Area of Slash Reforestation in Current Year (10000 mu)	129.86	159.44	143.84	123.61	118.39
主要林产品产量	Output of Major Forest Products					
油桐籽 (吨)	Tung-oil Seeds (ton)	3536	3817	5193	5340	5449
油茶籽 (吨)	Tea-oil Seeds (ton)	24997	26268	30470	31310	29562
棕片 (吨)	Palm Pieces (ton)	606	663	1640	1687	1556
松脂 (万吨)	Rosin (10000 tons)	11.46	11.31	15.46	14.15	15.66
竹笋干 (吨)	Dried Bamboo Shoots (ton)	9004	14132	17825	8785	27281
板栗 (吨)	Chinese Chestnuts (ton)	3577	5440	8637	9892	9057
松香类产品 (万吨)	Rosin Products (10000 tons)	11.11	9.61	7.38	13.47	15.83

11-24 水产养殖面积和水产品产量

Cultured Area and Output of Aquatic Products

指　标	Item	1995	2000	2005	2006	2007
水产品产量(万吨)	**Output of Aquatic Products (10000 tons)**	**354.34**	**593.19**	**695.23**	**658.84**	**664.34**
海水产品	Seawater Aquatic Products	197.21	360.45	397.95	373.59	373.12
捕捞	Catches	161.42	191.48	172.05	153.40	150.16
养殖	Artificially Cultured	35.79	168.97	225.90	220.19	222.96
淡水产品	Freshwater Aquatic Products	157.13	232.74	297.28	285.25	291.22
捕捞	Catches	7.36	13.52	13.03	12.00	11.83
养殖	Artificially Cultured	149.77	219.22	284.25	273.25	279.39
养殖面积 (万亩)	**Cultured Area (10000 mu)**	**688.73**	**846.76**	**906.97**	**734.90**	**733.59**
海水养殖	Seawater	174.23	292.33	336.60	240.04	238.94
淡水养殖	Freshwater	494.50	554.43	570.37	494.86	494.65

注：1. 1998年起水产品产量按新标准计算。
2. 表中2006、2007年数据为第二次全国农业普查后调整数。

Note: a) Since 1998, the outputs of aquatic products have been calculated in accordance with new criteria.
b) Data of 2006 and 2007 in this table are adjusted according to the second national agricultural census.

11-25 牲畜头数及肉类产量

Number of Livestock and Output of Meat

项 目	Item	1995	2000	2005	2006	2007
黄、水牛年末存栏头数（万头）	**Number of Yellow Cattle and Buffaloes on Hand at the Year-end (10000 heads)**	**468.97**	**416.92**	**367.42**	**223.92**	**216.29**
#从事农事劳役的	For Farming Service	336.89	295.20	262.76	186.48	176.54
黄牛	Yellow Cattle	209.49	189.15	170.33	104.16	100.57
水牛	Buffalo	259.48	227.77	197.09	119.76	115.71
奶牛年末存栏头数(万头)	**Number of Milk Cows on Hand at the Year-end (10000 heads)**	**2.56**	**3.72**	**4.83**	**5.29**	**5.36**
牛奶产量 (万吨)	Output of Milk (10000 tons)	5.49	9.19	11.64	12.17	12.63
山羊年末存栏只数(万只)	**Number of Goats on Hand at the Year-end (10000 heads)**	**27.30**	**29.33**	**39.20**	**34.52**	**35.45**
生猪年末存栏头数(万头)	**Number of Hogs on Hand at the Year-end (10000 heads)**	**2183.95**	**2034.79**	**2143.50**	**2002.72**	**2275.09**
#能繁殖母猪 (万头)	Number of Female Hogs with Fertility (10000 heads)	137.25	143.75	162.77	119.46	225.38
生猪全年饲养量(万头)	Total Number of Hogs Raised in the Whole Year (10000 heads)	4579.16	4989.77	5760.24	5447.39	5488.97
肉猪出栏头数 (万头)	Number of Slaughtered Fattened Hogs (10000 heads)	2395.21	2954.98	3616.74	3444.68	3213.88
肉类产量 (万吨)	**Output of Meat (10000 tons)**	**305.06**	**324.48**	**384.31**	**382.08**	**385.68**
#猪肉	Pork	188.75	206.85	256.28	251.46	235.37
牛肉	Beef	5.68	5.17	7.21	5.05	5.33
羊肉	Mutton	0.44	0.43	0.71	0.70	0.75
禽肉	Meat of Poultry	109.94	111.50	113.66	118.50	137.32
兔肉	Rabbit Meat	0.25	0.53	0.64	0.64	0.68

注：1. 表中1995年的数据按原来口径计算。
2. 表中2006、2007年数据为第二次全国农业普查后调整数。

Note: a) Data of 1995 are calculated in accordance with the original criteria.
b) Data of 2006 and 2007 in this table are adjusted according to the second national agricultural census.

11-26 各市造林面积、水产品产量、牲畜头数及猪肉产量（2007年）
Afforested Area, Output of Aquatic Products, Number of Livestock and Output of Pork by City (2007)

市别	City	造林总面积（万亩）Afforested Area (10000 mu)	水产品产量（万吨）Output of Aquatic Products (10000 tons)	#淡水养殖 In Freshwater	牛年末存栏头数（万头）Number of Yellow Cattle on Hand at the Year-end (10000 heads)	生猪年末存栏头数（万头）Number of Hogs on Hand at the Year-end (10000 heads)	肉猪出栏头数（万头）Number of Slaughtered Fattened Hogs (10000 heads)	猪肉产量（万吨）Output of Pork (10000 tons)
广州	Guangzhou	2.45	41.15	31.31	3.17	126.53	198.41	14.60
深圳	Shenzhen	9.64	3.68	0.27	0.74	16.25	37.94	2.83
珠海	Zhuhai	0.43	18.30	14.52	0.48	26.47	32.16	2.35
汕头	Shantou	1.35	31.99	6.20	0.73	46.84	69.28	5.06
佛山	Foshan	2.37	53.07	52.25	1.48	106.36	167.99	12.26
韶关	Shaoguan	29.05	6.04	5.77	12.53	107.96	134.01	9.78
河源	Heyuan	27.68	3.09	2.95	12.04	76.97	85.49	6.24
梅州	Meizhou	9.35	7.73	7.05	14.09	175.85	227.07	16.58
惠州	Huizhou	3.75	13.71	6.02	11.59	130.14	172.85	12.62
汕尾	Shanwei	5.71	52.59	2.99	9.41	43.90	69.94	5.11
东莞	Dongguan		4.73	2.48	0.04	8.86	20.36	1.49
中山	Zhongshan	1.25	31.30	28.94	0.03	25.11	41.49	3.03
江门	Jiangmen	23.76	68.38	28.09	6.08	145.76	219.06	15.99
阳江	Yangjiang	11.20	89.99	7.49	15.09	136.94	165.13	12.05
湛江	Zhanjiang	7.67	90.90	9.83	52.98	197.86	283.40	20.69
茂名	Maoming	8.83	73.72	19.26	32.82	323.38	505.89	37.49
肇庆	Zhaoqing	28.79	28.73	28.26	22.68	245.04	352.17	25.71
清远	Qingyuan	7.18	7.26	7.06	12.66	125.38	146.22	10.67
潮州	Chaozhou	1.54	16.05	4.19	1.13	29.46	39.17	2.88
揭阳	Jieyang	5.01	13.39	6.01	5.54	104.87	133.43	9.74
云浮	Yunfu	3.13	8.52	8.41	6.35	75.16	112.42	8.20

注：造林总面积包括荒山造林，迹地更新和低产林改造三项指标。

Note: Data of afforested area include data of afforestation of barren hills, slash renewal and low-yield transformation.

11-27 茶叶、桑、水果面积及产量

Planted Area and Output of Tea, Mulberry and Fruits

指 标	Item	1995	2000	2005	2006	2007
茶叶年末实有面积 （万亩）	**Planted Area of Tea at the Year-end (10000 mu)**	**68.74**	**64.80**	**54.05**	**60.24**	**55.87**
茶叶总产量 （万吨）	Output of Tea (10000 tons)	3.96	4.21	4.45	4.74	4.89
桑地年末实有面积 （万亩）	**Planted Area of Mulberries at the Year-end (10000 mu)**	**37.76**	**26.89**	**43.64**	**51.89**	**52.70**
蚕茧总产量 （万吨）	Output of Mulberries (10000 tons)	3.32	3.09	6.52	7.50	8.41
水果年末实有面积 （万亩）	**Planted Area of Fruits at the Year-end (10000 mu)**	**1103.46**	**1502.35**	**1495.37**	**1520.88**	**1528.72**
水果总产量 （万吨）	Gross Output of Fruits (10000 tons)	414.51	643.52	831.69	893.47	950.65
#柑桔橙年末实有面积 （万亩）	Planted Area of Citruses at the Year-end (10000 mu)	169.84	123.34	249.03	292.82	321.57
柑桔橙总产量 （万吨）	Output of Citruses (10000 tons)	107.43	81.06	143.02	181.88	211.37
香(大)蕉年末实有面积(万亩)	Planted Area of Bananas at the Year-end (10000 mu)	131.41	151.51	192.59	188.80	192.09
香(大)蕉总产量 （万吨）	Output of Bananas (10000 tons)	157.60	235.30	330.23	335.32	351.18
菠萝年末实有面积 （万亩）	Planted Area of Pineapples at the Year-end (10000 mu)	38.60	44.58	40.70	40.29	40.01
菠萝总产量 （万吨）	Output of Pineapples (10000 tons)	26.30	47.53	52.10	55.05	53.55
荔枝年末实有面积 （万亩）	Planted Area of Lychees at the Year-end (10000 mu)	294.17	474.83	417.21	413.46	400.32
荔枝总产量 （万吨）	Output of Lychees (10000 tons)	26.91	64.75	86.21	90.95	97.66
龙眼年末实有面积 （万亩）	Planted Area of Longans at the Year-end (10000 mu)	113.50	236.31	186.63	186.07	182.09
龙眼总产量 （万吨）	Output of Longans (10000 tons)	7.60	34.68	46.40	47.56	50.88

注：表中2006、2007年数据为第二次全国农业普查后调整数。

Note: Data of 2006 and 2007 in this table are adjusted according to the second national agricultural census.

11-28 各市水果面积及产量（2007年）

Planted Area and Output of Fruits by City (2007)

单位：万亩、万吨 (10000 mu，10000 tons)

市别	City	水果合计 Fruits 年末面积 Year-end Area	水果合计 Fruits 总产量 Total Output	#柑桔橙 Citrus 年末面积 Year-end Area	#柑桔橙 Citrus 总产量 Total Output	#香(大)蕉 Banana 年末面积 Year-end Area	#香(大)蕉 Banana 总产量 Total Output
广州	Guangzhou	96.94	48.31	4.00	2.66	12.58	26.49
深圳	Shenzhen	33.48	11.42	14.17	7.60	1.56	1.71
珠海	Zhuhai	10.20	11.12	0.22	0.15	5.70	10.13
汕头	Shantou	18.74	17.73	1.61	2.82	3.44	8.02
佛山	Foshan	5.65	6.45	0.44	0.33	2.64	5.07
韶关	Shaoguan	32.63	22.82	14.59	10.03	0.48	0.45
河源	Heyuan	40.63	18.61	9.40	5.06	1.32	0.88
梅州	Meizhou	103.80	77.00	13.89	10.97	5.79	5.56
惠州	Huizhou	76.39	46.78	33.95	24.01	5.54	7.72
汕尾	Shanwei	47.67	15.90	2.18	1.68	3.66	2.60
东莞	Dongguan	16.34	13.16	0.04	0.02	6.69	11.68
中山	Zhongshan	10.99	17.86	0.62	0.46	7.48	15.42
江门	Jiangmen	28.83	17.19	3.52	3.16	5.47	8.00
阳江	Yangjiang	116.44	43.75	33.88	21.88	4.48	4.74
湛江	Zhanjiang	127.56	166.19	8.12	5.85	43.80	93.43
茂名	Maoming	361.73	216.66	2.58	1.98	61.43	123.57
肇庆	Zhaoqing	103.10	72.67	81.56	52.93	5.45	9.03
清远	Qingyuan	56.67	29.75	38.98	21.40	1.01	1.40
潮州	Chaozhou	23.04	9.97	1.51	1.95	1.04	1.28
揭阳	Jieyang	122.03	44.60	7.21	10.16	7.82	9.65
云浮	Yunfu	95.85	42.71	49.09	26.28	4.71	4.38

11-28 续表 continued

单位：万亩、万吨 (10000 mu，10000 tons)

市别	City	#菠萝 Pineapple 年末面积 Year-end Area	#菠萝 Pineapple 总产量 Total Output	#荔枝 Lychee 年末面积 Year-end Area	#荔枝 Lychee 总产量 Total Output	#龙眼 Longan 年末面积 Year-end Area	#龙眼 Longan 总产量 Total Output
广州	Guangzhou	0.68	0.41	43.40	5.85	9.08	3.13
深圳	Shenzhen	0.05	0.03	10.47	0.90	3.91	0.50
珠海	Zhuhai	0.00	0.00	3.54	0.44	0.34	0.07
汕头	Shantou	0.10	0.09	3.52	0.73	0.37	0.26
佛山	Foshan	0.03	0.04	0.76	0.33	1.10	0.34
韶关	Shaoguan			0.01	0.01	0.29	0.08
河源	Heyuan	0.06	0.04	4.43	0.65	2.48	0.53
梅州	Meizhou	0.19	0.13	5.34	1.78	4.20	1.67
惠州	Huizhou	0.69	0.41	20.14	6.75	9.50	3.18
汕尾	Shanwei	2.22	1.32	22.74	5.50	3.64	1.49
东莞	Dongguan			8.03	1.01	0.95	0.16
中山	Zhongshan	0.28	0.22	1.15	0.71	0.58	0.31
江门	Jiangmen	0.28	0.24	10.37	2.77	6.77	1.79
阳江	Yangjiang	0.26	0.16	46.18	9.25	21.11	4.97
湛江	Zhanjiang	27.05	45.06	23.01	7.54	11.40	3.53
茂名	Maoming	0.34	0.29	146.22	40.84	79.89	21.47
肇庆	Zhaoqing	0.57	0.42	2.84	2.21	2.88	1.33
清远	Qingyuan	0.02	0.01	2.48	0.36	2.70	0.87
潮州	Chaozhou	1.51	0.90	4.44	0.95	2.93	1.08
揭阳	Jieyang	5.19	3.47	25.75	5.46	8.64	2.05
云浮	Yunfu	0.48	0.30	15.51	3.63	9.31	2.07

11-29 主要农副产品产量与最高年份比较（2007年）
Output of Major Farm and Sideline Products in Comparison with Peak Year (2007)

指 标	Item	2007	建国以来最高年 Peak Year since 1949		
			年份 Year	产量 Output	2007为建国以来最高年份% Percentage of 2007 to Peak Year
粮食总产量 （万吨）	**Total Output of Grain (10000 tons)**	**1284.70**	**1997**	**1966.75**	**65.3**
#稻谷	Output of Rice	1046.05	1998	1688.53	62.0
早稻	Early Rice	499.59	1983	862.25	57.9
晚稻	Late Rice	546.46	1998	866.51	63.1
经济作物 （万吨）	**Economic Crops (10000 tons)**				
甘蔗	Sugarcane and Fruit Canes	1180.69	1992	2376.62	49.7
#糖蔗	Sugarcane	1096.87	1992	2271.06	48.3
油料作物	Oil-bearing Crops	77.72	2003	81.93	94.9
#花生	Peanuts	76.66	2003	80.73	95.0
黄红麻	Jute and Ambary Hemp	0.10	1978	18.07	0.6
烟叶	Tobacco	4.18	1992	8.62	48.4
黄(烤)烟	Flue-cured Tobacco	3.76	1992	6.14	61.2
红(土)烟	Crude Tobacco	0.42	1991	2.66	15.8
其他作物	**Other Crops**				
#蔬菜 （万吨）	Vegetables (10000 tons)	2351.48	2005	2596.02	90.6
水果 （万吨）	**Fruits (10000 tons)**	**950.65**	**2005**	**831.69**	**114.3**
水产品 （万吨）	**Aquatic Products (10000 tons)**	**664.34**	**2005**	**695.23**	**95.6**
生猪年末存栏量（万头）	**Number of Hogs on Hand at the Year-end (10000 heads)**	**2275.09**	**2004**	**2234.47**	**101.8**
生猪出栏头数 （万头）	**Number of Slaughtered Fattened Hogs (10000 heads)**	**3213.88**	**2005**	**3616.74**	**88.9**
猪肉产量 （万吨）	**Output of Pork (10000 tons)**	**235.37**	**2005**	**256.28**	**91.8**
三鸟饲养量 （万只）	**Number of Poultry Raised (10000 units)**	**126893.61**	**2003**	**128078.49**	**99.1**

注：1. 1998年起水产品产量按新标准计算。
2. 1998年起主要农产品产量采用抽样调查数，其他年份均为全面统计数。
3. 2004年起粮食产量含大豆。
4. 表中2007年数据为第二次全国农业普查后调整数。

Notes: a) The outputs of aquatic products since 1998 have been calculated in accordance with new criteria.
b) Since 1998, the outputs of major agricultural products have been obtained from the sample surveys, while those of other years were obtained from complete enumeration.
c) Since 2004, the output of grain has included that of soybeans.
d) Data of 2007 in this table are adjusted according to the second national agricultural census.

11-30 乡镇企业基本情况（2007年）

Basic Conditions on Township Enterprises (2007)

项　目	Item	企业个数（个）Number of Enterprises (unit)	从业人员年末人数（万人）Number of Employed Persons at the Year-end (10000 persons)	营业收入（亿元）Business Income (100 million yuan)	利润总额（亿元）Total Profits (100 million yuan)	上交税金（亿元）Taxes Payable (100 million yuan)
总　计	**Total**	**381130**	**972.00**	**16288.15**	**775.69**	**435.34**
按登记注册类型分	Grouped by Status of Registration					
内资企业小计	Domestic-funded Enterprises	357734	579.11	9062.44	455.92	252.11
集体企业	Collective-owned Enterprises	17453	70.11	786.17	42.76	25.27
股份合作企业	Share-holding Cooperative Enterprises	2053	5.87	128.17	5.09	2.89
联营企业	Joint-operation Enterprises	2939	4.62	57.02	4.64	1.53
有限责任公司	Limited Liability Corporations	18673	96.41	2309.63	96.90	65.22
股份有限公司	Share-holding Corporation Ltd.	6866	16.34	323.65	23.08	12.09
私营企业	Private Enterprises	309750	385.76	5457.79	283.46	145.11
港、澳、台商投资企业	Enterprises with Investment from Hong Kong, Macao and Taiwan	19137	305.57	5409.24	228.57	132.33
外商投资企业	Enterprises with Foreign Investment	4259	87.32	1816.47	91.20	50.91
按国民经济行业分	Grouped by Sector					
农、林、牧、渔业	Farming, Forestry, Animal Husbandry and Fishery	6701	13.43	86.85	7.34	1.60
工业	Industry	169478	805.07	14352.10	640.11	366.67
#采矿业	Mining	3962	9.91	132.24	11.90	4.89
#制造业	Manufacture	161885	789.39	13958.69	594.21	346.37
建筑业	Construction	14116	31.99	377.96	27.87	13.62
#资质等级企业	Enterprises under Qualification Criteria	519	4.53	69.59	5.30	2.84
交通运输仓储业	Transport and Storage	25125	11.71	154.18	12.34	4.80
批发零售业	Wholesale and Retail Trades	101751	46.55	693.89	38.81	22.48
住宿及餐饮业	Hotels and Catering Services	29695	35.48	303.46	23.72	11.16
#餐饮业	Catering Services	17589	21.50	179.59	12.35	6.22
社会服务业	Social Services	16007	14.33	153.94	9.46	5.89
其他	Others	18257	13.43	165.78	16.04	9.11

11-31 各市乡镇企业基本情况（2007年）

Basic Conditions of Township Enterprises by City (2007)

市 别	City	企业单位数（个）Number of Enterprises (unit)	企业人数（万人）Number of Employed Persons (10000 persons)	现价总产值（亿元）Gross Output Value at Current Prices (100 million yuan)	利润总额（亿元）Total Profits (100 million yuan)	上交税金（亿元）Taxes Payable (100 million yuan)
广 州	Guangzhou	16642	88.05	1603.71	60.56	37.10
深 圳	Shenzhen					
珠 海	Zhuhai	7486	30.03	1549.39	45.52	21.75
汕 头	Shantou	15088	47.85	955.47	35.72	21.12
佛 山	Foshan					
韶 关	Shaoguan	15836	8.38	47.15	6.10	1.47
河 源	Heyuan	13065	12.77	165.99	15.66	6.30
梅 州	Meizhou	9958	16.73	208.38	16.60	10.20
惠 州	Huizhou	12306	54.49	681.14	48.80	11.82
汕 尾	Shanwei	2551	16.33	141.87	5.20	1.85
东 莞	Dongguan	55647	294.97	4069.40	195.46	112.39
中 山	Zhongshan	17245	108.28	2505.89	110.72	87.50
江 门	Jiangmen	54067	79.41	1913.16	70.34	53.01
阳 江	Yangjiang	13349	21.03	225.70	11.98	8.06
湛 江	Zhanjiang	8791	25.76	400.36	26.75	8.40
茂 名	Maoming	55855	51.21	612.66	39.46	10.03
肇 庆	Zhaoqing	21532	35.23	436.90	22.17	14.11
清 远	Qingyuan	23816	27.79	730.83	56.53	12.73
潮 州	Chaozhou	16846	28.71	488.21	28.24	13.95
揭 阳	Jieyang	10535	31.59	636.63	16.10	8.49
云 浮	Yunfu	30961	19.27	237.63	13.47	6.75

主要统计指标解释

农林牧渔业增加值　是指农、林、牧、渔及农林牧渔服务业在一定时期内生产货物或提供服务活动而增加的价值。它反映了农业生产经营活动的最终成果和对社会的贡献。

农业增加值的计算方法有两种：(1)生产法，是从生产角度进行计算的一种方法。即用农业总产出减去农业中间消耗求得。由于农户没有健全的核算记录，故农业增加值一般是采用生产法计算的。(2)分配法，是从分配角度进行计算的一种方法。是通过农业生产单位在生产经营和劳务活动过程中形成的不含中间消耗的各种收入来计算。具体包括农业劳动者收入、福利基金、利税、固定资产折旧及大修理和其他。

农林牧渔业总产值　是以货币表现的农林牧渔业的全部产品总量和对农林牧渔业生产活动进行的各种支持性服务活动的价值。它反映一定时期内农林牧渔业生产总规模和总成果，是观察农林牧渔业生产水平和发展速度，研究农林牧渔业内部比例关系、农林牧渔业与工业、农林牧渔业与国家建设、人民生活比例关系的重要指标，同时也是计算农林牧渔业劳动生产率和农林牧渔业增加值的基础资料。

农林牧渔业总产值的计算，一般采用“产品法”，即凡有产品产量的，都按单位产品价格乘产量的办法求得每种产品产量的产值，然后相加求得各业的产值，最后各业相加求出农林牧渔业总产值。

常用耕地面积　指耕地总资源中专门种植农作物并经常进行耕种、能够正常收获的土地。包括当年实际耕种的熟地；弃耕、休闲不满三年，随时可以复耕的地；开荒利用三年以上的地；小于 1 米宽的沟、渠、路、田埂。不包括临时种植农作物的坡度在 25 度以上的陡坡地；在河套、湖畔、库区临时开发的成片或零星土地；也不包括已列为国家和省退耕计划但仍临时耕种的土地。常用耕地分为基本农田和零星可用耕地。

农作物播种面积　是指一定生产季节结束时实际播种或移植有农作物的面积。播种面积的大小，反映农作物的生产规模和耕地的利用程度。正确地核算播种面积，对于组织农业生产活动，计算农作物产量，研究农作物的种植结构和分布情况以及制定各项增产技术措施，都是非常必要的。

播种面积的统计年度，凡是能在本日历年度内（自 1 月 1 日至 12 月 31 日）收获的农作物（包括上年秋冬播和本年春播、夏播以及南方地区的晚秋播而在本年收获的全部作物）播种面积，都包括在内。

农作物总产量　是指在一定时期内（通常是一年）生产的各种农作物产品总产量。它是衡量农业生产成果，统筹安排城乡人民生活，研究生产、积累和消费比例关系及编制国民经济计划的基本数据。不论是种植在耕地上或非耕地上的农作物产量，都包括在内。有的农作物收割期较长，虽在当年冬季就开始收割，但需跨年延到来年春季才能收完的，仍计算为本年农作物总产量。

农作物总产量是指全社会的产量，包括国有农场等国有经济单位的产量、集体统一经营的和农户承包地的产量，还包括农民自留地、工矿企业职工家属办的农场和其他单位生产的农作物产量。

农作物总产量是统计晒干入库的产量。有些地区，粮食脱粒、晒干、入库比较迟，是按照折干比例折成晒干的粮食产量进行统计的。

农业机械总动力　是指主要用于农、林、牧、渔业的各种动力机械的动力总和。包括耕作机械、排灌机械、收获机械、农产品加工机械、运输机械、植保机械、牧业机械、林业机械、渔业机械和其他农业机械。内燃机按引擎马力计算，电动机功率折成马力计入。

乡镇企业　是指农村乡（包区、镇）、村组各级集体办、联户办和个体办的，从事工业、建筑业、交通运输业、商业饮食业、服务业和其他生产经营活动的经济组织，以及农村乡（包括区、镇）、村集体举办的农业企业。乡镇企业必须同时具备以下四个条件：

(1)有固定的（或相对固定的）生产经营组织、场所、设备和从事生产经营的人员；

(2)常年从事生产经营活动，或从事季节性生产经营，全年开工时间在三个月以上；

(3)具备独立核算的条件，或虽非独立核算单位但有单独的帐目；

(4)有当地工商行政或有关部门颁发的营业（经营）执照。此条件农业企业除外。

乡镇企业总产值　是以货币表现的乡镇农业、工业、建筑业、交通运输业、商业饮食业、服务业和其它企业的经营收入、产品销售收入、劳务收入和其它收入。

(1)农业企业以实际收入计算；

(2)工业企业以产品销售收入和其它收入计算；

(3)建筑业收入总包单位以全价计算总收入，非总包单位以实际收入计算；

(4)交通运输业以实际收入计算；

(5)商业的零售商店按零售额计算总收入，批发部门、代购代销、物资供销、仓储等均以手续费计算总收入。饮食业按营业额计算总收入；

(6)服务业以实际收入计算；

(7)其它企业以实际收入计算。

Explanatory Notes on Main Statistical Indicators

Value-added of Farming, Forestry, Animal Husbandry and Fishery refers to the value-added of goods produced or services provided by farming, forestry, animal husbandry, fishery in a given period of time. It shows the final results of the activities of production and management of agriculture and its contributions to the society.

The value-added of agriculture is calculated with two approaches:

(1) Production approach is a method from the production angle, i.e. total output of agriculture minus intermediate consumption of agriculture. The value-added of agriculture is usually calculated with the production approach as no complete accounting records of the rural households are available;

(2) Distribution approach is a method from the distribution angle, i.e. various incomes from the activities of production and management of the productive units of agriculture without intermediate consumption, including incomes of the rural laborers, welfare funds, profit and tax, depreciation of fixed assets and major overhaul and others.

Gross Output Value of Agriculture refers to the total volume of products of farming, forestry, animal husbandry, and fishery and the value of various services supporting the production of farming, forestry, animal husbandry and fishery in monetary terms, which reflects the total scale and total results of farming, forestry, animal husbandry and fishery production during a given period of time. It is an important indicator to observe the production level and development speed of farming, forestry, animal husbandry and fishery, to study the internal structure of farming, forestry, animal husbandry and fishery, and to review the proportionate relationship of farming, forestry, animal husbandry and fishery to industry, to national construction and to people’s life. It is also the foundation for calculating the labor productivity and value-added of farming, forestry, animal husbandry and fishery.

Generally, the gross output value of farming, forestry, animal husbandry and fishery is calculated with the production approach. Where applicable, the gross output value of each single product is obtained by multiplying the output of each product by its price. These values are then summed up to obtain the output value of each sector. The sum of output values of all sectors is the gross output value of farming, forestry, animal husbandry and fishery.

Area of Regularly Cultivated Land refers to farmland among the total land resources which is exclusively used for farming and is under regular cultivation with harvest in normal years. Included are currently cultivated land, land that has been abandoned or put in idle for less than 3 years and is available for recultivation at any time, newly-claimed land that has been put into cultivation for more than 3 years, and ditches, trenches, roads, and ridges with a width of less than 1 meter. Excluded under this category are steep slope land over 25 degrees under temporary cultivation, stretches or scattered plots temporarily claimed along river bends, lake sides or banks of reservoirs, as well as land that has been designated under the “Green for Grain” programmes of the state and provincial governments but is still temporarily under cultivation. Regularly cultivated land is classified into basic farmland and odd pieces of land used for cultivation.

Sown Area of Crops refers to area of land sown or transplanted with crops at the end of a production season, which reflects the scale of crops and the use of cultivated area. It is imperative to calculate the sown area correctly in order to organize the production activities of agriculture, calculate the yield of crops, study the composition and distribution of crops and work out technical measures to increase production.

Sown area within a statistical year refers to area of sown land with a harvest of crops within the calender year (from Jan.1 to Dec.31), including all area sown in the autumn and winter of the preceding year, in the spring and summer of the current year, and in the late autumn in southern regions, provided that it is harvested within the current year.

Total Output of Crops refers to the total output of farm crops of various kinds during a given period of time (usually a year). It is the basic figure to examine the production results of agriculture, make overall arrangements in the life of urban and rural households, study the proportionate relationships between production, accumulation and consumption and work out a plan of national economy. It covers the output of crops in both cultivated and uncultivated area. Crops with an extensive reaping period beginning in the winter of the current year are included in the total output of crops of the current year, even if harvest is extended until the spring of the following year.

The total output of crops refers to the total output of the whole society, including the output from state-owned units (e.g. state-owned farms), collective-owned units and contracted land of rural households as well as plots for family use, farms owned by rural family members of staff and workers of industrial and mining enterprises and others.

The total output of crops is the output of dry crops in storage. In areas with delayed threshing, drying and storing, it is converted from the output of undried crops according to certain rates.

Total Power of Farm Machinery refers to total mechanical power of machinery used in farming, forestry, animal husbandry, and fishery, including ploughing, irrigation and drainage, harvesting, processing, transport, plant protection, stock breeding, forestry and fishery. The power of internal combustion engines is calculated in horsepower, whereas the power of electric motors is converted into horsepower.

Township Enterprises refer to economic organizations owned by the collective of various levels, joint households and individuals of towns, townships and villages and engaged in the activities of industry, construction, transportation, commerce, catering, services and other business operations as well as agricultural enterprises owned by the collective at township and village levels.

Township enterprises must simultaneously satisfy the following four criteria:

(1) Having a regular (or fairly regular) operational organization, location, equipment and personnel;

(2) Engaged in production or business through the years or engaged in seasonal production or business that accumulates to over three months in a year;

(3) Qualified for independent accounting or having separate accounts though not being a unit with independent accounting systems;

(4) Having a business (operation) license issued by the local administration department for industry and commerce or other related departments. This criterion does not hold for agricultural enterprises.

Gross Output Value of Township Enterprises refers to incomes from operation, sales of products, and services and other incomes in monetary terms of township enterprises engaged in agriculture, industry, construction, transportation, commerce, catering, services and other enterprises.

(1) The output value of agricultural enterprises is calculated according to actual income;

(2) The output value of industrial enterprises is calculated according to sales income of products and other incomes;

(3) The total income of overall contractor units of construction is calculated according to overall prices, but that of subcontractor units is calculated according to actual income;

(4) The output value of transportation enterprises is calculated according to actual income;

(5) The total income of retail shops is calculated according to retail sales. As for wholesale departments, purchasing and marketing agencies, material supply and marketing centers and storage departments, their total income is calculated according to commission charges. The total income of catering enterprises is calculated according to turnover;

(6) The output value of service enterprises is calculated according to actual income;

(7) The output value of other enterprises is calculated according to actual income.

十二、工业

INDUSTRY

十二 工业

简要说明

一、本篇主要包括如下资料：

1. 全省工业总产值和指数。

2. 规模以上工业企业(即年主营业务收入 500 万元以上的法人工业企业，2006 年及以前年份为全部国有工业企业及年主营业务收入 500 万元以上的非国有工业企业）企业单位数和工业总产值(1995 年及以后工业总产值按新规定计算）。

3. 规模以上工业经济效益指标。

4. 规模以上工业企业按主要经济类型和企业规模分组的主要经济指标。

5. 主要工业产品产量。

二、本篇资料由广东省统计局工业交通处整理提供。

三、本篇工业资料是根据国家统计局工业统计报表制度，经各市、县统计局收集、汇总整理的，其中 1995 年度资料通过第三次全国工业普查取得，2004 年数据根据 2004 年广东省第一次全国经济普查取得。

四、本资料中，从 2003 年起，工业行业分类按 2002 年《国民经济行业分类标准》划分；企业大中小型划分按 2003 年《统计上大中小型企业划分办法（暂行）》标准执行。

五、本篇规模以上工业增加值按生产法计算。

12 Industry

Brief Introduction

Ⅰ. This chapter covers the following data:

(1) Gross industrial output value and its indices of the province,

(2) Number of industrial enterprises above designated size (i.e. legal person industrial enterprises with annual main business revenue of over 5 million yuan. In 2006 and prior to it, it referred to all state-owned industrial enterprises and non-state-owned industrial enterprises with annual main business revenue of over 5 million yuan) and gross industrial output value (values since 1995 have been calculated in accordance with the new stipulations),

(3) Indicators on economics benefit of industrial enterprises above designated size,

(4) Main economic indicators of industrial enterprises above designated size by type of ownership and size of enterprise, and

(5) Output of major industrial products.

Ⅱ. The data in this chapter are prepared and provided by the Division of Industry and Transport Statistics of Guangdong Provincial Bureau of Statistics.

Ⅲ. The data in this chapter are collected, tabulated and prepared by the municipal and county statistical bureaus mainly in accordance with the industrial statistical reporting scheme stipulated by the National Bureau of Statistics, of which the annual data of 1995 were collected in the Third National Industrial Census and the data of 2004 were collected in the First National Economic Census of Guangdong

Ⅳ. Industrial sectors since 2003 in this chapter has been categorized in accordance with the 2002 Industrial Classification of the National Economy and the sizes of industrial enterprises have been categorized in accordance with the 2003 Interim Regulations on Statistical Categorization of Large, Medium and Small Industrial Enterprises.

Ⅴ. The value-added of industrial enterprises above designated size in this chapter is calculated by the production approach.

12-1 工业主要指标

Main Indicators of Industry

指标	Item	2000	2005	2006	2007	2007比2006增长(%) Growth Rate in 2007 over 2006 (%)
全部工业	**All Industrial Enterprises**					
企业(单位)数 (个)	Number of Enterprises (unit)	380231	445657	440769	473324	7.4
工业总产值 (亿元)	Gross Industrial Output Value (100 million yuan)	16904.47	41661.74	51131.94	62759.92	21.2
工业增加值 (亿元)	Value-added of Industry (100 million yuan)	4463.06	10482.03	12500.22	16356.33	29.2
规模以上工业	**Industrial Enterprises above Designated Size**					
企业(单位)数 (个)	Number of Enterprises (unit)	19695	35157	37523	42289	12.6
工业总产值 (亿元)	Gross Industrial Output Value (100 million yuan)	12480.93	35942.74	44674.75	55252.86	22.1
工业增加值 (亿元)	Value-added of Industry (100 million yuan)	3422.60	9416.39	11780.89	14104.21	18.2
主营业务收入 (亿元)	Main Business Revenue (100 million yuan)	12380.65	34781.58	43550.87	53927.94	23.8
资产总计 (亿元)	Total Assets (100 million yuan)	14370.57	27076.08	33869.53	39821.97	17.6
流动资产平均余额(亿元)	Average Balance of Circulating Funds (100 million yuan)	6626.81	14411.12	17553.00	20955.34	19.4
固定资产净值平均余额 (亿元)	Average Balance of Net Value of Fixed Assets (100 million yuan)	5420.33	8834.68	10714.55	12102.34	13.0
负债总计 (亿元)	Total Liabilities (100 million yuan)	8272.36	15661.24	19209.79	22612.56	17.7
所有者权益合计 (亿元)	Total Creditors' Equity (100 million yuan)	6098.21	11414.84	14659.74	17209.50	17.4
利润总额 (亿元)	Total Profits (100 million yuan)	564.75	1693.99	2217.73	3085.65	39.1
亏损企业亏损额 (亿元)	Loss Value of Loss-making Enterprises (100 million yuan)	156.03	222.16	252.29	241.11	-4.4
利税总额 (亿元)	Total Pre-tax Profits (100 million yuan)	1042.77	2877.81	3907.10	5105.93	30.7
应交增值税 (亿元)	Value-added Tax Payable (100 million yuan)	360.83	956.53	1325.61	1583.61	19.5
从业人员平均人数(万人)	Average Employed Persons (10000 persons)	572.79	1085.65	1203.58	1307.40	8.6
九大产业工业总产值	**Gross Industrial Output Value of Nine Major Industries**	**8925.04**	**25921.83**	**32003.05**	**38879.03**	**19.9**
三大新兴产业 (亿元)	Three Fresh Industries (100 million yuan)	5400.03	18363.02	22636.85	26929.3	17.4
电子信息业	Electronic and Information Technology	2418.42	9831.34	11891.08	13377.33	11.1
电气机械及专用设备	Electric Equipment and Special-purpose Machinery	1626.08	5256.75	6617.84	8502.29	26.8
石油及化学	Petroleum and Chemistry	1355.53	3274.93	4127.94	5049.69	20.8
三大传统产业 (亿元)	Three Traditional Industries (100 million yuan)	2643.70	5072.51	6126.17	7632.54	23.0
纺织服装	Textile and Garments	1226.64	2150.39	2534.95	3043.89	18.5
食品饮料	Food and Beverage	799.11	1635.73	1869.12	2375.02	25.4
建筑材料	Building Materials	617.95	1286.39	1722.10	2213.64	26.9
三大潜力产业 (亿元)	Three Potential Industries (100 million yuan)	881.31	2486.30	3240.03	4317.19	31.5
森工造纸	Logging and Papermaking	387.69	839.86	1021.42	1310.59	26.7
医药	Medicine	183.88	286.75	372.09	432.12	14.7
汽车及摩托车	Motor Vehicles and Motorcycles	309.74	1359.69	1846.52	2574.48	37.6

注：1.产值按当年价格计算。
2.表中增长速度按可比口径计算。

Notes: a) Data of gross output value are calculated at current prices.
b) Growth rates in this table are calculated at comparable prices.

12-2 规模以上工业企业单位数和产值

Number of Industrial Enterprises above Designated Size and Their Gross Output Values

项　　目	Item	2000	2004	2005	2006	2007
工业企业单位数　（个）	**Total Number of Industrial Enterprises (unit)**	**19695**	**34584**	**35157**	**37523**	**42289**
按经济类型分	Grouped by Ownership					
#国有及国有控股工业	Of the Total: State-owned and State-controlled Industry	3320	2090	1806	1564	1361
国有工业	State-owned Industry	2383	1212	1033	910	636
集体工业	Collective-owned Industry	4158	1425	1272	1175	961
股份合作工业	Share-holding Cooperative Industry	299	330	331	287	286
股份制工业	Share-holding Industry	1875	11943	12753	14478	17041
外商投资工业	Foreign-funded Industry	1682	4385	4416	4427	5206
港澳台投资工业	Industry with Funds from Hong Kong, Macao and Taiwan	6731	11151	11292	11594	12901
按轻重工业分	Grouped by Light and Heavy Industry					
轻工业	Light Industry	12255	19705	20201	21569	23983
重工业	Heavy Industry	7440	14879	14956	15954	18306
按企业规模分	Grouped by Size of Enterprises					
大型企业	Large	823	238	288	343	383
中型企业	Medium	1228	3771	4189	4991	5657
小型企业	Small	17644	30575	30680	32189	36249
工业总产值　（亿元）	**Gross Industrial Output Value (100 million yuan)**	**12480.93**	**29554.92**	**35942.74**	**44674.75**	**55252.86**
按经济类型分	Grouped by Ownership					
#国有及国有控股工业	Of the Total: State-owned and State-controlled Industry	3126.12	6039.24	6375.54	7253.17	8603.94
国有工业	State-owned Industry	1450.86	1862.55	2068.75	2923.76	2791.73
集体工业	Collective-owned Industry	1202.49	448.82	468.56	528.11	521.63
股份合作工业	Share-holding Cooperative Industry	106.87	84.43	103.72	101.08	144.31
股份制工业	Share-holding Industry	1780.64	7359.18	9256.47	12973.78	16204.56
外商投资工业	Foreign-funded Industry	2527.06	9306.15	11167.53	13342.46	17042.05
港澳台投资工业	Industry with Funds from Hong Kong, Macao and Taiwan	4747.30	9556.42	11708.00	13213.84	16693.94
按轻重工业分	Grouped by Light and Heavy Industry					
轻工业	Light Industry	6607.84	12146.01	14506.76	17148.09	21221.12
重工业	Heavy Industry	5873.09	17408.91	21435.97	27526.65	34031.74
按企业规模分	Grouped by Size of Enterprises					
大型企业	Large	4523.92	9795.95	12558.39	15009.57	18468.82
中型企业	Medium	1427.65	10003.93	11853.06	15819.36	19249.78
小型企业	Small	6529.37	9755.04	11531.28	13845.82	17534.26

注：1. 产值按当年价格计算。
　　2. 从2003年起，企业规模按新划分标准执行，与以往年份不可比。

Notes: a) Data of gross output value are calculated at current prices.
b) Since 2003, the size of enterprises has been calculated according to the new standards, which is not comparable with that in the preceding years.

12-3 规模以上工业企业增加值和指数

Value-added of Industrial Enterprises above Designated Size and Their Indices

项 目	Item	2000	2005	2006	2007
工业增加值 （亿元）	**Value-added of Industry (100 million yuan)**	**3422.60**	**9416.39**	**11780.89**	**14104.21**
按经济类型分	Grouped by Ownership				
#国有及国有控股工业	Of the Total: State-owned and State-controlled Industry	1035.41	1690.01	2378.97	2825.86
国有工业	State-owned Industry	574.73	563.00	1233.90	897.51
集体工业	Collective-owned Industry	301.48	137.07	154.17	156.65
股份合作工业	Share-holding Cooperative Industry	29.15	27.22	26.96	41.17
股份制工业	Share-holding Industry	158.86	2443.57	3422.71	4261.31
外商投资工业	Foreign-funded Industry	575.31	2659.82	3196.31	3678.18
港澳台投资工业	Industry with Funds from Hong Kong, Macao and Taiwan	1290.47	3283.07	3314.15	4579.07
按轻重工业分	Grouped by Light and Heavy Industry				
轻工业	Light Industry	1628.13	3937.55	4642.86	5800.01
重工业	Heavy Industry	1794.47	5478.84	7138.03	8304.21
按企业规模分	Grouped by Size of Enterprises				
大型企业	Large	610.13	2989.39	3552.04	4082.70
中型企业	Medium	1513.26	3125.07	4214.32	5058.02
小型企业	Small	1298.55	3301.94	4014.53	4963.48
工业增加值指数(2000年=100)	**Indices of Value-added of Industry (2000=100)**	**100.0**	**282.4**	**348.5**	**411.9**
按经济类型分	Grouped by Ownership				
#国有及国有控股工业	Of the Total: State-owned and State-controlled Industry	100.0	167.5	232.6	272.7
国有工业	State-owned Industry	100.0	100.5	217.3	156.0
集体工业	Collective-owned Industry	100.0	46.7	51.8	52.0
股份合作工业	Share-holding Cooperative Industry	100.0	95.8	93.6	141.1
股份制工业	Share-holding Industry	100.0	1578.7	2181.2	2680.8
外商投资工业	Foreign-funded Industry	100.0	474.5	562.4	638.9
港澳台投资工业	Industry with Funds from Hong Kong, Macao and Taiwan	100.0	261.1	260.0	354.6
按轻重工业分	Grouped by Light and Heavy Industry				
轻工业	Light Industry	100.0	253.9	300.1	372.7
重工业	Heavy Industry	100.0	290.4	360.6	408.1
按企业规模分	Grouped by Size of Enterprises				
大型企业	Large	100.0	502.9	589.4	668.8
中型企业	Medium	100.0	212.0	282.0	334.1
小型企业	Small	100.0	260.9	312.9	381.9

注：2000年大中小型按新划分标准汇总。

Note: Data of large, medium and small-sized industrial enterprises of 2000 are tabulated according to the new classification standards.

12-4 全部工业总产值和指数（1978-2007年）

Gross Industrial Output Value of All Industrial Enterprises and Theirs Indices (1978-2007)

年份 Year	绝对数(亿元) Absolute Figures (100 million yuan)			指数(1978＝100) Indices	
	全部工业总产值 Gross Industrial Output Value	#国有及国有控股工业 State-owned and State-controlled Industry	#国有工业 State-owned Industry	全部工业总产值 Gross Industrial Output Value	#国有工业 State-owned Industry
1978	206.56		131.83	100.0	100.0
1979	221.46		142.64	107.5	106.1
1980	248.68		146.95	117.4	109.2
1981	282.95		165.53	134.5	120.3
1982	313.76		178.78	145.7	129.5
1983	356.91		204.68	163.4	144.1
1984	433.40		240.19	196.4	164.0
1985	534.72		298.42	249.6	194.0
1986	632.89		334.59	288.3	209.7
1987	878.29		427.10	384.6	255.4
1988	1318.90		594.98	519.3	316.7
1989	1647.24		714.93	603.9	335.8
1990	1902.25		765.43	707.1	366.9
1991	2524.12		973.59	909.6	442.1
1992	3479.39		1202.46	1243.0	532.5
1993	5237.37		1445.38	1731.0	552.4
1994	7273.95		1562.24	2305.9	536.8
1995	9720.54		1709.89	2880.8	539.8
1995(新规定) (New Stipulations)	8849.90		1465.82		
1996	10530.93		1544.58	3404.9	549.8
1997	12372.69		1574.39	4040.7	590.0
1998	13799.16		1453.79	4708.5	526.3
1999	15303.33	3025.68	1427.42	5385.9	487.2
2000	16904.47	3126.12	1536.50	6376.7	472.1
2001	18909.91	3309.51	1186.24	7428.9	374.8
2002	21788.71	3369.50	1217.66	8847.8	392.4
2003	27375.56	4017.54	979.19	11281.8	379.3
2004	34443.48	6039.24	1862.55	13958.7	709.5
2005	41661.74	6375.54	2068.75	16634.5	776.4
2006	51131.94	7253.17	2923.76	20137.8	1082.3
2007	62759.92	8603.94	2791.73	24399.0	1267.4

注：1. 工业总产值按当年价计算，指数按可比价计算。
2. 2000年起全部工业总产值中规模以下部分为抽样调查数。

Notes: a) Gross industrial output values are calculated at current prices, whereas their indices are calculated at comparable prices.
b) Since 2000, data of the industrial enterprises below designated size in the gross industrial output value have been obtained from sample surveys.

12-5 规模以上工业总产值和指数（1978-2007年）

Gross Output Value of Industrial Enterprises above Designated Size and Their Indices (1978-2007)

单位:亿元 (100 million yuan)

年份 Year	工业总产值 Gross Industrial Output Value	轻工业 Light Industry	重工业 Heavy Industry	#大中型工业 Large and Medium-sized Industrial	指数(1978年=100) Indices (1978=100)	轻工业 Light Industry	重工业 Heavy Industry	#大中型工业 Large and Medium-sized Industrial
1978	180.73	102.32	78.41	49.34	100.0	100.0	100.0	100.0
1979	194.64	110.28	84.36	54.91	105.8	105.3	106.4	109.5
1980	212.69	128.17	84.52	56.33	115.8	127.7	100.7	103.1
1981	241.93	152.97	88.96	66.89	128.7	151.3	102.1	133.0
1982	263.02	164.17	98.85	75.37	139.9	164.2	111.2	148.5
1983	293.70	180.60	113.10	92.78	157.1	184.5	124.7	181.5
1984	359.87	223.29	136.58	110.63	188.1	226.1	142.8	209.9
1985	471.83	289.68	182.15	166.11	236.0	279.6	179.8	302.0
1986	550.49	344.70	205.79	210.27	269.5	327.7	194.7	379.7
1987	747.47	472.45	275.02	299.19	350.1	426.5	252.2	522.3
1988	1118.00	718.03	399.97	459.74	472.5	582.1	332.2	720.2
1989	1399.45	893.20	506.25	622.42	543.2	594.3	389.2	863.6
1990	1605.80	1057.02	548.78	734.35	637.6	795.5	435.8	1042.2
1991	2144.93	1371.46	773.47	1057.02	820.0	1009.7	622.1	1476.1
1992	2884.93	1796.12	1088.23	1408.48	1096.0	1331.0	854.4	1980.5
1993	4252.70	2515.77	1736.93	1891.29	1470.7	1751.6	1188.8	2412.8
1994	5565.48	3224.69	2340.79	2563.27	1819.1	2135.9	1507.6	2863.3
1995(原规定) (Original Stipulations)	7189.24	4148.78	3040.46	3227.59	2274.1	2581.8	1993.2	3519.7
1995(新规定) (New Stipulations)	6502.97	3776.94	2726.03	2824.61				
1996	7490.49	4344.25	3146.24	3470.81	2625.4	2989.5	2290.2	4253.6
1997	8442.32	4914.09	3528.23	3950.86	3045.3	3470.5	2652.8	5176.4
1998	9738.56	5765.51	3973.05	4169.16	3508.2	3866.1	3228.5	5927.0
1999	10538.17	6011.06	4527.11	4711.94	4016.9	4299.1	3861.3	7070.9
2000	12480.93	6607.84	5873.09	5951.56	4757.4	4737.6	5027.4	8590.8
2001	14035.35	7165.90	6869.44	7534.70	5637.5	5400.9	6234.0	12181.8
2002	16378.60	8161.63	8216.97	8755.02	6787.6	6313.7	7742.6	14472.0
2003	21513.46	9959.51	11553.95	14353.53	9051.9	7845.4	11063.4	19955.4
2004	29554.92	12146.01	17408.91	19799.88	12228.7	9549.6	15380.9	27054.8
2005	35942.74	14506.76	21435.97	24403.13	14652.0	11434.3	17914.1	32852.0
2006	44674.75	17148.09	27526.65	30828.93	17963.7	13549.8	21927.5	40937.6
2007	55252.86	21221.12	34031.74	37718.60	21931.9	16667.6	26370.0	49436.3

注：1. 工业总产值按当年价格计算，指数按可比价计算。

2. 1997年以前为乡及乡以上工业。

Notes: a) Gross industrial output values are calculated at current prices, whereas their indices are calculated at comparable prices.

b) Data prior to 1997 refer to the industrial enterprises at or above the township level.

12-6 规模以上工业产品产量

Output of Products of Industrial Enterprises above Designated Size

产品名称		Item		2000	2005	2006	2007
化学纤维	(万吨)	Chemical Fiber	(10000 tons)	45.00	46.50	46.76	50.42
#合成纤维		Synthetic Fiber		45.00	40.28	38.46	48.57
纱	(万吨)	Yarn	(10000 tons)	16.99	36.64	35.22	37.79
布	(亿米)	Cloth	(100 million m)	16.99	24.82	28.51	26.43
#纯棉布		Pure Cotton Cloth		7.49	17.75	18.09	16.76
丝	(万吨)	Silk	(10000 tons)	0.05	0.11	0.62	0.15
呢绒	(万米)	Woolen Piece Goods	(10000 m)	676.00	947.17	1131.82	939.00
机制纸及纸板	(万吨)	Machine-made Paper and Paperboard	(10000 tons)	260.30	690.61	969.37	980.00
家用电冰箱	(万台)	Household Refrigerators	(10000 sets)	320.70	601.51	650.47	807.84
冷柜	(万台)	Freezers	(10000 sets)		79.80	118.35	188.01
家用洗衣机	(万台)	Household Washing Machines	(10000 sets)	244.18	266.41	215.67	246.05
吸尘器	(万台)	Vacuum Cleaners	(10000 sets)	251.80	1163.05	1951.43	2282.68
电风扇	(万台)	Electric Fans	(10000 sets)	6759.02	10174.90	12567.19	13799.13
房间空气调节器	(万台)	House Air Conditioners	(10000 sets)	697.91	3441.69	3722.55	4601.94
排油烟机	(万台)	Smoke Absorbers	(10000 sets)	43.39	312.78	732.37	782.23
微波炉	(万台)	Microwave Ovens	(10000 sets)	906.51	2874.37	3446.42	4121.75
日用精铝制品	(万吨)	Fine Aluminum Products for Daily Use	(10000 tons)	1.23			
日用陶瓷	(亿件)	Household Ceramics	(100 million pcs)	10.98	26.31	41.85	41.87
日用玻璃制品	(万吨)	Daily Use Glassware	(10000 tons)	51.46	106.73	124.29	166.80
合成洗涤剂	(万吨)	Synthetic Detergents	(10000 tons)	26.31	149.20	161.48	183.32
原盐	(万吨)	Salt	(10000 tons)	17.87	18.87	17.64	32.81
成品糖	(万吨)	Refined Sugar	(10000 tons)	91.30	119.43	108.68	137.72
卷烟	(万箱)	Cigarettes	(10000 units)	177.30	210.71	218.41	235.71
罐头	(万吨)	Canned Food	(10000 tons)	7.11	13.81	15.12	20.06
饮料酒(混合量)	(万千升)	Alcoholic Beverages (mixed weight)	(10000 kiloliter)	178.66	263.35	283.53	301.17
#白酒	(商品量)	Spirits	(commodity weight)	17.88	7.61	7.49	8.30
啤酒		Beer		158.89	253.69	274.00	290.80
乳制品	(万吨)	Dairy Products	(10000 tons)	1.29	19.55	29.39	36.42
中成药	(万吨)	Traditional Chinese Patent Medicine	(10000 tons)	6.05	9.03	11.97	13.00
化学原料药	(万吨)	Chemical Medicine	(10000 tons)	1.94	2.82	5.76	4.58
电视机	(万部)	Television Sets	(10000 sets)	1709.53	4626.54	4541.12	3802.39
#彩色电视机		Color TV Sets		1531.53	4089.62	4093.92	3622.25
组合音响	(万部)	Hi-fi Stereo Component System	(10000 sets)	2344.58	5249.07	5185.16	5508.35
照相机	(万架)	Cameras	(10000 sets)	3545.88	4726.47	4570.58	4079.40
缝纫机	(万架)	Sewing Machines	(10000 sets)	33.94	200.85	227.22	221.15
表	(万只)	Watches	(10000 units)	19123.23	9958.44	10339.49	8930.83
收音机	(万台)	Radios	(10000 sets)	2730.02	5048.32	5975.71	5964.74
农用化肥	(万吨)	Chemical Fertilizer	(10000 tons)	34.65	36.47	29.44	29.41
#氮肥		Nitrogen Fertilizer		15.98	3.04	7.25	14.00
磷肥		Phosphate Fertilizer		18.67	31.48	22.18	15.40
化学农药	(万吨)	Chemical Pesticide	(10000 tons)	0.84	1.19	1.23	0.89
乙烯	(万吨)	Ethylene	(10000 tons)	54.85	56.17	136.45	200.40
合成橡胶	(万吨)	Synthetic Rubber	(10000 tons)	5.45	7.85	9.75	13.64
轮胎外胎	(万条)	Tires	(10000 pieces)	359.13	833.02	934.02	4360.04
交流电动机	(万千瓦)	Alternating Current Motors	(10000 kw)	236.21	405.62	508.25	592.36
汽车	(万辆)	Motor Vehicles	(10000 units)	3.94	41.36	55.54	78.90
#载货汽车		Trucks		0.53	0.51	0.51	0.36
客车		Buses		0.18	0.11	0.11	0.19
轿车		Cars		3.22	40.74	54.91	78.34

12-6 续表 continued

产品名称	Item	2000	2005	2006	2007
摩托车 (万辆)	Motorcycles (10000 units)	146.31	455.82	640.79	858.95
自行车 (万辆)	Bicycles (10000 units)	1038.00	1760.58	1667.75	1418.91
小型拖拉机 (万台)	Mini tractors (10000 units)	1.28	1.89	1.89	2.07
内燃机 (万千瓦)	Internal Combustion Engine (10000 kw)	66.00	64.13	56.08	78.91
电话单机 (万部)	Telephone Sets (10000 sets)	7700.05	15062.47	16514.72	14536.96
传真机 (万部)	Fax Machines (10000 sets)	109.57	402.04	344.00	386.06
微型电子计算机(万部)	Micro-computers (10000 units)	169.74	1664.12	1783.59	2253.44
半导体集成电路(亿块)	Semiconductor Integrated Circuit(100 million pieces)	11.76	56.37	72.35	90.86
原煤 (万吨)	Coal (10000 tons)	161.71	234.84		
原油 (万吨)	Crude Oil (10000 tons)	1393.17	1470.03	1337.78	1261.13
汽油 (万吨)	Gasoline (10000 tons)	331.50	367.23	401.37	417.43
柴油 (万吨)	Diesel Oil (10000 tons)	654.02	875.28	994.26	1033.64
天然气 (亿立方米)	Natural Gas (100 million cu.m)	34.60	44.75	48.95	52.48
发电量 (亿千瓦小时)	Electricity (100 million kwh)	1292.69	2163.36	2358.35	2591.64
#火电	Thermol Power	1038.61	1725.07	1884.29	2187.24
生铁 (万吨)	Pig Iron (10000 tons)	201.57	464.69	589.39	749.17
粗钢 (万吨)	Crude Steel (10000 tons)	286.99	757.07	902.65	1152.41
成品钢材 (万吨)	Rolled Steel Products (10000 tons)	406.28	1365.77	1786.60	2014.18
焦炭 (万吨)	Coke (10000 tons)	53.96	124.58	124.56	94.39
水泥 (万吨)	Cement (10000 tons)	5872.00	8031.74	8851.13	9775.63
平板玻璃 (万重量箱)	Plate Glass (10000 wt.cases)	632.59	2328.82	3147.48	6076.51
硫酸 (万吨)	Sulphuric Acid (10000 tons)	138.75	172.64	148.48	171.06
纯碱 (万吨)	Soda Ash (10000 tons)	24.28	31.91	43.61	34.13
烧碱 (万吨)	Caustic Soda (10000 tons)	16.43	22.77	22.92	24.18
合成氨 (万吨)	Synthetic Ammonia (10000 tons)	23.43	4.39	6.35	6.27

注：1. 纱包括纯棉纱、棉混纺纱、纯化纤纱，不包括棉线、代用纤维纱和手工纺纱。
2. 布包括纯棉布、棉混纺布、纯化纤布，不包括代用纤维布、手工织布。
3. 农用化肥按有效成分100%计算。
4. 发电设备指500千瓦以上的，包括水轮发电机组、汽轮发电机和燃气轮发电机。
5. 原煤包括无烟煤、烟煤、褐煤，不包括石煤。
6. 原油包括天然原油和人造原油。
7. 成品钢材已剔除重复加工的钢材。

Notes: a) Yarn includes pure and blended cotton yarn, pure chemical fiber yarn, but excludes cotton thread, substitute fiber yarn and handmade yarn.
b) Cloth includes pure and blended cotton cloth,pure chemical fiber cloth and canvas,but excludes substitute fiber cloth, hand-woven cloth and cord fabric.
c) The output of chemical fertilizers is calculated on the basis of 100 percent effective content equivalent.
d) Power generating equipment refers to units with a generating capacity of 500 kw and above, including hydro-turbine generating units, steam turbine generating units and gas turbine generating units.
e) Crude coal includes anthracite, bituminous coal and lignite, but excludes stone coal.
f) Crude oil includes natural and synthetic crude oil.
g) The output of rolled steel products excludes the steel products reprocessed.

12-7 各市规模以上工业企业单位数和工业总产值（2000-2007年）

Number and Gross Output Value of Industrial Enterprises above Designated Size by City (2000-2007)

市别	City	工业企业单位数(个) Number of Industrial Enterprises (unit)							
		2000	2001	2002	2003	2004	2005	2006	2007
广州	Guangzhou	4531	4572	4632	4709	5321	5240	5188	4988
深圳	Shenzhen	1834	1749	2134	2317	5687	5214	5129	6875
珠海	Zhuhai	771	798	790	798	1019	992	987	1106
汕头	Shantou	794	834	893	1048	1334	1490	1809	2122
佛山	Foshan	2180	2468	2861	3359	5189	5148	6011	6680
韶关	Shaoguan	406	387	413	369	381	392	394	427
河源	Heyuan	148	143	144	163	197	226	286	360
梅州	Meizhou	371	373	345	348	407	392	422	420
惠州	Huizhou	689	702	765	808	1257	1243	1279	1387
汕尾	Shanwei	94	105	123	145	155	179	206	235
东莞	Dongguan	1663	1680	1805	2042	4224	4504	4580	4987
中山	Zhongshan	1074	1516	2018	2496	3120	3291	3727	4300
江门	Jiangmen	1599	1817	1918	2111	2300	2365	2481	2611
阳江	Yangjiang	250	287	325	367	443	498	573	591
湛江	Zhanjiang	458	449	484	525	539	578	637	710
茂名	Maoming	447	444	491	520	632	590	635	670
肇庆	Zhaoqing	981	960	971	820	599	684	788	906
清远	Qingyuan	304	265	269	286	319	426	515	660
潮州	Chaozhou	326	424	450	495	663	727	809	884
揭阳	Jieyang	455	454	481	454	567	714	778	1034
云浮	Yunfu	320	294	307	314	231	264	289	336

12-7 续表 continued

市别	City	工业总产值(亿元) Gross Industrial Output Value (100 million yuan)							
		2000	2001	2002	2003	2004	2005	2006	2007
广州	Guangzhou	2568.57	2829.15	3176.43	4017.83	5153.28	6032.05	7282.06	8903.17
深圳	Shenzhen	2566.93	3079.63	3628.52	5245.10	8020.59	9867.55	11928.60	13958.01
珠海	Zhuhai	630.17	662.30	758.81	1008.98	1363.76	1569.56	1952.51	2357.37
汕头	Shantou	344.34	324.88	361.14	461.17	656.36	761.37	886.60	1067.85
佛山	Foshan	1560.55	1782.35	2040.66	2581.96	3651.62	4780.88	6289.09	8417.06
韶关	Shaoguan	151.01	163.24	185.18	236.27	343.51	393.36	451.24	585.56
河源	Heyuan	35.81	42.17	49.17	67.82	116.55	182.10	310.23	472.35
梅州	Meizhou	81.81	83.48	91.09	113.96	191.23	206.98	240.18	293.16
惠州	Huizhou	657.83	708.12	862.39	1020.44	1261.41	1428.66	1833.97	2217.96
汕尾	Shanwei	30.08	33.46	38.14	48.92	83.69	113.45	146.25	199.05
东莞	Dongguan	914.64	1039.68	1352.69	2144.93	3348.74	3940.11	4839.70	5851.51
中山	Zhongshan	532.95	684.42	948.08	1309.25	1795.31	2221.45	2756.27	3283.57
江门	Jiangmen	871.15	944.35	1027.74	1116.95	1206.10	1453.25	1753.48	2231.32
阳江	Yangjiang	66.17	76.99	97.61	120.99	169.42	213.82	253.26	336.51
湛江	Zhanjiang	269.10	282.01	332.34	404.37	498.17	644.27	825.11	963.04
茂名	Maoming	373.22	405.43	420.20	521.44	647.78	702.04	899.98	1042.39
肇庆	Zhaoqing	392.04	430.43	484.65	446.65	254.01	321.20	454.23	675.04
清远	Qingyuan	77.51	77.66	78.51	101.84	194.47	364.34	616.60	1104.25
潮州	Chaozhou	73.88	92.06	119.35	152.75	231.69	293.72	365.73	444.89
揭阳	Jieyang	136.46	149.64	168.17	209.13	248.96	298.82	391.63	583.07
云浮	Yunfu	146.71	143.89	157.72	182.68	118.49	153.77	198.04	265.75

注：本表产值按当年价格计算。
Note: Data of gross industrial output value in this table are calculated at current prices..

12-8 各市规模以上工业增加值和指数（2000-2007年）

Value-add and Indices of Industry above Designated Size by City (2000-2007)

市 别	City	工业增加值(亿元) Value-add of Industry (100 million yuan)							
		2000	2001	2002	2003	2004	2005	2006	2007
广 州	Guangzhou	708.40	794.85	902.04	1149.17	1364.34	1654.03	1970.94	2410.83
深 圳	Shenzhen	706.85	880.68	1019.61	1463.67	2093.42	2571.95	3086.56	3298.57
珠 海	Zhuhai	156.16	163.04	182.31	216.93	270.42	328.74	415.04	475.25
汕 头	Shantou	88.56	84.13	93.00	119.23	158.22	190.30	226.00	270.75
佛 山	Foshan	401.78	470.80	514.37	641.43	947.11	1303.31	1744.34	2332.48
韶 关	Shaoguan	50.72	59.76	66.14	84.34	99.13	108.63	142.34	180.76
河 源	Heyuan	10.66	12.96	15.19	20.95	33.47	57.78	101.93	147.80
梅 州	Meizhou	29.46	31.43	33.93	40.67	67.12	72.49	88.54	109.68
惠 州	Huizhou	129.08	131.15	190.95	233.37	278.72	315.32	404.16	502.52
汕 尾	Shanwei	8.74	9.91	10.51	13.52	21.94	29.17	38.99	59.05
东 莞	Dongguan	259.44	290.67	466.61	595.48	816.15	1060.49	1318.58	1430.60
中 山	Zhongshan	136.16	166.64	230.37	255.88	425.38	551.20	695.51	825.01
江 门	Jiangmen	189.49	191.26	211.96	232.96	255.66	355.10	439.21	576.36
阳 江	Yangjiang	21.55	24.70	31.36	37.71	51.00	66.26	75.02	96.75
湛 江	Zhanjiang	99.80	105.80	112.33	146.54	175.50	229.87	287.53	335.16
茂 名	Maoming	78.44	85.89	94.02	108.38	135.47	165.28	214.06	246.04
肇 庆	Zhaoqing	36.36	38.83	45.24	52.29	59.34	76.86	113.80	168.14
清 远	Qingyuan	21.22	24.56	26.09	31.52	44.08	90.83	168.18	287.78
潮 州	Chaozhou	20.19	22.32	28.53	36.44	51.29	69.46	91.26	115.36
揭 阳	Jieyang	39.09	41.53	46.01	56.28	61.41	77.62	101.90	156.23
云 浮	Yunfu	22.37	22.58	23.59	26.45	30.37	41.70	56.99	79.07

12-8 续表 continued

市 别	City	指数(2000年＝100) Indices (2000＝100)							
		2000	2001	2002	2003	2004	2005	2006	2007
广 州	Guangzhou	100.0	113.8	129.2	161.5	187.7	223.8	263.5	317.9
深 圳	Shenzhen	100.0	126.7	156.2	218.9	314.6	391.6	478.6	519.8
珠 海	Zhuhai	100.0	116.2	129.4	153.1	190.6	229.9	288.2	327.4
汕 头	Shantou	100.0	95.0	105.0	121.0	155.8	183.0	212.8	254.7
佛 山	Foshan	100.0	117.2	128.1	159.7	230.8	312.0	402.3	524.3
韶 关	Shaoguan	100.0	116.6	124.8	143.0	150.4	159.8	197.7	244.4
河 源	Heyuan	100.0	116.7	139.8	193.2	276.8	460.0	797.1	1121.1
梅 州	Meizhou	100.0	107.6	113.0	129.6	198.8	210.7	249.6	300.4
惠 州	Huizhou	100.0	108.2	129.6	154.5	185.5	215.2	282.9	348.6
汕 尾	Shanwei	100.0	115.5	137.0	171.6	275.5	367.4	493.0	748.3
东 莞	Dongguan	100.0	122.0	150.1	187.3	253.1	327.6	404.5	432.8
中 山	Zhongshan	100.0	122.4	169.2	236.3	386.6	494.0	614.1	714.9
江 门	Jiangmen	100.0	112.6	124.8	143.7	152.7	207.7	254.1	325.0
阳 江	Yangjiang	100.0	111.9	134.7	163.3	211.5	266.8	295.6	369.0
湛 江	Zhanjiang	100.0	109.2	122.4	142.7	156.8	183.7	209.1	235.1
茂 名	Maoming	100.0	108.3	117.0	131.4	150.3	163.6	194.4	213.9
肇 庆	Zhaoqing	100.0	108.5	125.4	148.1	164.5	211.8	309.2	445.3
清 远	Qingyuan	100.0	94.5	103.6	132.9	177.3	353.0	627.3	1033.2
潮 州	Chaozhou	100.0	109.0	136.4	174.5	243.0	321.1	411.9	510.0
揭 阳	Jieyang	100.0	107.5	119.8	141.9	151.4	188.3	244.5	365.4
云 浮	Yunfu	100.0	100.9	105.4	118.2	129.3	174.7	236.7	317.9

注：本表工业增加值按当年价格计算,指数按可比价格计算。

Note: Data of value-added of industry in this table are calculated at current prices, whereas their indices are calculated at comparable prices.

12-9 各市规模以上工业企业单位数(2007年)

单位：个

项目	Item	全省 Provincial Total	广州 Guangzhou
全省总计	**Provincial Total**	**42289**	**4988**
按经济类型分	Grouped by Ownership		
在总计中：国有及国有控股工业	Of the Total: State-owned and State-controlled Industry	1361	422
国有工业	State-owned Industry	636	135
集体工业	Collective-owned Industry	961	189
股份合作工业	Share-holding Cooperative Industry	286	80
股份制工业	Share-holding Industry	17041	2002
外商投资工业	Foreign-funded Industry	5206	807
港澳台投资工业	Industry with Funds from Hong Kong, Macao and Taiwan	12901	1346
按轻重工业分	Grouped by Light and Heavy Industry		
轻工业	Light Industry	23983	2828
重工业	Heavy Industry	18306	2160
按企业规模分	Grouped by Size of Enterprises		
大型企业	Large	383	56
中型企业	Medium	5657	692
小型企业	Small	36249	4240
按行业分	Grouped by Sector		
煤炭开采和洗选业	Mining and Washing of Coal		
石油和天然气开采业	Extraction of Petroleum and Natural Gas	9	
黑色金属矿采选业	Mining and Dressing of Ferrous Metal Ores	70	
有色金属矿采选业	Mining and Dressing of Nonferrous Metal Ores	50	1
非金属矿采选业	Mining and Dressing of Nonmetal Ores	231	11
其他矿采选业	Mining and Dressing of Other Ores	1	
农副食品加工业	Processing of Farm and Sideline Food	799	96
食品制造业	Manufacture of Food	656	128
饮料制造业	Manufacture of Beverage	214	30
烟草制品业	Tobacco Products	11	1
纺织业	Textile Industry	2494	303
纺织服装、鞋、帽制造业	Manufacture of Textile Garments, Footwear and Headgear	2897	392
皮革、毛皮、羽毛(绒)及其制品业	Leather, Fur, Feather, Down and Related Products	1494	229
木材加工及木、竹、藤、棕、草制品业	Timber Processing, Bamboo, Cane, Palm Fiber & Straw Products	503	47
家具制造业	Manufacture of Furniture	1090	82
造纸及纸制品业	Papermaking and Paper Products	1468	155
印刷业和记录媒介的复制	Printing and Record Medium Reproduction	1099	129
文教体育用品制造业	Manufacture of Cultural, Educational and Sports Articles	1037	118
石油加工、炼焦及核燃料加工业	Petroleum Refining, Coking and Nuclear Fuel Processing	95	14
化学原料及化学制品制造业	Manufacture of Raw Chemical Materials and Chemical Products	2119	406
医药制造业	Manufacture of Medicines	334	76
化学纤维制造业	Manufacture of Chemical Fibers	96	10
橡胶制品业	Rubber Products	469	83
塑料制品业	Plastic Products	3408	299
非金属矿物制品业	Nonmetal Mineral Products	2325	228
黑色金属冶炼及压延加工业	Smelting and Pressing of Ferrous Metals	327	38
有色金属冶炼及压延加工业	Smelting and Pressing of Nonferrous Metals	675	59
金属制品业	Metal Products	3879	335
通用设备制造业	Manufacture of General-purpose Machinery	1485	224
专用设备制造业	Manufacture of Special-purpose Machinery	1373	155
交通运输设备制造业	Manufacture of Transport Equipment	954	306
电气机械及器材制造业	Manufacture of Electrical Machinery and Equipment	4344	374
通信设备、计算机及其他电子设备制造业	Manufacture of Communication Equipment, Computers and Other Electronic Equipment	3649	336
仪器仪表及文化、办公用机械制造业	Manufacture of Instruments, Meters and Machinery for Cultural and Office Use	687	92
工艺品及其他制造业	Handicraft and Other Manufactures	1124	138
废弃资源和废旧材料回收加工业	Recycling and Disposal of Waste	98	13
电力、热力的生产和供应业	Production and Supply of Electric Power and Heat Power	387	34
燃气生产和供应业	Production and Supply of Gas	62	13
水的生产和供应业	Production and Supply of Water	276	33

Number of Industrial Enterprises above Designated Size by City (2007)

(unit)

深 圳 Shenzhen	珠 海 Zhuhai	汕 头 Shantou	佛 山 Foshan	韶 关 Shaoguan	河 源 Heyuan	梅 州 Meizhou	惠 州 Huizhou	汕 尾 Shanwei
6875	**1106**	**2122**	**6680**	**427**	**360**	**420**	**1387**	**235**
232	40	43	70	72	24	49	52	14
40	6	28	36	34	15	32	40	12
6	20	48	115	11	12	17	23	18
4	1	64	62	12	4	1	1	
2659	312	1187	3516	226	152	172	308	106
994	227	121	516	14	27	32	206	5
3045	530	281	1141	87	102	95	749	77
3251	543	1668	3442	142	175	170	828	190
3624	563	454	3238	285	185	250	559	45
117	17	5	40	5	4	1	17	1
1285	193	122	617	57	56	46	273	28
5473	896	1995	6023	365	300	373	1097	206
5								
				3	12	13	1	
				14	5	4	1	1
1	2	2	6	17	15	2	7	
50	16	57	87	9	18	6	33	10
59	24	56	48	4	12	3	9	9
19	6	11	25	5	7	5	4	10
1		2	1	2		2		
118	41	366	456	22	24	16	74	37
398	87	278	305	9	12	8	55	39
113	14	21	192	3	11	3	177	14
42	12	5	67	19	7	17	6	2
144	9	8	314	15	10	15	38	2
229	36	97	186	14	4	9	29	3
192	26	110	148	4	3	2	21	2
181	24	161	74	10	10	2	45	4
8		1	18				1	
258	76	107	327	22	6	10	76	8
48	23	17	29	4	8	4	8	
8	4	4	12		1		5	
70	5	14	72		2	2	8	
597	85	315	552	7	12	2	99	25
153	39	31	569	43	40	88	70	7
11	4	2	83	7	23	11	9	
48	10	11	299	22	9	9	12	
447	55	57	926	12	7	6	67	3
216	30	33	340	43	4	14	34	2
372	51	64	229	16	11	1	14	
154	39	21	154	5	2	9	22	1
916	120	56	787	18	21	14	128	2
1461	192	46	177	11	22	55	235	5
278	39	11	38	4	6	4	22	2
229	24	132	81	5	11	42	48	25
4	1		19	2			4	
18	6	14	18	48	20	34	10	12
1	3	2	6	2	1	1		
26	3	10	35	6	4	7	15	10

12-9 续表

单位：个

项　目	Item	东 莞 Dongguan	中 山 Zhongshan
全省总计	**Provincial Total**	**4987**	**4300**
按经济类型分	Grouped by Ownership		
在总计中：国有及国有控股工业	Of the Total: State-owned and State-controlled Industry	16	12
国有工业	State-owned Industry	9	5
集体工业	Collective-owned Industry	93	136
股份合作工业	Share-holding Cooperative Industry	3	2
股份制工业	Share-holding Industry	984	1799
外商投资工业	Foreign-funded Industry	1208	398
港澳台投资工业	Industry with Funds from Hong Kong, Macao and Taiwan	2489	1084
按轻重工业分	Grouped by Light and Heavy Industry		
轻 工 业	Light Industry	2749	2849
重 工 业	Heavy Industry	2238	1451
按企业规模分	Grouped by Size of Enterprises		
大型企业	Large	48	33
中型企业	Medium	1121	456
小型企业	Small	3818	3811
按行业分	Grouped by Sector		
煤炭开采和洗选业	Mining and Washing of Coal		
石油和天然气开采业	Extraction of Petroleum and Natural Gas		
黑色金属矿采选业	Mining and Dressing of Ferrous Metal Ores		
有色金属矿采选业	Mining and Dressing of Nonferrous Metal Ores		
非金属矿采选业	Mining and Dressing of Nonmetal Ores	3	3
其他矿采选业	Mining and Dressing of Other Ores		
农副食品加工业	Processing of Farm and Sideline Food	28	33
食品制造业	Manufacture of Food	46	45
饮料制造业	Manufacture of Beverage	11	15
烟草制品业	Tobacco Products		
纺织业	Textile Industry	305	288
纺织服装、鞋、帽制造业	Manufacture of Textile Garments, Footwear and Headgear	260	474
皮革、毛皮、羽毛(绒)及其制品业	Leather, Fur, Feather, Down and Related Products	276	128
木材加工及木、竹、藤、棕、草制品业	Timber Processing, Bamboo, Cane, Palm Fiber & Straw Products	42	28
家具制造业	Manufacture of Furniture	176	139
造纸及纸制品业	Papermaking and Paper Products	278	149
印刷业和记录媒介的复制	Printing and Record Medium Reproduction	97	158
文教体育用品制造业	Manufacture of Cultural, Educational and Sports Articles	201	99
石油加工、炼焦及核燃料加工业	Petroleum Refining, Coking and Nuclear Fuel Processing	5	4
化学原料及化学制品制造业	Manufacture of Raw Chemical Materials and Chemical Products	159	208
医药制造业	Manufacture of Medicines	10	25
化学纤维制造业	Manufacture of Chemical Fibers	18	8
橡胶制品业	Rubber Products	78	40
塑料制品业	Plastic Products	516	349
非金属矿物制品业	Nonmetal Mineral Products	106	91
黑色金属冶炼及压延加工业	Smelting and Pressing of Ferrous Metals	26	13
有色金属冶炼及压延加工业	Smelting and Pressing of Nonferrous Metals	49	35
金属制品业	Metal Products	355	421
通用设备制造业	Manufacture of General-purpose Machinery	139	186
专用设备制造业	Manufacture of Special-purpose Machinery	221	112
交通运输设备制造业	Manufacture of Transport Equipment	40	49
电气机械及器材制造业	Manufacture of Electrical Machinery and Equipment	555	853
通信设备、计算机及其他电子设备制造业	Manufacture of Communication Equipment, Computers and Other Electronic Equipment	739	181
仪器仪表及文化、办公用机械制造业	Manufacture of Instruments, Meters and Machinery for Cultural and Office Use	108	44
工艺品及其他制造业	Handicraft and Other Manufactures	91	77
废弃资源和废旧材料回收加工业	Recycling and Disposal of Waste		6
电力、热力的生产和供应业	Production and Supply of Electric Power and Heat Power	12	9
燃气生产和供应业	Production and Supply of Gas		2
水的生产和供应业	Production and Supply of Water	37	28

12-9 continued

(unit)

江 门 Jiangmen	阳 江 Yangjiang	湛 江 Zhanjiang	茂 名 Maoming	肇 庆 Zhaoqing	清 远 Qingyuan	潮 州 Chaozhou	揭 阳 Jieyang	云 浮 Yunfu
2611	**591**	**710**	**670**	**906**	**660**	**884**	**1034**	**336**
36	23	70	47	33	28	29	25	24
25	19	54	37	23	22	28	19	17
96	4	16	45	20	20	6	50	16
13		1	4	2	4	23		5
890	308	374	273	399	290	406	525	153
251	19	46	31	106	45	69	60	24
786	74	74	93	209	195	177	199	68
1578	464	433	395	410	249	681	775	163
1033	127	277	275	496	411	203	259	173
17	1	5	1	5	5	2		3
269	39	67	32	64	106	49	46	39
2325	551	638	637	837	549	833	988	294
		3	1					
1		1	4	11	20			4
		3	10	2	9			
35	2	19	49	20	21	2	2	12
							1	
52	25	130	63	17	15	20	25	9
40	8	16	14	9	4	41	73	8
7	3	18	7	7	2	5	11	6
	1	1						
161	8	17	13	65	48	13	102	17
229	31	3	2	33	36	58	160	28
116	6	17	95	39	17	13	9	1
31	44	67	22	28	11		2	4
63	19	8	10	19	11		5	3
104	23	36	18	28	14	19	25	12
54	10	14	10	20	8	62	27	2
27	4	1	4	10	16	6	39	1
4		4	33		1		2	
138	9	25	69	79	47	23	33	33
12	3	17	5	7	8	9	16	5
14		1	1	3	1		6	
37	5	9	13	6	12		11	2
150	17	51	34	40	32	77	140	9
123	8	44	40	74	94	360	40	77
38	14		5	6	15	3	18	1
26	14	5		21	27	6	7	6
487	277	22	11	129	20	69	135	38
83	14	13	13	45	26	6	16	4
39	3	28	7	23	9	3	12	3
106	3	13	1	13	9	1	6	
251	10	84	15	38	32	16	44	10
84	6	3	6	37	20	8	12	13
9		1	3	5	2	3	15	1
51	6	9	71	30	10	21	18	5
10		5		13	20		1	
12	11	7	14	20	35	22	14	17
3	1	9	1	1		15		1
14	6	6	6	8	8	3	7	4

12-10 各市规模以上工业总产值（2007年）

单位：亿元

项目	Item	全省 Provincial Total	广州 Guangzhou
全省总计	**Provincial Total**	**55252.86**	**8903.17**
按经济类型分	Grouped by Ownership		
在总计中：国有及国有控股工业	Of the Total: State-owned and State-controlled Industry	8603.94	3038.93
国有工业	State-owned Industry	2791.73	518.01
集体工业	Collective-owned Industry	521.63	66.71
股份合作工业	Share-holding Cooperative Industry	144.31	27.67
股份制工业	Share-holding Industry	16204.56	2264.80
外商投资工业	Foreign-funded Industry	17042.05	3885.56
港澳台投资工业	Industry with Funds from Hong Kong, Macao and Taiwan	16693.94	2014.17
按轻重工业分	Grouped by Light and Heavy Industry		
轻工业	Light Industry	21221.12	3066.59
重工业	Heavy Industry	34031.74	5836.58
按企业规模分	Grouped by Size of Enterprises		
大型企业	Large	18468.82	3585.73
中型企业	Medium	19249.78	3040.38
小型企业	Small	17534.26	2277.06
按行业分	Grouped by Sector		
煤炭开采和洗选业	Mining and Washing of Coal		
石油和天然气开采业	Extraction of Petroleum and Natural Gas	574.70	
黑色金属矿采选业	Mining and Dressing of Ferrous Metal Ores	59.89	
有色金属矿采选业	Mining and Dressing of Nonferrous Metal Ores	75.29	1.09
非金属矿采选业	Mining and Dressing of Nonmetal Ores	78.32	3.35
其他矿采选业	Mining and Dressing of Other Ores	0.07	
农副食品加工业	Processing of Farm and Sideline Food	1121.65	184.23
食品制造业	Manufacture of Food	592.30	195.43
饮料制造业	Manufacture of Beverage	431.10	128.72
烟草制品业	Tobacco Products	229.97	100.87
纺织业	Textile Industry	1485.23	196.51
纺织服装、鞋、帽制造业	Manufacture of Textile Garments, Footwear and Headgear	1390.70	189.80
皮革、毛皮、羽毛(绒)及其制品业	Leather, Fur, Feather, Down and Related Products	978.59	156.30
木材加工及木、竹、藤、棕、草制品业	Timber Processing, Bamboo, Cane, Palm Fiber & Straw Products	311.99	20.01
家具制造业	Manufacture of Furniture	670.98	45.34
造纸及纸制品业	Papermaking and Paper Products	998.60	109.33
印刷业和记录媒介的复制	Printing and Record Medium Reproduction	519.20	47.14
文教体育用品制造业	Manufacture of Cultural, Educational and Sports Articles	736.64	67.76
石油加工、炼焦及核燃料加工业	Petroleum Refining, Coking and Nuclear Fuel Processing	1621.33	472.35
化学原料及化学制品制造业	Manufacture of Raw Chemical Materials and Chemical Products	2578.28	930.24
医药制造业	Manufacture of Medicines	432.12	109.33
化学纤维制造业	Manufacture of Chemical Fibers	167.95	12.95
橡胶制品业	Rubber Products	275.38	85.31
塑料制品业	Plastic Products	2023.69	222.59
非金属矿物制品业	Nonmetal Mineral Products	1789.58	123.07
黑色金属冶炼及压延加工业	Smelting and Pressing of Ferrous Metals	1247.01	444.90
有色金属冶炼及压延加工业	Smelting and Pressing of Nonferrous Metals	1519.55	173.34
金属制品业	Metal Products	2620.80	250.21
通用设备制造业	Manufacture of General-purpose Machinery	1100.96	260.71
专用设备制造业	Manufacture of Special-purpose Machinery	923.24	91.60
交通运输设备制造业	Manufacture of Transport Equipment	2943.41	2020.12
电气机械及器材制造业	Manufacture of Electrical Machinery and Equipment	6243.44	549.06
通信设备、计算机及其他电子设备制造业	Manufacture of Communication Equipment, Computers and Other Electronic Equipment	13377.33	766.92
仪器仪表及文化、办公用机械制 造业	Manufacture of Instruments, Meters and Machinery for Cultural and Office Use	1335.60	82.11
工艺品及其他制造业	Handicraft and Other Manufactures	841.94	85.27
废弃资源和废旧材料回收加工业	Recycling and Disposal of Waste	167.39	24.41
电力、热力的生产和供应业	Production and Supply of Electric Power and Heat Power	3351.63	666.98
燃气生产和供应业	Production and Supply of Gas	237.11	58.27
水的生产和供应业	Production and Supply of Water	199.88	27.59

注：本表产值按当年价格计算。

Gross Output Value of Industry above Designated Size by City (2007)

(100 million yuan)

深 圳 Shenzhen	珠 海 Zhuhai	汕 头 Shantou	佛 山 Foshan	韶 关 Shaoguan	河 源 Heyuan	梅 州 Meizhou	惠 州 Huizhou	汕 尾 Shanwei
13958.01	**2357.37**	**1067.85**	**8417.06**	**585.56**	**472.35**	**293.16**	**2217.96**	**199.05**
1486.09	512.23	117.06	385.38	362.66	51.35	118.83	374.07	19.61
433.38	50.18	102.30	314.04	76.33	23.96	80.43	119.67	19.34
2.20	15.93	15.65	106.79	2.71	11.51	4.25	5.64	14.02
2.70	0.5	12.30	52.71	6.64	0.67	0.50	1.73	
2931.04	556.1	536.22	4306.93	367.29	198.87	110.66	144.73	31.24
5791.81	1136.29	150.42	1044.85	11.48	60.18	31.41	1086.45	5.66
4692.62	593.28	169.76	2047.02	110.39	147.59	50.62	844.84	120.38
3467.69	888.59	601.99	4016.50	96.70	154.11	96.57	934.61	90.10
10490.31	1468.78	465.85	4400.56	488.85	318.23	196.59	1283.35	108.95
7166.36	1124.76	158.76	2132.71	245.81	49.52	13.66	746.76	66.76
4091.77	681.69	307.72	2355.40	184.52	170.02	151.59	1027.61	78.45
2699.88	550.92	601.36	3928.95	155.23	252.80	127.91	443.59	53.83
419.60								
				5.50	30.89	3.91	0.48	
				28.17	21.70	3.94	0.61	0.06
0.10	0.29	0.95	3.48	5.13	8.67	0.11	0.70	
113.36	29.92	37.45	130.89	4.46	10.79	1.22	15.54	5.10
33.22	13.98	19.72	75.76	1.24	7.32	0.71	2.58	2.35
60.18	15.19	10.14	41.72	5.14	4.68	1.24	9.83	2.83
25.91		2.16	7.27	33.79		47.55		
82.78	23.07	105.76	275.06	10.05	22.01	2.14	37.20	38.22
154.29	36.02	90.39	233.62	4.30	13.22	2.84	25.23	8.81
92.05	15.00	7.31	140.84	1.00	11.98	7.42	53.55	3.69
13.77	3.46	54.08	75.69	5.90	8.87	3.92	5.59	0.66
118.08	5.07	2.10	161.22	2.62	2.33	6.39	20.10	0.19
116.21	29.34	32.89	137.41	4.39	1.10	1.66	12.46	1.51
134.78	14.56	53.63	71.22	1.33	1.48	0.25	7.43	0.38
121.02	9.54	60.68	111.23	15.18	7.40	0.64	18.22	4.90
5.46		1.67	140.34				22.82	
203.11	144.26	74.31	316.49	14.30	3.77	3.40	281.04	1.85
86.78	46.79	13.13	29.29	2.76	7.46	1.88	4.80	
4.06	24.99	1.02	14.47		0.44		2.51	
51.30	1.20	3.32	34.29		2.10	1.56	5.86	
376.86	67.97	114.06	446.34	2.01	10.74	0.12	66.12	9.68
116.16	23.54	10.70	743.51	12.74	24.33	46.72	38.68	2.57
44.27	54.71	0.93	190.08	155.81	95.51	4.26	10.30	
36.43	39.02	17.92	680.90	90.99	4.73	21.22	9.08	
352.39	39.21	15.93	688.03	19.71	11.45	2.61	73.81	0.41
141.60	27.31	8.10	192.21	17.21	8.37	3.87	31.21	0.47
271.28	45.48	17.02	187.11	9.19	23.79	0.46	7.47	
154.61	52.25	39.99	232.56	2.00	1.03	7.06	72.80	0.24
1052.81	513.69	57.34	1956.19	7.16	33.89	11.93	188.46	4.01
7995.37	801.78	33.93	321.74	39.39	52.40	28.16	1050.39	78.51
494.85	98.74	6.48	273.35	1.14	8.58	0.96	19.41	0.13
334.99	15.54	38.88	113.20	1.78	4.67	10.25	14.71	12.13
0.38	0.12		27.53	3.63			2.24	
621.69	116.42	130.44	327.16	75.97	26.08	63.29	101.15	19.17
58.73	42.62	0.95	15.57	0.59	0.08	0.05		
69.52	6.30	4.42	21.29	0.97	0.51	1.41	5.57	1.19

Note: Data in this table are calculated at current prices.

12-10 续表

单位：亿元

项　目	Item	东 莞 Dongguan	中 山 Zhongshan
全省总计	**Provincial Total**	**5851.51**	**3283.57**
按经济类型分	Grouped by Ownership		
在总计中：国有及国有控股工业	Of the Total: State-owned and State-controlled Industry	474.43	128.86
国有工业	State-owned Industry	341.30	93.98
集体工业	Collective-owned Industry	65.62	103.73
股份合作工业	Share-holding Cooperative Industry	1.59	9.14
股份制工业	Share-holding Industry	768.51	902.00
外商投资工业	Foreign-funded Industry	2121.23	863.27
港澳台投资工业	Industry with Funds from Hong Kong, Macao and Taiwan	2493.70	1081.95
按轻重工业分	Grouped by Light and Heavy Industry		
轻 工 业	Light Industry	2524.50	2017.22
重 工 业	Heavy Industry	3327.01	1266.34
按企业规模分	Grouped by Size of Enterprises		
大型企业	Large	1261.60	528.23
中型企业	Medium	3099.33	1402.89
小型企业	Small	1490.58	1352.45
按行业分	Grouped by Sector		
煤炭开采和洗选业	Mining and Washing of Coal		
石油和天然气开采业	Extraction of Petroleum and Natural Gas		
黑色金属矿采选业	Mining and Dressing of Ferrous Metal Ores		
有色金属矿采选业	Mining and Dressing of Nonferrous Metal Ores		
非金属矿采选业	Mining and Dressing of Nonmetal Ores	0.44	0.49
其他矿采选业	Mining and Dressing of Other Ores		
农副食品加工业	Processing of Farm and Sideline Food	115.28	37.94
食品制造业	Manufacture of Food	59.01	51.57
饮料制造业	Manufacture of Beverage	94.57	20.51
烟草制品业	Tobacco Products		
纺织业	Textile Industry	230.96	150.38
纺织服装、鞋、帽制造业	Manufacture of Textile Garments, Footwear and Headgear	176.70	203.10
皮革、毛皮、羽毛(绒)及其制品业	Leather, Fur, Feather, Down and Related Products	165.52	136.74
木材加工及木、竹、藤、棕、草制品业	Timber Processing, Bamboo, Cane, Palm Fiber & Straw Products	14.83	11.79
家具制造业	Manufacture of Furniture	164.75	47.46
造纸及纸制品业	Papermaking and Paper Products	294.83	108.22
印刷业和记录媒介的复制	Printing and Record Medium Reproduction	64.65	44.39
文教体育用品制造业	Manufacture of Cultural, Educational and Sports Articles	149.93	108.08
石油加工、炼焦及核燃料加工业	Petroleum Refining, Coking and Nuclear Fuel Processing	10.99	40.75
化学原料及化学制品制造业	Manufacture of Raw Chemical Materials and Chemical Products	127.45	149.37
医药制造业	Manufacture of Medicines	6.90	55.99
化学纤维制造业	Manufacture of Chemical Fibers	17.20	4.90
橡胶制品业	Rubber Products	33.10	18.84
塑料制品业	Plastic Products	279.59	181.55
非金属矿物制品业	Nonmetal Mineral Products	86.56	73.32
黑色金属冶炼及压延加工业	Smelting and Pressing of Ferrous Metals	39.43	16.30
有色金属冶炼及压延加工业	Smelting and Pressing of Nonferrous Metals	64.09	54.31
金属制品业	Metal Products	238.04	213.59
通用设备制造业	Manufacture of General-purpose Machinery	94.72	105.99
专用设备制造业	Manufacture of Special-purpose Machinery	130.09	76.40
交通运输设备制造业	Manufacture of Transport Equipment	45.62	46.80
电气机械及器材制造业	Manufacture of Electrical Machinery and Equipment	736.71	688.82
通信设备、计算机及其他电子设备制造业	Manufacture of Communication Equipment, Computers and Other Electronic Equipment	1608.53	333.81
仪器仪表及文化、办公用机械制造业	Manufacture of Instruments, Meters and Machinery for Cultural and Office Use	215.59	119.08
工艺品及其他制造业	Handicraft and Other Manufactures	91.05	36.52
废弃资源和废旧材料回收加工业	Recycling and Disposal of Waste		1.61
电力、热力的生产和供应业	Production and Supply of Electric Power and Heat Power	468.06	119.11
燃气生产和供应业	Production and Supply of Gas		9.32
水的生产和供应业	Production and Supply of Water	26.29	16.54

12-10 continued

(100 million yuan)

江 门 Jiangmen	阳 江 Yangjiang	湛 江 Zhanjiang	茂 名 Maoming	肇 庆 Zhaoqing	清 远 Qingyuan	潮 州 Chaozhou	揭 阳 Jieyang	云 浮 Yunfu
2231.32	**336.51**	**963.04**	**1042.39**	**675.04**	**1104.25**	**444.89**	**583.07**	**265.75**
191.96	29.24	177.87	741.81	97.65	93.92	74.59	75.64	51.76
168.74	23.78	101.18	78.34	46.40	59.97	52.32	58.84	29.23
42.37	1.25	8.89	9.83	6.10	8.62	2.53	21.91	5.39
15.09		0.07	0.55	0.86	0.48	5.47		5.66
580.38	145.87	306.64	841.19	234.68	437.18	193.06	252.71	94.47
347.81	45.23	53.68	17.81	118.07	112.65	74.96	53.13	30.10
841.45	59.89	447.47	43.61	204.71	426.82	80.27	137.81	85.61
1230.66	219.23	428.94	152.68	219.76	274.23	255.11	362.79	122.53
1000.66	117.29	534.10	889.71	455.28	830.02	189.78	220.28	143.22
421.63	12.02	51.80	652.17	97.49	90.83	25.91		36.31
790.36	117.86	374.50	172.06	194.13	584.52	124.73	188.74	111.53
1019.34	206.63	536.74	218.16	383.41	428.91	294.25	394.33	117.91
		155.03	0.07					
0.19		0.25	1.07	8.96	7.20			1.44
		1.05	3.80	12.01	2.85			
15.31	0.13	4.18	13.03	4.46	9.11	0.19	0.18	8.02
							0.07	
28.92	50.59	259.27	28.33	10.61	28.98	9.08	8.03	11.67
52.18	6.79	6.21	3.68	1.72	2.70	26.52	23.70	5.91
2.71	1.62	12.85	4.08	7.96	1.05	2.94	2.45	0.69
	0.14	12.27						
137.72	5.17	12.47	8.37	34.21	38.62	4.36	57.64	12.53
103.75	6.28	0.78	0.94	12.21	21.97	22.60	70.94	12.90
49.97	2.03	8.86	34.09	28.45	51.08	3.87	8.64	0.20
22.62	14.72	21.57	8.77	12.00	11.72		0.61	1.42
40.63	11.76	12.26	4.87	8.94	12.80		3.43	0.64
72.87	4.96	15.89	4.07	19.08	14.99	5.74	7.11	4.52
29.05	3.76	5.57	2.83	4.79	10.76	14.24	6.77	0.19
14.33	2.70	0.15	2.53	6.72	20.58	1.65	12.86	0.55
15.80		188.16	718.01		3.81		1.16	
112.68	3.39	25.63	69.08	50.31	24.22	6.13	19.38	17.86
10.96	2.29	8.49	1.21	13.93	2.59	1.56	20.58	5.41
73.72		0.15	0.13	2.69	1.41		7.30	
12.45	1.96	5.82	5.22	0.84	5.79		5.88	0.53
70.35	6.94	14.62	8.44	8.52	33.16	34.68	63.77	5.60
83.94	6.24	16.87	12.91	46.22	148.30	124.80	10.75	37.64
50.60	35.63		8.24	5.31	49.32	8.60	31.62	1.20
13.82	10.22	4.81		78.25	202.72	7.39	5.17	5.12
358.06	107.51	7.18	1.87	107.65	14.29	19.44	54.52	44.91
79.92	8.47	8.11	4.46	17.35	74.37	3.66	10.31	2.56
17.84	0.65	16.84	4.30	5.98	5.24	0.69	11.30	0.52
229.37	1.28	12.80	0.05	12.99	5.83	0.31	5.71	
224.62	11.18	54.02	5.19	16.49	81.09	14.41	21.37	14.99
90.52	1.78	1.01	1.33	65.64	60.37	11.84	6.68	27.24
3.20		0.06	0.57	1.91	0.81	0.71	7.76	0.15
26.67	3.25	1.86	20.69	7.34	3.31	4.52	14.43	0.88
17.68		0.90		14.73	73.51		0.66	
161.63	19.38	61.99	58.52	44.92	78.12	72.98	78.77	39.78
1.58	4.60	3.49	0.12	0.30		40.79		0.05
5.66	1.08	1.56	1.50	1.57	1.59	1.19	3.53	0.61

12-11 各市规模以上工业增加值（2007年）

单位：亿元

项　　目	Item	全 省 Provincial Total	广 州 Guangzhou
全省总计	**Provincial Total**	**14104.21**	**2410.83**
按经济类型分	Grouped by Ownership		
在总计中：国有及国有控股工业	Of the Total: State-owned and State-controlled Industry	2825.86	829.72
国有工业	State-owned Industry	897.51	193.03
集体工业	Collective-owned Industry	156.65	22.05
股份合作工业	Share-holding Cooperative Industry	41.17	6.99
股份制工业	Share-holding Industry	4261.31	469.90
外商投资工业	Foreign-funded Industry	3678.18	1105.99
港澳台投资工业	Industry with Funds from Hong Kong, Macao and Taiwan	4579.07	584.29
按轻重工业分	Grouped by Light and Heavy Industry		
轻 工 业	Light Industry	5800.01	1047.99
重 工 业	Heavy Industry	8304.21	1362.84
按企业规模分	Grouped by Size of Enterprises		
大型企业	Large	4082.70	1061.41
中型企业	Medium	5058.02	827.72
小型企业	Small	4963.48	521.70
按行业分	Grouped by Sector		
煤炭开采和洗选业	Mining and Washing of Coal		
石油和天然气开采业	Extraction of Petroleum and Natural Gas	530.50	
黑色金属矿采选业	Mining and Dressing of Ferrous Metal Ores	24.74	
有色金属矿采选业	Mining and Dressing of Nonferrous Metal Ores	36.81	0.26
非金属矿采选业	Mining and Dressing of Nonmetal Ores	26.37	0.83
其他矿采选业	Mining and Dressing of Other Ores	0.02	
农副食品加工业	Processing of Farm and Sideline Food	253.42	50.56
食品制造业	Manufacture of Food	193.81	74.44
饮料制造业	Manufacture of Beverage	139.30	51.96
烟草制品业	Tobacco Products	174.35	76.44
纺织业	Textile Industry	397.17	53.94
纺织服装、鞋、帽制造业	Manufacture of Textile Garments, Footwear and Headgear	414.93	57.59
皮革、毛皮、羽毛(绒)及其制品业	Leather, Fur, Feather, Down and Related Products	288.06	44.45
木材加工及木、竹、藤、棕、草制品业	Timber Processing, Bamboo, Cane, Palm Fiber & Straw Products	78.83	4.25
家具制造业	Manufacture of Furniture	162.14	10.60
造纸及纸制品业	Papermaking and Paper Products	252.37	28.67
印刷业和记录媒介的复制	Printing and Record Medium Reproduction	154.50	16.44
文教体育用品制造业	Manufacture of Cultural, Educational and Sports Articles	210.53	23.81
石油加工、炼焦及核燃料加工业	Petroleum Refining, Coking and Nuclear Fuel Processing	280.22	25.46
化学原料及化学制品制造业	Manufacture of Raw Chemical Materials and Chemical Products	835.08	385.87
医药制造业	Manufacture of Medicines	152.94	46.51
化学纤维制造业	Manufacture of Chemical Fibers	44.60	2.13
橡胶制品业	Rubber Products	73.37	20.91
塑料制品业	Plastic Products	512.37	49.95
非金属矿物制品业	Nonmetal Mineral Products	513.95	34.34
黑色金属冶炼及压延加工业	Smelting and Pressing of Ferrous Metals	241.83	47.73
有色金属冶炼及压延加工业	Smelting and Pressing of Nonferrous Metals	335.70	23.10
金属制品业	Metal Products	640.80	55.94
通用设备制造业	Manufacture of General-purpose Equipment	271.78	56.94
专用设备制造业	Manufacture of Special-purpose Equipment	269.12	28.37
交通运输设备制造业	Manufacture of Transport Equipment	815.73	579.25
电气机械及器材制造业	Manufacture of Electrical Machinery and Equipment	1525.00	98.72
通信设备、计算机及其他电子设备制造业	Manufacture of Communication Equipment, Computers and Other Electronic Equipment	2520.78	168.54
仪器仪表及文化、办公用机械制造业	Manufacture of Instruments, Meters and Machinery for Culturaland Office Use	279.71	18.08
工艺品及其他制造业	Handicraft and Other Manufactures	181.83	25.23
废弃资源和废旧材料回收加工业	Recycling and Disposal of Waste	38.80	3.65
电力、热力的生产和供应业	Production and Supply of Electric Power and Heat Power	1085.95	218.39
燃气生产和供应业	Production and Supply of Gas	51.89	12.61
水的生产和供应业	Production and Supply of Water	94.93	14.86

注：本表工业增加值按当年价格计算。

Value-add of Industry above Designated Size by City (2007)

(100 million yuan)

深 圳 Shenzhen	珠 海 Zhuhai	汕 头 Shantou	佛 山 Foshan	韶 关 Shaoguan	河 源 Heyuan	梅 州 Meizhou	惠 州 Huizhou	汕 尾 Shanwei
3298.57	**475.25**	**270.75**	**2332.48**	**180.76**	**147.80**	**109.68**	**502.52**	**59.05**
802.80	120.54	31.12	113.41	120.46	23.47	57.19	121.95	5.50
130.64	13.68	27.32	87.78	39.15	6.08	45.29	31.94	5.36
0.93	7.45	4.23	36.26	0.92	3.26	1.31	1.70	3.12
1.67	0.06	3.14	16.74	2.09	0.25	0.21	0.56	
925.40	129.82	132.03	1178.34	102.78	71.77	33.99	37.20	7.63
852.60	184.70	42.17	309.56	3.08	11.13	9.38	236.90	1.50
1354.82	138.58	41.13	554.51	29.72	45.92	15.11	190.16	39.41
876.05	210.30	151.58	1149.73	42.83	43.85	51.83	186.93	22.40
2422.52	264.96	119.17	1182.75	137.93	103.95	57.85	315.59	36.65
1247.10	174.42	35.80	587.53	67.83	14.55	3.88	131.16	26.69
993.71	181.30	86.17	658.37	69.41	51.19	68.61	257.57	18.70
1057.76	119.54	148.78	1086.58	43.52	82.06	37.19	113.79	13.67
411.74								
				2.99	13.97	1.23	0.16	
				22.98	8.48	1.30	0.32	0.02
0.03	0.13	0.22	1.07	2.10	3.44	0.04	0.37	
24.78	4.48	8.47	31.90	0.74	3.36	0.33	2.88	1.15
9.22	4.57	5.14	24.96	0.58	1.43	0.15	0.36	0.69
20.47	4.32	2.78	15.54	0.85	1.71	0.34	2.14	0.65
20.95		0.49	5.51	25.58		36.04		
23.76	4.26	27.63	81.50	2.69	6.23	0.70	9.54	8.96
54.19	9.35	24.14	69.36	0.85	3.77	0.85	7.33	2.12
27.58	3.99	1.74	44.41	0.28	2.91	3.07	14.63	0.93
3.34	1.42	11.47	17.98	1.81	2.53	1.17	1.50	0.07
20.45	1.12	0.55	45.07	0.54	0.60	1.99	4.94	0.05
26.39	3.14	7.48	42.50	1.17	0.21	0.42	3.19	0.22
41.97	4.20	13.57	20.60	0.48	0.48	0.11	1.91	0.10
28.82	2.28	14.20	36.10	4.09	3.05	0.16	5.40	1.25
1.46		0.36	33.55				6.21	
65.06	24.41	16.55	85.90	4.21	1.02	1.16	97.27	0.42
33.54	16.64	3.92	10.40	1.67	2.39	0.69	2.04	
1.78	11.54	0.24	4.09		0.04		0.58	
14.33	0.22	0.93	10.45		0.20	0.38	1.08	
101.77	19.15	28.05	118.94	0.40	2.45	0.02	17.50	2.45
36.55	4.28	2.82	221.05	3.63	6.70	12.25	10.10	0.72
13.36	7.16	0.21	50.25	34.11	28.84	0.93	1.53	
6.64	4.57	4.51	167.64	15.84	1.60	3.57	2.37	
79.27	6.40	3.60	186.30	4.47	3.84	0.70	14.49	0.12
38.32	5.78	2.02	52.85	3.89	2.59	1.07	8.72	0.14
82.34	8.65	4.59	55.40	2.54	7.87	0.09	2.47	
35.04	12.52	8.55	66.94	0.28	0.49	1.80	18.65	0.06
237.80	123.95	13.87	544.27	2.86	10.49	2.40	38.96	0.67
1426.37	110.35	7.88	81.61	9.92	12.68	7.85	188.12	28.99
94.57	17.27	1.56	63.19	0.45	2.14	0.37	4.76	0.04
51.18	1.70	9.71	33.99	0.58	1.49	2.99	4.81	3.43
0.09	0.05		6.95	1.03			0.52	
223.82	45.66	41.15	85.01	26.34	10.58	24.92	25.35	5.31
10.60	8.06	0.35	7.53	0.18	0.01	0.01		
31.01	3.65	2.00	9.69	0.61	0.23	0.58	2.35	0.48

Note: Data of value-added of industry in this table are calculated at current prices.

12-11 续表

单位：亿元

项　目	Item	东 莞 Dongguan	中 山 Zhongshan
全省总计	**Provincial Total**	**1430.60**	**825.01**
按经济类型分	Grouped by Ownership		
在总计中：国有及国有控股工业	Of the Total: State-owned and State-controlled Industry	147.75	34.60
国有工业	State-owned Industry	99.16	24.75
集体工业	Collective-owned Industry	21.98	25.04
股份合作工业	Share-holding Cooperative Industry	0.42	2.02
股份制工业	Share-holding Industry	172.45	219.11
外商投资工业	Foreign-funded Industry	474.22	233.30
港澳台投资工业	Industry with Funds from Hong Kong, Macao and Taiwan	646.83	265.34
按轻重工业分	Grouped by Light and Heavy Industry		
轻 工 业	Light Industry	651.59	508.79
重 工 业	Heavy Industry	779.01	316.22
按企业规模分	Grouped by Size of Enterprises		
大型企业	Large	267.21	136.57
中型企业	Medium	749.92	360.34
小型企业	Small	413.47	328.09
按行业分	Grouped by Sector		
煤炭开采和洗选业	Mining and Washing of Coal		
石油和天然气开采业	Extraction of Petroleum and Natural Gas		
黑色金属矿采选业	Mining and Dressing of Ferrous Metal Ores		
有色金属矿采选业	Mining and Dressing of Nonferrous Metal Ores		
非金属矿采选业	Mining and Dressing of Nonmetal Ores	0.34	0.09
其他矿采选业	Mining and Dressing of Other Ores		
农副食品加工业	Processing of Farm and Sideline Food	16.99	8.14
食品制造业	Manufacture of Food	19.81	15.72
饮料制造业	Manufacture of Beverage	22.55	5.40
烟草制品业	Tobacco Products		
纺织业	Textile Industry	60.80	35.43
纺织服装、鞋、帽制造业	Manufacture of Textile Garments, Footwear and Headgear	65.49	50.68
皮革、毛皮、羽毛(绒)及其制品业	Leather, Fur, Feather, Down and Related Products	57.98	32.90
木材加工及木、竹、藤、棕、草制品业	Timber Processing, Bamboo, Cane, Palm Fiber & Straw Products	3.89	2.97
家具制造业	Manufacture of Furniture	39.39	12.51
造纸及纸制品业	Papermaking and Paper Products	73.66	27.98
印刷业和记录媒介的复制	Printing and Record Medium Reproduction	23.11	11.16
文教体育用品制造业	Manufacture of Cultural, Educational and Sports Articles	46.43	28.38
石油加工、炼焦及核燃料加工业	Petroleum Refining, Coking and Nuclear Fuel Processing	1.06	11.39
化学原料及化学制品制造业	Manufacture of Raw Chemical Materials and Chemical Products	32.19	37.69
医药制造业	Manufacture of Medicines	2.54	12.90
化学纤维制造业	Manufacture of Chemical Fibers	5.19	1.44
橡胶制品业	Rubber Products	9.25	4.93
塑料制品业	Plastic Products	67.88	43.65
非金属矿物制品业	Nonmetal Mineral Products	29.90	17.37
黑色金属冶炼及压延加工业	Smelting and Pressing of Ferrous Metals	7.40	2.99
有色金属冶炼及压延加工业	Smelting and Pressing of Nonferrous Metals	7.41	13.86
金属制品业	Metal Products	52.75	51.95
通用设备制造业	Manufacture of General-purpose Equipment	21.01	27.29
专用设备制造业	Manufacture of Special-purpose Equipment	38.81	19.67
交通运输设备制造业	Manufacture of Transport Equipment	11.75	11.34
电气机械及器材制造业	Manufacture of Electrical Machinery and Equipment	171.83	171.46
通信设备、计算机及其他电子设备制造业	Manufacture of Communication Equipment, Computers and Other Electronic Equipment	323.88	83.89
仪器仪表及文化、办公用机械制造业	Manufacture of Instruments, Meters and Machinery for Cultural and Office Use	39.70	33.50
工艺品及其他制造业	Handicraft and Other Manufactures	14.05	9.39
废弃资源和废旧材料回收加工业	Recycling and Disposal of Waste		0.41
电力、热力的生产和供应业	Production and Supply of Electric Power and Heat Power	147.20	31.24
燃气生产和供应业	Production and Supply of Gas		2.44
水的生产和供应业	Production and Supply of Water	16.37	4.82

12-11 continued

(100 million yuan)

江门 Jiangmen	阳江 Yangjiang	湛江 Zhanjiang	茂名 Maoming	肇庆 Zhaoqing	清远 Qingyuan	潮州 Chaozhou	揭阳 Jieyang	云浮 Yunfu
576.36	**96.75**	**335.16**	**246.04**	**168.14**	**287.78**	**115.36**	**156.23**	**79.07**
66.54	7.76	71.07	159.66	25.58	26.07	20.34	22.97	17.37
61.36	7.15	36.16	22.57	13.74	16.11	10.58	15.69	9.94
10.38	0.38	2.33	3.04	1.73	2.60	0.71	5.08	2.17
3.51		0.01	0.24	0.20	0.35	1.23		1.48
137.09	43.92	92.98	185.75	59.53	107.57	53.78	72.01	28.26
89.79	9.74	12.04	5.17	28.43	27.80	18.99	13.79	7.91
214.30	18.47	179.41	12.64	50.35	118.86	20.30	33.98	24.94
307.91	62.63	111.56	47.25	60.15	69.21	68.86	95.84	32.72
268.45	34.11	223.61	198.79	107.99	218.57	46.50	60.39	46.35
107.38	4.86	13.65	133.28	22.29	27.76	7.95		11.39
219.47	35.19	104.92	46.14	49.14	162.47	30.60	54.45	32.65
249.52	56.70	216.59	66.62	96.72	97.55	76.81	101.78	35.04
		118.74	0.02					
0.04		0.07	0.39	3.87	1.72			0.29
		0.29	0.99	1.26	0.92			
4.06	0.04	1.19	4.69	1.23	2.25	0.06	0.05	4.15
							0.02	
6.26	11.67	59.91	7.91	2.27	4.39	1.95	2.01	3.27
16.92	1.50	1.46	1.19	0.54	0.85	6.76	6.05	1.49
0.60	0.24	3.87	1.44	2.34	0.45	0.74	0.73	0.18
	0.05	9.30						
34.94	1.65	3.15	2.30	9.25	10.82	1.27	15.14	3.22
26.37	2.02	0.21	0.30	4.47	6.05	6.88	18.32	4.56
12.13	0.69	2.61	10.22	8.34	15.87	1.07	2.20	0.08
5.06	4.42	5.73	2.47	2.64	5.61		0.13	0.37
9.44	3.41	3.21	1.57	2.37	3.27		0.89	0.16
16.87	1.39	3.60	1.21	6.35	3.58	1.34	1.76	1.23
8.50	1.29	1.61	0.79	1.54	1.47	3.27	1.85	0.04
2.97	0.92	0.03	0.61	1.69	6.15	0.46	3.55	0.15
3.96		45.64	149.84		0.99		0.29	
25.12	1.00	6.01	20.02	12.60	5.21	1.71	6.11	5.54
3.23	0.63	2.35	0.39	3.04	0.81	0.47	7.32	1.45
14.88		0.04	0.02	0.77	0.08		1.79	
3.07	0.66	1.68	1.48	0.26	1.90		1.50	0.16
16.34	2.12	3.83	2.71	2.38	6.77	8.57	15.92	1.49
22.38	2.01	4.43	3.57	10.78	40.07	34.45	2.75	13.80
14.71	10.45		0.71	1.15	11.71	0.32	8.07	0.19
3.37	2.74	1.28		16.06	57.57	1.05	1.34	1.17
89.51	32.66	1.93	0.56	23.70	3.31	4.63	13.87	10.79
19.03	2.74	2.47	1.40	4.29	17.22	1.03	2.06	0.93
4.63	0.23	4.61	1.23	1.65	1.67	0.24	3.78	0.28
57.54	0.35	4.17	0.01	3.63	1.84	0.08	1.42	
54.10	3.67	13.89	1.62	4.27	16.79	3.67	5.74	3.98
25.17	0.56	0.27	0.40	15.86	14.43	4.48	1.64	7.88
0.79		0.02	0.20	0.57	0.27	0.25	1.93	0.05
6.50	1.23	0.52	6.59	2.02	0.83	1.48	3.80	0.31
4.34		0.23		3.36	18.02		0.15	
60.38	5.45	25.69	18.39	12.60	24.01	19.49	23.32	11.62
0.32	0.38	0.39	0.10	0.04		8.85		0.01
2.82	0.57	0.70	0.71	0.93	0.85	0.77	0.73	0.23

12-12 规模以上工业企业主要经济指标（1978-2007年）

Main Indicators of Industrial Enterprises above Designated Size (1978-2007)

年份 Year	全部从业人员平均人数（万人） Annual Average Number of Employed Persons (10000 persons)	总产值（亿元） Gross Output Value of Industry (100 million yuan)	固定资产原价（亿元） Original Value of Fixed Assets (100 million yuan)	主营业务收入（亿元） Main Business Revenue (100 million yuan)	利税总额（亿元） Total Pre-tax Profits (100 million yuan)	百元固定资产实现利税(元) Pre-tax Profits per 100 yuan of Original Value of Fixed Assets (yuan)	资金利税率(%) Ratio of Pre-tax Profits to Total Capital (%)	产值利税率(%) Ratio of Pre-tax Profits to Gross Output Value (%)	百元主营业务收入实现利税（元） Pre-tax Profits per 100 yuan of Main Business Revenue (yuan)	全员劳动生产率（元/人） Overall Labor Productivity (yuan/person)
1978	170.51	168.91	111.42		32.91	29.54	29.41	19.48		9906
1979	171.76	181.96	129.09	170.09	34.48	26.71	25.36	18.45	20.27	10594
1980	182.39	198.83	136.59	189.97	38.51	28.19	27.45	19.37	20.27	10902
1981	189.08	226.26	152.58	215.09	42.12	27.60	27.13	18.61	19.58	11966
1982	194.33	245.54	172.00	231.20	44.62	25.94	25.41	18.17	19.30	12635
1983	197.50	275.25	226.58	226.91	48.59	21.45	24.46	17.65	21.42	13937
1984	241.42	336.45	221.46	313.33	56.83	25.66	24.96	16.89	18.14	13937
1985	298.66	438.91	269.13	412.77	75.99	29.23	25.87	17.31	18.41	14696
1986	323.16	522.35	335.19	498.80	80.90	24.14	20.86	15.49	16.22	16164
1987	353.95	711.04	433.95	692.47	102.24	23.56	21.18	14.38	14.76	20089
1988	382.19	1056.47	540.37	1016.20	140.65	26.03	22.45	13.31	13.84	27643
1989	387.90	1321.33	700.66	1222.20	138.71	19.80	16.05	10.50	11.35	34064
1990	390.28	1379.98	843.88	1287.91	121.50	14.40	12.35	8.80	9.43	35359
1991	433.18	2018.62	1339.04	1875.02	188.08	14.05	14.88	9.32	10.03	46600
1992	450.99	2696.47	1485.36	2537.84	248.78	22.32	10.02	9.23	9.80	59790
1993	478.39	4085.35	2099.09	3920.98	397.40	18.93	10.79	9.73	10.14	85379
1994	537.57	5325.35	3309.63	4826.68	478.41	14.46	9.20	8.89	9.91	99063
1995	537.83	6325.19	4298.15	6195.84	445.53	10.37	6.32	7.04	7.19	117606
1996	529.13	7308.51	5066.23	6808.08	489.26	9.66	6.27	6.69	7.19	36094
1997	522.94	8201.71	5904.95	7767.79	617.90	10.46	6.77	7.53	7.95	40040
1998	548.59	9738.56	6968.36	9243.42	622.82	8.94	5.75	6.40	6.74	44553
1999	537.77	10538.17	7399.10	10208.99	778.94	10.53	6.85	7.39	7.63	50307
2000	572.89	12480.93	8005.77	12380.65	1042.77	13.03	8.66	8.35	8.42	58836
2001	578.94	14035.35	8655.82	13891.46	1139.98	13.17	8.75	8.12	8.21	67012
2002	644.39	16378.60	9550.47	16247.73	1380.24	14.45	10.10	8.43	8.50	58940
2003	741.17	21513.46	10768.77	21566.93	1850.90	17.19	11.22	8.60	8.56	77150
2004	996.44	29554.92	12713.34	28998.45	2329.79	18.33	11.73	7.90	8.03	74661
2005	1085.65	35942.74	14453.16	34781.58	2877.81	19.91	12.38	8.01	8.27	86735
2006	1203.58	44674.75	17824.33	43550.87	3907.10	21.92	13.82	8.75	8.97	97882
2007	1307.40	55252.86	19763.42	53927.94	5105.93	25.83	15.44	9.24	9.46	107880

注：1. 利税总额包括增值税。
2. 全员劳动生产率1996年后按工业增加值计算。
3. 1998年起统计口径为规模以上工业。1997年以前为独立核算工业企业。

Note:a) Total pre-tax profits include value-added tax.
b) Since 1996, figures of overall labor productivity have been calculated by value-added of industry.
c) Since 1998,data are statistics of industrial enterprises above designated size,while data prior to 1997 are statistics of industrial enterprises with independent accounting systems.

12-13 规模以上国有及国有控股工业企业主要经济指标（1978-2007年）

Main Indicators of State-owned and State-controlled Industrial Enterprises above Designated Size (1978-2007)

年份 Year	全部从业人员平均人数（万人）Annual Average Number of Employed Persons (10000 persons)	总产值（亿元）Gross Output Value of Industry (100 million yuan)	固定资产原价（亿元）Original Value of Fixed Assets (100 million yuan)	主营业务收入（亿元）Main Business Revenue (100 million yuan)	利税总额（亿元）Total Pre-tax Profits (100 million yuan)	百元固定资产实现利税(元) Pre-tax Profits per 100 yuan of Original Value of Fixed Assets (yuan)	资金利税率(%) Ratio of Pre-tax Profits to Total Capital (%)	产值利税率(%) Ratio of Pre-tax Profits to Gross Output Value (%)	百元主营业务收入实现利税(元) Pre-tax Profits per 100 yuan of Main Business Revenue (yuan)	全员劳动生产率（元/人）Overall Labor Productivity (yuan/person)
1978	120.35	122.28	96.06		26.09	27.16	25.74	21.34		10159
1979	121.97	132.30	103.51	126.87	26.89	25.96	23.95	20.31	21.18	10847
1980	126.09	136.30	107.27	127.97	28.33	25.90	25.01	20.57	22.19	10829
1981	132.60	153.54	118.82	147.85	31.18	26.24	25.99	20.31	21.09	11579
1982	139.90	165.82	131.82	158.43	33.29	25.26	24.79	20.08	21.01	11853
1983	142.18	188.09	147.53	178.04	38.18	25.88	25.58	20.30	21.45	13228
1984	143.08	222.35	162.13	205.73	44.02	27.15	26.60	19.80	21.39	15540
1985	144.14	277.87	203.80	265.05	56.34	27.64	27.36	20.28	21.26	19278
1986	150.14	312.74	235.47	305.42	59.70	25.36	23.70	19.09	19.55	20829
1987	156.48	400.55	294.46	402.63	72.44	24.60	23.40	18.09	17.99	25598
1988	162.43	555.41	328.58	545.00	91.05	27.71	24.83	16.39	16.71	34194
1989	162.85	670.95	404.50	631.61	94.11	23.26	20.05	14.93	14.90	41200
1990	163.80	713.88	488.36	689.83	84.35	17.27	14.94	11.82	12.23	43582
1991	173.85	906.72	612.24	853.62	116.26	18.99	17.32	12.82	13.62	52155
1992	171.60	1118.86	751.42	1073.94	131.24	17.47	16.50	11.73	12.22	65202
1993	153.26	1371.58	856.85	1372.66	169.40	19.77	12.67	12.35	12.34	89494
1994	152.25	1498.80	1076.47	1400.87	176.81	16.42	11.17	11.80	12.62	98443
1995	142.83	1396.35	1315.16	1499.25	160.57	12.21	8.58	11.50	10.71	97763
1996	137.50	1476.12	1599.77	1555.28	139.01	8.69	6.49	9.42	8.94	34057
1997	124.71	1505.06	1794.89	1657.79	160.92	8.97	6.68	10.69	9.71	36596
1998	102.67	1453.79	1790.91	1616.64	163.10	9.11	6.71	11.22	10.09	47019
1999	128.16	3025.68	3520.17	3153.04	376.11	10.68	7.86	12.34	11.93	72606
2000	104.39	3126.12	3513.50	3583.55	433.35	12.33	9.24	13.86	12.09	91413
2001	91.77	3236.65	3982.54	3757.95	486.46	12.21	9.67	15.03	12.94	112515
2002	83.25	3264.46	3942.57	3800.38	483.25	12.26	10.39	14.80	12.72	132894
2003	75.20	3949.03	4603.66	4717.48	623.49	13.54	11.91	15.79	13.22	191590
2004	72.53	6039.24	4913.92	6031.47	779.41	15.86	13.70	12.91	12.92	213941
2005	69.42	6375.54	5153.83	6261.70	800.26	15.53	14.08	12.55	12.78	243447
2006	60.80	7253.17	6557.86	6887.69	1213.73	18.50	18.86	16.73	17.62	391250
2007	60.86	8603.94	6702.65	8258.85	1603.72	23.92	22.54	18.63	19.41	464322

注：1998年以前为国有工业，1999年起为国有及国有控股工业。

Note: Data prior to 1998 are statistics of state-owned industrial enterprises, while data since 1999 are statistics of state-owned and state-controlled industrial enterprises.

12-14 规模以上工业企业主要经济指标（2007年）

单位：亿元

项 目	Item	企业单位数（个）Number of Enterprises (unit)	工业总产值（当年价）Gross Industrial Output Value (at current prices)
全省总计	**Provincial Total**	**42289**	**55252.86**
按经济类型分	Grouped by Ownership		
在总计中：国有及国有控股工业	Of the Total: State-owned and State-controlled Industry	1361	8603.94
国有工业	State-owned Industry	636	2791.73
集体工业	Collective-owned Industry	961	521.63
股份合作工业	Share-holding Cooperative Industry	286	144.31
股份制工业	Share-holding Industry	17041	16204.56
外商投资工业	Foreign-funded Industry	5206	17042.05
港澳台投资工业	Industry with Funds from Hong Kong, Macao and Taiwan	12901	16693.94
按轻重工业分	Grouped by Light and Heavy Industry		
轻 工 业	Light Industry	23983	21221.12
重 工 业	Heavy Industry	18306	34031.74
按企业规模分	Grouped by Size of Enterprises		
大型企业	Large	383	18468.82
中型企业	Medium	5657	19249.78
小型企业	Small	36249	17534.26
按行业分	Grouped by Sector		
煤炭开采和洗选业	Mining and Washing of Coal		
石油和天然气开采业	Extraction of Petroleum and Natural Gas	9	574.70
黑色金属矿采选业	Mining and Dressing of Ferrous Metal Ores	70	59.89
有色金属矿采选业	Mining and Dressing of Nonferrous Metal Ores	50	75.29
非金属矿采选业	Mining and Dressing of Nonmetal Ores	231	78.32
其他矿采选业	Mining and Dressing of Other Ores	1	0.07
农副食品加工业	Processing of Farm and Sideline Food	799	1121.65
食品制造业	Manufacture of Food	656	592.30
饮料制造业	Manufacture of Beverage	214	431.10
烟草制品业	Tobacco Products	11	229.97
纺织业	Textile Industry	2494	1485.23
纺织服装、鞋、帽制造业	Manufacture of Textile Garments, Footwear and Headgear	2897	1390.70
皮革、毛皮、羽毛(绒)及其制品业	Leather, Fur, Feather, Down and Related Products	1494	978.59
木材加工及木、竹、藤、棕、草制品业	Timber Processing, Bamboo, Cane, Palm Fiber & Straw Products	503	311.99
家具制造业	Manufacture of Furniture	1090	670.98
造纸及纸制品业	Papermaking and Paper Products	1468	998.60
印刷业和记录媒介的复制	Printing and Record Medium Reproduction	1099	519.20
文教体育用品制造业	Manufacture of Cultural, Educational and Sports Articles	1037	736.64
石油加工、炼焦及核燃料加工业	Petroleum Refining, Coking and Nuclear Fuel Processing	95	1621.33
化学原料及化学制品制造业	Manufacture of Raw Chemical Materials and Chemical Products	2119	2578.28
医药制造业	Manufacture of Medicines	334	432.12
化学纤维制造业	Manufacture of Chemical Fibers	96	167.95
橡胶制品业	Rubber Products	469	275.38
塑料制品业	Plastic Products	3408	2023.69
非金属矿物制品业	Nonmetal Mineral Products	2325	1789.58
黑色金属冶炼及压延加工业	Smelting and Pressing of Ferrous Metals	327	1247.01
有色金属冶炼及压延加工业	Smelting and Pressing of Nonferrous Metals	675	1519.55
金属制品业	Metal Products	3879	2620.80
通用设备制造业	Manufacture of General-purpose Machinery	1485	1100.96
专用设备制造业	Manufacture of Special-purpose Machinery	1373	923.24
交通运输设备制造业	Manufacture of Transport Equipment	954	2943.41
电气机械及器材制造业	Manufacture of Electrical Machinery and Equipment	4344	6243.44
通信设备、计算机及其他电子设备制造业	Manufacture of Communication Equipment, Computers and Other Electronic Equipment	3649	13377.33
仪器仪表及文化、办公用机械制造业	Manufacture of Instruments, Meters and Machinery for Cultural and Office Use	687	1335.60
工艺品及其他制造业	Handicraft and Other Manufactures	1124	841.94
废弃资源和废旧材料回收工业	Recycling and Disposal of Waste	98	167.39
电力、热力的生产和供应业	Production and Supply of Electric Power and Heat Power	387	3351.63
燃气生产和供应业	Production and Supply of Gas	62	237.11
水的生产和供应业	Production and Supply of Water	276	199.88

注：工业增加值分行业按企业数汇总与总计不等。

Main Economic Indicators of Industrial Enterprises above Designated Size (2007)

(100 million yuan)

工业增加值 Value-added of Industry	年末资产总计 Total Assets at the Year-end	流动资产年平均余额 Average Balance of Circulating Funds	固定资产净值平均余额 Average Balance of Net Value of Fixed Assets	主营业务收入 Main Business Revenue	主营业务税金及附加 Tax and Extra Charges on Main Business	利润总额 Total Profits	利税总额 Total Pre-tax Profits	本年应交增值税 Value-added Tax Payable in Current Year	全部从业人员年平均人数(万人) Annual Average Number of Employed Persons (10000 persons)
14104.21	**39821.97**	**20955.34**	**12102.34**	**53927.94**	**436.67**	**3085.65**	**5105.93**	**1583.61**	**1307.40**
2825.86	9702.79	2864.22	4249.89	8258.85	234.93	926.24	1603.72	442.55	60.86
897.51	3060.49	749.24	1760.38	2779.77	104.78	217.94	488.63	165.91	24.51
156.65	408.12	185.60	159.20	500.99	4.40	21.42	43.48	17.66	28.66
41.17	107.77	62.70	31.69	141.78	0.90	5.50	10.90	4.51	5.33
4261.31	12715.46	6272.67	3390.61	15925.93	129.41	914.20	1610.36	566.75	337.90
3678.18	10559.01	6259.09	2959.39	16790.10	128.58	935.06	1458.30	394.67	289.72
4579.07	12113.26	6927.39	3574.46	16014.47	55.22	904.14	1337.95	378.59	561.47
5800.01	14254.08	8449.26	3764.42	20643.13	177.46	994.60	1789.44	617.39	737.25
8304.21	25567.89	12506.08	8337.92	33284.81	259.21	2091.05	3316.49	966.22	570.15
4082.70	12549.25	6335.76	3467.91	18342.15	189.40	1105.09	1778.21	483.72	222.34
5058.02	15181.04	8025.81	4836.83	18783.91	131.07	1085.49	1790.01	573.45	515.55
4963.48	12091.68	6593.77	3797.61	16801.88	116.19	895.07	1537.71	526.45	569.51
530.50	255.22	44.21	101.57	307.85	17.62	174.28	218.05	26.14	0.24
24.74	63.86	36.10	11.89	57.53	1.06	11.86	16.57	3.66	1.06
36.81	48.81	23.52	11.33	78.33	0.73	18.03	23.51	4.75	1.35
26.37	46.89	22.43	19.42	74.38	1.06	6.37	10.64	3.21	2.53
0.02	0.02	0.02		0.05			0.01		
253.42	625.88	386.50	138.52	1126.50	10.06	53.86	85.65	21.73	14.02
193.81	437.51	249.21	122.02	579.83	2.45	55.85	91.66	33.36	13.31
139.30	395.06	187.91	119.95	434.78	11.39	30.58	67.22	25.26	6.03
174.35	204.79	131.84	34.60	229.42	89.23	41.02	161.06	30.80	0.64
397.17	1093.26	573.84	403.29	1427.87	4.00	49.30	89.41	36.11	62.66
414.93	833.03	517.83	218.02	1334.03	6.22	43.86	86.20	36.12	100.23
288.06	596.97	382.75	145.42	961.44	2.75	27.43	50.24	20.05	84.53
78.83	219.44	118.84	58.56	295.81	2.21	19.30	30.83	9.31	8.75
162.14	394.75	249.26	99.72	652.58	3.39	22.77	41.31	15.14	31.89
252.37	942.76	453.70	324.35	959.46	3.88	42.81	77.40	30.71	24.96
154.50	528.93	284.99	184.45	498.22	2.30	26.66	45.89	16.93	21.51
210.53	471.18	286.26	135.64	703.80	1.73	22.91	39.83	15.19	56.96
280.22	510.38	190.23	263.70	1542.81	32.25	45.16	135.22	57.81	2.57
835.08	2000.64	1021.05	698.23	2527.12	6.57	257.60	406.48	142.30	27.16
152.94	492.98	273.03	119.35	382.89	2.03	37.79	63.20	23.38	8.25
44.60	136.46	63.02	57.46	163.84	1.15	9.57	13.90	3.18	2.12
73.37	235.87	116.44	80.62	269.43	1.20	6.93	15.83	7.70	13.92
512.37	1509.09	867.97	423.31	1979.18	7.35	92.55	143.84	43.94	73.32
513.95	1464.86	668.81	588.27	1694.24	9.00	101.46	172.35	61.89	52.45
241.83	848.39	399.58	307.82	1204.23	3.03	45.18	84.64	36.43	7.64
335.70	639.01	404.33	153.50	1467.74	7.67	55.84	97.19	33.68	13.23
640.80	1529.09	927.64	392.49	2565.86	15.36	102.39	192.39	74.64	78.72
271.78	793.09	480.35	196.80	1064.85	6.07	54.70	90.22	29.45	29.43
269.12	835.96	504.14	194.95	893.91	5.01	69.64	100.76	26.11	31.18
815.73	2013.35	1171.11	491.90	2934.49	108.63	279.65	498.61	110.33	33.09
1525.00	3752.57	2509.22	737.10	6098.38	19.77	240.84	405.53	144.93	160.94
2520.78	7735.87	5271.93	1502.60	13327.52	28.89	484.21	716.02	202.93	253.30
279.71	663.22	429.59	159.27	1323.79	0.92	50.13	66.37	15.32	34.34
181.83	439.27	283.54	81.92	824.61	2.33	26.74	45.05	15.99	32.86
38.80	62.23	43.16	9.05	164.21	0.62	4.41	8.48	3.45	1.66
1085.95	5886.31	1052.47	3036.41	3334.70	16.42	438.04	657.15	202.69	14.92
51.89	235.60	79.40	109.83	247.33	0.75	9.30	19.13	9.08	0.79
94.93	879.37	249.12	369.02	194.93	1.57	26.63	38.11	9.91	4.84

Note: The accumulative figure of value-added of industry by sector on the basis of number of enterprises is not equal to the provincial total.

12-15 规模以上国有及国有控股工业企业主要经济指标（2007年）

单位：亿元

项　　目	Item	企业单位数（个）Number of Enterprises (unit)	工业总产值（当年价）Gross Industrial Output Value (at current prices)
全省总计	**Provincial Total**	**1361**	**8603.94**
按轻重工业分	Grouped by Light and Heavy Industry		
轻 工 业	Light Industry	553	1376.77
重 工 业	Heavy Industry	808	7227.17
按企业规模分	Grouped by Size of Enterprises		
大型企业	Large	48	4825.16
中型企业	Medium	369	2491.50
小型企业	Small	944	1287.28
按行业分	Grouped by Sector		
煤炭开采和洗选业	Mining and Washing of Coal		
石油和天然气开采业	Extraction of Petroleum and Natural Gas	4	417.80
黑色金属矿采选业	Mining and Dressing of Ferrous Metal Ores	4	23.79
有色金属矿采选业	Mining and Dressing of Nonferrous Metal Ores	13	37.49
非金属矿采选业	Mining and Dressing of Nonmetal Ores	18	14.04
其他矿采选业	Mining and Dressing of Other Ores		
农副食品加工业	Processing of Farm and Sideline Food	88	115.46
食品制造业	Manufacture of Food	34	38.10
饮料制造业	Manufacture of Beverage	27	63.46
烟草制品业	Tobacco Products	8	227.66
纺织业	Textile Industry	38	37.28
纺织服装、鞋、帽制造业	Manufacture of Textile Garments, Footwear and Headgear	28	21.28
皮革、毛皮、羽毛(绒)及其制品业	Leather, Fur, Feather, Down and Related Products	1	0.12
木材加工及木、竹、藤、棕、草制品业	Timber Processing, Bamboo, Cane, Palm Fiber & Straw Products	8	4.79
家具制造业	Manufacture of Furniture	3	1.27
造纸及纸制品业	Papermaking and Paper Products	20	55.62
印刷业和记录媒介的复制	Printing and Record Medium Reproduction	52	33.55
文教体育用品制造业	Manufacture of Cultural, Educational and Sports Articles	11	12.54
石油加工、炼焦及核燃料加工业	Petroleum Refining, Coking and Nuclear Fuel Processing	7	1163.79
化学原料及化学制品制造业	Manufacture of Raw Chemical Materials and Chemical Products	69	351.90
医药制造业	Manufacture of Medicines	47	110.74
化学纤维制造业	Manufacture of Chemical Fibers	1	10.58
橡胶制品业	Rubber Products	16	48.55
塑料制品业	Plastic Products	25	25.42
非金属矿物制品业	Nonmetal Mineral Products	76	83.79
黑色金属冶炼及压延加工业	Smelting and Pressing of Ferrous Metals	15	321.36
有色金属冶炼及压延加工业	Smelting and Pressing of Nonferrous Metals	18	124.14
金属制品业	Metal Products	48	105.58
通用设备制造业	Manufacture of General-purpose Machinery	37	57.20
专用设备制造业	Manufacture of Special-purpose Machinery	42	68.57
交通运输设备制造业	Manufacture of Transport Equipment	77	1138.20
电气机械及器材制造业	Manufacture of Electrical Machinery and Equipment	69	484.36
通信设备、计算机及其他电子设备制造业	Manufacture of Communication Equipment, Computers and Other Electronic Equipment	93	198.24
仪器仪表及文化、办公用机械制造业	Manufacture of Instruments, Meters and Machinery for Cultural and Office Use	22	27.35
工艺品及其他制造业	Handicraft and Other Manufactures	15	3.61
废弃资源和废旧材料回收加工业	Recycling and Disposal of Waste	1	1.37
电力、热力的生产和供应业	Production and Supply of Electric Power and Heat Power	225	2974.80
燃气生产和供应业	Production and Supply of Gas	14	120.00
水的生产和供应业	Production and Supply of Water	87	80.11

Main Economic Indicators of State-owned and State-controlled Industrial Enterprises above Designated Size (2007)

(100 million yuan)

工业增加值 Value-added of Industry	年末资产总计 Total Assets at the Year-end	流动资产年平均余额 Average Balance of Circulating Funds	固定资产净值平均余额 Average Balance of Net Value of Fixed Assets	主营业务收入 Main Business Revenue	主营业务税金及附加 Tax and Extra Charges on Main Business	利润总额 Total Profits	利税总额 Total Pre-tax Profits	本年应交增值税 Value-added Tax Payable in Current Year	全部从业人员年平均人数(万人) Annual Average Number of Employed Persons (10000 persons)
2825.86	**9702.79**	**2864.22**	**4249.89**	**8258.85**	**234.93**	**926.24**	**1603.72**	**442.55**	**60.86**
517.57	1594.83	769.42	478.81	1307.34	100.03	109.52	284.86	75.31	20.35
2308.29	8107.96	2094.80	3771.08	6951.51	134.90	816.72	1318.86	367.24	40.51
1266.82	5039.03	1244.16	1930.72	4682.91	157.27	455.75	828.71	215.69	20.05
819.28	3085.51	1110.87	1525.82	2499.89	56.22	248.28	467.45	162.94	26.36
739.76	1578.26	509.18	793.35	1076.05	21.43	222.21	307.56	63.91	14.44
410.95	118.10	10.13	0.70	215.07	13.55	136.29	170.67	20.83	0.19
13.67	42.84	26.51	5.87	22.71	0.51	7.35	9.54	1.69	0.36
23.14	32.58	13.79	7.28	42.80	0.37	13.37	16.26	2.51	0.73
6.90	14.27	5.96	5.69	13.12	0.17	0.79	1.74	0.77	0.83
23.31	63.73	31.80	20.94	116.66	0.77	6.19	10.10	3.14	1.26
11.20	41.51	22.44	13.23	38.55	0.17	2.28	4.05	1.60	0.96
22.56	93.48	32.02	23.03	65.12	4.17	4.94	13.56	4.45	1.01
173.82	199.47	130.65	30.95	227.19	89.22	40.82	160.81	30.77	0.62
10.13	49.83	20.13	16.98	32.96	0.12	0.38	1.57	1.07	1.87
12.34	9.46	6.14	1.76	14.32	0.59	1.54	2.92	0.78	1.08
0.04	0.20	0.05	0.10	0.12			0.01	0.01	0.01
1.33	3.66	1.24	2.09	4.47	0.06	0.17	0.62	0.39	0.12
0.48	1.85	0.46	1.29	1.16		-0.07	0.02	0.09	0.06
11.11	138.63	49.59	54.90	55.78	0.11	-0.24	2.03	2.15	0.97
15.95	43.78	21.41	18.06	28.33	0.10	2.82	4.66	1.73	1.02
3.64	16.86	10.41	4.52	12.65	0.12	0.48	0.99	0.39	0.42
176.22	347.67	96.19	213.37	1114.11	27.24	30.99	107.98	49.76	1.41
115.19	464.94	107.43	334.20	349.82	0.36	29.87	66.09	35.87	2.18
43.65	180.97	103.40	35.05	105.82	0.65	13.27	22.19	8.27	2.13
3.03	7.05	3.97	2.60	10.72		1.78	2.34	0.56	0.03
11.22	57.43	23.48	27.75	50.16	0.23	1.41	2.26	0.62	1.13
6.62	24.17	12.82	8.54	29.10	0.06	0.65	1.50	0.79	0.68
26.58	110.23	42.86	50.67	80.77	0.27	6.68	11.05	4.10	1.83
54.38	331.48	131.24	155.84	317.91	0.90	10.79	25.30	13.61	2.04
17.79	65.08	38.28	19.80	109.38	0.28	3.17	6.68	3.24	0.85
20.00	68.95	38.90	16.56	107.75	0.42	2.32	3.99	1.25	1.86
13.07	71.77	42.33	17.59	59.31	0.25	3.40	5.10	1.44	1.57
22.89	79.22	42.26	14.17	63.96	0.28	10.43	13.53	2.83	1.64
347.25	778.51	488.47	168.25	1138.23	74.26	136.40	257.88	47.21	4.91
116.10	345.76	223.43	36.33	430.68	2.09	19.08	31.97	10.80	4.87
65.83	292.86	132.96	54.04	200.58	0.49	14.02	18.91	4.40	5.22
9.36	38.68	27.78	3.44	27.51	0.15	3.97	5.37	1.26	0.62
1.51	3.31	1.84	1.31	3.69	0.03	0.18	0.48	0.27	0.24
0.34	0.28	0.27	0.03	1.37	0.01	0.15	0.18	0.02	0.01
966.43	5095.53	822.13	2598.74	2970.33	15.92	408.85	600.60	175.82	12.86
27.53	154.25	38.00	89.74	119.00	0.32	7.39	10.89	3.18	0.48
40.31	314.39	63.45	194.50	77.66	0.68	4.32	9.89	4.89	2.80

12-16 规模以上集体工业企业主要经济指标（2007年）

单位：亿元

项　　目	Item	企业单位数（个）Number of Enterprises (unit)	工业总产值（当年价）Gross Industrial Output Value (at current prices)
全省总计	**Provincial Total**	**961**	**521.63**
按轻重工业分	Grouped by Light and Heavy Industry		
轻 工 业	Light Industry	525	296.00
重 工 业	Heavy Industry	436	225.63
按企业规模分	Grouped by Size of Enterprises		
大型企业	Large	2	41.34
中型企业	Medium	48	148.32
小型企业	Small	911	331.98
按行业分	Grouped by Sector		
煤炭开采和洗选业	Mining and Washing of Coal		
石油和天然气开采业	Extraction of Petroleum and Natural Gas		
黑色金属矿采选业	Mining and Dressing of Ferrous Metal Ores	5	1.92
有色金属矿采选业	Mining and Dressing of Nonferrous Metal Ores		
非金属矿采选业	Mining and Dressing of Nonmetal Ores	39	15.08
其他矿采选业	Mining and Dressing of Other Ores		
农副食品加工业	Processing of Farm and Sideline Food	27	15.96
食品制造业	Manufacture of Food	19	5.46
饮料制造业	Manufacture of Beverage	4	1.65
烟草制品业	Tobacco Products		
纺织业	Textile Industry	63	31.97
纺织服装、鞋、帽制造业	Manufacture of Textile Garments, Footwear and Headgear	47	15.24
皮革、毛皮、羽毛(绒)及其制品业	Leather, Fur, Feather, Down and Related Products	36	36.37
木材加工及木、竹、藤、棕、草制品业	Timber Processing, Bamboo, Cane, Palm Fiber & Straw Products	6	1.39
家具制造业	Manufacture of Furniture	7	1.93
造纸及纸制品业	Papermaking and Paper Products	42	21.40
印刷业和记录媒介的复制	Printing and Record Medium Reproduction	22	5.66
文教体育用品制造业	Manufacture of Cultural, Educational and Sports Articles	20	44.06
石油加工、炼焦及核燃料加工业	Petroleum Refining, Coking and Nuclear Fuel Processing	1	0.52
化学原料及化学制品制造业	Manufacture of Raw Chemical Materials and Chemical Products	45	18.39
医药制造业	Manufacture of Medicines	4	4.34
化学纤维制造业	Manufacture of Chemical Fibers	3	1.81
橡胶制品业	Rubber Products	13	2.59
塑料制品业	Plastic Products	55	17.33
非金属矿物制品业	Nonmetal Mineral Products	95	42.36
黑色金属冶炼及压延加工业	Smelting and Pressing of Ferrous Metals	5	8.53
有色金属冶炼及压延加工业	Smelting and Pressing of Nonferrous Metals	15	15.72
金属制品业	Metal Products	79	24.83
通用设备制造业	Manufacture of General-purpose Machinery	31	11.30
专用设备制造业	Manufacture of Special-purpose Machinery	18	5.53
交通运输设备制造业	Manufacture of Transport Equipment	24	7.09
电气机械及器材制造业	Manufacture of Electrical Machinery and Equipment	58	28.17
通信设备、计算机及其他电子设备制造业	Manufacture of Communication Equipment, Computers and Other Electronic Equipment	27	17.58
仪器仪表及文化、办公用机械制造业	Manufacture of Instruments, Meters and Machinery for Cultural and Office Use	10	18.11
工艺品及其他制造业	Handicraft and Other Manufactures	21	10.76
废弃资源和废旧材料回收工业	Recycling and Disposal of Waste	3	6.85
电力、热力的生产和供应业	Production and Supply of Electric Power and Heat Power	13	34.98
燃气生产和供应业	Production and Supply of Gas	1	1.43
水的生产和供应业	Production and Supply of Water	103	45.33

Main Economic Indicators of Collective-owned Industrial Enterprises above Designated Size (2007)

(100 million yuan)

工业增加值 Value-added of Industry	年末资产总计 Total Assets at the Year-end	流动资产年平均余额 Average Balance of Circulating Funds	固定资产净值平均余额 Average Balance of Net Value of Fixed Assets	主营业务收入 Main Business Revenue	主营业务税金及附加 Tax and Extra Charges on Main Business	利润总额 Total Profits	利税总额 Total Pre-tax Profits	本年应交增值税 Value-added Tax Payable in Current Year	全部从业人员年平均人数(万人) Annual Average Number of Employed Persons (10000 persons)
156.65	**408.12**	**185.60**	**159.20**	**500.99**	**4.40**	**21.42**	**43.48**	**17.66**	**28.66**
96.17	237.16	104.19	89.54	284.59	2.45	17.28	31.21	11.47	17.54
60.48	170.95	81.41	69.66	216.40	1.96	4.13	12.27	6.18	11.12
16.21	22.29	9.98	2.69	38.81	0.14	6.81	11.01	4.07	0.90
43.07	156.57	63.79	66.06	143.43	1.14	0.59	5.31	3.58	10.72
97.36	229.26	111.83	90.45	318.75	3.13	14.02	27.16	10.01	17.04
0.47	0.71	0.32	0.43	1.90	0.05	0.12	0.23	0.06	0.02
4.35	4.78	2.85	1.68	14.56	0.36	0.81	1.58	0.41	0.34
2.82	6.21	4.23	1.57	15.17	0.09	0.25	0.71	0.38	0.20
1.63	4.16	2.55	1.26	5.36	0.01	0.21	0.48	0.25	0.16
0.52	1.11	0.45	0.50	1.62	0.01	0.04	0.13	0.08	0.08
8.12	10.02	6.90	2.87	31.01	0.11	1.31	1.87	0.44	1.52
4.11	5.88	4.24	1.14	14.49	0.15	0.15	0.62	0.32	1.29
10.56	8.47	7.09	1.01	35.70	0.13	0.64	0.94	0.16	4.54
0.33	0.46	0.35	0.11	1.37		0.07	0.10	0.03	0.06
0.49	0.66	0.61	0.05	1.85	0.01	0.18	0.20	0.01	0.11
5.23	12.31	6.53	4.01	20.84	0.79	0.62	2.44	1.02	0.70
1.70	2.93	1.81	0.84	5.09	0.03	0.41	0.61	0.17	0.20
18.42	10.38	6.50	1.79	42.22	0.02	7.68	11.77	4.06	1.61
0.19	0.21	0.12	0.01	0.52	0.03	0.05	0.09		
3.96	8.75	5.44	2.56	18.52	0.10	0.99	1.55	0.46	0.42
1.25	2.19	1.35	0.30	3.77	0.04	0.22	0.43	0.17	0.07
0.38	0.43	0.41	0.26	1.83	0.01	0.07	0.14	0.06	0.03
0.71	1.67	0.87	0.31	2.53	0.04	0.08	0.23	0.11	0.14
4.19	7.48	5.05	2.06	16.02	0.19	0.55	1.17	0.43	0.95
10.88	40.56	17.04	19.80	39.71	0.30	1.09	2.99	1.60	1.61
1.56	3.14	0.62	0.92	8.26	0.08	0.69	0.98	0.21	0.16
3.97	3.91	3.21	0.81	16.01	0.03	1.26	1.58	0.29	0.27
6.47	13.04	8.71	3.60	23.97	0.27	0.71	1.70	0.72	1.13
4.12	5.55	3.60	1.26	10.81	0.28	0.10	0.79	0.41	0.56
1.53	2.90	1.65	0.84	5.55	0.04	0.26	0.46	0.16	0.23
1.83	7.37	3.59	0.92	7.18	0.04	0.16	0.40	0.20	0.36
8.83	27.77	13.55	4.98	25.40	0.35	0.02	1.09	0.72	2.87
9.93	14.11	5.29	5.57	17.88	0.12	0.48	0.96	0.35	5.60
4.47	4.38	3.61	1.21	17.73	0.01	0.15	0.27	0.11	1.05
2.87	2.84	2.17	0.61	10.72	0.06	0.24	0.49	0.19	0.88
1.71	2.03	1.54	0.07	6.61	0.02	0.80	0.91	0.09	0.05
6.31	61.45	25.21	30.88	32.06	0.07	-3.29	-2.15	1.06	0.28
0.38	0.32	0.30	0.03	1.44	0.01	0.01	0.10	0.09	
22.37	129.95	37.85	64.94	43.30	0.55	4.24	7.64	2.85	1.15

12-17 规模以上股份合作工业企业主要经济指标(2007年)

单位：亿元

项 目	Item	企业单位数(个) Number of Enterprises (unit)	工业总产值(当年价) Gross Industrial Output Value (at current prices)
全省总计	**Provincial Total**	**286**	**144.31**
按轻重工业分	Grouped by Light & Heavy Industry		
轻 工 业	Light Industry	152	74.04
重 工 业	Heavy Industry	134	70.27
按企业规模分	Grouped by Size of Enterprises		
大型企业	Large	1	14.89
中型企业	Medium	11	33.03
小型企业	Small	274	96.39
按行业分	Grouped by Sector		
煤炭开采和洗选业	Mining and Washing of Coal		
石油和天然气开采业	Extraction of Petroleum and Natural Gas		
黑色金属矿采选业	Mining and Dressing of Ferrous Metal Ores		
有色金属矿采选业	Mining and Dressing of Nonferrous Metal Ores		
非金属矿采选业	Mining and Dressing of Nonmetal Ores		
其他矿采选业	Mining and Dressing of Other Ores		
农副食品加工业	Processing of Farm and Sideline Food	8	7.01
食品制造业	Manufacture of Food	4	0.30
饮料制造业	Manufacture of Beverage	2	0.12
烟草制品业	Tobacco Products		
纺织业	Textile Industry	16	5.47
纺织服装、鞋、帽制造业	Manufacture of Textile Garments, Footwear and Headgear	16	8.41
皮革、毛皮、羽毛(绒)及其制品业	Leather, Fur, Feather, Down and Related Products		
木材加工及木、竹、藤、棕、草制品业	Timber Processing, Bamboo, Cane, Palm Fiber & Straw Products		
家具制造业	Manufacture of Furniture	5	1.69
造纸及纸制品业	Papermaking and Paper Products	10	1.61
印刷业和记录媒介的复制	Printing and Record Medium Reproduction	18	3.09
文教体育用品制造业	Manufacture of Cultural, Educational and Sports Articles	3	0.67
石油加工、炼焦及核燃料加工业	Petroleum Refining, Coking and Nuclear Fuel Processing		
化学原料及化学制品制造业	Manufacture of Raw Chemical Materials and Chemical Products	19	7.77
医药制造业	Manufacture of Medicines	5	2.16
化学纤维制造业	Manufacture of Chemical Fibers	1	0.14
橡胶制品业	Rubber Products	3	0.50
塑料制品业	Plastic Products	17	4.47
非金属矿物制品业	Nonmetal Mineral Products	14	7.42
黑色金属冶炼及压延加工业	Smelting and Pressing of Ferrous Metals		
有色金属冶炼及压延加工业	Smelting and Pressing of Nonferrous Metals	10	6.80
金属制品业	Metal Products	37	39.46
通用设备制造业	Manufacture of General-purpose Machinery	19	3.90
专用设备制造业	Manufacture of Special-purpose Machinery	12	3.42
交通运输设备制造业	Manufacture of Transport Equipment	8	1.72
电气机械及器材制造业	Manufacture of Electrical Machinery and Equipment	26	24.26
通信设备、计算机及其他电子设备制造业	Manufacture of Communication Equipment, Computers and Other Electronic Equipment	9	3.19
仪器仪表及文化、办公用机械制造业	Manufacture of Instruments, Meters and Machinery for Cultural and Office Use	3	1.26
工艺品及其他制造业	Handicraft and Other Manufactures	7	3.48
废弃资源和废旧材料回收工业	Recycling and Disposal of Waste		
电力、热力的生产和供应业	Production and Supply of Electric Power and Heat Power	10	5.25
燃气生产和供应业	Production and Supply of Gas	2	0.62
水的生产和供应业	Production and Supply of Water	2	0.11

Main Economic Indicators of Share-holding Cooperative Industrial Enterprises above Designated Size (2007)

(100 million yuan)

工业增加值 Value-added of Industry	年末资产总计 Total Assets at the Year-end	流动资产年平均余额 Average Balance of Circulating Funds	固定资产净值平均余额 Average Balance of Net Value of Fixed Assets	主营业务收入 Main Business Revenue	主营业务税金及附加 Tax and Extra Charges on Main Business	利润总额 Total Profits	利税总额 Total Pre-tax Profits	本年应交增值税 Value-added Tax Payable in Current Year	全部从业人员年平均人数(万人) Annual Average Number of Employed Persons (10000 persons)
41.17	**107.77**	**62.70**	**31.69**	**141.78**	**0.90**	**5.50**	**10.90**	**4.51**	**5.33**
22.49	58.03	36.80	14.99	71.85	0.45	2.71	5.17	2.02	3.52
18.67	49.74	25.90	16.70	69.93	0.45	2.79	5.73	2.49	1.81
6.79	28.93	17.97	8.05	13.59	0.09	1.43	1.67	0.16	0.90
9.88	19.55	10.76	4.27	32.84	0.25	1.74	3.00	1.02	1.31
24.49	59.29	33.96	19.37	95.35	0.56	2.33	6.23	3.33	3.12
1.79	3.01	1.70	0.43	5.83	0.01	0.01	0.43	0.42	0.08
0.07	0.25	0.12	0.13	0.29			0.02	0.01	0.02
0.02	0.14	0.05	0.08	0.12			0.01		0.01
1.37	2.24	1.30	0.96	5.01	0.02	0.11	0.23	0.11	0.18
2.44	2.92	2.24	0.77	8.15	0.06	0.17	0.45	0.22	0.54
0.40	0.62	0.56	0.15	1.61	0.01	0.06	0.11	0.04	0.08
0.50	1.02	0.57	0.35	1.59	0.03	0.02	0.19	0.14	0.06
0.76	1.63	1.15	0.44	3.22	0.03	0.08	0.22	0.12	0.10
0.16	0.27	0.17	0.05	0.61		0.01	0.03	0.02	0.05
1.89	6.84	5.26	1.34	7.72	0.08	0.40	0.83	0.35	0.23
0.65	1.67	0.77	0.71	1.99	0.05		0.15	0.10	0.11
0.04	0.11	0.09	0.03	0.14			0.01		0.01
0.13	0.14	0.12	0.02	0.50		0.02	0.02	0.01	0.01
0.91	3.04	2.46	0.47	4.42	0.02	0.14	0.31	0.15	0.20
1.99	3.80	2.29	0.85	7.40	0.04	0.29	0.55	0.22	0.28
1.79	2.65	1.45	0.95	6.86	0.03	0.24	0.46	0.18	0.12
8.74	17.22	12.05	3.75	39.81	0.10	1.36	2.42	0.97	0.73
1.39	3.10	1.64	0.89	3.36	0.03	0.08	0.23	0.12	0.18
0.89	2.16	1.34	0.63	3.17	0.01	0.04	0.15	0.10	0.17
0.64	1.41	0.72	0.37	1.70	0.01	0.16	0.23	0.06	0.09
10.10	38.96	22.13	10.18	22.49	0.29	1.96	2.82	0.57	1.26
0.70	1.23	0.97	0.18	3.11	0.01	0.02	0.12	0.09	0.06
0.22	0.53	0.47	0.02	1.27		0.05	0.09	0.04	0.05
1.41	1.72	0.86	0.43	3.55	0.01	0.04	0.11	0.06	0.57
2.00	9.83	1.90	7.04	5.01	0.05	0.24	0.70	0.41	0.10
0.12	0.37	0.14	0.09	2.73		0.02	0.04	0.02	0.03
0.04	0.90	0.22	0.38	0.12		-0.04	-0.03		0.01

12-18 规模以上股份制工业企业主要经济指标（2007年）

单位：亿元

项　　目	Item	企业单位数（个）Number of Enterprises (unit)	工业总产值（当年价）Gross Industrial Output Value (at current prices)
全省总计	**Provincial Total**	**17041**	**16204.56**
按轻重工业分	Grouped by Light and Heavy Industry		
轻 工 业	Light Industry	9343	6762.10
重 工 业	Heavy Industry	7698	9442.46
按企业规模分	Grouped by Size of Enterprises		
大型企业	Large	54	4732.72
中型企业	Medium	1330	4495.29
小型企业	Small	15657	6976.54
按行业分	Grouped by Sector		
煤炭开采和洗选业	Mining and Washing of Coal		
石油和天然气开采业	Extraction of Petroleum and Natural Gas	1	0.07
黑色金属矿采选业	Mining and Dressing of Ferrous Metal Ores	42	50.67
有色金属矿采选业	Mining and Dressing of Nonferrous Metal Ores	34	57.36
非金属矿采选业	Mining and Dressing of Nonmetal Ores	73	26.06
其他矿采选业	Mining and Dressing of Other Ores		
农副食品加工业	Processing of Farm and Sideline Food	373	483.74
食品制造业	Manufacture of Food	317	129.09
饮料制造业	Manufacture of Beverage	110	77.62
烟草制品业	Tobacco Products	5	3.48
纺织业	Textile Industry	891	396.08
纺织服装、鞋、帽制造业	Manufacture of Textile Garments, Footwear and Headgear	951	419.94
皮革、毛皮、羽毛(绒)及其制品业	Leather, Fur, Feather, Down and Related Products	421	143.52
木材加工及木、竹、藤、棕、草制品业	Timber Processing, Bamboo, Cane, Palm Fiber & Straw Products	218	168.09
家具制造业	Manufacture of Furniture	451	196.50
造纸及纸制品业	Papermaking and Paper Products	679	298.03
印刷业和记录媒介的复制	Printing and Record Medium Reproduction	582	187.40
文教体育用品制造业	Manufacture of Cultural, Educational and Sports Articles	272	112.55
石油加工、炼焦及核燃料加工业	Petroleum Refining, Coking and Nuclear Fuel Processing	55	1361.30
化学原料及化学制品制造业	Manufacture of Raw Chemical Materials and Chemical Products	1025	666.70
医药制造业	Manufacture of Medicines	181	233.09
化学纤维制造业	Manufacture of Chemical Fibers	28	76.98
橡胶制品业	Rubber Products	152	95.72
塑料制品业	Plastic Products	1282	592.68
非金属矿物制品业	Nonmetal Mineral Products	1175	930.81
黑色金属冶炼及压延加工业	Smelting and Pressing of Ferrous Metals	160	490.85
有色金属冶炼及压延加工业	Smelting and Pressing of Nonferrous Metals	333	702.74
金属制品业	Metal Products	1636	861.09
通用设备制造业	Manufacture of General-purpose Machinery	685	371.60
专用设备制造业	Manufacture of Special-purpose Machinery	604	292.47
交通运输设备制造业	Manufacture of Transport Equipment	362	367.59
电气机械及器材制造业	Manufacture of Electrical Machinery and Equipment	1947	2931.30
通信设备、计算机及其他电子设备制造业	Manufacture of Communication Equipment, Computers and Other Electronic Equipment	1147	2208.91
仪器仪表及文化、办公用机械制造业	Manufacture of Instruments, Meters and Machinery for Cultural and Office Use	172	93.48
工艺品及其他制造业	Handicraft and Other Manufactures	380	356.95
废弃资源和废旧材料回收工业	Recycling and Disposal of Waste	66	128.17
电力、热力的生产和供应业	Production and Supply of Electric Power and Heat Power	122	623.04
燃气生产和供应业	Production and Supply of Gas	23	23.09
水的生产和供应业	Production and Supply of Water	86	45.81

Main Economic Indicators of Share-holding Industrial Enterprises above Designated Size (2007)

(100 million yuan)

工业增加值 Value-added of Industry	年末资产总计 Total Assets at the Year-end	流动资产年平均余额 Average Balance of Circulating Funds	固定资产净值平均余额 Average Balance of Net Value of Fixed Assets	主营业务收入 Main Business Revenue	主营业务税金及附加 Tax and Extra Charges on Main Business	利润总额 Total Profits	利税总额 Total Pre-tax Profits	本年应交增值税 Value-added Tax Payable in Current Year	全部从业人员年平均人数(万人) Annual Average Number of Employed Persons (10000 persons)
4261.31	**12715.46**	**6272.67**	**3390.61**	**15925.93**	**129.41**	**914.20**	**1610.36**	**566.75**	**337.90**
1723.48	4188.65	2553.12	976.45	6587.39	42.11	267.57	498.68	189.00	182.41
2537.83	8526.81	3719.55	2414.16	9338.55	87.29	646.64	1111.68	377.75	155.49
1270.69	4873.77	2065.68	1045.67	4832.14	52.13	346.56	595.55	196.86	38.51
1176.63	3433.50	1867.30	919.22	4333.54	25.17	256.37	424.57	143.04	96.67
1813.98	4408.20	2339.69	1425.72	6760.25	52.11	311.27	590.23	226.85	202.72
0.03	0.05	0.02		0.07			0.01		0.01
21.43	58.71	33.33	9.98	48.73	0.87	10.38	14.39	3.14	0.84
33.39	39.98	18.06	9.58	54.33	0.66	16.58	21.58	4.34	1.11
8.56	15.04	7.20	5.94	23.24	0.34	2.47	3.68	0.87	0.74
111.53	268.52	161.71	59.57	468.79	5.53	18.15	33.08	9.40	6.25
33.83	90.67	51.53	26.75	124.90	0.95	6.43	12.22	4.85	4.19
24.45	66.26	36.84	18.27	72.56	4.29	2.12	9.80	3.39	1.98
1.40	8.23	1.97	5.47	3.37	0.03	0.41	0.64	0.20	0.05
104.38	249.14	122.03	90.62	381.28	1.70	15.12	28.82	12.00	15.77
119.45	217.12	132.46	53.92	399.87	2.81	14.81	31.46	13.84	21.47
38.00	67.39	42.50	15.78	139.41	1.40	4.33	9.43	3.70	10.11
41.88	110.18	55.59	26.34	159.66	1.62	12.06	18.12	4.44	3.19
48.32	93.37	60.87	19.09	190.57	1.23	7.49	13.74	5.02	8.51
69.48	210.78	110.34	66.30	287.02	1.95	10.02	23.36	11.39	8.68
51.05	167.20	89.48	58.63	179.70	1.72	8.69	16.76	6.35	6.89
29.04	73.62	42.33	21.85	105.96	0.47	4.69	8.14	2.99	5.88
223.43	419.88	133.46	237.37	1308.51	28.10	39.79	122.01	54.11	2.11
155.46	466.22	264.15	111.07	673.42	3.68	41.38	66.07	21.01	10.73
85.07	309.29	172.00	67.65	213.67	1.61	19.27	33.21	12.33	4.72
15.92	49.64	23.05	22.96	80.21	0.87	0.75	2.62	1.00	0.88
23.76	86.76	37.04	32.81	93.47	0.70	2.46	5.99	2.83	2.96
143.56	441.71	230.87	108.87	587.97	3.99	27.61	47.76	16.17	17.62
260.31	596.79	288.55	228.31	879.54	5.83	46.37	81.49	29.30	25.40
125.15	318.08	140.97	130.19	455.29	1.82	34.99	53.46	16.66	4.22
162.42	262.50	162.77	68.50	674.97	3.78	25.08	46.74	17.88	6.89
221.03	404.63	246.45	99.24	832.51	6.15	37.83	74.70	30.72	25.85
93.38	265.55	159.54	61.77	357.69	2.31	15.16	28.83	11.35	11.62
87.62	268.49	153.74	54.22	280.29	3.58	20.01	33.45	9.87	9.73
81.31	302.52	192.70	49.11	364.57	3.83	17.91	28.65	6.91	8.36
738.14	1633.46	1129.57	271.93	2895.67	11.32	119.63	204.83	73.88	52.32
685.79	2066.83	1420.13	242.84	2337.43	19.54	122.01	254.19	112.64	43.22
29.20	116.10	75.94	13.90	90.24	0.36	9.18	13.01	3.46	3.34
63.02	119.42	83.33	17.98	343.96	1.04	7.37	14.14	5.74	7.27
30.55	46.84	33.53	5.80	126.43	0.43	2.11	5.39	2.85	1.27
271.65	2656.48	319.81	999.69	621.68	4.08	185.30	237.97	48.60	2.60
8.58	18.76	6.24	8.98	23.18	0.47	1.54	3.08	1.07	0.13
19.71	129.27	32.59	69.32	45.79	0.36	4.70	7.54	2.48	1.00

12-19 规模以上"三资"工业企业主要经济指标（2007年）

单位：亿元

项目	Item	企业单位数（个）Number of Enterprises (unit)	工业总产值（当年价）Gross Industrial Output Value (at current prices)
全省总计	**Provincial Total**	**18107**	**33735.98**
按经济类型分	Grouped by Ownership		
外商投资工业	Foreign-funded Industry	5206	17042.05
港澳台投资工业	Industry with Funds from Hong Kong, Macao and Taiwan	12901	16693.94
按轻重工业分	Grouped by Light and Heavy Industry		
轻 工 业	Light Industry	10555	12670.89
重 工 业	Heavy Industry	7552	21065.09
按企业规模分	Grouped by Size of Enterprises		
大型企业	Large	308	11998.03
中型企业	Medium	4012	13408.92
小型企业	Small	13787	8329.03
按行业分	Grouped by Sector		
煤炭开采和洗选业	Mining and Washing of Coal		
石油和天然气开采业	Extraction of Petroleum and Natural Gas	5	573.35
黑色金属矿采选业	Mining and Dressing of Ferrous Metal Ores	2	1.19
有色金属矿采选业	Mining and Dressing of Nonferrous Metal Ores	3	0.98
非金属矿采选业	Mining and Dressing of Nonmetal Ores	27	9.77
其他矿采选业	Mining and Dressing of Other Ores		
农副食品加工业	Processing of Farm and Sideline Food	230	541.91
食品制造业	Manufacture of Food	244	428.19
饮料制造业	Manufacture of Beverage	79	342.35
烟草制品业	Tobacco Products		
纺织业	Textile Industry	1090	895.96
纺织服装、鞋、帽制造业	Manufacture of Textile Garments, Footwear and Headgear	1568	837.73
皮革、毛皮、羽毛(绒)及其制品业	Leather, Fur, Feather, Down and Related Products	908	761.00
木材加工及木、竹、藤、棕、草制品业	Timber Processing, Bamboo, Cane, Palm Fiber & Straw Products	161	117.48
家具制造业	Manufacture of Furniture	484	419.60
造纸及纸制品业	Papermaking and Paper Products	474	608.82
印刷业和记录媒介的复制	Printing and Record Medium Reproduction	276	277.30
文教体育用品制造业	Manufacture of Cultural, Educational and Sports Articles	668	560.71
石油加工、炼焦及核燃料加工业	Petroleum Refining, Coking and Nuclear Fuel Processing	25	209.30
化学原料及化学制品制造业	Manufacture of Raw Chemical Materials and Chemical Products	789	1785.03
医药制造业	Manufacture of Medicines	120	180.90
化学纤维制造业	Manufacture of Chemical Fibers	54	86.07
橡胶制品业	Rubber Products	245	160.80
塑料制品业	Plastic Products	1536	1272.10
非金属矿物制品业	Nonmetal Mineral Products	597	639.29
黑色金属冶炼及压延加工业	Smelting and Pressing of Ferrous Metals	98	709.13
有色金属冶炼及压延加工业	Smelting and Pressing of Nonferrous Metals	182	701.31
金属制品业	Metal Products	1327	1395.86
通用设备制造业	Manufacture of General-purpose Machinery	522	605.83
专用设备制造业	Manufacture of Special-purpose Machinery	615	576.40
交通运输设备制造业	Manufacture of Transport Equipment	457	2483.26
电气机械及器材制造业	Manufacture of Electrical Machinery and Equipment	1834	3073.41
通信设备、计算机及其他电子设备制造业	Manufacture of Communication Equipment, Computers and Other Electronic Equipment	2307	11075.74
仪器仪表及文化、办公用机械制造业	Manufacture of Instruments, Meters and Machinery for Cultural and Office Use	483	1213.40
工艺品及其他制造业	Handicraft and Other Manufactures	567	413.40
废弃资源和废旧材料回收工业	Recycling and Disposal of Waste	15	20.27
电力、热力的生产和供应业	Production and Supply of Electric Power and Heat Power	79	513.67
燃气生产和供应业	Production and Supply of Gas	25	192.92
水的生产和供应业	Production and Supply of Water	11	51.55

Main Economic Indicators of Foreign-funded Industrial Enterprises above Designated Size (2007)

(100 million yuan)

工业增加值 Value-added of Industry	年末资产总计 Total Assets at the Year-end	流动资产年平均余额 Average Balance of Circulating Funds	固定资产净值平均余额 Average Balance of Net Value of Fixed Assets	主营业务收入 Main Business Revenue	主营业务税金及附加 Tax and Extra Charges on Main Business	利润总额 Total Profits	利税总额 Total Pre-tax Profits	本年应交增值税 Value-added Tax Payable in Current Year	全部从业人员年平均人数(万人) Annual Average Number of Employed Persons (10000 persons)
8257.25	**22672.26**	**13186.48**	**6533.86**	**32804.57**	**183.80**	**1839.19**	**2796.25**	**773.25**	**851.19**
3678.18	10559.01	6259.09	2959.39	16790.10	128.58	935.06	1458.30	394.67	289.72
4579.07	12113.26	6927.39	3574.46	16014.47	55.22	904.14	1337.95	378.59	561.47
3447.64	8772.32	5244.89	2346.81	12328.97	33.89	613.48	994.41	347.03	487.46
4809.61	13899.94	7941.59	4187.05	20475.60	149.91	1225.71	1801.84	426.22	363.73
2291.64	5999.26	3902.56	1413.34	11788.83	88.31	616.26	896.15	191.58	175.75
3437.33	10327.00	5701.99	3229.72	13120.51	51.64	739.97	1147.54	355.93	389.23
2528.29	6346.00	3581.92	1890.80	7895.22	43.85	482.97	752.57	225.75	286.22
529.60	254.36	43.82	101.30	306.50	17.58	174.10	217.81	26.13	0.08
0.46	1.02	0.43	0.48	1.17	0.01	0.19	0.26	0.06	0.03
0.28	0.35	0.31	0.03	0.98	0.01	0.16	0.24	0.08	0.01
3.46	7.88	4.04	3.24	9.91	0.04	1.26	1.90	0.61	0.26
117.31	311.99	200.29	62.48	568.11	3.42	31.55	44.66	9.68	5.95
150.68	316.04	179.50	87.54	420.48	1.29	47.23	75.73	27.21	8.02
110.79	293.84	141.91	95.80	349.61	6.72	28.26	56.08	21.09	3.49
238.99	741.92	396.91	278.84	862.43	1.33	27.85	49.09	19.92	39.01
254.12	561.46	349.93	150.90	812.18	2.57	25.19	46.68	18.92	70.68
229.54	508.70	324.28	125.55	750.00	1.00	20.64	36.83	15.19	67.90
29.67	98.19	56.68	28.79	110.47	0.36	6.09	10.31	3.86	4.27
99.84	281.79	174.72	75.44	408.95	1.85	12.22	22.74	8.68	21.35
159.87	686.99	317.66	243.83	583.54	0.36	29.26	45.86	16.24	13.49
84.41	320.65	173.45	109.38	269.83	0.34	15.22	23.37	7.82	12.57
157.78	380.17	233.07	109.72	537.77	1.07	9.81	18.41	7.53	48.22
44.29	77.74	47.57	24.11	179.99	3.70	0.46	5.37	1.22	0.27
645.45	1470.20	718.63	570.81	1733.22	2.01	208.24	327.42	117.17	13.72
61.82	166.95	91.32	47.13	152.06	0.22	17.15	27.25	9.88	3.02
27.50	84.83	38.80	33.44	78.74	0.25	8.60	10.88	2.03	1.11
44.65	139.88	73.29	45.71	157.73	0.36	3.61	8.32	4.36	10.22
327.53	988.38	589.35	291.30	1238.22	2.09	57.22	82.49	23.18	49.67
194.68	722.11	312.49	296.21	605.04	0.93	46.04	71.65	24.68	18.96
104.84	511.53	249.37	170.64	703.29	0.90	6.76	25.81	18.15	2.75
145.25	330.33	209.13	74.61	683.54	3.38	22.11	38.44	12.95	4.54
324.83	964.33	577.33	255.22	1372.96	6.53	50.95	89.24	31.76	42.25
143.93	475.58	289.13	123.13	591.68	2.80	35.32	52.34	14.22	14.69
164.69	531.35	328.40	130.38	562.29	0.79	47.32	62.39	14.28	19.41
711.43	1576.87	905.26	414.86	2487.76	104.22	259.54	465.45	101.69	21.95
722.58	1970.50	1288.74	432.36	2979.07	7.11	113.71	185.57	64.76	98.12
1806.57	5550.46	3807.98	1241.56	10897.39	8.82	358.63	455.19	87.74	201.34
242.80	530.09	343.49	141.04	1204.15	0.47	40.37	52.34	11.51	29.34
104.24	293.43	183.30	57.39	410.85	0.86	16.95	26.54	8.73	22.11
3.36	8.67	5.25	1.30	19.63	0.08	0.93	1.28	0.26	0.17
208.46	919.80	318.08	530.59	504.33	0.09	92.95	126.64	33.61	1.49
37.79	180.04	67.07	86.77	199.13	0.20	7.70	15.15	7.25	0.35
23.75	413.86	145.49	91.97	51.59	0.04	15.62	16.50	0.84	0.35

12-20 规模以上大中型工业企业主要经济指标（2007年）

单位：亿元

项 目	Item	企业单位数（个）Number of Enterprises (unit)	工业总产值（当年价）Gross Industrial Output Value (at current prices)
全省总计	**Provincial Total**	**6040**	**37718.60**
按轻重工业分	Grouped by Light & Heavy Industry		
轻 工 业	Light Industry	3185	12905.76
重 工 业	Heavy Industry	2855	24812.84
按企业规模分	Grouped by Size of Enterprises		
大型企业	Large	383	18468.82
中型企业	Medium	5657	19249.78
按行业分	Grouped by Sector		
煤炭开采和洗选业	Mining and Washing of Coal		
石油和天然气开采业	Extraction of Petroleum and Natural Gas		
黑色金属矿采选业	Mining and Dressing of Ferrous Metal Ores	2	21.91
有色金属矿采选业	Mining and Dressing of Nonferrous Metal Ores	7	47.01
非金属矿采选业	Mining and Dressing of Nonmetal Ores	6	11.26
其他矿采选业	Mining and Dressing of Other Ores		
农副食品加工业	Processing of Farm and Sideline Food	91	351.58
食品制造业	Manufacture of Food	83	377.81
饮料制造业	Manufacture of Beverage	39	324.70
烟草制品业	Tobacco Products	5	219.23
纺织业	Textile Industry	292	686.69
纺织服装、鞋、帽制造业	Manufacture of Textile Garments, Footwear and Headgear	321	601.28
皮革、毛皮、羽毛(绒)及其制品业	Leather, Fur, Feather, Down and Related Products	239	574.73
木材加工及木、竹、藤、棕、草制品业	Timber Processing, Bamboo, Cane, Palm Fiber & Straw Products	37	145.51
家具制造业	Manufacture of Furniture	167	352.04
造纸及纸制品业	Papermaking and Paper Products	131	489.00
印刷业和记录媒介的复制	Printing and Record Medium Reproduction	122	255.93
文教体育用品制造业	Manufacture of Cultural, Educational and Sports Articles	220	486.42
石油加工、炼焦及核燃料加工业	Petroleum Refining, Coking and Nuclear Fuel Processing	10	1413.22
化学原料及化学制品制造业	Manufacture of Raw Chemical Materials and Chemical Products	123	1279.32
医药制造业	Manufacture of Medicines	73	264.67
化学纤维制造业	Manufacture of Chemical Fibers	11	100.54
橡胶制品业	Rubber Products	64	151.01
塑料制品业	Plastic Products	357	852.60
非金属矿物制品业	Nonmetal Mineral Products	276	926.97
黑色金属冶炼及压延加工业	Smelting and Pressing of Ferrous Metals	39	717.19
有色金属冶炼及压延加工业	Smelting and Pressing of Nonferrous Metals	83	847.76
金属制品业	Metal Products	331	1059.82
通用设备制造业	Manufacture of General-purpose Machinery	161	594.92
专用设备制造业	Manufacture of Special-purpose Machinery	169	493.46
交通运输设备制造业	Manufacture of Transport Equipment	224	2498.41
电气机械及器材制造业	Manufacture of Electrical Machinery and Equipment	804	4587.41
通信设备、计算机及其他电子设备制造业	Manufacture of Communication Equipment, Computers and Other Electronic Equipment	1125	12336.83
仪器仪表及文化、办公用机械制造业	Manufacture of Instruments, Meters and Machinery for Cultural and Office Use	158	1145.62
工艺品及其他制造业	Handicraft and Other Manufactures	120	406.57
废弃资源和废旧材料回收工业	Recycling and Disposal of Waste	6	51.80
电力、热力的生产和供应业	Production and Supply of Electric Power and Heat Power	113	2859.34
燃气生产和供应业	Production and Supply of Gas	4	77.52
水的生产和供应业	Production and Supply of Water	27	108.53

Main Economic Indicators of Large and Medium-Sized Industrial Enterprises above Designated Size (2007)

(100 million yuan)

工业增加值 Value-added of Industry	年末资产总计 Total Assets at the Year-end	流动资产年平均余额 Average Balance of Circulating Funds	固定资产净值平均余额 Average Balance of Net Value of Fixed Assets	主营业务收入 Main Business Revenue	主营业务税金及附加 Tax and Extra Charges on Main Business	利润总额 Total Profits	利税总额 Total Pre-tax Profits	本年应交增值税 Value-added Tax Payable in Current Year	全部从业人员年平均人数(万人) Annual Average Number of Employed Persons (10000 persons)
9140.73	**27730.29**	**14361.57**	**8304.73**	**37126.06**	**320.48**	**2190.58**	**3568.22**	**1057.16**	**737.89**
3606.38	9105.27	5385.72	2340.71	12588.35	125.69	677.33	1194.13	391.11	382.46
5534.35	18625.02	8975.85	5964.03	24537.71	194.79	1513.25	2374.09	666.05	355.42
4082.70	12549.25	6335.76	3467.91	18342.15	189.40	1105.09	1778.21	483.72	222.34
5058.02	15181.04	8025.81	4836.83	18783.91	131.07	1085.49	1790.01	573.45	515.55
12.73	41.44	26.00	5.30	20.82	0.48	7.23	9.30	1.59	0.33
26.67	33.82	15.15	7.64	51.97	0.43	15.15	18.72	3.14	0.77
5.68	13.54	6.02	5.42	11.66	0.13	0.83	1.82	0.87	0.70
88.03	255.22	146.70	60.01	368.98	4.32	23.07	35.67	8.28	6.61
132.51	282.62	158.44	75.09	373.11	0.32	45.71	71.92	25.89	6.91
103.24	256.15	130.66	80.10	334.54	9.32	24.44	53.73	19.97	3.65
167.44	190.54	125.75	28.37	218.82	86.31	39.33	155.32	29.68	0.56
182.31	574.05	300.05	215.41	657.01	0.89	21.32	38.28	16.07	26.73
189.97	414.52	240.32	117.87	575.56	1.73	21.91	40.08	16.44	39.70
176.63	394.55	246.77	95.92	567.32	0.75	15.75	27.32	10.83	50.74
34.88	95.37	52.23	21.65	138.22	1.29	10.17	15.76	4.30	2.52
82.41	237.78	144.01	64.90	341.95	0.83	11.22	19.31	7.26	16.52
122.77	619.03	257.97	230.03	474.66	1.12	22.49	38.93	15.32	10.44
79.05	290.36	152.12	102.82	244.57	0.35	14.84	22.33	7.15	11.11
140.73	312.16	191.03	92.13	465.95	0.73	16.82	27.66	10.12	35.08
223.36	423.74	138.50	238.92	1331.44	30.61	31.54	114.93	52.78	1.87
514.17	1106.84	513.62	456.43	1265.59	1.57	180.63	284.94	102.74	9.92
104.43	333.73	193.76	71.67	237.49	1.03	30.28	47.78	16.48	4.96
25.96	79.90	34.97	38.29	105.31	0.79	7.06	9.96	2.10	1.12
40.42	145.55	64.90	58.70	148.82	0.42	3.61	7.25	3.22	7.37
224.24	729.31	421.52	212.99	836.76	0.83	48.50	63.01	13.68	33.15
275.46	846.05	356.32	348.78	875.71	3.52	65.25	99.78	31.00	22.65
125.94	608.16	244.07	245.01	689.02	1.46	21.69	48.14	25.00	4.27
195.85	377.86	227.85	95.86	809.59	3.26	34.07	51.56	14.23	6.66
247.46	698.17	413.65	191.07	1042.62	5.46	42.39	75.71	27.87	29.68
137.89	472.15	279.98	121.02	576.73	3.10	33.36	50.82	14.36	13.82
143.14	458.61	271.78	106.05	473.85	1.23	46.43	59.53	11.88	15.22
704.54	1668.25	975.72	402.70	2490.18	106.00	254.75	456.59	95.84	22.63
1124.78	2859.37	1901.82	556.02	4474.69	9.06	190.43	296.38	96.88	103.38
2240.15	6852.65	4719.60	1317.51	12297.32	25.91	450.74	653.11	176.46	199.16
223.68	510.82	330.76	125.32	1137.30	0.40	42.29	53.37	10.69	23.16
71.30	231.08	150.28	35.70	400.38	0.79	12.37	22.28	9.11	11.91
16.71	13.12	6.49	3.76	51.90	0.21	0.70	1.42	0.51	0.47
882.94	4540.25	710.79	2167.09	2853.59	14.86	378.58	561.96	168.51	11.65
17.37	129.03	27.33	78.16	76.49	0.23	6.12	8.66	2.30	0.39
55.90	634.51	184.65	231.02	106.13	0.75	19.50	24.86	4.61	2.10

12-21 规模以上私营工业企业主要经济指标（2007年）

单位：亿元

项目	Item	企业单位数（个）Number of Enterprises (unit)	工业总产值（当年价）Gross Industrial Output Value (at current prices)
全省总计	**Provincial Total**	**16341**	**8227.89**
按轻重工业分	Grouped by Light & Heavy Industry		
轻工业	Light Industry	9362	4107.10
重工业	Heavy Industry	6979	4120.79
按企业规模分	Grouped by Size of Enterprises		
大型企业	Large	11	214.91
中型企业	Medium	813	2284.10
小型企业	Small	15517	5728.88
按行业分	Grouped by Sector		
煤炭开采和洗选业	Mining and Washing of Coal		
石油和天然气开采业	Extraction of Petroleum and Natural Gas	2	0.14
黑色金属矿采选业	Mining and Dressing of Ferrous Metal Ores	47	27.72
有色金属矿采选业	Mining and Dressing of Nonferrous Metal Ores	22	13.78
非金属矿采选业	Mining and Dressing of Nonmetal Ores	115	29.67
其他矿采选业	Mining and Dressing of Other Ores	1	0.07
农副食品加工业	Processing of Farm and Sideline Food	287	235.17
食品制造业	Manufacture of Food	269	86.99
饮料制造业	Manufacture of Beverage	59	24.89
烟草制品业	Tobacco Products	1	0.47
纺织业	Textile Industry	1000	388.91
纺织服装、鞋、帽制造业	Manufacture of Textile Garments, Footwear and Headgear	972	383.57
皮革、毛皮、羽毛(绒)及其制品业	Leather, Fur, Feather, Down and Related Products	468	151.23
木材加工及木、竹、藤、棕、草制品业	Timber Processing, Bamboo, Cane, Palm Fiber & Straw Products	283	139.33
家具制造业	Manufacture of Furniture	448	181.01
造纸及纸制品业	Papermaking and Paper Products	723	262.39
印刷业和记录媒介的复制	Printing and Record Medium Reproduction	547	137.10
文教体育用品制造业	Manufacture of Cultural, Educational and Sports Articles	260	89.30
石油加工、炼焦及核燃料加工业	Petroleum Refining, Coking and Nuclear Fuel Processing	36	154.99
化学原料及化学制品制造业	Manufacture of Raw Chemical Materials and Chemical Products	888	428.37
医药制造业	Manufacture of Medicines	78	29.87
化学纤维制造业	Manufacture of Chemical Fibers	27	10.58
橡胶制品业	Rubber Products	149	41.18
塑料制品业	Plastic Products	1347	483.19
非金属矿物制品业	Nonmetal Mineral Products	1032	575.06
黑色金属冶炼及压延加工业	Smelting and Pressing of Ferrous Metals	158	226.53
有色金属冶炼及压延加工业	Smelting and Pressing of Nonferrous Metals	323	442.98
金属制品业	Metal Products	1922	853.62
通用设备制造业	Manufacture of General-purpose Machinery	648	269.55
专用设备制造业	Manufacture of Special-purpose Machinery	486	153.31
交通运输设备制造业	Manufacture of Transport Equipment	295	228.99
电气机械及器材制造业	Manufacture of Electrical Machinery and Equipment	1810	1093.62
通信设备、计算机及其他电子设备制造业	Manufacture of Communication Equipment, Computers and Other Electronic Equipment	986	651.61
仪器仪表及文化、办公用机械制造业	Manufacture of Instruments, Meters and Machinery for Cultural and Office Use	125	46.74
工艺品及其他制造业	Handicraft and Other Manufactures	411	265.50
废弃资源和废旧材料回收工业	Recycling and Disposal of Waste	56	99.08
电力、热力的生产和供应业	Production and Supply of Electric Power and Heat Power	21	9.60
燃气生产和供应业	Production and Supply of Gas	15	3.63
水的生产和供应业	Production and Supply of Water	24	8.13

Main Economic Indicators of Private Industrial Enterprises above Designated Size (2007)

(100 million yuan)

工业增加值 Value-added of Industry	年末资产总计 Total Assets at the Year-end	流动资产年平均余额 Average Balance of Circulating Funds	固定资产净值平均余额 Average Balance of Net Value of Fixed Assets	主营业务收入 Main Business Revenue	主营业务税金及附加 Tax and Extra Charges on Main Business	利润总额 Total Profits	利税总额 Total Pre-tax Profits	本年应交增值税 Value-added Tax Payable in Current Year	全部从业人员年平均人数(万人) Annual Average Number of Employed Persons (10000 persons)
2038.87	**4253.23**	**2535.17**	**1088.72**	**7938.18**	**43.10**	**364.70**	**626.92**	**219.12**	**246.44**
1007.10	2036.14	1241.23	517.83	3977.60	22.62	169.40	304.23	112.21	146.32
1031.77	2217.10	1293.94	570.88	3960.58	20.47	195.30	322.69	106.91	100.12
54.14	115.84	68.23	22.27	215.27	1.04	14.15	19.83	4.64	3.03
543.07	1310.05	754.17	304.47	2167.20	9.99	99.52	160.82	51.3	57.75
1441.66	2827.34	1712.78	761.98	5555.72	32.07	251.02	446.27	163.18	185.67
0.05	0.12	0.05	0.03	0.14		0.01	0.02		0.01
7.87	14.58	6.87	4.06	26.69	0.44	3.20	5.01	1.38	0.48
4.46	7.90	3.81	2.46	13.27	0.09	1.24	2.18	0.85	0.29
8.11	14.09	6.96	6.16	26.39	0.35	2.14	3.43	0.94	0.73
0.02	0.02	0.02		0.05			0.01		
52.74	116.07	68.94	27.41	228.31	0.94	10.63	16.31	4.75	3.47
21.50	51.72	30.69	15.84	83.38	0.45	4.97	8.75	3.33	2.96
8.07	22.70	10.34	7.62	23.68	1.44	0.90	3.28	0.94	0.94
0.13	3.89	0.75	2.95	0.43		0.02	0.03		0.01
104.55	211.18	109.34	76.29	376.67	1.84	15.88	28.98	11.26	14.78
107.82	174.08	109.30	41.18	367.82	2.23	12.77	27.20	12.2	20.11
39.44	62.72	40.63	15.06	146.63	0.86	5.24	9.98	3.88	10.20
36.29	77.20	40.88	19.71	133.10	1.00	9.44	14.28	3.84	3.61
44.12	82.73	53.80	17.32	176.29	0.81	7.73	12.70	4.15	7.88
60.82	140.34	85.42	40.49	253.20	1.54	10.19	21.07	9.33	7.73
35.49	100.71	55.44	34.22	133.77	0.70	5.75	11.38	4.92	5.62
22.54	47.79	28.14	13.63	82.00	0.34	3.64	6.30	2.32	4.98
40.37	52.02	26.36	16.07	153.02	0.64	7.96	10.05	1.44	0.34
102.23	262.02	163.07	51.51	432.23	2.27	27.00	41.41	12.15	7.61
8.91	34.84	17.37	9.45	27.37	0.20	1.96	3.36	1.2	0.87
2.50	4.87	2.48	2.16	10.25	0.04	0.12	0.39	0.23	0.31
10.74	19.08	12.25	4.18	40.22	0.17	1.59	3.46	1.69	1.91
116.21	258.80	154.13	75.08	478.38	2.62	25.64	40.00	11.74	15.61
156.13	356.40	169.94	151.67	550.36	3.69	29.05	51.29	18.56	18.14
63.49	87.67	45.87	33.36	203.60	0.62	19.23	25.15	5.29	2.08
111.65	151.84	97.92	39.02	433.40	2.28	20.48	32.48	9.73	4.88
217.87	374.32	234.51	91.03	827.30	5.49	37.57	65.85	22.8	26.61
68.37	136.22	87.61	28.36	252.58	1.52	11.32	21.13	8.29	8.20
45.36	121.41	72.11	26.87	151.28	1.37	8.81	15.27	5.09	6.39
45.64	142.17	91.34	22.48	226.21	2.79	5.32	11.55	3.43	5.65
257.83	499.68	337.21	91.49	1051.07	3.18	37.22	69.56	29.17	31.08
141.69	410.52	250.97	64.72	612.38	1.65	24.15	41.58	15.79	22.39
15.23	46.07	30.56	7.71	43.58	0.21	3.12	4.95	1.62	2.53
48.75	89.34	60.46	15.84	253.46	0.71	7.18	11.68	3.79	6.57
25.45	27.70	17.19	6.16	97.81	0.43	1.87	4.21	1.91	1.02
2.89	26.74	4.36	14.21	9.08	0.05	0.82	1.43	0.57	0.17
0.60	2.27	1.27	0.71	3.64	0.01	0.19	0.26	0.06	0.05
2.94	21.42	6.81	12.17	9.17	0.11	0.35	0.95	0.49	0.22

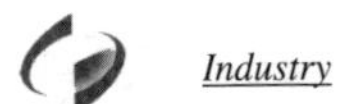

12-22 规模以上分行业工业增加值和增长速度（2006-2007年）

Value-added and Growth Rates of Industry above Designated Size by Sector (2006-2007)

行业	Sector	工业增加值(亿元) Value-added of Industry (100 million yuan)		2007比2006增长(%) Growth Rate in 2007 over 2006
		2006	2007	(%)
总计	**Total**	**11780.89**	**14104.21**	**18.2**
煤炭开采和洗选业	Mining and Washing of Coal			
石油和天然气开采业	Extraction of Petroleum and Natural Gas	519.39	530.50	0.8
黑色金属矿采选业	Mining and Dressing of Ferrous Metal Ores	14.90	24.74	63.9
有色金属矿采选业	Mining and Dressing of Nonferrous Metal Ores	19.71	36.81	84.4
非金属矿采选业	Mining and Dressing of Nonmetal Ores	18.40	26.37	41.5
其他矿采选业	Mining and Dressing of Other Ores		0.02	
农副食品加工业	Processing of Farm and Sideline Food	193.11	253.42	29.6
食品制造业	Manufacture of Food	155.95	193.81	22.7
饮料制造业	Manufacture of Beverage	125.98	139.30	9.2
烟草制品业	Tobacco Products	138.02	174.35	24.7
纺织业	Textile Industry	338.99	397.17	15.7
纺织服装、鞋、帽制造业	Manufacture of Textile Garments, Footwear and Headgear	313.17	414.93	30.8
皮革、毛皮、羽毛(绒)及其制品业	Leather, Fur, Feather, Down and Related Products	232.27	288.06	22.4
木材加工及木、竹、藤、棕、草制品业	Timber Processing, Bamboo, Cane, Palm Fiber & Straw Products	52.93	78.83	47.0
家具制造业	Manufacture of Furniture	128.67	162.14	24.4
造纸及纸制品业	Papermaking and Paper Products	209.92	252.37	18.7
印刷业和记录媒介的复制	Printing and Record Medium Reproduction	129.21	154.50	18.0
文教体育用品制造业	Manufacture of Cultural, Educational and Sports Articles	161.91	210.53	28.4
石油加工、炼焦及核燃料加工业	Petroleum Refining, Coking and Nuclear Fuel Processing	236.79	280.22	16.8
化学原料及化学制品制造业	Manufacture of Raw Chemical Materials and Chemical Products	645.11	835.08	27.8
医药制造业	Manufacture of Medicines	133.85	152.94	12.8
化学纤维制造业	Manufacture of Chemical Fibers	31.66	44.60	39.1
橡胶制品业	Rubber Products	56.09	73.37	29.1
塑料制品业	Plastic Products	388.14	512.37	30.3
非金属矿物制品业	Nonmetal Mineral Products	397.68	513.95	27.6
黑色金属冶炼及压延加工业	Smelting and Pressing of Ferrous Metals	186.19	241.83	28.2
有色金属冶炼及压延加工业	Smelting and Pressing of Nonferrous Metals	240.86	335.70	37.6
金属制品业	Metal Products	488.06	640.80	29.6
通用设备制造业	Manufacture of General-purpose Machinery	211.37	271.78	26.9
专用设备制造业	Manufacture of Special-purpose Machinery	206.99	269.12	28.4
交通运输设备制造业	Manufacture of Transport Equipment	592.75	815.73	35.9
电气机械及器材制造业	Manufacture of Electrical Machinery and Equipment	1223.38	1525.00	23.1
通信设备、计算机及其他电子设备制造业	Manufacture of Communication Equipment, Computers and Other Electronic Equipment	2519.98	2520.78	-1.2
仪器仪表及文化、办公用机械制造业	Manufacture of Instruments, Meters and Machinery for Cultural and Office Use	250.19	279.71	10.4
工艺品及其他制造业	Handicraft and Other Manufactures	142.61	181.83	25.9
废弃资源和废旧材料回收加工业	Recycling and Disposal of Waste	20.70	38.80	85.1
电力、热力的生产和供应业	Production and Supply of Electric Power and Heat Power	949.96	1085.95	12.9
燃气生产和供应业	Production and Supply of Gas	29.35	51.89	74.5
水的生产和供应业	Production and Supply of Water	76.64	94.93	22.3

注:本表工业增加值按当年价格计算，增长速度按可比价格计算

Note: Data of value-added of industry in this table are calculated at current prices, whereas their growth rates are calculated at comparable prices.

12-23 规模以上九大产业工业总产值和增长速度（2006-2007年）

Gross Industrial Output Value and Growth Rates of Nine Major Industries above Designated Size (2006-2007)

行业	Sector	工业总产值(亿元) Gross Industrial Output Value (100 million yuan) 2006	2007	2007比2006增长(%) Growth Rate in 2007 over 2006 (%)
规模以上工业总产值	**Gross Output Value of Industrial Enterprises above Designated Size**	**44674.75**	**55252.86**	**22.1**
九大产业工业总产值	**Gross Industrial Output Value of Nine Major Industries**	**32003.05**	**38879.03**	**19.9**
三大新兴产业	**Three Fresh Industries**	**22636.85**	**26929.30**	**17.4**
电子信息业	Electronic and Information Technology	11891.08	13377.33	11.1
通信设备、计算机及其他电子设备制造业	Manufacture of Communication Equipment, Computers and Other Electronic Equipment	11891.08	13377.33	11.1
电气机械及专用设备	Electric Equipment and Special-purpose Machinery	6617.84	8502.29	26.8
专用设备制造业	Manufacture of Special-purpose Machinery	681.09	923.24	33.8
电气机械及器材制造业	Manufacture of Electrical Machinery and Equipment	4835.56	6243.44	27.5
仪器仪表及文化、办公用机械制造业	Manufacture of Instruments, Meters and Machinery for Cultural and Office Use	1101.19	1335.60	19.7
石油及化学	Petroleum and Chemistry	4127.94	5049.69	20.8
石油和天然气开采业	Extraction of Petroleum and Natural Gas	550.45	574.70	3.1
石油加工、炼焦及核燃料加工业	Petroleum Refining, Coking and Nuclear Fuel Processing	1327.61	1621.33	20.6
化学原料及化学制品制造业	Manufacture of Raw Chemical Materials and Chemical Products	2024.07	2578.28	25.8
橡胶制品业	Rubber Products	225.81	275.38	20.4
三大传统产业	**Three Traditional Industries**	**6126.17**	**7632.54**	**23.0**
纺织服装	Textile and Garments	2534.95	3043.89	18.5
纺织业	Textile Industry	1273.16	1485.23	15.2
纺织服装、鞋、帽制造业	Manufacture of Textile Garments, Footwear and Headgear	1121.20	1390.70	22.5
化学纤维制造业	Manufacture of Chemical Fibers	140.59	167.95	17.9
食品饮料	Food and Beverage	1869.12	2375.02	25.4
农副食品加工业	Processing of Farm and Sideline Food	841.71	1121.65	31.6
食品制造业	Manufacture of Food	474.72	592.30	23.2
饮料制造业	Manufacture of Beverage	359.32	431.10	18.4
烟草制品业	Tobacco Products	193.38	229.97	17.4
建筑材料	Building Materials	1722.10	2213.64	26.9
非金属矿采选业	Mining and Dressing of Nonmetal Ores	54.82	78.32	41.0
非金属矿物制品业	Nonmetal Mineral Products	1377.40	1789.58	28.3
建筑、安全用金属制品制造业	Manufacture of Metal Products for Architecture and Safety	289.87	345.74	17.8
三大潜力产业	**Three Potential Industries**	**3240.03**	**4317.19**	**31.5**
森工造纸	Logging and Papermaking	1021.42	1310.59	26.7
木材加工及木、竹、藤、棕、草制品业	Timber Processing, Bamboo, Cane, Palm Fiber and Straw Products	221.23	311.99	39.2
造纸及纸制品业	Papermaking and Paper Products	800.19	998.60	23.2
医药	Medicine	372.09	432.12	14.7
医药制造业	Manufacture of Medicines	372.09	432.12	14.7
汽车及摩托车	Motor Vehicle	1846.52	2574.48	37.6
汽车制造业	Manufacture of Automobiles	1501.94	2125.14	39.7
摩托车制造业	Manufacture of Motorcycles	344.58	449.33	28.7

注:本表产值按当年价格计算，增长速度按可比价格计算

Note: Gross industrial output values are calculated at current prices, whereas their growth rates are calculated at comparable prices.

12-24 规模以上九大产业工业增加值和增长速度（2006-2007年）

Value-added of Industry and Growth Rates of Nine Major Industries above Designated Size (2006-2007)

行业	Sector	工业增加值（亿元）Value-added of Industry (100 million yuan) 2006	2007	2007比2006增长(%) Growth Rate in 2007 over 2006 (%)
规模以上工业增加值	**Value-added of Industry above Designated Size**	**11780.89**	**14104.21**	**18.2**
九大产业工业增加值	**Value-added of Industry of Nine Major Industries**	**8350.14**	**9756.64**	**15.4**
三大新兴产业	**Three Fresh Industries**	**5657.92**	**6313.78**	**10.2**
电子信息业	Electronic and Information Technology	2519.98	2520.78	-1.2
通信设备、计算机及其他电子设备制造业	Manufacture of Communication Equipment, Computers and Other Electronic Equipment	2519.98	2520.78	-1.2
电气机械及专用设备	Electric Equipment and Special-purpose Machinery	1680.56	2073.83	21.8
专用设备制造业	Manufacture of Special-purpose Machinery	206.99	269.12	28.4
电气机械及器材制造业	Manufacture of Electrical Machinery and Equipment	1223.38	1525.00	23.1
仪器仪表及文化、办公用机械制造业	Manufacture of Instruments, Meters and Machinery for Cultural and Office Use	250.19	279.71	10.4
石油及化学	Petroleum and Chemistry	1457.38	1719.16	16.5
石油和天然气开采业	Extraction of Petroleum and Natural Gas	519.39	530.50	0.8
石油加工、炼焦及核燃料加工业	Petroleum Refining, Coking and Nuclear Fuel Processing	236.79	280.22	16.8
化学原料及化学制品制造业	Manufacture of Raw Chemical Materials and Chemical Products	645.11	835.08	27.8
橡胶制品业	Rubber Products	56.09	73.37	29.1
三大传统产业	**Three Traditional Industries**	**1778.93**	**2243.04**	**24.5**
纺织服装	Textile and Garments	683.82	856.70	23.7
纺织业	Textile Industry	338.99	397.17	15.7
纺织服装、鞋、帽制造业	Manufacture of Textile Garments, Footwear and Headgear	313.17	414.93	30.8
化学纤维制造业	Manufacture of Chemical Fibers	31.66	44.60	39.1
食品饮料	Food and Beverage	613.06	760.89	22.5
农副食品加工业	Processing of Farm and Sideline Food	193.11	253.42	29.6
食品制造业	Manufacture of Food	155.95	193.81	22.7
饮料制造业	Manufacture of Beverage	125.98	139.30	9.2
烟草制品业	Tobacco Products	138.02	174.35	24.7
建筑材料	Building Materials	482.05	625.45	28.1
非金属矿采选业	Mining and Dressing of Nonmetal Ores	18.40	26.37	41.5
非金属矿物制品业	Nonmetal Mineral Products	397.68	513.95	27.6
建筑、安全用金属制品制造业	Manufacture of Metal Products for Architecture and Safety	65.97	85.13	27.4
三大潜力产业	**Three Potential Industries**	**913.29**	**1199.83**	**29.7**
森工造纸	Logging and Papermaking	262.84	331.20	24.4
木材加工及木、竹、藤、棕、草制品业	Timber Processing, Bamboo, Cane, Palm Fiber and Straw Products	52.93	78.83	47.0
造纸及纸制品业	Papermaking and Paper Products	209.92	252.37	18.7
医药	Medicine	133.85	152.94	12.8
医药制造业	Manufacture of Medicines	133.85	152.94	12.8
汽车及摩托车	Motor Vehicle	516.60	715.68	36.8
汽车制造业	Manufacture of Automobiles	436.24	612.47	38.6
摩托车制造业	Manufacture of Motorcycles	80.36	103.21	26.8

注:本表工业增加值按当的价格计算，增长速度按可比价格计算。

Note: Data of value-added of industry are calculated at current prices, whereas their growth rates are calculated at comparable prices.

12-25 规模以上制造业工业企业主要经济指标

Main Economic Indicators of Manufacturing Enterprises above Designated Size

项 目	Item	2000	2005	2006	2007	2007比2006增长(%) Growth Rate in 2007 over 2006 (%)
企业(单位)数 (个)	Number of Enterprises (unit)	18571	34123	36451	41203	13.0
工业总产值 (亿元)	Gross Industrial Output Value (100 million yuan)	11352.62	32719.04	40743.75	50675.97	22.8
工业增加值 (亿元)	Value-added of Industry (100 million yuan)	276.91	8156.04	10152.53	12253.01	19.2
主营业务收入 (亿元)	Main Business Revenue (100 million yuan)	10865.66	31768.01	39810.69	49632.85	24.7
资产总计 (亿元)	Total Assets (100 million yuan)	11653.11	22687.34	27106.32	32405.89	19.6
流动资产平均余额(亿元)	Average Balance of Circulating Funds (100 million yuan)	5851.64	13324.37	16173.49	19448.07	20.2
固定资产净值平均余额 (亿元)	Average Balance of Net Value of Fixed Assets (100 million yuan)	3829.52	6289.51	7375.29	8442.87	14.5
负债总计 (亿元)	Total Liabilities (100 million yuan)	6950.47	13350.07	15912.19	19029.27	19.6
所有者权益合计 (亿元)	Total Creditors' Equity (100 million yuan)	4576.24	9337.27	11194.12	13376.68	19.5
利润总额 (亿元)	Total Profits (100 million yuan)	348.92	1295.53	1601.51	2401.13	49.9
亏损企业亏损额 (亿元)	Loss Value of Loss-making Enterprises (100 million yuan)	131.89	196.09	219.26	208.48	-4.9
利税总额 (亿元)	Total Pre-tax Profits (100 million yuan)	729.92	2273.57	3033.64	4122.77	35.9
应交增值税 (亿元)	Value-added Tax Payable(100 million yuan)	277.66	777.85	1104.52	1324.18	19.9
从业人员平均人数(万人)	Average Employed Persons (10000 persons)	546.03	1062.06	1177.93	1281.67	8.8

注：本表产值和增加值绝对数按当年价格计算，增长速度按可比价格计算。
Note: Gross industrial output values are calculated at current prices, whereas their growth rates are calculated at comparable prices.

12-26 规模以上高技术制造业主要经济指标

行业	Sector	企业数(个) Number of Enterprises (unit)		
		2000	2006	2007
合 计	**Total**	**1738**	**3877**	**4473**
核燃料加工	Nuclear Fuel Processing			
信息化学品制造	Manufacture of Information Chemical Products	45	48	49
医药制造业	Manufacture of Medicines	255	324	334
化学药品制造	Manufacture of Chemical Medicines	98	119	121
中成药制造	Manufacture of Traditional Chinese Patent Medicines	104	82	86
生物生化制品的制造	Manufacture of Biological and Biochemical Products	18	35	36
航空航天器制造	Manufacture of Aircraft and Spacecraft	1	3	4
飞机制造及修理	Manufacture and Repair of Aircraft	1	3	4
航天器制造	Manufacture of Spacecraft			
其他飞行器制造	Manufacture of Other Aircraft			
电子及通信设备制造业	Manufacture of Electronic and Communication Equipment	1145	2634	3097
通信设备制造	Manufacture of Communication Equipment	199	300	350
通信传输设备制造	Manufacture of Communication Transmission Equipment	30	46	50
通信交换设备制造	Manufacture of Communication Exchange Equipment	58	40	41
通信终端设备制造	Manufacture of Communication Terminal Equipment	45	84	100
移动通信及终端设备制造	Manufacture of Mobile Communication and Terminal Equipment	2	71	89
雷达及配套设备制造	Manufacture of Radar Equipment		5	1
广播电视设备制造	Manufacture of Broadcasting and Television Equipment	14	109	115
电子器件制造	Manufacture of Electronic Devices	140	371	445
电子真空器件制造	Manufacture of Electronic Vacuum Devices	14	22	26
半导体分立器件制造	Manufacture of Semiconductor Discrete Devices	16	45	49
集成电路制造	Manufacture of Integrated Circuits	82	122	132
光电子器件及其他电子器件制造	Manufacture of Optical and Other Electronic Devices	28	182	238
电子元件制造	Manufacture of Electronic Parts	434	1160	1382
家用视听设备制造	Manufacture of Household Audio-visual Equipment	233	537	600
其他电子设备制造	Manufacture of Other Electronic Equipment	125	152	204
电子计算机及办公设备制造业	Manufacture of Computers and Office Equipment	187	541	623
电子计算机整机制造	Manufacture of Complete Computers	44	67	74
计算机网络设备制造	Manufacture of Computer Network Equipment	4	33	33
电子计算机外部设备制造	Manufacture of Computer Peripheral Equipment	92	365	445
办公设备制造	Manufacture of Office Equipment	47	76	71
医疗设备及仪器仪表制造业	Manufacture of Medical Equipment, Instruments and Meters	105	327	366
医疗仪器设备及器械制造	Manufacture of Medical Equipment and Appliances	29	101	121
仪器仪表制造	Manufacture of Instruments and Meters	76	226	245

注:本表产值和增加值按当年价格计算。

Main Economic Indicators of High-tech Manufacturing Enterprises above Designated Size

平均从业人员(万人) Average Number of Employed Persons (10000 persons)			工业总产值(亿元) Gross Industrial Output Value (100 million yuan)			工业增加值(亿元) Value-added of Industry (100 million yuan)		
2000	2006	2007	2000	2006	2007	2000	2006	2007
81.65	**251.36**	**281.17**	**2743.31**	**13020.51**	**14752.85**	**688.31**	**2849.42**	**2883.08**
1.47	1.28	1.27	26.11	45.05	50.90	6.71	13.32	15.77
6.28	7.98	8.25	186.13	372.09	432.12	66.43	133.85	152.94
3.04	3.84	3.74	102.92	190.64	213.80	32.95	58.75	70.79
2.66	2.19	2.41	65.93	93.89	110.19	26.62	44.19	49.39
0.23	0.49	0.55	10.04	33.38	39.33	4.26	14.47	14.52
0.22	0.35	0.39	4.67	22.71	32.15	2.26	9.24	12.33
0.22	0.35	0.39	4.67	22.71	32.15	2.26	9.24	12.33
59.94	172.33	189.53	1867.79	7280.34	8257.03	459.90	1829.69	1890.84
10.40	30.36	36.56	538.42	2377.91	2459.60	187.80	781.38	646.50
1.05	1.78	2.4	23.10	50.45	68.76	5.36	16.02	22.76
4.03	7.34	9.95	289.99	908.04	1128.20	132.67	331.76	407.61
2.48	7.67	7.29	120.33	400.83	369.24	19.82	75.66	52.95
0.04	11.02	14.05	8.42	946.85	802.91	1.43	331.17	129.96
	0.14	0.03		0.77	0.49		0.13	0.06
0.34	3.29	4.11	5.68	83.22	92.80	1.21	24.54	27.20
6.83	23.53	26.91	222.86	1096.59	1183.25	40.45	260.21	282.69
1.51	1.52	1.36	99.77	116.19	103.31	14.10	28.43	15.26
0.53	2.04	2.15	4.96	66.37	80.88	1.02	17.38	22.49
3.31	8.74	9.78	93.20	553.21	535.99	17.38	114.06	131.63
1.49	11.23	13.63	24.93	360.82	463.06	7.94	100.34	113.31
23.25	71.35	77.2	484.36	2080.49	2709.24	108.96	439.74	534.08
14.44	38.28	38.23	527.30	1523.95	1659.00	101.69	290.36	353.14
4.68	5.38	6.48	89.16	117.41	152.66	19.80	33.33	47.17
11.50	57.54	68.6	606.55	4945.00	5496.29	135.53	756.90	699.63
2.49	19.80	25.85	254.53	2666.06	2915.98	64.04	275.35	253.47
0.09	1.00	1.18	2.29	41.51	88.75	0.64	9.96	25.20
5.72	32.09	36.73	248.51	1903.17	2115.56	46.04	404.98	351.27
3.22	4.65	4.83	101.21	334.26	376	24.81	66.61	69.70
2.24	11.87	13.13	52.06	355.33	484.35	17.48	106.41	111.56
0.39	2.73	3.48	6.88	74.50	103.94	1.63	27.43	32.85
1.85	9.14	9.64	45.17	280.83	380.41	15.85	78.98	78.71

Note: Data of gross industrial output value and value-added of industry in this table are calculated at current prices.

12-26 续表

行　　业	Sector	资产总计(亿元) Total Assets (100 million yuan)		
		2000	2006	2007
合　计	**Total**	**2355.67**	**7499.63**	**8810.68**
核燃料加工	Nuclear Fuel Processing			
信息化学品制造	Manufacture of Information Chemical Products	31.89	42.99	46.45
医药制造业	Manufacture of Medicines	292.87	435.27	492.98
化学药品制造	Manufacture of Chemical Medicines	155.91	201.29	226.50
中成药制造	Manufacture of Traditional Chinese Patent Medicines	111.81	148.23	168.32
生物生化制品的制造	Manufacture of Biological and Biochemical Products	16.92	39.64	42.88
航空航天器制造	Manufacture of Aircraft and Spacecraft	7.11	31.27	35.30
飞机制造及修理	Manufacture and Repair of Aircraft	7.11	31.27	35.30
航天器制造	Manufacture of Spacecraft			
其他飞行器制造	Manufacture of Other Aircraft			
电子及通信设备制造业	Manufacture of Electronic and Communication Equipment	1651.43	4783.79	5692.66
通信设备制造	Manufacture of Communication Equipment	507.48	1647.37	2026.51
通信传输设备制造	Manufacture of Communication Transmission Equipment	28.84	60.19	84.31
通信交换设备制造	Manufacture of Communication Exchange Equipment	290.78	917.44	1220.46
通信终端设备制造	Manufacture of Communication Terminal Equipment	68.86	172.68	153.16
移动通信及终端设备制造	Manufacture of Mobile Communication and Terminal Equipment	12.50	383.18	440.88
雷达及配套设备制造	Manufacture of Radar Equipment		0.69	0.33
广播电视设备制造	Manufacture of Broadcasting and Television Equipment	5.95	56.01	69.73
电子器件制造	Manufacture of Electronic Devices	238.40	774.56	869.63
电子真空器件制造	Manufacture of Electronic Vacuum Devices	129.19	90.72	84.96
半导体分立器件制造	Manufacture of Semiconductor Discrete Devices	7.43	58.52	70.80
集成电路制造	Manufacture of Integrated Circuits	86.96	368.89	357.37
光电子器件及其他电子器件制造	Manufacture of Optical and Other Electronic Devices	14.82	256.43	356.49
电子元件制造	Manufacture of Electronic Parts	380.79	1425.66	1764.69
家用视听设备制造	Manufacture of Household Audio-visual Equipment	451.49	794.53	856.65
其他电子设备制造	Manufacture of Other Electronic Equipment	67.32	84.96	105.13
电子计算机及办公设备制造业	Manufacture of Computers and Office Equipment	309.01	1910.52	2193.11
电子计算机整机制造	Manufacture of Complete Computers	102.02	768.17	977.39
计算机网络设备制造	Manufacture of Computer Network Equipment	2.75	25.32	43.03
电子计算机外部设备制造	Manufacture of Computer Peripheral Equipment	132.22	980.61	1022.79
办公设备制造	Manufacture of Office Equipment	72.01	136.42	149.90
医疗设备及仪器仪表制造业	Manufacture of Medical Equipment, Instruments and Meters	63.36	295.81	350.18
医疗仪器设备及器械制造	Manufacture of Medical Equipment and Appliances	10.55	70.73	103.25
仪器仪表制造	Manufacture of Instruments and Meters	52.80	225.08	246.93

12-26 continued

主营业务收入(亿元) Main Business Revenue (100 million yuan)			利润总额(亿元) Total Profits (100 million yuan)			税金总额(亿元) Total Taxes (100 million yuan)		
2000	2006	2007	2000	2006	2007	2000	2006	2007
2650.24	**12836.9**	**14631.94**	**144.19**	**452.2**	**578.59**	**59.79**	**274.82**	**266.58**
24.08	42.77	49.01	0.39	5.06	7.19	0.42	1.33	1.39
158.33	325.76	382.89	13.72	25.82	37.79	11.57	22.49	25.40
87.21	162.04	187.55	5.66	9.62	19.98	6.38	9.63	11.64
57.25	86.17	100.55	6.10	10.06	10.73	3.82	8.39	8.63
7.73	28.43	31.06	1.53	2.95	3.02	0.92	1.75	1.78
4.67	21.33	30.53	0.86	1.93	3.01	0.54	1.38	0.79
4.67	21.33	30.53	0.86	1.93	3.01	0.54	1.38	0.79
1845.31	7215.37	8271.43	109.08	274.42	332.47	39.67	201.87	200.84
514.23	2354.64	2611.19	57.14	113.90	132.49	23.05	92.78	112.10
25.29	48.03	64.84	2.04	6.88	8.44	0.34	1.37	1.12
270.77	951.10	1310.71	40.07	53.51	71.84	17.37	76.25	101.74
118.30	394.50	376.39	5.90	8.80	13.41	1.28	5.53	2.34
8.11	888.89	779.44	0.31	39.30	34.00	0.27	6.08	3.01
	0.79	0.50		-0.10			0.02	
5.37	82.02	91.67	0.10	3.14	3.94	0.10	2.98	0.96
207.09	1095.86	1148.08	10.36	41.36	45.27	3.07	24.22	14.06
94.71	121.84	109.04	5.57	4.38	1.06	1.20	5.60	1.40
4.60	64.57	82.82	0.10	4.47	5.37	0.05	2.36	1.02
90.71	554.88	497.49	4.15	12.82	16.63	1.26	3.97	4.22
17.06	354.58	458.73	0.54	19.69	22.21	0.57	12.29	7.42
452.24	2074.23	2663.20	27.86	83.09	105.43	9.16	43.30	33.43
576.74	1494.08	1606.57	11.96	26.77	37.75	3.65	34.25	35.05
89.65	113.75	150.22	1.66	6.27	7.59	0.63	4.33	5.23
570.26	4879.33	5417.29	18.79	125.08	166.60	6.34	36.99	28.56
227.08	2639.85	2890.26	9.92	53.59	64.82	4.44	7.99	3.85
1.46	38.93	80.33	0.05	0.06	2.16	0.02	1.34	4.30
244.51	1868.14	2085.50	7.58	60.51	84.76	1.09	17.10	16.19
97.22	332.42	361.20	1.25	10.92	14.87	0.78	10.56	4.22
47.58	352.33	480.79	1.36	19.88	31.52	1.26	10.76	9.59
6.36	71.89	101.79	0.07	8.16	13.08	0.27	2.44	4.40
41.22	280.43	379.00	1.28	11.72	18.44	0.98	8.32	5.19

12-27 规模以上工业企业主要经济效益指标（2007年）

项　　目	Item	总资产贡献率(%) Ratio of Total Assets to Industrial Output Value (%)
全省总计	**Provincial Total**	**13.59**
按经济类型分	Grouped by Ownership	
在总计中：国有及国有控股工业	Of the Total: State-owned and State-controlled Industry	17.68
国有工业	State-owned Industry	17.18
集体工业	Collective-owned Industry	11.86
股份合作工业	Share-holding Cooperative Industry	11.09
股份制工业	Share-holding Industry	13.64
外商投资工业	Foreign-funded Industry	14.40
港澳台投资工业	Industry with Funds from Hong Kong, Macao and Taiwan	11.64
按轻重工业分	Grouped by Light and Heavy Industry	
轻工业	Light Industry	13.15
重工业	Heavy Industry	13.84
按企业规模分	Grouped by Size of Enterprises	
大型企业	Large	14.76
中型企业	Medium	12.70
小型企业	Small	13.49
按行业分	Grouped by Sector	
煤炭开采和洗选业	Mining and Washing of Coal	
石油和天然气开采业	Extraction of Petroleum and Natural Gas	85.46
黑色金属矿采选业	Mining and Dressing of Ferrous Metal Ores	28.17
有色金属矿采选业	Mining and Dressing of Nonferrous Metal Ores	48.86
非金属矿采选业	Mining and Dressing of Nonmetal Ores	23.39
其他矿采选业	Mining and Dressing of Other Ores	53.54
农副食品加工业	Processing of Farm and Sideline Food	14.71
食品制造业	Manufacture of Food	21.42
饮料制造业	Manufacture of Beverage	17.62
烟草制品业	Tobacco Products	78.49
纺织业	Textile Industry	8.68
纺织服装、鞋、帽制造业	Manufacture of Textile Garments, Footwear and Headgear	10.93
皮革、毛皮、羽毛(绒)及其制品业	Leather, Fur, Feather, Down and Related Products	8.69
木材加工及木、竹、藤、棕、草制品业	Timber Processing, Bamboo, Cane, Palm Fiber & Straw Products	14.86
家具制造业	Manufacture of Furniture	10.95
造纸及纸制品业	Papermaking and Paper Products	9.03
印刷业、记录媒介的复制	Printing and Record Medium Reproduction	9.18
文教体育用品制造业	Manufacture of Cultural, Educational and Sports Articles	8.75
石油加工、炼焦及核燃料加工业	Petroleum Refining, Coking and Nuclear Fuel Processing	27.71
化学原料及化学制品制造业	Manufacture of Raw Chemical Materials and Chemical Products	21.19
医药制造业	Manufacture of Medicines	13.78
化学纤维制造业	Manufacture of Chemical Fibers	11.71
橡胶制品业	Rubber Products	7.51
塑料制品业	Plastic Products	10.19
非金属矿物制品业	Nonmetal Mineral Products	12.62
黑色金属冶炼及压延加工业	Smelting and Pressing of Ferrous Metals	11.45
有色金属冶炼及压延加工业	Smelting and Pressing of Nonferrous Metals	16.34
金属制品业	Metal Products	13.31
通用设备制造业	Manufacture of General-purpose Machinery	11.95
专用设备制造业	Manufacture of Special-purpose Machinery	12.50
交通运输设备制造业	Manufacture of Transport Equipment	24.93
电气机械及器材制造业	Manufacture of Electrical Machinery and Equipment	11.54
通信设备、计算机及其他电子设备制造业	Manufacture of Communication Equipment, Computers and Other Electronic Equipment	9.65
仪器仪表及文化、办公用机械制造业	Manufacture of Instruments, Meters and Machinery for Cultural and Office Use	10.07
工艺品及其他制造业	Handicraft and Other Manufactures	10.65
废弃资源和废旧材料回收加工业	Recycling and Disposal of Waste	13.98
电力、热力的生产和供应业	Production and Supply of Electric Power and Heat Power	12.64
燃气的生产和供应业	Production and Supply of Gas	9.98
水的生产和供应业	Production and Supply of Water	6.43

Main Indicators on Economic Benefit of Industrial Enterprises above Designated Size (2007)

资本保值增值率(%) Ratio of Capital Maintenance and Appreciation (%)	资产负债率(%) Assets-Liability Ratio (%)	流动资产周转率(次) Number of Times of Turnover of Circulating Funds (times)	成本费用利润率(%) Ratio of Profits to Industrial Costs (%)	全员劳动生产率(元/人) Overall Labor Productivity (yuan/person)	产品销售率(%) Proportion of Products Sold (%)	综合指数(%) Comprehensive Index (%)
117.39	**56.78**	**2.57**	**6.20**	**107880**	**97.83**	**180.48**
113.93	48.65	2.88	12.85	464351	99.36	432.07
95.82	50.73	3.67	8.95	362677	100.15	360.28
87.65	64.03	2.70	4.69	54665	97.41	135.29
213.89	44.49	2.26	4.12	77232	97.04	159.07
119.01	56.50	2.54	6.23	126495	97.04	191.80
124.68	59.60	2.68	5.97	126956	98.43	194.81
119.97	56.33	2.31	6.12	81555	97.81	158.33
115.23	56.09	2.44	5.21	78671	97.23	156.55
118.66	57.17	2.66	6.82	145651	98.20	207.26
120.84	55.77	2.90	6.43	183626	98.31	233.13
112.06	57.08	2.34	6.23	98109	97.58	169.97
120.97	57.48	2.55	5.91	87154	97.60	166.84
124.39	23.31	6.96	214.30	22012250	98.39	14419.79
140.60	64.03	1.59	27.37	234329	94.85	356.07
154.93	46.45	3.33	30.91	273504	97.28	452.42
132.03	45.01	3.32	9.90	104349	94.93	219.49
	50.56	3.33	11.37	51167	67.57	228.04
120.64	63.95	2.91	5.26	180716	98.32	225.84
112.77	51.13	2.33	10.93	145622	96.70	232.63
118.33	52.80	2.31	7.80	230977	100.18	266.53
144.21	11.15	1.74	41.30	2735795	105.78	2023.34
110.52	52.81	2.49	3.71	63385	97.24	133.08
85.81	55.75	2.58	3.50	41397	95.97	120.57
114.94	56.29	2.51	3.01	34076	98.92	113.78
123.46	54.91	2.49	7.18	90071	96.93	175.62
129.32	56.55	2.62	3.80	50840	97.97	133.97
109.49	57.64	2.11	4.80	101110	97.85	156.98
112.43	50.72	1.75	5.83	71834	96.88	140.06
115.49	50.80	2.46	3.50	36960	97.17	116.79
142.47	48.28	8.11	3.16	1091283	98.57	849.49
119.09	52.74	2.48	11.51	307516	96.14	334.73
124.30	45.97	1.40	11.31	185413	92.10	235.70
108.39	55.20	2.60	6.32	210525	95.93	238.42
117.75	53.15	2.31	2.73	52729	97.70	120.08
127.08	54.29	2.28	5.08	69880	97.61	145.22
123.02	58.13	2.53	6.54	97993	96.17	174.10
121.32	66.47	3.01	4.00	316443	97.72	297.49
123.52	63.82	3.63	4.15	253669	97.93	276.34
129.50	56.65	2.77	4.29	81404	97.82	160.21
121.40	57.45	2.22	5.58	92335	96.73	162.52
135.55	53.58	1.77	8.65	86321	97.09	169.05
128.14	60.46	2.51	10.97	246482	99.27	304.49
124.20	64.69	2.43	4.17	94753	96.83	158.99
116.66	64.32	2.53	3.79	99519	98.15	157.15
109.68	53.18	3.08	3.97	81450	99.95	153.72
114.01	55.87	2.91	3.39	55332	98.25	135.43
205.83	66.26	3.81	2.78	234453	97.60	267.06
109.24	47.27	3.17	14.66	727690	99.73	591.32
130.36	68.52	3.11	3.89	656748	99.45	502.40
107.54	56.31	0.78	16.00	196241	98.59	238.75

12-28 各市规模以上工业企业主要经济指标（2007年）

Main Economic Indicators of Industrial Enterprises above Designated Size by City (2007)

单位：亿元 (100 million yuan)

市 别	City	主营业务收入 Main Business Revenue	资产合计 Total Assets	负债合计 Total Liabilities	利润总额 Total Profits	利税总额 Total Pre-tax Profits	从业人员平均人数(万人) Average Number of Employed Persons (10000 persons)
广 州	Guangzhou	8855.82	8035.24	4056.45	751.83	1255.96	154.09
深 圳	Shenzhen	13826.10	9983.14	6167.92	778.29	1112.97	303.12
珠 海	Zhuhai	2238.45	1741.86	1044.41	127.25	167.00	41.67
汕 头	Shantou	1033.07	854.43	354.19	69.20	106.73	34.58
佛 山	Foshan	8190.15	4483.01	2686.82	403.83	715.52	159.76
韶 关	Shaoguan	554.88	609.95	352.57	48.42	92.75	13.09
河 源	Heyuan	457.91	283.45	145.56	51.43	71.72	12.18
梅 州	Meizhou	281.64	349.65	178.80	26.92	66.58	10.49
惠 州	Huizhou	2175.20	1738.68	1057.05	99.23	165.78	56.44
汕 尾	Shanwei	187.83	133.00	48.36	10.49	14.43	9.46
东 莞	Dongguan	5791.30	4632.91	2689.21	196.48	376.85	211.04
中 山	Zhongshan	3049.42	1908.92	1173.48	118.05	206.84	116.38
江 门	Jiangmen	2133.19	1591.43	900.72	106.72	204.93	58.30
阳 江	Yangjiang	317.47	208.39	112.25	39.26	53.52	12.59
湛 江	Zhanjiang	829.09	677.06	344.55	60.52	104.86	13.88
茂 名	Maoming	1042.80	429.80	133.23	64.29	141.55	10.96
肇 庆	Zhaoqing	639.04	533.32	298.13	27.87	53.11	22.23
清 远	Qingyuan	1067.27	644.93	343.83	29.77	57.49	23.94
潮 州	Chaozhou	439.68	339.97	186.80	24.04	50.66	17.07
揭 阳	Jieyang	570.91	409.26	198.83	39.39	61.76	15.88
云 浮	Yunfu	246.73	233.57	139.43	12.36	24.93	10.27

12-29 各市私营工业企业主要经济指标（2007年）

Main Economic Indicators of Private Enterprises by City (2007)

单位：亿元 (100 million yuan)

市 别	City	主营业务收入 Main Business Revenue	资产合计 Total Assets	负债合计 Total Liabilities	利润总额 Total Profits	利税总额 Total Pre-tax Profits	从业人员平均人数(万人) Average Number of Employed Persons (10000 persons)
广 州	Guangzhou	1012.85	590.81	389.91	32.22	57.41	28.95
深 圳	Shenzhen	1132.48	742.65	454.00	48.81	75.76	43.68
珠 海	Zhuhai	94.88	76.62	48.18	4.77	7.81	3.31
汕 头	Shantou	369.85	252.41	78.91	27.02	38.17	12.86
佛 山	Foshan	2001.58	861.05	518.55	102.67	172.36	42.79
韶 关	Shaoguan	37.11	32.28	20.07	2.18	3.89	1.36
河 源	Heyuan	120.13	50.53	21.29	16.82	21.34	1.54
梅 州	Meizhou	64.32	51.14	27.52	3.93	7.99	3.81
惠 州	Huizhou	85.45	62.07	38.25	2.48	5.19	5.31
汕 尾	Shanwei	22.02	12.96	7.27	0.42	1.39	2.13
东 莞	Dongguan	406.42	281.06	182.11	10.17	29.92	14.91
中 山	Zhongshan	826.67	377.93	272.82	26.72	52.70	32.38
江 门	Jiangmen	510.18	255.41	161.29	17.40	36.90	14.82
阳 江	Yangjiang	159.68	88.54	43.60	17.81	25.11	7.54
湛 江	Zhanjiang	130.99	74.38	37.39	6.62	10.44	3.77
茂 名	Maoming	104.21	48.70	19.53	10.56	16.98	3.63
肇 庆	Zhaoqing	180.65	114.74	70.73	10.58	18.94	6.36
清 远	Qingyuan	341.81	101.47	63.93	5.51	11.94	4.34
潮 州	Chaozhou	89.21	52.94	22.77	3.81	8.59	4.88
揭 阳	Jieyang	197.43	83.49	34.39	12.02	19.16	6.25
云 浮	Yunfu	50.27	42.04	27.72	2.19	4.93	1.84

12-30 各市工业企业主要经济效益指标（2007年）
Main Indicators on Economic Benefit of Industrial Enterprises by City (2007)

市别	City	总资产贡献率(%) Ratio of Total Assets to Industrial Output Value (%)	资本保值增值率(%) Ratio of Capital Maintenance and Appreciation (%)	资产负债率(%) Assets-Liability Ratio (%)	流动资产周转率(次) Number of Times of Turnover of Circulating Funds (times)	成本费用利润率(%) Ratio of Profits to Industrial Costs (%)	全员劳动生产率(元/人) Overall Labor Productivity (yuan/person)	产品销售率(%) Proportion of Products Sold (%)	综合指数(%) Comprehensive Index (%)
全省合计	**Provincial Total**	**13.59**	**117.39**	**56.78**	**2.57**	**6.20**	**107880**	**97.83**	**180.48**
广州	Guangzhou	16.25	111.77	50.48	2.52	9.28	156459	98.45	225.33
深圳	Shenzhen	11.90	115.74	61.78	2.24	6.00	108822	98.50	173.25
珠海	Zhuhai	10.37	124.08	59.96	2.46	5.94	114047	97.87	176.97
汕头	Shantou	13.05	118.61	41.45	2.65	7.48	78302	95.99	167.07
佛山	Foshan	16.80	126.52	59.93	3.15	5.39	146001	96.72	213.32
韶关	Shaoguan	16.43	121.20	57.80	2.31	9.99	138124	99.61	216.61
河源	Heyuan	26.39	146.30	51.35	3.23	13.20	121350	98.07	249.37
梅州	Meizhou	20.17	117.38	51.14	2.09	11.69	104557	98.83	206.79
惠州	Huizhou	10.70	120.13	60.80	2.65	4.78	89032	98.16	159.27
汕尾	Shanwei	11.48	132.80	36.36	3.44	5.99	62455	96.22	158.61
东莞	Dongguan	8.53	103.04	58.05	2.22	3.66	67788	99.27	131.97
中山	Zhongshan	11.44	116.36	61.47	2.70	4.07	70892	95.28	146.28
江门	Jiangmen	14.25	131.30	56.60	2.82	5.41	98866	96.49	177.38
阳江	Yangjiang	26.29	147.14	53.86	2.88	14.08	76865	93.99	221.58
湛江	Zhanjiang	16.58	121.30	50.89	2.71	9.66	241433	96.03	281.66
茂名	Maoming	33.76	137.03	31.00	7.15	6.87	224433	99.01	339.32
肇庆	Zhaoqing	11.06	128.51	55.90	2.54	4.67	75651	97.20	151.51
清远	Qingyuan	9.88	174.77	53.31	4.48	3.06	120199	97.28	195.60
潮州	Chaozhou	16.50	123.21	54.95	3.00	5.87	67586	98.28	165.29
揭阳	Jieyang	16.42	132.49	48.58	2.87	7.72	98412	98.11	190.75
云浮	Yunfu	11.95	120.62	59.69	2.37	5.67	76967	97.70	155.08

12-30 续表 continued

市别	City	总资产贡献率比去年增长百分点 Percentage Gain in Ratio of Total Assets to Industrial Output Value over Preceding Year	资本保值增值率比去年增长百分点 Percentage Gain in Ratio of Capital Maintenance and Appreciation over Preceding Year	资产负债率比去年增长百分点 Percentage Gain in Assets-Liability Ratio over Preceding Year	流动资产周转率比去年增长(次数) Growth in Number of Times of Turnover of Circulating Funds over Preceding Year (times)	成本费用利润率比去年增长百分点 Percentage Gain in Ratio of Profits to Industrial Costs over Preceding Year	全员劳动生产率比去年增长(%) Growth in Overall Labor Productivity over Preceding Year (%)	产品销售率比去年增长百分点 Percentage Gain in Proportion of Products Sold over Preceding Year	综合指数比去年增长百分点 Percentage Gain in Comprehensive Index over Preceding Year
全省合计	**Provincial Total**	**1.35**	**-11.04**	**0.06**	**0.09**	**0.72**	**10.21**	**0.18**	**10.78**
广州	Guangzhou	2.34	-48.64	1.99	0.06	1.25	18.62	-0.09	18.09
深圳	Shenzhen	-0.43	-0.57	1.37	-0.01	-0.19	-11.40	2.10	-10.18
珠海	Zhuhai	2.51	11.96	-2.03	0.11	1.54	3.48	1.02	16.17
汕头	Shantou	1.14	11.42	-4.15	0.13	0.57	10.51	-0.87	11.55
佛山	Foshan	2.72	5.26	-2.22	0.29	1.23	23.75	-1.42	30.82
韶关	Shaoguan	0.76	6.74	-2.04		1.09	17.47	0.61	19.02
河源	Heyuan	7.37	17.92	-2.34	0.08	3.77	10.26	0.91	38.15
梅州	Meizhou	1.36	-0.25	-2.13	-0.01	0.36	17.85	1.28	13.52
惠州	Huizhou	5.27	-36.59	-2.38	0.03	2.51	14.77	0.04	22.47
汕尾	Shanwei	-1.91	1.14	-0.95	0.25	-1.36	22.93	-2.76	0.63
东莞	Dongguan	-0.85	-23.79	3.11	0.07	-0.06	15.05	-0.28	1.12
中山	Zhongshan	1.69	-9.72	-0.37	0.01	0.92	7.72	-1.85	8.31
江门	Jiangmen	1.84	16.78	-2.47	0.10	0.49	19.76	-0.45	18.33
阳江	Yangjiang	1.84	27.89	-1.85	-0.23	2.88	23.20	-1.52	24.24
湛江	Zhanjiang	-3.46	2.22	-4.21		-3.29	11.43	-1.14	-3.76
茂名	Maoming	12.30	32.48	-15.94	0.90	4.95	11.77	0.96	69.40
肇庆	Zhaoqing	2.41	8.42	-2.01	0.41	1.02	28.79	0.60	23.88
清远	Qingyuan	-2.89	43.16	-8.08	0.82	-0.01	27.12	0.10	24.45
潮州	Chaozhou	3.30	-5.67	-1.48	0.21	2.14	21.38	-0.16	22.75
揭阳	Jieyang	4.69	-4.31	4.46	0.11	2.51	30.32	-0.43	32.57
云浮	Yunfu	2.20	3.98	-0.50	-0.07	1.24	16.81	-0.94	15.32

12-31 各市规模以上国有及控股工业企业主要经济效益指标（2007年）

Main Indicators on Economic Benefit of State-owned and State-controlled Industrial Enterprises above Designated Size by City (2007)

市 别	City	总资产贡献率(%) Ratio of Total Assets to Industrial Output Value (%)	资本保值增值率(%) Ratio of Capital Maintenance and Appreciation (%)	资产负债率(%) Assets-Liability Ratio (%)	流动资产周转率(次) Number of Times of Turnover of Circulating Funds (times)	成本费用利润率(%) Ratio of Profits to Industrial Costs (%)	全员劳动生产率(元/人) Overall Labor Productivity (yuan/person)	产品销售率(%) Proportion of Products Sold (%)	综合指数(%) Comprehensive Index (%)
全省合计	**Provincial Total**	**17.68**	**113.93**	**48.65**	**2.88**	**12.85**	**464351**	**99.36**	**432.07**
广 州	Guangzhou	15.33	111.34	42.62	2.57	12.50	443769	99.73	410.48
深 圳	Shenzhen	22.88	107.82	50.44	2.21	27.76	904251	98.45	757.13
珠 海	Zhuhai	10.93	138.20	66.50	2.05	6.05	321659	96.74	300.07
汕 头	Shantou	13.36	95.70	50.69	4.29	7.58	166514	99.57	235.05
佛 山	Foshan	16.18	128.73	50.33	4.29	9.14	439683	99.39	416.13
韶 关	Shaoguan	18.59	126.92	59.62	2.44	10.97	232240	100.37	283.49
河 源	Heyuan	22.51	108.80	65.70	1.59	24.46	310409	95.99	376.00
梅 州	Meizhou	31.87	153.58	43.10	2.26	13.15	302672	101.41	361.13
惠 州	Huizhou	17.11	115.03	58.33	4.11	10.02	782060	100.08	625.18
汕 尾	Shanwei	10.02	106.05	66.63	4.35	4.48	120804	98.91	189.32
东 莞	Dongguan	20.55	103.32	44.51	4.31	13.54	1499722	100.25	1080.30
中 山	Zhongshan	15.29	113.23	51.53	4.00	7.33	469063	101.01	420.77
江 门	Jiangmen	16.94	117.69	61.24	4.07	15.41	414489	99.73	421.97
阳 江	Yangjiang	12.97	106.32	65.29	3.68	4.84	98678	99.75	176.69
湛 江	Zhanjiang	16.39	88.34	50.20	2.34	8.30	220490	99.24	255.95
茂 名	Maoming	37.04	148.78	24.04	10.43	6.17	821065	99.55	738.37
肇 庆	Zhaoqing	10.41	122.50	47.65	2.45	6.10	108357	98.17	173.93
清 远	Qingyuan	13.98	123.88	61.16	3.73	8.12	230667	99.64	275.10
潮 州	Chaozhou	12.29	138.15	78.22	3.95	8.86	309347	100.01	321.36
揭 阳	Jieyang	9.93	183.18	65.23	3.95	6.51	273631	99.44	296.30
云 浮	Yunfu	11.79	127.63	59.91	2.55	7.46	179306	99.76	226.52

12-32 各市按经济类型分的工业企业资产（2007年）

Total Assets of Industrial Enterprises by Ownership by City (2007)

单位：亿元 (100 million yuan)

市 别	City	资产合计 Total Assets	#国有及国有控股工业 State-owned and State-controlled Industry	集体工业 Collective-owned Industry	股份合作制工业 Share-holding Cooperative Industry	股份制工业 Share-holding Industry	外商投资工业 Foreign-funded Industry	港澳台投资工业 Industry with Funds from Hong Kong, Macao and Taiwan
广 州	Guangzhou	8035.24	4098.91	60.37	20.27	3166.25	2328.33	1743.08
深 圳	Shenzhen	9983.14	1698.16	4.93	5.77	2942.17	3131.52	3312.77
珠 海	Zhuhai	1741.86	403.50	34.84	0.21	455.68	624.67	575.54
汕 头	Shantou	854.43	112.91	10.52	9.49	385.49	151.61	150.25
佛 山	Foshan	4483.01	375.18	45.06	41.00	2054.95	676.63	1152.38
韶 关	Shaoguan	609.95	399.58	0.98	8.69	392.89	10.63	107.93
河 源	Heyuan	283.45	65.46	3.89	1.10	120.36	34.04	91.77
梅 州	Meizhou	349.65	129.21	7.92	0.32	162.00	33.18	50.70
惠 州	Huizhou	1738.68	516.22	9.63	1.72	165.33	810.55	630.69
汕 尾	Shanwei	132.81	22.96	4.30		19.07	3.92	81.54
东 莞	Dongguan	4632.91	443.47	103.52	0.75	539.41	1613.11	1988.69
中 山	Zhongshan	1908.92	117.22	45.73	2.59	448.86	522.04	716.28
江 门	Jiangmen	1591.43	285.72	26.89	8.12	374.41	261.95	576.04
阳 江	Yangjiang	208.39	26.22	0.54		78.90	29.86	42.19
湛 江	Zhanjiang	677.06	186.52	17.64	0.07	220.30	46.42	263.74
茂 名	Maoming	429.80	280.05	4.62	0.46	305.27	11.01	20.56
肇 庆	Zhaoqing	533.32	123.22	3.67	0.29	189.92	119.82	131.13
清 远	Qingyuan	644.93	107.66	5.38	1.99	214.29	64.42	270.59
潮 州	Chaozhou	339.97	115.45	1.61	2.86	183.83	35.45	56.11
揭 阳	Jieyang	409.26	123.56	10.25		223.82	22.71	69.96
云 浮	Yunfu	233.57	71.59	5.83	2.05	72.06	27.15	81.33

12-33 各市规模以上大中型工业企业产值资产（2007年）

Gross Output Value and Total Assets of Large and Medium-sized Industrial Enterprises above Designated Size by City (2007)

单位：亿元 (100 million yuan)

市 别	City	企业个数(个) Number of Enterprises (unit)	#大型 Large-sized	工业总产值（当年价格） Gross Industrial Output Value (at current prices)	#大型 Large-sized	资产总计 Total Assets	#大型 Large-sized
全省合计	**Provincial Total**	**6040**	**383**	**37718.60**	**18468.82**	**27730.29**	**12549.25**
广 州	Guangzhou	748	56	6626.11	3585.73	6340.27	3874.43
深 圳	Shenzhen	1402	117	11258.13	7166.36	7579.92	4143.90
珠 海	Zhuhai	210	17	1806.45	1124.76	1240.85	577.96
汕 头	Shantou	127	5	466.48	158.76	378.09	103.61
佛 山	Foshan	657	40	4488.11	2132.71	2738.79	1295.79
韶 关	Shaoguan	62	5	430.33	245.81	442.64	235.13
河 源	Heyuan	60	4	219.54	49.52	153.87	38.16
梅 州	Meizhou	47	1	165.25	13.66	186.48	13.61
惠 州	Huizhou	290	17	1774.37	746.76	1278.43	336.52
汕 尾	Shanwei	29	1	145.22	66.76	94.52	44.72
东 莞	Dongguan	1169	48	4360.93	1261.60	3343.65	880.24
中 山	Zhongshan	489	33	1931.11	528.23	1122.87	262.84
江 门	Jiangmen	286	17	1211.98	421.63	984.05	311.44
阳 江	Yangjiang	40	1	129.88	12.02	80.02	18.47
湛 江	Zhanjiang	72	5	426.30	51.80	342.41	67.34
茂 名	Maoming	33	1	824.23	652.17	305.97	187.95
肇 庆	Zhaoqing	69	5	291.63	97.49	255.95	92.74
清 远	Qingyuan	111	5	675.34	90.83	390.92	31.24
潮 州	Chaozhou	51	2	150.64	25.91	100.90	17.60
揭 阳	Jieyang	46		188.74		224.04	
云 浮	Yunfu	42	3	147.84	36.31	145.64	15.54

12-34 全省工业总产值最大的50家工业企业（2007年）
Top 50 Industrial Enterprises of the Province in Terms of Gross Industrial Output Value (2007)

序号 Rank	企业名称	Name of Enterprises	工业总产值(当年价)(万元) Gross Industrial Output Value (at current prices) (10000 yuan)
1	鸿富锦精密工业(深圳)有限公司	HONG FU JIN PRECISION (SHENZHEN) CO., LTD	18670105
2	广东电网公司	GUANGDONG POWER GRID CORPORATION	18031263
3	华为技术有限公司	HUAWEI TECHNOLOGIES CO., LTD.	7573674
4	中国石油化工股份有限公司茂名分公司	SINOPEC MAOMING COMPANY	6521678
5	美的集团有限公司	GUANGDONG MD HOLDING CO., LTD.	5774958
6	中国石油化工股份有限公司广州分公司	SINOPEC GUANGZHOU COMPANY	4427061
7	深圳富泰宏精密工业有限公司	SHENZHEN FUTAIHONG PRECISION INDUSTRIAL CO., LTD.	4371807
8	广州本田汽车有限公司	GUANGZHOU HONDA AUTOMOBILE CO., LTD.	4246750
9	中海石油(中国)有限公司深圳分公司	CNOOC CHINA LIMITED—SHENZHEN	4154304
10	联想信息产品(深圳)有限公司	INTERNATIONAL INFORMATION PRODUCTS (SHENZHEN) CO., LTD.	3843907
11	群康科技(深圳)有限公司	INNOCOM TECHNOLOGY (SHENZHEN) LTD.	3711101
12	珠海格力电器股份有限公司	ZHUHAI GREE CORPORATION	3489381
13	东风汽车有限公司乘用车公司	DONGFENG MOTOR CO. LTD. PASSENGER VEHICLE COMPANY	3199043
14	广州丰田汽车有限公司	GUANGZHOU TOYOTA MOTOR CO., LTD.	3181693
15	中兴通讯股份有限公司	ZHONGXING COMMUNICATION CO., LTD.	3167066
16	中国南方电网有限责任公司	CHINA SOUTHERN POWER GRID CO., LTD.	2595782
17	伟创力制造(珠海)有限公司	FLEXTRONICS MANUFACTURING (ZHUHAI) CO., LTD.	2547736
18	广州宝洁有限公司	PROCTER & GAMBLE (GUANGZHOU) CO., LTD.	2477850
19	中海壳牌石油化工有限公司	CNOOC AND SHELL PETROCHEMICALS COMPANY LIMITED	2338952
20	广东格兰仕集团有限公司	GUANGDONG GALANZ GROUP CO., LTD.	2266880
21	伟创力实业(珠海)有限公司	FLEXTRONICS INDUSTRIAL (ZHUHAI) CO., LTD.	2038714
22	广东中烟工业公司	GUANGDONG CHINA-TOBACCO INDUSTRIAL CO., LTD.	2005812
23	湛江东兴石油企业有限公司	ZHANJIANG DONGXING PETROLEUM ENTERPRISE CO., LTD.	1653813
24	中海石油(中国)有限公司湛江分公司	CNOOC (CHINA) LIMITED—ZHANJIANG	1538167
25	安利(中国)日用品有限公司	AMWAY (CHINA) CO., LTD.	1519870
26	广东省韶关钢铁集团有限公司	SHAOGUAN IRON & STEEL GROUP CO., LTD., GUANGDONG PROVINCE	1500582
27	乐金电子(惠州)有限公司	LG ELECTRONICS (HUIZHOU) INC.	1420315
28	恩斯迈电子(深圳)有限公司	MSI COMPUTER (SHENZHEN) CO., LTD.	1350455
29	深圳开发科技股份有限公司	SHENZHEN KAIFA TECHNOLOGY CO.,LTD.	1299497
30	佛山普立华科技有限公司	FOSHAN PREMIER SCHENCE AND TECHNOLOGY CO., LTD.	1254826
31	东风本田发动机有限公司	DONGFENG HONDA ENGINE CO., LTD.	1240467
32	联众(广州)不锈钢有限公司	LIANZHONG STAINLESS STEEL CORPORATION	1233310
33	深圳创维-RGB电子有限公司	SHENZHEN SKYWORTH-RGB ELECTRONICS CO., LTD.	1173908
34	长城国际系统科技(深圳)有限公司	CHANGCHENG INTERNATIONAL INFORMATION PRODUCTS (SHENZHEN) CO., LTD.	1164692
35	深圳三星科健移动通信技术有限公司	SHENZHEN SAMSUNG KEJIAN MOBILE TELECOMMUNICATION TECHNOLOGY CO., LTD.	1153678
36	江门市大长江集团有限公司	GRAND RIVER GROUP CO., LTD.	1082055
37	海信科龙电器股份有限公司	HISENSE KELON ELECTRICAL HOLDINGS CO.,LTD.	1034190
38	康佳集团股份有限公司	KONKA GROUP CO., LTD.	1014717
39	广州市白云电气集团有限公司	GUANGZHOU BAIYUN ELECTRIC GROUP CO.,LTD.	1011999
40	索尼精密部件(惠州)有限公司	SONY PRECISION DEVICES CHOU CO.,LTD.	995794
41	捷普电子(广州)有限公司	JABIL CIRCUIT (GUANGZHOU) CO., LTD.	986746
42	佛山市顺德区顺达电脑厂有限公司	MITAC COMPUTER (SHUNDE LTD.)	981328
43	ＴＣＬ王牌电器(惠州)有限公司	TCL KING ELECTRICAL APPLIANCES (HUIZHOU) CO., LTD.	924716
44	建兴光电科技(广州)有限公司	LITEON OPTO TECHNOLOGY (GUANGZHOU) LTD.	924328
45	富士施乐高科技(深圳)有限公司	FUJI XEROX OF SHENZHEN LTD.	888449
46	广州珠江钢铁有限责任公司	GUANGZHOU ZHUJIANG STEEL CO., LTD.	827414
47	普丽科技(佛山)有限公司	PRIMARY TECHNOLOGY (FOSHAN) CORPORATION	827243
48	惠州三星电子有限公司	SAMSVNG ELECTRONICS CO.,LTD.	787367
49	佳能(中山)办公设备有限公司	CANON ZHONGSHAN BUSINESS MACHINES CO., LTD.	727594
50	佳能珠海有限公司	CANON ZHUHAI INC.	703115

注:中国南方电网有限责任公司数据扣除了广东电网公司数据。
Note: The data of China Southern Power Grid Co.,LTD. excluded the data from Guangdong Power Grid.

12-35 全省主营业务收入最大的50家工业企业（2007年）

Top 50 Industrial Enterprises of the Province in Terms of Main Business Revenue (2007)

序号 Rank	企业名称	Name of Enterprises	主营业务收入(万元) Main Business Revenue (10000 yuan)
1	鸿富锦精密工业(深圳)有限公司	HONG FU JIN PRECISION (SHENZHEN) CO., LTD.	18738695
2	广东电网公司	GUANGDONG POWER GRID CORPORATION	18031263
3	华为技术有限公司	HUAWEI TECHNOLOGIES CO., LTD.	9219488
4	美的集团有限公司	GUANGDONG MD HOLDING CO., LTD.	6746431
5	中国石油化工股份有限公司茂名分公司	SINOPEC MAOMING COMPANY	6411910
6	深圳富泰宏精密工业有限公司	SHENZHEN FUTAIHONG PRECISION INDUSTRIAL CO., LTD.	4187935
7	广州本田汽车有限公司	GUANGZHOU HONDA AUTOMOBILE CO., LTD.	4136566
8	中国石油化工股份有限公司广州分公司	SINOPEC GUANGZHOU COMPANY	3985667
9	联想信息产品(深圳)有限公司	INTERNATIONAL INFORMATION PRODUCTS (SHENZHEN) CO., LTD.	3848756
10	群康科技(深圳)有限公司	INNOCOM TECHNOLOGY (SHENZHEN) LTD.	3690680
11	中兴通讯股份有限公司	ZHONGXING COMMUNICATION CO., LTD.	3300000
12	广州丰田汽车有限公司	GUANGZHOU TOYOTA MOTOR CO., LTD.	3211840
13	东风汽车有限公司乘用车公司	DONGFENG MOTOR CO. LTD. PASSENGER VEHICLE COMPANY	3196725
14	珠海格力电器股份有限公司	ZHUHAI GREE CORPORATION	2885723
15	中国南方电网有限责任公司	CHINA SOUTHERN POWER GRID CO., LTD.	2595782
16	伟创力制造(珠海)有限公司	FLEXTRONICS MANUFACTURING (ZHUHAI) CO., LTD.	2385234
17	广州宝洁有限公司	PROCTER & GAMBLE (GUANGZHOU) CO., LTD.	2349907
18	中海壳牌石油化工有限公司	CNOOC AND SHELL PETROCHEMICALS COMPANY LIMITED	2342944
19	广东格兰仕集团有限公司	GUANGDONG GALANZ GROUP CO., LTD.	2253322
20	中海石油(中国)有限公司深圳分公司	CNOOC CHINA LIMITED—SHENZHEN	2127015
21	伟创力实业(珠海)有限公司	FLEXTRONICS INDUSTRIAL (ZHUHAI) CO., LTD.	2038714
22	广东中烟工业公司	GUANGDONG CHINA-TOBACCO INDUSTRIAL CO., LTD.	1997786
23	广东省韶关钢铁集团有限公司	SHAOGUAN IRON & STEEL GROUP CO., LTD., GUANGDONG PROVINCE	1454836
24	乐金电子(惠州)有限公司	LG ELECTRONICS (HUIZHOU) INC.	1409096
25	安利(中国)日用品有限公司	AMWAY (CHINA) CO., LTD.	1375613
26	湛江东兴石油企业有限公司	ZHANJIANG DONGXING PETROLEUM ENTERPRISE CO., LTD.	1325491
27	深圳开发科技股份有限公司	SHENZHEN KAIFA TECHNOLOGY CO.,LTD.	1299497
28	深圳三星科健移动通信技术有限公司	SHENZHEN SAMSUNG KEJIAN MOBILE TELECOMMUNICATION CO., LTD.	1274584
29	恩斯迈电子(深圳)有限公司	MSI COMPUTER (SHENZHEN) CO., LTD.	1258024
30	佛山普立华科技有限公司	FOSHAN PREMIER SCHENCE AND TECHNOLOGY CO., LTD.	1256985
31	东风本田发动机有限公司	DONGFENG HONDA ENGINE CO., LTD.	1246890
32	联众(广州)不锈钢有限公司	LIANZHONG STAINLESS STEEL CORPORATION	1104602
33	江门市大长江集团有限公司	GRAND RIVER GROUP CO., LTD.	1074003
34	广州市白云电气集团有限公司	GUANGZHOU BAIYUN ELECTRIC GROUP CO.,LTD.	1007564
35	康佳集团股份有限公司	KONKA GROUP CO., LTD.	1005682
36	深圳创维-RGB电子有限公司	SHENZHEN SKYWORTH-RGB ELECTRONICS CO., LTD.	1005090
37	佛山市顺德区顺达电脑厂有限公司	MITAC COMPUTER (SHUNDE)LTD.	982162
38	长城国际系统科技(深圳)有限公司	CHANGCHENG INTERNATIONAL INFORMATION PRODUCTS (SHENZHEN) CO., LTD.	978687
39	捷普电子(广州)有限公司	JABIL CIRCUIT (GUANGZHOU) CO., LTD.	935563
40	索尼精密部件(惠州)有限公司	SONY PRECISION DEVICES (HUIZHOU) CO.,LTD	927098
41	建兴光电科技(广州)有限公司	LITEON OPTO TECHNOLOGY (GUANGZHOU) CO.,LTD.	923327
42	中海石油(中国)有限公司湛江分公司	CNOOC (CHINA) LIMITED—ZHANJIANG	896939
43	富士施乐高科技(深圳)有限公司	FUJI XEROX OF SHENZHEN CO.,LTD.	846142
44	海信科龙电器股份有限公司	HISENSE KELON ELECTRICAL HOLDINGS CO.,LTD.	838000
45	广州珠江钢铁有限责任公司	GUANGZHOU ZHUJIANG STEEL CO.,LTD.	832738
46	ＴＣＬ王牌电器(惠州)有限公司	TCL KING ELECTRICAL APPLIANCES (HUIZHOU) CO.,LTD.	823039
47	惠州三星电子有限公司	SAMSUNG ELECTRONICS CO.,LTD.	820178
48	普丽科技(佛山)有限公司	PRIMARY TECHNOLOGY (FOSHAN) CORPORATION	806261
49	佳能珠海有限公司	CANON ZHUHAI INC.	760360
50	佳能(中山)办公设备有限公司	CANON ZHONGSHAN BUSINESS MACHINES CO., LTD.	724953

注:中国南方电网有限责任公司数据扣除了广东电网公司数据。

Note: The data of China Southern Power Grid Co.,LTD. excluded the data from Guangdong Power Grid.

12-36 全省固定资产净值最大的50家工业企业（2007年）

Top 50 Industrial Enterprises of the Province in Terms of Net Value of Fixed Assets (2007)

序号 Rank	企业名称	Name of Enterprises	固定资产净值（万元） Net Value of Fixed Assets (10000 yuan)
1	广东电网公司	GUANGDONG POWER GRID CORPORATION	11189861
2	中国南方电网有限责任公司	CHINA SOUTHERN POWER GRID CO., LTD.	3610362
3	中海壳牌石油化工有限公司	CNOOC AND SHELL PETROCHEMICALS COMPANY LIMITED	2866824
4	岭澳核电有限公司	LING'AO NUCLEAR POWER CO., LTD.	2063880
5	中国石油化工股份有限公司茂名分公司	SINOPEC MAOMING COMPANY	1375827
6	广东国华粤电台山发电有限公司	GUANGDONG GUOHUA YUEDIAN TAISHAN ELECTRIC POWER CO., LTD.	991806
7	广东核电合营有限公司	GUANGDONG NUCLEAR POWER JOINT VENTURE CO.,LTD.	971813
8	中海石油(中国)有限公司湛江分公司	CNOOC (CHINA) LIMITED—ZHANJIANG	922857
9	广东省韶关钢铁集团有限公司	SHAOGUAN IRON & STEEL GROUP CO., LTD., GUANGDONG PROVINCE	785269
10	中国石油化工股份有限公司广州分公司	SINOPEC GUANGZHOU COMPANY	726978
11	华为技术有限公司	HUAWEI TECHNOLOGIES CO., LTD.	656113
12	广东大鹏液化天然气有限公司	GUANGDONG DAPENG LNG CO., LTD.	626031
13	美的集团有限公司	GUANGDONG MD HOLDING CO., LTD.	574754
14	广州珠江钢铁有限责任公司	GUANGZHOU ZHUJIANG STEEL CO., LTD.	555163
15	广东粤电靖海发电有限公司	GUANGDONG POWER GENERATION CO.,LTD.	545744
16	广东省珠海发电厂有限公司	GUANGDONG ZHUHAI POWER PLANT CO., LTD.	491702
17	广东粤港供水有限公司	GUANGDONG YUE GANG WATER SUPPLY CO., LTD.	489299
18	广东大唐国际潮州发电有限责任公司	GUANDDONG DATANG INTERNATIONAL CHAOZHOU POWER GENERATION CO., LTD.	476011
19	广州市自来水公司	GUANGZHOU WATER SUPPLY COMPANY	455994
20	广州本田汽车有限公司	GUANGZHOU HONDA AUTOMOBILE CO., LTD.	453128
21	鸿富锦精密工业(深圳)有限公司	HONG FU JIN PRECISION (SHENZHEN) CO.,LTD.	445014
22	联众(广州)不锈钢有限公司	LIANZHONG STAINLESS STEEL CORPORATION	421184
23	深圳市水务(集团)有限公司	SHENZHEN WATER (GROUP) CO., LTD.	353323
24	广东珠海金湾发电有限公司	GUANGDONG ZHUHAI POWER PLANT CO.,LTD.	340767
25	深圳富泰宏精密工业有限公司	SHENZHEN FUTAIHONG PRECISION INDUSTRIAL CO., LTD.	340731
26	广州丰田汽车有限公司	GUANGZHOU TOYOTA MOTOR CO., LTD.	327130
27	华能国际电力股份有限公司广东分公司	HUANENG POWER INTERNATIONAL INC. GUANGDONG BRANCH	319218
28	深圳市广前电力有限公司	SHENZHEN GUANGQIAN ELECTRIC POWER CO.,LTD	310952
29	东莞玖龙纸业有限公司	DONGGUAN NINE DRAGONS PAPER INDUSTRIES CO.,LTD.	296184
30	广东惠州天然气发电有限公司	GUANGDONG HUIZHOU LNG POWER CO.,LTD.	272742
31	深圳赛格三星股份有限公司	SHENZHEN SEG SAMSUNG GLASS CO., LTD.	251000
32	中兴通讯股份有限公司	ZHONGXING COMMUNICATION CO., LTD.	250000
33	深圳赛意法微电子有限公司	SHENZHEN STS MICROELECTRONICS CO., LTD.	229566
34	东莞市东江水务有限公司	DONGGUAN DONGJIANG WATER CO., LTD.	229068
35	珠海碧辟化工有限公司	BP ZHUHAI CHEMICAL CO., LTD.	228636
36	东莞市电化实业集团公司	DONGGUAN CITY POWER & CHEMICAL INDUSTRY GROUP LTD.	227633
37	广州恒运企业集团股份有限公司	GUANGZHOU HENGYUN ENTERPRISES HOLDINGS LTD.	219767
38	广州珠江天然气发电有限公司	GUANGZHOU ZUJIANG LNG POWER CO.,LTD.	218317
39	日立环球存储科技深圳有限公司、	HITACHI GLOBAL STORAGE TECHNOLOGIES (SHENZHEN) CO., LTD.	214804
40	广东中烟工业公司	GUANGDONG CHINA-TOBACCO INDUSTRIAL CO.,LTD.	208731
41	深圳市西部电力有限公司	SHENZHEN WEST POWER CO. LTD.	208056
42	佛山塑料集团股份有限公司	FOSHAN PLASTICS GROUP CO., LTD.	207479
43	广东省韶关粤江发电有限责任公司	GUANGDONG SHAOGUAN YUE JIANG POWER SUPPLY LIMITED	207388
44	湛江电力有限公司	ZHANJIANG ELECTRIC POWER CO., LTD.	204719
45	珠海格力电器股份有限公司	ZHUHAI GREE CORPORATION	199698
46	广东溢达纺织有限公司	GUANGDONG ESQUEL TEXTILES CO., LTD.	195648
47	深圳能源投资股份有限公司东部电厂	EASTERN POWER PLANT OF SHENZHEN ENERGY INVESTMENT CO.,LTD.	193539
48	比亚迪股份有限公司	BYD COMPANY LIMITED	192010
49	广州东方电力有限公司	GUANGZHOU ORIENTAL ELECTRIC POWER CO., LTD.	191271
50	广东理文造纸有限公司	GUANGDONG LEE & MAN PAPER FACTORY CO.,LTD.	190390

注：固定资产净值指固定资产净值年平均余额。

Note: Net value of fixed assets refers to annual average net value of fixed assets.

主要统计指标解释

工业 指从事自然资源的开采，对采掘品和农产品进行加工和再加工的物质生产部门。具体包括：(1)对自然资源的开采，如采矿、晒盐、森林采伐等（但不包括禽兽捕猎和水产捕捞）；(2)对农副产品的加工、再加工，如粮油加工、食品加工、轧花、缫丝、纺织、制革等；(3)对采掘品的加工、再加工，如炼铁、炼钢、化工生产、石油加工、机器制造、木材加工等，以及电力、自来水、煤气的生产和供应等；(4)对工业品的修理、翻新，如机器设备的修理、交通运输工具（包括小卧车）的修理等。

1984年以前农村的村及村以下办工业归属农业，1984年以后划归工业。

工业统计调查单位 工业统计调查单位分为两类：独立核算法人工业企业和工业生产活动单位。

(1)独立核算法人工业企业 是指从事工业生产经营活动的单位。独立核算法人工业企业应同时具备以下条件：①依法成立，有自己的名称、组织机构和场所，能够承担民事责任；②独立拥有和使用资产，承担负债，有权与其他单位签订合同；③独立核算盈亏，并能够编制资产负债表。

(2)工业生产活动单位 是指在一个场所从事一种或主要从事一种工业生产活动的经济单位。它包括独立核算工业企业按主营业务活动(即工业生产活动)划分的主营业务活动单位和非工业企业所属的工业生产活动单位（即原非独立核算工业生产单位）。工业生产活动单位，一般应同时具备以下三个条件：①具有一个场所，从事一种或主要从事一种工业活动；②单独组织工业生产、经营或业务活动；③单独核算收入和支出。

本年鉴中涉及的企业登记注册类型：

(1) 国有及国有控股企业 指国有企业加上国有控股企业。国有企业（即过去的全民所有制工业或国营工业）是指企业全部资产归国家所有，并按《中华人民共和国企业法人登记管理条例》规定登记注册的非公司制的经济组织。包括国有企业、国有独资公司和国有联营企业。1957年以前的公私合营和私营工业，后均改造为国营工业，1992年改为国有工业，这部分工业的资料不单独分列时，均包括在国有企业内。国有控股企业是对混合所有制经济的企业进行的“国有控股”分类。它是指这些企业的全部资产中国有资产（股份）相对其他所有者中的任何一个所有者占资（股）最多的企业。该分组反映了国有经济控股情况。

(2) 集体企业 指企业资产归集体所有，并按《中华人民共和国企业法人登记管理条例》规定登记注册的经济组织。是社会主义公有制经济的组成部分。包括城乡所有使用集体投资举办的企业，以及部分个人通过集资自愿放弃所有权并依法经工商行政管理机关认定为集体所有制的企业。

(3) 股份有限公司 指根据《中华人民共和国企业法人登记管理条例》规定登记注册，其全部注册资本由等额股份构成并通过发行股票筹集资本，股东以其认购的股份对公司承担有限责任，公司以其全部资产对其债务承担责任的经济组织。

(4) 港、澳、台商投资企业 指企业注册登记类型中的港澳台、合资、合作、独资经营企业和股份有限公司之和。

(5) 外商投资企业 指企业注册登记类型中的中外合资、合作经营企业、外资企业和外商投资股份有限公司之和。

外商投资股份有限公司 指根据国家有关规定，经外贸部依法批准设立，其中外资的股本占公司注册资本的比例达25%以上的股份有限公司。

港澳台商投资股份有限公司 指根据国家有关规定，经外贸部依法批准设立，其中港、澳、台商的股本占公司注册资本的比例达25%以上的股份有限公司。

中外合资企业 指外国企业或外国人与中国内地企业依照《中华人民共和国中外合资经营企业法》及有关法律的规定，按合同规定的比例投资设立，分享利润和分担风险的企业。

(6) 本年鉴中涉及的名为“其他”的企业 均指除国有企业、集体企业、个体经营以外的其他类型工业企业（单位）。包括联营企业、私营企业、股份有限公司、有限责任公司；外商投资企业（中外合资经营、中外合作经营、外资企业），港、澳、台投资企业（与大陆合资经营、与大陆合作经营、港、澳、台独资企业）及其他企业。

轻工业 指主要提供生活消费品和制作手工工具的工业。按其所使用的原料不同，可分为两大类：(1)以农产品为原料的轻工业，是指直接或间接以农产品为基本原料的轻工业。主要包括食品制造、饮料制造、烟草加工、纺织、缝纫、皮革和毛皮制作、造纸以及印刷等工业；(2)以非农产品为原料的轻工业，是指以工业品为原料的轻工业。主要包括文教体育用品、化学药品制造、合成纤维制造、日用化学制品、日用玻璃制品、日用金属制品、手工工具制造、医疗器械制造、文化和办公用机械制造等工业。

重工业 是指为国民经济各部门提供物质技术基础的主要生产资料的工业。按其生产性质和产品用途，可分为下列三类：(1)采掘（伐）工业，是指对自然资源的开采，包括石油开采、煤炭开采、金属矿开采、非金属矿开采和木材采伐等工业；(2)原材料工业，指向国民经济各部门提供基本材料、动力和燃料的工业。包括金属冶炼及加工、炼焦及焦炭化学、化工原料、水泥、人造板以及电力、石油和煤炭加工等工业；(3)加工工业，是指对工业原材料进行再加工制造的工业。包括装备国民经济各部门的机械设备制造工业、金属结构、水泥制品等工业，以及为农业提供的生产资料如化肥、农药等工业。

根据上述划分原则，修理业中以重工业产品为修理作业对象的划为重工业，反之划为轻工业。

工业总产值 是以货币表现的工业企业在一定时期内生产的已出售或可供出售工业产品总量，它反映一定时间内工业生产的总规模和总水平。它包括：在本企业内不再进行加工，经检验、包装入库（规定不需包装的产品除外）的成品价值，对外加工费收入，自制半成品、在产品期末期初差额价值。工业总产值采用“工厂法”计算，即以工业企业作为一个整体，按企业工业生产活动的最终成果来计算，企业内部不允许重复计算，不能把企业内部各个车间（分厂）生产的成果相加。但在企业之间、行业之间、地区之间存在着重复计算。

轻重工业总产值的划分也是按“工厂法”计算的，即一个工业企业在正常情况下生产的主要产品的性质属于轻工业，则该企业的全部总产值作为轻工业总产值；一个工业企业生产的主要产品的性质属于重工业，则该企业的全部总产值作为重工业总产值。

工业增加值 是指工业行业在报告期内以货币表现的工业生产活动的最终成果，是企业全部生产活动的总成果扣除了在生产过程中消耗或转移的物质产品和劳务价值后的余额，是企业生产过程中新增加的价值。

实收资本 指企业实际收到的投资人投入的资本。按投资主体可分为国家资本、集体资本、法人资本、个人资本、港澳台资本和外商资本等。

资产合计 指企业拥有或控制的能以货币计量的经济资源。包括各种财产、债权和其他权利。资产按其流动性划分为流动资产、长期投资、固定资产、无形及递延资产和其他资产。

(1)流动资产 指企业可以在一年内或者超过一年的一个生产周期内变现或者耗用的资产合计，包括现金及各种存款、短期投资、应收及预付款项、存货等。

(2)固定资产 指企业固定资产净值、固定资产清理、在建工程、待处理固定资产损失所占用的资金合计。

(3)无形资产 指企业长期使用而没有实物形态的资产。包括专利权、非专利技术、商标权、著作权、土地使用权、商誉等。

负债合计 指企业承担的能以货币计量，将以资产或劳务偿付的债务。负债一般按偿还期长短分为流动负债和长期负债、递延税项等。

(1)流动负债 指企业在一年内或者超过一年的一个营业周期内需要偿还的债务合计，其中包括短期借款、应付及预收款项、应付工资、应交税金和应交利润等。

(2)长期负债 指企业在一年以上或者超过一年的一个营业周期以上需要偿还的债务合计，其中包括长期借款、应付债务、长期应付款项等。

所有者权益 指企业投资人对企业净资产的所有权。企业净资产等于企业全部资产减去全部负债后的余额，其中包括投资者对企业的最初投入，以及资本公积金、盈余公积金和未分配利润，对股份制企业即为股东权益。

固定资产原价 指企业在建造、购置、安装、改建、扩建、技术改造某项固定资产时所支出的全部货币总额。它一般包括买价、包装费、运杂费和安装费等。

固定资产净值 是指固定资产原价减去历年已提折旧额后的净额。

主营业务收入 指企业销售产品和提供劳务等主要经营业务取得的业务总额。

主营业务成本 指企业销售产品和提供劳务等主要经营业务的实际成本。

主营业务税金及附加 指企业销售产品和提供工业性劳务等主要经营业务应负担的城市维护建设税、消费税、资源税和教育费附加。

主营业务利润 指企业销售产品和提供工业性劳务等主要经营业务收入扣除其成本、费用、税金后的利润。

利润总额 指企业实现的利润。

应交增值税 指企业在报告期内应交纳的增值税额。

工业经济效益综合指数 是指现行综合评价工业经济效益总体水平及工业经济运行质量的指数。它是以若干项代表性经济效益指标，分别除以各项指标的标准值，再乘以各自的权数，加总后除以总权数求得。其计算公式为：

$$工业经济效益综合指数=(\frac{某项经济效益指标报告期数值}{该项指标标准}\times 权数)\div 总权数$$

上式总权数为100。

（1）总资产贡献率 是指企业在一定时期内全部资产获利能力,是企业经营业绩和管理水平的集中体现,是评价和考核企业盈利能力的核心指标。计算公式为：

$$总资产贡献率（\%）=\frac{（利润总额+税金总额+利息支出）}{平均资产总额}\times 100\%\times（\frac{12}{累计月数}）$$

税金总额为产品销售税金及附加与应交增值税之和，平均资产总额为期初、期末资产总计的算术平均值。

（2）资本保值增值率 是反映企业净资产变动状况的一个重要指标，是企业发展能力的集中体现。它是指报告期末所有者权益总额与上年同期期末所有者权益总额的比率。计算公式为：

$$资本保值增值率（\%）=\frac{报告期期末所有者权益}{上年同期期末所有者权益}\times 100\%$$

所有者权益等于资产总计减负债总计。

（3）资产负债率 是指反映企业经营风险的大小，反映企业利用债权人提供的资金从事经营活动的能力。计算公式为：

$$资产负债率（\%）=\frac{负债总计}{资产总计}\times 100\%$$

资产及负债均为报告期末数。

（4）流动资产周转率 是指一定时期内流动资产完成的周转次数，反映投入工业企业流动资金的周转速度，一般以一年时间内周转多少次表示。计算公式为：

$$流动资产周转次数=\frac{主营业务收入}{流动资产平均余额}\times\frac{12}{累计月数}$$

（5）成本费用利润率 是指工业企业投入生产成本及费用的经济效益，同时也反映企业降低成本所取得的经济效益。计算公式是：

$$成本费用利润率（\%）=\frac{利润总额}{成本费用总额}\times 100\%$$

成本费用总额为产品销售成本、销售费用、管理费用、财务费用之和。

（6）增加值现价劳动生产率 是指反映企业的生产效率和劳动投入的经济效益。一般用平均每人一年创造的工业增加值表示。计算公式为：

$$增加值现价劳动生产率（元/人）=\frac{工业增加值}{全部职工平均人数}\times\frac{12}{累计月数}$$

（7）产品销售率　是指反映工业产品已实现销售的程度，是分析工业产销衔接情况、研究工业产品满足社会需求的指标。计算公式是：

$$产品销售率（\%）=\frac{现价工业销售产值}{现价工业总产值}\times 100\%$$

Explanatory Notes on Main Statistical Indicators

Industry refers to the material production sector which is engaged in extraction of natural resources and processing and reprocessing of minerals and agricultural products, including (1) extraction of natural resources, such as mining, salt production, and logging (but excluding hunting and fishing); (2) processing and reprocessing of farm and sideline produces, such as rice husking, flour milling, wine making, oil pressing, cotton ginning, silk reeling, spinning and weaving, and leather making; (3) manufacture of industrial products, such as steel making, iron smelting, chemicals manufacturing, petroleum processing, machine building, timber processing; and production and supply of electricity, water and gas; (4) repair and renovation of industrial products, such as the repair of machinery and means of transport (including cars).

Prior to 1984, industrial enterprises run by villages and cooperative organizations under village were classified into agriculture. Since 1984, these enterprises have been grouped into industry.

Units of Industrial Statistics Survey These are classified into two categories: corporate industrial enterprises with independent accounting system and industrial establishments.

(1) Corporate industrial enterprises with independent accounting system refer to enterprises engaging in industrial production activities which simultaneously meet the following requirements: ①They are established legally, having their own names, organizations, location, able to take civil liability; ②They possess and use their assets independently, assume liabilities, and are entitled to sign contracts with other units; ③They are financially independent and compile their own balance sheets.

(2) Industrial establishments refer to economic units located in one single place and engaged entirely or primarily in one kind of industrial production activity, including units engaged in main business activities (industrial production activities) under industrial enterprises with independent accounting system and units engaged in industrial production activities under non-industrial enterprises (formerly industrial establishments with dependent accounting system). Industrial establishments generally meet the following requirements simultaneously: ① They have each one location and are engaged entirely or primarily in one kind of industrial activity each; ② They operate and manage their industrial production activities separately; ③ They have accounts of income and expenditure separately.

Enterprises covered in this Yearbook include the following categories by their registration:

(1) State-owned and State-controlled Enterprises refer to state-owned enterprises plus state-controlled enterprises. State-owned enterprises (originally known as state-run industrial enterprises or industrial enterprises owned by the whole people) are non-corporate economic entities registered in accordance with the Regulations of the People's Republic of China on the Management of Registration of Corporate Enterprises, where all assets are owned by the state. Included in this category are state-owned enterprises, state-funded corporations and state-owned joint-operation enterprises. Joint state-private industries and private industries, which existed before 1957, were later transformed into state-run industries and then into state-owned industries in 1992. Where no separate statistics on these enterprises are listed, they are included in state-owned enterprises. State-controlled enterprises are a subcategory of enterprises with mixed ownership, referring to enterprises where the percentage of state assets (or shares by the state) is larger than any other single share holder of the same enterprise. This subcategory illustrates the control of the state over a particular industry.

(2) Collective-owned Enterprises refer to economic entities registered in accordance with the Regulations of the People' s Republic of China on the Management of Registration of Corporate Enterprises, where assets are owned by collectives. Collective enterprises constitute an integral part of the socialist economy with public ownership. They include urban and rural enterprises with collective investment, and some enterprises registered in

industrial and commercial administration agencies as collective units where funds are pulled together by individuals who voluntarily give up their right of ownership.

(3) Share-holding Corporations Ltd. refer to economic units registered in accordance with the Regulations of the People' s Republic of China on the Management of Registration of Corporate Enterprises, with total registered capitals divided into equal shares and raised through issuing stocks. Each investor bears limited liability to the corporation depending on the holding of shares, and the corporation bears liability to its debt to the maximum of its total assets.

(4) Enterprises with Funds form Hong Kong, Macao and Taiwan refer to all industrial enterprises registered as the joint-venture, cooperative, sole (exclusive) investment industrial enterprises and limited liability corporations with funds from Hong Kong, Macao and Taiwan.

(5) Foreign-funded Enterprises refer to all industrial enterprises registered as the joint-venture, cooperative, sole (exclusive) investment industrial enterprises and limited liability corporations with foreign funds.
Share-holding Corporations Ltd. with Foreign Investment refer to share-holding corporations Ltd. established with the approval of the Ministry of Foreign Trade and Economic Cooperation (formerly Ministry of Foreign Trade and Economic Relations) in line with relevant state regulations, where the share of investment from foreign investors exceeds 25% of the total registered capital of the corporation.

Share-holding Corporations Ltd. with Investment from Hong Kong, Macau and Taiwan refer to share-holding corporations Ltd. established with the approval of the Ministry of Foreign Trade and Economic Cooperation (formerly Ministry of Foreign Trade and Economic Relations) in line with relevant state regulations, where the share of investment from Hong Kong, Macau or Taiwan businessmen exceeds 25% of the total registered capital of the corporation.

Joint-venture Enterprises with Foreign Investment refer to enterprises jointly established by foreign enterprises or foreigners with enterprises in the mainland of China in accordance with the Law of the People's Republic of China on Sino-foreign Joint Venture Enterprises and other relevant laws, where the share of investment, profits and risks is stipulated in the contract.

(6) Enterprises categorized as "Others" in this Yearbook refer to other types of industrial enterprises (units) except state-owned enterprises, collective-owned enterprises and individual operation, including joint-operation enterprises, private enterprises, share-holding companies, limited liability corporations, foreign-funded enterprises (Sino-foreign joint ventures, Sino-foreign cooperative enterprises and enterprises with sole foreign investment), enterprises with investment from Hong Kong, Macao and Taiwan (joint ventures with enterprises in the mainland, cooperative enterprises with enterprises in the mainland and enterprises with sole investment from Hong Kong, Macao and Taiwan) and other enterprises.

Light Industry refers to the industry that produces consumer goods and hand tools. It consists of two categories, depending on the materials used:

(1) Industries using farm products as raw materials. These are branches of light industry which directly or indirectly use farm products as basic raw materials, including the manufacture of food and beverages, tobacco processing, textile, clothing, fur and leather manufacturing, paper making, printing, etc.

(2) Industries using non-farm products as raw materials. These are branches of light industry which use manufactured goods as raw materials, including the manufacture of cultural, educational and sports articles, chemicals, synthetic fiber, chemical products for daily use, glass products for daily use, metal products for daily use, hand tools, medical apparatus and instruments, and the manufacture of cultural and clerical machinery.

Heavy Industry refers to the industry which produces capital goods and provides various sectors of the national economy with necessary material and technical basis. It consists of the following three branches according to the purpose of production or the use of products:

(1) Mining, quarrying and logging industry refers to the industry that extracts natural resources, including extraction of petroleum, coal, metal and non-metal ores, and logging.

(2) Raw materials industry refers to the industry that provides various sectors of the national economy with raw materials, fuels and power. It includes smelting and processing of metals, coking and coke chemistry, chemical materials and building materials such as cement, plywood, and power, petroleum refining and coal dressing.

(3) Manufacturing industry refers to the industry that processes raw materials. It includes machine-building industry which equips sectors of the national economy, industries of metal structure and cement products, industries producing means of agricultural production, such as chemical fertilizers and pesticides.

According to the above principle of classification, repairing trades engaged primarily in repairing products of heavy industry are classified into heavy industry, while those engaged in repairing products of light industry are classified into light industry.

Gross Industrial Output Value refers to the total volume of industrial products sold or available for sale in monetary terms during a given period, which reflects the total achievements and overall scale of industrial production during a given period. It includes the value of the finished products in the enterprises, which are not to be further processed and have been inspected, packed and put in storage (where applicable), the income from external processing and the value gain of semi-finished products at the end of the reference period over the beginning. The gross industrial output value is calculated by the factory approach, i.e. the whole industrial enterprise is regarded as the basic accounting unit in calculating the gross industrial output value. No double calculations are to be made within the same enterprise and the output value of different workshops (branch factories) should not be added. However, this approach does not exclude the possibility of double calculations between enterprises, sectors and regions.

Output value of light and heavy industries is also classified by the factory approach. Under normal conditions, if the major products of an industrial enterprise belong to light industry products, the gross output value of that enterprise is classified wholly into light industry; the same principle applies to heavy industry.

Value-added of Industry refers to the final results of industrial production of industrial enterprises in monetary terms during the reference period. It equals to the total achievements of all industrial production minus the goods and services consumed or transferred during the industrial production of enterprises, in other terms the newly added value during the industrial production of enterprises.

Capital Obtained refers to capital actually received by enterprises from investors. It can be further classified by investors as state capital, collective capital, corporate capital, individual capital, capital from Hong Kong, Macao and Taiwan, and foreign capital.

Total Assets refer to all economic resources, in monetary terms, that is owned or controlled by enterprises, including properties, creditors' equity and other economic rights of all forms. Classified by the degree of equitability, total assets include circulating assets, long-term investment, fixed assets, intangible assets and deferred assets, and other assets.

(1) Circulating Assets refer to the assets which can be cashed in or spent or consumed in an operating cycle of one year or over one year, including cash, all kinds of deposits, short-term investment, receivables, advance payment and stock, etc.

(2) Fixed Assets refer to the total capital held by net value of fixed assets, clearance of fixed assets, projects under construction and fixed assets losses in suspense.

(3) Intangible Assets refer to the assets without material form used by enterprises over a long time, including patents, non-patent technologies, trade marks, copyright, land use right and business reputation, etc.

Total Liabilities refer to payable liabilities of enterprises that have to be repaid in terms of money, assets or labor services. In terms of payment, it can be classified as liquid liabilities, long-term liabilities and deferred taxes,etc.

(1) Liquid Liabilities refer to total debt payable by enterprises within an operating cycle of one year or over one year, including short-term loans, payables and advance payments, wages payable, taxes payable and profits payable, etc.

(2) Long-term Liabilities refer to total debt payable by enterprises within an operation cycle of one year or over one year, including long-term loans, payable liabilities and long-term payables, etc.

Creditors' Equity refers to investors' ownership of net assets of the enterprise. It is equal to the total assets of the enterprise minus its total liabilities, including the primary input from investors, capital accumulation fund, surplus accumulation fund and undistributed profit. In joint-equity enterprises it is the stock-holders' equity.

Original Value of Fixed Assets refers to the total value of fixed assets owned by industrial enterprises in monetary term, calculated at the total cost paid at the time of purchase, installation, reconstruction, expansion, and technical innovation and transformation of the said assets, which includes expenses on purchase, package, transportation, and installation, etc.

Net Value of Fixed Assets refers to the original value of fixed assets minus depreciation over the years.

Main Business Revenue refers to the revenue from the sales of products and from rendering of industrial services by industrial enterprises.

Main Business Cost refers to the actual cost of products sold and industrial services provided by industrial enterprises.

Tax and Extra Charges on Main Business refer to the tax on city maintenance and construction, consumption tax, resources tax and extra charges for education, which should be borne by the enterprises in selling products and providing industrial services.

Main Business Profits refer to the main business revenue of the enterprises from the sales of products and from rendering of industrial services minus cost, charges, and taxes.

Total Profits refer to the profits gained by the enterprises.

Value-added Tax Payable refers to the amount of the value-added tax which should be paid by the enterprises during the reference period.

Comprehensive Index on Economic Benefit of Industry refers to the current comprehensive evaluation of the general level of economic benefit of industry and the performance of industrial economy. It is calculated by a selection of representative indicators on economic benefit divided by the standard value of each indicator respectively, multiplied by the weight of each indicator, summed and divided by total weight. The formula used is:

$$\text{Comprehensive Index on Economic Benefit of Industry} = \left(\frac{\text{Value of an Indicator on Economic Benefit in the Reference Period}}{\text{Standard Value of the Indicator}} \times \text{Weight}\right) \div \text{Total Weight}$$

where Total Weight = 100

(1) Ratio of Total Assets to Industrial Output Value refers to the profit-making capability of all assets of the enterprise. As a core indicator for the evaluation and assessment of the profit-making potential of the enterprise, it is a focused reflection of the performance and management efficiency of the enterprise. This ratio is calculated as follows:

$$\text{Ratio of Total Assets to Industrial Output Value (\%)} = \left(\frac{\text{Total Profits} + \text{Total Taxes} + \text{Interest Expenditure}}{\text{Average Assets}}\right) \times 100\% \times \left(\frac{12}{\text{cumulative number of months}}\right)$$

where Total Taxes are the sum of tax and extra charges on the sales of products and value-added tax payable; and Average Assets are the arithmetic mean of beginning assets and ending assets.

(2) Ratio of Capital Maintenance and Appreciation is an important indicator of the changes of net assets of an

enterprise and a focused reflection of the development capability of enterprises. It is the ratio of total creditors' equity at the end of the reference period to that of the same period of the previous year, calculated as follows:

$$\text{Ratio of Capital Maintenance and Appreciation (\%)} = \left(\frac{\text{Total Creditors' Equity at the End of the Reference Period}}{\text{Total Creditors' Equity of the Same Period of the Previous Year}}\right) \times 100\%$$

where Creditors' equity is equal to the total assets of the enterprise minus its total liabilities.

(3) Assets-Liability Ratio reflects both the operation risk and the capability of the enterprise in making use of the capital from the creditors. It is calculated as follows:

$$\text{Assets-Liability Ratio(\%)} = \left(\frac{\text{Total Debts}}{\text{Total Assets}}\right) \times 100\%$$

where both assets and debts are figures at the end of the reference period.

(4) Number of Times of Turnover of Circulating Funds refers to the number of times in which turnover of circulating funds is completed in a given period of time, which reflects the speed of the turnover of circulating funds. It is expressed as times of turnover within a year and is calculated as follows:

$$\text{Number of Times of Turnover of Circulating Funds} = \left(\frac{\text{Sales Revenue of Products}}{\text{Average Balance of Total Number of Times of Turnover of Circulating Funds}}\right) \times \left(\frac{12\%}{\text{Cumulative Number of Months}}\right)$$

(5) Ratio of Profits to Industrial Costs refers to the ratio of profits realized in a given period to the total production costs of industrial enterprises in the same period, which also reflects the economic benefit attained by the enterprises from reduced costs. This ratio is calculated as follows:

$$\text{Ratio of Profits to Industrial Costs (\%)} = \left(\frac{\text{Total Profits}}{\text{Total Costs}}\right) \times 100\%$$

where Total costs are the sum of cost of products sold, marketing cost, management cost and financial cost.

(6) Value-added Labor Productivity at Current Prices reflects the production efficiency of the enterprise and economic benefit of its labor input. It is usually expressed as the value-added created by an average number of staff and workers of an industrial enterprise in a year. The formula used is:

$$\text{Value-added Labor Productivity (yuan/person)} = \left(\frac{\text{Value-added of Industry}}{\text{Average Number of Staff and Workers}}\right) \times \left(\frac{12}{\text{Cumulative Number of Months}}\right)$$

(7) Proportion of Products Sold refers to the sales of industrial products to the gross industrial output value, and is used to analyze the linkage between production and sales and the extent to which the needs of the society are met by the supply of industrial products. It is calculated as follows:

$$\text{Proportion of Products Sold (\%)} = \left(\frac{\text{Value of Industrial Sales at Current Prices}}{\text{Gross Industrial Output Value at Current Prices}}\right) \times 100\%$$

十三、建筑业

CONSTRUCTION

十三　建筑业

简要说明

一、本篇资料反映广东省建筑业发展的基本情况。主要内容包括全省和各市建筑业企业生产经营的情况，主要指标有企业个数、从业人员数、建筑业总产值、房屋建筑面积、建筑业增加值、利润总额、利税总额等。

二、本篇资料由广东省统计局固定资产投资处整理提供。

三、本篇资料是根据国家统计局制定的《建筑业统计报表制度》整理汇总的。统计范围包括：广东境内具有法人资格的独立核算建筑业企业和辖区内建筑业法人所属的产业活动单位。

从 2004 年开始统计范围为具有建筑业资质的独立核算建筑业企业。

13 Construction

Brief Introduction

Ⅰ. The data in this chapter show the development of the construction industry in Guangdong Province. They cover mainly the statistics of production and management of the enterprises of construction of the whole province and its cities, including the number of enterprises, the number of employed persons, gross output value of construction, floor space of buildings, value-added of construction, total profits and total pre-tax profits, etc.

Ⅱ. The data in this chapter are prepared and provided by the Division of Investment and Construction Statistics of Guangdong Provincial Bureau of Statistics.

Ⅲ. The data in this chapter are collected in accordance with the Reporting Scheme of Construction Statistics stipulated by the National Bureau of Statistics. The coverage of construction statistics includes construction enterprises with legal person qualifications and independent accounting system and industrial establishments affiliated with corporate construction enterprises under the jurisdiction of Guangdong Province.

The data since 2004 include all construction enterprises with construction qualifications and independent accounting system.

13-1 建筑业企业生产情况（2006-2007年）
Production Conditions of Construction Enterprises (2006-2007)

项 目	Item	2006年合计 Total of 2006	#国有及国有控股企业 State-owned and State-controlled Enterprises	2007年合计 Total of 2007	#国有及国有控股企业 State-owned and State-controlled Enterprises
企业个数 （个）	**Number of Construction Enterprises (unit)**	**4172**	**609**	**4326**	**624**
建筑业合同情况	**Contracts of Construction**				
签订的合同额 （亿元）	Value of Contracts Signed (100 million yuan)	5073.02	2322.58	6178.09	3013.91
上年结转合同额 （亿元）	Value of Contracts Carried-over from the Previous Year (100 million yuan)	2140.96	1094.65	2556.76	1298.34
本年新签合同额 （亿元）	Value of Newly-signed Contracts in Current Year (100 million yuan)	2932.05	1227.93	3621.33	1715.57
承包工程完成情况	**Contracted Projects Completed**				
直接从建设单位承揽工程完成产值 （亿元）	Completed Output Value of Contracted Projects Directly from Construction Units (100 million yuan)	2695.89	1098.57	3154.58	1339.35
自行完成施工产值 （亿元）	Output Value of Self-completed Projects (100 million yuan)	2471.97	910.34	2852.22	1083.80
分包出去工程的产值 （亿元）	Output Value of Outsourcing Projects (100 million yuan)	223.92	188.23	302.36	255.55
从建设单位以外承揽工程完成产值 （亿元）	Completed Output Value of Contracted Projects outside Construction Units (100 million yuan)	120.61	66.60	147.49	90.95
建筑业总产值 （亿元）	**Gross Output Value of Construction (100 million yuan)**	**2594.04**	**977.46**	**3005.32**	**1178.07**
#装饰装修产值 （亿元）	Output Value of Decoration Projects (100 million yuan)	370.70	87.57	419.15	98.15
在外省完成的产值 （亿元）	Output Value Completed in Other Provinces (100 million yuan)	439.70	242.44	498.09	282.67
建筑工程产值 （亿元）	Output Value of Construction Projects (100 million yuan)	2244.40	849.67	2600.04	1042.01
安装工程产值 （亿元）	Output Value of Installation Projects (100 million yuan)	277.05	105.23	327.24	115.51
其他产值 （亿元）	Other Output Values (100 million yuan)	72.58	22.56	72.43	17.23
竣工产值 （亿元）	**Output Value Completed (100 million yuan)**	**1860.45**	**659.10**	**2053.84**	**746.41**
房屋建筑施工面积 （万平方米）	**Floor Space of Buildings under Construction (10000 sq.m)**	**28878.86**	**8633.72**	**32631.10**	**10337.32**
#新开工面积 （万平方米）	Floor Space of Newly-started Buildings (10000 sq.m)	14051.04	3782.14	14893.66	4377.65
#实行投标承包面积 （万平方米）	Floor Space of Contracted Projects through Bidding (10000 sq.m)	18380.88	6313.75	19753.31	7733.81
#新开工面积 （万平方米）	Floor Space of Newly-started Buildings (10000 sq.m)	8823.51	2768.71	9506.92	3464.56
劳动人员情况	**Labor Force**				
劳动生产率平均人数 （万人）	Average Number of Persons for Labor Productivity Calculation (10000 persons)	167.02	46.73	180.63	54.23
期末从业人数 （万人）	Number of Employed Persons at the Year-end (10000 persons)	169.33	47.67	179.13	51.68
#工程技术人员 （万人）	Number of Engineering Technical Personnel (10000 persons)	23.37	6.56	23.99	6.92

13-2 建筑业企业主要指标（1978-2007年）
Main Economic Indicators on Construction Enterprises (1978-2007)

年份 Year	建筑业企业单位数（个） Number of Construction Enterprises (unit)	建筑业企业总产值（亿元） Gross Output Value of Construction Enterprises (100 million yuan)	建筑业企业增加值(亿元) Value-added of Construction Enterprises (100 million yuan)	建筑业企业利税总额（亿元） Total Pre-tax Profits of Construction Enterprises (100 million yuan)	建筑业企业从业人员（万人） Number of Employed Persons of Construction Enterprises (10000 persons)
1978	178	5.47		0.20	14.78
1979	188	6.32		0.23	16.27
1980	204	8.88		0.32	19.45
1981	224	13.44		0.49	24.29
1982	246	19.66		0.72	29.94
1983	269	24.51		0.90	36.23
1984	357	36.83		1.31	47.12
1985	462	50.45		1.54	54.47
1986	448	57.14		1.28	58.24
1987	492	65.96		1.56	59.08
1988	596	86.74		2.74	66.56
1989	646	125.65		3.62	71.88
1990	686	113.40		3.12	67.22
1991	705	137.30		4.33	67.71
1992	910	216.56		9.65	84.80
1993	1766	459.95		23.03	144.12
1994	1587	535.75		31.29	150.05
1995	1618	635.83		39.47	135.56
1996	2031	632.16	182.74	35.74	146.56
1997	2399	732.97	170.13	38.26	143.89
1998	2961	800.00	176.70	43.11	142.82
1999	3283	954.44	199.50	53.06	144.78
2000	4593	944.61	205.89	58.24	141.46
2001	3699	1179.03	266.00	84.51	147.07
2002	4019	1418.41	363.65	88.95	150.12
2003	4488	1702.87	364.20	127.48	161.48
2004	4166	1901.86	794.88	143.75	152.10
2005	4182	2200.58	855.87	164.38	166.78
2006	4172	2594.04	930.40	191.62	169.33
2007	4326	3005.32	1029.08	256.59	179.13

注：从2005年开始建筑业增加值为快报数。
Note: The value-added of construction since 2005 comes from flash reports.

13-3 各市建筑业企业个数（2000-2007年）

Number of Construction Enterprises by City (2000-2007)

单位：个 (unit)

市 别	City	2000	2001	2002	2003	2004	2005	2006	2007
全省总计	**Provincial Total**	**4593**	**3699**	**4019**	**4488**	**4166**	**4182**	**4172**	**4326**
广 州	Guangzhou	757	917	1214	1214	807	764	741	755
深 圳	Shenzhen	447	325	406	623	603	604	702	746
珠 海	Zhuhai	143	142	139	173	157	165	161	163
汕 头	Shantou	271	189	178	179	203	199	195	193
佛 山	Foshan	248	318	345	445	525	502	460	464
韶 关	Shaoguan	110	78	81	80	65	66	72	72
河 源	Heyuan	117	86	71	81	117	82	84	86
梅 州	Meizhou	154	75	86	80	120	111	118	120
惠 州	Huizhou	241	141	137	115	121	124	122	119
汕 尾	Shanwei	100	45	49	40	43	43	45	43
东 莞	Dongguan	183	92	108	253	244	361	344	438
中 山	Zhongshan	385	317	301	368	264	273	269	264
江 门	Jiangmen	342	202	188	162	173	156	153	150
阳 江	Yangjiang	122	73	74	77	98	91	86	90
湛 江	Zhanjiang	238	114	106	102	120	125	104	96
茂 名	Maoming	146	122	106	106	99	100	102	99
肇 庆	Zhaoqing	136	133	136	113	103	122	133	131
清 远	Qingyuan	136	112	105	82	79	74	73	74
潮 州	Chaozhou	139	102	83	80	90	90	88	90
揭 阳	Jieyang	121	74	70	80	86	84	79	90
云 浮	Yunfu	57	42	36	35	49	46	41	43

13-4 各市建筑业企业总产值（2000-2007年）

Gross Output Value of Construction Enterprises by City (2000-2007)

单位：亿元 (100 million yuan)

市 别	City	2000	2001	2002	2003	2004	2005	2006	2007
全省总计	**Provincial Total**	**944.61**	**1179.03**	**1418.41**	**1702.87**	**1901.86**	**2200.58**	**2594.04**	**3005.32**
广 州	Guangzhou	256.13	340.39	410.20	478.58	546.68	633.99	688.25	753.16
深 圳	Shenzhen	153.02	199.15	265.68	392.18	458.37	545.62	712.84	857.64
珠 海	Zhuhai	33.11	31.51	40.79	43.15	46.71	52.48	61.01	67.71
汕 头	Shantou	80.67	86.29	103.99	100.40	121.34	127.78	140.31	159.78
佛 山	Foshan	73.08	90.30	110.78	132.30	149.74	154.68	188.69	209.77
韶 关	Shaoguan	24.14	25.31	24.11	30.46	31.04	29.25	34.38	48.98
河 源	Heyuan	5.74	11.90	11.37	11.80	13.25	17.01	21.27	23.49
梅 州	Meizhou	15.14	25.48	36.73	55.52	58.59	54.81	67.02	76.81
惠 州	Huizhou	20.35	26.77	38.52	37.30	35.89	46.94	49.70	54.23
汕 尾	Shanwei	5.49	8.40	5.62	6.55	6.58	6.95	16.78	15.25
东 莞	Dongguan	40.45	50.13	66.67	76.48	57.50	84.35	96.53	112.94
中 山	Zhongshan	26.20	42.27	54.20	55.65	64.05	73.41	76.20	87.08
江 门	Jiangmen	47.18	50.52	53.43	50.66	51.64	56.06	56.40	66.37
阳 江	Yangjiang	18.80	23.21	24.82	28.45	31.70	32.97	34.85	42.62
湛 江	Zhanjiang	45.61	49.54	49.93	61.66	65.15	75.96	89.28	109.21
茂 名	Maoming	39.05	44.55	49.42	56.18	60.26	92.14	124.39	141.73
肇 庆	Zhaoqing	15.40	20.93	19.42	24.51	28.97	39.99	47.10	63.51
清 远	Qingyuan	11.49	18.68	14.24	18.99	22.21	20.19	27.56	39.52
潮 州	Chaozhou	12.71	14.47	14.82	15.07	17.76	18.99	19.44	19.24
揭 阳	Jieyang	12.24	10.54	14.36	16.58	22.21	21.78	27.23	39.31
云 浮	Yunfu	8.61	8.70	9.33	10.41	12.22	15.20	14.82	16.95

13-5 各市建筑业企业增加值（2000-2007年）

Value-added of Construction Enterprises by City (2000-2007)

单位：亿元 (100 million yuan)

市别	City	2000	2001	2002	2003	2004	2005	2006	2007
全省总计	**Provincial Total**	**205.89**	**266.00**	**363.65**	**364.20**	**794.88**	**855.87**	**930.40**	**1029.08**
广州	Guangzhou	60.81	84.42	114.94	108.77	186.73	200.79	208.98	214.29
深圳	Shenzhen	33.34	43.12	69.47	72.54	147.43	149.59	162.91	174.69
珠海	Zhuhai	5.64	4.87	7.17	8	22.92	23.63	25.58	29.46
汕头	Shantou	18.24	21.08	25.26	23.86	30.88	34.49	36.33	34.84
佛山	Foshan	15.70	19.90	26.28	31.24	51.44	64.30	73.39	87.64
韶关	Shaoguan	5.57	4.75	6.18	6.65	14.77	16.22	18.98	22.53
河源	Heyuan	1.58	2.85	3.24	3.29	10.31	11.25	15.30	18.11
梅州	Meizhou	3.72	5.71	10.18	14.87	25.24	25.33	29.51	31.64
惠州	Huizhou	4.76	5.07	7.93	7.31	29.72	34.44	35.67	39.78
汕尾	Shanwei	1.47	1.35	1.89	1.53	12.14	12.15	14.30	17.16
东莞	Dongguan	7.48	9.07	12.32	13.99	46.77	54.50	64.91	72.83
中山	Zhongshan	4.35	6.78	11.51	11.19	24.82	32.48	32.09	36.00
江门	Jiangmen	9.71	11.34	13.09	11.13	24.50	24.75	25.55	27.18
阳江	Yangjiang	4.24	6.12	8.68	7.26	14.08	14.50	17.66	18.59
湛江	Zhanjiang	8.67	11.02	12.55	11.69	25.46	26.95	29.22	33.83
茂名	Maoming	8.02	11.72	13.62	13	35.62	35.64	43.77	46.09
肇庆	Zhaoqing	3.29	4.46	5.08	5.15	16.92	18.93	20.72	24.60
清远	Qingyuan	1.35	3.94	4.14	2.7	18.54	19.45	22.00	26.67
潮州	Chaozhou	2.26	3.11	3.08	2.78	13.14	13.18	13.56	11.05
揭阳	Jieyang	3.32	2.78	4.00	4.42	18.37	18.40	19.80	22.98
云浮	Yunfu	2.38	2.55	3.04	2.81	9.05	10.55	11.16	11.84

注：从2005年开始为快报数。
Note: Data since 2005 come from flash reports.

13-6 各市建筑业企业利税总额（2000-2007年）

Total Pre-tax Profits of Construction Enterprises by City (2000-2007)

单位：亿元 (100 million yuan)

市别	City	2000	2001	2002	2003	2004	2005	2006	2007
全省总计	**Provincial Total**	**58.24**	**84.51**	**88.95**	**127.48**	**143.75**	**164.38**	**191.62**	**256.59**
广州	Guangzhou	15.17	27.76	22.96	35.88	37.81	45.42	51.19	69.52
深圳	Shenzhen	13.79	15.48	20.64	28.37	34.60	39.76	38.20	68.15
珠海	Zhuhai	1.43	1.80	2.01	2.79	4.11	4.16	4.75	5.46
汕头	Shantou	4.14	6.17	5.37	6.40	9.34	9.86	9.82	13.63
佛山	Foshan	4.70	7.06	8.91	14.39	13.49	14.31	28.87	27.34
韶关	Shaoguan	2.00	1.30	0.86	1.17	1.38	1.57	2.15	3.27
河源	Heyuan	0.53	0.87	0.82	1.19	0.97	1.23	1.60	2.62
梅州	Meizhou	0.81	2.11	3.90	8.66	8.26	6.47	8.12	8.86
惠州	Huizhou	1.02	1.49	1.92	1.92	2.12	3.63	3.68	4.47
汕尾	Shanwei	0.58	0.48	0.38	0.43	0.41	0.58	0.76	1.03
东莞	Dongguan	2.25	2.82	3.09	4.16	4.60	6.36	7.44	8.14
中山	Zhongshan	1.53	2.57	2.96	4.39	4.62	6.09	6.86	6.85
江门	Jiangmen	2.37	3.08	2.99	3.36	2.79	3.79	3.58	4.30
阳江	Yangjiang	1.15	1.92	2.01	2.25	2.95	3.24	3.64	5.03
湛江	Zhanjiang	1.69	2.28	2.53	2.64	3.47	3.80	4.93	7.45
茂名	Maoming	1.82	2.63	3.21	4.00	4.68	5.97	6.44	7.48
肇庆	Zhaoqing	0.77	1.32	1.00	1.50	2.32	2.55	2.66	3.80
清远	Qingyuan	0.40	1.05	1.06	1.07	1.42	1.20	2.00	2.93
潮州	Chaozhou	0.66	0.97	0.69	0.82	0.91	1.17	1.06	1.35
揭阳	Jieyang	0.73	0.61	0.95	1.20	2.54	2.09	2.37	3.53
云浮	Yunfu	0.70	0.75	0.68	0.91	0.98	1.13	1.49	1.36

13-7 各市建筑业企业利润总额（2000-2007年）

Total Profits of Construction Enterprises by City (2000-2007)

单位：亿元 (100 million yuan)

市 别	City	2000	2001	2002	2003	2004	2005	2006	2007
全省总计	**Provincial Total**	**22.73**	**39.89**	**37.45**	**63.16**	**68.92**	**70.53**	**90.29**	**138.87**
广 州	Guangzhou	5.20	14.48	8.09	16.72	15.48	18.64	21.96	37.71
深 圳	Shenzhen	7.57	7.62	10.02	13.98	16.76	15.65	12.86	37.29
珠 海	Zhuhai	0.37	0.61	0.68	1.34	2.35	1.98	2.54	2.90
汕 头	Shantou	1.36	2.94	2.11	2.72	4.58	3.74	4.05	6.37
佛 山	Foshan	2.00	3.63	4.59	9.08	7.68	6.54	20.19	19.00
韶 关	Shaoguan	0.23	0.47	0.05	0.27	0.41	0.43	0.68	1.21
河 源	Heyuan	0.29	0.30	0.32	0.61	0.48	0.48	0.64	1.38
梅 州	Meizhou	0.21	1.03	2.51	6.32	6.02	4.56	5.60	6.08
惠 州	Huizhou	0.35	0.48	0.46	0.61	0.69	1.02	1.25	1.66
汕 尾	Shanwei	0.22	0.11	0.07	0.13	0.10	0.18	0.13	0.19
东 莞	Dongguan	1.14	1.34	1.54	1.94	2.49	3.81	4.20	4.57
中 山	Zhongshan	0.78	1.39	1.62	2.71	2.71	3.63	4.40	4.37
江 门	Jiangmen	0.34	1.11	1.12	1.23	0.71	1.55	1.16	1.61
阳 江	Yangjiang	0.61	0.87	0.87	1.03	1.66	1.38	1.95	2.96
湛 江	Zhanjiang	0.28	0.64	0.53	0.67	1.26	1.19	1.67	2.17
茂 名	Maoming	0.77	1.15	1.48	1.61	2.08	2.49	3.02	3.52
肇 庆	Zhaoqing	0.09	0.48	0.25	0.61	0.64	0.65	0.77	1.51
清 远	Qingyuan	0.01	0.27	0.31	0.29	0.53	0.46	0.73	1.15
潮 州	Chaozhou	0.28	0.45	0.26	0.34	0.43	0.49	0.50	0.62
揭 阳	Jieyang	0.26	0.17	0.33	0.53	1.42	1.22	1.18	1.87
云 浮	Yunfu	0.37	0.37	0.25	0.43	0.43	0.43	0.79	0.73

13-8 各市建筑业企业房屋建筑施工面积（2000-2007年）

Floor Space of Buildings under Construction of Construction Enterprises by City (2000-2007)

单位：万平方米 (10000 sq.m)

市 别	City	2000	2001	2002	2003	2004	2005	2006	2007
全省总计	**Provincial Total**	**16333.82**	**17817.22**	**18882.44**	**22184.74**	**26480.38**	**26886.00**	**28878.86**	**32631.10**
广 州	Guangzhou	3161.25	3490.22	3522.67	4291.55	4727.78	5311.14	5462.94	5951.92
深 圳	Shenzhen	1999.65	2743.51	3282.73	3840.25	4826.22	4800.07	5163.59	5875.60
珠 海	Zhuhai	733.57	370.21	508.55	416.68	500.61	625.51	703.35	647.47
汕 头	Shantou	1477.16	1290.54	1366.39	1530.69	1777.49	2176.29	2294.04	2433.69
佛 山	Foshan	1763.57	1922.94	1994.40	2228.07	2860.49	2782.45	3263.76	3394.09
韶 关	Shaoguan	362.44	405.71	288.97	390.68	439.26	424.57	553.41	772.22
河 源	Heyuan	79.80	136.18	149.60	163.09	199.23	294.41	307.11	303.54
梅 州	Meizhou	273.56	408.02	448.71	710.12	858.84	776.23	876.57	853.93
惠 州	Huizhou	366.05	432.88	482.46	581.07	696.36	772.13	871.38	1059.76
汕 尾	Shanwei	127.42	106.44	85.10	100.28	127.11	114.77	104.91	165.79
东 莞	Dongguan	1217.56	1202.30	1350.47	1558.17	979.98	1234.98	1484.55	1298.63
中 山	Zhongshan	400.99	618.36	677.36	823.10	922.64	945.60	832.63	824.34
江 门	Jiangmen	1329.02	1437.55	1499.60	1555.87	3194.74	1585.95	1257.38	1376.90
阳 江	Yangjiang	270.81	384.80	407.31	497.29	531.86	525.95	521.77	618.21
湛 江	Zhanjiang	857.19	912.84	784.00	1002.37	1040.92	1399.47	1414.23	1557.29
茂 名	Maoming	734.43	711.52	811.87	989.29	1154.87	1395.55	1699.62	2827.31
肇 庆	Zhaoqing	386.93	358.30	358.80	465.55	463.58	531.11	628.86	828.16
清 远	Qingyuan	249.02	323.74	295.06	444.48	467.24	466.45	549.93	871.33
潮 州	Chaozhou	217.15	268.22	241.05	204.65	222.58	206.67	305.65	347.85
揭 阳	Jieyang	193.91	132.69	160.83	213.57	293.22	277.75	329.72	411.33
云 浮	Yunfu	132.34	160.23	166.50	177.93	195.35	238.96	253.47	211.73

13-9 各市建筑业企业年末从业人员（2000-2007年）

Number of Employed Persons of Construction Enterprises at the Year-end by City (2000-2007)

单位：万人 (10000 persons)

市别	City	2000	2001	2002	2003	2004	2005	2006	2007
全省总计	**Provincial Total**	**141.46**	**147.07**	**150.12**	**161.48**	**152.10**	**166.78**	**169.33**	**179.13**
广州	Guangzhou	26.40	27.79	29.61	31.34	29.80	30.80	33.20	33.16
深圳	Shenzhen	20.15	18.99	20.13	24.74	23.05	26.85	29.68	37.09
珠海	Zhuhai	3.55	2.90	3.50	4.24	3.03	3.24	3.46	3.54
汕头	Shantou	14.29	13.26	14.08	12.35	12.37	12.63	12.65	13.25
佛山	Foshan	8.62	9.80	9.79	11.27	11.63	13.71	11.73	12.22
韶关	Shaoguan	4.46	3.83	3.44	3.93	3.67	3.69	4.25	4.82
河源	Heyuan	1.74	2.99	2.06	2.36	2.18	2.09	2.12	2.30
梅州	Meizhou	3.58	4.31	5.24	5.64	7.28	7.27	7.05	6.88
惠州	Huizhou	3.33	4.22	3.75	4.37	3.82	3.94	4.05	3.88
汕尾	Shanwei	1.25	1.54	1.49	1.37	1.26	1.28	1.21	1.24
东莞	Dongguan	6.65	6.48	7.38	9.34	6.56	7.78	8.41	7.84
中山	Zhongshan	3.71	4.68	5.03	6.03	5.60	5.75	5.04	4.71
江门	Jiangmen	10.26	9.80	11.17	10.25	8.01	10.58	8.36	7.98
阳江	Yangjiang	3.54	4.14	4.63	4.22	4.52	4.54	5.28	4.85
湛江	Zhanjiang	8.03	7.91	7.67	8.67	7.93	7.87	7.74	7.86
茂名	Maoming	8.92	9.06	8.29	8.28	8.03	10.44	10.16	11.56
肇庆	Zhaoqing	3.61	3.90	3.38	3.62	3.33	3.70	3.95	4.56
清远	Qingyuan	2.74	4.61	2.50	2.36	2.14	2.46	2.87	3.30
潮州	Chaozhou	2.10	2.47	2.05	1.93	2.12	2.17	2.08	1.92
揭阳	Jieyang	2.88	2.64	3.42	3.36	3.89	3.86	4.06	3.88
云浮	Yunfu	1.65	1.75	1.51	1.83	1.88	2.13	1.99	2.29

13-10 各市建筑业企业劳动生产率（2000-2007年）

Labor Productivity of Construction Enterprises by City (2000-2007)

单位：元/人 (yuan/person)

市别	City	2000	2001	2002	2003	2004	2005	2006	2007
全省总计	**Provincial Total**	**66780**	**80480**	**91216**	**105532**	**123458**	**132049**	**155312**	**166377**
广州	Guangzhou	97020	106939	125341	152004	178295	204454	208349	226900
深圳	Shenzhen	80901	114193	125094	143759	171856	183515	249994	223577
珠海	Zhuhai	93266	100989	114755	103990	149849	162503	171078	182939
汕头	Shantou	56450	67207	76440	78421	97024	99266	114466	125230
佛山	Foshan	84781	92611	100505	113673	129286	115051	151408	163044
韶关	Shaoguan	54118	67856	69302	76283	83806	83704	85208	107603
河源	Heyuan	33011	42800	54565	52840	71304	82741	106900	103738
梅州	Meizhou	42280	58577	68513	97708	79301	78866	98749	114178
惠州	Huizhou	61099	57947	90515	85663	91845	119974	127346	142800
汕尾	Shanwei	43892	64096	37157	49279	53113	51367	118178	115186
东莞	Dongguan	60826	78444	90690	79556	81264	108136	111939	146017
中山	Zhongshan	70621	85739	94071	91448	109962	119772	136689	156854
江门	Jiangmen	45985	54265	46268	59843	72129	64418	69836	81276
阳江	Yangjiang	53113	60766	65777	71618	76751	78360	70942	92475
湛江	Zhanjiang	56804	63273	68451	78326	88954	98452	115690	140362
茂名	Maoming	43778	51444	61161	70678	81698	90457	125071	124612
肇庆	Zhaoqing	42654	61020	64048	72430	88225	107435	121341	147678
清远	Qingyuan	41919	52912	59515	78886	105829	90596	100662	129029
潮州	Chaozhou	60518	58578	70700	76248	81153	91838	99110	93579
揭阳	Jieyang	42514	39766	49895	54236	69301	57368	74608	95972
云浮	Yunfu	52186	50870	59684	56943	69909	74640	75063	71930

主要统计指标解释

建筑业总产值 建筑业总产值是以货币表现的建筑业企业在一定时期内生产的建筑业产品和服务的总和。建筑业总产值包括三部分内容：

⑴建筑工程产值：指列入建筑工程预算内的各种工程价值。

⑵设备安装工程产值：指设备安装工程价值。

⑶其他产值：建筑业总产值中除建筑工程、安装工程以外的产值。包括房屋构筑物修理产值、非标准设备制造产值、总包企业向分包企业收取的管理费以及不能明确划分的施工活动所完成的产值。

①房屋构筑物修理产值：指房屋和构筑物的修理所完成的价值，但不包括被修理房屋构筑物的本身价值和生产设备的修理价值。

②非标准设备制造产值：指加工制造没有定型的非标准生产设备的加工费和原材料价值以及附属加工厂为本企业承建工程制作的非标准设备的价值。

竣工产值 一般是以单位工程为对象，当该工程按照设计所规定的工程内容全部完成，达到了设计规定的交工条件，经有关部门检查验收鉴定合格的单位工程价值，即为竣工产值。

建筑业增加值 是指建筑业企业在报告期内以货币表现的建筑业生产经营活动的最终成果。建筑业增加值有两种计算方法：一是生产法，即建筑业总产出中减去建筑业中间消耗后的余额。二是分配法（收入法），即从收入的角度出发，根据生产要素在生产过程中应得到的收入份额计算，具体构成项目有固定资产折旧、劳动者报酬、生产税净额、营业盈余。2004 年以前，建筑业统计报表制度中采用旧的分配法（收入法）计算建筑业增加值，2005 年以后采用新的收入法计算建筑业增加值。

房屋施工面积 指在报告期内施过工的全部房屋建筑面积，它包括本期新开工的房屋面积、上期跨入本期继续施工的房屋面积、上期停缓建在本期恢复施工的房屋面积、本期竣工的房屋面积以及本期施工后又停缓建的房屋面积。

建筑业劳动生产率平均人数 指建筑业企业(或单位)报告期实际拥有的、与建筑施工活动有关的人员的平均人数，包括参加本企业(或单位)建筑施工活动的非本企业(或单位)人员，但不包括企业内部社会服务性机构的人员以及由本企业支付工资但所从事的工作与本企业生产基本无关的人员。

年末从业人员中工程技术人员 指负担工程技术和工程技术管理工作，并具有工程技术工作能力的人员。

利润总额 指企业在生产经营过程中各种收入扣除各种耗费后的盈余，反映企业在报告期内实现的亏盈总额，包括营业利润、补贴收入、投资净收益和营业外收支净额。

工程结算税金及附加 指因从事建筑业生产活动，取得工程价款结算收入而按规定应该交纳的营业税、城市维护建设税等以及随同营业税金一并计算交纳的教育费附加等。

管理费用中税金 指企业按规定从管理费用中支付的各种税金,包括房产税、土地使用税、车船使用税、印花税等。

利税总额=工程结算税金及附加+管理费用中税金+利润总额

建筑业全员劳动生产率=建筑业总产值÷计算建筑业劳动生产率的平均人数

Explanatory Notes on Main Statistical Indicators

Gross Output Value of Construction refers to the sum in monetary terms of construction products and services completed by construction enterprises during a given period of time. It includes:

(1) Output value of construction projects, which is the value of various projects covered by the project budgets;

(2)Output value of equipment installation projects, which is the value of the installation of equipment;

(3) Other output values, which are output values other than output value of construction projects and output value of installation projects, including output value of house and building repair, output value of non-standard equipment manufacture, management expenses received by overall contractor enterprises from subcontractor enterprises and output value completed in unclassified construction activities.

①Output value of house and building repair is the value created through the repairs of houses and buildings, excluding the value of houses or buildings being repaired and the value of the repair of production equipment.

②Output value of non-standard equipment manufacture is the value of non-standard production equipment with unique specifications (including raw materials and manufacturing costs), and equipment manufactured by subsidiary workshops for construction projects contracted by construction enterprises.

Output Value Completed refers to the value of unit project completed, which has come up to the designed standards for putting into use and has been checked and accepted as qualified project by related departments.

Value-added of Construction refers to the final results in monetary terms of the production and management activities of construction enterprises in the reference period. The value-added of construction is calculated with two approaches: one is the production approach, which calculates the total value of construction minus the total intermediate consumption of construction; the other is the distribution approach (income approach) from the perspective of income, which calculates the sum of income of various production factors in the production process, including depreciation of fixed assets, labors' remuneration, net taxes on production and operating surplus. Prior to 2004, the value-added of construction was calculated with an old distribution (income) approach according to the statistical reporting system of construction. Since 2005, the new income approach is used to calculate the value-added of construction.

Floor Space of Buildings under Construction refers to the floor space of buildings under construction during the reference period, including newly started buildings, buildings started earlier and continued into the reference period, buildings suspended in preceding periods but resumed during the reference period, buildings completed during the reference period, and buildings started and then suspended during the reference period.

Average Number of Persons for Labor Productivity Calculation refers to the average number of persons actually employed in the construction enterprises (units) and engaged in related activities of construction in the reference period, including non-staff personnel engaged in the construction activities of the enterprises (units), but excluding personnel employed in social service institutions of the enterprises and those receiving remunerations therefrom but engaged in activities basically irrelevant to the production of the enterprises.

Number of Engineering Technical Personnel Employed at the Year-end refers to personnel capable of and engaged in engineering technical work and related management.

Total Profits refer to the surplus of various incomes in the production and operation of the enterprises after deducting all expenses. This reflects the total profits or losses realized by the enterprises in the reference period, including profits from operation, income from subsidies, net investment earnings and net income from activities other than operations.

Taxes and Extra Charges on Project Settlement Accounts refer to business tax, city maintenance and construction tax and extra charges for education calculated and paid with business tax, which should be borne by the enterprises obtaining project settlement incomes from the production activities of construction.

Taxes from Management Expenses refer to the taxes which should be borne by the enterprises from management expenses, including property tax, land use tax, vehicle and vessel use tax, and stamp tax.

Total Pre-tax Profits = Taxes and Extra Charges on Project Settlement Accounts + Taxes from Management Expenses + Total Profits

Overall Labor Productivity of Construction = Gross Output Value of Construction ÷ Average Number of Persons for Labor Productivity Calculation

十四、运输和邮电

TRANSPORT,POSTAL AND TELECOMMUNICATION SERVICES

十四 运输和邮电

简要说明

一、本篇资料反映广东运输和邮电通信业发展的基本状况。

交通运输业资料主要包括：五种运输方式的线路里程、运输设备拥有量、各种运输方式完成的货物运输量和旅客运输量、港口设备拥有量、港口货物吞吐量等。

邮电通信业资料主要包括：邮政局(所)及邮路情况，邮电通信主要工具及设备情况，主要的邮电业务完成情况，邮电通信发展水平等。

二、各部分资料调查范围和统计单位

1. 铁路资料：包括国家铁路、地方铁路和合资铁路运营情况，不含军用铁路及由厂矿企事业单位自建的铁路专用线和专用铁道。

2. 公路、水路、港口资料：(1)公路和水路线路里程为年末通车和通航里程数，公路里程、桥梁、渡口统计从 2006 年起包括农村公路部分。(2)民用汽车拥有量，根据公安交通管理局所属车管部门登记注册的车辆资料整理；(3)民用运输船舶拥有量，不含渔船、水上施工作业船，根据水上航运管理部门登记注册的船舶资料整理；(4)公路、水路客货运输量资料，包括在广东注册从事公路、水路客、货运输的全部企事业单位和私人(包括个体联户)所完成的运输量，2005 起由省交通厅负责收集整理；(5)港口生产能力及吞吐量，根据各地港务管理部门注册的港口企业和从事港口生产活动单位的资料整理。

3. 管道运输资料：包括输原油、输成品油、输天然气、输其他气体的管线长度、输送能力及完成的运输量。数据主要来源于中国石油天然气集团公司和中国石油化工集团公司所属的管道运输单位。

4. 民航运输资料：统计对象为在境内注册从事民用航空运输飞行和通用飞行的航空运输企业和民用航空机场，不包括在境内运输飞行的国内其他航空公司及外国航空公司。统计范围为各航空公司从事国内运输、港澳台运输、国际运输的定期航班航线条数及里程、运输量及期末飞机在册架数、民用航空机场航班起降架次和客货吞吐量等。

5. 邮电通信资料：包括全省电信和邮政运营企业为社会公众提供的各类电信和邮政服务，不含专用网业务资料。资料主要来源于邮政、电信、移动、联通、铁通和网通等运营单位。

三、本篇资料由广东省统计局工业交通统计处整理、编辑。资料主要来源于省内民航、铁路、公路、水运、港口、公安、邮政、通信等行业主管部门以及各有关单位。

14 Transport,Postal and Telecommunication Services

Brief Introduction

Ⅰ. The data in this chapter cover mainly the basic conditions of the development of transport, postal and telecommunication services in Guangdong Province.

The data on transport cover mainly the route length of five means of transportation, the possession of transport equipment, the freight and passenger traffic by various means of transportation, the possession of port equipment and the volume of freight handled in ports, etc.

The data on postal and telecommunication services cover mainly the conditions of post offices and postal routes, major means and equipment of post and telecommunications, achievements of main businesses of postal and telecommunication services, and the level of development of postal and telecommunication services, etc.

Ⅱ. Coverage and Statistical Units

1. Data on railway transportation: including the operation and management of the national, local and joint-venture railways, but excluding the railways for military purpose, lines built by factories, mines, enterprises and institutions for exclusive use, and special railways.

2. Data on highways, waterways and ports: (1) The length of highways and waterways refer to the length open to traffic or navigation at the end of the year. (2) The data on the possession of civil motor vehicles are compiled according to registration data of vehicles at the divisions of vehicle management under the traffic management departments of public security authorities. (3) The data on the possession of civil vessels exclusive of fishing boats and engineering ships over water are compiled according to registration data of vessels at the authorities of navigation and port management. (4) The data on the volume of transportation by highways and waterways, including all enterprises, institutions, and individuals (or individual partnerships) registered in Guangdong for passenger and freight transportation by highways and waterways, are collected and prepared by the Guangdong Provincial Department of Communications since 2005. (5) The data on production capacity and handling capacity of ports are compiled according to registration data of port enterprises and production units at local port authorities.

3. Data on pipeline transport: The data on pipeline transport cover the length, transport capacity and the volume transported of pipelines of petroleum (crude oil), petroleum products, natural gas and other gases. The data are mainly provided by enterprises engaged in the pipeline transport subordinate to the China National Petroleum Corporation and China Petrochemical Corporation.

4. Data on civil aviation transport: Data on civil aviation transport include air transport enterprises and civil airports registered for civil aviation transport and general aviation, excluding other domestic aviation companies and foreign aviation companies engaged in air transport within Chinese territory. The statistics cover regular flights of domestic transport, transport between the mainland of China and Hong Kong, Macao and Taiwan, and international transport managed by various aviation companies, concerning the number of lines, length, transport volume, number of registered aircrafts at the end of the reference period, sorties at civil airports, and volumes of passenger and freight handled at civil airports.

5. Data on post and telecommunications: Data in this category include telecommunications and postal services rendered to the public by telecommunications and postal enterprises of the whole province, but exclude services provided through dedicated networks. Statistics are mainly provided by corresponding enterprises, including China Post, China Telecom, China Mobile, China Unicom, China TieTong, and China Netcom.

III. The data in this chapter are prepared and compiled by the Division of Industry and Transport Statistics of Guangdong Provincial Bureau of Statistics. Raw data are mainly provided by authorities and related enterprises and institutions within the province of civil aviation, railways, highways, waterways, ports, public securities, and post and telecommunications.

14-1 运输邮电主要指标

Main Indicators of Transport, Postal and Telecommunication Services

指　标	Item	2000	2006	2007	2007 比 2006增长% Growth Rate in 2007 over 2006 (%)
铁路营业里程 （公里）	Length of Railways in Operation (km)	1942	1862	1871	0.5
公路通车里程 （公里）	Length of Highways (km)	102606	178387	182005	2.0
内河通航里程 （公里）	Length of Navigable Inland Waterways (km)	13696	13596	13596	
民航航线里程 （公里）	Length of Civil Aviation Routes (km)	500322	1113479	1413918	27.0
港口码头泊位 （个）	Number of Berths in Coastal Ports (unit)	3191	2945	2881	-2.2
#万吨级泊位	Berths at 10000 Ton Class	126	208	226	8.7
码头泊位长度 （米）	Length of Quay Line (m)	180238	196357	201426	2.6
公路桥梁 （座）	Number of Highway Bridges (unit)	19668	36051	37146	3.0
#永久式	Permanent	19656	35784	37003	3.4
民用汽车 （辆）	Number of Civil Motor Vehicles (unit)	1729054	4304921	5067212	17.7
机动船艘数 （艘）	Number of Motor Vessels (unit)	21733	12644	12126	-4.1
吨位数 （净载重吨）	Tonnage (dead weight ton)	5268845	7851907	7415188	-5.6
民用飞机 （架）	Number of Civil Aircrafts (unit)	106	303	337	11.2
长途电话交换机容量 （路端）	Capacity of Automatic Long-distance Telephone Exchanges (line)	703352	2360802	2767211	17.2
局用电话交换机总容量 （万门）	Total Capacity of Office Telephone Exchanges (10000 lines)	1939.45	4798.45	5200.96	8.4
移动电话交换机容量 （万户）	Capacity of Mobile Telephone Exchanges (10000 subscribers)	1825.40	7742.10	11365.77	46.8
本地电话用户数(万户)	Number of Subscribers of Local Telephones (10000 subscribers)	1414.94	3633.46	3743.07	3.0
移动电话用户数(万户)	Number of Subscribers of Mobile Telephones (10000 subscribers)	1357.26	7117.95	7482.06	5.1
客运量 （万人）	Passenger Traffic (10000 persons)	164791	197314	211215	7.0
旅客周转量(亿人公里)	Passenger-kilometers (100 million passenger-km)	1218.59	2245.37	2626.71	17.0
货运量 （万吨）	Freight Traffic (10000 tons)	119216	145911	165426	13.4
货物周转量(亿吨公里)	Freight Ton-kilometers (100 million ton-km)	3064.51	4162.77	4430.93	6.4
港口货物吞吐量(万吨)	Volume of Freight Handled in Ports (10000 tons)	31649	82698	93567	13.1
港口旅客吞吐量(万人)	Volume of Passengers Handled in Ports(10000 persons)	1710	2306	2629	14.0
航站旅客吞吐量(万人)	Volume of Passengers Handled at Airports (10000 persons)	2142.84	4599.17	5407.30	17.6
邮电业务总量(2000年不变价) （亿元）	Business Volume of Postal and Telecommunication Services (at 2000 constant prices) (100 million yuan)	602.31	2540.54	3070.55	20.9
邮政 （亿元）	Postal Service (100 million yuan)	40.09	69.48	77.30	11.3
通信 （亿元）	Telecommunication Service (100 million yuan)	562.22	2471.06	2993.25	21.1

注：1. 2006年起，公路通车里程和公路桥梁统计含农村公路，与以前年份不可比。
2. 2005年起,客运量、旅客周转量、货运量和货物周转量中的公路和水路运输开始使用广东省交通厅提供数据。下表同。
3. 2007年铁路货运量和客运量计算方法因机构调整发生变化，为可比，对2006年数据作相应调整。下表同。

Notes: a) Since 2006, length of highways and number of highway bridges include data of rural highways, incomparable to previous years.
b) Since 2005, data of passenger traffic, passenger-kilometers, freight traffic, and highway and waterway freight ton-kilometers are provided by Guangdong Provincial Department of Transportation. The same applies to succeeding tables.
c) The calculation approach of freight traffic and passenger traffic by railway in 2007 is adjusted owing to the change of related institutions. Data of 2006 are adjusted accordingly. The same applies to succeeding tables.

14-2 全社会旅客运输量（1985-2007年）
Total Passenger Traffic (1985-2007)

年份 Year	客运量(万人) Passenger Traffic (10000 persons)					旅客周转量（亿人公里） Passenger-kilometers (100 million passenger-km)				
	合计 Total	铁路 Railways	公路 Highways	水路 Waterways	民航 Civil Aviation	合计 Total	铁路 Railways	公路 Highways	水路 Waterways	民航 Civil Aviation
1985	49848	3357	41826	4427	238	270.23	50.41	178.27	20.46	21.09
1986	126890	3742	113561	9295	292	450.35	56.70	346.81	19.82	27.02
1987	158715	4129	144684	9557	345	796.86	66.98	678.04	21.20	30.64
1988	218915	4828	204278	9420	389	402.34	82.53	261.18	22.43	36.20
1989	66727	4882	58110	3377	358	447.62	84.38	309.25	20.50	33.49
1990	78046	4467	70681	2428	470	453.21	82.56	307.40	19.68	43.57
1991	83460	5004	75570	2317	569	526.66	102.11	348.85	20.89	54.81
1992	93678	6243	83128	3503	804	624.55	131.99	385.76	25.75	81.05
1993	95468	6835	84708	3078	847	696.92	161.04	422.88	25.60	87.40
1994	125036	6920	111447	5636	1033	929.48	164.11	619.52	33.21	112.64
1995	130998	6283	118406	5146	1163	936.29	163.11	613.07	31.13	128.98
1996	128831	5593	117815	4232	1191	938.65	153.86	626.60	20.65	137.54
1997	123649	6201	113259	3032	1157	957.20	177.61	616.48	17.21	145.90
1998	132462	6743	121795	2729	1195	994.84	194.16	630.65	13.87	156.16
1999	148636	7553	137324	2605	1154	1082.14	212.13	700.74	13.62	155.65
2000	164791	12165	148945	2363	1318	1218.59	241.51	780.74	11.65	184.69
2001	178676	12783	161967	2382	1544	1342.12	252.37	858.86	11.40	219.49
2002	188657	13310	171191	2347	1809	1490.34	273.19	945.16	11.31	260.68
2003	191202	12935	174288	2208	1771	1505.83	267.14	983.67	11.41	243.61
2004	202414	15142	183012	1827	2433	1738.21	308.38	1076.06	10.17	343.60
2005	212104	16106	189881	2062	4055	2122.14	327.74	1190.73	9.54	594.13
2005(调整) (adjusted)	161357	16106	139158	2038	4055	2043.23	327.74	1111.57	9.79	594.13
2006	197314	15109	175567	2073	4565	2245.37	347.60	1212.76	12.14	672.87
2007	211215	16762	186835	2071	5548	2626.71	387.61	1410.72	10.98	817.40

14-3 各市客运量（2001-2007年）
Passenger Traffic by City (2001-2007)

单位：万人 (10000 persons)

市别	City	2001	2002	2003	2004	2005	2006	2007
总　计	**Total**	**178676**	**188657**	**191202**	**202414**	**161357**	**197314**	**211215**
广　州	Guangzhou	21206	23329	23976	27975	22583	39518	39272
深　圳	Shenzhen	8528	9155	8774	10086	9500	11183	11852
珠　海	Zhuhai	3239	3311	3239	4320	4874	5391	6018
汕　头	Shantou	1971	2111	2003	1985	1991	2228	2289
佛　山	Foshan	9770	11484	12027	13538	11472	16160	17646
韶　关	Shaoguan	2690	2919	3123	3435	2280	2494	2813
河　源	Heyuan	2851	2944	2860	1986	1969	2286	2445
梅　州	Meizhou	4628	5228	5823	5967	3550	3815	3966
惠　州	Huizhou	4530	4503	4136	4994	5049	5265	5410
汕　尾	Shanwei	4058	4565	4647	4008	3800	4784	5201
东　莞	Dongguan	31220	32100	32588	33240	30951	35182	37182
中　山	Zhongshan	7496	8625	8516	9236	9200	10235	10852
江　门	Jiangmen	7149	7182	8366	8304	8249	8088	8094
阳　江	Yangjiang	4773	5059	5211	5575	1585	1750	3292
湛　江	Zhanjiang	5751	5905	5578	6364	6413	6731	6958
茂　名	Maoming	21275	21836	21883	21924	5079	5377	5656
肇　庆	Zhaoqing	6576	6827	6723	4205	4436	4966	5715
清　远	Qingyuan	3925	4112	3932	4458	1959	5483	6724
潮　州	Chaozhou	1551	1622	1656	1681	733	745	962
揭　阳	Jieyang	4083	3031	3039	3095	3014	3324	3689
云　浮	Yunfu	7079	7690	8394	8463	2509	2635	2870
不分地区	Unclassified by Region	14327	15119	14706	17575	20161	19674	22309

注：分市数据仅含公路和水路运输，铁路和民航运输在“不分地区”反映。下表同。

Note: Data by city only include the figures of highway and waterway transportation, whereas data of railway and civil aviation transportation are reflected in the category “Unclassified by Region”. The same applies to the following table.

14-4 各市旅客周转量（2001-2007年）
Passenger-kilometers by City (2001-2007)

单位：亿人公里 (100 million passenger-km)

市 别	City	2001	2002	2003	2004	2005	2006	2007
总 计	**Total**	**1342.12**	**1490.34**	**1505.83**	**1738.21**	**2043.23**	**2245.37**	**2626.71**
广 州	Guangzhou	102.34	113.39	129.03	158.42	193.24	212.31	318.27
深 圳	Shenzhen	50.06	54.52	54.07	63.14	71.42	78.08	83.47
珠 海	Zhuhai	20.29	20.52	22.70	30.87	41.69	54.65	61.68
汕 头	Shantou	19.87	20.88	19.00	21.39	21.08	22.85	23.66
佛 山	Foshan	27.97	33.38	35.63	42.13	50.94	52.49	58.58
韶 关	Shaoguan	14.53	15.41	16.79	20.39	14.17	15.24	18.85
河 源	Heyuan	27.84	29.10	29.19	34.94	36.97	38.97	41.58
梅 州	Meizhou	33.08	38.31	42.48	43.84	41.73	43.92	45.67
惠 州	Huizhou	23.70	23.65	19.65	29.79	35.97	51.99	56.31
汕 尾	Shanwei	23.24	25.15	26.03	28.91	26.90	35.41	43.19
东 莞	Dongguan	103.16	109.18	112.70	116.63	158.53	121.38	126.50
中 山	Zhongshan	35.68	40.33	39.61	43.94	48.84	65.32	69.25
江 门	Jiangmen	52.79	39.41	48.36	52.15	60.30	99.94	92.01
阳 江	Yangjiang	27.24	28.87	29.74	33.11	26.29	22.41	39.59
湛 江	Zhanjiang	56.08	56.40	50.88	59.58	62.10	65.74	68.73
茂 名	Maoming	90.68	97.83	104.30	104.66	64.83	65.08	73.38
肇 庆	Zhaoqing	38.01	39.53	38.96	22.32	25.40	28.86	33.56
清 远	Qingyuan	29.29	29.78	29.36	30.05	35.45	41.14	46.46
潮 州	Chaozhou	13.40	14.01	14.31	15.03	19.37	15.19	17.02
揭 阳	Jieyang	30.68	71.48	71.98	73.43	67.53	74.62	83.01
云 浮	Yunfu	50.32	55.35	60.33	61.52	18.62	19.30	20.93
不分地区	Unclassified by Region	471.87	533.87	510.75	651.98	921.87	1020.47	1205.01

14-5 全社会货物运输量（1985-2007年）
Total Freight Traffic (1985-2007)

年份 Year	货运量(万吨) Freight Traffic (10000 tons)						货物周转量(亿吨公里) Freight Ton-kilometers (100 million ton-km)					
	合计 Total	铁路 Railways	公路 Highways	水路 Waterways	民航 Civil Aviation	管道 Pipelines	合计 Total	铁路 Railways	公路 Highways	水路 Waterways	民航 Civil Aviation	管道 Pipelines
1985	58726	3000	42813	12045	4	864	1767.86	102.29	156.45	1503.47	0.38	5.27
1986	65078	4269	49030	10831	4	944	1845.33	130.02	127.28	1581.60	0.45	5.98
1987	74571	4493	57393	11664	5	1016	1982.59	142.56	179.41	1653.81	0.54	6.27
1988	79811	4504	57717	16583	6	1001	2209.11	151.55	216.22	1834.41	0.67	6.26
1989	85054	4888	63254	15820	6	1086	2419.57	168.39	301.16	1942.79	0.71	6.52
1990	85809	4803	63709	16198	8	1091	2598.88	179.54	346.27	2065.69	0.90	6.48
1991	94136	5347	69784	17718	10	1277	3181.83	206.18	386.49	2580.79	1.06	7.31
1992	113119	6089	84181	21346	12	1491	3560.59	239.34	583.36	2727.97	1.41	8.51
1993	125273	6595	87567	29660	14	1437	3797.09	261.91	428.17	3097.19	1.70	8.12
1994	119901	6971	81361	30165	20	1384	4326.09	280.31	443.54	3592.35	2.39	7.50
1995	111063	7634	68884	32952	21	1572	4642.91	290.78	352.45	3990.19	2.75	6.74
1996	95598	8138	60131	25699	24	1606	3761.09	294.12	327.81	3129.27	3.27	6.62
1997	99763	8430	62728	26873	25	1707	3837.78	294.45	341.08	3185.26	3.99	13.00
1998	101933	8288	65682	25669	28	2266	3453.92	290.65	371.08	2750.19	4.90	37.10
1999	106334	8150	70626	24857	31	2670	2980.69	282.68	426.70	2223.75	5.45	42.11
2000	119216	15172	75365	25696	31	2952	3064.51	295.97	472.49	2247.86	6.45	41.74
2001	131621	15435	86555	26434	35	3162	3221.47	296.79	522.89	2350.73	7.54	43.52
2002	137032	14790	92736	26263	42	3201	3229.39	277.87	576.35	2323.27	9.94	41.96
2003	143964	15375	97806	27412	42	3329	3666.83	285.02	614.01	2719.83	11.76	36.21
2004	156094	19495	102843	29783	49	3924	4148.54	341.26	657.49	3091.39	13.22	45.18
2005	158470	18647	105581	30179	73	3989	4359.97	319.68	781.41	3195.85	17.45	45.58
2005(调整) (adjusted)	133992	18647	84861	26422	73	3989	3917.43	319.68	646.55	2888.17	17.45	45.58
2006	145911	16170	97461	27503	79	4698	4162.77	333.12	742.67	2964.89	18.70	103.39
2007	165426	16480	112611	30893	87	5355	4430.93	337.31	906.84	3043.53	20.14	123.11

14-6 各市货运量（2001-2007）

Freight Traffic by City (2001-2007)

单位：万吨 (10000 tons)

市 别	City	2001	2002	2003	2004	2005	2006	2007
总 计	**Total**	**131621**	**137032**	**143964**	**156094**	**133992**	**145911**	**165426**
广 州	Guangzhou	22429	23323	23985	28216	28026	34323	37603
深 圳	Shenzhen	5060	5770	6431	7589	7837	9013	13402
珠 海	Zhuhai	3920	4139	4229	4369	2225	2828	3374
汕 头	Shantou	1587	1396	1481	1604	1703	1822	2050
佛 山	Foshan	11449	12346	14303	15718	17354	19718	22401
韶 关	Shaoguan	4569	4665	5281	5670	3251	3429	3905
河 源	Heyuan	1848	2033	1936	923	986	1070	1145
梅 州	Meizhou	4289	4701	5239	5795	3751	3794	4015
惠 州	Huizhou	3699	3755	3280	3918	4786	5387	5695
汕 尾	Shanwei	1491	1625	1883	1170	1106	1570	1682
东 莞	Dongguan	5527	5857	5877	6054	5127	5481	5676
中 山	Zhongshan	3468	3956	4331	5248	5985	6177	6652
江 门	Jiangmen	3710	4075	4307	4115	5626	5295	5697
阳 江	Yangjiang	3212	3505	3589	3789	417	933	1971
湛 江	Zhanjiang	4712	4419	4197	4581	5016	5280	6211
茂 名	Maoming	8225	9561	10012	9166	4388	4456	5027
肇 庆	Zhaoqing	5420	5668	5859	3197	3689	4106	4958
清 远	Qingyuan	3354	3000	2493	2774	3200	3700	4583
潮 州	Chaozhou	1660	1740	1856	1893	1310	1258	1475
揭 阳	Jieyang	2888	2076	2083	2141	2213	1820	2030
云 浮	Yunfu	10472	11390	12566	14696	3286	3504	3952
不分地区	Unclassified by Region	18632	18033	18747	23469	22710	20947	21922

注：分市数据仅含公路和水路运输，铁路、民航和管道运输在“不分地区”反映。下表同。

Note: Data by city only include the figures of highway and waterway transportation, whereas data of railway, civil aviation and pipeline transportation are reflected in the category “Unclassified by Region”. The same applies to the following table.

14-7 各市货物周转量（2001-2007年）

Freight Ton-kilometers by City (2001-2007)

单位：亿吨公里 (100 million ton-km)

市 别	City	2001	2002	2003	2004	2005	2006	2007
总 计	**Total**	**3221.47**	**3229.39**	**3666.83**	**4148.54**	**3917.43**	**4162.77**	**4430.93**
广 州	Guangzhou	2086.28	1999.18	2271.02	2497.35	2431.16	2488.52	2179.90
深 圳	Shenzhen	202.24	258.65	367.08	488.05	317.28	371.68	842.55
珠 海	Zhuhai	18.67	19.88	21.97	60.75	84.89	113.31	117.46
汕 头	Shantou	18.96	25.05	24.66	26.74	38.41	39.99	45.95
佛 山	Foshan	112.90	126.76	142.49	162.71	182.11	159.58	151.80
韶 关	Shaoguan	26.15	27.14	33.29	35.72	26.97	28.78	34.54
河 源	Heyuan	17.51	18.58	18.59	7.84	8.48	9.33	10.07
梅 州	Meizhou	27.65	31.68	35.45	46.03	45.95	47.57	50.75
惠 州	Huizhou	32.33	32.47	26.69	29.89	40.29	45.53	49.08
汕 尾	Shanwei	8.73	9.43	10.92	9.04	8.60	15.19	18.52
东 莞	Dongguan	40.62	42.07	42.28	42.37	32.94	33.68	35.67
中 山	Zhongshan	24.95	26.86	28.91	38.05	43.03	49.63	53.26
江 门	Jiangmen	21.34	26.98	44.74	43.20	70.96	69.53	71.33
阳 江	Yangjiang	20.77	22.21	22.78	24.66	2.98	8.52	12.01
湛 江	Zhanjiang	43.30	47.48	47.88	52.51	57.47	63.89	78.79
茂 名	Maoming	42.34	53.72	61.87	60.49	23.78	24.49	32.35
肇 庆	Zhaoqing	34.42	36.14	37.39	20.79	24.87	29.10	35.96
清 远	Qingyuan	31.25	27.80	25.51	26.52	29.37	37.35	47.55
潮 州	Chaozhou	15.46	16.57	17.59	18.41	25.27	34.36	38.15
揭 阳	Jieyang	16.90	19.58	19.68	19.87	22.64	17.63	20.05
云 浮	Yunfu	30.83	31.38	33.06	37.91	17.26	19.93	24.65
不分地区	Unclassified by Region	347.85	329.77	332.99	399.66	382.72	455.21	480.57

14-8 运输工具和线路拥有量

Number of Means of Transport and Length of Transport Routes

项　　目		Item		2000	2005	2006	2007
铁 路		**Railways**					
铁路机车	(台)	Number of Locomotives	(unit)	538	470	473	490
铁路营业里程	(公里)	Length of Railways in Operation	(km)	1942	1924	1862	1871
中央铁路		National Railways		694	693	633	636
地方铁路		Local Railways		1248	1231	1229	1235
公 路		**Highways**					
公路通车里程	(公里)	Length of Highways	(km)	102606	115337	178387	182005
民用汽车	(辆)	Number of Civil Motor Vehicles	(unit)	1729054	3772891	4304921	5067212
载客汽车	(辆)	Passenger Vehicles	(unit)	853375	2474370	3024873	3736815
	(客位)	Passenger Vehicle Seats	(seat)	7969195	21046199	21260339	27700260
载货汽车	(辆)	Freight Vehicles	(unit)	843779	1188439	1188797	1226835
	(吨位)	Tonnage of Freight Vehicles	(tonnage)	3517470	2621099	2411422	2397214
其他汽车	(辆)	Other Vehicles	(unit)	31900	110082	91251	103562
水 运		**Waterways**					
内河通航里程	(公里)	Length of Navigable Inland Waterways	(km)	13696	13596	13596	13596
机 动 船	(艘)	Number of Motor Vessels	(unit)	21733	16208	12644	12126
	(净载重吨位)	Tonnage of Motor Vessels(dead weight tonnage)		5268845	7359703	7851907	7415188
	(客位)	Number of Motor Vessel Seats	(seat)	149004	70794	71688	72835
	(总功率千瓦)	Total Power	(kw)		4222718	4152461	3774978
驳 船	(艘)	Number of Barges	(unit)	1076	110	72	44
	(净载重吨位)	Tonnage of Barges	(dead weight tonnage)	274836	60211	70648	51129
	(客位)	Number of Barge Seats	(seat)	395	48		
民 航		**Civil Aviation**					
民用航空航线里程	(公里)	Length of Civil Aviation Routes	(km)	500322	1080706	1113479	1413918
民用飞机	(架)	Number of Civil Aircrafts	(unit)	106	241	303	337
管道		**Pipelines**					
条 数	(条)	Number of Pipelines	(line)	45	63	67	72
输油(气)里程	(公里)	Length of Petroleum and Gas Pipelines	(km)	1535.57	1813.26	4020.76	4949.25

注：1. 2006年起，公路通车里程含农村公路。
　　2. 2006年起，船舶统计使用广东省交通厅数据。

Notes: a) Length of highways since 2006 includes data of rural highways.
　　b) Data of vessels since 2006 are provided by Guangdong Provincial Department of Transportation.

14-9 各市民用汽车拥有量（2007年）
Possession of Civil Vehicles by City (2007)

单位：辆 (unit)

市 别	City	民用汽车总计 Total	载客汽车 Passenger Vehicles	大型 Large	中型 Medium	小型 Small	微型 Minibuses	#轿车 Sedan Cars
总 计	**Total**	**5067212**	**3736815**	**112056**	**205640**	**3338360**	**80759**	**2360875**
广 州	Guangzhou	1041917	835808	25249	64778	729963	15818	482642
深 圳	Shenzhen	1106637	875312	26000	39855	800054	9403	604182
珠 海	Zhuhai	142800	106756	4435	5594	96521	206	74887
汕 头	Shantou	162659	117793	2457	3888	107967	3481	79783
佛 山	Foshan	576123	404986	5942	18924	368259	11861	271292
韶 关	Shaoguan	64633	40797	1661	2632	35374	1130	22063
河 源	Heyuan	41089	26290	2066	1243	22394	587	15374
梅 州	Meizhou	63932	40669	1321	2921	32983	3444	24002
惠 州	Huizhou	155063	108896	4137	5319	97896	1544	70064
汕 尾	Shanwei	24024	14757	1278	1169	11912	398	8375
东 莞	Dongguan	608933	466999	13471	16311	432830	4387	291717
中 山	Zhongshan	247359	164939	3587	6471	146516	8365	104062
江 门	Jiangmen	184630	123563	3273	8909	106526	4855	75752
阳 江	Yangjiang	48320	32953	1482	1563	29359	549	22730
湛 江	Zhanjiang	95983	54086	3898	3021	45599	1568	31867
茂 名	Maoming	107675	54027	2800	2943	45048	3236	33255
肇 庆	Zhaoqing	84631	51469	2293	4089	43847	1240	29578
清 远	Qingyuan	75954	43189	1826	3148	36934	1281	22130
潮 州	Chaozhou	68830	51348	575	1375	44902	4496	31670
揭 阳	Jieyang	81275	59615	1636	2708	53073	2198	38784
云 浮	Yunfu	38152	23666	1128	1554	20308	676	13945
不分地区	Unclassified by Region	46593	38897	1541	7225	30095	36	12721

14-9 续表 continued

单位：辆 (unit)

市 别	City	载货汽车 Freight Vehicles	重型 Heavy	中型 Medium	轻型 Light	微型 Mini Trucks	其他汽车 Others
总 计	**Total**	**1226835**	**95384**	**169195**	**930770**	**31486**	**103562**
广 州	Guangzhou	185279	11284	31229	141013	1753	20830
深 圳	Shenzhen	201985	17672	18908	165036	369	29340
珠 海	Zhuhai	33197	1881	3333	27958	25	2847
汕 头	Shantou	41995	3308	4351	30963	3373	2871
佛 山	Foshan	163958	7138	20280	132097	4443	7179
韶 关	Shaoguan	22061	4047	2891	14748	375	1775
河 源	Heyuan	12096	1441	1821	8072	762	2703
梅 州	Meizhou	21274	2066	5666	12502	1040	1989
惠 州	Huizhou	42658	2906	8750	30353	649	3509
汕 尾	Shanwei	6629	455	1422	4436	316	2638
东 莞	Dongguan	134825	6372	18202	108452	1799	7109
中 山	Zhongshan	79190	2601	9295	63076	4218	3230
江 门	Jiangmen	58084	3366	10599	42997	1122	2983
阳 江	Yangjiang	14751	2974	2157	9276	344	616
湛 江	Zhanjiang	39423	6930	6516	24115	1862	2474
茂 名	Maoming	51083	9511	5873	30902	4797	2565
肇 庆	Zhaoqing	31949	3490	4719	22921	819	1213
清 远	Qingyuan	30968	2819	6646	21163	340	1797
潮 州	Chaozhou	14280	647	1225	10735	1673	3202
揭 阳	Jieyang	21090	3079	2338	14976	697	570
云 浮	Yunfu	13471	1099	2884	8796	692	1015
不分地区	Unclassified by Region	6589	298	90	6183	18	1107

14-10 各市私人汽车拥有量（2007年）

Possession of Private Vehicles by City (2007)

单位：辆 (unit)

市 别	City	汽车总计 Total	载客汽车 Passenger Vehicles	轿车 Sedan Cars	载货汽车 Freight Vehicles	其它汽车 Others
总 计	**Total**	**3725251**	**2984234**	**2047899**	**719761**	**21256**
广 州	Guangzhou	757024	664083	408139	88911	4030
深 圳	Shenzhen	801463	714792	534313	85698	973
珠 海	Zhuhai	91021	79273	62489	11527	221
汕 头	Shantou	120901	94997	68165	25167	737
佛 山	Foshan	474483	354318	249040	117801	2364
韶 关	Shaoguan	45007	29349	18285	15226	432
河 源	Heyuan	29015	17724	11803	9630	1661
梅 州	Meizhou	47022	29979	20328	16085	958
惠 州	Huizhou	111789	86014	61388	25000	775
汕 尾	Shanwei	14793	8960	5730	4856	977
东 莞	Dongguan	461195	391009	262218	69382	804
中 山	Zhongshan	192532	139997	93219	51835	700
江 门	Jiangmen	132844	97182	65640	34811	851
阳 江	Yangjiang	37110	25931	19840	10953	226
湛 江	Zhanjiang	63408	33446	23413	28978	984
茂 名	Maoming	79372	41126	28836	36969	1277
肇 庆	Zhaoqing	62246	37036	24049	24778	432
清 远	Qingyuan	54924	30296	17935	23880	748
潮 州	Chaozhou	56208	44274	28505	10316	1618
揭 阳	Jieyang	65539	47870	33283	17534	135
云 浮	Yunfu	27341	16564	11274	10424	353
不分地区	Unclassified by Region	14	14	7		

14-11 各市公路基本情况（2007年）

Basic Conditions of Highways by City (2007)

单位：公里 (km)

市别	City	通车里程 Length of Highways	晴雨通车里程 Length of Highways Unaffected by Weather Conditions	按等级分 By Class: 等级路 Expressways and Class I to IV Highways	按等级分 By Class: 等外路 Highways below Class IV	按路面分 By Pavement: 有铺装路面 Paved Highways	按路面分 By Pavement: 简易铺装路面 Simply-paved Highways	按路面分 By Pavement: 未铺装路面 Unpaved Highways	桥梁 Bridges: 座 Number (unit)	桥梁 Bridges: 米 Span (meter)
总计	**Total**	**182005**	**180078**	**151693**	**30312**	**90778**	**7718**	**83509**	**37146**	**1689887**
广州	Guangzhou	8663	8663	7149	1514	6678	108	1877	2194	238104
深圳	Shenzhen	1944	1943	1942	2	1937		7	707	48837
珠海	Zhuhai	1299	1299	1242	57	1022	39	238	311	29814
汕头	Shantou	3739	3735	3723	16	2282	15	1442	982	44521
佛山	Foshan	5160	5160	5104	56	4823	58	279	1669	151464
韶关	Shaoguan	13045	13041	10414	2631	6645	572	5828	1894	73016
河源	Heyuan	13522	13513	10810	2712	5710	326	7486	2767	89207
梅州	Meizhou	15193	15188	12464	2729	9105		6088	3105	94368
惠州	Huizhou	10431	10430	9116	1315	3590	206	6635	2101	74217
汕尾	Shanwei	4747	4569	4418	329	2330	141	2276	1096	36301
东莞	Dongguan	3841	3841	3724	117	3767	10	64	794	107161
中山	Zhongshan	1672	1672	1579	93	1549	5	118	947	72336
江门	Jiangmen	9928	9928	7893	2035	6004	87	3837	2405	109434
阳江	Yangjiang	7049	5664	5654	1395	2621	775	3653	1987	65160
湛江	Zhanjiang	21315	21315	11720	9595	4320	3042	13953	1964	57027
茂名	Maoming	15308	14998	14158	1150	5780	882	8646	3427	102470
肇庆	Zhaoqing	10168	10167	9762	406	5882	516	3770	1878	60395
清远	Qingyuan	17186	17185	16944	242	7639	573	8974	2951	105441
潮州	Chaozhou	4563	4563	3099	1464	2194	17	2352	927	31690
揭阳	Jieyang	6297	6270	5573	724	3128	12	3157	1701	63299
云浮	Yunfu	6936	6936	5206	1730	3773	335	2828	1339	35626

注：1. 2006年起，公路情况统计含农村公路。下表同。

2. 2006年，交通部重新划分公路路面等级，有铺装路面相当于原来的高级路面，简易铺装路面相当于原来的次高级路面，未铺装路面相当于原来的中级、低级和无路面。

Notes: a) Conditions of highways since 2006 include data of rural highways. The same applies to the following table.

b) In the 2006 classification of highway pavement by the Ministry of Communications, paved highways are equivalent to the former high class highways, simply-paved highways to the former second high class highways, while unpaved highways to medium class highways, low class highways, and gravel roads.

14-12 公路通车里程和桥梁数
Length of Highways and Number of Bridges

项　目	Item	2000	2002	2003	2004	2005	2006	2007
通车里程　（公里）	**Length of Highways (km)**	**102606**	**108538**	**110252**	**111453**	**115337**	**178387**	**182005**
#晴雨通车里程	Length of Highways Unaffected by Weather Conditions	100863	107730	109447	77877	114653	176691	180078
按等级分	By Class							
等级路	Expressways and Class Ⅰ to Ⅳ Highways	93695	97711	99734	101708	106476	147702	151693
高速公路	Expressways	1186	1741	2303	2519	3140	3340	3518
一 级	First Class	5391	6255	6542	7030	7301	8935	8987
二 级	Second Class	13397	15159	15926	16590	17146	17525	18252
三 级	Third Class	9156	10384	10807	11629	12461	15106	15579
四 级	Fourth Class	64565	64172	64156	63940	66428	102796	105357
等外公路	Highways below Class Ⅳ	8911	10827	10518	9745	8861	30685	30312
按路面分	By Pavement							
有路面里程	Length of Highways with Pavement	100733	106527	108271	109573	113544		
有铺装路面	Paved Highways						81959	90778
简易铺装路面	Simply-paved Highways						9792	7718
高级、次高级	High Class, Second High Class	39265	47136	51891	58729	66580		
未铺装路面	Unpaved Highways						86636	83509
中 级	Medium Class	14510	14046	13076	12024	10955		
低 级	Low Class	46958	45345	43304	38820	36009		
无路面里程	Gravel Roads	1873	2011	1981	1880	1793		
桥 梁　（座）	**Number of Bridges (unit)**	**19668**	**21841**	**22399**	**23023**	**23948**	**36051**	**37146**
（米）	Span of Bridges (m)	819770	995839	1029090	1124448	1260600	1563949	1689887
#永久式　（座）	Number of Permanent Bridges (unit)	19656	21831	22392	23012	23944	35784	37003
（米）	Span of Permanent Bridges (m)	819502	995470	1028915	1124122	1260514	1557906	1685855
半永久式　（座）	Number of Semi-permanent Bridges (unit)	12	7	4	8	4	124	43
（米）	Span of Semi-permanent Bridges (m)	268	313	119	270	86	2680	1081
渡 口　（个）	**Number of Ferries (unit)**	**33**	**31**	**26**	**25**	**25**	**108**	**113**

14-13 输油(气)管道长度和运输量

Length and Traffic of Petroleum and Gas Pipelines

项目	Item	2000	2005	2006	2007
总计	**Total**				
条数 (条)	Number of Pipelines (line)	45	63	67	72
输送里程 (公里)	Length of Pipelines (km)	1535.57	1813.26	4020.76	4949.25
输油(气)量 (万吨)	Pipeline Traffic (10000 tons)	2952	3989	4698	5355
输油(气)周转量(万吨公里)	Ton-kilometers (10000 ton-km)	417432	455853	1033885	1231051
原油管道	**Crude Oil Pipelines**				
条数 (条)	Number of Pipelines (line)	7	5	5	5
输送里程 (公里)	Length of Pipelines (km)	352.67	377.67	380.17	486.79
输油量 (万吨)	Pipeline Traffic (10000 tons)	1912	2434	2644	2911
输油周转量 (万吨公里)	Ton-kilometers (10000 ton-km)	189623	219479	235893	291899
成品油管道	**Refined Oil Pipelines**				
条数 (条)	Number of Pipelines (line)	27	42	46	50
输送里程 (公里)	Length of Pipelines (km)	211.00	295.22	2500.22	3304.49
输油量 (万吨)	Pipeline Traffic (10000 tons)	663	931	1494	1905
输油周转量 (万吨公里)	Ton-kilometers (10000 ton-km)	13250	14277	598079	760490
其他管道	**Other Pipelines**				
条数 (条)	Number of Pipelines (line)	11	16	16	17
输送里程 (公里)	Length of Pipelines (km)	971.90	1140.37	1140.37	1157.97
输气量 (万吨)	Pipeline Traffic (10000 tons)	377	624	560	539
输气周转量 (万吨公里)	Ton-kilometers(10000 ton-km)	214559	222097	199913	178662

14-14 民航航站吞吐量

Volume of Civil Aviation Handled at Airports

年份 Year	合计 Total			进港 In-port			出港 Out-port		
	架次 (万次) Sorties (10000 sorties)	旅客 (万人) Passenger Traffic (10000 persons)	货、邮、行 (万吨) Freight Traffic (10000 tons)	架次 (万次) Sorties (10000 sorties)	旅客 (万人) Passenger Traffic (10000 persons)	货、邮、行 (万吨) Freight Traffic (10000 tons)	架次 (万次) Sorties (10000 sorties)	旅客 (万人) Passenger Traffic (10000 persons)	货、邮、行 (万吨) Freight Traffic (10000 tons)
1980	1.6	161	2.9	0.8	81	1.4	0.8	80	1.5
1985	4.0	318	6.2	2.0	160	3.0	2.0	158	3.2
1990	6.2	687	13.5	3.1	343	5.9	3.1	344	7.6
1995	17.7	1963	39.5	8.8	963	14.1	8.9	1000	25.4
1996	18.2	2025	45.6	9.1	993	15.9	9.1	1032	29.7
1997	19.0	1981	49.0	9.5	974	16.7	9.5	1007	32.3
1998	20.8	2010	55.8	10.4	986	20.8	10.4	1024	35.0
1999	22.2	1929	63.7	11.1	942	25.6	11.1	987	38.1
2000	23.6	2143	73.0	11.8	1044	30.9	11.8	1099	42.1
2001	25.1	2344	81.0	12.5	1136	33.9	12.6	1208	47.1
2002	28.0	2731	95.7	14.0	1340	40.4	14.0	1391	55.3
2003	28.1	2751	82.4	14.1	1351	34.9	14.0	1400	47.5
2004	34.7	3661	115.8	17.3	1801	50.8	17.4	1860	65.0
2005	38.4	4100	133.0	19.2	2023	58.6	19.2	2077	74.4
2006	42.4	4599	151.1	21.2	2262	64.4	21.2	2337	86.7
2007	46.6	5407	133.2	23.3	2614	53.0	23.3	2793	80.2

注：从2007年起，货、邮、行吞吐量不含行李。

Note: Since 2007, freight traffic handled excludes data of luggage.

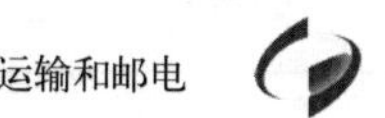

14-15 各市港口货物吞吐量（2000-2007年）

Volume of Freight Handled in Ports by City (2000-2007)

单位：万吨 (10000 tons)

项 目	Item	2000	2001	2002	2003	2004	2005	2006	2007
总 计	**Total**	**31649**	**34696**	**44102**	**51340**	**62715**	**70926**	**82698**	**93567**
按港口分	Grouped by Port								
沿海港口	Coastal Ports	25495	28276	35847	42158	51877	59273	70717	80282
内河港口	Ports of Inland Rivers	6154	6420	8255	9182	10838	11653	11981	13284
按市别分	Grouped by City								
广 州	Guangzhou	12455	13540	16772	19200	23887	27283	32816	37053
深 圳	Shenzhen	5697	6643	8767	11220	13537	15351	17598	19994
珠 海	Zhuhai	1770	1998	2340	2470	3203	3557	3561	3713
汕 头	Shantou	1284	1309	1380	1470	1576	1736	2014	2301
佛 山	Foshan	2033	2329	2990	3076	3798	3951	4417	4985
韶 关	Shaoguan	131	115	121	108	140	118	65	62
河 源	Heyuan	45	62	45	22	29	49	33	41
梅 州	Meizhou	145	141	335	340	360	306	243	243
惠 州	Huizhou	825	834	956	1098	1542	1515	2082	2324
汕 尾	Shanwei	25	6	6	64	108	107	110	110
东 莞	Dongguan	746	883	1611	2352	2600	2280	1951	2017
中 山	Zhongshan	635	677	850	1478	1960	2072	2326	2752
江 门	Jiangmen	879	1072	1942	1960	2030	2438	3318	4033
阳 江	Yangjiang	68	115	122	144	155	222	241	240
湛 江	Zhanjiang	2688	2848	3586	3985	5096	6620	8173	9165
茂 名	Maoming	1104	1122	1113	1262	1409	1360	1510	1676
肇 庆	Zhaoqing	189	135	357	341	428	520	593	766
清 远	Qingyuan	193	241	234	143		461	576	597
潮 州	Chaozhou	60	39	24	47	68	80	205	294
揭 阳	Jieyang	266	275	233	234	245	248	301	419
云 浮	Yunfu	411	312	318	326	543	654	564	782

14-16 沿海主要港口吞吐量
Volume of Freight Handled in Major Coastal Ports

项　目	Item	2000	2005	2006	2007
货物吞吐量合计　(万吨)	**Total Volume of Freight Handled　(10000 tons)**	**18674**	**48743**	**58067**	**65785**
广 州 港	Guangzhou Port	11128	25036	30282	34325
湛江全港	All Ports of Zhanjiang		6620	8173	9165
#湛江港	Zhanjiang Port	2038	4647	5664	6075
汕 头 港	Shantou Port	1284	1736	2014	2301
深圳全港	All Ports of Shenzhen		15351	17598	19994
#蛇口港	Shekou Port	1016	2242	2544	1485
赤湾港	Chiwan Port	1077	4226	5325	5908
妈湾港	Mawan Port	443	1208	1297	1125
盐田港	Yantian Port	1143	3953	4467	5432
SCT码头	SCT Port	545	1556	1572	2354
集装箱吞吐量合计(TEU)	**Total Volume of Containers Handled　(TEU)**	**5577402**	**21425420**	**25773437**	**31228502**
广 州 港	Guangzhou Port	1429807	4682603	6656327	9258853
湛江全港	All Ports of Zhanjiang		177786	203563	272023
#湛江港	Zhanjiang Port	74842	177786	203563	272023
汕 头 港	Shantou Port	114369	368312	443286	593861
深圳全港	All Ports of Shenzhen		16196719	18470261	21103765
#蛇口港	Shekou Port	325232	1367998	1505358	
赤湾港	Chiwan Port	643838	4170104	5261888	6003036
妈湾港	Mawan Port	121514	386240	423545	
盐田港	Yantian Port	2147476	7355459	8295600	10016141
SCT码头	SCT Port	720324	2447603	2361980	3056736
旅客吞吐量合计　(万人)	**Total Volume of Passengers Handled (10000 persons)**	**253.40**	**1060.56**	**1141.99**	**1287.89**
广 州 港	Guangzhou Port	15.00	94.98	94.12	106.46
湛江全港	All Ports of Zhanjiang		596.68	652.38	755.37
#湛江港	Zhanjiang Port	29.60			0.69
汕 头 港	Shantou Port	5.50	0.24	0.11	0.04
深圳全港	All Ports of Shenzhen		368.66	395.38	426.02
#蛇口港	Shekou Port	203.40			
赤湾港	Chiwan Port				
妈湾港	Mawan Port				
盐田港	Yantian Port				
SCT码头	SCT Port				

注：从2007年起，集装箱吞吐量中，SCT码头含蛇口港和妈湾港。
Note: Since 2007, volume of containers handled in SCT Port includes data of Shekou Port and Mawan Port.

14-17 港 口 码 头 泊 位 数
Number of Berths in Ports

项目	Item	2000	2002	2003	2004	2005	2006	2007
总　计	**Total**							
码头泊位个数　(个)	Number of Berths　(unit)	3191	3279	3204	3054	2926	2945	2881
#万吨级泊位	Berths at 10000 Ton Class	126	130	159	175	191	208	226
码头长度　(米)	Length of Quay Line　(m)	180238	194101	190634	190484	190788	196357	201426
沿海港口	**Coastal Ports**							
码头泊位个数　(个)	Number of Berths　(unit)	1373	1417	1456	1308	1334	1414	1389
生产用	For Production Purposes	1177	1219	1259	1108	1108	1194	1196
非生产用	For Non-production Purposes	196	198	197	200	226	220	193
万吨级泊位个数(个)	Number of Berths at 10000 Ton Class(unit)	126	130	159	168	182	204	222
生产用	For Production Purposes	126	130	159	168	182	198	214
非生产用	For Non-production Purposes						6	8
码头长度　(米)	Length of Quay Line　(m)	105193	113149	116173	114769	120307	127737	133969
生产用	For Production Purposes	91423	99002	102082	100166	105024	113294	118910
非生产用	For Non-production Purposes	13770	14147	14091	14603	15283	14443	15059
内河港口	**Ports of Inland Rivers**							
码头泊位个数　(个)	Number of Berths　(unit)	1818	1862	1748	1746	1592	1531	1492
生产用	For Production Purposes	1803	1847	1733	1735	1495	1481	1473
非生产用	For Non-production Purposes	15	15	15	11	97	50	19
码头长度　(米)	Length of Quay Line　(m)	75045	80952	74461	75715	70481	68620	67457
生产用	For Production Purposes	74632	80538	74047	75373	67570	66443	66030
非生产用	For Non-production Purposes	413	414	414	342	2911	2177	1427

14-18 各市邮电业务情况（2007年）

Conditions of Postal and Telecommunication Services by City (2007)

市 别	City	业务总量(2000年不变价)(亿元) Business Volume of Postal and Telecom-munication Services (at 2000 constant prices) (100 million yuan)	#通信 Business Volume of Telecom-munications	函 件 (万件) Letters (10000 pcs)	报刊累计数 (万份) Newspaper and Magazine Circulation (10000 copies)	特快专递 (万件) Pieces of Express Mail Services (10000 pcs)	移动电话用户 (万户) Subscribers of Mobile Telephones (10000 subscribers)	城市电话用户 (万户) Telephone Subscribers in Urban Areas (10000 subscribers)	乡村电话用户 (万户) Telephone Subscribers in Rural Areas (10000 subscribers)
总 计	**Total**	**3070.55**	**2993.25**	**81394.60**	**105102.70**	**4956.60**	**7842.06**	**2934.61**	**808.46**
广 州	Guangzhou	585.78	568.59	24535.10	20021.40	1309.90	1389.51	603.57	39.13
深 圳	Shenzhen	590.21	575.17	16896.80	15320.30	1320.30	1668.17	468.11	21.06
珠 海	Zhuhai	85.51	83.18	3386.10	2435.10	202.40	204.05	86.57	6.93
汕 头	Shantou	126.16	123.78	1556.40	3529.70	81.70	322.71	158.09	2.21
佛 山	Foshan	249.63	244.17	7134.50	13299.50	451.60	619.58	289.33	16.74
韶 关	Shaoguan	46.57	44.66	1092.90	2492.10	46.00	121.05	53.68	25.57
河 源	Heyuan	35.20	34.18	363.90	2818.60	35.80	80.95	36.20	32.95
梅 州	Meizhou	55.08	53.07	515.30	2974.70	56.10	140.01	44.47	48.19
惠 州	Huizhou	129.17	126.98	1043.40	3421.30	126.30	282.10	132.41	43.06
汕 尾	Shanwei	32.83	32.11	203.20	1596.00	22.40	86.87	30.84	27.06
东 莞	Dongguan	400.93	393.91	6076.70	9978.10	406.70	1190.62	363.03	149.18
中 山	Zhongshan	134.12	131.35	4444.20	3577.80	213.30	312.71	124.37	50.26
江 门	Jiangmen	107.67	104.44	4473.80	5699.50	211.20	243.44	117.83	35.17
阳 江	Yangjiang	39.67	38.26	822.50	3762.00	53.70	91.40	47.88	24.79
湛 江	Zhanjiang	109.79	106.66	1446.40	2974.20	120.00	232.05	76.43	44.83
茂 名	Maoming	71.84	69.34	3905.40	2774.40	109.00	156.79	63.12	56.44
肇 庆	Zhaoqing	65.18	63.45	985.50	2076.50	48.60	165.18	68.32	36.26
清 远	Qingyuan	58.57	57.28	791.20	1709.90	48.00	156.08	39.81	29.21
潮 州	Chaozhou	48.01	46.92	582.10	1574.70	24.40	127.77	48.04	33.80
揭 阳	Jieyang	66.33	64.72	642.40	1896.20	32.30	178.14	58.25	56.68
云 浮	Yunfu	32.27	31.04	496.80	1170.70	36.90	72.87	24.27	28.94

14-19 各市邮电业务总量（2000-2007年）

Business Volume of Postal and Telecommunication Services by City (2000-2007)

单位：亿元　　(100 million yuan)

市别	City	2000	2001	2002	2003	2004	2005	2006	2007
总计	**Total**	**757.22**	**782.67**	**917.87**	**1202.52**	**1781.78**	**2121.94**	**2540.54**	**3070.55**
广州	Guangzhou	166.15	168.03	200.90	261.75	383.83	452.74	528.12	585.78
深圳	Shenzhen	154.20	160.35	181.88	250.89	368.10	459.17	552.41	590.21
珠海	Zhuhai	22.31	23.62	27.20	35.31	51.60	59.10	73.23	85.51
汕头	Shantou	36.61	36.82	38.76	47.40	63.91	74.00	89.63	126.16
佛山	Foshan	66.29	68.27	78.23	90.99	143.42	169.48	215.40	249.63
韶关	Shaoguan	11.11	11.15	13.02	15.81	22.78	26.39	31.92	46.57
河源	Heyuan	6.26	7.20	9.33	11.12	16.15	18.18	22.88	35.20
梅州	Meizhou	12.87	13.54	15.49	17.60	23.04	27.10	31.07	55.08
惠州	Huizhou	27.19	27.96	31.16	42.08	66.49	81.01	96.14	129.17
汕尾	Shanwei	11.10	10.04	10.71	12.94	18.00	20.78	23.66	32.83
东莞	Dongguan	74.05	88.64	109.45	157.05	245.52	304.76	368.25	400.93
中山	Zhongshan	30.10	31.67	35.55	48.28	73.45	89.37	111.00	134.12
江门	Jiangmen	32.02	29.76	33.53	41.25	59.25	65.96	79.85	107.67
阳江	Yangjiang	8.60	8.68	10.06	13.75	19.07	21.39	26.81	39.67
湛江	Zhanjiang	19.38	19.28	22.17	28.44	43.16	47.71	61.88	109.79
茂名	Maoming	13.21	13.09	15.90	20.74	31.76	35.28	42.62	71.84
肇庆	Zhaoqing	13.22	12.52	15.59	20.18	31.89	36.36	43.78	65.18
清远	Qingyuan	9.96	10.27	12.07	15.84	23.87	28.97	38.00	58.57
潮州	Chaozhou	12.78	12.59	13.97	17.58	24.10	29.17	34.09	48.01
揭阳	Jieyang	20.81	19.64	20.70	25.97	33.90	37.67	49.76	66.33
云浮	Yunfu	6.89	6.03	7.45	9.48	14.13	16.37	20.03	32.27
不分地区	Unclassified by Region	2.11	3.51	14.75	19.68	22.75	20.99		

注：2000年的邮电业务总量按1990年不变价格计算，其余年份按2000年不变价格计算。

Note: Business volume of postal and telecommunication services of 2000 is calculated at 1990 constant prices and business volumes of other years are calculated at 2000 constant prices.

14-20 邮电通信业基本情况

Basic Conditions of Postal and Telecommunication Services

项 目	Item	2000	2005	2006	2007
邮运汽车 (辆)	Number of Postal Vehicles (unit)	1154	1170	1252	1242
邮路长度 (公里)	Length of Postal Routes (km)	180724	369332	394990	445180
农村投递路线 (公里)	Length of Rural Delivery Routes (km)	185223	206151	202102	229089
长途光缆线路长度 (公里)	Length of Long-distance Optical Cable Routes (km)		40846	41759	44901
数字微波线路长度 (公里)	Length of Digital Micro-wave Routes (km)		18768	17069	19072
长途电话交换机容量 (万路端)	Capacity of Long-distance Telephone Exchanges (10000 lines)	70.34	206.02	236.08	276.72
局用电话交换机容量(万门)	Capacity of Office Telephone Exchanges (10000 lines)	1939.45	4616.57	4798.45	5200.96
移动电话交换机容量(万户)	Capacity of Mobile Telephone Exchanges (10000 subscribers)	1825.40	7925.00	7742.10	11365.77
本地电话用户 (万户)	Number of Subscribers of Local Telephones (10000 subscribers)	1414.94	3442.53	3633.46	3743.07
#城市电话	Urban Subscribers	916.03	2700.89	2838.59	2934.61
移动电话用户 (万户)	Number of Mobile Telephones Subscribers (10000 subscribers)	1357.26	6406.61	7117.95	7842.06
数字数据用户 (户)	Number of Digital Data Subscribers (subscribers)		27777	28944	26836
国际互联网用户 (万户)	Number of Internet Subscribers (10000 subscribers)	216.41	1006.36	792.31	814.43
互联网用户使用时长 (万分钟)	Duration of Internet Use by Subscribers (10000 minutes)	900585	31905151	55912725	128143692
函件 (万件)	Number of Letters (10000 pcs)	106603	91267	80921	81395
特快专递 (万件)	Pieces of Express Mail Services (10000 pcs)	1327.80	3328.30	4150.10	4956.60
报刊累计数 (万份)	Newspaper and Magazine Circulation (10000 copies)	107755	113009	104691	105103
全省平均每人每年发函件数 (件)	Annual Number of Per Capita Letter Mailed (pcs)	13.80	11.30	10.24	9.99
全省平均每百人每年订报刊数 (份)	Annual Average Number of Newspapers and Magazines Subscribed per 100 Persons (copies)	15.10	12.07	13.51	10.77
本地电话普及率 (线/百人)	Popularization Rate of Local Telephones (lines/100 persons)	18.40	37.44	39.38	39.61
移动电话普及率 (部/百人)	Popularization Rate of Mobile Telephones(sets/100 persons)	17.61	69.68	76.50	82.99

主要统计指标解释

铁路营业里程 又称营业长度(包括正式营业和临时营业里程)，指办理客货运输业务的铁路正线总长度。凡是全线或部分建成双线及以上的线路，以第一线的实际长度计算；复线、站线、段管线、岔线和特殊用途线以及不计算运费的联络线都不计算营业里程。该指标可以反映铁路运输业基础设施的发展水平，也是计算客货周转量、运输密度和机车车辆运用效率等指标的基础资料。

公路通车里程 指在一定时期内实际达到《公路工程[WTBZ]技术标准 JTJ01-88》规定的等级公路，并经公路主管部门正式验收交付使用的公路里程数。包括大中城市的郊区公路以及通过小城镇街道部分的公路里程和桥梁、渡口的长度，不包括大中城市的街道、厂矿、林区生产用道和农业生产用道的里程。两条或多条公路共同经由同一路段，只计算一次，不得重复计算里程长度。该指标可以反映公路建设的发展规模，也是计算运输网密度等指标的基础资料。

内河航道里程 也称内河通航里程，指在一定时期内，能通航运输船舶及排筏的天然河流、湖泊水库、运河及通航渠道的长度。包括全年季节性通航累计三个月以上的航道，不包括仅供零散流放竹、木排的河道。该指标可以反映内河水运网的规模、水平和发展情况。

民用航空航线里程 指民航运输定期班机飞行的航线长度的总和。航线长度按机场之间的距离计算，通常有两种计算方法：一是将每条航线长度相加称为重复计算航线里程；一是将两线或两条以上航线经过同一区段里程，只计算一次航线长度称为不重复计算航线里程。一般常用的是后者，该指标可以确切反映民航运输网的规模，是表明民航事业为国民经济服务和方便人民生活程度的主要指标。

输油(气)管道里程 指油品(或天然气)的实际输送距离，一般按输油(气)管道的单线长度计算。若包括复线和备用线长度则称为输油(气)管道延展长度，是指管道铺设的实际长度。我们通常使用的是不包括复线的“输油(气)管道里程”，该指标可以反映管道运输的发展规模和水平。

货(客)运量 指在一定时期内，各种运输工具实际运送的货物(旅客)数量。该指标是反映运输业为国民经济和人民生活服务的数量指标，也是制定和检查运输生产计划、研究运输发展规模和速度的重要指标。货运按吨计算，客运按人计算。货物不论运输距离长短、货物类别，均按实际重量统计。旅客不论行程远近或票价多少，均按一人一次客运量统计；半价票、小孩票也按一人统计。

货物(旅客)周转量 指在一定时期内，由各种运输工具运送的货物(旅客)数量与其相应运输距离的乘积之总和。该指标可以反映运输业生产的总成果，也是编制和检查运输生产计划，计算运输效率、劳动生产率以及核算运输单位成本的主要基础资料。计算货物(旅客)周转量通常按发出站与到达站之间的最短距离，也就是计费距离计算。计算公式为：

货物（旅客）周转量=Σ（货物（旅客）运输量×运输距离）

港口货物吞吐量 指经水运进出港区范围，并经过装卸的货物数量，包括邮件及办理托运手续的行李、包裹以及补给运输船舶的燃料、物料和淡水。货物吞吐量按货物流向分为进口、出口吞吐量，按货物交流性质分为外贸货物吞吐量和国内贸易货物吞吐量。货物吞吐量的货类构成及其流向，是衡量港口生产能力大小的重要指标。

民用汽车 指报告期末，在公安交通管理部门按照《机动车注册登记工作规范》，已注册登记领有民用车辆牌照的全部汽车数量。汽车统计的主要分类：根据汽车结构分为载客汽车、载货汽车及其他汽车；根据汽车所有者不同分为个人(私人)汽车、单位汽车；根据汽车的使用性质分为营运汽车、非营运汽车；根据汽车大小规格不同载客汽车分为大型、中型、小型和微型，载货汽车分为重型、中型、轻型和微型。

邮电业务总量 指以价值量形式表现的邮电通信企业为社会提供各类邮电通信服务的总数量。邮电业务量按专业分类包括函件、包件、汇票、报刊发行、邮政快件、特快专递、邮政储蓄、集邮、公众电报、用户电报、传真、长途电话、出租电路、无线寻呼、移动电话、分组交换数据通信、出租代维等。计算方法为各类产品乘以相应的平均单价(不变价)之和，再加上出租电路和设备、代用户维护电话交换机和线路等的服务收入。该指标综合反映了一定时期邮电业务发展的总成果，是研究邮电业务量构成和发展趋势的重要指标。计算公式为：

邮电业务总量=Σ（各类邮电业务量×不变单价）+出租代维及其他业务收入

=邮政业务总量+通信业务总量

移动电话用户 指通过移动电话交换机进入移动电话网、占用移动电话号码的各类电话用户。包括签约用户和智能网预付费用户。一个移动电话号码统计为一户。

本地电话用户 指接入本地电信运营商固定电话网上的电话用户。包括：住宅用户、单位用户、公用电话用户等。按电话用户位置又分为城市电话用户和乡村电话用户。按通信手段又分为固定电话用户和无线市话用户。1997年以前，“城市（内）电话用户”是指接入县城及县以上城市的电话网上的电话用户；“乡（农）村电话用户”是指接入县邮电局农话台及县以下农村电话交换点，以县城为中心(除市话用户外)联通县、乡(镇)、行政村、村民小组的用户。从1997年起，电话用户数分组调整为以用户所在区域划分为“城市电话用户”和“乡村电话用户”，与过去的按市内电话和农村电话划分方法不同。

城市电话用户 指直辖市、省辖市、地级市、县级市的市区、市郊区及县城(包括县人民政府所在地的县城关区或行政建制相当于县人民政府所在地的镇)范围内接入局用交换机的电话用户数，包括分布在农村地区的独立工矿区、林区、驻军等电话用户数。

乡村电话用户 指按行政区划属于城市范围以外的乡(镇)、村的电话用户数。

无线市话用户 指利用无线市话终端，采取PHS、SCDMA、CDMA450等各种无线市话方式通过基站和接入网设备接入公众电话网的电话用户数。

国际互联网总用户 包括互联网窄带拨号用户和互联网宽带接入用户。互联网窄带拨号用户又分为互联网注册拨号用户、互联网主叫电话记费用户、互联网上网卡用户等几种。互联网注册拨号用户指由基础电信运营商用户提供的，使用固定帐号上网的一种方式，由用户到运营商的营业厅或业务代理商处申请办理，获得拨号上网帐号及密码，用户根据该帐号及密码拨叫上网特服号，通过认证获得动态IP地址接入宽带互联网。互联网主叫电话记费用户指用户不需要到运营商的营业厅或业务代理商处申请办理，只需要拨打某一运营商已经开通的主叫特服号码即可上网，上网费用随主叫电话收取。互联网上网卡用户指使用上网卡上的帐号和密码认证，通过PSTN、N-ISDN等方式接入宽带互联网的用户。互联网宽带接入用户指采用分组交换网、DDN网、帧中继/ATM网以及模拟专线、数字专线等方式，不经过基础电信运营商的宽带IP城域网，直接接入宽带互联网节点的用户，不含XDSL、专线和LAN专线用户。

长途电话交换机容量 指用于接入长途电话网的电话交换机设备的额定容量，包括国际电话交换机容量。

局用交换机容量 指安装在电信运营企业内用于接续本地固定电话的电话交换机容量，包括现用和备用的人工或自动交换机的全部容量。不包括用户交换机容量。

移动电话交换机容量 指移动电话交换机根据一定话务模型和交换机处理能力计算出来的最大同时服务用户的数量。

Explanatory Notes on Main Statistical Indicators

Length of Railways in Operation refers to the total length of the trunk line under passenger and freight transportation (including both regular operations and temporary operations). In the case of wholly or partially double- or multi-track railways, calculation is based on the actual length of the first track, regardless of other tracks, station sidings, tracks under the charge of stations, branch lines, special-purpose lines and non-payable connecting lines. The length of railways in operation is an important indicator of the development of infrastructure for railway transport, as well as the foundation for the calculation of passenger-kilometers and freight ton-kilometers, traffic density and utilization efficiency of locomotives and carriages.

Length of Highways refers to the length of highways built in conformity with the grades specified by the *Technical Standards JTJ01-88 for Highway Engineering*, formally checked and accepted by highway authorities and put into use. The length of highways includes that of suburban highways at large and medium-sized cities and highways passing through streets at small cities and towns, as well as the span of bridges and ferries. However, it does not include the length of streets in large and medium-sized cities and highways built for production purposes at factories, mines, forest areas and agricultural areas. If two or more highways share the same segment, the length of the shared segment is only calculated for once and no duplication is allowed. The length of highways is an important indicator of the scale of development of highway construction, as well as the foundation for the calculation of transport network density and other indicators.

Length of Navigable Inland Waterways refers to the length of natural rivers, lakes, reservoirs, canals, and ditches open to navigation during a given period, which enables the transport by ships and rafts. This includes channels open to seasonal navigation for an accumulative period of over 3 months in a year, but excludes river courses used exclusively for wood or bamboo rafts on an irregular basis. This indicator reflects the scale, level and development situation of the inland waterway network.

Length of Civil Aviation Routes refers to the length of all routes for regular civil aviation flights. Calculation of route lengths is based on the distance between airports, usually in either of the following ways: duplicated calculation of route lengths, which directly sums up the length of every single air route; or singular calculation of route lengths, which calculates the same segments of aviation routes shared by two or more routes only once. In general practice, the latter is used, as it can precisely reflect the size of the civil aviation network and indicate the extent to which civil aviation serves the national economy and the needs of the people.

Length of Petroleum and Gas Pipelines refers to the actual transport distance of oil or gas products, generally calculated as the length of single pipelines. Inclusion of double pipelines and alternate pipeline in the calculation is termed the extension length of petroleum and gas pipelines, which indicates the actual length of the pipelines built. In general practice, the "Length of Petroleum and Gas Pipelines" exclusive of double pipelines is used, which reflects the scale and degree of development in pipeline transport.

Freight (Passenger) Traffic refers to the volume of freight (passengers) transported with various means. This indicator provides a quantitative measure of how the transport industry serves the national economy and the needs of the people, as well as an important reference for drafting and checking production plans in the transport industry and for studying the scale and speed of development in the transport industry. Freight transport is calculated in tons and passenger traffic is calculated in the number of persons. Freight transport is calculated in the actual weight of goods regardless of traveling distances and types of freight; while passenger traffic is calculated as the number of individuals traveling once, regardless of traveling distances, ticket prices, whether the passengers are traveling with half-price tickets or child tickets.

Freight Ton-kilometers (Passenger-kilometers) refer to the sum of the products of the volume of transported cargo (passengers) multiplied by the transport distance. These are important indicators of the total achievements of the transport industry, as well as the major foundation for drafting and checking production plans in the transport industry and for calculating the efficiency, labor productivity and the cost of transport enterprises. Normally, the shortest distance between the departure station and the destination station (i.e. the payable distance) is the basis to calculate the freight ton-kilometers and passenger-kilometers on. These indicators are calculated as follows:

Freight Ton-kilometers (Passenger-kilometers) = Σ (Freight (Passenger) Traffic ×Transport Distance)

Volume of Freight Handled in Ports refers to the volume of cargo passing in and out of the harbor area that undergoes the loading and unloading processes, including mails, checked baggage and bales, as well as fuel, material and fresh water supplies to ships. The volume of freight handled may be classified by direction of flow as import volume and export volume, or by nature of cargo as volume of freight for domestic trade and volume of freight for foreign trade. The classification of volume of freight handled and its direction of flow are important indicators of the production capacity of ports.

Possession of Civil Motor Vehicles refers to the total number of vehicles that are registered at transport management offices under the public security authorities and provided with civil vehicle licenses and tags according to the Work Standard for Motor Vehicles Registration at the end of the reference period. Major categories of vehicle are: passenger vehicles, freight vehicles and other vehicles in terms of structure; private vehicles and organization-owned vehicles in terms of ownership; commercial vehicles and non-commercial vehicles in terms of use; large, medium, small and mini passenger vehicles, and heavy, medium, light and mini trucks in terms of size.

Business Volume of Postal and Telecommunication Services refers to the total amount of postal and telecommunication services, expressed in value terms, provided by postal and telecommunication enterprises for the society. Postal and telecommunication services can be classified as letters, parcels, remittance, delivery of newspapers and magazines, fast mail service, express mail service, savings deposits, stamps for collection, public and individual telegraph service, facsimiles, long-distance telephone service, leasing of telephone lines, urban paging service, mobile telephone service, data communication through packet networks, network elements lease and maintenance, etc. To calculate the volume, the business volume of each product is multiplied by its average unit price (at constant prices), summed, and added to income from other services such as leasing of telephone lines and equipment, maintenance of telephone switchboards and lines on behalf of customers. This indicator reflects the overall achievements of postal and telecommunication services during a given period, and is an important reference for studying the composition of business volume and the development trend of postal and telecommunication services. This volume is calculated as follows:

Business Volume of Postal and Telecommunication Services = Σ(Business Volume of Each Product× Constant Unit Price) + Income from Leasing, Maintenance, and Other Services = Business Volume of Postal Services + Business Volume of Telecommunication Services

Mobile Telephone Subscribers refer to persons who own mobile telephone numbers and are connected with the mobile telephone communication network through mobile telephone switchboards, including contracted subscribers and pre-paid subscribers for intelligent network. One mobile telephone number is calculated as one subscriber.

Local Telephone Subscribers refer to subscribers that are connected to the local telecommunication service provider through fix line network, including household subscribers, institutional subscribers and public telephones. They are also classified as urban subscribers and rural subscribers according to locations, or fixed-line subscribers and wireless subscribers according to the means of telecommunication. Before 1997, urban subscribers referred to those connected to urban telephone networks in county towns and cities, while rural subscribers referred to those connected to rural telephone stations at or below the county level, clustered around the county town (excluding urban subscribers), and further connected to the county, towns and townships, administrative villages and villagers' groups. Since 1997, the classification of telephone subscribers into urban telephone subscribers and rural telephone subscribers was modified on the basis of geographical location of the subscribers, which is different from the previous distinction between urban telephones and rural telephones.

Urban Telephone Subscribers refer to the number of telephone subscribers located at municipalities under the jurisdiction of the central government, cities under the jurisdiction of provinces, cities at prefecture level, downtown and suburb of cities at county level and county towns (including county towns where the county governments are located, and towns where the governments of other administrative regions at county level are located), that are connected to the public line telephone network, including the number of telephone subscribers in independent mining areas, forest areas, and military zones located in rural areas.

Rural Telephone Subscribers refer to telephone subscribers located at townships, towns and villages outside the range of cities according to administrative jurisdiction.

Wireless Local Telephone Subscribers refer to the number of subscribers who own wireless local telephone terminals connected to the public telephone network through PHS, SCDMA, and CDMA450 systems based on base stations and access network equipment.

Number of Internet Subscribers include both narrow-band dial-up users and broad-band access users of the internet. Narrow-band dial-up users are further classified into registered dial-up users, pay-per-calling users, and pre-pay card users. Registered dial-up service enables internet access through fixed accounts provided by basic telecommunication operators. Users of this service apply to the operators or their agents for accounts and passwords, with which they dial special numbers for internet connection and acquire dynamic IP addresses through authentification to gain access to the broad-band internet. Pay-per-calling service implies that instead of applying to the operators or their agents, users only need to dial a certain operator's special numbers to gain access to the internet and pay internet fees together with their calling fees. Pre-pay card users refer to those connected to the broad-band internet through PSTN and N-ISDN networks with accounts and passwords provided by the pre-pay cards. Broad-band access users (exclusive of XDSL and LAN users) refer to users directly connected to broad-band internet nodes through packet networks, DDN networks, frame relay/ATM networks, and special analog or digital lines, bypassing the broad-band IP MAN provided by basic telecommunication operators.

Capacity of Long Distance Telephone Exchanges refers to the rated capacity of telephone exchanges connected to long distance telephone networks, including capacity of international telephone exchanges.

Capacity of Office Telephone Exchanges refers to the capacity of telephone exchanges installed in the offices of telecommunication service providers for communication between fixed telephones, including the capacity of both manual and automatic exchanges in use and in reserve, but excluding the capacity of subscriber exchanges.

Capacity of Mobile Telephone Exchanges refers to the maximum number of subscribers that can be served simultaneously, calculated according to a certain calling model and the handling capacity of the mobile telephone exchanges.

十五、国内贸易

DOMESTIC TRADE

十五　国内贸易

简要说明

一、本篇资料反映广东省国内市场发展情况。主要内容包括批发零售业商品流通情况，住宿餐饮业销售情况，社会消费品零售总额等。

二、本篇资料主要根据国家统计局《批发和零售业、住宿和餐饮业统计报表制度》进行搜集和加工整理。资料中限额以上批发和零售业、住宿和餐饮业资料采用全面调查的方法自下而上逐级综合汇总而得，限额以下企业及个体户资料采用抽样调查方法推算而得。

三、各表的调查范围：

限额以上批发和零售业、住宿和餐饮业统计限额标准：批发业，年末从业人员20人及以上，年销售额2000万元及以上；零售业，年末从业人员60人及以上，年销售额500万元及以上；住宿业，有星级标志的宾馆、饭店；餐饮业，年末从业人员40人及以上，年营业额200万元及以上。

商品购、销、存总额表为各种经济类型的限额以上和限额以下批发零售业法人及产业活动单位和个体户。

社会消费品零售总额表为各种经济类型的法人及产业活动单位、个体户对城乡居民和社会集团的零售。

四、本篇资料由广东省统计局贸易外经处整理提供。

15 Domestic Trade

Brief Introduction

Ⅰ. The date in this chapter show the development of Guangdong's domestic market，including mainly the circulation of commodities in the wholesale and retail trades，the sales in accommodations and catering services and the total retail sales of consumer goods，etc.

Ⅱ. The data are collected and processed in accordance with the Statistical Reporting Scheme on Wholesale and Retail Trades, Accommodations and Catering Services stipulated by the National Bureau of Statistics. Data on basic conditions for all corporate enterprises of wholesale, retail, accommodations and catering services above the designated size are collected through comprehensive reporting systems and data are reported level by level in a bottom-up manner. Data on small-size enterprises and individual enterprises below the designated size are collected through sample surveys.

Ⅲ. The statistical coverage in this chapter comes as follows:

Criteria for wholesale and retail sale trades, accommodations and catering services above designated size is defined as follows: wholesale trade, having 20 or more employees at the year-end with annual sales over 20 million yuan; retail sale trade, having 60 or more employees at the year-end with annual sales over 5 million yuan; accommodations, certified hotels with star-ranking; catering services, having 40 or more employees at the year-end with annual turnover over 2 million yuan.

The table of total purchases，sales and inventory include corporate units, establishments and individuals of various types of ownership both above and below designated size by category of commodities.

The table of total retail sales of consumer goods includes the retail sales of corporate units, establishments and individuals of various types of ownership to urban and rural residents and institutions.

Ⅳ. The data in this chapter are prepared and provided by the Division of Trade and External Economic Relations Statistics of Guangdong Provincial Bureau of Statistics.

15-1 国内贸易主要指标
Main Indicators of Domestic Trade

指标	Item	2000	2004	2005	2006	2007	2007比2006增长(%) Growth Rate in 2007 over 2006 (%)
社会消费品零售总额（亿元）	**Total Retail Sales of Consumer Goods (100 million yuan)**	**4379.81**	**6852.03**	**7882.64**	**9118.08**	**10598.14**	**16.2**
按行业分	By Sector						
批发零售业	Wholesale and Retail Values	3625.37	5734.94	6602.57	7642.34	8937.67	16.9
限额以上	Above Designated Size	885.95	1806.85	2091.87	2519.70	3051.64	21.1
限额以下	Below Designated Size	2739.42	3928.09	4510.70	5122.64	5886.03	14.9
住宿餐饮业	Hotels and Catering Services	655.94	953.84	1134.56	1321.13	1544.28	16.9
限额以上	Above Designated Size		233.82	284.83	332.86	380.15	14.2
限额以下	Below Designated Size		720.02	849.73	988.27	1164.13	17.8
其他行业	Others	98.50	163.25	145.51	154.61	116.19	-24.8
按城乡分	By Urban and Rural Area						
城镇	Urban Areas	3290.33	5177.13	5942.92	6855.82	7963.99	16.2
乡村	Rural Areas	1089.48	1674.90	1939.72	2262.26	2634.15	16.4
批发零售业商品销售总额（亿元）	**Total Sales in Wholesale and Retail Values (100 million yuan)**	**10316.88**	**17588.94**	**20233.07**	**23450.81**	**27540.07**	**17.4**
批发额	Wholesale Value	6691.51	11854.00	13630.50	15808.47	18602.40	17.7
零售额	Retail Value	3625.37	5734.94	6602.57	7642.34	8937.67	16.9
按行业分	By Sector						
批发业销售额	Sales in Wholesale Value	7053.14	11998.93	13692.22	15953.46	18078.55	13.3
批发额	Wholesale	6247.11	10959.09	12597.16	14719.00	17003.63	15.5
零售额	Retail Sales	806.03	1039.84	1095.06	1234.46	1074.92	-12.9
零售业销售额	Sales in Retail Value	3263.74	5590.01	6540.85	7497.35	9461.52	26.2
批发额	Wholesale	444.40	894.91	1033.34	1089.47	1598.77	46.7
零售额	Retail Sales	2819.34	4695.10	5507.51	6407.88	7862.75	22.7
按规模分	By Size						
限额以上销售额	Sales above Designated Size	4922.10	9722.37	11298.82	13178.46	16221.90	23.1
批发额	Wholesale Value	4036.15	7915.52	9206.95	10658.76	13170.26	23.6
零售额	Retail Value	885.95	1806.85	2091.87	2519.70	3051.64	21.1
限额以下销售额	Sales below Designated Size	5394.78	7866.57	8934.25	10272.35	11318.17	10.2
批发额	Wholesale Value	2655.36	3938.48	4423.55	5149.71	5432.14	5.5
零售额	Retail Value	2739.42	3928.09	4510.70	5122.64	5886.03	14.9
限额(星级)以上住宿餐饮业营业额（亿元）	**Business Revenue from Star-ranking Hotels and Catering Services above Designated Size (100 million yuan)**		**345.24**	**399.95**	**488.29**	**577.72**	**18.3**
#客房收入	Revenue from Accommodations		81.89	89.35	114.21	132.25	15.8
餐费收入	Revenue from Restaurants		228.49	271.25	326.31	391.87	20.1
商品销售收入	Revenue from Sales of Commodities		5.33	6.26	7.47	8.82	18.1
亿元以上商品交易市场成交额（亿元）	**Transaction Value of Commodity Markets above 100 Million Yuan (100 million yuan)**		**1589.88**	**1948.95**	**2562.96**	**2909.74**	**13.5**
限额以上连锁总店数(个)	**Number of General Chain Stores above Designated Size (unit)**		**127**	**182**	**207**	**239**	**15.5**
限额以上连锁门店数(个)	**Number of Branch Chain Stores above Designated Size (unit)**		**4657**	**11076**	**14893**	**22815**	**13.6**
限额以上连锁店销售总额（亿元）	**Total Sales of Chain Stores above Designated Size (100 million yuan)**		**736.72**	**1635.88**	**2459.24**	**2697.73**	**17.0**
#零售额	Retail Value		713.93	1366.10	1838.38	2140.93	23.5

注：1. 2005年零售额分项数据有所调整。
2. 本表限额以上连锁门店数,销售总额,零售额增长速度按可比口径计算。

Notes: a) Retail sales of 2005 by different groups are adjusted.
b) Growth rates of the number, total sales and retail value of chain stores above designated size in this table are calculated according to comparable statistical coverage.

15-2 按行业及城乡分社会消费品零售总额（1978-2007年）

Total Retail Sales of Consumer Goods by Sector and by Urban and Rural Area (1978-2007)

单位：亿元 (100 million yuan)

年份 Year	社会消费品零售总额 Total Retail Sales of Consumer Goods	按行业分 By Sector			按城乡分 By Urban and Rural Area	
		批发零售业 Wholesale and Retail Trades	住宿餐饮业 Hotels and Catering Services	其他行业 Others	城镇 Urban Areas	乡村 Rural Areas
1978	79.86	66.92	5.39	7.55	38.42	41.44
1979	92.69	76.76	6.09	9.84	43.25	49.44
1980	117.67	94.52	7.30	15.85	66.72	50.95
1981	142.38	114.56	8.85	18.97	71.19	71.19
1982	164.23	131.86	10.19	22.18	82.77	81.46
1983	183.62	144.88	11.58	27.16	97.32	86.30
1984	226.13	170.06	16.04	40.03	131.61	94.52
1985	289.23	209.38	26.74	53.11	178.45	110.78
1986	327.02	235.59	28.68	62.75	172.67	154.35
1987	405.19	294.17	37.83	73.19	214.34	190.85
1988	568.07	414.30	50.79	102.98	306.19	261.88
1989	636.15	451.24	65.69	119.22	345.43	290.72
1990	667.36	463.92	71.11	132.33	457.34	210.02
1991	786.64	535.40	87.87	163.37	531.57	255.07
1992	1109.55	951.21	128.60	29.74	809.96	299.59
1993	1518.31	1309.60	168.75	39.96	1137.80	380.51
1994	1991.33	1705.13	234.42	51.78	1511.03	480.30
1995	2478.35	2121.16	300.24	56.95	1864.90	613.45
1996	2772.83	2358.28	356.23	58.32	2093.18	679.65
1997	3139.32	2653.90	409.95	75.47	2362.67	776.65
1998	3567.01	2962.27	505.56	99.18	2688.64	878.37
1999	3932.44	3268.96	569.18	94.30	2960.30	972.14
2000	4379.81	3625.37	655.94	98.50	3290.33	1089.48
2001	4856.65	3996.92	751.32	108.41	3638.52	1218.13
2002	5392.64	4443.64	843.82	105.18	4044.52	1348.12
2003	6029.86	5021.81	897.26	110.79	4540.94	1488.92
2004	6852.03	5734.94	953.84	163.25	5177.13	1674.90
2005	7882.64	6602.57	1134.56	145.51	5942.92	1939.72
2006	9118.08	7642.34	1321.13	154.61	6855.82	2262.26
2007	10598.14	8937.67	1544.28	116.19	7963.99	2634.15

注：1. 本表1992-2004年数据根据广东省第一次全国经济普查资料进行了调整。
2. 本表2005年零售额分项数据有所调整。

Note: a) Data from 1992 to 2004 in this table are adjusted in accordance with the figures from the First National Economic Census of Guangdong.
b) Retail sales of 2005 by different groups in this table are adjusted.

15-3 各市社会消费品零售总额（2007年）
Total Retail Sales of Consumer Goods by City (2007)

单位：亿元　　　　(100 million yuan)

市别	City	社会消费品零售总额 Total Retail Sales of Consumer Goods	按行业分 By Sector		按城乡分 By Urban and Rural Area	
			#批发和零售业 Wholesale and Retail Trades	#住宿和餐饮业 Hotels and Catering Services	城镇 Urban Areas	乡村 Rural Areas
广州	Guangzhou	2595.00	2178.65	416.35	2390.44	204.56
深圳	Shenzhen	1915.03	1689.55	225.48	1915.03	
珠海	Zhuhai	301.47	254.42	47.05	268.18	33.29
汕头	Shantou	473.21	426.91	46.30	327.03	146.18
佛山	Foshan	946.80	746.99	199.80	537.37	409.43
韶关	Shaoguan	196.57	168.82	27.63	157.97	38.60
河源	Heyuan	104.06	91.29	12.48	66.27	37.79
梅州	Meizhou	184.04	163.55	20.38	104.79	79.25
惠州	Huizhou	353.94	306.13	47.81	263.10	90.84
汕尾	Shanwei	187.11	155.44	28.01	100.41	86.70
东莞	Dongguan	695.89	598.11	97.72	238.02	457.87
中山	Zhongshan	395.66	342.53	52.38	182.65	213.01
江门	Jiangmen	409.47	331.56	76.57	226.68	182.79
阳江	Yangjiang	222.09	191.95	27.92	143.70	78.39
湛江	Zhanjiang	382.16	317.06	64.16	293.06	89.10
茂名	Maoming	405.77	353.89	50.94	235.32	170.45
肇庆	Zhaoqing	196.83	164.48	32.26	125.21	71.62
清远	Qingyuan	196.86	166.41	30.25	134.18	62.68
潮州	Chaozhou	141.52	121.71	19.62	72.04	69.48
揭阳	Jieyang	208.92	189.17	18.08	128.95	79.97
云浮	Yunfu	83.44	66.07	17.09	47.80	35.64

15-4 各市社会消费品零售总额（2000-2007年）
Total Retail Sales of Consumer Goods by City (2000-2007)

单位: 亿元 (100 million yuan)

市 别		2000	2001	2002	2003	2004	2005	2006	2007
广 州	Guangzhou	1121.13	1248.28	1370.68	1494.27	1677.77	1898.74	2182.77	2595.00
深 圳	Shenzhen	735.02	832.04	941.94	1095.13	1250.64	1437.67	1671.29	1915.03
珠 海	Zhuhai	121.17	135.10	150.91	167.44	189.22	220.14	255.52	301.47
汕 头	Shantou	218.99	224.16	240.53	254.46	294.70	344.80	400.60	473.21
佛 山	Foshan	337.55	374.85	419.80	473.19	555.75	647.73	776.18	946.80
韶 关	Shaoguan	85.40	93.84	102.48	113.29	123.70	141.64	164.63	196.57
河 源	Heyuan	37.12	41.97	47.47	53.69	62.24	72.94	86.39	104.06
梅 州	Meizhou	67.28	74.12	81.54	90.61	113.16	131.72	154.69	184.04
惠 州	Huizhou	126.48	141.39	161.85	184.65	213.15	251.51	297.23	353.94
汕 尾	Shanwei	69.84	78.08	86.82	98.37	112.44	130.32	153.94	187.11
东 莞	Dongguan	235.16	275.71	321.24	369.78	426.47	500.01	584.54	695.89
中 山	Zhongshan	141.81	158.76	178.41	201.50	234.61	276.60	331.07	395.66
江 门	Jiangmen	177.03	197.21	219.89	246.06	275.83	309.82	352.34	409.47
阳 江	Yangjiang	86.46	97.26	108.93	121.99	137.81	159.06	187.01	222.09
湛 江	Zhanjiang	156.59	169.28	184.17	202.77	228.49	269.25	319.79	382.16
茂 名	Maoming	158.11	177.56	199.04	211.78	240.37	287.24	341.82	405.77
肇 庆	Zhaoqing	77.31	85.43	96.19	107.72	120.86	142.29	167.94	196.83
清 远	Qingyuan	72.27	79.27	85.61	94.34	108.59	129.76	159.39	196.86
潮 州	Chaozhou	60.57	67.23	74.10	81.74	91.40	102.99	118.14	141.52
揭 阳	Jieyang	82.38	91.37	101.17	113.41	126.07	143.35	168.08	208.92
云 浮	Yunfu	31.30	33.95	37.26	42.54	50.64	59.63	70.11	83.44

15-5 批发零售业商品销售总额

Total Sales of Commodities in Wholesale and Retail Trades

单位：亿元 (100 million yuan)

项 目	Item	2000	2003	2004	2005	2006	2007
合 计	**Total**	**10316.88**	**15302.95**	**17588.94**	**20233.07**	**23450.81**	**27540.1**
按行业分组	By sector						
批发业	Wholesale Trade	7053.14	10482.82	11998.93	13692.22	15953.46	18078.55
零售业	Retail Trade	3263.74	4820.13	5590.01	6540.85	7497.35	9461.52
按规模分组	By Size of Enterprises						
限额以上企业类值合计	**Enterprises above Designated Size**	**4922.10**	**8165.00**	**9722.37**	**11298.82**	**13178.46**	**16221.90**
食品、饮料、烟酒类	Food, Beverages, Tobacco and Liquor	843.07	1346.94	1295.50	1464.98	1670.59	1753.38
粮油类	Grain and Edible Oil	17.02	104.17	117.84	132.42	152.23	208.48
肉禽蛋类	Meat, Poultry and Eggs	110.80	188.49	124.68	136.73	133.63	159.10
其它食品类	Other Food	226.24	297.90	250.37	289.79	308.36	306.26
饮料类	Beverages	24.27	44.63	42.71	65.16	82.98	104.71
烟酒类	Tobacco and Liquor	464.74	711.75	759.90	840.88	993.39	974.83
服装鞋帽、针纺织品类	Garments, Footwear, Headgear, Knitwear and Textiles	437.67	515.40	553.99	631.70	688.03	764.21
服装类	Garments	277.69	338.68	365.36	424.29	439.46	505.82
鞋帽类	Footwear and Headgear	49.29	56.30	63.46	73.12	90.56	89.73
针、纺织品类	Knitwear and Textiles	110.69	120.42	125.17	134.29	158.01	168.66
化妆品类	Cosmetics	20.12	32.26	36.55	42.58	50.46	78.14
金银珠宝类	Gold, Silver and Jewelry	26.10	25.73	29.86	36.06	39.10	53.95
日用品类	Daily-use Articles	206.22	296.39	294.58	344.39	400.34	477.74
#洗涤用品类	Detergents	22.54	70.19	74.94	85.05	109.43	144.87
儿童玩具类	Toys for Children	15.33	14.31	17.15	17.78	16.34	17.49
五金、电料类	Hardware and Electrical Appliances	50.65	86.36	107.52	120.13	134.38	146.75
体育、娱乐用品类	Sports and Recreational Articles	22.79	38.22	44.39	53.08	67.03	103.22
书报杂志类	Newspapers and Magazines	43.41	49.10	53.97	49.36	57.89	62.49
电子出版物及音像制品类	E-journals and Video Products	6.67	9.02	12.40	14.15	17.16	18.49
家用电器和音像器材类	Household Appliances and Video Appliances	329.32	458.45	389.71	551.66	608.53	712.70
中西药品类	Traditional Chinese and Western Medicines	275.71	417.24	447.21	522.45	553.54	618.51
#西药	Western Medicines	170.09	285.38	320.21	375.73	407.63	459.09
中草药及中成药	Chinese Herbal Medicines and Chinese Patent Medicines	70.92	108.85	117.21	117.22	122.26	132.27
文化办公用品类	Articles for Cultural and Office Use	55.91	126.42	165.54	192.41	222.75	310.43
家具类	Furniture	31.98	48.53	61.05	71.01	82.43	90.43
通讯器材类	Communication Appliances	70.47	210.46	346.12	366.54	427.10	461.34
煤炭及制品类	Coal and Related Products	82.94	158.02	238.81	333.03	362.30	453.00
木材及制品类	Timber and Related Products	10.08	20.71	28.26	25.30	35.84	41.40
石油及制品类	Petroleum and Related Products	1176.36	2061.48	2601.01	2818.57	3426.87	4833.63
化工材料及制品类	Chemical Materials and Products	172.79	293.48	400.99	531.74	774.87	730.89
#化肥类	Chemical Fertilizer	58.72	59.24	45.42	42.75	60.81	64.86
金属材料类	Metal Materials	324.60	717.35	961.12	1301.79	1603.85	2077.23
建筑及装潢材料类	Construction and Decoration Materials	36.43	102.59	123.41	152.18	191.47	206.47
机电产品及设备类	Mechanical and Electrical Products and Equipment	119.99	274.77	346.02	458.83	390.26	558.68
#农机类	Agricultural Machinery	6.72	5.88	5.40	6.12	6.68	4.72
汽车类	Motor Vehicles	213.08	465.28	578.17	661.73	804.67	1051.68
种子饲料类	Seeds and Feedstuff	22.64	15.04	23.65	18.39	19.97	23.25
棉麻类	Cotton and Hemp	6.52	6.34	9.29	8.32	11.94	12.35
其它类	Others	336.58	389.42	573.25	528.44	537.09	581.54
限额以下企业和个体户	**Enterprises below Designated Size and Individuals**	**5394.78**	**7137.95**	**7866.57**	**8934.25**	**10272.35**	**11318.2**

注：1.本表2000-2004年数据根据广东省第一次全国经济普查资料进行了调整。
2.本表2005年零售数据有所调整。

Note: a) Data from 2000 to 2004 in this table are adjusted in accordance with the figures from the First National Economic Census of Guangdong.
b) Retail data of 2005 in this table are adjusted.

15-6 批发零售业商品批发额

Total Wholesale Sales of Commodities in Wholesale and Retail Trades

单位：亿元 (100 million yuan)

项目	Item	2000	2003	2004	2005	2006	2007
合计	**Total**	**6691.51**	**10281.14**	**11854.00**	**13630.50**	**15808.47**	**18602.40**
按行业分组	By sector						
批发业	Wholesale Trade	6247.11	9501.83	10959.09	12597.16	14719.00	17003.63
零售业	Retail Trade	444.40	779.31	894.91	1033.34	1089.47	1598.77
按规模分组	By Size of Enterprises						
限额以上企业类值合计	**Enterprises above Designated Size**	**4036.15**	**6689.58**	**7915.52**	**9206.95**	**10658.76**	**13170.26**
食品、饮料、烟酒类	Food, Beverages, Tobacco and Liquor	677.15	1110.49	1042.60	1190.67	1370.06	1410.72
粮油类	Grain and Edible Oil	6.87	86.19	95.07	107.31	122.32	155.61
肉禽蛋类	Meat, Poultry and Eggs	94.01	157.73	90.15	99.91	93.88	105.77
其它食品类	Other Food	144.05	182.11	132.00	164.96	171.68	167.26
饮料类	Beverages	13.88	27.79	22.91	38.48	52.78	71.04
烟酒类	Tobacco and Liquor	418.34	656.67	702.47	780.01	929.40	911.04
服装鞋帽、针纺织品类	Garments, Footwear, Headgear, Knitwear and Textiles	344.17	384.96	406.67	472.44	502.32	531.22
服装类	Garments	210.88	242.90	258.56	313.32	311.22	336.72
鞋帽类	Footwear and Headgear	35.16	35.34	38.53	41.52	51.63	47.46
针、纺织品类	Knitwear and Textiles	98.13	106.72	109.58	117.60	139.47	147.04
化妆品类	Cosmetics	5.45	9.41	10.83	13.35	17.39	16.07
金银珠宝类	Gold, Silver and Jewelry	12.37	8.37	10.49	15.45	14.92	24.03
日用品类	Daily-use Articles	147.50	224.33	217.67	262.51	307.10	367.29
#洗涤用品类	Detergents	11.35	48.01	49.81	56.02	77.81	106.34
儿童玩具类	Toys for Children	12.05	9.69	12.00	12.45	10.36	10.18
五金、电料类	Hardware and Electrical Appliances	44.79	77.37	97.27	111.09	125.86	138.72
体育、娱乐用品类	Sports and Recreational Articles	15.68	27.80	32.94	41.08	53.40	88.01
书报杂志类	Newspapers and Magazines	29.11	31.97	35.58	29.74	35.94	38.44
电子出版物及音像制品类	E-journals and Video Products	2.42	4.73	8.01	8.75	10.72	11.78
家用电器和音像器材类	Household Appliances and Video Appliances	255.61	348.39	265.30	394.85	411.64	472.23
中西药品类	Traditional Chinese and Western Medicines	217.40	316.05	335.90	408.38	436.27	487.23
#西药	Western Medicines	136.84	213.41	230.66	282.30	311.15	349.66
中草药及中成药	Chinese Herbal Medicines and Chinese Patent Medicines	55.80	89.78	97.35	99.23	104.07	114.01
文化办公用品类	Articles for Cultural and Office Use	41.13	103.34	138.71	160.47	187.66	264.73
家具类	Furniture	23.41	36.90	48.26	55.59	64.11	71.49
通讯器材类	Communication Appliances	65.29	189.37	308.57	325.41	373.44	405.56
煤炭及制品类	Coal and Related Products	82.62	157.66	238.42	332.44	361.85	452.97
木材及制品类	Timber and Related Products	9.73	19.81	26.82	24.41	35.30	40.29
石油及制品类	Petroleum and Related Products	1043.57	1758.85	2202.24	2309.33	2749.29	4032.75
化工材料及制品类	Chemical Materials and Products	169.88	289.14	393.23	521.99	763.25	714.91
#化肥类	Chemical Fertilizer	58.72	59.24	45.42	42.75	60.81	64.86
金属材料类	Metal Materials	322.33	713.41	954.91	1297.92	1599.77	2068.83
建筑及装潢材料类	Construction and Decoration Materials	33.07	90.34	107.55	133.56	171.64	184.20
机电产品及设备类	Mechanical and Electrical Products and Equipment	102.51	248.85	317.81	423.93	350.78	523.25
#农机类	Agricultural Machinery	6.72	5.88	5.40	6.12	6.68	4.72
汽车类	Motor Vehicles	100.37	171.00	167.84	183.44	215.06	306.91
种子饲料类	Seeds and Feedstuff	22.64	15.04	23.65	18.39	19.97	23.25
棉麻类	Cotton and Hemp	6.52	6.34	9.29	8.32	11.94	12.35
其它类	Others	261.43	345.66	514.96	463.44	469.08	483.03
限额以下企业和个体户	**Enterprises below Designated Size and Individuals**	**2655.36**	**3591.56**	**3938.48**	**4423.55**	**5149.71**	**5432.14**

注：本表2000–2004年数据根据广东省第一次全国经济普查资料进行了调整。

Note: Data from 2000 to 2004 in this table are adjusted in accordance with the figures from the First National Economic Census of Guangdong.

15-7 批发零售业商品零售额

Total Retail Sales of Commodities in Wholesale and Retail Trades

单位：亿元 (100 million yuan)

项 目	Item	2000	2003	2004	2005	2006	2007
合 计	**Total**	**3625.37**	**5021.81**	**5734.94**	**6602.57**	**7642.34**	**8937.67**
按行业分组	By sector						
批发业	Wholesale Trade	806.03	980.99	1039.84	1095.06	1234.46	1074.92
零售业	Retail Trade	2819.34	4040.82	4695.10	5507.51	6407.88	7862.75
按规模分组	By Size of Enterprises						
限额以上企业类值合计	**Enterprises above Designated Size**	**885.95**	**1475.42**	**1806.85**	**2091.87**	**2519.70**	**3051.64**
食品、饮料、烟酒类	Food, Beverages, Tobacco and Liquor	165.92	236.45	252.90	274.31	300.52	342.66
粮油类	Grain and Edible Oil	10.15	17.98	22.77	25.11	29.92	52.87
肉禽蛋类	Meat, Poultry and Eggs	16.79	30.76	34.53	36.82	39.74	53.33
其它食品类	Other Food	82.19	115.79	118.37	124.83	136.68	139.00
饮料类	Beverages	10.39	16.84	19.80	26.68	30.19	33.67
烟酒类	Tobacco and Liquor	46.40	55.08	57.43	60.87	63.99	63.79
服装鞋帽、针纺织品类	Garments, Footwear, Headgear, Knitwear and Textiles	93.50	130.44	147.32	159.26	185.71	232.99
服装类	Garments	66.81	95.78	106.80	110.97	128.24	169.10
鞋帽类	Footwear and Headgear	14.13	20.96	24.93	31.60	38.93	42.28
针、纺织品类	Knitwear and Textiles	12.56	13.70	15.59	16.69	18.54	21.61
化妆品类	Cosmetics	14.67	22.85	25.72	29.23	33.07	62.06
金银珠宝类	Gold, Silver and Jewelry	13.73	17.36	19.37	20.61	24.17	29.92
日用品类	Daily-use Articles	58.72	72.06	76.91	81.88	93.23	110.46
#洗涤用品类	Detergents	11.19	22.18	25.13	29.03	31.62	38.53
儿童玩具类	Toys for Children	3.28	4.62	5.15	5.33	5.98	7.30
五金、电料类	Hardware and Electrical Appliances	5.86	8.99	10.25	9.04	8.51	8.03
体育、娱乐用品类	Sports and Recreational Articles	7.11	10.42	11.45	12.00	13.63	15.22
书报杂志类	Newspapers and Magazines	14.30	17.13	18.39	19.62	21.95	24.05
电子出版物及音像制品类	E-journals and Video Products	4.25	4.29	4.39	5.40	6.44	6.71
家用电器和音像器材类	Household Appliances and Video Appliances	73.71	110.06	124.41	156.81	196.90	240.47
中西药品类	Traditional Chinese and Western Medicines	58.31	101.19	111.31	114.07	117.28	131.28
#西药	Western Medicines	33.25	71.97	89.55	93.43	96.47	109.43
中草药及中成药	Chinese Herbal Medicines and Chinese Patent Medicines	15.12	19.07	19.86	17.99	18.19	18.26
文化办公用品类	Articles for Cultural and Office Use	14.78	23.08	26.83	31.94	35.08	45.71
家具类	Furniture	8.57	11.63	12.79	15.42	18.32	18.94
通讯器材类	Communication Appliances	5.18	21.09	37.55	41.13	53.66	55.78
煤炭及制品类	Coal and Related Products	0.32	0.36	0.39	0.59	0.45	0.03
木材及制品类	Timber and Related Products	0.35	0.90	1.44	0.89	0.54	1.11
石油及制品类	Petroleum and Related Products	132.79	302.63	398.77	509.24	677.59	800.88
化工材料及制品类	Chemical Materials and Products	2.91	4.34	7.76	9.75	11.62	15.99
金属材料类	Metal Materials	2.27	3.94	6.21	3.87	4.08	8.40
建筑及装潢材料类	Construction and Decoration Materials	3.36	12.25	15.86	18.62	19.83	22.27
机电产品及设备类	Mechanical and Electrical Products and Equipment	17.48	25.92	28.21	34.90	39.48	35.43
汽车类	Motor Vehicles	112.71	294.28	410.33	478.29	589.61	744.76
种子饲料类	Seeds and Feedstuff						
棉麻类	Cotton and Hemp						
其它类	Others	75.15	43.76	58.29	65.00	68.03	98.49
限额以下企业和个体户	**Enterprises below Designated Size and Individuals**	**2739.42**	**3546.39**	**3928.09**	**4510.70**	**5122.64**	**5886.03**

注：1.本表2000-2004年数据根据广东省第一次全国经济普查资料进行了调整。
2.本表2005年数据有所调整。

Note: a) Data from 2000 to 2004 in this table are adjusted in accordance with the figures from the First National Economic Census of Guangdong.
b) Data of 2005 in this table are adjusted.

15-8 各市批发零售企业商品销售总额（2005-2007年）

Total Sales of Enterprises in Wholesale and Retail Trades by City (2005-2007)

单位：亿元 (100 million yuan)

市别	City	2005			2006			2007		
		销售总额 Total Sales	批发 Wholesale Trade	零售 Retail Trade	销售总额 Total Sales	批发 Wholesale Trade	零售 Retail Trade	销售总额 Total Sales	批发 Wholesale Trade	零售 Retail Trade
广州	Guangzhou	7368.95	5777.07	1591.88	8441.76	6608.34	1833.42	10996.58	8817.93	2178.65
深圳	Shenzhen	3876.16	2617.99	1258.17	4236.52	2774.44	1462.08	4880.43	3190.89	1689.54
珠海	Zhuhai	658.17	472.89	185.28	676.45	461.27	215.18	699.45	445.02	254.43
汕头	Shantou	554.15	242.89	311.26	652.23	289.53	362.70	762.99	336.09	426.90
佛山	Foshan	1877.70	1358.31	519.39	2472.08	1855.68	616.40	2889.22	2142.23	746.99
韶关	Shaoguan	226.48	104.55	121.93	254.30	112.59	141.71	308.48	139.66	168.82
河源	Heyuan	105.08	41.22	63.86	124.41	48.95	75.46	133.61	42.32	91.29
梅州	Meizhou	191.52	74.65	116.87	228.54	91.62	136.92	281.43	117.88	163.55
惠州	Huizhou	393.94	177.09	216.85	397.24	140.23	257.01	473.82	167.69	306.13
汕尾	Shanwei	160.33	53.26	107.07	168.30	41.58	126.72	210.83	55.39	155.44
东莞	Dongguan	824.82	394.44	430.38	1068.98	567.10	501.88	1244.25	646.14	598.11
中山	Zhongshan	694.93	454.49	240.44	802.95	516.04	286.91	948.02	605.49	342.53
江门	Jiangmen	586.76	328.85	257.91	657.66	367.71	289.95	724.79	393.23	331.56
阳江	Yangjiang	256.26	119.47	136.79	281.08	119.64	161.44	323.71	131.77	191.94
湛江	Zhanjiang	484.82	260.95	223.87	582.53	317.21	265.32	642.92	325.86	317.06
茂名	Maoming	784.23	534.58	249.65	1072.22	774.41	297.81	623.24	269.35	353.89
肇庆	Zhaoqing	342.90	222.60	120.30	390.04	247.71	142.33	389.21	224.74	164.47
清远	Qingyuan	190.64	79.66	110.98	217.20	82.17	135.03	252.41	86.00	166.41
潮州	Chaozhou	168.77	79.76	89.01	245.21	142.86	102.35	283.58	161.87	121.71
揭阳	Jieyang	300.74	170.16	130.58	360.70	208.08	152.62	424.16	234.99	189.17
云浮	Yunfu	113.09	65.08	48.01	118.61	60.61	58.00	133.98	67.87	66.11

15-9 限额以上批发企业商品购、销、存总额（2007年）
Total Purchases, Sales and Inventory of Enterprises above Designated Size in Wholesale Trade (2007)

单位：万元 (10000 yuan)

项目	Item	企业单位数(个) Number of Enterprises (unit)	购进总额 Total Purchases	#进口 Imports	商品销售总额 Total Sales of Commodities
批发业合计	**Total Wholesale Trade**	**4125**	**1.39E+08**	**10769409**	**141206835**
#国有及国有控股	State-owned and State-controlled Enterprises	702	69542955	3431475	67313997
按登记注册类型分组	By Status of Registration				
内资企业	Domestic-funded Enterprises	3918	1.3E+08	8662593	131421146
国有企业	State-owned Enterprises	399	28563501	1882121	30450223
集体企业	Collective-owned Enterprises	76	1181624	182068	1206598
股份合作企业	Share-holding Cooperative Enterprises	36	753106	235511	806498
联营企业	Joint-operation Enterprises	61	2406010	121889	2533709
国有联营企业	State-owned Joint-operation Enterprises	26	1696354	91070	1797962
集体联营企业	Collective Joint-operation Enterprises	8	62842	4138	68986
国有与集体联营企业	State-collective Joint-operation Enterprises	7	241945	317	249762
其他联营企业	Other Joint-operation Enterprises	20	404869	26364	416999
有限责任公司	Limited Liability Corporations	1035	43893167	2907581	46256583
国有独资企业	State Sole Investment Enterprises	47	13155260	357206	13675769
其他有限责任公司	Other Limited Liability Companies	988	30737907	2550375	32580814
股份有限公司	Share-holding Corporations Ltd.	135	22891124	112843	17789537
私营企业	Private Enterprises	2167	30058220	3220502	32187826
私营独资企业	Private Sole Investment Enterprises	61	642449	118646	669352
私营合伙企业	Private Partnership Enterprises	20	122695	11037	128262
私营有限责任公司	Private Limited Liability Corporations	2005	28579679	3018849	30651200
私营股份有限公司	Private Share-holding Corporations Ltd.	81	713397	71970	739012
其他企业	Other Enterprises	9	179854	78	190172
港、澳、台商投资企业	Enterprises with Investment from Hong Kong, Macao and Taiwan	103	2604210	646247	3106431
合资经营企业	Joint Ventures	24	488673	8311	549870
合作经营企业	Cooperative Enterprises	9	193597		231987
独资经营企业	Sole Investment Enterprises	66	1808275	637936	2173413
投资股份有限公司	Share-holding Corporations Ltd.	4	113665		151161
外商投资企业	Enterprises with Foreign Investment	104	6175954	1460569	6679258
中外合资经营企业	Sino-foreign Joint Ventures	30	2070300	716601	2239553
中外合作经营企业	Sino-foreign Cooperative Enterprises	7	199382		216222
外资企业	Foreign-funded Enterprises	66	3893311	742828	4202138
外商投资股份有限公司	Share-holding Corporations Ltd.	1	12961	1140	21345
按国民经济行业分组	By Economic Sector				
农畜产品批发业	Wholesale of Farm and Livestock Products	59	1303363	513071	1377665
食品、饮料及烟草制品批发业	Wholesale of Food, Beverages and Tobacco Products	479	12211383	467632	14094812
#米、面制品及食用油批发业	Wholesale of Rice, Flour Products and Edible Oil	68	1013834	239324	1021824
烟草制品批发业	Wholesale of Tobacco Products	89	5636592	337	6910927
纺织、服装及日用品批发业	Wholesale of Textiles, Garments and Daily-use Products	412	9222121	402423	10129515
#服装批发业	Wholesale of Garments	122	3472371	104820	3803887
文化、体育用品及器材批发业	Wholesale of Cultural and Sports Articles and Appliances	180	2332104	83541	2526822
医药及医疗器材批发业	Wholesale of Medicines and Medical Appliances and Chemical Products	338	5132892	226911	5638924
矿产品、建材及化工产品批发	Wholesale of Mineral Products, Building Materials	1509	80586041	4386062	77788959
#煤炭及制品批发业	Wholesale of Coal and Related Products	59	4501486	269279	4746669
石油及制品批发业	Wholesale of Petroleum and Related Products	340	43034014	2452234	39355798
金属及金属矿批发业	Wholesale of Metal and Related Products	462	13987486	559311	14223152
建材批发业	Wholesale of Building Materials	122	7273102	291254	7670874
化肥批发业	Wholesale of Chemical Fertilizers	33	541238	14910	579518
机械设备、五金交电及电子产品批发业	Wholesale of Machinery, Hardware, Electric and Electronic Products	834	21151261	3623217	22344179
#汽车、摩托车及零配件 批发业	Wholesale of Motor Vehicles, Motorcycles and Parts	90	2455218	952857	2747794
家用电器批发业	Wholesale of Household Appliances	121	4229086	180070	4430313
计算机、软件及辅助设备批发业	Wholesale of Computers, Software and Assistant Equipments	104	1911752	108461	1976031
贸易经纪与代理	Trade Brokerage and Agency	138	3716492	771504	4152741
其他批发业	Other Wholesale Trades	176	3051113	295048	3153218

15-9 续表 continued

单位：万元 (10000 yuan)

项 目	Item	批发 Wholesale Trade	#出口 Exports	零售 Retail Trade	年末库存总额 Inventory at the Year-end
批发业合计	**Total Wholesale Trade**	**136177626**	**18184149**	**5029209**	**6471013**
#国有及国有控股	State-owned and State-controlled Enterprises	63899932	7547262	3414065	2564865
按登记注册类型分组	By Status of Registration				
内资企业	Domestic-funded Enterprises	126633421	16791906	4787725	5988455
国有企业	State-owned Enterprises	29860180	4651245	590043	1470477
集体企业	Collective-owned Enterprises	1192244	209059	14354	121141
股份合作企业	Share-holding Cooperative Enterprises	763747	72976	42751	32148
联营企业	Joint-operation Enterprises	2491372	296605	42337	103600
国有联营企业	State-owned Joint-operation Enterprises	1759401	149244	38561	74636
集体联营企业	Collective Joint-operation Enterprises	68944		42	3685
国有与集体联营企业	State-collective Joint-operation Enterprises	249762	39346		11116
其他联营企业	Other Joint-operation Enterprises	413265	108015	3734	14163
有限责任公司	Limited Liability Corporations	45252305	6361769	1004278	1805293
国有独资企业	State Sole Investment Enterprises	13667785	617817	7984	248049
其他有限责任公司	Other Limited Liability Companies	31584520	5743952	996294	1557244
股份有限公司	Share-holding Corporations Ltd.	15325119	1542729	2464418	432455
私营企业	Private Enterprises	31558289	3657523	629537	2022413
私营独资企业	Private Sole Investment Enterprises	667422	63061	1930	62596
私营合伙企业	Private Partnership Enterprises	124710		3552	8885
私营有限责任公司	Private Limited Liability Corporations	30070975	3418681	580225	1905136
私营股份有限公司	Private Share-holding Corporations Ltd.	695182	175781	43830	45796
其他企业	Other Enterprises	190165		7	928
港、澳、台商投资企业	Enterprises with Investment from Hong Kong, Macao and Taiwan	3015433	251658	90998	168790
合资经营企业	Joint Ventures	515256	29914	34614	38286
合作经营企业	Cooperative Enterprises	208114		23873	9998
独资经营企业	Sole Investment Enterprises	2145297	221744	28116	105564
投资股份有限公司	Share-holding Corporations Ltd.	146766		4395	14942
外商投资企业	Enterprises with Foreign Investment	6528772	1140585	150486	313768
中外合资经营企业	Sino-foreign Joint Ventures	2108140	187825	131413	123510
中外合作经营企业	Sino-foreign Cooperative Enterprises	215172		1050	4856
外资企业	Foreign-funded Enterprises	4184115	950724	18023	184012
外商投资股份有限公司	Share-holding Corporations Ltd.	21345	2036		1390
按国民经济行业分组	By Economic Sector				
农畜产品批发业	Wholesale of Farm and Livestock Products	1377539	219612	126	116116
食品、饮料及烟草制品批发业	Wholesale of Food, Beverages and Tobacco Products	14002300	1546538	92512	652277
#米、面制品及食用油批发业	Wholesale of Rice, Flour Products and Edible Oil	1009777	43266	12047	252009
烟草制品批发业	Wholesale of Tobacco Products	6904835	167047	6092	156058
纺织、服装及日用品批发业	Wholesale of Textiles, Garments and Daily-use Products	10009051	5339763	120464	452278
#服装批发业	Wholesale of Garments	3723752	1751081	80135	163124
文化、体育用品及器材批发业	Wholesale of Cultural and Sports Articles and Appliances	2440467	744907	86355	289631
医药及医疗器材批发业	Wholesale of Medicines and Medical Appliances	4929913	89923	709011	504775
矿产品、建材及化工产品批发	Wholesale of Mineral Products, Building Materials and Chemical Products	74428245	2047790	3360714	2962109
#煤炭及制品批发业	Wholesale of Coal and Related Products	4744963	26228	1706	167973
石油及制品批发业	Wholesale of Petroleum and Related Products	36130246	292784	3225552	964055
金属及金属矿批发业	Wholesale of Metal and Related Products	14206960	876133	16192	765444
建材批发业	Wholesale of Building Materials	7661702	621734	9172	539721
化肥批发业	Wholesale of Chemical Fertilizers	578120	4215	1398	52663
机械设备、五金交电及电子产品批发业	Wholesale of Machinery, Hardware, Electric and Electronic Products	21748761	4433824	595418	1201548
#汽车、摩托车及零配件批发业	Wholesale of Motor Vehicles, Motorcycles and Parts	2582233	259131	165561	198699
家用电器批发业	Wholesale of Household Appliances	4358837	1019436	71476	182821
计算机、软件及辅助设备批发业	Wholesale of Computers, Software and Assistant Equipments	1845455	26408	130576	95630
贸易经纪与代理	Trade Brokerage and Agency	4138445	2720853	14296	78117
其他批发业	Other Wholesale Trades	3102905	1040939	50313	214162

15-10 限额以上零售企业商品购、销、存总额（2007年）

Total Purchases, Sales and Inventory of Enterprises above Designated Size in Wholesale Trade (2007)

单位：万元 (10000 yuan)

项　　目	Item	企业单位数(个) Number of Enterprises (unit)	购进总额 Total Purchases	#进口 Imports	商品销售总额 Total Sales of Commodities
零售企业合计	**Total Retail Trade**	**2499**	**27273565**	**1207860**	**32710791**
#国有及国有控股	State-owned and State-controlled Enterprises	259	4065764	159854	6533660
按登记注册类型分组	By Status of Registration				
内资企业	Domestic-funded Enterprises	2342	21524553	1012812	26060661
国有企业	State-owned Enterprises	118	1893332	96921	2075374
集体企业	Collective-owned Enterprises	159	726940	24946	775868
股份合作企业	Share-holding Cooperative Enterprises	32	160508		175161
联营企业	Joint-operation Enterprises	45	388755	7269	413919
国有联营企业	State-owned Joint-operation Enterprises	20	136718		139078
集体联营企业	Collective Joint-operation Enterprises	7	30341	155	32141
国有与集体联营企业	State-collective Joint-operation Enterprises	6	51088		52383
其他联营企业	Other Joint-operation Enterprises	12	170608	7114	190317
有限责任公司	Limited Liability Corporations	798	7027751	276322	7884898
国有独资企业	State Sole Investment Enterprises	11	300091	57025	321456
其他有限责任公司	Other Limited Liability Companies	787	6727660	219297	7563442
股份有限公司	Share-holding Corporations Ltd.	113	2296389	10410	3755445
私营企业	Private Enterprises	1051	8928389	596944	10839691
私营独资企业	Private Sole Investment Enterprises	88	582269		563203
私营合伙企业	Private Partnership Enterprises	19	84065	1450	94248
私营有限责任公司	Private Limited Liability Corporations	897	8054307	594592	9972214
私营股份有限公司	Private Share-holding Corporations Ltd.	47	207748	902	210026
其他企业	Other Enterprises	26	102489		140305
港、澳、台商投资企业	Enterprises with Investment from Hong Kong, Macao and Taiwan	55	2754497	109642	3196258
合资经营企业	Joint Ventures	23	2308242		2726712
合作经营企业	Cooperative Enterprises	9	138920	1232	148748
独资经营企业	Sole Investment Enterprises	22	302551	108410	314888
投资股份有限公司	Share-holding Corporations Ltd.	1	4784		5910
外商投资企业	Enterprises with Foreign Investment	102	2994515	85406	3453872
中外合资经营企业	Sino-foreign Joint Ventures	51	1742513	84147	1939361
中外合作经营企业	Sino-foreign Cooperative Enterprises	25	680896	720	780809
外资企业	Foreign-funded Enterprises	26	571106	539	733702
外商投资股份有限公司	Share-holding Corporations Ltd.				
按国民经济行业分组	By Economic Sector				
综合零售业	Comprehensive Retail Trade	494	7414507	30091	8864589
#百货零售业	Retail of General Merchandise	221	3410198	7730	4241338
超级市场零售业	Retail in Supermarkets	234	3783812	22362	4350230
食品、饮料及烟草制品专门零售业	Retail of Food, Beverages and Tobacco Products	55	340256	58954	394234
纺织、服装及日用品专门零售业	Retail of Textiles, Garments and Daily-use Products	112	668484	16068	921804
#服装零售业	Retail of Garments	60	520133	14392	621626
文化、体育用品及器材专门零售业	Retail of Cultural and Sports Articles and Appliances	113	483447	335	536881
#体育用品零售业	Retail of Sports Articles and Appliances	7	94305		118207
图书零售业	Retail of Books	59	254757	335	232377
医药及医疗器材专门零售业	Retail of Medicines and Medical Appliances	140	747599	16924	978661
#药品零售业	Retail of Medicines	115	678524	765	887293
汽车、摩托车、燃料及零配件零售业	Retail of Motor Vehicles, Motorcycles and Parts	1111	13522774	779265	16716320
#汽车零售业	Retail of Motor Vehicles	660	9566890	763061	10017818
机动车燃料零售业	Retail of Motor Vehicle Fuels	375	3705952	2756	6417129
家用电器及电子产品专门零售业	Retail of Household Appliances and Electronic Products	271	2974268	112575	2967997
#家用电器零售业	Retail of Household Appliances	119	2112215	528	2108320
计算机、软件及辅助设备零售业	Retail of Computers, Software and Assistant Equipments	87	350671	104127	375468
通讯设备零售业	Retail of Communication Equipments	36	416623	117	379854
五金、家具及室内装修材料专门零售业	Retail of Hardware, Furniture and Interior Decoration Materials	86	378895	7557	466168
无店铺及其他零售业	Non-shop and Other Retails	117	743335	186091	864137

15-10 续表 continued

单位：万元 (10000 yuan)

项目	Item	批发 Wholesale Trade	#出口 Exports	零售 Retail Trade	年末库存总额 Inventory at the Year-end
零售企业合计	**Total Retail Trade**	**4963870**	**166673**	**27746921**	**2400505**
#国有及国有控股	State-owned and State-controlled Enterprises	1909310	65829	4624350	324772
按登记注册类型分组	By Status of Registration				
内资企业	Domestic-funded Enterprises	3930119	166593	22130542	2034737
国有企业	State-owned Enterprises	574291	24640	1501083	139194
集体企业	Collective-owned Enterprises	120519	1416	655349	52083
股份合作企业	Share-holding Cooperative Enterprises	10770		164391	12194
联营企业	Joint-operation Enterprises	24518		389401	21657
国有联营企业	State-owned Joint-operation Enterprises	9629		129449	10417
集体联营企业	Collective Joint-operation Enterprises	5560		26581	1257
国有与集体联营企业	State-collective Joint-operation Enterprises			52383	1876
其他联营企业	Other Joint-operation Enterprises	9329		180988	8107
有限责任公司	Limited Liability Corporations	943176	14933	6941722	774675
国有独资企业	State Sole Investment Enterprises	70375	18	251081	68354
其他有限责任公司	Other Limited Liability Companies	872801	14915	6690641	706321
股份有限公司	Share-holding Corporations Ltd.	783562	122685	2971883	113531
私营企业	Private Enterprises	1472414	2919	9367277	902416
私营独资企业	Private Sole Investment Enterprises	4214		558989	42658
私营合伙企业	Private Partnership Enterprises	4725		89523	6539
私营有限责任公司	Private Limited Liability Corporations	1431842	2919	8540372	830623
私营股份有限公司	Private Share-holding Corporations Ltd.	31633		178393	22596
其他企业	Other Enterprises	869		139436	18987
港、澳、台商投资企业	Enterprises with Investment from Hong Kong, Macao and Taiwan	467215		2729043	153197
合资经营企业	Joint Ventures	397516		2329196	109014
合作经营企业	Cooperative Enterprises	44453		104295	7031
独资经营企业	Sole Investment Enterprises	25246		289642	37152
投资股份有限公司	Share-holding Corporations Ltd.			5910	
外商投资企业	Enterprises with Foreign Investment	566536	80	2887336	212571
中外合资经营企业	Sino-foreign Joint Ventures	382799		1556562	113718
中外合作经营企业	Sino-foreign Cooperative Enterprises	160159	80	620650	44426
外资企业	Foreign-funded Enterprises	23578		710124	54427
外商投资股份有限公司	Share-holding Corporations Ltd.				
按国民经济行业分组	By Economic Sector				
综合零售业	Comprehensive Retail Trade	653949	1416	8210640	634060
#百货零售业	Retail of General Merchandise	43939		4197399	249978
超级市场零售业	Retail in Supermarkets	545676		3804554	357817
食品、饮料及烟草制品专门零售业	Retail of Food, Beverages and Tobacco Products	59119		335115	34745
纺织、服装及日用品专门零售业	Retail of Textiles, Garments and Daily-use Products	184882	80	736922	90463
#服装零售业	Retail of Garments	178783	80	442843	67222
文化、体育用品及器材专门零售业	Retail of Cultural and Sports Articles and Appliances	97003	617	439878	175055
#体育用品零售业	Retail of Sports Articles and Appliances	30998		87209	33013
图书零售业	Retail of Books	35380		196997	110325
医药及医疗器材专门零售业	Retail of Medicines and Medical Appliances	338208	81514	640453	116604
#药品零售业	Retail of Medicines	310652	81514	576641	97149
汽车、摩托车、燃料及零配件零售业	Retail of Motor Vehicles, Motorcycles and Parts	3011544	82543	13704776	956901
#汽车零售业	Retail of Motor Vehicles	1265333	41132	8752485	853524
机动车燃料零售业	Retail of Motor Vehicle Fuels	1732365	41410	4684764	74521
家用电器及电子产品专门零售业	Retail of Household Appliances and Electronic Products	209464		2758533	308130
#家用电器零售业	Retail of Household Appliances	69891		2038429	220877
计算机、软件及辅助设备零售业	Retail of Computers, Software and Assistant Equipments	47484		327984	22880
通讯设备零售业	Retail of Communication Equipments	70595		309259	50834
五金、家具及室内装修材料专门零售业	Retail of Hardware, Furniture and Interior Decoration Materials	56052		410116	46548
无店铺及其他零售业	Non-shop and Other Retails	353649	503	510488	37999

15-11 各市限额以上批发零售企业商品购、销、存总额（2007年）

Total Purchases, Sales and Inventory of Enterprises above Designated Size in Wholesale and Retail Trades by City (2007)

单位：万元 (10000 yuan)

市 别	City	商品购进总额 Total Purchases	#进口 Imports	商品销售总额 Total Sales	批发 Wholesale Trade	#出口 Exports	零售 Retail Trade	年末库存总额 Inventory at the Year-end
合 计	**Total**	**165980335**	**11977269**	**173917626**	**141141497**	**18350822**	**32776130**	**8871518**
批发业	**Wholesale Trade**	**138706770**	**10769409**	**141206835**	**136177626**	**18184149**	**5029209**	**6471013**
广 州	Guangzhou	76310736	4317426	73152923	71986683	6098030	1166240	3439411
深 圳	Shenzhen	23201939	4066888	24851415	23066583	3536459	1784832	1325086
珠 海	Zhuhai	3146522	911884	3369946	3143481	478125	226465	108918
汕 头	Shantou	1330346	84259	1531250	1449899	211746	81351	56445
佛 山	Foshan	15196483	606464	15682522	15159506	2972125	523016	775680
韶 关	Shaoguan	699874		800692	743775		56917	31123
河 源	Heyuan	153912		291802	187553	14449	104249	5385
梅 州	Meizhou	467011		628999	571509	30556	57490	12386
惠 州	Huizhou	834924	72389	954892	953242	132891	1650	26415
汕 尾	Shanwei	244302		294260	283624		10636	5321
东 莞	Dongguan	4000497	292422	4456300	4308899	1109984	147401	216929
中 山	Zhongshan	4423238	184755	4932565	4925531	2418781	7034	190753
江 门	Jiangmen	1414808	122073	2071168	1639974	566461	431194	51693
阳 江	Yangjiang	385940		439100	410187	111754	28913	9270
湛 江	Zhanjiang	1583196	6886	1711490	1668923	163527	42567	59738
茂 名	Maoming	1872207		2020020	1966444	6097	53576	37819
肇 庆	Zhaoqing	690249	45099	784946	750297	235303	34649	21704
清 远	Qingyuan	623075		712039	555160	4869	156879	14392
潮 州	Chaozhou	615975	55375	764932	748291	46250	16641	41527
揭 阳	Jieyang	1013718	2311	1145647	1093640	46742	52007	37141
云 浮	Yunfu	497818	1178	609927	564425		45502	3877
零售业	**Retail Trade**	**27273565**	**1207860**	**32710791**	**4963871**	**166673**	**27746921**	**2400505**
广 州	Guangzhou	9075561	455738	11007118	2460849	23618	8546270	703681
深 圳	Shenzhen	7415003	379629	8462521	732142	82131	7730379	680008
珠 海	Zhuhai	765170	4913	878356	84018	2919	794338	133191
汕 头	Shantou	332521	3506	372706	20050	239	352656	19547
佛 山	Foshan	2289858	82759	2671104	321727	14929	2349377	243030
韶 关	Shaoguan	53272		66479	4574		61905	10926
河 源	Heyuan	45772	902	48062	2739		45323	5636
梅 州	Meizhou	170349		330405	197874	41171	132531	9466
惠 州	Huizhou	827404	2146	855578	34926		820652	41648
汕 尾	Shanwei	29766		109336	10223		99113	3087
东 莞	Dongguan	2695889	157552	3637714	566768		3070946	268472
中 山	Zhongshan	1347888	55025	1470734	127894		1342840	99146
江 门	Jiangmen	478946	4047	665927	125039	1416	540888	49526
阳 江	Yangjiang	33141		29044	151		28893	6374
湛 江	Zhanjiang	445203	1851	499995	51901		448094	32031
茂 名	Maoming	500175		575002	86341	250	488661	42548
肇 庆	Zhaoqing	293898	1257	472986	34618		438368	23125
清 远	Qingyuan	140679		146328	18563		127765	9203
潮 州	Chaozhou	191691	56225	220819	73903		146916	10624
揭 阳	Jieyang	103079	2310	147492	8314		139178	6203
云 浮	Yunfu	38300		43085	1257		41828	3033

15-12 星级住宿企业经营情况（2007年）

Business of Star-ranking Hotels (2007)

单位：万元 (10000 yuan)

项目	Item	企业数（个）Number of Enterprises (unit)	从业人数（人）Number of Employed Persons (person)	营业额合计 Business Revenue	#客房收入 Revenue from Hotels	#餐费收入 Revenue from Restaurants	#商品销售收入 Revenue from Sales of Commod-ities
住宿业合计	**Total Accommodations**	**1209**	**262030**	**2738798**	**1190660**	**1133455**	**42684**
#国有及国有控股	State-owned and State-controlled Enterprises	271	59320	763503	369060	273164	13293
按登记注册类型分组	By Status of Registration						
内资企业	Domestic-funded Enterprises	992	186377	1779364	756924	754849	29545
国有企业	State-owned Enterprises	186	32113	333812	162586	124057	10447
集体企业	Collective-owned Enterprises	92	11359	79697	27087	35519	2543
股份合作企业	Share-holding Cooperative Enterprises	17	1761	15331	6692	7285	154
联营企业	Joint-operation Enterprises	14	2173	19799	11560	6065	340
国有联营企业	State-owned Joint-operation Enterprises	7	1199	9848	6284	2068	117
集体联营企业	Collective Joint-operation Enterprises	4	432	2502	546	1428	223
国有与集体联营企业	State-collective Joint-operation Enterprises	3	542	7449	4730	2569	
其他联营企业	Other Joint-operation Enterprises						
有限责任公司	Limited Liability Corporations	272	60324	615215	271295	248358	7127
国有独资企业	State Sole Investment Enterprises	9	2379	47485	20745	15821	48
其他有限责任公司	Other Limited Liability Companies	263	57945	567730	250550	232537	7079
股份有限公司	Share-holding Corporations Ltd.	25	6433	85268	37833	29742	668
私营企业	Private Enterprises	366	69584	609863	233018	294649	8233
私营独资企业	Private Sole Investment Enterprises	106	17219	144766	50045	72758	1304
私营合伙企业	Private Partnership Enterprises	19	2059	18134	7936	7493	515
私营有限责任公司	Private Limited Liability Corporations	221	46666	407703	159102	195732	6078
私营股份有限公司	Private Share-holding Corporations Ltd.	20	3640	39260	15935	18666	336
其他企业	Other Enterprises	20	2630	20379	6853	9174	33
港、澳、台商投资企业	Enterprises with Investment from Hong Kong, Macao and Taiwan	143	49104	658161	299884	255261	9091
合资经营企业	Joint Ventures	50	15954	217178	108468	79937	3972
合作经营企业	Cooperative Enterprises	53	18534	265474	110133	114004	2966
独资经营企业	Sole Investment Enterprises	37	14020	166233	75879	59437	2144
投资股份有限公司	Share-holding Corporations Ltd.	3	596	9276	5404	1883	9
外商投资企业	Enterprises with Foreign Investment	74	26549	301273	133852	123345	4048
中外合资经营企业	Sino-foreign Joint Ventures	25	9083	104696	42736	44707	423
中外合作经营企业	Sino-foreign Cooperative Enterprises	28	11125	116939	50637	47886	2402
外资企业	Foreign-funded Enterprises	20	6297	79244	40094	30743	1223
外商投资股份有限公司	Share-holding Corporations Ltd.	1	44	394	385	9	
按国民经济行业分组	By Economic Sector						
旅游饭店	Tourist Hotels	1063	239656	2533033	1103615	1050957	40253
一般旅馆	Ordinary Hotels	121	18267	169334	69708	70765	1299
其它住宿服务	Others	25	4107	36431	17337	11733	1132

15-13 限额以上餐饮企业经营情况（2007年）

Business of Catering Services above Designated Size (2007)

单位：万元 (10000 yuan)

项目	Item	企业数（个）Number of Enterprises (unit)	从业人数（人）Number of Employed Persons (person)	营业额 Business Revenue	#客房收入 Revenue from Hotels	#餐费收入 Revenue from Restaurants	#商品销售收入 Revenue from Sales of Commod-ities
餐饮业合计	**Total Catering Services**	**1890**	**254314**	**3038435**	**131870**	**2785264**	**45536**
#国有及国有控股	State-owned and State-controlled Enterprises	66	9826	104599	21142	69042	9030
按登记注册类型分	By Status of Registration						
内资企业	Domestic-funded Enterprises	1579	188811	2088122	116093	1873765	38129
国有企业	State-owned Enterprises	51	7347	81264	17116	51872	6884
集体企业	Collective-owned Enterprises	80	7473	86339	3885	77940	797
股份合作企业	Share-holding Cooperative Enterprises	51	3449	40512	1367	38796	166
联营企业	Joint-operation Enterprises	13	2415	24756	5874	18882	
国有联营企业	State-owned Joint-operation Enterprises	2	816	5753	2651	3102	
集体联营企业	Collective Joint-operation Enterprises	2	143	919	279	640	
国有与集体联营企业	State-collective Joint-operation Enterprises	1	47	544		544	
其他联营企业	Other Joint-operation Enterprises	8	1409	17540	2944	14596	
有限责任公司	Limited Liability Corporations	197	31411	345101	30423	281319	17606
国有独资企业	State Sole Investment Enterprises	2	310	1784	976	636	16
其他有限责任公司	Other Limited Liability Companies	195	31101	343317	29446	280683	17590
股份有限公司	Share-holding Corporations Ltd.	20	2351	24599	1038	21669	706
私营企业	Private Enterprises	1108	128450	1414675	55705	1313347	11849
私营独资企业	Private Sole Investment Enterprises	375	36068	361055	14486	339204	2940
私营合伙企业	Private Partnership Enterprises	101	10764	127260	7613	114495	1646
私营有限责任公司	Private Limited Liability Corporations	593	77616	890099	30817	827093	6738
私营股份有限公司	Private Share-holding Corporations Ltd.	39	4002	36261	2790	32555	525
其他企业	Other Enterprises	59	5915	70876	687	69939	121
港、澳、台商投资企业	Enterprises with Investment from Hong Kong, Macao and Taiwan	140	22048	314282	8725	296402	2412
合资经营企业	Joint Ventures	31	5367	67729	4022	57680	1983
合作经营企业	Cooperative Enterprises	17	3159	33804	1190	31900	99
独资经营企业	Sole Investment Enterprises	89	13230	210387	3365	204611	327
投资股份有限公司	Share-holding Corporations Ltd.	3	292	2362	148	2211	4
外商投资企业	Enterprises with Foreign Investment	171	43455	636032	7052	615097	4995
中外合资经营企业	Sino-foreign Joint Ventures	43	12344	164015	4325	154511	1272
中外合作经营企业	Sino-foreign Cooperative Enterprises	57	12224	219292	2639	208030	3709
外资企业	Foreign-funded Enterprises	69	18780	251726	88	251558	14
外商投资股份有限公司	Share-holding Corporations Ltd.	2	107	999		999	
按国民经济行业分	By Economic Sector						
正餐服务业	Dinner Service	1692	209201	2357852	125452	2118281	42508
快餐服务业	Fast Food Service	137	37979	588274		587044	310
饮料及冷饮服务业	Beverage and Cold Drink Service	20	1650	23555		23516	35
其他餐饮服务业	Other Services	41	5484	68754	6418	56423	2683

15-14 各市限额(星级)以上住宿餐饮业经营情况（2007年）
Business of Star-ranking Hotels and Catering Services above Designated Size by City (2007)

单位：万元 (10000 yuan)

市别	Item	企业数(个) Number of Enterprises (unit)	从业人数(人) Number of Employed Persons (person)	营业额 Business Revenue	客房收入 Revenue from Hotels	餐费收入 Revenue from Restaurants	商品销售收入 Revenue from Sales of Commodities	其它收入 Others
合计	**Total**	**3099**	**516344**	**5777233**	**1322530**	**3918719**	**88220**	**447764**
住宿业	**Accommodation**	**1209**	**262030**	**2738798**	**1190660**	**1133455**	**42684**	**371999**
广州	Guangzhou	245	57639	768505	365458	275499	5822	121726
深圳	Shenzhen	207	50556	610809	321195	229564	2386	57664
珠海	Zhuhai	110	17845	183839	95256	51903	3234	33446
汕头	Shantou	41	7301	56026	29394	20215	1235	5182
佛山	Foshan	99	18779	190021	65787	93175	6880	24179
韶关	Shaoguan	24	3972	27776	8795	14001	1899	3081
河源	Heyuan	22	3038	22689	8806	11185	311	2387
梅州	Meizhou	31	4474	34693	12952	17560	1058	3123
惠州	Huizhou	63	11160	84975	33269	42093	1907	7706
汕尾	Shanwei	11	907	5110	2459	2006	203	442
东莞	Dongguan	101	35392	325439	105745	161126	2131	56437
中山	Zhongshan	51	10236	111949	33538	60093	1174	17144
江门	Jiangmen	45	10242	102533	29556	51873	4761	16343
阳江	Yangjiang	11	1705	18784	10246	6528	245	1765
湛江	Zhanjiang	25	6484	55458	18704	31390	1865	3499
茂名	Maoming	18	2519	16811	5406	7979	2831	595
肇庆	Zhaoqing	40	5447	42566	14860	20099	3529	4078
清远	Qingyuan	37	8532	55239	18338	24229	982	11690
潮州	Chaozhou	12	1654	12570	3944	7605	42	979
揭阳	Jieyang	9	1705	10226	5638	4050	150	388
云浮	Yunfu	7	643	2780	1314	1282	39	145
餐饮业	**Catering Service**	**1890**	**254314**	**3038435**	**131870**	**2785264**	**45536**	**75765**
广州	Guangzhou	637	81663	1050047	34027	957646	29950	28424
深圳	Shenzhen	325	59056	757111	10445	739424	2799	4443
珠海	Zhuhai	78	7045	85748	10	85574	94	70
汕头	Shantou	38	2284	51164		50911	76	177
佛山	Foshan	216	22431	291880	5769	279221	1566	5324
韶关	Shaoguan	19	2312	13357	2661	10311	180	205
河源	Heyuan	21	2069	15261	3856	10109	444	852
梅州	Meizhou	15	1336	11799	709	9538	1185	367
惠州	Huizhou	67	7734	61804	7849	51578	709	1668
汕尾	Shanwei	6	1220	8409	1910	5886		613
东莞	Dongguan	113	22891	264402	31206	206073	1687	25436
中山	Zhongshan	55	7745	93738	792	92353	152	441
江门	Jiangmen	74	6857	86984	2269	83337	262	1116
阳江	Yangjiang	23	5269	37064	3426	31303	774	1561
湛江	Zhanjiang	41	6546	60657	4794	54357	1057	449
茂名	Maoming	43	5280	44891	6690	37287	458	456
肇庆	Zhaoqing	36	3468	33476	2494	29328	1313	341
清远	Qingyuan	17	3507	20090	4105	14320	439	1226
潮州	Chaozhou	17	1156	11706	1025	9665	564	452
揭阳	Jieyang	30	2395	20646	4682	14011	580	1373
云浮	Yunfu	19	2050	18201	3151	13032	1247	771

15-15 限额以上连锁零售业、餐饮业经营情况（2007年）

Business of Chain Stores in Retail Trade and Catering Services above Designated Size (2007)

项　　目	Item	连锁总店数(个) Number of General Chain Stores (unit)	销售总额(营业总收入)(万元) Total Sales (Total Business Revenue) (10000 yuan)	#零售额(万元) Retail Sales (10000 yuan)	营业面积(平方米) Operational Area (sq.m)
总　　计	**Total**	**239**	**26977289**	**21409345**	**17839773**
零售业合计	**Retail Trade**	**192**	**26191738**	**20624654**	**17340365**
按注册登记类型分	By Status of Registration				
内资企业	Domestic-funded Enterprises	153	19553402	14779615	13123188
国有企业	State-owned Enterprises	13	1581312	1099737	607240
集体企业	Collective-owned Enterprises	2	6173	6173	3558
股份合作企业	Share-holding Cooperative Enterprises	3	2628	2319	1787
联营企业	Joint-operation Enterprises	2	44687	39073	27763
有限责任公司	Limited Liability Corporations	44	3202448	2931932	2261581
股份有限公司	Share-holding Corporations Ltd.	11	10862577	7070734	8506088
私营企业	Private Enterprises	76	3809200	3585270	1710482
其他企业	Other Enterprises	2	44377	44377	4689
港、澳、台商投资企业	Enterprises with Investment from Hong Kong, Macao and Taiwan	16	2879138	2490251	1418551
合资经营企业(港或澳、台资)	Joint Ventures	11	2708183	2416674	1226344
合作经营企业(港或澳、台资)	Cooperative Enterprises	2	146825	49447	70421
港、澳、台商投资股份有限公司	Share-holding Corporations Ltd.	3	24130	24130	121786
外商投资企业	Enterprises with Foreign Investment	23	3759198	3354788	2798626
中外合资经营企业	Sino-foreign Joint Ventures	13	1845328	1546194	1337890
中外合作经营企业	Sino-foreign Cooperative Enterprises	8	462359	357083	250278
外资企业	Foreign-funded Enterprises	2	1451511	1451511	1210458
按零售业态分	By Type of Operation				
百货店	Department Stores	15	2293383	2065533	1504632
超级市场	Supermarkets	44	5785116	5583247	4327796
专业店	Specialty Stores	72	3309736	2733779	1610216
专卖店	Exclusive Stores	29	2755436	2341366	758382
其他	Others	32	12048067	7900729	9139339
餐饮业合计	**Catering Service**	**47**	**785551**	**784691**	**499408**
按注册登记类型分	By Status of Registration				
内资企业	Domestic-funded Enterprises	33	197228	196368	233760
国有企业	State-owned Enterprises	1	33530	33530	19296
集体企业	Collective-owned Enterprises	2	9543	8982	14669
股份合作企业	Share-holding Cooperative Enterprises	3	18997	18997	16923
有限责任公司	Limited Liability Corporations	3	40266	40266	30040
私营企业	Private Enterprises	24	94892	94593	152832
港、澳、台商投资企业	Enterprises with Investment from Hong Kong, Macao and Taiwan	5	94904	94904	38921
合资经营企业(港或澳、台资)	Joint Ventures				
合作经营企业(港或澳、台资)	Cooperative Enterprises				
港、澳、台商独资经营企业	Sole Investment Enterprises	5	94904	94904	38921
港、澳、台商投资股份有限公司	Share-holding Corporations Ltd.				
外商投资企业	Enterprises with Foreign Investment	9	493419	493419	226727
中外合资经营企业	Sino-foreign Joint Ventures	3	137219	137219	62072
中外合作经营企业	Sino-foreign Cooperative Enterprises	1	188273	188273	83650
外资企业	Foreign-funded Enterprises	5	167927	167927	81005
按行业分	By Sector				
正餐	Dinner	29	187305	186445	221665
快餐	Fast Food	13	579893	579893	268656
茶馆	Teahouse				
其他	Others	5	18353	18353	9087

15-15 续表 continued

项 目	Item	从业人数(人) Number of Employed Persons (person)	连锁门店数(个) Number of Branch Chain Stores (unit)	直销店(个) Under Direct Management (unit)	加盟店(个) Through License Arrangement (unit)
总 计	**Total**	**340713**	**22815**	**10135**	**12680**
零售业合计	**Retail Trade**	**280547**	**21552**	**8928**	**12624**
按注册登记类型分	By Status of Registration				
内资企业	Domestic-funded Enterprises	163445	11680	6722	4958
国有企业	State-owned Enterprises	9474	308	210	98
集体企业	Collective-owned Enterprises	193	9	8	1
股份合作企业	Share-holding Cooperative Enterprises	98	15	15	
联营企业	Joint-operation Enterprises	2385	331	245	86
有限责任公司	Limited Liability Corporations	70088	5318	1503	3815
股份有限公司	Share-holding Corporations Ltd.	34161	2109	2102	7
私营企业	Private Enterprises	46429	3543	2592	951
其他企业	Other Enterprises	617	47	47	
港、澳、台商投资企业	Enterprises with Investment from Hong Kong, Macao and Taiwan	38514	2429	1485	944
合资经营企业(港或澳、台资)	Joint Ventures	29593	700	622	78
合作经营企业(港或澳、台资)	Cooperative Enterprises	8008	1640	774	866
港、澳、台商投资股份有限公司	Share-holding Corporations Ltd.	913	89	89	
外商投资企业	Enterprises with Foreign Investment	78588	7443	721	6722
中外合资经营企业	Sino-foreign Joint Ventures	33767	6479	363	6116
中外合作经营企业	Sino-foreign Cooperative Enterprises	12336	789	183	606
外资企业	Foreign-funded Enterprises	32485	175	175	
按零售业态分	By Type of Operation				
百货店	Department Stores	25926	142	107	35
超级市场	Supermarkets	114555	1071	966	105
专业店	Specialty Stores	41184	4667	1495	3172
专卖店	Exclusive Stores	43929	10585	1856	8729
其他	Others	54953	5087	4504	583
餐饮业合计	**Catering Service**	**60166**	**1263**	**1207**	**56**
按注册登记类型分	By Status of Registration				
内资企业	Domestic-funded Enterprises	17637	554	511	43
国有企业	State-owned Enterprises	2027	16	13	3
集体企业	Collective-owned Enterprises	718	11	11	
股份合作企业	Share-holding Cooperative Enterprises	1248	13	13	
有限责任公司	Limited Liability Corporations	2974	76	76	
私营企业	Private Enterprises	10670	438	398	40
港、澳、台商投资企业	Enterprises with Investment from Hong Kong, Macao and Taiwan	4923	116	116	
合资经营企业(港或澳、台资)	Joint Ventures				
合作经营企业(港或澳、台资)	Cooperative Enterprises				
港、澳、台商独资经营企业	Sole Investment Enterprises	4923	116	116	
港、澳、台商投资股份有限公司	Share-holding Corporations Ltd.				
外商投资企业	Enterprises with Foreign Investment	37606	593	580	13
中外合资经营企业	Sino-foreign Joint Ventures	8694	132	132	
中外合作经营企业	Sino-foreign Cooperative Enterprises	16730	239	228	11
外资企业	Foreign-funded Enterprises	12182	222	220	2
按行业分	By Sector				
正餐	Dinner	15168	228	185	43
快餐	Fast Food	43560	766	753	13
茶馆	Teahouse				
其他	Others	1438	269	269	

15-16 限额(星级)以上批发零售、住宿餐饮业财务状况（2007年）

Financial Indicators of Enterprises above Designated Size in Wholesale and Retail Trades, Hotels and Catering Services (2007)

单位：万元　　(10000 yuan)

项　目	Item	批发零售业 Wholesale and Retail Trades	住宿餐饮业 Hotels and Catering Services
企业数　(个)	Number of Enterprises (unit)	6317	2906
年初存货	Inventory at the Year-beginning	8005377	182616
流动资产合计	Circulating Assets	42722897	2903749
#存货	Inventory	9088549	207354
固定资产原价	Original Value of Fixed Assets	9128251	7013918
累计折旧	Accumulated Depreciation	2882080	2658781
#本年折旧	Depreciation Drawn in Current Year	488906	371828
资产合计	Total Assets	55309675	9535556
负债合计	Total Liabilities	40243961	6521188
所有者权益合计	Total Creditors' Equity	15065714	3014368
实收资本	Paid-up Capital	9121138	3344230
#国家资本	State Capital	2574775	711364
集体资本	Collective Capital	196923	117017
法人资本	Legal Person Capital	3444781	827822
个人资本	Personal Capital	1971069	516257
港澳台资本	Capital from Hong Kong, Macao and Taiwan	501038	785159
外商资本	Foreign Capital	432553	386611
营业收入合计	Total Business Revenue	152731003	5750954
#主营业务收入	Main Business Revenue	151912743	5705126
主营业务成本	Main Business Costs	141080131	2141285
主营业务税金及附加	Tax and Extra Charges on Main Business	209227	329332
主营业务利润	Main Business Profits	9704805	2934645
其它业务利润	Profits from Other Businesses	978270	27889
营业费用	Operational Expenses	4834113	1965922
管理费用	Management Expenses	2567543	1047568
#税　金	Taxes	98003	37137
旅差费	Traveling Expenses	118390	14529
工会经费	Trade Union Dues	20350	6624
财务费用	Financial Expenses	488597	121147
#利息支出	Interests	405528	78124
营业利润	Business Profits	3609106	115309
利润总额	Total Profits	4063055	90516
应交所得税	Income Taxes Payable	922212	71520
劳动及失业保险费	Labor and Unemployment Insurance Premium	160544	64205
住房公积金和住房补贴	Public Reserve Funds for Housing and Housing Subsidies	81272	13849
本年应付工资总额	Total Wages Payable in Current Year	1665506	870447
本年应付福利费总额	Welfare Expenses Payable in Current Year	139409	94339
本年应交增值税	Value-added Tax Payable in Current Year	1808417	
从业人员数　(人)	Number of Employed Persons (person)	583531	502463

15-17 限额以上批发企业财务状况（2007年）

单位:万元

项目	Item	企业数(个) Number of Enterprises (unit)	流动资产合计 Circulating Assets	固定资产原价 Original Value of Fixed Assets	累计折旧 Accumulated Depreciation
批发业合计	**Total Wholesale Trade**	**4012**	**33809226**	**5813196**	**1794749**
#国有及国有控股	State-owned and State-controlled Enterprises	678	13748545	3997131	1208553
按登记注册类型分	By Status of Registration				
内资企业	Domestic-funded Enterprises	3852	31729317	5442231	1659448
国有企业	State-owned Enterprises	380	6476815	1647003	518537
集体企业	Collective-owned Enterprises	75	471102	75445	29894
股份合作企业	Share-holding Cooperative Enterprises	36	272774	48673	14131
联营企业	Joint-operation Enterprises	60	673815	61867	25359
国有联营企业	State-owned Joint-operation Enterprises	25	382137	35655	17732
集体联营企业	Collective Joint-operation Enterprises	8	16735	1518	539
国有与集体联营企业	State-collective Joint-operation Enterprises	7	66876	3903	1759
其他联营企业	Other Joint-operation Enterprises	20	208067	20791	5329
有限责任公司	Limited Liability Corporations	1024	9969899	1426162	364873
国有独资企业	State Sole Investment Enterprises	43	1288932	567152	104139
其他有限责任公司	Other Limited Liability Companies	981	8680967	859010	260734
股份有限公司	Share-holding Corporations Ltd.	115	3755784	1649074	526086
私营企业	Private Enterprises	2155	10097522	532553	180105
私营独资企业	Private Sole Investment Enterprises	60	229371	22050	7128
私营合伙企业	Private Partnership Enterprises	20	26580	2711	1018
私营有限责任公司	Private Limited Liability Corporations	1996	9571984	485362	162398
私营股份有限公司	Private Share-holding Corporations Ltd.	79	269587	22430	9561
其他企业	Other Enterprises	7	11606	1454	463
港、澳、台商投资企业	Enterprises with Investment from Hong Kong, Macao and Taiwan	90	903171	81541	44191
合资经营企业	Joint Ventures	19	148347	31570	18154
合作经营企业	Cooperative Enterprises	9	52308	6861	4500
独资经营企业	Sole Investment Enterprises	60	561902	17669	8549
投资股份有限公司	Share-holding Corporations Ltd.	2	140614	25441	12988
外商投资企业	Enterprises with Foreign Investment	70	1176738	289424	91110
中外合资经营企业	Sino-foreign Joint Ventures	16	350128	221979	64959
中外合作经营企业	Sino-foreign Cooperative Enterprises	6	45360	23877	5333
外资企业	Foreign-funded Enterprises	47	774570	43437	20745
外商投资股份有限公司	Share-holding Corporations Ltd.	1	6680	131	73
按国民经济行业分	By Economic Sector				
农畜产品批发业	Wholesale of Farm and Livestock Products	59	530166	116452	34634
食品、饮料及烟草制品批发业	Wholesale of Food, Beverages and Tobacco Products	457	3358597	907049	304512
#米、面制品及食用油批发业	Wholesale of Rice, Flour Products and Edible Oil	66	635002	181003	57131
烟草制品批发业	Wholesale of Tobacco Products	83	1355661	270448	66983
纺织、服装及日用品批发业	Wholesale of Textiles, Garments and Daily-use Products	404	2531106	355560	127317
#服装批发业	Wholesale of Garments	120	1047143	117127	43941
文化、体育用品及器材批发业	Wholesale of Cultural and Sports Articles and Appliances	177	983427	118751	44249
医药及医疗器材批发业	Wholesale of Medicines and Medical Appliances	335	2092404	152172	62367
矿产品、建材及化工产品批发	Wholesale of Mineral Products, Building Materials and Chemical Products	1465	15590873	3330157	922107
#煤炭及制品批发业	Wholesale of Coal and Related Products	59	803987	47646	13617
石油及制品批发业	Wholesale of Petroleum and Related Products	322	5830626	2350011	574205
金属及金属矿批发业	Wholesale of Metal and Related Products	454	4670912	569162	224782
建材批发业	Wholesale of Building Materials	117	2306033	173124	47682
化肥批发业	Wholesale of Chemical Fertilizers	31	193067	24437	8684
机械设备、五金交电及电子产品批发业	Wholesale of Machinery, Hardware, Electric and Electronic Products	803	6724974	525917	181753
#汽车、摩托车及零配件批发业	Wholesale of Motor Vehicles, Motorcycles and Parts	89	1022243	73095	25174
家用电器批发业	Wholesale of Household Appliances	107	926077	38437	13694
计算机、软件及辅助设备批发业	Wholesale of Computers, Software and Assistant Equipments	100	500090	37007	9593
贸易经纪与代理	Trade Brokerage and Agency	138	932865	148981	78849
其他批发业	Other Wholesale Trades	174	1064814	158157	38961

Financial Indicators of Enterprises above Designated Size in Wholesale Trade (2007)

(10000 yuan)

本年折旧 Depreciation Drawn in Current Year	资产合计 Total Assets	负债合计 Total Liabilities	所有者权益合计 Total Creditors' Equity	实收资本 Paid-up Capital	营业收入合计 Total Business Revenue	主营业务收入 Main Business Revenue	主营业务成本 Main Business Costs	主营业务税金及附加 Tax and Extra Charges on Main Business
258608	**42793745**	**30694525**	**12099220**	**6734839**	**123233265**	**122783177**	**115033290**	**142059**
150390	19255020	12270523	6984497	3508392	60812630	60661867	56876673	82960
240266	40068697	28787091	11281606	6101301	115689756	115445537	108428619	138194
60273	8820419	5968556	2851863	860875	26743349	26669755	25054097	39989
2283	593948	453796	140152	47627	1177220	1174530	1080447	9012
1167	370042	228754	141288	25762	748651	744091	676754	1025
3610	812154	535696	276458	109717	2353992	2351890	2126364	4260
2184	433320	224533	208787	50708	1635029	1633486	1441262	3188
91	18286	14791	3495	5131	67638	67603	64930	169
256	97625	92335	5290	11145	239809	239700	232140	584
1079	262923	204037	58886	42733	411516	411101	388032	319
72512	12332856	9442257	2890599	1703053	42372449	42304489	40230183	36976
23699	1979524	1350432	629092	419861	11484103	11465626	11102847	7173
48813	10353332	8091825	2261507	1283192	30888346	30838863	29127336	29803
56645	5907442	3081555	2825887	1755428	12375267	12330737	11234591	20123
43648	11217585	9068276	2149309	1598010	29794852	29746069	27913586	26599
1839	292839	213952	78887	73528	635214	634756	594143	720
599	29239	21484	7755	4959	115528	115346	107856	106
39454	10572635	8606303	1966332	1453859	28351098	28306746	26583291	25152
1756	322872	226537	96335	65664	693012	689221	628296	621
128	14251	8201	6050	829	123976	123976	112597	210
4972	1100276	682393	417883	189879	2625911	2611872	2270682	2052
1761	189831	121231	68600	58138	466683	461600	409632	633
369	56153	32361	23792	8795	206903	204757	177745	149
1723	593898	428900	164998	75717	1884355	1877545	1647984	1270
1119	260394	99901	160493	47229	67970	67970	35321	
13370	1624772	1225041	399731	443659	4917598	4725768	4333989	1813
9106	686937	498551	188386	244523	1871954	1856275	1712997	505
231	93679	94465	-786	57826	192598	192508	179674	38
4033	837418	626657	210761	140823	2832780	2656719	2421450	1270
	6738	5368	1370	487	20266	20266	19868	
5614	880612	676405	204207	114531	1317305	1313872	1239854	8163
44472	4476042	2297158	2178884	550553	12551965	12506780	10677063	27934
4983	861720	631142	230578	119337	966327	961358	923611	949
18054	1694343	329679	1364664	83240	6133630	6131200	4887159	18691
15762	3010981	2202091	808890	434383	9678602	9631663	8945230	7469
5071	1185974	822240	363734	133511	3687350	3665312	3349693	3353
7872	1211115	853912	357203	227307	2387836	2213084	2020264	2970
10856	2460162	1937111	523051	336799	5057960	5048038	4593855	6847
136325	20705573	14815249	5890324	3742290	65576869	65493561	62430438	70387
2279	1032696	770953	261743	169902	4481828	4481214	4102530	13245
94611	9190635	5610265	3580370	2480159	34526159	34486076	33057062	33005
19312	5495523	4400896	1094627	597858	12744294	12710639	12032353	14886
9356	2692313	2230113	462200	227319	7208976	7206154	6994077	3221
679	241937	182861	59076	24403	482825	482743	467207	747
27598	7603198	5922796	1680402	962908	19304568	19236355	18025975	13515
3221	1180081	957314	222767	88807	2531121	2523837	2320810	1810
2555	971699	881696	90003	57976	3300630	3289747	3097397	1812
1799	548964	351393	197571	126752	1809725	1803269	1729314	1480
4484	1113651	948043	165608	121133	4253954	4248128	4140444	1051
5625	1332411	1041760	290651	244935	3104206	3091696	2960167	3723

15-17 续表

单位:万元

项　目	Item	主营业务利润 Main Business Profits	其它业务利润 Profits from Other Businesses	营业费用 Operational Expenses	管理费用 Management Expenses
批发业合计	**Total Wholesale Trade**	**6993898**	**354424**	**2868760**	**1747482**
#国有及国有控股	State-owned and State-controlled Enterprises	3498593	132906	806199	840532
按登记注册类型分	By Status of Registration				
内资企业	Domestic-funded Enterprises	6283837	272989	2510479	1583781
国有企业	State-owned Enterprises	1419777	88713	439053	390415
集体企业	Collective-owned Enterprises	76753	6253	55822	19206
股份合作企业	Share-holding Cooperative Enterprises	59863	1173	13903	9632
联营企业	Joint-operation Enterprises	215791	2599	31389	41623
国有联营企业	State-owned Joint-operation Enterprises	186941	703	16513	30191
集体联营企业	Collective Joint-operation Enterprises	2103	70	1337	944
国有与集体联营企业	State-collective Joint-operation Enterprises	6977	268	2728	2743
其他联营企业	Other Joint-operation Enterprises	19770	1558	10811	7745
有限责任公司	Limited Liability Corporations	1902180	83961	710045	444301
国有独资企业	State Sole Investment Enterprises	347867	15746	27807	51926
其他有限责任公司	Other Limited Liability Companies	1554313	68215	682238	392375
股份有限公司	Share-holding Corporations Ltd.	1033123	27740	198710	259592
私营企业	Private Enterprises	1565403	62546	1060272	418502
私营独资企业	Private Sole Investment Enterprises	34687	664	22944	13124
私营合伙企业	Private Partnership Enterprises	6152	164	2992	2284
私营有限责任公司	Private Limited Liability Corporations	1485852	58258	1013659	387151
私营股份有限公司	Private Share-holding Corporations Ltd.	38712	3460	20677	15943
其他企业	Other Enterprises	10947	4	1285	510
港、澳、台商投资企业	Enterprises with Investment from Hong Kong, Macao and Taiwan	332597	37052	161280	68025
合资经营企业	Joint Ventures	49275	3532	28670	14857
合作经营企业	Cooperative Enterprises	26782	2080	16957	4790
独资经营企业	Sole Investment Enterprises	223892	6435	99497	37401
投资股份有限公司	Share-holding Corporations Ltd.	32648	25005	16156	10977
外商投资企业	Enterprises with Foreign Investment	377464	44383	197001	95676
中外合资经营企业	Sino-foreign Joint Ventures	133146	8474	68945	27245
中外合作经营企业	Sino-foreign Cooperative Enterprises	12491	1488	14000	5000
外资企业	Foreign-funded Enterprises	231429	34421	113983	63208
外商投资股份有限公司	Share-holding Corporations Ltd.	398		73	223
按国民经济行业分	By Economic Sector				
农畜产品批发业	Wholesale of Farm and Livestock Products	62900	8623	27315	29400
食品、饮料及烟草制品批发业	Wholesale of Food, Beverages and Tobacco Products	1728564	46811	326781	402846
#米、面制品及食用油批发业	Wholesale of Rice, Flour Products and Edible Oil	33150	7885	30664	26905
烟草制品批发业	Wholesale of Tobacco Products	1182908	5194	32091	235085
纺织、服装及日用品批发业	Wholesale of Textiles, Garments and Daily-use Products	611700	22839	300392	164570
#服装批发业	Wholesale of Garments	290839	7580	101597	68366
文化、体育用品及器材批发业	Wholesale of Cultural and Sports Articles and Appliances	176823	19410	87509	63212
医药及医疗器材批发业	Wholesale of Medicines and Medical Appliances	383917	42999	252235	118834
矿产品、建材及化工产品批发	Wholesale of Mineral Products, Building Materials and Chemical Products	2783799	88836	1238511	561106
#煤炭及制品批发业	Wholesale of Coal and Related Products	357628	2078	282111	38005
石油及制品批发业	Wholesale of Petroleum and Related Products	1347465	48995	486078	238317
金属及金属矿批发业	Wholesale of Metal and Related Products	593377	22036	215431	138554
建材批发业	Wholesale of Building Materials	191610	4560	83088	53296
化肥批发业	Wholesale of Chemical Fertilizers	13752	497	8507	4600
机械设备、五金交电及电子产品批发业	Wholesale of Machinery, Hardware, Electric and Electronic Products	1043660	96614	522526	316636
#汽车、摩托车及零配件批发业	Wholesale of Motor Vehicles, Motorcycles and Parts	200338	9750	50552	36830
家用电器批发业	Wholesale of Household Appliances	178148	11023	152020	41746
计算机、软件及辅助设备批发业	Wholesale of Computers, Software and Assistant Equipments	67430	6694	26943	31190
贸易经纪与代理	Trade Brokerage and Agency	87944	15132	56537	40345
其他批发业	Other Wholesale Trades	114591	13160	56954	50533

15-17 continued

(10000 yuan)

财务费用 Financial Expenses	营业利润 Business Profits	利润总额 Total Profits	应交所得税 Income Taxes Payable	劳动及失业保险费 Labor and Unemployment Insurance Premium	住房公积金和住房补贴 Public Reserve Funds for Housing and Housing Subsidies	本年应付工资总额 Total Wages Payable in Current Year	本年应付福利费总额 Welfare Expenses Payable in Current Year	本年应交增值税 Value-added Tax Payable in Current Year	从业人数(人) Number of Employed Persons (person)
392262	**2883392**	**3346644**	**787614**	**99718**	**60286**	**969249**	**82972**	**1273665**	**269995**
166436	1949151	2103867	570762	55046	47807	467223	39975	741893	107335
381638	2593065	3052649	729161	91051	55433	871965	76497	1177376	251577
84829	663197	765971	187056	29522	21487	216840	19152	359960	51758
7460	7375	12077	2386	925	583	7276	1342	5607	3134
805	41655	41744	5345	859	273	6839	416	13004	2006
8110	143883	150507	42421	1729	1283	23032	1590	34946	4412
4055	139677	142499	40637	1267	1102	17203	910	27823	2905
303	118	236	82	130	12	629	72	2716	268
1627	148	176	183	97	33	874	94	505	211
2125	3940	7596	1519	235	136	4326	514	3902	1028
143078	867351	1205719	269222	23783	12361	238348	20278	353911	62239
20432	276248	298978	95892	3526	2179	24468	1961	77001	4457
122646	591103	906741	173330	20257	10182	213880	18317	276910	57782
41162	608378	608930	154173	12612	15136	154189	11550	190630	41448
96368	251367	259806	65909	21557	4199	224167	22083	217514	86371
1341	3727	3446	1162	671	129	7419	488	3665	2977
-30	1382	1303	429	201	37	1153	228	1091	475
92528	236949	246870	62464	19554	3704	206214	20217	207596	78983
2529	9309	8187	1854	1131	329	9381	1150	5162	3936
-174	9859	7895	2649	64	111	1274	86	1804	209
-2376	151589	149247	32954	3434	1472	44717	2598	52055	8710
-95	11914	11087	1175	956	298	9130	762	8211	2152
-1696	8960	8718	2823	599	197	3319	121	4701	865
-1539	101149	99908	24301	1525	841	29249	1410	33503	5058
954	29566	29534	4655	354	136	3019	305	5640	635
13000	138738	144748	25499	5233	3381	52567	3877	44234	9708
8442	56239	58227	8561	2370	1837	14716	1814	14650	4866
820	-5054	-6586	34	508	167	4022	154	2487	713
3747	87442	92998	16836	2354	1377	33781	1909	26982	4121
-9	111	109	68	1		48		115	8
25349	-5893	240578	1976	736	615	10219	1111	2885	2689
25111	1091528	1195862	325044	25589	19070	236625	17552	292185	56025
17118	-23286	8749	1737	2216	1013	13719	1800	7394	3309
-8497	957287	1007449	282783	10722	13144	112835	6993	205314	13857
19144	205165	215525	56241	10815	4842	100650	8470	75692	29819
5425	149260	149423	39419	4462	2567	40023	2920	38960	9747
4429	57406	58272	11463	4350	1451	35527	3503	22265	12510
18362	95271	104752	21284	9336	3136	80048	8541	103194	24685
218801	1074973	1113387	283491	27416	21735	282052	26211	567061	83889
13976	39851	39386	8635	697	678	8045	579	127584	2481
94767	660839	670513	190890	16107	9494	127301	14498	255941	46563
65511	237485	248064	44650	3722	9340	82715	5617	112744	17040
22032	72958	78179	18129	2436	852	19575	1254	23585	4419
3664	-1491	814	308	284	188	1913	200	572	791
58055	329655	353203	74266	16974	7649	185531	14249	181374	49330
9299	118699	120529	28263	1506	444	13121	1344	30956	4389
4082	12885	15344	5032	3127	606	32233	2662	30647	9837
1215	20044	20218	3469	1561	425	15355	1880	17352	5446
9593	10949	20939	4993	1550	480	16270	1529	9014	4487
13418	24338	44126	8856	2952	1308	22327	1806	19995	6561

15-18 限额以上零售企业财务状况（2007年）

单位:万元

项目	Item	企业数(个) Number of Enterprises (unit)	流动资产合计 Circulating Assets	固定资产原价 Original Value of Fixed Assets	累计折旧 Accumulated Depreciation
零售企业合计	**Total Retail Trade**	**2305**	**8913671**	**3315055**	**1087331**
#国有及国有控股	State-owned and State-controlled Enterprises	243	1439987	1126238	319937
按登记注册类型分	By Status of Registration				
内资企业	Domestic-funded Enterprises	2194	7232510	2408788	783060
国有企业	State-owned Enterprises	104	543923	461604	145723
集体企业	Collective-owned Enterprises	158	162106	77034	27744
股份合作企业	Share-holding Cooperative Enterprises	28	30526	9408	2774
联营企业	Joint-operation Enterprises	43	102107	19486	11798
国有联营企业	State-owned Joint-operation Enterprises	20	30485	9868	7056
集体联营企业	Collective Joint-operation Enterprises	7	3479	1840	1043
国有与集体联营企业	State-collective Joint-operation Enterprises	4	5979	738	452
其他联营企业	Other Joint-operation Enterprises	12	62164	7040	3247
有限责任公司	Limited Liability Corporations	745	2524639	667489	225933
国有独资企业	State Sole Investment Enterprises	11	160231	125120	37416
其他有限责任公司	Other Limited Liability Companies	734	2364408	542369	188517
股份有限公司	Share-holding Corporations Ltd.	65	433474	425977	127857
私营企业	Private Enterprises	1028	3383289	743996	239354
私营独资企业	Private Sole Investment Enterprises	86	281795	16152	6007
私营合伙企业	Private Partnership Enterprises	19	17888	7965	1391
私营有限责任公司	Private Limited Liability Corporations	877	3027125	715056	230353
私营股份有限公司	Private Share-holding Corporations Ltd.	46	56481	4823	1603
其他企业	Other Enterprises	23	52446	3794	1877
港、澳、台商投资企业	Enterprises with Investment from Hong Kong, Macao and Taiwan	46	842616	448999	145761
合资经营企业	Joint Ventures	21	614023	413275	135951
合作经营企业	Cooperative Enterprises	8	24459	10524	6398
独资经营企业	Sole Investment Enterprises	16	195244	25090	3376
投资股份有限公司	Share-holding Corporations Ltd.	1	8890	110	36
外商投资企业	Enterprises with Foreign Investment	65	838545	457268	158510
中外合资经营企业	Sino-foreign Joint Ventures	34	389620	305121	94182
中外合作经营企业	Sino-foreign Cooperative Enterprises	15	158853	68056	30079
外资企业	Foreign-funded Enterprises	16	290072	84091	34249
外商投资股份有限公司	Share-holding Corporations Ltd.				
按国民经济行业分	By Economic Sector				
综合零售业	Comprehensive Retail	450	2471771	1434141	510438
#百货零售业	Retail of General Merchandise	197	1328303	645999	229218
超级市场零售业	Retail in Supermarkets	217	1030889	750341	268888
食品、饮料及烟草制品专门零售业	Retail of Food, Beverages and Tobacco Products	46	162613	42900	17107
纺织、服装及日用品专门零售业	Retail of Textiles, Garments and Daily-use Products	97	373737	26761	11026
#服装零售业	Retail of Garments	55	320001	19813	7659
文化、体育用品及器材专门零售业	Retail of Cultural and Sports Articles and Appliances	104	316719	335903	119581
#体育用品零售业	Retail of Sports Articles and Appliances	7	64341	1474	576
图书零售业	Retail of Books	57	126284	138552	38082
医药及医疗器材专门零售业	Retail of Medicines and Medical Appliances	136	536473	83004	39960
#药品零售业	Retail of Medicines	113	489753	80152	38460
汽车、摩托车、燃料及零配件专门零售业	Retail of Motor Vehicles, Motorcycles and Parts	1038	3698418	1159330	314510
#汽车零售业	Retail of Motor Vehicles	658	2850005	486019	135041
机动车燃料零售业	Retail of Motor Vehicle Fuels	306	719644	666869	176730
家用电器及电子产品专门零售业	Retail of Household Appliances and Electronic Products	246	1029782	45877	18361
#家用电器零售业	Retail of Household Appliances	99	788050	29571	10651
计算机、软件及辅助设备零售业	Retail of Computers, Software and Assistant Equipments	84	107759	6650	2978
通讯设备零售业	Retail of Communication Equipments	34	90682	6073	3310
五金、家具及室内装修材料专门零售业	Retail of Hardware, Furniture and Interior Decoration Materials	76	166182	87036	16674
无店铺及其他零售业	Non-shop and Other Retails	112	157976	100103	39674
#邮购及电子销售业	Mail Order and E-commerce				

Financial Indicators of Enterprises above Designated Size in Retail Trade (2007)

(10000 yuan)

本年折旧 Depreciation Drawn in Current Year	资产合计 Total Assets	负债合计 Total Liabilities	所有者权益合计 Total Creditors' Equity	实收资本 Paid-up Capital	营业收入合计 Total Business Revenue	主营业务收入 Main Business Revenue	主营业务成本 Main Business Costs	主营业务税金及附加 Tax and Extra Charges on Main Business
230298	**12515930**	**9549436**	**2966494**	**2166519**	**29497738**	**29129566**	**26046841**	**67168**
59099	2660076	1747408	912668	423761	6332279	6282058	5623163	15445
167119	9902978	7591906	2311072	1515108	23942272	23605513	21238783	59361
27004	966395	681176	285219	217666	2085047	2073772	1879003	6604
4887	246337	196175	50162	30188	723190	722812	654603	5122
847	40608	25694	14914	10072	148843	148697	134912	271
1243	118627	90358	28269	22986	395683	392586	356172	792
522	38426	26161	12265	13433	137989	135854	117410	334
90	5521	3616	1905	1675	28922	28766	26679	181
33	6496	5091	1405	830	41479	41223	39150	29
598	68184	55490	12694	7048	187293	186743	172933	248
48890	3334620	2619177	715443	542787	7151674	7086969	6324826	17916
5230	341878	141571	200307	78414	312084	300703	226644	767
43660	2992742	2477606	515136	464373	6839590	6786266	6098182	17149
23249	890609	513280	377329	105226	2748559	2704841	2387640	6565
59917	4250396	3423554	826842	578757	10556555	10343166	9388688	20812
1341	296651	263209	33442	18102	495344	495153	469110	759
365	27517	17521	9996	8432	92843	92784	83654	348
57752	3864752	3094561	770191	539278	9772486	9559471	8652967	19400
459	61476	48263	13213	12945	195882	195758	182957	305
1082	55386	42492	12894	7426	132721	132670	112939	1279
20384	1354899	896068	458831	333960	2743437	2730493	2370516	6732
18321	1083135	709377	373758	236907	2319711	2308011	1992629	5491
887	36463	26493	9970	15823	156051	156051	140114	1192
1161	225624	159577	66047	72157	261794	260869	233218	49
15	9677	621	9056	9073	5881	5562	4555	
42795	1258053	1061462	196591	317451	2812029	2793560	2437542	1075
28219	667442	602620	64822	148932	1717722	1703381	1536738	851
5935	228474	184334	44140	49515	555217	551425	457899	36
8641	362137	274508	87629	119004	539090	538754	442905	188
106586	3889218	3049532	839686	724435	7908503	7638433	6523298	28603
46041	1992039	1477197	514842	228841	3839699	3612399	2997127	20695
57981	1742881	1417778	325103	476279	3791512	3771330	3305692	6211
2681	276295	112588	163707	53017	268339	259939	202117	815
2629	429685	300379	129306	106118	734931	726904	517462	4062
1640	358933	255844	103089	81201	552609	545613	425784	3286
30124	631834	322716	309118	239946	650095	637880	477011	7201
211	72000	47992	24008	16482	123942	123623	93788	82
6081	275704	158759	116945	63816	216995	211548	151885	1067
4035	611370	475134	136236	87503	906728	900768	740040	2724
3744	560986	435132	125854	81468	820277	814322	663825	2544
69415	5036822	3963589	1073233	697477	15219669	15191400	14199023	14978
36477	3487735	2798490	689245	567809	9513840	9502787	8959648	8770
32153	1410816	1058771	352045	112244	5427861	5413584	4985906	5288
4709	1113099	912303	200796	123361	2646169	2617957	2388063	5181
2633	843350	738268	105082	56261	1816870	1793710	1647383	3400
797	118412	75884	42528	25663	375647	374576	341608	656
828	104804	69270	35534	27909	353705	351891	311729	738
5145	275831	239076	36755	58516	418458	413586	327352	2141
4974	251776	174119	77657	76146	744846	742699	672475	1463

15-18 续表

单位:万元

项　　目	Item	主营业务利润 Main Business Profits	其它业务利润 Profits from Other Businesses	营业费用 Operational Expenses	管理费用 Management Expenses
零售企业合计	**Total Retail Trade**	**2710907**	**623846**	**1965353**	**820061**
#国有及国有控股	State-owned and State-controlled Enterprises	598971	60403	278601	170546
按登记注册类型分	By Status of Registration				
内资企业	Domestic-funded Enterprises	2020782	415872	1356176	640683
国有企业	State-owned Enterprises	179303	11896	66391	69405
集体企业	Collective-owned Enterprises	52633	9295	30874	18446
股份合作企业	Share-holding Cooperative Enterprises	12984	1515	4755	4573
联营企业	Joint-operation Enterprises	32072	5214	26239	6679
国有联营企业	State-owned Joint-operation Enterprises	16521	3595	15012	3396
集体联营企业	Collective Joint-operation Enterprises	1268	34	1176	207
国有与集体联营企业	State-collective Joint-operation Enterprises	945	3	1336	23
其他联营企业	Other Joint-operation Enterprises	13338	1582	8715	3053
有限责任公司	Limited Liability Corporations	629654	171502	457202	223090
国有独资企业	State Sole Investment Enterprises	73293	15184	24101	33665
其他有限责任公司	Other Limited Liability Companies	556361	156318	433101	189425
股份有限公司	Share-holding Corporations Ltd.	278140	40126	136230	62202
私营企业	Private Enterprises	820660	175602	626159	252898
私营独资企业	Private Sole Investment Enterprises	20748	18811	31034	7861
私营合伙企业	Private Partnership Enterprises	8744	194	4688	3061
私营有限责任公司	Private Limited Liability Corporations	780991	155387	582691	237187
私营股份有限公司	Private Share-holding Corporations Ltd.	10177	1210	7746	4789
其他企业	Other Enterprises	15336	722	8326	3390
港、澳、台商投资企业	Enterprises with Investment from Hong Kong, Macao and Taiwan	349241	121834	289763	87755
合资经营企业	Joint Ventures	308255	114858	268752	63353
合作经营企业	Cooperative Enterprises	14745	1073	9582	3150
独资经营企业	Sole Investment Enterprises	25234	5600	11429	20159
投资股份有限公司	Share-holding Corporations Ltd.	1007	303		1093
外商投资企业	Enterprises with Foreign Investment	340884	86140	319414	91623
中外合资经营企业	Sino-foreign Joint Ventures	154757	58397	163663	45543
中外合作经营企业	Sino-foreign Cooperative Enterprises	93143	18955	74611	24449
外资企业	Foreign-funded Enterprises	92984	8788	81140	21631
外商投资股份有限公司	Share-holding Corporations Ltd.				
按国民经济行业分	By Economic Sector				
综合零售业	Comprehensive Retail	997147	411923	941029	309888
#百货零售业	Retail of General Merchandise	551827	182472	417907	141792
超级市场零售业	Retail in Supermarkets	412978	223196	496144	154736
食品、饮料及烟草制品专门零售业	Retail of Food, Beverages and Tobacco Products	55211	10733	18392	18624
纺织、服装及日用品专门零售业	Retail of Textiles, Garments and Daily-use Products	185006	11777	138906	60586
#服装零售业	Retail of Garments	99217	9819	85918	30945
文化、体育用品及器材专门零售业	Retail of Cultural and Sports Articles and Appliances	148465	17838	54226	75660
#体育用品零售业	Retail of Sports Articles and Appliances	29683	822	15849	5826
图书零售业	Retail of Books	54907	12161	24832	38264
医药及医疗器材专门零售业	Retail of Medicines and Medical Appliances	152502	16214	96895	38563
#药品零售业	Retail of Medicines	142540	16192	91641	35138
汽车、摩托车、燃料及零配件专门零售业	Retail of Motor Vehicles, Motorcycles and Parts	847410	41847	419169	226318
#汽车零售业	Retail of Motor Vehicles	456992	38211	228984	167962
机动车燃料零售业	Retail of Motor Vehicle Fuels	372214	1588	178392	52882
家用电器及电子产品专门零售业	Retail of Household Appliances and Electronic Products	190795	90597	181074	56841
#家用电器零售业	Retail of Household Appliances	115739	81281	141594	30424
计算机、软件及辅助设备零售业	Retail of Computers, Software and Assistant Equipments	27906	3781	14383	12275
通讯设备零售业	Retail of Communication Equipments	38228	4702	19833	10298
五金、家具及室内装修材料专门零售业	Retail of Hardware, Furniture and Interior Decoration Materials	79688	17513	76812	18082
无店铺及其他零售业	Non-shop and Other Retails	54683	5404	38850	15499
邮购及电子销售业	Mail Order and E-commerce				

15-18 continued

(10000 yuan)

财务费用 Financial Expenses	营业利润 Business Profits	利润总额 Total Profits	应交所得税 Income Taxes Payable	劳动及失业保险费 Labor and Unemployment Insurance Premium	住房公积金和住房补贴 Public Reserve Funds for Housing and Housing Subsidies	本年应付工资总额 Total Wages Payable in Current Year	本年应付福利费总额 Welfare Expenses Payable in Current Year	本年应交增值税 Value-added Tax Payable in Current Year	从业人数(人) Number of Employed Persons (person)
96335	**725714**	**716411**	**134598**	**60826**	**20986**	**696257**	**56437**	**534752**	**313536**
13826	221999	230078	23660	15023	11545	147415	12242	103697	51938
90119	556725	549517	101680	44984	16389	529302	47857	421470	246563
7126	62055	71944	8651	4783	7866	64298	6723	31130	22565
2940	14420	13286	3647	1276	344	13001	1158	7799	8715
459	4867	4903	623	248	45	2347	88	2245	1097
625	7608	7935	1690	756	253	10744	552	5734	4811
325	2383	2856	468	486	110	5961	231	2085	2948
1	694	694	160	27	53	583	56	280	273
176	600	600	123	9	5	444	30	324	114
123	3931	3785	939	234	85	3756	235	3045	1476
31345	157819	156217	36328	17165	3631	186236	15103	156877	86330
49	30958	31375	4780	3007	1225	21619	1448	12376	4888
31296	126861	124842	31548	14158	2406	164617	13655	144501	81442
3602	121733	120769	16723	5223	1972	40780	3545	39281	15333
43868	182457	167584	32942	15343	2262	209169	20547	176873	105916
811	3499	3444	1742	455	57	10032	1578	5255	7691
169	1071	1043	399	72	8	1791	180	1107	1114
37776	177720	162726	30571	14552	2133	193719	18323	168037	95205
5112	167	371	230	264	64	3627	466	2474	1906
154	5766	6879	1076	190	16	2727	141	1531	1796
-3121	139865	144540	23964	6909	966	79036	2116	57704	30818
-3340	134215	139336	21568	6074	793	67602	1896	54120	26450
-35	3120	4345	1051	486	114	3736	88	1793	1602
236	2331	652	1345	320	59	7538	132	1647	2715
18	199	207		29		160		144	51
9337	29124	22354	8954	8933	3631	87919	6464	55578	36155
4889	13482	10965	5874	4666	1627	47016	2202	30730	21229
1658	11576	14910	3306	2200	908	18305	579	9330	5557
2790	4066	-3521	-226	2067	1096	22598	3683	15518	9369
16316	255976	266202	61229	25845	6996	283536	18678	195667	136757
12893	202801	205765	45848	15882	3661	134020	7106	103034	57306
2331	55923	60928	14935	9241	3270	139157	10857	89144	73463
-280	29920	41198	4847	1393	1049	13322	774	4111	4178
2412	22182	16156	6583	3620	840	36408	3293	34716	11699
1853	14554	9047	3513	2890	676	27347	1644	19118	7842
1691	41236	42981	4894	6048	7086	73245	6841	11186	24943
453	8523	8823	1536	190	39	8430	72	627	2654
1156	6731	8599	1956	4205	1066	22798	1706	6610	7594
5100	33722	34788	6703	4477	510	40697	2498	30460	21880
4651	32551	33687	6398	4320	472	38741	2227	21961	20915
59887	260852	251022	36901	11590	2733	163729	15481	188913	68565
52269	97528	95584	27159	7190	1270	113183	11455	113688	43632
7031	156224	148337	8566	4031	1322	44837	3554	70065	22224
6618	66981	47364	9653	5371	669	54900	6742	40797	31895
3773	43752	23635	6635	3350	379	35789	4797	23838	23331
1198	8225	8362	1532	1021	119	9313	841	7858	3598
1475	13287	13694	1020	767	135	7171	842	7253	3843
2913	3269	6005	2138	1151	348	14366	1142	13029	6354
1678	11576	10695	1650	1331	755	16054	988	15873	7265

15-19 各市限额以上批发零售企业财务状况（2007年）

单位:万元

市 别	City	流动资产合计 Circulating Assets	固定资产原价 Original Value of Fixed Assets	累计折旧 Accumulated Depreciation	#本年折旧 Depreciation Drawn in Current Year	资产合计 Total Assets
批发零售业合计	**Total Wholesale and Retail Trades**	**42722897**	**9128251**	**2882080**	**488906**	**55309675**
批发业	**Wholesale Trade**	**33809226**	**5813196**	**1794749**	**258608**	**42793745**
广 州	Guangzhou	14778784	2281013	670042	96721	18620981
深 圳	Shenzhen	8621622	1938083	649963	79902	11374512
珠 海	Zhuhai	968463	142611	57395	5562	1303408
汕 头	Shantou	350978	81420	26292	2192	471971
佛 山	Foshan	4333619	333075	104032	24830	4851768
韶 关	Shaoguan	148986	54714	19257	3154	230074
河 源	Heyuan	26498	28061	5618	1218	95445
梅 州	Meizhou	102619	28096	6006	1928	132185
惠 州	Huizhou	220472	34360	12458	2752	265449
汕 尾	Shanwei	52854	20434	4482	445	74760
东 莞	Dongguan	1251684	165599	45828	9403	1512940
中 山	Zhongshan	887018	77269	25811	4713	979970
江 门	Jiangmen	340118	148163	38336	5893	480644
阳 江	Yangjiang	74318	41454	9507	463	115110
湛 江	Zhanjiang	514133	72109	22780	3558	641977
茂 名	Maoming	215146	45883	12481	2166	271577
肇 庆	Zhaoqing	204283	90787	19962	790	292888
清 远	Qingyuan	72117	56335	12623	3440	153287
潮 州	Chaozhou	220064	32773	8749	2733	312867
揭 阳	Jieyang	278833	65085	16745	2638	374706
云 浮	Yunfu	146617	75872	26382	4107	237226
零售业	**Retail Trade**	**8913671**	**3315055**	**1087331**	**230298**	**12515930**
广 州	Guangzhou	2892133	917833	298224	63160	3899708
深 圳	Shenzhen	3144627	1130070	409828	83847	4344851
珠 海	Zhuhai	376937	145508	58471	7553	522118
汕 头	Shantou	56486	42311	15163	2733	101692
佛 山	Foshan	653422	199385	53832	14420	923053
韶 关	Shaoguan	18912	11801	2131	394	30171
河 源	Heyuan	11607	10316	2115	464	22711
梅 州	Meizhou	29996	36409	7109	1903	69617
惠 州	Huizhou	108459	149202	36019	9275	261319
汕 尾	Shanwei	18016	39271	7779	1584	50220
东 莞	Dongguan	797919	285946	92955	22437	1118370
中 山	Zhongshan	241861	124001	34373	9347	378849
江 门	Jiangmen	128782	33545	14924	1960	178435
阳 江	Yangjiang	23311	4515	1613	173	26592
湛 江	Zhanjiang	112219	79550	17709	3386	178742
茂 名	Maoming	140386	59394	19421	3808	204410
肇 庆	Zhaoqing	67310	17511	6764	1260	83366
清 远	Qingyuan	22097	3476	1165	241	25854
潮 州	Chaozhou	39769	13569	4156	1179	54903
揭 阳	Jieyang	21150	6098	1655	492	26990
云 浮	Yunfu	8272	5344	1925	682	13959

Financial Indicators of Enterprises above Designated Size in Wholesale and Retail Trades by City (2007)

(10000 yuan)

负债合计 Total Liabilities	所有者权益合计 Total Creditors' Equity	实收资本 Paid-up Capital	营业收入合计 Total Business Revenue	主营业务收入 Main Business Revenue	主营业务成本 Main Business Costs	主营业务税金及附加 Tax and Extra Charges on Main Business	主营业务利润 Main Business Profits
40243961	**15065714**	**8901358**	**152731003**	**151912743**	**141080131**	**209227**	**9704805**
30694525	**12099220**	**6734839**	**123233265**	**122783177**	**115033290**	**142059**	**6993898**
13562221	5058760	3399196	58348715	58244788	55477770	71716	2695032
7445531	3928981	1848998	24497696	24217416	22088958	23195	1768538
803730	499678	188392	3364849	3362536	3134630	2892	196696
262021	209950	86708	1465547	1464659	1287467	3459	149549
4087209	764559	482751	14191464	14186724	13506685	9748	578967
128288	101786	19496	748899	748899	653522	2215	92968
58587	36858	1579	336719	336703	305288	458	30059
53427	78758	12688	595142	594884	482726	1801	74033
225102	40347	29784	841714	825511	748516	829	73556
23494	51266	8974	307062	307051	250444	922	48094
1224659	288281	206058	4363006	4342272	4080350	4126	241870
852083	127887	66314	4561616	4558803	4400614	2388	155795
328321	152323	54669	1776069	1769181	1619241	3785	132688
85749	29361	8665	406856	406856	348470	577	52223
462307	179670	97835	1619659	1614572	1500747	4995	108830
159492	112085	52668	1732979	1732976	1631045	1973	99958
263280	29608	30974	895565	895457	797073	1208	68857
84557	68730	6981	673208	673188	594334	1216	76312
245406	67461	38580	747523	745803	609815	1015	124623
248088	126618	59270	1164260	1163765	1009680	2995	140925
90973	146253	34259	594717	591133	505915	546	84325
9549436	**2966494**	**2166519**	**29497738**	**29129566**	**26046841**	**67168**	**2710907**
3078090	821618	538758	10152671	9930887	8957947	21349	951463
3048045	1296806	918402	7901399	7821615	6798578	18111	893978
361337	160781	106662	872167	864897	754924	3090	83077
71699	29993	28779	297257	295097	269172	495	21171
752923	170130	142129	2244045	2215762	2027704	7348	141356
20791	9380	6484	66479	66479	59951	334	6113
14103	8608	9947	47907	47902	42139	122	4242
42027	27590	24994	287554	287445	228553	284	20085
230120	31199	50616	787003	777146	707711	1348	67352
28969	21251	4241	96691	96519	86872	259	8706
945150	173220	151141	3477421	3466215	3144555	5910	276733
307512	71337	43516	1136739	1133538	1043514	1641	88383
144238	34197	43192	541836	538756	500226	1740	20576
23838	2754	3189	24679	24679	20512	80	2838
152505	26237	17881	484480	483990	446253	1946	35791
162008	42402	30265	484468	483946	426092	1768	56085
66235	17131	18509	194231	194216	176331	591	13304
23585	2269	4763	95375	95194	87840	122	4232
45650	9253	10715	206196	206174	178714	147	8893
20728	6262	8682	72225	72197	66268	279	3208
9883	4076	3654	26915	26912	22985	204	3321

15-19 续表

单位:万元

市 别	City	其它业务利润 Profits from Other Businesses	营业费用 Operational Expenses	管理费用 Management Expenses	财务费用 Financial Expenses	营业利润 Business Profits
批发零售业合计	**Total Wholesale and Retail Trades**	**978270**	**4834113**	**2567543**	**488597**	**3609106**
批发业	**Wholesale Trade**	**354424**	**2868760**	**1747482**	**392262**	**2883392**
广 州	Guangzhou	141137	1294329	695400	171410	738466
深 圳	Shenzhen	119126	737216	476305	101452	828285
珠 海	Zhuhai	32965	77019	52666	5224	137529
汕 头	Shantou	4394	18794	33118	2488	107094
佛 山	Foshan	10451	270299	122270	70293	221086
韶 关	Shaoguan	3006	22050	24061	624	55866
河 源	Heyuan	-182	12283	3820	935	13738
梅 州	Meizhou	202	4695	22157	250	48426
惠 州	Huizhou	4505	22993	20122	815	36180
汕 尾	Shanwei	469	2409	15516	78	34207
东 莞	Dongguan	23822	110929	50283	13458	108510
中 山	Zhongshan	4286	70786	38795	5603	45031
江 门	Jiangmen	1901	31300	27625	2691	78082
阳 江	Yangjiang	80	11456	9804	769	35858
湛 江	Zhanjiang	4410	27000	34186	6944	53591
茂 名	Maoming	1154	18065	31286	1462	52475
肇 庆	Zhaoqing	1463	24377	15652	1919	39816
清 远	Qingyuan	-220	14237	18674	371	47875
潮 州	Chaozhou	1154	63974	13317	2992	46032
揭 阳	Jieyang	74	29608	22241	1575	95550
云 浮	Yunfu	227	4941	20184	909	59695
零售业	**Retail Trade**	**623846**	**1965353**	**820061**	**96335**	**725714**
广 州	Guangzhou	201626	676031	273323	28069	222132
深 圳	Shenzhen	286094	685784	272795	22676	302333
珠 海	Zhuhai	13895	57176	30856	2530	27909
汕 头	Shantou	3749	18023	5054	1848	4362
佛 山	Foshan	27891	96057	58027	16420	30630
韶 关	Shaoguan	933	3398	3336	337	-12
河 源	Heyuan	547	1985	3526	436	-24
梅 州	Meizhou	116	12389	4122	353	3901
惠 州	Huizhou	10977	63116	10395	2473	8580
汕 尾	Shanwei	546	6128	1667	346	1299
东 莞	Dongguan	49907	208751	85686	10959	50649
中 山	Zhongshan	9786	51963	19254	3642	23311
江 门	Jiangmen	5673	28154	8313	1857	1784
阳 江	Yangjiang	238	2977	700	105	197
湛 江	Zhanjiang	3123	10541	19863	804	10817
茂 名	Maoming	2328	14300	9160	1827	33408
肇 庆	Zhaoqing	2353	11336	5951	800	1104
清 远	Qingyuan	842	5931	1735	138	414
潮 州	Chaozhou	2047	5237	3832	142	2840
揭 阳	Jieyang	874	3866	1232	378	-148
云 浮	Yunfu	301	2210	1234	195	228

15-19 continued

(10000 yuan)

利润总额 Total Profits	应交所得税 Income Taxes Payable	劳动及失业保险费 Labor and Unemployment Insurance Premium	住房公积金和住房补贴 Public Reserve Funds for Housing and Housing Subsidies	本年应付工资总额 Total Wages Payable in Current Year	本年应付福利费总额 Welfare Expenses Payable in Current Year	本年应交增值税 Value-added Tax Payable in Current Year	从业人数(人) Number of Employed Persons (person)
4063055	**922212**	**160544**	**81272**	**1665506**	**139409**	**1808417**	**583531**
3346644	**787614**	**99718**	**60286**	**969249**	**82972**	**1273665**	**269995**
1058797	323351	54473	25342	362297	33344	540922	93648
932442	133188	20284	18670	332086	24299	333081	79157
128469	16323	1495	1093	22970	2441	25720	7067
128635	33183	1707	751	13290	1172	26130	4985
222304	45298	4644	1641	59632	4638	90854	19330
55126	14803	1791	1737	13958	1400	22101	3396
13983	3462	119	245	1909	192	6157	858
48882	16150	601	1104	11159	45	13702	2477
36596	11738	1027	1155	13157	1426	12806	3773
43173	11461	339	532	4546	334	8363	1667
109671	36233	1711	929	27301	2063	38441	9978
52927	17900	2214	435	18197	1480	20988	8114
79731	14810	1553	706	12583	1179	15395	5781
35959	5503	538	549	5265	515	6116	1656
58611	17950	1663	1137	15736	2450	27671	5652
52402	17095	2170	956	14278	1760	16229	5586
42664	6026	705	1155	6369	449	13035	3177
45408	12694	890	692	7405	842	11601	2828
41202	12271	164	438	4771	471	9725	1268
97981	30556	737	672	10157	965	25724	3584
61681	7619	893	347	12183	1507	8904	6013
716411	**134598**	**60826**	**20986**	**696257**	**56437**	**534752**	**313536**
206440	55667	29801	8280	218820	16959	163838	85342
314114	42910	14855	9805	271249	20490	178431	107785
29921	4961	2171	561	22213	1993	22989	10235
2691	374	292	51	3605	442	7168	2398
29230	6778	3659	438	39669	3535	29647	20793
-14	109	209		3777	363	980	3721
-153	28	120	82	2109	161	676	1275
3533	1207	422	100	2924	229	3674	2346
9330	836	995	254	14609	1185	11265	9275
1322	59	273	21	1550	41	1530	1783
47680	14337	2615	592	58444	6112	68072	29485
24670	2627	1657	142	18985	1108	11235	11164
1430	1397	915	204	9288	781	15553	6430
206	7	78	1	2312	24	145	2306
11105	1202	653	123	7862	1119	5109	4594
30865	1117	1036	228	5916	712	5817	4878
493	436	480	47	5042	512	4181	3421
214	72	161	2	2004	204	2050	1410
2692	240	207	7	2872	248	1279	2126
-191	145	65	9	1706	114	490	1437
833	89	162	39	1301	105	623	1332

15-20 星级住宿企业财务状况（2007年）

单位:万元

项　目	Item	企业数(个) Number of Enterprises (unit)	流动资产合计 Circulating Assets	固定资产原价 Original Value of Fixed Assets	累计折旧 Accumulated Depreciation
住宿业合计	**Total Hotels**	**1170**	**2085567**	**5619855**	**2126094**
#国有及国有控股	State-owned and State-controlled Enterprises	262	532236	1896095	844287
按登记注册类型分	By Status of Registration				
内资企业	Domestic-funded Enterprises	958	1155283	3038827	1082446
国有企业	State-owned Enterprises	177	260549	776747	315244
集体企业	Collective-owned Enterprises	90	44302	178159	91814
股份合作企业	Share-holding Cooperative Enterprises	15	4992	11196	4358
联营企业	Joint-operation Enterprises	14	26425	61969	35327
国有联营企业	State-owned Joint-operation Enterprises	7	9139	40688	22644
集体联营企业	Collective Joint-operation Enterprises	4	684	2874	2063
国有与集体联营企业	State-collective Joint-operation Enterprises	3	16602	18407	10620
其他联营企业	Other Joint-operation Enterprises				
有限责任公司	Limited Liability Corporations	263	418152	1047528	335218
国有独资企业	State Sole Investment Enterprises	9	23261	68473	50307
其他有限责任公司	Other Limited Liability Companies	254	394891	979055	284911
股份有限公司	Share-holding Corporations Ltd.	24	49725	181073	68591
私营企业	Private Enterprises	355	341942	755461	221687
私营独资企业	Private Sole Investment Enterprises	100	71208	129201	32711
私营合伙企业	Private Partnership Enterprises	19	3895	15606	6000
私营有限责任公司	Private Limited Liability Corporations	216	247164	537496	170115
私营股份有限公司	Private Share-holding Corporations Ltd.	20	19675	73158	12861
其他企业	Other Enterprises	20	9196	26694	10207
港、澳、台商投资企业	Enterprises with Investment from Hong Kong, Macao and Taiwan	140	563209	1917602	775324
合资经营企业	Joint Ventures	49	166045	713717	336012
合作经营企业	Cooperative Enterprises	52	260385	609246	306310
独资经营企业	Sole Investment Enterprises	36	134412	593913	132569
投资股份有限公司	Share-holding Corporations Ltd.	3	2367	726	433
外商投资企业	Enterprises with Foreign Investment	72	367075	663426	268324
中外合资经营企业	Sino-foreign Joint Ventures	24	59239	187677	74541
中外合作经营企业	Sino-foreign Cooperative Enterprises	27	196934	262587	149289
外资企业	Foreign-funded Enterprises	20	110879	211377	44144
外商投资股份有限公司	Share-holding Corporations Ltd.	1	23	1785	350
按国民经济行业分	By Economic Sector				
旅游饭店	Tourist Hotels	1026	1925018	5238464	1977127
一般旅馆	Ordinary Hotels	121	145712	331836	129304
其它住宿服务	Others	23	14837	49555	19663

Financial Indicators of Star-ranking Hotels (2007)

(10000 yuan)

本年折旧 Depreciation Drawn in Current Year	资产合计 Total Assets	负债合计 Total Liabilities	所有者权益合计 Total Creditors' Equity	实收资本 Paid-up Capital	营业收入合计 Total Business Revenue	主营业务收入 Main Business Revenue	主营业务成本 Main Business Costs	主营业务税金及附加 Tax and Extra Charges on Main Business
268654	**7411459**	**5097894**	**2313565**	**2655278**	**2716359**	**2681106**	**731452**	**155424**
83097	2147748	1222953	924795	873819	779262	765779	171295	39890
151982	3960071	2640308	1319763	1339668	1769709	1739980	507818	104085
33160	842464	430811	411653	463167	337994	333525	87986	18088
7597	151553	156473	-4920	58464	76783	75567	27958	4573
641	17219	10720	6499	8006	14396	14350	4268	780
3316	66734	37960	28774	26246	20669	20663	3601	1258
1333	35905	23347	12558	17410	10425	10425	1627	666
1584	2300	1347	953	3780	2367	2361	850	163
399	28529	13266	15263	5056	7877	7877	1124	429
56218	1451657	989449	462208	377715	612469	601210	162681	35820
2350	70878	35435	35443	14120	52736	52657	11529	2473
53868	1380779	954014	426765	363595	559733	548553	151152	33347
7461	194623	91051	103572	73472	77698	77265	16957	4269
42698	1197697	914056	283641	307081	609042	596787	196060	38198
9049	196956	118167	78789	84133	138026	137247	49215	9375
1260	14424	8396	6028	5741	18285	18084	7070	1043
29112	889713	722856	166857	196025	413481	402251	125225	25514
3277	96604	64637	31967	21182	39250	39205	14550	2266
891	38124	9788	28336	25517	20658	20613	8307	1099
90021	2392290	1698341	693949	874666	646688	645191	143680	34960
27441	813339	553746	259593	334882	210468	209532	44553	10893
28702	910986	693820	217166	220181	259917	259506	57988	15201
33810	661894	448202	213692	318511	166992	166855	40220	8395
68	6071	2573	3498	1092	9311	9298	919	471
26651	1059098	759245	299853	440944	299962	295935	79954	16379
6513	286679	183837	102842	162510	104781	104114	25402	6094
6983	394355	417079	-22724	91600	111796	109888	25250	5896
13047	376607	157949	218658	185565	82990	81538	29253	4369
108	1457	380	1077	1269	395	395	49	20
249789	6922297	4805155	2117142	2481310	2510169	2476980	670181	143434
16222	431436	253948	177488	151988	171394	169337	51625	10002
2643	57726	38791	18935	21980	34796	34789	9646	1988

15-20 续表

单位:万元

项　目	Item	主营业务利润 Main Business Profits	其它业务利润 Profits from Other Businesses	营业费用 Operational Expenses	管理费用 Management Expenses
住宿业合计	**Total Hotels**	**1598721**	**21887**	**960066**	**750976**
#国有及国有控股	State-owned and State-controlled Enterprises	489453	5195	262531	257602
按登记注册类型分	By Status of Registration				
内资企业	Domestic-funded Enterprises	1007151	16973	669744	435712
国有企业	State-owned Enterprises	199175	3160	128011	102365
集体企业	Collective-owned Enterprises	37587	1463	29886	17019
股份合作企业	Share-holding Cooperative Enterprises	9303	188	6865	2675
联营企业	Joint-operation Enterprises	9644	37	11606	6793
国有联营企业	State-owned Joint-operation Enterprises	7083	34	6227	2891
集体联营企业	Collective Joint-operation Enterprises	1349	3	1476	2058
国有与集体联营企业	State-collective Joint-operation Enterprises	1212		3903	1844
其他联营企业	Other Joint-operation Enterprises				
有限责任公司	Limited Liability Corporations	361746	7205	228151	155485
国有独资企业	State Sole Investment Enterprises	36625	119	18172	10619
其他有限责任公司	Other Limited Liability Companies	325121	7086	209979	144866
股份有限公司	Share-holding Corporations Ltd.	47949	939	21371	26933
私营企业	Private Enterprises	331922	3954	236173	120101
私营独资企业	Private Sole Investment Enterprises	71085	419	53752	19319
私营合伙企业	Private Partnership Enterprises	6364	365	6691	1697
私营有限责任公司	Private Limited Liability Corporations	234550	2483	160162	92916
私营股份有限公司	Private Share-holding Corporations Ltd.	19923	687	15568	6169
其他企业	Other Enterprises	9825	27	7681	4341
港、澳、台商投资企业	Enterprises with Investment from Hong Kong, Macao and Taiwan	411210	2548	193086	223486
合资经营企业	Joint Ventures	139665	527	64387	76296
合作经营企业	Cooperative Enterprises	182076	1427	83595	86000
独资经营企业	Sole Investment Enterprises	82774	581	42692	58885
投资股份有限公司	Share-holding Corporations Ltd.	6695	13	2412	2305
外商投资企业	Enterprises with Foreign Investment	180360	2366	97236	91778
中外合资经营企业	Sino-foreign Joint Ventures	69875	233	35880	34508
中外合作经营企业	Sino-foreign Cooperative Enterprises	75132	2020	40078	32671
外资企业	Foreign-funded Enterprises	35026	113	21227	24317
外商投资股份有限公司	Share-holding Corporations Ltd.	327		51	282
按国民经济行业分	By Economic Sector				
旅游饭店	Tourist Hotels	1474336	20564	876893	699390
一般旅馆	Ordinary Hotels	101325	1281	69218	41970
其它住宿服务	Others	23060	42	13955	9616

15-20 continued

(10000 yuan)

财务费用 Financial Expenses	营业利润 Business Profits	利润总额 Total Profits	应交所得税 Income Taxes Payable	劳动及失业保险费 Labor and Unemployment Insurance Premium	住房公积金和住房补贴 Public Reserve Funds for Housing and Housing Subsidies	本年应付工资总额 Total Wages Payable in Current Year	本年应付福利费总额 Total Welfare Expenses Payable in Current Year	全部从业人员数（人） Number of Employed Persons (person)
85807	**3339**	**-6588**	**29181**	**38009**	**9554**	**484436**	**65704**	**253047**
24100	11233	17206	14163	18406	6221	152550	25450	56425
52622	-14969	-16176	17956	23064	5811	320342	39449	179975
6981	-4448	2675	4038	8505	2916	72836	7016	30311
1285	-3548	-5141	734	1254	198	14377	1285	9726
110	1420	-101	150	137	26	2160	196	1599
30	-2489	-2441	221	212	96	4793	557	2173
36	-892	-905	51	192	92	2815	200	1194
2	-2184	-2186	16	14		567	81	414
-8	587	650	154	6	4	1411	276	565
21533	-3388	-5660	5743	5653	1347	108850	15820	59288
261	9492	8417	2738	596	180	10403	3756	2463
21272	-12880	-14077	3005	5057	1167	98447	12064	56825
1196	7046	5768	1751	2454	823	14131	2044	5782
21204	-8236	-10065	5223	4439	334	99729	12081	68549
3914	3478	3141	1562	609	149	23258	2774	17080
538	934	516	98	166		2881	227	2211
15379	-12172	-12828	3512	3532	151	68465	8626	45834
1373	-476	-894	51	132	34	5125	454	3424
283	-1326	-1211	96	410	71	3466	450	2547
20651	21899	11470	9194	10510	2871	111677	18570	47982
9154	4592	2965	3127	3141	793	38499	7112	15718
12628	7339	8406	4819	5985	1689	38895	6408	17879
-1230	6846	-3022	1248	1245	368	33130	5005	13799
99	3122	3121		139	21	1153	45	586
12534	-3591	-1882	2031	4435	872	52417	7685	25090
4546	-1536	-1682	351	601	228	17589	1576	8610
6123	-684	-1371	715	3050	523	19563	2107	9743
1865	-1365	1181	965	781	121	15210	4002	6685
	-6	-10		3		55		52
82652	8001	-4619	25638	34638	9004	440224	57782	229197
1980	-3139	-210	3283	2976	505	37199	6867	19800
1175	-1523	-1759	260	395	45	7013	1055	4050

15-21 限额以上餐饮企业财务状况（2007年）

单位:万元

项　目	Item	企业数（个）Number of Enterprises (unit)	流动资产合计 Circulating Assets	固定资产原价 Original Value of Fixed Assets	累计折旧 Accumulated Depreciation
餐饮业合计	**Total Catering Services**	**1736**	**818182**	**1394063**	**532687**
#国有及国有控股	State-owned and State-controlled Enterprises	62	48766	184302	80769
按登记注册类型分	By Status of Registration				
内资企业	Domestic-funded Enterprises	1527	565603	929209	326376
国有企业	State-owned Enterprises	47	40137	124622	57405
集体企业	Collective-owned Enterprises	79	18958	32073	13874
股份合作企业	Share-holding Cooperative Enterprises	51	10086	4196	2551
联营企业	Joint-operation Enterprises	12	7665	56525	24646
国有联营企业	State-owned Joint-operation Enterprises	2	3225	43156	21237
集体联营企业	Collective Joint-operation Enterprises	2	130	2397	1347
国有与集体联营企业	State-collective Joint-operation Enterprises	1	192	42	33
其他联营企业	Other Joint-operation Enterprises	7	4118	10930	2029
有限责任公司	Limited Liability Corporations	189	121652	223713	57678
国有独资企业	State Sole Investment Enterprises	2	808	14781	896
其他有限责任公司	Other Limited Liability Companies	187	120844	208932	56782
股份有限公司	Share-holding Corporations Ltd.	20	9854	6693	2426
私营企业	Private Enterprises	1080	351216	461778	163645
私营独资企业	Private Sole Investment Enterprises	367	78612	123606	38326
私营合伙企业	Private Partnership Enterprises	99	23782	36379	9641
私营有限责任公司	Private Limited Liability Corporations	575	237261	285724	111877
私营股份有限公司	Private Share-holding Corporations Ltd.	39	11561	16069	3801
其他企业	Other Enterprises	49	6035	19609	4151
港、澳、台商投资企业	Enterprises with Investment from Hong Kong, Macao and Taiwan	135	125076	140510	62842
合资经营企业	Joint Ventures	30	40202	28284	12723
合作经营企业	Cooperative Enterprises	17	22488	12872	7901
独资经营企业	Sole Investment Enterprises	85	62263	98510	41841
投资股份有限公司	Share-holding Corporations Ltd.	3	123	844	377
外商投资企业	Enterprises with Foreign Investment	74	127503	324344	143469
中外合资经营企业	Sino-foreign Joint Ventures	25	26417	86386	38321
中外合作经营企业	Sino-foreign Cooperative Enterprises	21	60542	153309	70355
外资企业	Foreign-funded Enterprises	28	40544	84649	34793
外商投资股份有限公司	Share-holding Corporations Ltd.				
按国民经济行业分	By Economic Sector				
正餐服务业	Dinner Service	1633	704941	1088678	407794
快餐服务业	Fast Food Service	51	66776	264207	111573
饮料及冷饮服务业	Beverage and Cold Drink Service	19	11054	10279	3553
其他餐饮服务业	Other Services	33	35411	30899	9767

Financial Indicators of Catering Services above Designated Size (2007)

(10000 yuan)

本年折旧 Depreciation Drawn in Current Year	资产合计 Total Assets	负债合计 Total Liabilities	所有者权益合计 Total Creditors' Equity	实收资本 Paid-up Capital	营业收入合计 Total Business Revenue	主营业务收入 Main Business Revenue	主营业务成本 Main Business Costs	主营业务税金及附加 Tax and Extra Charges on Main Business
103174	**2124097**	**1423294**	**700803**	**688952**	**3034595**	**3024020**	**1409833**	**173908**
6927	180722	126286	54436	40490	96413	94215	39731	4890
72466	1444254	1045178	399076	371876	2011285	2002954	1006661	121780
5338	123608	69335	54273	33018	69146	66948	27530	3189
1851	42005	23541	18464	20096	83620	83283	44996	6264
324	13810	9654	4156	3935	41386	40934	23329	2416
1455	43912	42130	1782	8858	28422	28422	12949	1801
1087	27893	36138	-8245	4143	9598	9598	3174	444
85	2134	674	1460	2963	921	921	347	51
10	201	162	39	10	544	544	205	28
273	13684	5156	8528	1742	17359	17359	9223	1278
26820	348214	242797	105417	61560	335331	334063	155105	19058
195	21397	13833	7564	1050	1783	1783	379	117
26625	326817	228964	97853	60510	333548	332280	154726	18941
700	16799	8847	7952	7880	24304	24304	11966	1399
34706	831683	632317	199366	228628	1378222	1374237	702301	83352
8141	183518	94163	89355	76068	357248	355516	195912	22311
2280	73563	57155	16408	18089	118288	118060	59654	7617
23291	545523	459385	86138	127024	866267	864392	429289	51317
994	29079	21614	7465	7447	36419	36269	17446	2107
1272	24223	16557	7666	7901	50854	50763	28485	4301
8503	266803	172913	93890	130300	317452	316433	134019	16102
1536	83653	60107	23546	37720	64960	64696	30520	3691
673	29658	15862	13796	15317	35384	34744	14295	1479
6268	152535	96331	56204	76593	214746	214631	88966	10889
26	957	613	344	670	2362	2362	238	43
22205	413040	205203	207837	186776	705858	704633	269153	36026
4100	123121	87047	36074	40330	187674	187579	74599	9736
10825	182733	56502	126231	113671	282477	282475	107167	14395
7280	107186	61654	45532	32775	235707	234579	87387	11895
81605	1735241	1238623	496618	557997	2271365	2264314	1122062	135176
17917	306055	133946	172109	103913	668684	667942	247210	33234
1283	18655	10893	7762	13534	23521	23465	7626	1510
2369	64146	39832	24314	13508	71025	68299	32935	3988

15-21 续表

单位:万元

项 目	Item	主营业务利润 Main Business Profits	其它业务利润 Profits from Other Businesses	营业费用 Operational Expenses	管理费用 Management Expenses
餐饮业合计	**Total Catering Services**	**1335924**	**6002**	**1005856**	**296592**
#国有及国有控股	State-owned and State-controlled Enterprises	47305	1761	36897	17514
按登记注册类型分	By Status of Registration				
内资企业	Domestic-funded Enterprises	803147	5488	598005	200448
国有企业	State-owned Enterprises	35319	1758	26557	12882
集体企业	Collective-owned Enterprises	29889	36	20045	7335
股份合作企业	Share-holding Cooperative Enterprises	15190		10670	2715
联营企业	Joint-operation Enterprises	13673	3	8796	3961
国有联营企业	State-owned Joint-operation Enterprises	5980		4107	1541
集体联营企业	Collective Joint-operation Enterprises	523	3	312	359
国有与集体联营企业	State-collective Joint-operation Enterprises	311		158	58
其他联营企业	Other Joint-operation Enterprises	6859		4219	2003
有限责任公司	Limited Liability Corporations	146174	1132	95150	44678
国有独资企业	State Sole Investment Enterprises	-91		876	580
其他有限责任公司	Other Limited Liability Companies	146265	1132	94274	44097
股份有限公司	Share-holding Corporations Ltd.	9443	-9	8008	2018
私营企业	Private Enterprises	538743	2336	417057	121162
私营独资企业	Private Sole Investment Enterprises	121439	617	88684	27661
私营合伙企业	Private Partnership Enterprises	49164	141	36547	10071
私营有限责任公司	Private Limited Liability Corporations	351670	1399	276747	80105
私营股份有限公司	Private Share-holding Corporations Ltd.	16469	179	15078	3326
其他企业	Other Enterprises	14717	233	11722	5697
港、澳、台商投资企业	Enterprises with Investment from Hong Kong, Macao and Taiwan	150354	1549	117873	35849
合资经营企业	Joint Ventures	29102	280	21257	8194
合作经营企业	Cooperative Enterprises	18693	392	7916	8724
独资经营企业	Sole Investment Enterprises	102559	877	88374	18816
投资股份有限公司	Share-holding Corporations Ltd.			326	115
外商投资企业	Enterprises with Foreign Investment	382423	-1035	289978	60295
中外合资经营企业	Sino-foreign Joint Ventures	102131	447	80232	12511
中外合作经营企业	Sino-foreign Cooperative Enterprises	153796	-743	115551	25713
外资企业	Foreign-funded Enterprises	126496	-739	94196	22071
外商投资股份有限公司	Share-holding Corporations Ltd.				
按国民经济行业分	By Economic Sector				
正餐服务业	Dinner Service	920796	5569	694558	232940
快餐服务业	Fast Food Service	381165	-672	282540	49007
饮料及冷饮服务业	Beverage and Cold Drink Service	8107	38	9112	6361
其他餐饮服务业	Other Services	25857	1068	19646	8284

15-21 continued

(10000 yuan)

财务费用 Financial Expenses	营业利润 Business Profits	利润总额 Total Profits	应交所得税 Income Taxes Payable	劳动及失业保险费 Labor and Unemployment Insurance Premium	住房公积金和住房补贴 Public Reserve Funds for Housing and Housing Subsidies	本年应付工资总额 Total Wages Payable in Current Year	本年应付福利费总额 Total Welfare Expenses Payable in Current Year	从业人员（人） Number of Employed Persons (person)
35340	**111970**	**97104**	**42339**	**26196**	**4295**	**386011**	**28635**	**249416**
1951	-4182	-3392	707	2333	718	18813	1724	9667
28816	57346	47571	28791	17280	2143	271920	22895	183205
1229	-2210	-1292	304	1819	435	13762	1322	7169
508	4389	3953	1093	614	12	9355	897	7041
206	1852	1568	932	527	4	4316	376	3398
544	773	714	171	228	333	4718	487	2518
387	-54	-112		180	243	2328	143	812
6	-151	-153	0	13	8	230	31	143
	95	95	4	3	4	88	12	67
151	883	884	166	32	78	2072	301	1496
6138	12666	11998	8739	2886	261	47041	4130	31620
295	-464	-442		44	1	458	72	336
5843	13129	12440	8739	2842	260	46582	4058	31284
245	741	731	258	347	39	3577	283	2514
19623	36822	28548	16505	10578	1036	182819	15032	124085
3887	17373	15859	4601	2311	279	43438	3680	34532
1147	5274	2543	1683	1011	31	15179	1376	10411
14219	15632	11655	10037	6941	688	118095	9582	75142
369	-1456	-1509	184	315	38	6107	395	4000
323	2313	1351	790	280	24	6333	368	4860
2548	11430	10325	2255	1670	500	33700	2293	18680
980	892	369	347	471	133	8431	495	4833
610	2499	2250	531	226	5	5000	210	2795
955	8080	7750	1377	960	362	19744	1582	10771
4	-41	-44		13	1	525	5	281
3976	43194	39208	11294	7247	1652	80391	3448	47531
1887	10765	7544	2757	1557	177	20628	266	10996
1669	13288	13571	4624	4334	862	30874	1458	22137
421	19141	18094	3913	1356	613	28889	1724	14398
32929	57109	45786	30987	19424	2319	306890	24246	200330
1655	50407	47686	10112	6085	1687	66259	3757	41668
17	-1277	-2032	183	298	161	3518	54	2030
739	5731	5663	1057	389	129	9343	578	5388

15-22 各市星级住宿业和限额以上餐饮企业财务状况（2007年）

单位:万元

市别	City	流动资产合计 Circulating Assets	固定资产原价 Original Value of Fixed Assets	累计折旧 Accumulated Depreciation	#本年折旧 Depreciation Drawn in Current Year
住宿餐饮业合计	**Total Hotels and Catering Services**	**2903749**	**7013918**	**2658781**	**371828**
住宿业	**Hotels**	**2085567**	**5619855**	**2126094**	**268654**
广州	Guangzhou	594007	1650187	702921	77201
深圳	Shenzhen	405545	1080525	471449	46659
珠海	Zhuhai	197597	525844	183074	24222
汕头	Shantou	61786	211864	86291	8964
佛山	Foshan	111072	358415	141593	24530
韶关	Shaoguan	13600	49975	13027	1936
河源	Heyuan	21107	56772	10694	2586
梅州	Meizhou	22976	72004	14771	2400
惠州	Huizhou	53986	173513	47850	9127
汕尾	Shanwei	6646	19275	6933	707
东莞	Dongguan	291135	595177	217884	33284
中山	Zhongshan	132311	224204	74146	9677
江门	Jiangmen	62825	156133	31123	8967
阳江	Yangjiang	8491	51934	7928	2596
湛江	Zhanjiang	44201	101157	33055	4423
茂名	Maoming	7367	27513	9706	1193
肇庆	Zhaoqing	24527	104134	36159	3468
清远	Qingyuan	16362	85872	21583	4630
潮州	Chaozhou	1636	23516	4993	449
揭阳	Jieyang	6269	41048	9712	1363
云浮	Yunfu	2121	10793	1202	272
餐饮业	**Catering Services**	**818182**	**1394063**	**532687**	**103174**
广州	Guangzhou	237078	466048	205186	32680
深圳	Shenzhen	181644	224143	101683	15023
珠海	Zhuhai	22646	15316	5897	1272
汕头	Shantou	5139	6827	2223	248
佛山	Foshan	73392	80897	32847	6946
韶关	Shaoguan	5092	12364	3771	351
河源	Heyuan	9120	22488	5667	1204
梅州	Meizhou	4549	9688	1583	419
惠州	Huizhou	26601	31258	7662	2080
汕尾	Shanwei	8969	19787	3507	689
东莞	Dongguan	114144	275114	103246	30291
中山	Zhongshan	16442	20673	7289	1117
江门	Jiangmen	13998	25945	11560	1514
阳江	Yangjiang	17897	9862	1705	462
湛江	Zhanjiang	11491	24684	5127	1814
茂名	Maoming	22104	19959	8565	890
肇庆	Zhaoqing	18096	21672	3189	592
清远	Qingyuan	10296	32369	4958	1152
潮州	Chaozhou	1517	8717	3945	525
揭阳	Jieyang	4140	35597	5494	2375
云浮	Yunfu	13827	30655	7583	1530

Financial Indicators of Star-ranking Hotels and Enterprises Catering Services above Designated Size by City (2007)

(10000 yuan)

资产合计 Total Assets	负债合计 Total Liabilities	所有者权益合计 Total Creditors' Equity	实收资本 Paid-up Capital	营业收入合计 Total Business Revenue	主营业务收入 Main Business Revenue	主营业务成本 Main Business Costs	主营业务税金及附加 Tax and Extra Charges on Main Business	主营业务利润 Main Business Profits
9535556	**6521188**	**3014368**	**3344230**	**5750954**	**5705126**	**2141285**	**329332**	**2934645**
7411459	**5097894**	**2313565**	**2655278**	**2716359**	**2681106**	**731452**	**155424**	**1598721**
2224559	1443681	780878	705528	783506	772862	164215	40721	551464
1302691	663110	639581	568327	574112	566518	127223	31109	347086
671363	503887	167476	256501	181160	178884	38565	9072	79504
257061	228481	28580	149520	55322	55275	17219	3269	33457
418651	312955	105696	131704	190670	190288	61517	11303	98347
66320	44646	21674	27106	27623	27609	9840	1599	16008
74661	55684	18977	21299	22234	22055	8774	1341	11568
111500	70513	40987	26800	34823	34679	13591	1783	15649
233670	174925	58745	94910	84413	84008	26694	5015	46510
19372	13855	5517	13006	5514	5474	2011	328	2599
834112	749100	85012	196708	337751	327302	101420	21160	188227
397662	354299	43363	94902	112419	111309	39861	7047	64102
232538	129248	103290	138957	98949	98485	38734	5922	50775
55025	16113	38912	47758	19028	19008	7520	1020	8965
141133	130978	10155	20109	56152	56070	23179	6442	20398
34497	23155	11342	9542	16811	16721	9527	749	6445
116663	63629	53034	56201	41090	40055	13882	2301	21771
120199	90776	29423	42285	49019	48846	17763	3449	22658
36343	8608	27735	17851	12632	12632	5592	919	6121
43502	7221	36281	32213	10246	10246	3154	680	5652
19937	13030	6907	4051	2885	2780	1171	195	1415
2124097	**1423294**	**700803**	**688952**	**3034595**	**3024020**	**1409833**	**173908**	**1335924**
656645	457715	198930	207066	1170572	1166410	521999	66320	576425
382885	279381	103504	110588	768333	765448	342619	39014	339107
42350	30001	12349	11445	86172	86172	44602	4647	30956
11227	4045	7182	4725	45362	45362	30458	3047	10451
149166	114776	34390	43495	254548	252022	136389	15712	83354
18526	11780	6746	7558	10436	10436	4570	593	4789
27652	18174	9478	17165	15378	15375	6691	892	7151
13096	10590	2506	3298	9813	9813	4759	482	3229
65056	48547	16509	27133	45585	45533	22010	3254	18813
25249	6539	18710	20445	8409	8409	4027	583	3799
348445	184304	164141	122557	264203	263987	103124	15669	129611
36112	31296	4816	10441	81354	81280	43824	4636	32821
35400	23323	12077	18614	53334	53318	30885	3794	15219
35158	19821	15337	15204	34469	34464	15812	2112	14509
32478	14350	18128	8898	53148	52876	29900	5402	16198
47947	29806	18141	8289	42692	42628	24358	1936	16334
48711	29621	19090	12502	28016	28013	14593	1496	8673
43327	33157	10170	8265	16962	16908	6693	1062	6000
6620	4147	2473	5640	9349	9325	5227	714	3190
42325	39535	2790	8198	18132	17918	8612	1273	6924
55722	32386	23336	17426	18328	18323	8681	1270	8371

15-22 续表

单位:万元

市别	City	其它业务利润 Profits from Other Businesses	营业费用 Operational Expenses	管理费用 Management Expenses	财务费用 Financial Expenses
住宿餐饮业合计	**Total Hotels and Catering Services**	**27889**	**1965922**	**1047568**	**121147**
住宿业	**Hotels**	**21887**	**960066**	**750976**	**85807**
广　州	Guangzhou	3904	276516	262207	22977
深　圳	Shenzhen	3769	199433	169618	13159
珠　海	Zhuhai	2614	50543	62379	6871
汕　头	Shantou	44	20148	17227	746
佛　山	Foshan	3593	63247	42497	4931
韶　关	Shaoguan	256	9263	5814	607
河　源	Heyuan	184	9445	4272	1295
梅　州	Meizhou	446	11466	7038	455
惠　州	Huizhou	480	34879	21923	4151
汕　尾	Shanwei	11	2653	903	133
东　莞	Dongguan	3919	131687	73388	17769
中　山	Zhongshan	1063	42596	26135	2647
江　门	Jiangmen	310	36207	23182	2204
阳　江	Yangjiang	19	8149	3610	394
湛　江	Zhanjiang	855	14886	5956	4253
茂　名	Maoming	4	5883	2125	373
肇　庆	Zhaoqing	142	16449	9256	637
清　远	Qingyuan	208	17985	7382	1790
潮　州	Chaozhou	1	3494	2931	115
揭　阳	Jieyang	61	4299	2806	113
云　浮	Yunfu	4	838	327	187
餐饮业	**Catering Services**	**6002**	**1005856**	**296592**	**35340**
广　州	Guangzhou	2957	420901	111173	12725
深　圳	Shenzhen	1210	272431	72681	4953
珠　海	Zhuhai	20	26570	6809	773
汕　头	Shantou	46	6362	3191	285
佛　山	Foshan	732	59660	17284	1838
韶　关	Shaoguan	19	3069	1519	232
河　源	Heyuan	1	5155	1377	700
梅　州	Meizhou	5	2109	1198	213
惠　州	Huizhou	137	14993	5785	821
汕　尾	Shanwei	80	2989	1423	267
东　莞	Dongguan	111	91963	42125	5610
中　山	Zhongshan	79	26425	4822	455
江　门	Jiangmen	15	14781	4228	420
阳　江	Yangjiang	4	9892	3698	883
湛　江	Zhanjiang	142	10489	3040	542
茂　名	Maoming	59	8773	3995	877
肇　庆	Zhaoqing	200	9814	2141	882
清　远	Qingyuan	16	6318	2092	661
潮　州	Chaozhou		2030	926	623
揭　阳	Jieyang	84	3761	5127	1337
云　浮	Yunfu	85	7371	1958	243

15-22 continued

(10000 yuan)

营业利润 Business Profits	利润总额 Total Profits	应交所得税 Income Taxes Payable	劳动及失业保险费 Labor and Unemployment Insurance Premium	住房公积金和住房补贴 Public Reserve Funds for Housing and Housing Subsidies	本年应付工资总额 Total Wages Payable in Current Year	本年应付福利费总额 Welfare Expenses Payable in Current Year	从业人数(人) Number of Employed Persons (person)
115309	**90516**	**71520**	**64205**	**13849**	**870447**	**94339**	**502463**
3339	**-6588**	**29181**	**38009**	**9554**	**484436**	**65704**	**253047**
22113	10740	15455	18383	6354	145611	24851	56739
20603	24774	4536	5422	1703	103130	11967	44864
5870	4311	1888	2673	341	37257	5769	16467
-3527	-3236	226	621	163	8940	1180	6618
4782	7374	2288	2314	311	31877	5167	19668
594	587	69	219	31	4741	627	3972
-2993	-963	2	75		3864	444	2989
666	492	453	97		5847	305	4674
-7756	-6139	557	655	98	15188	932	10386
-539	-590	14	15		1995	85	958
-14552	-19318	1623	1970	35	54704	6685	35650
-6213	-6840	437	1216	102	21142	2536	11891
-7624	-6418	227	1118	66	16369	1150	10608
-2919	-2717	122	1355		2070	80	1580
947	-1441	371	645	141	8267	1476	6985
125	611	193	277	15	2727	271	2519
-2751	-3824	310	583	137	7319	690	5549
-2749	-3067	114	273	17	8864	946	7038
-236	-278	258	77		1862	367	1607
-673	-709	8	6	31	2067	105	1627
171	63	30	15	9	595	71	658
111970	**97104**	**42339**	**26196**	**4295**	**386011**	**28635**	**249416**
43551	33407	20634	15317	1696	144784	9947	90273
32490	30566	5015	3651	2041	100343	7144	52603
2258	2631	935	626	8	10653	699	6906
2412	2096	438	189	8	2458	178	2244
21327	20232	3805	2054	128	29779	2884	20440
522	395	46	132	14	2264	300	2158
585	582	2	53		2377	188	2039
-95	-141	25	21		1406	150	1133
-1115	-1275	117	136	150	6806	697	5708
-800	-803	21	70		1589	121	1220
2023	1898	3961	1871	215	35972	3199	25011
1196	1103	1172	551		10522	433	6778
429	226	424	462	3	6724	351	5352
1040	887	4192	116		5431	408	5397
4754	4694	269	212	2	6860	563	6096
3614	3418	882	361	10	4739	588	4429
-455	-482	127	156	1	3789	96	3364
-759	-750	26	94	7	3189	226	2821
411	547	144	38		1109	184	959
-1793	-2509	71	17		2420	30	2047
375	382	33	69	12	2797	249	2438

15-23 亿元以上商品交易市场成交额（2003-2007年）

Turnover of Commodity Transaction Markets above 100 Million Yuan (2003-2007)

单位: 亿元 (100 million yuan)

项　目	Item	2003	2004	2005	2006	2007
合　计	**Total**	**1497.81**	**1589.88**	**1948.95**	**2562.96**	**2909.74**
食品、饮料、烟酒类	Food, Beverages, Tobacco and Liquor	634.85	688.48	853.12	1007.60	1136.78
#粮油类	Grain and Edible Oil	296.75	358.84	136.45	85.56	113.16
服装鞋帽、针、纺织品类	Garments, Footwear, Headgear, Knitwear and Textiles	355.44	333.73	457.60	675.35	715.19
化妆品类	Cosmetics	11.86	8.44	8.18	9.69	11.18
金银珠宝类	Gold, Silver and Jewelry			1.14	2.94	5.23
日用品类	Daily-use Articles	38.32	37.95	42.93	151.73	165.45
五金、电料类	Hardware and Electrical Appliances	13.15	17.56	19.07	52.30	55.32
体育、娱乐用品类	Sports and Recreational Articles	2.91	3.30	5.09	4.57	5.52
书报杂志类	Newspapers and Magazines	0.50	0.43	2.37	6.64	2.48
电子出版物及音像制品类	E-journals and Video Products	8.29	5.22	2.22	19.61	10.59
家用电器和音像器材类	Household Appliances and Video Appliances	19.13	18.01	15.20	16.49	21.22
中西药品类	Traditional Chinese and Western Medicines	13.40	13.51	13.24	13.33	15.3
#中草药及中成药类	Chinese Herbal Medicines and Chinese Patent Medicines	12.40	12.70	12.52	12.83	14.74
文化办公用品类	Articles for Cultural and Office Use	30.35	40.94	62.63	49.70	53.42
家 具 类	Furniture	1.38	1.48	3.03	2.12	9.15
通讯器材类	Communication Appliances		0.07	2.24	5.42	3.81
煤炭及制品类	Coal and Related Products	1.19				
木材及制品类	Timber and Related Products	4.97	5.97	34.84	39.46	39.68
化工材料及制品类	Chemical Materials and Products	6.79	4.75	5.11	9.97	14.44
金属材料类	Metal Materials	64.54	90.50	82.11	105.39	131.02
建筑及装潢材料类	Construction and Decoration Materials	39.22	29.14	43.93	45.38	56.59
机电产品及设备类	Mechanical and Electrical Products and Equipments	10.99	28.29	17.68	65.72	54.55
汽车类	Motor Vehicles	124.72	126.36	175.68	236.10	358.52
种子饲料类	Seeds and Feedstuff				0.07	0.08
棉麻类	Cotton and Hemp				0.04	0.08
其他类	Others	115.81	135.75	101.54	43.34	44.14

15-24 按行业和所在地分批发零售和住宿餐饮企业单位数（2007年）

Number of Enterprises in Wholesale and Retail Trades, Hotels and Catering Services by Sector and Location of Enterprises (2007)

单位：个　　　　(unit)

项　目	Item	合计 Total	按行业分 By Sector 批发业 Wholesale Trade	零售业 Retail Trade	住宿业 Hotels	餐饮业 Catering Services	按所在地分 By Location 市 City	县 County	县以下 Under County Level
合　计	**Total**	**200329**	**102878**	**82406**	**5879**	**9166**	**156352**	**3771**	**40206**
内资企业	Domestic-funded Enterprises	192994	99551	80136	5422	7885	149977	3698	39319
#国有企业	State-owned Enterprises	11816	5610	4888	1004	314	6954	1177	3685
集体企业	Collective-owned Enterprises	18958	6991	10365	919	683	8647	812	9499
股份合作企业	Share-holding Cooperative Enterprises	4459	1524	2459	73	403	4025	52	382
国有联营企业	State-owned Joint-operation Enterprises	576	169	362	36	9	512	5	59
集体联营企业	Collective Joint-operation Enterprises	321	123	168	22	8	225	5	91
国有与集体联营企业	State-collective Joint-operation Enterprises	113	48	49	10	6	82	1	30
国有独资企业	State Sole Investment Enterprises	521	270	196	44	11	446	16	59
其他有限责任公司	Other Limited Liability Corporations	27382	13298	12718	618	748	20481	237	6664
股份有限公司	Share-holding Corporations Ltd.	4438	1563	2663	105	107	2683	192	1563
私营独资企业	Private Sole Investment Enterprises	18578	6310	9167	1086	2015	13584	444	4550
私营合伙企业	Private Partnership Enterprises	4688	2087	1921	202	478	3776	60	852
私营有限责任公司	Private Limited Liability Corporations	94233	58388	32075	1120	2650	82754	611	10868
私营股份有限公司	Private Share-holding Corporations Ltd.	4654	2457	1807	96	294	4061	68	525
港、澳、台商投资企业	Enterprises with Investment from Hong Kong, Macao and Taiwan	3634	1791	1050	296	497	3157	40	437
合资经营企业（港或澳、台资）	Joint Ventures	877	257	428	107	85	783	16	78
合作经营企业（港或澳、台资）	Cooperative Enterprises	271	44	68	94	65	219	7	45
港、澳、台商独资经营企业	Sole Investment Enterprises	2424	1454	535	92	343	2102	17	305
港、澳、台商投资股份有限公司	Share-holding Corporations Ltd.	62	36	19	3	4	53		9
外商投资企业	Enterprises with Foreign Investment	3701	1536	1220	161	784	3218	33	450
中外合资经营企业	Sino-foreign Joint Ventures	1105	386	490	50	179	955	18	132
中外合作经营企业	Sino-foreign Cooperative Enterprises	661	64	294	64	239	551	8	102
外资企业	Foreign-funded Enterprises	1825	1029	405	46	345	1617	5	203
外商投资股份有限公司	Share-holding Corporations Ltd.	110	57	31	1	21	95	2	13

15-25 按法人和产业活动单位分的批发零售和住宿餐饮企业单位数（2007年）

Number of Enterprises in Wholesale and Retail Trades, Hotels and Catering Services by Corporate Unit and Establishment (2007)

单位：个 (unit)

项　目	Item	总计 Total	法人单位 Corporate Units			产业活动单位 Establishments		
			合计 Total	批发零售业 Wholesale and Retail Trades	住宿餐饮业 Hotels and Catering Services	合计 Total	批发零售业 Wholesale and Retail Trades	住宿餐饮业 Hotels and Catering Services
合　计	**Total**	**200329**	**152694**	**141627**	**11067**	**47635**	**43657**	**3978**
内资企业	Domestic-funded Enterprises	192994	148563	138375	10188	44431	41312	3119
#国有企业	State-owned Enterprises	11816	6050	5251	799	5766	5247	519
集体企业	Collective-owned Enterprises	18958	8756	7704	1052	10202	9652	550
股份合作企业	Share-holding Cooperative Enterprises	4459	3594	3179	415	865	804	61
国有联营企业	State-owned Joint-operation Enterprises	576	222	198	24	354	333	21
集体联营企业	Collective Joint-operation Enterprises	321	194	169	25	127	122	5
国有与集体联营企业	State-collective Joint-operation Enterprises	113	77	65	12	36	32	4
国有独资企业	State Sole Investment Enterprises	521	252	223	29	269	243	26
其他有限责任公司	Other Limited Liability Corporations	27382	19528	18496	1032	7854	7520	334
股份有限公司	Share-holding Corporations Ltd.	4438	1730	1612	118	2708	2614	94
私营独资企业	Private Sole Investment Enterprises	18578	16748	13869	2879	1830	1608	222
私营合伙企业	Private Partnership Enterprises	4688	4193	3584	609	495	424	71
私营有限责任公司	Private Limited Liability Corporations	94233	82247	79498	2749	11986	10965	1021
私营股份有限公司	Private Share-holding Corporations Ltd.	4654	3993	3682	311	661	582	79
港、澳、台商投资企业	Enterprises with Investment from Hong Kong, Macao and Taiwan	3634	2338	1815	523	1296	1026	270
合资经营企业（港或澳、台资）	Joint Ventures	877	397	259	138	480	426	54
合作经营企业（港或澳、台资）	Cooperative Enterprises	271	170	60	110	101	52	49
港、澳、台商独资经营企业	Sole Investment Enterprises	2424	1734	1465	269	690	524	166
港、澳、台商投资股份有限公司	Share-holding Corporations Ltd.	62	37	31	6	25	24	1
外商投资企业	Enterprises with Foreign Investment	3701	1793	1437	356	1908	1319	589
中外合资经营企业	Sino-foreign Joint Ventures	1105	553	444	109	552	432	120
中外合作经营企业	Sino-foreign Cooperative Enterprises	661	190	95	95	471	263	208
外资企业	Foreign-funded Enterprises	1825	1000	852	148	825	582	243
外商投资股份有限公司	Share-holding Corporations Ltd.	110	50	46	4	60	42	18

15-26 各市按行业和所在地分批发零售和住宿餐饮企业单位数（2007年）

Number of Enterprises in Wholesale and Retail Trades, Hotels and Catering Services by Sector and Location of Enterprise by City (2007)

单位：个 (unit)

市别	City	合计 Total	按行业分 By Sector				按所在地分 By Location		
			批发业 Wholesale Trade	零售业 Retail Trade	住宿业 Hotels	餐饮业 Catering Services	市 City	县 County	县以下 Under County Level
合　计	**Total**	**200329**	**102878**	**82406**	**5879**	**9166**	**156352**	**3771**	**40206**
广　州	Guangzhou	46700	26703	16282	1071	2644	43851		2849
深　圳	Shenzhen	56953	32261	21077	1222	2393	56598		355
珠　海	Zhuhai	10299	5708	3800	363	428	8895		1404
汕　头	Shantou	7118	2953	3650	204	311	5726	183	1209
佛　山	Foshan	17741	10397	6078	455	811	10739		7002
韶　关	Shaoguan	3328	1801	1236	150	141	2162	349	817
河　源	Heyuan	2091	350	1471	187	83	587	631	873
梅　州	Meizhou	3247	994	2029	119	105	1003	160	2084
惠　州	Huizhou	7215	2564	4085	300	266	4498	727	1990
汕　尾	Shanwei	1425	407	878	79	61	457	50	918
东　莞	Dongguan	12881	4579	7013	514	775	3920		8961
中　山	Zhongshan	6147	3126	2633	202	186	3880		2267
江　门	Jiangmen	4619	2121	2113	168	217	3210		1409
阳　江	Yangjiang	2160	890	1115	81	74	1010	255	895
湛　江	Zhanjiang	5116	2513	2291	189	123	2920	276	1920
茂　名	Maoming	3215	1486	1522	90	117	1575	10	1630
肇　庆	Zhaoqing	2648	887	1396	195	170	1440	214	994
清　远	Qingyuan	2042	967	911	115	49	1031	219	792
潮　州	Chaozhou	1867	630	1097	50	90	1000	199	668
揭　阳	Jieyang	2366	1032	1170	87	77	1317	243	806
云　浮	Yunfu	1151	509	559	38	45	533	255	363

15-27 各市按法人单位和产业活动单位分批发零售和住宿餐饮业单位数(2007年)

Number of Enterprises in Wholesale and Retail Trades, Hotels and Catering Services by Corporate Unit and Establishment by City (2007)

单位：个 (unit)

项　目	Item	总计 Total	法人单位 Corporate Units			产业活动单位 Establishments		
			合计 Total	批发零售业 Wholesale and Retail Trades	住宿餐饮业 Hotels and Catering Services	合计 Total	批发零售业 Wholesale and Retail Trades	住宿餐饮业 Hotels and Catering Services
合　计	**Total**	**200329**	**152694**	**141627**	**11067**	**47635**	**43657**	**3978**
广　州	Guangzhou	46700	37036	34050	2986	9664	8935	729
深　圳	Shenzhen	56953	45892	43685	2207	11061	9653	1408
珠　海	Zhuhai	10299	8524	7914	610	1775	1594	181
汕　头	Shantou	7118	5984	5551	433	1134	1052	82
佛　山	Foshan	17741	14294	13241	1053	3447	3234	213
韶　关	Shaoguan	3328	2389	2167	222	939	870	69
河　源	Heyuan	2091	1063	838	225	1028	983	45
梅　州	Meizhou	3247	1877	1708	169	1370	1315	55
惠　州	Huizhou	7215	4515	4088	427	2700	2561	139
汕　尾	Shanwei	1425	657	559	98	768	726	42
东　莞	Dongguan	12881	10265	9424	841	2616	2168	448
中　山	Zhongshan	6147	4294	3997	297	1853	1762	91
江　门	Jiangmen	4619	3447	3117	330	1172	1117	55
阳　江	Yangjiang	2160	1532	1395	137	628	610	18
湛　江	Zhanjiang	5116	2942	2710	232	2174	2094	80
茂　名	Maoming	3215	1962	1800	162	1253	1208	45
肇　庆	Zhaoqing	2648	1426	1235	191	1222	1048	174
清　远	Qingyuan	2042	1150	1012	138	892	866	26
潮　州	Chaozhou	1867	1192	1089	103	675	638	37
揭　阳	Jieyang	2366	1531	1399	132	835	803	32
云　浮	Yunfu	1151	722	648	74	429	420	9

15-28 各市按登记注册类型分批发零售企业单位个数（2007年）
Number of Corporate Units and Establishments in Wholesale and Retail Trades by City (2007)

单位：个 (unit)

市别	City	合计数 Total	内资 Domestic-funded Enterprises	国有 State-owned enterprises	集体 Collective-owned Enterprises	股份合作 Share-holding Cooperative Enterprises	其他有限责任公司 Other Limited Liability Corporations	私营独资 Private Sole Investment Enterprises	私营有限责任公司 Private Limited Liability Corporations
法人单位合计	**Corporate Units**	**152694**	**148563**	**6050**	**8756**	**3594**	**19528**	**16748**	**82247**
广　州	Guangzhou	37036	36380	962	1461	2063	2391	3468	22661
深　圳	Shenzhen	45892	43643	382	81	138	3003	4554	32542
珠　海	Zhuhai	8524	8287	259	326	35	1060	633	5565
汕　头	Shantou	5984	5924	522	1477	607	931	781	1213
佛　山	Foshan	14294	14128	291	802	443	4532	2047	4940
韶　关	Shaoguan	2389	2350	214	282	29	754	316	527
河　源	Heyuan	1063	1039	230	277	6	90	174	158
梅　州	Meizhou	1877	1839	253	282	15	173	426	529
惠　州	Huizhou	4515	4388	337	310	39	591	488	2155
汕　尾	Shanwei	657	637	187	119	6	24	114	119
东　莞	Dongguan	10265	10069	59	503	42	2806	970	4732
中　山	Zhongshan	4294	4249	17	251		454	486	2925
江　门	Jiangmen	3447	3346	248	619	22	483	506	1190
阳　江	Yangjiang	1532	1513	166	369	10	176	237	473
湛　江	Zhanjiang	2942	2921	536	419	58	617	355	698
茂　名	Maoming	1962	1931	350	288	25	487	261	267
肇　庆	Zhaoqing	1426	1395	175	167	2	130	205	623
清　远	Qingyuan	1150	1125	140	145	17	284	160	274
潮　州	Chaozhou	1192	1174	194	148	18	239	255	223
揭　阳	Jieyang	1531	1510	384	236	12	224	204	339
云　浮	Yunfu	722	715	144	194	7	79	108	94
活动单位合计	**Establishments**	**47635**	**44431**	**5766**	**10202**	**865**	**7854**	**1830**	**11986**
广　州	Guangzhou	9664	8691	865	1186	414	1328	404	3522
深　圳	Shenzhen	11061	9703	745	229	81	2161	419	4270
珠　海	Zhuhai	1775	1612	183	239	1	347	36	690
汕　头	Shantou	1134	1116	227	712	11	29	11	38
佛　山	Foshan	3447	3278	185	349	93	1282	239	728
韶　关	Shaoguan	939	929	175	175	5	204	37	155
河　源	Heyuan	1028	1010	249	553	5	12	59	41
梅　州	Meizhou	1370	1360	407	557	4	75	58	125
惠　州	Huizhou	2700	2600	307	673	12	343	219	681
汕　尾	Shanwei	768	762	286	386	4	7	15	17
东　莞	Dongguan	2616	2507	39	424	7	799	88	619
中　山	Zhongshan	1853	1729	26	260		679	87	571
江　门	Jiangmen	1172	1152	111	766	8	39	12	93
阳　江	Yangjiang	628	621	193	294		12	7	42
湛　江	Zhanjiang	2174	2133	499	1009	211	114	16	81
茂　名	Maoming	1253	1248	357	574	1	39	22	77
肇　庆	Zhaoqing	1222	1175	228	485	1	102	35	84
清　远	Qingyuan	892	880	192	340	4	139	25	61
潮　州	Chaozhou	675	671	165	313	1	89	19	36
揭　阳	Jieyang	835	825	149	542	1	17	11	36
云　浮	Yunfu	429	429	178	136	1	37	11	19

15-28 续表 continued

单位：个 (unit)

市 别	City	港澳台商投资 Enterprises with Investment from Hong Kong, Macao and Taiwan	外商投资 Enterprises with Foreign Investment	按企业所在地分 By Location of Enterprise		
				市 City	县 County	县以下 Under County Level
法人单位合计	**Corporate Units**	**2338**	**1793**	**124716**	**2251**	**25727**
广 州	Guangzhou	314	342	35090		1946
深 圳	Shenzhen	1393	856	45598		294
珠 海	Zhuhai	141	96	7588		936
汕 头	Shantou	19	41	5148	91	745
佛 山	Foshan	80	86	8419		5875
韶 关	Shaoguan	21	18	1663	210	516
河 源	Heyuan	14	10	421	334	308
梅 州	Meizhou	19	19	635	54	1188
惠 州	Huizhou	73	54	3180	455	880
汕 尾	Shanwei	17	3	287	47	323
东 莞	Dongguan	91	105	3315		6950
中 山	Zhongshan	27	18	2817		1477
江 门	Jiangmen	56	45	2796		651
阳 江	Yangjiang	8	11	909	185	438
湛 江	Zhanjiang	10	11	2233	158	551
茂 名	Maoming	9	22	1189	6	767
肇 庆	Zhaoqing	17	14	996	96	334
清 远	Qingyuan	13	12	651	135	364
潮 州	Chaozhou	7	11	631	126	435
揭 阳	Jieyang	6	15	761	225	545
云 浮	Yunfu	3	4	389	129	204
活动单位合计	**Establishments**	**1296**	**1908**	**31636**	**1520**	**14479**
广 州	Guangzhou	347	626	8761		903
深 圳	Shenzhen	650	708	11000		61
珠 海	Zhuhai	66	97	1307		468
汕 头	Shantou	4	14	578	92	464
佛 山	Foshan	51	118	2320		1127
韶 关	Shaoguan	3	7	499	139	301
河 源	Heyuan	1	17	166	297	565
梅 州	Meizhou	1	9	368	106	896
惠 州	Huizhou	41	59	1318	272	1110
汕 尾	Shanwei	2	4	170	3	595
东 莞	Dongguan	40	69	605		2011
中 山	Zhongshan	47	77	1063		790
江 门	Jiangmen	5	15	414		758
阳 江	Yangjiang		7	101	70	457
湛 江	Zhanjiang	6	35	687	118	1369
茂 名	Maoming	1	4	386	4	863
肇 庆	Zhaoqing	22	25	444	118	660
清 远	Qingyuan	3	9	380	84	428
潮 州	Chaozhou	1	3	369	73	233
揭 阳	Jieyang	5	5	556	18	261
云 浮	Yunfu			144	126	159

15-29 按行业和所在地分批发零售企业从业人员数（2007年）
Number of Employed Persons in Wholesale and Retail Trades by Sector and Location of Enterprise (2007)

单位：人 (person)

项　目	Item	合计 Total	按行业分 By Sector 批发业 Wholesale Trade	零售业 Retail Trade	按所在地分 By Location 市 City	县 County	县以下 Under County Level
合　计	**Total**	**2447003**	**1281007**	**1165996**	**2043232**	**42925**	**360846**
内资企业	Domestic-funded Enterprises	2202818	1187234	1015584	1814216	42500	346102
#国有企业	State-owned Enterprises	222266	151252	71014	160945	16972	44349
集体企业	Collective-owned Enterprises	119575	51360	68215	56316	5198	58061
股份合作企业	Share-holding Cooperative Enterprises	23360	11340	12020	20104	541	2715
国有联营企业	State-owned Joint-operation Enterprises	13656	4959	8697	12514	24	1118
集体联营企业	Collective Joint-operation Enterprises	3035	1377	1658	2406	48	581
国有与集体联营企业	State-collective Joint-operation Enterprises	1242	698	544	917		325
国有独资企业	State Sole Investment Enterprises	21290	11674	9616	19821	497	972
其他有限责任公司	Other Limited Liability Corporations	496946	200105	296841	420003	3959	72984
股份有限公司	Share-holding Corporations Ltd.	136020	86275	49745	108868	5656	21496
私营独资企业	Private Sole Investment Enterprises	98623	40771	57852	71177	2322	25124
私营合伙企业	Private Partnership Enterprises	28196	14791	13405	21939	428	5829
私营有限责任公司	Private Limited Liability Corporations	974564	580943	393621	863859	5960	104745
私营股份有限公司	Private Share-holding Corporations Ltd.	41069	21718	19351	36513	482	4074
港、澳、台商投资企业	Enterprises with Investment from Hong Kong, Macao and Taiwan	101439	44177	57262	94091	186	7162
合资经营企业（港或澳、台资）	Joint Ventures	52552	9118	43434	51501	151	900
合作经营企业（港或澳、台资）	Cooperative Enterprises	4617	1595	3022	4408		209
港、澳、台商独资经营企业	Sole Investment Enterprises	42237	31775	10462	36421	35	5781
港、澳、台商投资股份有限公司	Share-holding Corporations Ltd.	2033	1689	344	1761		272
外商投资企业	Enterprises with Foreign Investment	142746	49596	93150	134925	239	7582
中外合资经营企业	Sino-foreign Joint Ventures	67741	20412	47329	65083	206	2452
中外合作经营企业	Sino-foreign Cooperative Enterprises	16172	1952	14220	15580	27	565
外资企业	Foreign-funded Enterprises	57339	26719	30620	52836	4	4499
外商投资股份有限公司	Share-holding Corporations Ltd.	1494	513	981	1426	2	66

15-30 按法人单位和产业活动单位分批发零售和住宿餐饮业从业人数（2007年）

Number of Employed Persons in Wholesale and Retail Trades, Hotels and Catering Services (2007)

单位：人 (person)

项　目	Item	总计 Total	法人单位 Corporate Units 合计 Total	批发零售业 Wholesale and Retail Trades	住宿餐饮业 Hotels and Catering Services	产业活动单位 Establishments 合计 Total	批发零售业 Wholesale and Retail Trades	住宿餐饮业 Hotels and Catering Services
合　计	**Total**	**3405995**	**2534549**	**1798408**	**736141**	**871446**	**648595**	**222851**
内资企业	Domestic-funded Enterprises	2918018	2229631	1649932	579699	688387	552886	135501
#国有企业	State-owned Enterprises	314048	215956	153756	62200	98092	68510	29582
集体企业	Collective-owned Enterprises	167558	116712	80260	36452	50846	39315	11531
股份合作企业	Share-holding Cooperative Enterprises	34683	27862	17890	9972	6821	5470	1351
国有联营企业	State-owned Joint-operation Enterprises	17633	11557	8565	2992	6076	5091	985
集体联营企业	Collective Joint-operation Enterprises	4066	3257	2248	1009	809	787	22
国有与集体联营企业	State-collective Joint-operation Enterprises	2420	1930	971	959	490	271	219
国有独资企业	State Sole Investment Enterprises	28668	16192	12627	3565	12476	8663	3813
其他有限责任公司	Other Limited Liability Corporations	626669	422269	315224	107045	204400	181722	22678
股份有限公司	Share-holding Corporations Ltd.	155999	91682	78150	13532	64317	57870	6447
私营独资企业	Private Sole Investment Enterprises	207975	187769	87531	100238	20206	11092	9114
私营合伙企业	Private Partnership Enterprises	58934	53059	25497	27562	5875	2699	3176
私营有限责任公司	Private Limited Liability Corporations	1208392	1016051	822543	193508	192341	152021	40320
私营股份有限公司	Private Share-holding Corporations Ltd.	58390	47915	33393	14522	10475	7676	2799
港、澳、台商投资企业	Enterprises with Investment from Hong Kong, Macao and Taiwan	221327	151604	65346	86258	69723	36093	33630
合资经营企业（港或澳、台资）	Joint Ventures	86568	53734	29205	24529	32834	23347	9487
合作经营企业（港或澳、台资）	Cooperative Enterprises	45153	30084	2427	27657	15069	2190	12879
港、澳、台商独资经营企业	Sole Investment Enterprises	86872	65771	32390	33381	21101	9847	11254
港、澳、台商投资股份有限公司	Share-holding Corporations Ltd.	2734	2015	1324	691	719	709	10
外商投资企业	Enterprises with Foreign Investment	266650	153314	83130	70184	113336	59616	53720
中外合资经营企业	Sino-foreign Joint Ventures	108958	60859	36654	24205	48099	31087	17012
中外合作经营企业	Sino-foreign Cooperative Enterprises	64549	31816	7671	24145	32733	8501	24232
外资企业	Foreign-funded Enterprises	90797	59456	37720	21736	31341	19619	11722
外商投资股份有限公司	Share-holding Corporations Ltd.	2346	1183	1085	98	1163	409	754

15-31 各市法人单位和产业活动单位分批发零售和住宿餐饮业从业人数(2007年)

Number of Employed Persons in Wholesale and Retail Trades, Hotels and Catering Services by Corporate Unit and Establishment by City (2007)

单位：人 (person)

市 别	City	总计 Total	法人单位 Corporate Units			产业活动单位 Establishments		
			合计 Total	批发零售业 Wholesale and Retail Trades	住宿餐饮业 Hotels and Catering Services	合计 Total	批发零售业 Wholesale and Retail Trades	住宿餐饮业 Hotels and Catering Services
合 计	**Total**	**3405995**	**2534549**	**1798408**	**736141**	**871446**	**648595**	**222851**
广 州	Guangzhou	945362	611084	421253	189831	334278	252944	81334
深 圳	Shenzhen	1046148	812340	645328	167012	233808	166879	66929
珠 海	Zhuhai	130781	100951	67454	33497	29830	17290	12540
汕 头	Shantou	82761	71378	54780	16598	11383	9611	1772
佛 山	Foshan	235828	185183	125525	59658	50645	39771	10874
韶 关	Shaoguan	49528	36539	26156	10383	12989	11906	1083
河 源	Heyuan	26863	21719	11955	9764	5144	4068	1076
梅 州	Meizhou	40382	30381	22123	8258	10001	9414	587
惠 州	Huizhou	93759	69758	44306	25452	24001	19234	4767
汕 尾	Shanwei	27901	22157	17729	4428	5744	4245	1499
东 莞	Dongguan	233801	195722	112236	83486	38079	19276	18803
中 山	Zhongshan	109215	77492	51507	25985	31723	25894	5829
江 门	Jiangmen	73052	59297	36827	22470	13755	12339	1416
阳 江	Yangjiang	32589	28536	17629	10907	4053	3742	311
湛 江	Zhanjiang	78316	59404	39725	19679	18912	16511	2401
茂 名	Maoming	52309	41533	30933	10600	10776	9718	1058
肇 庆	Zhaoqing	47410	28448	16730	11718	18962	10532	8430
清 远	Qingyuan	29869	24295	11457	12838	5574	4787	787
潮 州	Chaozhou	19383	15782	12187	3595	3601	3345	256
揭 阳	Jieyang	30306	25886	20188	5698	4420	3607	813
云 浮	Yunfu	20432	16664	12380	4284	3768	3482	286

15-32 各市按行业和所在地分批发零售企业从业人员数（2007年）

Number of Employed Persons in Wholesale and Retail Trades by Sector and Location of Enterprise by City (2007)

单位：人 (person)

市 别	City	合计 Total	按行业分 By Sector		按所在地分 By Location		
			批发业 Wholesale Trade	零售业 Retail Trade	市 City	县 County	县以下 Under County Level
合 计	**Total**	**2447003**	**1281007**	**1165996**	**2043232**	**42925**	**360846**
广 州	Guangzhou	674197	348020	326177	640221		33976
深 圳	Shenzhen	812207	442796	369411	804791		7416
珠 海	Zhuhai	84744	47291	37453	74175		10569
汕 头	Shantou	64391	40054	24337	49624	2145	12622
佛 山	Foshan	165296	98816	66480	116843		48453
韶 关	Shaoguan	38062	20885	17177	25633	3622	8807
河 源	Heyuan	16023	4572	11451	5827	6138	4058
梅 州	Meizhou	31537	13809	17728	11857	1516	18164
惠 州	Huizhou	63540	24177	39363	45307	5911	12322
汕 尾	Shanwei	21974	9635	12339	9179	1063	11732
东 莞	Dongguan	131512	44517	86995	49455		82057
中 山	Zhongshan	77401	41420	35981	49666		27735
江 门	Jiangmen	49166	25133	24033	35466		13700
阳 江	Yangjiang	21371	10832	10539	12479	2600	6292
湛 江	Zhanjiang	56236	33641	22595	33572	4467	18197
茂 名	Maoming	40651	23147	17504	24101	218	16332
肇 庆	Zhaoqing	27262	12326	14936	17490	2184	7588
清 远	Qingyuan	16244	8300	7944	10382	1575	4287
潮 州	Chaozhou	15532	7533	7999	8692	1832	5008
揭 阳	Jieyang	23795	13791	10004	12206	4185	7404
云 浮	Yunfu	15862	10312	5550	6266	5469	4127

主要统计指标解释

社会消费品零售总额 指各种经济类型的批发零售业、住宿餐饮业和其他行业的企业（单位）或个体户，售予城乡居民用于生活消费和社会集团用于公共消费的商品金额的总和。

批发零售业商品购进总额 指从本企业以外的单位和个人购进（包括从国外直接进口）作为转卖或加工后转卖的商品金额。本指标由“从生产者购进额”、“从批发零售业购进额”、“进口额”和“其他购进”组成。 这个指标反映批发零售企业从国内、国外市场上购进商品的总量。

批发零售业商品销售总额 指售予本企业以外的单位和个人的商品金额（包括对国（境）外直接出口及售给本单位消费用的商品）。本指标由“对生产经营单位批发额”、“对批发零售业批发额”、“出口额”和“对居民和社会集团商品零售额”项目组成。这个指标反映批发零售业在国内市场上销售商品以及出口商品的总量。

批发 指除零售以外的一切商品销售活动。包括对生产经营单位批发、对批发零售业批发和出口。

对生产经营单位批发 指售给国民经济和社会各部门作为生产或经营使用的商品。

零售 指出售城乡居民用于生活消费商品和社会集团直接用于公用消费商品的活动。

批发零售业年末库存总额 指批发零售企业已取得所有权的全部商品。这个指标反映批发零售贸易企业的商品库存情况，对市场商品供应的保证程度。

批发零售业住宿餐饮业法人单位 指各种经济类型独立核算法人批发零售企业、住宿餐饮企业的单位个数。法人单位应同时具备以下条件：1. 依法成立，有自己的名称、组织机构和场所，能够独立承担民事责任；2. 独立拥有和使用资产，承担负债，有权与其他单位签订合同；3. 独立核算盈亏，并能够编制资产负债表。

批发业 是指从工农业生产者或从商品流通企业单位和个体户购进商品，转卖给工业、农业、建筑业、运输邮电业、住宿餐饮业、服务业等生产经营单位作为生产经营用，以及将商品转卖给其他批发企业或零售企业的商品流通企业(单位)和个体户。

零售业 是指从工农业生产者、批发业或居民购进商品，转卖给城乡居民作为生活消费和售给社会集团作为公共消费的商品流通企业(单位)和个体户。

餐饮业 是指从事食品的烹饪、调制并直接售给居民和社会集团的企业(单位)和个体户。

Explanatory Notes on Main Statistical Indicators

Total Retail Sales of Consumer Goods refer to the sum of retail sales of consumer goods sold by enterprises (establishments) or individuals in wholesale, retail trade, accommodations, catering services and other industries of various types of ownership to urban and rural households for living consumption and to social institutions for public consumption.

Total Purchases of Commodities by Wholesale and Retail Trades refer to the purchases of commodities from other establishments or individuals (including direct import from abroad) for the purpose of reselling, either with or without further processing of the commodities purchased This indicator includes the purchases from producers, the purchases from wholesale and retail trades, imports and other purchases It is used to show the total value of purchases of commodities by wholesale and retail establishments from domestic and overseas markets.

Total Sales of Commodities by Wholesale and Retail Trades refer to the value of commodities sold to other establishments and individuals (including direct export and commodities sold to the sellers themselves for consumption). This indicator includes the value of wholesale to production and operation units, the value of wholesale to wholesale and retail trades, exports and retail sales to urban and rural households and social institutions It is an indicator of the total value of sales of commodities at domestic markets and export.

Wholesale refers to all selling activities of commodities except retail trade, including wholesale to production and operation units, wholesale to wholesale and retail trades and export.

Wholesale to Production and Operation Units refers to commodities sold to departments of national economy and social departments for their production and operation.

Retail Sale refers to the selling of commodities to urban and rural households for living consumption and to social institutions for direct public consumption.

Total Inventory of Wholesale and Retail Trades at the Year-end refers to the total commodities possessed by wholesale and retail enterprises, which reflects the commodity stock level of various wholesale and retail enterprises and the potential for market supply.

Corporate Units in Wholesale and Retail Trades, Accommodations and Catering Services refer to the number of corporate enterprises of various types of ownership in the wholesale and retail trades, accommodations and catering services with independent accounting systems An enterprise can be called a corporate enterprise only when it simultaneously meets the following requirements:(1)It is established according to law, with its own name, organization and location for business operation, as well as the capability to independently assume civil responsibility (2)It owns and uses its assets independently, assumes liabilities and is entitled to sign contracts with other units (3)It has an independent accounting system and is able to compile balance sheets.

Wholesale Trade refers to the commodity circulation enterprises (establishments) and individuals which purchase commodities from producers in industry and agriculture or from commodity circulation enterprises and individuals for the purpose of reselling them to establishments in industry, agriculture, construction, transportation, postal and telecommunications services, accommodations and catering services and other services for their production and operation as well as reselling them to other wholesale or retail enterprises.

Retail Trade refers to the commodity circulation enterprises (establishments) and individuals which purchase commodities from producers in industry and agriculture, wholesale trade or residents for the purpose of reselling them to urban and rural households for living consumption and to social institutions for public consumption.

Catering Services refer to the enterprises (establishments) and individuals engaged in food cooking, seasoning and selling food directly to households and social institutions.

十六、对外经济

FOREIGN ECONOMY

十六 对外经济

简要说明

一、本篇资料综合反映广东对外贸易、利用外资、对外承包工程和劳务合作以及“三资”企业工商登记等历年概况和近年发展的详细情况。

二、本篇资料由广东省统计局贸易外经处负责整理、编辑。

三、资料来源和统计范围：

1．人民币对美元、日元、港元的年平均汇价资料来源于外汇管理部门，是根据当年国家外汇管理局提供的每日汇价进行加权平均计算而得出的。

2．进出口贸易规模、结构情况资料，主要来源于广州海关，统计范围为在广东境内经海关报关注册登记的经营单位（包括有进出口经营权和无进出口经营权的经营单位）。进出口商品价值，出口按离岸价（FOB）、进口按到岸价（CIF）统计；进出口商品分类按海关合作理事会制定的《商品名称及编码协调制度》（HS）目录进行分类统计。

3. 利用外资规模、结构和广东对外承包工程和劳务合作状况资料来源于省外经贸厅。

4. 外商投资企业注册登记情况资料来源于省工商行政管理局。

5. 对外开放使用口岸分布状况资料来源于省外经贸厅。

16 Foreign Economy

Brief Introduction

Ⅰ. The data in this chapter show the development of Guangdong's foreign trade, utilization of foreign capital, contracted projects and labor cooperation with foreign countries or territories, and registration status of enterprises with foreign investment over the years.

Ⅱ. The data in this chapter are prepared and edited by the Division of Trade and External Economic Relations Statistics of Guangdong Provincial Bureau of statistics.

Ⅲ. Data sources and statistical coverage:

(1) The data on the average exchange rates of RMB yuan to US dollar, Japanese yen and Hong Kong dollar over the years come from the State Administration of Foreign Exchange. The annual average exchange rate is calculated as the weighted mean of the daily exchange rates provided by the State Administration of Foreign Exchange in current year.

(2) The data on the size and composition of [BF]Guangdong's imports[BFQ] and exports come from Guangzhou Customs Office. The statistics cover the operating units (with or without the right to handle imports and exports) which have a declaration and register at customs within the boundary of Guangdong. The values of export commodities are calculated on an FOB basis, while the values of import commodities are calculated on a CIF basis. The Harmonized Commodity Description and Coding System (HS) stipulated by the Customs Cooperation Council is used in the classification of import and export commodities.

(3) The data on the scale and composition of the utilization of foreign capital and the conditions of contracted projects and labor cooperation with foreign countries or territories in Guangdong come from the Department of Foreign Trade and Economic Cooperation of Guangdong Province.

(4) The data on registration status of enterprises with foreign investment come from the Administration of Industry and Commerce of Guangdong Province.

(5) The data on the distribution of ports opened to the outside world come from the Department of Foreign Trade and Economic Cooperation of Guangdong Province.

16-1 对外经济主要指标
Main Indicators of Foreign Trade and Economic Cooperation

指　　标	Item	2000	2005	2006	2007	2007比2006增长(%) Growth Rate in 2007 over 2006 (%)
海关进出口总额(亿美元)	Total Value of Imports and Exports (Customs Statistics) (USD 100 million)	1701.06	4280.02	5272.07	6340.35	20.3
出口总额	Total Exports	919.19	2381.71	3019.48	3692.39	22.3
初级产品	Primary Goods	34.20	48.83	57.92	67.55	16.6
工业制成品	Manufactured Goods	884.99	2332.88	2961.56	3624.84	22.4
#机电产品	Machinery and Electrical Products	499.75	1644.17	2045.26	2532.48	23.8
高新技术产品	High and New-tech Products	170.20	835.70	1044.12	1283.47	22.9
进口总额	Total Imports	781.87	1898.31	2252.59	2647.96	17.6
初级产品	Primary Goods	93.74	202.43	241.04	298.40	23.8
工业制成品	Manufactured Goods	688.13	1695.88	2011.55	2349.56	16.8
#机电产品	Machinery and Electrical Products	358.34	1146.46	1407.38	1671.53	18.8
高新技术产品	Machinery and Electrical Products	183.15	704.66	887.96	1008.64	13.6
签订利用外资协议(合同)项目　(个)	Number of Projects for Contracted Foreign Capital (unit)	16879	11786	11276	11705	3.8
#对外借款	Foreign Loans	57				
外商直接投资	Foreign Direct Investment	4245	8384	8452	9506	12.5
签订利用外资协议(合同)金额　(亿美元)	Amount of Contracted Foreign Capital (USD 100 million)	110.86	267.57	283.89	364.66	28.5
#对外借款	Foreign Loans	7.29				
外商直接投资	Foreign Direct Investment	86.84	237.44	245.68	339.38	38.1
实际利用外资额(亿美元)	Amount of Foreign Capital Actually Utilized (USD 100 million)	145.75	151.74	178.08	196.18	10.2
#对外借款	Foreign Loans	7.02				
外商直接投资	Foreign Direct Investment	122.37	123.64	145.11	171.26	18.0
外商投资企业年底工商登记数　(户)	Number of Registered Enterprises with Foreign Investment at the Year-end (unit)	49865	58762	61999	66789	7.7
投资总额　(亿美元)	Total Investment (USD 100 million)	2165.09	2889.27	3143.40	3507.05	11.6
注册资本　(亿美元)	Registered Capital (USD 100 million)	1280.86	1677.35	1804.92	2040.86	13.1
对外承包工程合同数(份)	Number of Contracted Projects with Foreign Countries and Territories (unit)	86	2061	1625	757	-53.4
合同金额　(亿美元)	Contracted Value (USD 100 million)	3.66	32.68	45.84	59.77	30.4
完成营业额　(亿美元)	Value of Business Fulfilled(USD 100 million)	3.45	24.72	34.42	54.61	58.7
对外劳务合作合同数(份)	Number of Labour Cooperation Contracts with Foreign Countries and Territories (unit)	6626	13989	19564	64410	229.2
合同金额　(亿美元)	Contracted Value (USD 100 million)	1.29	3.28	4.19	8.08	92.8
完成营业额　(亿美元)	Value of Business Fulfilled(USD 100 million)	1.08	3.09	3.70	6.29	70.0

注：2004年后实际利用外商直接投资统计口径作了调整，与2003年以前的年份不可比。
Note: The foreign direct investment actually utilized since 2004 has been adjusted, incomparable to values of preceding years.

16-2 人民币对主要外币年平均汇价(1987-2007年)

Average Exchange Rates of RMB Yuan against Main Convertible Currencies (1987-2007)

单位：人民币，元 (RMB/yuan)

年份 Year	100美元 100 US Dollars	100日元 100 Japanese Yen	100港元 100 Hong Kong Dollars	100欧元 100 Euros
1987	372.21	2.5799	47.74	
1988	372.21	2.9082	47.70	
1989	376.59	2.7360	48.28	
1990	478.38	3.3233	61.39	
1991	532.27	3.9602	68.45	
1992	551.49	4.3608	71.24	
1993	576.19	5.2020	74.41	
1994	861.87	8.4370	111.53	
1995	835.07	8.9225	107.96	
1996	830.57	7.6238	107.40	
1997	828.97	6.8623	107.09	
1998	827.90	6.3487	106.88	
1999	827.83	7.2913	106.66	
2000	827.84	7.6950	106.17	
2001	827.71	6.8098	106.07	
2002	827.70	6.6651	106.08	801.45
2003	827.70	7.1347	106.24	937.77
2004	827.70	7.6552	106.23	1029.00
2005	819.17	7.4484	105.00	1019.53
2006	797.18	6.8570	102.62	1001.90
2007	760.40	6.4632	97.46	1041.75

16-3 海关进出口总额(1987-2007年)

Total Value of Imports and Exports (Customs Statistics) (1987-2007)

单位：亿美元 (USD 100 million)

年份 Year	进出口总额 Total Imports and Exports				初级产品 Primary Goods		工业制成品 Manufactured Goods	
		出口 Exports	进口 Imports	差额 Balance	出口 Exports	进口 Imports	出口 Exports	进口 Imports
1987	210.37	101.40	108.97	-7.57	15.40	7.52	86.00	101.45
1988	310.19	148.17	162.02	-13.85	21.71	11.22	126.46	150.80
1989	355.78	181.13	174.65	6.48	22.06	17.59	159.07	157.06
1990	418.98	222.21	196.77	25.44	21.70	16.78	200.51	179.99
1991	525.21	270.73	254.48	16.25	20.58	21.92	250.15	232.56
1992	657.48	334.58	322.90	11.68	21.41	22.12	313.17	300.78
1993	783.44	373.94	409.50	-35.56				
1994	966.63	502.11	464.52	37.59				
1995	1039.72	565.92	473.80	92.12	37.57	35.76	528.35	438.04
1996	1099.60	593.46	506.14	87.32	37.55	41.72	555.91	464.42
1997	1301.20	745.64	555.56	190.08	47.65	51.60	697.99	503.96
1998	1297.98	756.18	541.80	214.38	39.85	53.53	716.33	488.27
1999	1403.68	777.05	626.63	150.42	30.54	64.36	746.51	562.27
2000	1701.06	919.19	781.87	137.32	34.20	93.74	884.99	688.13
2001	1764.87	954.21	810.66	143.55	35.78	100.77	918.43	709.89
2002	2210.92	1184.58	1026.34	158.24	36.72	103.15	1147.86	923.19
2003	2835.22	1528.48	1306.74	221.74	40.01	140.42	1488.47	1166.32
2004	3571.29	1915.69	1655.60	260.09	47.89	185.09	1867.80	1470.51
2005	4280.02	2381.71	1898.31	483.40	48.83	202.43	2332.88	1695.88
2006	5272.07	3019.48	2252.59	766.89	57.92	241.04	2961.56	2011.55
2007	6340.35	3692.39	2647.96	1044.43	67.55	298.40	3624.84	2349.56

注：进出口差额负数为入超。

Note: A negative balance indicates an unfavorable balance of foreign trade.

16-4 按贸易方式和经济类型分的海关进出口额
Total Value of Imports and Exports by Trade Form and Type of Ownership (Customs Statistics)

单位：亿美元 (USD 100 million)

项目	Item	2000		2003		2004	
		出口 Exports	进口 Imports	出口 Exports	进口 Imports	出口 Exports	进口 Imports
总计	**Total**	**919.19**	**781.87**	**1528.48**	**1306.74**	**1915.69**	**1655.60**
按贸易方式分	By Trade Form						
一般贸易	General Trade	174.36	208.55	291.92	359.85	379.62	447.53
来料加工	Processing and Assembling with Customer's Materials	265.80	179.09	339.73	237.49	390.92	273.15
补偿贸易	Compensation Trade	0.08		0.02		…	
进料加工	Processing and Assembling with Import Materials	452.00	314.62	841.72	571.45	1065.37	723.94
加工设备	Processing Equipments		15.24		17.48		22.79
外资设备	Foreign-funded Equipments		34.53		45.70		65.36
保税仓库	Bonded Warehouse	24.04	23.36	54.93	69.48	79.52	116.02
捐赠	Donation of Overseas Chinese	0.02	0.19	0.01	0.12	0.08	0.14
其他	Others	2.89	6.29	0.15	5.17	0.18	6.66
按经济类型分	By Type of Ownership						
国有经济	State-owned Economy	389.65	317.51	405.53	365.17	436.67	388.51
集体经济	Collective-owned Economy	25.31	25.64	56.01	35.17	73.62	44.17
私营经济	Private Economy	6.14	5.54	112.99	110.94	187.76	170.63
外商投资经济	Foreign-funded Economy	495.09	425.27	953.73	793.03	1217.21	1048.09
其他经济	Others	3.00	7.91	0.22	2.43	0.43	4.20

16-4 续表 continued

项目	Item	2005		2006		2007	
		出口 Exports	进口 Imports	出口 Exports	进口 Imports	出口 Exports	进口 Imports
总计	**Total**	**2381.71**	**1898.31**	**3019.48**	**2252.59**	**3692.39**	**2647.96**
按贸易方式分	By Trade Form						
一般贸易	General Trade	533.21	485.00	799.97	563.07	1050.05	697.96
来料加工	Processing and Assembling with Customer's Materials	402.71	286.27	432.18	303.31	528.28	367.60
补偿贸易	Compensation Trade	0.01		0.01		0.01	
进料加工	Processing and Assembling with Import Materials	1347.97	884.13	1651.66	1073.96	1933.39	1204.65
加工设备	Processing Equipments		24.49		22.68		25.97
外资设备	Foreign-funded Equipments		64.44		62.78		61.93
保税仓库	Bonded Warehouse	97.54	142.07	135.42	196.38	175.93	261.61
捐赠	Donation of Overseas Chinese	0.04	0.09	0.01	0.02		0.01
其他	Others	0.21	11.81	0.23	30.39	4.73	28.23
按经济类型分	By Type of Ownership						
国有经济	State-owned Economy	445.63	396.43	485.34	425.00	569.93	499.90
集体经济	Collective-owned Economy	88.66	47.70	103.72	50.50	130.83	50.64
私营经济	Private Economy	299.48	209.35	472.80	258.52	651.62	324.57
外商投资经济	Foreign-funded Economy	1546.77	1240.07	1939.16	1513.17	2322.18	1762.27
其他经济	Others	1.17	4.76	18.46	5.40	17.83	10.58

16-5 按产品类型分的海关进出口额

Total Value of Imports and Exports by Product Type (Customs Statistics)

单位：亿美元　　(USD 100 million)

项　目	Item	2000	2003	2004	2005	2006	2007
出口总额	**Total Exports**	**919.19**	**1528.48**	**1915.69**	**2381.71**	**3019.48**	**3692.39**
初级产品	Primary Goods	34.20	40.01	47.89	48.83	57.92	67.55
#农产品	Farm Produce		19.39	22.78	24.04	38.49	41.43
工业制成品	Manufactured Goods	884.99	1488.47	1867.80	2332.88	2961.56	3624.84
#机电产品	Machinery and Electrical Products	499.75	997.13	1297.45	1644.17	2045.26	2532.48
金属制品	Metal Products	15.45	57.53	73.80	89.46	110.77	137.43
机械及设备	Machinery and Equipments	133.33	361.04	459.96	544.24	635.92	724.55
电器及电子产品	Electric and Electronic Products	228.00	424.93	577.69	738.51	962.72	1313.69
运输工具	Transport Equipments	14.87	33.09	41.39	54.27	65.75	86.42
仪器仪表	Instruments and Meters	28.77	35.80	45.41	80.60	108.54	98.55
其他	Others	79.38	84.74	99.20	137.09	161.56	171.84
#高新技术产品	High and New-tech Products	170.20	480.85	664.80	835.70	1044.12	1283.47
生物技术	Biologic Technology	0.09	0.06	0.05	0.11	0.08	0.09
生命科学技术	Life Sciences Technology	2.12	2.74	3.28	4.65	6.42	8.13
光电技术	Photoelectric Technology	6.01	9.32	13.96	28.75	40.42	16.57
计算机与通信技术	Computer and Communication Technology	141.54	430.92	594.34	730.56	894.11	1126.88
电子技术	Electronic Technology	17.54	32.98	45.95	62.65	91.41	114.10
计算机集成制造技术	Computer Integrated Manufacturing Technology	1.46	2.81	3.84	4.79	6.32	11.03
材料技术	Material Technology	0.26	1.01	2.23	2.54	3.13	4.07
航空航天技术	Aerospace Technology	0.14	0.35	0.44	0.88	1.39	1.71
其他	Others	1.04	0.66	0.71	0.77	0.84	0.89
进口总额	**Total Imports**	**781.87**	**1306.74**	**1655.60**	**1898.31**	**2252.59**	**2647.96**
初级产品	Primary Goods	93.74	140.42	185.09	202.43	241.04	298.40
#农产品	Farm Produce		33.71	42.85	35.38	47.44	62.47
工业制成品	Manufactured Goods	688.13	1166.32	1470.51	1695.88	2011.55	2349.56
#机电产品	Machinery and Electrical Products	358.34	740.35	961.98	1146.46	1407.38	1671.53
金属制品	Metal Products	3.19	11.38	14.50	15.55	17.34	21.70
机械及设备	Machinery and Equipments	105.39	187.17	236.28	261.22	295.08	338.01
电器及电子产品	Electric and Electronic Products	204.74	448.14	580.52	683.30	845.21	1014.37
运输工具	Transport Equipments	8.63	24.69	30.45	40.46	57.39	61.91
仪器仪表	Instruments and Meters	21.64	57.75	88.68	135.33	182.66	221.65
其他	Others	14.75	11.22	11.55	10.61	9.70	13.89
#高新技术产品	High and New-tech Products	183.15	454.05	589.50	704.66	887.96	1008.64
生物技术	Biologic Technology	0.10	0.23	0.23	0.31	0.36	0.39
生命科学技术	Life Sciences Technology	2.86	5.12	5.41	6.32	7.20	8.74
光电技术	Photoelectric Technology	2.55	5.32	7.32	7.68	9.06	9.66
计算机与通信技术	Computer and Communication Technology	64.65	154.37	189.00	216.85	269.95	271.19
电子技术	Electronic Technology	90.48	251.21	331.99	410.38	513.08	619.25
计算机集成制造技术	Computer Integrated Manufacturing Technology	16.12	24.57	34.70	35.17	40.71	48.46
材料技术	Material Technology	1.46	4.44	8.55	8.97	12.34	15.37
航空航天技术	Aerospace Technology	1.81	8.28	11.85	18.85	34.94	35.15
其他	Others	3.12	0.51	0.45	0.13	0.32	0.43

16-6 广东同主要国家(地区)海关进出口额 (2006-2007年)

Guangdong's Total Value of Imports and Exports with Main Countries and Territories (Customs Statistics) (2006-2007)

单位：亿美元 (USD 100 million)

国别（地区）	Country (Territory)	2006			2007		
		进出口 Total	出口 Exports	进口 Imports	进出口 Total	出口 Exports	进口 Imports
合计	**Total**	**5272.07**	**3019.48**	**2252.59**	**6340.35**	**3692.39**	**2647.96**
亚洲	**Asia**	**3433.52**	**1599.17**	**1834.35**	**4156.36**	**1999.12**	**2157.23**
中国香港	Hong Kong, China	1125.96	1072.48	53.48	1363.72	1299.29	64.43
中国澳门	Macao, China	19.97	17.49	2.48	23.91	21.22	2.69
中国台湾	Taiwan, China	394.12	43.76	350.36	445.23	46.54	398.69
日本	Japan	480.05	147.13	332.92	565.15	172.66	392.49
韩国	Republic of Korea	251.52	47.68	203.84	285.29	59.70	225.59
菲律宾	Philippines	67.44	10.18	57.26	85.15	15.50	69.65
泰国	Thailand	89.22	23.62	65.60	111.64	29.72	81.92
马来西亚	Malaysia	113.10	25.20	87.90	144.79	33.88	110.91
新加坡	Singapore	113.67	58.06	55.61	137.07	79.54	57.53
印度尼西亚	Indonesia	39.07	16.21	22.86	51.90	25.31	26.59
印度	India	37.95	22.23	15.72	58.98	39.90	19.08
沙特阿拉伯	Saudi Arabia	22.41	11.21	11.20	30.92	19.98	10.94
阿联酋	United Arab Emirates	29.10	24.14	4.96	46.44	42.18	4.26
东盟(10国)	Association of Southeast Asian Nations	441.49	146.67	294.82	559.60	204.99	354.61
非洲	**Africa**	**79.02**	**56.47**	**22.55**	**119.56**	**88.25**	**31.31**
埃及	Egypt	6.91	6.41	0.50	11.88	11.36	0.52
南非	South Africa	28.36	15.38	12.98	36.57	19.11	17.46
欧洲	**Europe**	**703.75**	**516.36**	**187.39**	**841.53**	**625.59**	**215.94**
比利时	Belgium	35.72	21.29	14.43	37.22	23.94	13.28
丹麦	Denmark	10.32	7.71	2.61	12.43	9.33	3.10
英国	United Kingdom	88.85	75.22	13.63	109.27	93.94	15.33
德国	Germany	139.34	87.43	51.91	160.31	99.32	60.99
法国	France	60.73	34.00	26.73	69.86	46.08	23.78
意大利	Italy	47.48	30.83	16.65	60.27	42.33	17.94
荷兰	Netherlands	88.10	81.10	7.00	111.17	97.32	13.85
西班牙	Spain	33.77	23.66	10.11	49.40	31.36	18.04
奥地利	Austria	6.11	3.23	2.88	7.85	4.76	3.09
芬兰	Finland	8.94	5.42	3.52	14.66	10.37	4.29
瑞士	Switzerland	17.87	6.21	11.66	23.97	9.11	14.86
波兰	Poland	7.07	6.33	0.74	12.34	11.45	0.89
俄罗斯	Russia	30.96	23.03	7.93	57.40	50.34	7.06
欧盟	European Union	639.59	474.70	164.89	735.46	544.94	190.52
拉丁美洲	**Latin America**	**140.00**	**89.76**	**50.24**	**195.93**	**132.07**	**63.86**
阿根廷	Argentina	11.07	5.01	6.06	19.25	9.40	9.85
巴西	Brazil	30.07	17.83	12.24	38.78	25.72	13.06
智利	Chile	15.32	7.08	8.24	21.26	9.81	11.45
墨西哥	Mexico	34.07	24.85	9.22	42.95	31.27	11.68
北美洲	**North America**	**842.54**	**720.11**	**122.43**	**939.60**	**795.64**	**143.96**
加拿大	Canada	55.54	42.05	13.49	71.76	56.29	15.47
美国	United States of America	786.93	677.99	108.94	867.77	739.28	128.49
大洋洲 及其他	**Oceania and other**	**73.24**	**37.61**	**35.63**	**87.37**	**51.72**	**35.66**
澳大利亚	Australia	65.13	33.24	31.89	77.37	45.65	31.72
新西兰	New Zealand	6.80	3.67	3.13	7.90	4.90	3.00

注：本表数字按产销国别原则统计。

Note: The data in the table are calculated on the basis of production and consumption countries.

16-7 外贸进出口市场结构
Market Structure of Imports and Exports

单位：亿美元 (USD 100 million)

地　区	Region	2000 金额 Amount	2000 比重(%) Percentage (%)	2003 金额 Amount	2003 比重(%) Percentage (%)	2004 金额 Amount	2004 比重(%) Percentage (%)
出口总额	**Total Value of Exports**	**919.19**	**100.0**	**1528.48**	**100.0**	**1915.69**	**100.0**
亚洲	Asia	491.57	53.5	829.63	54.3	1046.11	54.6
#港澳地区	Hong Kong and Macao	321.05	34.9	549.16	35.9	700.00	36.5
中国台湾	Taiwan, China	17.51	1.9	25.24	1.7	27.93	1.5
日本	Japan	77.47	8.4	116.80	7.6	127.89	6.7
东盟	Association of Southeast Asian Nations	42.41	4.6	72.99	4.8	92.70	4.8
中东十七国	The Seventeen Countries of the Middle East			32.86	2.1	42.48	2.2
非洲	Africa	9.70	1.1	18.69	1.2	24.50	1.3
欧洲	Europe	137.14	14.9	244.77	16.0	299.08	15.6
#欧盟	European Union	125.79	13.7	218.32	14.3	276.03	14.4
俄罗斯	Russia	1.43	0.2	6.85	0.4	10.89	0.6
拉丁美洲	Latin America	21.21	2.3	26.63	1.8	39.74	2.1
北美洲	North America	247.14	26.9	387.07	25.3	478.63	25.0
#美国	United States of America	236.27	25.7	370.36	24.2	457.95	23.9
大洋洲及其他	Oceania	12.43	1.4	21.69	1.4	27.63	1.4
进口总额	**Total Value of Imports**	**781.87**	**100.0**	**1306.74**	**100.0**	**1655.60**	**100.0**
亚洲	Asia	602.64	77.1	1056.99	80.9	1335.00	80.6
#港澳地区	Hong Kong and Macao	53.35	6.8	55.74	4.3	60.84	3.7
中国台湾	Taiwan, China	151.28	19.3	230.32	17.6	273.98	16.5
日本	Japan	140.13	17.9	229.18	17.5	281.53	17.0
东盟	Association of Southeast Asian Nations	91.25	11.7	191.87	14.7	230.23	13.9
中东十七国	The Seventeen Countries of the Middle East			43.12	3.3	57.87	3.5
非洲	Africa	7.61	1.0	9.50	0.7	14.96	0.9
欧洲	Europe	84.64	10.8	111.44	8.5	145.56	8.8
#欧盟	European Union	70.03	9.0	86.80	6.6	119.16	7.2
俄罗斯	Russia	6.22	0.8	8.78	0.7	11.81	0.7
拉丁美洲	Latin America	8.52	1.1	25.35	1.9	32.68	2.0
北美洲	North America	60.26	7.7	83.65	6.4	101.99	6.2
#美国	United States of America	53.05	6.8	75.05	5.7	89.22	5.4
大洋洲及其他	Oceania and other	18.21	2.3	19.81	1.5	25.41	1.5

16-7 续表 continued

单位：亿美元 (USD 100 million)

地区	Region	2005 金额 Amount	2005 比重(%) Percentage (%)	2006 金额 Amount	2006 比重(%) Percentage (%)	2007 金额 Amount	2007 比重(%) Percentage (%)
出口总额	**Total Value of Exports**	**2381.71**	**100.0**	**3019.48**	**100.0**	**3692.39**	**100.0**
亚洲	Asia	1269.40	53.3	1599.17	53.0	1999.12	54.1
#港澳地区	Hong Kong and Macao	850.10	35.7	1089.97	36.1	1320.51	35.8
中国台湾	Taiwan, China	35.38	1.5	43.76	1.4	46.54	1.3
日本	Japan	138.41	5.8	147.13	4.9	172.66	4.7
东盟	Association of Southeast Asian Nations	115.79	4.9	146.67	4.9	204.99	5.6
中东十七国	The Seventeen Countries of the Middle East	59.87	2.5	88.99	2.9	138.32	3.7
非洲	Africa	36.91	1.5	56.47	1.9	88.25	2.4
欧洲	Europe	385.00	16.2	516.36	17.1	625.59	16.9
#欧盟	European Union	333.12	14.0	474.7	15.7	544.94	14.8
俄罗斯	Russia	15.93	0.7	23.02	0.8	50.34	1.4
拉丁美洲	Latin America	58.33	2.4	89.76	3.0	132.07	3.6
北美洲	North America	600.59	25.2	720.11	23.8	795.64	21.6
#美国	United States of America	571.07	24.0	677.99	22.5	739.28	20.0
大洋洲及其他	Oceania	31.47	1.3	37.61	1.2	51.72	1.4
进口总额	**Total Value of Imports**	**1898.31**	**100.0**	**2252.59**	**100.0**	**2647.96**	**100.0**
亚洲	Asia	1542.61	81.3	1834.35	81.4	2157.23	81.5
#港澳地区	Hong Kong and Macao	64.26	3.4	55.96	2.5	67.12	2.5
中国台湾	Taiwan, China	308.64	16.3	350.35	15.6	398.69	15.1
日本	Japan	302.52	15.9	332.92	14.8	392.49	14.8
东盟	Association of Southeast Asian Nations	253.22	13.3	294.82	13.1	354.61	13.4
中东十七国	The Seventeen Countries of the Middle East	67.56	3.6	79.94	3.5	89.88	3.4
非洲	Africa	19.01	1.0	22.55	1.0	31.31	1.2
欧洲	Europe	165.93	8.7	187.39	8.3	215.94	8.2
#欧盟	European Union	134.60	7.1	164.89	7.3	190.52	7.2
俄罗斯	Russia	12.34	0.7	7.93	0.4	7.06	0.3
拉丁美洲	Latin America	40.83	2.2	50.24	2.2	63.86	2.4
北美洲	North America	101.15	5.3	122.43	5.4	143.96	5.4
#美国	United States of America	89.19	4.7	108.94	4.8	128.49	4.9
大洋洲及其他	Oceania and other	28.78	1.5	35.37	1.6	35.66	1.3

16-8 海关进出口商品分类金额（2006-2007年）
Total Value of Imports and Exports by Category of Commodities (Customs Statistics) (2006-2007)

单位：万美元 (USD 10000)

商品类别	Category of Commodities	2006 出口 Exports	2006 进口 Imports	2007 出口 Exports	2007 进口 Imports
总 计	**Total Value**	**30194781**	**22525919**	**36923921**	**26479564**
第一类 活动物；动物产品	**Live Animals and Animal Products**	**70947**	**52388**	**63119**	**102153**
活动物	Live Animals	9449	161	11393	245
肉及食用杂碎	Meat and Edible Haslets	14151	26709	18948	74253
水产品	Aquatic Products	40365	11788	25984	13304
乳品、蛋品、天然蜂蜜、其他食用动物产品	Dairy Products, Eggs, Natural Honey and Other Edible Animal Products	4138	11179	3155	10662
其他动物产品	Other Animal Products	2844	2551	3639	3689
第二类 植物产品	**Plant Products**	**63242**	**181206**	**77712**	**221631**
树苗及花草	Saplings, Flowers and Herbs	2415	1426	2707	2190
蔬菜	Edible Vegetables	23016	2729	24596	3428
水果及坚果	Fruits and Nuts	9838	29754	12754	40671
咖啡、茶叶及调味香料	Coffee, Tea and Spices	8999	2245	10377	3229
谷物	Cereals	15	32387	29	25088
制粉工业产品	Flour, Starch and Related Products	4486	7336	9640	7363
植物油籽及果实、种子、药材及饲料	Oil Seeds and Kernels, Seeds, Medical Materials and Forage	10467	100712	13184	134961
虫胶、树胶、树脂	Shellac, Gum, Resin	1954	1823	2051	2091
编结植物材料、其他植物产品	Stuff of Knitting Plant, Other Plants and Related Products	2052	2794	2374	2610
第三类 动、植物油脂及蜡	**Animal Fat, Vegetable Oil and Wax**	**5869**	**86994**	**4840**	**147539**
动、植物油脂及蜡	Animal Fat, Vegetable Oil and Wax	5869	86994	4840	147539
第四类 食品、烟草及制品	**Food, Tobacco and Related Products**	**237449**	**92390**	**258990**	**89354**
动物产品制品	Animal Products	107189	458	115904	1241
糖 及 糖 食	Sugar and Sugar Products	20095	10434	21921	7342
可可及可可制品	Cocoa and Cocoa Products	1502	3186	1770	2504
粮食及乳制品、糕饼点心	Foodstuff, Dairy Products and Pastry Products	23275	19541	23896	18027
蔬菜、水果等植物制品	Products of Vegetables and Fruits	15483	2943	18825	2922
杂 项 制 品	Miscellaneous Edible Products	22244	14889	23729	15244
饮料、酒及醋	Beverages, Liquor and Vinegar	39205	6825	44149	14386
食品的残渣、动物饲料	Dreg of Food, Animal Forage	2743	33013	3235	25844
烟草及烟草制品	Tobacco and Related Products	5713	1101	5561	1844
第五类 矿产品	**Minerals**	**183149**	**1351716**	**251193**	**1513164**
盐、硫磺、建筑材料	Salt, Sulphur, Building Materials	17540	33512	21432	38466
矿砂、矿渣及矿灰	Ore, Slag and Mortar	385	87876	273	156540
矿物燃料、矿物油及产品	Mineral Fuels, Mineral Oils and Related Products	165224	1230328	229488	1318158
第六类 化工产品	**Chemicals**	**391555**	**989450**	**472688**	**1140352**
无机化学品	Inorganic Chemicals	51707	84537	58892	91540
有机化学品	Organic Chemicals	62015	392688	78884	477102
药品	Medicinal and Pharmaceutical Products	22028	44867	27917	59914
肥料	Fertilizer	7665	25990	9718	17154
鞣料、染料浸膏、染料、颜料、油漆、油墨	Tanning Materials, Dyeing Extracts, Dyestuff, Colourant, Paint and Printing Ink	50771	115744	63199	123512

16-8 续表1 continued

单位：万美元 (USD 10000)

商品类别	Category of Commodities	2006 出口 Exports	2006 进口 Imports	2007 出口 Exports	2007 进口 Imports
化妆品及其原料、芳香料制品	Cosmetics and Cosmetic Raw Materials, Perfume Products	58531	14612	73271	18625
洗 涤 用 品	Detergents	24073	39002	30792	47408
蛋白类物质、改性淀粉、胶、酶	Protein Materials, Modified Starch, Gum and Enzyme	12651	34005	20039	46051
炸药、烟火制品、易燃材料制品	Explosive, Pyrotechnic Products, Inflammable Material Products	11137	72	10051	129
照相及电影用品	Photographic and Film Products	26473	48647	22922	48882
杂项化学产品	Miscellaneous Chemical Products	64504	189286	77003	210035
第七类 塑料、橡胶及其制品	**Plastics, Rubber and Related Products**	**815877**	**1757531**	**986193**	**2015395**
塑料及其制品	Plastics and Related Products	747111	1621185	891592	1862720
橡胶及其制品	Rubber and Related Products	68766	136346	94601	152675
第八类 皮革、毛皮及其制品、旅行用品、手提包	**Leather, Furs and Related Products, Travel Articles, Handbags**	**489673**	**282629**	**557876**	**279512**
生皮及皮革	Raw Hides and Leather	56403	250725	39704	246308
皮革制品、旅行用品及手提包	Leather Products, Travel Articles and Handbags	406662	8284	493653	10902
毛皮、人造毛皮及制品	Furs, Artificial Furs and Related Products	26608	23620	24519	22302
第九类 木及木制品、草柳编结品	**Wood and Wooden Products, Straw and Wicker Knitting Products**	**155170**	**115411**	**161443**	**114722**
木及木制品、木炭	Wood and Wooden Products, Charcoal	123072	114893	121659	114097
软木及软木制品	Cork and Related Products	329	170	330	198
草柳编结品	Straw and Wicker Knitting Products	31769	348	39454	427
第十类 木浆、纸、纸板及制品	**Wood Pulp, Paper, Paperboard and Related Products**	**294002**	**360331**	**374450**	**405982**
木浆及其他纤维素浆、废碎纸板	Wood Pulp and Cellulose Pulp, Waste Paper and Paperboard	62	146191	72	204511
纸及纸板、纸浆、纸制品	Paper, Paperboard, Paper Pulp, Paper Products	180980	200574	226024	184254
书籍、印刷品、设计图纸	Books, Printed Matter, Design Blueprint	112960	13566	148354	17217
第十一类 纺织原料及纺织制品	**Textile Materials and Products**	**3427719**	**842603**	**4076644**	**860712**
蚕丝	Natural Silk	13506	5632	12461	5578
羊毛、动物毛、毛纱线及制品	Wool, Animal Hair, Woolen Yarn and Woven Fabrics	15602	23844	16177	23066
棉花	Cotton	174088	295374	174438	300781
其他纺织纤维、纸纱线及机织物	Other Textile Fibers, Yarn and Related Woven Fabrics	10071	12587	9120	12037
化学纤维长丝	Chemical Fiber, Continuous Filament	37249	130060	44807	129918
化学纤维短丝	Chemical Fiber, Staple Fiber	37163	78742	38923	74361
絮胎、毡尼及无纺物、特种纱线、线绳索缆	Wadding, Felt and Adhesive-bond Fabrics, Special Yarn, Threads, Ropes, Cables	27096	25310	31723	28780
地毯及纺织铺地制品	Carpets and Related Woven Products	10803	1203	13056	1031
特种机织物、纺织装饰品、刺绣品	Special Woven Fabrics, Woven Ornaments, Embroidery	41674	26389	58387	25418
浸渍、涂布、包覆或层压的纺织物	Impregnated, Coated, Covered or Laminated Textile Products	28258	49000	37841	51333
针织物及钩编织物	Knit Wear and Crocheted Fabrics	239994	101861	264074	110547
针织或钩编的服装及衣着附件	Knitted or Crocheted Garments and Clothing Accessories	1589670	50039	2230931	49548
非针织或非钩编的服装及衣着附件	Garments Not Knitted or Not Crocheted and Clothing Accessories	1104475	39584	1030685	43584
其他纺织制成品、成套物品	Other Textile Products	98070	2978	114021	4730
第十二类 鞋帽伞杖、加工羽毛、人造花、人发制品	**Footwear, Headgear, Umbrellas, Canes, Processed Feather, Artificial Flowers, Wigs**	**950336**	**16179**	**1086832**	**20025**
鞋类及零件	Footwear and Accessories	835783	14396	958079	17977
帽类及零件	Headgear and Accessories	40990	317	48062	331

16-8 续表 2 continued

单位：万美元 (USD 10000)

商品类别	Category of Commodities	2006		2007	
		出口 Exports	进口 Imports	出口 Exports	进口 Imports
伞、杖、鞭及零件	Umbrellas, Canes, Whips and Accessories	29119	389	31327	442
加工羽毛、羽绒及制品、人造花、人发制品	Processed Feathers, Down and Related Products, Artificial Flowers, Wigs	44444	1077	49364	1275
第十三类 石材制品、陶瓷产品、玻璃及其制品	**Stone Products, Ceramics, Glass and Glassware**	**505227**	**116769**	**577445**	**134283**
石材制品	Stone and Related Products	53824	16772	70980	20263
陶瓷产品	Ceramics	306731	4210	320633	5873
玻璃及其制品	Glass and Glassware	144672	95787	185832	108147
第十四类 珠宝首饰、硬币	**Jewellery, Coins**	**346802**	**220521**	**402801**	**257047**
珠宝首饰	Jewellery	346802	220521	402801	257047
第十五类 贱金属及其制品	**Base Metals and Related Products**	**1576911**	**2001431**	**1925108**	**2481492**
钢铁	Iron and Steel	127490	766074	176572	868736
钢铁制品	Iron and Steel Products	563634	96619	693099	115676
铜及其制品	Copper and Related Products	110536	722152	103935	947193
镍及其制品	Nickel and Related Products	1271	25240	1729	50271
铝及其制品	Aluminum and Related Products	291476	256315	379110	332612
铅及其制品	Lead and Related Products	6057	4222	6913	5833
锌及其制品	Zinc and Related Products	20357	43443	19456	55816
锡及其制品	Tin and Related Products	584	19764	1255	21892
其他贱金属金属陶瓷及其制品	Other Base Metals, Metallic Ceramics and Related Products	14013	14377	17196	13969
贱金属工具器具利口器餐具及零件	Base Metal Tools, Utensils, Sharp Tools, Dinner-sets and Accessories	185838	31314	210830	42135
贱金属杂项制品	Miscellaneous Base Metal Products	255655	21911	315013	27359
第十六类 机械、电气设备、电视机及音响设备	**Machinery, Electric Equipment, TV Sets, Sound Appliances**	**15986352**	**11402881**	**20382626**	**13523789**
核反应堆、锅炉、机械设备及零件	Nuclear Reactor, Boilers, Mechanic Equipment and Accessories	6359180	2950770	7245647	3380024
机电、电气设备、电视机及音响设备	Machinery, Electric Equipment, TV Sets and Sound Appliances	9627172	8452111	13136979	10143765
第十七类 车辆、航空器、船舶及有关运输设备	**Vehicles, Aircraft, Ships and Related Transport Equipment**	**657524**	**573907**	**864218**	**619113**
铁道及电车机车、车辆及零件	Rail Locomotives, Tramcars and Accessories	168597	3820	237761	3182
车辆及零附件	Vehicles and Related Parts and Accessories	410021	246293	532138	299128
航空器、航天器及零件	Aircraft, Spacecraft and Related Parts and Accessories	2829	319925	6912	303711
船舶及浮动结构体	Ships and Related Products	76077	3869	87407	13092
第十八类 仪器、医疗器械、钟表及乐器	**Instruments, Medical Instruments and Equipment,Clocks and Watches, Musical Instruments**	**1270246**	**1891531**	**1214516**	**2295550**
光学、照相电影、计量检验、医疗仪器设备	Optical, Photographic, Film, Measuring and Checking, Medical Instruments and Equipment	1085405	1826612	985455	2216632
钟表及零件	Clocks, Watches and Parts	154690	61553	189737	74201
乐器及零附件	Musical Instruments and Parts	30151	3366	39324	4717
第十九类杂项制品	**Miscellaneous Manufactured Articles**	**2758878**	**85097**	**3174947**	**128760**
家具、床上用品、照明装置、发光标志	Furniture, Bed Articles, Lighting Apparatus, Radiate Marks	1095102	17065	1400298	26262
玩具、游戏、运动用品及零附件	Toys, Game Goods, Sports Articles and Related Parts and Accessories	1553101	49612	1629065	80409
杂项制品	Miscellaneous Manufactured Articles	110675	18420	145584	22089
第二十类 艺术品、收藏品及古物	**Works of Art, Collection Pieces and Antiques**	**1650**	**28**	**2317**	**189**
第二十一类 特殊交易品及未分类商品	**Special Trading Goods and Unclassified Goods**	**6203**	**104917**	**7963**	**128800**

16-9 海关出口主要商品数量和金额（2006-2007年）

Volume and Value of Main Commodities for Export (Customs Statistics) (2006-2007)

单位：万美元 (USD 10000)

商品名称		Item		2006 数量 Volume	2006 金额 Value	2007 数量 Volume	2007 金额 Value
活猪	(万头)	Live Hogs	(10000 heads)	32	4781	38	6482
活家禽	(万只)	Live Poultry	(10000 heads)	1741	2753	1482	3012
鲜、冻猪肉	(吨)	Fresh and Frozen Pork	(ton)	13309	2213	14270	3520
冻鸡	(吨)	Frozen Chicken	(ton)	5553	816	4002	787
水产品	(吨)	Aquatic Products	(ton)	193687	40365	164736	25984
#活鱼	(吨)	Live Fish	(ton)	50920	10878	50084	10001
鲜冻对虾	(吨)	Fresh and Frozen Prawn	(ton)	10346	4252	3987	1190
谷物	(吨)	Cereals	(ton)	138527	3971	209327	6871
#大米	(吨)	Rice	(ton)	2029	71	2041	75
蔬菜	(吨)	Vegetables	(ton)	685841	23016	848557	25881
#鲜蔬菜	(吨)	Fresh Vegetables	(ton)	622140	13323	776869	15290
鲜、干果类	(吨)	Fresh and Dried Fruit	(ton)	302604	9838	365819	11990
#柑桔橙	(吨)	Mandarins and Oranges	(ton)	72307	2470	95460	3131
食用油籽	(吨)	Edible Oil Seeds	(ton)	9449	449	12235	521
食用植物油	(吨)	Edible Vegetable Oil	(ton)	71078	5117	22659	2611
食糖	(吨)	Sugar	(ton)	105949	4172	88559	3708
茶叶	(吨)	Tea	(ton)	11293	3466	9181	4300
猪肉罐头	(吨)	Canned Pork	(ton)	524	67	141	24
蘑菇罐头	(吨)	Canned Mushroom	(ton)	8286	796	13628	1725
羽毛、羽绒	(吨)	Feather and Down	(ton)	4212	1511	3514	1787
药材	(吨)	Medicinal Materials	(ton)	85143	8056	139615	10797
纸烟	(万条)	Cigarettes	(10000 cartons)	1155	3978	1069	3504
生丝	(吨)	Raw Silk	(ton)	1370	3828	1640	4038
成品油	(吨)	Finished Petroleum Products	(ton)	1431115	80738	2105362	116704
合成有机染料	(吨)	Synthetic Organic Dyestuff	(ton)	4817	1253	6707	3406
医药品	(吨)	Medicinal and Pharmaceutical Products	(ton)	50747	36691	58294	47074
#抗菌素	(吨)	Antibiotics	(ton)	3339	9639	3227	13506
烟花爆竹	(吨)	Fireworks and Firecrackers	(ton)	86071	10513	75352	9454
松香、树脂	(吨)	Rosin, Resin	(ton)	138670	13835	125190	10556
轮胎	(万条)	Rubber Tire	(10000 units)	4316	32601	4880	46069
纸及纸板	(吨)	Paper and Paperboard	(ton)	486620	29730	707225	43249
纺织品		Textiles			729310		806349
#棉纱线	(吨)	Cotton Yarn	(ton)	151984	49395	165726	56484
丝绸	(万米)	Silk	(10000 m)	2177	8640	1923	7586
棉布	(万米)	Cotton Cloth	(10000 m)	96792	131768	94539	136355
麻纺布	(万米)	Linen Cloth	(10000 m)	4269	8098	3578	7317
混纺布	(万米)	Blended Cloth	(10000 m)	5071	4659	4615	4563
玻璃制品		Glass Products			70774		89668
家用陶瓷器皿		Porcelain and Pottery Wares for Household Use			98919		85859
装饰用陶瓷器皿		Porcelain and Pottery Wares for Decoration Use			42685		30377
珍珠、宝石		Pearls and Gems			131290		141649

16-9 续表 continued

单位：万美元 (USD 10000)

商品名称		Item		2006 数量 Volume	2006 金额 Value	2007 数量 Volume	2007 金额 Value
贵金属及首饰		Precious Metal and Jewelry			174173		209344
钢材	(吨)	Steel Products	(ton)	2384660	159275	2534783	221841
铝材	(吨)	Aluminum Products	(ton)	526258	162370	618974	190823
铜材	(吨)	Copper Products	(ton)	130834	82993	114453	81658
工具		Tools			55339		66345
锁	(吨)	Locks	(ton)	101975	45618	108845	56952
电扇	(万台)	Electric Fans	(10000 sets)	34730	179778	37092	214269
普通缝纫机	(万台)	Sewing Machines	(10000 sets)	431	13763	405	14956
金属加工机床	(台)	Machine Tools	(set)	270241	10945	347074	17126
电子计算器	(万台)	Electric Calculators	(10000 sets)	26385	52480	29080	64765
数据处理设备	(万台)	Data Processing Equipment	(10000 sets)	91021	3270235	93599	4110387
电动、发电机	(万台)	Electric Motors and Generators	(10000 sets)	268949	191016	288639	223143
静止式变流器	(万个)	Static Converters	(10000 units)	177452	472632	203929	623583
原电池	(万个)	Primary Cells and Batteries	(10000 units)	1335576	73619	1380317	84531
蓄电池	(万个)	Electric Accumulators	(10000 units)	154958	219865	173349	272855
有线电话	(万台)	Landline Telephone Sets	(10000 sets)	16046	213868	17699	287209
手持或车载无线电话	(万台)	Hand-held or Vehicle-mounted Cordless Telephones	(10000 sets)	9907	659033	15015	923567
扬声器	(万个)	Loudspeakers	(10000 units)	115177	155596	136076	192603
收录机、组合音响	(万台)	Radio Recorders and Audio Systems	(10000 sets)	16730	342835	32252	381326
彩电(整套散件)	(万台)	Colour TV Sets (Complete Sets of Spare Parts)	(10000 sets)	5973	480071	2310	284235
集成电路、微电子件	(万个)	Integrated Circuit and Parts of Electronic Components	(10000 units)	629357	252856	722600	259199
集装箱	(个)	Containers	(unit)	517470	161815	772330	233684
自行车	(万辆)	Bicycles	(10000 units)	1650	60015	1601	66947
船舶	(艘)	Ships	(unit)	237771	76062	82327	87028
照相机	(万架)	Cameras	(10000 sets)	2764	7974	1560	4168
手表	(万只)	Wrist Watches	(10000 units)	61673	84006	57027	106449
#电子手表	(万只)	Electronic Watches	(10000 units)	60827	81246	55866	103095
日用钟	(万只)	Clocks	(10000 units)	20758	29868	18328	32818
家具		Furniture			691577		896979
床垫、卧具用品		Mattress and Bedding Articles			33269		48259
灯具、照明用品		Lights and Lighting Apparatus			350236		422386
箱包、旅行用品		Boxes and Bags, Travel Goods			343473		432240
服装、衣着附件		Garments and Clothing Accessories			2817027		3392384
#织物服装		Textile Garments			2471972		3080646
皮革服装	(万件)	Leather Garments	(10000 pcs)	477	12587	399	11667
皮革手套	(万双)	Leather Gloves	(10000 pairs)	38659	29936	39718	27006
帽类	(万个)	Headgear	(10000 units)	127573	40118	123335	47175
鞋	(万双)	Footwear	(10000 pairs)	312630	810865	346851	919889
#橡胶、塑料鞋	(万双)	Rubber and Plastic Shoes	(10000 pairs)	192765	293096	216627	339605
皮鞋	(万双)	Leather Shoes	(10000 pairs)	77132	425561	72218	459042
塑料制品		Plastic Articles			515204		588146
玩具		Toys			480538		588866
人造花		Artificial Flowers			40293		43564

16-10 海关进口主要商品数量和金额（2006-2007年）

Volume and Value of Main Commodities from Import (Custom Statistics) (2006-2007)

单位：万美元 (USD 10000)

商品名称		Item		2006 数量 Volume	2006 金额 Value	2007 数量 Volume	2007 金额 Value
谷物	(吨)	Cereals	(ton)	983366	33220	613187	26095
#小麦	(吨)	Wheat	(ton)	76676	1639	25596	796
稻谷和大米	(吨)	Paddy and Rice	(ton)	628380	25623	403950	19193
大豆	(吨)	Soybean	(ton)	3214391	87016	3404142	127756
鲜、干果类	(吨)	Fresh and Dried Fruit	(ton)	361957	29754	441827	40614
#香蕉	(吨)	Mandarins and Oranges	(ton)	26165	845	43966	1473
食用植物油	(吨)	Edible Vegetable Oil	(ton)	1649699	77320	1726046	129972
其他植物油	(吨)	Other Vegetable Oils	(ton)	68601	4107	67455	5681
食糖	(吨)	Sugar	(ton)	206731	7607	143536	4357
饲料	(吨)	Forage	(ton)	441528	30782	234771	24314
纸烟	(条)	Cigarettes	(carton)	464100	230	427000	214
天然橡胶	(吨)	Natural Rubber	(ton)	159016	22473	134658	21404
合成橡胶	(吨)	Synthetic Rubber	(ton)	408017	59679	414545	71152
原木	(立方米)	Logs	(cu.m)	1275136	22854	1219590	26629
锯材	(立方米)	Sawn Timber	(cu.m)	2207724	57151	2077109	55835
纸浆	(吨)	Paper Pulp	(ton)	892944	49235	870604	54591
羊毛	(吨)	Wool	(ton)	12106	4482	10798	4009
原棉	(吨)	Raw Cotton	(ton)	140446	18407	120632	17163
合成纤维	(吨)	Synthetic Fiber	(ton)	115492	17181	93135	15397
#聚酯纤维	(吨)	Polyester Fiber	(ton)	76216	9482	58641	8339
聚丙烯晴纤维	(吨)	Polyacrylonitrile Fibre	(ton)	28892	5416	22347	4629
人造纤维	(吨)	Artificial Fiber	(ton)	2740	553	2951	653
铁矿砂	(吨)	Iron Ore	(ton)	6022959	45974	9828571	105233
氧化铝	(吨)	Aluminum Oxide	(ton)	281110	10416	174696	6504
原油	(万吨)	Crude Oil	(10000 tons)	1166	532924	1289	628304
成品油	(万吨)	Finished Petroleum Products	(10000 tons)	1011	397301	821	361811
液化石油气	(万吨)	LPG	(10000 tons)	393	188628	541	211725
乙二醇	(吨)	Glycol	(ton)	93543	8007	97668	10082
对苯二甲酸	(吨)	Terephthalic Acid	(ton)	63445	5589	83389	7371
己内酰胺	(吨)	Caprolactam	(ton)	96642	19414	112266	26147
医药品	(吨)	Medicinal and Pharmaceutical Products	(ton)	18583	48242	20859	63856
#抗菌素	(吨)	Antibiotics	(ton)	122	2339	131	2757
肥料	(吨)	Fertilizer	(ton)	1150169	25990	594551	17154
#氯化钾	(吨)	Potassium Chloride	(ton)	543573	10805	119848	2951
复合肥料	(吨)	Compound Fertilizer	(ton)	603769	15066	471286	14081
合成有机染料	(吨)	Synthetic Organic Dyestuff	(ton)	26806	12386	29411	15941
初级型状聚乙烯	(吨)	Polyethylene in Primary Form	(ton)	1091283	118577	859439	108434
初级型状聚丙烯	(吨)	Polypropylene in Primary Form	(ton)	1652525	167179	1739409	203079
初级型状聚苯乙烯	(吨)	Polystyrene in Primary Form	(ton)	2616604	312094	2669321	381868
#ABS树脂	(吨)	ABS Copolymer Resin	(ton)	1433562	185024	1517837	235315
初级型状聚氯乙烯		Polyvinyl Chloride in Primary Form	(ton)	956789	76899	851008	76111
初级型状聚酯	(吨)	Polyester in Primary Form	(ton)	782862	183359	846407	215016
农药	(吨)	Pesticides	(ton)	3987	1423	4383	2178
牛皮革、马皮革	(吨)	Cattlehide and Horsehide	(ton)	634092	203152	562965	196027

16-10 续表 continued

单位：万美元 (USD 10000)

商品名称		Item		2006		2007	
				数量 Volume	金额 Value	数量 Volume	金额 Value
胶合板	(立方米)	Plywood	(cu.m)	220765	8709	169664	8393
纸及纸板	(吨)	Paper and Paperboard	(ton)	2851798	168578	2374431	157998
#牛皮纸	(吨)	Kraft-paper	(ton)	636996	26721	470835	21298
毛纱线	(吨)	Wool and Cotton Thread	(ton)	24216	12627	22205	11840
棉纱线	(吨)	Cotton Yarn	(ton)	767166	164976	751554	165766
合成纤维纱线	(吨)	Synthetic Fiber,Continuous Filament and Yarn	(ton)	348146	84557	319228	81330
丝绸	(万米)	Silk	(10000 m)	2798	5221	2557	5147
棉布	(万米)	Cotton Cloth	(10000 m)	114134	114196	104050	118730
化纤布	(万米)	Chemical Fibre Cloth	(10000 m)	92850	61197	80811	62136
钢材	(吨)	Steel Products	(ton)	8299512	684979	7592234	726589
#钢铁板材	(吨)	Iron & Steel Plate	(ton)	7359150	601943	6832654	636811
铜材	(吨)	Copper Products	(ton)	791860	384671	733048	470529
铝材	(吨)	Aluminium Products	(ton)	314784	112411	307417	126456
制冷压缩机	(台)	Refrigeration Compressors	(set)	6725047	31076	6978789	35006
空调	(台)	Air Conditioners	(set)	43574	2977	10650	1714
制冷设备		Refrigerating Equipments			7923		9309
机械装卸设备		Mechanical Handling Equipments			47543		46528
建筑采矿设备		Building and Mining Equipments			58788		76296
食品机械		Food-processing Machinery			3451		2434
造纸、纸品机械		Paper and Pulp Mill Machinery			17899		31182
印刷机械		Printing Machinery			50570		322853
纺织机械		Textile Machinery			94903		96876
工业缝纫机	(台)	Industrial Sewing Machines	(set)	52789	6850	32043	5646
机床	(台)	Machine Tools	(set)	38229	157881	39263	161358
橡、塑加工机械		Rubber and Plastic Processing Machinery			65513		62092
数据处理设备	(万台)	Data Processing Equipments	(10000 sets)	19525	815986	23015	989411
电动、发电机	(万台)	Electric Motors and Generators	(10000 sets)	114783	86269	128899	101504
发电机组、变流机	(台)	Generating Sets and Converters	(set)	9641	18612	11228	14575
电视机	(台)	TV Sets	(set)	238120	3308	210449	3598
#彩色电视机	(台)	Colour TV Sets	(set)	220886	3278	210359	3597
半导体器件	(万个)	Parts of Semi-conductor Devices	(10000 units)	14640212	530794	16640900	640546
电路保护装置		Circuit Protection Devices			451864		545889
显像管	(万只)	Kinescopes	(10000 units)	1584	41121	495	13669
集成电路、电子件	(万个)	Integrated Circuits and Parts of Electronic Components	(10000 units)	4640872	4138717	5625600	4920595
电线、电缆	(吨)	Electric Wires and Cables	(ton)	156491	131568	155263	162414
汽车及底盘	(辆)	Motor Vehicles and Chassis	(unit)	19204	64499	19860	76169
#小轿车	(辆)	Sedan Cars	(unit)	6646	26103	5732	21304
旅行车	(辆)	Station Wagons	(unit)	2864	4194	1738	3618
船舶	(艘)	Ships	(unit)	661	3209	688	12465
塑料制品		Plastic Products			76225		81054
玩具		Toys			9409		12109

16-11 机电产品出口分类值

Export Value of Machinery and Electrical Products by Category of Commodities

单位：万美元 (USD 10000)

产品分类	Category of Commodities	2000	2006	2007
合 计	**Total**	**4997461**	**20452589**	**25324802**
建筑材料	**Building Materials**	**671**	**1684**	**2266**
玻璃及制品	**Glass and Glassware**	**1526**	**3583**	**2830**
钢铁制品	**Iron and Steel Products**	**182977**	**533850**	**635618**
#不锈钢餐具、厨具	Stainless Steel Tableware and Kitchenware	44344	95594	105729
铜制品	**Copper Products**	**4917**	**25634**	**27841**
铝制品	**Aluminium Products**	**24954**	**95260**	**165748**
#铝制门窗及配件	Aluminium Windows, Doors and Fittings	7008	10993	30466
其他贱金属制品	**Other Base Metal Products**	**3543**	**13063**	**20093**
贱金属工具、利口器、餐具及零件	**Base Metal Tools, Sharp Tools, Tableware and Accessories**	**109974**	**236457**	**283346**
#工具	Tools	17838	55339	66345
利口器	Sharp Tools	32334	71932	82421
厨具、餐具	Kitchenware and Tableware	22190	63085	68272
锁类	Locks	14355	45618	56720
贱金属杂项制品	**Miscellaneous Base Metal Products**	**52877**	**198238**	**242500**
#贱金属制铰链(折叶)	Base Metals Hinge	5909	26575	29193
家具用其他贱金属附件及架座	Other Base Metal Accessories and Frame Foundations for Furniture Use	15630	58095	69757
办公用品	Articles for Office Use	9806	14963	18346
锅炉、机械设备及零件	**Boilers, Mechanical Equipments and Accessories**	**1333334**	**6359180**	**7245538**
#电扇	Electric Fans	66285	179778	214269
电子计算器	Electronic Calculators	45835	52480	64765
电动、发电机	Electric Motors and Generators	92899	191016	223143
手提式电钻	Portable Electric Drills	12560	30247	41570
空调	Air Conditioners	24892	264971	379327
数据处理设备	Data Processing Equipments	591173	3270235	4110387
#显示器	Displays	119455	749754	873715
激光打印机	Laserprinters	41127	279637	273890
机电、电气设备、电视机及音响设备	**Machinery, Electric Equipments, TV Sets and Audio Systems**	**2206392**	**9627172**	**13136935**
微波炉	Microwave Ovens	31193	109356	128709
电咖啡壶、电茶壶	Electric Coffee Makers and Electric Tea Kettles	21779	68607	50413
有线电话机	Telephone Sets	152324	213868	36792
无绳电话机	Wireless Telephones	117525	172424	210841
传真机	Fax Machines	18939	14322	
激光视盘放像机	Laser Vision Disc Players	51638	509080	597508
激光唱机	Compact Disc Players	51112	37425	25310
彩色电视机	Colour TV Sets	39809	480071	284235
黑白电视机	Black-and-white TV Sets	6978	7773	2134
装有液晶装置或发光二极管的显示板	Display Boards with LCD or Screen of Light-emitting Diode	13975	67836	46260
电容器	Capacitors	26202	74954	85529
电阻器	Resistors	8953	24849	31478

16-11 续表 continued

单位：万美元 (USD 10000)

产品分类	Category of Commodities	2000	2006	2007
电路保护装置	Circuit Protection Devices	72617	323525	418360
显像管	Kinescopes	13928	53742	40680
半导体器件	Parts of Semi-conductor Devices	34636	122466	155461
电线电缆	Electric Wires and Cables	89713	265670	376828
集成电路	Integrated Circuits	18532	233026	259199
微电子组件	Microelectronic Components	7723	19850	16444
铁道及电车机车、车辆及零件	**Rail Locomotives, Tramcars and Accessories**	**80017**	**168597**	**237761**
集装箱	Containers	73790	161815	233684
其他车辆及零件	**Other Vehicles and Related Parts and Accessories**	**148503**	**410042**	**531157**
#小轿车	Sedan Cars	233	28153	47225
自行车	Bicycles	56264	60015	66947
摩托车	Motorcycles	20313	91232	116650
婴孩车及其零件	Baby Carriages and Accessories	20313	33971	41585
航空器、航天器及零件	**Aircraft,Spacecraft and Related Parts and Accessories**	**230**	**2829**	**6912**
船舶及浮动物结构体	**Ship and Floating Facilities**	**16523**	**76077**	**87467**
船舶	Ships	16440	76062	87028
光学、照相电影、计量检验、医疗设备	**Optical, Photographic, Film, Measuring, Checking, and Medical Instruments and Equipments**	**287713**	**1085405**	**985489**
#太阳镜	Sun-glasses	4879	12221	13778
双筒望远镜	Binoculars	7541	4247	4761
照相机	Cameras	87802	7974	4168
医疗器械	Medical Instruments and Equipments	16440	61752	83719
钟表及零件	**Clocks,Watches and Parts**	**161837**	**154690**	**188732**
#电子手表	Electronic Watches	84447	81246	103095
钟	Clocks	30052	29868	32818
表芯	Movements	8227	9898	11898
乐器及零件	**Musical Instruments and Parts**	**2940**	**30151**	**18025**
金属家具、照明装置、发光标志	**Metallic Furniture, Lighting Apparatus and Radiate Marks**	**182508**	**473170**	**589573**
#金属家具	Metallic Furniture	28747	122916	172172
吊灯、壁灯	Ceiling Lamps, Wall Lamps	36243	119740	145022
台灯、床头灯或落地灯	Table Lamps, Bed Lamps, Floor Lamps	34746	48322	53169
圣诞树用的成套灯具	Festival Decoration Lamp Sets	36178	37762	46316
玩具、游戏、运动用品及零件附件	**Toys, Game Goods, Sports Articles and Related Parts and Accessories**	**143295**	**880246**	**906380**
#电子、机械玩具	Electronic and Mechanical Toys	44920	90511	86980
与电视接收机配套使用的电子游戏机	Electronic Game Machines Used with TV Receivers	23894	489929	445328
杂项制品	**Miscellaneous Manufactured Articles**	**6583**	**8368**	**4991**
#一次性袖珍气体打火机	Disposable Pocket Gas Lighters	5809	2009	1730
其他机电产品	**Other Machinery and Electrical Products**	**46147**	**68893**	**5600**

16-12 各市出口总额(2000-2007年)

Total Value of Exports by City (2000-2007)

单位：亿美元 (USD 100 million)

市 别	City	2000	2001	2002	2003	2004	2005	2006	2007
全省合计	**Provincial Total**	**919.19**	**954.21**	**1184.58**	**1528.48**	**1915.69**	**2381.71**	**3019.48**	**3692.39**
广 州	Guangzhou	117.90	116.23	137.76	168.89	214.74	266.68	323.77	379.02
深 圳	Shenzhen	345.64	374.76	465.42	629.71	778.43	1015.22	1359.59	1685.42
珠 海	Zhuhai	36.46	37.88	52.03	69.09	90.39	107.68	148.43	184.77
汕 头	Shantou	25.95	13.41	15.70	18.92	25.45	31.82	34.84	39.12
佛 山	Foshan	57.36	63.55	78.88	102.25	138.34	170.80	211.35	261.90
韶 关	Shaoguan	1.32	1.13	1.44	2.01	3.06	3.40	4.36	5.28
河 源	Heyuan	0.93	0.93	1.32	1.56	1.97	2.96	5.58	8.95
梅 州	Meizhou	2.97	1.12	1.59	2.08	2.49	3.10	3.81	4.36
惠 州	Huizhou	44.97	49.09	58.90	71.46	87.39	106.55	122.77	146.05
汕 尾	Shanwei	3.64	2.22	2.42	2.67	4.05	6.42	8.54	10.89
东 莞	Dongguan	171.42	189.88	237.33	279.08	351.91	409.29	473.76	602.01
中 山	Zhongshan	36.77	43.57	57.24	82.53	100.06	122.54	156.08	172.97
江 门	Jiangmen	29.85	25.71	29.52	36.57	50.77	60.25	74.06	86.99
阳 江	Yangjiang	5.43	3.90	4.97	6.88	8.40	9.13	9.74	10.60
湛 江	Zhanjiang	3.78	4.02	5.46	9.01	9.42	9.57	12.26	14.61
茂 名	Maoming	10.03	6.94	8.79	12.63	6.38	2.39	3.39	3.97
肇 庆	Zhaoqing	7.40	7.62	9.01	10.98	12.40	14.16	17.63	21.73
清 远	Qingyuan	2.41	1.94	2.20	3.08	5.27	9.32	11.71	11.85
潮 州	Chaozhou	6.94	5.81	8.12	9.40	11.79	14.80	18.02	17.46
揭 阳	Jieyang	5.98	2.97	4.43	6.84	9.48	11.32	14.16	17.69
云 浮	Yunfu	2.03	1.52	2.07	2.84	3.50	4.31	5.63	6.75

16-13 各市进口总额(2000-2007年)

Total Value of Imports by City (2000-2007)

单位：亿美元 (USD 100 million)

市 别	City	2000	2001	2002	2003	2004	2005	2006	2007
全省合计	**Provincial Total**	**781.87**	**810.66**	**1026.34**	**1306.74**	**1655.60**	**1898.31**	**2252.59**	**2647.96**
广 州	Guangzhou	115.60	114.12	141.47	180.52	233.14	268.08	313.81	355.91
深 圳	Shenzhen	293.80	311.21	406.74	544.29	694.33	812.69	1012.74	1190.64
珠 海	Zhuhai	55.19	60.14	76.31	98.73	127.62	149.58	179.74	213.89
汕 头	Shantou	16.17	13.90	13.21	14.54	16.33	17.78	19.30	22.00
佛 山	Foshan	45.91	47.13	50.82	62.44	78.56	86.31	98.43	116.59
韶 关	Shaoguan	1.36	1.50	1.55	2.33	5.36	5.80	4.95	7.61
河 源	Heyuan	0.67	0.85	0.99	1.42	1.48	2.32	4.39	6.62
梅 州	Meizhou	0.52	0.46	0.53	0.89	1.10	0.52	0.83	0.92
惠 州	Huizhou	37.12	39.20	53.36	59.86	78.96	83.66	89.54	95.07
汕 尾	Shanwei	2.44	2.21	2.17	2.77	4.34	5.66	6.93	10.66
东 莞	Dongguan	148.82	154.64	205.08	241.04	293.21	334.39	368.45	466.04
中 山	Zhongshan	24.12	27.90	36.17	48.75	56.30	64.97	75.22	73.66
江 门	Jiangmen	18.48	18.17	18.24	22.19	27.69	30.29	33.80	36.00
阳 江	Yangjiang	0.77	0.66	1.28	1.18	2.30	1.12	1.57	1.00
湛 江	Zhanjiang	7.89	6.88	6.49	10.34	9.01	8.70	9.21	11.15
茂 名	Maoming	2.56	1.59	0.95	0.98	3.66	1.28	1.53	1.96
肇 庆	Zhaoqing	4.11	3.82	4.38	4.65	6.63	7.60	10.23	12.48
清 远	Qingyuan	1.98	1.89	2.26	3.10	6.66	7.82	10.80	14.57
潮 州	Chaozhou	1.27	1.47	1.19	2.24	3.56	4.12	4.94	4.27
揭 阳	Jieyang	1.84	1.72	1.54	2.45	2.85	2.60	2.72	3.18
云 浮	Yunfu	1.24	1.21	1.61	2.03	2.52	3.02	3.46	3.74

16-14 各市外商投资企业出口总额（2000-2007年）

Total Value of Exports of Enterprises with Foreign Investment by City (2000-2007)

单位：亿美元 (USD 100 million)

市别	City	2000	2001	2002	2003	2004	2005	2006	2007
全省合计	**Provincial Total**	**495.09**	**543.72**	**696.21**	**953.73**	**1217.21**	**1546.77**	**1939.16**	**2322.18**
广州	Guangzhou	60.29	60.52	75.12	99.79	134.63	167.64	197.00	221.45
深圳	Shenzhen	194.97	220.18	279.88	403.49	509.76	675.85	859.44	1035.17
珠海	Zhuhai	26.24	26.97	40.32	54.93	73.23	89.05	123.85	154.36
汕头	Shantou	7.10	6.70	7.82	9.80	12.81	15.33	16.72	18.97
佛山	Foshan	36.21	39.76	52.10	69.36	89.41	109.33	129.05	157.41
韶关	Shaoguan	0.64	0.52	0.58	0.60	1.21	1.38	1.81	2.37
河源	Heyuan	0.63	0.77	1.00	1.34	1.63	2.46	4.84	7.70
梅州	Meizhou	0.78	0.48	0.56	0.64	0.41	0.72	1.50	2.08
惠州	Huizhou	31.56	36.46	44.88	56.43	69.80	92.11	107.68	129.89
汕尾	Shanwei	0.85	0.93	1.22	1.63	2.78	5.35	7.73	9.84
东莞	Dongguan	83.51	90.84	115.31	149.90	194.85	235.32	289.20	352.88
中山	Zhongshan	20.16	26.01	35.24	50.25	61.42	75.70	100.09	109.17
江门	Jiangmen	15.15	15.02	16.76	21.50	30.56	37.13	47.72	57.87
阳江	Yangjiang	1.27	0.92	1.49	2.15	2.46	2.42	2.66	2.82
湛江	Zhanjiang	1.36	1.39	2.11	3.65	4.33	4.43	6.39	7.20
茂名	Maoming	2.92	4.39	6.41	8.97	2.31	1.13	1.71	1.92
肇庆	Zhaoqing	4.16	4.42	5.31	5.78	7.22	8.00	10.89	15.39
清远	Qingyuan	1.18	1.44	1.74	2.46	4.24	6.44	9.56	10.88
潮州	Chaozhou	3.14	2.90	3.92	4.50	5.84	7.36	9.21	9.31
揭阳	Jieyang	1.65	1.81	2.66	4.13	5.37	6.08	7.30	9.96
云浮	Yunfu	1.31	1.29	1.78	2.43	2.94	3.54	4.81	5.54

16-15 各市外商投资企业进口总额（2000-2007年）

Total Value of Imports of Enterprises with Foreign Investment by City (2000-2007)

单位：亿美元 (USD 100 million)

市别	City	2000	2001	2002	2003	2004	2005	2006	2007
全省合计	**Provincial Total**	**425.27**	**442.56**	**589.79**	**793.03**	**1048.09**	**1240.07**	**1513.17**	**1762.27**
广州	Guangzhou	57.91	60.60	73.34	97.40	134.17	154.97	173.80	193.66
深圳	Shenzhen	162.17	168.65	237.11	335.50	454.34	565.67	746.29	885.45
珠海	Zhuhai	25.19	25.29	42.73	55.90	73.99	87.45	103.89	134.76
汕头	Shantou	7.20	6.98	8.77	9.61	10.80	11.35	10.91	12.60
佛山	Foshan	34.02	35.51	38.61	49.27	60.49	62.50	67.20	75.03
韶关	Shaoguan	0.93	0.78	0.50	0.63	1.14	1.30	1.36	1.32
河源	Heyuan	0.46	0.66	0.71	1.30	1.33	2.17	3.81	5.99
梅州	Meizhou	0.47	0.42	0.45	0.53	0.93	0.40	0.53	0.75
惠州	Huizhou	24.37	26.67	35.40	42.34	61.53	68.30	74.58	80.33
汕尾	Shanwei	0.61	0.67	0.81	1.53	3.11	4.82	5.96	9.62
东莞	Dongguan	70.59	73.35	100.25	130.89	165.49	188.21	213.15	249.82
中山	Zhongshan	15.61	19.40	27.05	36.33	41.87	48.98	58.38	55.64
江门	Jiangmen	12.09	10.74	10.49	13.25	17.15	18.99	22.00	22.46
阳江	Yangjiang	0.21	0.20	0.15	0.20	0.24	0.18	0.26	0.28
湛江	Zhanjiang	6.60	5.44	5.25	8.98	6.83	6.86	6.65	7.31
茂名	Maoming	0.29	0.45	0.29	0.30	0.66	0.39	0.36	0.47
肇庆	Zhaoqing	2.97	3.04	3.59	3.51	5.03	5.52	7.42	9.06
清远	Qingyuan	1.12	1.21	1.34	1.86	4.01	5.56	8.60	10.77
潮州	Chaozhou	0.55	0.55	0.52	0.52	1.54	2.71	3.95	2.85
揭阳	Jieyang	0.89	0.98	1.07	1.51	1.57	1.61	1.53	1.46
云浮	Yunfu	1.02	0.97	1.36	1.67	1.87	2.13	2.54	2.64

16-16 外商投资企业进出口主要指标

Main Indicators on Imports and Exports of Enterprises with Foreign Investment

单位：亿美元 (USD 100 million)

项目	Item	2000		2006		2007	
		出口 Exports	进口 Imports	出口 Exports	进口 Imports	出口 Exports	进口 Imports
总计	**Total**	**495.09**	**425.27**	**1939.16**	**1513.17**	**2322.18**	**1762.27**
按贸易方式分	By Trade Form						
一般贸易	General Trade	28.43	53.31	198.48	184.97	269.36	259.45
来料加工	Processing and Assembling with Customer's Materials	19.10	15.51	80.88	61.7	113.51	77.71
进料加工	Processing and Assembling with Import Materials	433.45	303.68	1593.65	1046.94	1859.22	1166.55
加工设备	Processing Equipments		0.66		7.34		11.80
外资设备	Foreign-funded Equipments		34.56		62.79		61.93
保税仓库	Bonded Warehouse	10.65	7.71	66.15	147.08	79.76	182.50
其他	Others	3.46	9.84		2.35	0.33	2.33
按经济类型分	By Type of Ownership						
合作经营企业	Joint Ventures	67.01	56.76	110.42	57.59	106.60	41.67
合资经营企业	Cooperative Enterprises	166.18	157.15	376.51	304.57	449.97	337.16
外资(独资)企业	Foreign Sole Investment Enterprises	261.90	211.36	1452.23	1151.01	1765.61	1383.44
按产品类型分	By Type of Product						
机电产品	Machinery and Electrical Products	303.39	221.20	1487.07	1034.54	1799.88	1213.94
#机械及设备	Machinery and Equipments	96.26	63.55	498.82	211.47	582.27	244.12
电器及电子产品	Electric and Electronic Products	138.36	129.97	700.54	657.28	912.56	768.33
高新技术产品	High and New-tech Products	125.41	117.56	629.60	648.60	993.24	747.91
#计算机与通信技术	Computer and Communication Technology	105.81	42.16	538.42	189.51	864.01	207.15
电子技术	Electronic Technology	14.23	61.10	79.61	405.43	99.13	472.05
按主要国家(地区)分	By Main Country (Territory)						
亚洲	**Asia**	**267.86**	**336.86**	**1099.33**	**1281.38**	**1343.78**	**1488.44**
中国香港	Hong Kong, China	172.95	27.00	800.99	28.13	986.63	29.78
中国澳门	Macao, China	2.38	0.47	10.85	1.46	12.61	1.81
中国台湾	Taiwan, China	9.21	87.26	31.18	261.23	33.30	295.88
日本	Japan	44.36	87.18	104.08	236.46	121.62	273.73
韩国	Republic of Korea	6.47	36.06	32.12	150.26	36.50	167.94
东盟	Association of Southeast Asian Nations	25.88	51.42	81.11	191.87	97.53	231.90
中东十七国	The Seventeen Countries of the Middle East			25.94	22.35	37.17	23.13
非洲	**Africa**	**2.10**	**2.48**	**12.37**	**13.33**	**17.67**	**17.32**
欧洲	**Europe**	**72.82**	**44.27**	**284.17**	**98.25**	**350.91**	**113.57**
欧盟	European Union	65.75	35.43	267.48	86.62	324.74	100.04
#英国	United Kingdom	13.52	5.17	48.99	8.97	58.90	10.02
德国	Germany	14.87	11.44	53.46	28.02	52.91	32.70
法国	France	8.46	5.06	20.34	8.36	28.07	8.84
意大利	Italy	3.37	3.80	17.05	10.02	23.11	10.80
荷兰	Netherlands	13.52	1.64	56.04	4.58	62.04	7.43
芬兰	Finland	1.15	1.10	2.72	2.01	6.28	2.93
瑞士	Switzerland	1.30	3.61	3.43	7.51	5.55	9.34
俄罗斯	Russia	0.61	2.96	9.38	2.10	14.47	2.20
拉丁美洲	**Latin America**	**7.56**	**5.32**	**40.23**	**33.72**	**57.92**	**39.77**
北美洲	**North America**	**138.75**	**28.63**	**482.11**	**70.17**	**526.06**	**83.42**
加拿大	Canada	6.16	4.09	23.51	8.72	26.83	9.33
美国	United States of America	132.67	24.54	458.55	61.44	499.16	74.09
大洋洲	**Oceania**	**6.00**	**7.71**	**20.97**	**16.09**	**25.82**	**19.37**
澳大利亚	Australia	5.45	6.26	18.76	14.78	23.03	17.47
新西兰	New Zealand	0.49	0.66	1.89	1.16	2.58	1.41

16-17 外商投资企业出口主要商品数量和金额（2006-2007年）

Volume and Value of Main Commodities for Export of Enterprises with Foreign Investment (2006-2007)

单位：万美元 (USD 10000)

商品名称		Item		2006 数量 Volume	2006 金额 Value	2007 数量 Volume	2007 金额 Value
活猪	(万头)	Live Hogs	(10000 heads)			0.36	81
活家禽	(万只)	Live Poultry	(10000 heads)	20	80	27	132
冻鸡	(吨)	Frozen Chicken	(ton)	633	92	128	21
水产品	(吨)	Aquatic Products	(ton)	39739	10985	14152	3082
#活鱼	(吨)	Live Fish	(ton)	230	92	900	188
鲜冻对虾	(吨)	Fresh and Frozen Prawn	(ton)	6298	3054	1271	543
谷物	(吨)	Cereals	(ton)	128517	3622	197357	6433
蔬菜	(吨)	Vegetables	(ton)	47417	7299	53778	7866
#鲜蔬菜	(吨)	Fresh Vegetables	(ton)	26413	1292	32410	1432
鲜、干果类	(吨)	Fresh and Dried Fruit	(ton)	12387	1081	16931	1224
#柑桔橙	(吨)	Mandarins and Oranges	(ton)	5989	414	8354	525
食用植物油	(吨)	Edible Vegetable Oil	(ton)	70027	4895	21518	2327
食糖	(吨)	Sugar	(ton)	4952	115	5382	133
茶叶	(吨)	Tea	(ton)	182	59	133	119
烤鳗鱼	(吨)	Daked Eel	(ton)	8414	11100	7530	9027
蘑菇罐头	(吨)	Canned Mushroom	(ton)	444	55	671	84
羽毛、羽绒	(吨)	Feather and Down	(ton)	2577	512	1234	339
药材	(吨)	Medicinal Materials	(ton)	4188	1885	4310	2177
成品油	(吨)	Finished Petroleum Products	(ton)	1256522	72819	1463052	91199
合成有机染料	(吨)	Synthetic Organic Dyestuff	(ton)	2058	585	4090	2709
医药品	(吨)	Medicinal and Pharmaceutical Products	(ton)	29597	18228	32343	23438
#抗菌素	(吨)	Antibiotics	(ton)	1738	5245	1616	7595
美容护肤用品	(吨)	Cosmetic and Skin Care Products	(ton)	46481	23182	47862	26469
口腔清洁剂	(吨)	Dental Cleanser	(ton)	22528	4342	44201	7914
轮胎	(万条)	Rubber Tire	(10000 units)	1600	8891	1772	12722
纸及纸板	(吨)	Paper and Paperboard	(ton)	406994	23397	592688	32868
纺织品		Textiles			451900		501843
#棉纱线	(吨)	Cotton Yarn	(ton)	103704	34962	107490	38470
丝绸	(万米)	Silk	(10000 m)	299	929	256	908
棉布	(万米)	Cotton Cloth	(10000 m)	38121	59073	38661	65040
麻纺布	(万米)	Linen Cloth	(10000 m)	1772	2622	1098	1828
混纺布		Blended Cloth	(10000 m)	467	549	380	496
玻璃制品		Glass Products			29276		28973
家用陶瓷器皿		Porcelain and Pottery Wares for Household Use			39303		37136
装饰用陶瓷器皿		Porcelain and Pottery Wares for Decoration Use			21353		14440
珍珠、宝石		Pearls and Gems			126659		138195
贵金属及首饰		Precious Metal and Jewelry			92321		107666
钢材	(吨)	Steel Products	(ton)	1281332	89021	1081618	100629
铝材	(吨)	Aluminum Products	(ton)	231083	72283	194980	63868
铜材	(吨)	Copper Products	(ton)	104373	69838	81439	60845
工具		Tools			26862		33094
锁	(吨)	Locks	(ton)	46635	25637	46739	32668
电扇	(万台)	Electric Fans	(10000 sets)	15463	85355	15773	94764
普通缝纫机	(万台)	Sewing Machines	(10000 sets)	194	12170	200	13259

16-17 续表 continued

单位：万美元 (USD 10000)

商品名称		Item		2006 数量 Volume	2006 金额 Value	2007 数量 Volume	2007 金额 Value
金属加工机床	(台)	Machine Tools	(set)	159621	3461	160940	4604
电子计算器	(万台)	Electronic Calculators	(10000 sets)	13333	34936	15757	46193
数据处理设备	(万台)	Data Processing Equipment	(10000 sets)	59472	2680906	59585	3362773
#显示器	(万台)	Displays	(10000 sets)	2615	423179	3029	457637
电动、发电机	(万台)	Electric Motors and Generators	(10000 sets)	119635	95730	116346	109214
静止式变流器	(万个)	Static Converters	(10000 units)	105419	330521	124710	444464
原电池	(万个)	Primary Cells and Batteries	(10000 units)	387493	30090	467225	38380
蓄电池	(万个)	Electric Accumulators	(10000 units)	95363	128309	114427	158325
有线电话	(万台)	Landline Telephone Sets	(10000 sets)	8617	141241	10288	167063
手持或车载无线电话	(万台)	Hand-held or Vehicle-mounted Cordless Telephones	(10000 units)	8596	588093	11679	786319
扬声器	(万个)	Loudspeakers	(10000 sets)	47616	80847	49536	100269
收录机、组合音响	(万台)	Radio Recorders and Audio Systems	(10000 sets)	8854	273486	11042	291274
彩电(整套散件)	(万台)	Colour TV Sets (Complete Sets of Spare Parts)	(10000 sets)	3615	330581	1223	162637
电路保护装置		Circuit Protection Devices			242249		304196
半导体器件	(万个)	Parts of Semi-conductor Devices	(10000 units)	6130695	100044	7340500	123916
集成电路、微电子件	(万个)	Integrated Circuits and Parts of Electronic Components	(10000 units)	508647	207744	598100	225120
电线、电缆	(吨)	Electric Wires and Cables	(ton)	345497	190510	371433	263413
集装箱	(个)	Containers	(unit)	517402	161791	772033	233621
自行车	(万辆)	Bicycles	(10000 units)	997	40951	937	45415
船舶	(艘)	Ships	(unit)	198835	35457	34122	35828
照相机	(万架)	Cameras	(10000 sets)	1713	6149	851	3221
手表	(万只)	Wrist Watches	(10000 units)	13321	40375	14011	49382
#电子手表	(万只)	Electronic Watches	(10000 units)	13166	38752	13860	47785
日用钟	(万只)	Clocks	(10000 units)	6657	13255	6082	14010
家具		Furniture			405454		503267
床垫、卧具用品		Mattresses and Bedding Articles			16040		24886
灯具、照明用品		Lights and Lighting Apparatus			168002		208561
箱包、旅行用品		Boxes, Bags and Travel Goods			143496		188633
服装、衣着附件		Garments and Clothing Accessories			787243		918666
#织物服装		Textile Garments			661486		771962
皮革服装	(万件)	Leather Garments	(10000 units)	227	6473	189	6479
裘皮服装		Fur Garments			4968		4131
皮革手套	(万双)	Leather Gloves	(10000 pairs)	14021	10002	15445	11629
帽类	(万个)	Headgear	(10000 units)	56103	20325	53029	24291
鞋	(万双)	Footwear	(10000 pairs)	105192	421886	113273	464925
#橡胶、塑料鞋	(万双)	Rubber and Plastic Shoes	(10000 pairs)	51774	116255	60217	136215
皮鞋	(万双)	Leather Shoes	(10000 pairs)	40585	266196	37141	277041
塑料制品		Plastic Articles			265664		298004
圣诞用品		Articles for Christmas			30521		40642
玩具		Toys			185103		266274
人造花		Artificial Flowers			13956		15426

16-18 外商投资企业进口主要商品数量和金额（2006-2007年）

Volume and Value of Main Commodities Imported by Enterprises with Foreign Investment (2006-2007)

单位：万美元 (USD 10000)

商品名称		Item		2006 数量 Volume	2006 金额 Value	2007 数量 Volume	2007 金额 Value
谷物	(吨)	Cereals	(ton)	330815	7119	205276	6827
#小麦	(吨)	Wheat	(ton)	70234	1494	23848	749
面粉	(吨)	Flour	(ton)	10559	364	6747	250
大豆	(吨)	Soya Bean	(ton)	1910128	52066	1682064	65535
食用植物油	(吨)	Edible Vegetable Oil	(ton)	775460	37515	941097	72258
其他植物油	(吨)	Other Vegetable Oils	(ton)	61928	3561	65372	5344
食糖	(吨)	Sugar	(ton)	20522	732	41410	1298
饲料	(吨)	Forage	(ton)	35028	2711	33222	3008
天然橡胶	(吨)	Natural Rubber	(ton)	84391	11874	75259	12208
合成橡胶	(吨)	Synthetic Rubber	(ton)	247739	36472	247705	43084
原木	(立方米)	Logs	(cu.m)	240177	4075	287059	6411
纸浆	(吨)	Paper Pulp	(ton)	743229	41060	664150	41609
羊毛	(吨)	Wool	(ton)	9974	3653	7610	2765
原棉	(吨)	Raw Cotton	(ton)	81671	10808	74766	10676
合成纤维	(吨)	Synthetic Fiber	(ton)	62153	9396	56839	9316
#聚酯纤维	(吨)	Polyester Fiber	(ton)	36349	4482	33925	4795
聚丙烯晴纤维	(吨)	Polyacrylonitrile Fibre	(ton)	20394	3722	15061	3061
人造纤维	(吨)	Artificial Fiber	(ton)	1325	230	1538	309
铁矿砂	(吨)	Iron Ore	(ton)	563355	4256	1138549	12037
氧化铝	(吨)	Aluminium Oxide	(ton)	1116	234	3332	828
原油	(吨)	Crude Oil	(ton)	1788085	84911	1224822	65163
成品油	(吨)	Finished Petroleum Products	(ton)	2007796	99868	2363757	125968
纯碱	(吨)	Soda Ash	(ton)	61987	917	22688	376
乙二醇	(吨)	Glycol	(ton)	22240	1968	26094	2810
对苯二甲酸	(吨)	Terephthalic Acid	(ton)	15757	1388	34900	3110
己内酰胺	(吨)	Caprolactam	(ton)	44953	8943	53656	12582
医药品	(吨)	Medicinal and Pharmaceutical Products	(ton)	1845	7620	6222	13933
肥料	(吨)	Fertilizer	(ton)	1140144	25500	587608	16519
#氯化钾	(吨)	Potassium Chloride	(ton)	538572	10701	119848	2951
复合肥料	(吨)	Compound Fertilizer	(ton)	601498	14788	467463	13554
合成有机染料	(吨)	Synthetic Organic Dyestuff	(ton)	19956	9673	22236	12634
初级型状聚乙烯	(吨)	Polyethylene in Primary Form	(ton)	535869	58426	479362	62093
初级型状聚丙烯	(吨)	Polypropylene in Primary Form	(ton)	810839	89477	888972	113087
初级型状聚苯乙烯	(吨)	Polystyrene in Primary Form	(ton)	1249980	167752	1329318	210139
#ABS树脂	(吨)	ABS Copolymer Resin	(ton)	698119	101011	766719	130142
初级型状聚氯乙烯	(吨)	Polyvinyl Chloride in Primary Form	(ton)	699410	57352	638926	57980
初级型状聚酯	(吨)	Polyester in Primary Form	(ton)	483153	129103	534348	149056
农药	(吨)	Pesticides	(ton)	1049	250	1176	379
牛皮革、马皮革	(吨)	Cattlehide and Horsehide	(ton)	316406	144564	299561	142447
胶合板	(立方米)	Plywood	(cu.m)	143485	6233	118191	6431
纸及纸板	(吨)	Paper and Paperboard	(ton)	1328569	91547	1174586	91350
#牛皮纸	(吨)	Kraft-paper	(ton)	297500	13252	235126	11403

16-18 续表 continued

单位：万美元 (USD 10000)

商品名称		Item		2006 数量 Volume	2006 金额 Value	2007 数量 Volume	2007 金额 Value
毛纱线	(吨)	Wool and Cotton Thread	(ton)	12345	7263	12301	7134
#棉纱线	(吨)	Cotton Yarn	(ton)	589384	132119	569642	130820
合成纤维纱线	(吨)	Synthetic Fiber, Continuous Filament and Yarn	(ton)	213699	59375	206951	60790
丝绸	(万米)	Silk	(10000 m)	2175	4224	1936	4055
棉布	(万米)	Cotton Cloth	(10000 m)	84110	88508	77107	93628
化纤布	(万米)	Chemical Fibre Cloth	(10000 m)	55061	39686	49824	42282
钻石	(千克拉)	Diamond	(1000 carats)	8372	150779	1971	164167
钢材	(吨)	Steel Products	(ton)	5533990	482297	5393399	524822
#钢铁板材	(吨)	Iron & Steel Plate	(ton)	4891529	422450	4867703	460690
铜材	(吨)	Copper Products	(ton)	502978	284011	479054	341122
铝材	(吨)	Aluminium Products	(ton)	219791	85152	204949	95247
制冷压缩机	(台)	Refrigeration Compressors	(set)	4708439	19215	4291875	19871
空调	(台)	Air Conditioners	(set)	26891	1885	2825	771
制冷设备		Refrigeration Equipments			5860		6463
机械装卸设备		Mechanical Handling Equipments			39367		37057
建筑采矿设备		Building and Mining Equipments			3539		5808
食品机械		Food-processing Machinery			2541		1764
造纸、纸品机械		Paper and Pulp Mill Machinery			15840		28719
印刷机械		Printing Machinery			23583		239231
纺织机械		Textile Machinery			49899		40386
工业缝纫机	(台)	Industrial Sewing Machines	(set)	23348	4016	17856	3147
机床	(台)	Machine Tools	(set)	20370	121202	23995	123912
橡、塑加工机械		Rubber and Plastic Processing Machinery			42780		40496
数据处理设备	(万台)	Data Processing Equipment	(10000 sets)	14966	558974	17155	695292
电动、发电机	(万台)	Electric Motors and Generators	(10000 sets)	82346	63657	92923	73065
发电机组、变流机	(台)	Generating Sets and Converters	(set)	3216	10006	7522	7687
电视摄像机	(万台)	Pickup Cameras	(10000 sets)	7554	91279	8512	57794
电视机	(台)	Colour TV Sets	(set)	154511	2567	202110	3408
半导体器件	(万个)	Parts of Semi-conductor Devices	(10000 units)	9779842	386990	11394600	447965
电路保护装置		Circuit Protection Devices			327600		397925
显像管	(万只)	Kinescopes	(10000 units)	1268	33323	425	10893
集成电路、电子件	(万个)	Integrated Circuits and Parts of Electronic Components	(10000 units)	2931895	3297036	3553900	3792484
电线、电缆	(吨)	Electric Wires and Cables	(ton)	94727	101614	99805	127899
汽车及底盘	(辆)	Motor Vehicles and Chassis	(unit)	2684	15891	4990	31607
#小轿车	(辆)	Sedan Cars	(unit)	423	2863	835	6090
越野车	(辆)	Cross Country Vehicles	(unit)	2017	12296	4111	24859
船舶	(艘)	Ships	(unit)	383	1157	186	792
塑料制品		Plastic Products			62205		65889
玩具		Toys			3956		6508

16-19 私营企业进出口主要指标

Main Indicators of Imports and Exports of Private Enterprises

单位：亿美元 (USD 100 million)

项目	Item	2000		2003		2004	
		出口 Exports	进口 Imports	出口 Exports	进口 Imports	出口 Exports	进口 Imports
总计	**Total**	**6.14**	**5.54**	**112.98**	**110.94**	**187.76**	**170.63**
按贸易方式分	By Trade Form						
一般贸易	General Trade	5.72	4.27	74.67	77.50	125.83	113.31
来料加工	Processing and Assembling with Customer's Materials	0.09	0.07	30.56	24.69	48.01	39.49
进料加工	Processing and Assembling with Import Materials	0.28	0.16	7.20	3.93	12.15	7.09
加工设备	Processing Equipments				0.30		0.78
保税仓库	Bonded Warehouse	0.04	1.03	0.55	4.51	1.75	9.94
其他	Others				0.01	0.02	0.02
按产品类型分	By Type of Product						
机电产品	Machinery and Electrical Products	2.24	2.50	52.18	58.16	87.87	79.74
#机械及设备	Machinery and Equipments	0.23	1.07	9.62	17.91	18.96	22.98
电器及电子产品	Electric and Electronic Products	0.81	0.61	27.66	29.85	42.18	42.15
高新技术产品	High and New-tech Products	0.28	1.22	18.79	32.05	28.72	41.40
#计算机与通信技术	Computer and Communication Technology	0.20	0.72	17.54	11.68	26.00	13.24
电子技术	Electronic Technology	0.02	0.20	0.36	16.32	0.95	22.93
按主要国家(地区)分	By Main Country (Territory)						
亚洲	**Asia**	**3.21**	**3.75**	**56.81**	**77.47**	**97.58**	**118.41**
中国香港	Hong Kong, China	1.66	0.24	31.44	5.60	55.45	9.91
中国澳门	Macao, China	0.15	0.01	1.64	0.04	2.18	0.08
中国台湾	Taiwan, China	0.08	0.72	1.63	14.11	1.95	22.29
日本	Japan	0.25	1.04	3.62	17.21	6.88	23.85
韩国	Republic of Korea	0.08	0.68	1.36	8.49	2.54	12.27
东盟	Association of Southeast Asian Nations	0.52	0.91	9.92	18.54	15.59	25.50
中东十七国	The Seventeen Countries of the Middle East	0.33	0.03	6.22	1.97	10.80	3.44
非洲	**Africa**	**0.16**	**0.02**	**3.48**	**1.10**	**6.50**	**2.44**
欧洲	**Europe**	**0.85**	**1.01**	**20.21**	**15.76**	**33.43**	**25.26**
欧盟	European Union	0.74	0.82	15.34	13.19	27.90	21.93
#英国	United Kingdom	0.14	0.08	3.05	1.14	5.08	2.15
德国	Germany	0.13	0.36	2.84	5.76	4.67	8.26
法国	France	0.06	0.04	1.65	0.99	2.64	1.80
意大利	Italy	0.11	0.12	1.50	1.65	3.17	2.61
荷兰	Netherlands	0.12	0.02	3.04	0.52	4.61	0.65
俄罗斯	Russia	0.01	0.01	2.28	0.65	3.16	1.15
拉丁美洲	**Latin America**	**0.29**	**0.08**	**3.80**	**2.53**	**8.37**	**4.97**
北美洲	**North America**	**1.50**	**0.56**	**26.77**	**12.33**	**38.40**	**15.24**
加拿大	Canada	0.09	0.06	1.59	0.77	2.85	1.85
美国	United States of America	1.42	0.49	25.18	11.55	35.55	13.38
大洋洲及其他	**Oceania and other**	**0.12**	**0.12**	**1.91**	**1.75**	**3.48**	**4.31**
澳大利亚	Australia	0.10	0.10	1.69	0.97	3.05	2.91
新西兰	New Zealand	0.01	0.02	0.19	0.75	0.36	1.31

16-19 续表 continued

单位：亿美元 (USD 100 million)

项 目	Item	2005 出口 Exports	2005 进口 Imports	2006 出口 Exports	2006 进口 Imports	2007 出口 Exports	2007 进口 Imports
总 计	**Total**	**299.48**	**209.35**	**472.80**	**258.52**	**651.62**	**324.57**
按贸易方式分	By Trade Form						
一般贸易	General Trade	216.69	137.75	368.88	168.70	506.72	214.60
来料加工	Processing and Assembling with Customer's Materials	57.06	45.63	65.11	51.59	84.75	64.46
进料加工	Processing and Assembling with Import Materials	19.4	11.35	27.35	15.22	38.42	22.75
加工设备	Processing Equipments		0.94		1.94		2.04
保税仓库	Bonded Warehouse	6.27	13.64	11.42	20.22	18.05	19.69
其他	Others	0.06	0.04	0.03	0.85	3.68	1.03
按产品类型分	By Type of Product						
机电产品	Machinery and Electrical Products	133.91	95.56	176.61	225.40	257.27	159.15
#机械及设备	Machinery and Equipments	25.82	26.73	34.21	33.44	50.04	42.45
电器及电子产品	Electric and Electronic Products	61.36	51.40	82.69	69.32	119.45	88.02
高新技术产品	High and New-tech Products	35.67	49.92	32.34	65.75	67.45	86.26
#计算机与通信技术	Computer and Communication Technology	30.04	15.38	25.68	16.31	56.63	23.93
电子技术	Electronic Technology	1.58	28.96	2.85	41.15	4.79	52.58
按主要国家(地区)分	By Main Country (Territory)						
亚洲	**Asia**	**156.9**	**146.87**	**216.26**	**179.62**	**325.06**	**228.76**
中国香港	Hong Kong, China	87.26	13.38	111.46	11.79	135.40	19.24
中国澳门	Macao, China	2.09	0.61	2.70	0.57	4.27	0.49
中国台湾	Taiwan, China	3.44	26.27	3.77	33.15	5.65	39.46
日本	Japan	9.61	26.19	11.82	30.29	17.07	35.53
韩国	Republic of Korea	4.74	14.97	8.42	18.87	14.73	20.20
东盟	Association of Southeast Asian Nations	24.68	30.23	33.45	43.20	66.54	53.22
中东十七国	The Seventeen Countries of the Middle East	20.16	5.12	36.90	4.76	69.39	5.19
非洲	**Africa**	**11.60**	**3.12**	**19.50**	**4.08**	**37.01**	**4.07**
欧洲	**Europe**	**50.91**	**32.99**	**118.10**	**37.09**	**126.93**	**48.60**
欧盟	European Union	41.84	27.23	105.69	32.05	88.67	43.42
#英国	United Kingdom	7.33	2.40	10.01	2.61	14.19	2.99
德国	Germany	8.31	11.00	10.52	10.26	16.23	11.72
法国	France	4.00	1.87	4.87	3.17	7.08	3.53
意大利	Italy	4.41	2.86	5.91	3.65	8.60	4.54
荷兰	Netherlands	5.72	0.69	6.71	1.17	10.25	4.08
俄罗斯	Russia	3.96	3.52	6.73	2.46	27.08	2.38
拉丁美洲	**Latin America**	**14.08**	**5.39**	**24.53**	**7.66**	**40.39**	**8.97**
北美洲	**North America**	**60.48**	**14.44**	**87.33**	**19.40**	**112.38**	**25.45**
加拿大	Canada	5.14	1.64	7.74	2.29	18.46	3.38
美国	United States of America	55.34	12.80	79.59	17.11	93.92	22.07
大洋洲及其他	**Oceania and other**	**5.51**	**6.54**	**7.09**	**10.68**	**9.85**	**8.72**
澳大利亚	Australia	4.80	5.30	6.15	9.34	8.43	7.56
新西兰	New Zealand	0.59	1.20	0.77	1.27	1.16	1.13

16-20 利用外资情况（1979-2007年）

Utilization of Foreign Capital (1979-2007)

年份 Year	签订项目（个） Number of Signed Projects (unit)	#外商直接投资 Foreign Direct Investment	合同外资额（万美元） Amount of Contracted Foreign Capital (USD 10000)	#外商直接投资 Foreign Direct Investment	实际利用外资（万美元） Amount of Foreign Capital Actually Utilized (USD 10000)	#外商直接投资 Foreign Direct Investment
1979	1642	70	22889	14616	9143	3074
1980	5048	188	138920	120046	21419	12320
1981	6803	236	167507	156206	28837	17326
1982	8171	151	155916	147698	28103	17123
1983	11318	412	72660	61552	40685	24523
1984	17452	1105	144489	116958	64379	54163
1985	13621	1640	256521	200073	91910	51529
1986	9417	774	183480	85902	142829	64392
1987	6999	1186	201750	124647	121671	59396
1988	7662	2741	382748	224196	243965	91906
1989	6636	2438	362311	243813	239915	115644
1990	7196	3042	316751	268958	202347	145984
1991	8507	4554	580152	490530	258250	182286
1992	12916	9769	1986673	1885764	486147	355150
1993	19012	16768	3489660	3314887	965225	749805
1994	11956	10558	2638753	2382441	1144664	939708
1995	9345	8177	2610480	2483244	1210037	1018028
1996	5955	4608	1744639	1554584	1389943	1162362
1997	17737	3744	964527	769202	1420519	1171083
1998	15459	4349	1237802	916180	1509945	1202005
1999	14824	3013	871592	617451	1447383	1220300
2000	16879	4245	1108598	868393	1457466	1223720
2001	13198	5317	1580386	1343463	1575526	1297240
2002	11706	6613	1890108	1617119	1658946	1311071
2003	11472	7306	2446711	2178926	1894081	1557779
2004	10530	8322	2217800	1936046	1289900	1001158
2005	11786	8384	2675695	2374365	1517358	1236391
2006	11276	8452	2838923	2456820	1780780	1451065
2007	11705	9506	3646583	3393817	1961771	1712603

注：1. 2002年起外商直接投资统计口径调整，企业投资总额内的境外借款只包括外方股东贷款。
2. 2004年实际利用外商直接投资统计口径作了调整，与2003年以前的年份不可比。
3. 2004年起签订项目数、合同外资额、实际利用外资不包含对外借款。

Notes: a) Since 2002,the foreign direct investment statistic has been adjusted, of which the overseas borrowings in total investment of enterprises only include loans by foreign shareholders.
b) The foreign direct investment actually utilized of 2004 is adjusted, incomparable to values of preceding years.
c) Since2004,the number of signed projects,amount of contracted foreign capital and foreign capital actually utilized exclude foreign borrowings

16-21 分方式利用外资（2007年）

Utilization of Foreign Capital by Type (2007)

指　标	Item	签订项目（个）Number of Signed Projects (unit)	合同外资额（万美元）Amount of Contracted Foreign Capital (USD 10000)	实际利用外资（万美元）Amount of Foreign Capital Actually Utilized (USD 10000)
总　计	**Total**	**11705**	**3646583**	**1961771**
外商直接投资	**Foreign Direct Investment**	**9506**	**3393817**	**1712603**
合资经营企业	Joint Ventures	741	400674	236250
合作经营企业	Cooperative Enterprises	114	121367	47845
外资(独资)企业	Foreign Sole Investment Enterprises	8645	2821770	1405191
外商投资股份制	Foreign Share-holding Corporations Ltd.	6	50006	23317
合作开发	Cooperative Development			
其他	Others			
外商其它投资	**Other Foreign Investment**	**2199**	**252766**	**249168**
对外发行股票	Shares Issued Abroad			
国际租赁	International Lease			
补偿贸易	Compensation Trade			
加工装配	Processing and Assembly	2199	252766	249168

16-22 分行业外商直接投资（2007年）

Foreign Direct Investment by Sector (2007)

指　标	Item	签订项目（个）Number of Signed Projects (unit)	合同外资额（万美元）Amount of Contracted Foreign Capital (USD 10000)	实际利用外资（万美元）Amount of Foreign Capital Actually Utilized (USD 10000)
总　计	**Total**	**9506**	**3393817**	**1712603**
农、林、牧、渔业	Farming, Forestry, Animal Husbandry and Fishery	336	48282	18295
采 矿 业	Mining	13	4780	2373
制 造 业	Manufacture	4170	1661339	1044892
电力、燃气及水的生产和供应业	Production and Supply of Electric Power, Gas and Water	25	34515	9712
建 筑 业	Construction	63	45330	14089
交通运输、仓储和邮政业	Transport, Storage and Postal Services	192	82949	52654
信息传输、计算机服务和软件业	Information Transmission, Computer Services and Software	214	58391	21207
批发和零售业	Wholesale and Retail Trades	2246	259973	67574
住宿和餐饮业	Hotels and Catering Services	122	64374	21408
金融业	Finance	3	5272	2307
房地产业	Real Estate	267	738205	351265
租赁和商务服务业	Leasing and Business Services	791	215145	53403
科学研究、技术服务和地质勘查业	Scientific Research, Technical Servicesand Geologic Prospecting	979	126605	29735
水利、环境和公共设施管理业	Management of Water Conservancy, Environment and Public Facilities	7	2888	1157
居民服务和其他服务业	Services to Households and Other Services	46	19318	4932
教育	Education	2		136
卫生、社会保障和社会福利业	Health, Social Security and Social Welfare	2	468	538
文化、体育和娱乐业	Culture, Sports and Entertainment	27	26005	16926
国际组织	International Organizations	1	12	

16-23 分国别(地区)外商直接投资

Foreign Direct Investment by Country (Territory)

指 标	Item	1979-2007	2000	2005	2006	2007
签订协议(合同)数(个)	**Number of Agreements (Contracts) Signed (unit)**	**137668**	**4245**	**8384**	**8452**	**9506**
亚洲	**Asia**	**123446**	**3482**	**6912**	**7014**	**8389**
#中国香港	Hong Kong, China	99156	2474	5208	5258	6624
中国澳门	Macao, China	7546	304	448	625	683
中国台湾	Taiwan, China	9679	482	531	483	422
日本	Japan	1767	51	191	147	119
菲 律 宾	Philippines	89	5	4	6	4
泰国	Thailand	612	12	11	21	16
马来西亚	Malaysia	573	14	52	48	51
新 加 坡	Singapore	1880	76	137	125	112
印度尼西亚	Indonesia	154	6	15	9	9
韩国	Republic of Korea	1049	52	108	116	146
以色列	Israel	30	2	4	9	4
印度	India	45		9	15	6
文莱	Brunei	500		99	80	122
非洲	**Africa**	**552**	**14**	**85**	**84**	**78**
#毛里求斯	Mauritius	423	12	58	65	59
南非	South Africa	19		2	1	1
欧洲	**Europe**	**2040**	**81**	**223**	**207**	**190**
#波兰	Poland	23		1	1	2
德国	Germany	300	11	35	29	33
法国	France	248	7	34	27	14
意大利	Italy	220	8	36	24	30
荷兰	Netherlands	153	14	17	19	10
比利时	Belgium	36		5	5	4
英国	United Kingdom	608	18	39	41	41
丹麦	Denmark	33	1	6	2	4
瑞典	Sweden	36	2	5	8	4
挪威	Norway	22	2	3	3	2
瑞士	Switzerland	83	3	11	11	5
奥地利	Austria	26		2	4	3
西班牙	Spain	74	4	8	12	19
俄罗斯联邦	Russian	36	2	3	5	2
拉丁美洲	**Latin America**	**5288**	**428**	**605**	**606**	**416**
#巴拿马	Panama	75	3	3	3	3
维尔京群岛	Virgin Islands	4647	380	534	529	356
委内瑞拉	Venezuela	35	2	2	3	4
巴哈马	Bahamas	59	8	2	4	1
开曼群岛	Cayman Islands	302	26	33	49	36
伯利兹	Belize	47	9	7	3	2
北美洲	**North America**	**4820**	**229**	**412**	**383**	**272**
#加拿大	Canada	826	32	73	73	52
美国	United States of America	3952	193	332	304	218
百慕大	Bermuda	37	3	6	5	2
大洋洲	**Oceania**	**2365**	**96**	**319**	**293**	**264**
#澳大利亚	Australia	697	31	68	70	49
新西兰	New Zealand	93	4	9	10	8
萨摩亚	Samoa	1465	52	233	207	200
东萨摩亚	East Samoa	47	8	1		
海外机构	**Overseas Organizations**	**278**				
其它	**Others**	**156**	**2**	**18**	**17**	**18**

16-23 续表 1 continued

指 标	Item	1979-2007	2000	2005	2006	2007
协议利用外资额(万美元)	**Amount of Utilization of Foreign Capital through Signed Agreements (USD 10000)**	**32347897**	**868393**	**2374365**	**2456820**	**3393817**
亚洲	**Asia**	**24700949**	**548646**	**1566619**	**1692347**	**2483563**
#中国香港	Hong Kong, China	20375160	412219	1220865	1383508	2167485
中国澳门	Macao, China	925129	12863	79936	93161	71006
中国台湾	Taiwan, China	1041158	48354	60237	60321	38665
日本	Japan	789256	19608	99260	55855	71977
菲 律 宾	Philippines	10773			389	528
泰国	Thailand	134683		3716	1255	2447
马来西亚	Malaysia	116570	4006	9699	13609	15813
新 加 坡	Singapore	863548	46516	53125	50147	49686
印度尼西亚	Indonesia	57669		3587	1923	9732
韩国	Republic of Korea	238443	8143	14018	13031	31491
阿联酋	Unit Arab Emirates	46581	27	1039	4241	734
文莱	Brunei	74443		18576	12235	21431
印度	India	5751			170	418
非洲	**Africa**	**204216**	**4397**	**33060**	**31055**	**61709**
#毛里求斯	Mauritius	191222	4275	30220	29978	59842
埃及	Egypt	4508	6	70	93	
欧洲	**Europe**	**1168581**	**28033**	**69444**	**83416**	**44898**
#德国	Germany	151919	2461	6428	5480	10649
法国	France	117986	5670	19646	7866	6823
意大利	Italy	39288	411	3116	8374	3522
荷兰	Netherlands	297274	5948	10817	14901	3866
比利时	Belgium	4553	187		329	1490
英国	United Kingdom	402240	7158	9593	35513	7699
爱尔兰	Eire	5922		211	505	1184
丹麦	Denmark	18848	765	2884	3101	
芬兰	Finland	12010	440	6709		939
瑞典	Sweden	3796	333	1291	767	266
瑞士	Switzerland	44325	619	344	1520	8099
奥地利	Austria	5614		251	1030	1322
西班牙	Spain	17506	858	1227	4922	1695
俄罗斯联邦	Russian	4012	24	31	37	85
拉丁美洲	**Latin America**	**4026395**	**208680**	**490204**	**475140**	**604878**
#巴拿马	Panama	27312	1793	911	2064	2232
巴西	Brazil	2162		7	26	
维尔京群岛	Virgin Islands	3559010	181692	430621	420348	526919
委内瑞拉	Venezuela	2703	15	19	64	566
开曼群岛	Cayman Islands	335183	20578	41739	41570	64931
伯利兹	Belize	16141	1690	1486	519	1733
巴哈马	Bahamas	46928	2897	1569	1936	5779
巴巴多斯		23776		10476	7548	4299
北美洲	**North America**	**1186624**	**48580**	**74124**	**69798**	**42253**
#加拿大	Canada	146827	3126	11111	7133	6239
美国	United States of America	946293	44389	42046	50458	33894
百慕大	Bermuda	93259	1039	20937	12158	2120
大洋洲	**Oceania**	**689179**	**26715**	**94320**	**96016**	**88253**
#澳大利亚	Australia	109675	7507	13045	6037	
新西兰	New Zealand	6965	108	1302	960	571
萨摩亚	Samoa	540355	16151	74611	85760	89158
东萨摩亚	East Samoa	13746	1866	788	36	
马绍尔群岛	Marshall Islands	9257	1073	1962	1126	
海外机构	**Overseas Organizations**	**124243**				
其它	**Others**	**247710**	**3342**	**46594**	**9480**	**68263**

16-23 续表 2 continued

指　　标	Item	1979-2007	2000	2005	2006	2007
实际利用外资(万美元)	**Foreign Capital Actually Utilized (USD 10000)**	**19449134**	**1223720**	**1236391**	**1451065**	**1712603**
亚洲	**Asia**	**14755631**	**927071**	**794244**	**912447**	**1033526**
#中国香港	Hong Kong, China	12053659	744826	582361	680946	830295
中国澳门	Macao, China	446965	26137	28579	39639	41565
中国台湾	Taiwan, China	683790	49746	33370	38941	32051
日本	Japan	750309	30852	94365	72930	60364
菲 律 宾	Philippines	7341	191	69	84	290
泰国	Thailand	53694	2895	1044	2019	1776
马来西亚	Malaysia	53492	4993	3761	5501	5267
新 加 坡	Singapore	491319	49115	29207	44023	37115
印度尼西亚	Indonesia	32902	3352	473	1396	1625
韩国	Republic of Korea	135430	13671	10904	14916	11653
阿联酋	Unit Arab Emirates	7609	100	2070	3196	156
文莱	Brunei	28600		6911	7787	9538
印度	India	3848	964	407	46	242
非洲	**Africa**	**87717**	**4272**	**11283**	**15104**	**17199**
#利比里亚	Liberia	2498				
毛里求斯	Mauritius	81373	4576	10776	14627	16495
欧洲	**Europe**	**704436**	**38643**	**83276**	**54655**	**46672**
#德国	Germany	95196	10057	8041	9122	3646
法国	France	78797	4551	14148	7882	5687
意大利	Italy	31537		4991	4794	2047
荷兰	Netherlands	189123	7886	38768	13709	13697
比利时	Belgium	2941	499	73	152	
英国	United Kingdom	217686	8258	12096	8081	13691
爱尔兰	Ireland	3760		286	357	12
丹麦	Denmark	8206		235	509	2242
芬兰	Finland	12728	2302	150	1162	236
瑞典	Sweden	4563	360	257	786	559
挪威	Norway	2282	710	211	248	92
瑞士	Switzerland	31183	3349	2385	978	1895
奥地利	Austria	7941	101	178	911	597
西班牙	Spain	12137	44	1052	5383	1374
拉丁美洲	**Latin America**	**2517094**	**161983**	**237757**	**321296**	**504165**
#巴拿马	Panama	18256	1544	1541	1025	1214
维尔京群岛	Virgin Islands	2271497	149200	210548	283697	458891
开曼群岛	Cayman Islands	168355	6694	20526	26861	32427
伯利兹	Belize	6832	423	1095	1197	1197
巴哈马	Bahamas	29723	3543	2183	1359	1881
北美洲	**North America**	**751622**	**74453**	**34704**	**54115**	**33591**
#加拿大	Canada	75559	5161	2728	4066	3485
美国	United States of America	622050	66972	25694	32567	23144
百慕大	Bermuda	52308	2320	6252	17433	6962
大洋洲	**Oceania**	**358121**	**14510**	**57743**	**58782**	**63198**
#澳大利亚	Australia	61116	4697	4315	6302	2958
萨摩亚	Western Samoa	275783	8942	50651	50182	59068
东萨摩亚	East Samoa	8094	105	687	902	
马绍尔群岛	Marshall Islands	4142	680	959	272	640
大洋洲及太平洋岛	Other Oceanic and Pacific Islands	3720		429	492	157
亚洲开发银行	**Asian Development Bank**	**44550**				
海外机构	**Overseas Organizations**	**107717**				
其它	**Others**	**122246**	**1661**	**17384**	**34666**	**14252**

 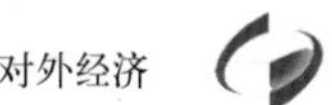

16-24 各市外商直接投资（2006-2007年）
Foreign Direct Investment by City (2006-2007)

市 别	City	2006 签订项目(个) Number of Signed Projects (unit)	2006 合同外资额(万美元) Amount of Contracted Foreign Capital (USD 10000)	2006 实际利用外资(万美元) Amount of Foreign Capital Actually Utilized (USD 10000)	2007 签订项目(个) Number of Signed Projects (unit)	2007 合同外资额(万美元) Amount of Contracted Foreign Capital (USD 10000)	2007 实际利用外资(万美元) Amount of Foreign Capital Actually Utilized (USD 10000)
全省合计	**Provincial Total**	**8452**	**2456820**	**1451065**	**9506**	**3393817**	**1712603**
广 州	Guangzhou	1025	439123	292273	959	703495	328578
深 圳	Shenzhen	3105	526403	326847	4200	857156	366217
珠 海	Zhuhai	782	246733	82422	761	251583	102883
汕 头	Shantou	78	22698	13960	48	26573	17162
佛 山	Foshan	490	177234	113701	395	266483	157291
韶 关	Shaoguan	67	32525	11943	86	51330	15010
河 源	Heyuan	112	50751	23817	135	46240	29206
梅 州	Meizhou	164	26839	8201	246	29910	11228
惠 州	Huizhou	489	151023	104499	444	157138	122813
汕 尾	Shanwei	49	27134	13556	58	40186	18537
东 莞	Dongguan	609	248548	180757	678	312625	211697
中 山	Zhongshan	294	81903	71290	271	130589	73488
江 门	Jiangmen	411	123337	67799	425	178505	78329
阳 江	Yangjiang	76	32516	10569	75	33325	13101
湛 江	Zhanjiang	44	32542	5287	34	45679	15045
茂 名	Maoming	38	13974	3003	38	19144	5007
肇 庆	Zhaoqing	243	109775	69029	312	136484	77488
清 远	Qingyuan	114	71992	32505	109	47592	44633
潮 州	Chaozhou	88	12004	6804	37	13351	8231
揭 阳	Jieyang	110	22334	7006	117	24799	9110
云 浮	Yunfu	64	18575	5797	78	21630	7549

16-25 各市重点外商投资企业主要经济指标（2007年）
Main Economic Indicators of Key Enterprises with Foreign Investment by City (2007)

单位：亿元 (100 million yuan)

市 别	City	企业数(户) Number of Enterprises (unit)	资产总计 Total Assets	负债合计 Total Liabilities	主营业务收入 Main Business Revenue	营业税金 Business Tax	利润总额 Total Profits	所得税 Income Tax
全省合计	**Provincial Total**	**702**	**9415.87**	**5254.90**	**8517.06**	**71.28**	**998.41**	**172.81**
广 州	Guangzhou	134	3670.32	1963.25	3012.89	54.02	589.77	124.55
深 圳	Shenzhen	100	2141.08	1298.45	1652.21	10.69	189.63	18.96
珠 海	Zhuhai	61	1084.32	608.69	1179.60	0.92	67.11	6.14
汕 头	Shantou	23	75.43	52.05	62.78	0.12	-2.91	2.09
佛 山	Foshan	60	417.27	238.86	466.71	0.98	18.58	2.59
韶 关	Shaoguan	11	44.60	23.72	24.55	0.10	1.49	0.46
河 源	Heyuan	13	28.49	14.39	31.68	…	3.40	0.48
梅 州	Meizhou	10	29.57	9.54	22.02	0.05	3.59	0.71
惠 州	Huizhou	57	741.99	445.61	854.66	0.60	38.62	2.23
汕 尾	Shanwei	6	55.72	4.81	77.25	…	7.90	0.99
东 莞	Dongguan	38	431.12	221.89	466.60	0.24	48.99	6.69
中 山	Zhongshan	43	210.12	113.91	285.56	0.27	20.32	4.45
江 门	Jiangmen	32	125.91	62.06	121.78	0.24	3.29	0.77
阳 江	Yangjiang	10	18.43	15.97	3.32	0.03	-1.33	0.01
湛 江	Zhanjiang	8	29.65	13.91	30.62	…	0.94	0.21
茂 名	Maoming	17	17.32	8.68	15.85	0.06	1.10	0.07
肇 庆	Zhaoqing	38	96.41	49.54	70.79	2.83	0.40	0.61
清 远	Qingyuan	17	159.42	92.25	98.57	0.08	6.41	0.65
潮 州	Chaozhou	10	10.04	4.01	12.74	…	0.17	0.03
揭 阳	Jieyang	10	22.14	9.55	19.61	0.01	0.60	0.12
云 浮	Yunfu	4	6.52	3.76	7.27	0.04	0.34	…

16-26 对外经济技术合作情况

Conditions of Economic and Technical Cooperation with Foreign Countries and Territories

项　目	Item	签订合同数 (宗) Number of Contracts Signed (unint)	合同金额 (万美元) Contracted Value (USD 10000)	营业金额 (万美元) Business Value (USD 10000)	年末在外人数 (人) Number of Persons Abroad at the Year-end (person)
对外承包工程	Foreign Contracted Projects				
1982		9	1316	1398	770
1985		28	1897	2491	305
1990		23	5953	7586	688
1995		29	19183	10924	850
1996		37	14823	9474	1680
1997		67	22435	10940	354
1998		28	13331	17526	566
1999		63	52961	21857	603
2000		86	36555	34515	634
2001		250	53924	26192	641
2002		165	64827	58986	643
2003		193	97055	86898	730
2004		810	168338	161287	856
2005		2061	326752	247189	606
2006		1625	458442	344170	752
2007		757	597733	546069	946
对外劳务合作	Foreign Labor Cooperation				
1982		106	1368	1170	657
1985		273	424	433	1197
1990		1101	6055	3189	8045
1995		1251	20593	17775	33263
1996		1493	11784	19365	23319
1997		2616	17356	14743	22857
1998		2360	12925	14464	20816
1999		5863	9327	13230	19128
2000		6626	12941	10777	19564
2001		1039	13271	11752	30695
2002		8252	19114	17059	18922
2003		12100	23132	21926	21738
2004		11482	27392	28315	17043
2005		13989	32762	30878	20469
2006		19564	41898	37030	27024
2007		64410	80824	62927	27880
对外设计咨询	Foreign Design Consultation				
1995		9	139	41	10
1996		3	11	4	4
1997		6	90	88	
1998		17	402	339	
1999		19	408	218	
2000		14	1064	987	
2001		17	66	267	14
2002		34	258	144	39
2003		42	97	419	39
2004		2	220	421	49
2005		19	343	339	
2006		6	136	467	51
2007		11	61	184	17

注：对外设计咨询1995年以前无发生数。
Note: Before 1995, there were no data of foreign design consultation.

 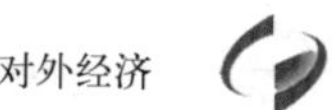

16-27 分行业外商投资企业工商注册登记情况（2007年末）
Registration Status of Enterprises with Foreign Investment by Sector (Year-end of 2007)

行业	Sector	企业数（户）Number of Registered Enterprises (unit)	投资总额（亿美元）Total Investment (USD 100 million)	注册资本（亿美元）Registered Capital (USD 100 million)	#外方 Capital Invested by Foreign Partners
总计	**Total**	**66789**	**3507.05**	**2040.86**	**1701.72**
农、林、牧、渔业	Farming, Forestry, Animal Husbandry and Fishery	1337	28.59	18.52	16.63
采矿业	Mining	80	5.82	3.13	2.44
制造业	Manufacture	48535	2122.10	1349.26	1158.39
电力、燃气及水的生产和供应业	Production and Supply of Electric Power, Gas and Water	324	221.33	74.96	39.86
建筑业	Construction	400	79.09	30.42	18.63
交通运输、仓储和邮政业	Transport, Storage and Postal Services	1815	179.10	84.66	55.07
信息传输、计算机服务和软件业	Information Transmission, Computer Services and Software	1685	54.52	28.77	24.89
批发和零售业	Wholesale and Retail Trades	3387	56.74	36.41	27.47
住宿和餐饮业	Accommodations and Catering Services	1013	60.99	36.79	29.87
金融业	Finance	27	8.42	9.14	6.07
房地产业	Real Estate	2850	484.61	249.92	220.75
租赁和商务服务业	Leasing and Business Services	2695	108.41	60.70	51.26
科学研究、技术服务和地质勘查业	Scientific Research, Technical Services and Geological Prospecting	1678	34.93	21.65	20.20
水利、环境和公共设施管理业	Management of Water Conservancy, Environment and Public Facilities	128	15.39	8.10	6.10
居民服务和其他服务业	Services to Households and Other Services	433	15.11	10.15	9.11
教育	Education	23	0.75	0.48	0.38
卫生、社会保障和社会福利业	Health Care, Social Security and Social Welfare	25	2.59	1.41	1.08
文化、体育和娱乐业	Culture, Sports and Recreation	345	28.14	16.27	13.40
其他	Others	9	0.42	0.14	0.14

16-28 各市外商投资企业工商注册登记情况（2007年末）
Registration Status of Enterprises with Foreign Investment by City (Year-end of 2007)

市别	City	企业数(户) Number of Registered Enterprises(unit)	投资总额（亿美元）Total Investment (USD 100 million)	注册资本（亿美元）Registered Capital (USD 100 million)	#外方 Capital Invested by Foreign Partners
全省合计	**Provincial Total**	**66789**	**3507.05**	**2040.86**	**1701.72**
广州	Guangzhou	8861	745.44	387.21	325.47
深圳	Shenzhen	19978	718.49	422.56	333.72
珠海	Zhuhai	4395	222.29	117.93	97.20
汕头	Shantou	1183	59.85	37.49	31.44
佛山	Foshan	4315	253.71	147.85	115.00
韶关	Shaoguan	540	30.83	18.77	16.44
河源	Heyuan	727	37.79	24.12	21.84
梅州	Meizhou	815	16.45	10.78	8.32
惠州	Huizhou	4648	255.79	151.25	127.17
汕尾	Shanwei	431	21.47	17.41	16.48
东莞	Dongguan	7973	364.41	265.46	251.78
中山	Zhongshan	2923	141.99	87.80	78.71
江门	Jiangmen	3477	160.10	104.55	89.26
阳江	Yangjiang	474	21.70	13.24	10.67
湛江	Zhanjiang	396	66.01	23.85	16.56
茂名	Maoming	518	13.09	8.35	6.63
肇庆	Zhaoqing	1507	82.28	50.55	44.55
清远	Qingyuan	783	52.86	32.64	28.89
潮州	Chaozhou	594	19.13	12.42	8.32
揭阳	Jieyang	709	19.26	14.88	11.70
云浮	Yunfu	328	28.40	10.10	5.75
局本部	Unclassified by Region	1214	175.69	81.66	55.80

16-29 一类口岸开放使用情况（2007年末）

Opening and Operating Status of Class A Ports (Year-end of 2007)

市别	City	个数 Number	口岸名称 Name of Ports				
			水运	Water Transport	陆运	Land Transport	空运 Air Transport
合计	**Total**	**54**	**36**		**13**		**5**
广州	Guangzhou	6	广州港	Guangzhou Port	天河铁路客运	Tianhe Railway Station	白云机场
			南沙港	Nansha Port		for Passenger Service	Baiyun Airport
			莲花山港	Lianhuashan Port			
			新塘港	Xintang Port			
深圳	Shenzhen	14	蛇口港	Shekou Port	罗湖	Luohu	深圳机场
			赤湾港	Chiwan Port	文锦渡	Wenjindu	Shenzhen Airport
			梅沙港	Meisha Port	沙头角	Shatoujiao	
			东角头港	Dongjiaotou Port	皇岗	Huanggang	
			妈湾港	Mawan Port	深圳湾	Shenzhen Bay	
			盐田港	Yiantian Port	福田	Futian	
			西涌港	Xichong Port			
珠海	Zhuhai	8	九州港	Jiuzhou Port	拱北	Gongbei	
			湾仔港	Wanzai Port	横琴	Hengqin	
			珠海港	Zhuhai Port	珠澳跨境工业区	The Industrial Zone Dedic-	
			万山港	Wanshan Port	专用口岸	ated port cross-border bet-	
			斗门港	Doumen Port		ween The Pearl River Delta	
汕头	Shantou	4	汕头港	Shantou Port		and Macao	汕头机场
			潮阳港	Chaoyang Port			Shantou Airport
			南澳港	Nanao Port			
梅州	Meizhou	1					梅州机场
惠州	Huizhou	1	惠州港	Huizhou Port			Meizhou Airport
汕尾	Shanwei	1	汕尾港	Shanwei Port			
东莞	Dongguan	2	虎门港	Humen Port	东莞铁路客运	Dongguan Railway Stations	
中山	Zhongshan	1	中山港	Zhongshan Port		for Passenger Service	
江门	Jiangmen	5	江门港	Jiangmen Port			
			三埠港	Sanfu Port			
			广海港	Guanghai Port			
			鹤山港	Heshan Port			
			新会港	Xinhui Port			
佛山	Foshan	4	顺德港	Shunde Port	佛山铁路客运	Foshan Railway Stations	
			南海港	Nanhai Port		for Passenger Service	
			高明港	Gaoming Port			
阳江	Yangjiang	1	阳江港	Yangjiang Port			
湛江	Zhanjiang	2	湛江港	Zhanjiang Port			湛江机场
茂名	Zhaoqing	1	水东港	Shuidong Port			Zhanjiang Airport
肇庆	Maoming	2	肇庆港	Zhaoqing Port	肇庆铁路客运	Zhaoqing Railway Station	
潮州	Chaozhou	1	潮州港	Chaozhou Port		for Passenger Service	

注：2007年末全省二类口岸89个,其中水运84个,公路1个,铁路4个。直通港澳货运车辆 检查场62个。

Note: At the end of 2007, Class B ports of the whole province totaled 89, including waterways,hihways,4railways and 62 inspection yards for freight vehicles to Hong Kong and Macao.

主要统计指标解释

海关进出口总额 指实际进出我国国境的货物（包括贸易和非贸易）的价值总和。主要包括对外贸易实际进出口货物，来料加工装配、补偿贸易、进料加工进出口货物，国家间及国际组织无偿援助物资和赠送品，华侨、港澳台同胞和外籍华人捐赠品，租赁期满归承租人所有的租赁货物，边境地方贸易及边境地区小额贸易进出口货物（边民互市贸易除外），中外合资、合作经营企业、外商独资经营企业进出口货物和公用物品，到、离岸价格在规定限额以上的进出口货样和广告品（无商业价值、无使用价值和免费提供出口的除外），从保税仓库提取在中国境内销售的进出口货物，以及其他进出口货物。海关进出口总额反映一个国家在对外经济贸易方面实际进出口货物的总规模。

产消国 即原产国（地）和最终目的国。原产国指进口货物的生产、开采或加工制造的国家。最终目的国指出口货物已知的消费、使用或进一步加工制造的国家。

利用外资 指我国政府、部门、企业和其他经济组织通过对外借款、吸收客商直接投资以及向境外发行债券、股票等方式筹借的境外资金。

外资的形式可以是现汇、实物、工业产权或专有技术等有形资本和无形资本。

我国自有外汇和中国银行自有外汇资金发放的外汇贷款购置国外设备和材料，华侨、港澳同胞的捐赠，联合国或其他国际组织的无偿赠送资金、无偿援建的项目均不属于外资范围 。

利用外资的方式有：对外借款，外国（或港澳地区）企业和经济组织或个人在我国境内开办独资企业、与我国境内的企业或组织共同开办合资企业、合作经营(企业)项目或合作开发资源，以及补偿贸易、国际租赁等。

补偿贸易 是以商品或劳务偿还贷款的一种贸易方式。即由客商提供设备、原材料、生产技术，以这些设备、原材料、生产技术生产的产品或是用双方协商的其他产品价值去支付 （偿还）进口设备、原材料价款。

对外借款 指我国政府、部门、企业和中国银行等单位向国际金融组织 、外国政府、企业等借用的长期、短期资本，到期需还本付息。借款按不同渠道划分为：①外国政府贷款； ②国际金融组织贷款；③外国银行贷款；④出口信贷；⑤发行债券。

外商直接投资 指外国企业和经济组织或个人（包括华侨、港澳同胞以及我在境外注册的企业）按我国有关政策、法规，在我国境内开办外商独资企业，与我国境内的企业或经济组织共同举办中外合资企业、合作经营企业或合作开发资源的投资，以及外商从企业得到收益的再投资。2002年起“外商直接投资”统计口径调整，“企业投资总额内的境外借款”只包括“企业投资总额内直接投资者对企业的贷款,即外方股东贷款”。不包括“直接投资者提供担保的第三方对企业的贷款即外方股东担保贷款”和“其他方式的企业境外借款即其他境外借款。”

国际租赁 指出租者用自有资金，或向银行借款购买资本设备租给承租者在约定的期限内使用，承租者依约按期付给出租者一定租金，在租赁期内设备的使用属于承租者，设备的所有权属于出租者，租期满后，出租者对设备具有支配权：收回、作价出卖或赠送企业。

中间价 指人民银行每日公布的银行买入卖出外汇的参考价。银行在买入卖出业务中可以在中间价上下浮动5‰。

Explanatory Notes on Main Statistical Indicators

Total Imports and Exports refer to the value of trade and non-trade commodities imported into and exported out of the boundary of China. They mainly include actual imports and exports through foreign trade, imported and exported goods in the categories of processing and assembling of customer's materials, compensation trade, and processing of import materials, supplies and gifts as aid given gratis between governments and by international organizations, donations by overseas Chinese, compatriots in Hong Kong, Macao and Taiwan and Chinese with foreign citizenship, leasing commodities owned by tenants at the expiration of leasing period, local trade and Small-amount trade in border areas (excluding exchange trade between border residents), imported and exported commodities and articles for public use of Sino-foreign joint ventures, cooperative enterprises and foreign sole investment enterprises. Also included are import or export of samples and advertising articles above designated CIF or FOB prices (excluding goods of no trading or use value and free commodities for export), import and export goods sold in China from bonded warehouse and other import and export goods. Total imports and exports is an indicator of the total size of acturally imported and exported goods of a nation through foreign trade and economic cooperation.

Production and Consumption Countries refer to the country of origin and the country of final destination The country of origin refers to the country where the imported goods are produced, exploited or processed. The country of final destination refers to the country where the imported goods are consumed, utilized or further processed.

Utilization of Foreign Capital refers to funds financed from abroad by means of loans, foreign direct investment, and issuing bonds and shares undertaken by the Chinese governments at all levels, various departments, enterprises and other economic units.

The types of foreign capital include tangible capital and intangible capital, such as remittance, goods, industrial property rights and know-how, etc.

Those excluded are the purchases of foreign equipment and materials with loans from state-owned foreign exchange and foreign exchange owned by the Bank of China, donations by overseas Chinese, compatriots in Hong Kong and Macao, and funds and projects as aid given gratis by the United Nations and other international organizations.

Utilization of foreign capital takes the forms of loans from abroad, sole investment in enterprises in the boundary of China by foreign (or Hong Kong and Macao) enterprises, economic organizations or individuals, investment in Sino-foreign joint ventures, cooperative projects (enterprises), cooperative exploitation of natural resources with enterprises or organizations in China, compensation trade and international lease, etc.

Compensation Trade is a kind of trade returning loans with commodities or services, i.e. imported equipment, raw materials and production technology provided by foreign entrepreneurs are repaid (returned) by means of the products produced with such equipment, raw materials and production technology or by means of the value of other products negotiated by both sides.

Foreign Loans refer to long-term capital and short-term capital borrowed from international financial organizations, foreign governments and enterprises by the Chinese governments at all levels, by various departments, enterprises and the Bank of China, etc, and repaid with interest at maturity. Foreign loans can be divided according to channels into: ①loans from foreign governments; ②loans from international financial organizations; ③loans from foreign banks; ④export credit; ⑤bonds and shares issued abroad.

Foreign Direct Investment refers to investment inside China by foreign enterprises and economic organizations or individuals (including overseas Chinese, compatriots from Hong Kong and Macao, and Chinese enterprises registered abroad), following the relevant policies and laws of China, for the establishment of foreign sole investment enterprises, Sino-foreign joint ventures and cooperative enterprises or for cooperative exploitation of resources with enterprises or economic organizations in China, and re-investment of foreign entrepreneurs with the profits gained from such enterprises and cooperations. Starting from 2002, the foreign direct investment statistic has been adjusted such that the overseas borrowings in total investment of enterprises only include loans to the enterprises by direct investors or, in other terms, loans by foreign shareholders, but exclude loans from the third party guaranteed by the direct investors or, in other terms, loans guaranteed by the foreign shareholders, and overseas borrowings by enterprises in other manners or, in other terms, other overseas borrowings.

International Lease refers to the lease of which tenants rent the equipment purchased by lessors with their own money or loans from banks during a fixed period and repay a sum of leasing expenses to lessors according to contracts. During the leasing period, tenants have the right to use the equipment while lessors maintain possession of the equipment. At the expiration of the leasing period, lessors have the right to dispose the equipment: take it back, sell it at a fixed price, or donate it to an enterprise.

Middle Exchange Rate refers to the reference rate of banks buying and selling foreign exchanges issued by the People's Bank of China on a daily basis. There is a 5‰ floating range for the middle exchange rate in the operation of banks buying and selling foreign exchanges.

十七、旅游

TOURISM

十七　旅游

简要说明

一、本篇资料反映经广东口岸出入境游客人数（包括外国人和港澳台同胞）、城市接待国内外旅游人数、旅行社组织接待人数、以及旅游收入等基本情况。

二、本篇资料由广东省统计局贸易外经处整理、编辑。

三、本篇资料来源和统计范围：

1、本篇资料由广东省旅游局提供。

2、出入境游客人数由广州、深圳、珠海、汕头出入境边防检查站，武警广东省边防总队所报资料汇总而得。

3、旅游部门基本情况、住宿设施接待人数、旅行社接待人数由各基层企业上报汇总，城市接待旅游人数、国内外旅游收入根据抽样调查资料测算。

17 Tourism

Brief Introduction

Ⅰ. The data in this chapter show the basic conditions of tourism, including number of overseas tourists outbound and inbound via Guangdong (including foreigners and Chinese compatriots from Hong Kong, Macao and Taiwan), number of domestic and international tourists received by cities, number of tourists received by travel agencies, and earnings from tourism, etc.

Ⅱ. The data in this chapter are prepared and edited by the Division of Trade and External Economic Relations Statistics of Guangdong Provincial Bureau of Statistics.

Ⅲ. Data sources and statistical coverage:

(1) The data in this chapter are provided by Guangdong Provincial Tourism Administration.

(2) The number of overseas tourists outbound and inbound is a summary of data provided by the frontier inspection posts of Guangzhou, Shenzhen, Zhuhai, and Shantou, as well as the Guangdong Provincial Command of the Chinese People's Armed Police Force.

(3) Basic statistics on tourist agencies, the number of tourists received by lodging facilities, and the number of tourists received by travel agencies are summaries of reports from various enterprises, whereas the number of tourists received by cities and earnings from domestic and international tourism are estimates from sample surveys.

17-1 旅游主要指标

Main Indicators of Tourism

指 标	Item	2000	2005	2006	2007
入境游客出入境人数(万人次)	**Number of Overseas Tourists Outbound and Inbound (10000 person-times)**	**13431.21**	**19154.84**	**19968.30**	**20657.42**
外国人	Foreigners	573.95	1079.19	1187.71	1348.04
香港同胞	Chinese Compatriots from Hong Kong	12479.92	12709.42	13446.14	14268.10
澳门同胞	Chinese Compatriots from Macao		4933.13	4887.54	4580.47
台湾同胞	Chinese Compatriots from Taiwan	377.34	433.10	446.91	460.81
入境人数	**Number of Overseas Tourist Arrivals**	**6729.18**	**9579.12**	**10039.55**	**10318.86**
外国人	Foreigners	283.59	537.27	591.91	672.16
香港同胞	Chinese Compatriots from Hong Kong	5202.98	6358.78	6728.67	7134.61
澳门同胞	Chinese Compatriots from Macao	1051.40	2467.90	2497.11	2282.92
台湾同胞	Chinese Compatriots from Taiwan	191.21	215.17	221.86	229.17
城市接待旅游人数（万人次）	**Number of Tourists Received by Cities (10000 person-times)**	**7662.95**	**11566.61**	**12811.25**	**14548.37**
入境游客	Overseas Tourist Arrivals	1198.94	1792.97	2021.92	2330.31
外国人	Foreigners	212.85	463.91	524.65	597.71
港澳同胞	Chinese Compatriots from Hong Kong and Macao	813.84	1106.20	1258.04	1477.77
台湾同胞	Chinese Compatriots from Taiwan	172.25	222.86	239.23	254.83
国内游客	Domestic Tourists	6464.01	9773.64	10789.33	12218.06
旅行社组织接待人数（万人）	**Number of Tourists Received by Travel Agencies (10000 persons)**	**653.41**	**1538.49**	**1787.55**	**2078.86**
入境游客	Overseas Tourist Arrivals	264.22	368.79	402.84	448.64
国内游客	Domestic Tourists	389.19	1169.70	1384.71	1630.22
团体出境旅游人数 （万人）	**Number of Tourists Outbound through Group Tours (10000 persons)**	**116.20**	**196.28**	**256.45**	**382.04**
港澳游	Tours to Hong Kong and Macao	86.07	137.16	181.04	281.59
其他	Others	30.13	59.12	75.41	100.45
旅游收入 （亿元）	**Earnings from Tourism (100 million yuan)**	**1149.95**	**1882.60**	**2120.10**	**2455.06**
旅游外汇收入	Foreign Exchange Earnings	340.08	529.06	600.36	663.25
国内旅游收入	Domestic Tourism Earnings	809.87	1353.54	1519.74	1791.81

注：2000年香港同胞包括澳门同胞。

Note: In 2000, data of Chinese compatriots from Hong Kong include those from Macao.

17-2 旅游部门基本情况
Basic Statistics on Tourist Agencies

指　　标	Item	2000	2004	2005	2006	2007
旅游宾馆(酒店)　(家)	Number of Tourist Hotels	2655	3696	3837	5106	6985
按星级分: 五星	By Star Rating: Five Star	19	39	41	47	58
四星	Four Star	61	124	140	158	168
三星	Three Star	283	452	496	555	575
二星	Two Star	339	418	412	372	344
一星	One Star	48	38	39	32	26
未评星级	Unrated	1905	2625	2709	3899	5814
旅游宾馆酒店接待能力	Receiving Capability of Tourist Hotels					
客房　(间)	Number of Guest Rooms	202277	266985	279302	346130	418613
床位　(张)	Number of Beds	401718	486605	512582	602099	773450
客房出租率　(%)	Room Occupancy　(%)	58.0	60.5	61.4	59.6	61.0
旅行社　(家)	Number of Travel Agencies	504	821	884	934	964
国际旅行社	International Travel Agencies	176	184	194	203	196
国内旅行社	Domestic Travel Agencies	328	637	690	731	768

17-3 城市接待外国游客人数
Number of Foreign Tourists Received by City

单位: 人次　　(person-time)

国　　别	Country	1995	2000	2004	2005	2006	2007
总计	**Total**	**1173919**	**2128501**	**3667989**	**4639133**	**5246564**	**5977103**
日本	Japan	288978	413833	891496	962727	1077452	1280254
韩国	Republic of Korea	25172	71841	185941	239213	265076	400764
菲律宾	Philippines	10312	20793	25525	30847	35923	38668
新加坡	Singapore	60760	93762	140842	179559	203588	245643
泰国	Thailand	51185	48341	116650	150502	172310	174074
印度尼西亚	Indonesia	40583	63159	114290	128428	142359	161669
马来西亚	Malaysia	70639	110384	184941	220598	256084	353167
美国	United States	129238	196362	322752	361224	477750	583172
加拿大	Canada	24908	35968	59975	67844	91404	124764
英国	United Kingdom	41020	59123	91895	105238	129976	146172
法国	France	29728	43578	74893	99158	99438	122765
德国	Germany	32864	44707	67949	87158	139206	129050
意大利	Italy	19187	19792	41439	56071	203406	91767
俄罗斯	Russia	1937	10407	23308	26692	36000	41660
澳大利亚	Australia	28789	34595	57963	73346	112352	138879
新西兰	New Zealand	4133	5835	13156	15702	18601	24789
其他	Others	314486	856021	1254974	1834826	1785639	1919846

17-4 各市旅游宾馆(酒店)住宿设施（2007年）

Lodging Facilities of Tourist Hotels by City (2007)

市 别	City	宾馆、酒店(个) Number of Hotels (unit)	五星级 Five Star	四星级 Four Star	三星级 Three Star	二星级 Two Star	一星级 One Star	客房(间) Number of Rooms (unit)	床位(张) Number of Beds (unit)	客房出租率(%) Room Occupancy (%)
全省合计	**Total**	**6985**	**58**	**168**	**575**	**344**	**26**	**418613**	**773450**	**61.0**
广 州	Guangzhou	2102	8	31	101	66	3	113849	258134	61.6
深 圳	Shenzhen	522	10	27	67	46	1	47973	75408	62.7
珠 海	Zhuhai	389	6	8	61	10	2	36231	60212	66.9
汕 头	Shantou	48	3	7	20	10	2	7243	12495	58.1
佛 山	Foshan	144	2	16	46	29	1	16128	29836	57.2
韶 关	Shaoguan	626		6	36	10	2	17326	32705	45.1
河 源	Heyuan	350	1	2	16	19	2	8695	16969	49.2
梅 州	Meizhou	35		2	15	16	1	3016	5647	60.9
惠 州	Huizhou	584	2	8	37	14		22987	41244	73.2
汕 尾	Shanwei	58		1	10	2		4230	8432	63.6
东 莞	Dongguan	743	18	25	31	21	2	69023	106123	61.1
中 山	Zhongshan	113	3	4	22	8	2	8587	16894	60.0
江 门	Jiangmen	63	2	5	22	6		10639	18933	55.8
阳 江	Yangjiang	39	1	3	14	16		3935	7407	56.9
湛 江	Zhanjiang	112		4	25	12		6434	12288	69.5
茂 名	Maoming	36		1	7	10		4640	6960	72.0
肇 庆	Zhaoqing	611		1	14	15	3	19228	30574	46.5
清 远	Qingyuan	325	1	6	20	18	3	13102	23679	54.7
潮 州	Chaozhou	24		3	5	3	1	1526	2730	67.0
揭 阳	Jieyang	18	1	5	1	2	1	2429	4178	57.1
云 浮	Yunfu	43		3	5	11		1392	2602	63.0

注:本表星级宾馆(酒店)指2007年底止已得到国家旅游局或广东省旅游局批准的，不包已报未批部份。

Note: Rated hotels in this table refer to those approved by the National Tourism Administration or Guangdong Provincial Tourism Administration by the end of 2007, excluding hotels under examination.

17-5 各市接待过夜旅游者人数（2006-2007年）

Number of Tourists Staying Overnight Received by City (2006-2007)

单位：万人次 (10000 person-times)

市 别	City	2006 合计 Total	2006 入境游客 Overseas Tourist Arrivals	2006 国内游客 Domestic Tourists	2007 合计 Total	2007 入境游客 Overseas Tourist Arrivals	2007 国内游客 Domestic Tourists
全省合计	**Provincial Total**	**12811.25**	**2021.92**	**10789.33**	**14584.37**	**2330.31**	**12218.06**
广 州	Guangzhou	2960.01	564.23	2395.78	3338.73	611.33	2727.40
深 圳	Shenzhen	2317.28	712.74	1604.54	2560.28	831.30	1728.98
珠 海	Zhuhai	729.58	202.80	526.78	758.13	204.89	553.24
汕 头	Shantou	501.64	16.32	485.32	556.85	15.02	541.83
佛 山	Foshan	627.56	83.63	543.93	795.98	99.19	696.79
韶 关	Shaoguan	433.57	8.83	424.74	515.27	8.59	506.67
河 源	Heyuan	259.45	4.00	255.45	290.49	4.20	286.29
梅 州	Meizhou	337.15	7.78	329.37	326.82	8.48	318.34
惠 州	Huizhou	562.26	100.91	461.35	707.19	121.27	585.91
汕 尾	Shanwei	164.24	2.37	161.87	191.52	2.55	188.96
东 莞	Dongguan	940.83	156.76	784.07	1184.80	224.74	960.06
中 山	Zhongshan	490.63	69.27	421.36	510.28	68.26	442.02
江 门	Jiangmen	606.59	34.59	572.00	676.61	57.59	619.03
阳 江	Yangjiang	243.44	6.19	237.25	245.69	7.54	238.15
湛 江	Zhanjiang	150.75	2.44	148.31	145.23	3.23	142.00
茂 名	Maoming	162.80	1.44	161.36	180.77	1.69	179.08
肇 庆	Zhaoqing	553.80	11.70	542.10	610.00	12.80	597.20
清 远	Qingyuan	219.32	7.96	211.36	300.55	15.27	285.28
潮 州	Chaozhou	189.86	20.85	169.01	216.41	23.59	192.82
揭 阳	Jieyang	127.48	2.97	124.51	143.05	3.73	139.32
云 浮	Yunfu	233.01	4.14	228.87	293.72	5.05	288.67

17-6 各市旅行社组团出境游人数(2007年)

Number of Tourists Outbound through Group Tours by City(2007)

单位：人 (person)

市别	City	合计 Total	香港 Hong Kong	澳门 Macao	其它 Others
全省合计	**Provincial Total**	**3820428**	**1541630**	**1274320**	**1004478**
广州	Guangzhou	1981986	678037	775109	528840
深圳	Shenzhen	953447	481026	147861	324560
珠海	Zhuhai	222798	60545	133423	28830
汕头	Shantou	31167	19818	2042	9307
佛山	Foshan	198287	95140	68421	34726
韶关	Shaoguan	4857	2243	1455	1159
河源	Heyuan	3535	2538	529	468
梅州	Meizhou	2380	605	414	1361
惠州	Huizhou	23556	12777	4463	6316
汕尾	Shanwei	1195	1195		
东莞	Dongguan	94119	31749	33680	28690
中山	Zhongshan	140790	95658	18897	26235
江门	Jiangmen	109721	34642	69679	5400
阳江	Yangjiang	3361	1284	1468	609
湛江	Zhanjiang	7010	3882	2122	1006
茂名	Maoming	4338	2378	1374	586
肇庆	Zhaoqing	16762	7410	8171	1181
清远	Qingyuan	6469	4475	1666	328
潮州	Chaozhou	12803	5546	2611	4646
揭阳	Jieyang	970	67	762	141
云浮	Yunfu	877	615	173	89

17-7 各市旅游业收入(2006-2007年)

Earnings from Tourism by City (2006-2007)

单位：亿元 (100 million yuan)

市别	City	收入合计 Total Earnings		旅游外汇收入 Foreign Exchange Earnings		国内旅游收入 Domestic Tourism Earnings	
		2006	2007	2006	2007	2006	2007
全省合计	**Provincial Total**	**2120.10**	**2455.06**	**600.36**	**663.25**	**1519.74**	**1791.81**
广州	Guangzhou	700.50	798.15	222.94	243.19	477.56	554.96
深圳	Shenzhen	460.56	511.12	180.56	199.89	280.00	311.23
珠海	Zhuhai	139.02	144.88	69.65	68.76	69.38	76.12
汕头	Shantou	55.10	61.44	4.86	4.52	50.24	56.92
佛山	Foshan	127.59	159.78	33.01	41.23	94.59	118.55
韶关	Shaoguan	25.29	40.64	2.07	2.02	23.22	38.63
河源	Heyuan	22.31	26.94	0.70	0.81	21.61	26.13
梅州	Meizhou	24.08	30.73	1.94	2.05	22.14	28.68
惠州	Huizhou	61.50	84.26	16.99	21.85	44.52	62.42
汕尾	Shanwei	15.70	16.65	0.38	0.40	15.32	16.25
东莞	Dongguan	96.01	118.88	26.44	32.54	69.57	86.34
中山	Zhongshan	75.39	86.05	17.28	16.52	58.11	69.53
江门	Jiangmen	52.55	69.56	9.21	12.56	43.34	57.00
阳江	Yangjiang	24.80	28.03	0.80	1.50	24.00	26.53
湛江	Zhanjiang	37.03	41.25	1.28	1.36	35.75	39.89
茂名	Maoming	49.78	53.65	0.69	0.75	49.09	52.89
肇庆	Zhaoqing	47.90	55.30	3.88	3.88	44.02	51.42
清远	Qingyuan	36.62	47.87	1.29	2.21	35.33	45.66
潮州	Chaozhou	27.31	30.86	4.87	5.28	22.44	25.58
揭阳	Jieyang	16.31	17.98	0.51	0.57	15.80	17.41
云浮	Yunfu	24.74	31.03	1.02	1.35	23.72	29.69

17-8 国际旅游外汇收入

Foreign Exchange Earnings from International Tourism

单位：万美元 (USD 10000)

指 标	Item	2000	2004	2005	2006	2007
全省总计	**Provincial Total**	**411221**	**538041**	**639739**	**753278**	**870404**
商品性收入	**Commodity Earnings**	**87837**	**97385**	**159295**	**247829**	**221953**
商品销售收入	Sales Revenue	40834	60261	104917	129564	155802
饮食销售收入	Catering Trade Income	47003	37125	54378	118265	66151
劳务性收入	**Service Earnings**	**323384**	**440656**	**480444**	**505450**	**648451**
景区游览费	View Tourism Fee	14804	39815	16633	22598	35687
宿费	Accommodation Fee	59216	62413	78048	174761	94004
长途交通费	Long Distance Transportation Fee	173535	192081	246939	184553	316827
民航	Civil Aviation	113086	126978	143302	167981	240231
铁路	Railway	43589	12375	67173	5273	26983
轮船	Ships	6991	16679	23031	3766	23501
汽车	Motor Vehicles	9869	36049	13435	7533	26112
市内交通费	Local Transportation Fee	7813	11299	11515	20339	17408
邮政电讯费	Postal and Telecommunication Fee	9458	11299	21111	8286	25242
文化娱乐费	Cultural and Recreational Fee	37010	48424	46701	55743	63539
其他	Others	21548	75326	59496	39170	95744

17-9 各市国际旅游外汇收入（2000-2007年）

Foreign Exchange Earnings from International Tourism by City (2000-2007)

单位：万美元 (USD 10000)

市 别	City	2000	2001	2002	2003	2004	2005	2006	2007
全省合计	**Provincial Total**	**411221**	**445082**	**509090**	**426752**	**538041**	**639739**	**753278**	**870404**
广 州	Guangzhou	150580	165172	187183	162207	189665	229400	279728	319147
深 圳	Shenzhen	141669	151161	172342	130103	178672	200869	226550	262330
珠 海	Zhuhai	39395	43335	50183	46201	56258	70148	87389	90240
汕 头	Shantou	11705	9100	9632	9137	6574	5950	6093	5936
佛 山	Foshan	15973	527	21108	16360	25606	34485	41416	54113
韶 关	Shaoguan	351	1685	335	233	1238	2782	2599	2647
河 源	Heyuan	798	1509	1634	630	808	850	878	1068
梅 州	Meizhou	1487	5610	1487	1472	2611	1975	2428	2695
惠 州	Huizhou	5333	414	6404	5756	8628	16549	21315	28669
汕 尾	Shanwei	387	8074	445	381	389	455	479	525
东 莞	Dongguan	7618	17330	11847	13826	23437	28189	33180	42702
中 山	Zhongshan	14692	8870	21318	18712	20688	21027	21682	21678
江 门	Jiangmen	8295	18390	10268	7673	9254	10521	11554	16485
阳 江	Yangjiang	230	551	711	770	794	852	998	1975
湛 江	Zhanjiang	1004	1104	1283	1462	1071	1483	1604	1785
茂 名	Maoming	169	218	280	339	558	676	862	986
肇 庆	Zhaoqing	6264	6270	6296	4422	4594	4718	4866	5092
清 远	Qingyuan	834	926	1005	2303	1321	2051	1621	2895
潮 州	Chaozhou	3071	3268	3925	3605	4614	5264	6115	6923
揭 阳	Jieyang	701	668	704	510	545	587	639	744
云 浮	Yunfu	665	900	700	650	714	907	1281	1769

注：本表数为广东省旅游局抽样调查测算数。

Note: Data in this table are obtained from the sample surveys of Guangdong Provincial Tourism Administration.

主要统计指标解释

国际旅游人数 指来我国参观、访问、旅行、探亲、访友、休养 、考察、参加会议和从事经济、科技、文化、教育、体育、宗教等活动的外国人、华侨、港澳台同胞的人数。不包括外国在我国的常驻机构，如使领馆、通讯社、企业办事处的工作人员；来我国常驻的外国专家、留学生以及在岸逗留不过夜人员。

国际旅游外汇收入 指入境旅游的外国人、华侨、港澳台同胞在中国大陆旅游过程中发生的一切旅游支出，对于国家来说就是国际旅游外汇收入。

Explanatory Notes on Main Statistical Indicators

Number of International Tourists refers to the number of foreigners, overseas Chinese, Chinese compatriots from Hong Kong, Macao and Taiwan coming to China for sight-seeing, visits, tours, family reunions, gatherings of friends, recuperation, inspection, conferences and other activities in the nature of business, science and technology, culture, education, sports, and religion. The statistics excludes representatives and employees of resident institutions of foreign countries in China such as embassies, consulates, news agencies and offices of foreign companies and organizations, as well as long-term foreign experts or students residing in China, and persons in transition without staying overnight in China.

Foreign Exchange Earnings from International Tourism refer to the total expenditures of foreigners, overseas Chinese, Chinese compatriots from Hong Kong, Macao and Taiwan during their stay in the mainland of China, or earnings of foreign exchange from international tourism in terms of national economy.

十八、教育、科技和文化

EDUCATION,SCIENEC & TECHNOLOGY AND CULTURE

十八 教育、科技和文化

简要说明

一、本篇资料主要反映广东教育、科学技术活动和文化事业的基本情况。

二、本篇资料主要包括：

1. 高、中、初等教育，幼儿教育和各种类型的各级成人教育，指标主要包括各级各类的学校数、在校生数、招生数、毕业生数、教职工数和专任教师数等。

2. 科技活动基本情况，科技人员人数，科技成果奖励和技术市场情况，专利申请受理量和批准量，研究与开发机构基本情况，高校研究与发展人员及经费，大中型工业企业技术开发基本情况，科协系统科技活动情况等数据。

3. 文化艺术、文物、图书馆、新闻出版、广播、电影、电视等文化事业的机构、人员及业务活动开展情况等。

三、本篇资料由广东省统计局社会科技处负责整理、编辑。

四、统计资料来源：

教育统计资料是根据省教育厅提供的统计年报加工整理。 科技活动基本情况和大中型工业企业技术开发基本情况是根据国家统计局科技统计报表进行加工整理，其余资料是根据省科技厅、省教育厅、省人事厅、省科协等部门提供的统计年报加工整理。文化统计资料是根据省文化厅、省新闻出版局、省广播电影电视局、省体育局及省档案局等有关部门提供的统计年报加工整理。

18 Education,Science & Technology and Culture

Brief Introduction

Ⅰ. The data in this chapter show the basic conditions of Guangdong's education, activities of science and technology as well as cultural undertakings.

Ⅱ. The data in this chapter mainly include:

(1) The data on tertiary, secondary, primary, and kindergarten education and various types of adult education at all levels, including the number of schools, the number of students enrolled, the number of new enrollments, the number of graduates, the number of staff and workers, and the number of full-time teachers of various levels and categories.

(2) The data on basic conditions of scientific and technological activities, personnel engaged in scientific and technological activities, scientific and technological achievements and prizes, conditions of technological markets, number of patent applications examined and granted, basic conditions of R & D institutions, R & D personnel and funds in universities and colleges, technological development of large and medium-sized industrial enterprises, and scientific and technological activities of associations for science and technology, etc.

(3) The data on institutions, personnel and business activities of culture and arts, cultural relics, libraries, news and publication, radio, film and television, etc.

Ⅲ. The data are prepared and edited by the Division of Social, Scientific and Technological Statistics of Guangdong Provincial Bureau of Statistics.

Ⅳ. Data sources:

The data on education are processed and prepared in accordance with the annual statistical reports provided by Guangdong Provincial Department of Education and Guangdong Provincial Department of Labor and Social Security. The data on the basic conditions of scientific and technological activities and technological development of large and medium-sized industrial enterprises and high-tech industry are processed and prepared in accordance with the reporting scheme on science and technology statistics of the National Bureau of Statistics. The other data are processed and prepared in accordance with the annual statistical reports provided by Guangdong Provincial Department of Science and Technology, Guangdong Provincial Department of Education, Guangdong Provincial Department of Personnel and Guangdong Provincial Association for Science and Technology, etc. The data on culture are processed and prepared in accordance with the annual statistical reports provided by Guangdong Provincial Department of Culture, Guangdong Provincial Administration of Press and Publication, Guangdong Provincial Administration of Radio, Film and Television, Guangdong Provincial Bureau of Sports, Guangdong Provincial Bureau of Archives and the related departments.

18-1 教育、科技、文化主要指标
Main Indicators of Education, Science and Technology and Culture

指 标	Item	1995	2000	2005	2006	2007
在校学生数 (万人)	Number of Enrolled Students (10000 persons)					
普通本专科	Regular Institutions of Higher Education	15.58	29.95	87.47	100.86	111.97
成人本专科	Institutions of Higher Education for Adults	13.51	20.14	29.56	40.45	42.42
中等学校	Secondary Schools	417.23	541.72	715.52	758.29	791.93
#普通中学	Regular Secondary Schools	339.46	460.69	611.69	639.29	655.38
高等教育毛入学率 (%)	Gross Enrollment Rate of High Education (%)	6.59	11.4	22.0	24.0	25.6
高中毛入学率 (%)	Gross Enrollment Rate of Senior Secondary Schools (%)	37.3	38.7	57.5	61.0	65.9
小学毕业生升学率 (%)	Percentage of Graduates of Primary School Entering Junior Secondary School (%)	95.4	96.2	97.2	97.3	96.7
学龄儿童入学率 (%)	Percentage of School-age Children Enrolled (%)	99.7	99.7	99.7	99.7	99.8
每万人口普通高校在校学生数 (人)	Number of Students Enrolled in Regular Institutions of Higher Education per 10000 Population (person)	22.36	41.19	105.00	109.7	120.34
科技活动统计单位数 (个)	Number of Surveyed Units Engaged in Scientific and Technological Activities (unit)	2600	6246	41337	44612	42315
科技活动机构数 (个)	Number of Institutions Engaged in Scientific and Technological Activities (unit)	1685	2566	3181	3414	3678
各级学会及研究会 (个)	Number of Learned Societies and Research Societies (unit)	4387	3780	2901	3182	2446
专业技术人员数 (万人)	Professional and Technical Personnel (10000 persons)	107.78	129.78	139.90	137.54	139.19
从事科技活动人员 (万人)	Number of Personnel Engaged in Scientific and Technological Activities (10000 persons)	10.55	22.21	35.45	36.88	45.16
各级学会及农技协会员 (万人)	Number of Members of Learned Societies and Agricultural Technological Associations at Various Levels(10000 persons)	53.75	70.41	72.97	36.88	45.24
科技活动经费筹集总额 (亿元)	Funds Raised for Scientific and Technological Activities (100 million yuan)	45.42	240.81	502.00	561.09	718.33
科技活动经费使用总额 (亿元)	Expenditures on Scientific and Technological Activities (100 million yuan)	39.82	214.65	456.36	541.91	686.85
研究与发展经费支出 (亿元)	Research and Development Expenses (100 million yuan)	10.57	107.12	249.60	313.04	405.50
占本省生产总值比例 (%)	Percentage of Research and Development Expenses in Provincial GDP (%)	0.20	1.11	1.12	1.19	1.30
科技活动课题(项目)数 (个)	Number of Research Tasks (Projects) on Scientific and Technological Activities (item)	16512	21355	47483	55547	64103
省级及以上科技奖励成果 (项)	Number of Achievements in Science and Technology Awarded by Provincial-level and Higher Agencies (item)	263	289	303	307	318
技术合同成交额 (亿元)	Transaction Value of Technological Contracts (100 million yuan)	12.60	48.21	112.47	109.58	133.32
专利申请受理量 (件)	Number of Patent Applications Examined (item)	7729	21123	72220	90886	102449
专利申请批准量 (件)	Number of Patent Applications Granted (item)	4611	15799	36894	43516	56451
电影放映单位 (个)	Number of Film Projection Units (unit)	3668	1626	720	1542	1844
艺术表演团体 (个)	Number of Art Performance Troupes (unit)	134	138	139	138	131
文化馆 (个)	Number of Cultural Centers (unit)	115	118	117	120	122
公共图书馆 (个)	Number of Public Libraries (unit)	114	125	129	129	130
公共图书馆藏量 (万册、件)	Holdings of Public Libraries (10000 volumes)	1651	2330	3119	3454	3698
博物馆 (个)	Number of Museums (unit)	113	131	146	147	153
博物馆藏品数 (万件)	Holdings of Museums (10000 pieces)	45.89	49.09	66.22	71.27	70.36
档案馆 (个)	Number of Archives (unit)	155	161	185	186	186
利用档案 (万卷次)	Archives Utilized (10000 volume-times)	21.35	36.32	67.45	86.97	108.97
图书出版量 (万册)	Number of Books Published (10000 copies)	36911	26978	22600	26958	23237
杂志出版量 (万册)	Number of Magazines Published (10000 copies)	22740	26299	20371	23220	25631
报纸出版量 (亿份)	Number of Newspapers Published (100 million copies)	22.64	34.63	38.24	43.37	41.85
广播电台 (座)	Number of Radio Stations (unit)	96	106	22	22	22
电视台 (座)	Number of TV Stations (unit)	56	67	24	24	24
广播综合人口覆盖率 (%)	Overall Population Coverage Rate of Radio (%)	90.6	96.0	96.1	96.4	97.0
电视综合人口覆盖率 (%)	Overall Population Coverage Rate of Television (%)	91.0	96.4	96.4	96.7	97.3

注：科技活动有关指标1995年及以前只包括四大科技主体，从2000年起为全社会口径。

Note: In 1995 and prior to it, only four scientific and technological principals are included in the indicators on scientific and technological activities, whereas the data have referred to the statistical coverage of the whole society since 2000.

18-2 各级各类学校在校学生数（1978-2007年）

Number of Enrolled Students by Level and Type of School (1978-2007)

单位：万人　　(10000 persons)

年份 Year	高等学校 Institutions of Higher Education	中等学校 Secondary Schools			小学 Primary Schools
		中等职业教育学校 Vocational Secondary Schools	技工学校 Technical Schools	普通中学 Regular Secondary Schools	
1978	3.07	3.64		313.32	743.02
1979	3.79	4.51	0.71	268.73	743.81
1980	4.10	6.28	1.61	252.11	748.86
1981	4.47	6.12	1.39	218.71	734.78
1982	4.09	6.51	0.99	200.19	723.03
1983	4.56	9.96	0.92	199.59	705.34
1984	5.47	12.99	1.01	220.69	692.73
1985	6.99	18.01	1.45	236.45	671.25
1986	7.83	28.22	1.45	249.93	670.62
1987	8.63	34.26	2.63	252.60	677.37
1988	9.72	37.63	3.40	244.23	688.72
1989	10.04	42.09	3.93	235.73	715.15
1990	9.59	45.27	5.22	234.03	747.29
1991	9.27	44.74	5.63	238.28	788.93
1992	9.74	46.29	6.58	255.02	808.98
1993	11.70	50.24	7.68	277.19	832.14
1994	13.75	55.89	9.57	307.38	862.21
1995	15.18	66.67	11.10	339.46	883.19
1996	16.40	67.30	12.28	373.19	897.64
1997	17.47	72.70	13.29	400.85	911.34
1998	18.50	70.50	14.50	423.61	918.02
1999	22.08	69.50	23.00	443.91	920.96
2000	29.95	65.57	15.46	460.69	929.93
2001	38.19	62.00	16.67	489.70	952.98
2002	46.78	61.20	17.82	513.40	979.61
2003	58.78	63.08	23.90	545.91	1025.37
2004	72.69	65.54	28.11	580.86	1049.62
2005	87.47	71.02	32.81	611.69	1067.03
2006	100.86	80.84	38.16	639.29	1056.99
2007	111.97	90.76	45.81	655.38	1017.62

注：1. 高等学校人数指普通本、专科人数，下同。
2. 1986年后中等职业教育学校包括普通中专、成人中专、职业高中，1986年前缺成人中专数据。

Notes:a) Number of students in institutions of higher education refers to the number of students in regular universities with full undergraduate courses and colleges with specialized courses. The same applies to the following tables.
b) Since 1986, vocational secondary schools have included regular specialized secondary schools, specialized secondary schools for adults and vocational senior secondary schools. Prior to 1986, no data of specialized secondary schools for adults are available.

18-3 各级各类学校情况

Statistics on Various Levels and Types of Schools

项 目	Item	1995	2000	2005	2006	2007
高等学校	**Institutions of Higher Education**					
学校数 (所)	Number of Schools (unit)	42	52	102	105	109
毕业生数 (万人)	Number of Graduates (10000 persons)	3.48	5.00	15.71	19.60	23.31
本科	Universities with Full Undergraduate Courses	1.47	2.40	6.11	7.03	8.94
专科	Colleges with Specialized Courses	2.01	2.60	9.60	12.57	14.38
招生数 (万人)	Number of New Enrollments (10000 persons)	4.94	12.08	30.70	33.53	35.49
本科	Universities with Full Undergraduate Courses	2.13	5.01	13.65	15.51	16.56
专科	Colleges with Specialized Courses	2.81	7.07	17.05	18.02	18.93
在校学生数(万人)	Number of Enrolled Students (10000 persons)	15.18	29.95	87.47	100.86	111.97
本科	Universities with Full Undergraduate Courses	7.68	15.03	42.86	51.51	58.74
专科	Colleges with Specialized Courses	7.50	14.92	44.61	49.34	53.22
教职工数 (万人)	Number of Teachers and Staff (10000 persons)	4.15	4.68	9.08	9.20	9.90
#专任教师	Full-time Teachers	1.66	2.04	5.43	6.11	6.71
中等职业教育	**Vocational Secondary Schools**					
学校数 (所)	Number of Schools (unit)	744	658	641	612	595
毕业生数 (万人)	Number of Graduates (10000 persons)	18.13	21.54	18.91	19.82	22.15
招生数 (万人)	Number of New Enrollments (10000 persons)	27.99	21.10	27.93	32.68	36.57
在校学生数(万人)	Number of Enrolled Students (10000 persons)	66.67	65.57	71.02	80.84	90.76
教职工数 (万人)	Number of Teachers and Staff (10000 persons)	5.34	5.70	4.91	5.07	5.22
#专任教师	Full-time Teachers	3.20	3.70	3.37	3.52	3.68
技工学校	**Technical Schools**					
学校数 (所)	Number of Schools (unit)	171	186	191	202	217
毕业生数 (万人)	Number of Graduates (10000 persons)	2.83	4.45	9.60	8.16	9.50
招生数 (万人)	Number of New Enrollments (10000 persons)	4.69	5.84	12.92	15.08	18.12
在校学生数(万人)	Number of Enrolled Students (10000 persons)	11.10	15.46	32.81	38.16	45.81
教职工数 (万人)	Number of Teachers and Staff (10000 persons)	1.24	1.18	1.46	1.62	2.02
#专任教师	Full-time Teachers	0.61	0.68	1.03	1.09	1.48
普通中学	**Regular Secondary Schools**					
学校数 (所)	Number of Schools (unit)	3845	3964	4282	4332	4316
毕业生数 (万人)	Number of Graduates (10000 persons)	85.82	131.82	174.33	185.58	191.43
招生数 (万人)	Number of New Enrollments (10000 persons)	131.18	171.16	219.64	231.46	235.01
在校学生数(万人)	Number of Enrolled Students (10000 persons)	339.46	460.69	611.69	639.29	655.38
教职工数 (万人)	Number of Teachers and Staff (10000 persons)	22.31	27.57	36.03	37.75	39.56
#专任教师	Full-time Teachers	17.57	22.86	30.73	32.45	34.18

18-3 续表 continued

项 目	Item	1995	2000	2005	2006	2007
小学	**Primary Schools**					
学校数 (万所)	Number of Schools (10000 units)	2.46	2.42	2.12	2.05	1.99
毕业生数 (万人)	Number of Graduates (10000 persons)	121.56	148.48	167.43	175.45	180.31
招生数 (万人)	Number of New Enrollments (10000 persons)	151.55	155.73	164.16	155.64	143.87
在校学生数 (万人)	Number of Students Enrolled (10000 persons)	883.19	929.93	1067.03	1056.99	1017.62
教职工数 (万人)	Number of Teachers and Staff (10000 persons)	37.68	42.08	46.37	46.77	47.46
#专任教师	Full-time Teachers	32.14	36.41	40.38	40.76	41.44
学龄儿童入学率	**Status of School-age Children Enrolled**					
学龄儿童总数 (万人)	Total School-age Children (10000 persons)	832.40	905.39	1026.90	1014.60	965.65
已入学学龄儿童数(万人)	Number of School-age Children Enrolled in Schools (10000 persons)	829.99	902.65	1023.60	1011.80	963.53
学龄儿童入学率 (%)	Percentage of School-age Children Enrolled (%)	99.71	99.70	99.68	99.72	99.78
小学毕业生升学率	**Status of Graduates of Primary Schools Entering Junior Secondary Schools**	**95.11**	**96.15**	**97.15**	**97.29**	**96.67**
小学毕业生人数 (万人)	Number of Graduates of Primary Schools (10000 persons)	121.56	148.48	167.43	175.45	180.31
已升学人数 (万人)	Number of Students Entering Secondary Schools (10000 persons)	115.62	142.77	162.66	170.69	174.31
小学毕业生升学率 (%)	Percentage of Graduates of Primary Schools Entering Junior Secondary Schools (%)	95.38	96.15	97.15	97.29	96.67
幼儿园	**Kindergartens**					
幼儿园数 (所)	Number of Kindergartens (unit)	7923	12027	10359	10622	10594
在园幼儿数 (万人)	Number of Children in Kindergartens(10000 persons)	200.01	214.18	213.92	219.29	222.64
教职工数 (万人)	Number of Teachers and Staff (10000 persons)	9.09	12.91	15.90	16.91	17.91
#专任教师	Full-time Teachers	5.93	8.36	9.18	9.84	10.45
特殊教育学校	**Special Schools**					
特殊教育学校数 (所)	Number of Schools (unit)	42	61	67	69	67
招生数 (人)	Number of New Enrollments (persons)	5143	2000	3363	3562	3972
在校学生数 (人)	Number of Students Enrolled (persons)	29377	27507	25752	25938	26652

注：1. 1995年以来小学毕业生升学率采用教育部口径，即升学率＝初中招生数/小学毕业生数。
2. 2003年起中等职业教育学校包括：普通中等专业学校、成人中等专业学校、职业高中数据。
3. 高中阶段毕业生数不包括技工学校毕业生数。
4. 特殊教育学校是指独立设置招收盲哑和智残儿童，以及其他特殊需要的儿童、青少年进行普通或职业初、中等教育的教学机构。

Notes:a) Since 1995, the percentage of graduates of primary schools entering junior secondary schools has been calculated in accordance with the statistical coverage of the Ministry of Education,i.e.Percentage of Graduates of Primary Schools Entering Junior Secondary Schools=Number of New Enrollments of Junior Secondary Schools÷Number of Graduates from Primary Schools.

b) Since 2003 , vocational secondary schools have included regular specialized secondary schools , specialized secondary schools for adults and vocational senior secondary schools.

c) Number of graduates from senior secondary schools does not include graduates from technical schools.

d) Special schools refer to separate institutions providing regular or vocational primary and secondary education for blinded, dumb or mentally-retarded children, or other children and adolescents in need of special care in education.

18-4 研究生教育情况

Statistics on Postgraduate Education

项　目	Item	1995	2000	2004	2005	2006	2007
培养单位数（个）	**Number of Institutions of Postgraduate Education (unit)**	**23**	**26**	**29**	**29**	**29**	**31**
高等学校	Institutions of Higher Education	15	18	21	21	21	23
科研单位	Research Institutions	8	8	8	8	8	8
招生数　（人）	**Number of New Enrollments (person)**	**1922**	**5672**	**14822**	**17054**	**18583**	**19751**
攻读博士学位	For Doctor Degree	407	1053	2679	2802	2896	3049
高等学校	Institutions of Higher Education	387	1001	2458	2599	2695	2856
科研单位	Research Institutions	20	52	221	203	201	193
攻读硕士学位	For Master Degree	1515	4619	12143	14252	15687	16702
高等学校	Institutions of Higher Education	1442	4510	11865	13953	15381	16389
科研单位	Research Institutions	73	109	278	299	306	313
在校学生数　（人）	**Number of Enrolled Students (person)**	**5405**	**13023**	**37022**	**43942**	**49334**	**54436**
攻读博士学位	For Doctor Degree	935	2558	7533	9049	9869	10587
高等学校	Institutions of Higher Education	894	2445	6999	8406	9225	9943
科研单位	Research Institutions	41	113	534	643	644	644
攻读硕士学位	For Master Degree	4470	10405	29489	34893	39465	43849
高等学校	Institutions of Higher Education	4308	10161	28726	34066	38596	42953
科研单位	Research Institutions	162	244	763	827	869	896
毕业生数　（人）	**Number of Graduates (person)**	**1265**	**2182**	**6893**	**9489**	**12517**	**13779**
攻读博士学位	For Doctor Degree	154	417	1165	1342	1780	1957
高等学校	Institutions of Higher Education	147	387	1079	1241	1595	1767
科研单位	Research Institutions	7	30	86	101	185	190
攻读硕士学位	For Master Degree	1111	1765	5728	8147	10737	11822
高等学校	Institutions of Higher Education	1074	1692	5576	7941	10492	11558
科研单位	Research Institutions	37	73	152	206	245	264

18-5 各级各类成人教育在校学生数

Number of Enrolled Students by Level and Type of Adult School

单位：人 (person)

项目	Item	1990	1995	2000	2005	2006	2007
成人高等教育	**Higher Education for Adults**	**87850**	**135053**	**201410**	**295618**	**404451**	**424232**
成人高等学校	Institutions of Higher Education for Adults	59787	86757	84057	30081	34712	30489
广播电视大学	Radio and TV Universities	17090	38822	34242	10740	10829	8254
职工高等学校	Schools of Higher Education for Staff and Workers	14712	16445	17147	6865	8002	7327
管理干部学院	Colleges for Management Cadres	5488	13342	20142	2686	2489	3235
教育学院	Teachers' Colleges	22497	18148	12526	9790	13392	11673
普通高校附设	Departments Run by Institutions of Higher Education	28063	48296	117353	265537	369739	393743
函授部	Correspondence Divisions	15878	20929	51028	100260	149175	156215
夜大学	Evening Universities	11488	15215	43063	141532	196144	218891
成人脱产班	Full-time Courses for Adults	697	12152	23262	23745	24420	18637
成人中等教育	**Secondary Education for Adults**				**129682**	**94310**	**41786**
成人中专学校	Specialized Secondary Schools for Adults				85385	48774	37090
农林类	Farming and Forestry				1568	1113	897
资源与环境类	Resource and Environment						
能源类	Energy						
土木水利工程类	Civil Construction and Water Conservancy Engineering				725	275	264
加工制造类	Processing and Manufacturing				13179	10368	6763
交通运输类	Transport				4951	2401	1555
信息技术类	Information Technology				19961	8085	7256
医药卫生类	Medicine and Public Health				4288	2896	2171
商贸与旅游类	Trade and Tourism				11789	6474	4358
财经类	Finance and Economics				16434	7429	7209
文化艺术与体育类	Culture, Arts and Physical Education				2215	3677	1929
社会公共事业类	Social Public Utilities				3484	1571	2051
师范类	Teacher Education				6551	4353	2424
其他	Others				240	132	213
成人中学	Secondary Schools for Adults	50574	67888	44006	44297	45536	4696
成人初等教育	**Primary Education for Adults**	**1041748**	**342318**	**235926**	**10714**	**11523**	**1010**
职工初等教育	Primary Schools for Staff and Workers	21836	20522	10825	927	1269	
农民初等教育	Primary School for Farmers	1019912	321796	225101	9787	10254	1010
#扫盲班	Literacy Courses	99396	7483	2389	2800	4080	1010

18-6 高等学校情况（2007年）

Statistics on Institutions of Higher Education (2007)

项　目	Item	学校数（所）Number of Schools (unit)	毕业生数（人）Number of Graduates (person)	招生数（人）Number of New Enrollments (person)	在校学生数（人）Number of Enrolled Students (person)	教职工数（人）Number of Teachers and Staff (person)	#专任教师 Full-time Teachers
总　计	**Total**	**109**	**233129**	**354885**	**1119655**	**99162**	**67091**
#女性	Female		110173	173006	535480	44903	29212
按隶属关系分	**Grouped by Relation of Leadership**	**109**	**233129**	**354885**	**1119655**	**99162**	**67091**
中央属	Under Central Government	4	12905	21191	79618	11840	7359
地方属	Under Local Government	105	220224	333694	1040037	87322	59732
按学校类别分	**Grouped by Type of Institution**						
综合大学	University	54	110035	175756	520790	46497	31120
理工院校	Science and Engineering College	24	46976	81854	240092	20673	14177
农业院校	Agriculture College	3	14529	15746	62989	5193	3502
医药院校	Medicine College	6	10595	18680	73485	8749	6161
师范院校	Teacher Education College	4	22833	19412	82363	7044	4651
语文院校	Language and Literature College	1	3360	7777	24641	2160	1282
财经院校	Economics and Finance College	7	14037	26594	79358	5606	4064
政法院校	Politics and Law College	2	2388	3467	10380	837	531
体育院校	Physical Culture College	3	1468	1692	6031	905	573
艺术院校	Art College	5	1587	3907	13063	1498	1030
其他	Others		5321		6463		
总计中:职业技术学院	Vocational Technological College	68	81930	148383	410338	29753	20575

18-7 中等学校情况（2007年）

Statistics on Secondary Schools (2007)

项　目	Item	学校数（所）Number of Schools (unit)	毕业生数（人）Number of Graduates (person)	招生数（人）Number of New Enrollments (person)	在校学生数（人）Number of Enrolled Students (person)	教职工数（人）Number of Teachers and Staff (person)	#专任教师 Full-time Teachers
中等职业教育	**Vocational Secondary Education**	**595**	**221502**	**365660**	**907581**	**52189**	**36764**
调整后中等职业学校	Vocational Secondary Schools after Adjustment	262	108836	195722	475612	25759	17700
中等技术学校	Technical Secondary Schools	95	41282	73095	176445	9728	6273
成人中等专业学校	Specialized Secondary Schools for Adults	42	8330	9734	24232	2290	1522
职业高中学校	Vocational Senior Secondary Schools	196	48615	74921	189900	12258	9859
其他机构	Other Institutions	103	14439	12188	41392	2154	1410
技工学校	**Technical Schools**	**217**	**95005**	**181225**	**458147**	**20239**	**14750**
普通中学	**Regular Secondary Schools**	**4316**	**1914319**	**2350072**	**6553756**	**395636**	**341844**
#高中	Senior Schools	1019	479969	606934	1724319		**103445**

18-8 各市普通中学情况（2007年）
Statistics on Regular Secondary Schools by City (2007)

市 别	City	学校数（所）Number of Schools (unit)	毕业生数（人）Number of Graduates (person)	高中 Senior Secondary Schools	初中 Junior Secondary Schools	招生数（人）Number of New Enrollments (person)
广 州	Guangzhou	465	174959	55787	119172	196162
深 圳	Shenzhen	273	71162	20706	50456	102093
珠 海	Zhuhai	57	26072	8358	17714	30513
汕 头	Shantou	243	113699	27017	86682	152172
佛 山	Foshan	174	101633	35459	66174	108572
韶 关	Shaoguan	182	70746	17949	52797	71876
河 源	Heyuan	186	70915	17006	53909	83478
梅 州	Meizhou	264	122897	32416	90481	132823
惠 州	Huizhou	203	73144	17146	55998	102373
汕 尾	Shanwei	154	65964	13071	52893	95699
东 莞	Dongguan	168	60436	17354	43082	85816
中 山	Zhongshan	94	41418	11343	30075	48929
江 门	Jiangmen	249	84262	24548	59714	94272
阳 江	Yangjiang	103	55261	12564	42697	68404
湛 江	Zhanjiang	336	184812	35580	149232	220064
茂 名	Maoming	296	174356	46545	127811	229529
肇 庆	Zhaoqing	176	83229	18736	64493	102740
清 远	Qingyuan	195	84356	17837	66519	97235
潮 州	Chaozhou	123	60339	15722	44617	69319
揭 阳	Jieyang	262	132409	22678	109731	186415
云 浮	Yunfu	113	62250	12147	50103	71588

18-8 续表 continued

市 别	City	在校学生数（人）Number of Enrolled Students (person)	高中 Senior Secondary Schools	初中 Junior Secondary Schools	教职工数（人）Number of Teachers and Staff (person)	#专任教师 Full-time Teachers
广 州	Guangzhou	576845	175213	401632	42675	35225
深 圳	Shenzhen	279180	76787	202393	23191	17846
珠 海	Zhuhai	87638	27660	59978	5713	5056
汕 头	Shantou	413444	103355	310089	22144	18792
佛 山	Foshan	322323	113434	208889	22291	19101
韶 关	Shaoguan	210877	62243	148634	15100	13136
河 源	Heyuan	229760	55861	173899	15004	13351
梅 州	Meizhou	383182	112158	271024	24726	21640
惠 州	Huizhou	277215	65280	211935	16675	14330
汕 尾	Shanwei	248461	48248	200213	12033	10482
东 莞	Dongguan	234578	61151	173427	15187	12272
中 山	Zhongshan	139411	40759	98652	9590	7888
江 门	Jiangmen	276274	81401	194873	18180	16627
阳 江	Yangjiang	189987	51359	138628	10911	9437
湛 江	Zhanjiang	600364	139597	460767	30155	26698
茂 名	Maoming	626886	168086	458800	31906	29383
肇 庆	Zhaoqing	284186	66876	217310	16234	14708
清 远	Qingyuan	270357	64219	206138	17683	15433
潮 州	Chaozhou	199669	55710	143959	10977	9634
揭 阳	Jieyang	499045	111342	387703	23609	20197
云 浮	Yunfu	204074	43580	160494	11652	10608

18-9 各市中等职业教育基本情况（2007年）
Basic Statistics on Vocational Secondary Education by City (2007)

市 别	City	学校数（所）Number of Schools (unit)	毕业生数（人）Number of Graduates (person)	招生数（人）Number of New Enrollments (person)	在校学生数（人）Number of Enrolled Students (person)	教职工数（人）Number of Teachers and Staff (person)	#专任教师 Full-time Teachers
广 州	Guangzhou	108	59418	90000	237411	11355	7350
深 圳	Shenzhen	13	6768	8439	25978	1711	1251
珠 海	Zhuhai	9	3857	6517	15439	1019	719
汕 头	Shantou	22	7148	10084	26020	1825	1256
佛 山	Foshan	36	14926	23314	59161	3744	2917
韶 关	Shaoguan	29	12472	17597	44191	2598	1760
河 源	Heyuan	12	3326	7680	16281	565	443
梅 州	Meizhou	41	9943	15790	38194	2609	1899
惠 州	Huizhou	34	11561	20545	50685	2547	1708
汕 尾	Shanwei	11	1607	2978	9385	579	429
东 莞	Dongguan	24	9307	15194	37366	2598	1809
中 山	Zhongshan	16	7535	8777	25998	1912	1553
江 门	Jiangmen	36	17013	22135	56546	3177	2601
阳 江	Yangjiang	14	3375	4010	10731	684	514
湛 江	Zhanjiang	65	12454	24780	58599	3824	2676
茂 名	Maoming	37	10603	31404	64876	3570	2259
肇 庆	Zhaoqing	29	12906	25119	58244	3218	2210
清 远	Qingyuan	14	6608	12327	26588	1362	1000
潮 州	Chaozhou	14	3166	4682	12020	891	650
揭 阳	Jieyang	17	3900	7232	18881	1315	945
云 浮	Yunfu	14	3609	7056	14987	1086	815

18-10 各市小学情况（2007年）
Statistics on Primary Schools by City (2007)

市 别	City	学校数（所）Number of Schools (unit)	毕业生数（人）Number of Graduates (person)	升学率(%) Percentage of Graduates of Primary Schools Entering Junior Secondary Schools (%)	招生数（人）Number of New Enrollments (person)	在校学生数（人）Number of Enrolled Students (person)	教职工数（人）Number of Teachers and Staff (person)	#专任教师 Full-time Teachers
广 州	Guangzhou	1076	148856	92.83	140941	888965	49409	41855
深 圳	Shenzhen	347	84734	87.24	98106	575160	33985	27209
珠 海	Zhuhai	133	21606	96.00	20587	132783	6727	5765
汕 头	Shantou	832	122952	94.66	95228	722372	24583	21571
佛 山	Foshan	484	72396	97.27	70365	448505	21556	19002
韶 关	Shaoguan	830	50287	99.46	34505	254849	15981	14641
河 源	Heyuan	1327	63755	99.99	43495	311725	17682	16138
梅 州	Meizhou	1708	90985	99.63	54430	436913	23269	21241
惠 州	Huizhou	982	79066	99.79	63353	445221	22961	20188
汕 尾	Shanwei	810	82775	93.89	60868	473503	18721	16177
东 莞	Dongguan	369	74681	86.59	92860	520684	25968	20511
中 山	Zhongshan	219	35956	95.35	36140	238046	11642	9389
江 门	Jiangmen	737	66563	99.19	51010	360155	16616	15437
阳 江	Yangjiang	766	50503	99.51	29147	230943	13933	12737
湛 江	Zhanjiang	2180	178812	96.75	137476	1012755	41130	35952
茂 名	Maoming	1990	171482	99.31	120538	878714	33797	30781
肇 庆	Zhaoqing	1214	78123	99.59	65267	461427	19488	17945
清 远	Qingyuan	1007	74564	99.31	45098	366203	19541	17561
潮 州	Chaozhou	723	50282	99.17	32401	263476	12046	10490
揭 阳	Jieyang	1364	148296	95.78	113783	877273	32224	27673
云 浮	Yunfu	793	56466	99.05	33124	276498	13314	12207

注：教育部对小学毕业生升学率的计算方法为本地市的初中招生数/小学毕业生数。由于省外人员到我省发达地区读小学人数较多，但升初中时却不在该地区就读，因而一些地区的升学率偏低。

Note: According to the Ministry of Education,the percentage of graduates of primary schools entering junior secondary schools is calculated as the number of new enrollments of local junior secondary Schools divided by the umber of graduates from local primary schools . This has resulted in lowerpercentages in certain developed regions in Guangdong, where primary schools have enrolled students from outside the province , who then receive secondary education ourside these regions.

18-11 各市学龄儿童入学情况（2006-2007年）
Statistics on School-age Children Enrolled in Schools by City (2006-2007年)

市别	City	2006			2007		
		学龄儿童人数(人) Number of School-age Children (person)	已入学人数(人) Number of School-age Children Enrolled in Schools (person)	入学率(%) Enrollment Rate (%)	学龄儿童人数(人) Number of School-age Children (person)	已入学人数(人) Number of School-age Children Enrolled in Schools (person)	入学率(%) Enrollment Rate (%)
广州	Guangzhou	826922	826039	99.9	829786	829440	100.0
深圳	Shenzhen	537211	537211	100.0	549929	549929	100.0
珠海	Zhuhai	116994	116994	100.0	119225	119225	100.0
汕头	Shantou	720355	716878	99.5	682732	679518	99.5
佛山	Foshan	410031	410020	100.0	413169	413168	100.0
韶关	Shaoguan	257972	251958	97.7	231071	229897	99.5
河源	Heyuan	334780	334399	99.9	297061	296546	99.8
梅州	Meizhou	477398	477273	100.0	430076	430076	100.0
惠州	Huizhou	448694	448520	100.0	442082	442082	100.0
汕尾	Shanwei	479710	474354	98.9	448952	441860	98.4
东莞	Dongguan	420578	420578	100.0	449939	449939	100.0
中山	Zhongshan	211542	211304	99.9	213882	213882	100.0
江门	Jiangmen	360069	360045	100.0	344436	344430	100.0
阳江	Yangjiang	256688	254251	99.1	224624	224356	99.9
湛江	Zhanjiang	1016964	1015989	99.9	895722	894860	99.9
茂名	Maoming	933623	931996	99.8	878876	878013	99.9
肇庆	Zhaoqing	469174	469004	100.0	456468	456303	100.0
清远	Qingyuan	389112	387916	99.7	356396	352539	98.9
潮州	Chaozhou	269254	265414	98.6	248707	247149	99.4
揭阳	Jieyang	908265	907271	99.9	867114	866222	99.9
云浮	Yunfu	300737	300627	100.0	276611	276308	99.9

18-12 科技活动基本情况

Basic Statistics on Scientific and Technological Activities

指标	Indicator	1995	2000	2005	2006	2007
统计单位数 （个）	**Number of Surveyed Units (unit)**	**2600**	**6246**	**41337**	**41612**	**42315**
科学研究与技术开发机构	Scientific Research and Technological Development Institutions	481	447	197	186	185
全日制普通高等学校	Full-time Regular Institutions of Higher Education	77	58	158	164	167
大中型工业企业	Large and Medium-sized Industrial Enterprises	1748	2058	3894	5328	6039
其他	Others	294	3683	37088	35934	35924
科技活动机构数 （个）	**Number of Institutions Engaged in Scientific and Technological Activities (unit)**	**1685**	**2566**	**3181**	**3414**	**3678**
科学研究与技术开发机构	Scientific Research and Technological Development Institutions	481	445	197	186	185
全日制普通高等学校	Full-time Regular Institutions of Higher Education	440	343	220	232	246
大中型工业企业	Large and Medium-sized Industrial Enterprises	695	529	976	1279	1540
其他	Others	69	1249	1788	1717	1707
从事科技活动人员 （人）	**Number of Personnel Engaged in Scientific and Technological activities (person)**	**105469**	**222073**	**354488**	**368780**	**451556**
科学研究与技术开发机构	Scientific Research and Technological Development Institutions	20750	14988	13904	12322	14081
全日制普通高等学校	Full-time Regular Institutions of Higher Education	45015	21034	49632	27673	31858
大中型工业企业	Large and Medium-sized Industrial Enterprises	35986	84408	160304	208456	285076
其他	Others	3718	101643	130648	120329	120541
科技活动经费使用总额（万元）	**Expenditures on Scientific and Technological Activities (10000 yuan)**	**398192**	**2146502**	**4563599**	**5419132**	**6868530**
科学研究与技术开发机构	Scientific Research and Technological Development Institutions	165057	187091	254453	251021	309939
全日制普通高等学校	Full-time Regular Institutions of Higher Education	12163	56947	204935	258960	242602
大中型工业企业	Large and Medium-sized Industrial Enterprises	204684	1031661	2973617	3852034	5254937
其他	Others	16288	870803	1130594	1057117	1061052
科技活动课题（项目）数 （个）	**Number of Research Tasks (Projects) on Scientific and Technological Activities (item)**	**16512**	**21355**	**47483**	**55547**	**64103**
科学研究与技术开发机构	Scientific Research and Technological Development Institutions	4189	3182	6447	3521	4155
全日制普通高等学校	Full-time Regular Institutions of Higher Education	6623	8617	13846	24190	27876
大中型工业企业	Large and Medium-sized Industrial Enterprises	5483	2444	13334	18190	22396
其他	Others	217	7112	13856	9646	9676

注：1995年及以前只包括四大科技主体；2000年及以后为全社会口径；大中型工业企业项目数为立项经费在10万元及以上项目。

Note: In 1995 and prior to it, only four scientific and technological principals are included, whereas the data of 2000 referred to the statistical coverage of the whole society. The number of projects in large and medium-sized industrial enterprises refer to those projects with planned expenditure at 100000 yuan and above.

18-13 国有企业、事业单位专业技术人员年末人数（1978-2007年）
Number of Professional and Technical Personnel in State-owned Enterprises and Institutions at the Year-end (1978-2007)

单位:人 (person)

年 份 Year	专业技术人员 Professional and Technical Personnel	#工程技术人员 Engineering	#农业技术人员 Agriculture	#科学技术人员 Scientific Research	#卫生技术人员 Health Care	#教学人员 Teaching
1978	211149	48836	16017	7852	53068	80287
1979	211117	48641	16975	7277	53155	79748
1980	291939	56144	18176	7356	61445	86192
1981	303892	60071	19017	6763	63536	97109
1982	328455	70699	19431	7822	69056	102178
1983	547038	85327	21636	5744	74183	109210
1984	579740	89348	22505	5573	79806	120016
1985	642542	102506	23030	6431	86174	133013
1986	656380	108210	23854	6368	89545	313009
1987	664085	118601	23553	6231	93553	333245
1988	674085	119167	19478	4904	85092	313419
1989	810130	137803	20644	5986	90751	364965
1990	838403	145535	21194	5731	92912	379894
1991	814651	140906	13050	4810	93141	398276
1992	883821	149916	13749	4566	104334	412681
1993	957725	163440	14246	4388	117959	434036
1994	1017804	174960	14670	4118	128079	460702
1995	1077848	180530	15219	4425	134586	511418
1996	1167583	186156	15449	4610	147155	573934
1997	1223897	191954	15779	4443	156889	613121
1998	1262343	190486	15703	4413	165721	649873
1999	1291078	184304	15660	4585	171461	677110
2000	1297804	180223	15083	4705	175521	696005
2001	1285708	168354	14151	4467	181703	710967
2002	1274140	160458	13386	4425	184192	721719
2003	1264983	135621	12575	4918	202548	734721
2004	1374679	149214	17321	5253	238886	774022
2005	1399042	146411	17407	5434	248547	791255
2006	1375416	137802	16999	5163	246679	805397
2007	1391934	140828	17311	5711	246480	824462

注：本表未包中央单位专业技术人员数。
Note: Data in this table do not include professional and technical personnel from the central units stationed in Guangdong.

18-14 国有企业、事业单位平均每万在岗职工专业技术人员数

Number of Professional and Technical Personnel per 10000 Fully Employed Staff and Workers in State-owned Enterprises and Institutions

单位：人 (person)

项 目	Item	1995	2000	2005	2006	2007
专业技术人员	Professional and Technical Personnel	2222.73	3289.86	4734.07	4626.20	4816.68
#工程技术人员	Engineering	371.70	456.86	495.42	463.50	487.32
农业技术人员	Agriculture	31.33	38.23	58.90	57.18	59.90
科学技术人员	Scientific Research	9.11	11.93	18.39	17.37	19.76
卫生技术人员	Health Care	277.10	444.94	841.03	829.70	852.93
教学人员	Teaching	1052.96	1764.33	2677.44	2708.95	2852.99

注：1. 本表未包中央驻粤单位专业技术人员数。
2. 2003年及以前数据包括在岗职工和离岗职工,2004年及以后为在岗职工数。

Notes: a) Data in this table do not include professional and technical personnel from the central units stationed in Guangdong.
b) In 2003 and prior to it, data in this table include fully employed staff and workers and the staff and workers absent from work.Since 2004, data only refer to fully employed staff and workers.

18-15 高层次人才情况

Statistics on High-level Talents

单位：人 (person)

项 目	Item	2000	2001	2005	2006	2007
院士人数	Number of Academicians	41	43	68	67	64
享受国家津贴新增人数	Number of Persons Granted State Allowances	164	97		115	
高级职称批准人数	Number of Persons with Senior Professional Titles	6111	7260	19336	16409	
博士后招收人数	Number of Persons in Working Stations for Post-doctoral Research	163	180	380	382	360
博士生情况	Status of Doctorate Students					
招生数	Number of New Enrollments	1053	1358	2802	2896	3049
在校生	Number of Enrolled Students	2558	3436	9049	9869	10587
毕业生	Number of Graduates	417	1038	1342	1780	1957

注：享受国家津贴的人数从2003年起逢双年评比一次。

Note: The number of persons granted state allowances has been appraised every double-digital year since 2003.

18-16 科技成果项数

Number of Achievements for Scientific and Technological Research

单位：项 (item)

项 目	Item	1995	2000	2005	2006	2007
国家级科技奖励成果	**National Prizes for Scientific and Technological Research Achievements**	**27**	**24**	**15**	**19**	**29**
国家发明奖	National Invention Prize	3		1	1	2
国家自然科学奖	National Prize for Natural Sciences	4		1	2	3
国家科技进步奖	National Prize for Progress in Science and Technology	20	24	13	16	24
省级重大科技成果	**Major Provincial Scientific and Technological Achievements**	**323**	**746**	**588**	**622**	**480**
基础理论成果	Achievements in Fundamental Theory		93	54	45	33
应用技术成果	Achievements in Applied Technology		630	522	570	442
软科学成果	Achievements in Soft Sciences		23	12	7	5
省级科技奖励成果	**Provincial Prizes for Scientific and Technological Achievements**	**236**	**265**	**288**	**288**	**289**
省科技进步奖	Provincial Prize for Progress in Science and Technology	213	265	288	288	289
农业方面	Agriculture	40	46	51	35	35
工业方面	Industry	101	113	117	106	149
医药卫生方面	Medicine and Health Care	41	72	68	86	62
其他	Others	31	34	52	61	43

18-17 县级以上政府部门属研究与开发机构基本情况

Basic Statistics on Research and Development Institutions under Government Departments at and above County Level

项 目	Item	1995	2000	2005	2006	2007
总计	**Total**					
机构数 (个)	Number of Institutions (unit)	298	296	192	186	185
职工总数 (人)	Number of Staff and Workers (person)	27367	24926	14216	14329	14988
#科学家工程师	Scientists and Engineers	11937	9582	6457	6904	7862
经费收入 (万元)	Funds (10000 yuan)	201834	358844	384866	420656	501823
#政府拨款	Government Appropriations	35364	98386	153946	161467	220940
经费支出 (万元)	Expenditures (10000 yuan)	190944	330098	363973	407413	477248
资产购建支出(万元)	Expenditures on Purchase of Assets(10000 yuan)	15614	36382	42872	47692	71442
自然科学及技术领域	**Natural Sciences and Technology**					
机构数 (个)	Number of Institutions (unit)	271	263	163	158	158
职工总数 (人)	Number of Staff and Workers (person)	26234	23623	13026	13155	13755
#科学家工程师	Scientists and Engineers	11189	8763	5770	6217	7093
经费收入 (万元)	Funds (10000 yuan)	196728	345582	360334	392784	471585
#政府拨款	Government Appropriations	32083	89595	137906	142646	200678
经费支出 (万元)	Expenditures (10000 yuan)	186095	317219	341823	380278	448655
资产购建支出(万元)	Expenditures on Purchase of Assets(10000 yuan)	15379	34037	41445	46316	69803
社会及人文科学领域	**Social Sciences and Humanities**					
机构数 (个)	Number of Institutions (unit)	13	16	13	13	12
职工总数 (人)	Number of Staff and Workers (person)	692	780	655	662	669
#科学家工程师	Scientists and Engineers	486	538	434	469	449
经费收入 (万元)	Funds (10000 yuan)	2372	6906	10914	14808	15210
#政府拨款	Government Appropriations	2137	5908	9370	12962	13106
经费支出 (万元)	Expenditures (10000 yuan)	2332	6897	10207	14903	15513
资产购建支出(万元)	Expenditures on Purchase of Assets(10000 yuan)	235	1769	660	1576	2853
科技情报和文献机构	**Scientific-Technological Information and Literature Institutions**					
机构数 (个)	Number of Institutions (unit)	14	17	16	15	15
职工总数 (人)	Number of Staff and Workers (person)	441	523	535	512	564
#科学家工程师	Scientists and Engineers	262	281	253	218	320
经费收入 (万元)	Funds (10000 yuan)	2734	6356	13619	13064	15028
#政府拨款	Government Appropriations	1144	2883	6670	5859	7156
经费支出 (万元)	Expenditures (10000 yuan)	2517	5982	11944	12231	13080
资产购建支出(万元)	Expenditures on Purchase of Assets(10000 yuan)		576	766	1218	1354

18-18 县级政府部门属研究与开发机构基本情况

Basic Statistics on Research and Development Institutions under Government Departments at County Level

项 目	Item	1995	2000	2005	2006	2007
机构数 (个)	Number of Institutions (unit)	192	183	166	163	157
职工总数 (人)	Number of Staff and Workers(person)	5234	4379	3433	3297	3096
#科学家工程师	Scientists and Engineers	403	359	382	382	415
经费收入 (万元)	Funds (10000 yuan)	11976	13409	12229	12739	15633
#来自政府的经费	Government Funds	3149	5426	5187	6219	7320

18-19 各市县级及以上政府部门属研究与开发机构基本情况（2007年）

Basic Statistics on Research and Development Institutions under Government Departments at and above County Level by City (2007)

市别	City	机构数（个）Number of Institutions (unit)	从业人员（人）Number of Employed Persons (person)	#科学家工程师 Scientists and Engineers	经费收入（万元）Funds (10000 yuan)	#政府拨款 Government Appropriations	经费支出（万元）Expenditures (10000 yuan)	资产购建支出(万元) Expenditures on Purchase of Assets (10000 yuan)
全省合计	**Provincial Total**	**342**	**18084**	**8277**	**517456**	**228260**	**491969**	**71953**
广州	Guangzhou	101	11745	6801	462085	194016	440895	67769
深圳	Shenzhen	4	77	38	1539	1423	2195	103
珠海	Zhuhai	4	314	69	5261	2036	4188	222
汕头	Shantou	14	685	183	5987	2704	5580	271
佛山	Foshan	8	212	97	4545	2674	3636	254
韶关	Shaoguan	27	468	112	3856	1314	3898	400
河源	Heyuan	18	446	59	928	425	867	41
梅州	Meizhou	15	407	118	2204	1947	1864	76
惠州	Huizhou	26	592	115	3175	1809	3277	207
汕尾	Shanwei	6	134	12	240	227	229	
东莞	Dongguan	4	251	84	4719	3194	4058	272
中山	Zhongshan	3	91	48	2749	1887	3037	199
江门	Jiangmen	13	190	45	1933	1254	1927	381
阳江	Yangjiang	4	112	21	754	563	842	186
湛江	Zhanjiang	25	966	218	11015	8400	9586	1377
茂名	Maoming	17	363	105	2527	1489	2294	68
肇庆	Zhaoqing	17	291	48	1375	976	1297	56
清远	Qingyuan	16	194	18	702	411	691	47
潮州	Chaozhou	4	165	34	790	755	610	
揭阳	Jieyang	9	277	41	705	544	653	1
云浮	Yunfu	7	104	11	370	211	347	23

注：本表统计范围不含已转制的科研机构。

Note: The statistical coverage of this table excludes scientific research institutions which have undergone changes in ownership and/or mode of operation.

18-20 高等院校研究与发展人员及经费

Research and Development Personnel and Funds in Institutions of Higher Education

项目	Item	1995	2000	2005	2006	2007
研究与发展人员总数（人）	Number of Research and Development Personnel (person)	15858	9147	12041	12433	14716
#科学家工程师	Scientists and Engineers	15006	8822	11438	11801	13886
其他科技人员	Other Scientific and Technological Personnel	561	325	603	632	830
当年拨入研究与发展课题费（万元）	Funds for Research and Development Tasks in Current Year (10000 yuan)	6624	32574	97292	100578	146561.9
研究发展经费内部支出（万元）	Internal Expenditures on Research and Development (10000 yuan)	6106	36656	121499	145458	147880.9

注：1. 当年拨入研究与发展经费不包括上年结转经费。研究与发展经费内部支出不包括转拨外单位经费。

2. 2000年及以后的研究与发展人员指标为折合全时人员，单位是“人年”。

Notes:a) Funds for research and development subjects in current year exclude balance carried forward from the previous year. Internal expenditures on research and development exclude figures from external units.

b) The number of personnel of 2000, 2003 and 2004 referred to the full-time equivalent of persons (person-year).

18-21 三种专利申请受理量与批准量

Three Types of Patent Applications Examined and Granted

单位：件 (item)

项　目	Item	1995	2000	2005	2006	2007
受理量	**Number of Patent Applications Examined**	**7729**	**21123**	**72220**	**90886**	**102449**
发明	Inventions	463	1760	12887	21351	26692
实用新型	Utility Models	2367	6033	18951	23886	25389
外观设计	Designs	4899	13330	40382	45649	50368
批准量	**Number of Patent Applications Granted**	**4611**	**15799**	**36894**	**43516**	**56451**
发明	Inventions	57	261	1876	2441	3714
实用新型	Utility Models	1446	4797	11017	15644	21636
外观设计	Designs	3108	10741	24001	25431	31101

18-22 各类技术合同签订情况

Statistics on Technical Contracts Signed by Type

项　目	Item	1995	2000	2005	2006	2007
技术合同项目数　(项)	**Number of Technical Contracts　(item)**	**5098**	**5464**	**14432**	**14799**	**18093**
技术开发合同	Technical Development Contracts	547	921	5983	6381	8088
技术咨询合同	Technical Consultation Contracts	299	572	1279	1561	1727
技术转让合同	Technical Transfer Contracts	515	297	639	508	644
技术服务合同	Technical Service Contracts	3737	3674	6531	6349	7634
技术合同金额　(万元)	**Amount of Technical Contracts　(10000 yuan)**	**125972**	**482104**	**1124740**	**1095802**	**1333162**
技术开发合同	Technical Development Contracts	46820	142107	571458	718754	981497
技术咨询合同	Technical Consultation Contracts	9109	12530	31696	31456	35383
技术转让合同	Technical Transfer Contracts	18396	110279	288881	258404	220299
技术服务合同	Technical Service Contracts	51647	217188	232705	87189	95983

18-23 大中型工业企业科技活动基本情况

Basic Statistics on Scientific and Technological Activities of Large and Medium-sized Industrial Enterprises

项　目	Item	1995	2000	2004	2005	2006	2007
科技活动机构与人员（个、人）	**Number of Institutions and Personnel (unit, person)**						
有科技活动机构的企业数	Number of Enterprises with Scientific and Technological Institutions	500	444	634	733	893	1050
占全部大中型企业的比重 (%)	Percentage in Total Number of Large and Medium-sized Enterprises (%)	28.6	21.6	15.8	18.8	16.8	17.4
科技活动机构数	Number of Scientific and Technological Institutions	695	529	818	976	1279	1540
企业科技活动人员	Number of Personnel Engaged in Scientific and Technological Activities	35986	84408	133181	160304	208456	285076
#科学家和工程师	Scientists and Engineers	15224	53357	88488	114027	147879	212553
科技活动机构中的人数	Number of Personnel in Scientific and Technological Institutions	15448	35495	63790	90373	127100	146204
科技活动经费收支 （万元）	**Funds and Expenditures (10000 yuan)**						
筹集总额	Total Funds	234967	1125528	258641.6	3175165	3819150	5322206
#政府资金	Government Funds	6134	24062	54871	69693	65636	115834
企业资金	Enterprise Funds	182256	946377	2185863	2838567	3504700	4858167
支出总额	Total Expenditures	204684	1031661	2411060	2973616	3852034	5254938
#新产品开发经费支出	Expenditures on New Product Development	105059	472822	1038335	2107868	2630639	3867316
经费支出占主营业务收入的比重 (%)	Percentage of Expenditures to Main Business Revenue (%)			1.3	1.2	1.3	1.4
科技项目情况 （项）	**Scientific and Technological Projects (item)**						
科技项目	Number of Projects	5483	8464	4063	3904	4671	5714
#研究与试验发展项目	R&D Projects	1950	4377	2113	2133	2676	3343
新产品项目	Projects for New Product Development	3609	5563	3050	2979	3488	4263
项目经费内部支出(万元)	Internal Expenditures of Project Funds (10000 yuan)	157142	743249	1732910	1924602	2469942	3729964
参加项目人员 （人）	Number of Personnel Engaged in Projects (person)	31801	56938	62145	106924	127783	185226

注：1. 2004年起技术开发项目属下的指标都为立项10万元及以上项目的数据。
2. 本表自2003年起按新的大中型企业划分标准执行。

Note: a) The indicators on projects of technological development since 2004 refer to data of projects with planned expenditure at 100000 yuan and above.

b) Data since 2003 in this table have been compiled in accordance with the new classification standards of large and medium-sized enterprises.

18-24 大型工业企业科技活动基本情况

Basic Statistics on Scientific and Technological Activities of Large-sized Industrial Enterprises

项目	Item	1995	2000	2003	2004	2005	2006	2007
机构与人员 （个、人）	**Number of Institutions and Personnel (unit, person)**							
有技术开发机构的企业数	Number of Enterprises with Technological Development Institutions	216	223	68	77	101	129	148
占全部大型企业的比重 (%)	Percentage in Total Number of Large Enterprises (%)	41.2	27.4	41.5	32.4	35.4	38.1	39.2
技术开发机构数	Number of Technological Development Institutions	318	279	108	144	184	248	293
企业技术开发人员	Number of Personnel Engaged in Technological Development Activities	20132	59209	53843	69040	84467	114914	158161
#科学家和工程师	Scientists and Engineers	9562	36869	41695	52048	64703	88503	130490
技术开发机构中的人数	Number of Personnel in Technological Development Institutions	9662	24184	27819	38070	56507	83372	94491
经费收支 （万元）	**Funds and Expenditures (10000 yuan)**							
筹集总额	Total Funds	155816	810396	1220320	1531841	1734146	2373127	3170033
#政府资金	Government Funds	4583	17473	8859	23546	33992	23593	61143
企业资金	Enterprise Funds	130136	708955	1013519	1283968	1637865	2244540	2953491
支出总额	Total Expenditures	151167	741530	1253929	1489854	1706635	2415956	3144471
#新产品开发经费支出	Expenditures on New Product Development	69034	346264	598278	764739.6	1304216	1762741	2502711
经费支出占主营业务收入的比重(%)	Percentage of Expenditures in Main Business Revenue (%)				1.9	1.4	1.6	1.8
技术开发项目 （项）	**Projects of Technological Development (item)**							
项目数合计	Number of Projects	3001	5049	4681	864	968	1396	1626
#研究与试验发展项目	R&D Projects	1501	2853	3338	548	540	816	999
新产品项目	Projects for New Product Development	1703	3055	2920	535	629	939	1124
项目当年投资 （万元）	Investment in Projects in Current Year (10000 yuan)	105923	558459	923155	1141945	1189251	1631593	2332268
项目参加人员 （人）	Number of Personnel Engaged in Projects (person)	18906	37224	39725	51874	60496	74373	109873

注：1. 2004年以后技术开发项目属下的指标都为立项10万元及以上项目的数据。
2. 本表自2003年起按新的大中型企业划分标准执行。

Notes: a) The indicators on projects of technological development since 2004 refer to data of projects with planned expenditure at 100000 yuan and above.
b) Data since 2003 in this table have been compiled in accordance with the new classification standards of large and medium-sized enterprises.

18-25 各市大中型工业企业科技活动人员和经费（2006-2007年）

Number of Personnel and Funds for Scientific and Technological Activities of Large and Medium-sized Industrial Enterprises by City (2006-2007)

市 别	City	科技活动人员(人) Number of Personnel Engaged in Scientific and Technological Activities		#科学家和工程师(人) Scientists and Engineers		#研究与试验发展人员(人) Personnel Engaged in Research and Development	
		2006	2007	2006	2007	2006	2007
全 省	**Provincial Total**	**208456**	**285076**	**147879**	**212553**	**98996**	**176302**
广 州	Guangzhou	23587	36888	15480	25304	7512	22851
深 圳	Shenzhen	75288	116099	62889	106504	51636	92438
珠 海	Zhuhai	7445	8471	4855	5176	2897	3867
汕 头	Shantou	2622	3459	1775	1821	421	671
佛 山	Foshan	31254	39811	22360	26671	12251	19805
韶 关	Shaoguan	6198	6809	3249	3544	1873	1998
河 源	Heyuan	585	1416	301	464	455	891
梅 州	Meizhou	680	728	467	373	109	242
惠 州	Huizhou	9580	10851	6367	6884	2736	3230
汕 尾	Shanwei	958	976	796	800	7	
东 莞	Dongguan	16117	19700	9728	12796	6591	9724
中 山	Zhongshan	12833	13535	7951	8489	6425	10433
江 门	Jiangmen	6544	8185	3379	4182	1134	2906
阳 江	Yangjiang	1108	1233	642	607	130	130
湛 江	Zhanjiang	1961	2011	1376	1387	829	1229
茂 名	Maoming	2103	2443	1199	1211	1037	1493
肇 庆	Zhaoqing	4595	5752	2252	2599	1364	2331
清 远	Qingyuan	958	1459	605	800	8	282
潮 州	Chaozhou	2075	2897	965	1499	367	674
揭 阳	Jieyang	1450	1804	966	1216	1200	1081
云 浮	Yunfu	515	549	277	226	14	26

18-25 续表 continued

市 别	City	科技经费内部支出(万元) Internal Expenditures for Scientific and Technological Activities (10000 yuan)		#研究与试验发展经费(万元) Expenditures for Research and Development (10000 yuan)		#新产品开发经费(万元) Expenditures for New Product Development (10000 yuan)	
		2006	2007	2006	2007	2006	2007
全 省	**Provincial Total**	**3852034**	**5254938**	**2470798**	**3363650**	**2630639**	**3867316**
广 州	Guangzhou	521453	1078509	222508	653546	215449	754888
深 圳	Shenzhen	1574579	2021120	1322869	1564590	1345316	1778509
珠 海	Zhuhai	129888	149329	74336	76215	81445	80475
汕 头	Shantou	26540	48293	7945	9602	22764	39221
佛 山	Foshan	653439	738262	414570	434360	454326	461124
韶 关	Shaoguan	84639	136541	74496	92679	18721	97635
河 源	Heyuan	17100	26216	12790	22267	10510	23031
梅 州	Meizhou	5005	5223	1592	2121	2425	3186
惠 州	Huizhou	147705	147672	25425	49588	103469	99781
汕 尾	Shanwei	21422	31560	209		21162	30905
东 莞	Dongguan	238976	311670	105254	137592	95394	129686
中 山	Zhongshan	200453	260490	129825	189316	107622	177358
江 门	Jiangmen	88553	113431	20440	54944	53395	86354
阳 江	Yangjiang	13083	11586	2099	408	8800	8032
湛 江	Zhanjiang	17906	32422	10579	13630	10475	13548
茂 名	Maoming	15283	22213	12946	19945	7541	12093
肇 庆	Zhaoqing	32278	41037	8739	17223	17400	25652
清 远	Qingyuan	20394	18425	189	401	17637	7821
潮 州	Chaozhou	24363	36869	9612	14623	21389	22652
揭 阳	Jieyang	16763	20917	14358	10100	14090	14694
云 浮	Yunfu	2213	3156	18	500	1310	672

18-26 各市大中型工业企业新产品产出情况（2004-2007年）
Statistics on New Products of Large and Medium-sized Industrial Enterprises by City (2004-2007)

单位：万元 (10000 yuan)

市 别	City	2004			2005		
		新产品产值 Output Value of New Products	新产品销售收入 Sales Revenue of New Products	#出口 Exports	新产品产值 Output Value of New Products	新产品销售收入 Sales Revenue of New Products	#出口 Exports
全 省	**Provincial Total**	**29889026**	**30551860**	**11275032**	**35371491**	**33838765**	**15076758**
广 州	Guangzhou	6737720	7053357	1364386	7244973	6878954	930146
深 圳	Shenzhen	10119287	10465004	4257393	11749405	11259089	6453939
珠 海	Zhuhai	2357029	2185606	1545285	2319500	2145196	1286951
汕 头	Shantou	200901	177537	66767	231044	218183	79730
佛 山	Foshan	3886371	4414489	1025664	5854072	5489338	2000351
韶 关	Shaoguan	88670	93814	2545	195203	202493	23237
河 源	Heyuan	15000	1500	112	10364	10364	250
梅 州	Meizhou	63514	62932	683	4711	4013	52
惠 州	Huizhou	2640831	2483726	1571012	3266837	3296060	2294915
汕 尾	Shanwei	244894	244635	98672	362409	358014	258895
东 莞	Dongguan	1167406	1153442	734589	732220	731948	610769
中 山	Zhongshan	586632	511318	192601	1206059	1097053	677081
江 门	Jiangmen	1111518	1058890	193984	1097768	1073251	248304
阳 江	Yangjiang	61277	61781	54485	32226	26986	22437
湛 江	Zhanjiang	61296	62150	28358	80955	72609	44002
茂 名	Maoming	129175	117955	64	503330	505344	1509
肇 庆	Zhaoqing	140703	133231	26863	160051	149995	41749
清 远	Qingyuan	53624	53344		99112	98053	1442
潮 州	Chaozhou	160986	156920	104762	127960	129167	96200
揭 阳	Jieyang	57221	55564	6715	21871	21232	210
云 浮	Yunfu	4969	4669	100	71425	71425	4597

18-26 续表 continued

单位：万元 (10000 yuan)

市 别	City	2006			2007		
		新产品产值 Output Value of New Products	新产品销售收入 Sales Revenue of New Products	#出口 Exports	新产品产值 Output Value of New Products	新产品销售收入 Sales Revenue of New Products	#出口 Exports
全 省	**Provincial Total**	**44195607**	**42165346**	**18912531**	**54360988**	**47703380**	**18404313**
广 州	Guangzhou	9086466	9236206	1273524	13260618	11934680	1284670
深 圳	Shenzhen	15908741	14330035	8323797	17136553	15640604	8498190
珠 海	Zhuhai	4167857	3853565	2602261	2248559	1937061	686412
汕 头	Shantou	327064	316512	158367	562372	531084	112509
佛 山	Foshan	5927078	5758662	1873248	8035247	4850826	2009921
韶 关	Shaoguan	252465	300650	9612	364345	396598	11825
河 源	Heyuan	101252	101252	16106	37923	37926	3303
梅 州	Meizhou	6452	5769	60	15107	12400	6900
惠 州	Huizhou	3672953	3635259	2695998	3824419	3697501	2662698
汕 尾	Shanwei	484729	468171	379133	681330	651328	481877
东 莞	Dongguan	787356	796495	582670	1331048	1314675	953831
中 山	Zhongshan	1506304	1451306	522275	1876565	1820118	629198
江 门	Jiangmen	1032970	1008503	191320	1595385	1555268	577744
阳 江	Yangjiang	43923	38720	31958	49052	47582	17858
湛 江	Zhanjiang	109846	98564	36539	115272	89920	42364
茂 名	Maoming	350272	348204	3090	2390334	2402402	4786
肇 庆	Zhaoqing	171610	156563	52535	191043	191560	79645
清 远	Qingyuan	7960	6962	1056	256868	228786	117900
潮 州	Chaozhou	224548	229237	158767	322226	306944	218668
揭 阳	Jieyang	24131	23192	215	66642	56070	4014
云 浮	Yunfu	1630	1520		80	50	

18-27　科协机构及活动情况

Statistics on Associations for Science and Technology and Their Activities

项　目	Item	1995	2000	2005	2006	2007
科协机构　（个）	**Number of Associations for Science and Technology (unit)**	**321**	**357**	**196**	**348**	**391**
省科协	Provincial Associations	1	1	1	1	1
市科协	City Associations	21	21	21	21	21
县(市、区)科协	County (County-level City, District) Associations	116	123	120	120	121
厂矿科协	Factory and Mine Associations	183	212	54	206	248
各级学会及研究会　（个）	**Number of Learned Societies and Research Societies at Various Levels (unit)**	**4387**	**3780**	**2901**	**3182**	**2446**
省级学会	Provincial Learned Societies	150	146	151	151	153
市级学会	City Learned Societies	963	734	802	957	810
农村专业技术协会	Rural Specialized Technological Societies	3274	2900	1948	2074	2084
各级学会及农技协会员（人）	**Number of Members of Learned Societies and Rural Specialized Technological Societies at Various Levels (person)**	**537525**	**704094**	**729671**	**368832**	**452387**
省级学会会员	Members of Provincial Learned Societies	173526	203861	205212	214683	212492
学会从业人员	Personnel in Learned Societies				1325	895
农村专业技术协会会员	Members of Rural Specialized Technological Societies	104105	223687	112200	152824	103804
科协活动开展情况	**Activities of Associations for Science and Technology**					
完成各类合同和无偿咨询项目　（项）	Number of Contracts and Free Consultative Projects Completed (item)	18637	12553	3461	2190	3465
举办各类学术交流会（次）	Number of Academic Meetings Held	2129	4769	1232	1800	1194
接待国外来访　（次）	Number of Foreign Visitors Received (time)	440	511	86	103	174
举办科技科普展览　（次）	Number of Scientific and Technological Popularization Exhibitions (time)	3601	2258	2319	2178	3498
举办科普讲座　（次）	Number of Scientific and Technological Popularization Lectures (time)	13365	12014	5019	4291	4573
青少年科技竞赛　（次）	Number of Scientific and Technological Competitions for Adolescents (time)	896	1286	760	1077	487
参加科协各类活动人次　（人次）	**Number of Participants in Activities Organized by Associations for Science and Technology (person-time)**	**4976747**	**8367629**	**8716871**	**8918962**	**8560142**
参加各类学术交流会	Number of Participants in Academic Meetings	80247	505235	169988	210493	203737
参加各类科技培训	Number of Participants in Training Programs	33600	654742	469514	361081	313359
参加各类科普活动	Number of Participants in Scientific and Technological Popularization Activities	4862900	7207652	8077369	8347388	12016519
出版各类学术刊物、科普读物　（种）	**Publications of Academic Journals and Scientific and Technological Popularization Readings (kind)**	**451**	**582**	**216**	**439**	**229**
各类学术刊物、科普读物发行量（万册、万份）	Number of Academic Journals and Scientific and Technological Popularization Readings Issued (10000 copies)	973	562	522	591	391

注：2005年及以前年份学会从业人员指标为市级学会会员。

Note: In 2005 and prior to it, employed persons in learned societies refer to members of city learned societies.

18-28 文化艺术、文物事业机构数（1978-2007年）

Number of Institutions for Culture, Arts and Cultural Relics (1978-2007)

单位：个 (unit)

年份 Year	电影放映单位 Film Projection Units	艺术表演团体 Art Performance Troupes	文化馆 Cultural Centers	公共图书馆 Public Libraries	博物馆 Museums	档案馆 Archives
1978	6346	172	124	76	30	
1980	7375	195	113	97	26	
1985	6037	171	123	117	106	
1990	4024	130	113	103	106	138
1991	4041	122	110	104	107	147
1992	3917	125	113	108	108	150
1993	3974	126	115	110	108	148
1994	3750	132	116	111	111	156
1995	3668	134	115	114	113	155
1996	3670	136	115	115	114	157
1997	3463	138	117	119	117	157
1998	3621	139	117	120	122	157
1999	2938	140	117	121	128	162
2000	1626	138	118	125	131	161
2001	1794	139	118	129	140	175
2002	904	141	120	131	140	185
2003	840	144	117	129	144	185
2004	684	140	119	128	143	185
2005	720	139	117	129	146	185
2006	1542	138	120	129	147	186
2007	1844	128	122	130	153	186

注：2007年艺术表演团体包括文化部门及经文化市场行政部门审批或已申报登记并领取相关许可证的单位。与上年不可比。

Note:Art performance troupes of 2007 include the units approved or registered and issued license by cultural departments and related cultural administrative organs, incomparable with the preceding years.

18-29 文化部门艺术表演团体演出基本情况（2007年）

Basic Statistics on Performances of Art Troupes under Cultural Departments (2007)

项目	Item	剧团数（个） Number of Troupes (unit)	国内演出场次(万场) Number of Domestic Performances (10000 shows)	#到农村演出 Shows in Rural Areas	国内演出观众人次(万人次) Number of Domestic Spectators (10000 person-times)
合计	**Total**	**131**	**1.44**	**0.98**	**5764.1**
#国营剧团	Troupes Sponsored by State-owned Units	120	1.31	0.87	5601.6
集体经营剧团	Troupes Sponsored by Collective Units	4	0.06	0.06	34.0
按剧种分	**By Type of Art Troupe**				
话剧、儿童剧、滑稽剧团	Drama, Children's Play and Comedy Troupes	32	0.31	0.23	4262.8
歌剧、舞剧、歌舞剧团	Opera, Dance Drama, Song and Dance Drama Troupes	10	0.12	0.08	240.8
歌舞团、轻音乐团	Song and Dance Troupes, Light Music Troupes	15	0.07	0.02	226.6
乐团	Philharmonic Troupes	3	0.03		27.2
文工团、文宣队	Cultural and Performance Troupes	1			
戏曲剧团	Traditional Opera Troupes	47	0.66	0.58	786.3
曲、杂、木、皮团	Recitation and Ballad Troupes, Acrobatics and Circus Troupes,Puppet Show Troupes and Shadow Play Troupes	12	0.2	0.04	135.1
综合性艺术表演团体	Comprehensive Art Troupes	11	0.05	0.02	85.3

18-30 文化、文物机构及人员数（2007年）

Number of Institutions and Personnel in Culture and Cultural Relics (2007)

项　目	Item	合计 Total		文化部门 Cultural Departments		其他部门 Others	
		机构数（个）Number of Institutions (unit)	人数（人）Number of Personnel (person)	机构数（个）Number of Institutions (unit)	人数（人）Number of Personnel (person)	机构数（个）Number of Institutions (unit)	人数（人）Number of Personnel (person)
总　计	**Total**	**21498**	**192846**	**2330**	**29738**	**19168**	**163108**
文化合计	**Culture**	**21289**	**189563**	**2121**	**26455**	**19168**	**163108**
艺术事业	Arts	598	18371	231	8268	367	10103
图书馆事业	Libraries	130	3512	130	3512		
群众文化事业	Mass Culture	1740	9299	1695	9197	45	102
教育事业	Education	9	823	9	823		
文化市场经营单位	Operating Units in Cultural Market	18762	153093	6	190	18756	152903
文艺科研	Scientific Research on Arts	9	102	9	102		
其他	Others	41	4363	41	4363		
文物合计	**Cultural Relics**	**209**	**3283**	**209**	**3283**		
文物机构	Institutions for Cultural Relics	50	476	50	476		
博物馆	Museums	153	2681	153	2681		
文物商店	Cultural Relics Stores	6	126	6	126		

注：其他部门的艺术事业机构、人员数包括了民营数，与以前年份不可比。

Note: Number of institutions and personnel in others include those from private-owned units, incomparable with the preceding years.

18-31 公共图书馆、群众文化事业机构及人员数（2007年）

Number of Institutions and Personnel in Public Libraries and Mass Culture (2007)

项　目	Item	合计 Total		文化部门 Cultural Departments		其他部门 Others	
		机构数（个）Number of Institutions (unit)	人数（人）Number of Personnel (person)	机构数（个）Number of Institutions (unit)	人数（人）Number of Personnel (person)	机构数（个）Number of Institutions (unit)	人数（人）Number of Personnel (person)
图书馆事业	**Libraries**	**130**	**3512**	**130**	**3512**		
#少儿图书馆	Children's Libraries	4	125	4	125		
群众文化事业	**Mass Culture**	**1740**	**9299**	**1695**	**9197**	**45**	**102**
群众艺术馆	Mass Art Centers	21	538	21	538		
文化馆	Cultural Centers	122	1542	122	1542		
文化站	Cultural Stations	1597	7219	1552	7117	45	102

18-32 各市文化、文物事业机构数（2007年）

Number of Institutions in Culture and Cultural Relics by City (2007)

单位：个 (unit)

市别	City	艺术表演团体 Art Troupes	文化馆 Cultural Centers	公共图书馆 Public Libraries	博物馆 Museums	档案馆 Archives
广州	Guangzhou	10	11	13	28	17
深圳	Shenzhen	1	6	8	12	8
珠海	Zhuhai	3	4	3	2	5
汕头	Shantou	8	7	8	5	10
佛山	Foshan	4	5	6	8	14
韶关	Shaoguan	9	10	9	9	11
河源	Heyuan	7	7	7	6	8
梅州	Meizhou	12	8	10	8	9
惠州	Huizhou	6	5	5	5	7
汕尾	Shanwei	5	4	4	5	6
东莞	Dongguan	1		1	5	2
中山	Zhongshan			1	5	3
江门	Jiangmen	6	7	6	9	10
阳江	Yangjiang	3	4	4	2	7
湛江	Zhanjiang	9	9	7	6	12
茂名	Maoming	12	6	5	5	8
肇庆	Zhaoqing	10	8	8	7	11
清远	Qingyuan	4	8	9	9	10
潮州	Chaozhou	2	3	4	4	5
揭阳	Jieyang	5	5	6	5	6
云浮	Yunfu	3	5	5	5	6
省直属单位	Units Directly under Provincial Government	8		1	3	11

18-33 各市文化、文物事业机构的人员数（2007年）

Number of Personnel in Culture and Cultural Relics by City (2007)

单位：人 (person)

市别	City	艺术表演团体 Art Troupes	文化馆 Cultural Centers	公共图书馆 Public Libraries	博物馆 Museums	档案馆 Archives
广州	Guangzhou	810	158	491	610	369
深圳	Shenzhen	146	136	528	193	71
珠海	Zhuhai	72	47	55	48	64
汕头	Shantou	388	74	117	43	92
佛山	Foshan	212	71	345	211	118
韶关	Shaoguan	230	86	114	93	112
河源	Heyuan	224	89	75	52	33
梅州	Meizhou	377	97	147	81	125
惠州	Huizhou	153	72	115	67	101
汕尾	Shanwei	235	54	48	66	44
东莞	Dongguan	60		142	353	21
中山	Zhongshan			53	153	85
江门	Jiangmen	153	93	117	77	154
阳江	Yangjiang	86	37	80	19	126
湛江	Zhanjiang	384	96	113	80	102
茂名	Maoming	445	84	130	47	128
肇庆	Zhaoqing	103	86	100	74	141
清远	Qingyuan	72	70	88	37	91
潮州	Chaozhou	129	36	47	85	53
揭阳	Jieyang	287	105	166	81	25
云浮	Yunfu	56	51	60	26	52
省直属单位	Units Directly under Provincial Government	1146		381	185	314

18-34 图书、杂志、报纸出版数量

Number of Books, Magazines and Newspapers Published

项 目	Item	1995	2000	2005	2006	2007
图书出版	**Books Published**					
种数 (种)	Number of Publications (kind)	**2510**	**4374**	**5908**	**6026**	**5684**
总印数 (万册)	Total Printed Copies(10000 copies)	36911	26978	22600	26958	23237
总印张数(千印张)	Total Printed Sheets (1000 sheets)	1800632	1482942	1514191	1873801	1721699
杂志出版	**Magazines Published**					
种数 (种)	Number of Publications (kind)	329	337	366	360	363
总印数 (万册)	Total Printed Copies(10000 copies)	22740	26299	20371	23220	25631
总印张数(千印张)	Total Printed Sheets (1000 sheets)	674634	919514	1116814	1322988	1473399
报纸出版	**Newspapers Published**					
种数 (种)	Number of Publications (kind)	130	101	132	131	131
总印数 (万份)	Total Printed Copies(10000 copies)	226441	346268	382414	433727	418469
总印张数(千印张)	Total Printed Sheets (1000 sheets)	4747000	17669099	28358178	29554448	28152246

18-35 图书出版情况（2007年）

Statistics on Books Published (2007)

门 类	Category	本版图书种数(种) Number of Publications (kind)	#新出 New Publications	总印数(万册) Total Printed Copies (10000 copies)	总印张数(千印张) Total Printed Sheets (1000 sheets)
合计	**Total**	**5684**	**3401**	**23237**	**1721699**
马克思主义、列宁主义、毛泽东思想	Marxism, Leninism and Mao Zedong Thought	5	5	1	128
哲学	Philosophy	127	89	73	10344
社会科学总论	General Social Sciences	109	57	51	7394
政治、法律	Politics and Law	176	120	74	12773
经济	Economy	736	464	363	57864
军事	Military Affairs	6	6	3	521
文化、科学、教育、体育	Culture, Science, Education and Sports	2301	1063	20666	1431663
语言、文字	Language, Philology	231	108	264	37141
文学	Literature	603	565	465	62639
艺术	Arts	324	310	273	19157
历史、地理	History and Geography	329	181	400	19207
自然科学总论	General Natural Sciences	9	7	3	398
数理科学、化学	Mathematics, Physics and Chemistry	52	22	19	2641
天文学、地理科学	Astronomy and Geology	7	6	1	169
生物科学	Biological Science	32	17	38	1960
医药、卫生	Medicine and Health Care	201	148	239	22464
农业科学	Agricultural Science	43	18	27	1462
工业技术	Industrial Technology	346	180	235	27474
交通运输	Transportation	14	10	5	680
环境科学	Environmental Science	18	13	8	875
航空、航天	Aeronautics and Aerospace	1	1	1	37
综合性图书	General Books	14	11	28	4709

18-36 杂志出版情况（2007年）
Statistics on Magazines Published (2007)

项目	Item	种数(种) Number of Publications (kind)	平均期印数(万册) Average Printed Copies per Issue (10000 copies)	总印数(万册) Total Printed Copies (10000 copies)	总印张数(千印张) Total Printed Sheets (1000 sheets)
合计	**Total**	**363**	**1098**	**25631**	**1473399**
综合	General	97	454	11129	742925
哲学、社会科学	Philosophy, Social Sciences	48	47	723	39003
自然科学、技术	Natural Sciences, Technology	158	256	5185	227441
文化、教育	Culture, Education	24	166	3780	145575
文学、艺术	Literature, Arts	29	82	2109	183193
画刊	Pictorials	2	30	722	71386
少年儿童读物	Publications for Children	5	63	1983	63876

18-37 报纸出版情况（2007年）
Statistics on Newspapers Published (2007)

项 目	Item	种数(种) Number of Publications (kind)	平均期印数(万册) Average Printed Copies per Issue (10000 copies)	总印数(万册) Total Printed Copies (10000 copies)	总印张数(千印张) Total Printed Sheets (1000 sheets)
合 计	**Total**	**131**	**1706**	**418469**	**28152246**
综合报	General Newspapers	74	1122	354911	25113710
专业报	Specialized Newspapers	57	584	63558	3038536
省 级	Provincial-level Newspapers	26	846	198292	11789703
市 级	City-level Newspapers	105	860	220177	16362543

18-38 广播、电视事业发展情况
Statistics on Radio and Television Stations

项 目	Item	1990	1995	2000	2005	2006	2007
广播电台 (座)	Number of Radio Stations	87	96	106	22	22	22
中波广播发射台和转播台 (座)	Number of Medium Wave Radio Transmission Stations and Relaying Stations	12	13	10	16	25	21
电视台 (座)	Number of Television Stations	38	56	67	24	24	24
1000瓦及以上电视发射台和转播台 (座)	Number of Television Transmission and Relaying Stations at 1000 W and above	23	41	49	40	81	83
县、市广播电视台 (座)	Number of Radio and Television Stations in Counties and Cities	93	67	83	78	76	79
有线广播电视用户(万户)	Number of Subscribers to Cable Radio and Television (10000 subscribers)				1121.9	1248.31	1345.72
数字电视用户 (万户)	Number of Subscribers to Digital Television (10000 subscribers)				100.6	195.58	355.93

注：1000瓦及以上电视发射台和转播台,从2006年起改为100瓦以上(含100瓦)电视发射台和转播台。

Note: Television transmission and relaying stations at 1000 W and above since 2006 have been replaced by television transmission and relaying stations at 100W and above.

18-39 广播电台宣传基本情况（2007年）
Basic Statistics on Radio Stations (2007)

项 目	Item	广播电台（座）Number of Radio Stations (unit)	节目套数（套）Number of Programs (unit)	平均每日播音时间（小时）Average Daily Broadcasting Hours (hour)	#自办节目时间 Self-produced Programs	#新闻节目 News Programs	#专题节目 Special Subject Programs	#文艺节目 Programs of Entertainment
合 计	**Item**	**22**	**125**	**2064**	**1684**	**370**	**373**	**520**
省 级	Provincial Level	1	9	212	207	26	36	79
市 级	City Level	21	51	974	858	179	202	206
县 级	County Level		65	878	619	165	135	235

18-40 电视台宣传基本情况（2007年）
Basic Statistics on Television Stations (2007)

项 目	Item	电视台（座）Television Stations (unit)	节目套数（套）Number of Programs (unit)	平均每日播出音时间(小时) Average Daily Broadcasting Hours (hour)	#自办节目时间 Self-produced Programs	#新闻节目 News Programs	#专题节目 Special Subject Programs	#文艺节目 Programs of Entertainment
合 计	**Item**	**24**	**139**	**1762**	**629**	**245**	**189**	**129**
省 级	Provincial Level	2	13	303	90	33	34	31
市 级	City Level	22	67	983	397	123	109	59
县 级	County Level		59	476	142	89	46	39

18-41 各市广播、电视事业机构数（2007年）
Number of Institutions of Radio and Television by City (2007)

单位：座 (unit)

市 别	City	广播电台 Number of Radio Stations	中波广播发射台和转播台 Number of Medium Wave Radio Transmission Stations and Relaying Stations	电视台 Number of Television Stations	100瓦及以上电视发射台和转播台 Number of Television Transmission and Relaying Stations at 100 W and above	县、市广播电视台 Number of Radio and Television Stations in Counties and Cities
广 州	Guangzhou	1	1	1	3	7
深 圳	Shenzhen	1	2	2	2	3
珠 海	Zhuhai	1		1	1	2
汕 头	Shantou	1		1	6	
韶 关	Shaoguan	1		1	8	8
河 源	Heyuan	1		1	2	5
梅 州	Meizhou	1		1	8	7
惠 州	Huizhou	1		1	6	4
汕 尾	Shanwei	1		1	2	3
东 莞	Dongguan	1		1	1	
中 山	Zhongshan	1		1	1	
江 门	Jiangmen	1		1	6	5
佛 山	Foshan	1		1		
阳 江	Yangjiang	1		1	3	3
湛 江	Zhanjiang	1	1	1	5	5
茂 名	Maoming	1		1	4	4
肇 庆	Zhaoqing	1		1	3	6
清 远	Qingyuan	1		1	5	7
潮 州	Chaozhou	1		1	1	2
揭 阳	Jieyang	1		1	5	4
云 浮	Yunfu	1		1	5	4
省直属单位	Units Directly under Provincial Government	1	17	2	6	

主要统计指标解释

普通高等学校 指按照国家规定的设置标准和审批程序批准举办，通过国家统一招生考试，收高中毕业生为主要培养对象，实施高等教育的全日制大学、独立设置的学院和高等专科学校，高等职业学校和其他机构。

成人高等学校 指按照国家有关规定审批、招收通过全国成人高教统一招生考试的具有高中毕业或同等学历的在职从业人员利用脱产、半脱产、业余或函授等多种形式对其实施高等学历教育，培养高等教育专科或本科毕业水平的专门人才，修业年限、课程设置和总学时的数按高等学历教育要求付诸实施的学校。包括广播电视大学、职工高等学校、农民高等学校、管理干部学院、教育学院、独立设置的函授学院等。

小学学龄儿童入学率 指调查范围内已入小学学习的学龄儿童占校内外学龄儿童总数（包括弱智儿童在内，但不包括盲聋哑儿童）的比重。

科技活动 是指在所有科学技术领域内，即自然科学、农业科学、医学科学、工程与技术科学、人文科学与社会科学中，与科技知识的产生、发展、传播和应用密切相关的全部的、有组织的、系统的科技活动。所谓有组织的、系统的科技活动，是指在一个机构的范围之内，并列入这一机构的工作计算，由这一机构的人员有计划地进行的科技活动。目前，我们统计的科技活动，是指调查范围内有组织有系统开展的科技活动。它包括三类活动(1)研究与试验发展活动；(2)研究与试验发展成果应用活动；(3)科技服务活动。

研究与发展活动 指为增进知识，及利用这些知识去开创新的用途而进行的系统的创造性工作。它具备四种基本因素：(1)创造性的因素；(2)新颖性或创新的因素；(3)科学方法的运用；(4)新知识的产生。它包括三种类：(1)基础研究；(2)应用研究；(3)实验发展。

科技活动统计单位 指制度调查范围内的调查单位个数，对于自然科学领域、社会与人文科学领域的科学研究与技术开发机构（含县属研究与开发机构）、科学技术情报与文献机构是以一个机构为一个调查单位；对于高等学校，是以一个学校为一个调查单位；对于企业是以一个企业为一个调查单位。

科技活动机构 是指调查范围内有建制的从事科技活动科研机构。包括国有独立核算的科学研究与技术开发机构自然科学领域、社会与人文科学领域）（含机构、大中型工业企业附属的技术开发机构。全日制附属科技活动机构，是指经学校及上级主管部门正式批准的以科技活动为主，相对稳定的开展科技活动机构；大中型工业企业附属的技术开发机构是指企业自办、或与外单位合办、管理上同生产系统相对独立的，或单独核算的专门技术开发机构（如企业办研究所或开发中心开发部等专门技术开发机构）。

从事科技活动人员 指报告期内调查单位中从事科技活动的人员。调查单位中从事科技活动人员为直接从事科技活动和科技活动提供直接服务，累计时间占全年工作时间 10%以上的人员。

科学家和工程师 具有大学本科以及以上学历的和不具备上述学历但有高、中级职称的人员。

技术员 指具有大、中专学历和不具备大、中专学历，但有初级职称的人员。

研究与发展人员 指报告期内从事研究与发展活动的人员。调查单位直接从事研究与发展课题活动以及院、所等从事科技行政管理、科技服务等工作为研究与发展课题活动服务，累计时间占全年工作时间10%以上的人员。人员数为全时人员数加非全时人员数之和。

科技活动经费筹集总额 指报告期内调查单位从各种渠道筹集到的科技活动经费（含科研基建费）。包括政府资金、自筹资金、银行贷款、其他经费。

科技活动经费使用总额(内部支出) 指报告期内调查单位用于科技活动的实际支出。包括劳务费、科研业务费、科研管理费、非基建投资购建的固定资产、科研、基建支出以及其他用于科技活动的支出。但不包括生产性活动支出、归还贷款支出及转拨外单位支出。

研究与发展经费支出 指报告期内用于研究与发展课题活动（基础研究、应用研究、实验发展）的全部实际支出。包括用于研究与发展课题活动的直接支出，还包括间接用于研究与发展活动的一切支出（院、所管理费，维持院、所正常运转的必需费用和与研究发展有关的基本建设支出）。

省级以上获奖成果 指科技活动单位在本年度内从省以上政府科技管理部门获得的各种科技成果奖。

由于几个单位合作获得的科技成果奖，为防止重复，仅由第一完成单位填报，多次获奖的成果只填一个。获奖成果包括：国家级奖、省部级奖和地市级奖。国家级奖：指国家自然科学奖、国家发明奖、国家科技进步奖、国家星火奖等。省、部级奖：指以国务院各部门和省、自治区、直辖市名义颁发的重大科技成果奖和科技进步奖。

科技机构内课题(项目)个数 指调查单位列入科研计划或已为本单位科研管理部门认可，可作为本单位科研工作任务，并在当年开展活动的研究与发展、研究与发展成果应用、科技服务课题（项目）数。包括当年新开课题和上年尚未完成，在统计年度内继续进行的课题。

文化事业机构 指从事专业文化工作和为专业文化工作服务的独立建制的单独核算的单位。不包括这些单位另外举办独立核算的其他机构和各部门的业余文化组织。

艺术表演团体 指从事戏曲、音乐、舞蹈、杂技等专业艺术表演，有独立帐户，实行单独核算的团体。不包括半工半艺、半农半艺和民间职业剧团。

电影放映单位 指具有放映机器设备、固定或不固定的放映场所与专职或兼职的放映技术人员，经有关部门登记批准，经常为一定的观众对象放映电影的机构。包括经批准对外开放进行营业，并与电影发行放映管理机构分帐的专用放映单位和军委系统租片单位。

艺术表演观众人数(人次) 指售票、包场演出或民族地区免费演出的艺术表演观众人次数。不包括彩排审查和内部观摩演出的观看人次数。

Explanatory Notes on Main Statistical Indicators

Regular Institutions of Higher Education refer to educational establishments set up according to government standards and evaluation and approval procedures, mainly enrolling graduates from senior secondary schools through uniform national matriculation examinations and providing higher education. Such institutions include full-time universities, independent colleges, technical colleges, professional colleges, and other institutions

Institutions of Higher Learning for Adults refer to educational establishments approved according to relevant government rules, enrolling staff and workers with senior secondary or equivalent education through uniform national matriculation examinations, and providing them with regular higher education in various forms such as full-time, part-time, spare-time and correspondence courses in accordance with requirements of regular higher education in years of education, curricula, and total learning hours, so that they meet the standards for graduation of universities or junior colleges Institutions of higher learning for adults include radio and TV universities, colleges for staff and workers, colleges for farmers, colleges for management cadres, teachers' colleges, and independent correspondence colleges

Enrollment Rate of Primary School-age Children refers to the proportion of school-age children enrolled at primary schools in the total number of school-age children both in and outside schools (including retarded children, but excluding blind, deaf and dumb children).

Scientific and Technological Activities refer to all those organized and systematic activities of science and technology which are closely connected with the emergence, development, diffusion and application of scientific and technological knowledge in all scientific and technological fields, such as natural sciences, agricultural science, medical science, engineering and technical science, humanities and social sciences. Organized and systematic activities refer to activities within the range of an institution, regarded as regular work of the institution and organized in a planned way by the personnel of the institution. At present, scientific and technological activities include activities in an organized and systematic way within the survey coverage, classified into three categories: (1) activities of research and development; (2) applied activities of research and development; (3) service activities of science and technology

Activities of Research and Development refer to the systematic and creative work with the aim of widening knowledge and creating new uses for knowledge They entail four basic factors: (1) creative factor; (2) novel or innovative factor; (3) application of scientific methods; (4) emergence of new knowledge. They include three types: (1) basic research; (2) applied research; (3) experiments and development

Surveyed Units of Scientific and Technological Activities refer to the number of survey units within the survey coverage. As for research and development institutions (including those under county administration) and scientific and technological information and literature institutions in natural sciences, social sciences and humanities, one institution constitutes a survey unit; as for institutions of higher education, one university or college accounts for a survey unit; as for enterprises, one enterprise is a survey unit

Institutions of Scientific and Technological Activities refer to organic institutions engaged in scientific and technological activities within the survey coverage, including state-owned research and development institutions with independent accounting system (in the field of natural sciences, social sciences and humanities), including technological development institutions affiliated to institutions and large and medium-sized industrial enterprises. Full-time affiliated institutions of scientific and technological activities refer to those mainly and relatively stably engaged in technological activities with formal ratification of educational institutions and higher authorities. Technological development institutions affiliated to large and medium-sized industrial enterprises refer to special development institutions solely run by enterprises or jointly run with other units but keeping relatively independent administration from production system, or having their independent accounting system (such as research institutions or development departments of development centers run by enterprises).

Personnel Engaged in Scientific and Technological Activities refer to all the persons in the survey units engaged in scientific and technological activities during the reference period, i.e. those who are directly engaged in such activities or provide direct services to such activities with over 10% of their annual working hours devoted to scientific and technological activities.

Scientists and Engineers refer to persons who have completed regular undergraduate or higher level education and persons with senior or medium professional titles but without the aforesaid educational background

Other Technical Personnel refer to persons involved in science and technology with secondary specialized education or junior college education and persons with junior professional titles but without the aforesaid educational background

Personnel of Research and Development refer to persons who are engaged in research and development activities during the reference period, i.e. those in the survey units who are directly engaged in R & D activities or provide services to R & D activities in such forms as administration and technical services with over 10% of their annual working hours devoted to such activities It is the sum of full-time personnel and non-full-time personnel

Total Funds for Scientific and Technological Activities refer to the funds for scientific and technological activities (including capital construction funds for scientific research) raised by the survey units from various channels during the reference period, including government funds, self-raised funds, bank loans and other funds

Total Expenditure for Scientific and Technological Activities (Internal Expenditure) refers to the actual expenditure made for scientific and technological activities by the survey units during the reference period, including service expenses, operating expenses for scientific research, management expenses for scientific research, purchases of fixed assets with investment in non-capital construction, capital construction expenditure for scientific research and others, but excluding expenditure for productive activities, expenditure for return of loans and expenditure transferred to other units

Total Expenditure on Research and Development refers to all actual expenditure made for R & D (basic research, applied research and experimental development) in the reference period, including direct expenditure on R & D activities and indirect expenditure on R & D activities such as management expenses, administrative expenses and investment in capital construction related to R & D

Number of Prizes Won at and above Provincial Level refers to the number of various prizes in scientific and technological research won by the units engaged in scientific and technological activities from administrative departments for science and technology in provincial or central governments in the current year. If a prize is won in a cooperative way, it is reported only by the first listed unit so as to avoid duplication. As for achievements that have won several prizes, only one prize is reported Prizes won by achievements include all those at state level, provincial level and city (prefecture) level. State-level prizes are National Prize for Natural Sciences, National Invention Prize, National Prize for Progress in Science and Technology and National Spark Prize Prizes at provincial and ministerial level refer to major achievements and progress in science and technology awarded by the departments of the state council, provinces, autonomous regions and municipalities directly under the central government

Number of Research Tasks (Projects) of Scientific and Technological Institutions refers to the number of research tasks (projects) on R & D, application of R & D and scientific and technological services, which are listed in the plans of scientific research or approved by administrative departments of the survey units and launched in the current year. It includes those newly started and those uncompleted in the preceding year but continued into the current statistical year

Cultural Institutions refer to units which have their own organizational system and independent accounting system and specialize in or serve cultural development. They exclude other establishments with independent accounting system run by these cultural institutions and amateur cultural groups established by various departments

Art Troupes refer to troupes which are engaged in drama, opera, music, dance, acrobatics or other art performances, open independent accounts with banks with independent accounting system, excluding troupes which are engaged partly in industrial or agricultural activities and partly in art performance and folk professional troupes

Film Projection Units refer to units with film projection equipment, full or part-time projectionists, permanent or non-permanent cinemas, approved by and registered with related administrative departments to show films regularly for certain groups of audience, including film projection units which have been approved to give commercial shows and share profits with administrative agencies of film circulation and projection, as well as film renting units of the military system

Number of Spectators at Art Performance (person-time) refers to the number of attendants at commercial shows, completely booked shows or free shows given in minority national areas, excluding the number of spectators at rehearsals for examination and internal shows for study.

十九、体育、卫生、社会福利、环保和其他

SPORTS,PUBLIC HEALTH,SOCIAL WELFARE, ENVIRONMENTAL PROTECTION AND OTHERS

十九　体育、卫生、社会福利、环保和其他

简要说明

一、本篇资料主要反映广东体育、卫生、社会福利、环保、安全生产及其他事业的发展情况。

二、本篇资料由广东省统计局人口和社会科技统计处负责整理、编辑。

三、体育部分主要包括体育系统职工人数、群众体育活动开展情况及运动竞技成绩等，资料由广东省体育局提供。

四、卫生部分主要包括卫生事业机构、床位及人员数等，资料由广东省卫生厅提供。

五、社会福利部分主要包括各种社会福利事业的机构数、收养救济人数、城乡基层社会保障情况、婚姻登记状况等，资料由广东省民政厅提供。

六、环保部分主要包括水环境、大气环境、生态环境、城市环境、农村环境、自然灾害，“三废”的排放、治理、综合利用，环境管理、环保系统自身建设情况等，资料由广东省环保局提供。

七、亿元生产总值安全生产事故死亡率数据由广东省安全生产监督管理局提供。

八、其他部分主要包括司法工作开展情况和交通、火灾事故发生情况等，资料由广东省司法厅 、广东省公安厅提供。

19 Sports, Public Health, Social Welfare, Environmental Protection and Others

Brief Introduction

Ⅰ. The data in this chapter mainly show the development of Guangdong’s sports，public health，social welfare，environmental protection, safe production and other undertakings.

Ⅱ. The data are prepared by the Division of Population，Social，Scientific and Technological Statistics of Guangdong Provincial Bureau of Statistics.

Ⅲ. The data on sports mainly include the number of staff and workers in sports departments，mass sports and athletics sports，etc. The data are provided by Guangdong Provincial Bureau of Sports.

Ⅳ. The data on public health mainly include the number of health institutions，hospital beds and personnel，etc. The data are provided by Guangdong Provincial Department of Public Health.

Ⅴ. The data on social welfare mainly include the number of institutions，the number of persons receiving social welfare relief funds，grassroots social security in urban and rural areas and marriage registration status，etc. The data are provided by Guangdong Provincial Department of Civil Affairs

Ⅵ. The data on environmental protection mainly include water environment, atmospheric environment, ecological environment, urban environment, rural environment, natural disasters, the discharge, treatment and comprehensive utilization of waste water，waste gas and solid wastes，environment management and the improvement of environmental protection departments, etc. The data are provided by Guangdong Provincial Bureau of Environmental Protection.

Ⅶ. The rate of death from work safety accidents per 100 million yuan of GDP is provided by Guangdong Provincial Bureau of Work Safety.

VIII. Other data mainly include judicial conditions and basic statistics on traffic and fire accidents，etc. The data are provided by Guangdong Provincial Department of Justice and Guangdong Provincial Department of Public Security.

19-1 体育、卫生、社会福利、环保和其他主要指标

Main Indicators of Sports, Public Health, Social Welfare, Environmental Protection and Others

指标	Item	1995	2000	2005	2006	2007
举办运动会次数 (次)	Number of Sports Meets Held (time)			2072	2275	2351
举办全民健身活动次数 (次)	Number of National Body-building Activities Held (time)			7838	6441	5360
#参加 1000人以上活动的人数 (万人)	Number of Persons Attending Activities with over 1000 Participants (10000 persons)			771.76	772.03	1027.9
卫生事业机构数 (个)	Number of Health Institutions (unit)	8848	8984	16318	16953	16490
#医院、卫生院	Hospitals	2267	2426	2428	2433	2435
卫生事业机构床位数 (万张)	Number of Beds in Health Institutions(10000 units)	14.88	16.81	20.97	22.19	23.42
#医院、卫生院床位	Hospital Beds	13.78	15.72	19.26	20.41	21.70
卫生技术人员数 (万人)	Number of Medical Technical Personnel (10000 persons)	22.99	26.5	29.73	33.28	36.07
#医生	Doctors	9.89	11.12	11.80	13.06	13.83
平均每千人口医院、卫生院床位数 (张)	Number of Hospital Beds per 1000 Population (unit)	2.03	2.12	2.44	2.54	2.66
平均每千人口有卫生技术人员数 (人)	Number of Medical Technical Personnel per 1000 Population (person)	3.39	3.57	3.76	4.14	4.42
#医生	Doctors	1.46	1.50	1.49	1.62	1.70
优抚收养性单位收养人数 (人)	Number of Persons Adopted by Special Care Units (person)	1918	1785	2600	2472	2882
社会救济总人数 (万人)	Number of Persons Receiving Relief Funds (10000 persons)	337.80	154.70	262.28	248.25	242.89
农村建立社会保障网络乡镇数 (个)	Number of Towns with the Social Security Network Established (unit)	1223	1536	1156	1148	1148
准予登记结婚对数 (对)	Registered Marriages (couple)	596689	562118	600313	753082	749535
#涉外婚姻	Marriages with Foreigners	12837	11730	10905	14536	9999
准予登记离婚数 (对)	Registered Divorces (couple)	34175	47521	80873	89437	70728
执业律师人数 (人)	Number of Full-time Lawyers (person)	5692	7292	12020	14055	15136
公证人员数 (人)	Number of Notarial Personnel (person)	1210	1380	1527	1740	1549
人民调解委员会调解人员数 (人)	Number of Mediators of People's Mediation Committees (person)	285288	250117	163459	174646	196028
亿元生产总值生产安全事故死亡率	Rate of Death from Work Safety Accidents per 100 Million Yuan of Gross Regional Product		1.08	0.51	0.38	0.29
交通事故发生数 (起)	Number of Traffic Accidents (unit)	42115	66072	67756	56171	46558
交通事故损失折款 (万元)	Losses from Traffic Accidents Converted into Cash (10000 yuan)	28700	27526	20883	13298	12075
火灾事故发生数 (起)	Number of Fire Accidents (unit)	1254	8622	3176	8866	6168
火灾事故损失折款 (万元)	Losses from Fire Accidents Converted into Cash (10000 yuan)	17419	10065	7629	6457	9027

19-2 体育事业情况

Statistics on Sports

指　　标		Item	1995	2000	2005	2006	2007
体育系统年末职工人数	**(人)**	**Number of Staff and Workers in Sports Departments at the Year-end (person)**	**8730**	**9635**	**8762**	**10337**	**10700**
运动员		Athletes	1043	1462	1695	1619	2260
专职教练员		Full-time Coaches	1464	1469	1568	1413	1390
专职文化教师		Full-time Teachers for Literacy Classes	644	785	722	684	594
科技人员		Scientific and Technological Personnel	76	90	85	84	97
宣传出版人员		Publicity and Publishing Personnel	17	5			
医务人员		Medical Personnel	163	196	141	141	137
管理人员		Administrative Personnel	2743	3131	2241	3584	3421
其他人员		Others	2580	2497	2310	2812	2801
社会体育指导员人数	**(人)**	**Number of Instructors of Social Sports(person)**					
当年发展人数		Number of New Instructors in Current Year			9896	6701	7195
#高级		Senior			150	135	336
中级		Intermediate			3661	2566	1732
初级		Junior			6085	4000	5127
体育比赛成绩		**Achievements in Sports Tournament**					
破世界纪录	(项)	Number of World Records Chalked Up (item)	3	5		13	1
获世界冠军	(个)	Number of World Championships Won (unit)	31	36	26	33	29
破亚洲纪录	(项)	Number of Asian Records Chalked Up (item)	3	4	2	1	1
破全国纪录	(项次)	Number of National Records Chalked Up (item-time)	10	6	8	24	5
获得全国冠军	(项次)	Number of National Championships Won (item-time)	113	156	133	194	202
体育竞赛、活动开展情况		**Sports Meets and Activities**					
举办运动会次数	(次)	Number of Sports Meets Held (time)			2072	2275	2351
#举办综合运动会		Comprehensive Sports Meets Held			110	378	201
举办单项比赛		Individual Competitions Held			1962	1897	2150
举办全民健身活动次数	(次)	Number of National Body-building Activities Held (time)			7838	6441	5360
#1000人以上的活动	(次)	Number of Activities with Over 1000 Participants (time)			867	1086	989
参加 1000人以上活动的人数	(万人)	Number of Persons Attending Activities with Over 1000 Participants (10000 persons)			771.76	772.03	1027.9

19-3 卫生事业机构、床位及人员数（1978-2007年）

Number of Health Institutions, Beds and Personnel (1978-2007)

年份 Year	机构（个） Health Institutions (unit)	#医院及卫生院 Hospitals	床位（张） Beds (unit)	#医院及卫生院床位 Hospital Beds	卫生工作人员（人） Medical Personnel (person)	#卫生技术人员 Medical Technical Personnel
1978	6949	1968	90645	84120	159583	126606
1979	7304	1974	91955	85144	171703	136568
1980	7649	1988	92506	84999	181480	144537
1981	8045	2002	94794	87010	191370	151971
1982	8331	2014	97441	88688	202162	160710
1983	8443	2037	100042	90851	208506	166543
1984	8525	2042	103231	93770	213193	170495
1985	8479	1853	107702	98231	220593	175337
1986	8713	1860	110022	99632	225526	180045
1987	8705	1880	114773	104932	230444	184126
1988	8820	1906	119328	109280	234807	187307
1989	8948	1886	122055	111816	240581	192147
1990	8989	1885	124015	114056	244039	194771
1991	9032	1906	129774	119079	249717	199051
1992	8989	1943	135527	124835	257043	205110
1993	8572	1968	139812	129317	267432	211874
1994	8720	2231	144865	134334	277398	220153
1995	8848	2267	148825	137756	288715	229894
1996	8921	2319	151553	141221	196108	237623
1997	8942	2348	155313	144496	305562	245862
1998	8805	2373	158351	147604	313737	252213
1999	8699	2415	162398	151367	320432	258591
2000	8984	2426	168143	157164	327065	264990
2001	8638	2444	172735	162197	330418	268347
2002	15500	2415	180791	165498	323294	262633
2003	15409	2410	188543	172981	336175	273620
2004	15744	2391	200056	183107	348203	283351
2005	16318	2428	209741	192551	364520	297334
2006	16953	2433	221886	204071	408972	332829
2007	16490	2435	234179	216951	452080	360674

注：从2002年开始，机构数中包含个体诊所机构数，但不含乡村医疗点机构数；人员数中未含乡村医疗点中的执业(助理)医师数。

Note: Since 2002, the number of institutions has included the number of individual clinics, but has excluded the number of rural medical stations;the number of personnel has excluded the number of certified (assistant) doctors in rural medical stations.

19-4 卫生事业机构、床位和人员数（2007年）
Number of Health Institutions, Beds and Personnel (2007)

机构类别	Type of Institution	机构（个）Number of Institutions (unit)	床位数（张）Beds (unit)	人员数（人）Personnel (person)	#卫生技术人员 Medical Technical Personnel	#执业(助理)医师 Certified (Assistant) Doctors
合　计	**Total**	**16490**	**234179**	**452080**	**360674**	**138302**
医　院	Hospitals	1013	175446	274346	219142	78951
卫生院	Health Centers	1422	41505	79831	63114	25362
疗养院	Sanatoriums	17	2874	1559	798	264
社区卫生服务中心	Community Health Service Centers	727	957	3486	2800	1143
社区卫生服务站	Community Health Service Stations	602	69	3741	3232	1347
门诊部、诊所、卫生所等	Outpatient Departments and Clinics	11979	156	41256	35707	18464
#诊所	Outpatient Departments	6914		16351	14977	7916
卫生所(医务室)	Clinics (Medical Stations)	3171		7626	7228	4286
急救中心(站)	Emergency Centers (Stations)	9		313	237	103
采供血机构	Blood Taking and Supply Agencies	41		1538	1103	191
妇幼保健院(所、站)	Maternity and Child Care Centers	126	10256	21738	17536	6275
专科疾病防治院(所、站)	Specialized Prevention and Treatment Stations	152	2916	7192	5336	2194
疾病预防控制中心(防疫站)	Disease Prevention and Control Centers (Antiepidemic Stations)	132		9715	6970	3461
卫生监督所	Sanitation Supervision Stations	127		4664	3258	
卫生监督检验(监测、检测)所(站)	Sanitation Supervision Quarantine Stations					
医学科学研究机构	Research Institutions of Medical Science	20		263	115	56
医学在职培训机构	On-the-job Medical Training Institutions	13		410	147	65
健康教育所(站、中心)	Health Education Stations (Centers)	34		206	102	43
其他卫生机构	Other Health Agencies	76		1822	1077	383
#乡村医疗点	Rural Medical Stations	24391		32345		5393

19-5 各市卫生事业机构、床位和人员数（2007年）
Number of Health Institutions, Beds and Personnel by City (2007)

市　别	City	机构（个）Number of Institutions (unit)	#医院 Hospitals	床位数（张）Beds (unit)	#医院床位 Hospital Beds	卫生工作人员（人）Medical Personnel (person)	#卫生技术人员 Medical Technical Personnel	执业(助理)医师（人）Certified Doctors (person)
全省合计	**Provincial Total**	**16490**	**1013**	**234179**	**175446**	**452080**	**360674**	**138302**
广　州	Guangzhou	2543	225	52640	45209	96091	76791	29056
深　圳	Shenzhen	2472	106	18099	16766	59287	46957	18827
珠　海	Zhuhai	439	30	5727	4747	11751	9903	3709
汕　头	Shantou	278	35	8754	6829	16317	12687	4895
佛　山	Foshan	1026	54	19476	11394	33118	26704	10066
韶　关	Shaoguan	699	63	9728	7517	14617	11456	4107
河　源	Heyuan	301	21	4664	2261	10215	8388	3141
梅　州	Meizhou	1247	26	8459	4865	17012	13900	5728
惠　州	Huizhou	641	36	9538	5676	17896	14041	5299
汕　尾	Shanwei	184	25	4532	2748	8573	6341	2663
东　莞	Dongguan	643	56	15227	14878	29847	24455	8936
中　山	Zhongshan	356	41	7289	7190	12274	10032	4033
江　门	Jiangmen	883	30	10397	7121	18949	15486	5959
阳　江	Yangjiang	375	37	5032	3544	8776	6975	2578
湛　江	Zhanjiang	917	70	14825	10115	24725	19005	7070
茂　名	Maoming	568	39	11158	6872	17476	13965	5025
肇　庆	Zhaoqing	551	39	8112	5788	15597	12187	4205
清　远	Qingyuan	648	33	7566	4269	12456	10241	3690
潮　州	Chaozhou	822	13	2788	1756	8476	6620	3165
揭　阳	Jieyang	491	18	6204	3467	11483	8759	3963
云　浮	Yunfu	406	16	3964	2434	7144	5781	2187

19-6 各类卫生事业机构、床位和人员数

Number of Health Institutions, Beds and Personnel by Type

指　　标	Item	1995	2000	2005	2006	2007
机构数　（个）	**Number of Institutions　(unit)**	**8848**	**8984**	**16318**	**16953**	**16490**
医院	Hospitals	665	746	965	1006	1013
卫生院	Health Centers	1602	1680	1463	1427	1422
门诊部、诊所、卫生所、社区卫生服务站	Clinics, Health Stations and Community Health Service Stations	5737	5710	12675	13174	12581
专科防治院（所、站）	Specialized Prevention and Treatment Stations	165	158	157	154	152
卫生防疫机构	Sanitation and Anti-epidemic Institutions	177	171	134	131	132
妇幼保健院（所、站）	Maternity and Child Care Centers	67	31	125	124	126
医学科学研究机构	Research Institutions of Medical Science	20	20	20	20	20
其他卫生机构	Other Health Care Institutions	415	468	779	917	1044
床位数　（张）	**Number of Beds　(unit)**	**148825**	**168143**	**209741**	**221886**	**234179**
人员数　（人）	**Number of Personnel　(person)**	**288715**	**327065**	**364520**	**408972**	**452080**
卫生技术人员	Medical Technical Personnel	229894	264990	297334	332829	360674
#医生	Doctors	98877	111172	118023	130551	138302
注册护士	Nurses	64504	83198	98791	114445	128043
其他技术人员	Other Technical Personnel	6728	8910	16596	18947	16803
管理人员	Administrative Personnel	22944	24320	21600	23213	27736
工勤人员	Logistics Personnel	29149	28845	28990	33983	46867

注：从2002年开始，机构数中包含个体诊所机构数，归入门诊部(所)统计；妇幼保健院归入妇幼保健机构统计；医生指执业(助理)医师；门诊部所包含门诊部，诊所、卫生所、医务室、社区卫生服务站等。

Note: Since 2002, the number of institutions has included the number of individual clinics, covered in the category of outpatient departments (clinics); maternity and child care centers have been included in the number of maternity and child care institutions; doctors have referred to certified (assistant) doctors; and clinics have included the number of all clinics, health stations, infirmaries and community health service stations.

19-7 各市社会基本养老、失业保险基金征缴额和征缴率（2007年）

Amount Collected and Percentage of Collection of Basic Retirement Security Insurance and Unemployment Insurance by City (2007)

市别	City	基本养老保险 Basic Retirement Security Insurance		失业保险 Unemployment Insurance	
		基金征缴额（万元） Amount Collected (10000 yuan)	基金征缴率（%） Percentage of Collection (%)	基金征缴额（万元） Amount Collected (10000 yuan)	基金征缴率（%） Percentage of Collection (%)
合计	**Total**	**5960726**	**97.7**	**413059**	**96.4**
广州	Guangzhou	1192342	96.3	201322	98.4
深圳	Shenzhen	1399872	99.8	22298	99.6
珠海	Zhuhai	213509	99.4	26840	99.5
汕头	Shantou	94889	95.9	11356	98.0
佛山	Foshan	482265	98.7	34096	98.8
韶关	Shaoguan	76854	95.4	9794	90.8
河源	Heyuan	39860	96.2	3290	95.8
梅州	Meizhou	63387	99.4	6027	98.3
惠州	Huizhou	126168	93.1	14709	95.3
汕尾	Shanwei	24252	85.2	2390	89.0
东莞	Dongguan	419516	99.7	6023	99.7
中山	Zhongshan	203091	100.0	10643	100.0
江门	Jiangmen	181979	97.5	16380	98.1
阳江	Yangjiang	34096	95.6	3429	95.8
湛江	Zhanjiang	110854	74.6	10631	60.2
茂名	Maoming	88059	92.4	10307	89.1
肇庆	Zhaoqing	90185	97.4	7979	96.3
清远	Qingyuan	58795	93.5	5462	87.5
潮州	Chaozhou	54258	96.5	4359	98.0
揭阳	Jieyang	65009	94.9	2705	81.4
云浮	Yunfu	31440	98.6	3020	95.5
省直	Directly under Provincial Government	910044	99.8		

19-8 各市社会保险参保人数（2007年）

Number of Persons Participating in Social Insurance by City (2007)

单位：万人 (10000 persons)

市别	City	基本养老保险参保人数 Number of Persons Participating in Basic Retirement Security Program	失业保险参保人数 Number of Persons Participating in Unemployment Insurance	医疗保险参保人数 Number of Persons Participating in Health Care Program	工伤保险参保人数 Number of Persons Participating in Industrial Accident Insurance	生育保险参保人数 Number of Persons Participating in Child-bearing Insurance
合计	**Total**	**2226.79**	**1308.29**	**2022.21**	**2113.89**	**659.12**
广州	Guangzhou	286.73	256.46	332.56	274.45	118.91
深圳	Shenzhen	508.09	179.62	720.71	752.37	104.69
珠海	Zhuhai	71.62	58.86	72.88	60.45	30.47
汕头	Shantou	52.50	35.28	27.03	33.96	32.63
佛山	Foshan	163.33	123.13	157.09	172.69	135.20
韶关	Shaoguan	36.50	24.25	39.79	20.35	12.98
河源	Heyuan	35.19	18.89	12.52	17.75	0.56
梅州	Meizhou	34.74	21.81	19.84	18.63	
惠州	Huizhou	91.36	50.44	61.32	55.91	52.60
汕尾	Shanwei	22.08	10.85	7.07	9.09	4.93
东莞	Dongguan	235.11	222.36	236.32	360.10	24.79
中山	Zhongshan	120.74	100.51	107.64	101.54	6.27
江门	Jiangmen	81.23	43.28	52.39	39.08	29.20
阳江	Yangjiang	27.67	17.13	14.97	14.44	5.07
湛江	Zhanjiang	74.69	29.97	43.19	22.95	
茂名	Maoming	48.86	21.69	23.90	24.95	
肇庆	Zhaoqing	44.56	28.22	34.72	22.38	20.20
清远	Qingyuan	40.63	14.04	21.62	23.28	9.94
潮州	Chaozhou	35.54	24.14	12.15	23.02	9.09
揭阳	Jieyang	34.24	15.32	11.80	10.39	6.93
云浮	Yunfu	20.81	12.05	12.71	9.60	8.16
省直	Directly under Provincial Government	160.59			46.50	46.50

19-9 优抚、社会救济和福利事业情况
Statistics on Special Care, Social Relief and Welfare

项 目	Item	1995	2000	2005	2006	2007
优抚事业	**Special Care**					
优抚收养性事业单位数 (个)	Number of Special Care Units (unit)	58	63	81	86	92
国家办	Run by State	38	51	81	86	92
集体办	Run by Collective Units	20	12			
优抚收养性单位收养人数 (人次)	Number of Persons Adopted by Special Care Units (person-time)	1918	1785	2600	2472	2882
国家办	By State-run Units	1694	1761	2600	2472	2882
集体办	By Collective-run Units	224	24			
优抚事业费用 (万元)	Expenses on Special Care (10000 yuan)	30749	57759	132738	162638	214578
民政部门支出	Expenses by Civil Administration Departments	16003	31503	132738	162638	214578
群众优待	Mass Special Care	14746	26256			
社会救济	**Social Relief**					
社会救济总人数 (万人)	Total Number under Social Relief (10000 persons)	337.80	154.70	262.28	248.25	242.89
#农村传统救济对象人数	Number of People Receiving Traditional Social Relief in Rural Areas	244.30	87.10	18.22	45.36	26.15
城乡居民最低生活保障人数 (万人)	Number of Urban and Rural Residents Receiving Minimum Income Relief (10000 persons)		38.00	167.59	172.76	176.19
城镇	Urban Areas		14.90	42.16	38.86	37.89
农村	Rural Areas		23.10	125.43	133.90	138.3
城乡居民最低生活保障家庭户数 (万户)	Number of Urban and Rural Households Receiving Minimum Income Relief (10000 households)		15.00	64.19	67.60	70.64
城镇	Urban Areas		5.50	15.01	14.54	14.73
农村	Rural Areas		9.50	49.18	53.06	55.91
城乡居民最低生活保障金支出 (万元)	Expenditures on Minimum Income Relief for Urban and Rural Residents (10000 yuan)		19334	81255	94596	125903
城镇	Urban Areas		11460	39206	43411	53834
农村	Rural Areas		7874	42049	52185	72069
社会救济福利事业费 (万元)	Expenses on Social Relief and Welfare (10000 yuan)	18975	61538	120143	191221	293253
自然灾害救济费 (万元)	Relief Funds for Natural Calamities (10000 yuan)	10356	8456	35257	97337	33488
社会福利	**Social Welfare**					
社会福利收养性事业单位数 (个)	Number of Social Welfare Institutions (unit)	1887	2086	2070	2023	2290
#国家办	Run by State	70	97	162	206	196
集体办	Run by Collective Units	1817	1989	1908	1817	2094
社会福利收养性事业单位收养人数 (人)	Number of People Taken In by Social Welfare Institutions (person)	37364	51085	63256	59385	78620
#国家办	Run by Civil Administration Departments	6437	10660	53093	18385	18597
集体办	Run by Collective Units	30927	40425	10163	41000	60023
社会福利企业单位 (个)	Number of Social Welfare Enterprises (unit)	4440	517	251	195	152
安排"四残"人员就业数 (人)	Number of "Four Kinds of Disabled Persons" Arranged for Employment (person)	20365	8165	6266	4764	4568
#国家办	By State-run Units	5025	1891	2008		
集体办	By Collective-run Units	15340	6274	4258		
城乡基层社会保障	**Urban and Rural Social Security**					
农村建立社会保障网络乡镇数 (个)	Number of Townships with Rural Social Security Network (unit)	1223	1536	1156	1148	1148
城镇社区服务设施数 (个)	Number of Urban Community Service Facilities(unit)	2505	4983	9044	8862	5911
#社区服务中心数	Community Service Centers		787	665	754	750

19-10 婚姻登记情况

Statistics on Marriage Registration

项　目	Item	1995	2000	2005	2006	2007
国内结婚登记	**Domestic Marriage Registration**					
准予登记结婚　(对)	Registered Marriages　(couple)	583852	550388	578503	738546	739536
#恢复结婚	Resumption of Marriages	753	1515	3421	5238	5634
初婚人数　(人)	Number of First Marriages　(person)	1143110	1058051	1115700	1121965	1404242
再婚人数　(人)	Number of Remarriages　(person)	24594	42725	63116	84199	94828
男性	Male	13682	25251	37314	49863	55880
女性	Female	10912	17474	25802	34336	38948
涉外结婚登记	**Marriage Registration with Foreigners, Overseas Chinese and Citizens of Hong Kong, Macao and Taiwan**					
准予登记结婚　(对)	Registered Marriages　(couple)	12837	11730	10905	14536	9999
准予登记结婚人数(人)	Number of Persons Registered　(person)	25674	23460	21810	29072	19998
国内公民	Domestic Citizens	12837	11608	10901	14531	9988
男性	Male	1272	1932	4851	5312	2520
女性	Female	11565	9676	6050	9219	7468
港澳同胞	Compatriots from Hong Kong and Macao	8060	5247	4698	8019	3713
台湾同胞	Compatriots from Taiwan	652	1409	1172	1079	1122
华侨	Overseas Chinese	2032	1848	1584	1669	1521
外国人	Foreigners	2093	3348	3455	3774	3654
离婚	**Divorce**					
离婚总数　(对)	Total Number of Registered Divorces　(couple)	34175	47521	80873	89437	94653
民政部门办理离婚	Divorces Handled through Civil Administration Departments	13181	19786	58589	65739	71669
#涉外、华侨、港澳台婚姻	Divorces from Foreigners, Overseas Chinese and Citizens of Hong Kong, Macao and Taiwan	299	249	1165	1052	941
法院调解离婚	Divorces through Law Court Mediation	13101	15973	11834	12867	22984
法院判决离婚	Divorces through Law Court Judgment	7893	11762	10450	10831	22984

19-11 环境保护基本情况

Basic Statistics on Environmental Protection

项目	Item	2000	2005	2006	2007
水环境	**Water Environment**				
降水量 (毫米)	Precipitation (mm)		1765.7	2110.2	1569.0
水资源总量 (亿立方米)	Gross Amount of Water Resource (100 million cu.m)		1747.49	2216.2	1581.14
人均水资源量 (立方米/人)	Per Capita Amount of Water Resource (cu.m/person)		1900.69	2382.00	1686.00
用水总量 (亿立方米)	Total Water Consumption (100 million cu.m)		458.95	459.4	462.51
#农业用水	Agriculture		236.67	232.41	230.21
工业用水	Industry		133.89	135.61	141.07
生活用水	Living		83.5	86.86	85.17
生态用水	Ecology		4.89	4.52	6.06
万元GDP用水量(立方米/万元)	Water Consumption per 10000 Yuan of GDP (cu.m/10000 yuan)		205.19	175.00	151.00
万元工业增加值用水量 (立方米/万元)	Water Consumption per 10000 Yuan of Value-added of Industry (cu.m/10000 yuan)		127.73	108.00	95.00
废水排放总量 (万吨)	Total Volume of Waste Water Discharged (10000 tons)	447543	638403	654419	690887
#生活污水	Living Waste Water	333488	406835	419706	444556
工业废水	Industrial Waste Water	114055	231568	234713	246331
废水中COD排放量 (万吨)	Volume of COD Discharged from Waste Water (10000 tons)	95.1	105.8	104.9	101.7
废水中氨氮排放量 (万吨)	Volume of Ammonia and Nitrogen Discharged from Waste Water (10000 tons)		10.0	9.3	12
城镇生活污水处理率 (%)	Percentage of Treatment of Urban Living Waste Water (%)		40.2	45.3	50.2
工业废水排放达标率 (%)	Percentage of Industrial Waste Water up to the Discharge Standards (%)	81.8	83.9	84.9	86.1
大气环境	**Atmospheric Environment**				
工业废气排放总量 (亿标立米)	Total Volume of Industrial Waste Gas Emission (100 million cu.m)	8326	13447	13584	16939
燃烧废气	From the Burning Process of Fuels	5169	9213	9725	11682
工艺废气	From the Process of Production	3157	4234	3858	5257
二氧化硫排放总量 (万吨)	Total Volume of Industrial Sulfur Dioxide Emission (10000 tons)	90.5	129.4	126.7	120.3
#工业二氧化硫 (万吨)	Volume of Industrial Sulfur Dioxide Emission (10000 tons)	88.2	127.4	124.7	117.6
工业二氧化硫去除量 (万吨)	Volume of Industrial Sulfur Dioxide Removed(10000 tons)	15.2	25.5	68.8	115.9
工业二氧化硫排放达标率(%)	Percentage of Industrial Sulfur Dioxide up to the Discharge Standards (%)		77.8	76.8	84.9
工业烟尘排放量 (万吨)	Volume of Industrial Soot Emission (10000 tons)	26.5	27.1	27.3	27.3
工业烟尘去除量 (万吨)	Volume of Industrial Soot Removed (10000 tons)	570.4	727.0	825.3	878.0
工业烟尘去除率 (%)	Percentage of Industrial Soot Removed (%)	97.4	96.4	96.4	97.0
工业烟尘排放达标率 (%)	Percentage of Industrial Soot Emission up to the Discharge Standards (%)		76.9	76.8	86.5
工业粉尘去除量 (万吨)	Volume of Industrial Dust Removed (10000 tons)	251.8	242.6	239.0	264.7
工业粉尘排放量 (万吨)	Volume of Industrial Dust Emission (10000 tons)	59.1	32.1	27.8	22.9
工业粉尘排放达标率 (%)	Percentage of Industrial Dust Emission up to the Discharge Standards (%)		71.3	84.1	86.5
工业粉尘去除率 (%)	Percentage of Industrial Dust Removed (%)	89.0	88.3	89.5	94.1
空气质量达二级标准城市数(个)	Number of Cities Meeting Grade Ⅱ Air Quality Standard		21	21	21
生态环境	**Ecological Environment**				
人均耕地面积 (亩)	Per Capita Area of Cultivated Land (mu)		0.48	0.46	0.45
水土流失治理面积 (千公顷)	Area of Soil Erosion under Control (1000 hectares)		39.9	42.1	40.3
森林面积 (万公顷)	Forest Area (10000 hectares)		921.2	927.4	935.16

注：2006年降水量、水资源总量、人均水资源量和用水情况数字进行了重新修订。

Note: Data of precipitation, gross amount of water resource, per capita amount of water resource and water consumption in 2006 are adjusted.

19-11 续表 1 continued

项 目	Item	2000	2005	2006	2007
森林覆盖率 (%)	Forest Coverage Rate (%)		55.5	55.9	56.3
人均森林面积 (公顷)	Per Capita Forest Area (hectare)		0.1	0.09	0.10
活立木蓄积量 (万立方米)	Volume of Standing Forest Stock (10000 cu.m)		36459	38154	40320.10
森林蓄积量 (万立方米)	Stock Volume of Forest (10000 cu.m)		34469	36809.6	38705.80
当年营造林面积 (万公顷)	Afforested Area in Current Year (10000 hectares)		1.95	0.74	0.61
自然保护区数 (个)	Number of Natural Reserves (unit)	153	293	306	343
自然保护区面积 (万公顷)	Area of Natural Reserves (10000 hectares)	299.5	333.7	342.2	346.70
城市环境	**Urban Environment**				
城市面积 (平方公里)	Urban Area (sq.km)		26645.48	22082.39	19215.10
#建成区面积	Built-up Area		3619.05	4163.28	4083.97
城市建设用地面积 (平方公里)	Area of City Land Used for Construction (sq.km)		3080.17	3507.09	3530.10
城市供水总量 (万立方米)	Total Volume of Water Supply in Urban Areas (10000 cu.m)		738573.00	752024.00	822172.02
#生活用水量	Domestic Water Consumption		410932.00	371416.00	377724.54
城市用水普及率 (%)	Popularization Rate of Tap Water in Urban Areas (%)		98.80	98.06	84.92
城市污水排放量 (万吨)	Volume of Municipal Sewage Discharge (10000 tons)		460562	525979	508153
城市污水处理量 (万吨)	Volume of Municipal Sewage Disposal (10000 tons)		207403	237456	284412
城市污水处理率 (%)	Rate of Municipal Sewage Disposal (%)		45.03	45.10	41.45
城市生活垃圾清运量 (万吨)	Transportation Amount of Urban Domestic Waste (10000 tons)		1722.60	1648.20	1835.74
城市生活垃圾无害化处理量 (万吨)	Volume of Harmless Disposal of Urban Domestic Waste (10000 tons)		871.60	910.70	1154.17
城市生活垃圾无害化处理率 (%)	Rate of Harmless Disposal of Urban Domestic Waste (%)		50.60	55.25	62.87
城市燃气普及率 (%)	Popularization Rate of Gas in Urban Areas (%)		95.42	91.17	78.96
城市人均公园绿地面积(平方米)	Per Capita Urban Public Green Area (sq.m)		11.00	11.55	9.22
建成区绿化覆盖率 (%)	Green Coverage Rate in Built-up Areas (%)		33.46	36.84	40.52
农村环境	**Rural Environment**				
农村改水受益率 (%)	Percentage of Population Benefiting from Water Improvement (%)		98.60	98.06	98.32
农村自来水普及率 (%)	Popularization Rate of Tap Water in Rural Areas (%)		75.02	75.94	77.51
农村卫生厕所普及率 (%)	Popularization Rate of Sanitary Toilets in Rural Areas (%)		75.00	76.17	78.26
无害化卫生厕所普及率 (%)	Popularization Rate of Harmless Sanitary Toilets (%)			65.28	68.45
农村沼气池产气总量 (万立方米)	Total Output of Biogas from Rural Biogas Pools (10000 cu.m)		9415.00	11635.00	14866.13
自然灾害	**Natural Disasters**				
发生地质灾害起数 (起)	Number of Geological Disasters (unit)		155	8688	143
地质灾害直接经济损失 (万元)	Direct Economic Loss due to Geological Disasters (10000 yuan)		58747.15	70744.55	10812.80
海洋灾害发生次数 (次)	Number of Marine Disasters (time)		16	27	18
海洋灾害直接经济损失 (万元)	Direct Economic Loss due to Marine Disasters (10000 yuan)		7.94	83.05	241829
森林火灾次数 (次)	Number of Forest Fires (time)		212	128	124
突发环境事件 (次)	Emergent Environment Cases (time)		31	20	0

注：从2007年起，城市环境所有指标统计范围为县级以上市，不包括不设市和县城。
Note: Since 2007, the statistical coverage of urban environment refers to the county-level cities, excluding counties.

19-11 续表 2 continued

项　目	Item	2000	2005	2006	2007
突发环境事件直接经济损失 (万元)	Direct Economic Loss due to Emergent Environmental Destruction Accidents Pollution and (10000 yuan)		6128.10	83.50	0
工业固体废物	**Industrial Solid Wastes**				
固体废物产生量 (万吨)	Volume of Industrial Solid Wastes Produced (10000 tons)	1694.3	2896.2	3057.0	3852.4
固体废物排放量 (万吨)	Volume of Industrial Solid Wastes Discharged (10000 tons)	11.7	13.9	13.6	11.5
固体废物贮存量 (万吨)	Volume of Industrial Solid Wastes Accumulated(10000 tons)	360.4	376.7	171.5	168
固体废物综合利用率 (%)	Percentage of Wastes Utilized in a Comprehensive Way (%)	68.5	76.7	84.3	84.2
工业"三废"综合利用	**Comprehensive Utilization of Industrial Waste Water, Waste Gas and Solid Wastes**				
综合利用产品产值 (万元)	Output Value of Products Created from Comprehensive Utilization of Waste Gas, Waste Water and Solid Wastes (10000 yuan)	161400	365616	433237	497619
工业"三废"治理设施	**Facilities for Treatment of Industrial Waste Water, Waste Gas and Solid Wastes**				
工业废水处理设施总数 (套)	Number of Facilities for Treatment of Waste Water (set)	7273	5971	6486	9313
工业废气治理设施总数 (套)	Number of Facilities for Treatment of Waste Gas (set)	10901	7872	9106	11966
企事业单位污染治理	**Pollution Treated by Enterprises and Institutions**				
污染治理资金 (万元)	Funds for Pollution Treatment (10000 yuan)	167707	370384	313708	433128
其他资金	Other Funds	152190	362356	313708	433128
当年安排治理项目 (个)	Number of Projects for Pollution Treatment in Current Year (unit)	2543	1327	1333	1383
当年竣工项目数 (个)	Number of Projects Completed in Current Year (unit)	1438	1071	1223	1273
环境管理	**Environmental Management**				
环保投资占GDP比重 (%)	Percentage of Investment in Environmental Protection in GDP (%)	2.0	2.5	2.5	2.7
当年制定环保法规及标准 (件)	Number of Environment Protection Laws, Regulations, Standards Drawn up in Current Year (item)	4	1	5	4
当年排污收费总额 (万元)	Total Fees for Discharging Waste in Current Year (10000 yuan)	60191	98077	109567	96126
环境影响评价制度执行率 (%)	Percentage of Implementation of the Evaluation Program on Impact of Projects in Question against Environment (%)	98.9	99.8	95.9	99.6
当年"三同时"执行合格率(%)	Pass Rate of Design, Construction and Operation of Environment Protection Facilities Synchronous with Project Construction in Current Year (%)		95.5	94.4	91.7
环保系统自身建设情况	**Statistics on Environmental Protection Agencies**				
年末机构数 (个)	Number of Agencies at the Year-end (unit)	1006	1024	991	1011
环境监测站数 (个)	Number of Environmental Monitoring Stations (unit)	121	120	120	120
年末实有人数 (人)	Number of Personnel at the Year-end (person)	6313	9748	9682	9664

注：2007年环境污染与破坏事故指标改为突发环境事件。

Note: In 2007, data of environmental pollution and destruction refer to emergent environmental pollution and destruction accidents.

19-12 各市“三废”排放及治理情况（2007年）

Statistics on Discharge and Treatment of Waste Water, Waste Gas and Solid Wastes by City (2007)

市 别	City	废水排放总量(万吨) Total Volume of Waste Water Discharged (10000 tons)	#工业废水 Industrial Waste Water	工业废水达标率(%) Percentage of Industrial Waste Water up to the Discharge Standards (%)	工业废气排放总量(亿标立米) Total Volume of Industrial Waste Gas Emission (100 million cu.m)	#燃烧废气 From the Burning Process of Fuel	工业烟尘排放量(万吨) Volume of Industrial Soot Emission (10000 tons)	工业烟尘去除率(%) Percentage of Industrial Soot Removed (%)
广 州	Guangzhou	111423.6	21035.7	95.5	1994.2	1634.7	1.6	99.0
深 圳	Shenzhen	80267.9	9198.7	96.3	1901.3	1497.8	0.3	99.5
珠 海	Zhuhai	18111.7	6528.2	83.7	966.6	668.1	1.0	98.4
汕 头	Shantou	20762.3	5219.1	92.4	343.3	299.9	0.7	98.2
佛 山	Foshan	67169.9	28384.7	93.8	1699.1	1105.1	3.0	96.2
韶 关	Shaoguan	18537.3	10737.4	85.1	807.7	522.8	1.1	99.2
河 源	Heyuan	9970.2	3096.5	79.4	190.1	97.0	1.3	53.9
梅 州	Meizhou	11553.6	4834.9	70.6	1088.8	481.3	1.6	96.4
惠 州	Huizhou	26974.0	8727.3	93.0	743.1	302.3	0.3	84.0
汕 尾	Shanwei	12907.5	4233.9	68.7	7.4	3.2	0.1	9.5
东 莞	Dongguan	113352.3	65174.6	96.7	2199.1	2101.0	2.9	96.8
中 山	Zhongshan	29020.2	12908.1	95.3	386.0	360.3	1.1	68.9
江 门	Jiangmen	32643.6	14306.0	89.6	1148.7	796.4	3.0	96.9
阳 江	Yangjiang	8498.6	2178.5	82.4	145.1	17.9	0.8	49.8
湛 江	Zhanjiang	23954.3	5897.9	73.4	145.6	103.9	1.5	85.1
茂 名	Maoming	16188.0	7063.2	73.6	693.2	450.4	2.4	94.5
肇 庆	Zhaoqing	19199.0	10479.6	94.5	526.0	179.1	1.9	75.6
清 远	Qingyuan	15752.9	5308.4	63.8	1156.3	435.4	0.8	97.9
潮 州	Chaozhou	15003.2	3307.9	61.1	241.4	222.1	0.4	84.7
揭 阳	Jieyang	19340.5	4356.9	63.5	214.3	197.7	0.9	93.3
云 浮	Yunfu	10256.5	3353.6	76.3	341.2	205.4	0.7	90.8

19-12 续表 continued

市 别	City	工业烟尘排放达标率(%) Percentage of Industrial Soot Emission up to the Discharge Standards (%)	工业粉尘排放量(吨) Volume of Industrial Dust Emission (ton)	工业粉尘去除率(%) Percentage of Industrial Dust Removed (%)	工业粉尘排放达标率(%) Percentage of Industrial Dust Emission up to the Discharge Standards (%)	工业固体废物产生量(万吨) Volume of Industrial Solid Wastes Produced (10000 tons)	工业固体废物排放量(万吨) Volume of Industrial Solid Wastes Discharged (10000 tons)	工业固体废物利用率(%) Percentage of Wastes Utilized (%)	工业固体废物处置率(%) Percentage of Wastes Treated (%)
广 州	Guangzhou	74.3	1433.5	99.4	97.8	610.1	0.2	91.0	6.4
深 圳	Shenzhen	99.8	109.0	86.6	90.8	122.3	0.1	80.7	17.9
珠 海	Zhuhai	99.7	2014.3	92.8	99.9	204.8	0.2	97.5	2.4
汕 头	Shantou	97.7	32.1	95.6	100.0	63.8	0.1	99.1	0.9
佛 山	Foshan	95.0	8184.6	96.8	93.3	279.0	2.9	98.3	0.6
韶 关	Shaoguan	79.2	7507.5	98.8	75.8	665.5	2.4	66.9	18.9
河 源	Heyuan	69.4	7377.6	78.7	61.1	72.4	0.8	97.3	1.6
梅 州	Meizhou	74.1	66000.0	87.7	88.4	294.9	1.2	73.7	26.2
惠 州	Huizhou	99.9	12497.7	99.2	100.0	23.7	0.1	68.5	31.1
汕 尾	Shanwei	55.1	1.0			36.7	0.5	79.9	18.6
东 莞	Dongguan	99.9	1.6	99.9	100.0	207.0	0.1	91.4	7.8
中 山	Zhongshan	99.9	21.1	95.1	99.5	63.7	0.5	85.3	14.3
江 门	Jiangmen	95.8	18700.9	51.6	87.3	236.3	0.1	98.0	2.0
阳 江	Yangjiang	91.9	7626.2	46.0	82.1	52.4	0.4	99.3	
湛 江	Zhanjiang	80.4	10831.9	75.0	72.8	180.8	1.3	92.0	7.3
茂 名	Maoming	83.2	46306.4	29.5	83.5	130.5	0.1	94.9	4.4
肇 庆	Zhaoqing	94.4	24288.9	78.8	92.7	90.9	0.1	51.0	48.8
清 远	Qingyuan	77.5	9911.8	94.6	87.5	140.6	0.2	72.0	19.6
潮 州	Chaozhou	96.3	77.9	70.9	99.3	56.6	0.3	85.4	14.1
揭 阳	Jieyang	94.9	14.5	64.9	96.1	48.8	0.2	98.6	0.9
云 浮	Yunfu	78.0	6535.4	89.9	90.3	271.9	0.1	83.5	15.8

19-13 律师、公证、基层司法及法学教育基本情况

Basic Statistics on Lawyers, Notarization, Grassroots Judicial Work and Law Education

项 目	Item	1995	2000	2005	2006	2007
律师工作	**Lawyers**					
律师事务所 (个)	Number of Law Offices (unit)	564	822	1107	1155	1246
执业律师 (人)	Number of Full-time Lawyers (person)	5692	7292	12020	14055	15136
担任常年法律顾问(家)	Number of Units as Permanent Legal Advisors(unit)	16414	15759	19157	21885	27822
民事代理 (件)	Agent of Civil Cases (case)	17460	29769	68621	88050	92665
非诉讼法律事务 (件)	Agent of Non-litigious Legal Affairs (case)	33579	50795	183082	126200	137208
刑事辩护 (件)	Defender of Criminal Cases (case)	8755	13364	23409	24456	19507
涉外法律事务 (件)	Agent of Foreign-related Legal Affairs (case)	4515	6541	13907	22990	
#涉外及港澳台经济法律事务	Agent of Foreign-related and Hong Kong, Macao and Taiwan Related Economic Legal Affairs	312	725	2640	6616	
解答法律询问 (件)	Agent of Legal Advisory Services (case)	74691	101104	197069	195125	293507
公证工作	**Notarization**					
公证处 (个)	Number of Notary Offices (unit)	142	146	145	145	143
公证人员 (人)	Number of Notarial Personnel (person)	1210	1380	1527	1740	1549
办结公证总数 (件)	Number of Notarized Documents (case)	705022	1189475	2017640	1291332	1231125
#国内民事公证	Domestic Civil Case Notarization	209053	326921	336540	428140	480238
国内经济公证	Domestic Economic Notarization	192569	373505	291932	363587	329402
涉外及港澳台民事经济公证	Foreign-related and Hong Kong, Macao and Taiwan Related Civil Economic Notarization	303400	489049	1389168	499605	421485
协助调入非贸易外汇 (万元)	Assisting in Inward Transfer of Non-trade Foreign Exchange (10000 yuan)	12834	5599			
基层司法工作	**Grassroots Judicial Work**					
法律服务所 (个)	Number of Law Service Offices (unit)	1899	1916	1357	1329	1305
法律服务所人员 (人)	Number of Personnel Working in Law Service Offices (person)	5974	5992	3869	3596	3261
担任法律顾问 (家)	Number of Units with Legal Advisors	30292	28723	17694	17846	18181
民事诉讼代理 (件)	Agent of Civil Cases (case)	12444	16668	11793	11821	9979
非诉讼代理 (件)	Agent of Non-litigious Legal Affairs (case)	80212	66132	30694	25713	43122
避免、挽回经济损失 (万元)	Avoiding and Retrieving Economic Losses (10000 yuan)	106835	139935	69136	67417	62317
人民调解委员会 (个)	Number of People's Mediation Committees (unit)	31811	29548	28923	29526	33518
调解人员 (人)	Number of Mediators (person)	285288	250117	163459	174646	196028
调解纠纷总数 (件)	Number of Disputes Mediated (case)	170165	136598	169991	206008	220732
法学教育 (人)	**Law Education (person)**					
普通成人高等法学教育	Regular Higher Law Education for Adults					
招生数	Number of New Enrollments	4698	5184	1860	1196	396
在校生数	Number of Students Enrolled	11445	12442	4623	3158	1115
毕业生数	Number of Graduates	1306	1350	1271	667	671
普通成人中等法学教育	Regular Secondary Law Education for Adults					
招生数	Number of New Enrollments	2110	1940	2083	809	
在校生数	Number of Students Enrolled	5127	5691	6227	2801	
毕业生数	Number of Graduates	1054	1780	2043	1092	

19-14 交通事故发生情况（2007年）

Statistics on Traffic Accidents (2007)

项 目	Item	合计 Total	按道路横断面位置分 By Cross-section Location of Roads				按事故发生道路类型分 By Type of Roads Where Accidents Occurs			
			机动车道 Roads for Motored Vehicles	非机动车道 Roads for Non-motored Vehicles	混合道 Mixed Roads	其他道 Others	高速公路 Express Highways	等级公路 Classified Highways	城市道路 Urban Roads	其他路 Others
发生 (起)	Number of Traffic Accidents (case)	46558	34024	1408	9291	1835	1344	20244	18787	6183
死亡 (人)	Number of Deaths (person)	7994	6132	236	1281	345	642	4325	2361	666
受伤 (人)	Number of Injuries (person)	55565	40305	1681	11658	1921	1694	24610	21948	7313
损失折款(万元)	Losses Converted into Cash (10000 yuan)	12075	10197	180	1262	436	3442	3986	3981	667
平均每起事故损失 (元)	Average Loss per Traffic Accident (yuan)	2594	2997	1279	1359	2376	25611	1969	2119	1079

注：1．等级公路分为一至四级公路和等外公路；
2．城市道路包括城市快速路和一般城市道路；
3．其他路包括单位小区自建路、公共停车场、公共广场、乡道、村道、田间地头、农垦区等区域。

Notes: a) Classified highways refer to highways of Class I to IV and Unclassified Highway.
b) Urban roads include express roads and normal roads in urban areas.
c) Other roads include roads within residential neighborhoods, public parking lots, squares, country roads, village roads, farm roads and reclaimed areas.

19-15 火灾事故发生情况（2007年）

Statistics on Fire Accidents (2007)

项 目	Item	合计 Total	特大 Extraordinarily Serious Accidents	重大 Serious Accidents	较大 Relatively Serious Accidents	一般 Ordinary Accidents
发生 (起)	Number of Traffic Accidents (case)	6168		3	10	6155
死亡 (人)	Number of Deaths (person)	194		33	42	119
受伤 (人)	Number of Injuries (person)	130		18	4	108
损失折款 (万元)	Losses Converted into Cash (10000 yuan)	9027		623	142	8262
平均每起事故损失(元)	Average Loss per Traffic Accident (yuan)	14635		2076667	142100	13423

19-16 各市亿元生产总值生产安全事故死亡率（2000-2007年）
Rate of Death from Work Safety Accidents per 100 Million Yuan of Gross Domestic Product by City (2000-2007)

单位：% (%)

市别	City	2000	2001	2002	2003	2004	2005	2006	2007
全省	**Provincial Rate**	**1.08**	**1.00**	**0.98**	**0.80**	**0.64**	**0.51**	**0.38**	**0.29**
广州	Guangzhou	0.77	0.71	0.74	0.57	0.46	0.37	0.27	0.22
深圳	Shenzhen	0.32	0.33	0.42	0.36	0.27	0.23	0.18	0.14
珠海	Zhuhai	0.56	0.53	0.44	0.40	0.32	0.33	0.23	0.17
汕头	Shantou		0.73	0.67	0.64	0.56	0.53	0.41	0.31
佛山	Foshan	1.15	0.86	0.87	0.70	0.53	0.42	0.32	0.25
韶关	Shaoguan			2.01	1.80	1.67	1.18	0.85	0.59
河源	Heyuan		3.20	2.90	1.90	1.40	0.90	0.60	0.42
梅州	Meizhou			2.34	2.01	1.45	1.58	0.81	0.57
惠州	Huizhou	1.51	1.42	1.60	1.37	1.12	0.91	0.68	0.50
汕尾	Shanwei	2.01	1.96	1.86	1.65	1.39	1.15	0.86	0.64
东莞	Dongguan	1.21	1.15	1.12	0.81	0.57	0.44	0.31	0.23
中山	Zhongshan	1.64	1.36	1.18	1.00	0.75	0.60	0.44	0.34
江门	Jiangmen	1.46	1.29	1.30	1.14	0.92	0.74	0.57	0.43
阳江	Yangjiang	1.82	1.81	1.83	1.53	1.21	0.87	0.76	0.57
湛江	Zhanjiang	0.86	0.77	0.87	0.69	0.59	0.43	0.33	0.29
茂名	Maoming		0.86	0.89	0.69	0.60	0.48	0.37	0.30
肇庆	Zhaoqing	1.91	1.77	1.52	1.25	1.05	0.80	0.63	0.47
清远	Qingyuan			2.68	2.26	1.74	1.19	0.78	0.45
潮州	Chaozhou	0.98	1.04	0.95	0.76	0.61	0.56	0.37	0.30
揭阳	Jieyang	1.27	1.18	1.15	1.08	0.97	0.79	0.65	0.46
云浮	Yunfu	1.38	1.43	1.48	1.60	1.86	2.14	2.45	0.58

注：2005、2006、2007年全省生产安全事故包括铁路路外、水上交通及渔业船舶死亡人数。

Note: Work safery accidents of 2005、2006 and 2007 in Guangdong include the number of deaths related to railway accidents、water traffic and fishing vessels.

主要统计指标解释

卫生技术人员 指卫生事业机构支付工资的全部固定职工和合同制职工，现任职务为卫生技术工作的专业人员。包括中医师、西医师、中西医结合高级医师、护师、中药师、西药师、检验师、其他技师、中医士、西医士、护士、助产士、中药剂士、西药剂士、检验士、其他技士、其他中医、护理员、中药剂员、西药剂员、检验员，其他初级卫生技术人员。

医生 指经卫生部门审查合格，具有执业资格的医疗专业人员。

社会福利事业单位指集中收养社会孤、老、残、幼的机构，包括由民政部门管理的社会福利院、儿童福利院、精神病人福利院和城镇集体办的福利院、以及农村集体举办的敬老院。

社会福利事业单位收养人数 包括民政部门管理的和城镇及农村集体举办的社会福利事业单位中收养的老人、少年儿童、缺乏生活自理能力的残疾人员和精神病人。

律师 指受聘参加法律顾问处工作，提任法律顾问、刑（民）事代理人、刑事辩护人，办理非诉讼事件、解答法律询问，代写法律事务文书等主要从事律师事务的司法人员。

公证人员 指在国家公证机关依法办理公证事务的司法人员。包括公证员、助理公证员和在公证处工作的其他人员。

办理公证文书 指公证处在一定时期内办结的公证文书件数。公证文书是按司法部规定或批准的格式制作。包括国内公证和涉外公证两部分。其中国内公证分为经济合同公证和民事法律关系公证两大类。

调解人员 在人民调解委员会担负调解民间一般民事纠纷和轻微违法行为所引起的纠纷的工作人员。包括调解委员会的委员和调解小组的调解员。

调解民间纠纷 指调解委员会依照法律规定，根据自愿原则，用说服教育的方法调解民间发生的有关民事权利和义务的争执，促成当事双方达到协议和谅解，解决纠纷。包括婚烟家庭纠纷，财产权益纠纷等，不包括法院受理调解的民事案件数。

废水排放总量 包括生产废水和生活污水。生产废水指企、事业单位在生产、科研过程中所有排放口向外环境排放的废水量总和。生活污水指城镇居民区和企、事业单位职工集中居住区排放的污水量。

工业废水排放总量 指经过工业企业厂区所有排放口排到企业外部的工业废水量。包括外排的直接冷却水、超标排放的矿井地下水和与工业废水混排的厂区生活污水，不包括外排的间接冷却水（清污不分流的间接冷却水应计算在内)。

废气排放总量 指燃料燃烧和生产工艺过程中排放的各种废气总量,以标准状态下每年万标立方米表示。

燃料燃烧过程废气排放量 指燃煤、燃油、燃气锅炉、锻造加热炉、退火炉和其它工业炉窑在燃烧过程(燃料和物料不混合的纯加热过程)中所排废气的总量。它可以根据烟气计算公式或经验计算公式求得。

工业粉尘排放量 指工业企业在生产工艺过程中排入的固体微粒总重量。如钢铁企业的耐 火材料粉尘、焦化企业的筛焦系统粉尘、烧结机的粉尘、石灰窑的粉尘、建材企业的水泥粉尘等。不包括电厂排入大气的烟尘。

工业固体废物产生量 指工业企业在生产过程中产生的固体状、半固体状和高浓度液体状废弃物的总量，包括冶炼废渣、粉煤灰、炉渣、煤矸石、化工废渣、尾矿、放射性废渣和其它废渣等；不包括矿山开采的剥离废石和掘进废石（煤矸石和呈酸性或碱性的废石除外)。酸性或碱性废石是指采掘的废石其流经水、雨淋水 PH 值小于 4 或 PH 值大于 10. 5 者。

工业固体废物综合利用量 指已用作农业肥料、造田、生产建筑材料、筑路以及其它方式综合利用的固体废物量（包括当年利用往年的工业固体废物堆存量）。综合利用量由原产固体废物的单位统计。

“三废”综合利用产品产值 指工业企业回收利用“三废”作为主要原料生产的产品值。按国发(1985)117号文规定执行。

亿元生产总值生产安全事故死亡率 指一定时期内，每生产亿元生产总值，因各类生产安全事故造成的死亡人数。

Explanatory Notes on Main Statistical Indicators

Medical Technical Personnel refer to all permanent and contract medical staff and workers employed by medical institutions, including doctors of Chinese and Western medicine, senior doctors who integrate traditional Chinese therapeutics with Western therapeutics in practice, senior nurses, pharmacists of Chinese and Western medicine, laboratory specialists, other specialists, paramedics of Chinese and Western medicine, nurses, midwives, druggists in Chinese and Western medicine, laboratory technicians, other technicians, other practitioners of Chinese medicine, nursing attendants, pharmacological workers of Chinese and Western medicine, laboratory workers, and other primary medical personnel.

Doctors refer to qualified medical professionals approved to practice by public health departments.

Social Welfare Institutions refer to institutions taking care of old people without children, senile citizens, handicapped people and orphans They include social welfare institutions, children's welfare institutions, and social welfare institutions for mental patients run by civil affairs departments, welfare institutions run by collective units in urban areas, and old people's homes run by collective units in rural areas.

Number of People Taken in by Social Welfare Institutions refers to the number of old people, children, totally dependent handicapped people and mental patients taken in by social welfare institutions run by civil affairs departments and those run by collective units in urban and rural areas.

Lawyers refer to legal workers who are employed by legal counseling firms to act as legal advisers, agents in criminal or civil lawsuits, or defenders in criminal lawsuits, or to handle non litigious legal affairs, to advise on matters of law or to write legal papers for others.

Notary Personnel refer to judicial workers of the state notary offices handling notarization work according to law They include notaries, assistant notaries, and other people working for notary offices.

Notarized Documents refer to documents settled by notary offices in a year The notarial documents are drawn up in formats stipulated or approved by the Ministry of Justice, including domestic documents and foreign-re-lated documents Domestic documents are divided into two major categories: documents on economic contracts and documents on civil legal relations.

Mediators refer to workers on people's mediation committees responsible for mediating in civil disputes and cases of slight infraction of the law They include members of the mediation committees and mediators of mediation groups.

Mediation of Civil Disputes refers to mediation committees' work in mediating in civil disputes concerning civil rights and duties through persuasion and education in accordance with the provisions of law on a voluntary basis, so as to solve disputes by helping the parties involved come to an agreement and understanding These disputes include divorce cases and disputes over property ownership, but exclude the civil cases to be handled by the court.

Total Volume of Waste Water Discharged includes the volume of production waste water and domestic sewage Production waste water refers to the total waste water discharged in the process of production and scientific research by enterprises and institutions, through all outlets to the outside environment Domestic sewage refers to the sewage volume discharged in the urban residential areas and the residential areas of staff and workers of enterprises and institutions.

Total Volume of Industrial Waste Water Discharged refers to the volume of industrial waste water discharged, through all outlets to the outside of industrial enterprises, including direct cooling water, underground water from mines that does not meet the discharge standards, and domestic sewage mixed up with industrial waste water when discharged, but excluding indirect cooling water discharged (except unclassified discharge of indirect cooling water).

Total Volume of Waste Gas Emission refers to waste gas emitted from burning of fuels and from the production process, and is measured by 10, 000 standard cubic meters each year under normal condition.

Volume of Waste Gas Emission from Burning of Fuels refers to the total volume of waste gas emitted from burning of fuels (the pure heating process not mixed with materials), such as burning of coal, burning of oil, gas fired boiler, forging furnace, annealing furnace and other industrial furnaces It can be calculated with the gas smoke formula or an empirical formula.

Industrial Dust Discharged refers to the total weight of solid dust discharged by industrial enterprises in the production process, such as dust of refractory materials from iron plants, dust from coke screening system or from sintering machines of coking plants, dust from lime kilns, cement dust from building material enterprises, etc, but excluding smoke and dust discharged by power plants.

Volume of Industrial Solid Wastes Produced refers to the total volume of solid, semi solid or high concentration liquid residues produced by industrial enterprises in their production process, including residues from melting, slag, powdered coal ash, gangue, chemical residues, tailings, radioactive residues and other residues, but excluding stripped or dug stones in mining (except gangue and acid or alkali waste stones, which are waste stones washed or soaked by water with a PH value smaller than 4 or larger than 10. 5).

Volume of Industrial Solid Wastes Utilized in a Comprehensive Way refers to the volume of solid wastes utilized in a comprehensive way, such as the solid wastes utilized as fertilizers, building materials, for building up fields and making roads or for other purposes (including the volume of industrial solid wastes stored up in previous years and utilized in the current year). Statistical data on utilization of industrial solid wastes are collected by solid wastes producing units.

Output Value of Products Created from Utilization of Waste Gas, Waste Water and Industrial Solid Wastes refers to the value of products created by industrial enterprises using recovered waste water, waste gas or solid wastes as main raw materials, in accordance with Guo Fa No (1985)117 Document.

Rate of Death from Work Safety Accidents per 100 Million Yuan of Gross Domestic Product refers to the number of deaths due to various work safety accidents in the production process of every 100 million yuan of gross domestic product within a certain period.

二十、区域经济主要指标

MAIN INDICATORS OF REGIONAL ECONOMY

二十 区域经济主要指标

简要说明

一、本篇主要反映广东境内主要区域社会经济发展的基本情况，内容主要包括：珠江三角洲九市、珠江三角洲经济区、广州和深圳、东西两翼、山区县以及少数民族县等经济区域的主要统计指标数据。

二、本篇资料分别由广东省统计局各有关专业处整理提供，综合处负责编辑。

三、本篇资料根据国家统计局制定的各有关专业统计报表制度，由全省 21 个地级市统计局填报汇总而成。

四、本篇各项指标数据为各经济区域汇总数，由于各市生产总值等指标汇总数不等于全省数，因此仅适合反映该地区发展变化情况。

20 Main Indicators of Regional Economy

Brief Introduction

Ⅰ. The data in this chapter mainly reflect the basic conditions of social and economic development of main economic regions in Guangdong, including the main indicators of nine cities in the Pearl River Delta, the Pearl River Delta Economic Zone, Guangzhou and Shenzhen, the East and West Wings, counties in mountainous areas and minority counties.

Ⅱ. The data in this chapter are prepared and provided by the related specialized divisions and compiled by the Division of Comprehensive Statistics of Guangdong Provincial Bureau of Statistics.

Ⅲ. The data in this chapter are tabulated and reported by the 21 prefectural statistical bureaus of Guangdong Province in accordance with the various statistical reporting schemes stipulated by the National Bureau of Statistics.

Ⅳ. The indicators in this chapter are overall figures of various economic regions that only reflect the status of development of the corresponding regions, as the provincial total is not equal to the sum of indicators of various cities, such as gross domestic product.

20-1 区域国民经济主要统计指标（2006-2007年）

Main Economic Indicators of Regional National Economy (2006-2007)

指 标	Item	2006			
		珠江三角洲九市 Nine Cities in the Pearl River Delta	东 翼 East Wing	西 翼 West Wing	山区五市 Five Cities in Mountainous Areas
土地面积 (平方公里)	Land Area (sq.km.)	54744	15676	31742	77051
常用耕地面积 (公顷)	Area of Regularly Cultivated Land (ha.)				
年末常住人口 (万人)	Permanent Population at the Year-end (10000 persons)	4634.07	1594.72	1495.90	1579.31
#城镇人口 (万人)	Urban Population (10000 persons)	3683.19	908.38	585.91	679.72
年末从业人员 (万人)	Employed Persons at the Year-end (10000 persons)	2992.34	694.31	763.71	797.71
地区生产总值 (亿元)	Gross Domestic Product (100 million yuan)	21608.63	1781.24	2028.26	1657.22
第一产业	Primary Industry	567.78	185.98	460.87	311.31
第二产业	Secondary Industry	11110.79	927.79	851.01	764.87
第三产业	Tertiary Industry	9930.06	667.47	716.38	581.04
人均生产总值 (元)	Per Capita GDP (yuan)	47071	11200	13608	10505
地区生产总值指数 (%)	Index of Gross Domestic Product (%)	116.7	113.3	113.5	118.9
第一产业	Primary Industry	102.0	100.4	105.8	104.6
第二产业	Secondary Industry	119.0	118.3	116.0	133.5
第三产业	Tertiary Industry	115.1	111.1	115.9	112.2
人均生产总值指数 (%)	Index of Per Capita Gross Domestic Product (%)	115.2	112.6	112.4	117.9
规模以上工业增加值 (亿元)	Value-added of Industry above Designated Size (100 million yuan)	10188.14	458.15	576.61	557.98
全社会固定资产投资总额 (亿元)	Total Investment in Fixed Assets (100 million yuan)	5964.60	568.24	477.56	864.06
社会消费品零售总额(亿元)	Total Retail Sales of Consumer Goods (100 million yuan)	6747.40	857.13	865.16	648.39
出口总额 (亿美元)	Total Exports (USD 100 million)	2887.45	75.56	25.39	31.08
进口总额 (亿美元)	Total Imports (USD 100 million)	2181.97	33.89	12.31	24.42
实际外商直接投资(亿美元)	Foreign Direct Investment Actually Utilized (USD 100 million)	130.86	4.13	1.89	8.23
地方财政一般预算收入 (亿元)	Local Government Budgetary Revenue (100 million yuan)	1460.77	68.60	66.52	84.58
中外资金融机构本外币储蓄存款 (亿元)	Savings Deposits in Renminbi and Foreign Currencies inAll Financial Institutions(100 million yuan)	18306.14	1706.61	1256.00	1408.42

20-1 续表 continued

指 标	Item	2007 珠江三角洲九市 Nine Cities in the Pearl River Delta	东翼 East Wing	西翼 West Wing	山区五市 Five Cities in Mountainous Areas
土地面积 (平方公里)	Land Area (sq.km.)	54744	15676	31742	77051
常用耕地面积 (公顷)	Area of Regularly Cultivated Land (ha.)				
年末常住人口 (万人)	Permanent Population at the Year-end (10000 persons)	4724.96	1611.96	1521.20	1590.88
#城镇人口 (万人)	Urban Population (10000 persons)	3764.28	917.60	613.14	684.74
年末从业人员 (万人)	Employed Persons at the Year-end (10000 persons)	3102.26	706.82	778.81	812.88
地区生产总值 (亿元)	Gross Domestic Product (100 million yuan)	25606.87	2107.48	2325.02	2075.36
第一产业	Primary Industry	625.40	206.58	501.49	357.22
第二产业	Secondary Industry	13046.80	1123.66	996.10	1025.57
第三产业	Tertiary Industry	11934.67	777.24	827.43	692.57
人均生产总值 (元)	Per Capita GDP (yuan)	54721	13144	15412	13093
地区生产总值指数 (%)	Index of Gross Domestic Product (%)	116.1	115.3	113.2	120.1
第一产业	Primary Industry	100.5	104.0	102.8	104.5
第二产业	Secondary Industry	116.5	118.9	114.5	128.4
第三产业	Tertiary Industry	116.5	113.5	118.4	117.8
人均生产总值指数 (%)	Index of Per Capita Gross Domestic Product (%)	113.9	114.4	111.9	119.6
规模以上工业增加值 (亿元)	Value-added of Industry above Designated Size (100 million yuan)	12019.76	601.40	677.95	805.10
全社会固定资产投资总额 (亿元)	Total Investment in Fixed Assets (100 million yuan)	6909.74	705.79	508.70	1187.27
社会消费品零售总额 (亿元)	Total Amount of Retail Sales of Consumer Goods (100 million yuan)	7811.78	1010.98	1010.24	765.14
出口总额 (亿美元)	Total Exports (USD 100 million)	3540.85	85.16	29.18	37.20
进口总额 (亿美元)	Total Imports (USD 100 million)	2560.28	40.10	14.11	33.46
实际外商直接投资 (亿美元)	Foreign Direct Investment Actually Utilized (USD 100 million)	151.88	5.30	3.32	10.76
地方财政一般预算收入 (亿元)	Local Government Budgetary Revenue(100 million yuan)	1882.00	85.47	82.87	110.03
中外资金融机构本外币储蓄存款 (亿元)	Savings Deposits in Renminbi and Foreign Currencies in All Financial Institutions (100 million yuan)	18485.09	1723.71	1317.52	1486.98

注：1. 珠江三角洲九市包括：广州、深圳、珠海、佛山、江门、东莞、中山、惠州和肇庆。东翼指汕头、汕尾、潮州和揭阳四个市。西翼指湛江、茂名和阳江三个市。山区五市指韶关、河源、梅州、清远和云浮。

2. 本表地区生产总值、工业增加值绝对数按当年价格计算，增长速度按可比价格计算。

3. 工业增加值统计范围为年主营业务收入500万元及以上的工业法人企业。

Notes: a) The nine cities in pearl river delta include Guangzhou, Shenzhen, Zhuhai, Foshan, Jiangmen, Dongguan, Zhongshan, Huizhou and Zhaoqing. The East Wing includes the four cities of Shantou, Shanwei, Chaozhou and Jieyang. The West Wing includes the three cities of Zhanjiang, Maoming and Yangjiang. The five cities of mountainous areas include Shaoguan, Heyuan, Meizhou, Qingyuan and Yunfu.

b) The figures in value terms on GDP and value-added of industry are calculated at current prices, whereas the growth rates are calculated at comparable prices.

c) Statistics of value-added of industry covers the legal person industrial enterprises with annual main business revenue over 5 million yuan.

20-2 区域国民经济主要统计指标占全省比重（2006-2007年）

Percentage of Main Economic Indicators of Domestic National Economy to the Whole Province (2006-2007)

单位：% (%)

指 标	Item	2006			
		珠江三角洲九市占全省比重 Percentage of Nine Cities in the Pearl River Delta to the Whole Province	东翼占全省比重 Percentage of East Wing to the Whole Province	西翼占全省比重 Percentage of West Wing to the Whole Province	山区五市占全省比重 Percentage of Five Cities in Mountainous Areas to the Whole Province
土地面积	Land Area	30.5	8.7	17.7	42.9
常用耕地面积	Area of Regularly Cultivated Land				
年末常住人口	Permanent Population at the Year-end	49.8	17.1	16.1	17.0
#城镇人口	Urban Population	62.8	15.5	10.0	11.6
年末从业人员	Employed Persons at the Year-end	57.0	13.2	14.5	15.2
地区生产总值	Gross Domestic Product	79.8	6.6	7.5	6.1
第一产业	Primary Industry	37.2	12.2	30.2	20.4
第二产业	Secondary Industry	81.4	6.8	6.2	5.6
第三产业	Tertiary Industry	83.5	5.6	6.0	4.9
规模以上工业增加值	Value-added of Industry above Designated Size	86.5	3.9	4.9	4.7
全社会固定资产投资总额	Total Investment in Fixed Assets	73.3	7.0	5.9	10.6
社会消费品零售总额	Total Retail Sales of Consumer Goods	74.0	9.4	9.5	7.1
出口总额	Total Exports	95.6	2.5	0.9	1.0
进口总额	Total Imports	96.9	1.5	0.5	1.1
实际外商直接投资	Foreign Direct Investment Actually Utilized	90.2	2.8	1.3	5.7
地方财政一般预算收入	Local Government Budgetary Revenue	67.0	3.1	3.1	3.9
中外资金融机构本外币储蓄存款	Savings Deposits in Renminbi and Foreign Currencies in All Financial Institutions	80.7	7.7	5.8	6.4

20-2 续表 continued

单位：% (%)

指 标	Item	2007 珠江三角洲九市占全省比重 Percentage of Nine Cities in the Pearl River Delta to the Whole Province	东翼占全省比重 Percentage of East Wing to the Whole Province	西翼占全省比重 Percentage of West Wing to the Whole Province	山区五市占全省比重 Percentage of Five Cities in Mountainous Areas to the Whole Province
土地面积	Land Area	30.5	8.7	17.7	42.9
常用耕地面积	Area of Regularly Cultivated Land				
年末常住人口	Permanent Population at the Year-end	50.0	17.1	16.1	16.8
#城镇人口	Urban Population	63.1	15.4	10.3	11.5
年末从业人员	Employed Persons at the Year-end	57.4	13.1	14.4	15.1
地区生产总值	Gross Domestic Product	79.7	6.6	7.2	6.5
第一产业	Primary Industry	37.0	12.2	29.7	21.1
第二产业	Secondary Industry	80.6	6.9	6.2	6.3
第三产业	Tertiary Industry	83.8	5.5	5.8	4.9
规模以上工业增加值	Value-added of Industry above Designated Size	85.2	4.3	4.8	5.7
全社会固定资产投资总额	Total Investment in Fixed Assets	72.0	7.4	5.3	12.4
社会消费品零售总额	Total Retail Sales of Consumer Goods	73.7	9.5	9.5	7.2
出口总额	Total Exports	95.9	2.3	0.8	1.0
进口总额	Total Imports	96.7	1.5	0.5	1.3
实际外商直接投资	Foreign Direct Investment Actually Utilized	88.7	3.1	1.9	6.3
地方财政一般预算收入	Local Government Budgetary Revenue	67.6	3.1	3.0	3.9
中外资金融机构本外币储蓄存款	Savings Deposits in Renminbi and Foreign Currencies in All Financial Institutions	80.3	7.5	5.7	6.5

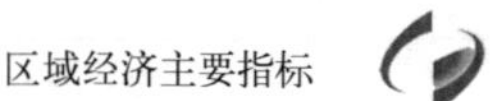

20-3 珠江三角洲经济区主要经济指标（2006-2007年）
Main Economic Indicators of the Pearl River Delta Economic Zone (2006-2007)

指 标	Item	2006	2007	2007比2006增长% Growth Rate in 2007 over 2006
土地面积 (平方公里)	Land Area (sq.km)	41698	41698	
常用耕地面积 (公顷)	Area of Regularly Cultivated Land (ha.)			
年末常住人口 (万人)	Permanent Population at the Year-end (10000 persons)	4446.94	4491.02	1.0
#城镇人口	Urban Population	3652.15	3681.74	0.8
年末户籍总人口 (万人)	Total Population with Residence Registration at the Year-end (10000 persons)	2551.11	2599.20	1.9
年末从业人员 (万人)	Employed Persons at the Year-end (10000 persons)	2873.95		
#城镇从业人员	Employed Persons in Urban Areas	751.22	708.73	-5.7
地区生产总值 (亿元)	Gross Domestic Product (100 million yuan)	21425.63	25415.5	16.2
第一产业	Primary Industry	508.02	554.1	-0.1
第二产业	Secondary Industry	11064.87	13012.8	16.7
#工业	Industry	10414.58	12302.5	17.4
第三产业	Tertiary Industry	9852.74	11848.6	16.6
人均生产总值 (元)	Per Capita Gross Domestic Product (yuan)	49155	57154	13.9
地区生产总值指数 (%)	Index of Gross Domestic Product (%)	116.9	116.2	16.2
第一产业	Primary Industry	101.6	99.9	-0.1
第二产业	Secondary Industry	119.2	116.7	16.7
#工业	Industry	120.1	117.4	17.4
第三产业	Tertiary Industry	115.2	116.6	16.6
人均生产总值指数 (%)	Index of Per Capita Gross Domestic Product (%)	115.3	113.9	13.9
公路通车里程 (公里)	Total Length of Highways in Operation (km)	52139	53106	1.9
邮电业务总量 (亿元)	Total Business Volume of Postal and Telecommunication Services (100 million yuan)	2068.19	2348.22	13.5
本地电话年末用户 (万户)	Number of Subscribers of Local Telephones at the Year-end (10000 subscribers)	2559.62	2651.33	3.6
移动电话年末用户 (万户)	Number of Subscribers of Mobile Telephones at the Year-end (10000 subscribers)	5497.75	6075.36	10.5
全社会固定资产投资额(亿元)	Total Investment in Fixed Assets (100 million yuan)	5889.14	6819.38	15.8
基本建设投资	Investment in Capital Construction	3072.88	3228.15	5.1
更新改造投资	Investment in Renovation	736.84	856.91	16.3
房地产开发投资	Investment in Real Estate Development	1659.73	2232.51	34.5
社会消费品零售总额 (亿元)	Total Retail Sales of Consumer Goods (100 million yuan)	6681.94	7811.78	15.8
出口总额 (亿美元)	Total Exports (USD 100 million)	2887.45	3540.85	22.6
进口总额 (亿美元)	Total Imports (USD 100 million)	2181.97	2560.28	17.3
实际外商直接投资额(亿美元)	Foreign Direct Investment Actually Utilized (USD 100 million)	130.86	151.88	16.1
地方财政一般预算收入(亿元)	Local Government Budgetary Revenue (100 million yuan)	1424.31	1832.39	28.7
地方财政一般预算支出(亿元)	Local Government Budgetary Expenditure (100 million yuan)	1653.14	2067.56	25.1
城乡居民储蓄存款余额(亿元)	Savings Deposits by Urban and Rural Residents (100 million yuan)	17169.09	17473.21	1.8
中外资金融机构本外币存款 (亿元)	Deposits in Renminbi and Foreign Currencies in All Financial Institutions (100 million yuan)	37367.68	42555.31	13.9
中外资金融机构本外币贷款 (亿元)	Loans in Renminbi and Foreign Currencies in All Financial Institutions (100 million yuan)	23613.32	27982.87	18.5

注：1. 珠江三角洲经济区包括13个市、县(区)：广州、深圳、珠海、佛山、江门、东莞、中山、惠州市区、惠东县、博罗县、肇庆市区、高要市、四会市。
2. 本表地区生产总值绝对数按当年价格计算，增长速度按可比价格计算。
3. 城乡居民储蓄存款余额为中资金融机构人民币储蓄存款。
4. 进出口总额、实际外商直接投资，金融机构本外币存贷款以及运输、邮电数据统计范围为珠江三角洲九市。

Notes: a) The Pearl River Delta Economic Zone covers the areas of 13 cities and counties (districts), including Guangzhou, Shenzhen, Zhuhai, Foshan, Jiangmen, Dongguan, Zhongshan, urban districts of Huizhou, Huidong County, Boluo County, urban districts of Zhaoqing, Gaoyao County-level City and Sihui County-level City. The data on banking refer to the sum of the nine cities in the Pearl River Delta, including Guangzhou, Shenzhen, Zhuhai, Foshan, Jiangmen, Dongguan, Zhongshan, Huizhou and Zhaoqing.
b) The figures in value terms on GDP are calculated at current prices, whereas the growth rates are calculated at comparable prices.
c) Savings deposits by urban and rural residents are savings deposits in Renminbi in domestic-funded financial institutions.
d) The statistical coverage of total imports and exports, foreign direct investment actually utilized, deposits and loans in Renminbi and foreign currencies in all financial institutions, length of highways in operations and data of posts and telecommunications refer to the nine cities in the Pearl River Delta.

20-4 珠江三角洲经济区工业企业主要指标（2007年）

单位：亿元

项目	Item	企业单位数（个）Number of Enterprises (unit)	#亏损企业 Loss-making Enterprises
总计	**Total**	**33608**	**5937**
按经济类型分	Grouped by Ownership		
在总计中：国有及国有控股经济	Of the Total: State-owned and State-controlled Economy	893	222
国有经济	State-owned Economy	301	95
集体经济	Collective-owned Economy	691	100
股份合作经济	Share-holding Cooperative Economy	167	24
股份制经济	Share-holding Economy	12774	1549
外商投资经济	Economy with Foreign Investment	4696	1130
港澳台投资经济	Economy with Investment from Hong Kong, Macao and Taiwan	11340	2803
按轻重工业分	Grouped by Light and Heavy Industry		
轻工业	Light Industry	18381	3346
重工业	Heavy Industry	15227	2591
按企业规模分	Grouped by Size of Enterprise		
大型企业	Large	350	30
中型企业	Medium	4958	773
小型企业	Small	28300	5134
按行业分	Grouped by Sector		
煤炭开采和洗选业	Mining and Washing of Coal		
石油和天然气开采业	Extraction of Petroleum and Natural Gas	5	
黑色金属矿采选业	Mining and Dressing of Ferrous Metal Ores	2	
有色金属矿采选业	Mining and Dressing of Nonferrous Metal Ores	2	
非金属矿采选业	Mining and Dressing of Nonmetal Ores	82	6
农副食品加工业	Processing of Farm and Sideline Food	405	89
食品制造业	Manufacture of Food	407	81
饮料制造业	Manufacture of Beverage	121	28
烟草制品业	Tobacco Products	3	
纺织业	Textile Industry	1805	295
纺织服装、鞋、帽制造业	Manufacture of Textile Garments, Footwear and Headgear	2229	458
皮革、毛皮、羽毛(绒)及其制品业	Leather, Fur, Feather, Down and Related Products	1276	243
木材加工及木、竹、藤、棕、草制品业	Timber Processing, Bamboo, Cane, Palm Fiber & Straw Products	278	58
家具制造业	Manufacture of Furniture	975	142
造纸及纸制品业	Papermaking and Paper Products	1179	187
印刷业、记录媒介的复制	Printing and Record Medium Reproduction	845	135
文教体育用品制造业	Manufacture of Cultural, Educational and Sports Articles	778	171
石油加工、炼焦及核燃料加工业	Petroleum Refining, Coking and Nuclear Fuel Processing	54	2
化学原料及化学制品制造业	Manufacture of Raw Chemical Materials and Chemical Products	1701	216
医药制造业	Manufacture of Medicines	236	59
化学纤维制造业	Manufacture of Chemical Fibers	82	14
橡胶制品业	Rubber Products	398	68
塑料制品业	Plastic Products	2682	525
非金属矿物制品业	Nonmetal Mineral Products	1417	236
黑色金属冶炼及压延加工业	Smelting and Pressing of Ferrous Metals	226	31
有色金属冶炼及压延加工业	Smelting and Pressing of Nonferrous Metals	557	57
金属制品业	Metal Products	3221	426
通用设备制造业	Manufacture of General-purpose Machinery	1288	163
专用设备制造业	Manufacture of Special-purpose Machinery	1212	191
交通运输设备制造业	Manufacture of Transport Equipment	882	170
电气机械及器材制造业	Manufacture of Electrical Machinery and Equipment	4020	648
通信设备、计算机及其他电子设备制造业	Manufacture of Communication Equipment, Computers and Other Electronic Equipment	3439	804
仪器仪表及文化、办公用机械制造业	Manufacture of Instruments, Meters and Machinery for Cultural and Office Use	633	161
工艺品及其他制造业	Handicraft and Other Manufactures	756	186
废弃资源和废旧材料回收加工业	Recycling and Disposal of Waste	69	2
电力、热力得生产和供应业	Production and Supply of Electric Power and Heat Power	120	42
燃气生产和供应业	Production and Supply of Gas	29	8
水的生产和供应业	Production and Supply of Water	194	35

注：本表统计范围为年主营业务收入500万元及以上的工业法人企业。

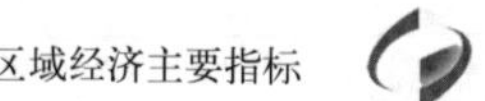

Main Indicators of Industrial Enterprises of the Pearl River Delta Economic Zone (2007)

(100 million yuan)

工业总产值（当年价） Gross Industrial Output Value (at current prices)	工业增加值（生产法） Value-added of Industry (by production approach)	年末资产总计 Total Assets at the Year-end	#产成品 Finished Products	流动资产年平均余额 Annual Average Balance of Circulating Funds	固定资产净值平均余额 Average Balance of Net Value of Fixed Assets	年末负债合计 Total Liabilities at the Year-end
47760.67	**11981.59**	**34507.67**	**1771.44**	**18692.24**	**9858.52**	**19987.82**
6669.81	2257.30	8034.50	189.05	2369.36	3290.82	3834.76
2023.73	639.07	2280.11	17.19	529.89	1315.43	1122.86
413.60	127.09	333.29	8.35	154.64	128.93	215.89
111.86	32.20	80.58	3.75	51.43	19.17	34.66
12680.95	3325.81	10320.21	655.68	5270.13	2407.23	5985.72
16378.78	3510.95	10069.46	456.98	6034.57	2776.90	6066.22
14788.25	3991.46	10803.63	592.03	6276.92	3066.90	6210.73
18321.64	4986.34	12386.97	860.13	7453.01	3175.56	7132.72
29439.03	6995.25	22120.70	911.32	11239.24	6682.97	12855.10
17065.26	3735.05	11775.87	496.54	6045.83	3100.95	6672.33
16652.07	4287.23	13055.27	735.01	7136.58	3909.92	7550.58
14043.34	3959.30	9676.53	539.89	5509.84	2847.65	5764.92
419.60	411.74	127.62	0.02	10.86	9.01	38.68
0.67	0.20	0.58	0.01	0.38	0.13	0.28
13.06	1.51	3.26	0.04	1.68	0.39	1.79
27.42	7.75	15.84	1.46	8.43	5.78	6.51
664.84	147.87	345.37	28.19	219.20	73.63	235.83
485.23	166.46	363.11	20.01	213.40	100.03	187.87
380.49	124.98	341.73	10.24	166.42	98.85	176.24
134.05	102.90	119.82	1.71	77.39	19.51	13.44
1165.04	312.51	888.40	62.47	475.56	325.01	489.47
1133.11	344.33	677.08	42.40	425.38	169.30	402.67
836.32	245.97	534.43	30.03	346.21	127.51	308.58
169.08	40.90	113.76	12.55	68.82	30.05	70.26
606.87	144.49	367.71	23.09	233.46	91.42	204.78
883.67	223.16	855.99	40.57	409.17	289.49	499.81
418.00	129.43	431.05	17.15	234.38	149.71	216.43
606.65	175.81	404.22	26.63	252.73	110.73	212.95
708.51	83.10	246.07	17.96	92.98	101.02	173.05
2291.18	760.52	1820.86	112.50	932.68	639.16	976.34
363.32	130.59	408.65	20.72	229.48	96.66	195.94
157.49	42.38	131.73	11.06	60.59	55.09	72.97
243.11	64.47	215.10	12.68	106.37	73.21	113.18
1718.70	437.27	1289.30	84.54	774.97	355.83	745.43
1312.64	380.98	1025.26	68.05	493.08	388.69	597.46
853.28	145.80	590.26	28.68	294.70	197.96	423.67
1147.52	244.61	486.96	35.91	313.61	107.12	309.74
2320.69	560.23	1360.43	82.73	835.87	352.94	785.07
946.80	233.40	709.80	48.98	429.38	177.00	410.52
832.61	241.82	745.30	49.98	454.97	168.36	399.22
2865.48	796.02	1950.61	64.15	1139.85	475.70	1187.75
5925.37	1444.89	3577.03	319.68	2408.36	692.11	2327.72
13033.81	2423.58	7521.56	409.53	5167.15	1431.01	4892.86
1307.83	272.25	630.71	34.31	414.75	151.23	341.40
722.09	147.93	372.94	44.98	247.70	61.22	218.48
87.43	18.87	44.06	1.91	32.19	6.45	26.41
2612.40	844.95	4786.30	5.32	827.13	2309.11	2134.94
186.39	41.60	197.18	0.60	56.59	99.01	135.04
179.92	86.33	807.58	0.60	236.39	319.11	455.03

Notes: The statistical coverage of industry refers to the legal person industrial enterprises with annual main business revenue over 5 million yuan.

20-4 续表

单位：亿元

项　　目	Item	年末所有者权益合计 Total Creditors' Equity at the Year-end	主营业务收入 Main Business Revenue
总　计	**Total**	**14519.91**	**46778.52**
按经济类型分	Grouped by Ownership		
在总计中：国有及国有控股经济	Of the Total: State-owned and State-controlled Economy	4199.79	6364.17
国有经济	State-owned Economy	1157.25	2015.45
集体经济	Collective-owned Economy	117.40	397.90
股份合作经济	Share-holding Cooperative Economy	45.92	109.24
股份制经济	Share-holding Economy	4334.49	12540.51
外商投资经济	Economy with Foreign Investment	4003.24	16140.44
港澳台投资经济	Economy with Investment from Hong Kong, Macao and Taiwan	4592.96	14268.64
按轻重工业分	Grouped by Light and Heavy Industry		
轻 工 业	Light Industry	5254.31	17876.84
重 工 业	Heavy Industry	9265.60	28901.68
按企业规模分	Grouped by Size of Enterprise		
大型企业	Large	5103.54	16984.00
中型企业	Medium	5504.70	16297.41
小型企业	Small	3911.66	13497.11
按行业分	Grouped by Sector		
煤炭开采和洗选业	Mining and Washing of Coal		
石油和天然气开采业	Extraction of Petroleum and Natural Gas	88.94	216.87
黑色金属矿采选业	Mining and Dressing of Ferrous Metal Ores	0.30	0.67
有色金属矿采选业	Mining and Dressing of Nonferrous Metal Ores	1.47	19.12
非金属矿采选业	Mining and Dressing of Nonmetal Ores	9.33	26.42
农副食品加工业	Processing of Farm and Sideline Food	109.54	696.33
食品制造业	Manufacture of Food	175.25	476.60
饮料制造业	Manufacture of Beverage	165.49	388.36
烟草制品业	Tobacco Products	106.38	133.97
纺织业	Textile Industry	398.93	1122.66
纺织服装、鞋、帽制造业	Manufacture of Textile Garments, Footwear and Headgear	274.47	1084.83
皮革、毛皮、羽毛(绒)及其制品业	Leather, Fur, Feather, Down and Related Products	225.85	821.97
木材加工及木、竹、藤、棕、草制品业	Timber Processing, Bamboo, Cane, Palm Fiber & Straw Products	43.50	161.28
家具制造业	Manufacture of Furniture	162.93	591.23
造纸及纸制品业	Papermaking and Paper Products	356.17	853.01
印刷业、记录媒介的复制	Printing and Record Medium Reproduction	214.62	403.20
文教体育用品制造业	Manufacture of Cultural, Educational and Sports Articles	191.27	580.85
石油加工、炼焦及核燃料加工业	Petroleum Refining, Coking and Nuclear Fuel Processing	73.02	661.68
化学原料及化学制品制造业	Manufacture of Raw Chemical Materials and Chemical Products	844.52	2251.85
医药制造业	Manufacture of Medicines	212.72	320.06
化学纤维制造业	Manufacture of Chemical Fibers	58.76	153.81
橡胶制品业	Rubber Products	101.92	237.94
塑料制品业	Plastic Products	543.87	1685.08
非金属矿物制品业	Nonmetal Mineral Products	427.79	1244.31
黑色金属冶炼及压延加工业	Smelting and Pressing of Ferrous Metals	166.59	827.60
有色金属冶炼及压延加工业	Smelting and Pressing of Nonferrous Metals	177.21	1116.05
金属制品业	Metal Products	575.36	2272.89
通用设备制造业	Manufacture of General-purpose Machinery	299.29	913.45
专用设备制造业	Manufacture of Special-purpose Machinery	346.07	809.06
交通运输设备制造业	Manufacture of Transport Equipment	762.87	2859.83
电气机械及器材制造业	Manufacture of Electrical Machinery and Equipment	1249.32	5798.70
通信设备、计算机及其他电子设备制造业	Manufacture of Communication Equipment, Computers and Other Electronic Equipment	2628.70	12993.26
仪器仪表及文化、办公用机械制造业	Manufacture of Instruments, Meters and Machinery for Cultural and Office Use	289.31	1297.08
工艺品及其他制造业	Handicraft and Other Manufactures	154.46	711.95
废弃资源和废旧材料回收加工业	Recycling and Disposal of Waste	17.65	85.82
电力、热力得生产和供应业	Production and Supply of Electric Power and Heat Power	2651.36	2599.76
燃气生产和供应业	Production and Supply of Gas	62.14	185.22
水的生产和供应业	Production and Supply of Water	352.55	175.72

20-4 continued

(100 million yuan)

主营业务税金及附加 Tax and Extra Charges on Main Business	利润总额 Total Profits	#亏损总额 Total Losses	利税总额 Total Pretax Profits	本年应交增值税 Value-added Tax Payable in Current Year	全部从业人员年平均人数（万人） Annual Average Number of Employed Persons (10000 persons)
344.33	**2597.91**	**208.95**	**4240.78**	**1298.54**	**1119.26**
175.01	790.00	28.40	1289.03	324.03	40.71
63.20	174.07	4.45	355.83	118.56	11.22
3.17	16.09	6.08	33.51	14.25	23.99
0.72	4.36	0.22	8.05	2.98	3.91
95.64	680.51	37.47	1200.06	423.92	265.19
127.54	898.09	65.63	1395.60	369.97	271.91
44.30	770.48	93.33	1143.96	329.18	500.69
124.33	828.24	86.32	1475.46	522.89	616.49
220.00	1769.67	122.63	2765.33	775.66	502.77
171.54	1001.17	24.15	1590.53	417.83	205.35
80.67	931.08	77.66	1480.67	468.93	454.78
92.12	665.66	107.14	1169.58	411.79	459.13
13.61	137.16		171.61	20.85	0.07
0.01	0.05		0.15	0.08	0.02
0.02	0.61		0.68	0.05	0.10
0.28	1.33	0.03	2.62	1.01	0.67
5.32	27.39	2.36	44.24	11.53	5.63
2.03	47.28	3.77	78.10	28.78	10.08
10.11	28.55	5.92	61.85	23.19	4.50
52.33	24.28		95.43	18.82	0.33
2.93	37.93	8.13	69.31	28.45	47.63
5.10	32.15	7.19	66.39	29.14	83.91
2.38	21.00	4.79	39.00	15.63	75.35
1.28	5.93	0.67	12.32	5.11	5.48
3.14	19.32	2.42	35.61	13.16	28.22
3.30	36.29	3.43	66.83	27.24	21.33
1.87	20.86	2.20	36.59	13.87	18.50
1.11	18.17	4.33	31.83	12.55	48.36
12.60	4.63	13.75	28.59	11.35	1.11
4.93	236.01	7.83	372.45	131.51	22.38
1.62	31.15	4.10	53.03	20.25	6.62
1.12	9.17	0.53	13.28	2.99	1.78
1.07	5.52	3.65	13.55	6.96	12.40
5.85	75.57	9.79	118.35	36.93	62.59
7.00	75.34	8.02	122.46	40.12	34.13
1.54	12.66	5.43	37.36	23.16	4.26
6.68	40.33	2.02	72.48	25.47	10.89
14.17	82.36	10.99	160.97	64.44	66.03
5.71	47.69	4.20	79.16	25.76	26.13
4.38	60.72	5.30	88.29	23.18	28.20
108.41	276.18	6.94	493.31	108.72	30.22
18.69	227.75	16.79	383.20	136.76	151.82
28.63	460.06	39.59	685.71	197.03	241.68
0.83	49.35	3.29	64.59	14.41	32.97
1.53	19.82	2.36	34.02	12.67	24.82
0.36	3.98	0.01	6.84	2.51	1.14
12.30	385.32	17.97	549.91	152.29	6.14
0.67	8.87	0.38	13.24	3.70	0.58
1.42	27.12	0.78	37.45	8.91	3.19

20-5 广州、深圳主要经济指标（2007年）

Main Economic Indicators of Guangzhou and Shenzhen (2007)

指　标	Item	合计 Total	广州市 Guangzhou	深圳市 Shenzhen
土地面积 (平方公里)	Land Area (sq.km)	9387	7434	1953
常用耕地面积 (公顷)	Area of Regularly Cultivated Land (ha.)			
年末常住人口 (万人)	Permanent Population at the Year-end (10000 persons)	1866.13	1004.58	861.55
#城镇人口	Urban Population	1687.01	825.46	861.55
年末户籍总人口 (万人)	Total Population with Residence Registration at the Year-end (10000 persons)	990.32	773.48	216.84
年末从业人员 (万人)	Employed Persons at the Year-end (10000 persons)	1319.67	664.09	655.58
#城镇从业人员	Employed Persons in Urban Areas	418.77	223.69	195.08
地区生产总值 (亿元)	Gross Domestic Product (100 million yuan)	13910.75	7109.18	6801.57
第一产业	Primary Industry	156.81	149.87	6.94
第二产业	Secondary Industry	6211.52	2806.76	3404.76
#工业	Industry	5822.55	2592.48	3230.07
第三产业	Tertiary Industry	7542.41	4152.54	3389.87
人均生产总值 (元)	Per Capita Gross Domestic Product (yuan)	75438	71808	79645
地区生产总值指数 (%)	Index of Gross Domestic Product (%)	114.9	114.9	114.8
第一产业	Primary Industry	102.2	102.8	92.3
第二产业	Secondary Industry	113.9	113.6	114.2
#工业	Industry	114.9	115.0	114.8
第三产业	Tertiary Industry	116.0	116.3	115.6
人均生产总值指数 (%)	Index of Per Capita Gross Domestic Product (%)	112.1	111.7	112.6
公路通车里程 (公里)	Total Length of Highways in Operation (km)	10607	8663	1944
民用汽车拥有量 (辆)	Number of Civil Vehicles Owned (unit)	2148554	1041917	1106637
#私人汽车拥有量	Number of Private Vehicles Owned	1558487	757024	801463
邮电业务总量 (亿元)	Total Business Volume of Postal and Telecommunication Services (100 million yuan)	1175.99	585.78	590.21
本地电话年末用户 (万户)	Number of Subscribers of Local Telephones at the Year-end (10000 subscribers)	1131.87	642.70	489.17
#城市	Subscribers in Urban Areas	1071.68	603.57	468.11
移动电话年末用户 (万户)	Number of Subscribers of Mobile Telephones at the Year-end (10000 subscribers)	3057.68	1389.51	1668.17
全社会固定资产投资额(亿元)	Total Investment in Fixed Assets (100 million yuan)	3203.64	1858.64	1345.00
基本建设投资	Investment in Capital Construction	1480.98	795.29	685.69
更新改造投资	Investment in Renovation	489.34	347.79	141.55
房地产开发投资	Investment in Real Estate Development	1164.84	703.80	461.04
社会消费品零售总额 (亿元)	Total Retail Sales of Consumer Good (100 million yuan)	4510.03	2595.00	1915.03
出口总额 (亿美元)	Total Exports (USD 100 million)	2064.46	379.02	1685.44
进口总额 (亿美元)	Total Imports (USD 100 million)	1546.55	355.91	1190.64
实际外商直接投资额(亿美元)	Foreign Direct Investment Actually Utilized (USD 100 million)	69.48	32.86	36.62
地方财政一般预算收入(亿元)	Local Government Budgetary Revenue (100 million yuan)	1181.85	523.79	658.06
地方财政一般预算支出(亿元)	Local Government Budgetary Expenditure (100 million yuan)	1351.66	623.69	727.97
中外资金融机构本外币存款 (亿元)	Deposits in Renminbi and Foreign Currencies in All Financial Institutions (100 million yuan)	27613.18	14783.45	12829.73
中外资金融机构本外币储蓄存款 (亿元)	Savings Deposits in Renminbi and Foreign Currencies in All Financial Institutions (100 million yuan)	9864.85	5855.79	4009.06
中外资金融机构本外币贷款 (亿元)	Loans in Renminbi and Foreign Currencies in All Financial Institutions (100 million yuan)	19900.82	9661.38	10239.44
城镇居民人均可支配收入(元)	Per Capita Annual Disposable Income of Urban Residents(yuan)		22469	33593
农村居民人均纯收入 (元)	Per Capita Annual Net Income of Rural Residents (yuan)			

注：本表地区生产总值绝对数按当年价格计算，指数按可比价格计算。

Note: The figures in value terms on GDP are calculated at current prices, whereas their indexes are calculated at comparable prices.

20-6 东西两翼主要经济指标（2007年）

Main Economic Indicators of the East and West Wings (2007)

指标	Item	东西翼合计 Total	东翼 East Wing	西翼 West Wing
土地面积 (平方公里)	Land Area (sq.km)	47418	15676	31742
常用耕地面积 (公顷)	Area of Regularly Cultivated Land (ha.)			
年末常住人口 (万人)	Permanent Population at the Year-end (10000 persons)	3133.16	1611.96	1521.20
#城镇人口	Urban Population	1530.74	917.60	613.14
年末户籍总人口 (万人)	Total Population with Residence Registration at the Year-end (10000 persons)	3451.98	1719.52	1732.46
年末从业人员 (万人)	Employed Persons at the Year-end (10000 persons)	1485.63	706.82	778.81
#城镇从业人员	Employed Persons in Urban Areas	163.38	77.20	86.18
地区生产总值 (亿元)	Gross Domestic Product (100 million yuan)	4432.50	2107.48	2325.02
第一产业	Primary Industry	708.07	206.58	501.49
第二产业	Secondary Industry	2119.76	1123.66	996.10
#工业	Industry	1935.22	1037.63	897.59
第三产业	Tertiary Industry	1604.67	777.24	827.43
人均地区生产总值 (元)	Per Capita Gross Domestic Product (yuan)	14244	13144	15412
地区生产总值指数 (%)	Index of Gross Domestic Product (%)	114.2	115.3	113.2
第一产业	Primary Industry	103.1	104.0	102.8
第二产业	Secondary Industry	116.9	118.9	114.5
#工业	Industry	118.4	120.7	115.7
第三产业	Tertiary Industry	116.1	113.5	118.4
人均生产总值指数 (%)	Index of Per Capita Gross Domestic Product (%)	113.1	114.4	111.9
公路通车里程 (公里)	Total Length of Highways in Operation (km)	63018	19346	43672
邮电业务总量 (亿元)	Total Business Volume of Postal and Telecommunication Services (100 million yuan)	494.63	273.34	221.30
本地电话年末用户 (万户)	Number of Subscribers of Local Telephones at the Year-end (10000 subscribers)	728.46	414.97	313.49
移动电话年末用户 (万户)	Number of Subscribers of Mobile Telephones at the Year-end (10000 subscribers)	1195.73	715.49	480.24
全社会固定资产投资额(亿元)	Total Investment in Fixed Assets (100 million yuan)	1214.49	705.79	508.70
基本建设投资	Investment in Capital Construction	496.43	285.18	211.25
更新改造投资	Investment in Renovation	166.82	95.12	71.70
房地产开发投资	Investment in Real Estate Development	136.30	70.84	65.46
社会消费品零售总额 (亿元)	Total Retail Sales of Consumer Goods (100 million yuan)	2021.22	1010.98	1010.24
出口总额 (亿美元)	Total Exports (USD 100 million)	114.34	85.16	29.18
进口总额 (亿美元)	Total Imports (USD 100 million)	54.21	40.10	14.11
实际外商直接投资额(亿美元)	Foreign Direct Investment Actually Utilized (USD 100 million)	8.62	5.30	3.32
地方财政一般预算收入(亿元)	Local Government Budgetary Revenue (100 million yuan)	168.34	85.47	82.87
地方财政一般预算支出(亿元)	Local Government Budgetary Expenditure(100 million yuan)	388.89	189.03	199.86
中外资金融机构本外币存款 (亿元)	Deposits in Renminbi and Foreign Currencies in All Financial Institutions (100 million yuan)	4190.35	2320.77	1869.58
中外资金融机构本外币储蓄存款 (亿元)	Savings Deposits in Renminbi and Foreign Currencies in All Financial Institutions (100 million yuan)	3041.23	1723.71	1317.52
中外资金融机构本外币贷款 (亿元)	Loans in Renminbi and Foreign Currencies in All Financial Institutions (100 million yuan)	1690.25	897.81	792.44

注：1. 东翼指汕头、汕尾、潮州和揭阳四个市。西翼指湛江、茂名和阳江三个市。
2. 本表地区生产总值绝对数按当年价格计算，指数按可比价格计算。

Notes: a) The East Wing includes the four cities of Shantou, Shanwei, Chaozhou and Jieyang. The West Wing includes the three cities of Zhanjiang, Maoming and Yangjiang.

b) The figures in value terms on GDP are calculated at current prices, whereas their indexes are calculated at comparable prices.

20-7 东翼主要经济指标（2006-2007年）

Main Economic Indicators of the East Wing (2006-2007)

指　标	Item	2006	2007	2007比2006增长% Growth Rate in 2007 over 2006
土地面积（平方公里）	Land Area (sq.km)	15676	15676	
常用耕地面积（公顷）	Area of Regularly Cultivated Land (ha.)			
年末常住人口（万人）	Permanent Population at the Year-end (10000 persons)	1594.72	1611.96	1.1
#城镇人口	Urban Population	908.38	917.60	1.0
年末户籍总人口（万人）	Total Population with Residence Registration at the Year-end (10000 persons)	1694.24	1719.52	1.5
年末从业人员（万人）	Employed Persons at the Year-end (10000 persons)	694.31	706.82	1.8
#城镇从业人员	Employed Persons in Urban Areas	76.68	77.20	0.7
地区生产总值（亿元）	Gross Domestic Product (100 million yuan)	1781.24	2107.48	15.3
第一产业	Primary Industry	185.98	206.58	4.0
第二产业	Secondary Industry	927.79	1123.66	18.9
#工业	Industry	845.80	1037.63	20.7
第三产业	Tertiary Industry	667.47	777.24	13.5
人均生产总值（元）	Per Capita Gross Domestic Product (yuan)	11200	13144	14.4
地区生产总值指数（%）	Index of Gross Domestic Product (%)	113.3	115.3	15.3
第一产业	Primary Industry	100.4	104.0	4.0
第二产业	Secondary Industry	118.3	118.9	18.9
#工业	Industry	120.1	120.7	20.7
第三产业	Tertiary Industry	111.1	113.5	13.5
人均生产总值指数（%）	Index of Per Capita Gross Domestic Product (%)	112.6	114.4	14.4
公路通车里程（公里）	Total Length of Highways in Operation (km)	19170	19346	0.9
邮电业务总量（亿元）	Total Business Volume of Postal and Telecommunication Services (100 million yuan)	197.15	273.34	38.6
本地电话年末用户（万户）	Number of Subscribers of Local Telephones at the Year-end (10000 subscribers)	417.65	414.97	-0.6
移动电话年末用户（万户）	Number of Subscribers of Mobile Telephones at the Year-end (10000 subscribers)	640.60	715.49	11.7
全社会固定资产投资额(亿元)	Total Investment in Fixed Assets (100 million yuan)	568.24	705.79	24.2
基本建设投资	Investment in Capital Construction	256.63	285.18	11.1
更新改造投资	Investment in Renovation	67.92	95.12	40.0
房地产开发投资	Investment in Real Estate Development	43.04	70.84	64.6
社会消费品零售总额（亿元）	Total Retail Sales of Consumer Goods (100 million yuan)	857.13	1010.98	17.9
出口总额（亿美元）	Total Exports (USD 100 million)	75.56	85.16	12.7
进口总额（亿美元）	Total Imports (USD 100 million)	33.89	40.10	18.3
实际外商直接投资额(亿美元)	Foreign Direct Investment Actually Utilized (USD 100 million)	4.13	5.30	28.3
地方财政一般预算收入(亿元)	Local Government Budgetary Revenue (100 million yuan)	68.60	85.47	24.6
地方财政一般预算支出(亿元)	Local Government Budgetary Expenditure(100 million yuan)	151.85	189.03	24.5
中外资金融机构本外币存款（亿元）	Deposits in Renminbi and Foreign Currencies in All Financial Institutions (100 million yuan)	2196.47	2320.77	5.7
中外资金融机构本外币储蓄存款（亿元）	Savings Deposits in Renminbi and Foreign Currencies in All Financial Institutions (100 million yuan)	1706.61	1723.71	1.0
中外资金融机构本外币贷款（亿元）	Loans in Renminbi and Foreign Currencies in All Financial Institutions (100 million yuan)	822.29	897.81	9.2

注：本表地区生产总值绝对数按当年价格计算，指数按可比价格计算。

Note: The figures in value terms on GDP are calculated at current prices, whereas the growth rates are calculated at comparable prices.

 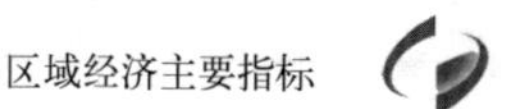

20-8 西翼主要经济指标（2006-2007年）

Main Economic Indicators of the West Wing (2006-2007)

指　　标	Item	2006	2007	2007比2006增长% Growth Rate in 2007 over 2006
土地面积（平方公里）	Land Area (sq.km)	31742	31742	
常用耕地面积（公顷）	Area of Regularly Cultivated Land (ha.)			
年末常住人口（万人）	Permanent Population at the Year-end (10000 persons)	1495.90	1521.20	1.7
#城镇人口	Urban Population	585.91	613.14	4.6
年末户籍总人口（万人）	Total Population with Residence Registration at the Year-end (10000 persons)	1705.84	1732.46	1.6
年末从业人员（万人）	Employed Persons at the Year-end (10000 persons)	763.71	778.81	2.0
#城镇从业人员	Employed Persons in Urban Areas	88.16	86.18	-2.2
经济总量指标	Aggregate Indicators on Economy			
地区生产总值（亿元）	Gross Domestic Product (100 million yuan)	2028.26	2325.02	13.2
第一产业	Primary Industry	460.87	501.49	2.8
第二产业	Secondary Industry	851.01	996.10	14.5
#工业	Industry	760.36	897.59	15.7
第三产业	Tertiary Industry	716.38	827.43	18.4
人均生产总值（元）	Per Capita Gross Domestic Product (yuan)	13608	15412	11.9
地区生产总值指数（%）	Index of Gross Domestic Product (%)	113.5	113.2	13.2
第一产业	Primary Industry	105.8	102.8	2.8
第二产业	Secondary Industry	116.0	114.5	14.5
#工业	Industry	117.4	115.7	15.7
第三产业	Tertiary Industry	115.9	118.4	18.4
人均生产总值指数（%）	Index of Per Capita Gross Domestic Product (%)	112.4	111.9	11.9
公路通车里程（公里）	Total Length of Highways in Operation (km)	43044	43672	1.5
邮电业务总量（亿元）	Total Business Volume of Postal and Telecommunication Services (100 million yuan)	131.31	221.30	68.5
本地电话年末用户（万户）	Number of Subscribers of Local Telephones at the Year-end (10000 subscribers)	301.55	313.49	4.0
移动电话年末用户（万户）	Number of Subscribers of Mobile Telephones at the Year-end (10000 subscribers)	436.42	480.24	10.0
全社会固定资产投资额(亿元)	Total Investment in Fixed Assets (100 million yuan)	477.56	508.70	6.5
基本建设投资	Investment in Capital Construction	183.60	211.25	15.1
更新改造投资	Investment in Renovation	115.90	71.70	-38.1
房地产开发投资	Investment in Real Estate Development	46.75	65.46	40.0
社会消费品零售总额（亿元）	Total Retail Sales of Consumer Goods (100 million yuan)	865.16	1010.24	16.8
出口总额（亿美元）	Total Exports (USD 100 million)	25.39	29.18	14.9
进口总额（亿美元）	Total Imports (USD 100 million)	12.31	14.11	14.6
实际外商直接投资额(亿美元)	Foreign Direct Investment Actually Utilized(USD 100 million)	1.89	3.32	75.7
地方财政一般预算收入(亿元)	Local Government Budgetary Revenue (100 million yuan)	66.52	82.87	24.6
地方财政一般预算支出(亿元)	Local Government Budgetary Expenditure (100 million yuan)	154.75	199.86	29.2
中外资金融机构本外币存款（亿元）	Deposits in Renminbi and Foreign Currencies in All Financial Institutions (100 million yuan)	1710.13	1869.58	9.3
中外资金融机构本外币储蓄存款（亿元）	Savings Deposits in Renminbi and Foreign Currencies in All Financial Institutions (100 million yuan)	1256.02	1317.52	4.9
中外资金融机构本外币贷款（亿元）	Loans in Renminbi and Foreign Currencies in All Financial Institutions (100 million yuan)	684.46	792.44	15.8

注：本表地区生产总值绝对数按当年价格计算，指数按可比价格计算。

Note: The figures in value terms on GDP are calculated at current prices, whereas the growth rates are calculated at comparable prices.

20-9 山区县(市、区)主要经济指标（2006-2007年）

Main Economic Indicators of Counties (County-level Cities and Districts) in Mountainous Areas (2006-2007)

指标	Item	2006	2007	2007比2006增长% Growth Rate in 2007 over 2006
土地面积 (平方公里)	Land Area (sq.km)	114414	114414	
常用耕地面积 (公顷)	Area of Regularly Cultivated Land (ha.)			
年末户籍总人口 (万人)	Total Population with Residence Registration at the Year-end (10000 persons)	3208.46	3232.97	0.8
年末从业人员 (万人)	Employed Persons at the Year-end (10000 persons)	1037.32	1521.90	46.7
地区生产总值 (亿元)	Gross Domestic Product (100 million yuan)	2735.67	3332.25	17.0
第一产业	Primary Industry	619.18	699.90	4.3
第二产业	Secondary Industry	1141.16	1467.91	24.4
#工业	Industry	1006.09	1314.99	26.4
第三产业	Tertiary Industry	975.33	1164.43	16.5
人均生产总值 (元)	Per Capita Gross Domestic Product (yuan)	9924	11996	16.1
地区生产总值指数 (%)	Index of Gross Domestic Product (%)	115.2	117.0	17.0
第一产业	Primary Industry	104.5	104.3	4.3
第二产业	Secondary Industry	123.9	124.4	24.4
#工业	Industry	126.0	126.4	26.4
第三产业	Tertiary Industry	114.1	116.5	16.5
人均生产总值指数 (%)	Index of Per Capita Gross Domestic Product (%)	114.2	116.1	16.1
全社会固定资产投资额(亿元)	Total Investment in Fixed Assets (100 million yuan)	1041.22	1343.01	29.0
基本建设投资	Investment in Capital Construction	416.38	502.89	20.8
更新改造投资	Investment in Renovation	107.7	145.05	34.7
房地产开发投资	Investment in Real Estate Development	73.22	122.35	67.1
社会消费品零售总额 (亿元)	Total Retail Sales of Consumer Goods (100 million yuan)	1055.13	1265.13	19.7
出口总额 (亿美元)	Total Exports (USD 100 million)	63.10	81.56	29.3
实际外商直接投资额(亿美元)	Foreign Direct Investment Actually Utilized(USD 100 million)	8.23	10.76	30.7
地方财政一般预算收入(亿元)	Local Government Budgetary Revenue (100 million yuan)	89.34	115.52	29.3
地方财政一般预算支出(亿元)	Local Government Budgetary Expenditure (100 million yuan)	297.12	360.84	21.4
农村居民人均纯收入 (元)	Per Capita Net Income of Rural Residents (yuan)	4232	4531	7.1

注：1. 51个山区县(市、区)包括:从化市、南澳县、仁化县、南雄市、始兴县、翁源县、新丰县、曲江区、乳源县、乐昌市、东源县、和平县、龙川县、紫金县、连平县、梅江区、梅县、蕉岭县、大埔县、丰顺县、五华县、兴宁市、平远县、惠东县、龙门县、海丰县、陆河县、阳春市、高州市、信宜市、高要市、广宁县、德庆县、封开县、怀集县、清新县、英德市、佛冈县、连山县、连南县、连州市、阳山县、饶平县、潮安县、普宁市、揭西县、新兴县、罗定市、云城区、郁南县、云安县。

2. 本表国内生产总值绝对数按当年价格计算，指数按可比价格计算。

Notes: a) Counties(county-level cities and districts) in mountainous areas total 51,including Conghua City, Nan'ao County,Renhua County, Nanxiong City,Shixing County, Wengyuan County, Xinfeng County, Qujiang District, Ruyuan County,Lechang City,Dongyuan County, Heping County, Longchuan County,Zijin County,Lianping County,Meijiang District,Meixian County,Jiaoling County,Dabu County,Fengshun County, Wuhua County, Xingning City, Pingyuan County, Huidong County, Longmen County, Haifeng County, Luhe County, Yangchun City, Gaozhou City, Xinyi City, Gaoyao City, Guangning County, Deqing County, Fengkai County, Huaiji County, Qingxin County, Yingde City, Fogang County Lianshan County, Liannan County, Lianzhou City, Yangshan County, Raoping County Chao'an County, Puning City, Jiexi County, Xinxing County, Luoding City, Yuncheng District, Yunan County, and Yun'an County.

b) The figures in value terms on GDP are calculated at current prices, whereas the growth rates are calculated at comparable prices.

20-10 山区五市主要经济指标（2006-2007年）

Main Economic Indicators of Five Cities in Mountainous Areas (2006-2007)

指　　标	Item	2006	2007	2007比2006增长% Growth Rate in 2007 over 2006
土地面积（平方公里）	Land Area (sq.km)	77051	77051	
常用耕地面积（公顷）	Area of Regularly Cultivated Land (ha.)			
年末常住人口（万人）	Permanent Population at the Year-end (10000 persons)	1579.31	1590.88	0.7
#城镇人口	Urban Population	679.72	684.74	0.7
年末户籍总人口（万人）	Total Population with Residence Registration at the Year-end (10000 persons)	1827.36	1831.61	0.2
年末从业人员（万人）	Employed Persons at the Year-end (10000 persons)	797.71	812.88	1.9
#城镇从业人员	Employed Persons in Urban Areas	112.20	117.33	4.6
地区生产总值（亿元）	Gross Domestic Product (100 million yuan)	1657.2	2075.36	20.1
第一产业	Primary Industry	311.3	357.22	4.5
第二产业	Secondary Industry	764.9	1025.57	28.4
#工业	Industry	667.9	914.77	31.2
第三产业	Tertiary Industry	581.0	692.57	17.8
人均生产总值（元）	Per Capita Gross Domestic Product (yuan)	10505	13093	19.6
地区生产总值指数（%）	Index of Gross Domestic Product (%)	118.9	120.1	20.1
第一产业	Primary Industry	104.6	104.5	4.5
第二产业	Secondary Industry	133.5	128.4	28.4
#工业	Industry	137.7	131.2	31.2
第三产业	Tertiary Industry	112.2	117.8	17.8
人均生产总值指数（%）	Index of Per Capita Gross Domestic Product (%)	117.9	119.6	19.6
公路通车里程（公里）	Total Length of Highways in Operation (km)	64098	65882	2.8
邮电业务总量（亿元）	Total Business Volume of Postal and Telecommunication Services (100 million yuan)	143.89	227.69	58.2
本地电话年末用户（万户）	Number of Subscribers of Local Telephones at the Year-end (10000 subscribers)	354.64	363.29	2.4
移动电话年末用户（万户）	Number of Subscribers of Mobile Telephones at the Year-end (10000 subscribers)	543.18	570.96	5.1
全社会固定资产投资额(亿元)	Total Investment in Fixed Assets (100 million yuan)	864.06	1187.27	37.4
#基本建设投资	Investment in Capital Construction	350.89	455.02	29.7
更新改造投资	Investment in Renovation	92.95	128.5	38.2
房地产开发投资	Investment in Real Estate Development	89.90	145.31	61.6
社会消费品零售总额（亿元）	Total Retail Sales of Consumer Goods (100 million yuan)	648.39	765.14	18.0
出口总额（亿美元）	Total Exports (USD 100 million)	31.08	37.20	19.7
进口总额（亿美元）	Total Imports (USD 100 million)	24.42	33.46	37.0
实际外商直接投资额(亿美元)	Foreign Direct Investment Actually Utilized (USD 100 million)	8.23	10.76	30.7
地方财政一般预算收入(亿元)	Local Government Budgetary Revenue (100 million yuan)	84.58	110.03	30.1
地方财政一般预算支出(亿元)	Local Government Budgetary Expenditure(100 million yuan)	232.10	284.59	22.6
中外资金融机构本外币存款（亿元）	Deposits in Renminbi and Foreign Currencies in All Financial Institutions (100 million yuan)	1987.91	2209.37	11.1
中外资金融机构本外币储蓄存款（亿元）	Savings Deposits in Renminbi and Foreign Currencies in All Financial Institutions (100 million yuan)	1408.42	1486.98	5.6
中外资金融机构本外币贷款（亿元）	Loans in Renminbi and Foreign Currencies in All Financial Institutions (100 million yuan)	815.11	944.14	15.8

注：1. 山区五市指韶关、河源、梅州、清远和云浮。

2. 本表地区生产总值绝对数按当年价格计算，指数按可比价格计算。

Notes: a) The five cities in mountainous areas include Shaoguan, Heyuan, Meizhou, Qingyuan and Yunfu.

b) The figures in value terms on GDP are calculated at current prices, whereas their indexes are calculated at comparable prices.

20-11 少数民族县主要经济指标（2007年）

Main Economic Indicators of Minority Counties (2007)

指标	Item	合计 Total	连南县 Liannan County	连山县 Lianshan County	乳源县 Ruyuan County
土地面积 (平方公里)	Land Area (sq.km)	4753	1289	1165	2299
常用耕地面积 (公顷)	Area of Regularly Cultivated Land (ha.)				
年末常住人口 (万人)	Permanent Population at the Year-end (10000 persons)	44.68	14.38	11.06	19.24
#城镇人口	Urban Population	11.42	4.86	3.64	2.92
年末户籍总人口 (万人)	Total Population with Residence Registration at the Year-end (10000 persons)	48.45	16.00	11.59	20.86
少数民族人口	Population of Minority Nationalities	17.68	8.49	7.02	2.17
年末从业人员 (万人)	Employed Persons at the Year-end (10000 persons)	25.00	9.64	5.70	9.66
地区生产总值 (亿元)	Gross Domestic Product (100 million yuan)	46.52	10.90	9.49	26.13
第一产业	Primary Industry	9.05	2.66	3.41	2.98
第二产业	Secondary Industry	22.21	3.70	2.02	16.49
#工业	Industry	19.51	3.10	1.42	14.99
第三产业	Tertiary Industry	15.25	4.54	4.06	6.66
人均生产总值 (元)	Per Capita Gross Domestic Product (yuan)	10464	7628	8634	13628
地区生产总值指数 (%)	Index of Gross Domestic Product (%)	117.8	121.2	112.9	118.3
第一产业	Primary Industry	105.0	105.8	104.8	104.4
第二产业	Secondary Industry	122.9	133.0	113.5	122.0
#工业	Industry	119.2	123.3	99.9	120.6
第三产业	Tertiary Industry	119.4	122.5	120.0	116.9
人均生产总值指数 (%)	Index of Per Capita Gross Domestic Product (%)		20.1	11.9	17.7
公路通车里程 (公里)	Total Length of Highways in Operation (km)	3425	1141	804	1480
本地电话年末用户 (万户)	Number of Subscribers of Local Telephones at the Year-end (10000 subscribers)	7.48	2.29	1.89	3.30
#乡村	Subscribers in Rural Areas	3.33	0.97	0.83	1.53
移动电话年末用户 (万户)	Number of Subscribers of Mobile Telephones at the Year-end (10000 subscribers)	17.01	5.60	3.57	7.84
邮电业务总量 (亿元)	Total Business Volume of Postal and Telecommunication Services (100 million yuan)	3.77	1.85	1.22	0.69
全社会固定资产投资额(亿元)	Total Investment in Fixed Assets (100 million yuan)	23.44	6.24	7.68	9.52
基本建设投资	Investment in Capital Construction (100 million yuan)	6.85	3.43	1.76	1.66
更新改造投资	Investment in Renovation (100 million yuan)	1.79	0.56	1.23	
房地产开发投资	Investment in Real Estate Development	2.38	0.57		1.81
社会消费品零售总额 (亿元)	Total Retail Sales of Consumer Goods (100 million yuan)	11.89	3.21	2.17	6.51
地方财政一般预算收入(亿元)	Local Government Budgetary Revenue(100 million yuan)	3.19	0.77	0.41	2.00
地方财政一般预算支出(亿元)	Local Government Budgetary Expenditure (100 million yuan)	10.43	3.30	2.49	4.64
职工年平均工资 (元)	Annual Average Wage of Staff and Workers (yuan)	19642	20483	20570	18969
农村居民人均纯收入 (元)	Per Capita Net Income of Rural Residents (yuan)	3279	3099	3265	3430
普通中学 (所)	Number of Regular Secondary Schools (unit)	34	13	11	10
在校学生数 (人)	Number of Students Enrolled in Regular Secondary Schools (person)	29567	8661	7807	13099
小学 (所)	Number of Primary Schools (unit)	173	53	45	75
在校学生数 (人)	Number of Students Enrolled in Primary Schools (person)	42055	15575	9953	13099

注：本表地区生产总值绝对数按当年价计算，指数按可比价格计算。

Note: The figures in value terms on GDP are calculated at current prices, whereas their indexes are calculated at comparable prices.

二十一、城市主要经济指标

CITIES

二十一 城市主要经济指标

简要说明

一、本篇资料反映广东城市社会、经济发展和城市建设的规模、速度、效益及综合水平等基本情况。

二、本篇资料由国家统计局广东调查总队监测处整理提供。

三、本篇资料依据国家统计局制定的《城市社会经济基本情况统计报表制度》，由全省 21 个地级市统计局或调查队填报后汇总、加工而成。资料的统计范围为广东 2 1 个省辖城市的市区。其中深圳、珠海、东莞、中山、佛山为全市。

21 Cities

Brief Introduction

Ⅰ. The data in this chapter show the scale, growth rates, economic efficiency, and overall level of social development, economic development and urban construction of cities in Guangdong Province.

Ⅱ. The data in this chapter are provided by the Division of Supervision under Guangdong Survey Office of the National Bureau of Statistics.

Ⅲ. The data in this chapter are reported, tabulated and processed by the bureaus of statistics of 21 cities at or above prefectural level in accordance with the "Statistical Reporting Scheme on Basic Social and Economic Situations of Cities" stipulated by the National Bureau of Statistics. The statistical coverage includes the urban districts of the 21 cities under the jurisdiction of the provincial government. As for Shenzhen, Zhuhai, Dongguan, Zhongshan and Foshan, statistics of the whole cities are covered, including towns and villages.

21-1 城市主要经济指标(2006-2007年)

Main Economic Indicators of Cities (2006-2007)

指　　标	Item	2006	2007
土地面积　(平方公里)	Total Land Area (sq.km)	32366	32134
#建城区面积	Developed Land Area	2748	2965
年末户籍总人口　(万人)	Total Population with Residence Registration at the Year-end (10000 persons)	3094.09	3155.18
#非农业人口	Non-agricultural Population	2755.64	2950.81
年末总户数　(万户)	Total Number of Households at the Year-end (10000 households)	882.84	920.8
年末单位从业人员数 (万人)	Number of Persons Employed in Units at the Year-end (10000 persons)	728.66	768.87
城镇私营和个体从业人员 (万人)	Number of Persons Employed in Private Enterprises and Self-employed Individuals in Urban Areas (10000 persons)	804.19	931.65
地区生产总值(当年价)(亿元)	Gross Domestic Product (at current prices) (100 million yuan)	22460.39	
第一产业	Primary Industry	461.66	
第二产业	Secondary Industry	11687.10	
#工业	Industry	10962.67	
第三产业	Tertiary Industry	10311.63	
邮政业务总量　(亿元)	Total Business Volume of Postal Services (100 million yuan)	49.07	
电信业务总量　(亿元)	Total Business Volume of Telecommunication Services (100 million yuan)	1025.23	
本地电话机用户数　(万户)	Number of Subscribers of Local Telephones (10000 subscribers)	2544.58	2609.39
年末移动电话用户数 (万户)	Number of Subscribers of Mobile Telephones at the Year-end (10000 subscribers)	5603.11	7634.55
国际互联网用户数　(万户)	Number of Internet Subscribers (10000 subscribers)	749.60	742.56
生活用水量　(万立方米)	Water Consumption for Residential Use (10000 cu.m)	263201	282101
全年用电量　(亿千瓦时)	Annual Electricity Consumption (100 million kwh)	2336.27	2623.17
#工业用电	Electricity Consumption for Industry	1578.33	1779.3
城乡居民生活用电	Electricity Consumption for Residential Use	288.60	338.04
全社会固定资产投资 (亿元)	Total Investment in Fixed Assets (100 million yuan)	6375.71	7455.82
房地产开发投资额　(亿元)	Investment in Real Estate Development (100 million yuan)	1704.32	2345.44
#住宅	Residential Buildings	1104.07	1635.07
社会消费品零售总额 (亿元)	Total Retail Sales of Consumer Goods (100 million yuan)	7183.94	8518.49
外商直接投资	Foreign Direct Investment		
合同外资额　(亿美元)	Contracted Foreign Capital (USD 100 million)	206.42	297.39
实际利用外资　(亿美元)	Foreign Capital Actually Utilized (USD 100 million)	124.85	150.33
地方财政一般预算收入(亿元)	Local Government Budgetary Revenue (100 million yuan)	1522.11	1965.14
地方财政一般预算支出(亿元)	Local Government Budgetary Expenditure (100 million yuan)	1814.22	2286.81
城乡居民储蓄存款年末余额 (亿元)	Savings Deposits by Urban and Rural Residents at the Year-end (100 million yuan)	18267.24	19035.34
在岗职工工资总额　(亿元)	Total Wages of Fully Employed Staff and Workers (100 million yuan)	2087.93	2481.01

注：表中数据按广东各地级市统计局或调查队上报数汇总。

Note: Data in this table are compiled on the basis of data reported by the prefectural bureaus of statistics and the survey offices in Guangdong.

21-2 城市基本情况（2007年）

指 标	Item	21个城市合计 Total of 21 Cities	广州市 Guangzhou
人口、从业人员和土地面积	**Population, Employment and Total Land Area**		
年末户籍总人口 (万人)	Total Population with Residence Registration at the Year-end (10000 persons)	3155.18	636.76
#非农业人口	Non-agricultural Population	2950.81	636.76
年末户籍总户数 (万户)	Total Number of Households at the Year-end (10000 households)	902.8	199.8
年末单位从业人员数 (万人)	Number of Persons Employed in Units at the Year-end (10000 persons)	768.87	208.33
第一产业(农、林、牧、渔业)	Primary Industry	2.67	0.60
第二产业	Secondary Industry	408.65	91.90
第三产业	Tertiary Industry	357.55	115.83
私营和个体从业人员 (万人)	Persons Employed in Private Enterprises and Self-employed Individuals (10000 persons)	931.65	157.31
年末城镇登记失业人员数(万人)	Number of Unemployed Persons Registered at the Year-end in Urban Areas (10000 persons)	28.86	6.58
行政区域土地面积 (平方公里)	Total Land Area (sq.km)	32134	3843
#建成区面积	Developed Land Area	2965	844
经济总量指标	**Aggregate Economic Indicators**		
地区生产总值(当年价格)(亿元)	Gross Domestic Product (at current prices) (100 million yuan)		
第一产业	Primary Industry		
第二产业	Secondary Industry		
第三产业	Tertiary Industry		
人均地区生产总值 (元)	Per Capita Gross Domestic Product (yuan)		
地区生产总值增长率 (%)	Growth Rates of Gross Domestic Product (%)		
工业	**Industry**		
工业企业数 (个)	Number of Industrial Enterprises (unit)	33203	4093
内资企业	Domestic-funded Enterprises	18385	2286
港、澳、台商投资企业	Enterprises with Investment from Hong Kong, Macao and Taiwan	10318	1097
外商投资企业	Enterprises with Foreign Investment	4500	710
工业总产值(当年价) (亿元)	Total Industrial Output Value (at current prices) (100 million yuan)	49888.04	8104.78
内资企业	Domestic-funded Enterprises	19965.41	2656.57
港、澳、台商投资企业	Enterprises with Investment from Hong Kong, Macao and Taiwan	14101.70	1772.29
外商投资企业	Enterprises with Foreign Investment	15820.93	3675.92
主营业务收入 (亿元)	(100 million yuan)	48125.64	8085.04
主营业务税金及附加 (亿元)	(100 million yuan)	392.18	181.01
本年应交增值税 (亿元)	Value-added Tax Payable in Current Year (100 million yuan)	1346.78	303.40
利润总额 (亿元)	Pre-tax Profits (100 million yuan)	2811.19	720.99

Basic Conditions of Cities (2007)

深圳市 Shenzhen	珠海市 Zhuhai	汕头市 Shantou	佛山市 Foshan	韶关市 Shaoguan	河源市 Heyuan	梅州市 Meizhou	惠州市 Huizhou	汕尾市 Shanwei
212.38	95.69	493.58	361.08	91.20	29.06	31.08	122.28	50.96
212.38	95.69	493.58	361.08	60.53	29.06	23.82	122.28	50.96
66.25	26.63	108.28	106.93	29.84	10.22	10.35	38.02	10.83
195.08	53.52	30.00	54.65	14.39	9.48	4.68	55.42	4.88
0.44	0.89	0.02	0.06	0.03	0.05	0.01	0.02	0.01
104.47	37.71	11.73	29.32	7.68	6.48	1.4	45.23	2.78
90.17	14.92	18.25	25.27	6.68	2.95	3.27	10.17	2.09
283.74	39.43	48.06	150.00	5.42	4.75	3.22		
2.60	1.23	1.01	2.27	3.92	0.32	0.39	0.59	0.16
1953	1687	1956	3848	2870	450	322	2672	415
764	118	168	145	78	26	33	101	13
6801.57	895.90		3605.11	251.04	87.78	88.58	715.23	83.76
6.94	25.97		82.18	12.44	1.76	3.32	22.01	10.43
3404.76	494.66		2327.72	132.43	49.48	53.92	451.97	44.50
3389.87	375.27		1195.22	106.17	36.54	31.34	241.25	28.84
79645	61693		61199	28767	28117	28707	41044	17174
14.8	16.7		19.2	9.0	23.0	26.3	21.4	21.7
5386	1106	2114	6680	169	128	51	861	52
2281	349	1713	5023	132	53	30	181	29
2260	530	281	1141	30	59	16	507	22
845	227	120	516	7	16	5	173	1
13832.54	2357.37	1065.70	8417.06	397.94	159.24	78.47	1891.55	126.30
4822.16	627.80	745.62	5325.19	341.59	37.23	64.34	195.48	33.13
3720.32	593.28	169.76	2047.02	49.03	83.42	12.40	652.25	92.78
5290.06	1136.29	150.32	1044.85	7.32	38.58	1.73	1043.82	0.38
13090.59	2238.45	1030.99	8190.15	375.96	155.83	19.76	1863.48	120.50
65.53	4.28	5.91	59.23	14.92	0.37	0.04	1.33	0.13
242.82	33.86	31.43	252.46	20.24	3.52	1.26	58.38	1.60
848.85	127.24	69.72	397.03	28.24	10.52	2.27	81.96	9.40

21-2 续表 1

指　　标	Item	东莞市 Dongguan	中山市 Zhongshan
人口、从业人员和土地面积	**Population, Employment and Total Land Area**		
年末户籍总人口　(万人)	Total Population with Residence Registration at the Year-end (10000 persons)	171.26	145.15
#非农业人口	Non-agricultural Population	73.67	76.30
年末户籍总户数　(万户)	Total Number of Households at the Year-end (10000 households)	49.25	40.58
年末单位从业人员数　(万人)	Number of Persons Employed in Units at the Year-end (10000 persons)	21.47	26.12
第一产业(农、林、牧、渔业)	Primary Industry	0.05	0.01
第二产业	Secondary Industry	8.26	16.75
第三产业	Tertiary Industry	13.16	9.36
私营和个体从业人员　(万人)	Persons Employed in Private Enterprises and Self-employed Individuals (10000 persons)	61.95	93.01
年末城镇登记失业人员数(万人)	Number of Unemployed Persons Registered at the Year-end in Urban Areas (10000 persons)	0.80	0.70
行政区域土地面积　(平方公里)	Total Land Area (sq.km)	2465	1800
#建成区面积	Developed Land Area	75	86
经济总量指标	**Aggregate Economic Indicators**		
地区生产总值(当年价格)(亿元)	Gross Domestic Product (at current prices) (100 million yuan)	3151.91	1238.05
第一产业	Primary Industry	11.90	38.02
第二产业	Secondary Industry	1790.97	753.37
第三产业	Tertiary Industry	1349.04	446.65
人均地区生产总值　(元)	Per Capita Gross Domestic Product (yuan)	46027	49488
地区生产总值增长率　(%)	Growth Rates of Gross Domestic Product (%)	18.2	15.7
工业	**Industry**		
工业企业数　(个)	Number of Industrial Enterprises (unit)	4987	4300
内资企业	Domestic-funded Enterprises	1290	2818
港、澳、台商投资企业	Enterprises with Investment from Hong Kong, Macao and Taiwan	2489	1084
外商投资企业	Enterprises with Foreign Investment	1208	398
工业总产值(当年价)　(亿元)	Total Industrial Output Value (at current prices) (100 million yuan)	5851.51	3283.57
内资企业	Domestic-funded Enterprises	1236.58	1338.35
港、澳、台商投资企业	Enterprises with Investment from Hong Kong, Macao and Taiwan	2493.70	1081.95
外商投资企业	Enterprises with Foreign Investment	2121.23	863.27
主营业务收入　(亿元)	Sales Revenue (100 million yuan)	5791.30	3049.42
主营业务税金及附加　(亿元)	Sales Tax and Extra Charges (100 million yuan)	10.11	4.65
本年应交增值税　(亿元)	Value-added Tax Payable in Current Year (100 million yuan)	170.26	84.15
利润总额　(亿元)	Pre-tax Profits (100 million yuan)	189.18	118.34

21-2 continued 1

江门市 Jiangmen	阳江市 Yangjiang	湛江市 Zhanjiang	茂名市 Maoming	肇庆市 Zhaoqing	清远市 Qingyuan	潮州市 Chaozhou	揭阳市 Jieyang	云浮市 Yunfu
135.58	65.38	147.83	126.45	52.24	55.49	34.71	68.30	28.72
135.58	65.38	147.83	126.45	52.24	55.49	34.71	68.3	28.72
43.47	19.47	42.90	32.56	16.88	16.3	9.47	16.41	8.36
22.70	6.96	16.46	9.77	13.21	6.97	5.64	5.01	4.13
0.01	0.12	0.24	0.03	0.02	0.03	0.01	0.01	0.01
14.80	2.30	5.83	3.65	8.01	3.31	2.88	1.93	2.23
7.89	4.54	10.39	6.09	5.18	3.63	2.75	3.07	1.89
22.07	6.51	11.65	11.01	5.27	9.03	7.62	11.61	
3.47	1.60	0.71	0.89	0.42	0.25	0.42	0.40	0.13
1818	658	1720	874	761	927	152	181	762
109	37	73	66	68	41	44	58	18
581.87		502.59		210.67	202.09	88.12	136.14	
		43.36		9.84	9.94	1.14	3.42	
		306.88		89.41	136.38	45.34	77.47	
		152.36		111.41	55.77	41.63	55.24	
37779		35028		35695	33760	22876	19196	
17.1		14.1		18.2	46.5	8.9	17.8	
1529	164	308	169	306	220	194	316	70
996	139	229	152	157	123	115	239	50
417	18	44	10	92	77	63	62	19
116	7	35	7	57	20	16	15	1
1422.72	122.47	741.15	859.09	314.56	509.70	109.88	190.04	52.40
687.55	81.36	273.78	843.82	109.43	295.37	68.88	142.73	38.45
522.03	16.95	417.68	6.71	134.96	150.49	33.60	37.54	13.55
213.14	24.16	49.70	8.56	70.17	63.84	7.40	9.77	0.40
1364.25	120.49	622.49	866.07	301.69	492.70	105.34	189.91	51.22
8.45	0.70	15.23	16.63	1.47	0.95	0.32	0.58	0.35
39.88	4.37	18.81	50.50	9.85	6.63	4.81	5.36	3.18
64.72	11.64	50.77	53.18	3.81	7.66	6.40	7.01	2.27

21-2 续表 2

指 标	Item	21个城市合计 Total of 21 Cities	广州市 Guangzhou
邮电通信和电力	**Postal and Telecommunication Services and Electricity**		
邮政业务收入 (亿元)	Total Business Revenue of Postal Services (100 million yuan)		
电信业务收入 (亿元)	Total Business Revenue of Telecommunication Services (100 million yuan)		
固定电话用户数 (万户)	Number of Subscribers of Fixed Landline Telephones (10000 subscribers)	2609.39	619.10
年末移动电话用户数 (万户)	Number of Subscribers of Mobile Telephones at the Year-end (10000 subscribers)	7634.55	1675.00
国际互联网用户数 (万户)	Number of Internet Subscribers (10000 subscribers)	742.56	184.50
全年用电量 (亿千瓦时)	Annual Electricity Consumption (100 million kwh)	2623.17	428.38
#工业用电	Electricity Consumption for Industry	1779.30	221.06
居民生活用电	Electricity Consumption for Residential Use	338.04	82.70
固定资产投资	**Investment in Fixed Assets**		
全社会固定资产投资总额 (亿元)	Total Investment in Fixed Assets (100 million yuan)	7455.82	1723.20
#房地产开发投资额	Total Investment in Real Estate Development	2345.44	637.51
#住宅	Residential Buildings	1635.07	418.72
商品房屋销售面积 (万平方米)	Floor Space of Commercial Buildings Sold (10000 sq.m)	5248.79	1126.91
商品房屋销售额 (亿元)	Total Sales of Commercial Buildings (100 million yuan)	3404.41	1059.12
市政公用事业	**Urban Public Utilities**		
年末实有城市道路面积(万平方米)	Area of Paved Roads at the Year-end (10000 sq.m)	41662	9000
供水总量 (万平方米)	Total Volume of Water Supply (10000 cubic meters)	764763	178809
#居民生活用水量	Water Consumption for Residential Use	282101	73933
液化石油气供气总量 (吨)	Total Supply of Liquefied Petroleum Gas (ton)	3670543	978641
年末实有公共汽(电)车营运车辆数 (辆)	Number of Public Vehicles (Buses and Trolley-buses) at the Year-end (unit)	40904	9314
年末实有出租汽车数 (辆)	Number of Taxis at the Year-end (unit)	50250	17758
绿地面积 (公顷)	Area of Urban Gardens and Green Areas (hectare)	287308	116516
批发零售贸易和外经	**Wholesale, Retail Trade and Foreign Trade**		
限额以上批发零售贸易业商品销售总额 (亿元)	Total Sales of Commodities in Wholesale and Retail Trades above Designated Size (100 million yuan)	16730.68	8310.99
社会消费品零售额 (亿元)	Total Retail Sales of Consumer Goods (100 million yuan)	8518.49	2462.65
外商直接投资	Foreign Direct Investment		
新签项目(合同)个数 (个)	Number of Agreements and Contracts Newly Signed (unit)	8358	914
合同外资金额 (亿美元)	Contracted Foreign Capital (USD 100 million)	297.39	66.91
实际使用外资金额 (亿美元)	Foreign Capital Actually Utilized (USD 100 million)	150.33	30.60

21-2 continued 2

深圳市 Shenzhen	珠海市 Zhuhai	汕头市 Shantou	佛山市 Foshan	韶关市 Shaoguan	河源市 Heyuan	梅州市 Meizhou	惠州市 Huizhou	汕尾市 Shanwei
384.41	91.44	152.73	301.01	36.93	10.56	17.31		
1844.00	244.00	338.92	869.94	58.78	40.11	29.67		
189.32	23.50	29.21	60.39	7.27	3.15	4.26		
567.82	83.89	106.33	398.28	43.91	13.89	10.54	85.43	5.72
333.15	54.38	64.95	312.79	38.19	7.61	6.11	55.84	2.36
71.75	10.29	22.72	33.80	4.65	3.09	2.33	9.16	3.36
1345.00	345.05	203.24	1089.69	103.76	56.23	44.11	378.09	52.54
461.04	132.66	34.76	341.02	29.91	14.28	9.51	120.71	6.15
331.76	92.58	26.21	205.10	19.57	10.93	4.43	82.99	5.23
555.11	335.04	182.86	763.30	92.21	66.87	24.02	330.49	31.95
779.91	216.02	59.43	403.38	22.82	19.43	4.56	142.73	4.92
8322	2649	2423	2100	622	260	500	1218	198
154230	30332	29682	67703	5830	6921	4536	18596	2856
62008	9199	13639	15061	2802	1824	2085	5685	1229
527588	203000	315000	153966	18000	25550	24000	282844	17540
21939	1194	599	2123	226	326	163	653	100
11205	1852	1441	2083	782	345	408	983	360
96384	5105	5759	4655	2787	964	1201	3651	369
3336.71	419.53	184.10	1811.92	80.46	33.41	52.04	142.04	14.24
1915.03	301.47	466.15	946.80	125.40	36.63	31.80	218.11	36.29
4200	841	48	395	23	45	117	276	16
85.72	25.96	2.68	26.65	1.41	3.03	1.57	10.70	3.01
36.62	10.29	1.68	15.73	0.64	1.16	0.50	9.67	1.24

21-2 续表 3

指　　标	Item	东莞市 Dongguan	中山市 Zhongshan
邮电通信和电力	**Postal and Telecommunication Services and Electricity**		
邮政业务收入 (亿元)	Total Business Revenue of Postal Services(100 million yuan)		
电信业务收入 (亿元)	Total Business Revenue of Telecommunication Services (100 million yuan)		
固定电话用户数 (万户)	Number of Subscribers of Fixed Landline Telephones (10000 subscribers)	512.54	175.12
年末移动电话用户数 (万户)	Number of Subscribers of Mobile Telephones at the Year-end (10000 subscribers)	1408.23	446.51
国际互联网用户数 (万户)	Number of Internet Subscribers (10000 subscribers)	72.78	45.17
全年用电量 (亿千瓦时)	Annual Electricity Consumption (100 million kwh)	482.56	153.88
#工业用电	Electricity Consumption for Industry	395.61	111.07
居民生活用电	Electricity Consumption for Residential Use	43.57	18.05
固定资产投资	**Investment in Fixed Assets**		
全社会固定资产投资总额 (亿元)	Total Investment in Fixed Assets (100 million yuan)	841.21	399.22
#房地产开发投资额	Total Investment in Real Estate Development	209.42	176.46
#住宅	Residential Buildings	186.06	125.30
商品房屋销售面积 (万平方米)	Floor Space of Commercial Buildings Sold (10000 sq.m)	573.00	514.03
商品房屋销售额 (亿元)	Total Sales of Commercial Buildings (100 million yuan)	294.99	205.65
市政公用事业	**Urban Public Utilities**		
年末实有城市道路面积(万平方米)	Area of Paved Roads at the Year-end (10000 sq.m)	7459	1126
供水总量 (万平方米)	Total Volume of Water Supply (10000 cubic meters)	174184	7558
#居民生活用水量	Water Consumption for Residential Use	60967	5877
液化石油气供气总量 (吨)	Total Supply of Liquefied Petroleum Gas (ton)	413483	55903
年末实有公共汽(电)车营运车辆数 (辆)	Number of Public Vehicles (Buses and Trolley-buses) at the Year-end (unit)	1343	830
年末实有出租汽车数 (辆)	Number of Taxis at the Year-end (unit)	6381	1350
绿地面积 (公顷)	Area of Urban Gardens and Green Areas (hectare)	26677	1315
批发零售贸易和外经	**Wholesale, Retail Trade and Foreign Trade**		
限额以上批发零售贸易业商品销售总额 (亿元)	Total Sales of Commodities in Wholesale and Retail Trades above Designated Size (100 million yuan)	810.24	640.33
社会消费品零售额 (亿元)	Total Retail Sales of Consumer Goods (100 million yuan)	695.89	395.66
外商直接投资	Foreign Direct Investment		
新签项目(合同)个数 (个)	Number of Agreements and Contracts Newly Signed (unit)	708	271
合同外资金额 (亿美元)	Contracted Foreign Capital (USD 100 million)	31.26	13.06
实际使用外资金额 (亿美元)	Foreign Capital Actually Utilized (USD 100 million)	21.18	7.35

21-2 continued 3

江门市 Jiangmen	阳江市 Yangjiang	湛江市 Zhanjiang	茂名市 Maoming	肇庆市 Zhaoqing	清远市 Qingyuan	潮州市 Chaozhou	揭阳市 Jieyang	云浮市 Yunfu
69.34	31.13	56.93	35.36	34.26	21.93	22.29	19.80	17.20
160.20	45.29	140.55	55.28	66.28	62.72	66.95	64.54	17.58
67.10	3.51	17.26	4.15	17.22	3.82	4.14	4.41	1.39
75.60	11.52	24.17	35.28	22.99	30.56	12.05	22.50	7.88
54.52	7.07	19.89	29.36	15.50	23.28	3.09	17.98	5.50
7.19	2.53	4.13	2.67	2.71	2.86	6.34	2.84	1.30
148.14	57.23	132.86	43.30	124.00	207.16	57.12	53.46	51.20
35.34	8.46	30.40	6.19	31.03	38.23	9.95	8.47	3.95
26.64	4.53	21.07	4.98	24.28	28.15	8.26	6.17	2.13
173.68	39.36	64.78	85.87	90.65	119.00	35.82	32.03	11.81
53.97	9.61	20.61	17.05	29.89	45.62	7.07	5.67	1.94
1646	259	1393	360	692	689	380	301	65
24720	5282	9804	12548	9941	5442	6945	5858	2986
6777	3420	3716	2570	3065	1631	3607	2015	991
66097	143554	60000	30367	47379	24800	245021	27010	10800
667	135	340	133	244	230	220	56	69
373	234	1234	435	1047	230	923	728	98
4150	1137	3039	2552	4636	1299	1543	2715	854
183.77	35.25	186.37	334.29	10.48	38.62	47.87	42.38	15.65
173.03	101.68	198.02	152.13	70.05	70.69	41.88	60.79	18.34
239	29	24	8	71	36	18	35	44
7.76	1.04	4.39	0.98	6.20	1.73	1.21	0.98	1.14
3.86	0.55	1.38	0.32	4.32	1.99	0.63	0.38	0.25

21-2 续表 4

指　　标	Item	21个城市合计 Total of 21 Cities	广州市 Guangzhou
财政和金融	**Government Finance and Banking**		
地方财政一般预算内收入 (亿元)	Local Government Budgetary Revenue (100 million yuan)	1965.14	493.94
地方财政一般预算内支出 (亿元)	Local Government Budgetary Expenditure (100 million yuan)	2286.81	583.05
年末金融机构存款余额 (亿元)	Deposits in Financial Institutions at the Year-end(100 million yuan)	42611.76	14225.69
#城乡居民储蓄年末余额 (亿元)	Savings Deposits by Urban and Rural Residents at the Year-end (100 million yuan)	19035.34	5514.33
年末金融机构各项贷款余额(亿元)	Loans in Financial Institutions at the Year-end (100 million yuan)	26606.79	9435.65
人民生活	**People's Livelihood**		
在岗职工平均人数 (万人)	Average Number of Fully Employed Staff and Workers (10000 persons)	755.55	198.91
在岗职工工资总额 (亿元)	Total Wages of Fully Employed Staff and Workers (100 million yuan)	2481.01	830.13
居民人均可支配收入 (元)	Per Capita Disposable Income of Urban Residents (yuan)		22469
居民人均消费支出 (元)	Per Capita Living Expenditure of Urban Residents (yuan)		18951
居民消费价格指数 (上年为100)	Price Index of Consumer Goods (preceding year=100)		103.4
基本养老保险参保人数 (万人)	Number of Staff and Workers in Basic Retirement Security Program (10000 persons)	1541.94	204.21
基本医疗保险参保人数 (万人)	Number of Staff and Workers in Basic Health Care Program (10000 persons)	1397.40	317.20
失业保险参保人数 (万人)	Number of Staff and Workers in Unemployment Insurance Program (10000 persons)	1114.62	241.39
教育、科技、文化和卫生	**Education, Science and Technology, Culture and Health Care**		
学校数	Number of Schools		
高等学校 (所)	Colleges and Universities (unit)	110	58
中等专业学校 (所)	Specialized Secondary Schools (unit)	419	104
普通中学 (所)	Regular Secondary Schools (unit)	1986	393
小学 (所)	Primary Schools (unit)	5321	845
在校学生数	Number of Students Enrolled		
高等学校 (人)	In Colleges and Universities (person)	1094025	630126
中等专业学校 (人)	In Specialized Secondary Schools (person)	760690	233290
普通中学 (万人)	In Regular Secondary Schools (10000 persons)	283.77	46.34
小学 (万人)	In Primary Schools (10000 persons)	456.47	72.34
剧场、影剧院数 (个)	Number of Theatres and Cinemas (unit)	225	
公共图书馆图书总藏量 (千册)	Total Book Collections of Public Libraries (1000 volumes)		12285
医院、卫生院数 (个)	Number of Hospitals and Health Care Centers (unit)	1599	230
医院、卫生院床位数 (张)	Number of Hospital Beds (unit)	155774	43747
医生数 (人)	Number of Doctors (person)	100605	26924

21-2 continued 4

深圳市 Shenzhen	珠海市 Zhuhai	汕头市 Shantou	佛山市 Foshan	韶关市 Shaoguan	河源市 Heyuan	梅州市 Meizhou	惠州市 Huizhou	汕尾市 Shanwei
658.06	75.82	42.16	194.54	20.85	6.15	10.14	48.20	4.39
727.96	82.82	70.82	206.67	28.39	13.74	17.20	56.83	9.62
11495.79	1388.04	1153.93	4885.78	296.34	125.80	164.32	813.81	73.66
3792.59	591.86	838.48	2836.67	197.09	63.34	66.82	413.58	39.49
7965.45	683.23	446.88	2820.79	144.62	117.74	130.50	460.93	46.72
189.08	51.64	28.98	52.71	13.91	9.37	4.66	53.74	4.33
733.58	137.42	62.91	149.33	38.73	20.97	12.54	109.62	10.04
24870	19290	12670	21754	13545	10600	10802	17310	9567
18752	17422	10764	18469	9837	7453	8742	15015	7722
104.1	104.0	103.8	103.7	102.3	104.8	104.8	103.9	103.8
493.97	66.84	50.92	155.08	18.40	10.17	7.02	65.93	6.46
280.55	72.88	26.64	157.09	26.74	3.71	6.94	45.90	3.18
179.62	58.86	34.81	123.13	15.05	8.45	5.61	37.73	3.63
8	9	1	3	2	1	1	1	1
13	7	22	46	22	6	15		4
273	56	237	174	55	21	18	85	23
347	133	816	484	191	46	51	380	85
58910	79113	8472	37157	23819	6704	14200	8079	3580
25978	15439	35068	77393	20053	8927	21913		4692
27.92	8.76	40.72	32.23	6.11	2.77	3.73	13.22	3.59
57.52	13.28	71.71	44.85	7.30	3.98	3.31	20.14	5.33
56	10	18	43	3	1	2	3	1
12252	480	2468	2029	329	106	32	525	
101	48	260	202	353	10	19	56	16
16766	5727	8633	19476	4986	1091	2308	5384	948
18785	3173	4800	10066	2044	748	1075	3638	690

21-2 续表 5

指 标	Item	东莞市 Dongguan	中山市 Zhongshan
财政和金融	**Government Finance and Banking**		
地方财政一般预算内收入 (亿元)	Local Government Budgetary Revenue (100 million yuan)	186.45	86.12
地方财政一般预算内支出 (亿元)	Local Government Budgetary Expenditure (100 million yuan)	193.10	87.76
年末金融机构存款余额 (亿元)	Deposits in Financial Institutions at the Year-end(100 million yuan)	3751.83	1510.66
#城乡居民储蓄年末余额 (亿元)	Savings Deposits by Urban and Rural Residents at the Year-end (100 million yuan)	2120.74	875.54
年末金融机构各项贷款余额(亿元)	Loans in Financial Institutions at the Year-end (100 million yuan)	2154.77	717.09
人民生活	**People's Livelihood**		
在岗职工平均人数 (万人)	Average Number of Fully Employed Staff and Workers (10000 persons)	20.04	25.65
在岗职工工资总额 (亿元)	Total Wages of Fully Employed Staff and Workers (100 million yuan)	70.70	70.54
居民人均可支配收入 (元)	Per Capita Disposable Income of Urban Residents (yuan)	27025	20317
居民人均消费支出 (元)	Per Capita Living Expenditure of Urban Residents (yuan)	21545	15565
居民消费价格指数 (上年为100)	Price Index of Consumer Goods (preceding year=100)	103.1	104.4
基本养老保险参保人数 (万人)	Number of Staff and Workers in Basic Retirement Security Program (10000 persons)	227.98	106.64
基本医疗保险参保人数 (万人)	Number of Staff and Workers in Basic Health Care Program (10000 persons)	236.32	108.48
失业保险参保人数 (万人)	Number of Staff and Workers in Unemployment Insurance Program (10000 persons)	222.36	98.00
教育、科技、文化和卫生	**Education, Science and Technology, Culture and Health Care**		
学校数	Number of Schools		
高等学校 (所)	Colleges and Universities (unit)	4	5
中等专业学校 (所)	Specialized Secondary Schools (unit)	25	18
普通中学 (所)	Regular Secondary Schools (unit)	168	84
小学 (所)	Primary Schools (unit)	369	217
在校学生数	Number of Students Enrolled		
高等学校 (人)	In Colleges and Universities (person)	25178	32172
中等专业学校 (人)	In Specialized Secondary Schools (person)	40429	33179
普通中学 (万人)	In Regular Secondary Schools (10000 persons)	23.46	13.94
小学 (万人)	In Primary Schools (10000 persons)	52.07	23.80
剧场、影剧院数 (个)	Number of Theatres and Cinemas (unit)	34	28
公共图书馆图书总藏量 (千册)	Total Book Collections of Public Libraries (1000 volumes)	8962	715
医院、卫生院数 (个)	Number of Hospitals and Health Care Centers (unit)	56	38
医院、卫生院床位数 (张)	Number of Hospital Beds (unit)	14878	7251
医生数 (人)	Number of Doctors (person)	10446	3996

注：1. 本表按2007年底止的行政区划范围统计。
2. 本表21个城市合计数除人均地区生产总值、地区生产总值增长速度外，其余根据广东各地级以上市统计局或调查队上报数汇总。
3. 工业统计范围为年主营业务收入500万元及以上的工业法人企业。

21-2 continued 5

江门市 Jiangmen	阳江市 Yangjiang	湛江市 Zhanjiang	茂名市 Maoming	肇庆市 Zhaoqing	清远市 Qingyuan	潮州市 Chaozhou	揭阳市 Jieyang	云浮市 Yunfu
37.58	6.47	28.59	19.55	14.98	11.69	6.85	7.24	5.39
42.97	13.88	49.14	26.97	22.13	17.66	11.65	14.32	10.14
763.07	157.85	579.04	238.39	287.88	247.22	190.63	173.28	88.75
494.95	103.57	311.05	152.79	160.76	147.12	135.22	122.21	57.14
389.30	81.23	300.30	123.38	184.03	136.61	108.84	103.92	54.80
21.86	6.70	15.90	9.58	12.18	6.69	5.33	20.26	4.03
50.77	12.73	44.45	27.29	28.59	18.04	12.58	30.47	9.57
15149	11116	11389	11195	12278	11827	10391	10751	9085
11594	8764	8919	8659	8639	8443	9314	9061	7300
103.6	102.9	103.2	103.5	102.7	103.6	103.6	103.0	103.6
17.94	10.14	31.31	16.13	19.82	9.30	12.81	7.67	3.20
23.13	6.95	27.81	14.84	18.28	7.80	6.36	3.39	3.20
15.42	7.17	16.66	9.21	12.80	4.56	10.99	5.93	3.24
2	1	3	2	4	1	1	2	
23	6	46	18	21	6	9	6	2
99	32	79	62	26	30	22	34	15
155	146	338	308	91	75	57	105	82
17431	6918	57692	19244	34281	7800	13066	10083	
48938	6287	84760	32631	43260	11190	8884	6229	2150
10.12	5.09	13.79	10.22	3.99	4.51	3.69	7.12	2.45
13.47	5.88	18.59	15.05	5.34	5.69	4.30	9.17	3.35
8	1	3	2	5	3	2		2
940	405	677	250	312	348	220	276	96
44		56	21	25	23	18	11	12
5465		6835	3282	3523	1979	1111	1474	910
3065		2922	1398	2042	1294	2195	916	388

Notes: a) Figures in this table are calculated in accordance with the administrative divisions at the end of 2007.

b) The sums of 21 cities are tabulated from the figures reported by the prefectural bureaus of statistics and the survey offices in Guangdong except per capita grossdomestic product and growth rates of gross domestic product.

c) The statistical coverage of industry refers to the legal person industrial enterprises with annual main business revenue over 5 million yuan.

二十二、县（市）区主要经济指标

COUNTIES AND DISTRICTS UNDER CITY ADMINISTRATION

二十二　县(市)区主要经济指标

简要说明

一、本篇资料反映广东县(市)区经济发展基本情况，主要包括：各县(市)区的人口、地区生产总值、工农业产值、主要农产品产量、固定资产投资、消费品零售总额、在岗职工人数和职工工资、财政收支以及居民储蓄存款等内容。

二、本篇资料由广东省统计局各有关专业处整理提供，综合处负责编辑。

三、本篇资料依据国家统计局制定的各有关专业年度报表制度，由21个地级市统计局填报汇总而成。

四、本篇各县(市)区产值、金融、财政类指标数据汇总数不等于全省数。

22 Counties and Districts under City Administration

Brief Introduction

Ⅰ. The data in this chapter show the basic conditions of the economic development of counties and districts under city administration in Guangdong Province, mainly including population, gross Domestic product, gross output value of industry and agriculture, output of major farm products, investment in fixed assets, total retail sales of consumer goods, number and wages of fully employed staff and workers, local government budgetary revenue and expenditure and savings deposits by urban and rural residents, etc.

Ⅱ. The data in this chapter are prepared and provided by the related specialized divisions and compiled by the Division of Comprehensive Statistics of Guangdong Provincial Bureau of Statistics.

Ⅲ. The data in this chapter are compiled on the basis of data reported by the bureaus of statistics of 21 cities at or above prefectural level in accordance with related specialized annual report schemes formulated by the National Bureau of Statistics.

Ⅳ. The tabulated data on output value, banking and government finance of the counties and districts in this chapter do not sum up to the provincial total.

22-1 各县(市)区户籍人口数（2007年）

Population with Residence Registration by County (County-level City) and District (2007)

县(市)区别	County(County-level City)and District	总人口(人) Total Population (person)	按性别分 By Sex		按农业、非农业分 By Agricultural and Non-agricultural Population	
			男 Male	女 Female	非农业人口 Non-agricultural Population	农业人口 Agricultural Population
广州市	Guangzhou					
市辖区	Urban District	6367621	3246059	3121562	6367621	
从化市	Conghua City	549136	279423	269713	237540	303868
增城市	Zengcheng City	818030	417163	400867	330291	483743
深圳市	Shenzhen	2168453	1153523	1014930	2168453	
珠海市	Zhuhai	956874	487788	469086	956874	
汕头市	Shantou					
市辖区	Urban District	4935832	2478315	2457517	4935832	
南澳县	Nanao County	72345	36639	35706	27142	45203
佛山市	Foshan	3610800	1804785	1806015	3610800	
韶关市	Shaoguan					
市辖区	Urban District	911951	479157	432794	911951	
乐昌市	Lechang City	521420	275828	245592	251826	269594
南雄市	Nanxiong City	463299	237283	226016	117156	346143
仁化县	Renhua County	228656	115727	112929	74740	153916
始兴县	Shixing County	245569	122317	123252	51035	194534
翁源县	Wengyuan County	390060	203052	187008	106435	283625
新丰县	Xinfeng County	242380	125902	116478	94507	147683
乳源县	Ruyuan County	208585	107728	100857	39873	168607
河源市	Heyuan					
市辖区	Urban District	290634	147141	143493	290634	
东源县	Dongyuan County	522703	268193	254510	61296	461407
和平县	Heping County	489204	252023	237181	69632	419572
龙川县	Longchuan County	902053	460902	441151	155874	746179
紫金县	Zijin County	780914	399923	380991	164755	616159
连平县	Lianping County	368745	187592	181153	68509	300236
梅州市	Meizhou					
市辖区	Urban District	310836	160100	150736	310836	
兴宁市	Xingning City	1142296	588517	553779	319644	822652
梅　县	Meixian County	610915	309403	301512	137803	473112
平远县	Pingyuan County	256288	131473	124815	83742	172546
蕉岭县	Jiaoling County	228843	116949	111894	64874	163969
大埔县	Dabu County	534461	276000	258461	115812	418649
丰顺县	Fengshun County	680394	350821	329573	104300	573917
五华县	Wuhua County	1269561	655605	613956	173600	1095961
惠州市	Huizhou					
市辖区	Urban District	1222786	620930	601856	1222786	
惠东县	Huidong County	783482	400547	382935	277120	506362
博罗县	Boluo County	793140	405690	387450	220668	571481
龙门县	Longmen County	329478	168641	160837	112944	216534
汕尾市	Shanwei					
市辖区	Urban District	491766	255703	236063	491766	
陆丰市	Lufeng City	1688536	876329	812207	649721	1035549
海丰县	Haifeng County	804107	421812	382295	402056	394440
陆河县	Luhe County	314153	162243	151910	116593	197560
东莞市	Dongguan	1712593	870040	842553	740232	968109
中山市	Zhongshan	1451454	725079	726375	763035	683204
江门市	Jiangmen					
市辖区	Urban District	1355782	678532	677250	1355782	
台山市	Taishan City	983016	502202	480814	270816	712200
开平市	Kaiping City	683171	341967	341204	246056	437115
鹤山市	Heshan City	362185	182148	180037	147329	214856
恩平市	Enping City	499614	260463	239151	174645	324078

22-1 续表 continued

县(市)区别	County(County-level City)and District	总人口(人) Total Population (person)	按性别分 By Sex		按农业、非农业分 By Agricultural and Non-agricultural Population	
			男 Male	女 Female	非农业人口 Non-agricultural Population	农业人口 Agricultural Population
阳江市	Yangjiang					
市辖区	Urban District	653790	338666	315124	653790	
阳春市	Yangchun City	1092502	577958	514544	298655	790657
阳东县	Yangdong County	465913	252899	213014	83513	381028
阳西县	Yangxi County	498063	271322	226741	94835	397836
湛江市	Zhanjiang					
市辖区	Urban District	1478328	771097	707231	1478328	
雷州市	Leizhou City	1595576	842301	753275	301202	1294374
廉江市	Lianjiang City	1601037	860342	740695	347745	1253292
吴川市	Wuchuan City	1053948	562654	491294	299970	753978
遂溪县	Suixi County	1015082	532145	482937	184986	830096
徐闻县	Xuwen County	705963	372271	333692	147071	558892
茂名市	Maoming					
市辖区	Urban District	1264491	660053	604438	1264491	
信宜市	Xinyi City	1333839	694207	639632	349725	982820
高州市	Gaozhou City	1677953	887334	790619	490807	1173623
化州市	Huazhou City	1531891	816888	715003	250792	1269758
电白县	Dianbai County	1356257	733926	622331	339618	1016639
肇庆市	Zhaoqing					
市辖区	Urban District	496840	253163	243677	496840	
四会市	Sihui City	435007	225267	209740	213946	219280
高要市	Gaoyao City	741992	380675	361317	119570	622091
广宁县	Guangning County	550116	288195	261921	75320	474489
德庆县	Deqing County	369630	193183	176447	73158	294756
封开县	Fengkai County	483087	250398	232689	73147	407123
怀集县	Huaiji County	1000391	512691	487700	122754	875658
清远市	Qingyuan					
市辖区	Urban District	554874	285057	269817	554874	
英德市	Yingde City	1087695	568101	519594	244858	834861
连州市	Lianzhou City	520720	266820	253900	90852	429868
佛冈县	Fogang County	319481	164334	155147	64101	255380
清新县	Qingxin County	735129	380094	355035	83263	651866
连山县	Lianshan County	115857	60135	55722	23402	92072
连南县	Liannan County	160008	82793	77215	26344	133664
阳山县	Yangshan County	536358	276819	259539	74900	461458
潮州市	Chaozhou					
市辖区	Urban District	347061	172246	174815	347061	
饶平县	Raoping County	990104	509074	481030	225403	764701
潮安县	Chaoan County	1203451	612017	591434	167017	1036023
揭阳市	Jieyang					
市辖区	Urban District	683008	347728	335280	683008	
普宁市	Puning City	2226017	1134346	1091671	658141	1517710
揭东县	Jiedong County	1246394	642104	604290	255817	977796
揭西县	Jiexi County	938933	481839	457094	245372	684413
惠来县	Huilai County	1253455	636531	616924	333199	908600
云浮市	Yunfu					
市辖区	Urban District	287154	151156	135998	287154	
罗定市	Luoding City	1140840	603165	537675	381336	749386
新兴县	Xinxing County	459401	234322	225079	159157	297672
郁南县	Yunan County	487402	250342	237060	94100	391193
云安县	Yunan County	311365	160409	150956	73909	234365

注：在"按农业、非农业分"的人口中，不包括未落常住户口的人数。

Note: Population categorized by agricultural and non-agricultural population excludes population without permanent residence registration.

22-2 各县(市)区地区生产总值 (2007年)

Gross Domestic Product by County (County-level City) and District (2007)

单位：万元 (10000 yuan)

县(市)区别	County (County-level City) and District	地区生产总值 Gross Domestic Product	第一产业 Primary Industry	第二产业 Secondary Industry	第三产业 Tertiary Industry
广州市	Guangzhou				
市　区	Urban District	65704920	1035531	24951144	39718245
从化市	Conghua City	1276389	147956	634977	493456
增城市	Zengcheng City	4110505	315250	2481507	1313748
深圳市	Shenzhen	68015706	69412	34047608	33898686
珠海市	Zhuhai	8959010	259684	4946589	3752736
汕头市	Shantou				
市　区	Urban District	8441181	449605	4478137	3513439
南澳县	Nanao County	59838	21766	20724	17348
佛山市	Foshan	36051142	821750	23277202	11952190
韶关市	Shaoguan				
市　区	Urban District	2562587	135449	1343588	1083550
乐昌市	Lechang City	396200	90519	131818	173863
南雄市	Nanxiong City	326223	122738	72014	131471
仁化县	Renhua County	439962	81578	280422	77962
始兴县	Shixing County	227068	71996	86232	68840
翁源县	Wengyuan County	272586	91000	75733	105853
新丰县	Xinfeng County	188427	46329	75183	66915
乳源县	Ruyuan County	261255	29770	164928	66557
河源市	Heyuan				
市　区	Urban District	883368	17642	503107	362619
东源县	Dongyuan County	417860	75248	233629	108983
和平县	Heping County	317727	68660	136080	112987
龙川县	Longchuan County	682633	115519	311896	255218
紫金县	Zijin County	437607	115593	163068	158946
连平县	Lianping County	480827	47108	338411	95308
梅州市	Meizhou				
市　区	Urban District	885764	33170	539223	313371
兴宁市	Xingning City	664604	186738	226657	251209
梅　县	Meixian County	857785	202761	398740	256284
平远县	Pingyuan County	234385	55818	93146	85421
蕉岭县	Jiaoling County	291963	52338	142655	96970
大埔县	Dabu County	293111	75737	106998	110376
丰顺县	Fengshun County	401390	102981	186784	111625
五华县	Wuhua County	491000	152169	112198	226633
惠州市	Huizhou				
市　区	Urban District	7152343	220062	4519735	2412546
惠东县	Huidong County	1788527	270658	975332	542537
博罗县	Boluo County	1985477	256612	982542	746323
龙门县	Longmen County	425743	118098	147898	159747
汕尾市	Shanwei				
市　区	Urban District	834068	100265	444957	288847
陆丰市	Lufeng City	875868	220599	385051	270218
海丰县	Haifeng County	1080598	168041	455413	457144
陆河县	Luhe County	227545	48907	82405	96233
东莞市	Dongguan	31519126	118991	17909748	13490386
中山市	Zhongshan	12380456	380193	7533736	4466527
江门市	Jiangmen				
市　区	Urban District	6037604	296681	3548074	2192849
台山市	Taishan City	1506797	219695	813308	473794
开平市	Kaiping City	1498480	153685	759874	584921
鹤山市	Heshan City	1227465	103095	696370	428000
恩平市	Enping City	704299	95867	271111	337321

22-2 续表 continued

单位: 万元 (10000 yuan)

县(市)区别	County (County-level City) and District	地区生产总值 Gross Domestic Product	第一产业 Primary Industry	第二产业 Secondary Industry	第三产业 Tertiary Industry
阳江市	Yangjiang				
市 区	Urban District	1549907	244834	590149	714924
阳春市	Yangchun City	1159065	330931	459227	368907
阳东县	Yangdong County	798175	199367	385606	213202
阳西县	Yangxi County	571421	249158	161470	160793
湛江市	Zhanjiang				
市 区	Urban District	5025942	433634	3068751	1523557
雷州市	Leizhou City	794091	388581	140966	264544
廉江市	Lianjiang City	1076391	400657	365748	309986
吴川市	Wuchuan City	649103	134607	267466	247030
遂溪县	Suixi County	837615	397673	209382	230560
徐闻县	Xuwen County	542469	251990	88427	202052
茂名市	Maoming				
市 区	Urban District	3750880	236959	2245298	1268623
信宜市	Xinyi City	1419651	397390	448420	573841
高州市	Gaozhou City	1958188	516670	591316	850202
化州市	Huazhou City	1675369	413730	420022	841617
电白县	Dianbai County	1458948	421368	518736	518844
肇庆市	Zhaoqing				
市 区	Urban District	1887060	82467	708488	1096104
四会市	Sihui City	1012350	243605	522088	246657
高要市	Gaoyao City	1240775	391221	480686	368868
广宁县	Guangning County	434187	132430	93983	207774
德庆县	Deqing County	384186	105875	106625	171686
封开县	Fengkai County	413193	175680	82579	154933
怀集县	Huaiji County	672472	263946	98450	310075
清远市	Qingyuan				
市 区	Urban District	2020884	99371	1363812	557701
英德市	Yingde City	1095036	213324	396636	485076
连州市	Lianzhou City	617708	125393	296984	195331
佛冈县	Fogang County	625179	41994	438632	144553
清新县	Qingxin County	1043677	174978	589753	278945
连山县	Lianshan County	94918	34113	20205	40600
连南县	Liannan County	109030	26648	37007	45374
阳山县	Yangshan County	386147	123611	100771	161765
潮州市	Chaozhou				
市 区	Urban District	878422	8706	453395	416321
饶平县	Raoping County	901925	173621	380005	348299
潮安县	Chao'an County	2084610	104021	1365907	614682
揭阳市	Jieyang				
市 区	Urban District	1376637	22784	782724	571129
普宁市	Puning City	1719462	185791	934875	598796
揭东县	Jiedong County	1342097	205244	762982	373871
揭西县	Jiexi County	733658	142740	386516	204402
惠来县	Huilai County	724417	223503	314030	186884
云浮市	Yunfu				
市 区	Urban District	622053	61543	367058	193452
罗定市	Luoding City	660411	197307	240255	222849
新兴县	Xinxing County	790371	266741	279780	243850
郁南县	Yunan County	438245	129454	154425	154366
云安县	Yun'an County	291290	90376	136482	64432

注:本表按当年价格计算。
Note: The data in this table are calculated at current prices.

22-3 各县(市)区地区生产总值增长速度（2007年）

Growth Rates of Gross Domestic Product by County (County-level City) and District (2007)

单位：% (%)

县(市)区别	County (County-level City) and District	地区生产总值 Gross Domestic Product	第一产业 Primary Industry	第二产业 Secondary Industry	第三产业 Tertiary Industry
广州市	Guangzhou				
市　区	Urban District	14.6	2.4	12.6	16.2
从化市	Conghua City	15.0	2.9	15.9	17.5
增城市	Zengcheng City	20.0	4.1	24.0	16.7
深圳市	Shenzhen	14.8	-7.7	14.2	15.6
珠海市	Zhuhai	16.7	-0.9	18.6	15.5
汕头市	Shantou				
市　区	Urban District	13.0	4.5	13.7	13.2
南澳县	Nan'ao County	12.5	3.5	35.4	3.8
佛山市	Foshan	19.2	-6.9	23.1	14.3
韶关市	Shaoguan				
市　区	Urban District	9.4	5.4	4.6	16.0
乐昌市	Lechang City	21.7	6.6	37.8	18.7
南雄市	Nanxiong City	16.7	3.6	49.7	15.3
仁化县	Renhua County	32.8	3.3	53.3	17.2
始兴县	Shixing County	16.6	2.5	30.4	16.9
翁源县	Wengyuan County	16.6	6.0	23.9	20.7
新丰县	Xinfeng County	19.8	4.2	33.8	16.2
乳源县	Ruyuan County	18.3	4.4	22.0	16.9
河源市	Heyuan				
市　区	Urban District	23.7	1.4	26.0	21.9
东源县	Dongyuan County	28.9	4.9	50.6	11.9
和平县	Heping County	19.5	5.8	37.1	10.7
龙川县	Longchuan County	15.2	5.9	23.1	10.8
紫金县	Zijin County	15.6	3.8	26.3	14.8
连平县	Lianping County	28.2	6.0	37.5	12.3
梅州市	Meizhou				
市　区	Urban District	26.3	5.0	25.2	30.6
兴宁市	Xingning City	12.9	4.7	18.1	14.5
梅　县	Meixian County	13.3	4.5	13.9	19.9
平远县	Pingyuan County	12.2	5.0	14.3	14.8
蕉岭县	Jiaoling County	12.7	4.8	13.0	16.5
大埔县	Dabu County	10.9	5.2	11.9	14.0
丰顺县	Fengshun County	10.9	3.5	14.3	11.9
五华县	Wuhua County	11.5	4.8	12.7	15.3
惠州市	Huizhou				
市　区	Urban District	22.1	-0.9	24.8	19.4
惠东县	Huidong County	15.1	1.1	18.3	17.3
博罗县	Boluo County	16.3	4.9	17.0	20.0
龙门县	Longmen County	15.3	7.4	26.5	10.8
汕尾市	Shanwei				
市　区	Urban District	21.5	1.1	29.2	18.5
陆丰市	Lufeng City	16.8	4.2	25.8	15.6
海丰县	Haifeng County	17.4	1.2	23.4	18.1
陆河县	Luhe County	15.2	3.3	18.6	18.8
东莞市	Dongguan	18.2	-10.2	15.6	22.3
中山市	Zhongshan	15.7	5.3	14.2	19.2
江门市	Jiangmen				
市　区	Urban District	17.9	1.5	22.5	13.2
台山市	Taishan City	15.2	3.0	22.2	10.4
开平市	Kaiping City	9.7	-3.2	10.3	12.1
鹤山市	Heshan City	15.3	1.5	19.2	12.6
恩平市	Enping City	13.4	3.5	14.1	15.8

22-3 续表 continued

单位：% (%)

县(市)区别	County (County-level City) and District	地区生产总值 Gross Domestic Product	第一产业 Primary Industry	第二产业 Secondary Industry	第三产业 Tertiary Industry
市 区	Urban District	15.8	0.4	17.8	19.7
阳春市	Yangchun City	13.2	0.3	19.4	18.1
阳东县	Yangdong County	14.4	0.7	22.5	14.8
阳西县	Yangxi County	10.5	1.0	16.9	21.8
湛江市	Zhanjiang				
市 区	Urban District	13.3	-5.6	13.6	20.1
雷州市	Leizhou City	10.4	5.4	17.0	14.0
廉江市	Lianjiang City	13.5	6.6	23.0	12.8
吴川市	Wuchuan City	13.1	4.6	11.6	20.6
遂溪县	Suixi County	13.5	6.1	28.0	15.5
徐闻县	Xuwen County	12.8	4.7	22.5	19.1
茂名市	Maoming				
市 区	Urban District	6.5	-3.8		17.7
信宜市	Xinyi City	11.8	4.7	12.2	16.9
高州市	Gaozhou City	12.6	3.9	12.5	18.7
化州市	Huazhou City	12.2	4.6	7.6	19.1
电白县	Dianbai County	12.2	5.0	10.7	20.2
肇庆市	Zhaoqing				
市 区	Urban District	15.2	5.9	23.1	13.5
四会市	Sihui City	15.6	3.8	26.3	23.7
高要市	Gaoyao City	28.2	6.0	37.5	9.1
广宁县	Guangning County	26.3	5.0	25.2	14.2
德庆县	Deqing County	12.9	4.7	18.1	19.6
封开县	Fengkai County	13.3	4.5	13.9	9.8
怀集县	Huaiji County	12.2	5.0	14.3	18.5
清远市	Qingyuan				
市 区	Urban District	46.5	4.7	62.6	26.7
英德市	Yingde City	27.1	7.4	39.0	28.0
连州市	Lianzhou City	25.2	5.9	39.7	18.6
佛冈县	Fogang County	32.5	6.4	37.6	28.0
清新县	Qingxin County	34.6	8.2	48.3	27.7
连山县	Lianshan County	12.9	4.8	13.5	20.0
连南县	Liannan County	21.2	5.8	33.0	22.5
阳山县	Yangshan County	17.7	7.2	30.0	19.0
潮州市	Chaozhou				
市 区	Urban District	8.9	7.2	9.6	8.2
饶平县	Raoping County	15.1	4.0	21.5	14.6
潮安县	Chao'an County	16.7	7.4	18.9	13.5
揭阳市	Jieyang				
市 区	Urban District	17.9	-0.5	21.0	14.3
普宁市	Puning City	19.0	4.0	30.1	9.2
揭东县	Jiedong County	18.6	5.0	25.1	14.1
揭西县	Jiexi County	15.2	6.0	20.5	12.4
惠来县	Huilai County	17.8	4.6	32.5	12.8
云浮市	Yunfu				
市 区	Urban District	12.9	5.6	13.5	14.0
罗定市	Luoding City	11.5	4.7	15.9	13.2
新兴县	Xinxing County	15.9	4.3	32.0	13.0
郁南县	Yunan County	14.5	4.5	25.4	13.6
云安县	Yun'an County	15.5	2.8	25.2	16.4

注：本表按可比价格计算。
Note: Data in this table are calculated at comparable prices.

22-4 各县(市)区人均地区生产总值及增长速度（2006-2007年）

Per Capita Gross Domestic Product and Growth Rates by County (County-level City) and District (2006-2007)

县(市)区别	County (County-level City) and District	绝对数(元/人) Absolute Figure (yuan/person)		增长速度(%) Growth Rate (%)	
		2006	2007	2006	2007
广州市	Guangzhou				
市　区	Urban District	67469	76286	14.3	11.4
从化市	Conghua City	21856	25406	10.5	10.9
增城市	Zengcheng City	41493	52376	15.1	17.5
深圳市	Shenzhen	69450	79645	13.4	12.6
珠海市	Zhuhai	52477	61693	13.9	15.1
汕头市	Shantou				
市　区	Urban District	14976	17168	11.1	12.2
南澳县	Nan'ao County	7552	8573	7.9	12.0
佛山市	Foshan	50324	61199	18.2	18.0
韶关市	Shaoguan				
市　区	Urban District	25130	28767	19.4	9.0
乐昌市	Lechang City	6700	8391	-0.1	21.3
南雄市	Nanxiong City	7094	8605	12.4	16.0
仁化县	Renhua County	13803	20136	18.9	32.2
始兴县	Shixing County	8341	10096	8.8	16.0
翁源县	Wengyuan County	6392	7657	11.5	16.0
新丰县	Xinfeng County	7302	9143	9.7	19.2
乳源县	Ruyuan County	10945	13628	16.0	17.7
河源市	Heyuan				
市　区	Urban District	22406	28295	32.2	21.9
东源县	Dongyuan County	7614	10139	24.8	28.2
和平县	Heping County	6597	8095	23.7	18.8
龙川县	Longchuan County	8553	10107	21.5	14.3
紫金县	Zijin County	5374	6473	15.6	15.4
连平县	Lianping County	10948	14420	28.4	27.4
梅州市	Meizhou				
市　区	Urban District	22137	28707	11.0	26.2
兴宁市	Xingning City	6069	7240	10.4	13.2
梅　县	Meixian County	12970	15320	9.3	13.8
平远县	Pingyuan County	8547	9927	10.3	11.9
蕉岭县	Jiaoling County	11830	13821	9.7	12.7
大埔县	Dabu County	6713	7750	9.1	10.6
丰顺县	Fengshun County	7229	8390	11.0	10.6
五华县	Wuhua County	4035	4788	8.4	11.7
惠州市	Huizhou				
市　区	Urban District	33959	41044	23.0	19.5
惠东县	Huidong County	18929	21590	12.3	11.9
博罗县	Boluo County	18224	21444	13.8	14.1
龙门县	Longmen County	11410	13282	11.9	13.2
汕尾市	Shanwei				
市　区	Urban District	14210	17324	19.2	20.0
陆丰市	Lufeng City	5510	6524	17.1	15.2
海丰县	Haifeng County	12012	14339	13.9	16.0
陆河县	Luhe County	7450	8675	12.1	13.7
东莞市	Dongguan	39478	46027	17.5	14.9
中山市	Zhongshan	42172	49488	15.2	13.9
江门市	Jiangmen				
市　区	Urban District	32577	39198	16.7	17.1
台山市	Taishan City	12915	15219	14.9	15.3
开平市	Kaiping City	19957	22395	13.6	9.5
鹤山市	Heshan City	22504	26754	15.1	14.8
恩平市	Enping City	13243	15304	12.4	13.6

22-4 续表 continued

县(市)区别	County (County-level City) and District	绝对数(元/人) Absolute Figure (yuan/person)		增长速度(%) Growth Rate (%)	
		2006	2007	2006	2007
阳江市	Yangjiang				
市　区	Urban District	20959	24214	12.0	14.7
阳春市	Yangchun City	11182	13266	12.8	12.5
阳东县	Yangdong County	15823	18649	17.1	13.8
阳西县	Yangxi County	12731	14169	12.6	9.4
湛江市	Zhanjiang				
市　区	Urban District	32068	35028	12.4	12.3
雷州市	Leizhou City	5007	5518	10.5	9.5
廉江市	Lianjiang City	6587	7958	12.2	12.5
吴川市	Wuchuan City	5857	6989	13.5	12.2
遂溪县	Suixi County	7864	9168	12.8	12.5
徐闻县	Xuwen County	7017	7928	10.8	11.8
茂名市	Maoming				
市　区	Urban District	28378	32455	9.0	5.7
信宜市	Xinyi City	12200	13890	10.6	9.8
高州市	Gaozhou City	12144	13692	9.7	11.0
化州市	Huazhou City	12934	14422	11.8	9.7
电白县	Dianbai County	10690	11983	11.4	9.5
肇庆市	Zhaoqing				
市　区	Urban District	31048	35753	13.2	12.6
四会市	Sihui City	15437	20271	14.5	21.0
高要市	Gaoyao City	15013	17893	13.1	15.0
广宁县	Guangning County	7917	9370	13.6	12.5
德庆县	Deqing County	9658	11426	16.0	15.8
封开县	Fengkai County	8502	10035	10.9	10.4
怀集县	Huaiji County	7021	8461	13.8	14.8
清远市	Qingyuan				
市　区	Urban District	22180	33760	34.1	44.8
英德市	Yingde City	8557	11523	23.2	26.3
连州市	Lianzhou City	10996	14201	24.2	24.1
佛冈县	Fogang County	15679	21432	37.5	31.2
清新县	Qingxin County	11040	15519	31.3	33.3
连山县	Lianshan County	7342	8634	15.1	11.9
连南县	Liannan County	6136	7628	21.3	20.1
阳山县	Yangshan County	7256	8853	17.1	16.7
潮州市	Chaozhou				
市　区	Urban District	20463	22804	8.8	8.5
饶平县	Raoping County	8233	9746	7.5	14.5
潮安县	Chao'an County	14031	16951	16.8	16.1
揭阳市	Jieyang				
市　区	Urban District	16022	19717	14.5	17.3
普宁市	Puning City	7005	8525	14.0	17.9
揭东县	Jiedong County	9826	12019	14.9	18.1
揭西县	Jiexi County	7863	9237	12.7	14.1
惠来县	Huilai County	5689	6961	10.7	17.0
云浮市	Yunfu				
市　区	Urban District	18924	22264	14.7	12.1
罗定市	Luoding City	6005	6893	13.3	10.8
新兴县	Xinxing County	14907	18522	14.9	15.1
郁南县	Yunan County	8943	10477	14.5	13.7
云安县	Yun'an County	8715	10608	16.1	14.7

注：本表绝对数按当年价格计算，增长速度按可比价格计算。
Note: The figures in value terms in this table are calculated at current prices, whereas the growth rates are calculated at comparable prices.

22-5 各县(市)区工、农业总产值（2006-2007年）
Gross Output Value of Industry and Agriculture by County (County-level City) and District (2006-2007)

单位：万元 (10000 yuan)

县(市)区别	County (County-level City) and District	工业总产值 Gross Output Value of Industry		农业总产值 Gross Output Value of Agriculture	
		2006	2007	2006	2007
广州市	Guangzhou				
市　区	Urban District	66103716	80975089	1526394	1757499
从化市	Conghua City	1949658	2428848	194469	238447
增城市	Zengcheng City	4767192	5627777	457532	548729
深圳市	Shenzhen	119286002	139580064	180567	171380
珠海市	Zhuhai	19525127	23573712	448586	465496
汕头市	Shantou				
市　区	Urban District	8851338	10662047	714808	792768
南澳县	Nanao County	14674	16413	78990	87605
佛山市	Foshan	62890892	84170611	1624472	1702999
韶关市	Shaoguan				
市　区	Urban District	3197461	3979420	191346	219008
乐昌市	Lechang City	216756	313625	127273	156604
南雄市	Nanxiong City	66486	105985	170391	196360
仁化县	Renhua County	319250	455582	116595	132506
始兴县	Shixing County	185870	245534	107221	120749
翁源县	Wengyuan County	66173	98578	128802	144366
新丰县	Xinfeng County	104237	162531	66030	77992
乳源县	Ruyuan County	356185	494305	45065	51059
河源市	Heyuan				
市　区	Urban District	1108972	1603419	28880	32685
东源县	Dongyuan County	334534	559429	109693	123211
和平县	Heping County	188256	292473	94231	109924
龙川县	Longchuan County	574738	871039	156523	186429
紫金县	Zijin County	328412	515793	165331	188864
连平县	Lianping County	567347	881300	65089	78689
梅州市	Meizhou				
市　区	Urban District	618704	787207	51591	60478
兴宁市	Xingning City	231358	290882	265370	302178
梅　县	Meixian County	727646	837105	289950	334817
平远县	Pingyuan County	155920	200251	95719	98152
蕉岭县	Jiaoling County	254227	344451	81027	93864
大埔县	Dabu County	119749	112179	118324	137167
丰顺县	Fengshun County	212438	258247	157852	181757
五华县	Wuhua County	81736	101283	210651	243813
惠州市	Huizhou				
市　区	Urban District	15820135	18915523	330633	379756
惠东县	Huidong County	445493	615256	319935	351644
博罗县	Boluo County	1943664	2410121	340144	389644
龙门县	Longmen County	130379	238712	131931	164464
汕尾市	Shanwei				
市　区	Urban District	933796	1267820	146876	156495
陆丰市	Lufeng City	163132	251107	334562	374780
海丰县	Haifeng County	330613	423234	256962	275710
陆河县	Luhe County	34942	48341	73025	82959
东莞市	Dongguan	48397003	58515055	212632	199782
中山市	Zhongshan	27562652	32835659	588532	654056
江门市	Jiangmen				
市　区	Urban District	11073540	14227228	515307	569906
台山市	Taishan City	2256883	2909141	460830	493946
开平市	Kaiping City	2027944	2349394	258349	277788
鹤山市	Heshan City	1767182	2345017	166593	188933
恩平市	Enping City	409246	482445	153464	172293

22-5 续表 continued

单位：万元 (10000 yuan)

县(市)区别	County (County-level City) and District	工业总产值 Gross Output Value of Industry 2006	2007	农业总产值 Gross Output Value of Agriculture 2006	2007
阳江市	Yangjiang				
市　区	Urban District	913279	1224653	382443	391007
阳春市	Yangchun City	736883	938016	493983	561805
阳东县	Yangdong County	693839	954153	308059	330339
阳西县	Yangxi County	188592	248313	387232	397718
湛江市	Zhanjiang				
市　区	Urban District	6452533	7411547	460499	507207
雷州市	Leizhou City	323224	307206	588037	630347
廉江市	Lianjiang County	539983	771797	638805	724867
吴川市	Wuchuan City	310926	362883	207606	228282
遂溪县	Suixi County	438896	550001	627633	687886
徐闻县	Xuwen County	185579	226962	399448	424458
茂名市	Maoming				
市　区	Urban District	7413383	8590907	339871	389101
信宜市	Xinyi City	326328	395328	567453	638919
高州市	Gaozhou City	444431	533347	740185	816157
化州市	Huazhou City	340850	367322	589907	657173
电白县	Dianbai County	474850	536961	607609	682359
肇庆市	Zhaoqing				
市　区	Urban District	1701640	2152847	138118	153985
四会市	Sihui City	1194026	2154314	340843	402077
高要市	Gaoyao City	859455	1338581	551383	586604
广宁县	Guangning County	202116	273554	167907	192085
德庆县	Deqing County	236329	339499	168661	178885
封开县	Fengkai County	170528	224522	230206	272985
怀集县	Huaiji County	178179	267062	329016	389004
清远市	Qingyuan				
市　区	Urban District	2551306	5097001	139800	164079
英德市	Yingde City	675354	1089009	286403	327131
连州市	Lianzhou City	344234	542804	163069	187377
佛冈县	Fogang County	1276449	2017943	54661	63623
清新县	Qingxin County	1085191	2022758	233409	281726
连山县	Lianshan County	21716	25609	43719	49813
连南县	Liannan County	47191	58107	34805	40200
阳山县	Yangshan County	164523	189274	161574	190112
潮州市	Chaozhou				
市　区	Urban District	857820	943247	11399	12880
饶平县	Raoping County	757749	971841	292100	320978
潮安县	Chaoan County	2041724	2533818	146495	170178
揭阳市	Jieyang				
市　区	Urban District	1354625	1900410	29488	35301
普宁市	Puning City	1196218	1828008	261127	299361
揭东县	Jiedong County	836460	1237652	277296	316515
揭西县	Jiexi County	120248	208023	196586	227229
惠来县	Huilai County	408783	656578	281919	323936
云浮市	Yunfu				
市　区	Urban District	394228	505189	86547	100263
罗定市	Luoding City	466309	569997	274849	305086
新兴县	Xinxing County	578798	843363	380340	467793
郁南县	Yunan County	317459	437335	177290	197516
云安县	Yunan County	223580	301632	123412	137510

注：本表按当年价格计算，工业为规模以上。
Note: Data in this table are calculated at current prices and the output of industry refers to output of industry above designated size.

22-6 各县(市)区粮食产量（2006-2007年）

Output of Grain by County (County-level City) and District(2006-2007)

单位：吨、公斤/人 (ton, kg/person)

县(市)区别	County (County-level City) and District	粮食 Grain 2006	粮食 Grain 2007	#稻谷 Rice 2006	#稻谷 Rice 2007	人均粮食 Per Capita Grain 2006	人均粮食 Per Capita Grain 2007
广州市	Guangzhou						
市 区	Urban District	163573	169346	136731	132765	26	27
从化市	Conghua City	107927	106743	100512	97625	199	194
增城市	Zengcheng City	145291	147362	127670	123984	179	180
深圳市	Shenzhen	102	87	5			
珠海市	Zhuhai	33552	33835	26136	26416	36	35
汕头市	Shantou						
市 区	Urban District	395328	434974	279202	314370	81	88
南澳县	Nan'ao County	4115	4528	992	1122	57	63
佛山市	Foshan	92760	95276	81974	81630	26	26
韶关市	Shaoguan						
市 区	Urban District	111662	131358	100955	120629	123	144
乐昌市	Lechang City	72816	110675	46366	78051	139	212
南雄市	Nanxiong City	219065	218352	198476	198330	473	471
仁化县	Renhua County	87937	94976	75147	81527	386	415
始兴县	Shixing County	80027	78773	67155	66133	328	321
翁源县	Wengyuan County	97741	101335	89889	94403	252	260
新丰县	Xinfeng County	47276	49849	38504	41436	195	206
乳源县	Ruyuan County	51738	53496	41220	43844	250	256
河源市	Heyuan						
市 区	Urban District	11033	11169	9806	9879	37	38
东源县	Dongyuan County	155467	163437	137937	144992	280	313
和平县	Heping County	121064	127653	100457	106244	247	261
龙川县	Longchuan County	242898	260233	219889	237003	272	288
紫金县	Zijin County	187968	204886	166767	180628	237	262
连平县	Lianping County	90342	94532	77016	83665	236	256
梅州市	Meizhou						
市 区	Urban District	12561	13980	10321	11916	41	45
兴宁市	Xingning City	301745	318266	268796	283666	265	279
梅 县	Meixian County	183737	187023	157850	162275	302	306
平远县	Pingyuan County	89850	90789	77788	79769	353	354
蕉岭县	Jiaoling County	57911	61003	52808	56639	253	267
大埔县	Dabu County	95654	98176	82781	85560	180	184
丰顺县	Fengshun County	112118	110480	83602	85592	166	162
五华县	Wuhua County	278894	285843	257711	264295	221	225
惠州市	Huizhou						
市 区	Urban District	122295	131028	69965	76063	103	107
惠东县	Huidong County	167616	180531	136243	148129	216	230
博罗县	Boluo County	137905	147512	90428	98317	177	186
龙门县	Longmen County	85888	92464	78735	85611	264	281
汕尾市	Shanwei						
市 区	Urban District	23944	24905	17665	18097	50	51
陆丰市	Lufeng City	187557	193225	123063	126073	113	114
海丰县	Haifeng County	154274	158140	139481	142892	196	197
陆河县	Luhe County	56852	57637	40756	41753	184	183
东莞市	Dongguan	10040	9864	7548	6467	6	6
中山市	Zhongshan	66891	66324	49478	45918	47	46
江门市	Jiangmen						
市 区	Urban District	148896	143608	136903	130446	111	106
台山市	Taishan City	290163	296440	272060	277788	295	302
开平市	Kaiping City	192434	205816	174615	188523	283	301
鹤山市	Heshan City	76930	77869	68251	68375	213	215
恩平市	Enping City	122018	126163	114139	110494	244	253

22-6 续表 continued

单位: 吨、公斤/人 (ton, kg/person)

县(市)区别	County (County-level City) and District	粮食 Grain 2006	粮食 Grain 2007	#稻谷 Rice 2006	#稻谷 Rice 2007	人均粮食 Per Capita Grain 2006	人均粮食 Per Capita Grain 2007
阳江市	Yangjiang						
市　区	Urban District	86139	103150	66327	85483	133	158
阳春市	Yangchun City	285336	285958	223549	223430	262	262
阳东县	Yangdong County	151987	153558	120954	121062	330	330
阳西县	Yangxi County	132232	132542	98855	98707	276	266
湛江市	Zhanjiang						
市　区	Urban District	151902	156225	115562	117651	104	106
雷州市	Leizhou City	352088	349283	315889	315988	225	219
廉江市	Lianjiang County	402522	403333	304701	300674	253	252
吴川市	Wuchuan City	139665	140807	114124	116697	133	134
遂溪县	Suixi County	225225	228870	160963	163527	225	225
徐闻县	Xuwen County	104653	110144	65736	68041	150	156
茂名市	Maoming						
市　区	Urban District	162099	163446	131208	137136	131	129
信宜市	Xinyi City	314120	308519	251104	244218	241	231
高州市	Gaozhou City	338530	375217	315862	348948	205	224
化州市	Huazhou City	288277	319638	255099	271778	192	209
电白县	Dianbai County	249647	241768	211665	208215	189	178
肇庆市	Zhaoqing						
市　区	Urban District	38068	37700	34842	34529	77	76
四会市	Sihui City	117582	114924	98828	96091	271	264
高要市	Gaoyao City	237408	234965	208794	206027	319	317
广宁县	Guangning County	151123	152818	129852	130609	274	278
德庆县	Deqing County	105553	108884	98403	101247	290	295
封开县	Fengkai County	183409	184867	159107	158827	381	383
怀集县	Huaiji County	259149	261883	233911	234884	265	262
清远市	Qingyuan						
市　区	Urban District	76062	70921	68680	64642	138	128
英德市	Yingde City	214400	213602	186093	175150	201	196
连州市	Lianzhou City	115994	113623	85639	80603	227	218
佛冈县	Fogang County	59978	58752	55750	52472	189	184
清新县	Qingxin County	142775	139855	122676	115462	197	190
连山县	Lianshan County	42151	41289	37037	34859	364	356
连南县	Liannan County	34069	33373	22092	20793	215	209
阳山县	Yangshan County	106883	104697	71799	67577	199	195
潮州市	Chaozhou						
市　区	Urban District	3759	3971	3314	3764	11	11
饶平县	Raoping County	114329	131463	85728	100215	117	133
潮安县	Chao'an County	108469	122381	80184	92018	91	102
揭阳市	Jieyang						
市　区	Urban District	8868	9021	7182	7235	13	13
普宁市	Puning City	207069	211774	120976	121742	95	95
揭东县	Jiedong County	235994	242109	146322	147372	191	194
揭西县	Jiexi County	159144	162488	98852	99359	171	173
惠来县	Huilai County	190999	197527	84610	84950	157	158
云浮市	Yunfu						
市　区	Urban District	51944	53698	45472	46781	181	187
罗定市	Luoding City	230434	237590	201600	206701	204	208
新兴县	Xinxing County	132197	137070	119421	123899	289	298
郁南县	Yunan County	130260	135567	109841	113293	269	278
云安县	Yun'an County	85764	87629	56609	58518	276	281

22-7 各县(市)区糖蔗及花生产量（2006-2007年）

Output of Sugarcane and Peanuts by County (County-level City) and District (2006-2007)

单位: 吨 (ton)

县(市)区别	County (County-level City) and District	糖蔗 Sugarcane 2006	2007	2007比2006增长% Growth Rate in 2007 over 2006 (%)	花生 Peanuts 2006	2007	2007比2006增长% Growth Rate in 2007 over 2006 (%)
广州市	Guangzhou						
市　区	Urban District	24580	21375	-13.0	3135	3116	-0.6
从化市	Conghua City				5912	5874	-0.6
增城市	Zengcheng City	86	75	-12.8	3667	3643	-0.7
深圳市	Shenzhen	590	19	-96.8	11	42	280.4
珠海市	Zhuhai	295302	245269	-16.9	542	433	-20.2
汕头市	Shantou						
市　区	Urban District				2999	3177	5.9
南澳县	Nan'ao County				108	114	5.6
佛山市	Foshan	112	89	-20.9	3879	3619	-6.7
韶关市	Shaoguan						
市　区	Urban District	1381	1327	-3.9	27236	23920	-12.2
乐昌市	Lechang City	2913	2866	-1.6	4451	6412	44.1
南雄市	Nanxiong City				18756	18821	0.3
仁化县	Renhua County				20650	20419	-1.1
始兴县	Shixing County				7882	7512	-4.7
翁源县	Wengyuan County	190872	211125	10.6	12678	10842	-14.5
新丰县	Xinfeng County	62	60	-3.2	3517	3401	-3.3
乳源县	Ruyuan County				3090	3206	3.8
河源市	Heyuan						
市　区	Urban District	3158	3135	-0.7	2518	2370	-5.9
东源县	Dongyuan County	1099	1826	66.2	14046	16396	16.7
和平县	Heping County				4067	4257	4.7
龙川县	Longchuan County				11204	11375	1.5
紫金县	Zijin County	1402	860	-38.7	11379	13432	18.0
连平县	Lianping County	160	18	-88.8	11159	10863	-2.7
梅州市	Meizhou						
市　区	Urban District				811	783	-3.5
兴宁市	Xingning City				3716	3364	-9.5
梅　县	Meixian County				7573	7689	1.5
平远县	Pingyuan County		175		3192	3583	12.2
蕉岭县	Jiaoling County				2681	2882	7.5
大埔县	Dabu County				1868	1942	4.0
丰顺县	Fengshun County				3608	4002	10.9
五华县	Wuhua County				4302	4410	2.5
惠州市	Huizhou						
市　区	Urban District	534	534		15944	17275	8.3
惠东县	Huidong County	101	101		11000	11918	8.3
博罗县	Boluo County	67127	67185	0.1	12795	13863	8.3
龙门县	Longmen County	771	772	0.1	3988	4321	8.4
汕尾市	Shanwei						
市　区	Urban District				1642	1618	-1.5
陆丰市	Lufeng City				12532	12150	-3.0
海丰县	Haifeng County	4103	4027	-1.9	5763	5601	-2.8
陆河县	Luhe County				2121	2060	-2.9
东莞市	Dongguan	379	1953	415.3	99	73	-26.3
中山市	Zhongshan	19336	78886	308.0	203	216	6.4
江门市	Jiangmen						
市　区	Urban District	20804	10012	-51.9	1165	1090	-6.4
台山市	Taishan City	52584	57314	9.0	12697	13369	5.3
开平市	Kaiping City	15894	19521	22.8	9391	5938	-36.8
鹤山市	Heshan City	3905	3949	1.1	4089	4266	4.3
恩平市	Enping City	29890	39031	30.6	4870	4186	-14.0

22-7 续表 continued

单位: 吨 (ton)

县(市)区别	County (County-level City) and District	糖蔗 Sugarcane 2006	糖蔗 Sugarcane 2007	糖蔗 Sugarcane 2007比2006增长% Growth Rate in 2007 over 2006 (%)	花生 Peanuts 2006	花生 Peanuts 2007	花生 Peanuts 2007比2006增长% Growth Rate in 2007 over 2006 (%)
阳江市	Yangjiang						
市　区	Urban District	4374	94	-97.9	4798	3859	-19.6
阳春市	Yangchun City	15107	23032	52.5	18164	18744	3.2
阳东县	Yangdong County	18573	27062	45.7	13097	12958	-1.1
阳西县	Yangxi County				8195	7822	-4.6
湛江市	Zhanjiang						
市　区	Urban District	401094	420473	4.8	11030	10480	-5.0
雷州市	Leizhou City	3144195	3453337	9.8	28712	26967	-6.1
廉江市	Lianjiang County	317770	360599	13.5	26751	25559	-4.5
吴川市	Wuchuan City	10016	9289	-7.3	17010	17521	3.0
遂溪县	Suixi County	4140106	4227281	2.1	24631	25379	3.0
徐闻县	Xuwen County	1125585	1317731	17.1	6783	5417	-20.1
茂名市	Maoming						
市　区	Urban District	3818	4940	29.4	19283	19714	2.2
信宜市	Xinyi City				11565	11408	-1.4
高州市	Gaozhou City	1556	5056	224.9	22338	19439	-13.0
化州市	Huazhou City	103475	103990	0.5	23593	24141	2.3
电白县	Dianbai County				30243	31060	2.7
肇庆市	Zhaoqing						
市　区	Urban District				837	754	-9.9
四会市	Sihui City	595	595		12152	11436	-5.9
高要市	Gaoyao City	4844	4869	0.5	12083	12013	-0.6
广宁县	Guangning County				7516	7490	-0.3
德庆县	Deqing County				7791	7934	1.8
封开县	Fengkai County	36287	33778	-6.9	14908	15464	3.7
怀集县	Huaiji County	17325	17475	0.9	9781	9784	0.0
清远市	Qingyuan						
市　区	Urban District	262	410	56.5	8659	9007	4.0
英德市	Yingde City	144604	157032	8.6	26758	27834	4.0
连州市	Lianzhou City	4377	4502	2.9	8138	8466	4.0
佛冈县	Fogang County	1082	1113	2.9	2539	2641	4.0
清新县	Qingxin County	2989	3074	2.8	9658	10046	4.0
连山县	Lianshan County	706		-100.0	2451	2553	4.2
连南县	Liannan County	46	60	30.4	1954	2063	5.6
阳山县	Yangshan County	306	315	2.9	10184	10573	3.8
潮州市	Chaozhou						
市　区	Urban District				5	5	
饶平县	Raoping County	13580	11944	-12.0	2441	2272	-6.9
潮安县	Chao'an County				1188	1349	13.6
揭阳市	Jieyang						
市　区	Urban District				3	3	
普宁市	Puning City				840	928	10.5
揭东县	Jiedong County	4525	5608	23.9	8917	9845	10.4
揭西县	Jiexi County	2236	2772	24.0	1880	2076	10.4
惠来县	Huilai County				10325	11399	10.4
云浮市	Yunfu						
市　区	Urban District	12	12		1769	1797	1.6
罗定市	Luoding City				17754	18475	4.1
新兴县	Xinxing County				5757	5958	3.5
郁南县	Yunan County				5948	6095	2.5
云安县	Yun'an County				7855	7320	-6.8

22-8 各县(市)区生猪年末存栏头数、肉猪出栏头数和猪肉产量(2006-2007年)

Number of Hogs on Hand at the Year-end, Slaughtered Fattened Hogs and Output of Pork by County (County-level City) and District (2006-2007)

县(市)区别	County (County-level City) and District	生猪年末存栏头数(万头) Number of Hogs on Hand at the Year-end (10000 heads)		肉猪出栏头数(万头) Slaughtered Fattened Hogs (10000 heads)		猪肉产量(万吨) Output of Pork (10000 tons)	
		2006	2007	2006	2007	2006	2007
广州市	Guangzhou						
市　区	Urban District	58.14	67.96	120.54	113.35	8.76	8.26
从化市	Conghua City	18.30	21.39	32.25	30.32	2.19	2.07
增城市	Zengcheng City	31.80	37.18	58.21	54.74	4.53	4.27
深圳市	Shenzhen	21.32	16.25	42.44	37.94	3.09	2.83
珠海市	Zhuhai	22.18	26.47	34.46	32.16	2.51	2.35
汕头市	Shantou						
市　区	Urban District	34.44	41.81	64.98	60.43	4.70	4.33
南澳县	Nan'ao County	1.91	2.32	3.76	3.50	0.30	0.28
佛山市	Foshan	93.46	106.36	179.98	167.99	13.10	12.26
韶关市	Shaoguan						
市　区	Urban District	20.18	26.29	33.11	31.72	2.41	2.32
乐昌市	Lechang City	14.24	17.35	24.14	22.67	1.76	1.65
南雄市	Nanxiong City	15.85	19.33	33.76	31.47	2.46	2.30
仁化县	Renhua County	10.32	12.47	15.58	14.11	1.13	1.03
始兴县	Shixing County	5.73	7.08	11.22	10.63	0.82	0.78
翁源县	Wengyuan County	9.31	10.39	12.28	10.35	0.89	0.76
新丰县	Xinfeng County	5.11	6.41	7.15	6.89	0.52	0.50
乳源县	Ruyuan County	7.30	8.64	6.59	6.16	0.48	0.45
河源市	Heyuan						
市　区	Urban District	5.05	9.92	7.28	6.87	0.53	0.51
东源县	Dongyuan County	10.44	11.05	15.06	12.95	1.10	1.00
和平县	Heping County	7.80	8.72	11.25	10.86	0.82	0.79
龙川县	Longchuan County	16.65	18.59	24.02	22.91	1.75	1.65
紫金县	Zijin County	15.07	17.06	21.75	19.60	1.58	1.42
连平县	Lianping County	8.32	11.63	12.00	12.30	0.87	0.87
梅州市	Meizhou						
市　区	Urban District	5.32	5.52	14.36	14.26	1.12	1.10
兴宁市	Xingning City	34.29	35.74	47.00	44.63	3.35	3.24
梅　县	Meixian County	25.46	26.68	41.14	37.89	3.00	2.81
平远县	Pingyuan County	9.33	10.46	16.50	15.20	1.21	1.10
蕉岭县	Jiaoling County	12.17	12.48	21.83	20.82	1.57	1.50
大埔县	Dabu County	11.91	15.10	20.18	19.04	1.44	1.38
丰顺县	Fengshun County	22.33	24.69	26.32	25.73	1.94	1.85
五华县	Wuhua County	41.42	45.18	54.26	49.50	3.96	3.59
惠州市	Huizhou						
市　区	Urban District	44.39	48.71	77.49	72.80	5.82	5.48
惠东县	Huidong County	20.18	25.34	32.28	30.32	2.45	2.31
博罗县	Boluo County	34.77	50.67	66.78	62.73	4.57	4.31
龙门县	Longmen County	4.32	5.42	7.45	7.00	0.55	0.52
汕尾市	Shanwei						
市　区	Urban District	3.80	4.27	7.26	6.80	0.53	0.50
陆丰市	Lufeng City	20.68	23.21	39.46	36.98	2.87	2.70
海丰县	Haifeng County	7.24	8.13	13.82	12.95	1.01	0.95
陆河县	Luhe County	7.38	8.28	14.08	13.20	1.03	0.96
东莞市	Dongguan	11.04	8.86	42.06	20.36	3.02	1.49
中山市	Zhongshan	23.36	25.11	56.06	41.49	4.04	3.03
江门市	Jiangmen						
市　区	Urban District	46.94	49.01	87.29	87.74	6.36	6.41
台山市	Taishan City	17.36	18.73	32.27	33.30	2.35	2.43
开平市	Kaiping City	20.18	25.26	37.54	36.43	2.73	2.66
鹤山市	Heshan City	27.61	41.31	51.35	45.70	3.74	3.34
恩平市	Enping City	14.22	11.45	26.48	15.90	1.93	1.16

22-8 续表 continued

县(市)区别	County (County-level City) and District	生猪年末存栏头数(万头) Number of Hogs on Hand at the Year-end (10000 heads)		肉猪出栏头数(万头) Slaughtered Fattened Hogs (10000 heads)		猪肉产量(万吨) Output of Pork (10000 tons)	
		2006	2007	2006	2007	2006	2007
阳江市	Yangjiang						
市　区	Urban District	9.51	9.45	24.82	14.45	1.74	1.12
阳春市	Yangchun City	73.12	80.98	71.74	94.79	5.48	6.79
阳东县	Yangdong County	24.06	28.38	40.84	30.08	2.85	2.27
阳西县	Yangxi County	15.63	18.13	33.31	25.81	2.36	1.88
湛江市	Zhanjiang						
市　区	Urban District	22.21	23.58	41.23	37.63	2.90	2.63
雷州市	Leizhou City	28.77	27.90	38.70	36.83	2.62	2.57
廉江市	Lianjiang County	68.12	84.93	119.84	110.29	8.99	8.49
吴川市	Wuchuan City	17.03	18.10	24.49	22.42	1.81	1.48
遂溪县	Suixi County	25.34	28.79	58.20	59.27	4.32	4.21
徐闻县	Xuwen County	13.16	14.54	21.19	16.97	1.46	1.31
茂名市	Maoming						
市　区	Urban District	51.20	47.94	72.81	68.77	5.38	5.10
信宜市	Xinyi City	50.50	50.89	86.63	80.00	6.40	5.93
高州市	Gaozhou City	81.32	82.70	141.10	134.38	10.43	9.96
化州市	Huazhou City	61.33	74.10	127.75	122.62	9.44	9.09
电白县	Dianbai County	63.19	67.74	104.04	100.13	7.69	7.42
肇庆市	Zhaoqing						
市　区	Urban District	17.98	24.12	49.45	51.31	3.24	3.80
四会市	Sihui City	58.50	78.32	108.15	103.75	7.91	7.65
高要市	Gaoyao City	32.44	32.10	71.48	62.21	5.70	4.63
广宁县	Guangning County	21.01	21.03	22.40	20.42	1.47	1.43
德庆县	Deqing County	11.46	11.50	16.07	12.48	1.40	0.91
封开县	Fengkai County	22.44	22.96	22.73	19.96	1.78	1.51
怀集县	Huaiji County	53.03	55.01	86.54	82.04	5.93	5.77
清远市	Qingyuan						
市　区	Urban District	10.18	12.92	16.72	16.08	1.22	1.18
英德市	Yingde City	19.44	24.66	33.82	31.54	2.47	2.32
连州市	Lianzhou City	10.98	13.94	19.00	17.78	1.39	1.30
佛冈县	Fogang County	6.27	7.96	8.02	7.50	0.59	0.55
清新县	Qingxin County	23.24	29.49	37.57	35.17	2.80	2.60
连山县	Lianshan County	1.54	1.96	4.17	3.92	0.33	0.31
连南县	Liannan County	2.56	3.25	5.42	5.07	0.31	0.29
阳山县	Yangshan County	24.58	31.19	31.55	29.15	2.27	2.12
潮州市	Chaozhou						
市　区	Urban District	1.37	1.07	2.09	1.65	0.16	0.13
饶平县	Raoping County	17.33	18.89	21.13	19.87	1.58	1.50
潮安县	Chao'an County	5.73	9.51	18.77	17.65	1.34	1.26
揭阳市	Jieyang						
市　区	Urban District	3.03	3.25	6.99	6.27	0.50	0.45
普宁市	Puning City	29.63	33.22	40.50	37.02	3.15	2.90
揭东县	Jiedong County	12.94	13.62	25.74	24.34	1.82	1.72
揭西县	Jiexi County	28.81	32.75	40.74	38.24	2.89	2.71
惠来县	Huilai County	19.54	22.03	29.75	27.56	2.11	1.95
云浮市	Yunfu						
市　区	Urban District	10.44	11.92	19.82	18.22	1.44	1.33
罗定市	Luoding City	8.68	10.40	16.48	15.35	1.20	1.12
新兴县	Xinxing County	35.04	40.57	66.54	62.42	4.84	4.56
郁南县	Yunan County	3.57	4.34	6.78	6.40	0.49	0.47
云安县	Yun'an County	5.59	7.93	10.61	10.03	0.77	0.73

22-9 各县(市)区固定资产投资（2007年）

Investment in Fixed Assets by County (County-level City) and District (2007)

单位：万元 (10000 yuan)

县(市)区别	County (County-level City) and District	基本建设投资 Investment in Capital Construction		更新改造投资 Investment in Renovation		房地产投资 Investment in Real Estate Development	
		投资完成额 Completed Investment	新增固定资产 Newly Increased Fixed Assets	投资完成额 Completed Investment	新增固定资产 Newly Increased Fixed Assets	投资完成额 Completed Investment	新增固定资产 Newly Increased Fixed Assets
广州市	Guangzhou						
市　区	Urban District	7382866	4100906	3310659	2438733	6373233	3063670
从化市	Conghua City	196558	145443	68139	72971	190087	75122
增城市	Zengcheng City	373504	378885	99072	104614	474711	183030
深圳市	Shenzhen	6856891	4106971	1415500	1388966	4610422	2533554
珠海市	Zhuhai	1783335	749052	247501	187469	1326556	459112
汕头市	Shantou						
市　区	Urban District	687939	440416	223242	176105	347611	438853
南澳县	Nan'ao County	29989	45273	1037	1847		
佛山市	Foshan	5496642	4077497	1555764	1331155	3146314	2535660
韶关市	Shaoguan						
市　区	Urban District	726464	137844	194399	59685	299104	47754
乐昌市	Lechang City	66004	21623	33197	6766	26516	27774
南雄市	Nanxiong City	98295				19884	6991
仁化县	Renhua County	20660	20660	68108	12578	3590	2737
始兴县	Shixing County	54836	40605	8302	9018	17219	967
翁源县	Wengyuan County	22998	27874	18631	11910	4934	6067
新丰县	Xinfeng County	45943	46630	23241	27079	6415	6525
乳源县	Ruyuan County	16646	346			18065	17871
河源市	Heyuan						
市　区	Urban District	391534	211362	620	620	142813	156989
东源县	Dongyuan County	352042	206536	44383	43851	8324	8344
和平县	Heping County	76378	45198	3759	3759	14692	9737
龙川县	Longchuan County	150340	37659	58688	12464	13626	13659
紫金县	Zijin County	101879	55252	14077	13076	9100	14749
连平县	Lianping County	42884	27264	73672	41851	7264	7264
梅州市	Meizhou						
市　区	Urban District	192870	76596	10719	9440	54741	35508
兴宁市	Xingning City	68808	10889	14158	2094	27356	19341
梅　县	Meixian County	130516	70774	11946	19776	14965	7685
平远县	Pingyuan County	9233	10683	9302	6552	7600	6370
蕉岭县	Jiaoling County	20791	26833	13417	21407	3880	6580
大埔县	Dabu County	27886	22376	84	84	12630	10997
丰顺县	Fengshun County	12599	3589	15808	12712	4600	3000
五华县	Wuhua County	11440	12990	6047	2487	2790	2290
惠州市	Huizhou						
市　区	Urban District	2364596	739305	81896	86240	1207104	377195
惠东县	Huidong County	248004	121288	26178	22720	82252	23764
博罗县	Boluo County	353583	187864	34597	34014	78351	46320
龙门县	Longmen County	95076	55777	5788	3568	9857	5200
汕尾市	Shanwei						
市　区	Urban District	256650	224286	172632	23804	61476	38603
陆丰市	Lufeng City	281134	275599	79666	79666		
海丰县	Haifeng County	77145	24795	9501	7842	11550	11155
陆河县	Luhe County	47369	47369	7992	7992	4500	3900
东莞市	Dongguan	3442889	1328652	675620	452146	2094187	492566
中山市	Zhongshan	1572315	1001061	316756	287272	1764637	757047
江门市	Jiangmen						
市　区	Urban District	715399	310620	241529	108013	353375	210571
台山市	Taishan City	468805	367808	96197	68813	34310	64113
开平市	Kaiping City	143134	89200	81989	57776	42819	15897
鹤山市	Heshan City	38695	48392	168505	134251	87541	44305
恩平市	Enping City	40246		6782		27400	9448

22-9 续表 continued

单位：万元 (10000 yuan)

县(市)区别 County (County-level City) and District	基本建设投资 Investment in Capital Construction		更新改造投资 Investment in Renovation		房地产投资 Investment in Real Estate Development	
	投资完成额 Completed Investment	新增固定资产 Newly Increased Fixed Assets	投资完成额 Completed Investment	新增固定资产 Newly Increased Fixed Assets	投资完成额 Completed Investment	新增固定资产 Newly Increased Fixed Assets
阳江市 Yangjiang						
市　区 Urban District	152854	108305	54468	34961	75985	26617
阳春市 Yangchun City	163261	6700	24318	4300	23359	7480
阳东县 Yangdong County	146315	46537	17170	33910	73563	72068
阳西县 Yangxi County	164544	50933	4611	2541	2984	8812
湛江市 Zhanjiang						
市　区 Urban District	760601	986816	267855	256536	303994	93349
雷州市 Leizhou City	53762	53722	24519	24519	7543	7783
廉江市 Lianjiang City	147680	103935	18200	11745	12598	16236
吴川市 Wuchuan City	86157	100755	37695	38510	5621	11191
遂溪县 Suixi County	73159	79451	34895	32325	2616	2355
徐闻县 Xuwen County	65802	45364	23842	23392	7645	2650
茂名市 Maoming						
市　区 Urban District	83391	66381	129830	105666	61855	56521
信宜市 Xinyi City	67711	17757	12948	6350	15368	12541
高州市 Gaozhou City	28675	15350	22214	14039	16553	9314
化州市 Huazhou City	33724	703	24627	17142	5813	
电白县 Dianbai County	84870	105549	19818	24278	39129	11582
肇庆市 Zhaoqing						
市　区 Urban District	242902	154840	79618	60600	282943	101431
四会市 Sihui City	324546	139962	16479	13684	73908	60699
高要市 Gaoyao City	236623	195942	46287	40170	74926	22845
广宁县 Guangning County	33449	22626	10686	10894	8130	7632
德庆县 Deqing County	53497	40076	30038	28402	7940	9758
封开县 Fengkai County	94750	108916	15687	13952	4619	3140
怀集县 Huaiji County	51722	43054	23846	9750	19632	12762
清远市 Qingyuan						
市　区 Urban District	507475	110270	264946	79040	382312	258889
英德市 Yingde City	144064	11020	164037	14081	67292	19627
连州市 Lianzhou City	132978	71167	43903	38089	5303	4504
佛冈县 Fogang County	15527	15796	7400	8212	52659	13059
清新县 Qingxin County	238979	87447	33114	30514	121332	42351
连山县 Lianshan County	17568	17232	12288	12288		
连南县 Liannan County	34269	38378	5561	12581	5772	39
阳山县 Yangshan County	61808	8429	20367	9635	14837	5526
潮州市 Chaozhou						
市　区 Urban District	239431	251062	203552	180960	99466	45671
饶平县 Raoping County	207698	4500	13656		15870	12678
潮安县 Chao'an County	149888	133756	146199	128493	4257	3641
揭阳市 Jieyang						
市　区 Urban District	264135	141485	18484	15078	84696	11467
普宁市 Puning City	135736	48349	24384	22784	65510	60105
揭东县 Jiedong County	162033	67519	34539	23204	4250	3647
揭西县 Jiexi County	107994	16983	13850		8806	8500
惠来县 Huilai County	204640	46043	2424	824	385	
云浮市 Yunfu						
市　区 Urban District	326783	218867	3462	3462	39473	16569
罗定市 Luoding City	80663	24320	42912	28626	18159	12350
新兴县 Xinxing County	132832	58273	21813	29031	20037	11410
郁南县 Yunan County	36362	28602	36826	31294	1811	3280
云安县 Yun'an County	179873	49226	5800	5800	3960	560

22-10　各县(市)区社会消费品零售总额（2006-2007年）

Total Retail Sales of Consumer Goods by County (County-level City) and District (2006-2007)

单位：万元　　(10000 yuan)

县(市)区别	County (County-level City) and District	社会消费品零售总额 Total Retail Sales of Consumer Goods 2006	2007	2007比2006增长(%) Growth Rate in 2007 over 2006 (%)	#批发零售贸易业零售额 Total Retail Sales of Wholesale and Retail Trades 2006	2007	2007比2006增长(%) Growth Rate in 2007 over 2006 (%)
广州市	Guangzhou						
市　区	Urban District	20675146	24626538	19.1	17447581	20791648	19.2
从化市	Conghua City	352295	402332	14.2	283877	318819	12.3
增城市	Zengcheng City	800297	921165	15.1	602726	676079	12.2
深圳市	Shenzhen	16712934	19150277	14.6	14620766	16895475	15.6
珠海市	Zhuhai	2555152	3014747	18.0	2151793	2544218	18.2
汕头市	Shantou						
市　区	Urban District	3947148	4661459	18.1	3574660	4207090	17.7
南澳县	Nan'ao County	58855	70627	20.0	52331	61961	18.4
佛山市	Foshan	7761833	9467953	22.0	6164031	7469928	21.2
韶关市	Shaoguan						
市　区	Urban District	1042337	1245280	19.5	894787	1066936	19.2
乐昌市	Lechang City	160283	191255	19.3	140580	167380	19.1
南雄市	Nanxiong City	117902	140285	19.0	98453	116415	18.2
仁化县	Renhua County	75918	90076	18.7	62633	74231	18.5
始兴县	Shixing County	50192	60426	20.4	44194	52583	19.0
翁源县	Wengyuan County	88278	105277	19.3	79090	94259	19.2
新丰县	Xinfeng County	56842	68024	19.7	50884	60913	19.7
乳源县	Ruyuan County	54521	65086	19.4	46488	55441	19.3
河源市	Heyuan						
市　区	Urban District	300416	366259	21.9	256174	311798	21.7
东源县	Dongyuan County	78353	94117	20.1	65966	81265	23.2
和平县	Heping County	77941	93100	19.5	71306	85734	20.2
龙川县	Longchuan County	223432	267395	19.7	195331	236773	21.2
紫金县	Zijin County	116442	139310	19.6	106079	125878	18.7
连平县	Lianping County	67361	80435	19.4	59774	71449	19.5
梅州市	Meizhou						
市　区	Urban District	280579	341957	21.9	247648	305527	23.4
兴宁市	Xingning City	266533	309557	16.1	251076	291090	15.9
梅　县	Meixian County	302071	362065	19.9	253596	298690	17.8
平远县	Pingyuan County	75143	86910	15.7	67867	78730	16.0
蕉岭县	Jiaoling County	102082	118041	15.6	91633	106318	16.0
大埔县	Dabu County	145489	170802	17.4	130205	152165	16.9
丰顺县	Fengshun County	118570	141271	19.2	105237	124406	18.2
五华县	Wuhua County	256398	309831	20.8	221894	278545	25.5
惠州市	Huizhou						
市　区	Urban District	1821591	2181095	19.7	1558814	1872489	20.1
惠东县	Huidong County	590382	692564	17.3	520314	605862	16.4
博罗县	Boluo County	438511	522447	19.1	396060	471580	19.1
龙门县	Longmen County	121783	143275	17.7	94880	111380	17.4
汕尾市	Shanwei						
市　区	Urban District	292092	362862	24.2	239558	299736	25.1
陆丰市	Lufeng City	518453	626519	20.8	409770	516201	26.0
海丰县	Haifeng County	633668	763998	20.6	529942	629702	18.8
陆河县	Luhe County	95198	117764	23.7	87905	108602	23.5
东莞市	Dongguan	5845425	6958941	19.1	5018785	5981093	19.2
中山市	Zhongshan	3310747	3956605	19.5	2869144	3425290	19.4
江门市	Jiangmen						
市　区	Urban District	1486854	1730299	16.4	1277600	1487585	16.4
台山市	Taishan City	636170	729860	14.7	508199	537622	5.8
开平市	Kaiping City	566748	664388	17.2	454989	533065	17.2
鹤山市	Heshan City	541209	631052	16.6	412808	474125	14.9
恩平市	Enping City	292436	339148	16.0	245883	283178	15.2

22-10 续表 continued

单位：万元 (10000 yuan)

县(市)区别	County (County-level City) and District	社会消费品零售总额 Total Retail Sales of Consumer Goods 2006	2007	2007比2006增长(%) Growth Rate in 2007 over 2006 (%)	#批发零售贸易业零售额 Total Retail Sales of Wholesale and Retail Trades 2006	2007	2007比2006增长(%) Growth Rate in 2007 over 2006 (%)
阳江市	Yangjiang						
市　区	Urban District	859721	1016824	18.3	741949	877328	18.3
阳春市	Yangchun City	622657	742255	19.2	560333	669681	19.5
阳东县	Yangdong County	189414	225017	18.8	155426	184922	19.0
阳西县	Yangxi County	198329	236831	19.4	156687	187520	19.7
湛江市	Zhanjiang						
市　区	Urban District	1656417	1980237	19.6	1278338	1523622	19.2
雷州市	Leizhou City	357856	425707	19.0	326971	390065	19.3
廉江市	Lianjiang City	404496	484990	19.9	350064	419642	19.9
吴川市	Wuchuan City	274124	328739	19.9	246310	297597	20.8
遂溪县	Suixi County	272266	326498	19.9	240048	288474	20.2
徐闻县	Xuwen County	232696	275430	18.4	211544	251180	18.7
茂名市	Maoming						
市　区	Urban District	1274764	1521271	19.3	1097424	1319797	20.3
信宜市	Xinyi City	552481	657138	18.9	500002	586803	17.4
高州市	Gaozhou City	571090	671446	17.6	480627	568680	18.3
化州市	Huazhou City	533497	629527	18.0	458489	539988	17.8
电白县	Dianbai County	486403	578331	18.9	441533	523658	18.6
肇庆市	Zhaoqing						
市　区	Urban District	603717	700515	16.0	489738	547583	11.8
四会市	Sihui City	289454	338137	16.8	248723	287889	15.8
高要市	Gaoyao City	266028	311122	17.0	225886	265648	17.6
广宁县	Guangning County	132563	157033	18.5	120574	143980	19.4
德庆县	Deqing County	110376	131899	19.5	99227	116975	17.9
封开县	Fengkai County	87223	103436	18.6	73356	87403	19.2
怀集县	Huaiji County	190086	226184	19.0	165811	195301	17.8
清远市	Qingyuan						
市　区	Urban District	578709	706915	22.2	493145	602915	22.3
英德市	Yingde City	379743	473132	24.6	337527	417823	23.8
连州市	Lianzhou City	186730	231918	24.2	141194	176775	25.2
佛冈县	Fogang County	133097	165175	24.1	108314	133254	23.0
清新县	Qingxin County	167485	208684	24.6	146934	181659	23.6
连山县	Lianshan County	17776	21652	21.8	13457	16466	22.4
连南县	Liannan County	26334	32078	21.8	22970	27858	21.3
阳山县	Yangshan County	104048	129058	24.0	86755	107310	23.7
潮州市	Chaozhou						
市　区	Urban District	356887	418770	17.3	324280	380222	17.3
饶平县	Raoping County	295024	340359	15.4	258109	292344	13.3
潮安县	Chao'an County	529538	656033	23.9	441117	544552	23.5
揭阳市	Jieyang						
市　区	Urban District	489149	607936	24.3	437365	545460	24.7
普宁市	Puning City	589070	724758	23.0	542803	660441	21.7
揭东县	Jiedong County	299715	368667	23.0	270114	333284	23.4
揭西县	Jiexi County	158893	194806	22.6	141379	170766	20.8
惠来县	Huilai County	157225	193002	22.8	147842	181734	22.9
云浮市	Yunfu						
市　区	Urban District	153011	183404	19.9	115865	111293	-4.0
罗定市	Luoding City	215996	254877	18.0	190165	224235	17.9
新兴县	Xinxing County	159264	191200	20.1	127579	152900	19.9
郁南县	Yunan County	132088	155482	17.7	111392	130441	17.1
云安县	Yun'an County	40784	49428	21.2	35029	41869	19.5

22-11 各县(市)区在岗职工人数（2007年）

Number of Fully Employed Staff and Workers by County (County-Level City) and District (2007)

单位：人 (person)

县(市)区别	County (County-level City) and District	在岗职工人数 Number of Fully Employed Staff and Workers	国有经济 State-owned Units	城镇集体经济 Urban Collective-owned Units	其他各种经济 Units of Other Types of Ownership
广州市	Guangzhou				
市　区	Urban District	2001037	717370	103415	1180252
从化市	Conghua City	60586	23133	7905	29548
增城市	Zengcheng City	90150	36026	8184	45940
深圳市	Shenzhen	1930351	400267	15027	1515057
珠海市	Zhuhai	527592	86978	37022	403592
汕头市	Shantou				
市　区	Urban District	290760	158877	59456	72427
南澳县	Nan'ao County	5330	4665	367	298
佛山市	Foshan	535817	187027	40417	308373
韶关市	Shaoguan				
市　区	Urban District	140639	66161	5131	69347
乐昌市	Lechang City	30839	17734	4470	8635
南雄市	Nanxiong City	17536	12902	886	3748
仁化县	Renhua County	18107	10102	1549	6456
始兴县	Shixing County	22867	7704	1056	14107
翁源县	Wengyuan County	17809	12982	925	3902
新丰县	Xinfeng County	15498	8088	4621	2789
乳源县	Ruyuan County	19945	8973	1482	9490
河源市	Heyuan				
市　区	Urban District	94524	22384	3937	68203
东源县	Dongyuan County	26475	13321	3520	9634
和平县	Heping County	17619	12694	1579	3346
龙川县	Longchuan County	37079	22789	6963	7327
紫金县	Zijin County	24758	16954	972	6832
连平县	Lianping County	20633	12790	1663	6180
梅州市	Meizhou				
市　区	Urban District	46210	30059	1302	14849
兴宁市	Xingning City	41186	33575	2368	5243
梅　县	Meixian County	30167	17368	2081	10718
平远县	Pingyuan County	13925	10031	752	3142
蕉岭县	Jiaoling County	17534	9680	1514	6340
大埔县	Dabu County	17904	14217	2543	1144
丰顺县	Fengshun County	31208	15885	9567	5756
五华县	Wuhua County	30973	28514	2315	144
惠州市	Huizhou				
市　区	Urban District	550354	89732	16987	443635
惠东县	Huidong County	62340	28044	3573	30723
博罗县	Boluo County	122723	28457	5886	88380
龙门县	Longmen County	21574	12666	3658	5250
汕尾市	Shanwei				
市　区	Urban District	45677	21450	4660	19567
陆丰市	Lufeng City	44329	35094	5423	3812
海丰县	Haifeng County	28857	21246	2773	4838
陆河县	Luhe County	12959	9188	1147	2624
东莞市	Dongguan	205640	108700	39934	57006
中山市	Zhongshan	256450	72146	14455	169849
江门市	Jiangmen				
市　区	Urban District	222690	59803	9210	153677
台山市	Taishan City	46353	25881	3667	16805
开平市	Kaiping City	68103	24751	4995	38357
鹤山市	Heshan City	38454	13703	3698	21053
恩平市	Enping City	35935	16499	11120	8316

22-11 续表 continued

单位：人 (person)

县(市)区别	County (County-level City) and District	在岗职工人数 Number of Fully Employed Staff and Workers	国有经济 State-owned Units	城镇集体经济 Urban Collective-owned Units	其他各种经济 Units of Other Types of Ownership
阳江市	Yangjiang				
市　区	Urban District	68584	40562	20445	7577
阳春市	Yangchun City	50250	28203	8297	13750
阳东县	Yangdong County	28075	16567	5388	6120
阳西县	Yangxi County	22287	13781	4091	4415
湛江市	Zhanjiang				
市　区	Urban District	159734	94385	5606	59743
雷州市	Leizhou City	39942	24355	3983	11604
廉江市	Lianjiang City	36949	30333	3842	2774
吴川市	Wuchuan City	53471	33111	11348	9012
遂溪县	Suixi County	56977	51899	4482	596
徐闻县	Xuwen County	32606	28243	2525	1838
茂名市	Maoming				
市　区	Urban District	95671	51319	3262	41090
信宜市	Xinyi City	32809	25711	2762	4336
高州市	Gaozhou City	57615	41504	10037	6074
化州市	Huazhou City	58203	44207	11656	2340
电白县	Dianbai County	49200	33389	12021	3790
肇庆市	Zhaoqing				
市　区	Urban District	108611	43151	3539	61921
四会市	Sihui City	51640	16544	4102	30994
高要市	Gaoyao City	20832	17847	1498	1487
广宁县	Guangning County	16980	13461	1128	2391
德庆县	Deqing County	22157	11706	1102	9349
封开县	Fengkai County	16420	14120	578	1722
怀集县	Huaiji County	22380	17834	2343	2203
清远市	Qingyuan				
市　区	Urban District	68442	29276	2407	36759
英德市	Yingde City	39495	25997	931	12567
连州市	Lianzhou City	22400	13448	896	8056
佛冈县	Fogang County	25606	8936	319	16351
清新县	Qingxin County	75476	14472	4479	56525
连山县	Lianshan County	5321	4807	222	292
连南县	Liannan County	9964	6843	337	2784
阳山县	Yangshan County	17902	14429	894	2579
潮州市	Chaozhou				
市　区	Urban District	53808	25670	6503	21635
饶平县	Raoping County	30877	22650	1696	6531
潮安县	Chao'an County	35071	23071	6732	5268
揭阳市	Jieyang				
市　区	Urban District	49593	27449	8031	14113
普宁市	Puning City	57585	43695	4910	8980
揭东县	Jiedong County	30918	23240	2859	4819
揭西县	Jiexi County	27508	18934	7441	1133
惠来县	Huilai County	38321	29837	2100	6384
云浮市	Yunfu				
市　区	Urban District	40837	19959	1708	19170
罗定市	Luoding City	53948	26614	1769	25565
新兴县	Xinxing County	37442	14655	573	22214
郁南县	Yunan County	20925	12399	770	7756
云安县	Yun'an County	10282	6963	44	3275

22-12 各县(市)区在岗职工工资总额及平均工资（2007年）

Total Wages and Average Wage of Fully Employed Staff and Workers by County (County-level City) and District (2007)

县(市)区别	County (County-levelCity) and District	合计 Total		国有经济单位 State-owned Units		城镇集体经济单位 Urban Collective-owned Units		其他各种经济单位 Units of Other Types of Ownership	
		工资总额(万元) Total Wages (10000 yuan)	平均工资(元) Average Wage (yuan)	工资总额(万元) Total Wages (10000 yuan)	平均工资(元) Average Wage (yuan)	工资总额(万元) Total Wages (10000 yuan)	平均工资(元) Average Wage (yuan)	工资总额(万元) Total Wages (10000 yuan)	平均工资(元) Average Wage (yuan)
广州市	Guangzhou								
市　区	Urban District	8301342	41735	4178824	58120	227457	22105	3895061	33371
从化市	Conghua City	139883	23129	75451	32796	8986	11340	55446	18764
增城市	Zengcheng City	242077	26541	133385	37293	16146	19902	92546	19554
深圳市	Shenzhen	7335805	38798	2293671	58347	32644	21793	5009490	33787
珠海市	Zhuhai	1374219	26613	415472	48954	77764	20971	880983	22337
汕头市	Shantou								
市　区	Urban District	629101	21701	425002	26699	59979	10243	144120	19990
南澳县	Nanao County	7601	14001	6967	14705	358	9459	276	8837
佛山市	Foshan	1493347	28330	731635	39268	96721	24023	664991	22126
韶关市	Shaoguan								
市　区	Urban District	387061	27877	207847	32428	7493	14929	171721	24627
乐昌市	Lechang City	57377	18715	40273	22984	6402	14256	10702	12378
南雄市	Nanxiong City	35827	19995	27999	21523	2735	27191	5093	13050
仁化县	Renhua County	43580	24004	22965	22561	1886	12317	18729	29060
始兴县	Shixing County	36873	15767	16008	20801	1257	12254	19608	13370
翁源县	Wengyuan County	28210	16054	22852	17585	1090	11817	4268	11678
新丰县	Xinfeng County	23703	14980	15651	19322	4446	9501	3606	11847
乳源县	Ruyuan County	37055	18969	20325	23058	2515	17455	14215	15319
河源市	Heyuan								
市　区	Urban District	209662	22264	83201	37576	7040	18085	119421	17643
东源县	Dongyuan County	53296	20143	31924	23980	5440	15490	15932	16537
和平县	Heping County	34973	20476	28192	22742	2844	19439	3938	12226
龙川县	Longchuan County	64683	18541	47178	20786	9876	14195	7630	10565
紫金县	Zijin County	41267	17048	32025	18806	1625	16906	7617	12252
连平县	Lianping County	35645	17587	23372	18475	1918	11712	10354	17320
梅州市	Meizhou								
市　区	Urban District	125436	26911	93589	31193	1741	12847	30107	19738
兴宁市	Xingning City	65712	15945	55439	16517	3471	14603	6802	12902
梅　县	Meixian County	63899	20679	38847	22169	3049	14170	22003	19601
平远县	Pingyuan County	22849	16408	18754	18696	702	9335	3392	10797
蕉岭县	Jiaoling County	30289	17224	20036	20568	1306	9134	8947	13949
大埔县	Dapu County	30017	16766	23919	16833	3111	12211	2986	26078
丰顺县	Fengshun County	45667	14642	27758	17463	11402	11963	6506	11290
五华县	Wuhua County	49580	16004	46967	16483	2472	10560	141	9764
惠州市	Huizhou								
市　区	Urban District	1096155	20396	287350	32350	28155	16852	780650	18074
惠东县	Huidong County	109276	17433	62915	22604	4591	12595	41770	13386
博罗县	Boluo County	216538	17893	69000	24009	6587	12004	140951	16240
龙门县	Longmen County	36805	17163	25287	19955	3392	9803	8126	15295
汕尾市	Shanwei								
市　区	Urban District	99994	21875	53358	24876	9025	19367	37611	19221
陆丰市	Lufeng City	60684	13678	49372	14153	6115	11154	5197	12989
海丰县	Haifeng County	51422	18111	39273	18565	3904	14829	8245	17903
陆河县	Luhe County	17941	14084	13860	15133	1001	9094	3080	12423
东莞市	Dongguan	707007	35284	487826	46197	74408	18807	144773	26218
中山市	Zhongshan	705439	27879	320749	44992	39940	27767	344750	20600
江门市	Jiangmen								
市　区	Urban District	507703	23230	200391	33931	15168	16652	292144	19426
台山市	Taishan City	60299	13018	42202	16312	3792	10420	14305	8510
开平市	Kaiping City	107466	15978	50056	20410	4784	11158	52626	13688
鹤山市	Heshan City	62448	16178	32283	23878	5613	15599	24552	11429
恩平市	Enping City	51474	14034	27959	16819	13333	11821	10182	11603

22-12 续表 continued

县(市)区别	County (County-levelCity) and District	合计 Total 工资总额(万元) Total Wages (10000 yuan)	合计 Total 平均工资(元) Average Wage (yuan)	国有经济单位 State-owned Units 工资总额(万元) Total Wages (10000 yuan)	国有经济单位 State-owned Units 平均工资(元) Average Wage (yuan)	城镇集体经济单位 Urban Collective-owned Units 工资总额(万元) Total Wages (10000 yuan)	城镇集体经济单位 Urban Collective-owned Units 平均工资(元) Average Wage (yuan)	其他各种经济单位 Units of Other Types of Ownership 工资总额(万元) Total Wages (10000 yuan)	其他各种经济单位 Units of Other Types of Ownership 平均工资(元) Average Wage (yuan)
阳江市	Yangjiang								
市 区	Urban District	127274	17370	97024	21559	20929	10003	9321	12463
阳春市	Yangchun City	88887	15844	60128	19541	9722	9441	19037	12661
阳东县	Yangdong County	45638	16119	30553	18120	6880	12591	8205	13698
阳西县	Yangxi County	34421	14785	23720	16917	5232	10688	5469	12542
湛江市	Zhanjiang								
市 区	Urban District	444507	27952	306381	32773	5995	10517	132131	22080
雷州市	Leizhou City	69942	12583	64811	12815	4752	10768	379	6364
廉江市	Lianjiang City	78195	14980	53161	15765	14093	13909	10941	13110
吴川市	Wuchuan City	45325	14248	40422	14726	3128	12393	1775	9659
遂溪县	Suixi County	53941	14214	38548	15858	4370	11387	11023	11243
徐闻县	Xuwen County	49817	13682	42505	14024	4440	12306	2872	11512
茂名市	Maoming								
市 区	Urban District	272892	28499	158767	31119	4043	13759	110082	26337
信宜市	Xinyi City	52057	16164	45667	17934	3310	12177	3080	7661
高州市	Gaozhou City	95172	16778	78325	19144	10809	10863	6038	10304
化州市	Huazhou City	83195	14589	67070	15444	13789	11904	2336	11593
电白县	Dianbai County	76805	15357	53927	16120	16789	13069	6089	16399
肇庆市	Zhaoqing								
市 区	Urban District	251211	23426	145482	35438	5768	16314	99961	15957
四会市	Sihui City	98883	19683	49311	30119	4678	11807	44894	15013
高要市	Gaoyao City	48022	23193	42698	23888	2987	2225	2337	15709
广宁县	Guangning County	35747	21008	29706	22098	3098	27125	2943	12106
德庆县	Deqing County	32218	13820	21361	17238	1460	12653	9397	9621
封开县	Fengkai County	28683	17333	26518	18759	593	9805	1572	8700
怀集县	Huaiji County	41733	18558	33854	16814	2997	13793	4882	22942
清远市	Qingyuan								
市 区	Urban District	180364	26953	113598	39642	5036	20664	61730	16947
英德市	Yingde City	91669	23926	71359	27550	2989	31327	17321	15117
连州市	Lianzhou City	53870	23895	36577	27267	1546	16159	15747	19267
佛冈县	Fogang County	55283	21631	25286	28520	819	24728	29179	17834
清新县	Qingxin County	152621	21926	46905	33134	5668	14120	100049	19451
连山县	Lianshan County	10982	20570	9906	20590	452	20009	624	20669
连南县	Liannan County	19930	20483	16166	24035	916	27101	2847	10680
阳山县	Yangshan County	38194	21256	34060	23636	1523	16484	2610	9910
潮州市	Chaozhou								
市 区	Urban District	125751	23603	80489	31447	7338	10610	37924	18262
饶平县	Raoping County	44645	11060	37116	11838	2057	8746	5472	8215
潮安县	Chaoan County	52508	15196	41476	18128	5508	8361	5524	10863
揭阳市	Jieyang								
市 区	Urban District	95787	19472	61401	22672	9561	11942	24825	17601
普宁市	Puning City	78827	13744	67349	15423	3082	6391	8396	9474
揭东县	Jiedong County	47297	15552	38232	16581	3252	11746	5813	12673
揭西县	Jiexi County	40185	14650	30798	16279	7587	10274	1799	15994
惠来县	Huilai County	42651	11152	34367	11519	1767	8403	6517	10329
云浮市	Yunfu								
市 区	Urban District	95678	23771	64293	32275	1939	11421	29446	15805
罗定市	Luoding City	75507	12639	47552	17846	2958	15727	24997	8008
新兴县	Xinxing County	66026	16919	31678	21756	1029	18410	33319	13937
郁南县	Yunan County	34628	16446	21616	17352	1456	18334	11557	14807
云安县	Yunan County	17297	16174	12738	18349	52	11864	4506	12153

22-13 各县(市)区财政收支及城乡居民储蓄存款余额（2006-2007年）

Local Government Budgetary Revenue and Expenditure and Savings Deposits by Urban and Rural Residents by County (County-level City) and District(2006-2007)

单位：万元 (10000 yuan)

县(市)区别	County (County-level City) and District	地方财政一般预算收入 Local Government Budgetary Revenue		地方财政一般预算支出 Local Government Budgetary Expenditure		城乡居民储蓄存款余额 Savings Deposits by Urban and Rural Residents	
		2006	2007	2006	2007	2006	2007
广州市	Guangzhou						
本　级	Prefectural-city Level	2010044	2410203	2050426	2624694		
市　区	Urban District	2036335	2529151	2704562	3205827	52398917	52392689
增城市	Zengcheng City	160582	206562	188612	247239	2534393	2630249
从化市	Conghua City	63870	91946	124299	159157	690290	739493
深圳市	Shenzhen	5008827	6580555	5714231	7279677	37447000	37952948
珠海市	Zhuhai	602664	758242	704904	828160	5397400	5700502
汕头市	Shantou						
本　级	Prefectural-city Level	158794	190474	195699	236496		
市　区	Urban District	187475	231093	388432	471713	8171514	8198203
南澳县	Nanao County	2988	3316	15137	20719	48486	51219
佛山市	Foshan	1570622	1945430	1754017	2066701	26670600	27688055
韶关市	Shaoguan						
本　级	Prefectural-city Level	117731	152137	134342	170857		
市　区	Urban District	42560	56389	93528	113074	2009740	1970927
仁化县	Renhua County	12372	17707	27954	38046	203010	206647
南雄市	Nanxiong City	11056	14297	42418	51694	252079	266210
始兴县	Shixing County	6096	8019	27622	33793	190937	208997
翁源县	Wengyuan County	6404	8604	34198	41631	232468	266631
新丰县	Xinfeng County	6029	8308	29828	34944	135694	149510
乳源县	Ruyuan County	14498	20036	37016	46406	121370	129399
乐昌市	Lechang City	11205	14915	55332	55701	379702	395137
河源市	Heyuan						
本　级	Prefectural-city Level	34194	41314	72965	90388		
市　区	Urban District	15748	20158	35953	47033	593280	633417
和平县	Heping County	8261	10032	57755	67231	165597	183831
龙川县	Longchuan County	18921	21887	95032	108104	392193	431496
紫金县	Zijin County	15904	17758	69846	82828	242193	270344
连平县	Lianping County	16636	20243	53604	65428	177218	192936
东源县	Dongyuan County	15703	20166	73389	97459	129719	155851
梅州市	Meizhou						
本　级	Prefectural-city Level	71786	88491	114882	136729		
市　区	Urban District	10168	12884	26366	35279	769191	767279
梅　县	Meixian County	29541	41324	85497	101941	652418	628668
蕉岭县	Jiaoling County	13380	15415	33334	41350	192971	199098
大埔县	Dapu County	13022	16470	57533	63531	268317	269818
丰顺县	Fengshun County	11910	14388	62308	72806	338181	355067
五华县	Wuhua County	8243	10403	89481	103240	427908	453177
兴宁市	Xingning City	16242	20069	90385	124209	657520	644820
平远县	Pingyuan County	8227	10261	32250	41770	147094	155144
惠州市	Huizhou						
本　级	Prefectural-city Level	211032	301083	262631	332027		
市　区	Urban District	130312	180881	171839	236266	3895342	4135768
惠东县	Huidong County	33988	46168	82376	114751	886773	914655
博罗县	Boluo County	56056	75369	101414	121617	1056818	1179613
龙门县	Longmen County	13085	17101	42063	55928	233367	246070
汕尾市	Shanwei						
本　级	Prefectural-city Level	24554	32465	55031	67212		
市　区	Urban District	10193	13441	24370	29012	375986	394938
海丰县	Haifeng County	26088	33968	60820	76269	465494	494174
陆河县	Luhe County	6229	8146	32862	38822	102485	119787
陆丰市	Lufeng City	25642	33564	71318	99812	328835	370175
东莞市	Dongguan	1289445	1864468	1478955	1930968	20134000	21204890
中山市	Zhongshan	664477	861171	643588	877559	8327700	8755365
江门市	Jiangmen						
本　级	Prefectural-city Level	118542	147326	140890	166073		
市　区	Urban District	186598	228518	219903	263624	4861915	4949466
台山市	Taishan City	69321	88882	90220	119707	1488120	1589790
开平市	Kaiping City	62638	71858	76590	84340	1548373	1587471
鹤山市	Heshan City	47438	61809	58149	71979	926986	953523
恩平市	Enping City	22018	25908	48215	58271	584906	649421

22-13 续表 continued

单位：万元 (10000 yuan)

县(市)区别	County (County-level City) and District	地方财政一般预算收入 Local Government Budgetary Revenue		地方财政一般预算支出 Local Government Budgetary Expenditure		城乡居民储蓄存款余额 Savings Deposits by Urban and Rural Residents	
		2006	2007	2006	2007	2006	2007
阳江市	Yangjiang						
本 级	Prefectural-city Level	39306	49631	77667	97329		
市 区	Urban District	12531	15069	34113	41453	1015159	1015678
阳东县	Yangdong County	23721	29652	57102	72060	281988	347596
阳西县	Yangxi County	7393	9169	39728	51748	234625	264113
阳春市	Yangchun City	21097	26162	74247	94221	612128	667111
湛江市	Zhanjiang						
本 级	Prefectural-city Level	176300	216334	256579	357148		
市 区	Urban District	53791	69522	102236	134251	3105441	3110528
徐闻县	Xuwen County	12916	16435	53751	70028	369152	395502
遂溪县	Suixi County	13624	17307	64591	84200	462460	515152
廉江市	Lianjiang City	18085	23530	91709	120877	709325	787146
吴川市	Wuchuan City	13986	19125	54390	70163	529692	591984
雷州市	Leizhou City	15176	20153	75498	105469	517130	568341
茂名市	Maoming						
本 级	Prefectural-city Level	128485	164493	150440	189349		
市 区	Urban District	27332	31016	66070	80323	1551847	1527882
电白县	Dianbai County	23888	29611	81677	102036	737924	787431
高州市	Gaozhou City	34282	38435	100939	121246	985776	1051617
化州市	Huazhou City	20838	25610	82250	103636	642307	728188
信宜市	Xinyi City	22415	27460	84483	103064	666246	718512
肇庆市	Zhaoqing						
本 级	Prefectural-city Level	71597	95869	120407	145786		
市 区	Urban District	40390	53914	59668	75492	1623650	1607636
广宁县	Guangning County	15796	18958	43647	53053	261301	285346
德庆县	Deqing County	15825	19496	41658	55295	216836	247306
封开县	Fengkai County	16470	18155	42572	51014	226321	250944
怀集县	Huaiji County	20767	25503	62885	79360	250295	296170
高要市	Gaoyao City	37333	51833	64789	85808	635138	728446
四会市	Sihui City	31639	43683	53757	67665	591478	694359
清远市	Qingyuan						
本 级	Prefectural-city Level	51227	76888	75917	103783		
市 区	Urban District	26587	40007	53749	72793	1687108	1471203
清新县	Qingxin County	21103	31756	65481	86617	405639	456012
佛冈县	Fogang County	22655	29513	44404	52174	250575	273981
连山县	Lianshan County	3136	4115	22595	24893	61773	64782
连南县	Liannan County	5874	7707	29337	33044	83147	94693
阳山县	Yangshan County	14214	20008	54254	67409	219230	248712
连州市	Lianzhou City	18037	23878	54731	70574	334429	369393
英德市	Yingde City	33227	45023	94992	108203	636213	699154
潮州市	Chaozhou						
本 级	Prefectural-city Level	56031	70094	89253	106752		
市 区	Urban District	11416	13268	23487	28783	1325814	1479494
饶平县	Raoping County	12005	17169	74143	94643	455056	484255
潮安县	Chaoan County	27024	34456	84469	105263	1008030	915143
揭阳市	Jieyang						
本 级	Prefectural-city Level	41069	52556	85933	112412		
市 区	Urban District	16903	20952	29202	37590	801100	1222090
揭东县	Jiedong County	19930	25856	59667	72286	666339	711929
惠来县	Huilai County	9796	11137	63115	90078	528107	325842
揭西县	Jiexi County	9034	12759	65260	76195	552477	574618
普宁市	Puning City	40858	49977	100336	126280	1844777	1637346
云浮市	Yunfu						
本 级	Prefectural-city Level	32508	39782	47637	68182		
市 区	Urban District	11506	14162	30866	33249	549895	571363
新兴县	Xinxing County	24412	30041	54999	67913	413129	456557
郁南县	Yunan County	11242	14533	50715	56979	286125	329126
云安县	Yunan County	11442	14133	32726	40675	90660	110292
罗定市	Luoding City	22790	27065	75740	93982	567477	629023

注：1. 本级财政收支指市本级地方财政一般预算收支。
2. 城乡居民储蓄存款余额为中资金融机构人民币储蓄存款。

Note: a) The local government revenue and expenditure at the prefectural-city level refer to the budgetary revenue and expenditure directly collected and spent by the same-level local governments.
b) Savings deposits by urban and rural residents are savings deposits in Renminbi in domestic-funded financial institutions.

附录

APPENDIX

附 录

简要说明

一、本篇资料包括部分省市社会经济主要指标、中国香港特别行政区、中国澳门特别行政区、中国台湾省主要统计指标及国际主要统计指标。

二、附录 A、附录 B、附录 C 和附录 D 资料来源于国家统计局编辑、中国统计出版社出版的《中国统计年鉴》和《中国统计摘要》。附录 E 资料来源于国家统计局编辑、中国财政经济出版社出版的《国际统计年鉴——2006/2007》。

三、一些国际组织及其组成成员：

西方七国（G7）：包括美国、日本、英国、德国、法国、意大利和加拿大。

经济合作与发展组织（经合组织，OECD）：成员国有 30 个：澳大利亚 (1971)、 奥地利、比利时、冰岛、丹麦、德国、法国、芬兰 (1969)、加拿大、荷兰、卢森堡、美国、葡萄牙、日本 (1964)、挪威、瑞典、瑞士、爱尔兰、西班牙、希腊、意大利、新西兰 (1973)、土耳其、英国、墨西哥 (1994.3.24)、捷克 (1995.11.28)、匈牙利 (1996.3.29)、波兰(1996.7.11)、韩国 (1996.10.11)、斯洛伐克（2000.9）。

欧洲联盟（简称欧盟，EU）：成员国共 27 个：法国、德国、意大利、荷兰、比利时、卢森堡（1951 年）、丹麦、爱尔兰、英国（1973 年）、希腊（1981 年）、西班牙、葡萄牙（1986 年）、奥地利、芬兰、瑞典（1995 年）、塞浦路斯、捷克、爱沙尼亚、匈牙利、拉脱维亚、立陶宛、马耳他、波兰、斯洛伐克、斯洛文尼亚(2004 年)、保加利亚和罗马尼亚（2007 年）。

欧洲货币联盟（欧元区，Euro Area）:成员国共 13 个：德国、比利时、奥地利、荷兰、法国、意大利、西班牙、葡萄牙、卢森堡、爱尔兰、芬兰、希腊、斯洛文尼亚。1999 年 1 月 1 日欧元启动起，各成员国与欧元汇率锁定，1 欧元分别相当于 1.95583 德国马克、40.3399 比利时法郎、40.3399 卢森堡法郎、166.386 西班牙比塞塔、6.55967 法国法郎、0.787564 爱尔兰镑、1936.27 意大利里拉、2.20371 荷兰盾、13.7603 奥地利先令、200.482 葡萄牙埃斯库多和 5.94873 芬兰马克。2001 年 1 月 1 日，希腊加入欧元区，其原货币德拉克马与欧元汇率锁定为 1 欧元兑换 340.7502 德拉克马。2002 年 1 月 1 日起，欧元现钞正式取代各成员国原货币全面流通。

北美自由贸易区（NAFTA）：成立于 1994 年 1 月 1 日，至今始终有三个成员国，即加拿大、墨西哥和美国。

东南亚国家联盟（东盟，ASEAN）：成员国共有 10 个：菲律宾、马来西亚、泰国、新加坡、印度尼西亚、文莱（1984 年）、越南（1995 年）、缅甸（1997 年）、老挝（1997 年）和柬埔寨（1999 年）。

四、一些国家(含地区)分类含义：

按收入分组国家：按照世界银行分组标准，高收入国家指 2005 年人均国民总收入 10726 美元及以上国家，上中等收入国家指 2005 年人均国民总收入 3466 美元至 10725 美元的国家，下中等收入国家指 2005 年人均国民总收入 876 美元至 3465 美元的国家，低收入国家指 2005 年人均国民总收入 875 美元及以下的国家。

发达国家与发展中国家：按照联合国分组标准，发达国家具体包括加拿大、美国、原欧盟成员国、澳大利亚、新西兰、日本、以色列和南非，发展中国家则指其他国家。

五、2006 年各省市资料中，除广东为正式年报数外，其余各省市资料均为快速年报数。

六、本篇资料由广东省统计局综合处负责整理、编辑。

Appendix

Brief Introduction

I. The data in this chapter include main social and economic indicators of some provinces and municipalities, main statistical indicators of Hong Kong and Macao Special Administrative Regions and Taiwan Province of the People's Republic of China, as well as main international statistical indicators.

II. Data in Appendices A, B, C and D come from China Statistical Yearbook and China Statistical Abstract compiled by National Bureau of Statistics and published by China Statistics Press. Data in Appendix E come from International Statistical Yearbook compiled by National Bureau of Statistics and published by China Financial and Economic Publishing House.

III. International organizations and their members included are as follows:

Group 7 includes the United States, Japan, the United Kingdom, Germany, France, Italy and Canada.Organization for Economic Co-operation and Development (OECD) has 30 members, i.e. Australia (1971), Austria, Belgium, Iceland, Denmark, Germany, France, Finland (1969), Canada, the Netherlands, Luxembourg, the United States, Portugal, Japan (1964), Norway, Sweden, Switzerland, Ireland, Spain, Greece, Italy, New Zealand (1973), Turkey, the United Kingdom, Mexico (Mar. 24, 1994), Czech Republic (Nov. 28, 1995), Hungary (Mar. 29, 1996), Poland (Jul. 11, 1996), the Republic of Korea (Oct. 11, 1996) and Slovakia (Sep，2000).

European Union (EU) has 27 members, i.e. France, Germany, Italy, the Netherlands, Belgium, Luxembourg (1951), Denmark, Ireland, the United Kingdom (1973), Greece (1981), Spain, Portugal (1986), Austria, Finland, Sweden (1995), Cyprus, the Czech Republic, Estonia, Hungary, Latvia, Lithuania, Malta, Poland, Slovakia, Slovenia (2004), Bulgaria and Romania (2007).

European Monetary Union (Euro Area) has 13 member countries: Germany, Belgium, Austria, the Netherlands, France, Italy, Spain, Portugal, Luxembourg, Ireland, Finland, Greece and Slovenia. Since the launch of the euro on Jan. 1, 1999, the central rates have been fixed between the euro and the currencies of the member countries. One euro equals to 1.95583 Deutsch Mark, 40.3399 Belgium Francs, 40.3399 Luxembourg Francs, 166.386 Spanish Pesetas, 6.55967 French Francs, 0.787564 Irish Pounds, 1936.27 Italian Lire, 2.2037 Dutch Guilders, 13.7603 Austrian Schillings, 200.482 Portugal Escudos and 5.94873 Finnish Mark respectively. Greece joined Euro Area on January 1, 2001, adopting the euro as its currency, with a conversion factor of 340.750 drachmas per euro. Since January 1, 2002, the euro has formally substituted the former local currencies of the member countries.

North American Free Trade Area (NAFTA) was founded on January 1, 1994, with members unchanged hitherto, i.e. Canada, Mexico and the United States.

Association of South East Asian Countries (ASEAN) has 10 members, i.e. the Philippines, Malaysia, Thailand, Singapore, Indonesia, Brunei Darussalam (1984), Viet Nam (1995), Myanmar (1997), Lao People's Democratic Republic (1997) and Cambodia (1999).

IV. Countries (territories) are classified as follows:

Countries by income group: According to the criteria by the World Bank, countries and territories (referred to as economies) are classified into high income (higher than $10726), higher middle income (between $3466 and $10725), lower middle income (between $876 and $3465) and low income ($875 and below) groups by their per capita GNI in the year 2005.

Developed and developing countries: According to the classification standard of the United Nations, developed countries include Canada, the United States, the member countries of the former European Union, Australia, New Zealand, Japan, Israel and South Africa while others are developing countries.

V. Among the data of various provinces and municipalities in 2006, all come from flash annual reports except the data of Guangdong, which come from formal annual reports.

VI. The data in this chapter are prepared and compiled by the Division of Comprehensive Statistics of Guangdong Provincial Bureau of Statistics.

附录A 部分省(市)主要统计指标(2006-2007年)

Appendix A Main Statistical Indicators of Some Provinces and Municipalities (2006-2007)

省、市名称 Province or Municipality	年末总人口(万人) Total Population at the Year-end (10000 persons)			国内(地区)生产总值(亿元) Gross Domestic Product (100 million yuan)		
	2006	2007	2007比2006增长(%) Growth Rate in 2007 over 2006 (%)	2006	2007	2007比2006增长(%) Growth Rate in 2007 over 2006 (%)
全 国 National Total	**131448**	**132129**	**0.5**	**211923.5**	**249529.9**	**11.9**
辽 宁 Liaoning	4271	4298	0.6	9251.2	11021.7	14.5
上 海 Shanghai	1815	1858	2.4	10366.4	12001.2	13.3
江 苏 Jiangsu	7550	7625	1.0	21645.1	25560.1	14.8
浙 江 Zhejiang	4980	5060	1.6	15742.5	18638.4	14.5
安 徽 Anhui	6110	6118	0.1	6148.7	7345.7	13.9
福 建 Fujian	3558	3581	0.6	7614.5	9160.1	15.1
山 东 Shandong	9309	9367	0.6	22077.4	25887.7	14.3
河 南 Henan	9392	9360	-0.3	12496.0	15058.1	14.4
湖 北 Hubei	5693	5699	0.1	7581.3	9150.0	14.5
湖 南 Hunan	6342	6355	0.2	7568.9	9145.0	14.4
广 东 Guangdong	9304	9449	1.6	26159.5	31084.4	14.7
四 川 Sichuan	8169	8127	-0.5	8637.8	10505.3	14.2

附录A 续表 1 continued

省、市名称 Province or Municipality	第三产业增加值(亿元) Value-added of the Tertiary Industry (100 million yuan)			人均国内(地区)生产总值(元) Per Capita Gross Domestic Product (yuan)		
	2006	2007	2007比2006增长(%) Growth Rate in 2007 over 2006 (%)	2006	2007	2007比2006增长(%) Growth Rate in 2007 over 2006 (%)
全 国 National Total	**84721.4**	**100053.5**	**12.6**	**16165**	**18934**	**11.4**
辽 宁 Liaoning	3559.9	4013.8	10.1	21788	25725	13.8
上 海 Shanghai	5205.4	6223.8	17.1	57695	65347	10.8
江 苏 Jiangsu	7817.0	9548.2	15.9	28814	33689	13.7
浙 江 Zhejiang	6288.2	7521.1	15.1	31874	37128	12.7
安 徽 Anhui	2458.7	2848.4	12.3	10055	12015	13.9
福 建 Fujian	2880.3	3613.7	13.8	21471	25662	14.3
山 东 Shandong	6978.8	8605.2	14.5	23794	27723	13.5
河 南 Henan	3652.3	4411.9	13.9	13313	16060	14.5
湖 北 Hubei	2993.0	3633.0	15.2	13296	16064	14.6
湖 南 Hunan	3038.4	3632.4	14.4	11950	14405	14.1
广 东 Guangdong	11195.5	13449.7	13.4	28284	33151	13.1
四 川 Sichuan	3259.1	3817.7	13.0	10546	12893	14.7

注:国内(地区)生产总值、农林牧渔业总产值和工业增加值绝对数按当年价格计算,增长速度按可比价格计算。

Notes: The figures in value terms on gross domestic product, gross output value of farming,forestry,animal husbandry and fishery and value-added of industry are calculated at current prices, whereas the growth rates are calculated at comparable prices.

附录A 续表 2 continued

省、市名称 Province or Municipality		农林牧渔业总产值(亿元) Gross Output Value of Farming, Forestry, Animal Husbandry and Fishery (100 million yuan)			规模以上工业增加值(亿元) Value-added of Industry (100 million yuan)		
		2006	2007	2007比2006增长(%) Growth Rate in 2007 over 2006 (%)	2006	2007	2007比2006增长(%) Growth Rate in 2007 over 2006 (%)
全 国	**National Total**	**40810.8**	**48893.0**	**3.9**	**91075.7**		**18.5**
辽 宁	Liaoning	1841.3	2128.0	4.1	4141.2	5047.0	21.0
上 海	Shanghai	237.0	256.0	1.5	4447.2	5251.1	12.6
江 苏	Jiangsu	2707.1	3064.7	3.1	10309.2	12473.6	18.9
浙 江	Zhejiang	1514.6	1597.2	2.3	5993.0	7571.3	17.9
安 徽	Anhui	1779.9	2070.1	3.8	1885.6	2364.8	24.5
福 建	Fujian	1496.4	1692.2	4.2	2847.8	3396.5	21.5
山 东	Shandong	4056.6	4766.2	3.3	11493.9	13212.2	20.8
河 南	Henan	3589.7	3879.9	3.9	4150.6	5438.1	24.2
湖 北	Hubei	1871.0	2296.8	3.9	2303.5	2823.0	23.6
湖 南	Hunan	2131.9	2632.2	4.9	2089.1	2656.0	24.3
广 东	Guangdong	2536.3	2821.2	3.3	11780.9	14104.2	18.2
四 川	Sichuan	2602.1	3377.0	3.5	2786.6	3580.7	25.4

附录A 续表 3 continued

省、市名称 Province or Municipality		粮食产量(万吨) Output of Grain (10000 tons)			油料产量(万吨) Output of Oil-bearing Crops (10000 tons)		
		2006	2007	2007比2006增长(%) Growth Rate in 2007 over 2006 (%)	2006	2007	2007比2006增长(%) Growth Rate in 2007 over 2006 (%)
全 国	**National Total**	**49804.0**	**50148.3**	**0.7**	**2640.3**	**2548.9**	**-3.5**
辽 宁	Liaoning	1725.0	1835.0	6.4	38.1	26.4	-30.8
上 海	Shanghai	111.3	109.2	-1.9	5.3	3.6	-31.8
江 苏	Jiangsu	3041.4	3132.2	3.0	218.2	145.1	-33.5
浙 江	Zhejiang	884.0	728.6	-17.6	47.4	33.0	-30.3
安 徽	Anhui	2860.7	2901.4	1.4	261.6	179.4	-31.4
福 建	Fujian	701.5	635.1	-9.5	26.9	23.3	-13.5
山 东	Shandong	4048.8	4148.8	2.5	358.2	328.6	-8.3
河 南	Henan	5010.0	5245.2	4.7	480.0	484.0	0.8
湖 北	Hubei	2210.1	2185.4	-1.1	279.8	254.8	-8.9
湖 南	Hunan	2706.2	2692.2	-0.5	149.4	110.1	-26.3
广 东	Guangdong	1242.4	1284.7	3.4	77.6	77.7	0.2
四 川	Sichuan	2893.4	3027.0	4.6	217.3	204.3	-6.0

附录A 续表 4 continued

省、市名称 Province or Municipality		肉类总产量(万吨) Total Output of Meat (10000 tons)			水产品产量(万吨) Output of Aquatic Products (10000 tons)		
		2006	2007	2007比2006增长(%) Growth Rate in 2007 over 2006 (%)	2006	2007	2007比2006增长(%) Growth Rate in 2007 over 2006 (%)
全 国	**National Total**	**7089.0**	**6865.7**	**-3.2**	**4583.6**	**4747.5**	**3.6**
辽 宁	Liaoning	359.8	348.0	-3.3	438.7	361.3	-17.6
上 海	Shanghai	28.6	25.4	-11.0	38.5	32.0	-16.9
江 苏	Jiangsu	351.4	305.6	-13.0	405.5	409.0	0.9
浙 江	Zhejiang	170.0	149.6	-12.0	491.4	415.1	-15.5
安 徽	Anhui	353.8	323.8	-8.5	187.0	166.5	-11.0
福 建	Fujian	168.3	150.4	-10.6	602.2	532.0	-11.7
山 东	Shandong	766.1	618.7	-19.2	757.0	713.4	-5.8
河 南	Henan	736.5	542.9	-26.3	60.1	45.7	-24.0
湖 北	Hubei	326.9	310.0	-5.2	331.4	298.0	-10.1
湖 南	Hunan	539.7	422.7	-21.7	190.7	170.1	-10.8
广 东	Guangdong	382.1	385.7	0.9	658.8	664.3	0.8
四 川	Sichuan	690.8	564.2	-18.3	108.8	91.1	-16.3

附录A 续表 5 continued

省、市名称 Province or Municipality		汽车产量(万辆) Output of Motor Vehicles (10000 vehicles)			发电量(亿千瓦小时) Output of Electricity (100 million kwh)		
		2006	2007	2007比2006增长(%) Growth Rate in 2007 over 2006 (%)	2006	2007	2007比2006增长(%) Growth Rate in 2007 over 2006 (%)
全 国	**National Total**	**727.89**	**888.70**	**22.1**	**28657.0**	**32777.0**	**14.4**
辽 宁	Liaoning	29.12	37.71	29.5	1013.4	1112.8	9.8
上 海	Shanghai	68.22	82.12	20.4	711.0	737.8	3.8
江 苏	Jiangsu	27.48	26.94	-2.0	2216.4	2674.4	20.7
浙 江	Zhejiang	17.77	18.94	6.6	1661.6	1886.2	13.5
安 徽	Anhui	48.95	61.54	25.7	728.7	847.6	16.3
福 建	Fujian	7.30	8.65	18.5	904.3	1038.3	14.8
山 东	Shandong	27.17	40.42	48.8	2314.4	2690.7	16.3
河 南	Henan	5.53	7.13	28.9	1590.3	1911.0	20.2
湖 北	Hubei	54.68	72.81	33.2	1296.4	1572.2	21.3
湖 南	Hunan	3.70	5.80	56.8	701.2	814.1	16.1
广 东	Guangdong	55.54	78.90	42.1	2358.4	2591.6	9.9
四 川	Sichuan	6.95	7.21	3.7	1063.0	1182.6	11.2

附录A 续表 6 continued

省、市名称 Province or Municipality		钢材(万吨) Steel (10000 tons)			全社会固定资产投资总额(亿元) Total Investment in Fixed Assets (100 million yuan)		
		2006	2007	2007比2006增长(%) Growth Rate in 2007 over 2006 (%)	2006	2007	2007比2006增长(%) Growth Rate in 2007 over 2006 (%)
全 国	**National Total**	**46893.0**	**56894.4**	**21.3**	**109998.2**	**137239.0**	**24.8**
辽 宁	Liaoning	3986.9	4338.6	8.8	5689.6	7435.2	30.7
上 海	Shanghai	2129.8	2144.2	0.7	3900.0	4420.4	13.3
江 苏	Jiangsu	5816.3	7276.3	25.1	10069.2	12270.6	21.9
浙 江	Zhejiang	1143.6	1588.7	38.9	7590.2	8432.8	11.1
安 徽	Anhui	1317.1	1769.6	34.4	3533.6	5105.9	44.5
福 建	Fujian	842.6	1046.4	24.2	2981.8	4287.8	43.8
山 东	Shandong	4088.4	4959.4	21.3	11111.4	12537.0	12.8
河 南	Henan	1773.0	2475.0	39.6	5904.7	8010.1	35.7
湖 北	Hubei	1689.7	1891.1	11.9	3343.5	4328.3	29.5
湖 南	Hunan	1151.4	1303.1	13.2	3175.5	4154.5	30.8
广 东	Guangdong	1786.6	2014.2	12.7	7973.4	9290.4	16.5
四 川	Sichuan	1316.4	1589.5	20.7	4412.9	5639.7	27.8

注：本表全社会固定资产投资不含跨省项目。
Note: Total investment in fixed assets in this table excludes the investment of trans-province projects.

附录A 续表 7 continued

省、市名称 Province or Municipality		城镇居民人均可支配收入(元) Per Capita Disposable Income of Urban Residents (yuan)			农村居民人均纯收入(元) Per Capita Net Income of Rural Residents (yuan)		
		2006	2007	2007比2006增长(%) Growth Rate in 2007 over 2006 (%)	2006	2007	2007比2006增长(%) Growth Rate in 2007 over 2006 (%)
全 国	**National Total**	**11759.5**	**13785.8**	**17.2**	**3587.0**	**4140.4**	**15.4**
辽 宁	Liaoning	10369.6	12300.4	18.6	4090.4	4773.4	16.7
上 海	Shanghai	20667.9	23622.7	14.3	9138.7	10144.6	11.0
江 苏	Jiangsu	14084.3	16378.0	16.3	5813.2	6561.0	12.9
浙 江	Zhejiang	18265.1	20573.8	12.6	7334.8	8265.2	12.7
安 徽	Anhui	9771.1	11473.6	17.4	2969.1	3556.3	19.8
福 建	Fujian	13753.3	15505.4	12.7	4834.8	5467.1	13.1
山 东	Shandong	12192.2	14264.7	17.0	4368.3	4985.3	14.1
河 南	Henan	9810.3	11477.1	17.0	3261.0	3851.6	18.1
湖 北	Hubei	9802.7	11485.8	17.2	3419.4	3997.5	16.9
湖 南	Hunan	10504.7	12293.5	17.0	3389.6	3904.2	15.2
广 东	Guangdong	16015.6	17699.3	10.5	5079.8	5624.0	10.7
四 川	Sichuan	9350.1	11098.3	18.7	3002.4	3546.7	18.1

附录A 续表 8 continued

省、市名称 Province or Municipality		社会消费品零售总额(亿元) Total Retail Sales of Consumer Goods (100 million yuan)			地方财政一般预算收入(亿元) Local Government Budgetary Revenue (100 million yuan)		
		2006	2007	2007比2006增长(%) Growth Rate in 2007 over 2006 (%)	2006	2007	2007比2006增长(%) Growth Rate in 2007 over 2006 (%)
全 国	**National Total**	**76410.0**	**89210.0**	**16.8**	**18303.6**	**23565.0**	**28.7**
辽 宁	Liaoning	3434.6	4030.1	17.3	817.7	1082.0	32.3
上 海	Shanghai	3360.4	3847.8	14.5	1576.1	2102.6	33.4
江 苏	Jiangsu	6623.2	7838.1	18.3	1656.7	2237.7	35.1
浙 江	Zhejiang	5325.3	6214.0	16.7	1298.2	1649.5	27.1
安 徽	Anhui	2029.4	2403.7	18.4	428.0	543.5	27.0
福 建	Fujian	2704.2	3187.9	17.9	541.2	700.0	29.4
山 东	Shandong	7122.5	8438.8	18.5	1356.3	1674.5	23.5
河 南	Henan	3880.5	4597.5	18.5	679.2	861.5	26.8
湖 北	Hubei	3412.0	4028.5	18.1	476.1	590.4	24.0
湖 南	Hunan	2834.2	3356.5	18.4	477.9	603.2	26.2
广 东	Guangdong	9118.1	10598.1	16.2	2179.5	2785.4	27.8
四 川	Sichuan	3421.6	4015.6	17.4	607.6	850.3	39.9

附录A 续表 9 continued

省、市名称 Province or Municipality		外贸进出口总额(亿美元) Total Imports and Exports (USD 100 million)			外贸出口总额(亿美元) Total Exports (USD 100 million)		
		2006	2007	2007比2006增长(%) Growth Rate in 2007 over 2006 (%)	2006	2007	2007比2006增长(%) Growth Rate in 2007 over 2006 (%)
全 国	**National Total**	**17604.0**	**21738.3**	**23.5**	**9689.4**	**12180.1**	**25.7**
辽 宁	Liaoning	483.9	594.7	22.9	283.2	353.3	24.7
上 海	Shanghai	2275.2	2829.1	24.3	1135.7	1438.9	26.7
江 苏	Jiangsu	2839.8	3495.6	23.1	1604.2	2037.0	27.0
浙 江	Zhejiang	1391.4	1768.3	27.1	1009.0	1282.9	27.1
安 徽	Anhui	122.5	159.3	30.1	68.4	88.2	29.0
福 建	Fujian	626.6	744.6	18.8	412.6	499.4	21.0
山 东	Shandong	952.1	1225.0	28.7	586.5	751.3	28.1
河 南	Henan	97.9	128.0	30.7	66.4	83.9	26.5
湖 北	Hubei	117.6	148.6	26.3	62.6	81.7	30.6
湖 南	Hunan	73.5	96.9	31.8	50.9	65.2	28.0
广 东	Guangdong	5272.1	6340.4	20.3	3019.5	3692.4	22.3
四 川	Sichuan	110.2	143.8	30.5	66.2	86.1	30.0

附录A 续表 10 continued

省、市名称 Province or Municipality	居民消费价格指数(%) Consumer Price Index (%)			高等学校在校学生数(万人) Number of Enrolled Students in Institutions of Higher Education (10000 persons)		
	2006	2007	2007比2006增长(%) Growth Rate in 2007 over 2006 (%)	2006	2007	2007比2006增长(%) Growth Rate in 2007 over 2006 (%)
全 国 National Total	**101.5**	**104.8**	**4.8**	**1738.8**	**1884.9**	**8.4**
辽 宁 Liaoning	101.2	105.1	5.1	72.1	77.8	8.0
上 海 Shanghai	101.2	103.2	3.2	46.6	48.5	4.0
江 苏 Jiangsu	101.6	104.3	4.3	130.6	156.9	20.1
浙 江 Zhejiang	101.1	104.2	4.2	72.0	77.8	8.1
安 徽 Anhui	101.2	105.3	5.3	66.4	73.1	10.1
福 建 Fujian	100.8	105.2	5.2	46.1	51.0	10.4
山 东 Shandong	101.0	104.4	4.4	133.8	144.0	7.6
河 南 Henan	101.3	105.4	5.4	97.4	109.5	12.4
湖 北 Hubei	101.6	104.8	4.8	109.2	116.4	6.5
湖 南 Hunan	101.4	105.6	5.6	83.1	89.9	8.1
广 东 Guangdong	101.8	103.7	3.7	100.9	112.0	11.0
四 川 Sichuan	102.3	105.9	5.9	86.1	91.8	6.6

附录A 续表 11 continued

省、市名称 Province or Municipality	单位地区生产总值能耗(吨标准煤/万元) Energy Consumption per Unit of GDP (ton of SCE/10000 yuan)			规模以上单位工业增加值能耗(吨标准煤/万元) Energy Consumption per Unit of Industrial Value-added above Designated Size (ton of SCE/10000 yuan)		
	2006	2007	上升或下降(±%) Changes (±%)	2006	2007	上升或下降(±%) Changes (±%)
全 国 National Total	**1.206**	**1.160**	**-3.66**	**2.530**		
辽 宁 Liaoning	1.775	1.704	-4.01	2.920	2.649	-9.28
上 海 Shanghai	0.873	0.833	-4.66	1.200	1.006	-8.49
江 苏 Jiangsu	0.891	0.853	-4.28	1.570	1.408	-7.65
浙 江 Zhejiang	0.864	0.828	-4.18	1.430	1.302	-5.36
安 徽 Anhui	1.171	1.126	-4.11	2.860	2.632	-8.61
福 建 Fujian	0.907	0.875	-3.51	1.370	1.320	-3.83
山 东 Shandong	1.231	1.175	-4.54	2.020	1.890	-6.48
河 南 Henan	1.340	1.285	-4.11	3.780	3.453	-7.08
湖 北 Hubei	1.462	1.403	-4.06	3.330	3.020	-9.17
湖 南 Hunan	1.352	1.313	-4.43	2.740	2.510	-7.99
广 东 Guangdong	0.771	0.747	-3.15	1.040	0.980	-5.28
四 川 Sichuan	1.498	1.432	-4.44	2.820	2.620	-7.10

附录 B-1 中国香港特别行政区主要社会经济指标

Appendix B-1 Main Statistical Indicators of Hong Kong Special Administrative Region

指 标	Item	1990	1995	2000	2006	2007
本地生产总值	**Gross Domestic Product (GDP)**					
按2005年环比物量计算①	At 2005 Link Ratios①					
本地生产总值年增长率 (%)	Annual Growth Rate (%)	3.9	2.3	8.0	7.0@	6.3@
本地生产总值 (亿港元)	GDP (HKD 100 million)	7689	9915	11291	14796@	15722@
人均本地生产总值① (港元)	Per Capita GDP① (HKD)	134785	161058	169412	215779@	227008@
按当年价格计算②	At Current Prices②					
本地生产总值年增长率 (%)	Annual Growth Rate (%)	11.7	6.5	4.0	6.7@	9.3@
本地生产总值 (亿港元)	GDP (HKD 100 million)	5990	11157	13177	14759@	16126@
人均本地生产总值① (港元)	Per Capita GDP① (HKD)	104996	181241	197697	215238@	232836@
人口及生命统计①	**Population and Vital Events①**					
年中人口 (万人)	Mid-year Population (10000 persons)	570.5	615.6	666.5	685.7	692.6
粗出生率 (‰)	Crude Birth Rate (‰)	12.0	11.2	8.1	9.6	10.1@
粗死亡率 (‰)	Crude Death Rate (‰)	5.2	5.1	5.1	5.5	5.6@
劳动、就业	**Labor and Employment**					
劳动人口 (万人)	Labor Force (10000 persons)	274.8	300.1	337.4	358.1	364.1@
失业率 (%)	Unemployment Rate (%)	1.3	3.2	4.9	4.8	4.0@
实际工资指数(1992年9月=100)	Real Wage Index (September 1992=100)	100.2	101.6	112.8	115.3	116.7
政府收支、货币、金融（亿港元）	**Public Accounts, Money and Finance(HKD 100 million)**					
政府收入总额③	Total Government Revenue③	895	1800	2251	2880	3530**
政府开支及证券投资总额③	Total Government Expenditure and Equity③ Investments	856	1832	2329	2294	2373**
货币供应量M3	Money Supply M3	12880	23640	36928	50899	61401
居民消费物价指数	**Consumer Price Index**					
(2004年10月至2005年9月=100)	(Oct. 2004 to Sep. 2005 = 100)					
综合消费物价指数	Composite Consumer Price Index	63.8	100.4	107.4	102.4	104.4
工业生产	**Industrial Production**					
工业生产指数 (2000年=100)	Index of Industrial Production (2000=100)	120	123	100	84	83@
工业电力消费量 (万亿焦耳)	Industrial Electricity Consumption (terajoules)	24934	20222	17769	14015	13104
工业煤气消费量 (万亿焦耳)	Industrial Gas Consumption (terajoules)	583	978	982	903	895
运输、旅游	**Transport and Tourism**					
进出香港货运车辆 (万辆)	Inward/Outward Movement of Goods Vehicles	473.35	799.96	937.98	967.51	938.66
集装箱吞吐量④ (万标准集装箱单位)	Volume of Containers Handled④ (10000 TEUs)	510	1255	1810	2354	2400
访港旅客⑤ (万人次)	Visitor Arrivals⑤ (10000 person-times)	658	1020	1306	2525	2817
酒店入住率 (%)	Hotel Room Occupancy Rate (%)	79	85	83	87	86
对外商品贸易	**External Merchandise Trade**					
港产品出口 (亿港元)	Domestic Exports (HKD 100 million)	2259	2317	1810	1345	1091
转口 (亿港元)	Re-exports (HKD 100 million)	4140	11125	13917	23265	25784
进口 (亿港元)	Imports (HKD 100 million)	6425	14911	16580	25998	28680
教育	**Education**					
小学学生人数 (人)	Student Enrolment in Primary Schools (person)	526720	467718	493979	410516	385949
中学学生人数 (人)	Student Enrolment in Secondary Schools (person)	453423	470997	466710	484195	486074

注：本表数据由香港特别行政区政府统计处提供，国家统计局整理编辑。1996年及以前年份数据均指原香港地区。**2007年数字为修订预算。@数据会作出修订。

①按环比物量计算的本地生产总值及其组成部分的数字于2007年10月公布，以取代之前按不变价格计算的数字。

②按当年价格计算的数字，并已作修订。

③财政年度数字。指当年4月1日至第二年3月31日。

④自1998年起，采用新的集装箱吞吐量数字。

⑤自1998年起包括经澳门访港的非澳门居民旅客人数。

Notes: Data in this table are provided by the Census and Statistics Department of the Government of Hong Kong Special Administrative Region, and further prepared and edited by the National Bureau of Statistics. Data of 1996 and prior to it refer to the original Hong Kong."**" Data of 2007 indicate revised figures. "@" indicates figures are subject to revision later on.

① GDP and related figures at link ratios are announced on Oct. 2007 to substitute the figures calculated at constant prices.

② Refer to the figures calculated at current prices and revised.

③ Refer to the figures of financial years from Apr.1st in current year to Mar. 31st in the following year.

④ Since 1998, figures refer to the new volume of containers handled.

⑤ Since 1998, figures include non-Macao resident tourists via Macao.

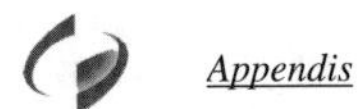

附录 B-2 中国澳门特别行政区主要社会经济指标

Appendix B-2 Main Statistical Indicators of Macao Special Administrative Region

指标	Item	1990	1995	2000	2006	2007
本地生产总值①	**Gross Domestic Product① (GDP)**					
按2002年不变价格计算	At Constant (2002) Prices					
本地生产总值实际增长率（支出法） (%)	Real Growth Rate of GDP by Expenditure	8.0	3.3	5.7	17.0r	27.3
本地生产总值 (亿澳门元)	GDP (100 million MOP)			483.9	1005.3r	1279.8
人均本地生产总值(万澳门元)	Per Capita GDP (10000 MOP)			11.2	20.1r	24.3
按当年价格计算	At Current Prices					
本地生产总值名义增长率（支出法） (%)	Nominal Growth Rate of GDP by Expenditure	20.4	11.9	3.6	24.0r	33.2
本地生产总值 (亿澳门元)	GDP (100 million MOP)	239.8	522.7	489.7	1152.8r	1536.1
人均本地生产总值(万澳门元)	Per Capita GDP (10000 MOP)	7.2	12.8	11.4	23.1r	29.2
人口及生命统计	**Population and Vital Events**					
年中人口估计 (万人)	Mid-year Estimates of Population (10000 persons)	33.5	40.9	43.1	49.9	52.6
粗出生率 (‰)	Crude Birth Rate (‰)	20.5	14.4	8.9	8.1	8.6
粗死亡率 (‰)	Crude Death Rate (‰)	4.4	3.3	3.1	3.1	2.9
劳动、就业*	**Labor**					
劳动人口 (万人)	Labor Force (10000 persons)	16.9	18.7	20.9	27.5r	31.0
失业率 (%)	Unemployment Rate (%)	3.2	3.6	6.8	3.8r	3.1
对外贸易	**External Trade**					
出口 (亿澳门元)	Exports (100 million MOP)	136.4	159.1	203.8	204.6	204.3
本地产品出口 (亿澳门元)	Domestic Exports (100 million MOP)			170.8	143.7	135.2
转口 (亿澳门元)	Re-exports (100 million MOP)			33.0	60.9	69.1
进口 (亿澳门元)	Imports (100 million MOP)	123.4	162.7	181.0	365.3	431.1
工业生产	**Industrial Production**					
工业电力消耗量 (亿千瓦小时)	Industrial Electricity Consumption (100 million kwh)		1.7	1.6	2.4	2.4
运输、旅游	**Transport and Tourism**					
进出澳门货运车辆数目②(万辆)	Lorries Entering and Departing Macao②(10000 times)	26.4	48.7	45.4	66.5	67.4
访澳旅客 (万人次)	Visitor Arrivals (10000 person-times)	594.2	775.2	916.2	2199.8	2699.3
酒店入住率 (%)	Hotel Room Occupancy Rate (%)	69	57	58	72	77
政府收支、货币、金融(亿澳门元)	**Government Accounts, Money and Finance (100 million MOP)**					
政府总收入①	Total Government Revenue①	60.2	161.9	153.4	371.9r	406.9p*
政府总开支①	Total Government Expenditure①	55.1	154.7	150.2	273.5r	188.6p*
货币供应（广义货币供应量M2)	Money Supply (M2)	307.4	694.4	849.2	1689.1	1857.3
消费价格指数	**Consumer Price Index**					
(2004年7月至2005年6月=100)	(Jul. 2004 to Jun. 2005 = 100)					
综合消费价格指数	Composite Consumer Price Index			104.12	108.42	114.46
教育	**Education**					
小学生 (人)	Students in Primary Education (person)	34972	46703	45474	32674	
中学生 (人)	Students in Secondary Education (person)	17601	23440	38156	44988	
高等教育学生 (人)	Students in Higher Education (person)	7425	6933	8358	17462	

注：本表数据由澳门特别行政区政府统计暨普查局提供，国家统计局整理编辑。1998年及以前数据均指原澳门地区。r更正资料。P初步数据。
①2007年数字在日后得到更多资料时会作出修订。
②自2000年开始包括进出关闸及路(氹)城边检站的数字。而自2007年开始亦包括进出跨境工业区边检站的数字。

Notes: Data in this table are provided by the Statistics and Census Services of the Government of Macao Special Administrative Region, and further prepared and edited by the National Bureau of Statistics. Data of 1998 and prior to it refer to the original Macao."r" indicates rectified figures. "p" indicates preliminary data.
① Data of 2007 will be revised on the basis of more figures later on.
② Since 2000, data include the figures via inspection stations. In 2007, the figures via inspection stations of the cross border industrial zone are also included.

附录C 中国台湾省主要社会经济指标
Appendix C Main Statistical Indicators of Taiwan Province

指　　标		Item		1995	2000	2005	2006	2007
国民经济核算		**National Accounts**						
本地居民生产总值	(新台币亿元)	Gross National Product	(NT$ 100 million)	71291	101716	117456	122015	129649
本地生产总值	(新台币亿元)	Gross Domestic Product	(NT$ 100 million)	70179	100320	114547	118898	125877
经济增长率	(%)	Economic Growth Rate	(%)	6.4	5.8	4.2	4.9	5.7
农业		Agriculture, Forestry, Hunting and Fishery		2.9	1.2	-8.1	6.1	-2.9
工业		Industry		5.1	5.8	6.3	7.0	9.2
服务业		Services		7.4	5.9	3.5	3.9	4.3
产业结构	(%)	Industrial Structure	(%)					
农业		Agriculture, Forestry, Hunting and Fishery		3.5	2.0	1.7	1.6	1.5
工业		Industry		36.4	29.1	27.1	26.8	27.5
服务业		Services		60.1	68.9	71.3	71.5	71.1
人均本地居民生产总值		Per Capita Gross National Product						
新台币元		NT$		336042	459729	518511	536566	567923
美元		USD		12686	14721	16113	16494	17294
人口		**Population**						
户籍登记人口数①	(万人)	Year-end Population①	(10000 persons)	2136	2228	2277	2288	2296
人口自然增加率	(‰)	Natural Population Growth Rate	(‰)	9.90	8.08	2.92	3.01	2.76
人口密度①	(人/平方公里)	Population Density①	(persons/sq.km)	590	616	629	632	634
劳动、就业		**Labor and Employment**						
劳动力人口	(万人)	Labor Force	(10000 persons)	921	978	1037	1052	1071
失业率	(%)	Unemployment Rate	(%)	1.8	3.0	4.1	3.9	3.9
工业		**Industry**						
受雇者劳动生产力指数	(2001年=100)	Productivity Index	(%) (2001=100)	71.9	95.7	127.2	132.9	142.2
工业生产指数	(2001年=100)	Index of Industrial Production	(2001=100)	84.5	108.5	132.8	139.4	150.7
工业生产总值	(新台币亿元)	Gross Industry Product	(NT$ 100 million)	71609	91425	116504	124750	138057
对外贸易		**Foreign Trade**						
贸易额	(亿美元)	Total Value of Imports and Exports						
出口		Exports	(USD 100 million)	1117	1520	1984	2240	2467
进口		Imports	(USD 100 million)	1036	1407	1826	2027	2193
运输、旅游		**Transportation and Tourism**						
航空	(万人)	Airway	(10000 persons)					
省内		Domestic		2874	2665	1929	1737	1271
国际		Non-domestic		1499	1978	2249	2377	2443
高速公路通行车辆数	(万辆次)	Vehicles for Motorway Transportation	(10000 unit-times)	36815	45381	57381	57471	56964
每百人机动车辆数①	(辆)	Vehicles per 100 Persons①	(unit)	61.8	76.4	87.2	88.8	90.2
港埠货物装卸量	(万收费吨)	Inward and Outward Movements Cargo	(10000 tons)	42017	56695	68793	70651	71026
观光	(万人次)	Tourism	(10000 person-times)					
出岛旅客		Outbound Tourists		519	733	821	867	896
来台湾旅客		Inbound Tourists		233	262	338	352	372
财政、金融		**Public Accounts and Finance**						
赋税实征净额②	(新台币亿元)	Revenue②	(NT$ 100 million)	12323	19298	15674	16008	17339
货币供应量M2①	(新台币亿元)	Money Supply M2①	(NT$ 100 million)	128054	188978	245080	257988	260389
年增长率	(%)	Average Annual Growth Rate	(%)	9.4	6.5	6.6	5.3	0.9
存款①③	(新台币亿元)	Deposits①③	(NT$ 100 million)	131309	193087	247095	259420	262083
物价年增率(2006年=100)	**(%)**	**Price Indices Annual Growth Rate (2006=100)**	**(%)**					
批发		Wholesale Trade Price			1.82	0.62	5.63	6.46
消费者		Consumer Price			1.26	2.31	0.59	1.80

注：资料来源：台湾省《“中华民国”统计月报》2008年3月。

①年底数。

②为年度资料，其中2000年度指1999年下半年及2000年度。

③涵盖范围为全部货币机构及邮局储蓄。

Notes: Data are from Statistics Monthly of China Taiwan - Mar.,2008.

① Year-end data.

② Annual data, of which year of 2000 refers to the second half year of 1999 and year of 2000.

③ Data cover all monetary institutions and postal savings.

附录D-1 部分国家和地区主要经济指标（2006年）

Appendix D-1 Main Economic Indicators of Some Countries and Territories (2006)

国家和地区	Country or Territory	国内生产总值（亿美元）Gross Domestic Product (USD 100 million)	人均国民总收入（美元）Per Capita Gross National Income (USD)	国内生产总值增长率(%) Growth Rate of GDP (%)	GDP支出构成(%) Structure of GDP by Expenditure Approach (%)			
					居民消费支出 Household Consumption Expenditure	政府消费支出 Government Consumption Expenditure	资本形成总额 Gross Capital Formation	净出口 Net Exports
世　界	World	482449	7439	5.4	61.4②	17.3②	21.4②	-0.06②
发达国家①	Developed Countries①	365830.0	36487	2.9	62.1②	17.9②	20.4②	-0.4②
发展中国家①	Developing Countries①	116619.0	2000	8.1	59.6	13.0	25.8	1.6
西方七国	G 7	281206.0						
欧元区	Euro Area	105265.0	34149	2.8	57.6③	20.5③	20.4③	1.5③
北美自由贸易区	NAFTA	152925.0						
东南亚国家联盟	ASEAN	10728.0	1890④	6.0				
中　国	China	26681⑥	2010⑥	11.1	44.4	11.1	40.7	3.9
美　国	United States of America	132018	44970	2.9	70.3②	15.8②	19.2②	-5.3②
日　本	Japan	43401	38410	2.2	57.4②	17.9②	22.7②	1.9②
加拿大	Canada	12515	36170	2.8	55.3②	19.5②	20.9②	4.2②
德　国	Germany	29067	36620	2.9	59.3③	18.6③	17.2③	4.9③
英　国	United Kingdom	23450	40180	2.8	65.3③	21.8③	16.8③	-3.9③
法　国	France	22307	36550	2.0	57.1③	23.7③	20.2③	-0.9③
意大利	Italy	18447	32020	1.9	58.9③	20.3③	20.9③	-0.1③
墨西哥	Mexico	8392	7870	4.8	67.6	11.7	22	-1.3
印度尼西亚	Indonesia	3645	1420	5.5	67.4	7.1	24.0	1.5
马来西亚	Malaysia	1489	5490	5.9	45.7	12.5	18..7	23.1
泰　国	Thailand	2062	2990	5.0	61.2	8.8	29.1	1.3
新加坡	Singapore	1322	29320	7.9	38.2	11.3	18.8	31.7
韩　国	Korea, Rep.	8880	17690	5.0	54.3	14.8	29.8	1.1
印　度	India	9063	820	9.7	58.3③	11.3③	33.4③	-2.9③
巴　西	Brazil	10680	4730	3.7	60.4	19.9	16.8	2.9
俄罗斯联邦	Russian Federation	9869	5780	6.7	49.3	16.7	20.9	13.1

附录D-1 续表 continued

国家和地区	Country or Territory	GDP三次产业构成(%) Structure of GDP by Production Approach (%)			能源生产总量(2004年，万吨标准油当量) Total Energy Production(2003, 10000 tons of SOE)	能源消费总量(2004年，万吨标准油当量) Total Energy Consumption(2003, 10000 tons of SOE)	货物进出口贸易总额(亿美元) Total Merchandise Imports and Exports (USD 100 million)	货物出口总额(亿美元) Merchandise Exports (USD 100 million)	货物进口总额(亿美元) Merchandise Imports (USD 100 million)
		第一产业 Primary Industry	第二产业 Secondary Industry	第三产业 Tertiary Industry					
世　界	World	3.4②	27.5②	69.0②	1117123	1102626.0	244420.0	120620.0	123800.0
发达国家①	Developed Countries①	1.7②	25.9②	72.4②	445004.3	551279.0			
发展中国家①	Developing Countries①	10.5	34.9	54.6	677869.6	556769.0			
西方七国	G 7						416949.0	98622.0	45274.0
欧元区	Euro Area	1.9③	26.4③	71.7③	46290.7	124514.0			
北美自由贸易区	NAFTA						276041.0	42202.0	16752.0
东南亚国家联盟	ASEAN						14048.0	7507.0	6541.0
中　国	China	11.9	47	41.1	153678.2⑥	160935	17607.0	9691.0	7916.0
美　国	United States	1.3②	21.9②	76.7②	164104.4	232589.0	29569.0	10373.0	19196.0
日　本	Japan	1.7②	30.2②	68.1②	9675.8	53320.0	12246.0	6471.0	5775.0
加拿大	Canada	2.2⑤	31.4⑤	66.4⑤	39748.9	26905.0	7448.0	3876.0	3573.0
德　国	Germany	0.9③	29.7③	69.4③	13600.9	34804.0	20225.0	11123.0	9102.0
英　国	United Kingdom	1.0③	26.2③	72.8③	22521.1	23369.0	10442.0	4434.0	6008.0
法　国	France	2.2③	20.9③	76.9③	13741.6	27517.0	10236.0	4901.0	5334.0
意大利	Italy	2.3③	26.9③	70.9③	3013.8	18446.0	8457.0	4096.0	4361.0
墨西哥	Mexico	3.9	26.7	69.4	25385.9	16548.0	5185.0	2503.0	2682.0
印度尼西亚	Indonesia	11.9	41.7	46.3	25800.9	17404.0	1824.0	1040.0	784.0
马来西亚	Malaysia	8.3	51.6	40.1	8852	5674.0	2915.0	1606.0	1310.0
泰　国	Thailand	9.8	45.8	44.4	5010.3	9707.0	2592.0	1306.0	1286.0
新加坡	Singapore	0.1	34.7	65.2		2559.0	5104.0	2718.0	2387.0
韩　国	Korea, Rep.	3.2	39.6	57.2	3803.1	21305.0	6350.0	3257.0	3093.0
印　度	India	17.5	27.7	54.7	46687.3	57285.0	2945.0	1202.0	1744.0
巴　西	Brazil	5.1	30.9	64.0	17631.2	20485.0	2260.0	1375.0	885.0
俄罗斯联邦	Russian Federation	5.6③	38.0③	56.4③	115846.5	64153.0	4684.0	3045.0	1639.0

注：①除“经济增长”外，发达国家均指高收入国家，发展中国家均指中低收入国家。②为2003年数据。③为2004年数据。④为人均国内生产总值。⑤2001年数据。⑥国际组织数据。

Notes: ① Developed countries and developing countries refer to high income and low or middle income countries respectively except “economic growth”. ② Data refer to data of 2003. ③ Data refer to data of 2004. ④ Data refer to per capita GDP. ⑤ Data refer to data of 2001. ⑥ Data are from international organizations.

附录D-2　部分国家和地区国内生产总值

Appendix D-2 Gross Domestic Product of Some Countries and Territories

单位：亿美元　　(USD 100 million)

国家和地区	Country or Territory	1990	2000	2003	2004	2005	2006
世界总计	**World**	**217961**	**318002**	**369599**	**415518**	**447954**	**482449**
低收入国家	Low Income Countries	5939	8416	10542	12206	14197	16118
中等收入国家	Middle Income Countries	32172	51869	60371	71696	85254	100495
中下等收入国家	Lower Middle Income Countries	11130	23073	29556	34371	39920	47346
中上等收入国家	Upper Middle Income Countries	21001	28797	30836	37341	45349	53169
中、低收入国家	Low and Middle Income Countries	38119	60290	70905	83898	99449	116619
高收入国家	High Income Countries	179826	257734	298723	331673	348627	365830
非经合组织成员国	Non-OECD Countries	6069	11756	12449	14003	16021	
经合组织成员国	OECD Countries	173732	245988	286210	317615	332679	348962
中　国①	China①	3546	11985	16410	19317	22439	26681
中国香港	Hong Kong, China	769	1688	1585	1658	1778	1898
中国澳门	Macao, China	30	59	78	99	116	143
阿根廷	Argentina	1414	2842	1296	1531	1832	2141
澳大利亚	Australia	3193	3997	5436	6556	7328	7682
孟加拉国	Bangladesh	301	471	518	567	600	620
白俄罗斯	Belarus	174	127	178	231	296	369
巴　西	Brazil	4620	6445	5525	6638	8825	10680
保加利亚	Bulgaria	207	126	200	246	272	315
加拿大	Canada	5742	7145	8547	9768	11138	12515
捷　克	Czech Republic	349	567	914	1082	1240	1418
埃　及	Egypt	431	998	829	788	897	1075
法　国②	France②	12393	13280	18000	20599	21266	22307
德　国	Germany	17074	19002	24418	27510	27949	29067
印　度	India	3169	4602	6018	6959	8057	9063
印度尼西亚	Indonesia	1144	1650	2348	2568	2870	3645
伊　朗	Iran	1160	1013	1354	1632	1898	2229
以色列	Israel	525	1155	1103	1169	1234	
意大利	Italy	11334	10973	15072	17244	17625	18447
日　本	Japan	30181	46496	42312	45849	45340	43401
哈萨克斯坦	Kazakhstan	269	183	308	432	571	772
韩　国	Korea, Rep.	2638	5117	6081	6805	7914	8880
马来西亚	Malaysia	440	903	1040	1185	1308	1489
墨西哥	Mexico	2627	5814	6391	6835	7677	8392
蒙　古	Mongolia		9	13	16	21	27
荷　兰	Netherlands	3074	3865	5376	6067	6242	6576
新西兰	New Zealand	439	527	808	985	1093	1039
尼日利亚	Nigeria	285	460	583	723	970	1147
巴基斯坦	Pakistan	400	733	823	980	1113	1288
菲律宾	Philippines	443	759	796	867	984	1169
波　兰	Poland	590	1713	2165	2527	3032	3387
罗马尼亚	Romania	383	371	595	755	988	1216
俄罗斯联邦	Russian Federation	5168	2597	4315	5917	7645	9869
新加坡	Singapore	368	927	923	1074	1167	1322
南　非	South Africa	1120	1329	1667	2164	2421	2550
西班牙	Spain	5210	5807	8810	10396	11246	12240
斯里兰卡	Sri Lanka	80	163	182	201	235	270
泰　国	Thailand	853	1227	1426	1613	1762	2062
土耳其	Turkey	1506	1993	2404	3027	3634	4027
乌克兰	Ukraine	815	313	501	648	861	1061
英　国	United Kingdom	9895	14428	18056	21321	22016	23450
美　国	United States of America	57572	97648	109185	116792	124165	132018
委内瑞拉	Venezuela	470	1171	835	1125	1448	1819
越　南	Viet Nam	65	312	396	453	529	609

注：①世界银行统计数据。②包括法属圭亚那、瓜德罗普、马提尼克和留尼汪。

Notes: ① Data from the World Bank.② Including French Guiana, Guadeloupe, Martinique and Réunion.

附录D-3 部分国家和地区国内生产总值增长率

Appendix D-3 Growth Rates of GDP of Some Countries and Territories

单位：% (%)

国家和地区	Country or Territory	年均增长率 Average Annual Growth Rate 1991-2000	2001-2006	1990	2000	2004	2005	2006
世界①	**World ①**	**3.3**	**4.2**	**2.9**	**4.8**	**5.3**	**4.8**	**5.4**
发达国家	Developed Countries	2.8	2.2	3.1	4.0	3.2	2.5	2.9
主要发达国家	Major Developed Countries	2.5	2.0	2.8	3.6	2.9	2.3	2.6
亚洲新兴工业化国家	Newly Industrialized Asian Countries	6.2	4.3	7.4	7.9	5.9	4.7	5.3
发展中国家	Developing Countries	4.2	6.6	2.8	6.0	7.7	7.5	8.1
亚洲发展中国家	Developing Asian Countries	7.6	8.2	5.2	7.0	8.8	9.2	9.8
东盟四国	ASEAN-4	4.3	4.8	7.6	5.8	5.9	5.1	5.4
中　国	China	10.4	9.8	3.8	8.4	10.1	10.4	11.1
中国香港	Hong Kong, China	4.5	4.7	4.0	10.0	8.6	7.5	6.9
阿根廷	Argentina	4.2	3.0	-1.3	-0.8	9.0	9.2	8.5②
澳大利亚	Australia	3.5	3.1	1.6	3.4	3.7	2.8	2.7
孟加拉国	Bangladesh	4.9	5.7	4.6	5.6	6.1	6.3	6.4
白俄罗斯	Belarus	-0.2③	7.9		5.8	11.4	9.3	9.9
巴　西	Brazil	2.5	2.9	-4.2	4.3	5.7	2.9	3.7
保加利亚	Bulgaria	-4.0	5.4	-9.1	5.4	6.6	6.2	6.1
加拿大	Canada	2.9	2.6	0.2	5.2	3.1	3.1	2.8
捷　克	Czech Republi	0.2	4.2	-1.2	3.6	4.6	6.5	6.4
埃　及	Egypt	4.4	4.2	2.3	5.4	4.1	4.5	6.8
法　国	France	2.0	1.7	2.6	3.9	2.5	1.7	2.0
德　国	Germany	2.1	0.9	5.7	3.1	1.1	0.8	2.9
印　度	India	5.6	7.0	5.6	5.4	7.9	9.0	9.7
印度尼西亚	Indonesia	4.0	4.8	7.2	5.4	5.0	5.7	5.5
伊　朗	Iran	3.7	5.5	19.6	5.1	5.1	4.4	4.9
以色列	Israel	5.4	2.8	6.6	8.9	5.2	5.3	5.2
意大利	Italy	1.6	0.9	2.1	3.6	1.2	0.1	1.9
日　本	Japan	1.3	1.4	5.2	2.9	2.7	1.9	2.2
哈萨克斯坦	Kazakhstan	-2.4③	10.4		9.8	9.6	9.7	10.7
韩　国	Korea，Rep.	6.1	4.6	9.2	8.5	4.7	4.2	5.0
马来西亚	Malaysia	7.1	4.7	9.0	8.9	7.2	5.2	5.9
墨西哥	Mexico	3.5	2.3	5.1	6.6	4.2	2.8	4.8
蒙　古	Mongolia	0.2	6.4	-2.5	3.9	13.3	7.6	8.6
缅　甸	Myanmar	7.1	12.8	2.8	13.7	13.6	13.6②	12.7②
荷　兰	Netherlands	3.1	1.5	4.1	3.9	2.2	1.5	3.0
新西兰	New Zealand	2.9	3.3		3.9	4.4	2.7	1.6
尼日利亚	Nigeria	1.9	5.6	13.8	5.4	6.0	7.2	5.6
巴基斯坦	Pakistan	4.0	5.3	4.5	4.3	7.4	7.7	6.9
菲律宾	Philippines	3.0	4.6	3.0	6.0	6.4	4.9	5.4
波　兰	Poland	3.8	3.6	-7.2	4.3	5.3	3.6	6.1
罗马尼亚	Romania	-1.7	6.0	-5.6	2.1	8.5	4.1	7.7
俄罗斯联邦	Russian Federation	-2.3③	6.2		10.0	7.2	6.4	6.7
新加坡	Singapore	7.6	4.6	9.2	10.1	8.8	6.6	7.9
南　非	South Africa	1.8	4.1	-0.3	4.2	4.8	5.1	5.0
西班牙	Spain	2.9	3.4	3.8	5.0	3.3	3.6	3.9
斯里兰卡	Sri Lanka	5.2	4.5	6.2	6.0	5.4	6.0	7.4
泰　国	Thailand	4.4	5.1	11.6	4.8	6.3	4.5	5.0
土耳其	Turkey	3.6	4.6	9.3	7.4	8.9	7.4	6.1
乌克兰	Ukraine	-7.7③	7.6		5.9	12.1	2.7	7.1
英　国	United Kingdom	2.4	2.5	0.8	3.8	3.3	1.8	2.8
美　国	United States of America	3.3	2.4	1.9	3.7	3.6	3.1	2.9
委内瑞拉	Venezuela	2.1	3.8	6.5	3.7	18.3	10.3	10.3
越　南	Viet Nam	7.6	7.6	5.0	6.8	7.8	8.4	8.2

注：①指国际货币基金组织世界经济展望数据库的180个国家和地区。②估计数。③为1993至2000年年均增长率。

Notes: ① Refer to the 180 countries and territories listed in the IMF World Economic Outlook database. ② Estimates. ③ Refer to the average annual growth rate from 1993 to 2000.

附录D-4　部分国家和地区人均国民总收入

Appendix D-4 Per Capita Gross National Income of Some Countries and Territories

单位：美元 (USD)

国家和地区	Country or Territory	1990	2000	2003	2004	2005	2006
世界总计	**World**	**4084**	**5251**	**5563**	**6338**	**7016**	**7439**
低收入国家	Low Income Countries	353	382	437	506	584	650
中等收入国家	Middle Income Countries	1164	1723	1931	2256	2636	3051
下中等收入国家	Lower Middle Income Countries	587	1052	1329	1546	1778	2037
上中等收入国家	Upper Middle Income Countries	2724	3589	3625	4256	5053	5913
中、低收入国家	Low and Middle Income Countries	841	1155	1287	1498	1742	2000
高收入国家	High Income Countries	19403	26305	27962	31841	34962	36487
非经合组织成员国	Non-OECD Countries	8934	14189	14757	16505	18014	
经合组织成员国	OECD Countries	20207	27354	29143	33224	36506	38120
中　　国①	China①	320	930	1270	1500	1740	2010
中国香港	Hong Kong, China	12500	26980	25590	27130	27690	28460
阿 根 廷	Argentina	3190	7470	3670	3580	4460	5150
澳大利亚	Australia	18200	20720	22840	27820	33120	35990
孟加拉国	Bangladesh	300	390	400	440	470	480
白俄罗斯	Belarus		1380	1610	2150	2760	3380
巴　　西	Brazil	2770	3870	2960	3320	3890	4730
保加利亚	Bulgaria	2260	1600	2230	2870	3510	3990
加拿大	Canada	19840	21810	24390	28100	32590	36170
捷　　克	Czech Republic		5790	7310	9210	11150	12680
埃　　及	Egypt	760	1450	1310	1250	1250	1350
法　　国②	France②	20230	24460	25280	30480	34600	36550
德　　国	Germany	20560	25510	25620	30840	34870	36620
印　　度	India	390	450	530	630	730	820
印度尼西亚	Indonesia	620	590	920	1110	1260	1420
伊　　朗	Iran	2470	1680	1970	2240	2600	3000
以 色 列	Israel	10860	17090	16320	17350	18580	..
意 大 利	Italy	17900	20900	22170	26670	30250	32020
日　　本	Japan	26580	34490	33430	36540	38950	38410
哈萨克斯坦	Kazakhstan		1270	1800	2300	2940	3790
韩　　国	Korea, Rep.	6000	9800	12060	14030	15880	17690
马来西亚	Malaysia	2420	3430	3950	4530	4970	5490
墨 西 哥	Mexico	2830	5110	6370	6930	7300	7870
蒙　　古	Mongolia		390	490	610	720	880
荷　　兰	Netherlands	19840	26660	28420	34340	39340	42670
新 西 兰	New Zealand	12910	13760	15740	19610	25920	27250
尼日利亚	Nigeria	270	270	360	400	520	640
巴基斯坦	Pakistan	420	490	520	600	690	770
菲 律 宾	Philippines	740	1060	1080	1200	1290	1420
波　　兰	Poland		4570	5440	6150	7150	8190
罗马尼亚	Romania	1730	1690	2290	2950	3830	4850
俄罗斯联邦	Russian Federation		1710	2590	3420	4470	5780
新 加 坡	Singapore	11860	23030	21750	25030	26620	29320
南　　非	South Africa	3390	3050	2870	3630	4820	5390
西 班 牙	Spain	12100	15420	17490	21450	25250	27570
斯里兰卡	Sri Lanka	470	810	930	1040	1170	1300
泰　　国	Thailand	1540	1990	2150	2490	2720	2990
土 耳 其	Turkey	2270	2980	2800	3780	4750	5400
乌 克 兰	Ukraine	1610	700	980	1270	1540	1950
英　　国	United Kingdom	16190	25010	28450	33890	37750	40180
美　　国	United States of America	23330	34400	37570	41060	43560	44970
委内瑞拉	Venezuela	2570	4100	3470	4080	4940	6070
越　　南	Viet Nam	130	390	470	540	620	690

注：①世界银行统计数据。②包括法属圭亚那、瓜德罗普、马提尼克和留尼汪。

Notes: ① Data are from the World Bank.② Including French Guiana, Guadeloupe, Martinique and Réunion.

附录D-5　部分国家和地区人均国内生产总值增长率

Appendix D-5 Growth Rates of Per Capita GDP of Some Countries and Territories

单位：%　　　　(%)

国家和地区	Country or Territory	2000	2002	2003	2004	2005	2006
世　界	**World**	**2.8**	**0.6**	**1.5**	**2.9**	**2.3**	**2.8**
低收入国家	Low Income Countries	2.0	1.6	5.0	5.5	6.1	6.1
中等收入国家	Middle Income Countries	4.5	2.8	4.2	6.5	5.5	6.3
下中等收入国家	Lower Middle Income Countries	5.3	5.8	6.4	7.3	7.1	7.9
上中等收入国家	Upper Middle Income Countries	3.9	0.4	2.4	5.9	4.2	4.9
中、低收入国家	Low and Middle Income Countries	3.9	2.3	4.0	6.0	5.3	6.0
高收入国家	High Income Countries	3.0	0.7	1.4	2.6	1.9	2.6
非经合组织成员国	Non-OECD Countries	4.6	0.9	3.1	5.1	4.3	
经合组织成员国	OECD Countries	3.0	0.7	1.3	2.5	1.9	2.6
中　国	China	7.6	8.4	9.3	9.4	9.5	10.1
中国香港	Hong Kong, China	9.2	0.9	3.0	7.3	6.6	5.9
中国澳门	Macao, China	2.8	9.2	14.2	27.0	7.2	
孟加拉国	Bangladesh	3.9	2.4	3.3	4.3	4.0	4.8
印　度	India	2.3	2.1	6.8	6.8	7.7	7.7
印度尼西亚	Indonesia	3.5	3.1	3.4	3.6	4.3	4.3
伊　朗	Iran	3.6	5.9	5.7	3.6	2.9	4.4
以色列	Israel	4.9	-3.2	-0.1	2.7	3.3	
日　本	Japan	2.8	-0.1	1.6	2.3	2.6	2.4
哈萨克斯坦	Kazakhstan	10.1	9.8	8.9	8.8	8.7	9.4
韩　国	Korea, Rep.	7.6	6.4	2.6	4.2	3.7	4.7
马来西亚	Malaysia	6.4	2.1	3.7	5.3	3.3	4.2
蒙　古	Mongolia	-0.3	3.0	4.8	9.2	5.5	7.1
缅　甸	Myanmar	8.5	10.7	12.5	1.9	3.9	
巴基斯坦	Pakistan	1.8	0.8	2.4	4.8	4.7	4.1
菲律宾	Philippines	3.9	2.5	3.0	4.3	3.2	3.5
新加坡	Singapore	8.3	3.2	2.8	7.4	4.1	6.6
斯里兰卡	Sri Lanka	4.3	2.5	4.7	4.3	5.1	6.6
泰　国	Thailand	3.7	4.4	6.2	5.4	3.6	4.2
土耳其	Turkey	5.6	6.2	4.2	8.3	6.0	4.8
越　南	Viet Nam	6.6	5.7	5.8	6.3	7.0	6.9
埃　及	Egypt	3.4	1.2	1.1	2.2	2.5	4.9
尼日利亚	Nigeria	2.7	-1.0	8.0	3.5	3.6	3.4
南　非	South Africa	1.6	2.5	1.8	3.8	3.9	3.9
加拿大	Canada	4.3	2.1	1.1	1.8	1.9	2.0
墨西哥	Mexico	5.1	-0.2	0.3	3.1	1.8	3.6
美　国	United States of America	2.5	0.5	1.9	3.2	2.2	2.4
阿根廷	Argentina	-1.8	-11.8	7.8	8.0	8.1	7.4
巴　西	Brazil	2.8	1.2	-0.3	4.3	1.6	2.4
委内瑞拉	Venezuela	1.8	-10.5	-9.4	16.2	8.5	8.5
白俄罗斯	Belarus	6.1	5.5	7.6	12.0	9.8	10.8
保加利亚	Bulgaria	7.3	5.4	5.1	6.5	5.8	
捷　克	Czech Republic	3.7	2.1	3.6	4.2	5.8	6.2
法　国	France	3.5	0.3	0.2	1.7	0.6	1.7
德　国	Germany	3.1	-0.2	-0.2	1.7	1.0	2.9
意大利	Italy	3.5	0.0	-0.7	0.1	-0.8	2.0
荷　兰	Netherlands	2.7	-0.6	-0.6	1.4	0.9	2.6
波　兰	Poland	4.7	1.5	3.9	5.4	3.6	5.9
罗马尼亚	Romania	2.2	6.7	5.5	8.7	4.4	
俄罗斯联邦	Russian Federation	10.0	5.2	7.8	7.8	6.9	7.3
西班牙	Spain	4.2	1.2	1.3	1.4	1.7	3.5
乌克兰	Ukraine	7.0	6.3	10.3	13.0	3.5	8.3
英　国	United Kingdom	2.3	2.3	2.0	2.7	1.2	2.6
澳大利亚	Australia	0.7	2.0	2.8	1.2	1.6	1.4
新西兰	New Zealand	1.5	3.1	1.7	2.4	1.0	1.0

主要统计指标解释

国民总收入 国内生产总值减去生产税和进口税净额，减去支付给国外的雇员报酬和财产收入，加来自国外的雇员报酬和财产收入（即国内生产总值减去支付给非常住单位的初次收入，加上收到的非常住单位的初次收入）。按市场价格计算国民总收入的另一种方法是各部门所有初次收入的总和。国民总收入即国民生产总值，国民生产总值是以往国民核算中使用的概念。

按购买力平价计算的人均国民总收入 根据购买力平价计算的人均国民总收入。购买力平价国民总收入是用购买力平价比率、以国际元计算的国民总收入。国民总收入中一国际元的购买力等于美国一美元购买力。

香港居民消费价格指数 《香港统计年刊》中称为“消费物价指数”。香港特别行政区政府统计处编制不同的居民消费价格指数数列，以反映消费价格变动对不同开支范围的住户的影响。甲类、乙类及丙类消费价格指数分别根据较低、中等及较高开支范围的住户消费模式编制而成。而综合消费价格指数是根据上述住户的整体开支模式而编制，反映消费价格转变对全体住户的影响。

指　数	约占住户的百分比	住户于2004年10月至2005年9月期间的每月平均开支	以2006年价格计算的每月平均住户开支
综合消费价格指数	90%	HKD4000-HKD59999	HKD4100-HKD61500
甲类消费价格指数	50%	HKD4000-HKD15499	HKD4100-HKD15800
乙类消费价格指数	30%	HKD15500-HKD27499	HKD15800-HKD28200
丙类消费价格指数	10%	HKD27500-HKD59999	HKD28200-HKD61500

Explanatory Notes on Main Statistical Indicators

Gross National Income is gross domestic product (GDP) minus net taxes on production and imports, minus remuneration and property income for employees abroad, plus the corresponding items from employees abroad (in other words, GDP minus primary incomes payable to non- resident units plus primary incomes receivable from non-resident units). An alternative approach to measuring GNI at market prices is the sum of gross primary incomes from all sectors. Gross national income is identical to gross national product (GNP), as previously used in national accounts.

Per Capita GNI in PPP is per capita GNI based on purchasing power parity (PPP). PPP GNI is gross national income (GNI) converted to international dollars using purchasing power parity rates. An international dollar has the same purchasing power over GNI as a U.S. dollar has in the United States of America.

Consumer Price Index by Residents in Hong Kong refers to a series of consumer price indices reflected in Hong Kong Annual Digest of Statistics. The series of consumer price indices (CPIs) are compiled by the Census and Statistics Department of Hong Kong Special Administrative Region to reflect the impact of consumer price changes on households in different expenditure ranges. The CPI(A), CPI(B) and CPI(C) are compiled based on the expenditure patterns of households in the relatively low, medium and relatively high expenditure ranges. By aggregating the expenditure patterns of all households covered by the above three indices, a composite CPI is also compiled to reflect the impact of consumer price changes on the household sector as a whole.

Index	Percentage of Households Covered	Average Monthly Household Expenditure from Oct.2004 to Sep.2005	Average Monthly Household Expenditure at 2006 Current Prices
Composite CPI	90%	HKD 4000-HKD 59999	HKD 4100-HKD 61500
CPI(A)	50%	HKD 4000-HKD 15499	HKD 4100-HKD 15800
CPI(B)	30%	HKD 15500-HKD 27499	HKD 15800-HKD 28200
CPI(C)	10%	HKD 27500-HKD 59999	HKD 28200-HKD 61500

中国统计出版社最新资料书简目

（仅供参考，以最后出书为准）

中国统计年鉴－2008
中国统计摘要－2008
国际统计年鉴－2008
2008 中国发展报告
中国区域经济统计年鉴－2008
长江和珠江三角洲及港澳特别行政区统计年鉴－2008
中国社会统计年鉴－2008
中国第三产业统计年鉴－2008
中国城市统计年鉴－2007
中国劳动统计年鉴－2008
中国人口和就业统计年鉴－2008
中国工业经济统计年鉴－2008
中国建筑业统计年鉴－2008
中国房地产统计年鉴－2008
中国城市（镇）生活与价格年鉴－2008
中国商品交易市场统计年鉴－2008
中国零售和餐饮业连锁经营统计年鉴－2008
中国能源统计年鉴－2008
全国农产品成本收益资料汇编－2008
中国贸易外经统计年鉴－2008
中国基本单位统计年鉴－2008
中国民政统计年鉴－2008
中国农村统计年鉴－2008
中国农村住户调查年鉴－2008（中文）
中国农村住户调查年鉴－2008（英文）
中国县（市）社会经济调查年鉴－2008
中国农产品价格调查年鉴－2008
中国经济普查年鉴－2004
中国百强县（市）发展年鉴－2008
中国教育经费统计年鉴－2007
中国农村全面建设小康监测报告－2008
中国农村贫困监测报告－2008
中国国内生产总值核算历史资料（1952－2004）
中国季度国内生产总值核算历史资料（1992－2005）
中国高技术产业统计年鉴－2008
中国科学技术协会统计年鉴－2008
工业企业科技活动资料－2008
中国棉花年鉴－2006/2007
2004 年经济普查年鉴系列
2005 年中国 1% 人口抽样调查系列资料
第二次全国残疾人抽样调查资料系列
北京统计年鉴－2008
天津统计年鉴－2008
河北经济年鉴－2008
山西统计年鉴－2008
内蒙古统计年鉴－2008
辽宁统计年鉴－2008
吉林统计年鉴－2008

黑龙江统计年鉴－2008
上海统计年鉴－2008
江苏统计年鉴－2008
浙江统计年鉴－2008
安徽统计年鉴－2008
福建统计年鉴－2008
江西统计年鉴－2008
山东统计年鉴－2008
河南统计年鉴－2008
湖北统计年鉴－2008
湖南统计年鉴－2008
广东统计年鉴－2008
广西统计年鉴－2008
海南统计年鉴－2008
重庆统计年鉴－2008
四川统计年鉴－2008
贵州统计年鉴－2008
云南统计年鉴－2008
西藏统计年鉴－2008
陕西统计年鉴－2008
甘肃年鉴－2008
青海统计年鉴－2008
宁夏统计年鉴－2008
新疆统计年鉴－2008
新疆生产建设兵团统计年鉴－2008
石家庄统计年鉴－2008
唐山统计年鉴－2008
邯郸统计年鉴－2008
呼和浩特经济统计年鉴－2008
包头统计年鉴－2008
沈阳年鉴－2008
大连统计年鉴－2008
长春统计年鉴－2008
吉林市社会经济统计年鉴－2008
四平统计年鉴－2008
延吉统计年鉴－2008
哈尔滨统计年鉴－2008
齐齐哈尔经济统计年鉴－2008
黑龙江垦区统计年鉴－2008
上海浦东新区统计年鉴－2008
苏州统计年鉴－2008
无锡统计年鉴－2008
常州统计年鉴－2008
徐州统计年鉴－2008
南通统计年鉴－2008
盐城统计年鉴－2008
镇江统计年鉴－2008
江阴统计年鉴－2008
丹阳统计年鉴－2008

杭州统计年鉴－2008
宁波统计年鉴－2008
绍兴统计年鉴－2008
台州统计年鉴－2008
舟山统计年鉴－2008
温州统计年鉴－2008
金华统计年鉴－2008
嘉兴统计年鉴－2008
湖州统计年鉴－2008
衢州统计年鉴－2008
安庆统计年鉴－2008
福州统计年鉴－2008
福州经济技术开发区年鉴－2008
厦门经济特区年鉴－2008
南昌统计年鉴－2008
上饶经济社会统计年鉴－2008
九江统计年鉴－2008
济南统计年鉴－2008
青岛统计年鉴－2008
潍坊统计年鉴－2008
东营统计年鉴－2008
郑州统计年鉴－2008
洛阳统计年鉴－2008
三门峡统计年鉴－2008
南阳统计年鉴－2008
武汉统计年鉴－2008
宜昌统计年鉴－2008
十堰统计年鉴－2008
荆州统计年鉴－2008
黄冈统计年鉴－2008
长沙统计年鉴－2008
广州统计年鉴－2008
东莞统计年鉴－2008
惠州统计年鉴－2008
深圳统计年鉴－2008
桂林经济社会统计年鉴－2008
南宁统计年鉴－2008
柳州经济统计年鉴－2008
来宾市统计年鉴－2008
河池统计年鉴－2008
海口统计年鉴－2008
成都统计年鉴－2008
贵阳统计年鉴－2008
昆明统计年鉴－2008
西安统计年鉴－2008
庆阳年鉴－2008
银川统计年鉴－2008
乌鲁木齐统计年鉴－2008
吐鲁番统计年鉴－2008